Pareys Gartenhandbuch

Pareys Gartenhandbuch

Čestmír Böhm
1987 · Mit 620 Farbfotos und 124 farbigen Zeichnungen

Verlag Paul Parey · Berlin und Hamburg

Vorwort
der Bearbeiter der deutschen Ausgabe

Der Autor dieses Gartenhandbuches, Čestmír Böhm, beantwortet alle Fragen, die dem Hobbygärtner bei der Planung, Anlage und Pflege seines Gartens kommen, und er verbindet seine Antworten mit vielen praktischen Hinweisen, die dem Freizeitgärtner den Umgang mit Boden und Pflanze sowie mit allen im Garten verwendeten Materialien erleichtern.

Der Leser erfährt eine Fülle wissenswerter Einzelheiten über den Garten und dies in einer so anschaulichen Weise, daß schon das Lesen dieses Buches ein Genuß ist. Dadurch wird der Hobbygärtner angeregt, seinen Garten zu einem Erholungsraum zu gestalten, in dem er durch seine intensive Beschäftigung mit der Natur Ausgleich und Entspannung findet.

In einer einführenden Darstellung werden die geschichtliche Entwicklung der Gartenkunst und der Funktionswandel des Gartens von der Antike bis zur Neuzeit geschildert, die eng mit dem gesellschaftlichen Wandel im Laufe der Jahrhunderte verbunden sind. Schon immer war die sorgfältige Planung eine Voraussetzung für das Gelingen der räumlichen und farblichen Gestaltung des Gartens. Deshalb wird sich auch der Gartenfreund zunächst mit den Grundregeln der Gartengestaltung beschäftigen. Das Gartenhandbuch vermittelt ihm diese Kenntnisse in leicht verständlicher Form und zeigt, wie er seine Pläne verwirklichen kann. Er lernt den richtigen Umgang mit Holz, Beton, Platten und Natursteinen kennen und erhält dadurch das notwendige Rüstzeug, um Wege, Zäune, Terrassen, Mauern, Laubengänge, Grillplätze und vieles andere selbst bauen zu können.

Bevor sich der Hobbygärtner für die Art der Bepflanzung seines Gartens entscheidet, kann er sich in dem vorliegenden Buch über die Ansprüche der in Frage kommenden Pflanzen an Klima und Boden unterrichten. Es vermittelt ihm die notwendigen Kenntnisse über die Bodenvorbereitung, das Pflanzen und die Pflege von Ziergehölzen, Rosen, Stauden und Obstgehölzen sowie die Anlage des Rasens, stellt eine breite Palette von Pflanzenarten und Sorten vor und berät den Gartenfreund bei der richtigen Wahl der Pflanzen für den Hausgarten, den Steingarten, den Heidegarten und den Gartenteich. Es weist hin auf die Bedeutung der Sommerblumen sowie der Knollen- und Zwiebelgewächse für die Blütenpracht unserer Gärten und zeigt die vielen Möglichkeiten für die Bepflanzung von Terrasse und Balkon.

Das Ernten von Obst und Gemüse im eigenen Garten ist dem Hobbygärtner ein besonders wichtiges Anliegen. Das Gartenhandbuch berichtet deshalb ausführlich über alles, was mit der Pflanzung, Pflege und Sortenwahl sowie der Ernte und Lagerung von Obst und Gemüse zusammenhängt. Zu Unrecht wird auch heute noch häufig angenommen, daß sich Schönheit und wirtschaftlicher Nutzen des Gartens gegenseitig ausschließen. Daß dies keinesfalls so sein muß, dafür gibt das vorliegende Buch viele Beispiele einer gelungenen Verbindung des Schönen mit dem Nützlichen.

Von großem Vorteil für den Hobbygärtner ist die genaue Kenntnis der Krankheiten und Schädlinge unserer Gartenpflanzen. Der Leser erfährt in diesem Buch alles Wissenswerte und lernt auch, seine Pflanzen gesund zu erhalten, ohne immer gleich zu Pflanzenschutzmitteln greifen zu müssen, die nicht nur den Wert von Gemüse und Obst aus dem eigenen Garten mindern, sondern auch eine zusätzliche Umweltbelastung darstellen. Das seit dem 1. Januar 1987 gültige Pflanzenschutzgesetz verlangt ohnehin die »vorrangige Berücksichtigung biologischer, biotechnischer, pflanzenzüchterischer sowie anbau- und kulturtechnischer Maßnahmen vor der Anwendung chemischer Pflanzenschutzmittel«. Außerdem ist die Verwendung von Pflanzenschutzmitteln nur noch auf »landwirtschaftlich, forstwirtschaftlich und gärtnerisch genutzten Flächen« zugelassen. Dadurch soll der »Naturhaushalt« (Boden, Wasser, Luft, Tier- und Pflanzenarten sowie das Wirkungsgefüge zwischen ihnen) besser als bisher geschützt werden. Der Hobbygärtner sollte deshalb anstreben, den Einsatz von Unkrautbekämpfungsmitteln im Garten ganz zu vermeiden und die Verwendung anderer Pflanzenschutzmittel auf ein Minimum zu reduzieren. Das ist möglich, wenn er sich um eine richtige Bodenpflege, Düngung, Fruchtfolge und Sortenwahl bemüht.

Bei der Bearbeitung des deutschen Textes haben wir die Aussagen des Werkes auf die Erfordernisse des deutschsprachigen Raumes abgestimmt. So wurden z.B. Pflanzenarten und Sorten, die bei uns nicht oder nur schwer erhältlich oder ungeeignet sind, durch andere ersetzt. Gleichzeitig wurden alle botanischen Namen auf den aktuellen Stand gebracht und durch gebräuchliche deutsche Pflanzennamen ergänzt. In diesem Zusammenhang möchten wir nicht versäumen, Herrn Dr. Fritz Schickedanz (Pflanzenschutzamt Hamburg) für viele wertvolle Anregungen und Hinweise zu danken, die dazu beigetragen haben, das Kapitel »Krankheiten und Schädlinge im Garten« auf die deutschen Verhältnisse abzustimmen. Auch bei der Bearbeitung der Kapitel »Obst« und »Gemüse« haben wir wichtige Hinweise und Anregungen gern aufgenommen, die uns von Herrn Dr. Peter Quast (Obstbauversuchsanstalt Jork) und Herrn Dipl.-Ing.agr. Uwe Schmoldt (Hamburgische Gartenbauversuchsanstalt Fünfhausen) gegeben wurden. Wir danken auch diesen Kollegen für ihr dadurch zum Ausdruck gebrachtes Interesse an »Pareys Gartenhandbuch« und wünschen ihm die gute Aufnahme beim Leser, die es ganz sicherlich verdient.

Hamburg,   Dipl. Ing. Margarete Friedrichs
im Frühjahr 1987   Dr. Wilfried Claussen

Inhalt

Mensch und Garten 11
Zier- und Nutzgarten 13
Gartengestaltung 15
Wandel des Gartens in Raum und Zeit 18
Der schöne Garten 19
Gestalterische Aspekte einer Gartenanlage 19
Nutzung ästhetischer Grundsätze
　in der Gartengestaltung 22
Gartentypen 26

**Bauliche und architektonische
　Elemente im Garten** 33
Gartenwege 33
Ruheplätze und Terrassen 38
Einfriedungen 41
Lauben und Pavillons 41
Wasser im Garten 43
Treppen 46
Pergola und Laubengang 48
Kinderspielecken 50
Feuerstelle, Grill und Gartenkamin 51
Beleuchtung 51
Gartenmöbel 52
Kleine architektonische Elemente 52
Frühbeet und Gewächshaus 53

Pflanzen stellen sich vor 56
Abhängigkeit der Pflanzen von ökologischen
　Bedingungen 58
Bodenverhältnisse 61
Beregnung der Pflanzen 72

Wiederkehrende Gartenarbeiten 75
Bodenbearbeitung 75
Aussaat und Pflanzung 75
Pflanzenpflege während der Vegetationszeit 79
Vegetative Pflanzenvermehrung 79
Weitere Gartenarbeiten 82

Maschinen, Geräte, Hilfsmittel 83
Grundgeräte 83
Spezialgeräte 84
Gerätepflege 86
Ein paar Worte zur Mechanisierung 88

**Krankheiten und Schädlinge
　im Garten** 89
Krankheiten 89
Tierische Schädlinge 98

Unkräuter 113
Gartenunkräuter 113
Unkrautbekämpfung im Garten 115

Obst 117
Unterteilung der Obstgehölze 118
Aufbau der Obstgehölze 118
Ansprüche an Boden und Klima 119
Baumformen und Unterlagen 120
Auspflanzen von Obstgehölzen 121
Regelmäßige Pflegearbeiten 123
Schnitt der Obstgehölze 124
Pfropfen und Okulieren 130
Ernte und Lagerung des Obstes 132
Anbau der einzelnen Obstarten 134
Weniger bekannte Obstgehölzarten 156
Einige abschließende Hinweise 158

Gemüse 165
Bedingungen für einen erfolgreichen Gemüseanbau 165
Pflanzplan 167
Fruchtwechsel 168
Freilandgemüsebau 169
Auspflanzen von Gemüsejungpflanzen 170
Pflegemaßnahmen während der Vegetationszeit 172
Anzucht der Gemüsejungpflanzen 174
Gemüse unter Folie und Vlies 176
Gemüseernte und -einlagerung 177
Kohlgemüse 178
Fruchtgemüse 183
Lauchgemüsearten 190
Wurzelgemüse 196
Blattgemüse 201
Hülsenfrüchte 206
Gewürzpflanzen 208
Andere Gemüsearten 214
Pilze im Garten 218

Der Rasen 227
Ausbringen der Rasensaat 227
Auslegen von Rollrasen 227
Rasenpflege 228
Andere Bodendecker 230

Ziergehölze 233
Zierwert der immergrünen Gehölze 233
Koniferen im Garten 233
Immergrüne Laubgehölze 234
Laubabwerfende Gehölze 234
Kletterpflanzen 235

Wir wählen Koniferen aus 235
Ansprüche der Laubgehölze 244
Eine Auswahl immergrüner Laubgehölze 244
Eine Auswahl laubabwerfender Gehölze 245
Laubgehölze für Ministeingärten und Pflanzgefäße 249
Kletter- und Schlingpflanzen für den Garten 251
Hecken 254
Pflanzhinweise für Ziergehölze 258
Pflege der Ziergehölze 259
Vermehrung von Ziergehölzen 262

Rosen 273

Die Rosenpflanze 273
Züchtungsmerkmale 274
Klassifizierung der Rosen 275
Boden- und Klimabedingungen 275
Pflanzung 277
Rosenschnitt 279
Rosenpflege 281
Schädigende Einflüsse 289
Vermehrung 290
Rosen im Garten 290

Stauden 295

Abhängigkeit von den Standortbedingungen 295
Richtige Pflanzenwahl für unseren Garten 297
Verhalten der Stauden 297
Verwendung der Stauden 298
Zwei Gartentypen 298
Blumen vom Frühjahr bis in den Herbst hinein 300
Anordnung der Stauden 301
Stauden für den Schnitt 310
Stauden als Solitäre 311
Stauden für besondere Partien 311
Bodenvorbereitung 312
Auspflanzen der Stauden 315
Laufende Pflege 316
Stauden im Winter 318
Staudenvermehrung 319

Einjahrsblumen 331

Herkunft der Einjahrsblumen 331
Verwendung der Sommerblumen 332
Aussaat, Pflanzen, Pflege 342
Vermehrung 344

Zwiebel- und Knollengewächse 351

Verwendung der Zwiebel- und Knollengewächse 352
Kultivieren im Garten 360
Vermehrung der Zwiebel- und Knollengewächse 366

Steingartenpflanzen 371

Steingärten und Trockenmauern 371
Anlegen von Steingärten und Trockenmauern 372
Jahreszeiten im Steingarten 375
Das Setzen von Steingartenpflanzen 387
Allgemeine Pflegegrundsätze 388
Steingartentröge und Miniaturgärten 388

Heidegärten 397

Bepflanzung des Heidegartens 397
Pflege 397
Der Heidegarten in den Jahreszeiten 398
Heidearten 399

Gräser und Farne im Garten 402

Dauerziergrasarten 402
Farne für Schattenplätze im Garten 404
Farnarten für den Garten 405

Wasser im Garten 407

Pflanzen am Wasser 407
Pflanzung und Pflege 410

Blumen für Balkon, Terrasse und Dachgarten 415

Blühende Fenster 415
Balkonpflanzen 416
Dachgärten 418
Wanderndes Grün — mobiler Garten 419
Pflanzen für Fenster-, Balkon-, Terrassen- und Dachgartenpflanzungen 421

Verzeichnisse 433

Sachverzeichnis 433
Verzeichnis der deutschen Pflanzennamen 436

Mensch und Garten

Die engen Bindungen zwischen Mensch und Natur gehören zu den charakteristischen Entwicklungsmerkmalen der menschlichen Gesellschaft. Seit altersher umfassen sie nicht nur die materiellen Bedürfnisse des Menschen, also wirtschaftliche Belange, sondern auch kulturelle Aspekte.

Die wirtschaftliche Beziehung des Menschen zur Natur äußert sich in der materiellen Nutzung ihrer Werte, also im wesentlichen in der Ausbeutung ihrer Reichtümer. Hinsichtlich der kulturellen Beziehungen des Menschen zur Natur ist es die Natur selbst in ihrer Gesamtheit und ihren Elementen, die eine unversiegbare Quelle für schöpferische künstlerische Inspiration bildet. Die Bewertung dieser Beziehung unterscheidet sich hinsichtlich ihrer Qualität und Quantität in den einzelnen Entwicklungsphasen der menschlichen Gesellschaft erheblich und ist bestimmt durch die Entwicklungsstufe, die sie erreicht hat. Bereits in den primitivsten menschlichen Kulturen sind neben der Sicherung der materiellen Existenz die gestalterischen Ausdrucksformen erkennbar, in denen Naturelemente und -motive einen hervorragenden Stellenwert besaßen.

Auch die Maßstäbe des Nutzwertes und damit die Ansprüche an die Funktion des Gartenraumes, unterlagen in der Geschichte der Menschheit einem erheblichen Wandel.

Der hohe Stellenwert des Gartens in der Antike erwuchs aus den sehr hoch entwickelten orientalischen Gartenkulturen als einem der Grundpfeiler der Gartenkultur überhaupt. Für die alten Griechen und Römer war der Garten ein integraler Teil ihres Wohnbereichs und auf dem gleichen Niveau wie das Haus an sich. Das häusliche Leben spielte sich in den Sommermonaten am Tage wie in der Nacht im Wohnhof ab. In den warmen, südlichen Ländern sollten die Wohnareale angenehm kühl bleiben. Schon im Altertum fanden deshalb Kaskaden, Wasserbehälter und Wasserspiele Eingang in den Garten. Auch heute noch sind sie geradezu typisch für die Gartenanlagen der südlichen Völker.

Die imaginäre Auffassung vom Raum und die Abkehr von der Wirklichkeit waren in der Zeit der Gotik für die Entwicklung der Gartenkunst nicht gerade günstig. Charakteristisch für die räumliche Gestaltung der gotischen Gärten war ihre geometrische Gliederung in regelmäßige Formen. In diesen Gärten fehlt die Wechselbeziehung zwischen den einzelnen Gartenelementen. Sie hatten entweder reine Zier- oder Nutzfunktion und dem entsprach auch ihr Bezug zu den umliegenden Gebäuden. Der Garten bildete noch keinen gestalterischen Bestandteil der Architektur, er war den übrigen baulichen Elementen mehr oder weniger passiv zugeordnet. Für die Entwicklung der Gartenkunst war die Zeit der Renaissance wirklich eine Wiedergeburt, eine Rückkehr zu den Auffassungen der klassischen Antike. Die neuen Denkströmungen, die die Wirklichkeit in den Mittelpunkt stellten und die Sehnsucht des Individuums nach freier Entfaltung und Freude am irdischen Dasein widerspiegelten, wirkten auch verändernd auf die Auffassungen von der Gestaltung des Gartens und seiner Funktion. Die Gärten werden nicht nur zum natürlichen Bestandteil der neu errichteten Schlösser und Paläste, sondern finden auch in der Architektur des städtischen Bürgertums ihren unumstrittenen Platz. Anstelle der schwer zugänglichen Burgen baut der Adel komfortable Schlösser; die räumlich begrenzten, engen Gärten der mittelalterlichen

Burgen werden durch oft weitläufige Schloßgärten und Parks abgelöst. Auch die Flächen der städtischen Gartenanlagen dehnen sich beträchtlich aus.

Der Wert des Renaissance-Gartens liegt in seiner gesellschaftlichen Funktion. Er wird zu einem Ort der Repräsentation, wo Gäste empfangen und fröhliche Feste gefeiert werden. Die Schönheit wird deshalb nicht nur im Detail, sondern in der Gesamtkomposition gesehen. Für die Gestaltung der Renaissance-Gärten ist deshalb im Unterschied zur Vergangenheit das Bemühen typisch, den Garten als ästhetisch einheitlich wirkenden Raum zu begreifen und zu verwirklichen. Gestalterisches Grundmotiv ist dabei die rhythmische Gliederung. Als Gestaltungsmittel dienen beispielsweise Gartenwege, verschiedene Gebäude und die geometrische Gliederung der Flächen. Diesen Tendenzen folgend, zeigen sich auch die ersten Versuche, eine raumfunktionelle Beziehung zwischen Haus und Garten zu schaffen. Zur Verwirklichung der beabsichtigten gesellschaftlichen Funktion des Renaissance-Gartenraumes entstehen Altane, Loggien, Wasserbassins, Teiche usw.

Die Renaissance bereitete also auf ihre Weise und nach den gegebenen wirtschaftlichen und gesellschaftlichen Bedingungen den Boden für die weitere Entwicklung der Gartenkunst.

Eine der bedeutendsten »Erfindungen« der Gartenkunst des Barock ist das »Hineinwachsen« des Gartens in die umgebende Landschaft, also die Ausweitung des Gartens über die eigentliche Begrenzung des Gartenraumes hinaus. Mittel dazu bilden zum einen Ausblicke in absichtlich unberührte Naturlandschaften, zum anderen tatsächliche räumliche Verflechtungen von Garten und Umgebung, beispielsweise durch Alleen u.ä. Es handelt sich um ein Gestaltungsprinzip, auf das wir noch heute zurückgreifen. Gebäude und Garten bilden eine kompositorische Einheit. Die Vielgestaltigkeit der Beziehungen zwischen Bauwerk und umgebender Natur ist bis heute eine unerschöpfliche Quelle der Inspiration für Architekten und Gartengestalter. Anschauungsbeispiele sind eine ganze Reihe meisterhaft beherrschter ästhetischer Prinzipien der Gartengestaltung, wie etwa die verschiedensten Kontrastvarianten, Vollkommenheit in der ornamentalen Dekoration, Schneiden von lebenden Hecken in die verschiedensten Formen und nicht zuletzt die meisterliche Beherrschung des Geländes, sei es durch abwechslungsreiche Terrassen an Hanglagen oder die Betonung weiter Ebenen.

Der Garten, der in dieser Zeit des Hochfeudalismus als wichtiges Element die ländlichen Gegenden prägt, bestimmt heute noch unsere Landschaft. Die großzügige Schönheit der Garten- und Parkanlagen der Besitzungen bot Anregung für die Gestaltung von Gärten, die bei Rittergütern, Bauernhöfen und Mühlen angelegt wurden. In einer bescheideneren Form zeigten sich diese Einflüsse auch in Pfarr- und Schulgärten. Typisch für diese Übernahme in den bäuerlich-dörflichen Bereich ist die feinfühlige Anpassung an die ländliche Umgebung und ein bestimmtes »Umformen« der unter den großzügigen Bedingungen der herrschaftlichen Parks und Gärten geltenden Grundsätze zu Regeln, die den Verhältnissen und Bedürfnissen des dörflichen Lebens entsprechen.

Die wirtschaftlichen und gesellschaftlichen Geschehnisse zu Ende des 18. Jahrhunderts waren unter anderem auch durch die kritische Betrachtung des bis dahin dominierenden Barockgartens charakterisiert. Die verknöcherte, steife Etikette findet ihren Gegenpol in den von den Gedanken des französischen Philosophen Rousseau beeinflußten neuen Geistesströmungen, die Rückkehr zur Natur proklamierten. Damit deutet sich eine neue Richtung in der Gestaltung des Gartens und der Umwelt des Menschen überhaupt an.

Aber der Weg zu dieser Neuentdeckung der Naturschönheiten verlief keineswegs geradlinig. Seine Spuren hinterließ vor allem der Romantizismus, als sich noch lange und in vielen Gartenanlagen romantische Einsiedeleien, künstliche Ruinen, Nachahmungen der ägyptischen Pyramiden und türkischer Minarette hielten. Sie machten die Gärten zu einem Kuriositätenkabinett auf Kosten einer großzügigen Gesamtgestaltung.

Einfluß auf die Rückkehr der Natur in den Garten übte auch die chinesische Gartenkunst aus, die in ihrer Grundkonzeption von der freien Natur ausgeht. Diese Erkenntnisquelle allein konnte die Bedürfnisse der sich neu formierenden Gesellschaft natürlich nicht befriedigen, denn sie war zu stark durch die Natursymbolik belastet. Der Garten war eher eine Übersicht über diese Symbole als der Ausdruck einer den neuen Ansprüchen des Menschen dienenden Natur.

Erst als in Europa die aus England stammende Art der Landschaftsgestaltung Einzug hielt, die aus der Natur Inspiration schöpft und sie nach den Forderungen der Zeit und der Gesellschaft weiterentwickelt, konnte sich die richtige Beziehung zwischen modernem Menschen und Natur entwickeln. Grundlage des Gartens ist die Natur selbst, die Architektur ist nur ein unbedeutendes Motiv, das die Wirkung des natürlichen Charakters nur unterstreichen soll. Und so wandelte sich der romantische Landschaftsgarten allmählich in eine natürliche Landschaftsanlage. Diese »englischen Gärten« wurden ab Mitte des vorigen Jahrhunderts zum Ideal der Gartenarchitektur.

Der Garten und sein Wert für den Menschen waren also in der Vergangenheit einem fühlbaren Wandel unterworfen. Und so sind auch die heutige Form und Funktion des Gartens nicht ohne diese lange historische Entwicklung zu denken. Intensität und Umfang des Wandels in der Gartengestaltung werden auch in Zukunft den im gesellschaftlichen Leben eintretenden Veränderungen angepaßt sein.

Zier- und Nutzgarten

Gartengestaltung und wirtschaftliche Nutzung des Gartens werden zu Unrecht häufig als unvereinbare Gegensätze gesehen. Es wird deshalb oft die Meinung vertreten, daß sich Schönheit und wirtschaftliche Nutzung des Gartens gegenseitig ausschließen. Die Folge sind Fehler und Unzulänglichkeiten, die sich in der Konzipierung und Ausnutzung des Gartenraumes zeigen.

Gute, ästhetische Raumwirkung und wirtschaftliche Nutzung einer Gartenanlage sollte man nie trennen, denn jedes Element, das im Garten Nutzen bringt, sollte auch gleichzeitig einen angenehmen Anblick bieten. Wie wichtig es ist, beide Funktionen miteinander zu verbinden, zeigen vor allem die kleinen Gartenanlagen. Auf einer Fläche von 300 oder 400 m² lassen sich nur schwer zwei voneinander unabhängige Räume für den Zier- und Nutzgarten schaffen, wie es recht gut einst in großen Gärten möglich war. Unter den heutigen Verhältnissen sollte nicht mehr in den Kategorien Nutz- und Zier- bzw. Erholungsbereich gedacht werden, sondern der Garten sollte eher die Verbindung des Schönen mit dem Nützlichen sein.

Das soll nicht heißen, daß Gemüse und Blumen, Erdbeeren und Steingartenpflanzen wahllos und ohne Überlegung nebeneinander stehen sollen und dann diese »Mischung« als Beispiel für die Verbindung des Schönen mit dem Nützlichen anzusehen ist. Die zierenden und wirtschaftlich genutzten Flächen oder Elemente müssen äußerst sorgfältig und bis in alle Einzelheiten in einem durchdachten System miteinander verbunden werden.

Bei der Gestaltung des Gartens geht es darum, die verschiedenen Elemente in eine Beziehung zueinander zu setzen. Oberster Grundsatz dabei ist, daß sich ihre Funktionen nicht gegenseitig widersprechen dürfen. So ist beispielsweise der direkte Ausblick vom Erholungsbereich des Gartens auf eine musterhaft gepflegte Obstanlage eine Komposition, bei der beiden Ansprüchen — der Schönheit und dem Nutzen — Genüge getan wird. Nur schwerlich läßt sich in einem solchen Fall sagen, wo die wirtschaftliche und wo die ästhetische Funktion dieses Raumes beginnt und wo sie endet. Obstspaliere und Beerensträucherhecken können neben ihrer wirtschaftlichen Bedeutung gleichzeitig den Garten abgrenzen oder ihn räumlich gliedern. Da es sich um ein gleichmäßig geformtes gestalterisches Element handelt, können regelmäßig oder geometrisch angelegte Gartenbereiche sich ausgezeichnet ergänzen. Einzeln stehende Obstbäume dagegen eignen sich als direkter Bestandteil unregelmäßig gestalteter Gartenräume. Dafür benutze man vor allem die Arten, die keinen allzu radikalen und häufigen Schnitt oder keinen besonderen Kronenaufbau brauchen. Gedacht sei an Hasel- und Walnußbäume, Sauer- und Süßkirschen, Johannisbeeren u.ä. Die Anordnung dieser Gehölze im Garten kann nahezu analog der der Ziergewächse sein. Das heißt, sie können unregelmäßig gesetzt und auch zusammen mit Zierpflanzen kombiniert werden, beispielsweise mit Stauden. Auf gleiche Weise können sich Wasserschöpfbecken, Bienenstand, Gewächshaus und Frühbeetkasten harmonisch in das Ganze einfügen.

Es gibt unter unseren Bedingungen eine Reihe von Elementen, die den Charakter einer Gartenanlage wesentlich bestimmen. Bei ihrer Konzipierung gilt deshalb der Grundsatz der Einheit von Schönheit und Zweckmäßigkeit in besonderem Maße.

Ein sehr typisches zu dieser Kategorie gehörendes Element ist der Zaun. Am meisten stört bei einigen Zäunen, daß sie wie ein zwangsweiser Abschluß des Gartengrundstücks wirken; sie schließen ohne Übergang und unlogisch

▲ Horizontaler Wasserspiegel und senkrecht wachsende Wasserpflanzen — gegensätzlich und doch harmonisch. In der Nähe von Wasserflächen bevorzugen wir Pflaster aus Natursteinen (10)

Ein überdachter Ruheplatz stellt die Verbindung zwischen Gebäude und Garten her (11)

▼ Eine dichte Hecke dient als Schutzwand gegen Staub und Lärm (12)

die Gartenkompositionen ab und machen den Garten dadurch leicht zu einem Gehege oder Käfig. Ohne die Nutzbestimmung des Zaunes mindern zu wollen, sollte er vom Gesichtspunkt der Ästhetik ein bestimmter logischer Abschluß des Gartens oder eine Fortsetzung seiner Gestaltung sein. Der gleiche Zweck wird erfüllt, wenn er als Rahmen des Gesamtbildes der Gartenanlage betrachtet wird. Der Zaun sollte deshalb in den einzelnen Gartenabschnitten in seiner Ausführung der Funktion der anliegenden Gartenräume entsprechen.

Einen ähnlichen Stellenwert haben Gartenwege. Rasenwege können gleichzeitig ästhetisch sein und die Wohnfunktion eines Rasens erfüllen; Wege mit fester Fläche lassen sich harmonisch in die Gesamtgestaltung des Gartens eingliedern und können eine harmonische Verbindung zwischen den verschiedenen Bereichen im Garten herstellen. So kann beispielsweise ein Weg aus Natursteinen den Charakter der Gartenterrasse fortsetzen, wenn für beide das gleiche Material Verwendung findet. Von den Gartenwegen aus kann dann die Gestaltung der einzelnen Gartenräume erfolgen. Wegen kommt also nicht nur eine reine Betriebsfunktion zu.

Der Eindruck von Harmonie und Schönheit eines Gartens sollte auch durch die Nutzpflanzenkulturen nicht gestört werden. Wie sauber bestellte Felder auf uns auf ihre Art schön wirken, so sollte auch das Obst- und Gemüseland in unserem Garten durch ausgezeichnete Pflege, systematische Anordnung, Sauberkeit, hervorragenden Gesundheitszustand der Pflanzen u.ä. bestechen. Harmonie schaffen wir beispielsweise auch dadurch, daß wir gleiche Arten zueinander stellen, also z.B. Apfelbaum zu Apfelbaum und Pflaumenbaum zu Pflaumenbaum und ein wirres Durcheinander der einzelnen Arten nicht zulassen.

Die Einheit von Harmonie und wirtschaftlicher Zweckmäßigkeit als eines der Grundprinzipien der Gartengestaltung gibt uns die Leitlinie für die Anordnung unseres Gartens. Diesem Prinzip würde beispielsweise entgegenstehen, eine Pergola oder einen Laubengang und eine Vielzahl farbiger und wuchsfreudiger Pflanzenarten in den Garten eines schönen alten Bauernhauses zu setzen. Die gestalterische Originalität bei diesem Objekt müßte deshalb darin liegen, die ursprüngliche Wirtschaftsfunktion dieses Raumes auch für die Erholungsfunktion ästhetisch umzugestalten. Der Hof könnte beispielsweise durch Anlage eines Rasens und Einbeziehung des alten Brunnens zu einem Wohngarten umfunktioniert werden, in dem dem verbreiterten Vorgarten die Rolle einer Gartenterrasse zukommt, eine Linde oder Kastanie Schatten spendet, an den Wänden Wein, Efeu oder Kletterrosen ranken und Fliederbüsche, Schneeball, Pimpernuß, Geranien und Rosmarin für Farbigkeit sorgen.

Dieses Beispiel zeigt, wie höchst aktuell und lebendig die Problematik der engen Verbindung von Gestaltung und Zweckmäßigkeit eines Gartens ist. Und dieses Prinzip muß nicht nur bei der Planung neuer Anlagen, sondern auch bei der Neugestaltung alter Gärten gegenwärtig sein.

Gartengestaltung

Anordnung des Gartenraumes

Welchen Charakter man einem Garten durch seine Gestaltung verleiht, hängt immer von der erwarteten Funktion ab. Im wesentlichen läßt sich diese in eine wirtschaftliche, eine mikroklimatisch-hygienische und eine gesellschaftliche Funktion unterteilen. Diese Aufgaben werden in der Praxis in jedem einzelnen Fall sehr individuell miteinander kombiniert.

Eine überwiegend ökonomische Bedeutung hat in der Regel der Obst- und Gemüseanbau im Garten. Merkmal für die Nutzung der zu diesem Zweck verfügbaren Flächen ist größtmögliche Intensität. Dieses Ziel wird aber nur erreicht, wenn bestimmte Grundsätze beachtet werden.

Ein wichtiger Wachstumsfaktor ist das Licht. Je mehr Licht die Kulturen bekommen, desto höher sind die Erträge

Garten als Verlängerung des Wohnbereiches. Die große Terrasse ist bewohnbar. Beim Blick aus dem Fenster sieht man den von der Mauer und den hohen Gehölzen im Hintergrund begrenzten Gartenteil (14)

Kontrast und Harmonie. Die harmonischen Linien des Steingartens werden von schlanken Koniferen belebt (13)

Voraussetzung für einen hohen Ernteertrag im Nutzgarten ist der Wechsel der angebauten Kulturen (Fruchtwechsel). Dieses Prinzip hält man in der Regel bei einjährigen und kurzzeitigen Kulturen ein, bei Dauerkulturen wird es jedoch vernachlässigt. Der systematische Wechsel der Nutzpflanzen muß bereits im vorhinein, bei der Planung des Gartens, durchdacht werden.

Das System der lang- und kurzzeitigen Fruchtfolge hat neben der rationellen Ausnutzung des Bodens auch andere Vorteile. Durch die für kurzlebige Kulturen bereitgestellten größeren, zusammenhängenden Gartenflächen entsteht ein geschlossener Bereich niedriger Pflanzenbestände, so daß Sonne und Luft gut in den inneren Gartenraum dringen können. Damit wird das Gartenmilieu insgesamt gesünder, und auch eine Reihe von Krankheiten und tierischen Schädlingen kann sich in diesem gut durchlüfteten und durchsonnten Bereich weitaus schwerer ausbreiten.

Die mikroklimatisch-hygienische Funktion des Gartenraumes besteht darin, daß ein das Haus umgebender Garten sehr unmittelbar die Hygiene und das Mikroklima der Wohnräume beeinflußt und verbessert. Das Pflanzengrün wirkt kühlend, hat Einfluß auf die Regulierung des Wasserhaushalts (Erhöhung der Luftfeuchtigkeit, Taubil-

und desto besser die Qualität der Produkte, die wir ernten können. Grundvoraussetzung für die größtmögliche Ausnutzung der Sonnenstrahlung ist nicht nur die richtig gewählte räumliche Anordnung der Kulturen zueinander, sondern auch die richtige Pflanzweite. Die Größe der für die wirtschaftliche Nutzung verfügbaren Fläche sollte auch die Pflanzenmenge und die Artenzusammensetzung bestimmen. Auf kleinem Raum wird man nur schwachwüchsige Obstgehölze und einjährige, schnell wachsende Gemüsearten anbauen können.

Die Intensität der Nutzung wird sehr wesentlich von Bodenqualität, Klima, Wasserverhältnissen und anderen natürlichen Bedingungen bestimmt. Auch wenn sich diese in gewissem Umfang in der gewünschten Richtung beeinflussen lassen, vollkommen verändern kann man sie meist nicht. Die Wahl der Nutzpflanzen sollte also nach den gegebenen Verhältnissen getroffen und angepaßt werden.

Die grüne Wand aus Laubgehölzen sorgt für Intimität, verbessert das Mikroklima und dient als Lärm- und Staubschutz (15)

dung) und verlangsamt in gewünschtem Maße den Wasserkreislauf in der Natur. Unter den Bedingungen unserer heutigen Gartenanlagen sind Rasenflächen ungemein wichtig, denn sie nehmen die Niederschläge bei weitem besser auf als beispielsweise vegetationsloser Boden.

Die Grünpflanzenbestände des Gartens beeinflussen auch die Luftströmung. Bei der Beurteilung dieses Faktors stehen sich Nützlichkeit und Schädlichkeit der einzelnen Windrichtungen gegenüber, je nach der Funktion, die der oder jener Gartenbereich erfüllen soll. In Gartenanlagen, in denen Apfelbestände überwiegen, wird man versuchen, die Winde aufzuhalten, die in der zweiten Sommerhälfte und im Herbst zu einem frühzeitigen Abfallen der Früchte beitragen können. Für Gärten in Tallagen sind alle Winde nützlich, denn sie unterstützen die Durchlüftung. Die Luftströmungen lassen sich durch Anlegen von windbrechenden oder halbdurchlässigen Hecken und durch deren Höhe beeinflussen.

Die Atmosphäre zwischen den Grünanlagen ist auch weit weniger staubig, denn die Blattflächen wirken als Staubfilter. Je größer die Blattfläche, umso spürbarer ist die Wirkung. Durch die verringerte Luftgeschwindigkeit bleiben die vom Wind herangetragenen Staubteilchen schon beim ersten Auftreffen auf diesen Pflanzenteilen hängen. Das bedeutet aber auch, daß der Staubanteil in unmittelbarer Nähe des Schutzstreifens wesentlich höher ist und deshalb dort weder eine Terrasse noch der Erholungsbereich angeordnet werden sollte.

Hecken und Gehölze bilden aber nicht nur einen Staub- und Windschutz, sondern auch einen Lärmschutz. Auch dabei spielen die Blattflächen wieder die entscheidende Rolle. Am wirksamsten sind Gehölze mit behaarten Blättern, aber auch gut gepflegte Rasenflächen erfüllen diese Aufgabe. Grünpflanzen beeinflussen auch die Konzentration von Mikroorganismen in der Luft. Viele Pflanzen scheiden in die Atmosphäre ätherische Öle, Harze und andere Stoffe aus, die auf die Entwicklung der Mikroflora hemmend wirken. Viele Mikroorganismen setzen sich auch am Blattwerk ab, wo sie durch Adhäsion gebunden und leichter durch die Sonnenstrahlung vernichtet werden können. Nicht zu unterschätzen ist auch die insektenabweisende Wirkung vieler Pflanzenarten.

Eine äußerst wichtige hygienische Funktion der Flora ist ihr Einfluß auf den Sauerstoffkreislauf; nicht zu unterschätzen ist die psychologische Wirkung der Pflanzenwelt auf den Menschen. Je harmonischer und gestalterisch ausgewogen ein Garten ist, umso positiver beeinflußt er den seelischen und dadurch auch den physischen Zustand des Menschen.

Um die mikroklimatisch-hygienischen Verhältnisse im Gartenbereich tatsächlich optimal verbessern zu können, sollten bei der Planung der Anlage folgende Regeln befolgt werden:

Die Verknüpfung von Wohnraum und Gartenbereich sollte so eng sein, daß die Pflanzungen direkt an die Wohnung anschließen. In den Bepflanzungsplänen sollte mehr die abgestufte Anordnung der Pflanzen Eingang finden, etwa in der Kombination von Unterpflanzung (also Schatten vertragenden Arten) und höheren Gehölzarten. Genauso lassen sich Zierstauden unter Obstbäume setzen. Einen wichtigen Stellenwert nehmen in bezug auf die mikroklimatisch-hygienischen Verhältnisse Nadelgehölze und wintergrüne Arten ein, ganz abgesehen von den Kletterpflanzen. Diese verdienen wirklich mehr Aufmerksamkeit, denn sie verhindern durch ihre schattengebende Wirkung die übermäßige Erwärmung von Wänden und technischen Anlagen während der warmen, sonnigen Sommertage und senken damit die unangenehme Wärmeabstrahlung dieser Objekte in der Nacht auf das Minimum.

Ein äußerst vielseitiges und intensiv wirkendes Element ist der Rasen. Er ermöglicht das größtmögliche Einsickern von Wasser in den Boden, schützt die Umgebung vor Staub und Lärm, fördert das Leben der Mikroorganismen im Boden und hat, verglichen mit den übrigen Pflanzenräumen des Gartens, eine weit größere Blattfläche, so daß er viele weitere mikroklimatisch-hygienische Prozesse wesentlich beeinflußt. Da der verfügbare Raum meist sehr beschränkt

- Laubgehölze
- Sträucher
- Sträucher-Gruppe
- Koniferen
- Strauchartige Koniferen
- Gruppe strauchartiger Koniferen
- Hecke
- Beet- und Sommerpflanzen
- Farne
- Höhere und mittelhohe Gräser
- Niedrige Gräser
- Einzelnstehende Stauden
- Gruppen höherer Stauden

Erläuterung der in den Zeichnungen verwendeten Symbole (16)

Laube. In größeren Gärten können mehrere Pergolen einen Laubengang bilden. In unserem Beispiel ist jeder Laubenteil mit einem anderen Klettergehölz bewachsen, das auf die übrigen optisch abgestimmt ist. Entlang des Zauns bilden Gehölze eine Hecke. Im Vorgarten dominieren ein Baumhaselstrauch (Corylus colurna) und die Douglasie (Pseudotsuga menziesii). Im Frühling fallen durch Farbe und Duft Azaleen-, im Herbst dann die Staudengruppen auf (17)

ist, wird man für Grasflächen nur selten einseitig nutzbaren Rasen wählen können, sondern muß auf Hilfsflächen ausweichen. Diesem Zweck können weniger häufig begangene Wege, abfallende Terrassenseiten und auch befestigte Flächen am Haus dienen. Man wird auch unter diesem Gesichtspunkt alles tun, um den Gartenraum maximal auszunutzen.

Der gesellschaftliche Wert des Gartens liegt vor allem in seiner Erholungsfunktion und seiner ästhetischen Gesamtwirkung. Der Nutzungsgrad entspricht der Intimität dieses Raumes. Um das Gefühl der völligen Entspannung hervorzurufen und die tatsächliche, unbeschwerte Erholung zu ermöglichen, ist eine gewisse Privatatmosphäre dieses Teils des Gartens notwendig. Es geht dabei in der Hauptsache um die optische Abgeschlossenheit von der benachbarten Umgebung. Diese Bedingungen lassen sich nur in ausgewählten Teilen des Gartens schaffen.

Voraussetzung für diese Funktion ist die räumliche Verbindung von Gartenbereich und Wohnraum durch Gartentüren oder Schiebewände. Durch mehrere dieser Gartentüren wird der direkte Zutritt von den einzelnen Wohnräumen in die entsprechenden Teile des Gartens möglich. Am häufigsten genutzt werden im Erholungsraum des Gartens Terrassen und Ruheplätze. Immer sollten sie teilweise überdacht sein und in jedem Fall eine gut befestigte Grundfläche haben. Beide Bereiche werden in unmittelbarem Anschluß an die Wohnräume des Hauses oder als selbständige Gestaltungseinheiten in den verschiedenen Teilen des Gartens angelegt.

Ohne Gartenmöbel ist eine passive Erholung kaum denkbar. Bei aller Vielfalt müssen Tische, Stühle und Bänke ihrer Funktion gerecht werden und den Bedingungen im Freien angepaßt sein. Für Kinder sind Schaukeln und andere Geräte immer ein Anziehungspunkt.

Eine zur Erholung bestimmte Rasenfläche sollte in keinem Garten fehlen. Ihre Funktion muß dem aktiven Erholungszweck, der freien Bewegung von Kindern und Erwachsenen im Spiel entsprechen. In diesen Bereich gehört auch eine Wasseranlage, sei es ein Bassin, eine Brause, ein kleiner Bach oder ein Rinnsal, denn sie haben eine erhebliche Erholungs-, ästhetische und mikroklimatische Funktion. Da der Erholungsraum des Gartens auch den Kindern dienen soll, empfiehlt sich eine optimal eingerichtete Kinderecke, die natürlich so liegen muß, daß sie vom Wohnungsfenster, der Terrasse oder dem Ruheplatz aus gut einsehbar ist.

Um so oft wie möglich den Garten als Wohnbereich nutzen zu können, ist die Verteilung von Sonne und Schatten während des Tages sehr wichtig. Der Garten sollte so bepflanzt und alle Objekte sollten so angeordnet sein, daß zu jeder beliebigen Tageszeit gleichzeitig sonnige und schattige Flächen verfügbar sind. Dann wird jeder Garten gemütlich und behaglich sein, denn es bietet sich immer ein der augenblicklichen Verfassung angemessener Platz. Die Überlegungen zur Verteilung von Sonne und Schatten im Garten beziehen sich in erster Linie auf Terrassen, Ruheplätze und Rasenflächen.

Durch sinnvolle Anbringung künstlicher Beleuchtungskörper soll nicht nur das sichere Begehen des Gartens bei Dunkelheit ermöglicht, sondern sollen auch die schönsten Gartenpartien hervorgehoben werden.

Den Wohnwert einer Gartenanlage erhöhen Wärmequellen, denn es ist meist nicht möglich, etwa im zeitigen Frühjahr, im Herbst oder an kühlen Sommerabenden längere Zeit auf der Terrasse zu sitzen. Dem können Gartenkamin, Feuerstelle oder auch andere Wärmequellen in ausgewählten Bereichen des Gartens abhelfen.

Eine Wohnterrasse verbindet das Haus mit dem Garten (18)

Bepflanzungsplan eines Stadtgartens. Die Pergola mit Schlingpflanzen verdeckt einen Teil der gepflasterten Fläche hinter dem Haus und die Terrasse, die sie vor Einsicht aus höheren Etagen der Nachbarhäuser schützt. Eine in Höhen und Farben abgestufte kompakte Bepflanzung mit Sträuchern füllt die Fläche des benachbarten Grundstücks, so daß sich ein Zaun erübrigt. An der Wand des Nachbarhauses befindet sich ein Beet mit wärmeliebenden Pflanzen und Schlinggehölzen, daneben eine Gruppe schlanker Fichten und niedriger Koniferen, die das ganze Jahr über schön wirkt. Der Nutzgarten wird durch Gehölze von der Straße abgeschirmt, aber nicht beschattet. Der Nutzgarten befindet sich in dem am wenigsten frequentierten Gartenteil. Die fensterlose Wand des Nachbarhauses ist mit Klettergehölzen bewachsen (19)

Wandel des Gartens in Raum und Zeit

Es ist eine alte, wohlbekannte Weisheit, daß ein Garten nie fertig ist. Der erreichte Stand ist immer nur eine bestimmte Stufe seiner Entwicklung. Arbeit im Garten bedeutet unbegrenzte schöpferische Tätigkeit, unablässige Beeinflussung der Entwicklung im Sinne unserer Wünsche und Vorstellungen vom Gartenraum als Einheit. Diese Betrachtungen über die räumliche Gestaltung eines Gartens wären deshalb unvollständig, würden nicht die so wichtigen Faktoren Raum und Zeit berücksichtigt.

Ändern wird sich mit der Zeit vor allem die wirtschaftliche Ertragsfähigkeit des Gartens, etwa bei Obstgehölzen, bei denen größere Erträge erst nach mehreren Jahren zu erwarten sind. Diese Zeitspanne läßt sich durch Beerenobst überbrücken, beispielsweise durch Johannisbeeren, Stachelbeeren, Himbeeren und Brombeeren, nicht zu vergessen die Erdbeeren. Den steigenden Erträgen an Kern- und Steinobst angemessen, wird man im Laufe der Jahre den Anbau von Beerenobst verringern müssen. Unter bestimmten Voraussetzungen läßt sich der anfänglich niedrigere Ertrag, etwa bei Äpfeln, je nach der Typenunterlage erhöhen, indem eine größere Anzahl Bäume ausgepflanzt und mit der Zeit wieder reduziert wird.

Auch der Ziergarten sieht von Jahr zu Jahr anders aus. In der ersten Zeit, wenn die Gehölze noch klein sind, wirkt er meist nicht sehr harmonisch. Es dauert manchmal zehn Jahre und mehr, bis der Garten zu seiner vollen Schönheit heranwächst. Für die Zwischenzeit bieten sich viele schöne Arten an, die schnellwüchsig sind und später wenigstens teilweise wieder herausgenommen werden können, um die Endpflanzung im Wachstum und in der Wirkung nicht zu gefährden.

Diese vorübergehenden Bepflanzungen können von unterschiedlichstem Charakter sein.

Natürlich bieten sich in erster Linie schnellwachsende Gehölze an, die schon nach verhältnismäßig kurzer Zeit

Ruheplatz mit Pergola. Der Ruheplatz kann mit architektonischen Elementen und Grün betont bzw. teilweise verdeckt werden. In unserem Beispiel diente die Pergola diesem Zweck. Der Ruheplatz verfügt über Sitzplätze und Gartengrill. In der Vegetation dominiert der Hirschkolbensumach (Rhus typhina), *sein Gegenstück bilden Hortensien* (Hydrangea). *Der Grillplatz ist durch eine immergrüne Hecke aus Liguster* (Ligustrum) *abgeschirmt. Die Pergola wird von Klettergehölzen bewachsen. Ein Gemisch aus mittelhohen Stauden an der Pergola verleiht dieser Komposition Farbe und Duft (21)*

Großer Ruheplatz. Rechts vom Eingang liegt ein Sandkasten, links eine Feuerstelle. Die Feuerstellenecke ist von den übrigen Ruheplatzteilen durch eine Hecke getrennt, ergänzt um den Ahorn (Acer japonicum) *und den Chinesischen Wacholder* (Juniperus chinensis). *Der Bergahorn* (Acer pseudoplatanus) *bietet angenehmen Schatten, in dem ein weiterer Sitzplatz sein kann. Vor dem Ahorn wachsen Ginster* (Genista) *und Tamarisken* (Tamarix), *die vom Ruheplatz gesehen eine lebende Wand bilden. Der Blick über den Sandkasten führt zu einer Staudengruppe mit säulenförmigem Wacholder (20)*

eine höhere, geschlossene Kulisse bilden. Bei diesen Anlagen muß sehr sorgfältig auf ein etwaiges Konkurrenzverhalten zu den übrigen Arten geachtet werden. Es passiert nicht selten, daß diese als Übergang gedachten Arten die Endbepflanzung unterdrücken oder für immer schwächen, so daß sich die ursprüngliche Absicht entweder überhaupt nicht oder nur mit erheblicher Zeitverzögerung verwirklichen läßt. Schnellwachsende Gehölze müssen deshalb als zeitliche Zwischenpflanzung in einem solchen Abstand von der Endpflanzung gesetzt werden, daß sie ihr nicht gefährlich werden können.

Als weitere Variante bietet sich eine dichtere Bepflanzung an, so daß die einzelnen Exemplare früher ihren Habitus erhalten und die ganze Anlage früher als geschlossene Einheit wirkt. Damit entsteht eine Gehölzgruppe, die durch ihre Kompaktheit wirkt. Geschlossene Pflanzungen sind auch biologisch wertvoll, denn durch die Gruppenbepflanzung entsteht im Bestand ein günstigeres Mikroklima, besonders an trockenen Standorten. Außerdem sinkt die Gefahr der Verunkrautung, so daß ein schnelleres Wachstum der Pflanzen unterstützt wird. Als Pflanzenmaterial eignen sich nicht nur Sträucher, sondern auch Bäume. Diese dichten Gruppen können entweder vorübergehenden oder dauernden Charakter haben.

Bei zeitlich begrenzten Zwischenpflanzungen muß recht planmäßig vorgegangen werden. Um den harmonischen Gesamteindruck dieses Teils des Gartens von Anfang an zu gewährleisten, werden solche Arten gewählt, die in ihrem Habitus zueinander passen. So läßt sich beispielsweise eine Jungpflanzung kriechender Wacholderarten durch mittelhohe Dauergräser auffüllen, für Kiefern bilden niedrige Strauchrosen u.ä. eine gute Ergänzung.

Unbestritten gehört den Blumen die führende Rolle als zeitlich begrenzte Gewächse. Gehölze wirken durch ihre Masse, also vor allem räumlich, Blumen dagegen durch ihre Farbenpracht. Blumenreichtum in einem neu angelegten Garten kann deshalb zum großen Teil die geringe Raumwirkung der jungen Gehölze und auch andere gestalterisch nicht gelungene Züge verdecken.

Eine besondere Rolle unter den als Zwischenpflanzung geeigneten Arten spielen die Kletterpflanzen. In verhältnismäßig kurzer Zeit sind sie in der Lage, verschiedene Stützkonstruktionen zu bedecken und sich sogar mehrere Meter hoch zu ranken. Im neu angelegten Garten können auf diese Weise verschieden Isolier- und Trennwände entstehen, die die notwendige Intimität schaffen oder vor Staub und Lärm schützen. Die mit Kletterpflanzen bewachsene Pergola bietet genügend Schatten, bis die jungen Bäume heranwachsen.

Auch die mikroklimatisch-hygienischen Verhältnisse in unserem Garten werden sich im Laufe der Jahre ändern. Dem kann auch das ausgewählte Pflanzensortiment entsprechen. Wenn der Garten nicht an sich schon geschützt liegt, sollte man mit dem Auspflanzen wärmeliebender Arten besser so lange warten, bis sich das Mikroklima durch die herangewachsene Vegetation verbessert hat. Andererseits können ausgewachsene Bestände eines bestimmten Typs die Pflege der früher ausgezeichnet gedeihenden Arten komplizieren oder gar unmöglich machen. Eine größere Gruppe Birken oder Pappeln beispielsweise verringert sehr deutlich die Zahl der Arten, die sich in ihrer Nähe erfolgreich anpflanzen lassen. Der Grund dafür ist ihr weit ausgebreitetes, flach liegendes Wurzelsystem, mit dem andere Pflanzen nur schwer konkurrieren können.

Die Änderungen, die sich im Garten in Raum und Zeit abspielen, sind durch den biologischen Charakter des verwendeten Materials gegeben. Bei der Gestaltung eines Gartens muß man also nicht nur damit rechnen, daß Pflanzen gesetzt, sondern auch damit, daß sie wieder entfernt werden.

Ein Gartenkamin kann am Ruheplatz dominieren und den Aufenthalt im Garten bis in die Nachtstunden verlängern (23)

Der schöne Garten

Der Mensch verbringt in seinem Heim und im Garten einen beträchtlichen Teil seines Lebens; hier wachsen die Kinder heran und formen sich die grundlegenden Familienbeziehungen. Deshalb sollte es niemandem gleichgültig sein, wie dieses Umfeld durch seine Gestaltung auf jeden einzelnen wirkt.

Wer den Garten unter diesen Aspekten betrachtet, für den werden Harmonie und Schönheit als ganz selbstverständliche Züge und geradeso wichtig wie der wirtschaftliche Ertrag sein.

Der schöne Garten entsteht nicht durch bloße Ansammlung schöner Einzelheiten. Wenn nicht gleichzeitig auch ihre gegenseitigen räumlich harmonischen Beziehungen gelöst werden, kann im besten Fall nur eine Sammlung schöner Details, niemals aber ein schöner Garten dabei herauskommen.

Auch wenn es keine Schablone und genaue Regeln für die Gartengestaltung gibt, seien wenigstens einige allgemeingültige ästhetische Grundsätze genannt.

Beispiel für die Verbindung zwischen der wirtschaftlichen und der ästhetischen Funktion des Gartens. Die Wohnterrasse mit Pergola und Bassin bildet ein Bindeglied zwischen Haus und Garten. Der Garten wurde als rasenbewachsener Hof mit Brunnen und Gartensitzbank, beschattet von einem hohen Baum (Walnußbaum, Roßkastanie, Linde), aufgefaßt. Hinter diesem Gartenteil befinden sich auf einer gepflegten Rasenfläche Obstbäume. Der Garten ist von einer rebenbewachsenen Wand eingefriedet und von einer geschnittenen Hecke begrenzt. Gegenüber vom Obstgarten liegen die Gemüsebeete, die vom Ziergarten mit einer Gartenstatue optisch durch Laub- und Nadelgehölze getrennt sind. Beim Betreten des Gartens von der Terrasse her ist der Blick auf die Statue nicht gestört, da dazwischen Zwerggehölze stehen (22)

Gestalterische Aspekte einer Gartenanlage

Die Gestaltung des Naturelements Garten unterliegt im Grunde den gleichen, allgemein gültigen ästhetischen Gesetzmäßigkeiten, wie alles künstlerische Schaffen an sich. Den Ausgangspunkt müssen im Prinzip die ästhetischen Besonderheiten aller eingesetzten Naturelemente bilden, denn sie werden immer die wesentlichste Komponente sein. Eine sehr wichtige Rolle spielen die Raumfunktion des Grüns, die Wirkung und Struktur der Grünflächen, nicht zu vergessen Farben, Licht und Schatten u. ä. Letztendlich wird die Gestaltung der ganzen Anlage doch der Einheit von Wirtschaftlichkeit und ästhetischer Auffassung unterworfen.

Naturelemente im Garten
Wenn der Gartenraum nach ästhetischen Aspekten ange-

legt werden soll, müssen die gestalterischen Werte der wichtigsten Zierpflanzengruppen gewichtet werden. Es gibt dabei erhebliche Unterschiede, nicht nur in bezug auf die Eigenschaften, bestimmte ästhetische Funktionen zu erfüllen, sondern auch hinsichtlich der Wirkung verschiedener Zierpflanzenarten auf den Menschen und seine Vorstellungswelt. Die Gartenarchitektur kann dazu auf Wasser, Terraingestaltung u.ä. nicht verzichten.

Der Entwurf eines Ziergartens ist die Kombination gestalterisch unterschiedlich wirkender Elemente der Natur mit Gebäuden, ergänzenden architektonischen Elementen und dem natürlichen Gartenumfeld.

Grundsätze der Zusammenstellung von Pflanzen

Der schöne Garten entsteht nicht automatisch, nicht einfach durch Anwesenheit schöner Pflanzen. Ein zufriedenstellendes Ergebnis erreicht nur, wer die Beziehungen zwischen den Pflanzen untereinander und ihr Verhältnis zum Gartenraum als Ganzes berücksichtigt. Die Schönheit vieler Gehölze kommt beispielsweise erst in einer bestimmten Kombination mit anderen Pflanzenarten, mit Gebäuden oder im Raum zur Geltung. Mehr über die beste Zusammenstellung der einzelnen Pflanzenarten ist in den Kapiteln über die einzelnen Hauptpflanzengruppen zu finden.

Im wesentlichen existieren zwei Grundprinzipien der Gestaltung von Zierpflanzengruppen, also zwei Arten der Kombination. Die eine ist die Zusammenstellung nach rein ästhetischen Regeln und Beziehungen, die zweite die Zusammenstellung nach Pflanzengesellschaften, also nach ihrem Auftreten in der freien Natur.

Ziergartenräume nach rein ästhetischen Gesichtspunkten

Eines der Grundprinzipien ist die Zusammenpflanzung von

Farblich gelungener Vorgarten mit einem Gemisch aus Gehölzen, Stauden und Sommerpflanzen. Die Rasenfläche mit dem Gartenweg unterstreicht die Gestaltung (24)

Kletterpflanzen haben mannigfaltige Funktionen bei der Gartengestaltung. Sie stellen vor allem eine Verbindung zwischen Gartenvegetation und -gebäuden dar. Dabei muß die Wahl der Kletterpflanzen dem Gebäude und der Stütze angepaßt werden (25)

Gewächsen nach der Blütenfarbe entweder als Harmonie oder als zueinander passende Kontrastelemente. So findet beispielsweise das Blauviolett des Flieders seine harmonische Ergänzung in dem Gelb des gleichzeitig blühenden Goldregens. Grau- oder silbrigblättrige Pflanzen wirken ähnlich wie Weiß, also als verbindendes und neutrales Element. Kontrastwirkung kann jedoch auch durch die Zusammenstellung von schlanken und ovalen Formen, groß- und kleinblättrigen Arten, Verbindung des hellen Vordergrundes von Rasen und Blumen mit dem dunklen Hintergrund der Nagelgehölze u.ä. erreicht werden.

Ein weiteres Prinzip ist die Zusammenpflanzung von Arten ähnlicher Eigenschaften, beispielsweise des Ahorns mit seinen fünffingrig gelappten Blattspreiten mit der Platane mit ähnlichem Blattwerk. Für kleine Gartenräume ist solch eine Kombination z.B. eine Gruppe von Zwergnadelgehölzen oder eine auf Blau- oder Rottöne abgestellte Gartenecke.

Zierpflanzen können auch unter dem Aspekt Zeit zusammengestellt werden, etwa als Blumenbeet, das durch seine Artenanordnung ununterbrochen vom Frühjahr bis in den Herbst in Blüte steht, oder sich im Gegenteil gerade zu einem bestimmten Termin zu seiner vollen Blütenpracht entfaltet. Ein Beispiel dafür sind Sommerblumenbeete, die während der Ferienzeit voll erblühen, oder Gehölzgruppen mit Frühlingsschmuck- oder Herbstlaubwirkung.

Ziergartenräume im Stil natürlicher Pflanzengesellschaften

Hauptzweck dieses Gartencharakters ist nicht die Zusammenstellung der Bepflanzung nach dem bloßen Zusammenspiel von Farben und Formen wie im vorhergehenden Fall, sondern die ästhetische Wirkung der freien Natur.

Bei dieser Stilrichtung sollte immer von den gegebenen örtlichen Bedingungen ausgegangen werden, um das Ziel verwirklichen zu können, den Garten eng in die umgebende Landschaft einzugliedern. Diese Anordnung kann jedoch auch für einen einzigen, eventuell auch kleineren Abschnitt des Gartens gewählt werden. Als Naturpartien empfehlen sich Heidelandschaften, Schwertlilienwiesen, Trockenhänge u.ä. Bei diesen Nachbildungen der freien Natur unter den Bedingungen eines künstlich geschaffenen Umfeldes besteht jedoch die große Gefahr, daß der ursprünglich gut gemeinte Plan in Kitsch umschlägt. Ein in der Ebene aus einem Haufen Steinen hergerichteter Felsenhang ist genauso geschmacklos wie eine Heidepartie dicht vor einer Ziegelmauer oder neben Betonstufen. Um die natürlichen Elemente in ihren charakteristischen Zügen recht zur Geltung bringen zu können, ist sehr viel Verständnis und Geduld für diese Arbeiten notwendig. Wenn man diese Naturpartien anordnet und gestaltet, muß man immer die Gesamtkonzeption des Gartens im Auge behalten. Wenn mehrere dieser Naturpartien mechanisch nebeneinander angelegt werden, wird der Garten leicht eine Sammlung vieler kleiner Gärtchen, der nie zu einer einheitlichen und schönen Gesamtwirkung gelangt.

Aber auch in Naturpartien müssen nicht immer nur Arten wachsen, die für diese Pflanzengesellschaften in freier Natur typisch sind. Anstelle der Pechnelke können ihre Züchtungen, anstelle des Gemeinen Wacholders seine säulenartig wachsenden, ausdrucksvollen Gartenformen oder die zahlreichen fremdländischen Arten gepflanzt werden. Wenn man mit feinem Gefühl Gartenformen und fremde Spezies mit den heimischen Arten kombiniert, kann der Eindruck der freien Naturlandschaft im Kulturmilieu eines Gartenraumes unterstrichen werden.

Weitere Naturelemente und ihre Bedeutung für den Garten

Neben der Pflanzenwelt hat auch der Geländecharakter für die Gestaltung eines Gartenraumes erhebliche Bedeutung. Als besonders geeignet für Ziergärten sind Gelände mit Höhenunterschieden, denn sie bieten dem Gartengestalter mehr Möglichkeiten, auch auf kleiner Gartenfläche verschiedengeartete Teilpartien anzulegen, ohne die Gesamtkonzeption des Gartens zu stören. Die steile Böschung bietet einen ausgezeichneten Platz für ein Alpinum, die kleinere ebene Fläche eignet sich als zusammenhängender Rasen und die Geländemulde ist wie geschaffen für einen kleinen Teich. Wegen der unterschiedlichen Geländegliederung wirken dann die einzelnen Räume ganz natürlich und keineswegs künstlich und unübersichtlich, wie etwa eine vielgestaltig bepflanzte, ebene Gartenfläche. So ein Terrain gibt auch die Möglichkeit, die Anlage aus verschiedenen Höhen zu betrachten, etwa vom Hang aus oder von unten, so daß die Gesamtwirkung des Gartens gesteigert wird.

Die Vielfalt des Geländes zeigt sich in der Regel auch im unterschiedlichen Bodencharakter. Auch das ist ein Grund dafür, warum die Bepflanzungen der einzelnen Partien sehr natürlich wirken. Besonders geeignet für die Gartengestaltung ist ein Gelände, in dem sich Felsenformationen oder Findlinge über den Grund erheben, denn sie sind wertvolle Gestaltungselemente eines Gartens.

Ein ebenes Gartengrundstück läßt sich zwar nicht so vielseitig gestalten, das heißt aber nicht, daß sich daraus kein schöner Garten machen ließe. Sehr schön sind z. B. größere geschlossene Beete und Staudengruppen, sowie zusammenhängende Rasen- und Wasserflächen.

Bei dem ausreichenden räumlichen Abstand, der bei einer ebenen Anlage möglich ist, treten verschiedene dominante Elemente in den Vordergrund. Das Fehlen eines natürlich gegliederten Gartenraumes kann in bestimmtem Maße durch ein sinnvoll gewähltes System von Kulissen, Mauern und Teilwänden wettgemacht werden. Versuche, in der Ebene Höhenunterschiede zu schaffen, enden meist nicht sehr glücklich, weil diese Anhäufungen ganz augenscheinlich künstliche Züge tragen, beispielsweise ein

Koniferen, laubabwerfende Gehölze und Blumen können sehr eindrucksvolle Kompositionen bilden (26)

regelmäßiger Rasen mit abgesenkter Fläche oder die geometrische Form einer Gartenterrasse u. ä. Nur selten haben die Bemühungen, in der Ebene natürlich gegliederte Geländeabschnitte zu schaffen, den gewünschten Erfolg. Ein weiteres Naturelement, das die Wirkung eines Gartenraumes wesentlich beeinflußt, ist Wasser. Die sich auf der Wasserfläche spiegelnden Randpartien verstärken und unterstreichen die räumliche und farbliche Wirkung des Gartens. Mit der reflektierenden Strahlung hängt auch das Schimmern des Wasserspiegels an Sonnentagen zusammen. Dank diesem Effekt wird der Teich dann zu einem wichtigen Blickpunkt des Raumes. Man sollte sich dieses schönen Elementes nicht begeben, indem man den Teich mit Wasserpflanzen zuwachsen läßt oder die Wasserfläche dem Blick durch zu hohe Randbepflanzung entzieht.

Aber auch sich bewegende Wasser sind ein belebendes Element. Es kann sich um vom Wind bewegte größere Wasserflächen, aber auch um verschiedene im be-

Garten am Hang mit Neigung zum Haus hin. Die Garage ist durch eine Pergola mit dem Haus verbunden. Die gepflasterte Terrasse verfügt über eine Regenwasserableitung. Gegenüber der Terrasse ein steiniger Hang, bewachsen mit Stauden und Zwerggehölzen. Die Bäume auf dem Hanggipfel erhöhen optisch den Hang mit Blick vom Haus bzw. von der Terrasse her. Der Erholungsrasen neigt sich zum Hang hin, wodurch seine Wasseraufnahmefähigkeit bei größeren Regengüssen höher wird. An die Pergola schließt sich ein kleiner Steingarten an, der sich den Hang zunutze macht. Darüber befinden sich Gemüsebeete und eine Fläche mit Spindelobstbäumen. Obstbäume auf Halbstamm schließen das Grundstück ab (27)

schränkten Raumangebot des Gartens sehr häufige Kaskaden, kleine Wasserfälle und Wasserspiele oder einfach um einen kleinen, nicht zu langsam fließenden Bach handeln.

Wer das Glück hat, daß ein Bach durch sein Grundstück fließt, kann die natürlichen Windungen durch freie Rasen oder feinfühlig gewählte Pflanzengruppen betonen.

Die Wasserfläche sollte im Garten immer so liegen, daß sie gut zugänglich ist, also etwa am Rand einer Terrasse, neben einem Ruheplatz oder dicht am Weg.

Zu den natürlichen Elementen gehört auch die Vogelwelt, die unseren Garten durch Bewegung und Gesang belebt. Jeder Gartenfreund wird in seinem Garten Nistplätze schaffen und seine Wohnterrassen und verschiedene Gartenecken durch Vogelvolieren schmücken. Voraussetzung dafür ist, daß sie auch gestalterisch in den Gesamtcharakter des Gartens eingebaut werden.

Nutzung ästhetischer Grundsätze in der Gartengestaltung

Bei der Anlage unseres Gartens verhalten wir uns wie ein Maler, der seine räumlichen Vorstellungen Strich für Strich auf Leinwand überträgt. Auch ein Garten erweckt in uns den Eindruck eines Systems von Strichen und Linien — von Achs-, Umriß- und Perspektivlinien. Durch überlegtes Pflanzen und Ausnutzen geeigneter baulicher Elemente beeinflussen wir ihre gegenseitige Beziehung im Bild.

Linien in der Gartenkomposition

Jeder Garten sollte wie ein Bild als Ganzes zweckmäßig und schön ausgewogen sein. Auf der linken Seite sollte sich uns die gleiche Zahl von Linien darbieten wie auf der rechten. Aber um einen Ausgleich zu schaffen, nutzen wir nicht nur Linien, sondern auch verschiedene räumliche Objekte.

In einem vielgestaltigen Gelände kann es überaus interessante Partien geben. Das beste Gestaltungselement für ein solches Gelände ist Wasser (28)

An den Stellen, an denen eine größere Anzahl Linien zusammenlaufen, befinden sich meist zentrale Punkte, die auffälliger und interessanter gestaltet und als Ganzes betont werden müssen, etwa durch ein auffallendes Ziergehölz, eine Plastik u. ä. Zu diesen Punkten führen nicht nur die Linien der Gartenwege, sondern auch die des Rasenrandes und die Umrißlinien des Gehölzes oder der Gehölzgruppe.

Garten am Hang mit Neigung vom Haus weg. Das Einfamilienhaus hat eine große gepflasterte Terrasse zum Garten hin. Von hier hat man einen schönen Blick auf den ellipsenförmigen, von Stauden, Sommer-, Zweijahrs-, Zwiebel- und Knollenpflanzen — die sich schön auf dem Hintergrund der dunklen Koniferen ausnehmen — umsäumten Rasen. Dieser ist von einem Kiesweg durchzogen, der zu einem kleinen Sommerhaus führt. Neben dem Sitzplatz ein als Steingarten gestalteter Felshang. An der am tiefsten gelegenen Stelle des Gartens befindet sich ein von Gehölzen eingerahmter Rasen (29)

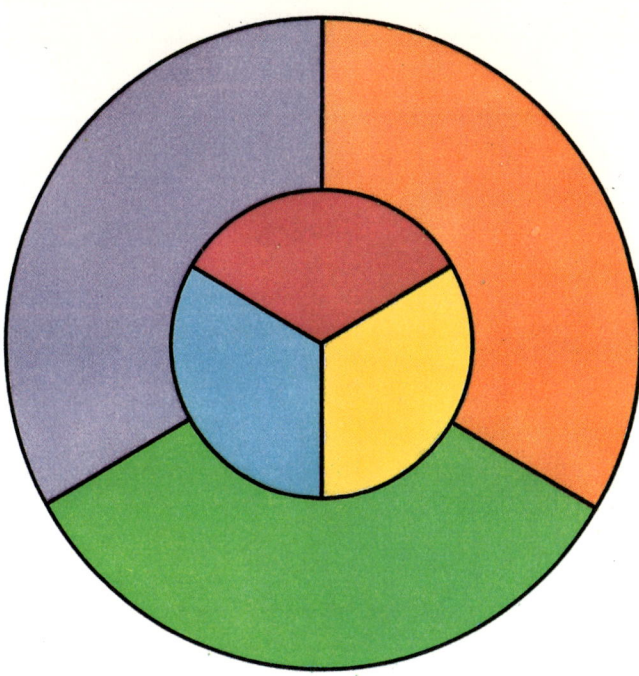

Oswaldscher Farbenkreis (30)

Blickpunkte im Gartenbild

Das hervorstechendste, die Aufmerksamkeit des Beschauers am meisten auf sich ziehende Element, kann als Dominante bezeichnet werden. Von der Straße aus übernimmt diese Aufgabe meist das Wohnhaus, beim Blick vom Haus weg kann es eine Gartenlaube, eine Pergola, ein Gartenkamin, ein Wasserbecken, eine Brücke über den Bach u. ä. sein. Als Blickpunkt kann auch ein Objekt außerhalb unseres Gartens dienen, beispielsweise ein Kirchturm, eine auffällige Baum- oder Strauchgruppe auf dem angrenzenden Feld oder eine Baumgruppe im Nachbargarten. In einem kleineren Garten wählt man als Blickpunkt einen in Wuchs, Form oder Färbung auffallenden Baum oder Strauch, der nicht nur im Sommer oder Herbst den Blick auf sich zieht, sondern auch im Winter seine Rolle erfüllt. Selbstverständlich kann auch ein Rosenbeet oder eine Blumenrabatte in der Anlage dominieren. Das dominierende Element sollte dazu in seiner Größe der ganzen Komposition entsprechen.

Soll die Dominante ihren Zweck als Blickfang erfüllen, darf nichts mit ihr konkurrieren; alles andere muß bescheiden hinter ihr zurücktreten. Am wirkungsvollsten lenkt man die Aufmerksamkeit des Beschauers durch einen Durchblick auf das Objekt, etwa durch eine als Kulisse zu beiden Seiten der Blickrichtung gestaltete Anlage, denn sie zwingt zur Konzentrierung auf die Dominante. Als Vordergrund für den gewählten zentralen Punkt eignet sich am besten ein schön gepflegter Rasen oder eine Wasserfläche. Auch die Beleuchtung muß der Rolle der Dominante gerecht werden.

Anspruchsvollere Gartenkompositionen beschränken sich nicht auf eine einzige Dominante, sondern rechnen auch mit Blickpunkten, die dem Hauptobjekt untergeordnet sind, die Idee der Gartenanlage erweitern und vertiefen und den Nutzungswert des Grundstücks erhöhen.

Unerwünschte, aber leider existierende Blickfänge, wie Schornsteine, Maste, unansehnliche Gebäude u. ä., müssen durch geschickte Gestaltung in ihrer Wirkung eliminiert oder unterdrückt werden.

Rangordnung in der Gartenkomposition

Das verbindende Element der bei der Gartengestaltung genutzten Elemente ist eine bestimmte Rangordnung.

Die einfachste Form ist die Wiederholung. Wiederholen können sich im Bild etwa Farben, Formen, Schatten, gleiche Pflanzenarten, gleiche Gesteinsarten, Rasenflächen u. ä. Finden sich jedoch einzelne Elemente zu häufig wieder, wirken sie einförmig. Durch Auspflanzen von Gehölzarten, die auch in der nächsten Umgebung wachsen, erreicht man die gewünschte Einbindung des Gartens in die Landschaft.

Eine weitere Form der Ordnung ist die Aufeinanderfolge. Im Grunde handelt es sich um eine Wiederholung, bei der sich einige Eigenschaften des wiederholten Elementes, beispielsweise Farbe, Form, Größe, Abstand u. ä. ändern.

Ein häufig verwandtes Gestaltungselement ist das Gleichgewicht; auf einem gut komponierten Bild müssen beide Seiten beim Beschauer das gleiche Interesse wecken.

In einer Farbkomposition wirken oft zwei warme Farben nebeneinander (z.B. Gelb und Rot) nicht harmonisch. Im Bild wird dieser Eindruck jedoch durch das kräftige Grün der Taglilien-Blätter aufgehoben (31)

Bei der Anwendung von Kletterpflanzen müssen Farbe und Größe der Blätter und Blüten in Gegenüberstellung zu der des Hauses in Betracht gezogen werden. Im Bild: Campsis radicans *(32)*

Üppiges Grün und optimale Sonnenbestrahlung des Hauses bilden ideale bioklimatische Bedingungen für den Menschen (33)

Illusion im Gartenbild

Obwohl das Grundprinzip der Gartengestaltung immer die Wahrhaftigkeit ist, also die reale, tatsächliche Widerspiegelung der Natur, kommen wir in vielen Fällen ohne das Mittel der Täuschung nicht aus, wenn wir Gesamteindruck und Wirkungsgrad einer Gartenkomposition steigern wollen.

Ein typisches Beispiel dafür, wie nützlich eine Illusion sein kann, ist der Abschluß eines Gartens durch Büsche und Bäume, die den Zaun verdecken. Bei Wahl der richtigen Gehölze und bei geschickter Anordnung entsteht der Eindruck, als sei das Grundstück nicht eingefriedet. Ein weiteres Beispiel für einen scheinbar zaunlosen Garten ist die Maskierung durch einen grasbewachsenen Erdwall, so daß es scheint, als ginge der Garten unmittelbar in die Landschaft über. Der Garten wirkt groß und weit und gibt einen ungestörten Ausblick in die Landschaft frei.

Sehr oft lassen sich durch entsprechende Bepflanzung die Raumwirkung und die Geländegliederung des Grundstücks scheinbar verändern. Einen zu kurzen, als Steingarten genutzten Hang kann man beispielsweise optisch verlängern, indem man ihn oben mit kriechendem Wacholder bepflanzt.

Das Prinzip der Täuschung nutzt man auch zur Beeinflussung des optischen Bildes eines Gebäudes. Ein zu langes, niedriges Haus beispielsweise läßt sich »verkürzen«, indem man einen Teil einfach durch vorgepflanzte Bäume und Sträucher verdeckt. Auch Höhenkorrekturen lassen sich auf diese Weise erreichen, etwa bei einem Gebäude, einer Mauer oder einer anderen Umzäunung.

Alle diese recht nützlichen Vorspiegelungen erhöhen die Wirkung der Gartenkomposition. Aber neben diesen für die Gestaltung wertvollen Illusionen finden wir leider nur allzuoft naive, durchsichtige Täuschungen, die den Beschauer eher beleidigen. Dazu gehören etwa ein Baumstumpf aus Beton im Steingarten, eine auf eine Holzeinfriedung gemalte Wand oder eine bemalte Betonmauer. Man unterläßt das am besten.

Harmonie und Kontrast im Gartenbild

Harmonie und Kontrast sind zwei wichtige ästhetische Grundsätze, ohne die man bei der Gestaltung eines Gartenraumes nicht auskommt und die man entweder als selbständige oder miteinander kombinierte Elemente nutzt. Harmonieren und kontrastieren können Farben, Licht und Schatten, Formen und Linien.

Ein harmonisches Bild erhält man meistens durch Zusammenstellung von Elementen, die sich in Form und Farbe ähneln, etwa verschiedene Grüntöne, wiederholte gleiche Pflanzenformen in unterschiedlicher Größe, verschieden große viereckige Steine in der Gartenmauer usw. Harmonie ist in ihrem Wesen Wiederholung, die jedoch niemals und nirgends vollständig ist, sondern mit einer gewissen, wenn auch nicht zu großen Abweichung rechnet.

Ein harmonisches Bild entsteht auch durch Änderung in der Zusammenstellung völlig gleicher Elemente; man pflanzt beispielsweise gleiche Pflanzenarten in einem Teil des Gartens in einer dichten, kompakten Gruppe und wiederholt sie in einem anderen Teil, aber als lose oder solitäre Gruppierung. Harmonische Kompositionen wirken beruhigend, denn sie sind frei von plötzlichen Wechseln, Kontrasten und Spannungen.

Kontrast ist die plötzliche Abweichung vom Gesamtbild. Einen Kontrast kann man durch Zusammenstellung aller möglichen entgegengesetzten Eigenschaften der verwendeten Elemente hervorrufen, etwa von Größen, Formen, Farbtönen, Strukturen, Licht und Schatten, Anordnung von Linien u.ä. Es handelt sich um eines der wirkungsvollsten Gestaltungsmittel, um unbedingt das Interesse zu fesseln und Bewegung, Leben, Übersicht und Klarheit in ein Bild zu bringen. Deshalb arbeitet man in der Gartengestaltung mit plötzlichen Übergängen zwischen schatten- und lichtüberfluteten Partien, hellen Skulpturen vor dunklem Hintergrund u. ä. Im Garten lassen sich auch Kontraste von Ruhe und Bewegung wirkungsvoll verknüpfen, die bei eingehender Betrachtung hervortreten, etwa die Bewegung eines schäumenden Wasserfalls und die ruhige Fläche des ihn aufnehmenden Gartenteiches.

Übermäßige und falsch eingesetzte Kontrastmittel rufen im Gegenteil Unruhe, Durcheinander und Unübersichtlichkeit hervor. Deshalb ist es dem Geschick des Gestalters vorbehalten, Harmonie und Kontrast einfühlsam und in erträglichem Maße einzusetzen, damit der Garten weder durch übermäßige Harmonie einförmig noch durch zu viel Kontraste unruhig und zerrissen wirkt.

Licht und Schatten

Für eine Gartenanlage ist der Wechsel von Licht und Schatten genauso wichtig wie die richtige Anordnung von Formen und Farben. Am hellsten ist immer der Himmel, an zweiter Stelle kommt die Wasserfläche. Etwas dunkler sind Rasenflächen, gefolgt von laubabwerfenden Laubgehölzen. Die dunkelsten Elemente der Natur sind Nadelgehölze; die Skala schließt nach unten die Eibe ab. Unter den Gehölzen lassen sich jedoch auch farbige Züchtungen finden, beispielsweise Silberölweide, Sanddorn, Silberfichte u. a., deren silbriger Farbton die Lichtintensität einer Wasserfläche hat.

Die verschiedenen Farbtöne der Gehölze dienen in der Gartengestaltung als wirkungsvolle Elemente, um bestimmte Partien hervorzuheben. Dunkle und schattige Stellen im Garten betonen wir durch Nadelgehölze, helle Partien dagegen durch hellblättrige Laubgehölze. Sonnenüberflutete Plätze bleiben der Farbenpracht der Blumen vorbehalten und schattige Partien bleiben gewöhnlich dem Ruheplatz vorbehalten.

Licht und Schatten sind im Laufe des Tages, während der Jahreszeiten und mit dem Heranwachsen der Gehölze einem ständigen Wechsel unterworfen. Daran ist zu denken, wenn man den Ruheplatz und das Pflanzenmaterial auswählt.

Farben im Gartenbild

Farben erhöhen die Wirkung der Anlage, wirken auf die Emotionen des Beschauers und rufen ganz bestimmte Stimmungen hervor. Als gestalterisches Element nutzt man Farbengleichheit, Farbenverschiedenheit oder ihre Kombination.

Farbengleichheit empfiehlt sich als gestaltendes Mittel überall dort, wo mit mehr oder weniger regelmäßigen bis ornamentalen Formen gearbeitet wird, also an oder in weiten Rasenflächen, an Teichen und Bassins und teppichartigen Blumenrabatten. Der freien, natürlichen Landschaftsgestaltung ist diese Art der ästhetischen Farbwirkung meist fremd.

Viel häufiger nutzt man im Garten das Wechselspiel einer Farbe und ihrer Farbtöne. Auch wenn keine unumstößliche Anleitung für ihre Kombination besteht, darf man in einem

Oben: Zur Gestaltung größerer Beton- oder Pflasterflächen verwendet man mit Erfolg Gefäße mit Gehölzen, Sommerpflanzen und Stauden (34)

Mitte: Der Formenreichtum der Gehölze bietet ein breites gartengestalterisches Betätigungsfeld (35)

Unten: Bei der Beurteilung der ästhetischen Wirkung eines Gartens kommt es auf den ersten Eindruck an, der zu einem Großteil in der farblichen Harmonie besteht (36)

Felspartie, gestaltet als Bergabhang. Eine Komposition, die an die umgebende Natur anschließt (37)

aber auch nicht komplementäre Farben können unter bestimmten Umständen eine wirksame Farbkombination ergeben.

Ein zweiter Faktor, der bei der Farbgestaltung wichtig ist, ist die Leuchtkraft der Farben. Als leuchtend empfinden wir alle sogenannten warmen Farben, also Rot, Orange und Gelb. Ihr Pendant sind die sogenannten kalten Farben, also blaue, grüne und violette Farbtöne. Ein Zusammenpflanzen zu leuchtender Farben, auch wenn sie komplementieren, kann zu schreiend wirken. Um zwischen zwei Farben einen harmonischen Bezug herzustellen, müssen beide in der Fläche in einem bestimmten Verhältnis zueinander stehen. Leuchtend gelbe, aber nur verstreut vor dunklen Koniferen gepflanzte Sommerblumen, sind zwar in ihrem Kontrast harmonisch, kommen jedoch nicht zur Wirkung und verlieren sich als kleine gelbe Flecke im Grün.

In der Gartenpraxis ist es selten, daß nur zwei Farben nebeneinander kommen; meist sind es drei und mehr. Sehr leicht entsteht dabei eine farbliche Disharmonie, besonders dann, wenn zu zwei zueinander passenden Farben eine dritte Fehlfarbe gepflanzt wird.

gut angelegten Garten nicht willkürlich verschiedene Farben zusammenpflanzen. Auch hier gibt es betimmte Grundsätze, die man einhalten sollte.

Am Oswaldschen Farbenkreis läßt sich das traditionelle Schema der Komplementärfarben demonstrieren. Drei Kreissektoren zeigen die Grundfarben — Rot, Gelb und Blau, durch Mischen der jeweils benachbarten Farben entstehen Orange, Grün und Violett. Komplementärfarben sind immer die beiden sich gegenüberliegenden, also Rot und Grün, Gelb und Violett, Blau und Orange. Ihre Kombination ruft im Beobachter ein angenehmes Gefühl hervor,

Entwurf des Gartens für ein Wochenendhaus in der Natur. Die Wohnterrasse ist überdacht; sie ist verlängert durch den gepflasterten Weg zur Feuerstelle und Bank. Rechts hinten befindet sich ein rasenbewachsener Wall, der den Zaun verdeckt. Eine niedrige Hecke im gegenüberliegenden Teil des Gartens verbindet ungezwungen den Vorgarten mit dem benachbarten Wald. Eine Gruppe von drei Fichten schließt den Garten optisch ab. Der übrige Teil dieser Gartenseite ist mit Gehölzen bepflanzt, die in der umgebenden Natur vorkommen. Gegenüber wachsen strauchartige Koniferen, die an die Heiden und Wacholder anknüpfen. Den Hintergrund für die Heidefläche bildet eine Eibenwand. Am Haus befindet sich ein kleiner Steinhang mit wärmeliebenden Stauden (38)

Kompositionen, die auf Beobachtungen der Natur fußen, wirken völlig natürlich (39)

Gartentypen

Die Grundkonzeption der Gartengestaltung wird meist durch die Gebäude auf dem Grundstück, die Lage und den Charakter der Umgebung sowie das Geländeprofil an sich bestimmt. Allgemein gilt für alle Gartentypen: Je kleiner der Garten, desto weniger kräftig wachsende Gehölze dürfen gewählt werden; selbstverständlich gemessen an ausgewachsenen Exemplaren. Bei der Gartenplanung müssen vor allem Wege, Ruheecke, Rasen, Kinderspielecke und auch ein kleines Wasserbassin sehr sorgfältig konzipiert werden; je nach dem beabsichtigten Nutzwert werden die übrigen Gartenteile in den Plan eingearbeitet. Es hat keinen Sinn, alle Gartencharaktere in einem einzigen Garten ver-

In einem Garten gibt es manchmal Flächen, die zu einem bestimmten Zweck erkoren zu sein scheinen. Hier zum Beispiel für einen Steingarten (40)

einigen zu wollen, das Ergebnis wäre ein unschönes Wirrwarr. Auch für eine Gartenanlage gilt das bekannte „Weniger ist oft mehr"

Vorgärten

Vorgärten sind kleinere oder größere Partien vor dem Haus zur Straße hin, die meist zur Verschönerung des Hausbereichs dienen und oft auch Teil der öffentlichen Grünanlagen sind. Kleinere Vorgärten können wegen ihrer Größe und der fehlenden Intimität nicht die Funktion des erweiterten Wohnbereichs übernehmen. Und unter diesen Aspek-

Beispiel für einen wirkungsvollen Winkel, in dem die Aufmerksamkeit auf die Uferflora geleitet wird (41)

ten wird auch gestaltet. Ist der Vorgarten eingezäunt, sollte sich auch der Zaun dem Gebäudecharakter anpassen und mit der Vorgartenbepflanzung harmonieren; ist er jedoch offen und ein Teil der öffentlichen Anlage, dann muß er so angelegt sein, daß er mit dem Bezugspunkt Straße harmoniert.

Vorgärten in mittelbarer oder unmittelbarer Nähe von Fernverkehrsstraßen sollen in erster Linie Schutzfunktion für den Wohnbereich übernehmen. Dichte, geschlossene Hecken, lebende Zäune und eine Reihe hochwachsender Gehölze mindern den unangenehmen Lärm und fangen den Straßenstaub ab.

Es gibt praktisch eine Unzahl Möglichkeiten, einen Vorgarten zu gestalten; ungeachtet dessen sollten einige wichtige Grundsätze befolgt werden.

Die Gehölze sind sehr sorgfältig auszuwählen. Man sollte Arten und Sorten bevorzugen, die weniger stark wachsen und nicht nach ein paar Jahren aus dem Vorgarten einen undurchdringlichen Wald bilden oder weder Sonne noch Licht in die Zimmer lassen. Man gibt eher Gehölzgruppen in einer Rasenfläche, freien Staudengruppen oder einer Kombination beider Typen den Vorzug. Auf keinen Fall darf die Rasenfläche überfüllt erscheinen. Die Sortenwahl muß den Licht- und Windverhältnissen sowie der Himmelsrichtung angepaßt werden. Schön wirken Rosen in einem Rasen.

Der Vorgarten wird meist durch Zugangs- und Zufahrtswege unterbrochen. Aufgabe der Gestaltung sollte es sein, diese Unterbrechungen zu mildern und nicht, sie zu betonen. Wenn weitere Verbindungswege notwendig sind, sollte man sich für Trittplatten entscheiden, die den Raum optisch nicht verkleinern. Die Gestaltung eines Vorgartens wird nicht nur durch seine Größe, sondern auch durch das Geländeprofil bestimmt. Ein Gelände mit Höhenunterschieden bietet natürlich viel mehr Möglichkeiten. Sehr schön sind in diesem Fall Steingärten, Trockenmauern u. ä.

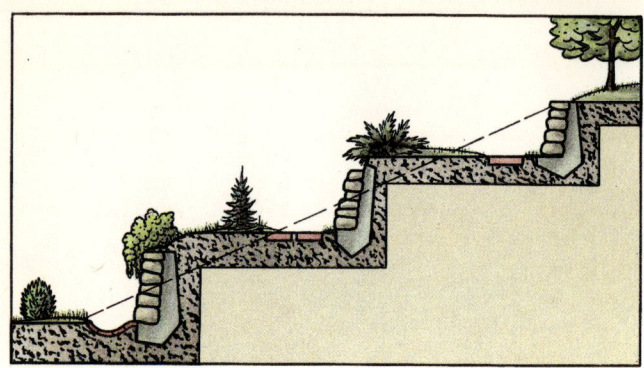

Auf abfallendem Gelände hat sich der Terrassenbau bewährt. Der Abhang wird befestigt und wirkt ästhetisch ansprechend (42)

Ist ein Vorgarten größer, kann er wenigstens zum Teil zu Wohnzwecken dienen. Und dann gelten für ihn die Grundsätze der Wohngartengestaltung.

Der Garten am Einfamilienhaus

Gärten in Villenvierteln lassen sich kaum als geschlossenes Ganzes gestalten, denn das Haus steht meist zentral und bildet das bestimmende Element. Ein solcher Garten eignet sich aber für mehrere Teilkompositionen, die immer das Haus als Blickpunkt berücksichtigen müssen.

Ungeachtet der Vielfalt der Möglichkeiten wird es immer notwendig sein, einen intimen Bereich zu schaffen, der aus den Fenstern der umliegenden Häuser auch aus höheren Stockwerken nicht einzusehen ist. Diesen Zweck erfüllt ausgezeichnet eine von Kletterpflanzen bewachsene Pergola oder eine Gruppe pyramidal angeordneter Gehölze. Wie weit man einen solchen Garten nutzen kann, hängt sehr vom guten Einvernehmen der Nachbarn ab. Wenn die Gartengrenzpartien gemeinsam gestaltet werden, beispielsweise durch einen lebenden Zaun aus immergrünen Gehölzen, wird viel Fläche frei für andere Zwecke. Auch von den Nachbarn auf der Grundstücksgrenze gemeinsam angelegte Gehölzgruppen lassen sich besser in die Anlage einbeziehen, auch wenn sie nur zum Teil auf dem eigenen Grundstück stehen.

Bei der Gestaltung eines Gartenraumes werden praktisch keine Grenzen für die Nutzung aller einen Garten verschönernden Elemente gesetzt. Die einzige Bedingung ist der ästhetische Gesichtspunkt. Es ist nicht gleich, ob das Grundstück in einem städtischen Villenviertel oder auf dem Land in unmittelbarer Nähe der freien Natur liegt. Für jeden Fall muß man sich bei der Pflanzenwahl danach richten. Auf dem Lande gibt man einem Sortiment den Vorzug, das als natürliche Verbindung zur Flora der umgebenden Natur wirkt.

Der Garten am Reihenhaus

Gärten an Reihenhäusern sind meist nur 10 Meter breit und oft um ein Vielfaches länger.

Das wichtigste Problem ist dabei, aus einem solchen Grundstück einen schönen, geschlossenen Garten zu machen. Ein langer, schmaler Garten wirkt oft bedrückend eng, wenn man nicht einige Grundsätze der Gartengestaltung beachtet.

Wichtig ist, bestimmte Proportionen zwischen der Höhe der Bepflanzung und der Breite des Grundstücks einzuhalten. Zu hohe Bäume oder Sträucher rings um den Garten verengen ihn optisch; Querverteilung in mehrere Teilpartien durch lebende Zäune, Ziermauern, geschnittene Hecken, berankte Gitter oder Pergolen lockern ihn dagegen auf und lassen ihn breiter erscheinen. Der Eindruck der räumlichen Weite wird noch gesteigert, wenn man die Hauptwege unterteilt und in verschiedenen Richtungen führt. Nie sollte man den Weg in der Mitte anlegen und schnurgerade von einem Gartenende zum andern führen. Auch wenn man dafür sorgt, daß Licht und Schatten abwechseln, wirkt der Garten dann zu steif.

In einem langen, schmalen Garten sollte man dunkle Nadelgehölze oder zu dichte, kompakte Bäume und Sträucher vermeiden und sich eher für Laubgehölze mit heller Belaubung, luftigem Habitus und leichter, durchscheinender Krone entscheiden, denn sie verbreitern den Gartenraum optisch.

Der Garten in Stadtsiedlungen

Bei diesen Gärten wird durch ihre enge räumliche Bindung an die Wohnung immer die Wohnfunktion die eines Nutzgartens überwiegen.

Bei der Planung eines von Häusern umgebenden Gartenraumes wird der Schwerpunkt immer auf der Abschirmung des Einblicks aus höhergelegenen Stockwerken und des Lärms der umgebenden Häuser liegen. Geeignet dafür sind vor allem Bäume und Sträucher, die man als lebender Zaun, Hecke oder Schutzwand pflanzt. Auch Kletterpflanzen tragen dazu bei, intime Gartenpartien zu schaffen. Zu

Diese Pflanzengruppe aus der immergrünen Bergenia cordifolia und Gräsern entlang dem Weg fesselt mit Recht die Aufmerksamkeit des Betrachters (43)

Die bizarren Formen der Bergkiefer (Latsche) dominieren in der naturnahen Felspartie, die besonders gut auf dem Hintergrund des nüchternen Gebäudes wirken (44)

Eine große Fläche in leuchtend-warmer Farbe wirkt aktiv bis eindringlich. Die wärmste Farbe tritt immer in den Vordergrund (45)

Einfache Kombination von Komplementärfarben — Rot und Grün (46)

respektieren ist vor allem das spezifische Mikroklima eines Siedlungsgartens. Infolge der Umbauung und der unterschiedlichen Himmelsrichtungen bilden sich in jedem Teil des Gartens bestimmte Bedingungen heraus und nötigen zur sorgfältigen Wahl der Pflanzen. Die Lichtverhältnisse ändern sich nicht nur im Laufe des Tages, sondern auch mit den Jahreszeiten. Sonneneinfall und Häuserschatten wandern, so daß schatten- und sonnenliebende Pflanzen die richtigen Standorte erhalten müssen. Auf der anderen Seite sind diese Gärten geeignet, gleiche Gehölzarten mit unterschiedlicher Wirkung an verschiedenen Stellen zu nutzen, denn durch die Gebäude entstehen mikroklimatische Bedingungen, die an einer Stelle früher, an der anderen später zur Blüte führen.

Auch in den Gartenräumen zwischen Mietshäusern soll Wasser als mikroklimabeeinflussender Faktor nicht fehlen. Geeignet sind z.B. kleine Bassins und Wasserspiele. Spezifisch klimaverändernd wirken auch die verschiedenen Wegebaumaterialien. Holz beispielsweise erwärmt sich nicht so stark wie Beton oder Stein und kühlt auch nicht so schnell aus.

Als Kulturen für diesen Typ Garten eignen sich sehr gut Kletterpflanzen wegen ihrer bioklimatischen und ästhetischen Funktion sowie pyramidal wachsende Gehölze wegen ihrer Raumwirkung. Aus praktischen Gründen sollte Nadel- und immergrünen Gehölzen der Vorrang vor laubabwerfenden Gehölzen eingeräumt werden.

Einige Dorfgartentypen

In den letzten Jahren dienen immer weniger Bauerngehöfte mit weiten Höfen und extensiv genutzten Gärten ihrem traditionellen Zweck als landwirtschaftliche Produktionsstätte. Sie werden meist zu reinen Wohnstätten oder zu Erholungsflächen umfunktioniert. Das Problem der Nutzung der Hof- und Gartenflächen wird durch Umwandlung in Gartenanlagen gelöst. Diese Flächen bieten durch ihre meist großräumige Ausdehnung genügend Gestaltungsmöglichkeiten.

Durch Neubepflanzung mit geeigneten Gehölzen lassen sich auch die bioklimatischen Verhältnisse des Wohnbereichs verbessern. Es ensteht eine direkte Verbindung von

Atriumgarten. Auf dem Plan sieht man rechts und unten die Hauswand, links und oben eine Mauer. An der Wohnzimmertür ist eine unregelmäßige gepflasterte Fläche mit dem Ruheplatz. Zu ihr gehört ein kleiner Ziergarten mit einer Fontäne. Der Gartenweg führt bogenförmig in die gegenüberliegende Gartenecke, wo sich eine Bank befindet. In ihrer Nähe wächst die Robinie Robinia hispida. In der rechten Gartenecke sind Wacholder und Bergkiefern zu sehen. Im schattigen Gartenteil wachsen Rhododendren und schattenliebende Stauden. Der Garten wird ferner von unregelmäßig angeordneten Stauden und Gräsern geschmückt. Der mittlere Teil des Gartens wird vom Rasen eingenommen (47)

Atriumgarten mit größerem Wassergarten. Der Atriumgarten ist jeweils von zwei Stellen von Wohnräumen bzw. Mauern umgeben. Aus dem Wohnzimmer kommt man auf eine gepflasterte Fläche, an die der Wassergarten und ein Ruheplatz mit Pergola anknüpfen. Der Zierteich ist nur etwa 20-30 cm tief, die Wasserpflanzen sitzen in Gruben auf dem Boden. Der Gartenweg führt auch über den Zierteich. Entlang des Teiches und des Hauses sind zu den Wasserpflanzen passende Stauden gepflanzt. Der größte Teil der Gartenfläche wird vom Rasen eingenommen. An der Mauer entlang ziehen sich Koniferen und Stauden, aber auch höhere Gräser und Zwiebelpflanzen (48)

Vorgarten an der sonnigen Hausfront. Am Eingang des schmalen Vorgartens befinden sich einzelnstehende Spiersträucher. Der Gartenweg mündet auf einen von Spiersträuchern umgebenen Platz. Den Bewuchs der meisten Gartenflächen bilden Kriechpflanzen, zwischen denen sich Gehölze und wüchsigere Stauden, im Frühling auch Zwiebelpflanzen, befinden (49)

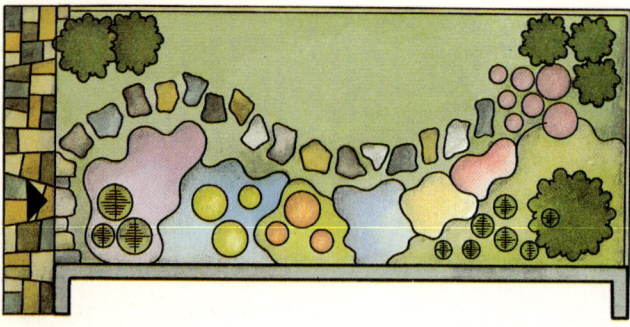

Vorgarten an der Nordseite des Hauses. Der Vorgarten ist schmal, mit einem Weg in der Mitte. Die meisten Gewächse konzentrieren sich auf die Fläche zwischen Gartenweg und Haus. Rechts an der Hauswand steht ein Seidelbast, umgeben von Farnen und Knotenblumen, rechts am Zaun eine Gruppe aus Mahonien und Nieswurz, daran schließen Schlüsselblumen, Prachtspieren und Farne an. Links am Garteneingang sieht man eine Rhododendrongruppe. Die Fläche zwischen dem Gartenweg und dem Zaun kann mit Rasen oder Schatten vertragenden Kriechpflanzen bedeckt sein (50)

Wohnung und Garten, die die Lebensqualität wesentlich verbessert.

Am besten eignen sich für diese Räume Zier- und Wohngärten. Im Ziergehölzangebot sind genügend anspruchslose Arten zu finden, die auch ohne Meliorationsmaßnahmen ausgezeichnet gedeihen und ohne größeren Aufwand bald den gewünschten Effekt bringen. Bei der Anlage eines Hofgartens oder bei der Umgestaltung des ehemaligen Obstgartens muß davon ausgegangen werden, daß der Garten funktionell den Wohnbereich erweitert und gleichzeitig eine Verbindung zu öffentlichen Verkehrswegen, Grünanlagen oder anderen Bereichen des Dorfes geschaffen wird.

Der Garten am Wochenendhaus in der freien Natur

Der wesentliche Charakterzug dieser Gärten ist ihre enge Anknüpfung an die freie Natur. Man sollte sich deshalb unbedingt darum bemühen, diesen Charakter nicht zu stören, sondern ihn durch geschickte Gestaltung zu verfeinern und zu kultivieren versuchen. Als Grundsatz gilt, daß sich auf dem Gartengelände die Pflanzen wiederholen sollten, die in der umgebenden Natur wachsen. Das betrifft vor allem die Gehölzarten. Zum anderen sollten sich die Naturmotive im Garten finden, um Garten- und Naturmilieu zu vereinheitlichen.

Die Gartendetails sollten dem Charakter der Landschaft angepaßt und die einzelnen Gartenpartien so gestaltet werden, daß sie praktisch die Fortsetzung der umgebenden Landschaft bilden.

Spezifische Elemente eines solchen Gartens sind beispielsweise Schutzbepflanzungen, die eine bestimmte Gartenpartie oder eine Szenarie vor starkem Wind und Windstößen schützen, oder Anpflanzungen, die den sich bildenden Schneewehen die gewünschte Richtung geben u. ä.

Plan eines Gartens in einer traditionellen Einfamilienhaussiedlung. Bebauungsplan von zwei benachbarten Gärten. Sie sind durch eine Hecke getrennt, an die eine beiden Gärten zugute kommende gegliederte Gehölzgruppe anschließt. Die Pergolen bewahren die Intimität der Sitzbänke gegenüber den Nachbarhäusern. Beide Gärten besitzen Rasenflächen zur Erholung. Die Kiesflächen ermöglichen den Aufenthalt im Garten auch bei schlechterem Wetter. Der Vorgarten des rechten Hauses liegt an einem Hang, daher wurde er als Steingarten gestaltet. Das Staudenbeet blüht kontinuierlich, es knüpft an ein Schutzdach mit Kamin und Gartenmöbeln an. Auf dem linken Grundstück wurde eine Hecke zum geeigneten Hintergrund für die Staudenbeete. Wasser als ein wichtiges Gartengestaltungselement kommt links in der Form eines kleinen Steinbeckens zur Geltung. Im rechten Garten sieht man Staudengruppen mit Steinen sowie ein großes Schwimmbecken (51)

Zwei Teile eines Gartens an einem Einfamilienhaus. Jeder wurde unter anderen ästhetischen Gesichtspunkten entworfen. Der kleinere Teil im Vordergrund wurde als naturähnliches Milieu mit verschiedenen Gartenpflanzen und kleineren gestalterischen Elementen aufgefaßt. Der größere Gartenteil stellt in konzentrierter Form die Schönheit der umgebenden Natur dar, mit der er optisch verbunden ist (52)

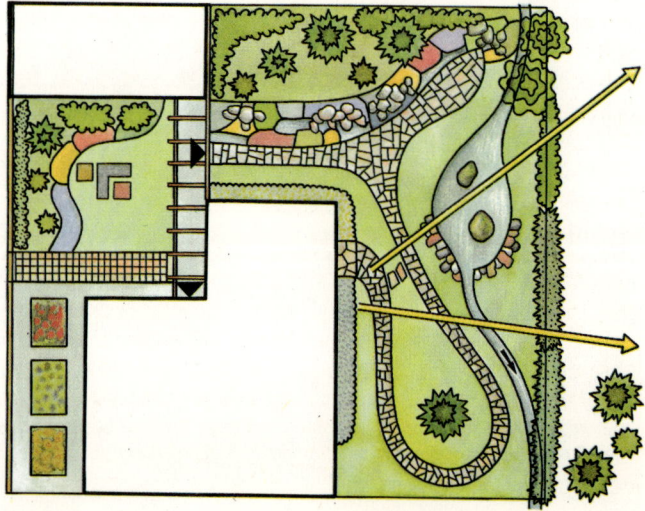

Entwurf für vier Nachbargärten von Einfamilienreihenhäusern. In allen Gärten ist der hausnahe Gartenbereich als Wohn-, Erholungs- und Ziergarten gestaltet, immer vom Nutzgarten abgeschirmt. Jeder Garten ist individuell. Die Gestaltung der Straße, die an die Gärten grenzt, ist deren Gestaltung untergeordnet und knüpft optisch an sie an (53)

Gärten in Hanglagen

Bei der Anlage eines am Hang gelegenen Gartens gehören Himmelsrichtung und Geländeprofil zu den unbedingt zu berücksichtigenden Faktoren. Südhänge sind warm, liegen geschützt und sind gut durchlüftet, so daß nicht nur ein sehr reiches Zierpflanzensortiment, sondern auch einige anspruchsvolle Nutzpflanzenarten angepflanzt werden können.

Ein hügeliges Gelände bietet weitaus mehr Gestaltungsmöglichkeiten als eine ebene Fläche. Es bietet sich förmlich an zur Anlage von Trockenmauern, Terrassen, Steingärten, Wasserflächen, Treppen u. ä. Die Höhenunterschiede schaffen auch die Voraussetzungen dafür, daß der Gartenraum wesentlich vielseitiger und optisch reicher gestaltet werden kann. Gleichzeitig bietet die Hanglage einen Ausblick in die umgebende Landschaft, so daß diese in die Gesamtkonzeption des Gartens miteinbezogen werden kann.

Gärten am Hang haben aber auch Nachteile. Der meist sehr unterschiedliche Bodencharakter entlang des Hanges macht die Nutzung für eine einheitliche Bepflanzung ungeeignet. Deshalb wird auch dem Charakter eines Ziergartens der Vorzug gegeben. Dazu kommen höhere Kosten zum Herrichten des Geländes, zur Anlage von Stützmauern u. a. Außerdem sind Hänge trockener, so daß meist ein Netz von Bewässerungsrohren und die ständige Verbesserung des Bodens notwendig sind.

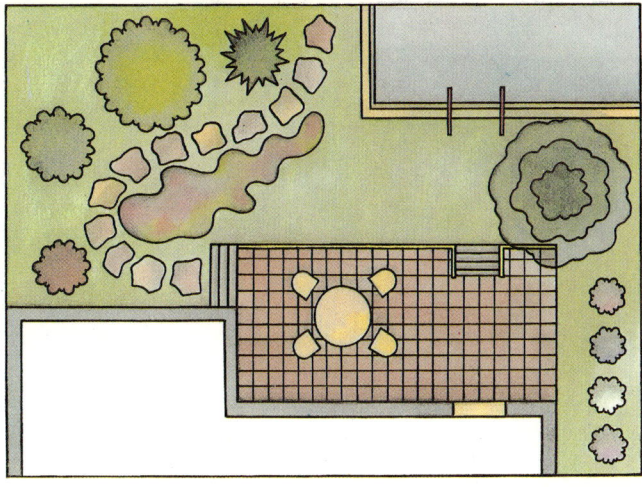

Ein wohlgestalteter Kleingarten mit Terrasse schließt an Haus, Schwimmbecken und Rasen an (54)

Hofgarten. Ehemalige Höfe lassen sich als Gärten gestalten. Links und vorne ist er abgeschirmt vom Haus, rechts und hinten von einer Mauer begrenzt. Der kleine Wohngarten ist mit Immergrünen bepflanzt. Am Garteneingang ist bis zum Ruheplatz eine kleinere gepflasterte Fläche. Der Ruheplatz wird von einer Pergola mit Kletterrosen gedeckt. In der nächsten Umgebung befinden sich in regelmäßiger Anordnung Gehölze, Stauden und Gräser. Die Ecke rechts vom Eingang wird von Wacholdern, links von Feuerdorn geziert. Die beschattete Partie hinten an der Mauer weist eine Gruppe von Rhododendron, Mahonien, Farnen und schattenliebenden Stauden auf. In der Ecke hinten rechts befindet sich eine einzelnstehende Eibe, die restliche Gartenfläche wird vom Rasen eingenommen (55)

Bauliche und architektonische Elemente im Garten

Gartenwege

Gartenwege als verbindende Elemente sind nicht nur streng funktionelle, häufig aufgesuchte und begangene Stellen des Gartens, sondern erfüllen auch gestalterische Aufgaben.

Bevor wir Gartenwege anlegen, müssen wir uns gut überlegen, wo sie optimal den gewünschten Effekt bringen. Wege und Stege sollen bei jedem Wetter, also auch bei langanhaltendem Regen und bei Schnee und Eis begehbar sein. Sie sollen so wartungsfreundlich wie möglich sein und trotzdem immer gut wirken.

Vom Gartentor zum Hauseingang stellt der Weg meist eine direkte Verbindung her. Alle übrigen Verbindungswege zwischen Haus und Ruheplatz, Garage, Wasserbecken oder Nutzgarten müssen nicht direkt verlaufen, sondern sollten an den schönsten Stellen des Gartens vorbeiführen oder einen Ausblick in den Garten oder die umgebende Landschaft gewähren.

Nur im Nutzteil des Gartens, also zwischen den Gemüsebeeten, werden sie streng gerade geführt. Die Beetwege sollten mindestens 35 cm breit sein. In allen übrigen Fällen sollte die Wegbreite zweckmäßig sein. Der Hauptweg vom Tor zur Haustür sollte zwei Personen nebeneinander ausreichend Platz bieten, also eine Breite zwischen 120—150 cm haben. Die Garagenzufahrt wird sich nach der Autobreite richten und zwischen 220—250 cm betragen; oft reichen aber auch zwei plattenbelegte Fahrspuren. Für alle übrigen Wege, auf denen sich in der Regel nur eine Person zur Zeit bewegt, reichen 50—80 cm. Wichtig ist dabei, daß wir Gehölze neben dem Weg beispielsweise in einem solchen Abstand pflanzen, daß sie auch als ausgewachsene Bäume oder Sträucher die Benutzung des Weges nicht behindern.

Wir sollten möglichst vermeiden, daß eine große Rasenfläche am Haus durch Wege in zwei Teile geteilt wird. In schmalen Gärten legt man den Hauptweg nicht in der Mitte, sondern immer an der einen oder anderen Seite an, um die Fläche nicht zu sehr zu zergliedern.

Alle Gartenwege müssen längs und nach beiden Seiten hin eine leichte Neigung haben, damit das Wasser ablaufen kann. Besonders ein ebener Weg soll sich in der Mitte leicht wölben. Wird er quer zum Hang geführt, läßt man ihn zum Hang hin abfallen. Das Längsgefälle soll 0,5—1 cm je laufender Meter betragen. Am niedrigsten Punkt wird für einen

◄ *Zum vereinheitlichenden Element im Garten kann Stein werden, wenn nur eine Art verwendet wird. Er wurde zur Pflasterung am Bassin, des Weges bis zur Garage sowie für die Treppe verwendet (56)*

Sehr gut wirkt das sogenannte englische Pflaster, das sich für naturähnliche Gärten eignet. Im Bild gepflasterter Rasenweg, Treppe und Terrasse (57)

Das beste Material für Zugangswege sind Betonplatten. Auf mehr frequentierten Wegen legt man sie auf ein Betonbett, die Fugen füllt man mit dünnem Mörtel aus (58)

Sandwege wirken trotz vieler Nachteile ästhetisch ansprechend (59)

Wasserabfluß in die Kanalisation oder eine Sickergrube gesorgt, damit das vom Weg kommende Wasser nicht als Pfütze stehenbleibt.

Befestigte Wege

Zur Befestigung eines Fußweges lassen sich die verschiedensten Materialien verwenden, angefangen bei Sand bis zu Betonplatten. Jedes Material hat seine Vorteile; für uns sind jedoch in erster Linie die ästhetischen und gestalterischen Gesichtspunkte ausschlaggebend.

Sandwege

Sie sind am billigsten; ihr Vorteil liegt in der hohen Wasserdurchlässigkeit, so daß Regenwasser schnell einsickert und in die unteren Bodenschichten abgeführt wird.

Sie haben jedoch auch ihre Nachteile. Bei Schneeschmelze bilden sich Pfützen, da die unteren Wegschichten noch gefroren sind und kein Wasser aufnehmen. Bei lang anhaltenden Regenfällen sind Sandwege weich und unbegehbar, bei Trockenheit und stärkerem Wind sind sie staubig. Hin und wieder siedeln sich Unkrautpflanzen an, die sorgfältig entfernt werden müssen. Sandwege benötigen also eine ausreichende Pflege. Sie müssen geharkt und gewalzt werden.

Sandwege werden folgendermaßen angelegt: Zuerst legt man den Wegverlauf fest, markiert ihn mit Pflöcken und zieht an beiden Seiten eine Schnur. Dazwischen wird eine 15–20 cm tiefer Streifen ausgehoben, das Wegbett geglättet und der Untergrund gut festgestampft. Der Unterbau soll 10 cm hoch sein und kann aus grobem Schotter, Ziegelsplitt oder ähnlichem groben Material bestehen. Auf diese Schicht bringt man 2–5 cm feinen Schotter, Schlacke, Asche oder alten Hausputz, sprengt tüchtig mit Wasser ein, damit das feinere Material gut eingeschwemmt wird und bringt dann die Oberschicht auf. Besser als Sand ist eine Mischung aus Sand, Kies und trockenem Ton. Die Wegdecke wird geglättet und gewalzt.

Wege mit einer Breite über 120 cm sollen leicht gewölbt sein und 2 % Gefälle nach beiden Seiten aufweisen.

Damit der Weg nicht mit Erde von den angrenzenden Beeten beschmutzt wird, faßt man ihn zu beiden Seiten mit Naturstein, Betonplatten oder Ziegelsteinen ein. Die Kantensteine sollen nicht mehr als 5 cm über die Wegoberfläche stehen. Sie lassen sich gut verdecken, wenn man Polsterstauden, Sommerblumen oder niedrige Wurzelgemüsearten daneben pflanzt.

Betonwege

Auch wenn Betonwege im Garten sehr dauerhaft, verhältnismäßig billig und praktisch sind, machen sie den Garten nicht gerade schöner.

Das Wegbett wird ähnlich wie bei Kies- und Sandwegen angelegt. Bevor der Beton aufgebracht wird, kommen etwa 3 cm dicke glatte, mit Öl bestrichene Einschalbretter zu beiden Seiten in die Erde. Sie werden an in die Erde gerammten Pfählen befestigt. Die obere Plattenkante muß waagerecht, bzw. etwas nach innen geneigt sein, damit ein leichtes Gefälle nach der Seite entsteht. Auf die festgestampfte Unterschicht aus Steinen kommt eine etwa 6 cm dicke Betonschicht aus 1 Teil Zement, 2 Teilen Sand und 4 Teilen Kies.

Auf diese Schicht kommt die 6 cm dicke Betonoberschicht aus 1 Teil Zement und 3 Teilen Sand. Sie muß mit einer glatten Latte oder einem Brett glattgestrichen werden und ist gut zu stampfen, damit im Beton keine Hohlräume

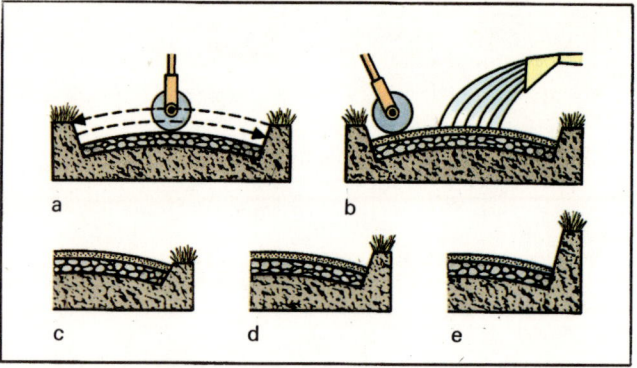

Anlagen von Sandwegen. a: Die Kiesschicht stampfen; b: eine Sandschicht darüberschütten, stampfen, begießen; c: sowohl zu hoch als auch e: zu niedrig angelegter Weg ist falsch; d: die richtige Höhe zeigt das mittlere Bild (60)

Gartenwege sind in hohem Maße an der Gliederung des Gartens beteiligt. Sie müssen sicher und bequem sein und ihre Oberfläche muß mit der Umgebung harmonieren. Die Einfassung trennt den Weg von den Pflanzen und verhindert deren Übergreifen auf ihn. (Maßangaben in Zentimetern) (61)

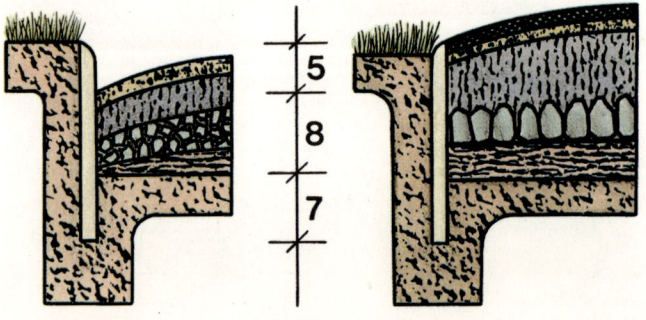

bleiben, in dem sich Wasser ansammeln und beim Gefrieren die Betondecke zerreißen könnte. Die Betonierarbeiten am ganzen Weg sind ohne Unterbrechungen durchzuführen. Damit die Betonschicht nicht reißt oder platzt, teilt man große Flächen in etwa 1 m breite Abschnitte auf und gießt die Dehnungsfugen später mit Asphalt aus. Beton bindet meist an einem Tag ab und muß mindestens eine Woche lang feucht gehalten werden, damit er die erforderliche Festigkeit erhält.

Mit einem Auto darf die betonierte Fläche erst nach vier Wochen befahren werden, wenn die Einschalbretter bereits entfernt sind. Dank der Ölschicht lassen sie sich leicht herausnehmen, denn der Beton klebt an ihnen nicht fest.

Besser als eine geschlossene Betonfläche eignen sich als Abstellplatz für Automobile Betonformsteine mit Hohlräumen, die mit Erde gefüllt und mit Gras besät werden, so daß aus Rasen und Beton eine Art Gitter entsteht, das in der Rasenfläche nicht störend wirkt. Die Abstellfläche ist meistens 5 x 2,5 m groß und richtet sich natürlich nach der Autogröße.

Verschiedene Baumaterialien und -verfahren für Gartenwege und Sitzplätze (63)

Wege aus Waschbetonplatten kommen am besten in Nachbarschaft von glatten Flächen und Rasen zur Geltung, harmonieren aber auch mit Ziegeleinfassungen und Blumenkästen (62)

In naturnah gestalteten Gärten ist Naturstein das für Gartenwege geeignetste Material (64)

Die neutrale Farbe des Holzpflasters aus Holzstämmen läßt die Verwendung der buntesten Pflanzen zu (65)

Betonplattenwege

In der Regel verwendet man 50 x 50 cm große Betonplatten, schöner sind jedoch Wege aus verschieden großen Platten (z. B. 20 x 40 cm, 40 x 40 cm, 40 x 60 cm und 40 x 80 cm). Ihre Oberfläche kann glatt sein, verschiedene Muster aufweisen oder aus sogenannten ausgewaschenem Beton bestehen.

Wenn der Weg nur wenig benutzt wird, reicht ein etwa 8 cm hohes Sandbett. Wenn sich die Platten später verschieben, können wir sie ohne Schwierigkeiten herausnehmen, Sand auffüllen und sie zurücklegen.

Beim Verlegen der Betonplatten helfen wir uns durch eine festgezogene Schnur und kontrollieren mit einer Wasserwaage, ob sie gerade liegen. Die Platten werden mit einem Hammer über eine kräftige Latte in das Sandbett eingeklopft. Die Fugen hält man so schmal wie möglich und vermeidet auch durchgehende Längsfugen im Plattenverband. Die Spalten füllt man mit Sand und sprengt tüchtig mit Wasser ein, damit er so tief wie möglich einschwemmt.

Betonplattenwege, die auch mit dem Auto befahren werden, machen einen festeren Unterbau erforderlich. Auf die Wegsohle kommt mindestens eine 8—10 cm hohe Schicht aus größeren Steinen oder gut festgestampftem Schotter. Dann folgt eine Schicht aus nicht zu fettem Beton (1 Teil Zement, 6 Teile Sand), 6 cm Dicke sind ausreichend. Die im Betonbett ruhenden Platten werden mit einem dünnen Zementmörtel oder mit Asphalt ausgefugt.

Ein Gefälle von 2 % nach den Seiten verhindert die Pfützenbildung.

Die Wegkanten können parallel verlaufen oder man kann die Platten regelmäßig in den Rasen versetzen. Randeinfassungen sind in diesen Fällen überflüssig und würden nur das Rasenschneiden erschweren.

Natursteinwege

Am besten bewähren sich 5—6 cm dicke Natursteinplatten. Das Plattenmaterial ist sehr sorgfältig auszuwählen. Dabei werden praktische wie ästhetische Gesichtspunkte eine Rolle spielen. Zum Grün des Rasens passen am besten sandgelbe oder ockergelbe Steine. Sie dürfen nicht zu hell sein, denn sie würden bei starkem Sonnenschein unangenehm blenden. Natursteinplatten sollen eine rauhe Oberfläche haben, damit sie bei Regen und Glätte gut begehbar sind.

Kleine Steinplatten lassen sich nur schlecht verlegen, sie sollten deshalb nicht kleiner als 30 x 30 cm sein. Als Untergrund reicht ein Sandbett; bei stärker benutzten Wegen werden die Platten über einer 10—20 cm dicken, gut verdichteten Schotterschicht in Zementmörtel eingebettet. Zum Anklopfen wird ein Hammer oder Schlegel verwendet. Auch Natursteinplatten verlegt man möglichst fugenlos. Ihre Größe soll über die ganze Wegfläche regelmäßig wechseln, am Wegrand sind die größeren Stücke zu legen. Um einen ebenen, nach den Seiten zu um 2 % abfallenden Belag zu erhalten, richtet man die Steine mit einer längeren Latte und Wasserwaage aus. Die Fugen werden mit einem dünnen Mörtel ausgegossen, dem man einen Färbestoff beimischen kann.

Asphaltwege

In letzter Zeit werden immer häufiger Gartenasphalte zum Wegbau verwendet. Als Bett wird ein fester, 10—25 cm tiefer, Untergrund hergerichtet. Darauf kommt entweder eine Schicht warm ausgebrachter und gewalzter Asphaltsplitt und eine 3 cm dicke Asphaltsplittoberschicht oder ein kalt gelegter Farbasphaltteppich.

Holzwegebelag

Sehr schön ist ein Weg aus Holzklötzen; leider eignet sich dieses Material nicht für feuchtes Umfeld. Die Holzklötze sollen mindestens 20 cm hoch sein. Es eignet sich zwar jede Holzart, Hartholz ist jedoch besser. Um die Lebensdauer dieser Wege zu verlängern, wird jeder Klotz in ein Holzimprägnierbad getaucht und danach getrocknet. Die Klotzunterseite kann außerdem in flüssigen Asphalt getaucht werden. Beim Auslegen sorgen wir dafür, daß die verschieden starken Holzklötze ein harmonisches Bild abgeben. An den Rand kommen, wenn möglich, die dicksten Klötze. Damit das Holz nicht fault, werden Holzbeläge nur in Sand eingebettet und auch die Fugen mit Sand gefüllt. Der fertige Belag wird mit Sand überzogen und gründlich gegossen, damit der Sand alle Spalten bis oben hin ausfüllt.

Ziegelwegebelag

Auch aus Ziegelsteinen läßt sich ein schöner Weg mit interesssanten Mustern bauen. Verwendung finden können jedoch nur gut gebrannte Ziegel. Sie werden in ein Sandbett gebracht und mit Sand verfugt.

▲ *Eingesenkte Wege sind die beste Lösung für Rasenflächen. Sie bereiten keine Schwierigkeiten beim Rasenmähen und verkleinern ihn optisch nicht (66)*

▲ *Trockenmauer aus dem gleichen Material wie das Haus; sie gleicht das Gelände unterhalb der Terrasse aus und ist mit Pflanzen bewachsen, die in kurzer Zeit die Mauer größtenteils verdecken (67)*

Gartenwege aus anderen Materialien

Interessant wirkt auch ein Weg aus verschiedenen in Betonmörtel gelegten Plattenarten. Über die ganze Wegfläche unregelmäßig verstreute große Pflastersteine wechseln mit Kieselsteinen oder zu einem abwechslungsreichen Mosaik zusammengestellte kleine Pflastersteine unterbrechen die meist von Gartenwegen gewohnte Einförmigkeit. Beim Zusammenstellen der verschiedenen Beläge müssen ästhetische Gesichtspunkte im Vordergrund stehen. Wenn diese Gartenwege nicht zu häufig benutzt werden, kann man die Fugen mit kriechenden Steingartenpflanzen und mit Polsterstauden besetzen, die trittbeständig sind. Dieser blühende Weg macht nach dem Ausbreiten der Bepflanzung kaum Arbeit und ist leicht zu pflegen.

Plattenpfade im Rasen

Trittplatten im Rasen erlauben das Betreten auch bei Regen, ohne daß man im wasserdurchtränkten Rasen einsinkt. Geeignet dafür sind Betonplatten oder Natursteinplatten mit 50 x 50 cm Abmessung. Die Plattenmitten sollen

Ruheplatz mit aufeinander abgestimmten Gartenmöbeln und Pflaster. Aus der Mauer herausragende Steine für Pflanzkästen sowie die Kletterpflanze Campsis radicans, *die in der gleichen Farbe blüht wie* Pelargonium zonale, *gestalten das Ganze mit und tragen zur Behaglichkeit bei (68)*

etwa 65 cm, also in Schrittlänge voneinander entfernt sein. Die längere Seite der Platte kommt in Wegrichtung, damit der Fuß mühelos und bequem darauf Platz findet.

Vor dem Auslegen der Platten wird zuerst die Pfadrichtung festgelegt. Für jede Platte wird mit einem Spaten der Rasen abgestochen und ein 8 cm tiefes Bett ausgehoben. Man legt die Platten auf Sand oder lockere Erde und verteilt diese so, daß in der Mitte eine kleine Vertiefung bleibt, denn die Platte soll eher auf dem Rand des Grundes aufliegen. Über ein stärkeres Holzbrett wird die Platte mit einem Hammer angeklopft, damit sie »sitzt« und ihre waagerechte Lage mit einer Wasserwaage kontrolliert. Solange sie nicht richtig liegt, wird Sand untergestreut oder herausgenommen.

Im Rasen sollen die Platten mit dem Erdboden abschließen, damit sie beim Grasmähen nicht stören. Sie dürfen nicht tiefer liegen, denn es würden sich sonst leicht Verunreinigungen ansammeln und mit der Zeit könnten sie zuwachsen.

Ruheplätze und Terrassen

Sitzplätze werden in den Gartenteilen angelegt, wo sie bei jedem Wetter ihren Zweck erfüllen können. An kälteren Tagen soll Sonne gut Zutritt haben und der Wind abgehalten werden, an heißen Tagen und bei Regenwetter dient eine überdachte Terrasse als Zufluchtsort. Immer ist dafür zu sorgen, daß der Sitzplatz und die Terrasse zu den schönsten Stellen des Gartens gehören und den Blick auf interessante Gartenabschnitte freigibt. Ein zu öffentlichen Verkehrswegen hin liegender Ruheplatz soll durch einen lebenden Zaun seine Intimität erhalten; Pergolen läßt man von Kletterpflanzen beranken oder errichtet eine vor Blicken und Straßenlärm schützende Mauer. Der Sitzplatz wird natürlich immer in Abhängigkeit von der Lage des Wohnhauses und der überwiegenden Windrichtung angelegt. Optimal sind Südseiten von Häusern, aber auch die Südwest- und Südostwände schützen meist vor kalten Winden.

Wenn der Sitzplatz auf gleicher Ebene wie das Haus liegt, bedeutet das eine optimale Verbindung von Wohnstätte und umgebendem Garten. Auf einem am Hang liegenden Grundstück wird die Terrasse auf der Höhe des Erdgeschosses angelegt oder eine Treppe zum niedriger liegenden Ruheplatz geführt. Höhenunterschiede müssen durch Stützmauern überbrückt werden, die außerdem die Terrasse vor dem Abrutschen schützen.

Ein Gartenruheplatz sollte 20—30 m² groß sein. Wir müssen ihn nicht unbedingt als Quadrat konzipieren, wichtig ist, daß er harmonisch in den Gartenraum eingegliedert ist. Ein Ruheplatz direkt am Haus schafft meist einen offenen Ausblick vom Haus in den Garten. Wenn er sich am anderen Ende des Gartens befindet, ist das Wohnhaus meist von einer, manchmal auch von zwei Seiten zu sehen und der Garten gewinnt optisch an Tiefe. Mit der Zeit erweist es sich, daß ein einziger Platz im Garten zum Sitzen und Ruhen doch zu wenig ist und eigentlich der ganze Garten zu Erholung und Spiel dienen sollte, und zwar sowohl im Schatten als auch in der Sonne. Und wir sammeln allmählich Erfahrungen, welche Stellen an heißen Sommertagen die angenehmste Kühle bieten, wo im Frühjahr die meiste Sonne scheint und wo sie im Herbst am meisten wärmt, welche Stellen den besten Blick auf die untergehende Sonne und das Wohnhaus bieten und welche den besten Ausblick auf die schönsten Gartenpartien und in die umliegende Landschaft gewähren.

Ein Ruheplatz muß so angelegt sein, daß er auch nach stärkeren Regenfällen sehr schnell wieder benutzbar ist. Auch wenn man die Gartenmöbel auf den Rasen stellen kann, zeigt es sich mit der Zeit, daß der Rasen eigentlich darunter leidet. Die am meisten begangenen Stellen sind ausgetreten und die Rasenfläche verliert ihr so oft bewundertes Aussehen eines geschlossenen grünen Teppichs. Wer sich trotzdem für einen Sitzplatz im Rasen entscheidet, sollte ihn so anlegen:

An der vorgesehenen Stelle wird die Rasennarbe abgetragen und Erde ausgehoben. Auf die Sohle kommt eine etwa 7 mm dicke Schotterschicht (Schottergröße 3—

Ruheplatz, von Betonwänden geschützt. Eine der Wände aus Holz wirkt durch Kontrast-Farbe entschärfend und verstärkt so die Wirkung der umgebenden Rasenpartien (69)

Dieser Ruheplatz liegt in einer ruhigen Gartenecke. Von Baumkronen gegen Sonne und Wind geschützt, bietet er den Blick auf entferntere Gartenteile (70)

5 cm ⌀). Sie wird eingeebnet und gestampft. Obenauf kommt eine etwa 2 cm hohe Schicht gute Kulturerde, in die Rasenmischung eingesät wird. Sie wird einen halben Zentimeter hoch mit Erde bestreut und gleichmäßig angetreten oder gewalzt. Man kann auch die beiseitegelegte Rasennarbe wieder auflegen. Ein solcher Rasen ist recht strapazierfähig; die Schotterschicht wirkt wie Dränage und führt das Regenwasser schnell in die unteren Bodenschichten ab.

Es ist jedoch viel praktischer, einen unüberdachten Ruheplatz mit flachen Steinen oder Platten zu belegen. Sie werden möglichst fugenfrei ausgelegt; in hier und da entstandene Spalten oder in die Ecken setzen wir Polsterstauden oder einen niedrigen Busch. Man kann auch zwischen den Platten oder Steinen 10 cm breite Streifen lassen, sie mit Erde füllen und mit Gras besäen. Bei unebenen Steinoberflächen läßt sich der Rasen aber schlecht schneiden.

Auch überdachte Ruheplätze werden mit Betonplatten oder natürlichem Plattenmaterial belegt. Die Plattendicke soll materialabhängig zwischen 4—6 cm betragen. Terrassenplatten werden in verschiedenen Größen, Färbungen und Oberflächenprofilen hergestellt.

Betonplatten und Kunststeinplatten kommen meist auf eine feste Unterlage in eine Mörtelschicht und werden mit dünnem Beton eingegossen, damit sich in den Fugen kein Unkraut festsetzen kann. Es reicht aber auch ein etwa 5 cm hohes Sandbett, das dazu noch den Vorteil hat, daß vom Frost angehobene Platten mühelos wieder eingebettet werden können. Die Plattenfugen sollen möglichst schmal sein und auf jeden Fall verhindern, daß Möbelfüße oder Damenschuhabsätze darin stecken bleiben. In breiteren Fugen würde sich außerdem Unkraut ansiedeln, daß nur schwierig wieder zu beseitigen ist. Damit Niederschläge keine Pfützen hinterlassen, soll die Fläche 1—2 % Gefälle vom Gebäude weg bekommen.

Den gewünschten Windschutz und dazu ein größeres Gefühl der Intimität schaffen zwei oder drei geschlossene Seiten. Das einfachste und billigste Material sind Stroh- oder Rohrmatten. Sie schützen vor unerwünschtem Einblick und halten den Wind gut ab. Es reicht jedoch nicht, sie nur waagerecht zwischen zwei Metallsäulen zu spannen, sondern sie müssen mindestens — wenn man sie nicht besonders anbringen will — an zwei waagerechten Platten oder in einem Rahmen befestigt werden. Ein von beiden Seiten mit solchen Matten abgeschirmter Sitzplatz ist sehr hübsch. Auch eine höhere oder niedrigere Wand kann Schutzfunktion erfüllen. Sie empfiehlt sich vor allem dort, wo Straßenlärm und aufgewirbelter Staub die Ruhe und Beschaulichkeit eines solchen Platzes stören würden. Eine Mauer kann jedoch auch ein verbindendes Element zwischen dem Wohnhaus und freistehenden Nutzgebäuden, etwa der Garage, dem Schuppen u.ä., sein. Diese Mauer soll ein Fundament bekommen, das bis in nicht gefrierende Bodenschichten, also je nach den klimatischen Bedingungen bis in 80—120 cm Tiefe, reicht. Am besten eignet sich Beton. Die Wandstärke hängt von der Höhe ab. Bis in 2 m Höhe reicht eine Breite von 24 cm. Als Baumaterial eignen sich Ziegelsteine, Formsteine oder Naturstein. Eine Isolierdachpappschicht über dem eingeebneten Fundament schützt sie vor aufsteigender Feuchtigkeit. Auf die Mauerkrone legen wir eine Reihe Betonplatten, Dachziegel oder anderes Material. Damit sie ihre Funktion als Regenschutz erfüllen, legt man sie schräg und mit Überhang vom Ruheplatz weg. Natursteinmauern werden mit Zementmörtel ausgefugt.

Am schönsten und vielleicht auch dem Charakter der Natur am nächsten sind Spaliere, die man mit Pflanzen beranken läßt. Als Material eignen sich Holz oder Metall. Die Spalierwand muß so stabil sein, daß sie kräftigen Windstößen widersteht und die Kletterpflanzen zu tragen vermag. Der Gesamteindruck wird von der Qualität des benutzten Materials, seiner Behandlung und der Art der verwendeten Kletterer bestimmt.

Wie baut man eine einfache Spalierwand? Zwischen zwei fest im Boden verankerten und gut gegen Rost geschützte Metallpfeiler werden in der gewünschten Höhe zwei waagerechte Holzlatten angebracht und an zu den Pfeilern angeschweißten Bandeisen angeschraubt. Eine

Ein Lattenzaun fügt sich am besten in die naturgemäße Umgebung ein. Der weiße Putz, der grüne Rasen und die typische Pflanze der ländlichen Gärten, die Stockrose, harmonieren mit dem Lattenzaun (71)

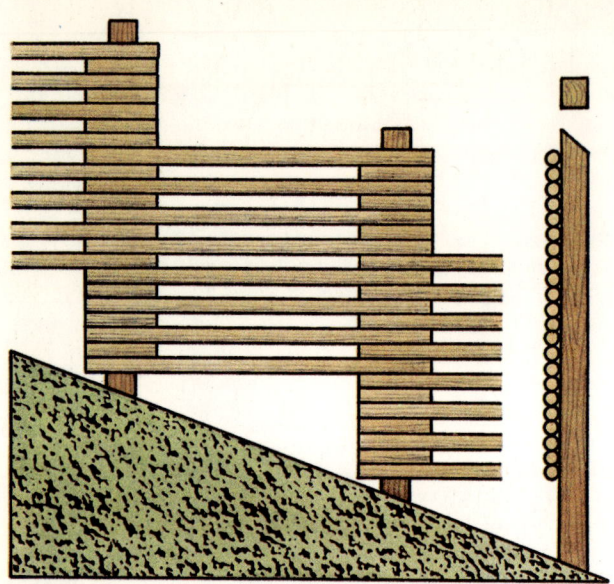

Ein Zaun aus Rundholz, stufenartig an einem Hang, wirkt sehr schön. Das Holz kann geschält oder mit Rinde sein. Die Rinde von im Winter gefällten Bäumen haftet jahrelang am Holz, während geschältes Rundholz mit Holzschutzmitteln gestrichen werden muß. Zu präparieren sind auch die in den Boden zu versenkenden Holzteile (72)

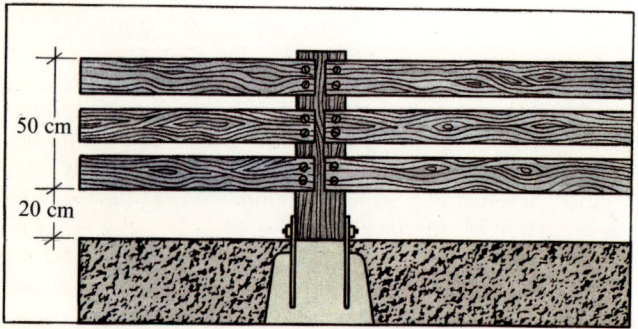

Holzzäune sind einfach und zweckmäßig und passen in naturähnliche Gartenpartien. Lebensdauer und Konstruktionsmöglichkeiten hängen dabei wesentlich von der Holzart ab. Am besten eignen sich Kiefer und Lärche, ferner Esche, Vogelbeere und Rüster. Das Bild zeigt einen Bretterzaun im Detail. Bretter und Pfähle sollten imprägniert werden. Der Zaunpfahl steckt im Betonsockel. Die Lebensdauer des Zaunes wird durch korrosionsbeständige Nägel und Schrauben verlängert (73)

Ein Zaun aus gut bearbeiteten Latten wirkt sehr schön, zumal wenn er von einfachem Aufbau und präziser Ausführung ist. Holz unterliegt als Naturmaterial am stärksten den Witterungseinflüssen. Es muß daher gut ausgetrocknet sein und nach der Bearbeitung richtig konserviert werden (74)

solche Wand ist nach Bedarf zwischen 200—250 cm hoch; an einer Seite kann sie an der Hauswand befestigt werden. Einen bestimmten Sichtschutz bieten senkrecht oder waagerecht angebrachte Latten. Nach ihrer Dichte und der Art der Bepflanzung richtet sich auch ihre Wirkung. Wenn alle Metallteile gut gestrichen und die Holzlatten sorgfältig imprägniert sind, hält das Spalier jahrzehntelang. Spalierwand und Kletterpflanzen nehmen nur wenig Raum ein und ermöglichen es dazu, interessant blühende und wachsende Pflanzen zu verwenden. Es gibt genügend ausdauernde und reich blühende Kletterer.

Auch eine Gehölzgruppe oder ein lebender Zaun kann zu einer Wand erzogen werden. Am besten eignen sich immergrüne Ziergehölze, die dank ihren strengen Wuchsformen nicht geschnitten werden müssen, aber dicht und schnell wachsen.

In den letzten Jahren werden immer häufiger als Sonnen- und Windschutz Textilmaterialien verwendet. So läßt sich Segeltuch oder Zeltleinwand zwischen Metall- oder Bambusstangen spannen; zusammenlegbare Wände können aus den verschiedensten Stoffen entstehen. Diese Harmonikawände sind sehr mobil und deshalb beliebt.

Nicht immer ist es angenehm, in der Sonne zu sitzen; vor allem an heißen Sonnentagen ziehen wir eher schattige Plätze vor. Am einfachsten ist es, einen Freisitz zum Teil zu überdachen. Auch höhere Büsche und Bäume, die nur einen Teil der Sonnenstrahlen durchlassen, können helfen.

Wenn wir uns zur Überdachung des Ruheplatzes entschließen, sollen Form und Material des Sonnenschutzes dem Charakter von Haus und Garten entsprechen und sich harmonisch einfügen. Außer den traditionellen Materialien eignen sich Segeltuch, Markisenstoff, Stroh- und Rohrmatten sowie Plastikstoffe. Wichtig ist, daß sie in der Sonne nicht ausbleichen.

Als Sonnenschutz hat sich seit Jahrzehnten auch der Sonnenschirm bewährt; Sonnensegel aus strapazierfähigem Stoff, Sattlerösen und Spannseilen lassen sich relativ einfach herstellen. Sie können an der Wand festgemacht oder transportabel sein.

Besonders fest und hübsch: der Jägerzaun aus halbiertem Rundholz. Er eignet sich besonders für Berg- und Vorgebirgslagen, auf ebenem Gelände und in Verbindung mit Terrassenmauern. Die Abstände zwischen den Zaunpfählen können 2—2,5 m betragen. Obere und untere Zaunlinie sollen waagerecht sein, ohne Rücksicht auf die Neigung des Geländes. Man verwende immer geschältes Holz (75)

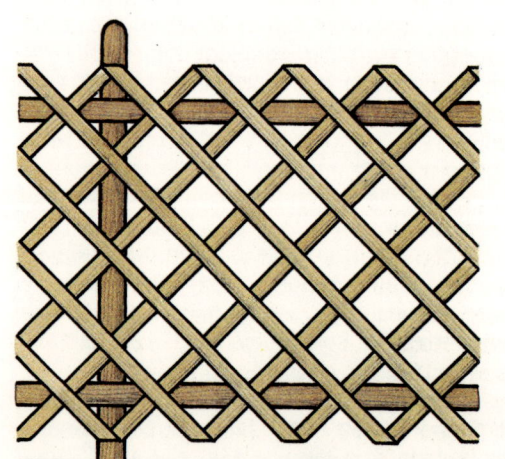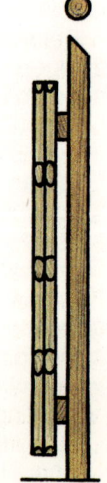

Sämtliche Elemente der Gartenarchitektur sollen ein eindrucksvolles Ganzes bilden. Hier ergänzt das Mosaikpflaster die hölzerne Einfriedung (76)

Einfriedungen

Die Art der Umzäunung wird vom Charakter des Gartens und den auf dem Grundstück stehenden Gebäuden bestimmt.

Drahtzäune sind häufig und vor allem bei Nutzgärten angebracht. Zwischen Beton- oder Rohrpfosten, die an den Ecken durch Streben abgestützt werden, wird Maschendraht gespannt. Eine niedrige Betonmauer zwischen den Pfosten verwehrt Hasen wie ausdauernden, sich durch Wurzelausläufer vermehrenden Unkräutern und Gräsern den Zutritt zum Garten. Andernfalls muß der Maschendraht einen Schutzanstrich, etwa aus Asphalt, erhalten und 20 cm tief in den Boden eingesenkt werden. Verwendung findet verzinkter Draht mit verschiedener Maschengröße; Rohrpfosten müssen eine Metallkappe erhalten.

Ein Drahtzaun ist zwar praktisch, aber nicht schön. Wenn wir Gehölze davorpflanzen, wird seine Nüchternheit gemildert und dazu der freie Einblick in den Garten teilweise verwehrt. Beim Pflanzen ist daran zu denken, daß der Zaun regelmäßig gestrichen werden muß. Gartentüren und Tore müssen aus Material sein, das dem des Zaunes entspricht. In Rahmen gespanntem Maschendraht ist der Vorzug vor Blechtüren zu geben.

Bei Einfamilienhäusern und Villen findet meist für Fundamentmauer und Gartenmauer das gleiche Gestein oder Material Verwendung, vervollständigt durch in Rahmen gespannten Maschendraht oder durch verschiedene Typen von Holzzäunen. Holzzäune dürfen auch unter den Witterungseinflüssen ihr Aussehen nicht verändern; Holz frisch geschlagener Bäume ist deshalb ungeeignet. Durch Imprägnieren, Beizen oder Anstreichen wird der Holzzaun wetterfest und dauerhaft gemacht.

Bauen wir einen Staketenzaun mit Holzpfosten und Holzriegeln, müssen vor allem die in die Erde kommenden Teile sehr gut imprägniert werden. Schön ist ein Zaun aus gemauerten oder verputzten Betonsäulen und Latten. In die Säulen werden Bandeisen eingelassen, an denen die Holzriegel mit Schrauben befestigt werden können. Zwischen Mauer und Holz bleibt immer ein kleiner Spalt als Luftisolation. Der Lattenabstand soll immer etwas geringer sein als die Lattenbreite. Aus schmalem Material lassen sich interessante niedrige Einzäunungen herstellen, die sich besonders für Vorgärten, Trennzäune im Garten u. ä. eignen.

Alle diese Zauntypen müssen auch Gartentüren und Tore aus dem gleichen Holzmaterial erhalten. Wichtig ist, daß Türen und Tore durch Verstrebungen in Form eines »Z« versteift werden müssen.

Höhere, gemauerte Einfriedungen bringen unnötig viel Schatten und sollten deshalb nur in Ausnahmefällen gewählt werden, etwa um gegen zu starken Straßenlärm abzuschirmen. Niedrige Umzäunungen in Vorgärten oder um bestimmte Plätze im Garten aus Schmuckform- oder als Muster geschichteten Ziegeln können jedoch auch zu einer Gartenzierde werden.

Häufig werden Gehölze zur Abgrenzung von Parzellen verwendet. Als lebende Zäune bieten sie viele Vorzüge: sie schützen vor Staub und Lärm, halten den Wind ab, schirmen gegen Einblick von außen ab, schaffen einen ruhigen, intimen Erholungsbereich für die Besitzer und Besucher, bieten Vögeln Nistgelegenheiten und tragen zur Verbesserung des Mikroklimas im Garten bei. Wenn das Grundstück groß genug ist, sollte man als Einfriedung nur einen lebenden Zaun wählen. In den übrigen Fällen entscheiden wieder Gartentyp und Lage. Näheres über das Thema »lebende Zäune« im Kapitel »Ziergehölze«.

Lauben und Pavillons

Liegt das Gartengrundstück nicht am Wohnhaus, dann kann man auf eine Laube oder einen Gartenpavillon nicht verzichten. Sie müssen uns den Aufenthalt im Garten zu jeder Tages- und Jahreszeit ermöglichen. In kleineren Gärten beschränkt man sich auf eine Laube, auf großen Grundstücken kann man einen offenen Pavillon errichten. Er dient als Ort der Erholung oder als überdachter Sitzplatz, von dem aus auch bei Regen Garten und eventuell Umgebung beobachtet werden können. Man wählt deshalb für ihn immer einen Platz mit Ausblick in die Landschaft oder in eine schöne Ecke des Gartens.

Die Laube kann auch als Gartenmöbel- und Geräteschuppen dienen oder mit leicht transportablen Möbeln und Elektro- oder Gaskocher ausgestattet sein, so daß man auch Erfrischungen reichen kann.

Als Baumaterial für Lauben und Pavillons eignet sich am besten Holz, denn es entspricht dem Gartenmilieu am meisten; Ziegel- oder Formbausteine sind jedoch dauerhafter. Architektonisch wirkt weißer Putz in Kombination mit dem braunen Holz der Fensterläden oder eines Geländers sehr

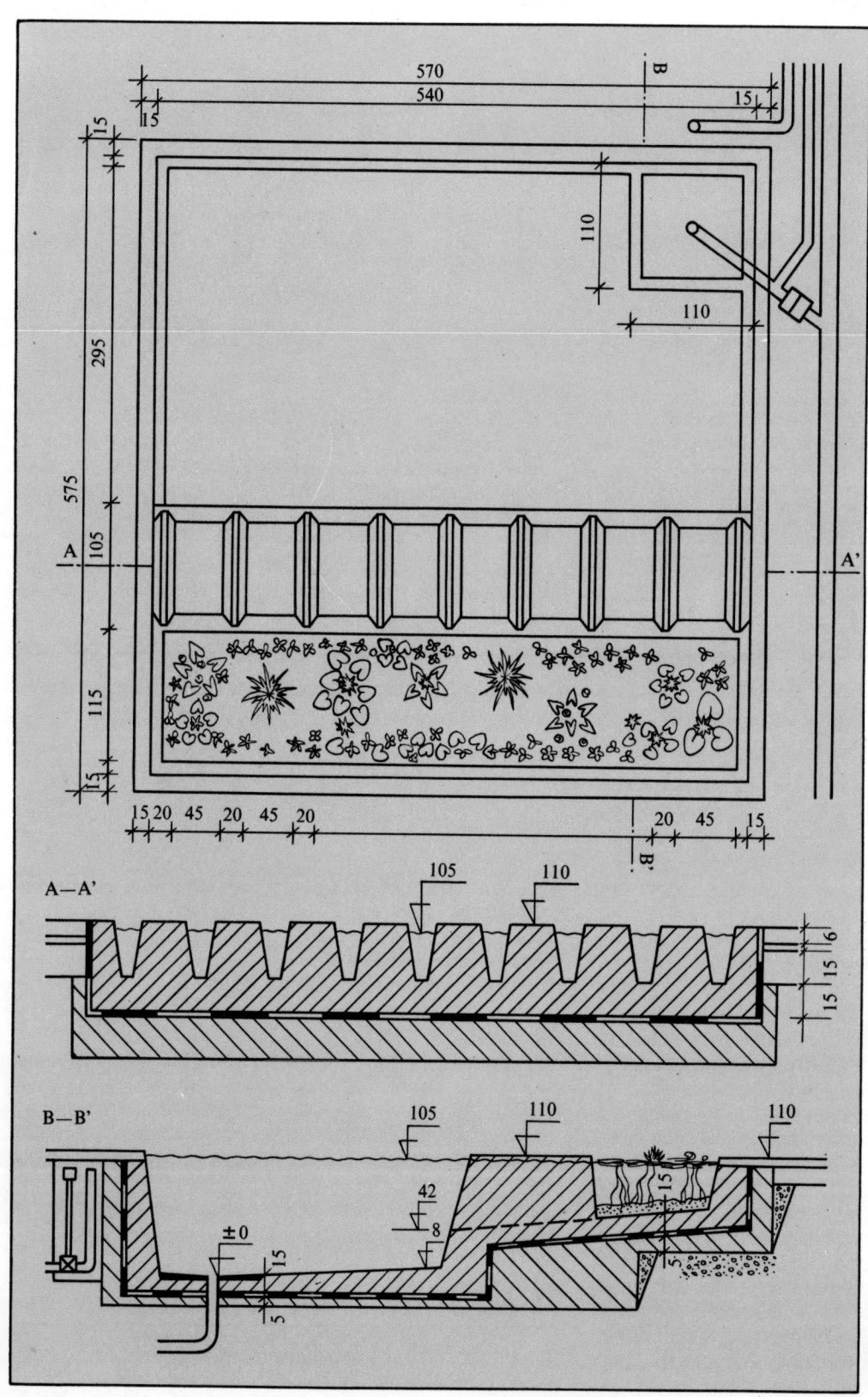

Planschbecken, kombiniert mit Wassergarten — geeignet für größere Gärten. Man legt es auf einer Rasenfläche in sonniger Lage an (77)

natürlich und anheimelnd. Baulich anspruchslos sind kleine, zerlegbare Lauben, die auch als Spielstätte für Kinder dienen können.

Gleichgültig, welches Material verwendet wird — eine Laube soll immer zum Gartentyp passen und nicht als störendes Element wirken. Unterstützen kann man das durch Beranken mit Kletterpflanzen, die diese Bauten zwanglos in die Umgebung eingliedern.

Wasser im Garten

Ohne Wasser ist kein Garten denkbar. Man braucht es zum Begießen der Kulturen genauso wie als gestalterisches

Der Zierteich ist gut plaziert, wenn er nicht als nachträglich eingefügt empfunden wird. Für die Konstruktion verwende man Steine und Steinplatten von guter Qualität (79)

Wasserbecken, seien es Zierteiche oder Schwimmbecken, stellen eine große Gefahr für kleine Kinder dar. Sie sind daher nicht an Stellen anzulegen, wo Kinder spielen und sollten durch Schutzgitter gesichert werden (78)

ein und bringt am Boden einen Abflußhahn an.

In großen Gärten ist genügend Platz für ein Schwimmbassin oder wenigstens für ein Kinderplanschbecken. Stabile Wasserbecken werden als Quadrat, Rechteck oder Kreis angelegt. Als Wassertiefe reichen 20—30 cm und als Fläche 2—3 m². Das Becken wird auf einem freien Rasen angelegt, die Ränder umpflastert man mit flachen Steinen oder Betonplatten, Boden und Seitenwände werden betoniert und gestuckt. Nach dem Abbinden kann der Beton noch mit einem Wasserschutzanstrich versehen oder mit Fliesen belegt werden. Der Beckenboden soll ein leichtes Gefälle aufweisen, damit das Wasser durch das am niedrigsten Punkt angebrachte Abflußrohr abfließen kann.

Für die, die kein stabiles Schwimm- oder Planschbecken anlegen wollen, bietet der Handel eine Vielzahl von transportablen Bassins an, die man überall aufstellen kann, wo man will.

An einem zentralen Platz oder in Nähe des Sitzplatzes wird das mit Wasserpflanzen besetzte Zierwasserbecken angelegt. Wasser ist ein ewig lebendiges Element, seine Oberfläche spiegelt Himmel und Umgebung wider. Es wird von Vögeln, nützlichen Insekten und anderem Getier besucht und kann nicht nur mit Pflanzen, sondern auch mit Fischen und Lurchen belebt werden.

Aber für ein Zierwasserbecken ist nicht nur der Ort überlegt zu wählen, sondern auch Form, Größe, Tiefe, Bauweise

Bassins aus Stahlbeton können im flachen Gelände ganz, am Hang teilweise im Boden eingesenkt werden. Aus ästhetischen Gründen soll das Bassin aus dem gleichen Material wie die nahe Terrasse und der nahe Ruheplatz sein (80)

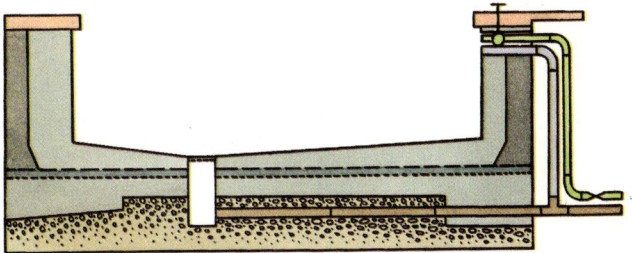

Element. In einem modernen Garten gibt es viele Möglichkeiten, Wasser zu nutzen. Es gibt Gartenbesitzer, die sich auf Nutzwasserbehälter beschränken (Wasserfässer, Wassergießbecken u. ä.), andere nutzen es nur als Zierelement (Zierwasserbecken, Vogeltränke u. ä.).

Diejenigen sind gut beraten, die das Nützliche mit dem Angenehmen verbinden. Wer Wasser aus dem eigenen Brunnen oder dem öffentlichen Wasserleitungsnetz verwendet, sollte es zuerst in einen Wasserbehälter laufen lassen, etwa ein Betonbecken, und es erst zum Gießen verwenden, wenn es etwas abgestanden und von der Sonne erwärmt ist. Wer keine solche Wasserquelle zur Verfügung hat, der muß Regenwasser auffangen, beispielsweise aus der Dachrinne in einer Regentonne. Fässer und Tonnen »versteckt« man hinter hohen Pflanzen, berankten Pergolen u. ä. oder läßt sie an böschigem Gelände in den Boden

Eines der wichtigsten modernen Gartengestaltungselemente ist zweifelsohne Wasser. An Zierteichen gedeihen nicht nur Wasser- und Sumpfpflanzen, sondern auch jene Pflanzen, die an die wasserliebende Flora anschließen. Sehr gut eignen sich Gräser, wie z.B. Helictotrichon sempervirens (Blaustrahlhafer) (81)

Wasserzufuhr mit Pfiff (82)

und Be- und Umpflanzung sind sehr gut zu überlegen.

Natürliche Wasserbecken mit unbefestigtem Grund eignen sich wenig für Gartenanlagen, denn der Wasserstand kann stark schwanken und das Becken austrocknen. Einige Pflanzenarten, wie z.B. See- und Teichrose, brauchen für ihre gute Entwicklung eine gleichbleibende Pegelhöhe, so daß sie in einem solchen Becken nicht gedeihen würden. Für Gartenwasserbecken wählen wir deshalb einen wasserundurchlässigen, festen Boden.

Häufig verwendet man Beton und legt die 2—5 m² große Fläche in den verschiedensten Formen und Größen an. Als Platz im Garten bieten sich Rasen, Sitzplätze, Trockenmauern oder Steingärten an. Es reichen 40 cm Tiefe, für Teichrosen vertieft man die Pflanzstelle auf 60—70 cm. Auch bei diesem Wasserbecken soll der Boden zum Ablaßrohr hin abfallen. Das Abwasser wird in eine Sickergrube oder über eine Rinne in die Kanalisation geleitet. Wenn das Becken nicht winterfest angelegt ist, muß das Wasser vor Frosteintritt abgelassen werden. Es lohnt sich, das Becken so zu bauen, daß das Wasser auch im Winter dort bleiben kann, denn damit entfallen größere Sorgen mit der Überwinterung der Wasserpflanzen.

Der Beton wird im Verhältnis 1:4 aus Zement und Flußsand hergestellt. Auf sandigem Untergrund empfiehlt sich eine Schicht grober Schotter mit Beton, damit die Betonschicht nicht durch Setzen des Bodens beschädigt wird. Zuerst kommen etwa 10 cm Beton, dann Maschendraht und zuletzt noch einmal 10 cm Beton. Der Beckenrand wird mit flachen Natursteinen umlegt, die so mit Beton vergossen werden, daß sie 3—5 cm in das Becken hineinreichen und den Beton zum Teil verdecken. Unter diesen Steinrand kommt das die Wasserpegelhöhe bestimmende Überlaufrohr. Die verwendeten Steine sollen sich im Weg zum Becken wiederholen.

Die abgebundene Betonschicht bestreicht man noch mit Zementbrei, damit das Wasser nicht durchsickert. Besetzt wird das Becken erst 1—2 Wochen nach dem Befüllen und dem Ausschwemmen des Betons.

Wasserbecken in Steingärten unterscheiden sich in der Technik des Baus nicht, nur die Randsteine müssen so eingesetzt werden, daß sie den Eindruck eines ganz aus Stein bestehenden Teiches erwecken. Steingartenbecken müssen ganz natürlich wirken und sich gut in die Umgebung einfügen. Das betrifft auch die Bepflanzung.

Wenn Polyäthylenfolie zum Beckenbau Verwendung findet, dürfen die Wände nicht zu steil abfallen. In den oberen Beckenrand wird eine Reihe Ziegel eingelassen, darüber zieht man den Folienrand und schüttet Erde darauf. Zum Zusammenkleben der Folienstreifen verwendet man ent-

Anwendung von Wasser im Garten kann sehr vielgestaltig sein. Eine Fontäne aus monolithischem Stein, aus der das Wasser über eine Dränageschicht aus Steinen in den Bach abfließt, wirkt natürlich (83)

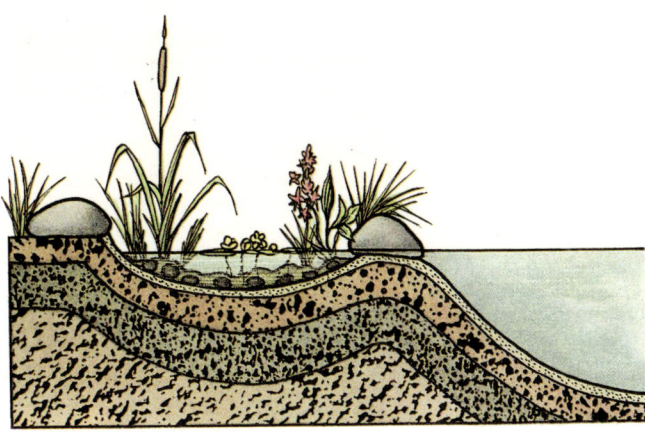

Ein Zierteich im Steingarten sollte eine unregelmäßige Form haben. An seinem Rand lassen sich Sumpfpflanzen anbauen; in diesem Fall muß Wasser aus dem Zierteich dorthin ablaufen können (84)

Elegante Wasserzuführung im Steingarten: das aus einem verdeckten Rohr auf einen Stein sprudelnde Wasser bildet eine Art Wasserfall (85)

Ein Doppelboden in der Vogeltränke ermöglicht auch kleineren Vögeln sicheren Zugang (86)

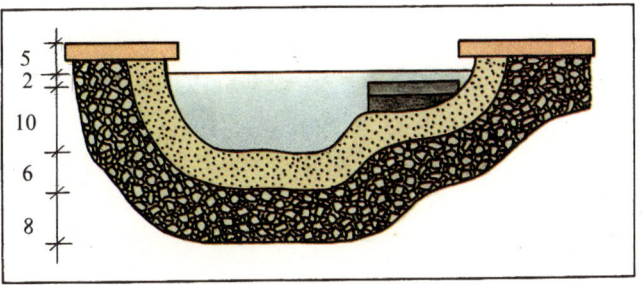

weder einen Spezialkleber oder verschweißt sie. Als Beckeneinfassung dienen flache Natursteine, auf den Grund wird eine Schicht Flußsand und Schotter aufgebracht.

Wenn ein kleiner Bach den Garten durchfließt, ist das ein Gewinn. Er dient nicht nur als Gießwasserquelle oder Badestelle, sondern auch als gestalterisches Element. Bei leichtem Gefälle wird der Ziergarten zum Bach hin angelegt. An geeigneter Stelle können ein Planschbecken, ein Schwimmbecken und ein Gießwasserbecken entstehen. Ein als Planschbecken genutzter Teich soll ausbetoniert werden.

Bach- und Teichränder belegt man mit Steinen und pflanzt dazwischen Wasser- und Sumpfpflanzen.

Hat der Bach ein größeres Gefälle, dann kann man ihn stufenweise herabfließen lassen, bei größerem Höhenunterschied legt man einen Wasserfall an. Sehr schön wirkt es, wenn das Wasser von einem kleinen Steindamm aus einbetonierten Steinen (bindigen Beton verwenden!) wenigstens 50 cm tief auf einen flachen Stein fällt und hochspritzt. Betonstellen dürfen jedoch nicht zu sehen sein.

In Gärten mit durchlässigen Böden, in denen das Wasser schnell versickert, kann man den Bachlauf ausbetonieren oder mit Polyäthylenfolie auslegen. Beides muß gut durch Steine und Wasserpflanzen maskiert werden.

Wer möchte, kann im Bassin oder im Wasserbecken einen Springbrunnen anlegen. In einiger Entfernung ist in einer Grube die elektrische Wasserpumpe einzusenken, die das Wasser aus dem Becken ansaugt und durch ein Rohr in das Wasserspiel drückt. Auch bei einer gut eingestellten Pumpe ist ein ständiger Zu- und Ablauf des Wassers zu gewährleisten. Das Wasserspiel kann auch in der Mitte eines Mühlsteins seinen Platz haben. In jedem Fall muß die Anlage unaufdringlich wirken und zur Umgebung passen.

Vogeltränken sind nicht nur dazu da, unsere gefiederten Gartennützlinge anzulocken, sondern bilden eine Zierde für

Sehr geschmackvoll kann ein Stück einfaches Steinrohr, mit Gefühl in den Ziergarten eingegliedert, wirken. Blumen in der Nähe, die sich im Wasser widerspiegeln, erhöhen den Reiz (87)

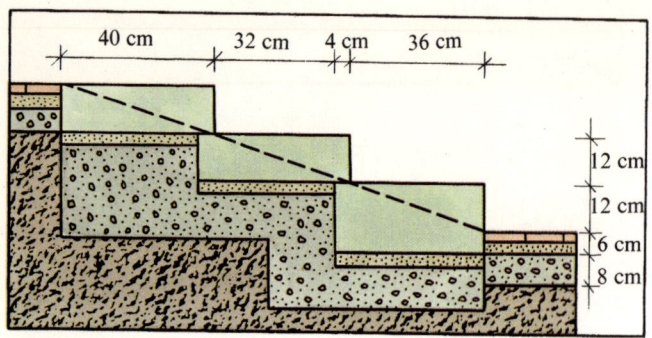

Treppen überbrücken Höhenunterschiede bei einer Steigung von mehr als 15—20%. Der Entwurf muß technisch wie ästhetisch der Forderung nach Sicherheit bei jedem Wetter Rechnung tragen. Die Stufen sollen sich teilweise überschneiden und eine Neigung haben, damit Wasser abfließt (Maßangaben in Zentimetern) (88)

jeden Garten. Vielfältig sind ihre Formen und das verwendete Material — angefangen bei einer einfachen Tonschale bis zu ausgemeißelten oder natürlich vertieften Steinen. Die wichtigste Bedingung ist eine schalenartige Vertiefung mit seichtem Rand. Sie darf nicht tiefer als 3—4 cm sein, damit die Vögel nicht ertrinken. Das Wasser muß oft und regelmäßig nachgefüllt werden, weil die Tiere beim Baden viel verspritzen und besonders an heißen Tagen viel in den flachen Behältnissen verdampft. Immer soll die Tränke frei stehen, damit die Vögel das Gefühl der Sicherheit haben und vom Sitzplatz aus gleichzeitig gut zu beobachten sind.

Wasser im Garten kann auch zum Brausen genutzt werden. Der Wasserbehälter kommt entweder auf das Dach eines der Gartenobjekte oder an eine Stützkonstruktion, an der die Brause befestigt wird. Das von der Sonne im Behälter erwärmte Wasser ist an heißen Tagen eine Attraktion für Kinder wie für Erwachsene.

Treppen

Um kleine wie große Höhenunterschiede zu überwinden, sind im Garten einzelne Stufen oder ganze Treppen notwendig. Aber auch auf einem ganz ebenen Grundstück gibt es Gelegenheiten, dieses Abwechslung in die Anlage bringende Element zu benutzen, z.B. vom Garten zur Hausterrasse. Treppen müssen überall dort angelegt werden, wo das Weggefälle 10% übersteigt; das bedeutet 10 cm Höhenunterschied auf 1 m Weg.

Treppen gehören zu den wichtigen Elementen der Gartenarchitektur, sie können das Bild eines Gartens wesentlich beeinflussen. Und Treppen können recht dekorativ wirken, wenn sie von geeigneten Pflanzenarten flankiert, mit Blumenkästen oder Blumenschalen geschmückt und vielleicht auch beleuchtet werden. Treppen an der richtigen Stelle gliedern den Garten harmonisch.

Gartentreppen müssen vor allem bei jedem Wetter sicher begehbar sein. Unübersichtliche Stellen, etwa unmittelbar neben der Gartentür, sollte man meiden. Eine Treppe muß uns nicht immer gerade, sondern kann uns auch etwa in einzelnen, nicht aneinander gebundenen Stufen zu den schönsten Partien durch den Garten führen und uns dadurch die Beobachtung der sich täglich ändernden Natur ermöglichen.

Jeder Garten ist anders angelegt, Treppen und Treppenstufen werden sich dem anpassen müssen. Wichtig ist, daß sie sich harmonisch in das Ganze einfügen und nicht fremd und störend wirken.

Die erste Arbeit, die uns im Garten vor dem Bau der Treppen erwartet, ist die Bestimmung der richtigen Größen und Proportionen der einzelnen Stufen und der ganzen Treppe.

Grundsätzlich gilt, daß die doppelte Höhe der Stufe + die Stufenbreite = die Schrittlänge (also 64 cm) ergeben. Wir müssen uns vergegenwärtigen, daß sich beim Steigen die normale Schrittlänge verkürzt. Treppen mit diesen Abmessungen sind bequem. Die Einzelstufe soll 12—15 cm hoch sein, z.B.

▶ (2 × 12 cm) + 40 cm = 64 cm oder
▶ (2 × 15 cm) + 34 cm = 64 cm, usw.

Wenn nicht genügend Platz zur Verfügung steht, kann die Treppe steiler sein, etwa

▶ (2 × 17 cm) + 30 cm = 64 cm.

Es gilt also, daß die Stufe umso schmaler wird je höher sie ist und umgekehrt.

Nach der Berechnung von Stufenhöhe und -breite wird der Raum festgestellt, den wir für die ganze Treppe benötigen. Bei einem Höhenunterschied von 70 cm beispielsweise brauchen wir 5 Stufen, jeweils 15 cm hoch und 36 cm breit. Die Treppenlänge wird also insgesamt 180 cm betragen.

Das Material der Treppe muß der Gesamtkonzeption des Gartens angepaßt sein, die Stufen bequemes und sicheres Gehen gewährleisten. Die Treppe im Bild schließt an den Weg an und verfügt über einen gelungenen beidseitigen Blumenschmuck (89)

Nutzung eines alten Baumstamms als Dekorationselement. Naturstein und Holz ermöglichen interessante Kombinationen. Da die Steinmauer sehr massiv wirkt, sollte sie mit kletternden Pflanzen begrünt werden (90)

Natürlich werden alle Stufen einer Treppe gleichhoch gebaut. Wird dieser Grundsatz verletzt, kann es unnötig zu Unfällen kommen, weil beim ersten Schritt eine bestimmte Höhe angesetzt und beim Steigen auch eingehalten wird.

Eine Gartentreppe soll nicht zu lang sein; besser ist es, bei Überwindung eines größeren Höhenunterschiedes immer mehrere gerade Abschnitte einzufügen. Diese ebenen Flächen bilden dann einen ruhenden Punkt, von dem aus wir die Treppenrichtung ändern können. Besonders wenn der Garten groß genug ist, brechen wir die Treppenrichtung in jedem beliebigen Winkel. Die Anzahl der Stufen in den einzelnen Abschnitten kann unterschiedlich sein, schön wirkt der 3-Stufen-Rhythmus. Es können auch 5 sein, besser ist immer eine ungerade Zahl. Auch die gerade Fläche muß nicht immer gleich groß sein. Bedingung ist jedoch, daß das Grundschrittmaß oder sein Vielfaches eingehalten wird.

Auch die Treppenbreite überlassen wir nicht dem Zufall, sondern passen sie der Breite des Weges oder Pfades und der Gestaltung des Geländes an. Eine breite Treppe wirkt im Garten besser als eine schmale.

Bedingung für die notwendige Stabilität der Treppe ist das richtige Vorgehen bei ihrer Anlage. Zuerst wird das Gelände abgesteckt, dann werden Rasen- oder Pflanzendecke und Erdreich abgetragen und zuletzt der Stufenplan sauber ausgegraben. Mit dem Treppenbau beginnt man bei der untersten Stufe.

Sind wir gezwungen, eine lange steile Treppe anzulegen, so sollte sie wenigstens an einer Seite ein Geländer oder eine Mauer haben. Man baut eine Trocken- oder eine betonierte Mauer. Anfang und Abschluß sollen waagerecht sein, der Mauerabschnitt dazwischen kann schräg die Treppe kopieren. Mauer und Treppen und wenn möglich auch der Haussockel sollen aus dem gleichen Material sein.

Die Stufen können in diese Stützmauer eingelassen werden oder auf unterschiedliche Weise hervortreten.

Als Treppenmaterial eignen sich Steine, Betonplatten, Ziegel, gegossener Beton und Holz.

Natursteinstufen aus einem Stück sind dauerhaft und schön, aber verhältnismäßig kostenaufwendig. Sie müssen maßgenau behauen sein, damit alle Stufen eine einheitliche Höhe und Trittbreite haben. Durch ihr Gewicht sind sie stabil genug, so daß sie nicht einbetoniert werden müssen. Sie werden am besten auf dem gewachsenen Untergrund verlegt. Bedingung ist, daß sie in ihrem Bett (auch wenn es

Kleine Pergola aus Holz, die an den benachbarten Bestand höherer Gehölze anschließt. Da sie im Halbschatten steht, wurde als Kletterpflanze Aristolochia macrophylla *verwendet (92)*

aus Sand ist) gerade und fest liegen. Längere Treppen baut man besser auf einem festen Betonunterbau.

Die Trittfläche soll rauh sein und leicht nach vorn abfallen, damit das Regenwasser abfließen kann (bei Trittbreite 40 cm etwa 5 mm Gefälle). In Querrichtung liegt die Stufe genau waagerecht. Eine Wasserwaage gehört deshalb zum notwendigen Werkzeug.

Wenn für Gartentreppen die gleichen Natursteine verwendet werden wie für Wege und Sitzplatz, muß man Material auswählen, das wenigstens an der Vorderkante gerade ist und eine möglichst große Fußfläche bietet. Steinplatten von weniger als 5 cm Stärke sind für den Treppenbau ungeeignet. Die Stufen sollen eine ausreichende Betonunterlage erhalten und die Steine mit Zementmörtel gebunden werden. Die nächste Stufe überdeckt die Trittfläche der vorhergehenden Stufe um einige Zentimeter und liegt dadurch stabiler. Gewöhnlich kommen Steinplatten nur als Decke infrage, die Stufenfüllung ist entweder Beton oder ein anderes kompaktes Material; an die Vorderfläche kom-

Zwei Beispiele für Pergolen am Ruheplatz: links aus Kantholz, rechts aus Rundholz. Das Material fügt sich gut in das Gartenmilieu ein. Die Pergolen sind teilweise mit Schlingpflanzen bewachsen (91)

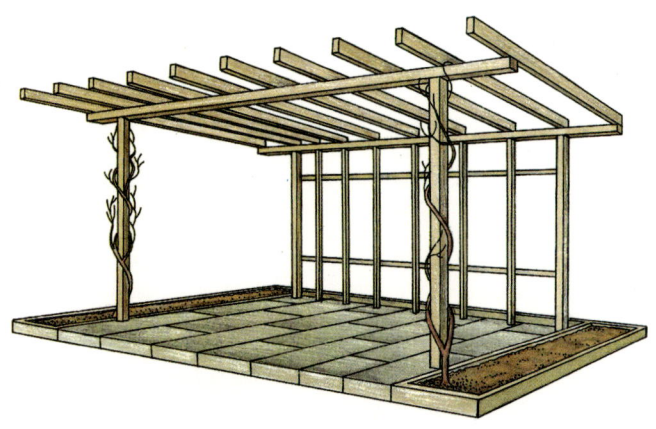
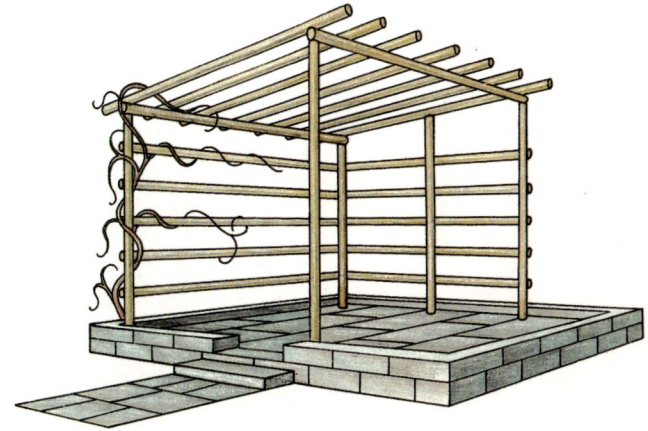

men Bruchsteine. Wenn die Platten nach vorn 2 cm überstehen, wirkt die Treppe leichter. Die Fugen werden mit Zementmörtel ausgefüllt und geglättet.

Wenn nicht genügend Steine vorhanden sind, verwendet man gegossenen Beton. Diese Treppen sind recht dauerhaft. Der Unterbau muß bis in frostfreie Tiefe reichen. Man fertigt eine Holzverschalung an, füllt sie mit Betonmischung (Mischverhältnis 1:3), stampft gut fest und glättet das Ganze. Kleine Unebenheiten gleicht man mit einer Schicht Zementbrei aus. Damit die Oberseite nicht zu eintönig wirkt, mischt man kleinere oder größere Kieselsteine bei.

Auch gut gebrannte Ziegel geben eine schöne Gartentreppe ab. Stufenhöhe und Trittbreite hängen von den Ziegelmaßen ab. Als Bett dient Mörtel, ausgefugt werden die abwechselnd längs und quer gelegten Ziegel mit Zementmörtel.

Holztreppen sollten einem bestimmten Gartentyp vorbehalten bleiben, z. B. einem Dorfgarten oder einem unmittelbar am oder im Wald liegenden Grundstück. Wird Laubholz verwendet, muß vorher mit einem Fungizid imprägniert werden, damit sie nicht faulen. Man benutzt Holzknüppel oder Kantholz. Knüppelstufen sind einfach und billig. An jeder Stufenvorderseite werden zwei etwa 40—60 cm lange Pflöcke in die Erde getrieben, dahinter 3—4 Knüppel von 4— 6 cm Durchmesser aufgeschichtet und der Raum dahinter mit Steinen, Schotter oder Schlacke ausgefüllt. Die Trittfläche wird mit Kieselsteinen bedeckt. An beiden Treppenwangen kann man entweder große Steine auftürmen oder die Fläche mit Rasen oder Stauden begrünen.

An selten begangenen Stellen reichen große Stein- oder Betonplatten auf gewachsenem Grund aus. In die Fugen pflanzt man Polsterstauden oder kriechende Gehölze. Die Erdfüllung dieser Spalten soll von guter Qualität sein, damit die Bepflanzung üppig und gesund wächst und schon bald die Nüchternheit des Steinmaterials aufhebt.

Zu einem Ruheplatz gehört eine Feuerstelle wie die im Bild. Als Brennstoff dient trockenes Fichten- oder Kiefernholz. Feuchtes Birkenholz kann ebenfalls verwendet werden, hinterläßt aber zu wenig Glut. man kann auch Holzkohle benutzen, die jedoch nur stark glüht. Die Holzasche enthält Nährstoffe für die Pflanze und kann deshalb als Dünger verwendet werden (94)

Pergola und Laubengang

In einem modernen, Erholungszwecken dienenden Gartenraum hat die Pergola mehrere Funktionen. Sie dient als Schattenspender und schafft die für die Erholung so notwendige Intimität und Abschirmung von der störenden Umgebung. Als Raumelement kann sie z. B. Zier- und Gemüsegarten voneinander trennen oder aber als verbindendes Element zwischen Wohnhaus und anderen Gartenbauten, wie Garage, Sitzplatz, Geräteschuppen u. ä. dienen.

Ein Kleingarten wird durch die Pergola optisch erweitert. Sie bietet die Möglichkeit, Kletterkulturen zu pflanzen und damit die begrünten Flächen in dem Bereich des Gartens zu erweitern, der uns als häufigster und bevorzugter Aufenthaltsort dient. Meist schließt die Pergola an den Freisitzplatz an. Wenn beim Hausbau nicht gleich eine Pergola geplant war, kann sie zwanglos direkt an das Haus anbinden, wenn man die Dach- oder Deckenbalken über den Ruheplatz verlängert. Eine Pergola in einer entlegenen Ecke des Gartens sollte durch einen von Blumenrabatten und Gehölzen eingefaßten, hübschen Weg mit dem Haus verbunden werden.

Beim Bau der Pergola sind angemessene Proportionen einzuhalten. Bewährt hat sich eine lichte Höhe von 220— 250 cm. Ist die Pergola zu niedrig, wirkt sie beengend, ist sie zu hoch, gibt sie auch kein schönes Bild ab. Zu beachten ist, daß eine mit Kletterpflanzen berankte Pergola optisch schmaler und niedriger wirkt. Als Breite empfehlen wir 3 Meter; aber entscheidend werden wohl die im Garten zur Verfügung stehenden Flächen sein. Die tragenden Pfeiler und die übrigen Konstruktionsteile der Pergola müssen ziemlich stabil sein, denn die Pergola muß auch starken Windstößen widerstehen und dazu das Gewicht der sie berankenden Pflanzen tragen.

Richtiger Platz für den Gartenkamin auf der Wohnterrasse. Er wird zu einem prägenden Element der Hausfront (93)

Monolith-Pergola

Dieser Pergola-Typ ist eigentlich die ursprüngliche Bauweise und hat sich bis heute in den Südtiroler Weinbergen erhalten. Die Tragpfeiler sind aus einem einzigen Stück Granit oder Sandstein gehauen und meist 20 x 20 cm bis 20 x 40 cm stark. Sie ragen etwa 240 cm aus der Erde und haben im oberen Teil eine Öffnung, durch die eine runde Stange von 10—12 cm Durchmesser eingeschoben wird. In angemessenem Abstand werden runde geschälte Fichten-, Tannen- oder Kiefernstangen quer gelegt. Eine solche Pergola können wir heute nur noch in großen Gärten oder Parks antreffen.

Anstelle der aus einem Stein gehauenen Säulen können im Wohngarten Ziegel- oder Natursteinsäulen dienen. Sie müssen 40 x 40 cm messen, damit sie stabil sind. Sehr schön wirkt eine Pergola, wenn wir sie an einer Seite an einer Mauer aus dem gleichen Material abstützen, so daß daraus eine Art heller Gang entsteht. Für diese Pergola wird verhältnismäßig viel Material benötigt, aber dafür erhalten wir eine überraschend schöne Gartenpartie.

Holz-Pergola

Damit die Pergola so natürlich wie möglich wirkt, wird gesundes und trockenes Kiefern- und Eichenholz verwendet, das nicht mehr arbeitet. Es kann bearbeitet sein; auch Fichtenholz läßt sich einsetzen.

Die Tragpfeiler sollen ein Profil von 12 x 12 oder 12 x 24 cm haben und nicht direkt in die Erde eingelassen sein, sondern mit zwei Bandeisen von 6 x 60 x 800 mm Abmessungen verschraubt werden. Das Bandeisen wird in Betonsockel eingelassen. Zwischen Beton und Holz sollen etwa 5 cm Abstand bleiben.

Die Längsbalken haben ein Profil von 10 x 12 oder 10 x

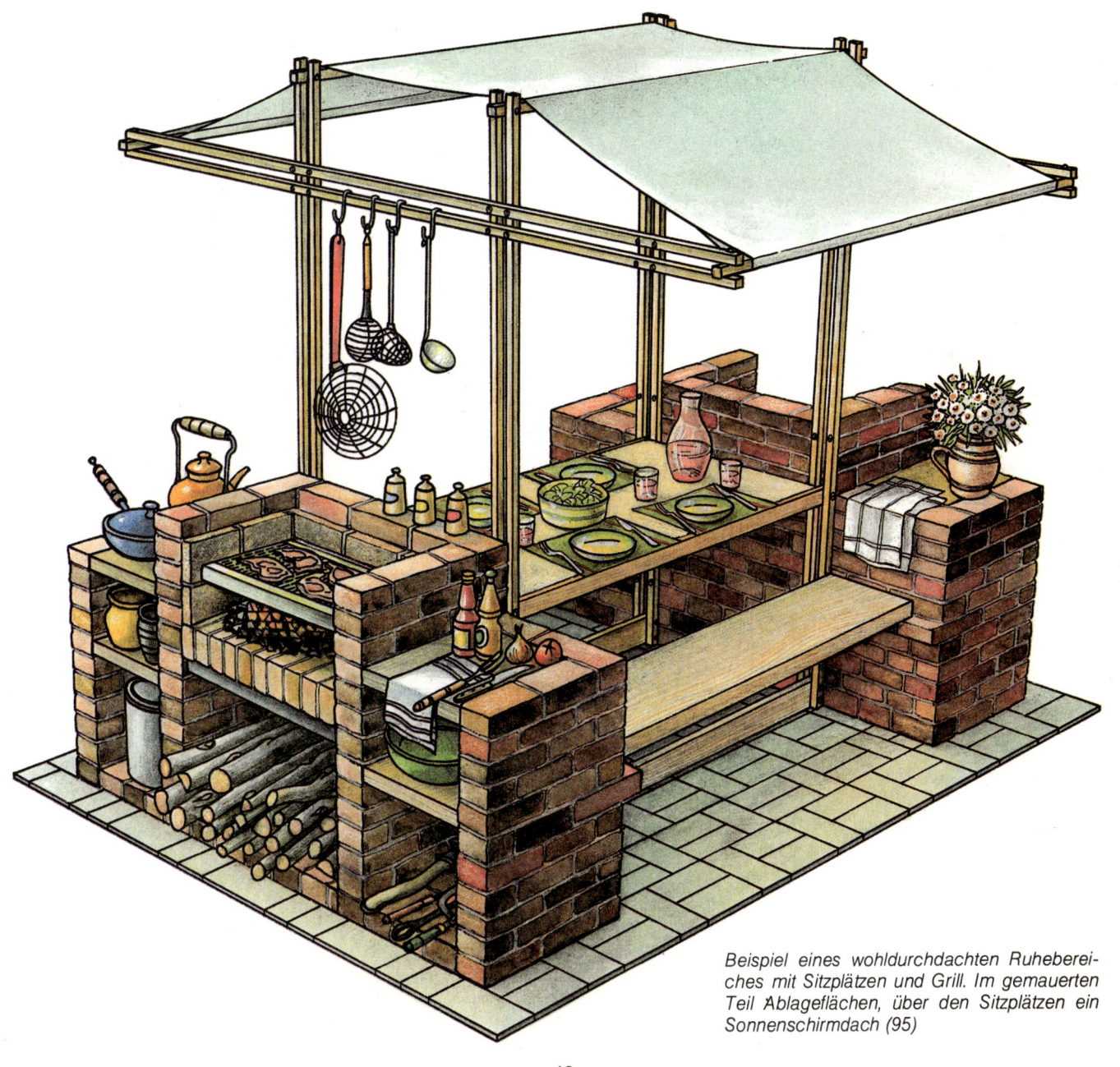

Beispiel eines wohldurchdachten Ruhebereiches mit Sitzplätzen und Grill. Im gemauerten Teil Ablageflächen, über den Sitzplätzen ein Sonnenschirmdach (95)

nutzt dabei nach Möglichkeit ein Mittel, das die Struktur des Holzes gut sichtbar macht.

Metall-Pergola

Metallkonstruktionen sind sehr dauerhaft und wirken leicht und angenehm. Die Pergola an sich schafft jedoch kein Raumgefühl und berankt auch wegen der glatten Oberfläche wesentlich schwieriger. Man kombiniert am besten Stahlrohr-Tragpfeiler mit horizontaler Holzkonstruktion. Die Stärke der Rohre hängt von der Größe der Pergola ab und kann zwischen 4—10 cm liegen. Dünnere Metallrohre werden wegen der größeren Stabilität verdoppelt, indem in etwa 20 cm Abstand zwei parallele Stützen angebracht oder in V-Form angeordnet werden. Die Metallrohre werden verschweißt und etwa 50 cm tief in Betonpfeiler eingelassen. Dabei wird am Fuß quer ein Stück Flacheisen angeschweißt.

An die Metallsäulen werden meist Holzbalken gelegt oder am Kopf Bandeisen angeschweißt und zu jeder Seite eine Metallstange längs angeschraubt. Die Rohre haben eine tragende Funktion, Holz dient eher zur Ausfüllung des Raumes.

Auch im rechten Winkel zu U-Form gebogene Metallrohre mit quadratischem oder rechteckigem Querschnitt, die mit dem Bogenteil nach unten kommen, sind ein eleganter Träger für lamellenartig eingehängte Querbalken.

Alle Metallteile der Pergola müssen sehr sorgfältig gestrichen und mit Korrosionsschutz versehen werden, bevor sie zusammengebaut werden. Je heller die Farbe, desto leichter und beschwingter wirkt das Bauwerk.

Bambus-Pergola

Sehr originell ist eine leichte Pergola aus Bambusstangen. Die Säulen sind aus Holz, da Bambusstangen für diese Belastungen zu schwach wären. Bambus läßt sich nicht festnageln, so daß die einzelnen Stangen mit einem dünnen Nylonseil, einem Lederriemen oder anderen geeigneten Materialien festgebunden werden müssen.

Pergolen aus Bambus wirken sehr natürlich und sind sehr hübsch, wenn sie mit entsprechenden Pflanzen berankt werden.

↑ Der günstigste Platz für den Kamin im Erholungsbereich ist eine Gartenecke, damit die architektonisch zu gestaltende Fläche nicht verkleinert wird. Die Bänke sollten aus Naturmaterial sein (96)

▲ Gartenkamin aus Naturstein und Blech. Die Gartenmöbel passen zu dem Windschutz aus Schilf (97)

14 cm, für die oberen Querbalken wählt man meist 4 x 12 oder 6 x 14 cm Durchmesser. Sie werden angenagelt oder noch besser mit rostfreien Schrauben verschraubt. Dabei sind die einzelnen Teile so miteinander zu verbinden, daß keine Stellen entstehen, wo sich Nässe stauen und Holzfäule verursachen kann.

Noch bevor die Pergola zusammengebaut wird, sind die Holzteile gut mit einem Anstrich zu imprägnieren. Man be-

Kinderspielecken

Spielecken für Kleinkinder lassen sich aus vielen Elementen zusammenstellen, entscheidend ist die Größe des Gartens und der zur Verfügung stehende Platz. Die Kinderspielecke muß übersichtlich und auch vom Haus aus gut einsehbar sein, damit die Kinder beaufsichtigt werden können.

Eine Kinderspielecke kommt meist nicht ohne Sandkasten aus. Er wird an einem windgeschützten, sonnigen Platz angelegt und ist meist 200 x 150 cm groß. Natürlich kann er auch kleiner sein.

Auf der Gartenterrasse kommt ein Grill mit Pfiff gut zur Geltung (98)

Feuerstelle, Grill und Gartenkamin

Im modernen Garten, der immer mehr zu einem Teil des Wohnbereichs wird, gehören Feuerstelle, Grill oder Kamin zu den festen Einrichtungen, ohne die wir kaum auskommen. Auch eine Gartenparty mit Freunden oder im Kreis der Familie gehört zu den erholsamen Stunden. Ein Abend am Kamin, oft schon im Frühjahr oder noch im Herbst, ist angenehm, denn der Kamin wärmt auch die unmittelbare Umgebung.

Die Feuerstelle wird meist als Kreis oder Quadrat an einem windgeschützten Platz und in ausreichender Entfernung von Gebäuden angelegt. Die überwiegende Windrichtung dient als Richtelement. Die Feuerstelle wird unter dem Bodenniveau angelegt und ausbetoniert oder mit Steinen ausgemauert. Flache Steine um die Feuerstelle wirken nicht nur schön, sondern helfen auch, Ordnung zu halten und zu verhindern, daß das Feuer auf die nähere Umgebung übergreift. Beim Bau der Einfassung werden an zwei Stellen kurze Eisenrohre einbetoniert, in welche die Grillgabel eingesetzt werden kann.

Wie schon erwähnt, sind Gartenkamine recht praktisch. Auch sie sollten in einer windgeschützten Partie ihren Platz finden, wenn möglich, auf dem plattenbelegten Ruheplatz, den eine Ziermauer aus Klettergewächsen schützt. Als Baumaterial eignen sich behauene Steine oder Ziegel; beide lassen sich auch kombinieren. Da zu jedem Kamin ein guter Schornstein gehört, sollte man den Bau lieber einem Fachmann überlassen.

Der Markt bietet eine breite Skala tragbarer Gartengrills an, die sich, beliebig und den Umständen angepaßt, überall aufstellen lassen. Ein solcher Grill erfüllt seine Funktion ebenso gut wie ein ortsfester.

Der für den Sandkasten bestimmte Platz wird abgesteckt und ausgehoben. Aus glatt gehobelten Brettern und Kanthölzern in den Rahmenecken wird ein Viereck zusammengenagelt und in den vorbereiteten Aushub gesetzt. Der eingeebnete Untergrund wird mit flachliegenden Ziegeln ausgepflastert, die breitere Fugen haben sollen, damit das Regenwasser ablaufen und der Sand schnell trocknen kann. Die Ziegelunterlage verhindert gleichzeitig, daß der Sand durch das Erdreich verunreinigt wird. Um den Sandkasten herum sollten ebenfalls Ziegel oder ein anderes Material, das im Garten häufig anzutreffen ist, ausgelegt werden. Auf den Bretterrahmen wird ein gehobeltes Brett aufgenagelt, das als Bank und Abstellfläche dient.

Wenn der Garten groß genug ist, kann neben dem Sandkasten ein Spielplatz angelegt werden. Rasen ist für diesen Zweck sicher wenig dauerhaft, man hebt deshalb etwa 15 cm Erdreich aus, füllt nicht zu groben Schotter auf und deckt mit einer Sandschicht ab. Alles wird gut gestampft und gewalzt.

In eine Kinderspielecke gehört unbedingt eine Schaukel. Sie wird entweder an einem Gerüst aus starken, mit Querstreben abgestützten Holzbalken oder an verschweißten oder verschraubten Rohren aufgehängt. In jedem Fall muß das Schaukelgerüst tief in die Erde eingelassen, mit Steinen verspannt und mit Beton vergossen werden. Es darf sich in keinem Fall bewegen. Am oberen Querbalken werden die Schaukel, Ringe oder die Reckstange an Haken eingehängt.

Ansonsten ist der Phantasie bei der Ausgestaltung der Kinderspielecke keine Grenze gesetzt. Alle Spielgeräte sollen die kindliche Phantasie anregen und sportliche Betätigung ermöglichen.

Beleuchtung

Beleuchtet werden im Garten vor allem Lauben, Terrassen und Partien, die als Aufenthalte in den Abendstunden ge-

Die Wahl der Gartenmöbel richtet sich nach Zweck und Geschmack. Hier sollte vor allem der Charakter des Gebäudes und des Gartens berücksichtigt werden (99)

Sehr beliebt sind aus einem Baumstamm gefertigte Gartenbänke (100)

dacht sind. Aber Leuchten lassen sich auch überall dort aufstellen, wo man bei Dunkelheit Licht braucht oder besonders interessante Pflanzen betonen möchte.
In überdachten Lauben aus Holz benutzt man aus Weiden oder Stroh geflochtene Lampenschirme, an Stein- oder Ziegelwänden eine geschmiedete, schwarz angestrichene Leuchte.

Leuchten, die im Gartenraum zur Beleuchtung interessanter Partien aufgestellt werden, sollten eine matte Oberfläche oder einen undurchlässigen Schirm haben, der das Licht nur in die gewünschte Richtung lenkt. Als Material eignen sich Metall oder verschiedene Plastikarten, wichtig ist jedoch, daß sie am Tag nicht störend wirken. Solche Leuchten sind deshalb so zwischen Pflanzen anzuordnen, daß sie teilweise verdeckt werden.

Das Stromkabel wird im Boden so tief geführt, daß es bei der Bodenpflege nicht beschädigt werden kann. Immer ist ein bleiummanteltes Spezialkabel zu verwenden, das vor dem Zuschütten mit Ziegeln abgedeckt wird. Bei Oberflächenkabeln ist beim Graben, Hacken und Rasenschneiden gut darauf zu achten, daß sie nicht beschädigt werden.

Gartenmöbel

Damit der Garten zu unserem grünen Heim werden kann, brauchen wir unbedingt Gartenmöbel. Die Wahl ist sehr sorgfältig zu treffen. Sie sollen bequem, leicht zu transportieren, stabil, wetterfest, leicht zusammenlegbar und in ihrem Stil dem Charakter der Gartenanlage angepaßt sein. Zu aufdringliche Farben und Formenvielfalt vermeide man am besten.

Die Auswahl wird durch das große Angebot nicht leicht gemacht. Am empfindlichsten sind geflochtene und Bambusmöbel. Sehr beliebt sind Hollywood-Schaukeln und Gartenliegestühle verschiedenster Art. Die meisten sind zusammenklappbar.

Wem das Marktangebot nicht zusagt, kann sich bei ein bißchen handwerklicher Fertigkeit sein Gartenmöbel selber basteln. Als Bank kann z.B. ein dickes, mindestens 30 cm breites Brett dienen, das auf einen Ziegel- oder Steinsockel gelegt wird. Im Winter wird es in den Schuppen gestellt.

Wenn es durch einen Baum mit dichter Krone oder eine höhere Mauer geschützt wird, kann es auch im Winter dort bleiben und stabil angebracht werden. Als Holzanstrich werden Firnis und farbloser Lack verwendet. Man sitzt bequem, wenn die Sitzfläche 40—50 cm über dem Boden liegt.

Eine bequeme Bank läßt sich auch aus Eisenbahnschwellen herrichten. Eine Schwelle dient als Sitz, eine zweite, nur halb so breit, als Lehne. Sie werden so zur Wand befestigt, daß sie auf zwei oder drei in einen höheren Sockel eingelassenen Metallrohren liegen. Die Länge kann beliebig sein.

In landschaftsnaher Umgebung ist ein längs durchgeschnittener Baumstamm von etwa 30 mm Durchmessern eine ausgezeichnete Sitzgelegenheit. Aus entsprechend schwächeren Stämmen fertigen wir an beiden Seiten ein Gestell oder unterlegen die Sitzfläche mit Steinen. Von einem ebenso breiten Baumstamm schneiden wir etwa 40 cm hohe Klötze ab und stellen sie als Sitze um die Feuerstelle, den Kamin oder dorthin, wo wir meist mit unseren Gästen sitzen. Schön sind Sitze aus etwa 10 cm dicken und 40—45 cm breiten Rundhölzern, die auf einer 25 x 25 cm großen Metallplatte mit angeschweißtem Rohr befestigt werden. Dieses Rohrstück wird auf ein schmaleres, in den Boden einbetoniertes, etwa 35 cm herausragendes Rohr gesteckt. Am besten eignet sich Esche als Sitzfläche. Ähnlich wird auch der Tisch angefertigt. Die Tischplatte sollte dabei mindestens 15 cm stark sein und einen Durchmesser von 80 cm haben. Als Tischhöhe wählen wir 75 cm. Die Sitze sind um den Tisch in etwa 70 cm Abstand fest einbetoniert. Im Winter können die Ständer herausgenommen und trocken aufbewahrt werden.

Kleine architektonische Elemente

In der Vergangenheit fanden viele Kunstwerke gerade in Gartenanlagen und Parks ihren unbestrittenen Platz. Besonders reich an solchen Kunstwerken war die Zeit des Barocks. Noch heute schmücken Statuen und Skulpturen dieser Periode Schloßparks, alte Gärten oder einfach nur die Landschaft. Auch wenn im 19. Jahrhundert in Europa die Meinung weit verbreitet war, daß eine Plastik auch im Garten unbedingt an ein Gebäude anschließen muß, setzten sich mit der Zeit südostasiatische Einflüsse durch, die der in der Landschaft frei stehenden Plastik den Vorrang einräumen.

Auch der moderne Garten hat Raum für Plastiken und andere Kunstwerke, sofern sie wertvoll sind und sich gut in den Gartenraum einfügen. Die Wirkung jedes künstlerischen Werkes wird durch seine Umgebung gesteigert. Es besteht kein Zweifel, daß sich Architektur, Plastiken und Pflanzen gegenseitig ergänzen.

Bei der Auswahl der Kunstwerke zeigen sich Geschmack und Kunstgefühl des Gartenbesitzers. Für einen Gartenraum kommen praktisch nur Statuen, Wandplastiken, Keramikgefäße und künstlerisch gestaltete Nutzgegenstände, wie etwa Vogeltränke, Blumenschalen, Sonnenuhren u.ä., in Frage. Aber auch die Werke des Bildhauers Natur — große Steine von interessanter Gestalt — sind für den Garten geeignete Objekte. Nicht nur die Auswahl, sondern auch der Ort, an dem ein Kunstgegenstand seinen Platz erhält, verlangen großes Einfühlungsvermögen. Eine einfache Plastik verträgt sich mit auffälligen und vielgestaltigen Blumen, Stauden und Gehölzen, ein Gegenstand von anspruchsvoller Form braucht eine ruhige Umgebung, beispielsweise immergrüne Gehölze als Hintergrund. Eine Draht- oder Metallplastik und Sonnenuhren wirken am besten an einer weiß gekalkten Wand. Kunstobjekte im Garten sollen nie isoliert wirken und gut beleuchtet sein. Eine bestimmte Spannung läßt sich im Gartenraum auch hervorrufen, wenn man die Symmetrie bei der Anordnung eines Kunstgegenstandes verletzt.

Wichtig ist das Größenverhältnis zwischen Kunstwerk und Garten. Dabei gilt, daß auf freiem Raum alles kleiner erscheint als in einem geschlossenen Raum. Auch der Sockel soll angemessen sein. Der Garten darf nicht zu einer Sammlung von Kunstwerken werden, er ist weder eine Galerie noch ein Lager. Er soll ein Ort der Besinnung und des Träumens sein, und uns Erholung von der Technik, bieten, die uns an Wochentagen umgibt. Er soll helfen, unser seelisches Gleichgewicht wiederzufinden und neue Kräfte zu schöpfen. Nur ein solcher Garten kann seine Funktion erfüllen und zum festen Bestandteil unseres Lebens werden.

Frühbeet und Gewächshaus

Frühbeet

Wie der Name sagt, handelt es sich eigentlich um ein Beet, das von einem Rahmen begrenzt und mit Fenstern abgedeckt wird. Der einfache Frühbeetkasten hat nur eine Reihe nach einer Seite geneigte Fenster, das Doppelfrühbeet mit Giebel ist doppelt so breit und die Fenster fallen nach beiden Seiten satteldachartig ab.

In jedem Gemüsegarten ist ein angemessen großes Frühbeet eine sehr nützliche Einrichtung. Es dient zur Anzucht früher und kälteempfindlicher Gemüsesetzlinge, zum Treiben von Radieschen, Salat und Kohlrabi und zur Einlagerung sowie zum Einschlagen von Spätgemüse, z. B. Rosenkohl, Grünkohl u. ä., über die Winterzeit. Der Frühbeetkasten kann den Winter über auch Wurzelgemüse aufnehmen.

Der Frühbeetkasten sollte an einer sonnigen Stelle stehen und nach Norden geschützt sein. Er muß aber auch luftig stehen, denn zu hohe Temperaturen, die der Frühbeetkultur schaden, kann der über die Fenster streichende Wind mildern. Besonders wichtig ist das für Folienfenster. Die Frühbeetfenster sollen nach Süden geneigt sein. Meist wird Holz als Baumaterial verwandt. In jede Ecke kommt ein Vierkantpfahl in den Boden, der aus dem Erdreich herausragt und an dem starke Kiefern- oder Fichtenbretter befestigt werden. Die Länge dieses Rahmens hängt von den Abmessungen und der Anzahl der Fenster ab, die zur Verfügung stehen. Damit sich der Kasten nicht verzieht, wird er an der Längsseite mit Querlatten versteift.

Fenster mit einer Längssprosse können beispielsweise 150 x 100 cm groß sein. Sie werden mit 4 mm dickem Glas der Abmessung 144 x 45 mm verglast und auf Stützlatten gelegt, die an der Rahmeninnenkante angebracht sind. Um ihre Lebensdauer zu verlängern, werden sie zuerst mit Firnis und dann mit einer Firnisfarbe gestrichen. Anstelle mit Glasfenster können Frühbeete auch mit in einen Holzrahmen gespannter Gewächshausfolie abgedeckt werden. Holzkästen sind zwar weniger dauerhaft als andere Frühbeetmaterialien, z. B. Ziegel, Beton u. ä., dafür aber am wärmsten.

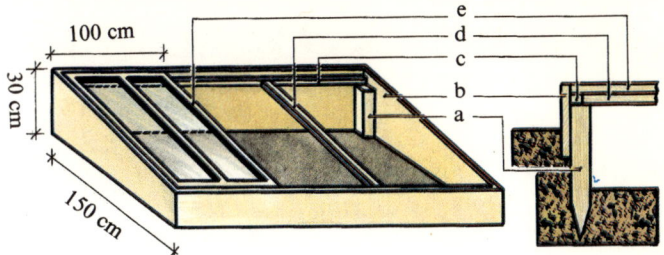

Holzrahmen eines einfachen Frühbeetes mit einem Fenster. Details: a: *Eckpfosten;* b: *Rahmen;* c: *Längslatte;* d: *Querlatte;* e: *Fenster (101)*

Frühbeetschutz

Wenn im zeitigen Frühjahr die Nächte oft noch sehr kalt sind, decken wir die Kästen nachts mit Stroh- oder Schilfmatten ab, um die Wärme zu halten und das zu starke Abkühlen zu verhindern. In höheren Lagen haben sich außer Strohmatten auch Holzbretter als Abdeckmaterial besonders bei starkem Schneefall bewährt.

Sonnenschutz

Vor zu starker Sonnenbestrahlung schützen wir vor allem die Saat, junge, pikierte Setzlinge und neu gepflanzte und noch nicht angewurzelte Gemüsepflanzen. Empfindlich gegen zu starkes Sonnenlicht sind besonders Gurken.

Zum Beschatten verwendet man Schilfmatten oder lockeres Jutegewebe von 150 cm Breite, das auf eine

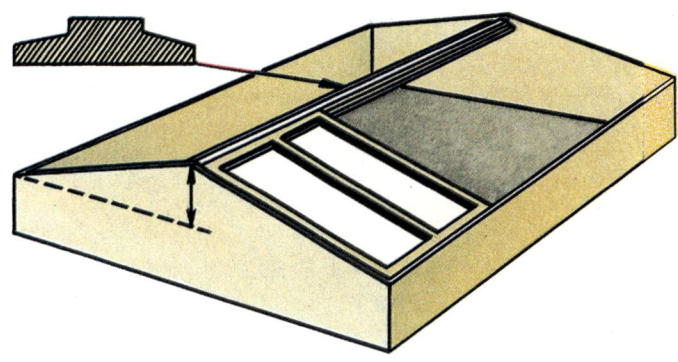

Doppelkasten mit Detailansicht des Kammbalkens im Querschnitt (102)

Gemauertes Frühbeet im Querschnitt (103)

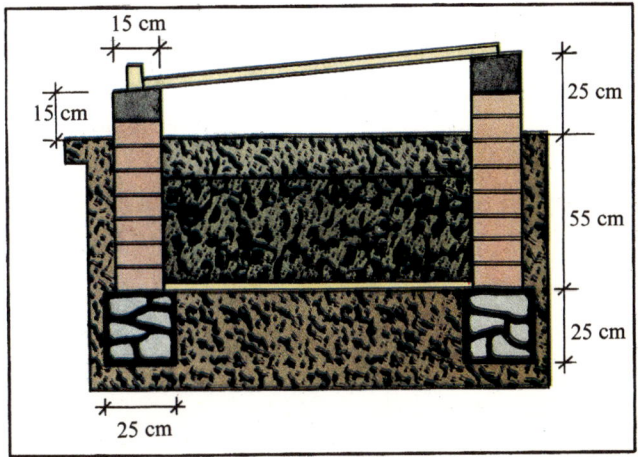

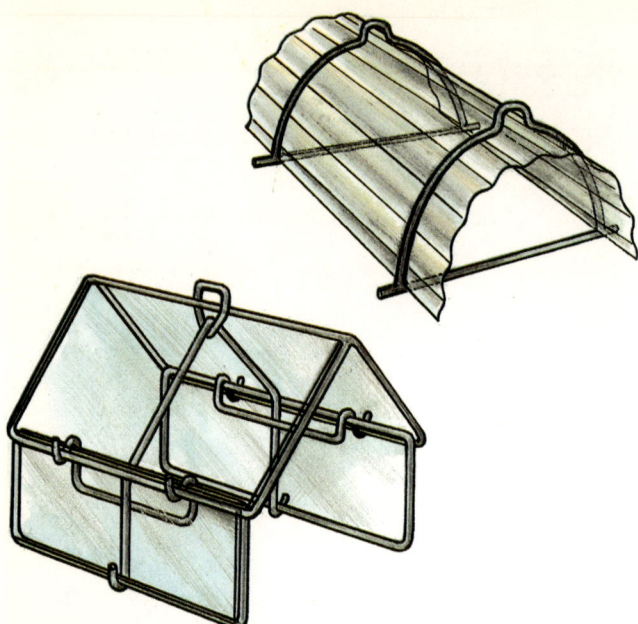

Zwei Schutzhaubentypen — eine praktische Anzuchthilfe (104)

runde Holzstange aufgewickelt wird. Notfalls reichen Kalkanstriche, die sich jedoch schlecht abwaschen lassen. Geeignet sind auch gelbbraune Erden, die jedoch den Nachteil haben, daß sie von jedem stärkeren Regen abgewaschen werden. Außerdem sind Spezialanstrichmittel im Handel.

Lufthölzer

Lufthölzer sind etwa 40 cm hohe Fensterstützen. Wenn sie mit Einkerbungen versehen sind, lassen sich die Frühbeetfenster in der Höhe verstellen. Wenn wir sie aus einer Latte ohne Einkerbungen fertigen, lassen sie sich unter das Fenster hoch, quer und eventuell auch flach legen, so daß die Wärmeregulierung im Kasten möglich ist.

Packen eines Frühbeetkastens

Nach Art und Stärke des Packmaterials unterscheiden wir warme, halbwarme und kalte Frühbeete. Dazu kann man außerdem Warmwasserrohre, elektrische Heizkörper u.ä. zum Erwärmen des Beetes verwenden.

Kleinere Frühbeete mit nur wenigen Fenstern packen wir meist mit frischem Stallmist. Am besten ist Pferdemist. Da er leider nur schwer zu beschaffen ist, begnügt man sich mit Schaf- oder Kaninchenmist. Je nach Bedarf führt man diese Arbeiten im Februar/März aus.

Für ein warmes Frühbeet wird das Packmaterial einige Tage vorher angesetzt. Den Mist setzen wir auf etwa 150 cm hohe Haufen und durchwässern ihn mit warmem Wasser, wenn er zu viel Stroh enthält und zu trocken ist. Sobald sich die Masse durch Gärung genügend durchwärmt hat, wird sie ins Frühbeet gepackt. Bei zu wenig Mist setzen wir auch Laub, Spelzen, altes Heu oder Stroh und andere organische Abfälle zu und erhalten dadurch ein halbwarmes Frühbeet. Es ist zwar nicht so warm, dafür hält der wärmeerzeugende Gärungsprozeß aber länger an.

Das eingelegte Material wird so festgetreten, daß nach dem Aufbringen der Frühbeeterde zwischen Fenster und Erde ein etwa 15 cm freier Raum bleibt. Mit der Zeit setzt sich die Erde noch etwas.

Für Setzgut in Töpfen reicht eine 10 cm hohe Erdschicht, für die Aussaat von Gemüse ins Beet sind etwa 15 cm erforderlich. Frühgemüse, wie etwa Salat, benötigt sogar 25 cm Kulturerde. Die Frühbeeterde wird aus gut verrottetem Kompost hergestellt. Die eingebrachte Erde wird eingeebnet und danach die Aussaat vorgenommen. Mit dem Pflanzen sollte man jedoch noch 1—2 Tage warten, bis sich die Erde durchwärmt hat. Sofort nach dem Säen und Stecken wird mit Fenstern und nachts auch mit Matten abgedeckt.

Wanderfrühbeet

In den letzten Jahren haben sich Wanderfrühbeete mit Glasfenstern oder Folienabdeckungen bewährt, mit denen sich nach Bedarf einzelne Beete abdecken lassen, um die Pflanzen etwas zu treiben. Die Kastenwände sollen etwa 30 cm hoch sein und werden aus Brettern oder Holzlatten angefertigt. Für Gurken sollte der Rahmen 0,5 x 5 m groß sein. Wenn die Pflanzen herangewachsen sind, wird der Rahmen mit Ziegeln unterlegt, damit die Pflanzen nicht durch die Berührung mit der Folie verbrennen. Häufige Verwendung finden Folienzelte und -tunnel aus vorgefertigten Konstruktionen der verschiedensten Art.

Gewächshaus

In der Vorfrühlings- und Frühlingszeit erweisen sich Gewächshäuser als großer Vorteil für jeden Gärtner. Man kann sie in den verschiedensten Ausführungen, Größen und Typen, schon verglast oder mit Folie überzogen, kaufen. Für Kleingärtner, die sich ihr Glas- oder Folienhaus selbst bauen möchten, seien die wichtigsten Grundsätze für den Bau einer solchen Einrichtung angeführt.

Das Gewächshaus sollte an einem vollsonnigen, vor kalten Nordwinden geschützten Platz errichtet werden und zu jeder Zeit gut zugänglich sein. Auf einem ebenen Standort lassen wir es teilweise in den Boden ein oder erhöhen den umliegenden Boden durch Aufschüttung, besonders wenn der Grundwasserspiegel dicht unter der Oberfläche liegt.

Noch bevor wir mit dem Bauen beginnen, müssen wir uns darüber klar werden, wie wir das Gewächshaus beheizen wollen. Ideal ist der Anschluß an die Zentralheizung des Wohnhauses; in diesem Fall läßt sich die Temperatur durch einen Heizkörper direkt regeln. Eine Reihe moderner Häu-

Ein preiswertes und praktisches Kleingewächshaus läßt sich auch in einem kleinen Garten aufstellen (105)

Auch ein kleines Treibhaus, hier aus Holz, erfüllt seinen Zweck (106)

ser nutzt Strom oder Gas. Aber auch Öfen für Festbrennstoffe oder Heizöl lassen sich aufstellen; dann ist jedoch die Temperatur nicht überall im Gewächshaus gleich.

Wenn die Fragen der Beheizung, des Baumaterials und der Größe geklärt sind, können wir mit dem Bauen beginnen. Die Wände kommen meist auf ein vorher vorbereitetes Betonfundament oder auf glatte Betonsteine. Das Fundament soll 100—120 cm tief und wenn möglich 250—350 cm breit sein. Die Länge richtet sich nach den Wünschen des Bauherrn. Dazu soll das Fundament etwa 20 cm über das Gartenterrain herausragen. Aus schwächeren Balken stellen wir einen Rahmen her und aus stärkeren, mit dem Rahmen verbundenen Holzlatten entsteht die Tragkonstruktion für die Fenster oder für die Glasabdeckung. Die Fugen zwischen den Fenstern werden mit Leisten abgedichtet und der Dachfirst mit Blech oder Dachpappe abgedeckt. Wenn das Gewächshausskelett aus Metallprofilen verschweißt wird, müssen die Lichtbogen- oder Autogenschweißarbeiten sowie die Rostschutzanstriche noch vor dem Verglasen des Hauses fertig sein.

Die Gewächshaustür muß so breit sein, daß man z. B. mit einem Schubkarren voll Kompost hineinfahren kann. Bei einem langen Haus empfiehlt es sich, durch eine Trennwand gleich neben der Tür einen kleinen Vorraum zu schaffen, der den eigentlichen Raum vor der kalten Außenluft schützt, die beim Öffnen der Tür einströmt. Dieser Vorraum dient auch zum Abstellen des notwendigen Gartengeräts, kleiner Blumentöpfe, Saatkästen, Gießkannen u. ä. Auch ein größerer Gießwasserbehälter kann hier seinen Platz finden.

Tische oder Pultbeete stellen wir am besten aus Betonplatten her. Auch freie Gewächshausbeete sind vom Gang durch eine Betoneinfassung abzugrenzen. Der Gang bekommt einen Ziegel- oder Plattenbelag und wird mit leichtem Gefälle zur Seite angelegt, damit sich beim Gießen keine Pfützen bilden.

Damit das Gewächshaus in den Vorfrühlings- und Herbstmonaten nicht zu viel Wärme verliert, können die Glasfenster von innen oder von außen mit Folie abgedeckt werden. Man befestigt diesen Wärmeschutz mit Hilfe von Latten und Reißzwecken. Die zwischen Glas und Folie stehende Luft ist eine ausgezeichnete Wärmeisolation und die Gewächshaustemperaturen werden vor allem bei Wind und in kälteren Nächten nicht so stark absinken.

Pflanzen stellen sich vor

Die Pflanzen waren die ersten lebenden Organismen unseres Planeten. Einzig und allein sie sind imstande, Nahrung in Form mineralischer Stoffe aufzunehmen und sie in für die Ernährung der tierischen Lebewesen geeignete organische Verbindungen umzuwandeln. Und auch wir Menschen sind grundsätzlich von den Pflanzen als Ursprung unserer gesamten Ernährung abhängig.

Die Hauptorgane der Pflanzen werden in zwei Gruppen eingeteilt, in vegetative (Wurzeln, Sproßachsen, Blätter) und generative (Blüten, Samen, Früchte). Jedem Pflanzenorgan kommt eine ganz bestimmte Funktion zu.

Die Sproßachse trägt die Blätter und Blüten. Sie leitet die Nährstoffe zu den übrigen Teilen des Pflanzenkörpers. Die Sproßachse ist entweder krautig oder verholzt. Krautige Sproßachsen werden auch Stengel genannt, wenn sie sowohl Blätter als auch Blüten tragen (z. B. bei der Sonnenblume) oder als Schaft bezeichnet, wenn sie nur Blüten haben (wie etwa bei der Hyazinthe). Halme sind hohle durch Knoten unterbrochene Sproßachsen (bei Gräsern) und die verholzten Sproßachsen bei Bäumen und Sträuchern werden Stämme und Äste genannt.

Knospen (Augen) sind der Jugendzustand der Sprosse künftiger neuer Pflanzenteile. Nach ihrer Funktion werden sie in drei Gruppen unterteilt: Holzknospen sind schmal und spitz und sind die Anlage für neue Äste, Blattknospen haben eine leicht stumpfe Form, aus ihnen entwickeln sich die Blätter, und Blütenknospen schließlich sind rundlich und enthalten die Anlage für Staubgefäße, Stempel und Blütenhüllen (Kelch- und Kronblätter). Augen werden als schlafende oder ruhende Knospen bezeichnet, die unter der Rinde verborgen sind und die auszutreiben beginnen, wenn das physiologische Gleichgewicht gestört ist, z. B. beim Abbrechen eines stärkeren Astes, bei kräftiger Verjüngung, beim Erfrieren der Krone infolge starker Fröste u. dgl. Üppige Austriebe solcher schlafender Augen werden Wasserschosse genannt.

Die Blätter setzen sich in der Regel aus Blattspreite, -stiel und -grund zusammen. Im Querschnitt der Blattspreite sind mehrere Gewebeschichten erkennbar. Im Oberhautgewebe der Blätter, der Epidermis, sind Spaltöffnungen vorhanden (meist überwiegend an der Blattunterseite), die den Wasserhaushalt der Pflanze regulieren. Wenn es der Pflanze an Wasser mangelt, schließen sich die Spaltöffnungen, bei ausreichendem Wasserangebot sind sie dagegen geöffnet und die Pflanze kann Wasser an die umgebende Luft abgeben.

Die Blätter spielen im Prozeß der Photosynthese (der photosynthetischen CO_2-Assimilation) eine wichtige Rolle.

◄ *Obwohl der Löwenzahn im Garten ein unangenehmes Unkraut ist, gebührt ihm zweifelsohne ein Platz auf der Dorfwiese. Ohne ihn gäbe es keinen richtigen Frühling (107)*

Sie kann nur in den grünen Pflanzenteilen erfolgen, da das Blattgrün (Chlorophyll) als Katalysator im Prozeß der Umwandlung von Kohlendioxid (CO_2) und Wasser in organische Verbindungen unter Mitwirkung des Sonnenlichts notwendig ist. Über ihre Spaltöffnungen geben die Blätter bei diesem Prozeß Sauerstoff an die Luft ab. Deshalb sagt man, die Bäume seien die »Lunge der Stadt«; sie entnehmen der Luft Kohlendioxid und reichern sie mit Sauerstoff an.

Die Pflanzen verbrauchen jedoch auch selbst Sauerstoff, nämlich bei der Atmung (Dissimilation). Der hierfür erforderliche Sauerstoff kann über die Spaltöffnungen aufgenommen werden. In den oberirdischen Pflanzenorganen ist meistens genügend Sauerstoff vorhanden. In den Wurzeln kann er dagegen manchmal fehlen, z. B. in verschlämmten und verdichteten Böden oder in Blumentöpfen, aus denen durch übermäßiges Gießen die Luft verdrängt wird. Den Pflanzen wird dadurch die Möglichkeit genommen, zu atmen und sie gehen ein. Insgesamt gesehen ist die Sauerstoffproduktion der grünen Pflanze jedoch wesentlich größer als ihr Eigenverbrauch.

In den Blättern findet zum Teil außerdem der Einbau der von den Wurzeln aus dem Boden aufgenommenen mineralischen Nährstoffe in organische Verbindungen statt. Eine gesunde Belaubung ist daher z. B. bei Obstbäumen die erste Voraussetzung für eine gute Obsternte und bei Blumen die Vorbedingung für schöne Blüten.

Die **Wurzeln** sind neben den Blättern die Hauptorgane für die Ernährung der Pflanze. Ihre Aufgabe besteht u. a. darin, die Pflanze im Boden zu verankern und Wasser und darin gelöste Nährsalze aufzunehmen.

Für die Pflanzenernährung sind die feinen Wurzelhaare am wichtigsten. Sie wachsen und erneuern sich außerordentlich rasch, denn ihre Fähigkeit, Nährstoffe aus dem Boden aufzunehmen, erstreckt sich in der Regel nur über eine kurze Zeitspanne. Ältere Wurzelhaare dienen vornehmlich der Aufnahme von Wasser. Die Zahl der Wurzelhaare ist meist beträchtlich. So hat z. B. ein einjähriger Apfelbaumsämling bis zu 17 Millionen Haarwurzeln in einer Gesamtlänge von drei Kilometern. Diese feinen, nur wenige Millimeter langen Wurzelhaare wachsen selbst noch bei verhältnismäßig geringen Temperaturen. Deshalb empfiehlt es sich, Bäume im Herbst zu pflanzen. Bis zum Frühjahr können sie dann schon Wurzeln bilden, die frühzeitig mit der Aufnahme von Nährsalzen und Wasser beginnen. Bei Frühjahrspflanzung, vor allem wenn sie zu spät erfolgt, werden die Jungbäume durch die behinderte Wurzelfunktion geschwächt, denn sie müssen anfangs Nährstoffe und Wasser aus eigenen Vorräten verwenden, die sie in den Wurzeln und im Stamm angelegt haben. In den Wurzeln speichert der Baum während der Vegetationszeit Stoffe, gibt sie im Frühjahr frei und leitet sie in die sprießenden Knospen. Ein guter Zustand und eine intakte Funktion der Wurzeln stellen daher die zweite Voraussetzung für eine zufriedenstellende Ernte dar.

Die Blüten sind stark verkürzte Sprosse, deren Blätter zu Blütenorganen umgebildet wurden. In der Regel setzen sie sich aus zwei Hauptbestandteilen, den Staubgefäßen und dem Stempel, und aus Nebenbestandteilen (Kelch- und Kronblätter) zusammen, deren Aufgabe es ist, die junge Blüte zu schützen, Insekten anzulocken und dadurch zur Bestäubung beizutragen.

Die Blütenhülle setzt sich entweder aus nahezu gleichen Hüllblättern (einfache Blütenhülle oder Perigon) oder aus äußeren grünen Kelchblättern und inneren, meist farbigen Kronblättern zusammen (z. B. Mohn, Kirsche, Tomate und Rose).

Die Staubblätter bestehen aus Staubfaden und zwei Staubbeuteln mit Pollen, den männlichen Zellen.

Der Stempel besteht aus dem Fruchtknoten mit Samenanlagen, also weiblichen Eizellen, Griffel und Narbe.

Wenn in einer Blüte sowohl Staub- als auch Fruchtblätter vorhanden sind, werden sie als zwittrig (zweigeschlechtlich) bezeichnet, (z. B. Apfelblüte oder Tulpe). Blüten, bei denen nur Staubblätter ausgebildet sind, werden als männliche und Blüten, bei denen nur der Stempel vorhanden ist, als weibliche Blüten bezeichnet. Bei einhäusigen Pflanzen befinden sich auf einem Individuum sowohl männliche als auch weibliche Blüten (z. B. Hasel, Fichte, Gurke, Mais), bei zweihäusigen Pflanzen hingegen (z. B. Hopfen, Eibe, Weide) auf einer Pflanze nur männliche und auf einer anderen nur weibliche Blüten.

Unter Bestäubung versteht man die Übertragung des Pollens auf die Narbe. Das an der Narbe haftende Pollenkorn durchwächst mit seinem Pollenschlauch den Griffel bis zum Fruchtknoten, und der Pollenschlauchkern verschmilzt mit der Eizelle zu einer einzigen Zelle, aus der sich der Samen entwickelt. Die Verbindung des Pollenschlauchkerns mit der Eizelle wird als Befruchtung bezeichnet. Die Schaffung guter Bedingungen für die Bestäubung ist die dritte Voraussetzung für eine gute Ernte.

Durch die Aufnahme von Wasser und Nährstoffen nehmen Volumen und Gewicht der Pflanze zu — die Pflanze wächst. Aber sie wird nicht nur größer, sondern es wandeln sich Funktion, Form und chemische Zusammensetzung der einzelnen Organe — die Pflanze entwickelt sich.

Im Lauf ihres individuellen Lebens ändert sich in der Pflanze auch der Stoffwechsel (Metabolismus), bilden sich ständig neue Blätter und später Blüten, Früchte und Samen. Aus den Samen keimen neue Pflanzen, wachsen und entwickeln sich weiter bis zur Samenbildung. Das Ergebnis des Stoffwechsels ist also nicht nur Wachstum und Entwicklung des Individuums, sondern auch die Vermehrung artgleicher Individuen.

Abhängigkeit der Pflanzen von ökologischen Bedingungen

Jede Pflanze braucht zu ihrer erfolgreichen Entwicklung bestimmte Standortbedingungen, die im wesentlichen von Klima, Höhe und Lage abhängen.

Klima

Auf das Klima können wir keinen Einfluß nehmen; durch verschiedene lokale Maßnahmen wie Beregnung, Frostschutz, Beschattung, Räuchern u. dgl., lassen sich jedoch bestimmte günstigere Bedingungen schaffen, die das Mikroklima im Obstgarten, auf dem Beet, im Frühbeet usw. verbessern.

Für das Gedeihen der Pflanzen sind alle Jahreszeiten von gleicher Bedeutung. Im Winter können sich Schneemenge, Kahlfröste und Rauhreif und andererseits plötzliche Erwärmung günstig oder höchst schädlich auf das weitere Leben der Pflanzen auswirken. Sehr wichtig ist der Wetterablauf im Frühjahr. Ideal ist eine langsame Schneeschmelze, da das Schneewasser in den Boden einsickern kann, anstatt, wie bei jähem Tauwetter, in die Niederungen und Wasserläufe abzufließen. Ausgiebige Niederschläge im Frühjahr füllen die Wasserreserven des Bodens auf und gewährleisten die gute Entwicklung selbst flachwurzelnder Pflanzen. Wünschenswert ist auch eine allmähliche Luft- und Bodenerwärmung ohne zu starke Temperaturschwankungen zwischen Tag und Nacht, damit die Bäume und Sträucher nicht vorzeitig zu treiben beginnen und dann durch Spätfröste geschädigt werden. Das richtige Niederschlags-Wärme-Verhältnis hat auch Einfluß auf die erfolgreiche Entwicklung der Pflanzen im Sommer und das gute Ausreifen der Früchte. Im Herbst sind plötzliche und vorzeitige Temperaturstürze schuld daran, daß das Holz der Bäume und Sträucher nicht genügend ausreift und dann frost- und krankheitsanfällig wird. Empfindlichere Gemüse- und Blumenarten erfrieren durch Frühfröste.

Lage

Die Lage ist einer der entscheidenden Faktoren für die Nutzung des Gartens. Die Hanglage (Süd- oder Nordhang) bestimmt den Einfluß, den Wind, Temperatur, Sonneneinstrahlung u. dgl. haben. Südhänge zeichnen sich durch eine maximale Sonnenbestrahlung aus, sind warm und trocken und die dort wachsenden Pflanzen beginnen im Frühjahr zuerst auszutreiben. Ausreichend Sonne und Licht bekommen meist auch Osthänge, doch sind sie trockener als Südhänge, da die östlichen Kontinentalwinde in Mitteleuropa kaum Niederschläge bringen. Westhänge sind verhältnismäßig warm, jedoch feuchter als Südhänge. Am kältesten sind die Nordhänge. Der Schnee taut am spätesten und die Vegetation kommt zuletzt. Manche Pflanzenarten gedeihen hier nur sehr schlecht, denn es fehlt an der erforderlichen Sonne und Wärme.

Viel hängt davon ab, ob sich der Garten in einer geschützten oder ungeschützten Lage befindet. Offene, dem Wind ausgesetzte Lagen sind in der Regel trockener und die Pflanzen erleiden häufig Windschäden. Die beste Länge haben Gärten, die vom Norden her durch Wälder oder Gebäude geschützt sind. Geschlossene Lagen und Frostlöcher sind für den Obst- und Gartenbau ungeeignet, da sich darin Nebel und kalte Luft staut und die Luftbewegung nur sehr gering ist.

Höhenlagen

Je nach Höhenlage sind Temperatur, Intensität der Sonnenstrahlung, Luftfeuchtigkeit sowie Niederschlagsmenge unterschiedlich. Je größer die Höhe über Normalnull, desto ungünstiger sind in der Regel die Klima- und Bodenbedingungen für viele unserer Gartenpflanzen und desto kürzer ist die Vegetationszeit. Im wesentlichen unterscheidet man tiefe, mittlere und Gebirgslagen. Die tiefen Lagen entsprechen etwa Höhen bis zu 250 m über dem Meeresspiegel, mittlere liegen zwischen 250—450 m und Gebirgslagen beginnen bei 450—600 m.

Ein bedachter Eingriff des Menschen in die Natur kann harmonisch wirken (108)

Da beim Anlegen eines Gartens kaum die Möglichkeit besteht, ein Grundstück auszusuchen, das sowohl hinsichtlich der Lage, als auch des Klimas ideal wäre, bleibt nichts anderes übrig, als von den gegebenen Tatsachen auszugehen und sich ihnen anzupassen. Vor allem müssen geeignete Pflanzen ausgewählt werden. Pflanzen stellen die unterschiedlichsten Ansprüche an Boden und Klima. Die Artenskala erstreckt sich von Landpflanzen mit hohem Wasserverbrauch (Hygrophyten) bis zu den Trockenpflanzen (Xerophyten), die an extrem trockene Standorte angepaßt sind, und von Pflanzen für Standorte mit intensiver Sonnenbestrahlung (heliophile Pflanzen) bis zu Licht und Sonne meidenden (heliophoben) Pflanzen. Durch die Wahl geeigneter Arten lassen sich die gegebenen Standortbedingungen optimal nutzen. Gegen allzu intensive Windeinwirkung helfen Windschutzstreifen, Bäume oder Mauern, die zugleich auch eine Zierfunktion erfüllen und den Raum gliedern können. Zu feuchter Boden kann entwässert werden, besonders trockener wird ausgiebig gegossen. An zu sehr der Sonne ausgesetzten Hängen kann eine entsprechende Bepflanzung zu Schatten verhelfen. Das Mikroklima verbessern auch Wasserbecken. Möglichkeiten zur Beeinflussung ungünstiger Bedingungen gibt es viele. Wer sie zu nutzen versteht, kann auch unter weniger guten Bedingungen einen Garten haben, in dem es vom Frühling bis in den Winter hinein blüht und der auch einen ansprechenden Nutzen bringt.

Klimatische Faktoren

Dem Klima entsprechend sind entweder günstige oder ungünstige Bedingungen für das Leben der einzelnen Pflanzenarten vorhanden. Es handelt sich im wesentlichen um Licht (Strahlungsintensität und -dauer), Temperatur, Bodenfeuchtigkeit (Niederschlagsmenge und -verteilung) und Luftfeuchtigkeit.

Lichtverhältnisse

Die einzelnen Pflanzenarten stellen unterschiedliche Ansprüche an die Lichtintensität. Danach werden sonnenliebende (heliophile) Pflanzen, Halbschattenpflanzen und Schattenpflanzen (heliophobe) Pflanzen unterschieden. Die heliophilen Pflanzen benötigen sonnige Standorte, Halbschattengewächse gedeihen am besten im sogenannten »wandernden Schatten« und heliophobe Pflanzen bevorzugen völlig schattige Standorte. Die Pflanzen stellen auch unterschiedliche Ansprüche an die Tageslänge. Manche Pflanzen können nur bei einer bestimmten Tageslänge Blüten ansetzen und Früchte bilden. Danach unterscheidet man Kurztagpflanzen, z. B. Chrysanthemen, die zur Blütenbildung eine Tageslänge von weniger als zwölf Stunden benötigen, weiter tagneutrale Pflanzen, z. B. Rosen, die an die Tageslänge keine allzu hohen Ansprüche stellen, und schließlich Langtagpflanzen, etwa Nelken oder Rettich, die nur blühen, wenn das Tageslicht länger als zwölf Stunden einwirkt. Das Licht hat auch einen großen Einfluß auf Wachstum, Entwickung und Fruchtbarkeit der Pflanzen, denn es regelt die Stoffwechselintensität der Pflanze. Der Kultivateur ist deshalb bestrebt, den Pflanzen ausreichend Licht zu bieten. Er pflanzt z. B. im Verband, der ausschließt, daß sich die Pflanzen gegenseitig beschatten oder lichtet die Baumkronen aus, um den Sonnenstrahlen einen besseren Zutritt in das Kroneninnere zu ermöglichen und die Entwicklung von Früchten hoher Qualität zu fördern.

Temperaturverhältnisse

Das Wachstum der meisten bei uns wachsenden Pflanzen setzt bei 1—5°C ein. Dieser Temperaturwert kann als Wärmeminimum bezeichnet werden. Bei länger andauernden Temperaturen über 40°C sterben viele Pflanzen ab. Deshalb gilt dieser Wert als Wärmemaximum. Als Wärmeoptimum werden für viele Pflanzen Temperaturen zwischen 20 und 30°C betrachtet.

Gefährlich sind für die Pflanzen vor allem die ersten Herbstfröste sowie die späten Frühjahrsfröste. Die sich Ende September und Anfang Oktober einstellenden Fröste vernichten oft empfindlichere Blumen und Gemüsearten, wie etwa Tomaten und Gurken. Spätfröste im Frühjahr können Gemüse- und Blumenpflanzen und die Obst- und Ziergehölzblüte vernichten. Eine alljährlich wiederkehrende Gefahrenzeit sind die »Eisheiligen« um Mitte Mai. Erst in der zweiten Maihälfte können dann ohne Bedenken auch wärmeliebende Arten gepflanzt werden, wie etwa Tomaten und Paprika. Wärmeschwankungen sind besonders im Vorfrühling gefährlich, wenn an sonnigen Tagen die Temperaturen über 10°C ansteigen und in der Nacht wiederum eine starke Abkühlung folgt. Die Widerstandsfähigkeit der einzelnen Pflanzenarten gegen niedrige Temperaturen bestimmt ihren Anbau unter den gegebenen lokalen Bedingungen. Deshalb ist der Anbauerfolg jeder Art vor allem von der Wahl des Standortes abhängig. Wo der Standort nicht den Ansprüchen der Pflanze entspricht, muß entweder von ihrem Anbau abgelassen oder müssen Maßnahmen ergriffen werden, die den Standort schützen und ihn weitgehend den spezifischen Ansprüchen der Pflanze anpassen. So werden die Pflanzen durch Mauern, Folien oder Glas geschützt.

Feuchtigkeit

Ohne Wasser gibt es kein Leben, auch bei den Pflanzen nicht. Wasser führt den Pflanzen Sauer- und Wasserstoff zu und wirkt zugleich als Lösungsmittel, damit die Wurzeln die Nährstoffe aus dem Boden aufnehmen können. Bei Wassermangel welkt die Pflanze. Jede Pflanze braucht vom Beginn der Entwickung bis zur Fruchtreife eine ausreichende und angemessene Wassermenge. Nach der Höhe des Wasserbedarfes werden Wasserpflanzen (Hydrophyten), Feuchtpflanzen (Hygrophyten), Pflanzen mit mittleren Wasseransprüchen (Mesophyten) und Trockenpflanzen (Xerophyten) unterschieden.

Wasserpflanzen wachsen unmittelbar im Wasser und wurzeln im Bodenschlamm, z. B. Seerosen. Sie brauchen nicht nur viel Bodenfeuchtigkeit, sondern auch eine entsprechende Luftfeuchtigkeit. Die meisten Arten gehören zu den Pflanzen mit mittleren Wasseransprüchen. An trockenen und sonnigen Standorten wachsen Trockenpflanzen mit fleischigen, in Trockenzeiten als Wasserspeicher dienenden Sproßachsen oder Blättern, wie Kakteen, Dickblattgewächse (z. B. Hauswurz) u. a.

Die Hauptquellen der Feuchtigkeit für Pflanzen sind Niederschläge, die als Regen, Schnee, Reif und Tau auftreten. Der Regen stellt die wichtigste und ausgiebigste Niederschlagsquelle während der Vegetaionszeit dar, der Schnee bildet im Winter eine zusammenhängende, die Pflanzen vor Frösten schützende Decke. Im Frühjahr sickert das langsam schmelzende Schneewasser in den Boden ein und schafft die sog. Winterfeuchte. Reif besteht aus kleinen Eiskristallen, die sich bei einer Abkühlung der Luft unter 0 °C am Boden und an den Pflanzen bilden. Am Tage schmilzt der Reif bei entsprechender Temperatur und sickert in den Boden. Reif bildet sich gewöhnlich frühmorgens an kalten Herbst- oder Vorfrühlingstagen. Auch der Tau ist als Feuchtigkeitsquelle nicht zu unterschätzen, denn er feuchtet in Zeiten der Trockenheit die Pflanzen an. Er entsteht, ähnlich wie der Reif, d. h. durch Niederschlag von Wasserdampf aus der Luft, in Form kleiner Tropfen an der in der Nacht abgekühlten Pflanzen- und Bodenoberfläche.

Die Verteilung der Niederschläge ist nicht gleichmäßig — die größten Niederschlagsmengen fallen im Herbst und im Frühjahr. Fehlt den Pflanzen Feuchtigkeit in der erforderlichen Menge und zur richtigen Zeit, so müssen sie beregnet werden.

Luftverhältnisse

Die Luft ist ein Gemisch aus Gasen und Wasserdampf. Für die Pflanzen stellt sie die Quelle für Sauerstoff und Kohlendioxid dar, für Organismen, die imstande sind, auch den Luftstickstoff zu binden, ist sie dazu noch eine Stickstoffquelle. Nicht selten ist die Kohlendioxidkonzentration der Luft (0,03% CO_2) der begrenzende Faktor des Pflanzenwachstums. Im Freiland läßt sich der CO_2-Gehalt der Luft kaum beeinflussen. Dagegen sind ertragssteigernde CO_2-Begasungen in Gewächshäusern möglich, jedoch für den Hobbygärtner unwirtschaftlich. Die Luftfeuchtigkeit beeinflußt die Verdunstung. Bei zu trockener Luft wird die Verdunstung übermäßig hoch und die Pflanzen leiden an Wassermangel. Bei übermäßiger Luftfeuchtigkeit hingegen können die Pflanzen zu feucht stehen und von verschiedenen Pilzkrankheiten befallen werden. Folgen zu hoher Luftfeuchtigkeit treten in der Regel nur unter Folie und Glas ein, wenn nicht für eine entsprechende Lüftung gesorgt wird.

Unsaubere Luft ist für alle Lebewesen — Menschen, Tiere und Pflanzen — gleichermaßen schädlich. Ruß und Staub setzen sich vor allem auf den Blättern der Pflanzen ab, verstopfen die Spaltöffnungen, behindern den Zutritt der Sonnenstrahlen und erschweren somit die Blattfunktion. Besonders gefährlich ist das in Abgasen enthaltene Schwefeldioxid, denn es zersetzt das Blattgrün. Daneben spielen Stickoxide, Kohlenmonoxid, Fluorwasserstoff und Chlorwasserstoff als Schadgase eine wichtige Rolle. Werden diese Luftverunreinigungen am Ort des Austritts gemessen, werden sie Emissionen, am Ort der Wirkung dagegen Immissionen genannt. Die genannten Immissionen behindern das Wachstum und die Entwicklung der Pflanzen, führen zu Chlorosen und Nekrosen und schließlich zum Tod der Pflanze.

Eine mäßige Luftströmung, also eine leichte Brise, ist für die Pflanzen durchaus günstig; starke Luftbewegung hingegen, also Böen und Sturm, sind schädlich. Die Pflanzen können durch den Wind beschädigt, geknickt oder entwurzelt werden. Außerdem erhöht sich die Wasserverdunstung bei Pflanze und Boden. Der starke Wind hindert die Bienen am Ausfliegen und beeinträchtigt dadurch die Bestäubung. Außerdem bewirkt er das Vertrocknen der Narben. Gegen starke, vornehmlich aus einer Richtung wehende Winde können die Kulturen durch das Auspflanzen geeigneter Pflanzen geschützt werden. Empfindlichere Pflanzen gedeihen in solchen Fällen auch gut im Schutz einer Mauer. Spaliere müssen so gepflanzt werden, daß der Wind nicht frontal auf sie aufprallt, sondern an ihnen entlang streicht.

Folientunnel aus leichten Stäben, darüber eine Folie aufgespannt, die seitlich mit Latten beschwert werden kann. Aus etwa ein Meter langen Teilen lassen sich beliebig lange Tunnel zusammenstellen, die als Frostschutz dienen und höhere Erträge bewirken. In kühlen Frühlingsnächten nutzen die Tunnel die im Erdreich gespeicherte Wärme (109)

Bodenverhältnisse

Außer den klimatischen Bedingungen haben auf den Ertrag der Pflanzen auch zahlreiche mit der Bodenbeschaffenheit zusammenhängende Faktoren Einfluß. Es handelt sich um die physikalischen, chemischen und biologischen Eigenschaften des Bodens.

Dabei ist in Betracht zu ziehen, daß diese Faktoren ihre Wirkung nie gesondert ausüben, sondern immer im sich gegenseitig ergänzenden Wechselspiel. Die Einflüsse des Bodens auf die Pflanze sind keineswegs absolut zu nehmen sondern hängen von einer Reihe verschiedener Umstände ab, wie:
▶ der Art der angebauten Pflanzen,
▶ ihrem Entwicklungsstadium und
▶ dem angestrebten Ertragsniveau.

Zahlreiche Eigenschaften des Bodens, besonders seine Struktur, seine Wasserhaltefähigkeit, sein Gehalt an organischer Substanz und seine Sorptionskapazität stehen in einem unmittelbaren Zusammenhang mit der Wasserversorgung und Ernährung der Pflanzen.

Es ist wichtig zu wissen, daß die angeführten Bodeneigenschaften nur in einem beschränkten Maß beeinflußt werden können, vor allem durch Düngung und durch Humusgaben, durch welche die Bodenfruchtbarkeit langfristig erhöht werden kann.

Wasserflächen wirken beruhigend, obwohl sie ein reges Leben aufweisen. Die Vegetation an ihren Ufern bildet ein natürliches Gesamtmilieu (110)

Bodenstruktur

Die Bodenstruktur (Bodengefüge) ist vor allem abhängig von der Korngröße der mineralischen Bodenbestandteile, dem Humusgehalt, der Durchwurzelung und der Tätigkeit der Bodenorganismen.

Am vorteilhaftesten für die Pflanzen ist eine Krümelstruktur, bei der die einzelnen Bodenpartikel zu Krümeln einer Größe von 1—10 mm Durchmesser zusammengeklebt sind. Boden mit einer Krümelstruktur ist gut durchlüftet, nimmt gut Wasser auf und setzt den ihn durchdringenden Wurzeln keinen großen Widerstand entgegen. Das Aufsteigen des Wassers in feinen Haarröhren (Kapillaren) aus den tieferen Schichten fördert die Nährstoffversorgung der Pflanzen. Zur Aufrechterhaltung der Krümelstruktur trägt die Humuszufuhr bei. Die erreichte Krümelstruktur wird durch die Beschattung des Bodens durch den Pflanzenbestand oder durch Mulchen erhalten.

Ein verdichteter Boden ist für die Pflanzen weniger günstig. Zur Verdichtung neigen schwerere Böden mit einem hohen Anteil an Ton. Ein solcher Boden ist nahezu wasserundurchlässig, und auch die Wurzeln durchdringen ihn nur schwer. Das hat besonders auf das Wurzelgemüse einen negativen Einfluß. Eine verkrustete Bodenoberfläche entsteht vor allem nach starken Regenfällen, bei unsachgemäßer Beregnung oder durch einen starken Wasserstrahl, wenn die Wassertropfen die Krümel zerstören und der Boden verschlämmt. Nach dem Abtrocknen muß der Boden dann so bald wie möglich gelockert werden.

Auch Sandboden ist für Kulturpflanzen weniger geeignet, da die Wurzeln keinen genügenden Halt finden. Die einzelnen Partikel haben keine Bindung aneinander, der Boden ist karg, das Wasser versickert rasch in die unteren Schichten und schwemmt die Nährstoffe aus. Die Pflanzen leiden dadurch leicht unter Wasser- und Nährstoffmangel.

Die Bodenstruktur läßt sich durch einige Maßnahmen verbessern. Um eine gute Krümelstruktur zu erreichen, muß dem Boden regelmäßig Humus zugeführt werden, besonders bei zu leichten Sandböden mit Einzelkornstruktur und bei zu schweren, festen Böden. Leichte Böden sollen regelmäßig mit Kompost, Rindenhumus u. a. verbessert werden, schwere Böden müssen dagegen gelockert werden, z. B. mit Grobsand. Aber für diese Böden ist auch Kompost ein Bodenverbesserer. Die Düngung mit organischen Stoffen, besonders mit Kompost, ist bei allen Böden unerläßlich. Besonders bei schweren Böden muß aber darüber hinaus für eine ausreichende Kalkung gesorgt werden.

Gefüge-Formen

Bezeichnung	Eigenschaften
Elementargefüge (Einzelkorngefüge)	Feste Elementarteilchen des Bodens (Mineral- und Humuspartikel) liegen isoliert nebeneinander vor, z. B. loser Sand, Sandkörner und Humus-Teilchen
Kohärentgefüge (Hüllengefüge)	Bodenpartikel bilden eng zusammenhängendes (kohärentes) Gefüge dichtester Packung, z. B. größere Mineralkörner mit dichten Umhüllungen von Calciumcarbonat, Kieselsäure, stark zersetzten Humusstoffen, Tonsubstanz; Ton- und Schluff-Teilchen in getrocknetem Zustand (falls keine Schrumpfrißbildung); Ortstein, Raseneisenstein
Aggregatgefüge (Aufbaugefüge)	Mineral. und org. Bodenpartikel bilden durch lockere Aneinanderlagerung und Kopplung Aggregate unterschiedlicher Größe und Form (Krümel, Bröckel): Krümelgefüge, Bröckelgefüge
Segregatgefüge (Absonderungsgefüge)	Vorwiegend feinkörnige mineral. Partikel bilden kleinere oder größere Absonderungs-Formen (Segregate), vor allem durch Austrocknungs- und Schrumpfvorgänge (Polyeder-, Prismen-, Säulen-, Plattengefüge)

Sorptionskapazität des Bodens

Eine weitere wichtige Eigenschaft des Bodens ist seine Sorptionskapazität, d.h. seine Fähigkeit, die für die Pflanzen wichtigen Nährstoffe festzuhalten und sie an diese langsam abzugeben.

Die Bindung der Nährstoffe kann auf physikalische, chemische oder biologische Weise erfolgen.

Die beste Sorptionsfähigkeit weisen humose Böden mit Krümelstruktur auf. Sie sind am besten imstande, Nährstoffe in einer für die Pflanzen aufnahmefähigen Form zu speichern. In sandigen Böden ist die Sorption gering, und die Nährstoffe werden in für Pflanzen unzugängliche tiefe Schichten weggeschwemmt. In lehmigen Böden ist der Nährstoffumlauf beschränkt, weil die Wurzeln die Nährstoffe nicht immer erreichen und sie häufig nur schwer aufnehmen können.

Bodenreaktion

Der Boden, oder genauer gesagt — seine chemische Reaktion, kann sauer, neutral oder basisch sein. Die Bodenreaktion wird durch den pH-Wert angegeben. Die sauren Böden weisen einen pH-Wert von 4 und weniger auf, neutrale Böden haben einen pH von 6,5 bis 7,4 und die alkalischen Böden erreichen einen pH von 7,5 und mehr. Diese Werte sind keineswegs konstant. Sie lassen sich vor allem durch die organische und mineralische Düngung beeinflussen. Auch Niederschläge und die Zersetzung von organischer Substanz verändern die Bodenreaktion. Im Gartenboden liegt der pH-Wert meistens zwischen 4 und 8. Bei einem zu niedrigen pH-Wert können im Boden Stoffe enthalten sein, die den Pflanzen schaden. Das trifft auch für Böden mit einem pH-Wert über 8 zu. Die verschiedenen Pflanzenarten stellen auch unterschiedliche Ansprüche an die Bodenreaktion, und es ist deshalb erforderlich, den Boden in gewissen Grenzen (abhängig von der Bodenart) entsprechend anzupassen. Saure Böden sind z.B. für Stachel- und Johannisbeeren günstig, während Steinobst wie Aprikosen, Pfirsiche, Kirsche und Pflaume eher einer alkalischen Bodenreaktion bedarf. Insgesamt genommen bevorzugt jedoch die Mehrzahl der Gartenpflanzen neutrale bis leicht saure Bodenreaktionen (pH 6,4—7,2).

Die Bodenreaktion kann der Hobbygärtner genau feststellen lassen, wenn er Bodenproben an eine landwirtschaftliche Prüfstelle gibt. Ein bewährtes »Hausmittel« zur Prüfung der Bodenreaktion ist das Übergießen einer trockenen Bodenprobe mit Essig; alkalischer Boden schäumt. Ein anderes Verfahren besteht darin, aus der Bodenprobe mit destilliertem Wasser einen Auszug herzustellen, worauf mit Hilfe eines Indikatorpapiers die Reaktion festgestellt wird. Bei einer sauren Reaktion färbt sich das Papier rot, bei basischer Reaktion blau. In der Natur sind Rückschlüsse auf die Bodenreaktion auf Grund des Vorkommens charakteristischer Pflanzen möglich. So wachsen z.B. auf sauren Böden Segge, Preiselbeere, Hundskamille, Wegerich u.a., auf neutralen Böden Hederich und Echte Kamille. Weißklee und Senf lassen auf alkalische Böden schließen.

Zu saure Böden können durch Kalken verbessert werden, während zu alkalischen Böden mit sauren Düngemitteln, wie etwa Superphosphat, Sulfaten u.a., gedüngt werden. Unterschiedlich ist auch die Fähigkeit verschiedener Bodenarten, die Reaktion unverändert beizubehalten. Die meisten Böden neigen zu schrittweisem Versauern. Sandböden halten im Vergleich zu Tonböden die konstante Bodenreaktion nur schwer und müssen deshalb häufiger in kleineren Gaben gekalkt werden. Schwere Böden hingegen vertragen höhere Gaben.

Bodenarten

Die Bodenart (Sand, Schluff, Ton, Lehm) stellt einen wichtigen Kennwert der Qualität und Fruchtbarkeit eines Kulturbodens dar. Besonders beim Anlegen eines neuen Gartens ist es notwendig zu wissen, um welche Bodenart es sich handelt und welche Maßnahmen sich daraus ergeben.

In **Sandböden** überwiegt die Bodenart Sand; ihr Humusgehalt ist meist nur gering. Die Praxis bezeichnet solche Böden als leichte Böden. Sie sind gut durchlüftet und lassen auch gut Wasser durch. Diese Eigenschaft ist jedoch nicht gerade ein Vorteil, weil ein häufiges Wässern erforderlich ist. Hauptnährstoffquelle für Pflanzen auf diesen Böden sind organische Düngemittel. Sie werden jedoch bald zersetzt und die Nährstoffe in den Untergrund abgeschwemmt. Außer Kompost wird diesen Böden auch Torf zugesetzt. Von den Mineraldüngemitteln wählt man vor allem raschwirkende Arten, wie beispielsweise Salpeter, und verabreicht öfter kleinere Gaben und es bildet sich keine Kruste. Mit Mineraldünger sollte häufig in kleinen Gaben gedüngt werden, wobei es sich lohnt, Kompost und Stalldung einzuarbeiten, bzw. zu mulchen. Humose Böden gehören zu den besten Gartenböden, da sie das Wasser halten und die anorganischen Nährstoffe gut binden.

Schluffböden bestehen hauptsächlich aus Bodenpartikeln, die ihrer Größe nach zwischen Sand und Ton liegen. Diese Böden weisen eine gute Wasser- und Luftführung auf und sind für den Pflanzenbau gut geeignet.

In **Tonböden** besteht zwischen den Bodenpartikeln ein fester Zusammenhalt; sie sind schwer zu bearbeiten. In der Praxis werden sie als schwere Böden bezeichnet. Beim Bearbeiten entstehen große Klumpen oder Schollen und die Oberfläche verkrustet leicht. Bei größerer Trockenheit entstehen in ihnen Risse und bei länger dauernden Regenfällen verschlämmen sie. Sie binden jedoch gut Nährstoffe. Tonböden müssen ausgiebig mit Stalldung versorgt werden.

Lehmböden stellen einen Übergang zwischen Sand-, Schluff- und Tonböden dar. Sie enthalten meist genügend Humus und Kalk und haben eine Krümelstruktur, so daß sie leicht zu bearbeiten sind. Sie werden als mittlere Böden bezeichnet und sind für die meisten gärtnerischen Zwecke geeignet.

Zwischen diesen Hauptbodenarten gibt es verschiedene Übergangsformen, bei denen die eine oder andere Eigenschaft überwiegt.

Hobbygärtner bearbeiten häufig auch Böden, die in der laufenden landwirtschaftlichen Praxis nicht für eine intensive Nutzung geeignet sind. Auf jedem Boden läßt sich jedoch bei größerem oder geringerem Aufwand ein schöner Garten anlegen.

Steinböden z.B. kommen meist in Hanglagen vor, und ihr Humusgehalt ist, bedingt durch das Abschwemmen der Krume, recht bescheiden. Das Anlegen eines Gartens auf solchen Böden kostet nicht gerade geringe Anstrengungen. Zunächst muß das ganze Terrain vorbereitet werden, indem man die größten Steine beseitigt und Terrassen anlegt. Auf die so entstandenen ebenen Flächen muß gute Erde aufgefüllt werden. Terrassengärten können besonders schön sein und sie lassen sich zu allem möglichen nutzen, besonders wenn es sich um einen Südhang handelt.

Mitunter ist es notwendig, feuchte Grundstücke einer gärtnerischen Nutzung zuzuführen. Sie müssen dann durch etwa 80 cm tief in den Boden eingelassene Dränröhren entwässert werden. Die Entwässerung kann aber auch durch Gräben und Rinnen erfolgen.

Bodenqualität

Bei der Lektüre gärtnerischer Fachbücher findet der Leser verschiedene Begriffe, wie etwa Bodenmüdigkeit, ausgeruhter Boden, erschöpfter Boden oder Boden in alter Kraft.

Bodenmüdigkeit ist eine Erscheinung, die in Gärten beobachtet werden kann, in denen nicht die richtige

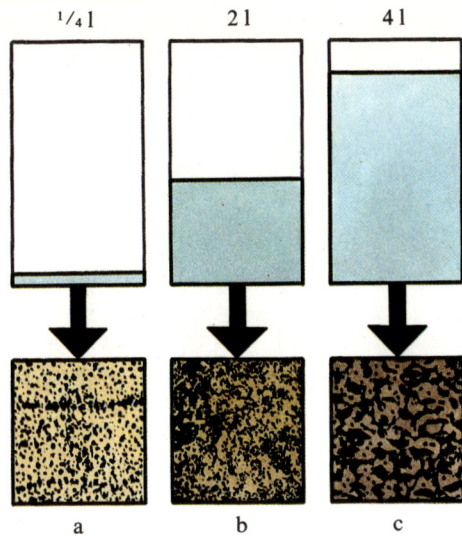

Wasseraufnahmefähigkeit verschiedener Substrate (l/kg). a: Sand; b: Kompost; c: Torf (111)

Fruchtfolge eingehalten wird. Sie tritt in der Regel ein, wenn auf dasselbe Beet immer die gleichen Gemüsearten gesät oder gepflanzt werden. Jede Pflanze entzieht dem Boden größere Mengen bestimmter Nährstoffe und bei ihrem ununterbrochenen Anbau am gleichen Platz tritt früher oder später ein Mangel an Nährstoffen ein, wenn sie nicht ersetzt werden. Die Bodenmüdigkeit kann auch durch Schädlingsbefall verursacht werden, so daß bei mehrmaligem Anbau eine Übervermehrung dieser Schädlinge eintritt. Als Beispiel seien Drahtwürmer bei Wurzelgemüse genannt. Die Bodenmüdigkeit wird darüber hinaus auch durch andere, bisher noch nicht wissenschaftlich eindeutig definierte Ursachen bewirkt. Um der Bodenmüdigkeit vorzubeugen, empfiehlt es sich, den Garten in einzelne Abschnitte zu gliedern, die für Blumen, Gemüse, Beeren-, Stein- und Kernobst bestimmt sind. Beeren und Gemüse können an die Stelle von Steinobst kommen, das heißt, daß an Stelle überalterter Bäume nicht wieder Steinobstarten gepflanzt werden, sondern diese Fläche mehrere Jahre für Beerenobst und Gemüse genutzt wird. Andere Pflanzen, besonders Kernobstarten, brauchen regelmäßige Düngung und es ist darauf zu achten, ob sich Nährstoffmangel zeigt.

Mitunter ist es ratsam, den Boden ausruhen zu lassen. Ein für Erdbeeren vorgesehenes Beet wird beispielsweise nach dem Abernten gesäubert, dann werden Gründungspflanzen ausgesät und diese später untergegraben. Nach gründlicher Düngung im Herbst wird wieder tief umgegraben. Im Frühjahr können auch auf diesen ausgeruhten Boden Erdbeeren gepflanzt werden, die sicher einen guten Ertrag bringen.

Erschöpft ist ein Boden, der nicht regelmäßig gedüngt wird. Die Nährstoffe wurden zum Teil von den Pflanzen entzogen, zum Teil in die tieferen Bodenschichten ausgewaschen. Ein solcher Boden muß gründlich mit organischen Stoffen und je nach Art der anzubauenden Pflanzen auch mit Mineraldünger versorgt werden.

Unter der Bezeichnung »Boden in alter Kraft« versteht man einen im Vorjahr gründlich mit Stalldung gedüngten Boden.

Mechanische Bodenverbesserung

Durch eine sachgemäße Bearbeitung wird der Boden in gutem Zustand erhalten bzw. dieser Zustand noch verbessert. Wenn die mechanischen Eingriffe jedoch zum Teil führen sollen, müssen sie rechtzeitig und mit Hilfe geeigneter Geräte durchgeführt werden. Grundsätzlich werden Tiefen- und Oberflächenbearbeitung unterschieden. Zur Tiefenbearbeitung gehören Umgraben, Rigolen und Vertiefung, zur Oberflächenbearbeitung das Lockern, Hacken, Grubbern und Harken.

Beim **Umgraben** wird der Boden gewendet, teilweise vermischt und verkleinert. Beim herbstlichen Umgraben wird er für den Winter auf grobe Scholle bearbeitet, beim Umgraben im Frühjahr werden die Klumpen zerkleinert, Wurzeln beseitigt und die Oberfläche des Beetes bearbeitet.

Das **Vertiefen** ist vor allem bei geringmächtigeren Schichten der Ackerkrume erforderlich. Beim Umgraben wird stets noch eine dünne Schicht des Untergrunds mitgenommen und mit der Ackerkrume vermischt.

Als **Rigolen** wird eine tiefe Lockerung des Bodens auf 60 bis 100 cm Tiefe verstanden. Das Rigolen erfolgt mit Spaten, Krummhacke oder Schaufel. Beim Rigolen wird der tote Boden des Untergrunds nach oben gekehrt, mit Humus, Stalldung oder Kompost angereichert und auf diese Weise belebt. Diese Maßnahme ist besonders bei der Bodenvorbereitung für die Anlage von Weinrebenpflanzungen von Bedeutung.

Das **Lockern** stellt eine Art der flachen Bodenbearbeitung dar. Der Boden wird durchlüftet, jedoch nicht gewendet, und die Bodenkruste zerstört. Dadurch wird keimendes Unkraut vernichtet und gleichzeitig Wurzelunkraut (z. B. Quecke) aus dem Boden gezogen. Häufiges Lockern verhindert Feuchtigkeitsverluste durch Verdunsten. In gelockerten Boden dringt auch das Wasser bei Niederschlägen bzw. beim Gießen besser ein. Zum Lockern werden Grubber und Hacken verwendet.

Beim **Harken** wird die Oberfläche des Bodens geebnet und Wurzelunkraut mit einem hölzernen oder eisernen Rechen entfernt.

Anteil an Luft, Wasser und festen Bodenbestandteilen in verschiedenen Böden: 1: Luft; 2: Wasser; 3: Sand; 4: Schluff; 5: Ton, in a: Sandboden; b: Lehmboden; c: Tonboden (112)

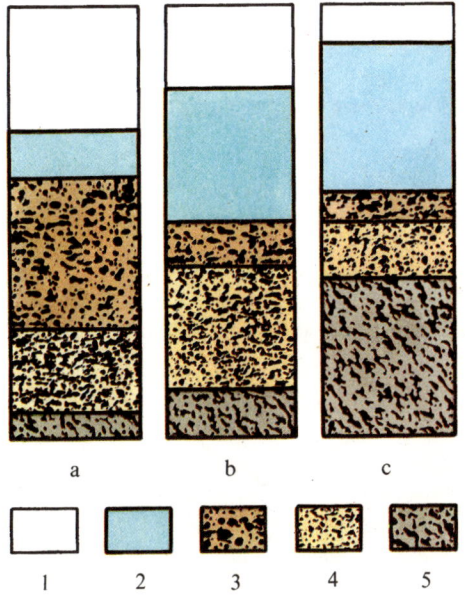

Fruchtbarmachen des Bodens

Die größte Bedeutung für die Ertragssteigerung des Bodens haben Humus und Bodenmikroorganismen. Humus entsteht infolge der Zersetzung organischer Stoffe (Dung, Pflanzenteile), durch die Tätigkeit von Mikroorganismen. Ohne sie würden Stalldung, Pflanzenreste, sowie andere organische Stoffe ungenutzt bleiben. Die Zersetzung organischer Stoffe in einfache, für die Pflanzen aufnehmbare Nährstoffe erfolgt besonders in der oberen, lockeren Bodenschicht, der Krume, in der es genügend Luft gibt, die von den Mikroorganismen für ihre Tätigkeit benötigt wird. Deshalb wird der Dung beim Umgraben im Herbst vor allem in mittelschweren Böden nur flach eingearbeitet. Nur in leichten Sandböden, bei denen auch in tieferen Schichten eine ausreichende Durchlüftung gewährleistet ist, kann der Dung tiefer eingegraben werden.

In einem Kilogramm Gartenerde befinden sich mehrere hundert Millionen Mikroorganismen, meist Bakterien.

Der Humus hat ein hohes Wasseraufnahmevermögen, so daß ein humusreicher Boden viel mehr Wasser zurückzuhalten vermag als ein humusarmer Boden.

Je mehr Humus der Boden enthält, desto fruchtbarer ist er, während die Fruchtbarkeit eines längere Zeit nicht mit organischen Stoffen versorgten Bodens zurückgeht. Zur Anreicherung des Bodens mit Humus verwendet man Stalldung und Kompost oder baut Pflanzen an, die in grünem Zustand meist noch vor der Blüte untergegraben werden. Diese Maßnahme wird als Gründüngung bezeichnet, wie auf Seite 69—70 eingehend beschrieben ist.

Regenwürmer fördern die Bodenfruchtbarkeit

Regenwürmer sollten eigentlich als lebende Pflüge bezeichnet werden. Durch ihre Tätigkeit wird der Boden belüftet und Humus erzeugt. Bei Aufnahme der Pflanzenreste gelangen zugleich mineralische Bodenpartikel und Mikroorganismen (Bodenalgen, Bakterien, Pilze und Protozoen) in den Verdauungstrakt des Regenwurms. Dieses vielfältige Material wird im Verdauungstrakt der Würmer vermengt, zerkleinert und schließlich durch die Mikroflora des Darms zersetzt. Die unverdauten Teile scheidet der Regenwurm aus; das sind jene kleinen Häufchen, die oft neben den Regenwurmlöchern zu sehen sind.

Durch die von den Regenwürmern gebohrten Löcher gelangen Luft und Wasser zu den Wurzeln der Pflanzen. Diese Belüftung und Lockerung des Bodens ist in Anbetracht der vielen Regenwürmer im Boden von großer Bedeutung. Auf einem Quadratmeter Gartenerde leben durchschnittlich 200 Regenwürmer und produzieren jährlich 7,5 bis 10 kg Exkrementenerde. In den Niederlanden wurden beispielsweise mit Hilfe der Regenwürmer die Poldergebiete fruchtbar gemacht.

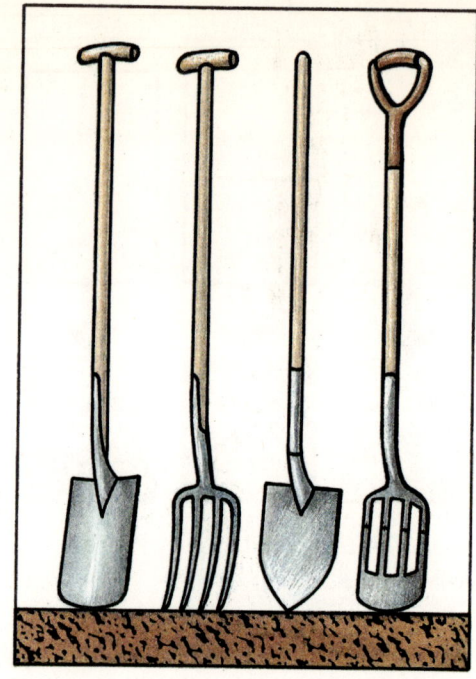

Zu den Bodenbearbeitungsgeräten gehören verschiedene Spaten, die Grabgabel und der kombinierte Spaten. Auch die Stielform ist wichtig (113)

Gärtnerische Substrate

In den letzten drei Jahrzehnten hat sich die Zusammensetzung der Gartenerden wesentlich geändert. Zunächst wurden die althergebrachten Rezepturen nur wenig korrigiert. Doch die an sich kaum bedeutenden Vereinfachungen bewirkten eine Veränderung in den traditionellen Ansichten über die Zubereitung von Gartenerden. Die Gärtner erkannten, daß es durchaus möglich ist, die eine oder andere Komponente zu ersetzen oder einfach fortzulassen, ohne daß die Pflanzen dadurch schlechter wuchsen. So begann sich in allen Ländern mit hochentwickeltem Gartenbau eine Tendenz zur Vereinfachung und Standardisierung der Substrate zu zeigen. Das alles führte letztendlich zur Herausbildung eines neuen Gartenerdetyps.

Traditionelle gärtnerische Erden

Nach den zur Gewinnung von Erdmischungen verwendeten Hauptbestandteilen werden mehrere Gruppen unterschieden:

Es gibt viele Geräte zur Bodenbearbeitung. Die Wahl ist von der Art und Intensität der Bearbeitung abhängig (114)

a) Rohhumuserden, die außer humifizierten Anteilen auch noch unzersetzte organische Stoffe enthalten — Nadelerde, Torferde, Moorerde, Lauberde, Heideerde, Rindenerde;
b) nährstoffreiche Humuserden — Frühbeeterde, Misterde;
c) Erden mit hohem Gehalt an mineralischer Substanz — Rasenerde, Ackerkrume, Komposterde;
d) Sand.

Nadelerde (Waldstreu)
Diese besteht im wesentlichen aus Kiefernwaldrohhumus. Hauptbestandteile sind Kiefernnadeln in verschiedenem Zersetzungsgrad und Waldpflanzenerde. In frischem Zustand zeichnet sie sich durch ein hohes Lockerungsvermögen, Luftigkeit sowie eine saure Reaktion aus. Die hervorstechendste Eigenschaft dieser Erde ist die hohe Wasserdurchlässigkeit und die damit zusammenhängende Neigung zum Austrocknen sowie das geringe Rückhaltevermögen der Nährstoffe. An sich ist Nadelerde recht nährstoffarm. Fichtennadelerde ist für gärtnerische Zwecke ungeeignet. Ihr Lockerungsvermögen ist gering und sie trocknet verhältnismäßig rasch aus.

Torfmull
Torfmull entsteht durch das Vertorfen, d. h. Zersetzen abgestorbener Pflanzen unter Luftabschluß bei andauernder Nässe. Je nach den Entstehungsbedingungen des Torfs erfolgt die nachstehende Gliederung:
▶ Hochmoore entstehen in höheren Lagen an Quellen mit geringem Mineralstoffgehalt, so daß sie nur wenig Nährstoffe enthalten. Die Reaktion ist sauer bis stark sauer.
▶ Flach- oder Niedermoore entstehen an den Quellen mineralreicher Wasser durch Verlanden von stehenden Wässern, denen die Zuflüsse Mineralstoffe zuführen. Sie sind reicher an Nährstoffen, ihre Reaktion ist sauer bis neutral.
▶ Übergangsmoore, sozusagen als Bindeglied zwischen Hoch- und Niedermoore entstehen unter ähnlichen Bedingungen, besonders dort, wo sich Hochmoore auf Flachmoorbasis entwickelt haben. Die Zusammensetzung der Übergangsmoore schwankt und ist einmal den Niedermooren, ein andermal wieder mehr den Hochmooren ähnlich. Die Reaktion ist meist leicht sauer.

Torf wurde seit jeher als lockernde und durchlüftungsfördernde Komponente der Gartenerde genommen. Eine spezifische Eigenschaft des Torfmulls ist seine saure Reaktion und die sich daraus ergebende hohe Widerstandsfähigkeit gegen die bakterielle Zersetzung. Deshalb bewahrt Torf verhältnismäßig lange seine guten physikalischen Eigenschaften. Bei reinem unzersetztem Torf schwankt der pH-Wert zwischen 3,5 und 4,5. Verschiedene Zusätze vermögen nach Bedarf die Reaktion des Erdgemischs zu beeinflussen.

Maßgeblich für die Wahl der geeigneten Torfart ist der Verwendungszweck. Allgemein gilt, daß für Pflanzen mit hohen Ansprüchen an Sauerstoff im Substrat (z. B. Heidepflanzen) unaufbereiteter Torf bevorzugt werden sollte. Mit Rücksicht auf die immer seltener werdenden Hochmoore und ihre Flora und Fauna sollte aber in Zukunft stärker von anderen Substraten Gebrauch gemacht werden.

Heideerde
Hauptkomponente der Heideerde ist der durch die Zersetzung von Heidepflanzenresten entstehende Rohhumus. Dank ihrer groben Struktur gehört sie zu den Erdarten mit einer hohen Auflockerungsfähigkeit. Die Heideerde ist sauer, ihr pH-Wert bewegt sich zwischen 4,0 und 5,5. An Nährstoffen ist sie arm, häufig ist der Sandgehalt beachtlich.

Heideerde ist die geeignetste und natürlichste Erde für Heidepflanzen, vor allem von Robinien und Besen-Heide.

Moorerde (Niedermoorerde)
Unter dieser Bezeichnung versteht man in der Gartenbaupraxis eine braunschwarze unförmige Masse, die stark zersetztem erdigem Torf entspricht. Ihre Reaktion kann sauer oder neutral sein (pH 4,0—7,5), was durch den hohen $CaCO_3$-Gehalt verursacht wird.

Im Vergleich zu hochwertigem Torfmull ist der Moorerde nur eine geringe Auflockerungsfähigkeit eigen.

Lauberde
Sie entsteht durch den Zerfall von aufgehäuftem Fallaub, das mehrmals umgesetzt und bei trockenem Wetter auch angefeuchtet werden muß. Ihre physikalischen und chemischen Eigenschaften sind je nach dem Alter des Substrats und der Art des verwendeten Laubes höchst unterschiedlich. Zu den hochwertigsten gehört Buchenlauberde, am schlechtesten ist Kastanienerde, die in reinem Zustand sogar toxisch wirken kann. Die Reaktion ist in der Regel neutral, es gibt aber auch saure Lauberden, z. B. die Buchenlauberde, bei der der pH-Wert 5,5—6,5 beträgt. Lauberde ist arm an Nährstoffen.

Frühbeeterde
Diese wird durch die Kompostierung von teilweise verrottetem Stalldung bereitet, der als Wärmeuntergrund im Frühbeet gedient hat. Das Gemisch aus Dung und Gartenerde läßt man zwei bis drei Jahre bei gelegentlichem Umsetzen des Kompostes reifen. Frühbeeterde ist ein leichter bis mittelschwerer, meist sandiger Lehmboden mit neutraler Reaktion.

Misterde
Es handelt sich im wesentlichen um das Resultat von kompostiertem reinen Stalldung. Erdmischungen wird sie als organisches Düngemittel beigemengt.

Rasenerde
Diese wird durch das Kompostieren von länglichen oder plattenförmigen Rasennarbenstücken gewonnen. Es handelt sich meist um eine lehmige oder sandig-lehmige schwerere Erde. Kennzeichnend ist der hohe Gehalt an organischen Stoffen. Die Reaktion ist allgemein neutral bis leicht alkalisch.

Komposterde
Komposterde dient hauptsächlich als Dünger. Sie entsteht bei Kompostierung verschiedener Pflanzenreste mit mineralischer Erde und Stalldung. Die Komposterden sind entsprechend dem Ausgangsmaterial unterschiedlich. Meist handelt es sich um mittelschwere sandige Lehmerden mit neutraler Reaktion. Sie wird für Erdmischungen verwendet.

Sand
Ein allgemein üblicher Bodenzusatz ist Sand, der die Lockerung und Durchlüftung unterstützen soll. Am besten ist Flußsand unterschiedlicher Korngröße. Feine Sande sind ungeeignet. Eingehende Untersuchungen haben jedoch gezeigt, daß der Sand nicht die ihm zugeschriebenen Funktionen ausübt und lediglich das spezifische Gewicht der Erdmischung erhöht.

Standardisierte Substrate

Um die Zubereitung von Gartenerden zu vereinfachen, wurden standardisierte Substrate entwickelt, die vom Handel in reicher Auswahl angeboten werden und die mit Angaben über Zusammensetzung und Eigenschaften sowie mit einer genauen Gebrauchsanweisung versehen sind.

Ernährung und Düngung

Die Pflanzen nehmen die zum Leben erforderlichen Stoffe nicht in organischer Form auf. Die in organischen Stoffen (Humus oder organischen Düngemitteln) enthaltenen Nährstoffe (Stickstoff, Phosphor u. a.) dienen den Pflanzen erst nach erfolgter Mineralisierung, d. h. nach dem Zerfall der organischen Verbindungen als Nahrung.

Gehalte (‰) an Hauptnährstoffen in Boden und Pflanze (bezogen auf Trockensubstanz [Tr.S.])

Nährelemente	Häufige Gehalte in Böden (Tr.S.) ‰	Aufnahme als Ion durch die Pflanze	Häufige Gehalte in Pflanzen (Tr.S) ‰
N Stickstoff	0,3–3	NO_3^- NH_4^+	5–50
P Phosphor	0,1–1	$H_2PO_4^-$ HPO_4^{2-}	1–5
S Schwefel	0,1–1	SO_4^{2-}	0,5–5
K Kalium	2–30	K^+	5–50
Ca Kalzium	2–15	Ca^{2+}	0,5–50
Mg Magnesium	1–10	Mg^{2+}	1–10

Nährstoffe

Die Pflanzen brauchen für ihr Wachstum und ihre Entwicklung unbedingt verschiedene Nährstoffe. Es sind dies Sauerstoff (O), Wasserstoff (H), Kohlenstoff (C), Stickstoff (N), Phosphor (P), Kalium (K), Kalzium (Ca), Magnesium (Mg) und Schwefel (S). Wenn in der Ernährung der Pflanzen eines dieser Elemente fehlt, kann die Pflanze nur solange leben, wie ihre Eigenvorräte ausreichen. Sobald diese erschöpft sind, geht die Pflanze ein.

Außer diesen Hauptnährstoffen benötigt die Pflanze aber noch weitere Nährstoffe. Da sie jedoch nur in geringen Mengen aufgenommen werden müssen, bezeichnet man sie als Spurenelemente. Es sind Bor (B), Zink (Zn), Kupfer (Cu), Mangan (Mn), Eisen (Fe), Molybdän (Mo) und teilweise auch Chlor (Cl), Natrium (Na) und Silizium (Si). Die Pflanzen nehmen ihre Nährstoffe aus der Luft (Kohlenstoff, Sauerstoff) und aus dem Boden (Stickstoff, Phosphor, Kalium, Kalzium, Magnesium u. a.) auf. Dabei erfolgt die Aufnahme dieser Nährstoffe nicht immer in reiner Form, sondern auch als chemische Verbindung. So nimmt die Pflanze z.B. Phosphor in Form von Phosphorsäure und Stickstoff in Form von Ammonium oder Nitrat auf. Ein gutes Pflanzenwachstum setzt voraus, daß sich sämtliche Nährstoffe im Gleichgewicht befinden. Das Liebig'sche Gesetz vom Minimum sagt dazu: Falls im Boden eines der wichtigen Nährstoffe in unzureichender Menge vorhanden ist, kann die Pflanze die übrigen Nährstoffe nur in beschränktem Maße nutzen, selbst wenn sie in ausreichender Menge vorhanden sind.

Bedeutung der einzelnen Nährstoffe für die Pflanzen

▶ *Sauer-, Kohlen- und Wasserstoff.* Diese drei Elemente können als grundlegende Bausteine der Pflanzen bezeichnet werden. Sauer- und Kohlenstoff nehmen die Pflanzen aus der Luft auf. Der Gärtner vermag ihre Zufuhr im Freiland praktisch nicht zu beeinflussen, es sei denn, er achtet darauf, daß die Blätter nicht verstaubt sind. Wasserstoff gewinnen die Pflanzen durch das Zerlegen des Wassers bei der Photosynthese.

▶ *Stickstoff* gehört zu den für die Ernährung der Pflanzen wichtigsten Elementen. Die Pflanzen nehmen ihn in Form von Ammonium und Nitrat auf, nur die Schmetterlingsblütler sind imstande, durch die Knöllchenbakterien Stickstoff aus der Luft aufzunehmen. Die Pflanzen haben einen sehr hohen Stickstoffverbrauch. So entzieht z. B. ein tragender Apfelbaum dem Boden jährlich bis zu sieben Kilogramm Stickstoff. Deshalb müssen die Pflanzen regelmäßig mit Stickstoff versorgt werden, allerdings immer im richtigen Verhältnis zu den übrigen angelieferten Grundnährstoffen. Eine zu starke Stickstoffdüngung bewirkt das übermäßige Wachstum der vegetativen Organe (Blätter) und senkt die Widerstandsfähigkeit der Pflanzen gegen Krankheiten. Ein Überschuß an Stickstoff äußert sich auch durch eine unzureichende Ausfärbung, Duftentwicklung und Lagerungsfähigkeit der Früchte. Bei einem Stickstoffüberangebot bleiben die Bäume auffallend lange grün und bereiten sich nur schlecht auf die Winterruhe vor.

Die N-haltigen Stoffe werden im Herbst aus den Blättern in die holzigen Pflanzenteile transportiert und dort als Vorräte für das nächste Frühjahr gespeichert. Zu Beginn der Vegetationszeit braucht die Pflanze zur Bildung neuer Triebe eine erhöhte Stickstoffmenge, so daß der in den holzigen Pflanzenteilen gespeicherte Vorrat in dieser Zeit rasch aufgebraucht und durch schnell wirkende Stickstoffdüngemittel (Nitrat) ersetzt werden muß. Deshalb müssen Obstbäume und Beerenobst im Frühling so zeitig wie möglich gedüngt werden. Stickstoffmangel äußert sich durch kümmerlichen Wuchs, blaßgrüne Blätter und vorzeitigen Laubfall. Bei Obstbäumen ist eine reichliche Stickstoffzufuhr besonders in der Jugendzeit erforderlich, wenn sie intensiv wachsen und Wurzelsystem und Krone ausbilden. Bei ausdauernden Pflanzen (Obst- und Ziergehölze, Stauden) werden Stickstoffdüngemittel nur bis Ende Juli verabreicht, damit das Holz gut reifen und sich auf den Winter vorbereiten kann. Die meisten Blattgemüsearten bedürfen die ganze Vegetationszeit über der Stickstoffzufuhr. Wurzelgemüse sollte mit Stickstoff nur zu Beginn reichlich gedüngt werden; die spätere Stickstoffdüngung verringert die Lagerhaltbarkeit. Bei Zierpflanzen führt ein Stickstoffüberangebot zur Vergrößerung der Blattflächen und zur mangelhaften Farbintensität der Blüten.

▶ *Phosphor.* Dieser ist besonders für den Energiehaushalt der Pflanze von Bedeutung. Phosphormangel äußert sich durch ein schwächeres Wurzel- und Triebwachstum, die Blätter bleiben kleiner und haben eine rötliche Färbung. Blüte und Fruchtreife sind verzögert. Die Frostresistenz nimmt ab und Gemüse und Früchte sind schlechter lagerfähig.

▶ *Kalium* beeinflußt vor allem den Wasserhaushalt der Pflanze positiv. Der Kaliumbedarf ist besonders bei jungen Pflanzen verhältnismäßig hoch. Die Pflanze verlangt und nimmt umso mehr Kalium auf, je mehr Stickstoff sie erhält. Kaliummangel äußert sich durch Chlorosen (Aufhellungen der Blattfarbe) und randliche Nekrosen (Absterben von Blattgewebe), an älteren Blättern. Pflanzen, denen es an Kalium fehlt, sind wenig dürreresistent und kaum winterhart. Außerdem werden Geschmack und Haltbarkeit von Gemüsen negativ beeinflußt.

▶ *Kalzium.* Dieser Nährstoff beeinflußt die Durchlässigkeit der Zellmembran für die verschiedensten Stoffe (Membranpermeabilität) und damit u. a. die Fähigkeit der Pflanze zur selektiven Aufnahme von Stoffen in die Zellen. Besonders hohe Kalziumansprüche haben z. B. Steinobstarten. Beim Anbau von Aprikosen und Pfirsichen auf kalziumarmen, sauren Böden kommt es vor, daß die Früchte überhaupt keine Steine bilden oder daß die schwachen Steine platzen, so daß die Frucht aufspringt und meist zu faulen beginnt. Unter Kalziummangel leiden Pflanzen in sauren Böden, die häufig naß und wenig durchlüftet sind. Solche Böden müssen gekalkt, entwässert und durchlüftet werden. In zu großen Mengen hindert Kalzium die Pflanzen jedoch daran, Phosphor und Spurenelemente aufzunehmen. Bei Kalziumüberschuß sollten dem Boden saure Substrate beigemengt werden. Kalziumüberschuß und -mangel äußern sich auf gleiche Weise — durch Chlorosen, das Ausbleichen der Blattgewebe. Bei Äpfeln tritt bei Kalziummangel Stippigkeit (kleine, leicht eingesunkene braune Stellen auf der Schale) auf.

▶ *Magnesium.* Seiner bedürfen die Pflanzen vor allem zur Chlorophyllbildung, da Magnesium die Hauptkomponente des Blattgrüns ist. Bei Magnesiummangel sind die Blätter gelbfleckig, vergilben mitunter sogar ganz (Chlorose) oder zeigen braune Flecken (Nekrosen). Dabei ist die von den Pflanzen benötigte Magnesiummenge im Verhältnis zu anderen Hauptnährstoffen keinesfalls groß und meist reicht der im Boden vorhandene Vorrat aus. Magnesiummangel äußert sich in der Regel bei Kalziumüberschuß, da die Pflanzen bei hohem Kalziumangebot an der Aufnahme von Magnesium gehindert werden. Wenn der Kalziumüberschuß im Boden abgebaut wird, pendelt sich die Magnesiumaufnahme meist von selbst wieder ein.

▶ *Schwefel* ist Baustein wichtiger organischer Verbindungen (z. B. Eiweiße). Der Schwefelbedarf der Pflanzen ist artbedingt unterschiedlich. Obstgehölzen genügt eine geringere Menge, während z. B. Sellerie, Zwiebeln, Knoblauch und Tomaten wesentlich höhere Ansprüche stellen. Diese Arten werden deshalb bevorzugt mit Sulfaten gedüngt, die außer der Hauptdüngerkomponente auch noch Schwefel enthalten.

▶ *Eisen* ist für die Chlorophyllbildung sowie für weitere lebenswichtige Prozesse in der Pflanze (z. B. der Photosynthese) erforderlich, auch wenn der Bedarf mengenmäßig so gering ist, daß in der Regel der natürliche Bodenvorrat voll ausreicht. Eisenmangel bewirkt eine unzureichende Blattgrünbildung, so daß die Pflanzen bleich aussehen (Chlorose). Ein Mangel an Eisen tritt mitunter bei Kalziumüberfluß im Boden ein. Eisen kann z. B. durch Gießen mit einer einprozentigen Eisenvitriollösung zugeführt werden.

▶ *Bor* ist u. a. Baustein der Zellwand. Bei Gehölzen äußert sich Bormangel durch Eintrocknen der Vegetationsspitzen, schwachen Blütenansatz sowie kleine, ledrige und zusammengerollte Blätter. Bormangel begünstigt das Aufkommen einiger Krankheiten, wie die Verkorkung und Rißbildung auf der Schale von Äpfeln oder die Steinzellenbildung bei Birnen.

▶ *Silizium* wird vor allem in Gräsern in größerer Menge eingelagert und verbessert die Standfestigkeit und Widerstandsfähigkeit der Pflanzen gegen Pilzbefall.

▶ *Chloride* fördern das Wachstum bei einigen Pflanzen (z. B. Sellerie), während es auf die meisten eher schädlich wirkt und ihre Gebrauchseigenschaften beeinträchtigt. Empfindlich sind in dieser Hinsicht besonders Weinrebe, Beerenobst und Kartoffel.

▶ *Kupfer* hat für die Pflanzen eine ähnliche Bedeutung wie Eisen. Bei Kupfermangel bilden sich auf den jüngeren Blättern weiße Flecken (Chlorose).

Ein Komposthaufen wird an einer entlegenen Gartenstelle, am besten im Halbschatten, angelegt (115)

▶ *Molybdän* benötigen die Pflanzen in äußerst geringen Mengen. Es ist für die Steuerung des Eiweißstoffwechsels unentbehrlich. Blumenkohl bildet z. B. bei zu geringem Molybdänangebot keine Köpfe.

▶ *Zink* ist u. a. für die Photosynthese von Bedeutung. Zinkmangel führt zu Chloroseerscheinungen an jüngeren Blättern.

▶ *Mangan* hat Bedeutung für die Regulierung vieler Stoffwechselwege. Bei Manganmangel treten Chlorosen auf.

Der Bedarf an Spurenelementen ist meist so gering, daß der im Boden vorhandene natürliche Vorrat ausreicht. Dennoch ist es nicht fehl am Platz, im Garten, wo die Nährstoffe dem Boden durch intensiven Anbau in erhöhtem Maße entzogen werden, von Zeit zu Zeit den Vorrat an Spurenelementen durch ein entsprechendes Düngemittel oder Spurenelementkonzentrat zu ergänzen.

Nährstoffvorräte im Boden

Der Boden bzw. das Substrat muß als Nährstofflieferant bestimmte Eigenschaften besitzen, um alle Ansprüche der Pflanzen während der ganzen Vegetationszeit erfüllen zu können. Vom physikalischen Standpunkt aus gesehen muß der Boden eine gute Entwicklung der Wurzeln als Voraussetzung für die Nährstoffaufnahme der Pflanze gewährleisten. Chemisch muß der Boden eine maximale Nutzung der Nährstoffe ermöglichen.

Wenn der Gärtner gezielt den Nährstoffvorrat des Bodens oder Substrats steuern will, muß ihm der optimale Versorgungsgrad zwischen dem Minimum, bei dem die Pflanze an Mangel leidet einerseits, und dem bereits schädlichen Überschuß andererseits bekannt sein. Die Er-

Umgraben des Komposthaufens (116)

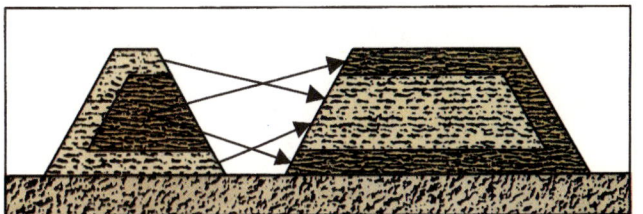

mittlung des optimalen Nährstoffvorrats und der sich daraus ergebenden optimalen Düngergaben ist eine recht komplizierte und langwierige Angelegenheit, denn es gibt verhältnismäßig viele Faktoren, die diese Werte beeinflussen. Da sind zunächst die Pflanzen selbst, besser gesagt, ihr artbedingter, häufig sehr unterschiedlicher Bedarf an Nährstoffen, weiter die physikalische und chemische Beschaffenheit des Bodens oder Substrats, sein pH-Wert, und der Wasser- und Lufthaushalt, die sich auf die Nährstoffbindung an die Bodenpartikel und ihre Freisetzung in die Bodenlösung auswirken.

Für das Ernteergebnis ist nicht nur die absolut vorhandene Menge der gegebenen Nährstoffe wichtig; für Wachstum und Entwicklung der Pflanze ist auch das Konzentrationsverhältnis der Nährstoffe von Bedeutung.

Die Nährstoffansprüche sind auch im Verlauf der Vegetationsperiode einem Wandel unterworfen; je nachdem, welche Pflanzenorgane sich gerade entwickeln. Allgemein kann wohl gesagt werden, daß junge Pflanzen viel Stickstoff benötigen. Kalzium reichert sich in Organen mit geringer Transpirationsrate (z. B. in Früchten) nur wenig an. Die Phosphoraufnahme steigt in der Phase der Blüten- und Samenentwicklung an.

Bodenanalysen

Um entsprechende Informationen über die physikalischen und chemischen Eigenschaften sowie die Anbaueignung des Bodens zu erhalten, ist es am besten, eine Bodenanalyse durchführen zu lassen. Für den Bedarf des Hobbygärtners gibt es im Handel kleine Laborausstattungen, die eine Ermittlung der grundlegenden Angaben über den Ca-, P-, Mg-, Mn- und N-Gehalt ermöglichen.

Düngemittel

Aus dem bisher über die Nährstoffe Gesagten geht hervor, daß dem Gartenboden durch den Anbau von Pflanzen Nährstoffe entzogen werden, und daß dieser Verlust auf irgendeine Weise ausgeglichen werden muß. Die Bodenanalyse zeigt, welche Nährstoffe in genügender Menge vorhanden sind und welche nachgedüngt werden müssen.

Verschiedene Behälter für Schnellkomposthaufen unterscheiden sich in Material und der Füll- und Leerweise (117)

Diese Nachdünnung erfolgt dann in Form organischer oder mineralischer Düngemittel.

Organische Düngemittel

Die organischen Düngemittel dienen zur Verbesserung und Stabilisierung der Bodenstruktur, zur Regulierung des Wasserhaushaltes des Bodens sowie zur Erhöhung seines Nährstoffgehalts.

Es ist zwischen natürlichen organischen Stoffen tierischer Herkunft und organischen Düngemitteln pflanzlichen Ursprungs zu unterscheiden. Die Dünger tierischer Herkunft beeinflussen eher die chemischen Bodeneigenschaften, während Dünger pflanzlicher Herkunft vor allem auf die physikalischen Eigenschaften des Bodens einwirken.

Stalldung, tierische Exkremente sowie Schlachthofabfälle und dgl. enthalten neben den Hauptelementen auch eine nicht zu unterschätzende Menge an Spurenelementen, dazu noch meist in einer für die Pflanze leicht aufnehmbaren Form.

Organische Stoffe sollten vor der Einbringung in den Boden aufbereitet, also kompostiert werden, denn in dieser Form sind sie den Pflanzen am dienlichsten. Wenn sie nur oberflächig gegeben und nicht in den Boden eingearbeitet werden, kann ein beträchtlicher Stickstoffverlust eintreten. Die optimale Einbringungstiefe hängt von der Bodenbeschaffenheit ab. In schweren und feuchten Böden ist ein flaches Unterarbeiten am Platz, bei leichten Böden dagegen empfiehlt sich das tiefere Einbringen.

Organische Düngemittel pflanzlichen Ursprungs dienen vor allem zur Verbesserung der physikalischen Eigenschaften des Bodens. Die besten Resultate sind mit Torf und Nadelbaumrinde zu erzielen.

Die wichtigsten organischen Düngemittel pflanzlichen Ursprungs sind Kiefern- und Fichtenrinde, zerkleinertes Schnittholz, Flach- und Hochmoortorf, Stroh, aufbereitete Brennesseln und Meeresalgen. Stroh wirkt stark durchlüftend, wenn auch infolge seiner raschen Zersetzung nur für kurze Dauer.

Überall dort, wo durch die langzeitige Bodennutzung mit einer Krustenbildung und mit einem intensiven Unkrautwachstum gerechnet werden muß, kann die Stabilität der Bodenstruktur durch Mulchen mit organischem Material oder mit einer schwarzen Folie erhalten werden.

Es gibt viele organische Stoffe, die sowohl die physikalischen als auch die chemischen Eigenschaften des Bodens beeinflussen. Besonders durch das Kombinieren von zwei oder mehreren organischen Düngemitteln bzw. durch kombinierte Gaben organischer und mineralischer Düngemittel kann die positive Wirkung intensiviert und dadurch auch der Ertrag gesteigert werden.

Der Vollständigkeit halber sei eine Übersicht über die üblichen organischen Düngemittel angeführt, denen jeder Hobbygärtner zweifellos den Vorrang vor Mineraldüngern geben wird, denn heute steht fest, daß sich die alleinige Anwendung von Mineraldüngern sowohl auf die Bodenqualität als auch auf die Qualität der Gartenprodukte negativ auswirkt.

▶ *Stalldung,* bei dem als Einstreu Stroh verwendet wurde, ist ein hochwertiges Düngemittel. Noch besser ist Stalldung mit Torfeinstreu, da diese Harn, feste Exkremente und Ammoniak besser bindet. Im Durchschnitt enthält Stalldung 0,5 % N, 0,25 % P_2O_5 und 0,6 % K_2O.

▶ *Pferdedung* ist luftig, verrottet rasch und entwickelt dabei eine beachtliche Wärme. Deshalb wird er meist nur zum Erwärmen von Frühbeeten genommen. Zur Direktdüngung ist er in schweren Böden geeignet, wo er sich langsamer zersetzt, dabei den kalten schweren Boden erwärmt und dadurch das Wachstum der Pflanzen (besonders bei Gemüse) begünstigt. Gedüngt wird alle zwei Jahre in größeren Gaben. Für leichte Sandböden ist Pferdedung ungeeignet. In der Wirkung und Verwendung entspricht der Pferdemist in etwa dem des Ziegen-, Schaf- und Kaninchendunges.

▶ *Rindermist* ist zur Direktdüngung aller Bodenarten geeignet. In schwere und mittelschwere Böden ist er alle drei bis vier Jahre einzubringen. Bei leichten Böden, in denen er sich rascher zersetzt, ist eine Düngung in zweijährigen Abständen zu empfehlen.

▶ *Schweinedung* ist stark wasserhaltig, zersetzt sich langsam, ist kalt und deshalb minderwertiger als die übrigen Stalldünger. Am besten eignet er sich noch zur Düngung leichter Sandböden, in denen er länger aushält als andere Dünger. Für schwere Böden ist er völlig ungeeignet.

▶ *Tauben- und Hühnerkot* zeichnen sich durch einen hohen Nährstoffgehalt aus (1 % N, 1,5 % P_2O_5 und 1 % K_2O). Meist werden sie kompostiert, können jedoch ebenso in vergorenem Zustand zur Direktdüngung verwendet werden. Auf einen Teil Kot gibt man zwei Teile Wasser, läßt 10—14 Tage stehen und rührt das Ganze von Zeit zu Zeit um. Vor dem Ausbringen wird noch um das Fünf- bis Zehnfache verdünnt.

▶ *Gülle* enthält 0,25 % N, 0,013 % P_2O_5 und 0,4 % K_2O. Zum Gießen wird sie gegoren und in zehn- bis zwanzigfacher Verdünnung verwendet. Günstig wirken sich auch die in der Gülle enthaltenen Wirkstoffe aus.

▶ *Hornmehl* enthält 12 bis 14 % organisch gebundenen Stickstoff und 2—4 % P_2O_5. Es wird in Gaben von 3—4 Kilogramm je Qudratmeter zur Vorratsdüngung verwendet. Fein gemahlenes Hornmehl zersetzt sich rascher.

▶ *Knochenmehl* zeichnet sich durch einen hohen Phosphorgehalt aus. Zur Düngung wird zersetztes, im Wasser gelöstes Knochenmehl mit 10—12 % P_2O_5 und 2—3 % N verwendet. Knochenmehl wirkt ansonsten langsam, so daß es leichten Böden oder Komposten beigegeben wird, damit es sich zersetzt.

▶ *Neutralisierter Torf* von Hoch- oder Übergangsmooren, versetzt mit feingemahlenem Kalkstein, wird zur Humusverbesserung sandiger oder schwerer Böden genommen. Der mit Torf angereicherte Boden ist besonders für den Gemüsebau geeignet, da sich das Wurzelsystem gut entwickeln kann. Torf kann auch zum Mulchen der Beetoberfläche oder für Komposte verwendet werden.

Als Ersatz für den immer seltener werdenden Torf und mit Rücksicht auf die letzten schutzwürdigen Hochmoorbiotope sollte zum Kompostieren auch zerkleinerte Fichten- und Kiefernrinde sowie vor allem zerkleinertes Schnittholz verwendet werden. Der damit versetzte Kompost braucht zum Reifen ein halbes bis ein Jahr, während Komposte aus unzerkleinerter Baumrinde zwei oder oft sogar drei Jahre benötigen, um zu verrotten. Der Kompost wird aus 40—50 % Baumrinde und Schnittholz, 10 % Gartenboden, 10—25 % Stalldung, 5—10 % Gülle und 5—10 % Asche bereitet. Auf einen Kubikmeter Kompostmasse gibt man 2 Kilogramm gebrannten Kalk. Beim Reifen des Kompostes soll die Temperatur unter der Oberfläche nicht höher als 60—70 °C sein, bei höherer Temperatur wird Wasser darauf gegossen. Während eines Jahres muß der Kompost ein- bis zweimal umgesetzt werden. Zerkleinerte Baumrinde oder Schnittholz wird auch zum Mulchen verwendet.

▶ *Stroh* dient zur kurzzeitigen Verbesserung der Bodenstruktur. Zugleich muß der bei der Strohzersetzung verbrauchte Stickstoff ergänzt werden.

Ein Rasen, der frisch aussehen soll, muß regelmäßig bewässert werden (118)

▶ *Die Meeresalgen* sind ein uralter Dünger der Strandgebiete und enthalten vor allem Kalium. Von Bedeutung ist dazu der hohe Anteil an Spurenelementen sowie der bei einigen Arten bis 30 % erreichende Kalziumanteil.

▶ *Die Grünmasse verschiedener Pflanzen* wird zu sog. Gründüngung verwendet. Sie wird im folgenden Kapitel eingehender behandelt; hier sei nur kurz auf eine Pflanze hingewiesen, die gegoren zur Düngung verwandt wird — auf die Brennessel. Gegorene, vor dem Aufblühen geerntete Brennesseln werden wie Gülle zur Düngung verwendet. Sie unterstützen das Wachstum, und haben dazu eine beachtliche Heilwirkung.

▶ *Der Kompost* ist ein organischer Dünger, durch den dem Boden sowohl Humus als auch Nährstoffe zugeführt werden. Nach der Art des kompostierten Materials unterscheidet sich der Nährstoffgehalt. Ausführlicher gehen wir darauf in einem anderen Kapitel ein.

Was die *Asche* anlangt, so ist Holzasche am besten geeignet. Sie enthält eine beachtliche Menge an Nährstoffen, u. a. 5—15 % Phosphor, 8 % Kalium, 25—40 % Kalzium, Magnesium und Schwefelverbindungen. Asche wird im Herbst oder Winter gestreut, spätestens jedoch 14 Tage vor der Aussaat oder Pflanzung. Bei der Verwendung von Asche muß der fehlende Stickstoff zugesetzt werden.

▶ *Ruß* wird sowohl dem Boden als auch dem Kompost zugesetzt. Sein Nährstoffgehalt (N, Ca) ist zwar gering, er trägt jedoch durch seine Farbe zur Erwärmbarkeit des Bodens bei.

Gründüngung

Diese Art der Düngung ist besonders beim Anlegen eines Gartens zu empfehlen, da sie abgesehen von der Anreicherung des Bodens mit Humus, zur Verbesserung seiner Struktur und zur Entkrautung beiträgt. Sie wird auch zur Verbesserung sandiger Böden verwendet.

Zur Gründüngung eignen sich am besten Schmetterlingsblütler, da sie den Boden mit Stickstoff anreichern und mit ihren tiefreichenden Wurzeln den Boden dränieren. Auf einen Quadratmeter werden 25 Gramm Erbsen, Ackerboh-

Gründungspflanzen: Bodenansprüche, Saatzeit und -menge, Winterhärte

Deutscher Name	Botanischer Name	Boden Bearbeitbarkeit	Reaktion (pH-Wert)	Saatzeit	Saatmenge (g/m²)	Bemerkungen
Schmetterlingsblütler						
Serradella	Ornithopus sativus	leicht	sauer	Frühjahr bis Mitte August	5–10	winterhart
Gelbe Lupine	Lupinus luteus	leicht bis mittelschwer	sauer bis schwach sauer	Frühjahr bis Anfang Sept.	20–30	nicht winterhart
Blaue Lupine	Lupinus angustifolius					
Inkarnatklee	Trifolium incarnatum	mittelschwer	schwach sauer bis neutral	Ende Juli bis Anfang Sept.	4–8	winterhart
Persischer Klee	Trifolium resupinatum	mittelschwer	schwach sauer bis alkalisch	Mai bis Juli	5–6	nicht winterhart
Sommerwicke	Vicia sativa	leicht bis schwer	schwach sauer bis alkalisch	Frühjahr bis Mitte August	20–30	nicht winterhart
Winterwicke	Vicia villosa	leicht bis mittelschwer	schwach sauer bis neutral	Anfang August bis Mitte September	15–20	winterhart
Weißer Steinklee	Melilotus alba	mittelschwer bis schwer	neutral	Frühjahr bis Anfang September	4–6	winterhart
Gelbklee	Medicago lupulina	mittelschwer bis schwer	neutral	März bis Juni	3–5	winterhart
Futtererbse	Pisum sativum	leicht bis schwer	neutral bis alkalisch	Frühjahr bis Mitte August	20–30	nicht winterhart
Esparsette	Onobrychis viciifolia	mittelschwer	alkalisch	Frühjahr bis Mitte August	25–40	winterhart
Kreuzblütler						
Ölrettich	Raphanus sativus	mittelschwer	neutral bis schwach alkalisch	Frühjahr bis Anfang September	4–6	nur sehr bedingt-winterhart
Senf	Sinapis alba	mittelschwer	alkalisch	Frühjahr bis Ende August	4–6	nicht winterhart
Winterraps	Brassica napus	mittelschwer	alkalisch	August	4–6	winterhart (bis –15°C)
Knöterichgewächse						
Buchweizen	Fagopyrum esculentum	leicht	schwach bis stark sauer	Frühjahr bis Ende August	10–15	nicht winterhart
Korbblütler						
Sonnenblume	Helianthus annuus	mittelschwer	schwach sauer	Frühjahr bis Ende Juli	4–6	verträgt nur leichte Frühfröste
Wasserblattgewächse						
Bienenfreund	Phacelia tanacetifolia	leicht bis schwer	neutral bis schwach sauer	Frühjahr bis Ende August	2–4	nur sehr bedingt winterhart (bis –8°C)

nen oder Lupinen, 15—20 Gramm Wicke oder zwei Gramm Klee, weißer Steinklee oder dgl. gesät. Es können auch andere, in kurzer Zeit genügend Grünmasse bildende Pflanzen wie Senf, Phazelia, Raps, Buchweizen und dgl. verwendet werden. Vorteilhafter als reine Bestände ist eine Mischung der angeführten Arten. Für saure Böden werden auch Lupine und Buchweizen genommen, die anderen Pflanzen sind eher für neutrale und basische Böden geeignet.

Die Gründüngung ist auch nach Frühgemüse oder Frühkartoffeln nicht fehl am Platz, da die Beete sonst bis zum Winter brach liegen bleiben würden. Die Saat erfolgt in der Regel im Juli oder Anfang August, damit die Pflanzen bis Wintereinbruch noch entsprechend wachsen können. Voraussetzung für ein gutes Gedeihen der Pflanzen sind genügend Bodenfeuchtigkeit (bei fehlenden Niederschlägen muß gegossen werden) und ausreichend Kalium, Phosphor und Kalk.

Nach der Gründüngung ist der Boden für Kohlsorten, Kartoffeln oder Wurzelgemüse geeignet.

In schwere Böden wird die Gründüngung frühzeitiger und flacher eingebracht (nur in eine Tiefe von etwa 10 cm), damit die Mikroorganismen bei der Umwandlung der Grünpflanzen in Humus und Nährstoffe genügend Luft haben. Bei leichten Böden erfolgt die Einbringung später und in größere Tiefe (15—20 cm). Voraussetzung ist, daß die Pflanzen saftig und nicht überaltert und verholzt sind.

Gründüngungspflanzen können auch unter Obstbäumen angebaut werden, damit sie den Boden mit Humus anreichern. Am besten eignen sich hierzu Futtererbse, Wicke, Weißer Senf, Buchweizen, Phazelia, Weißklee, Weidelgras u.a., auf sandigen und sauren Böden Lupine.

Zu nasse Böden müssen entwässert werden. Eine der Möglichkeiten ist die Rohrdränage. Die Sammelrohre haben eine lichte Weite von 5 cm, die Abflußrohre eine von 6,5—20 cm. Die Tiefe und die Abstände der Sammel- und Abflußrohre richten sich nach der Bodenart und den Ansprüchen der Pflanzen an das Bodenwasser. Das abgeleitete Wasser kann in einer Grube gesammelt oder zu einer durchlässigen Bodenschicht weitergeleitet werden (119)

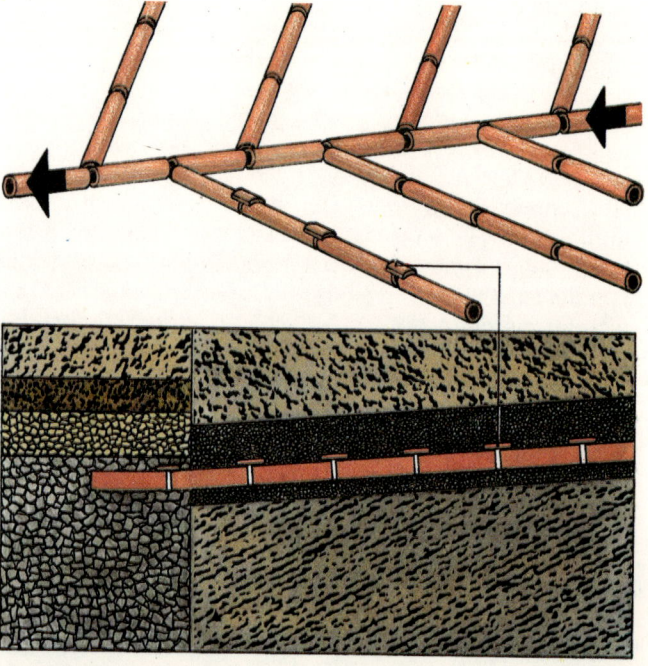

Die Aussaat erfolgt von Anfang Juli bis Anfang August in entsprechend feuchten Böden. In Trockenperioden ist zu gießen. Die Pflanzen werden erst im Frühjahr untergearbeitet, damit sie im Winter den Boden vor dem Durchfrieren schützen und den Schnee zurückhalten.

Der Anbau von Pflanzen für die Gründüngung ist in jungen Obstbaumanlagen und in Gebieten zu unterlassen, in denen die jährliche Niederschlagsmenge unter 500 Millimetern liegt.

Kompost

Der Kompost sollte in keinem Garten fehlen, denn er ersetzt den oft fehlenden Stalldung und Torf. Durch hochwertigen Kompost werden dem Boden nicht nur Humus, sondern auch Nährstoffe und die unentbehrlichen Mikroorganismen zugeführt.

Zur Bereitung des Komposts werden verschiedene organische Abfälle und Pflanzenreste verwendet, die aufgehäuft und im Verhältnis von etwa 5:1 mit Gartenerde versetzt werden. Diese enthält reichlich Mikroorganismen, die den Zerfall der organischen Masse sowie deren Umsetzung in Humus unterstützen. Dieser Prozeß wird als Humifizierung bezeichnet. Eine ideale Ergänzung des Humus stellt selbstverständlich Stallmist dar, der im Kompost die entsprechende Feuchtigkeit hält. Das Grundmaterial für die Kompostierung — Gemüsereste, Laub, gemähtes Gras, nichtblühendes Unkraut usw. fällt während der ganzen Vegetationszeit an. Grundsätzlich gehören in den Kompost keine Unkrautpflanzen, die bereits Samen gebildet haben, sowie kranke Pflanzen, z.B. von Kohlhernie befallene Kohlgewächse, Tomaten mit Krautfäule und dgl. Auch perennierende Unkräuter, wie Quecke gehören nicht in den Kompost. Durch Zugabe von gemahlenem Kalkstein wird der Zersetzungsprozeß geregelt und die Entwicklung von Krankheitserregern eingeschränkt. Auf einen Kubikmeter Kompost kommen etwa 10 Kilogramm gemahlener Kalkstein.

Nach der Anlage des Komposts steigt seine Innentemperatur sehr rasch. Sie sollte jedoch den Grenzwert von 65°C nicht überschreiten. Bei höherer Temperatur wird der Kompost mit Wasser getränkt. Die für den Reifungsprozeß ideale Temperatur liegt zwischen 35 und 40°C. Da Feuchtigkeit den Zersetzungsprozeß sowie die Tätigkeit der Mikroorganismen unterstützt, wird der Kompost an einer schattigen Stelle angelegt und regelmäßig mit Wasser oder Gülle versetzt. Die Kompostoberfläche kann auch mit gemähtem Gras oder einem anderen Deckmaterial gemulcht werden.

Mindestens einmal im Jahr sollte der Kompost umgesetzt werden, um das Durchlüften und Vermischen zu gewährleisten. Das Versetzen und Umgraben beschleunigt den Reifungsprozeß. Um den Kompost richtig behandeln zu können, wird für die Anlage eine Breite von zwei Metern und eine Höhe von etwa einem Meter empfohlen. Die Länge kann beliebig sein. Mit Erfolg werden auch die im Handel erhältlichen, praktischen Kompostcontainer verwendet, die die Arbeit wesentlich erleichtern.

Mineraldünger

Sie werden industriell hergestellt und deshalb häufig auch als Industriedüngemittel bezeichnet. Im Unterschied zu den organischen Düngern zeichnen sie sich in der Regel durch eine hohe Nährstoffkonzentration aus.

In den letzten Jahren macht sich bei den Hobbygärtnern eine immer stärkere Tendenz zur Abkehr von Mineraldüngern bemerkbar. Sofern der Boden nicht unter einem merklichen Mangel an einem der Grundnährstoffe leidet, ist der Freizeitgärtner meist bestrebt, mit organischen Stoffen auszukommen. Wie bereits angeführt wurde, kann ihre Wirksamkeit durch verschiedene Kombinationen erhöht werden. Dennoch können Fälle eintreten, in denen die Behebung eines Nährstoffdefizits durch organische Dünger ausgeschlossen ist. Dadurch tritt eine Störung des Gleichgewichts ein, die für den Pflanzenbestand meist sehr negative Begleiterscheinungen bringt. Die Pflanzen entwickeln sich nur mangelhaft und sind krankheitsanfällig.

In einem solchen Fall sind Mineraldünger ein zuverlässiges Hilfsmittel, dessen einmaliger Einsatz kaum Probleme hervorrufen kann.

Übrigens gibt es mineralische Düngemittel, die durch die bloße mechanische Aufbereitung natürlicher Stoffe gewonnen werden, so daß es sich bei ihrer Einbringung in den Boden um ein Mittel zur Ertragssteigerung handelt, das in keinerlei Widerspruch zu den biologischen Vorgängen in der Natur steht.

▶ *Einnährstoffdünger.* Es handelt sich um Mineralsalze, die nur einen Hauptnährstoff enthalten. Die Ballaststoffe des Düngers nutzen die Pflanzen in der Regel kaum, so daß sie sich im Boden anhäufen und seine chemischen Eigenschaften beeinflussen. Sulfate wirken meist positiv, Chloride und Natrium im Gegensatz dazu häufig negativ. Die Einnährstoffdünger werden in Stickstoff-, Phosphor-, Kali-, Kalk- und Magnesiumdüngemittel eingeteilt.

▶ *Mehrnährstoffdünger* (Volldünger). Mehrnährstoffdüngemittel enthalten entweder zwei (NP, NK, PK) oder drei Nährstoffe (NPK-Volldünger) und in der Regel auch Mg und Ca. Neuere Dünger sind darüber hinaus auch noch mit den Spurenelementen Cu, B, Mn, Zn und Mo angereichert.

Der Vorzug der Mehrnährstoffdünger besteht im verhältnismäßig hohen Anteil an eigentlichen Nährstoffen und einer minimalen Ballaststoffkomponente. Beim Einsatz dieser Düngemittel entfällt das arbeitsaufwendige und häufig unangenehme Mischen von Einnährstoffdüngemitteln.

▶ *Vorratsdünger.* Als Vorratsdünger werden einige Handelsdünger bezeichnet, wie etwa schwer lösliche Phosphorsalze, einige Kalkdüngemittel, Granulate und dgl., also Stoffe, bei denen eine Langzeitwirkung vorausgesetzt wird, also anders als bei leichtlöslichen Düngemitteln.

Eine Gießkanne ist absolut unentbehrlich. Tüllenform und Lochdurchmesser haben Einfluß auf die Qualität des Gießens (120)

▲ ▲ *Verschiedene Sprühgeräte erleichtern die Arbeit und verbessern das Mikroklima (121)*

▲ *Ein feiner Wasserstrahl erwärmt sich durch die Luft so sehr, daß die Pflanzen ideal temperiertes Wasser bekommen (122)*

In der modernen Chemie ist der Begriff Vorratsdünger langfristig wirksamen Düngemitteln vorbehalten, die eigens zu diesem Zweck hergestellt werden. Dabei wird von der Absicht ausgegangen, Auswaschungsverluste zu vermeiden und höhere Gaben ohne Gefahr einer Überdüngung einbringen zu können. Dabei muß die Freisetzung der Nährstoffe so intensiv und kontinuierlich erfolgen, daß die Pflanzen nicht unter Nährstoffmangel leiden.

▶ *Flüssigdünger und Suspensionen.* Flüssigdünger gehören zu den neueren Industriedüngern. Ihr Vorzug besteht vor allem in der perfekten Löslichkeit, was besonders beim Einsatz von Sprühgeräten günstig ist. Bei der Verwendung fester Düngemittel bleibt beim Lösen in Wasser nämlich stets ein unaufgelöster Rest zurück, der Spalten und Düsen verstopft. Ähnlich wie feste Düngemittel werden auch die flüssigen als Mehr- oder Einnährstoffdünger hergestellt.

Flüssige Mehrnährstoffdünger haben einen verhältnismäßig geringen NPK-Gehalt, in der Regel weniger als 25 Prozent.

Flüssige Einnährstoffdüngemittel sind im Gegensatz dazu hoch konzentriert. Sie zeichnen sich durch eine starke und rasche Düngewirkung aus. Sie können allein oder nach Bedarf in verschiedenem Verhältnis gemischt ausgebracht werden.

▶ *Mikronährstoffdüngemittel.* Bei diesen Düngemitteln mit Spurenelementen handelt es sich entweder um Mineralsalze, die einzelne Spurenelemente enthalten, oder um Konzentrate von Spurenelementen.

Der Handel bietet verschiedene organische Dünger an, von aufbereitetem Stroh bis zu flüssigem Guano. Der Hobbygärtner, der eher alles Natürliche bevorzugt, ist zweifellos imstande, einige organische Dünger in seinem Garten selbst zu erzeugen. Dennoch sollte auch das reiche Angebot des Marktes nicht völlig außer acht gelassen werden.

Selbstverständlich führt der Handel auch Mineraldünger in den verschiedensten Abpackungen, stets ergänzt durch Gebrauchsanweisung, Angaben über den Gehalt an Nährstoffen sowie Empfehlungen für die Dosierung.

Ebenso werden Spezialdüngemittel für bestimmte Kulturen angeboten, die Hauptnährstoffe sowie Spurenelemente in der für die betreffende Pflanzenart optimalen Mischung enthalten.

Beregnung der Pflanzen

Wasser ist der Hauptbestandteil des Pflanzenkörpers, aus ihm bezieht die Pflanze ihre beiden wichtigsten Nährstoffe — Sauerstoff und Wasserstoff. Wasser ist auch für die Aufnahme der übrigen Nährstoffe sowie für den Transport der Stoffe erforderlich, die die Pflanze produziert.

Da es vielfach an natürlichen Wasserquellen mangelt oder die Niederschläge im Laufe des Jahres unregelmäßig verteilt sind, muß eine größtmögliche Feuchtigkeitsmenge im Boden erhalten bleiben. Dazu dienen das Umgraben im Herbst, Anhäufen und Festhalten von Schnee im Winter, Lockern des Bodens während der Vegetationszeit, Erhöhung des Humusanteils im Boden durch die Einbringung organischer Stoffe, Terassieren von Grundstücken an Hanglagen und dergleichen.

Bodenwasser

Eine der wichtigsten Funktionen des Bodens ist die Bereitstellung einer ausreichenden Wassermenge für die Pflanzenwurzeln.

Die Wasserdurchlässigkeit des Bodens ist also für die Pflanzen von maßgebender Bedeutung. Wenn der Boden wenig durchlässig ist, dringt das Niederschlagswasser nur in die obersten Schichten ein, stört ihre Struktur und verschlämmt sie.

Aus einem solchen Boden verdunstet das Wasser bald und verursacht die Krustenbildung sowie das Reißen der Oberfläche. Eine allzu große Durchlässigkeit hingegen läßt das Wasser in größere Tiefen versickern, wo es von den Pflanzenwurzel nicht mehr erreicht werden kann. Es ist also Aufgabe des Gärtners, durch entsprechende Bodenverbesserungs- und Meliorationsmaßnahmen eine mittlere Wasserdurchlässigkeit zu erreichen, die eine gleichmäßige Durchfeuchtung der gesamten Wurzelzone gewährleistet.

Gießwasser

Das zum Gießen verwendete Wasser soll sauber, schlamm- und geruchfrei, wenig salzhaltig und von neutraler bis leicht saurer Reaktion sein. Die Eigenschaften des Beregnungswassers sind weitgehend von seiner Herkunft abhängig. Grundsätzlich sind vier Wasserarten zu unterscheiden — Regenwasser, Leitungswasser, Brunnenwasser und Wasser aus natürlichen Wasserläufen und -becken.

Regenwasser wurde schon seit jeher als das beste Gießwasser angesehen und meist ist es auch heute noch so. Regenwasser ist in der Regel weich und leicht sauer. Zu seinen Vorzügen gehört auch der hohe Sauerstoffgehalt, der etwa das Zehnfache des im Brunnenwasser enthaltenen Sauerstoffs erreicht. Das Auffangen des Regenwassers ist also durchaus keine überholte, sondern vielmehr eine vernünftige Maßnahme.

Chemische Analysen des Regenwassers haben jedoch in letzter Zeit gezeigt, daß dieses in einigen Gebieten aus der Luft Abgase der chemischen Produktion sowie der Verbrennung von festen und flüssigen Brennstoffen, wie Ruß, Rauchgase, Auspuffgase und dgl., aufnimmt (»saurer Regen«). Bei Ölheizungen z. B. setzen sich auf den Dächern feine Öltröpfchen ab, die vom Regen mitgenommen werden. Anderenorts befinden sich auf den Dächern beachtliche Mengen an Kalk- oder Zementstaub, die den Härtegrad des Wassers erhöhen. In solchen Gebieten ist das Sammeln des Regenwassers selbstverständlich eine recht problematische Angelegenheit.

Leitungswasser hat eine Aufbereitung im Wasserwerk hinter sich, wo es von Verunreinigungen und Schadstoffen befreit, sterilisiert und somit in ein unschädliches Nahrungsgut umgewandelt wurde. Zum Beregnen ist es in der Regel geeignet, sofern sein Mineralstoffgehalt nicht zu hoch ist. Einen zeitweiligen Nachteil stellt mitunter auch der höhere Gehalt an gasförmigem Chlor dar.

Brunnenwasser enthält in der Regel zu viel Mineralstoffe. Die meisten darin gelösten Stoffe gehören zu den sogenannten Härtungssalzen. Das Regenwasser löst beim Versickern im Boden chemische Verbindungen der oberen Schichten sowie des Muttergesteins auf und verwandelt sich aus reinem Wasser in Brunnenwasser. Der Mineralstoffgehalt des Brunnenwassers sollte nicht höher sein als 1 Gramm je Liter. Darüber hinaus handelt es sich um Wasser, das zwar für den Menschen durchaus bekömmlich sein kann, zum Beregnen von Pflanzen jedoch manchmal ungeeignet ist.

Wasser aus Wasserläufen und stehenden Gewässern kann außer den üblichen Mineralstoffen noch verschiedene Verunreinigungen enthalten, die für die Pflanzen gefährlich sind. Es sind vor allem Mineralöle, moderne Reinigungs- und Waschmittel sowie Abwässer aus industriellen und landwirtschaftlichen Betrieben.

Moderne sparsame Bewässerung von Erdbeeren durch Tröpfchenbewässerung, bei der mit kleinen Wassermengen große Flächen gewässert werden können. Oben: Aufstellen der Tropfbewässerungsanlage; unten: Tröpfchenbewässerung (123)

Die Sulfathärte schadet den Pflanzen in der Regel nicht, sie beeinflußt sie eher positiv und kann als willkommene Quelle für Kalzium und Magnesium bezeichnet werden, ohne daß der pH-Wert des Erdreichs beeinträchtigt wird.

Auch die Karbonathärte wirkt sich, sofern sie nicht allzu hoch ist, günstig aus. Die regelmäßige Lieferung kleinerer Mengen von Kalzium beeinflußt das Pflanzenwachstum sowie die biologische Tätigkeit des Bodens und seine Struktur positiv. Wasser mit einer höheren Karbonathärte kann sich ungünstig auswirken, vor allem bei Pflanzen, die ein saures Substrat benötigen, das durch das Karbonatwasser schrittweise alkalisiert wird. Die Folgen sind ein Braunwerden der Wurzeln und Chlorose.

Die übermäßige Härte des Wassers kann durch verschiedene Maßnahmen verringert werden, wobei die Wahl des angewandten Verfahrens von der Menge des zu enthärtenden Wassers, dem Grad seiner Härte u. a. abhängt. Für den Hobbygärtner ist die wohl einfachste Enthärtungsmethode am besten geeignet — das Mischen des harten Wassers mit Regenwasser. Außerdem ist die Ausfällung der Mineralstoffe durch Oxalsäure möglich.

Härte des Gießwassers

Die Härte gehört zu den Eigenschaften des Wassers, die dem Gärtner wohl die meisten Sorgen bereiten. Der Begriff der Härte war bereits bekannt, lange bevor genaue Wasseranalysen vorgenommen wurden

Schon seit altersher sind verschiedene Mittel zur Enthärtung des Wassers bekannt. Die Härte des Wassers bewirken verschiedene darin gelöste mineralische Stoffe, besonders kalk-, magnesium- und mitunter eisenhaltige Salze. Je nach der an der Härtebildung beteiligten Anionenart sind drei Härtewerte zu unterscheiden:
1. Karbonathärte, auch vorübergehende Härte genannt, die durch Kochen behoben werden kann. Außerdem wird das Wasser durch längeres Abstehen enthärtet.
2. Sulfathärte oder permanente Härte, die sich durch Kochen nicht beseitigen läßt.
3. Gesamthärte als Summe der vorübergehenden und permanenten Härte des Wassers.

Bewässerungsmethoden

Die Bewässerung kann auf mancherlei Weise erfolgen, je nach der Größe der zu bewässernden Fläche, der zur Verfügung stehenden Wasserquelle, der Kultur u. a.

Die wohl älteste, bewährte und immer noch angewandte Methode ist das Gießen mit der Kanne. Dabei ist nicht zu vergessen, daß vor allem die Form des Sprengers wichtig ist, damit das Wasser von oben auf die Pflanze fällt.

Eine alte und wohlbewährte Bewässerungsweise ist das Sprengen mit einem Schlauch. Er wird an eine fließende Druck-Wasserquelle angeschlossen. Um das Wasser vor dem Auffallen auf die Pflanzen wenigstens etwas zu erwärmen, wird auf dem Schlauch ein feines Nebelendstück aufgesetzt. Diese Düsen bietet der Handel in reicher Auswahl an. Das Wasser muß auf diese Weise immerhin einen längeren Weg durch die Luft zurücklegen und wird dabei wenigstens etwas erwärmt. Beim Einsatz von Schläuchen im Garten ist darauf zu achten, daß durch das Nachschleppen nicht Bestände und Pflanzen beschädigt werden. Dabei helfen in den Boden eingerammte Pflöcke oder Rollen, die das Ziehen erleichtern und zugleich den Schlauch schützen. Das beste Hilfsmittel ist allerdings ein Schlauchwagen.

Beim Spritzen mit dem Schlauch wird von der zur Wasserquelle entferntesten Stelle ausgegangen, damit der Schlauch stets auf trockenen Boden zu liegen kommt.

Praktisch ist im Garten auch das Wässern durch Dränagerohre, also die sogenannte Unterbewässerung möglich. Unter die Oberfläche werden dicht nebeneinander Dränagerohre mit geringem Gefälle verlegt, das Wasser von der Wasserquelle in die Rohre geleitet und dadurch die Erde um die Wurzeln angefeuchtet. Die Verlegungstiefe kann verschieden sein, üblich sind 20—40 cm. Der Vorzug dieser Bewässerungsweite ist ein Minimum an Verdunstungsverlusten und eine unveränderte Bodenstruktur.

Wenn auf dem Grundstück eine Wasserquelle vorhanden ist, kann auch die Grabenbewässerung angewandt werden. Dazu ist es notwendig, daß das Grundstück tiefer liegt als die Wasserquelle und daß es ein leichtes Gefälle aufweist. Durch einen Kanal wird das Wasser zum Grundstück und dann mittels Verteilerstränge mit Rückstauverschluß zu den 10—15 Zentimeter tiefen Gräben zwischen den Pflanzenreihen geleitet.

Eine sehr wirtschaftliche Bewässerungsweise ist die Tröpfchenbewässerung. Das Wasser wird zu den zu bewässernden Pflanzen durch einen dünnen Schlauch geleitet, aus dem es unter geringem Druck aus den Tropflöchern heraustropft. Die Bewässerungsanlage kann 110 bis 150 Meter lang sein und ist mit einem Wasserregulator ausgerüstet. Die Vorteile dieser Methode sind ein geringer Wasserverbrauch und eine relativ einfache und wenig zeitaufwendige Bewässerung großer Flächen.

In den letzten Jahren wurden die verschiedensten Regner für Kleingärten entwickelt. Nach den Firmenkatalogen kann jeder Hobbygärtner den ihm am geeignetsten erscheinenden Typ auswählen.

Bewässerungsmethode und -zeit

Die richtige Bewässerung der Gartenpflanzen ist eigentlich eine Kunst. Richtiges Gießen ist eine wichtige Hilfe, Fehler beim Gießen richten Schaden an, ganz abgesehen von der Verschwendung des nicht immer gerade reichlich vorhandenen Wassers.

Oberster Grundsatz sollte sein, daß das Wasser zu den Wurzeln gelangen muß, d. h., daß eine ausreichende Wassermenge verabreicht wird. Ein bloßes Anfeuchten der Bodenoberfläche ist wertlos. Selbstverständlich wird die Wassergabe auch von Pflanzart und Wurzeltiefe abhängig sein.

Bei Obstbäumen befindet sich die Hauptwurzelmasse in einer Tiefe von 30—60 Zentimetern. Deshalb werden sie weniger häufig, dafür aber umso ausgiebiger gegossen, mindestens fünf Kannen je Baum im Vollertragsstadium. Der Wasserbedarf der Obstbäume ist in der Zeit des Austreibens, nach dem Verblühen im Juni, sowie im Juli zur Zeit der Differenzierung der Blütenknospen am größten. Eine allzu intensive Bewässerung später im August könnte die Vegetationszeit verlängern und dadurch das Ausreifen des Holzes behindern, obwohl Wassergaben unmittelbar vor der Ernte durchaus von Nutzen sind.

Anders ist es beim Gemüse. Kohlgewächse müssen bei sonnigem Wetter jeden Tag beregnet werden. Wärmeliebende Gemüsearten — Gurken und Tomaten — müssen jeden Tag mit Wasser versorgt werden, dürfen jedoch nie gespritzt werden. Das Wasser sollte unter die Pflanzen geleitet werden, in der Regel mit Hilfe von Rinnen zwischen den Reihen. Zwiebelgemüse wird nur bei größerer Trockenheit begossen, normalerweise kommt es ohne zusätzliche Beregnung aus. Das trifft auch für Wurzelgemüse zu. Sellerie hingegen braucht viel Wasser, praktisch könnte er ständig beregnet werden. Regelmäßig sind alle Gemüsejungpflanzen nach der Pflanzung und nach der Aussaat zu gießen.

Bei den Blumen sind die Wasseransprüche recht unterschiedlich. Alle müssen nach der Aussaat und nach dem Umpflanzen gegossen werden. Sommerblumen brauchen im allgemeinen häufiger Wasser, perennierende Pflanzen weniger. Viel Wasser verbrauchen an sonnigen Tagen Heidekräuter. Sommerblumen erhalten öfters kleinere Wassermengen durch Beregnung, Rosen und Ziersträucher hingegen in längeren Zeitabständen, dafür umso ausgiebiger.

Wie in anderen Kapiteln soll auch hier auf die spezifischen im Winter fortdauernden Feuchtigkeitsansprüche der immergrünen Pflanzen hingewiesen werden. Alle müssen vor Eintritt der Fröste gründlich gegossen werden, denn die grünen Blätter dieser Pflanzen geben auch im Winter, besonders bei sonnigem Wetter, Wasser durch Verdunstung ab. Wenn der Boden längere Zeit gefroren ist, können sie diesen Feuchtigkeitsverlust nicht ausgleichen und die Blätter vertrocknen.

Im Sommer wird stets gegen Abend begossen. Die Verdunstung ist dann nur noch gering und das Wasser gelangt ohne Verluste zu den Wurzeln. Das ist besonders an heißen Tagen von Wichtigkeit, an denen während des Tages ein großer Teil des den Pflanzen zugeführten Wassers an die Luft abgegeben wird. Wenn es nicht möglich ist, am Abend zu gießen, dann sollte es so früh wie möglich am Morgen getan werden. Im Frühjahr und im Herbst ist es besser, vormittags oder zu Mittag zu gießen, jedoch nicht bei Sonnenschein.

Wiederkehrende Gartenarbeiten

Bodenbearbeitung

Das **Umgraben** soll überall dort den Pflug ersetzen, wo sein Einsatz nicht in Frage kommt. Beim Umgraben im Herbst wird der Boden grobschollig belassen und erst im Frühjahr mit der Harke geeebnet. Beim Umgraben im Frühjahr und im Sommer werden die Schollen zerkleinert, die Unkrautrückstände entfernt und die obere Schicht des Bodens wird sofort bearbeitet.

Als **Rigolen** wird das Wenden und die Bodenlockerung bis in eine Tiefe von 60—100 cm bezeichnet. Zum Rigolen werden Spaten, Spitzhacke oder Schaufeln verwendet. Diese Art der Bodenbearbeitung ist besonders im Weinbau von Bedeutung.

Beim **Eggen** wird die Oberschicht geeebnet und Schollen teilweise zerkleinert, wodurch die Wasserverdunstung reduziert wird. Mit dem Eggen wird frühzeitig im Jahr begonnen, sobald die Furchenkämme trocken sind, und zwar schräg zur Furchenrichtung. In der Praxis des Hobbygärtners haben sich Dorneggen bewährt.

Unter dem Begriff **Walzen** wird ein Zerkleinern der Schollen, beim gleichzeitigen Befestigen des Bodens und Einebnen der oberen Schicht verstanden. Zu diesem Zweck werden verschiedene Walzentypen eingesetzt.

Beim **Lockern** wird der Boden durchlüftet, jedoch nicht gewendet. Dabei wird keimendes Unkraut vernichtet, und es werden Wurzelunkräuter aus dem Boden gezogen. Zum Lockern des Bodens dienen verschiedene mechanische Hilfsmittel, wie Grubber und Hacken.

Durch das **Harken** wird die Oberschicht des Bodens geeebnet, wobei Wurzelunkraut entfernt und keimendes Unkraut vernichtet wird.

Beim **Häufeln** wird das Erdreich zu den Pflanzen gescharrt und dabei der Boden durchlüftet, seine Oberfäche vergrößert und das Unkraut entfernt. In den angehäuften Dämmen kann sich der Boden besser erwärmen, und die Pflanzen bilden am eingehäufelten Hals zur Aufnahme von Wasser und Nährstoffen längere Wurzeln. Bei manchen Gemüsearten wird gehäufelt, um ein umfassenderes Wurzelsystem (Tomaten, Paprika, Blumenkohl) und dadurch eine intensivere Nährstoffanlieferung zu erzielen. Bei diesen Pflanzen wird der Boden bis zu einer Höhe von 10 cm angehäufelt und dieser Prozeß nach drei Wochen wiederholt. Beim Porree, Bleichsellerie, Chinakohl und Spargel wird angehäufelt, damit der Unterteil der Pflanze vergeilt und zart bleibt. Bei einigen Ziersträuchern, Obststräuchern, Weinreben u. a. wird im Herbst gehäufelt, um die Pflanzen vor den Winterfrösten zu schützen.

Die **Melioration** verbessert die Bodeneigenschaften wesentlich. Sie umfaßt vor allem Entwässerungs- und Bewässerungsmaßnahmen, die Oberflächengestaltung des Geländes, wie z. B. die Anlage von Terrassen. All diese Arbeiten sind verhältnismäßig aufwendig, dabei jedoch von großer und bleibender Bedeutung.

Zur **Entwässerung** dienen entweder offene Gräben oder Dränröhren, evtl. Kombinationen beider Arten. Die Entwässerungsgräben gliedern das Grundstück in kleine Teile, wodurch die mechanisierte Bodenbearbeitung erschwert wird. Die Dränröhren werden in einer Tiefe von 80 bis 100 cm verlegt.

Über die **Bewässerung** wird eingehender im Kapitel über das Begießen der Pflanzen gesprochen.

Das **Terrassieren** ermöglicht die Nutzung des Kleingartens in Hanglagen und verringert gleichzeitig weitgehend seine Nachteile. Terrassiert werden Hänge mit einem Gefälle von 7—20 %. Die Terrassierungsrichtung muß den Schichtlinien angepaßt werden, und soll möglichst waagerecht erfolgen. Die Terrassen sind in der Regel 3 m breit, für Beerenobst genügt allerdings auch die Hälfte, d. h., 1,5 m. Um das Regenwasser auf den Terrassen zu sammeln, ist es zweckmäßig, die Terrassenflächen mäßig (5—10 %) hangwärts zu neigen. Beim Terrassieren wird von unten nach oben vorgegangen.

Aussaat und Pflanzung

Saatgutvorbereitung

Noch vor der Aussaat muß das Saatgut auf verschiedene Weise vorbereitet werden. Diese Vorbereitung schließt die Keimprobe, das Beizen, Quellen, Vorkeimen, Stratifizieren und in einigen Fällen auch noch weitere Sonderbehandlungen der Samen ein.

Zum Zweck der **Keimprobe** wird viermal eine bestimmte Samenzahl abgezählt, und es werden den Samen optimale Keimbedingungen geschaffen, also optimale Temperatur-, Feuchtigkeits- und Lichtverhältnisse. Nach Ablauf der durchschnittlichen Keimzeit der betreffenden Pflanzenart werden die gekeimten Samen gezählt und aus den vier Proben die durchschnittliche Zahl gekeimter Samen errechnet. In Prozent umgerechnet drückt dieser Wert die Keimfähigkeit aus. Nach dem Ergebnis der Keimprobe wird die Aussaatmenge bestimmt. Bei Samen mit einer geringeren Keimfähigkeit wird die Aussaatmenge entsprechend erhöht, da damit gerechnet werden muß, daß ein Teil der Samen erst zu einer späteren Zeit oder gar nicht zu keimen beginnt.

Durch das **Beizen** werden Pilz- und Bakterienkrankheiten bekämpft, deren Erreger sich auf den Samenoberflächen und manchmal sogar auch in den Samen befinden. Zum Einsatz gelangen entweder trockene oder flüssige Beizmittel. Beim Beizen einer kleineren Samenmenge mit einem trockenen Beizmittel wird eine Blechbüchse mit Deckel verwendet, evtl. auch ein Beutel, in dem die Samen mit dem Beizmittel gründlich geschüttelt werden. Bei großen Saatgutmengen erfolgt das Beizen in einer Beiztrommel. Zwecks Erreichung besserer Resultate wird dem Beizmittel Talk beigemengt.

Zum **Naßbeizen** werden Präparatlösungen verwendet, die 15 bis 30 Minuten auf das Saatgut einwirken sollen. Nach dem Beizen läßt man das Saatgut abtropfen und dann wird es getrocknet. Beim Naßbeizen quellen die Samen zum Teil auf, wodurch das Keimen beschleunigt wird.

Bei den Beizmitteln handelt es sich meist um Giftstoffe, weshalb sich der Gärtner beim Umgang mit ihnen strengstens an die Vorschriften für den Umgang mit giftigen Pflanzenschutzmitteln zu halten hat.

Das **Vorquellen** der Samen beschleunigt das Keimen sowie das anfängliche Wachstum der Pflanzen. Vorgequollen werden Samen, die zum Keimen eine lange Zeit brauchen, wie etwa Möhren, Petersilie, Zwiebel, Pfirsich- und Aprikosensteine u. dgl. Das Vorquellen erfolgt in Trinkwasser in Gefäßen aus Holz und Plastik. Die Wassertemperatur sollte 20—25 C haben und alle zehn bis zwölf Stunden gewechselt werden. Die Einweichdauer hängt von der Pflanzenart ab. So werden z. B. Erbsen, Bohnen und Salat 2 bis 4 Stunden eingeweicht, Gurken- und Kürbissamen 12 bis 20 Stunden, Tomaten- und Paprikasamen 24 bis 40 Stunden, Möhren-, Petersilie-, Zwiebel- und Porreesamen 50 bis 60 Stunden und Blumensamen 12 bis 24 Stunden. Nach dem Abtropfen werden die Samen sofort ausgesät.

Das **Ankeimen** erfolgt bei einer Temperatur von 20 bis 25 °C in einem Raum mit konstanter Luftfeuchtigkeit. Die Samen werden auf einer angefeuchteten Stofffläche ausgebreitet, meist Leinen oder Jute, die sich auf dem Boden eines großen Gefäßes befindet, und mit einem ebensolchen Gewebe zugedeckt, das ständig feucht gehalten wird. Das Vorkeimen wird beendet, sobald die Hälfte bis drei Viertel der Samen keimen, dann wird unverzüglich gesät.

Die **Stratifikation** unterstützt die Nacherntereife der Samen. Diese werden in ein Gemisch aus feuchtem Sand und Torf gelegt, größere Saatgutmengen dann in Gruben oder Kisten, kleine auch in Blumentöpfen gelagert. Es wird darauf geachtet, daß Sand und Torf ständig feucht sind und daß sich die Temperatur um fünf Grad Celsius bewegt. Die stratifizierten Samen werden laufend kontrolliert, und es wird dafür gesorgt, daß sie nicht von Nagetieren gefressen werden.

Die in Kisten stratifizierten Samen werden in einem Keller mit konstanter Temperatur um 5 °C aufgestellt. Es ist auch darauf zu achten, daß die Samen nicht einfrieren.

Von den weiteren Aussaatvorbereitungen sind noch das **Pillieren** mit humusartigen Stoffen und Nährstoffzugaben sowie die **mechanische Aufbereitung harter Samenschalen** zu erwähnen.

Eine **Wärmebehandlung** ist bei einigen Blumenzwiebeln und Knollen in der Einlagerungszeit nach der Ernte angebracht, namentlich wenn sie später vorkultiviert werden sollen.

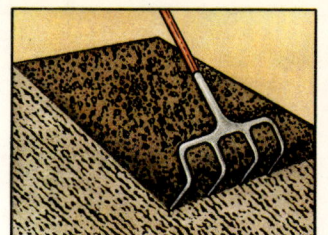 

Besonders wichtig ist die Bodenvorbereitung vor der Aussaat: der Boden wird gelockert und geharkt, entlang einer Leine werden Rillen gezogen, die Samen werden gleichmäßig ausgesät, leicht angedrückt, die Furchen mit Erde zugedeckt (125)

Aussaat

Die **Aussaat** der Pflanzensamen erfolgt in Abhängigkeit von den artenspezifischen Ansprüchen der Pflanzen. Wichtig ist, stets die geeignete Aussaatzeit, -art und -tiefe zu wählen.

Die **Breitsaat** ist in der Regel für Pflanzen geeignet, die in Kästen oder Schalen vorkultiviert werden sollen. Ebenso wird Rasensaat oder Saatgut für die Pflanzenanzucht im Frühbeet oder Freilandbeet breitwürfig ausgebracht. Die Samen werden von Hand ausgesät, und es ist darauf zu achten, daß die Aussaat möglichst gleichmäßig erfolgt. Besonders kleine Samen werden eingedrückt, vorsichtig begossen und je nach artbedingten Ansprüchen mit einer dünnen Schicht gesiebter Erde bedeckt. Die Aussaat wird mit Papier oder Fensterglas abgedeckt.

Die **Reihen- oder Drillsaat** ist bei Pflanzen vorzuziehen, die unmittelbar an den endgültigen Standort gesät und nicht umgesetzt werden. Die vormarkierten Reihen werden mit der Hacke auf fünf bis sieben Zentimeter vertieft und in die Rillen wird dann der Samen gleichmäßig ausgebracht. Der Reihenabstand ist nach den Ansprüchen der Pflanzen zu bestimmen.

Auf größeren Flächen erfolgt die Reihensaat mit Hilfe ein- oder mehrreihiger Sämaschinen, wobei sorgfältig auf die Einstellung der Aussaattiefe und -menge geachtet werden muß.

Die **Dibbelsaat** bringt gegenüber der Drillsaat eine Saatguteinsparung. Wenn sie von Hand erfolgt, werden an vormarkierten Stellen mit der Hacke kleine Gruben ausgehoben, in die stets einige Samen geworfen und mit der Hacke oder mit dem Rechen zugeschoben werden. Auf diese Weise werden z. B. Bohnen oder Gurken gesät. Auf großen Flächen helfen Dibbelsämaschinen.

Die **Aussaat in Schalen und Kästen** erfolgt am häufigsten bei der Jungpflanzenanzucht von Blumen. Die Gefäße sind aus unterschiedlichen Werkstoffen in verschiedenen Größen angefertigt. Vor der Verwendung sind sie zu desinfizieren.

Bei der **Frühbeetsaat** gelangen die Samen in gut vorbereitete und warme Erde. Angewandt wird die Breit- oder Reihensaat meist von Hand, evtl. auch mit Hilfe einer einreihigen Sämaschine. Das Saatgut wird mit Erde abgedeckt oder unbedeckt gelassen, mit einem Etikett gekennzeichnet und mit Fenstern bzw. mit Strohmatten abgedeckt.

Die Aussaat in Schalen wird bei Anwendung muldenartig gebogenen Papiers gleichmäßiger (124)

Die **Beetsaat** gelangt bei Pflanzen zur Anwendung, die kein Umpflanzen vertragen, oder wenn der Arbeitsaufwand mit der Jungpflanzenzucht eingespart werden soll.

Der **Aussaattermin** der einzelnen Pflanzen ist höchst unterschiedlich. Die Aussaat der Winterarten erfolgt bereits im Herbst, wie etwa bei einigen Spinatarten, Steinobst u. a. Andere Arten müssen im Frühjahr gesät werden. Bei niedrigeren Temperaturen keimende Pflanzen (Wurzelgemüse, Salat) werden unmittelbar nach der Frühjahrsbearbeitung des Bodens gesät. Pflanzen, die erst bei höheren Temperaturen keimen, sind erst im Mai zu säen oder unter Glas vorzukultivieren, wie Gurken und Tomaten.

Die **Aussaattiefe** hängt von der Samengröße und der Bodenart ab. Die Samen werden mit einer Erdschicht bedeckt, deren Dicke ausreichend Feuchtigkeit und Wärme gewährleistet und die die Pflanzen aus eigener Kraft zu durchwachsen vermögen. In der Regel soll die Deckschicht etwa das Doppelte des längsten Samendurchmessers betragen. In trockeneren Gegenden und leichteren Böden wird etwas tiefer gesät, in feuchteren Lagen und schweren Böden flacher. Frühzeitig im Jahr wird ebenfalls flacher gesät als im Sommer, damit die Samen genügend Feuchtigkeit haben.

Auspflanzen der Setzlinge

Unter dem Begriff des **Auspflanzens** ist das Verbringen der vorkultivierten Pflanzen an ihren endgültigen Standort zu verstehen, wo sie wachsen und sich bis zur Erntereife weiterentwickeln werden. Die Auspflanztechnik hängt von der Art der Jungpflanzenanzucht, von der Größe des Wurzelballens sowie vom gewählten Standort ab.

Beim **Pflanzen mit dem Pflanzholz** wird zunächst ein Loch gemacht, dann die Pflanze bis zum Wurzelhals hineingehalten und das Pflanzholz noch einmal schräg neben dem Pflanzloch in den Boden gesteckt, wodurch die Erde an die Pflanze herangedrückt wird. Das Loch wird dann zugedeckt.

Das Pflanzen mit Hilfe des Spatens wird bei größeren Wurzelballen sowie bei Zwiebel- und Knollenpflanzen angewandt. Mit dem Spaten wird ein Loch ausgehoben, die Pflanze mit dem Wurzelballen hineingestellt, das Loch mit Erde verfüllt und dann die Pflanze angedrückt.

Die **Furchenpflanzung** gelangt bei Zwiebeln und einigen Knollen und evtl. auch bei Stecklingen zur Anwendung. Die Furchen werden vorher mit dem Spaten ausgehoben.

Der **Pflanzabstand** ist nach der Größe der ausgewachsenen Pflanzen zu wählen. Ggf. ist der Reihenabstand aber auch der vorhandenen Technik anzupassen, die bei der Pflege zum Einsatz gelangen soll.

Bei der Aussaat winziger Samen in Kästen kommt es auf eine gute Durchmischung des Bodens an. Die Oberfläche glättet man mit einem Brettchen, die Samen deckt man mit einer Schicht gesiebter Erde zu, die man anschließend befeuchtet (127)

Für **Frühbeete** ist die Dreieckpflanzung kennzeichnend, für **Freilandbeete** hingegen die Quadrat- oder Rechteckpflanzung, evtl. auch Einzel- oder Dibbelpflanzung (einige Pflanzen gemeinsam). Die letztgenannte Art gelangt bei Paprika und Bohnen zur Anwendung.

Bei der **Pflanzung von Holzgewächsen** wird der Boden gründlich vorbereitet und ein der Größe des Wurzelballens entsprechendes Pflanzloch gegraben. Falls ein Pfahl erforderlich ist, wird dieser bereits vor dem Pflanzen im Boden befestigt. An die Wurzel wird hochwertige Muttererde oder Komposterde gegeben.

Die **Pflege der Kulturen** stellt eine wichtige Voraussetzung für das erfolgreiche Auflaufen und das Heranwachsen der Pflanzen dar. Manche Pflanzenarten brauchen Licht, andere Dunkelheit während des Auflaufens ebenso wie bestimmte Feuchtigkeit und Temperatur. Diese Wachstumsfaktoren müssen besonders bei jenen anspruchsvollen Pflanzen gewährleistet sein, die ins Gewächshaus oder ins Frühbeet ausgesät werden. Im Gewächshaus wird während des Tages eine möglichst konstante Temperatur aufrechterhalten, und über Nacht wird das Haus mit Matten abgedeckt, die größere Temperaturstürze verhindern. Die Beregnung hat regelmäßig und schonend zu erfolgen, meist durch feines Sprühen, bei einigen Arten hingegen nur

Auf Beeten sät man in vorbereiteten Reihen in entsprechend tiefe Rillen aus. Um den umgebenden Boden nicht festzutreten, benutzt man ein Brett (126)

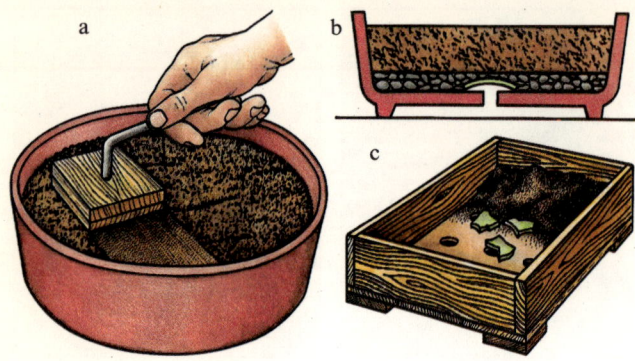

Zur Aussaat von winzigen Samen in Gefäße braucht man ein Bodensieb und ein Stampfbrettchen. Auf dem Gefäßboden muß eine Dränageschicht über dem Abflußloch sein, das mit einer Scherbe zugedeckt ist, damit die Erde nicht weggeschwemmt wird (128)

durch Beetbewässerung. An sonnigen Tagen müssen Gewächshaus und Frühbeet entsprechend schattiert werden. Nach dem Auspflanzen ist eine regelmäßige Beregnung erforderlich. Nach dem **Pikieren** entwickeln die Jungpflanzen kräftige Wurzeln.

Beim Pikieren wird die Pflanze mit den Fingern an den Keimblättern festgehalten, vorsichtig mit Hilfe eines kleinen angespitzten Stäbchens oder eines Etikettes aus der Erde herausgelöst, worauf die Hauptwurzel gestutzt bzw. beschnitten wird. Bei trockenem Boden muß am Tag vorher beregnet werden. Die Jungpflanzen werden in Kisten, Frühbeete oder in Freilandbeete gepflanzt.

Das **Pikieren in Kisten** führt man vor allem bei Blumen durch. Zum Pikieren ist ein dünner Holzstab erforderlich. Die allerkleinsten Pflanzen werden mit einer Pinzette aus der gelockerten Erde herausgezogen, die allerdings stumpfe Kanten haben muß, um die Pflänzchen nicht zu beschädigen. Die Kisten sind 8—10 cm tief und ebenso wie für die Aussaat mit Erde zu füllen. Die ganz kleinen Pflanzen werden zunächst in Klümpchen zu drei bis fünf Stück pikiert, dann die größeren einzeln mit Hilfe eines Pflanzholzes. Nach dem Pikieren werden die Pflanzen gegossen und bis zum Anwachsen im schattigen und geschlossenen Gewächshaus gelassen. Nach und nach wird mit dem Belüften begonnen und die Beschattung verringert. Gegossen wird nach Bedarf.

Beim **Pikieren ins Frühbeet** werden auf dem entsprechend vorbereiteten Boden Reihen markiert und dann mit Hilfe des Pflanzholzes Löcher gemacht, in die die Pflanzen nach Beschneiden der Hauptwurzel bis zu den Keimblättern hineingesetzt werden. Die Erde wird mit dem Pflanzholz an die Wurzeln angedrückt. Die Wurzel muß senkrecht in das Loch hineingehalten werden und darf nicht zusammengerollt sein.

Das **Pikieren ins Freilandbeet** wird bei Obstgehölzen angewandt. Die Wurzeln der Sämlinge werden dabei in einen dünnen Brei aus Ackerkrume, Kuhmist und Wasser getaucht, der ggf. auch noch mit einem Beizmittel versetzt sein kann. Die Pflanzen werden bis an die Keimblätter in das Pflanzloch gesetzt. Als Werkzeuge dienen Setzholz, Hacke und mitunter auch Spaten.

Sämlinge können auch in **Erdpreßtöpfe** aus einem feuchten Erdgemisch pikiert werden. Später wird der ganze Erdtopf mitsamt der Pflanze ausgepflanzt. Das hat den Vorteil, daß die Pflanze ohne jede Unterbrechung weiterwachsen kann. Erdpreßtöpfe werden aus Frühbeeterde oder Kompost angefertigt, wobei die Gemischtkomponenten so zu wählen sind, daß ein guter Zusammenhalt des Erdtopfes gewährleistet ist und dieser beim Bepflanzen nicht zerfällt.

Anzuchtgefäße stellen einen Ersatz für die Erdpreßtöpfe dar. Sie sind aus Kunststoff hergestellt und setzen sich aus der Unterlage und der Topfplatte (Wabe) zusammen. Die Wabe wird mit den sich nach unten hin erweiternden Zellen auf die Unterlage gestellt.

Dann wird auf die Topfplatte Erde aufgebracht, die mit einem Brett so abgestrichen wird, daß sich die Zellen füllen, ohne daß die Erde zusammengedrückt wird. In die vollen Zellen werden nun die Jungpflanzen pikiert. Danach werden sie auf übliche Weise begossen. Nach drei bis vier Wochen werden die Waben hochgehoben, und auf der Unterlage verbleiben die Pflanzen mit den Erdtöpfen.

Bei den **Torf-Zellstoff-Töpfen**, die in Paletten zusammengestellt sind, ist die Füllung auf gleiche Weise vorzunehmen, wie bei den oben beschriebenen Anzuchtgefäßen. Zunächst durchwurzeln die Pflanzen die Erde und später auch die Torfwand, die außer Torf und Zellstoff auch noch Nährstoffe enthält. Die Töpfe dürfen niemals ganz trocken werden, da sonst das Durchwurzeln der Wände erschwert wäre. Das Auspflanzen erfolgt dann mit den Töpfen.

Das Topfen wird beim Vorkultivieren von Treibgemüse sowie Blumen (Petunien, Salvie u. dgl.) angewandt. Für die Jungpflanzenanzucht gelangen Töpfe aus gebranntem Ton oder Kunststoff zur Anwendung. Auf den Topfboden kommt eine Dränschicht und in die Mitte wird die Pflanze gestellt. Während sie mit der Hand in der entsprechenden Lage gehalten wird, muß ringsum Erde eingefüllt und vom Rand her zu den Wurzeln gedrückt werden. Die Pflanzen werden dann gegossen und bei etwas Belüftung schattiert, so lange sie noch keine neuen Wurzeln gebildet haben.

Beim **Abhärten der Pflanzen** handelt es sich darum, die Pflanzen nach und nach an die Bedingungen zu gewöhnen, denen sie nach dem Auspflanzen ins Freiland ausgesetzt sein werden. Die Abhärtung wird bei Pflanzen angewandt, die bereits im März und April gepflanzt werden, ebenso wie bei wärmeliebenden Pflanzen, die in der zweiten Maihälfte ins Freiland kommen. Mit der Abhärtung wird 14 Tage vor

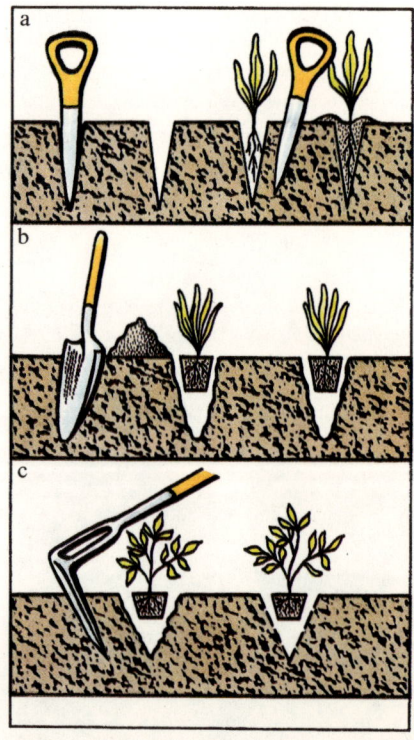

Bei der Pflanzung bedient man sich des Pikierholzes, bei Pflanzen mit Wurzelballen besser der Handschaufel oder der Hacke (129)

dem Auspflanzen begonnen. Sie besteht im Lüften der Frühbeete, zunächst weniger und nur in den Mittagsstunden, nach und nach dann länger und öfter. Schließlich werden die Fenster tagsüber völlig abgenommen und in der Nacht wird etwas gelüftet, bzw. werden die Pflanzen nur mit Matten bedeckt. Die letzten drei bis vier Nächte vor dem Auspflanzen bleiben die Pflanzen völlig unbedeckt.

Zum **Gießen** ist vorgewärmtes Wasser zu benutzen, das etwa die gleiche Temperatur aufweist wie der Boden, bzw. um zwei bis drei Grad Celsius wärmer ist. Nach dem Gießen müssen die Pflanzen so rasch wie möglich trocknen, weshalb sofort gelüftet wird. Auf diese Weise wird die Entwicklung von Pilzkrankheiten verhindert. In den Wintermonaten sowie in den ersten Frühjahrsmonaten wird bei sonnigem Wetter zwischen acht und neun Uhr gegossen, bei trübem Wetter zwischen 11 und 13 Uhr. Im Sommer wird erst gegen Abend gegossen.

Pflanzenpflege während der Vegetationszeit

Als **Mulchen** wird das Bedecken des Bodens mit einer 2 bis 3 cm dicken Schicht organischen Materials bezeichnet, wie etwa mit gut verrottetem Stalldung, Laub, Gras, nicht aufgeblühtem Unkraut, zerkleinerter Rinde, Nadeln von Koniferen u. dgl. Das Mulchen verhindert das unnötige Verdunsten des Wassers, die Bildung einer Bodenkruste sowie das Wachstum des Unkrauts. Eine ähnliche Wirkung wie das Mulchen hat das Bedecken des Bodens mit einer schwarzen Polyäthylenfolie.

Beim **Entspitzen** wird der oberste Teil der Pflanze entfernt, wodurch erzielt wird, daß sie sich verzweigt und dann kompakt und niedrig bleibt. Entspitzt werden z.B. Pelargonien, Chrysanthemen, Nelken, Azaleen, Fuchsien und Petunien.

Unter dem Begriff **Ausbrechen** wird das Entfernen des ganzen Nebentriebes oder der Seitenknospen verstanden. Bei Blumen wird es angewandt, wenn ein einziger Trieb mit einer großen, vollfarbigen Blüte gewünscht wird, z.B. bei Chrysanthemen, Nelken oder Rosen. Im Gemüsegarten werden die Nebentriebe bzw. Geiztriebe bei Tomaten ausgebrochen ebenso wie die Triebe ohne Fruchtansatz bei Gewächshausgurken u. dgl.

Pflanzenstützen sind bei einigen Arten erforderlich, die sich nicht von selbst aufrechtzuhalten vermögen. Es handelt sich um einige Gemüsearten, Obstbäume sowie eine Reihe von Kletterpflanzen, ganz gleich ob es perennierende oder einjährige Pflanzen sind.

Vorgezogene Jungpflanzen mit Wurzelballen haben bessere Anwachsergebnisse. Im Bild ein Satz Kunststofftöpfe (131)

Als Stützen für Tomaten können z.B. mindestens 1,5 Meter lange Holzstangen dienen, die vorher allerdings imprägniert werden müssen, damit sie in der Erde nicht faulen. Stangenbohnen erreichen Höhen bis zu drei Metern, so daß sie gleichfalls einer Stütze bedürfen. Am geeignetsten ist ein Stabtunnel aus schräg gegenüberstehenden und oben zusammengebundenen Stangenpaaren oder eine Stützstabpyramide. Als Stützen können auch Metallstangen genommen werden, die genügend elastisch und gewellt sind, damit die Pflanzen an ihnen hochklettern können. Stützen können aus jedem beliebigen Material angefertigt werden, bei dem eine dem Gewicht der erwachsenen Pflanze entsprechende Tragfähigkeit gegeben ist. Grundsätzlich ist die Stütze stets vor dem Auspflanzen aufzurichten, damit durch ein späteres Aufstellen nicht das Wurzelsystem der Pflanze beschädigt wird. Bei Obstbäumen mit einem höheren Stamm oder einem schwächeren Wurzelsystem wird der Stützpfahl belassen, solange der Baum nicht genügend standfest ist, bei Beerenobst-Hochstämmchen sogar ständig. Bei Obstbäumen darf der Pfahl nicht bis in die Krone reichen, sondern höchstens bis 10 cm unter den untersten Ast. Bei Beerenobst-Hochstämmchen und Hochstamm-Rosen hingegen muß er bis zur Krone reichen, um der Gefahr des Abbrechens zu begegnen. Über die Stützen bei Spalieren wird im entsprechenden Kapitel berichtet.

Das **Anbinden** ist überall dort erforderlich, wo die Pflanzen an ihrer Stütze befestigt werden müssen. Krautige Pflanzen werden mit Hilfe dickerer Bindfäden angebunden, die die Pflanzen nicht beschädigen. Bäume werden an den Pfählen zunächst nur lose angebunden, damit sie bei der Bodensenkung nach der Pflanzung nachgeben können. Erst später werden sie fester angebunden. Das Anbinden mit Gummi ist ungeeignet.

Das Pikieren muß sehr sorgfältig vorgenommen werden, denn davon hängt die weitere Entwicklung der Pflanzen ab. Das Pflanzloch stellt man mit dem Pikierholz her. Man faßt die Pflanze immer an den Keimblättern, nie am Stengel an (130)

Vegetative Pflanzenvermehrung

Die **Veredlung** stellt eine indirekte Form der vegetativen Vermehrung dar. Sie besteht aus der Verbindung des Reises oder Auges mit der Unterlage zwecks Vermehrung einer Art oder Sorte, die auf andere Weise überhaupt nicht oder nur schwer vermehrt werden könnten.

Als **Pfropfen** wird die Verbindung eines Edelreises mit der Unterlage bezeichnet, die zumeist im Vorfrühling vor Beginn des Austriebes stattfindet, wenn die Unterlage noch keinen Saftstrom zeigt. Wenn Edelreis und Unterlage gleich stark sind, wird die Kopulationsmethode angewandt, ggf. auch die Kopulation mit Gegenzunge. Bei einer stärkeren Unterlage sind das Anplatten (Anschäften), das Sattelschäften oder die Geißfußveredlung üblich. Diese Methode ist besonders für Steinobst geeignet. Eine eingehendere Beschreibung der einzelnen Veredlungsmethoden ist im Kapitel »Obst« zu finden.

Grundvoraussetzungen für eine erfolgreiche Pfropfung

1. Die Schnittflächen an der Unterlage und am Pfropfreis müssen glatt, sauber und gleich lang sein. Pfropfreiser mit längeren Schnittflächen entwickeln sich besser.
2. Das Pfropfreis wird so an die Unterlage angelegt, daß eine größtmögliche Kontaktfläche zwischen den Kambiumgeweben (teilungsfähiges Gewebe zwischen Holzkörper und Rinde) entsteht. Wenn die Schnittfläche an der Unterlage breiter ist, wird das Pfropfreis so angelegt, daß die Kambiumschichten wenigstens einseitig zueinander passen.
3. An der Unterlage wird gegenüber der Pfropfstelle eine Knospe belassen, die den Baumsaft aufnimmt. Am Edelreis soll sich die untere Knospe gegenüber der Schnittfläche befinden (in der oberen Hälfte des Schnittes).
4. Das Pfropfreis wird an die Unterlage fest angebunden. Das Verbinden erfolgt von der Mitte der Schnittfläche aus nach oben und dann zurück nach unten, wo der Abschluß durch einen Pfropfknoten vorgenommen wird.
5. Die Schnittwunden werden, besonders an den Kontaktstellen, von Reis und Unterlage, sorgfältig mit einem guten Baumwachs verstrichen.
6. Es wird ein scharfes Kopuliermesser verwendet.
7. Nach dem Anwachsen des Edelreises an die Unterlage ist der Bast vorsichtig mit dem Messer zu lösen.
8. Wenn alle Knospen austreiben, wird der geeignetste belassen und mittels eines Schutzstabes gegen das Ausbrechen geschützt, während die anderen abgeschnitten werden.

Die **Edelreiser** werden aus einjährigen Trieben fruchtbarer und gesunder Bäume geschnitten, am besten von der Südseite der Knospe, wo sie gut ausgereift sind. Üppig gewachsene, oft senkrecht in die Krone strebende Triebe, sog. Wasserschosse, sind für das Pfropfen ungeeignet. Ebenso lassen sich nicht Triebe verwenden, die älter sind als ein Jahr.

Die **Okulation**, oder Augenveredlung, wird in der sommerlichen Vegetationszeit vorgenommen, wenn sich die Rinde leicht von der Unterlage lösen läßt. Bei manchen Unterlagen verschwindet der Saftstrom sehr bald, darum sollte die Okulation so zeitig wie möglich erfolgen. In der Regel werden zunächst Steinobstarten wie Pflaumen, Aprikosen und Pfirsich okuliert, dann Kernobstarten und zuletzt Mirabellen und Kirschen. Wenn es vor der Okulation längere Zeit trocken war, müssen die Unterlagen gut beregnet werden, damit sie über ausreichend Baumsaft verfügen. Vierzehn Tage vor der Okulation werden die Nebentriebe am Stamm bis in eine Höhe von 20 cm abgeschnitten. Kurz vor der Okulation wird die Erde um die Unterlage herum entfernt, und diese mit einem weichen Lappen gereinigt.

Die **Augen** werden von reifen Jahrestrieben der Edelsorten genommen, wobei gesunde Bäume mit guten Eigenschaften gewählt werden. Besonders ist darauf zu achten, daß nicht Augen von Bäumen genommen werden, die von einer Viruskrankheit befallen sind, da diese durch das Okulieren übertragen wird.

Die **Okulation mittels Terminalknospen** wird manchmal bei Sauerkirschen vorgenommen. Terminalknospen sind stets Blattknospen. Der Jahrestrieb wird unmittelbar unter der Terminalknospe schräg abgeschnitten, wie ein Pfropfreis bei der Kopulation. Dieses wird in einen T-Schnitt an der Unterlage eingeführt und dicht verbunden.

Okulieren mit Schildchen wird im Falle unzureichenden Baumsaftes bei Kernobst angewandt. An der Unterlage wird von oben nach unten ein Rindenschildchen eingeschnitten, das ebenso lang und breit ist wie das Schildchen mit dem Auge. Das Rindenschildchen wird dann etwa

Tomatenpflanzen werden an Pfählen angebunden und die Seitentriebe ausgebrochen. Nur so gibt es eine gute Ernte (132)

um die Hälfte verkürzt, das Augenschildchen dahintergeschoben und festgebunden.

Schosse: Mutterpflanzen von Arten, die an der Basis ihrer Triebe von allein wurzeln oder Wurzelausläufer bilden, können aus dem Boden genommen und in einzelne Schößlinge geteilt werden, die unmittelbar an ihren Standort zu pflanzen sind.

Die **Vermehrung durch Ausläufer** erfolgt bei Arten, die aus den Wurzeln oder aus dem Wurzelhals Ausläufer oder Ableger bilden. Es genügt, wenn diese nach der Bewurzelung freigelegt und von der Mutterpflanze abgetrennt werden.

Durch **Anhäufeln** im Frühjahr, wenn die Jahrestriebe eine entsprechende Höhe erreicht haben und durch ein bzw. zweimaliges Wiederholen dieses Vorganges erreichen wir, daß die Pflanzen mehrere Etagen junger Wurzeln bilden. Im Herbst oder erst im nächsten Frühjahr werden die Sträucher freigelegt und die bewurzelten Triebe, die sog. Abrisse, von dem Mutterstrauch getrennt. Dieser wird dann für den Winter wieder zugedeckt.

Das **Absenken** ist eine Vermehrungsart, bei der Zweige oder Triebe bis zur ausreichenden Bewurzelung mit der Mutterpflanze verbunden bleiben.

Das Absenken einjähriger Triebe in Gräben erfolgt im Frühjahr. Die Triebe werden zunächst an der Grabensohle befestigt, und nachdem sie zu treiben beginnen, wird der Graben zugeschüttet. Im Herbst werden die bewurzelten Absenker von der Mutterpflanze getrennt.

Beim **Bogensenken** werden einjährige und ausnahmsweise auch zweijährige Triebe früh im Jahr bogenförmig zur Erde geführt. Mit dem Spaten wird in einer der Trieblängen entsprechenden Entfernung von der Mutterpflanze ein keilförmiger, 15—20 cm tiefer und 5—8 cm breiter Graben ausgehoben. Mit einer Drehbewegung wird nun der Trieb etwa um 180 Grad um seine Achse gedreht, dann in einem rechten bis scharfen Winkel gebogen und in diesem Zustand rasch in den bereitstehenden Graben gesteckt. Der Bogen von der Mutterpflanze soll möglichst kurz und niedrig sein. Der gebogene Triebteil wird so in den Graben gelegt, daß er sich an die entferntere Grabenwand stützt und senkrecht emporragt. Der Graben wird zugeschüttet und der Trieb festgetreten. Auf diese Weise wird das Absenken fortgesetzt. Die Verwendung von Festhaltehaken erübrigt sich, denn sofern der Trieb nicht im Graben hält, ist der Boden für das Absenken ungeeignet. Die bewurzelten Absenker werden im Herbst von den Muttersträuchern getrennt und ausgehoben. Bei schwer wurzelbildenden Arten (Magnolia, Hamamelis u. a.) kann die Bewurzelung auch zwei Jahre dauern.

Als **wellen-, schlangenartiges oder chinesisches Absenken** wird die vegetative Vermehrung von Gehölzen mit langen biegsamen Trieben bezeichnet, die in mehreren Bögen abgesenkt werden. Dadurch werden soviele Absenker gewonnen, wie Bogen Wurzeln geschlagen haben.

Stangenbohnen brauchen eine Stütze (134)

Dieses Verfahren wird vornehmlich bei Kletter- und Schlingpflanzen angewandt.

Die vegetative Vermehrung kann auch durch Stecklinge von gesunden Pflanzen erfolgen. Als Stecklinge werden weiche Frühjahrstriebe, Blätter, verholzte Triebe, reife Jahrestriebe und Wurzeln verwendet, die nach einer entsprechenden Vorbereitung in ein Vermehrungs- oder anderes Substrat gesteckt oder gelegt werden und sich dort bewurzeln.

Bei der **Vermehrung durch weiche, grüne Frühjahrsstecklinge** (Grünstecklinge) ist darauf zu achten, daß diese nicht welken. Nach der Entnahme werden sie in Wasser getaucht und dann mit dem Messer oder mit der Schere entsprechend vorbereitet. Die Basalteile der Stecklinge werden (möglichst unter Wasser) schräg angeschnitten und, falls es sich um schwerer wurzelnde Stecklinge handelt, mit der Schnittfläche in ein Bewurzelungshormon getaucht. Die Blattspreiten werden etwa um ein Drittel eingekürzt. Mit dem Pflanzholz oder einem Stäbchen werden in das Vermehrungssubstrat Löcher gemacht, die etwas breiter als der Durchmesser der Stecklingsbasis und 1 bis 2,5 cm tief sind. In diese werden nun die Stecklinge eingeführt und festgedrückt.

Bei der **Vermehrung durch Steckhölzer** werden meist untere Triebteile abgeschnitten, die man in einem nicht allzu feuchten Substrat überwintern läßt. Im Frühjahr werden sie in Beete gesteckt, wo sie bewurzeln sollen. Im Herbst werden sie zum abermaligen Überwintern ausgehoben und im nächsten Frühjahr aufgeschult.

Die **Vermehrung durch Wurzelschnittlinge** wird im Herbst vorbereitet, indem von den Wurzeln 5—8 cm lange und bis zu 3 cm breite Teile geschnitten werden, die den Winter über im Keller oder in einem frostfreien Raum einge-

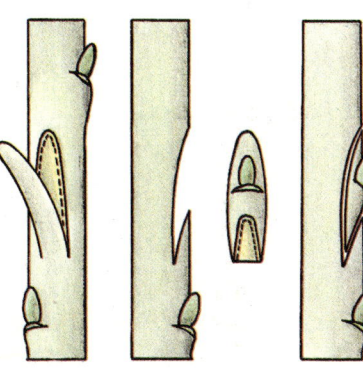

Eine besondere Form des Okulierens. An der Unterlage wird die Rinde entsprechend der Größe des Rindenschildchens (mit dem Auge) aufgeschnitten, dann auf die Hälfte gekürzt und das Schildchen eingeführt (133)

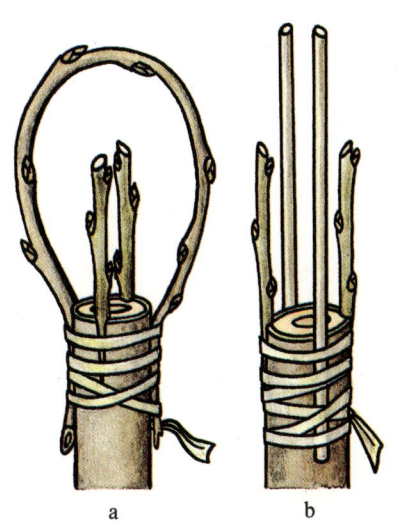

Damit die Edelreiser nicht von darauf sitzenden Vögeln beschädigt werden, befestigt man an der Unterlage einen gebogenen Trieb oder zwei Stäbe, die die Edelreiser überragen (135)

Strandsand, und einem Teil zerkleinertem Schaumpolystyrol bereitet. In dieser Zusammensetzung ist es für die Vermehrung nahezu aller Perennen einschließlich der Gehölze geeignet. Das Substrat wird in einer 10 cm hohen Schicht auf das Vermehrungsbeet aufgetragen und mit heißem Wasser begossen. Der Hobbygärtner wird meistens in Kästen und Schalen vermehren, die allerdings sauber und desinfiziert sein müssen. Sie werden mit dem gleichen Substrat gefüllt, wie die Vermehrungsbeete. Die Vermehrung kann auch in Topfpaletten erfolgen, wobei es sich entweder um Töpfe aus gebranntem Ton oder um Torftöpfe handelt. Das verwendete Substrat kann auch von der oben genannten Zusammensetzung abweichen.

Weitere Gartenarbeiten

Das **Umsetzen des Kompostes** richtet sich nach der Art des Ausgangsmaterials. Beim Schnellkompost, dessen organische Komponenten Gras, Mist und zerkleinerte pflanzliche Abfälle bilden und der nach etwa drei bis vier Monaten verrottet, genügt ein einziges Umsetzen, und zwar drei bis sechs Wochen nach dem Anlegen. Komposte aus verholzten Pflanzenteilen und tierischen Abfällen, dessen Reifeprozeß durch Mischen und Durchfeuchten gefördert wird, verrotten in zwei bis drei Jahren. Sie werden im ersten Jahr zweimal und in den weiteren Jahren dann einmal im Jahr umgesetzt.

Zur **Aufbereitung** wird der Kompost an einem sauberen, womöglich schattigem Ort gelagert. Er wird umgesetzt, durchfeuchtet, mit Nährstoffen angereichert, gekalkt, Unkraut wird beseitigt und überhaupt wird für Sauberkeit gesorgt. Für junge Kulturen und weniger widerstandsfähige Pflanzen wird die Erde bei 90 °C mit Wasserdampf eine halbe Stunde lang desinfiziert.

Durch das **Mischen von verschiedenen Erden** werden die für die Blumenkulturen erforderlichen Substrate mit spezifischen Eigenschaften gewonnen. Das Mischen erfolgt auf einem sauber gefegten, harten Boden. Die einzelnen Erden werden im richtigen Verhältnis zusammengeschüttet und das Ganze gleichmäßig vermischt. Falls die Erde trocken ist, wird sie beim Mischen besprengt, damit eine gleichbleibende Feuchtigkeit erreicht wird. Die Mischung ist mindestens zwei Wochen vor Gebrauch herzustellen.

Der **Frostschutz** einer kälteempfindlichen Kultur kann vor Eintritt des Winters, oder besser gesagt vor Beginn der Fröste, besonders der Kahlfröste, durch Mulchen erfolgen, wobei organische Substanzen wie trockenes Laub und dergleichen am geeignetsten sind. In vielen Fällen eignet sich auch Nadelholzreisig zum Abdecken des Bodens. Am geeignetsten ist Fichtenreisig. Eine solche Decke darf jedoch weder vorzeitig aufgelegt noch vorzeitig entfernt werden.

Um einen **Feuchtigkeitsschutz** für die Xerophyten zu gewährleisten, wird vor der Pflanzung die Bodendurchlässigkeit durch eine gründliche Dränung erhöht. Bei zahlreichen Pflanzen reicht eine solche Maßnahme völlig aus, es gibt allerdings auch Pflanzen, die die größere Feuchtigkeit der Spätsommer- und Herbstmonate nicht vertragen. Hier helfen verschiedene über den Pflanzen angebrachte Überdachungen, die ein Eindringen der Niederschlagsfeuchtigkeit zu den Wurzeln verhindern. Ein solcher Feuchtigkeitsschutz muß im Frühjahr rechtzeitig wieder entfernt werden.

Weintrauben werden bei warmem, trockenem Wetter geerntet. Man schneidet sie mit der Schere oder einem scharfen Messer ab und legt sie in einen Kunststoff- oder Holzbehälter (136)

lagert werden. Von Februar bis März werden sie dann in Töpfe gepflanzt, um sie im mäßig warmen Gewächshaus austreiben zu lassen. Ebenso können sie im warmen Frühbeet in die Erde eingesenkt werden. Nach einer entsprechenden Abhärtung werden die Töpfe ins Freiland gebracht.

Die **Stecklingsvermehrung immergrüner Laubbäume** erfolgt meist durch ausgereifte Jahrestriebe, wobei es allerdings nicht erforderlich ist, daß sie schon ganz verholzt sind. Bei ganz reifen Stecklingen dauert die Bewurzelung länger. Deshalb werden sie meist im Vermehrungsbeet untergebracht, wo die Bewurzelung selbst noch im Herbst durch zusätzliche Beheizung gefördert werden kann. Die Stecklinge nahezu sämtlicher immergrüner Gehölze machen auch im Frühbeet Wurzeln. Es dauert zwar etwas länger, und Pflege sowie Überwinterungsvorkehrungen sind aufwendiger.

Was die **Stecklingsvermehrung von Nadelgehölzen** anlangt, so erfolgt die Bewurzelung am besten bei physiologisch jungem Material. Sie kann, mit Ausnahme von März und April, das ganze Jahr über erfolgen, wobei es zahlreiche Methoden der Stecklingsvorbereitung gibt. Die Maßnahmen zur Förderung der Bewurzelung sind ähnlich wie bei Laubgehölzen. Die bewurzelten Stecklinge werden eingetopft oder auf Beete ausgepflanzt.

Das **Vermehrungssubstrat** wird aus zwei Teilen feingesiebtem Weißtorf, einem Teil feinem Sand, am besten

Die **Obsternte** erfolgt durch ein selektives Auspflücken reifer Früchte, stets jedoch mitsamt dem Stengel, weil dadurch eine größere Haltbarkeit erzielt wird.

Die **Ernte von Früh- und Sommergemüse** wird gleichfalls selektiv vorgenommen, sobald die betreffende Art reif ist. Dabei ist die Ernte so vorzunehmen, daß das Gemüse nicht welkt, vor allem nie um die Mittagszeit. Auch wird das geerntete Gemüse niemals in der Sonne gelassen. Die geeignetste Tageszeit für die Gemüseernte sind die frühen Morgenstunden. Bei Möhren und Radies muß unverzüglich das Kraut beseitigt werden. Zur Einlagerung bestimmter Spätgemüse wird so spät wie möglich geerntet, also im Oktober oder November, um eine bestmögliche Entwicklung zu gewährleisten. Andererseits muß jedoch die Ernte vor Eintritt der ersten Fröste erfolgen und sollte besser bei trockenem Wetter vorgenommen werden.

Die **Einlagerung von Obst** sollte noch am Erntetag erfolgen. Das Obst muß vorher sorgfältig sortiert werden, Äpfel müssen stengelabwärts, Birnen stengelaufwärts liegen. Der Lagerraum soll lichtlos sein und eine konstante Temperatur von 2—4°C aufweisen. Sie darf nicht unter –1 bis -2° absinken. Als relative Luftfeuchtigkeit kann 85 bis 90% als optimal gelten. Obst wird nicht zusammen mit Gemüse eingelagert, namentlich nicht mit Kartoffeln, da es Fremdgerüche annimmt und dadurch eine Wertminderung eintritt.

Für die **Einlagerung von Gemüse** ist eine Temperatur von 1—4°C und eine relative Luftfeuchtigkeit von 90% geeignet, allerdings mit Ausnahme von Zwiebelgemüse, bei dem höchstens 70—80% Luftfeuchtigkeit zulässig sind. Der Luftaustausch soll nicht allzu rasch verlaufen, jedoch ausreichend sein. Es ist darauf zu achten, daß gemeinsam mit Gemüse keine übelriechenden Stoffe gelagert werden und daß der Lagerraum nicht nach Schimmel und Fäule riecht.

Die **Ernte und Einlagerung von pflanzlichem Material** zum Trocknen müssen auf eine Weise erfolgen, die eine maximale Haltbarkeit gewährleistet. Blühende Pflanzen werden meist in voller Blüte und nicht erst dann geerntet, wenn sie zu welken und sich zu entblättern beginnen. Sie werden in gleichlangen Bündeln gebunden und blütenabwärts zum Trocken aufgehängt. Strohblumen werden geerntet noch bevor sie voll aufblühen, und ihre Stengel sollten so lang wie möglich sein. Früchte werden im Laufe des Sommers geerntet und auf ähnliche Weise getrocknet wie Gräser, d.h. in ihrer natürlichen Lage. Das Einsammeln von Zapfen erfolgt erst nach dem Ausreifen.

Maschinen, Geräte, Hilfsmittel

Grundgeräte

Unabhängig vom Typ unseres Gartens brauchen wir auf jeden Fall einige Grundgeräte. Die Grundausstattung kann nach Bedarf mit der Zeit allmählich ergänzt werden. Folgende Geräte sollten aber unbedingt vorhanden sein: ein Spaten, eine Grabegabel, eine Schaufel, Geräte zur Oberflächen- und tieferen Bodenlockerung, ferner eine kleinere und eine größere Metallharke, eine Holzharke sowie ein Rasenbesen.

Dazu kommen noch kleinere Geräte, wie eine Pflanzschaufel, die wir zum Pflanzen benutzen, oder ähnliche Geräte zur Lockerung und zum Jäten in den dichten Anpflanzungen auf den Beeten. Es gehören auch Pflöcke, Schnur, ein Messer zur Beseitigung des Unkrauts, ein Pflanzholz, eine Gartenschere sowie ein universales Gartenmesser dazu.

Weiter müssen wir uns unentbehrliches Gerät für das Gießen, Düngen und für den Pflanzenschutz besorgen. Dies sollten sein eine oder zwei Gießkannen, eine Brause, ein Schlauch mit einem Aufsatz zum Sprühen, Pflanzenschutzgeräte (kleinere oder größere Spritzgeräte) usw.

Ein unentbehrlicher Helfer eines jeden Gärtners ist die Schubkarre. Sie dient zum Befördern der Erdmassen, des geernteten Obstes und Gemüses und allen erforderlichen Materialien. Der Handel bietet verschiedene Typen von Schubkarren an, die nicht nur gut konstruiert, sondern eventuell auch mit verschiedenen Zusatzteilen ausgestattet sind, z.B. mit einem Sieb.

Übersichtlich lassen sich kleine Gartengeräte aufbewahren, indem man sie in einen einfachen Gerätehalter stellt (137)

Der Gärtner sollte auch an verschiedene Schutzmittel denken, die seine Gesundheit schützen helfen. Handschuhe, Knieschützer usw. sollten daher nicht fehlen.

Spezialgeräte

Je nach Gartenanlage werden auch unterschiedliche Spezial- und Hilfsgeräte gebraucht.

In einem intensiv bewirtschafteten Gemüsegarten benutzen wir zum Bestellen größerer Beete einen Kultivator. Diese können — auf Bestellung — speziell den Anforderungen für Körperbehinderte, für Frauen und Kinder angepaßt werden — wie es zum Beispiel beim halbautomatischen Grubber der Fall ist.

Hier kommt auch eine Sä- und Drillmaschine mit einstellbaren Saatabständen zum Einsatz, weiter eine Sämaschine, die nicht nur das Saatgut dosiert, sondern die Saatrille gleich zudeckt, den Boden andrückt und die nächste Reihe anzeichnet. Die Sämaschine sät in einer oder in zwei Reihen gleichzeitig aus.

In einem Garten, in dem die Obstbäume überwiegen, ist es nötig, die Grundausrüstung durch Geräte zur Obstbaumpflege und Obsternte zu ergänzen. Es handelt sich dabei um verschiedene kleine Sägen und Messer, gegebenenfalls Spezialscheren. Falls sich im Garten auch Hochstämme befinden, kommen wir ohne eine Leiter und einen Ständer nicht aus. Hier zahlt sich die Anschaffung einer Mehrzweckleiter aus.

Beinahe in jedem Garten ist eine Rasenfläche zu finden, die die weitere Ergänzung unserer Ausrüstung notwendig macht. Zur Pflege kleiner Flächen bis zu 50 m² können wir uns mit einem Handrasenmäher begnügen. Ein kleiner lekuns mit einem Handrasenmäher begnügen. Ein kleiner elektrischer Rasenmäher würde uns die Arbeit jedoch erleichtern. Für größere Flächen können wir zwischen Elektro- oder Benzinrasenmäher wählen. Ihre Anschaffung wird wohl von der Größe des Gartens, von der Länge des Kabels und ähnlichem abhängen. Nach der Qualität der Rasenflächen wählen wir auch die Länge des Schneidemessers aus. Wo auf einem Hang oder einer unebenen Fläche gearbeitet wird, sollte seine Länge 26 bis maximal 32 cm nicht überschreiten.

Die modernen Mähmaschinen beschädigen nicht einmal die junge Aussaat, so daß das erste Mähen von Hand entfällt. Wollen wir bei der Rasenpflege nach allen Regeln der Kunst vorgehen, sollten wir uns auch eine Walze besorgen, da der echte englische Rasen nach jedem Mähen gewalzt wird. Damit die Rasenfläche auch um die Stege, Stufen u. ä. einwandfrei gepflegt wird, schaffen wir uns eine elektrische Spezialschere an, die für diese Arbeiten vorgesehen ist.

Die Mähmaschine kann mit einer Einrichtung zum Auskämmen des Rasens versehen werden; es ist eine Rollenbürste, die sowohl das gemähte Gras als auch das Moos beseitigt. Die Bürste ist in der Höhe verstellbar. Der ausgekämmte Schnitt wird im Fallkorb gesammelt, der jeweils nach dem Vollwerden geleert wird. Der Rasen muß auch ab und zu durchlüftet werden. Dazu dient eine Maschine mit einer Reihe schwenkbarer Messer, deren Eindringtiefe eingestellt werden kann. Sie wird vor allem dort verwendet, wo Moos vorkommt.

Die Rasenschere findet überall dort Anwendung, wo Mähgeräte nicht hinkommen (138)

Die Zweischneidenschere ist ein in jedem Garten unerläßliches Gerät (139)

Mehrzweckleiter. Eine praktische Gelenkleiter, die im Kofferraum des Autos Platz findet. Sie verfügt über eine hohe Stabilität und besitzt eine Arbeitsfläche (140)

Spritzgeräte verschiedener Art und Größen werden im Pflanzenschutz für die Bekämpfung von Krankheiten und Schädlingen eingesetzt (141)

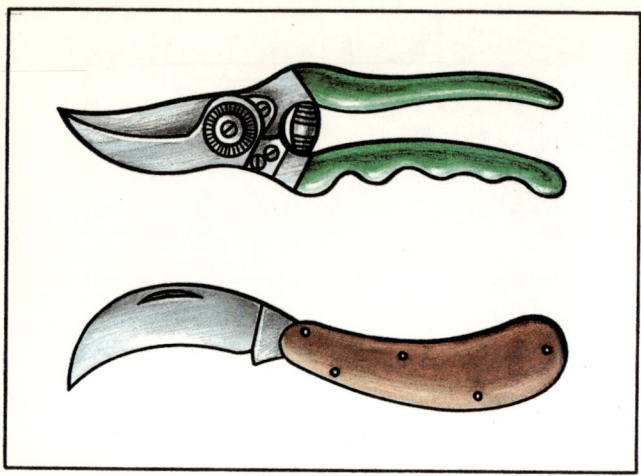

Kein Gärtner kann ohne geeignetes Messer und zweischneidige Schere auskommen (142)

Der Gärtner sollte auch einen Werkzeugschrank nicht vergessen, in dem folgende Werkzeuge nicht fehlen sollten: eine Zange, ein Bohrer, ein Schraubenzieher, ein Meißel, eine Axt, ein Satz Schraubenschlüssel, Nägel verschiedener Größe, Schrauben, Klammern, kleine Haken, dünner und dicker Draht sowie Eisenstäbe.

Das alles werden wir gelegentlich sicher brauchen. Es lohnt sich selbstverständlich, im Vorrat auch Ersatzteile für die Beregnungsanlage, Dichtungen, Schraubverbindungen, Verbindungsstücke usw. zu haben.

Gerätepflege

Auch ein Gartengerät bester Qualität rostet und verschleißt, wenn es nicht ordentlich gepflegt wird. Deshalb

Geformte Hecken brauchen Pflege. Die Heckenschere ist eines der wichtigsten Geräte (143)

Ein hoher Gartengerätehalter erleichtert das Entnehmen von Geräten mit langem Stiel. Diese werden nur leicht geschwenkt und herausgezogen (144)

Motorrasenmäher eignen sich zur Pflege großer Rasenflächen (146) ▶

Zeitsparend ist es, wenn man die Erde direkt in die Schubkarre siebt. Das Sieb kann fest auf der Karre montiert oder abnehmbar sein (145)

lassen wir die Gartengeräte nach der Arbeit nie zwischen den Beeten liegen oder stellen sie ungereinigt ab. Jedes verwendete Gerät befreien wir gründlich von anhaftender Erde, wischen es trocken ab und stellen es an seinen Platz. Es lohnt sich, den Lagerraum mit Ständern oder Haken für die Geräte auszustatten, denn so können wir Ordnung halten und besitzen Übersicht über die vorhandenen Geräte. Vor der winterlichen Ruhezeit wird das Gerät besonders sorgfältig gereinigt, die rostigen Stellen werden mit einem Spezialmittel oder Petroleum behandelt und Metallteile mit technischer Vaseline geschmiert.

Ein paar Worte zur Mechanisierung

Die Frage, ob die Gartenarbeit mechanisiert werden sollte, ist nach wie vor nicht eindeutig entschieden. Es wird immer darauf ankommen, ob wir durch die physische Arbeit den durch unsere Zeit bedingten Bewegungsmangel ausgleichen wollen, ob wir die Arbeit im Garten schnell zu meistern gedenken, um uns anderen Hobbys widmen zu können, oder ob die körperliche Arbeit für uns angesichts des Alters eine große Anstrengung darstellt. Haben wir der Mechanisierung den Vorrang gegeben, dann müssen wir uns für eine entsprechende Antriebsart entscheiden. Sowohl der Benzin-, als auch der elektrische Antrieb zeichnen sich durch bestimmte Vor- und Nachteile aus. Der unbestreitbare Vorteil des Elektromotors ist der geräuscharme Lauf des Gerätes, andererseits müssen Zuleitungskabel, Steckdosen usw. vorhanden sein. Der Benzinmotor ist von der Energiezuleitung unabhängig und sehr mobil, verursacht aber mehr Lärm und belastet die Umwelt. Zum Antrieb können auch Batterien und Zweitaktmotoren für kleinere Geräte mit niedriger Leistung verwendet werden.

Großer Beliebtheit erfreuen sich schon heute mechanisierte Mehrzweckgeräte. Ein einziger Antrieb ermöglicht es, eine ganze Reihe von Zusatzeinrichtungen zu nutzen. An Universalgeräte dieses Typs lassen sich Bodenfräsen, Mähmaschinen, Pumpen, Spritzgeräte sowie Beregnungsanlagen anbringen. Das fahrbare Kombi-Aggregat dient auch zur Schneebeseitigung in der Umgebung des Hauses, zum Einsatz einer Walze oder als mobile Hochdruckspritze zur Schädlingsbekämpfung. Der Vorteil dieser mechanisierten Geräte besteht darin, allmählich Zusatz-

Beim Rasenmähen geht es um Arbeitsersparnis, aber auch um die Qualität und — im Endeffekt — den schönen Rasen (147 bis 149)

einrichtungen dazu kaufen zu können und auf diese Weise die Ausstattung nach Bedürfnis und Erfahrung zu erweitern.

Zu den sehr oft verwendeten Geräten zählen auch die elektrischen Heckenscheren. Und schließlich ist auch der elektrisch betriebene Abfallhäcksler ein nützlicher Helfer, mit dessen Hilfe wir allen organischen Gartenabfall, einschließlich der abgeschnittenen Zweige, loswerden und so die bei der Kompostbereitung zur Zersetzung notwendige Zeit wesentlich verkürzen. Und da die Entwicklung auf dem Gebiet der Mechanisierung der Gartenarbeit schnell voranschreitet, können sich die Gärtner auf neue Helfer freuen.

Krankheiten und Schädlinge im Garten

Jeder erfahrene Gärtner weiß, daß er weniger Probleme mit Krankheiten und Pflanzenschädlingen hat, wenn er dafür sorgt, daß die Pflanzen alles das bekommen, was sie brauchen. Und das ist nur natürlich. Eine Pflanze, der optimale Wachstums- und Entwicklungsbedingungen geboten werden, ist gesund und wird meist nicht von Krankheiten befallen. Und tierische Schädlinge kann jeder Gärtner mit mechanischen Mitteln vernichten. Und wenn er dazu noch mit seinen gefiederten Helfern rechnen kann, müßte er auf seinem Grundstück ohne chemische Mittel sehr gut auskommen. An den langen Winterabenden bleibt meist Zeit, sich bei der Lektüre von Fachartikeln zu erholen und dabei so manches Wissenswerte über gartenbauliche Maßnahmen zu erfahren, durch die Pflanzen gesund erhalten werden und dem Schädlingsbefall vorgebeugt werden kann. Seit Jahrzehnten ist beispielsweise bekannt, daß bestimmte Pflanzenarten von ganz spezifischen Schädlingen aufgesucht oder gemieden werden. Deshalb reicht es oft schon aus, bestimmte Pflanzen zusammenzupflanzen, die sich gegenseitig die Schädlinge abwehren, also Mischkulturen anzulegen.

Für jeden Gärtner ist es eine unschätzbare Hilfe, wenn er sich bewußt ist, daß sich die Natur selbst Mittel geschaffen hat, durch die das biologische Gleichgewicht aufrecht erhalten wird. Der Vollständigkeit halber seien in diesem Kapitel die wichtigsten Krankheiten und Schädlinge beschrieben, die uns im Garten unter bestimmten Umständen das Gärtnern erschweren können, aber gleichzeitig Signalfunktion für die von uns beim Anbau und der Pflege der Pflanzen gemachten Fehler erfüllen.

Krankheiten

Bei der Erkrankung unserer Kulturpflanzen, also der von Gemüsepflanzen, Obstbäumen, Blumen und Ziergehölzen, unterscheiden wir nichtparasitäre (nicht durch Parasiten hervorgerufene) und parasitäre (durch Viren, Bakterien, oder Pilze verursachte) Krankheiten.

Flecken an den Spitzen halbreifer Paprikaschoten sind physiologischen Ursprungs. Bei zuviel Feuchtigkeit werden die Schoten von Mikroorganismen befallen. Durch gleichmäßige Bewässerung der Pflanzen beugt man dieser Erkrankung vor (151)

Blattfleckenkrankheit und Fäulnis treten vor allem an Salat auf, der spät ausgesät wurde (150)

Ursachen nichtparasitärer Pflanzenkrankheiten

Schadensursache	Krankheitsbild	Bekämpfung
Nichtzusagende Bodenreaktion, also zu hoher oder zu niedriger pH-Wert	Verkümmerte Pflanzen, schlechter Blütenansatz, vergilbte Blattspreiten; Chlorosen als Folge von Mangel an Spurenelementen, die in für die Pflanze nicht aufnehmbarer Form gebunden sind (Eisen-, Manganchlorosen usw.).	Regelmäßige Bodenanalysen; Berücksichtigung der Bedürfnisse der jeweiligen Pflanzenart (z.B. saure Kulturerde für Rhododendren und Azaleen); Erhöhung des Säuregrades durch Torfgaben; alkalische Böden erhält man durch Aufkalken; Chlorosebehandlung, z.B. durch Blattdüngung und durch Gießen mit Spurenelement-Lösungen.
Nichtzusagende Temperatur: a) zu hohe oder niedrige Temperatur b) Frostschäden	Gelbe Blätter; Kälte- oder Wärmechlorosen; Rotwerden bzw. Kräuseln bis Zerreißen der Blattspreiten (z.B. Salat, Tulpe); bei zu niedrigen Frühjahrstemperaturen wäßrige Flecken und Blasen an den Blättern, Zerstörung des Blattgewebes, Umfallen der Stengel.	Regelung der Temperaturen, Wahl des geeigneten Standortes. Für extreme Lagen geeignete Pflanzenarten und -sorten wählen.
Nichtzusagende Lichtverhältnisse a) zu viel Licht und Sonne	Bei schattenliebenden Arten gelbsuchtartige Erscheinungsbilder; Einrollen der Blattspreiten, Braunwerden, Vertrocknen und Abfallen der Blätter.	Frühbeet oder Gewächshaus beschatten; für die Pflanzenart geeigneten Standort wählen.
b) Mangel an Licht und Sonne	Vergeilen der Triebe, helle Blattfarbe durch mangelhafte Chlorophyllbildung, anomales Längenwachstum der Sprosse und Blattstiele; Unterdrückung der Blütenbildung und des Frucht- und Wurzelwachstums.	Gewächshaus- und Frühbeetfenster säubern; bei Lichtmangel-Temperaturen senken; Saatkästen und Jungpflanzenkulturen in Häusern im Winter zusätzlich belichten.
Ungünstiger Wasserhaushalt: a) Wassermangel	Vergilben und Welken der Pflanzen, Laubfall, Vertrocknen der Blüten.	Regelmäßig bewässern.
b) stauende Nässe, zu viel Wasser	Faulen der Wurzeln und Wurzelhälse, Laubfall, Absterben der Pflanze.	Für jede Pflanzenart den zusagenden Standort wählen; bei empfindlichen Arten dränieren, weniger gießen.
c) übermäßige Luftfeuchtigkeit bei stauender Nässe	Entstehen brauner korkiger Verdickungen; erhöhte Anfälligkeit für bakterielle und Pilzkrankheiten.	Frühbeete und Gewächshäuser lüften: weniger wässern.
d) zu geringe Luftfeuchtigkeit	Eintrocknen und Abfallen der Blätter bei feuchtigkeitsliebenden Pflanzen; erhöhte Anfälligkeit für saugende Insekten (Spinnmilben, Blasenfüße u.a.).	Pflanzen besprühen, Blattunterseiten mit Wasser abwaschen.
e) plötzliche Änderung der Luftfeuchtigkeit oder des Wassergehalts im Boden	Abfallen der Blätter und Blüten, Aufplatzen der Stengel, Blütenstiele, Kelche und Früchte	Entsprechend wässern und lüften; richtige Bodenart bzw. Substratart und -zusammensetzung wählen.
Schädigungen durch chemische Mittel	Verätzungen, Vergilben oder Braunwerden der Blätter; Kräuseln der Blattspreiten, Flecken abgestorbenen Gewebes, Abfallen der Blüten.	Nur amtlich zugelassene Präparate verwenden; vorgeschriebene Dosierung und Wartezeiten nach der Bodenentseuchung einhalten.
Schädigungen durch Rauch, Industrieabgase und Flugasche	Silbriges Aussehen, vor allem der Blattunterseiten; Chlorose mit Übergang zum Braunwerden und Mumifizieren der Blätter; Verbrennungen an den Blättern und Absterben des Gewebes durch ätzende Abgase.	Wahl indusrieluftresistenter Pflanzenarten und Sorten.
Unausgewogener Nährstoffgehalt im Boden a) Nährstoffüberschuß (Überdüngung) Stickstoffüberschuß	Pflanze bildet zu viel Grünmasse auf Kosten der Blüte; verkümmerter oder verunstalteter Blütenstand; lockeres und wäßriges Blattgewebe (Blumenkohlwäßrigkeit); erhöhte Anfälligkeit für Pilzkrankheiten und Frostschäden (unausgereiftes Holz); bei rotblättrigen Zierpflanzen Grünfärben der Blätter (Begonie).	Düngung mit Stickstoffdüngemitteln einschränken und Pflanzen ausreichend mit Kalk, Kali und Phosphor versorgen.
Kaliüberschuß	Wachstumsstörungen	Kalidüngergaben einschränken.
Phosphorüberschuß	Abnormale Rot- oder Violettfärbung der Blätter (Salat).	Phosphordüngergaben einschränken.
Kalküberschuß	Bodenreaktion alkalisch, bei kalkempfindlichen Pflanzen Chlorosen wegen Mangel an Spurenelementen (Eisen, Mangan u.a.).	Kein kalkhaltiges Gießwasser verwenden; mit physiologisch sauren Düngemitteln und z.B. mit Eisenvitriolgaben Kalküberschuß ausgleichen.
b) Nährstoffmangel, Stickstoffmangel	Geringes Wachstum, kleine und rötlich überlaufene Blätter, Spitzenchlorosen an älteren Blättern, Abfallen der Blüten.	Mit stickstoffhaltigen Düngemitteln düngen.
Kalimangel	Welken, Vergilben, Einrollen und Absterben der Blattspreitenränder älterer Blätter.	Mit Kalium düngen.
Magnesiummangel	Braunwerden der Blattränder beim Salat; allgemein Chlorosen und Nekrosen an Blattspreiten älterer Blätter.	Düngung mit magnesiumhaltigen Düngemitteln.
Mangel an Spurenelementen: Molybdänmangel	Klemmherzigkeit des Blumenkohls; allgemein Chlorosen und Verformungen an jüngeren Blättern.	Keine physiologisch sauren Dünger geben, Aufkalken des Bodens.
Bormangel	a) Korkbildung im Apfelfleisch und Steinzellenbildung in Birnen, b) Glasigkeit des Blumenkohls und des Kohlrabis, c) Herz- und Trockenfäule der Roten Beete, d) allgemein Chlorosen und Nekrosen an jüngeren Blättern und Absterben der Triebspitzen.	Düngung mit borhaltigen Düngemitteln.
Manganmangel	Gelbfleckigkeit, Vergilben und allmähliches Absterben der Blätter.	Mit Mangansulfat düngen oder mit einer Mangansulfatlösung gießen oder spritzen.
Eisenmangel	Chlorosen an jüngeren Blättern.	Einfluß ungeeigneter Bodenreaktion; physiologisch sauer wirkende Düngemittel verwenden: Blattdüngung mit Eisenchelat.
Kupfermangel	Gelbrote oder rote Flecken an den Blatträndern der Tomate; allgemein Chlorosen an jüngeren Blättern.	Mit Kupfersulfat düngen oder Blattdüngung mit einer Lösung dieses Salzes.

Nichtparasitäre Erkrankungen

Dazu zählen z.B. die krankhaften physiologischen Prozesse, Hier handelt es sich um Störungen im normalen Verlauf der Lebensvorgänge einer Pflanze, die durch ungeeignete Anbaubedingungen, wie ungünstige Bodenverhältnisse und Lage, falsche Ernährung, sowie durch verschiedene andere Fehler und Unkenntnis des Gärtners hervorgerufen werden. Und wo machen wir die meisten und schwerwiegendsten Fehler? — Vor allem wissen wir oft nicht, was eine Pflanze tatsächlich braucht. Wir vergessen die sorten- und artspezifischen Anforderungen und übertreiben mit der Dosierung von Wasser, Nährstoffen und Licht in dem Bestreben, nur das Beste zu bieten. Das Ergebnis ist dann oft gerade das Gegenteil. Ein Übermaß schadet der Pflanze genauso wie ein Mangel an den zum guten Gedeihen benötigten Bedingungen.

Zu den nichtparasitären Erkrankungen werden außer den durch falsche Wasserversorgung, fehlerhafte Nährstoffgaben sowie ungeeignete Bodenverhältnisse verursachten Störungen auch Beschädigungen an der Pflanze durch zu starke Sonneneinstrahlung, Fröste, Hagelschlag, Industrieabgase und unsachgemäße Anwendung von Pflanzenschutzmitteln gerechnet. Der Übersicht halber wurden in der nachfolgenden Tabelle die Schadensursachen, ihr Schadbild und mögliche Gegenmaßnahmen angeführt.

Nichtparasitäre Erkrankungen können wir nur bekämpfen, wenn wir aus dem Krankheitsbild auf die Ursche schließen können. In unklaren Fällen sollte ein erfahrener Gärtner oder ein auf Pflanzenkrankheiten spezialisierter Fachmann zu Rate gezogen werden. Die meisten Erkrankungen dieser Art lassen sich jedoch vermeiden, wenn wir den einzelnen Pflanzenarten und -sorten entsprechend die richtigen Anbaumethoden und Standortbedingungen wählen.

Viruskrankheiten

Pflanzenpathogene Viren verurschen große Schäden an Zier-, Obst- und Gemüsekulturen. Sie leben in den Zellen der Wirtspflanzen; je nach dem Virus und der Wirtspflanzenart oder -sorte zeigen sich nach der Infektion ganz bestimmte Krankheitsbilder.

Häufig handelt es sich dabei um Veränderungen der Blattfarbe. Es bilden sich unregelmäßig verteilte, weißliche bis gelbliche Flecken an Blattspreiten und Stengeln. Diese allgemein als Mosaikkrankheiten bezeichneten Viruskrankheiten sind oft artspezifisch. Ein sehr bekannter Erreger ist beispielsweise das Gurkenmosaikvirus, das nicht nur Gurken, sondern auch andere Gemüsearten, viele Blumenarten (Petunien, Löwenmaul, Akelei, Dahlien, Lilien, Himmelschlüssel, Stiefmütterchen, Zinnien u.a.) und zahlreiche Unkräuter befällt.

Ausgeprägtere Fleckenbildung auf den befallenen Pflanzenteilen ist häufig durch bestimmte Fleckenformen charakterisiert. So gibt es Viren, die Ring-, Weiß- oder Gelbmosaik hervorrufen, wie z.B. das Gurken-Ringmosaik und die Ringfleckigkeit der Kirsche oder der Birne.

Andere Viren bilden nekrotische Flecken an Blättern, die z.B. bei Flieder, Petunien, Erbsen und anderen Pflanzenarten zu Deformationen führen, wenn das gesunde Blattgewebe weiterwächst. Erreger ist z.B. ein Virus, das die schwarze Ringfleckigkeit bei Kohl hervorruft. Viröse Kräuselkrankheiten an Blättern finden wir z.B. bei der Clematis.

Viele Viruskrankheiten treten besonders auffallend an den Blüten auf. Am bekanntesten ist die durch Viren verursachte Buntblütigkeit (Panaschierung) der Tulpe. Lange Zeit waren diese Pflanzen als Rembrandt-Tulpen hoch geschätzt, bis man feststellte, daß es sich um eine Erkrankung mit stufenweiser Degeneration als Begleiterscheinung handelte. Ähnliche Krankheitsbilder zeigen auch Stiefmütterchen und Gladiolen.

Bei vielen Zierpflanzen, besonders bei Stauden, findet man Grünblütigkeit, begleitet von Deformationen des Blütenstandes und Sterilität der Blüten. Es handelt sich in der Regel um das Schadbild der Gelbsucht bzw. um eine von Viren der Stolbur-Gruppe (z.B. bei Tomate und Kartoffel)

Virus-Mosaikkrankheiten machen sich durch unregelmäßig verstreute Flecken an Stengeln und Blättern bemerkbar. Die häufigsten Überträger sind Blattläuse. Im Bild die Virus-Mosaikkrankheit bei Sellerie (152)

Viruskrankheiten sind bei Salat auch durch Samen übertragbar. Die betroffenen Pflanzen verkümmern, ihre Blätter weisen eine mosaikartige Fleckung auf. Am stärksten werden Pflanzen befallen, die spät ausgesät wurden (153)

Die gefährlichste Viruskrankheit bei Pflaumen ist die Scharkakrankheit. Die Fruchtschale wird buckelig, das Fleisch färbt sich unter der betroffenen Schalenstelle rotbraun. Außerdem ist der Zuckergehalt viel niedriger (154)

hervorgerufene Erkrankung. Besonders verbreitet ist das Dahlien-Virus, das zu gestauchtem (zwergigem) Wuchs führt.

Übertragung von Viren

Am häufigsten werden Viruskrankheiten von saugenden Insekten (Blattläusen, Blasenfüßen, Wolläusen) übertragen, die abwechselnd an gesunden und kranken Pflanzen saugen. Mechanische Übertragungsformen von Viruserregern sind Blumenschnitt, Hacken, Erntearbeiten und andere Gartenarbeiten, bei denen die Pflanze verletzt und die Erreger über die Wunde Eingang in die Pflanze finden. Nur eine kleine Gruppe von Viren wird durch den Boden übertragen, beispielsweise das Virus der Tabak-Nekrose, das auch auf den Blättern der Tulpe nekrotische Flecken, Formveränderungen und Durchlöcherung hervorruft.

Zur Infektion kommt es nicht nur durch Verletzung der Pflanze durch Pflegearbeiten des Menschen, sondern auch durch Bodenschädlinge (vor allem Älchen) und Bodenpilze, die die Wurzeln befallen. Angemerkt sei an dieser Stelle, daß Viren vornehmlich durch vegetative Vermehrung, also durch Pfropfen, Okulieren, Stecklinge u. ä., und an vegetativen Vermehrungsorganen wie Zwiebeln und Knollen, weiterverbreitet werden. Einige Virusarten werden durch Samen und Pollen auf die Nachkommenschaft der befallenen Pflanzen übertragen.

Bekämpfung der Viruskrankheiten

Virosen sind weit verbreitet und der Schutz der gesunden Pflanzen vor dieser Krankheit ist ziemlich schwierig. Die Art der Bekämpfung hängt vor allem von der sicheren Bestimmung des Virusstammes und der Übertragungsweise ab. Man bekämpft Virosen durch Vernichten der Virusüberträger, Desinfizieren der Gartengeräte und der Hände sowie durch Entseuchen von Boden und Blumentöpfen. Am wichtigsten ist es jedoch, alle kranken Pflanzen sorgfältig zu entfernen und zu verbrennen und zur Vermehrung möglichst virusfreie Pflanzen auszuwählen.

Bakterielle Erkrankungen

Bakterienkrankheiten werden nach den sich an den befallenen Pflanzen zeigenden Schadbildern in mehrere Gruppen unterteilt. Die erste Gruppe umfaßt Arten, die einen Zerfall des weichen, saftführenden Gewebes verursachen und sich an den Pflanzen als nasse oder trockene Fäule bemerkbar machen. Die meisten Krankheiten rufen Bakterien der Gattungen *Pseudomonas* und *Erwinia* hervor, beispielsweise das Faulen der Pflanzenwurzeln und die Naßfäule der Möhre, die Weichfäule der Tomate und einiger Zierpflanzen, das Faulen von Trieben, Blättern und Blütenständen des Flieders sowie mehrere Krankheiten der Gladiolenknollen (Hart- und Trockenfäule, Lagerfäule, Fußkrankheit).

Bakteriosen der zweiten Gruppe machen sich als Flecken an den Blättern bemerkbar, die auch auf andere Pflanzenorgane übergreifen. Werden die Organe bei Trockenheit befallen, trocknen sie ein, bei Nässe und Feuchtigkeit tritt aus dem befallenen Pflanzengewebe oft einie schleimige Masse aus. Die Erreger gehören meist zur Gattung *Pseudomonas* und werden z. T. durch Samen

An Blättern macht sich die Scharkakrankheit durch blaßgrüne oder gelbliche, verschwommene Flecke bemerkbar (155)

übertragen. So wird z. B. die Fettfleckenkrankheit der Bohne durch *P. phaseolicola*, die Blattfleckenkrankheit der Gurke, Melone und des Kürbis durch *P. lacrymans* und die Brennfleckenkrankheit der Erbse und Bohne durch *P. pisi* hervorgerufen. Zu den auffälligsten Bakteriosen gehört die von *P. delphinii* verursachte Schwarzfleckenkrankheit des Rittersporns, die auch Christrosen befällt. Braune Streifen an den Blättern der Gladiole und später charakteristische braune, glasartige Flecken an den Knollen weisen auf Befall durch *P. marginata* hin, unter dem auch Freesien und Krokusse leiden können.

Der dritte Bakterientyp verursacht Gefäßerkrankungen. Bakterien der Gattung *Xanthomonas* erweitern die Gefäßbündel und befallen die ganze Pflanze, die allmählich braun wird, welkt und abstirbt. Bei den Bohnen handelt es sich um *X. phaseoli,* bei Kohlarten um *X. campestris.* Die Kohlgewächse werden auch nach der Ernte befallen, so daß sie oft im Lager faulen. Der Erreger der gefährlichen Hyazinthen-Gelbfäule ist der Pilz *X. hyacinthi.* Die Krankheit ist beim Zerteilen der Zwiebel an der streifig eingelagerten gelben Bakterienmasse zu erkennen. *X. begoniae* macht sich an den Begonien anfangs als Ölflecken an den Blättern bemerkbar. Diese Bakterien werden durch Samen übertragen.

Die vierte Gruppe bewirkt Hypertrophien, also Gewebevergrößerungen. Die Bakterien der Gattung *Agrobacterium tumefaciens* scheiden in die Pflanzengewebe spezielle Wirkstoffe ab, die die Zellen zu übermäßiger Vermehrung anregen. Dadurch kommt es zu abnormalen Zellvergrößerungen und zu Wucherungen an den Wurzeln oder am unteren Teil des Stengels oder des Stammes, Anschwellungen, die als Wurzelkröpfe und -gallen bezeichnet werden. Die Bakterien dieser Gruppen leben im Boden und dringen über Wurzelwunden in das Pflanzengewebe ein. Sie befallen die verschiedensten Obst- und Ziergehölze (vor allem Jungpflanzen in Baumschulen) sowie Zierpflanzen (Rosen, Chrysanthemen, Pelargonien, Dahlien u. a.). Die Wucherungen sind anfangs klein, weich und weißlich und werden mit der Zeit faustgroß, braun und holzig. Die befallenen Wurzeln können ihre Funktion nicht mehr erfüllen, die Pflanze wird geschwächt und stirbt oft sogar ab.

Auch die sogenannten Blattgallen am unteren Stengelteil verschiedener Zierpflanzen sind bakteriellen Ursprungs. Erreger ist *Corynebacterium fascians* (z. B. bei Wicke, Chrysantheme u. a.). Zunehmende Bedeutung hat der Feuerbrand *(Erwinia amylovora),* eine Krankheit an Gehölzen wie z. B. Weißdorn, Zwergmispel, Birne u. a. Das Schadbild ist gekennzeichnet durch ein, wie der Name der Krankheit sagt, verbranntes Aussehen der Triebe, deren Spitzen häufig krallenartig nach unten gekrümmt sind.

Bekämpfung der Bakterienkrankheiten

Bakterien leben zum einen im Erdreich, zum andern in den befallenen Pflanzen. Meist leiden nur verletzte oder durch ungünstige Standorte (schwere, nasse, wenig durchlüftete Böden, hohe Luftfeuchtigkeit bei übermäßiger Wärme u. ä.) geschwächte Pflanzen unter diesen Krankheitserregern. Der Schutz besteht vor allem in vorbeugenden Maßnahmen durch Schaffung optimaler Anbaubedingungen, Entfernen kranker Pflanzen und richtige und konsequente Fruchtfolge.

Im Unterschied zu Bakterienkrankheiten bei Tieren hat die chemische Industrie bis heute keine spezifisch wirksamen antibakteriellen Mittel zur Bekämpfung von pflanzlichen Bakteriosen zur Verfügung gestellt. Im Boden vorhandene Erreger können durch Dämpfen oder Desinfizieren des Bodens mit chemischen Mitteln vernichtet werden. Wirksamer ist diese Methode jedoch für die Bekämpfung schädlicher Bodentiere (Drahtwürmer, Älchen u. a.). Samen und Setzlinge werden durch Beizen mit chemischen Mitteln bakterienfrei gemacht. Während der Vegetationsperiode sollten Bakteriosen nur im äußersten Notfall durch Spritzung mit einem kupferhaltigen Fungizid bekämpft werden.

Pilzkrankheiten

Krankheitserregende Pilze verbreiten sich durch Sporen, die sich in Entwicklung, Form und Aussehen bei den einzelnen Pilzgattungen wesentlich unterscheiden und als wichtiges diagnostisches Merkmal bei der Bestimmung des Krankheitserregers dienen. Die Verbreitung der Sporen übernehmen Wind, Wasser, Insekten und andere Lebewesen; der Mensch trägt sie bei der Bodenbearbeitung und beim Umsetzen von Pflanzen weiter. Bei artentsprechenden Temperatur- und Feuchtigkeitsverhältnissen keimt die Spore auf der Wirtspflanze, bildet Pilzfäden und entwickelt auf oder im Pflanzengewebe ein mikroskopisch feines Pilzmyzel oder -lager. Unter günstigen Bedingungen entstehen dort Sporen und der gesamte Zyklus beginnt von neuem. Die meisten Pilzgattungen bilden neben Sporen auch Überdauerungsorgane aus, von denen einige sehr resistent und zum Überwintern bestimmt sind. Sporen können auf dem Pilzmyzel entweder nackt oder in vielfältig geformten, meist mikroskopisch kleinen Sporenbehältern eingeschlossen wachsen.

Pilze können an Pflanzen eine ganze Reihe von Krankheitsbildern hervorrufen, angefangen bei auffälligen mehligen Überzügen wie beim Echten Mehltau oder bräunliche Häufchen der Rostsporen und pulvrigen Grauschimmel bis zum Welken der Pflanzen, bei denen das Pilzmyzel das Gewebe der Wirtspflanze von innen zerstört, indem es die Leitungsbahnen blockiert und auf diese Weise die Pflanze zum Absterben bringt.

Einige krankheitsverursachende Pilze sind auf eine einzige Wirtspflanzenart spezialisiert, wie etwa der Nelkenrost, andere befallen mehrere Wirtsarten. Viele Pilze sind polyphag, d. h. sie können auf den verschiedensten Kultur- und Wildpflanzen schmarotzen. Der Übersichtlichkeit halber werden hier die Pilze nach dem Merkmal des befallenen Pflanzenorgans oder Pflanzenteils in Gruppen eingeteilt. Durch Pilze verursachte Pflanzenkrankheiten bezeichnet man als Mykosen.

Mykosen an Wurzeln und unterirdischen Pflanzenteilen

Es handelt sich bei diesen Pflanzen um Gattungen, die über den Boden verbreitet werden. Sie treten entweder allein oder zusammen mit anderen Pilzen auf. Eine häufige Erscheinung, die durch mehrere verschiedene Pilze verur-

Kultur- und Wildarten der Kreuzblüter werden von der Wurzelkropfkrankheit (Kohlherie) befallen; an den Wurzeln entstehen Wucherungen, während die oberirdischen Pflanzenteile verkümmern (156)

sacht werden kann, ist das Umfallen der Keimlinge in Saatbeeten und in Saatkästen und von Stecklingen in Vermehrungsanlagen. Das Gewebe am Wurzelhals und an der Stengelbasis wird schwarz, weich oder faltig und die Pflanze welkt, fällt um und stirbt ab. Die Fachleute bezeichnen das als Umfallkrankheit, Schwarzbeinigkeit usw. und die an diesen Krankheiten beteiligten Pilzgruppen als Vermehrungspilze. Beim Auftreten dieser Krankheitserreger finden wir in den Saat- und Vermehrungsanlagen oft große Flächen abgestorbener Jungpflanzen. Besonders leiden darunter Kohlarten, Salat, Tomate und manche Zierpflanzen. Darüber hinaus gibt es zahlreiche Pilze, die die Wurzeln und unterirdischen Pflanzenteile älterer Pflanzen befallen.

Bekämpfung der Fußkrankheit und anderer Bodenpilze

Bevor Samen oder Stecklinge ausgebracht werden, wird der Boden durch Dämpfen oder chemische Mittel entseucht. Bei den ersten Anzeichen von Befall spritzt oder gießt man mit einem entsprechenden chemischen Präparat. Auch das Beizen des Samens hat sich bewährt.

Mykosen an oberirdischen Pflanzenteilen
(Stiele, Stengel und Stamm)

Zu dieser Gruppe gehören ebenfalls Bodenpilze. Unter ihnen finden wir eine Reihe besonders gefährlicher Parasiten, die an den Gartenkulturen oft große Schäden anrichten und nur sehr schwer zu bekämpfen sind. Die Infektion erfolgt durch verseuchten Boden oder die Erreger werden durch befallenes Pflanzenmaterial eingeschleppt, das Sporen- und Myzelträger ist. Einige Pilze der Gattung *Fusarium* werden auch durch Samen übertragen.

Fusariosen

Die Arten der Gattung *Fusarium* gehören zu den weit verbreiteten Bodenpilzen. Sie bewirken u. a. das Welken und Umfallen von Jungpflanzen in Vermehrungsanlagen, das Vergilben und Absterben ausgewachsener Pflanzen und letztendlich auch Lagerfäule, beispielsweise an Blumenzwiebeln. Die Erreger dringen aus dem verseuchten Boden durch die Haarwurzeln oder durch Wunden an verletzten Wurzeln, besonders am Wurzelhals, in die Pflanze ein. Die Erkrankung macht sich durch Braun- oder Schwarzwerden der basalen Pflanzenteile (Schwarzbeinigkeit) bemerkbar, muß aber nicht immer gleich sichtbar werden, da oftmals zuerst die Gefäßbündel in der Pflanze schwarz werden. Manchmal ist das auch die alleinige Erscheinungsform. Bei feuchtem Wetter bildet sich hin und wieder auf der Oberfläche der erkrankten Pflanzenteile ein wolliger oder vertrockneter Belag aus Pilzmyzel und Sporen. Die Pilzfäden dringen in die Gefäßbündel und Zellen der befallenen Pflanze ein und scheiden Toxine aus, die das Absterben der Zellen bewirken. Dadurch werden der Wassertransport und die Weiterleitung der im Wasser gelösten Nährstoffe verhindert und die Pflanze geht ein. Der Pilz lebt jedoch in den Pflanzenresten weiter und kann bei wiederholtem Bepflanzen des Gartens mit anfälligen Kulturen das ganze Grundstück verseuchen. Außerdem kommt Fusarium durch infiziertes Samenmaterial und durch Jungpflanzen in den Boden. Um Fusariosen zu vermeiden und zu bekämpfen, ist auf Einhalten des Fruchtwechsels, Vermehrung nur gesunden Pflanzenmaterials und sorgfältiges Entfernen und Vernichten der befallenen Pflanzen zu achten.

Bekämpfungsmaßnahmen gegen Pilze in den Sproßteilen der Pflanze

Der Schutz gegen Fusariosen und Verticilliosen sowie andsere parasitäre Pilze dieser Gruppe besteht in erster Linie im streng eingehaltenen Fruchtwechsel auf Beeten und Feldern. Anfällige Pflanzenarten sollen erst nach 5 Jahren wieder auf dem selben Platz im Garten angepflanzt werden. Man sorgt für größeren Pflanzabstand, entfernt sofort alle befallenen Pflanzen und verbrennt sie. Zur Vermehrung dürfen nur völlig gesunde Pflanzen verwendet werden. Es empfiehlt sich eine Bodenentseuchung durch Dämpfen oder chemische Mittel und Beizen der Samen und des Pflanzmaterials.

Mykosen an Blättern (Blattflecken)

Die Pilzarten dieser Gruppe verbreiten sich während der ganzen Wachstumsperiode durch Sporen. Sie überwintern als Myzel und Sporen auf Pflanzenresten und werden gelegentlich durch Samen übertragen, an denen sie anhaften. Außerdem wählen sie Stecklinge und andere vegetative Vermehrungsorgane der Pflanze als Wirt. Jede fleckenbildende Pilzgattung oder -art ruft an der befallenen Pflanze unterschiedliche, arteigene Krankheitsbilder hervor. Bei starkem Befall vergilben die Blattspreiten und sterben ab, die Pflanze wird dadurch geschwächt, wächst unregelmäßig, hat weniger Blüten und trägt nur Früchte minderer Qualität.

Verticilliosen

Verticillium alboatrum und *V. dahliae* gehören zu den häufigen Bodenpilzen und befallen die verschiedensten Kultur-

Moniliafäule ist eine der verbreitete Pilzkrankheiten des Apfels, verursacht durch einen Pilz. Die Früchte werden an verletzten Stellen angesteckt. Sie müssen sorgfältig entfernt werden (157)

pflanzen und Unkräuter. Die in voller Entwicklung stehende Pflanze bekommt gelbe Blätter, welkt und stirbt sehr schnell ab. Weder die Wurzeln noch die äußeren Stengel zeigen dabei Merkmale einer Erkrankung, wie etwa bei der Fusariose. Erst wenn man die Pflanze längs aufschneidet, sind die braunen und abgestorbenen Gefäßbündel erkennbar. Das Pilzmyzel durchzieht die Leitungsbahnen der Pflanze, verstopft sie und scheidet Giftstoffe aus, die die Zellen zum Absterben bringen. Der Pilz gelangt aus dem Boden in die Pflanze, und überdauert in Pflanzenresten.

Die Verticillose wird auf die gleiche Weise bekämpft wie die Fusariose.

Sclerotinia sclerotiorum
Die durch diesen recht häufigen Bodenpilz hervorgerufene Sklerotienkrankheit macht sich durch Faulen der Stengel (z.B. bei Dahlien) und Verwelken einzelner Triebe oder ganzer Pflanzen bemerkbar. An der Oberfläche und im Innern des erkrankten Stengelteils bildet sich ein dichter, weißer wattiger Myzelbelag, in dem harte, bis 10 mm große ovale Gebilde eingebettet sind, die sog. Sklerotien. In der Anfangsphase ihrer Entwicklung sind sie weiß, später schwarz. Sie gelangen mit den Pflanzenresten in den Boden und können dort auch 5—8 Jahre ausdauern, ohne ihre Lebensfähigkeit zu verlieren. Bei günstigen Bedingungen und bei Vorhandensein eines geeigneten Wirtes werden auf den Sklerotien Sporen gebildet, die erneut infizieren können.

Von diesen Blattfleckenkrankheitserregern seien nur die herausgegriffen, die am häufigsten auftreten, die größten Schäden verursachen und spezielle Bekämpfungsmaßnahmen erfordern, für deren richtige Wahl die Kenntnis ihrer Biologie Voraussetzung ist.

Echter Mehltau
Der Echte Mehltau ist leicht an dem charakteristischen mehlig weißen Belag auf den befallenen Pflanzenteilen zu erkennen. Dieser Belag wird durch das Pilzmyzel gebildet, auf dem sich kettenartig Sporen abschnüren. Die Mehltaupilze gehören zu den sogenannten obligaten Parasiten, also zu denen, die nur auf lebendem Pflanzengewebe zu existieren vermögen. Die einzelnen Mehltauarten sind meistens sehr spezifisch und die Bindung an bestimmte Wirte ist stark ausgeprägt. Es gibt aber auch Arten, die zu den »Allesfressern« gehören und verschiedene Wirtspflanzenarten befallen. Darin liegt auch der Grund für die großen Unterschiede in der Mehltauresistenz nicht nur der einzelnen Pflanzenarten, sondern sogar einzelner Sorten. Die Spezialisierung vieler Mehltauarten auf bestimmte Wirte erleichtert seine Bekämpfung und fördert die Züchtung mehltauresistenter Kultursorten.

Bekämpfung des Echten Mehltaus
Als ältestes gegen Mehltau wirksames Mittel ist Schwefel bekannt. Seine Wirkung ist jedoch stark von der Temperatur abhängig. Optimal sind Lufttemperaturen zwischen 20° und 25°C; bei Unterschreiten dieser Werte werden die wirksamen Schwefeloxide nicht frei und die Behandlung hat nicht den erwarteten und erwünschten Erfolg. Im Gewächshaus hat sich das Verdampfen von Schwefel bei erhöhten Temperaturen im Sulfurator bewährt.

Rost
Rostpilze sind an den auf Blättern und Stengeln befindlichen gelben, roten, braunen oder schwarzen Sporenhäufchen zu erkennen, die sich an den befallenen Stellen zei-

Blattbrand der Gurke und Melone wird durch einen Pilz verursacht. Der Schutz besteht in der Einhaltung allgemeiner Pflanzenschutzregeln (158)

gen. Der Entwicklungszyklus der Rostpilze ist ein recht komplizierter Vorgang. Rostpilze entwickeln bei vollständigem Entwicklungszyklus 5 Arten von Sporen. Die Sommersporen bilden sich im Sporenlager unter der Blattspreitenhaut, bringen diese zum Platzen und verbreiten sich während der ganzen Vegetationsperiode. Im Herbst bilden sich

Die befallenen Blätter der Gurke tragen zunächst stellenweise, später zusammenhängenden weißen Belag. Der Krankheitserreger des Echten Mehltau ist ein Pilz. Die befallenen Pflanzen verkümmern (159)

in ähnlichen Lagern die Wintersporen aus, die überwintern und im Frühjahr einen weiteren Sporentyp ausbilden. Gelingt es diesen Sporen, sich auf einem geeigneten Wirt anzusiedeln, so tragen sie die Rostinfektion weiter. Im Blattgewebe der Wirtspflanze bilden sich Spermatien, aus denen sich nach dem Verschmelzen von zwei Spermatien der vierte Sporentyp entwickeln kann. Danach folgen die Aecidiosporen, welche bei den wirtswechselnden Rostpilzen auf eine andere Wirtspflanzenart gelangen müssen, wo sie dann erneut Sommersporen entwickeln.

Der Birnengitterrost braucht beispielsweise zu seinem vollständigen Zyklus einen Birnbaum und einen Wacholder (Sadebaum). Diese komplizierten Beziehungen erschweren die Bekämpfung; das umsomehr, als sich unter den Wirtspflanzen nicht nur Kulturarten, sondern auch ver-

Der falsche Mehltau ist eine verbreitete Zwiebelkrankheit. Sie macht sich zunächst an Blättern und Blütenstielen bemerkbar, die dann absterben (160)

schiedene Unkräuter und wildwachsende Kräuter und Gehölze befinden. Andererseits kann sich Rost manchmal durch Sommersporen dauernd lebensfähig halten. Es gibt Rostpilzarten, von denen wir bis heute den zweiten Wirt nicht kennen.

Bekämpfung der Rostkrankheiten
Man kann Rostpilze unter Kontrolle halten, wenn rechtzeitig alle befallenen Pflanzenteile entfernt, nur gesundes Pflan-

zenmaterial vermehrt und die Zwischenwirte vernichtet werden. Rostpilze haben, wie viele Echte Mehltaupilze, sehr spezifische Ansprüche hinsichtlich der Wirtspflanze. Die einzelnen Sorten weisen deshalb unterschiedliche Rostanfälligkeit auf. Auch bei der Bekämpfung dieser Erkrankungen steht deshalb die Züchtung widerstandsfähiger Sorten im Vordergrund.

Falscher Mehltau
Der Befall durch Falsche Mehltaupilze macht sich durch hellere Flecken auf der Blattoberseite bemerkbar; die Spreitenunterseite ist mit einer weißlich-grauen oder violett-weißlichen Auflage bedeckt, die von den Sporenträgern und Sporen gebildet wird. Im abgestorbenen Gewebe, in abgefallenen Blättern und auf kompostierten Pflanzenresten usw. bilden sich später die Dauersporen.

Der Falsche Mehltau findet bei hoher Luftfeuchtigkeit und starken Temperaturschwankungen die besten Entwicklungsbedingungen; Frühjahr und Herbst mit hohen Tagestemperaturen und starkem Temperaturrückgang in den Nächten (manchmal bis zu leichten Nachtfrösten) sind deshalb für ihn besonders geeignet.

Bekämpfung des Falschen Mehltaus
Zu den wichtigsten Maßnahmen gehört die sorgfältige Beseitigung der verseuchten Pflanzenreste. Man sollte sie nie auf den Kompost bringen. Bei stärkerem Befall muß zur Bekämpfung mit chemischen Präparaten übergegangen werden.

Grauschimmel
Grauschimmel befällt nicht nur Kulturen in Gewächshäusern und Frühbeeten, sondern auch im Freiland. Er ist an Blättern, Sprossen, Knospen, Blüten und Früchten genauso zu finden wie an Zwiebeln und Knollen. Auf den grünen Pflanzenteilen bilden sich kleine graubraune Flecken, auf den Blüten je nach Blütenfarbe kleine helle oder braune Tupfen, die Früchte zeigen braune wäßrige Stellen. Bei feuchtem Wetter vermehren sich diese Punkte und Flecke schnell, überziehen sich mit einer pudrigen, graubraunen Sporenschicht und führen zum Faulen der befallenen Pflanzenteile. Bei trockenem Wetter trocknen die Flecken ein und das Blattgewebe reißt. Auf den abgestorbenen Pflanzenteilen bildet der Grauschimmelpilz später kleine harte Körper, sogenannte Sklerotien, die anfangs weiß, während der Reifezeit aber schwarz sind. Die Sklerotien vermögen ungünstige Bedingungen zu überstehen und noch nach 5 Jahren geeignete Wirtspflanzen anzustecken.

Der Grauschimmelpilz befällt vor allem absterbende Pflanzenteile (z. B. Kronblätter) oder verletzte und durch ungeeignete Kulturbedingungen geschwächte Pflanzen und breitet sich sehr schnell auf benachbarte gesunde Pflanzen aus. Übermäßige Luftfeuchtigkeit, zu dichter Pflanzenwuchs, zu geringe Pflanzabstände, Mangel an Licht und Luft sowie Überdüngung mit Stickstoff unterstützen seine Vermehrung erheblich.

Außer dem Grauschimmel *Botrytis cinerea,* der Kulturpflanzen allgemein ohne Unterschied der Art befallen kann, gibt es noch streng spezialisierte Arten der Gattung *Botrytis,* die nur an einer oder mehreren bestimmten Arten auftreten (Küchenzwiebel, Lilie, Tulpe, Narzisse, Pfingstrose, Hyazinthe).

Bekämpfung des Grauschimmelpilzes
Das wichtigste sind richtige Anbaubedingungen, Beseitigung aller Pflanzenreste und peinlichste Sauberkeit in Gewächshäusern, Frühbeeten und im Freiland. Feuchtigkeit und gestaute Luft lassen sich durch Lüften der Gewächshäuser und Frühbeetkästen senken; bei langandauerndem Regen sollten Beete mit wertvollen Kulturen durch Überdachung geschützt werden.

Allgemeines zu Pilzkrankheiten
Für die Bekämpfung von Pilzkrankheiten aller Art gelten einige Grundsätze, durch deren Einhaltung wir Auftreten und Verbreitung dieser Erkrankungen einschränken können:
▶ Feuchtigkeit im Pflanzenbestand (größere Pflanzabstände, luftige Standortwahl, Bewässerung nur über die Wurzeln, nicht aber der oberirdischen Teile);
▶ Überdüngen mit Stickstoff vermeiden, denn er fördert die Bildung weicher, wäßriger Gewebe, verlängert die Wachstumsperiode, verhindert das rechtzeitige Ausreifen des Holzes und senkt die Resistenz der Pflanzen gegenüber niedrigen Temperaturen und parasitären Mikroorganismen (Kali dagegen erhöht Frostbeständigkeit und Resistenz gegenüber Schadorganismen);
▶ durch Wahl des geeigneten Standorts für genügend Licht und angemessene Wärme sorgen;
▶ Beete, Frühbeetkästen u. ä. sauber halten, kranke Pflanzen oder Pflanzenreste nicht auf den Kompost werfen, sondern verbrennen;
▶ für biologisch richtigen Wechsel der Kulturen sorgen, unbedingt Fruchtfolge einhalten;
▶ nur gesunde Pflanzen vermehren und
▶ art- und sortenspezifische Anforderungen an Boden, Lage, Klima u. ä. erfüllen (Erfahrungen zeigen, daß ausgezeichnet gepflegte Kulturen weit weniger unter Erkrankungen leiden und auftretende Krankheiten besser überstehen).

Der Grauschimmelpilz befällt Blüten und Früchte in dichten Erdbeerbeständen, besonders bei geringer Sonneneinstrahlung. Die Erkrankung wird durch feuchtes Wetter begünstigt (161)

Tierische Schädlinge

Gartenkulturen sind durch die verschiedensten tierischen Schädlinge gefährdet. Einige Arten schädigen mehrere Kulturpflanzenarten, andere befallen nur eine Art oder wenige Arten. Wir möchten uns vor allem mit den Schädlingen beschäftigen, die allgemein unseren Garten heimsuchen. Was chemische Bekämpfungsmittel anbetrifft, so entscheiden wir uns nach Möglichkeit nur für sie, wenn alle anderen Methoden versagen. Chemische Abwehrmittel dürfen im Garten nie systematisch, sondern sollen nur in Ausnahmefällen eingesetzt werden.

Bodenschädlinge

Es sind bodenbewohnende Tiere, die die unterirdischen Pflanzenteile befallen. In einem frisch angelegten Garten werden wir eine andere Population finden als in schon jahre- und jahrzehntelang genutzten Anlagen. In neu angelegten Gärten leben besonders Schnellkäferlarven (Drahtwürmer), Raupen schädlicher Nachtfalter und Maikäferlarven (Engerlinge). In länger genutzten Gartenböden dagegen überwiegen wegen des reichen Anteils an organischer Masse Regenwürmer, Erdraupen, Älchen, Maulwurfsgrillen, Tausendfüßler, Haarmückenlarven u.a.

Die Nachtfalterlarven sind nur im ersten Jahr eine Gefahr für den Garten; sorgfältig bestellte Beete sagen ihnen nicht zu. Drahtwürmer und Engerlinge halten sich länger, oft mehrere Jahre lang, da ihr Vermehrungszyklus 3—5 Jahre dauert. Die übrigen Bodenschädlinge sind überall dort gefährlich, wo der Boden zu feucht ist.

Eulenraupen

Die häufigsten Gartenschädlinge dieser Familie sind Wintersaateule, Ypsilon-Eule, Ausrufezeichen, Schwarze Saateule und eine Reihe anderer. Die Eulenraupen befallen in den Frühjahrsmonaten die Wurzeln vieler Gemüse- und Zierpflanzenarten. Anfangs leben sie an den oberirdischen Pflanzenteilen und fressen an den Blattspreiten, vom dritten Entwicklungsstadium an wandern sie in den Boden und zerfressen die Wurzeln. Häufig beachtet der Hobbygärtner ihr Auftreten an den Blättern nicht und trifft daher keine Schutzmaßnahmen.

Schnellkäferlarven (Drahtwürmer)

Drahtwürmer sind vor allem in frischen Böden oder im vorher rasenbewachsenen, umgegrabenen Erdreich zu finden. Am häufigsten sind der Gestreifte Saatschnellkäfer und der Rauchschnellkäfer. Standortspezifisch treten noch weitere Arten auf.

Drahtwürmer schädigen die unterirdischen Organe von Gemüse- und Zierpflanzen sowie Erdbeeren. Sie fressen an den Wurzeln, zerbeißen oder nagen an den Hauptwurzeln und fressen Gänge in Möhren, Sellerieknollen, Tulpenzwiebeln und Dahlien- und Gladiolenknollen. Die befallene Pflanze fällt um und welkt, die wegen ihrer unterirdischen Teile angebauten Kulturen werden wertlos. Den größten Schaden richten die Drahtwürmer von März bis Juni und im September/Oktober an, wenn sie sich in den oberen Bodenschichten aufhalten. Der Vermehrungszyklus der Drahtwürmer dauert 3—5 Jahre; diese ganze Zeit über stellen sie also eine Gefahr für die auf den verseuchten Beeten wachsenden Pflanzen dar.

Gartenlaubkäfer

Ist ein naher Verwandter des nur noch selten vorkommenden Maikäfers. Gelegentlich schädigen die Engerlinge des Käfers die Gemüsepflanzen.

Gemüsefliegen

Hierzu zählen die Möhrenfliege, die auch an Sellerie, Petersilie und Pastinak vorkommt und die Zwiebelfliege, die Totalschäden an Porree und Zwiebeln anrichten kann. Die Fliegen legen ihre Eier an den Wurzelhals der jungen Pflanzen und die geschlüpften Maden schädigen die unterirdischen Pflanzenteile (Fraßgänge).

Auch die Kohlfliege zählt zu den Gemüsefliegen. Sie legen ihre Eier an den Wurzelhals junger Kohlpflanzen ab und auch in Erdspalten. Die nach 4—10 Tagen geschlüpften Larven fressen zunächst die Faserwurzeln und dann durchlöchern sie die Hauptwurzeln, so daß die Pflanze meistens abstirbt.

Erdflöhe

Die Erdflöhe zählen nicht, wie der Name irrtümlich sagt, zu den saugenden Insektenarten, sondern sind kleine Blattkäfer mit beißenden Mundwerkzeugen. Sie schädigen alle Kohlgewächse, auch schon als Keimlinge und Jungpflanzen, so daß eine Neuaussaat erforderlich wird. Sie lieben Trockenheit und richten demzufolge hauptsächlich in trockenen Sommern Schäden an.

Verschiedene Typen kleinerer Gartenspritzen (162)

Drahtwürmer, die Larven von Schnellkäfern, greifen unterirdische Pflanzenteile an: sie fressen oder durchtrennen Wurzeln und bohren Gänge in Gemüseknollen, Tulpen-, Narzissen- und Gladiolenzwiebeln. Die meisten Schäden richten sie von März bis Juni und von September bis Oktober an (163)

Engerlinge leben im Boden und beschädigen die unterirdischen Teile von Zierpflanzen, Gemüse, Erdbeeren und Obstbäumen. Schäden entstehen schon beim Auftreten von 1 bis 2 Larven auf einem Quadratmeter (164)

Schnakenlarven

Wenn feuchtes Gelände in Gärten umgewandelt wird, sind in den ersten Jahren die Larven der Wiesenschnake, einer Mückenart, für Gemüse und Zierpflanzen eine Gefahr. Auf leicht sumpfigen Grundstücken sollte man sich deshalb noch vor dem Anlegen der Beete davon überzeugen, wie groß die Populationen dieser Larve im Boden sind. Von einem Quadratmeter Fläche wird der ursprüngliche Pflanzenbestand entfernt oder abgemäht und der Boden mit Kochsalzlösung (1 kg Kochsalz auf 5 l Wasser) begossen. Die Larven kriechen heraus, so daß man sie zählen kann. Nach dem Grad des Befalls muß man entscheiden, ob man chemische Bekämpfungsmittel einsetzen will.

Je länger ein Garten bewirtschaftet und je häufiger der Boden umgegraben wird, umso mehr verändert sich auch das Spektrum der auftretenden Schädlinge. Es seien nur die interessantesten und wichtigsten erwähnt.

Vielfüßler (Myriopoden)

Diese Schädlinge, besonders der abgeplattete Bandfüßler, vermehren sich im Kompost und kommen mit der Komposterde aufs Beet. In feuchten Jahren beschädigen sie die Setzlinge besonders stark. Sie fressen auch an Blumenzwiebeln und reifenden Erdbeeren. Auf den befallenen Böden verringern wir die Feuchtigkeit durch Einarbeiten von Asche, im Erdbeerbeet legen wir Holzwolle oder ein anderes geeignetes Material unter die Fruchtstände und wechseln es regelmäßig aus.

Stengel- und Blattälchen (Nematoden)

Ein ernstzunehmender Schädling der Zwiebelgewächse und vieler Zierpflanzen (Speisezwiebel, Knoblauch, Narzisse, Tulpe, Hyazinthe, Phlox, Nelke, Nachtkerze, Goldraute) ist das Stockälchen. Diese Fadenwürmer treten vor allem in feuchten Jahren und auf Beeten auf, auf denen die Wirtspflanzen seit mehreren Jahren gepflanzt werden. Sie leben in den Trieben und verursachen durch Saugen Verunstaltungen, die in ihrer Form für die jeweilige Pflanzenart typisch sind. Die befallene Pflanze krümmt sich oder treibt übermäßig Ableger, einige Pflanzenteile schwellen an. Bei Zwiebeln werden einzelne Zwiebelblätter braun oder schwarz (man sieht es beim Durchschneiden an einem dunklen Ring). Blattälchen in den Blattspreiten machen sich durch nekrotische Flecken und gekräuselte Blattspreiten bemerkbar. Die Stockälchen leben auch in einigen Unkräutern und lassen sich deshalb schwer bekämpfen. Das beste ist es, die befallene Pflanze aus dem Beet zu entfernen und zu verbrennen und die Bodenfeuchtigkeit zu verringern. Nur im Notfall soll zu chemischen Mitteln gegriffen werden.

Haarmückenlarven

Auch die Larven der Haarmücken können im Garten Schaden anrichten. Die Weibchen legen ihre Eier in Komposthaufen und stark humöse Böden, so daß sich die Larven vor allem in Frühbeeten und in mit Kompost angereicherten Freilandbeeten verbreiten. In den Sommermonaten ernähren sie sich von feinen Würzelchen und faulenden Pflanzenteilen, nach dem Überwintern von keimenden Pflanzen. Dem massenhaften Auftreten wird durch Verwendung nur ausgereifter Komposterde vorgebeugt.

Wurzelmilbe

Zu den unerwünschten Bewohnern unseres Gartens gehören auch die Wurzelmilben. Sie beschädigen Wurzeln, Ableger, Zwiebeln und Knollen von Gemüse- und Zierpflanzen und befallen vor allem verletzte und faulende Pflanzenteile. Ihre Anwesenheit ist an den kleinen, unregelmäßig verlaufenden, mit kleinen braunen Kothaufen gefüllten Fraßgängen zu erkennen. Hohe Feuchtigkeit unterstützt ihr Auftreten. Am besten läßt sich ein Befall durch Lagerung der Zwiebeln und Knollen an einem luftigen, trockenen Ort und durch pflegliche Behandlung verhindern. Befallene Zwiebeln und Knollen vernichten.

Tausendfüßer schaden nur, wenn sie in sehr großer Zahl auftreten, sie befallen dann Setzlinge in komposthaltigem Boden und zerfressen auch Erdbeerfrüchte. Im allgemeinen müssen sie als nützlich angesehen werden (165)

Schädlinge an den oberirdischen Pflanzenteilen

Auch die oberirdischen Teile der Kulturpflanzen haben viele gemeinsame Feinde.

Schnecken

In die Gärten kommen vor allem Graue Ackerschnecke, Netz-Ackerschnecke, Wasseregel-Ackerschnecke, Gartenwegschnecke und Gartenschnecke vor. Alle diese Nacktschnecken sind Schadtiere, denn sie beschädigen ober- und unterirdische Pflanzenteile. Sie fressen Löcher in Tulpen- und Narzissenzwiebeln, Gladiolenknollen und in Knollen und Zwiebeln anderer Pflanzenarten. Außerdem fressen sie Blätter und Stengel und vermögen sogar, Jungpflanzen völlig zu vernichten. Ihre Anwesenheit erkennt man am Blattfraß. An den beschädigten Pflanzenteilen hinterlassen sie Schleimspuren und dunklen schmierigen Kot.

Gegen Nacktschnecken geht man mechanisch vor oder bestreut die Wege entlang den gefährdeten Beeten mit Kalk, Asche, Fichtennadeln oder in Ausnahmefällen auch mit einem chemischen Schneckenvernichtungsmittel (sog. »Schneckentod«).

Spinnmilben

Zu den häufigsten Schädlingen an Bäumen, Büschen, verschiedenen Gemüse- und Zierpflanzenarten gehören auch einige Spinnmilbenarten. Sie beschädigen Blätter und die ganze Pflanze, indem sie die Pflanzenzellen anstechen und aussaugen. Die Blätter lassen zunächst kleine, helle Punkte erkennen, werden später weißlich, dann oft bronzefarben und fallen vorzeitig ab. Das beeinflußt den Blüten- und Fruchtansatz in dem darauffolgenden Jahr. Spinnmilben bringen mehrere Generationen in einer Vegetationsperiode hervor und sind deshalb besonders gefährlich. Da die Gefahr der Massenvermehrung besteht, ist ihre Bekämpfung mit intensiv wirkenden chemischen Präparaten nicht immer zu vermeiden.

Zu den gefährlichsten Arten gehört die Rote Spinne. Sie ist am häufigsten und tritt an vielen Pflanzenarten auf. Von den Gartenkulturen befällt sie am häufigsten Apfel, Pflaumen, Johannisbeeren, Erd- und Himbeeren, Rosen, Bohnen und Gurken. Die befallenen Blätter zeigen unregelmäßig umrandete weißliche Flecken und sind bei starkem Befall von einem feinen Gespinst umgeben. Den größten Schaden richtet die Rote Spinne im Juni und Juli an, wenn die Früchte reifen. Die Fruchtreife verzögert sich, der Zuckergehalt in den Früchten sinkt und die Blätter fallen vorzeitig ab.

Bei Bäumen mit starkem Befall kann der Ernteausfall hoch sein. Im Frühjahr machen sich die Spinnmilben noch nicht so stark bemerkbar, aber ein Einsatz von chemischen Bekämpfungsmitteln zeitigt in dieser Phase eine größere Wirkung als zwei Spritzungen im Sommer. Die größten Schäden verursacht die Rote Spinne bei warmem und trockenem Wetter.

Sofern ein starker Spinnmilbenbefall zu erwarten ist, nehmen wir die Spinnmilbenbekämpfung möglichst sofort nach der Blüte vor. Diese Frühjahrsspritzungen müssen erfolgen, wenn 60—80 % der Larven schlüpfen. Außerdem sind Präparate zu verwenden, die auch die Eier dieses Gartenschädlings vernichten.

Wenn es nicht gelingt, im zeitigen Frühjahr und zur Blütezeit die Spinnmilbenpopulation unter die Schadensschwelle zu senken, wird sie uns bei den Schutzmaßnahmen während der Vegetationsperiode viele Schwierigkeiten bereiten. Das deshalb, weil dann an den Blättern alle Entwicklungsstadien gleichzeitig auftreten, also Eier, Larven und ausgewachsene Tiere, die sich in ihrer Empfindlichkeit gegenüber chemischen Mitteln unterscheiden. Die meisten verwendeten Präparate wirken nicht auf die Eier, so daß die Larven schlüpfen und die Gesamtpopulation schnell erneuern können.

Zu den wichtigsten Grundregeln der Spinnmilbenbekämpfung gehören:
1. Bekämpfung nach dem Grad des Befalls und nicht ungezielt und zufällig vornehmen (Zählung der Wintereier an den Zweigen vornehmen, trockenes und warmes Wetter im Mai fördert Vermehrung);
2. in Gärten, in denen Spinnmilben regelmäßig auftreten, keine Mittel verwenden, die ihre Vermehrung fördern könnten und
3. Wechsel der Spritzmittel vornehmen, damit keine Resistenz auftreten kann, in gefährdeten Lagen sind Winter- und Austriebsspritzungen vorzunehmen.

Blattläuse

Die Gartenpflanzen werden von vielen Blattlausarten befallen, beispielsweise von Mehlige Kohllaus, Schwarze Bohnenlaus und Möhrenblattlaus. An Obstgehölzen treten Grüne Apfellaus, Mehlige Birnenlaus, Grüne Pfirsichlaus, Mehlige Pflaumenlaus, Kirschenlaus, Stachelbeertrieblaus, Johannisbeerblasenlaus und andere auf.

Blasenfüße (Thrips, Fransenflügler)

Die Blasenfüße gehören zu den saugenden Insekten, die an vielen Gemüse- und Zierpflanzenarten auftreten. Sie saugen Pflanzensaft un schädigen den Bestand sowohl als ausgewachsenes Insekt als auch im Larvenstadium.

Schmetterlinge

Von den Raupen einiger Schmetterlingsarten werden Blattwerk und teilweise auch Früchte von Obstbäumen gern aufgesucht. Kahlfraß an Obstbäumen verursachen hauptsächlich Frostspanner und Goldafter.

Frostspanner

Die Raupen des Kleinen Frostspanners richten Schäden an Kirsch-, Apfel-, Birnen-, Aprikosen- und Pflaumenbeständen sowie an Rosenbüschen an. Im Frühjahr befallen sie Blätter und Blüten und nach der Blüte auch die Früchte. In die Blätter fressen sie runde Löcher und fressen nach und nach die ganze Blattspreite, so daß nur noch die Blattmittelrippe übrigbleibt. In die jungen Früchte beißen sie tiefe, ovale Löcher. Es kann vorkommen, daß sie die gesamte Kirschernte vernichten. Bei Birnen »begnügen« sie sich nach der Blüte mit den jungen Früchten.

Es gibt weitere Frostspannerarten, die ähnlich gefährlich, aber weitaus weniger verbreitet sind.

Frostspanner werden durch Umwickeln der Baumstämme mit Wellpappe gefangen oder mit einem mit Baumleim bestrichenen Pergamentpapierstreifen, an dem die unbeflügelten Weibchen hängenbleiben, wenn sie zur Eiablage vom Boden in die Krone kriechen. Die Leimringe werden im Oktober am Stamm befestigt.

Goldafter

In vernachlässigten Gartenanlagen können die Raupen des Goldafter Birn-, Apfel- und Pflaumenbäume völlig kahl fressen. Zum Überwintern spinnen sie sich hoch in der Baumkrone ein Nest, das während der Winterzeit abgeschnitten und verbrannt werden muß. Damit werden Schäden an den Bäumen im Frühjahr vermieden. In den ersten warmen Frühlingstagen verlassen die Raupen ihr Nest und fressen Knospen ab. Später vernichten sie Blätter und Blüten. Schädigungen treten bereits auf, wenn nur ein Nest auf 3 m³ Kronenvolumen gefunden wird.

Wickler

Die Bekämpfung der Blatt- und Knospenwickler an Obstbäumen und einigen Ziersträuchern ist nicht einfach. Die Wickler befallen vor allem Apfel-, Birnen- und Pflaumenbestände sowie hin und wieder Aprikosen und Rosen. Die Raupen der Wickler fressen im Frühjahr Knospen ab und können bei Jungpflanzungen den größten Teil der Knospen vernichten. Später spinnen sie sich in die entfaltenden Blätter ein, beißen Löcher hinein und fressen Knospen und Blüten. Die beschädigten Blätter bleiben klein, gewickelt und gekräuselt. Die Raupen der nächsten Generation vernichten in der zweiten Jahreshälfte die Blätter bis auf die Adern. Außerdem beißen sie in die Schalen von Äpfeln und anderen Früchten dicht nebeneinander kleine Löcher oder flache Gruben. Meist suchen sie sich Stellen aus, die von Blättern verdeckt und deshalb nicht ausgefärbt sind. Die Früchte verlieren dadurch ihre Lagerungsfähigkeit, denn sie würden faulen. In Jahren mit starkem Befall können die Wickler große Teile der Ernte vernichten.

Die häufigsten Wickler unserer Gärten sind Roter Knospenwickler, Grauer Knospenwickler, Heckenwickler, Apfelschalenwickler und Apfelwickler (Obstmade, »Wurm«).

Obstbaumminiermotten

In intensiv bewirtschafteten Gärten sind Miniermotten oft recht häufig. Miniermottenraupen fressen Gänge in die Blattspreiten, die nicht gerade, sondern in Schleifen verlaufen.

Die Raupen der Schlangenminiermotte suchen haupt-

Schnecken beschädigen unter- wie oberirdische Pflanzenteile. Sicheres Merkmal eines Befalls sind silbrige Schleimspuren (166)

sächlich Apfelbäume, weniger Birnen- und Eberschenbäume auf. Die Gänge in den Blättern sind oval, 1—2 cm lang und 0,2—0,8 mm breit. Die Schadgrenze ist bereits überschritten, wenn sich an einem Blatt drei und mehr dieser Gänge befinden. Stark befallene Bäume bringen im darauffolgenden Jahr nur wenig Blüten. Nur in Ausnahmefällen sollte eine chemische Bekämpfung zwei Wochen nach dem Abblühen vorgenommen werden. Bei starkem Befall empfiehlt es sich, die Spritzung nach 7—10 Tagen zu wiederholen.

Die Raupen der Apfelblattfaltenminiermotte fressen von Mai bis September 10—15 cm lange, eckige Gänge in die Blattspreiten von Apfel, Süß- und Sauerkirsche. An einem einzelnen Blatt lassen sich 10—15 solche Fraßstellen finden, so daß die Blätter vertrocknen und vorzeitig abfallen. Wenn diese Miniermotte zu stark auftritt, soll zur Zeit des Ausflugs der zweiten Generation gespritzt werden.

An den Blättern des Apfels können neben der Apfelblattfaltenminiermotte und der Schlangenminiermotte noch kleinere Arten erscheinen.

Blütenstecher

Äpfel (Apfelblütenstecher), Birnen (Birnenknospenstecher), Erd- und Himbeere (Erdbeer- und Himbeerblütenstecher) werden von diesen zu den Rüsselkäfern zählenden Käfern befallen. Zumeist schädigt der Käfer die schwellenden Knospen und auch die sich in der Knospe entwickelnde Larve ernährt sich von ihr und bringt sie zum Absterben. Bei der Erd- und Himbeere beißt der Käfer den Blütenstiel nach der Eiablage an, so daß er umknickt.

Apfelfruchtstecher

Die Knospen von Apfel, Süß- und Sauerkische und Pflaume werden im Frühjahr von den Käfern des Apfelfruchtstechers und einigen anderen Rüsselkäfern befallen. Den größten Schaden richtet der Apfelfruchtstecher an, denn er legt seine Eier in Obstfrüchten ab, so daß diese nur unregelmäßig wachsen und oft verfaulen.

Borkenkäfer und andere Borkenschädlinge

Die Bekämpfung von Borkenkäfern und Holzschädlingen an Obstbäumen ist recht schwierig. Am gefährlichsten sind Aprikosenwickler, Ungleicher Holzbohrer, Runzliger Obstbaumsplintkäfer und Großer Obstbaumsplintkäfer.

Der Aprikosenwickler befällt meist Aprikose, Pfirsich und Kirsche, seltener Pflaume, Apfel und Birne. Die Raupen fressen Gänge in die unteren Rindenschichten und sind daran zu erkennen, daß an den Ausgängen rostige Kothäufchen liegen. Die Beschädigung der Rinde führt häufig zu Gummifluß.

Der Aprikosenwickler sucht meist ältere Bäume auf, wo die Weibchen an Wundstellen ihre Eier ablegen. Befallene Stellen soll man deshalb nie mechanisch säubern, um Stamm oder Ast nicht noch stärker zu beschädigen.

Noch schwieriger ist die Bekämpfung des Ungleichen Holzbohrers und der Obstbaumsplintkäfer, die geschwächte Bäume befallen. Der beste vorbeugende Schutz ist die richtige Standortwahl und richtige Ernährung, damit sich starke, gesunde Bäume entwickeln können. Die ungünstigsten Bedingungen sind zu trockene und zu nasse Böden. Bei Befall durch Holzbohrer und Splintkäfer fallen plötzlich die Blätter ab und die Zweige vertrocknen. An den befallenen Zweigen sind etwa 1 mm große Löcher zu sehen. Die Obstbaumsplintkäfer legen ihre Gangsysteme eben unter der Rinde an (Rindenbrüter), während die Ungleichen und Kleinen Holzbohrer weiter ins Holz eindringen (Holzbrüter).

Spinnmilben saugen an der Oberfläche liegende Zellen aus, so daß diese gelb, später weißlich werden. Die betroffenen Blätter können nicht assimilieren, die Transpiration wird intensiver, sie fallen vorzeitig ab. Im Bild befallenes Gurkenblatt (167)

Blutlaus

Von Mai an findet man an jungen Trieben, aber auch am alten Holz von Apfelbäumen, insbesondere an überwallenden Wunden, die weißen, watteähnlichen Blutlauskolonien. Die weiße Wolle wird durch feine Wachsfäden gebildet, die von den Blutläusen ausgeschieden werden. Die Blutläuse überwintern in Rindenritzen, Stamm- und Astwunden sowie am Wurzelhals der Bäume. Die Bäume reagieren auf den Stechreiz der Läuse mit Gewebewucherungen an Zweigen, Ästen und Stämmen. Die befallenen Zweige und Äste werden herausgeschnitten, die Stämme durch Abbürsten von den Blutlauskolonien befreit, und die Blutkrebswunden werden ausgeschnitten und mit Wundbehandlungsmitteln verschlossen. Eine übermäßige Stickstoffdüngung ist zu vermeiden. Der wichtigste natürliche Feind der Blutlaus ist die Blutlauszehrwespe.

Schildläuse

Besonders in schlecht gepflegten Obstanlagen sowie an schwachen Obstbäumen treten zuweilen Schildläuse auf (Zwetschenschildlaus oder Napfschildlaus, Austernschild-

An Gartenpflanzen saugen mehrere schädliche Blattlausarten, wie Kohlblattlaus, Bohnenblattlaus oder Erbsenblattlaus, die Gemüse schädigen. Im Bild befallene Paprikapflanze (168)

Die Weiße Fliege befällt viele Gewächshauspflanzen, bei Gemüse hauptsächlich Gurken und Tomaten (169)

laus, Obstbaumschildlaus und San-José-Schildlaus). Die Verbreitung der Schildläuse erfolgt, da geflügelte Weibchen nicht vorkommen, auf kurzen Strecken durch die wandernden Jungläuse, auf weitere durch den Wind. Die Schildläuse stechen die Rinden der Obstbäume an und verursachen Wachstumsstörungen und Verkrüppelungen. Auf den zuckerhaltigen Ausscheidungen der Läuse kommt es zum Befall durch Rußtaupilze. Dem Befall der Obstbäume durch Schildläuse wird am besten durch eine regelmäßige Pflege der Obstanlage (Schnitt, Düngung) entgegengewirkt.

Sägewespen

Apfel-, Pflaumen- und Birnensägewespen sind nur wenige Millimeter groß. Sie stechen mit ihren »Sägen«, die sie am Hinterleibsende tragen, Schlitze in die Kelchblätter der noch geschlossenen Apfel-, Pflaumen- und Birnenblüten und schieben anschließend jeweils ein Ei in jeden Schlitz ein. Die aus diesen Eiern schlüpfenden Larven fressen sich in die jungen, wachsenden Früchte ein und beschädigen bzw. zerstören diese. Die befallenen Früchte fallen vorzeitig

Die Raupen des Kohlweißlings schädigen hauptsächlich späte Kohlsorten, zuweilen bis zum Kahlfraß (170)

ab. Die Sägewespen werden nur gefährlich, wenn sie in größeren Mengen auftreten, sonst kann man sie bei reichem Fruchtansatz als natürliche »Ausdünner« der Obstbäume gewähren lassen.

Gallmücken

Himbeergallmücke, Himbeerrutenmücke, Birnengallmücke, Johannesbeergallmücke und Erbsengallmücke sind nur zwei bis drei Millimeter groß. Die Gallmücken legen ihre Eier im Frühjahr entweder in die Blütenknospen (Erbsengallmücke, Birnengallmücke) oder Triebe (Himbeergallmücke, Himbeerrutenmücke) ab. Die Larven schädigen die Blüten, Früchte oder Triebe und bewirken Wachstumshemmungen und Mißbildungen. Die befallenen Blüten, Früchte und Sprosse müssen vernichtet werden. Erbsen sollten nach einem Befall für mindestens zwei Jahre nicht mehr angebaut werden. Wilde Brombeeren in der Umgebung, die ebenso wie die Himbeere von Gallmücken befallen werden, sollten beseitigt werden. Werden Spritzungen mit Insektiziden erforderlich, so müssen diese während der Flugzeit der Gallmücken im Frühjahr durchgeführt werden.

Nagetiere

Gefürchtete Obstbaumschädlinge sind Nagetiere. Hasen und Wildkaninchen fressen im Winter Baumrinde und Ziergehölztriebe an, wenn es ihnen gelingt, in den Garten zu kommen. Schützen lassen sich die Obstbäume vor Wildverbiß durch ein geeignetes Mittel gegen Wildverbiß, am zuverlässigsten ist jedoch der Schutz der Stämme mit Drahtgeflecht- oder Schilfrohrmatten.

Wenn sich die Feldmaus zu sehr vermehrt, geht sie im Winter dicht am Boden an die Rinde von Obstbäumen und frißt Zwiebeln und Knollen der Zierpflanzen. Die Bekämpfung ist schwierig. Durch Abbrennen von Rauchpatronen in den Gängen lassen sie sich nur vertreiben; Giftköder, in die Gänge eingebracht, töten sie.

In nahe an Wasserläufen oder Morästen liegenden Gärten ist die Wühlmaus der am meisten gefürchtete Schädling. Sie zerbeißt die Obstbaumwurzeln und vernichtet die unterirdischen Teile von Gemüse- und Zierpflanzen. Chemische Bekämpfungsmittel versagen bei ihr völlig. Es empfiehlt sich, in die Gänge Rauchpatronen zu legen oder Auspuffgase einzuleiten. Aber auch das Ausräuchern bringt nur vorübergehend Erfolg und muß öfter wiederholt werden. Ein bewährtes Mittel ist das Ummanteln der Pflanzgrube mit verzinktem Maschendraht, bevor der Jungbaum gesetzt wird. Das Geflecht darf aber höchstens 2 cm große Maschen haben, damit die Wühlmaus nicht an die Wurzeln kommen kann.

Schädlingsbekämpfung

Wie bei Pflanzenkrankheiten, so läßt sich auch bei Schädlingen ein Auftreten verhindern oder der Befall wenigstens einschränken, wenn vorübergehende Maßnahmen ergriffen werden. Dazu gehört die regelmäßige Kontrolle der eingelagerten Gemüsearten (Zwiebel, Sellerie, Rote Beete, Möhren usw.), Blumenzwiebeln und Knollen. Außerdem darf die relative Luftfeuchtigkeit im Gewächshaus nicht zu hoch sein, da sich sonst Weichhautmilben, Pilze und Bakterien stark vermehren können. Einem Spinnmilbenbefall in Gewächshäusern läßt sich dagegen wirksam durch Lüften und häufiges Sprühen der Pflanzen mit Wasser vorbeugen. Der Schutz vor Älchen ist am wirkungsvollsten, wenn nur Material von gesunden Mutterpflanzen verwendet wird.

Da die Schädlinge für ihre Entwicklung sehr unterschiedliche Ansprüche an ihre Umwelt stellen, müssen auch die vorbeugenden Maßnahmen zur Schädlingsbekämpfung entsprechend unterschiedlich ausfallen. In einigen Fällen genügt es, die Wirtspflanzen zu vernichten (z. B. bestimmte Unkräuter), in anderen das Ablesen von Eiern, Raupen und Käfern oder das Auslegen von Ködern, um ihr Auftreten auf ein vertretbares Maß zu reduzieren. Ameisenvölker in Gewächshäusern lassen sich durch kochendes Wasser vernichten, gegen Springschwänze reicht es oft schon, die Feuchtigkeit des Bodens zu senken oder eine dünne Schicht Kalk, Asche, Sand oder Holzkohle auszustreuen. Die Verbreitung der Nacktschnecken wird durch ungelöschten Kalk u. ä., der auf Gartenwege gestreut wird, verhindert.

Bei der Bekämpfung von Schadtieren helfen uns oft ihre natürlichen Feinde. Marienkäfer und Flor- und Schwebfliegen beispielsweise fressen Läuse, Schlupfwespen legen ihre Eier in Raupen ab, Raubmilben vernichten die Rote Spinne.

Aber die wichtigsten Nützlinge sind wohl die Vögel.

Es gibt aber auch natürliche Pflanzenstoffe, etwa pyrethrumhaltige Wirkstoffe, die bei der Schädlingsbekämpfung gute Dienste leisten. Zu chemischen Pflanzenschutzmitteln sollte man nur in äußersten Notfällen greifen.

Bei Wildverbißgefahr müssen Maßnahmen zum wirksamen Schutz von Obstbäumen und Ziergehölzen getroffen werden. Zu diesem Zweck werden Drahthose, Reisig, Stroh und Latten verwendet (172)

Schutz eingelagerter Produkte vor Krankheiten und Schädlingen

Gelagert werden dürfen nur völlig gesundes Obst, Gemüse und gesunde Blumenzwiebeln und -knollen. Sie dürfen weder beschädigt noch unausgereift sein, denn Verletzungen sind die besten Angriffspunkte für Fäulniserreger.

Erdflöhe schädigen Jungpflanzen, die sie bei trockenem und warmem Wetter ganz vernichten können. Als vorbeugende Maßnahme hilft regelmäßige Bewässerung (171)

Fäulniserregende Pilze und Bakterien werden mit bereits während der Vegetation verseuchtes Lagergut eingeschleppt.

Sofort nach dem Einlagern von Obst und Gemüse ist dafür zu sorgen, daß das Eindringen von Fäulnispilzen und Bakterien verhindert wird. Die meisten Produkte lagern wir bei 2—5 °C und 85—90 % relativer Luftfeuchtigkeit. Wenn die Feuchtigkeit unter 80 % sinkt, verlieren Wurzelgemüse und Früchte zu viel Wasser. Feuchtigkeit über 90 % dagegen ist der Verbreitung von Pilzkrankheiten und vor allem von Fäulnisbakterien förderlich. Diese Bedingungen lassen sich durch Belüften und Befeuchten der Lagerräume aufrechterhalten.

Besonders wichtig ist es, den Lagerraum (meist ein Keller) vor dem Einbringen von Obst, Gemüse und Blumenzwiebeln gut zu desinfizieren bzw. zu schwefeln (8 g Schwefel auf 1 m³). Bevor der Schwefel abgebrannt wird, sind alle Tür- und Fensterritzen zu verstopfen und alle Metallteile durch Ölanstrich zu schützen. Zuvor werden die Wände mit Kalk geweißt und Regale, Fenster- und Türrahmen gründlich abgewaschen. Nach 24 Stunden wird der Lagerraum gut gelüftet. Knollen und Zwiebeln müssen evtl. vor dem Einlagern behandelt werden.

Am sorgfältigsten müssen vor dem Lagern Wurzelgemüse, Zwiebeln, Knoblauch, Kartoffeln und Kernobst durchgesehen und ausgelesen werden, denn sie lassen sich nicht mit chemischen Mitteln schützen und sind anfällig für Verderb. Kartoffeln, Obst und Zwiebeln schichtet man in nur einer oder in dünnen Schichten in Steigen. Speisezwiebeln und Knoblauch sollen trocken lagern; sie vertragen auch Temperaturen unter dem Gefrierpunkt.

Wichtig ist, während der Lagerzeit rechtzeitig alle faulen oder angefaulten Früchte, Zwiebeln und Knollen zu entfernen und zu verbrennen. Äpfel und Birnen sollen nicht länger lagern als sie vertragen. Diese Maßnahmen ermöglichen es uns, die übermäßige Verbreitung von Lagerfäuleerregern zu verhindern.

Krankheiten und Schädlinge einzelner Pflanzengruppen

Bezeichnung der Krankheit bzw. des Schädlings	Ursache	Schadbild	Bekämpfung
Gemüse			
Kohlgemüse (die gleichen Krankheiten und Schädlinge befallen auch Rettich und Radieschen)			
Schwarzbeinigkeit	Pilze	Gewebe am Wurzelhals wird schwarz und runzlig, Pflanze welkt und stirbt ab.	Beizung des Saatguts; Bodendesinfektion; angemessener Pflanzabstand, Gewächshaus und Frühbeet gut lüften.
Kohlhernie	Schleimpilz	Verschieden große knollige Wucherungen an den Wurzeln; auffälliges Verkümmern der oberirdischen Pflanzenteile.	Boden auf neutrale oder alkalische Reaktion aufkalken; vor der Aussaat und dem Auspflanzen Boden entseuchen, befallene Pflanze vernichten, Unkräuter aus der Familie der Kreuzblütler vernichten, Fruchtfolgen einhalten.
Adernschwärze des Kohls	Bakterium	Vergilben der Blätter vom Rand aus, Adernetz schwarz verfärbt (Zerstörung der Gefäßbündel).	Vernichten der befallenen Pflanzen; weitgestellte Fruchtfolge.
Falscher Mehltau	Pilz	Hellere, unregelmäßige, verschieden große Blattflecken; an der Unterseite Pilzbefall; Blätter werden braun und sterben ab.	Dünn säen; ausreichender Pflanzenabstand; kranke Kohlrückstände nach der Ernte vernichten.
Erdflöhe	Blattflohkäfer	Fraßstellen (Schabe- od. Lochfraß), oft Vernichtung der ganzen Pflanze.	Bei Trockenheit ausreichend wässern; Bodenoberfläche lockern, um Wasserverlust zu vermeiden.
Kohlweißling	Schmetterlingsraupe	Raupen fressen die Blattspreiten ab; übrig bleiben die Blattrippen.	Ablesen der Eier und Raupen; nur bei starkem Auftreten Insektizide gegen Raupen einsetzen.
Kohleule	Schmetterlingsraupe, »Herzwurm«	Raupen fressen die Blätter der Kohlköpfe und Gänge in die Röschen des Blumenkohls.	Ablesen der Eier, bei starkem Befall Raupen mit Insektiziden vernichten, bevor sie ins Innere der Köpfe vordringen.
Kleine Kohlfliege	Fliegenmade	Larven fressen an jungen Wurzeln und am Wurzelhals, später vernichten sie das ganze Wurzelsystem (Maden in den Hauptwurzeln).	Bodenentseuchung vor Pflanzenanzucht, bei starkem Befall Insektizide einsetzen, Abdecken mit engmaschigen Netzen.
Kohlblattlaus (Mehlige Kohllaus)	Blattlaus	Blattverformungen durch Saugen; Überträger von Viruskrankheiten.	Nur bei starkem Befall Insektizide einsetzen.
Wurzel- und Knollengemüse			
Blattfleckenkrankheit an Sellerie	Pilz	Gelblichbraune, unregelmäßige Flecken mit schwarzen Stippen, Blätter sterben später ab.	Fruchtwechsel einhalten; Erde für Pflanzenanzucht entseuchen; Saatgut beizen.
Schwarzfäule der Möhre	Pilz	Infizierte Stellen werden dunkel, später eingesunken; Verbreitung bis in tiefere Bodenschichten, Vernichtung der ganzen Wurzel.	Fruchtfolge einhalten; Saatgut beizen; befallene Möhren vernichten; nur gesunde Möhren lagern.
Kraut- und Knollenfäule der Kartoffel	Pilz (gleichzeitig Erreger der Kraut- und Braunfäule der Tomate)	Befällt Kraut und Knollen, Absterben der Blätter vom Rand aus, später weißer Pilzbelag am Blatt; an den Knollen bleigraue, eingefallene Flecken, Knollen zum Lagern ungeeignet.	Befallene Pflanzen vernichten, Fungizide einsetzen.
Trockenfäule der Kartoffel	Pilze	Lagerungskrankheit; Schale verwelkt und wird faltig; oft auch Pilzhäufchen auf den Knollen.	Lagerräume trocken und kühl halten.
Kartoffelkäfer	Blattkäfer (Imago und Larve)	Kahlfraß an Blättern.	Ablesen der Käfer, Eier und Larven; bei starkem Befall mit Insektiziden bekämpfen.
Blattgemüse			
Falscher Mehltau an Salat	Pilz	Hellgelbe Flecken an Salatblättern, die sich vergrößern bis sie ineinander übergehen; an der Blattunterseite weißer Pilzbelag.	Boden entseuchen; Frühbeete gut lüften.
Salatfäule	Pilze	Faulen des Wurzelhalses.	Boden entseuchen.
Falscher Mehltau an Spinat	Pilz	Gelbe Blattflecken, an der Blattunterseite grauer Pilzbelag.	Richtige Fruchtfolge einhalten, dünn aussäen (weiter Pflanzenabstand).
Zwiebelgemüse			
Gelbstreifigkeit der Zwiebel	Virus	Gelbe Streifen auf den Zwiebelblättern, Blätter hängen später herunter.	Befallene Pflanze schnell aus dem Bestand entfernen und vernichten.
Falscher Mehltau der Zwiebel	Pilz	Blaßgelbe Flecken an Blättern und Blütenstielen der Zwiebeln, später violett-grauer Pilzbelag; das befallene Gewebe zerfällt und stirbt ab.	Fruchtwechsel; befallene Zwiebeln entfernen; Fungizide einsetzen.
Mehlkrankheit der Zwiebel	Pilz	Pflanzen welken, Wurzeln von einem weißen mehlähnlichen Pilzgewebe zerstört; befällt Knoblauch, Schalotten, Porree u. Schnittlauch.	Knoblauch vor dem Auslegen beizen; stauende Nässe vermeiden; Anbau auf verseuchten Böden unterlassen.
Fruchtgemüse			
Tabakmosaik an der Tomate	Virus	Unregelmäßige hellgrüne Flecken auf den Blättern und gelbe Flecken auf den Früchten.	Befallene Pflanzen vernichten; Boden entseuchen, Gartengeräte u. Hände desinfizieren.

Krankheiten und Schädlinge einzelner Pflanzengruppen

Bezeichnung der Krankheit bzw. des Schädlings	Ursache	Schadbild	Bekämpfung
Kraut- und Braunfäule der Tomaten	Pilz (gleichzeitig Erreger der Kraut- und Knollenfäule der Kartoffel)	Pilzbefall an Blättern, Stengeln und Früchten; zuerst kleine graugrüne Stellen, die sich vergrößern; das erkrankte Gewebe wird dunkel und braun, Oberfläche faltig.	Gewächshaus lüften, Luftfeuchtigkeit senken; beim Gießen Blätter und Früchte nicht benetzen; kranke Pflanzen vernichten; Fungizide anwenden.
Blattfleckenkrankheit der Tomate	Pilz	Unregelmäßige bräunliche Flecken mit gelbem Rand.	Kranke Pflanzen vernichten, nicht auf den Kompost werfen; mit Fungiziden spritzen.
Braunfleckigkeit (Samtfleckenkrankheit) der Tomate	Pilz	Befällt Treibtomaten; gelbliche Flecken auf den Blättern, an der Blattunterseite samtiger Pilzbelag, zuerst weißlichgrau, später grün.	Gut lüften, Luftfeuchtigkeit senken; Blätter beim Gießen nicht benetzen.
Blattläuse	Saugende Insekten	Schädigen die Pflanze durch Saugen und durch Ausscheidungen (Honigtau), die Befall durch Rußtaupilze verursachen.	Bei starkem Befall mit Insektiziden behandeln.
Wurzelgallenälchen	Fadenwürmer (Nematoden)	Beschädigen die Wurzeln.	Wurzelrückstände vernichten; Boden entseuchen.
Gurkenmosaik	Virus	Unregelmäßige mosaikartige Färbung der Blätter, Pflanzen verkümmern; Früchte sind grün oder weiß, teils verkrüppelt.	Blattläuse bekämpfen, da diese Virusüberträger sind.
Bakterien-Blattfleckenkrankheit der Gurke	Bakterium	Befall an Blättern, Stengeln, Blüten und Früchten; »Ölflecken«, schleimige Tropfen an der Blattunterseite, angereichert mit Bakterien.	Weit gestellte Fruchtfolge.
Gurkenkrätze	Pilz	Befall vor allem an Früchten, aber auch an Blättern und Stielen; eingefallene nekrotische Flecken mit »Wundgummi«, bei Feuchtigkeit Pilzüberzug.	Luftfeuchtigkeit senken, weiter Pflanzenstand, vorsichtig gießen; befallene Pflanzenteile vernichten; Entseuchen des Bodens; Beizen des Saatgutes; krätzeresistente Sorten anbauen.
Gurkenmehltau (Echter Mehltau der Gurke)	Pilz	Weißer, später zusammenhängender Pilzüberzug auf Blattoberseite und -unterseite.	Befallene Pflanzen und Pflanzenteile entfernen; bei stärkerem Befall mit Fungiziden spritzen.
Gurkenwelke	Pilze	Befall der Gefäßbündel, die braun werden, verstopfen, und die Wasserzufuhr unterbrechen, so daß die Pflanze welkt.	Boden entseuchen; Pfropfen auf Feigenkürbis.
Spinnmilbe (Rote Spinne)	Milbe	Saugen an den Blattunterseiten; bei starkem Befall vergilben und vertrocknen die Blätter.	Günstige Kulturbedingungen schaffen; Akarizide einsetzen.
Motten-Schildlaus (Weiße Fliege) und Blattläuse	Saugende Insekten	Befallene Blätter deformiert; Sekundärbefall durch Rußtaupilze.	Geeignete Kulturbedingungen schaffen; bei stärkerem Befall mit Insektiziden spritzen.
Hülsenfrüchte Welkekrankheit	Pilze	Erreger am und im Saatgut; befallene Pflanzen sterben ab.	Saatgut beizen, befallene Pflanzen restlos vernichten.
Brennfleckenkrankheit der Bohne und Erbse	Pilze	Zahlreiche braune Flecken mit dunklem Rand an den oberirdischen Pflanzenteilen.	Saatgut beizen.
Spinnmilbe (Rote Spinne)	Milbe	Beschädigen die oberirdischen Pflanzenteile durch Saugen.	Geeignete Kulturbedingungen schaffen; Akarizide einsetzen.
Schwarze Bohnenblattlaus und Erbsenblattlaus	Blattläuse	Beschädigen die oberirdischen Pflanzenteile durch Saugen.	Günstige Kulturbedingungen schaffen; mit Insektiziden spritzen.
Erbsenblasenfuß	Thrips (Fransenflügler)	Saugt an Blüten, Schößlingen und Hülsen; Blüten vertrocknen und fallen ab; befallene Hülsen verformen sich.	Günstige Kulturbedingungen schaffen; bei stärkerem Befall Insektizide einsetzen.
Erbsengallmücke	Gallmücke	Larven fressen weiche Früchte, Hülsen verformen sich, innen bedecken sie sich mit einem weißen, watteartigen Belag.	Befallene Pflanzenteile entfernen; Insektizide zur Zeit der Blüte anwenden.
Erbsenmosaik u.a. Viruserkrankungen	Viren	Drehen der Hülsen nach unten; besenartiger Wuchs; ungleichmäßige Färbung der Blätter, Deformationen, Kräuselungen, nekrotische Flecken und schwarzbraune Striche auf den Blättern.	Befallene Pflanzen rechtzeitig vernichten; neu aussäen.
Obst *Erdbeeren* Grauschimmel	Pilz	Braune Flecken auf den Früchten, Frucht wird später ganz braun und überzieht sich mit filzigem Pilzmyzel und Sporenschicht.	Befallene Früchte rechtzeitig entfernen und vernichten; bei Gefahr starken Befalls Fungizide einsetzen (zur Blütezeit).
Erdbeer- und Himbeerblütenstecher	Rüsselkäferlarve	Käfer legt seine Eier in die Knospe; Larven fressen den Blütenstiel an, so daß die Blüte vertrocknet.	Befallene Blütenstiele vernichten; wenn starker Befall erwartet wird, während der Blüte Insektizide einsetzen.
Erdbeermilbe	Milbe	Larven und erwachsene Tiere befallen Blätter und Blütenstände; Blätter olivgrün gefärbt, ein Teil der jungen Blätter wird braun und verkümmert.	Jungpflanzen nur von gesunden Mutterpflanzen verwenden; stark befallene Pflanzen verbrennen; Fruchtfolge einhalten; Setzlinge vor dem Pflanzen 30 Minuten in 43°C warmes Wasser tauchen.

Krankheiten und Schädlinge einzelner Pflanzengruppen

Bezeichnung der Krankheit bzw. des Schädlings	Ursache	Schadbild	Bekämpfung
Erdbeerälchen	Nematode (Fadenwurm)	Verspätet einsetzendes Pflanzenwachstum; geringer Fruchtansatz.	Befallene Pflanzen vernichten, nur gesundes Pflanzenmaterial verwenden; Boden entseuchen.
Stengelälchen	Nematode (Fadenwurm)	Beschädigt die oberirdischen Pflanzenteile und hemmt Wachstum; Blattkräuselungen, Ränder nach unten gebogen.	Fruchtwechsel, befallene Pflanzen vernichten.
Himbeeren, Brombeeren			
Himbeerrost	Pilz	Gelbe, später braunwerdende Flecken auf dem Blatt; rostbraune Sporenhäufchen an den Blattunterseiten.	Befallene Blätter sammeln und verbrennen; abgeerntete Triebe entfernen.
Himbeerrutenmücke	Gallmückenlarve	Larven beschädigen die Triebe bis 80 cm über dem Boden, dunkelbraune Flecken, Rinde schält sich; Ruten vertrocknen, es kommt zu Infektionen.	Ruten unter der Befallstelle abschneiden und verbrennen.
Johannis- und Stachelbeeren			
Johannisbeermotte	Schmetterlingsraupen	Raupen fressen im Frühjahr Knospen ab.	Nur bei stärkerem Insektizide anwenden.
Johannisbeergallmücke	Gallmücke	Saugen an den Blättern der Triebspitzen; es werden wenig Blütenknospen angesetzt.	Bei stärkerem Befall Insektizide einsetzen.
Johannisbeerblasenlaus	Blasenlaus	Saugschäden an Blättern.	Nur bei stärkerem Befall Insektizide einsetzen.
Apfel			
Feuerbrand (auch an Birne, Weißdorn, Zwergmispel u.a. Rosengewächsen)	Bakterium	Kronblätter werden braun bis schwarz, bleiben jedoch am Baum hängen; später sterben die Zweige und schließlich der ganze Baum ab.	Pflanze und Umgebung des befallenen Baumes entseuchen; Baum fällen; meldepflichtig.
Apfelmehltau	Pilz	Blätter und Triebe wie mit Mehl bestäubt; Knospen klein; Pilzlager stirbt bei -25°C ab.	Bei Winterschnitt alle befallenen Triebe und Zweige abschneiden, verbrennen. Fungizide einsetzen.
Obstbaumkrebs	Pilz	Krebswülste und Krebswunden.	Befallene Äste abschneiden; Wundverschlußmittel einsetzen.
Monilia-Fruchtfäule	Pilz	Konzentrische Sporenhäufchen an den Früchten.	Insekten vernichten (Fliegen, Wespen übertragen die Krankheit).
Apfelschorf	Pilz	Befall an Blatt und Früchten, Blätter fallen vorzeitig ab, Früchte faulen im Lager.	Sortenwahl; luftige Krone; Laub im Herbst entfernen; bei stärkerem Befallsdruck mit Fungiziden spritzen.
Grüne Apfellaus, Mehlige Blattlaus, Apfelgraslaus	Blattläuse	Saugschäden	Bei stärkerem Befall Insektizide einsetzen.
Blutlaus	Blasenlaus	Geschwulstbildung an Wurzeln, Stämmen und Zweigen durch Saugen.	Befallene Zweige verbrennen, Wundstellen ausschneiden, Stamm abbürsten; Insektizide anwenden.
Apfelsägewespe	Blattwespenlarve	Larven befallen Fruchtanlagen und bewirken »Wurmstichigkeit« der Äpfel.	Wenn stärkerer Befall zu erwarten ist, Insektizide gegen schlüpfende Larven einsetzen.
Apfelwickler	Schmetterlingsraupe (»Obstmade« oder »Wurm«)	Raupen fressen Gänge in die Früchte (»Wurmstichigkeit«)	Moos, Flechten, lose Borke an Stämmen entfernen; Fallobst aufsammeln und ggf. vernichten; Obstlager für Falter unzugänglich machen. Bei starkem Befall mit Insektiziden spritzen, wenn Larven schlüpfen (Obstmadenspritzung).
Birne			
Birnengitterrost	Pilz	Orangerote Flecke auf den Blättern.	Sadebaum (Juniperus sabina) entfernen, um Wirtswechsel zu verhindern; Fungizide anwenden.
Birnenschorf	Pilz	Sonst wie beim Apfelschorf, allerdings werden hier auch junge unverholzte Triebe befallen.	Richtige Standortwahl; luftige Krone; Herbstlaub entfernen; bei stärkerem Befall mit Fungiziden spritzen.
Birnenblattsauger	Blattsauger (Blattfloh)	Larven saugen an Blatt- und Blütenknospen, später auch an Blättern, Blüten und Früchten; Blüten fallen ab.	Nur bei stärkerem Befall Insektizide einsetzen.
Birnengallmücke	Gallmückenlarve	Larven fressen die neu angelegten Früchte aus, später werden die Birnen schwarz und platzen.	Wenn späterer Befall zu erwarten ist, mit Insektiziden spritzen.
Pflaumen			
Narren- oder Taschenkrankheit	Pilz	Verunstaltung der Früchte.	Befallene Früchte entfernen; Fungizide anwenden.
Mehlige Pflaumenlaus Kleine Pflaumenlaus	Blattläuse	Schädlinge saugen an Knospen, Blättern, jungen Trieben; Überträger von Viruskrankheiten.	Nur bei stärkerem Befall Spritzung mit Insektiziden.

Krankheiten und Schädlinge einzelner Pflanzengruppen

Bezeichnung der Krankheit bzw. des Schädlings	Ursache	Schadbild	Bekämpfung
Pflaumensägewespen	Blattwespenlarve	Larven fressen an den Früchten.	Nur wenn stärkerer Befall erwartet wird, kurz nach der Blüte mit Insektiziden spritzen.
Pflaumenwickler	Schmetterlingsraupe (»Pflaumenmade«)	Larven bewirken »Wurmstichigkeit« der Früchte.	Wenn stärkerer Befall erwartet wird, mit Insektiziden spritzen.
Süß- und Sauerkirschen Schrotschußkrankheit der Kirschen	Pilz	Längliche, rot bis orange gerändete Flecken auf den Blättern, die später schwarz werden, Gewebe stirbt ab und fällt heraus; Früchte mit braunroten Flecken, Früchte wertlos.	Bei stärkerem Befall mit Fungiziden spritzen.
Moniliakrankheit	Pilz	Spitzendürre der Triebe, zunächst aber Welken der Blüten; wenn der Pilz in den Trieb hineinwächst, werden auch die Triebe dürr.	Regelmäßiger Schnitt, bei Befall ins gesunde Holz zurückschneiden.
Blattbräune	Pilz	Bäume verlieren ihr Laub nicht im Winter; Blätter mit gelber bis orangegelber Verfärbung, an den Unterseiten dunkle Sporangienhäufchen; Früchte fleckig und fallen ab.	Fungizide anwenden.
Schwarze Kirschenlaus	Blattlaus	Blattläuse befallen die Triebe und behindern durch ihre Saugtätigkeit das Wachstum; bei starkem Befall sterben die Triebspitzen ab.	Nur bei stärkerem Befall mit Insektiziden spritzen.
Pfirsich Kräuselkrankheit	Pilz	Verunstaltete Blätter, zuerst erscheinen blasenartige Flecken, die ineinanderfließen, ganzes Blatt gekräuselt und rot gefärbt; befallene Zweige bleiben im Wachstum zurück.	Bei stärkerem Befall Fungizide einsetzen.
Pfirsichschorf	Pilz	Auf Blättern braune, an den Früchten olivgrüne Flecken; Früchte verkümmern und fallen ab.	Fungizide einsetzen.
Grüne Pfirsichlaus	Blattlaus	Beschädigt im Frühjahr durch Saugen Blätter und Triebe; Blätter vergilben und fallen ab; Überträger von Virosen.	Bei stärkerem Befall mit Insektiziden spritzen.
Schalenobst *Walnuß* Bakteriose der Walnuß	Bakterium	Auf Blättern kleine, ineinander überfließende braune Flecken; Blätter sterben und fallen ab; auf Früchten wäßrige Flecke, später auf die Kerne übergehend, Kerne wertlos.	Befallene Pflanzenteile vernichten.
Marssonina-Krankheit	Pilz	Zuerst gelbe, dann sich vergrößernde und braunwerdende Flecken auf den Blättern; befallen werden auch die Früchte.	Abgefallene Blätter auflesen und verbrennen; Fungizide einsetzen.
Hasel Haselnußbohrer	Rüsselkäferlarve	Larven entwickeln sich in der Nuß und fressen den Kern, »Madigkeit« der Haselnuß.	Entfernen der befallenen Früchte; Insektizide einsetzen.
Haselnußblattlaus	Blattlaus	Larven und erwachsene Tiere saugen an Blatt- und Blütenknospen; während der Blütezeit vertrocknen die Blüten; Sträucher wachsen ungleichmäßig und setzen wenig Blüten an.	Bei stärkerem Befall Insektizide einsetzen.
Weinrebe Blattfallkrankheit (Falscher Mehltau)	Pilz	Erste Anzeichen sind »ölige« Flecke auf den Blättern; Krankheit befällt manchmal das ganze Blatt und die Gescheine; Flecke werden gelb, später braun; Beeren trocknen ein und werden braun; zuletzt sind sie völlig mumifiziert (Lederbeeren).	Fungizide anwenden.
Rebenmehltau (Echter Mehltau)	Pilz	Verstreute, weißliche Flecken auf den Blättern, die wie mit Mehl bepudert aussehen; befallene Beeren reifen nicht aus, reißen auf und scheiden Fruchtfleisch und Samen aus.	Fungizide einsetzen.
Weinrebenschorf	Pilz	Im Sommer werden die Blätter gelb, bei den blauen Sorten rot; verlangsamte Entwicklung der Wurzeln.	Ausgewogene Ernährung; Auswahl nicht verseuchter Grundstücke.
Grauschimmel	Pilz	Trauben verschimmeln; Beeren mit grauem Belag (sporentragendes Pilzlager).	Entfernen der Blätter, rechtzeitiger Schnitt der Triebe und Vernichten des abgeschnittenen Holzes; Fungizide anwenden.

Krankheiten und Schädlinge an Zierpflanzen

Gattung	Krankheit, Schädling	Erreger	Krankheitsbild	Bekämpfung
Stauden				
Alyssum (Steinkraut)	Wärzchenkrankheit (Falscher Mehltau)	Pilz	An der Blattoberseite knotenförmige Wärzchen, an der Unterseite Pilzauflage.	Befallene Pflanzen vernichten; Fungizide einsetzen.
	Hernie (Kropfkrankheit)	Pilz	An den Wurzeln unterschiedlich große Wucherungen; oberirdische Teile welken.	Befallene Pflanzen vernichten; Entseuchen des Bodens.
Aquilegia (Akelei)	Mehltau	Pilz	Weißliche, mehlige Bezüge auf den befallenen Organen.	Befallenen Pflanzenteile entfernen; Fungizide einsetzen.
	Blattläuse	Saugende Insekten	Beschädigung der oberirdischen Pflanzenteile durch Saugen	Geeignete Kulturbedingungen schaffen; spritzen mit Insektiziden nur bei starkem Befall.
Arabis (Gänsekresse)	Blütenknospengallmücke	Gallmückenlarve	Gallenartige Deformationen der Blätter und Knospen.	Insektizide
Aster (Aster)	Asternwelke	Pilze	Blätter vergilben plötzlich; Pflanze welkt und stirbt ab.	Nicht an verseuchte Stelle pflanzen; Fungizide.
	Echter Mehltau	Pilz	Mehlige, weißliche Beläge an der Blatt- und Stengeloberfläche.	Für geeignete Standortbedingungen sorgen; Fungizide
Delphinium (Rittersporn)	Bakterien-Schwarzfleckenkrankheit	Bakterium	Unregelmäßige, glänzende schwarze Flecke an den Blättern, Stielen, Stengeln und Blüten.	Befallene Pflanzen vernichten.
	Gurkenmehltau	Pilz	Mehlartiger, weißlicher Belag an der Oberseite der befallenen Pflanzenteile.	Befallene Pflanzenteile vernichten; Fungizide.
	Silbergeldeule	Schmetterlingsraupe	Raupen fressen die Blätter der Triebspitzen.	Mechanische Vernichtung der Raupen; Insektizide.
Doronicum (Gemswurz)	Blattälchen	Fadenwürmer (Nematoden)	Kantige, glasartig durchscheinende, gelbliche bis schwarze Flecken.	Vernichten der befallenen Pflanzen; Nematizide.
Helenium (Sonnenbraut)	Blattfleckenkrankheit	Pilz	Graubraune Flecken mit dunkelbraunen oder rötlichen Rändern auf den Blättern, in der Mitte dunkle Sporangienhäufchen.	Bodenentseuchung; Fungizide.
	Dörrfleckenkrankheit	Pilz	An den Blattspreiten kleinere runde oder unregelmäßige Flecken; an Stengeln, Stielen und Blattnerven eingefallene Flecken.	Beizen der Samen; Fungizide.
Helianthus (Sonnenblume)	Stengelfäule und Welkekrankheit	Pilze	Fäule an Stengeln und Verwelken der ganzen Pflanze.	Boden entseuchen, Vernichten der befallenen Pflanzenteile; Fungizide.
	Echter Mehltau	Pilz	Mehliger, weißlicher Belag auf den befallenen Pflanzenteilen.	Geeignete Standortbedingungen schaffen; Fungizide
	Sonnenblumenrost	Pilz	Kleine Flecken an der Blattoberseite, Gewebe reißt auf und gibt die staubartigen Sporen frei.	Befallene Pflanzenteile entfernen, nicht wirtswechselnd; Fungizide.
Helleborus (Christrose)	Falscher Mehltau	Pilz	Helle Flecken an der Blattoberseite, an der Unterseite weißlicher Pilzbelag.	Befallene Teile vernichten; Fungizide.
Chrysanthemum (Margerite)	Welkekrankheit	Pilz	Von oben nach unten fortschreitendes Welken; beim Längsschnitt durch den Stengel sind die braunen, abgestorbenen Gefäßbündel zu sehen; Infektion durch verseuchten Boden.	Entseuchen des Bodens; Fungizide.
	Echter Mehltau	Pilz	Weißlicher, mehliger Belag auf der Pflanze.	Befallene Pflanzenteile entfernen; Fungizide
	Chrysanthemenrost	Pilz	Flecken auf der Blattunterseite, seltener Oberseite; nach dem Aufreißen des Gewebes werden die Sporen frei.	Entfernen der befallenen Pflanzenteile; Wirtswechsel nicht bekannt; Fungizide.
	Blattfleckenkrankheit	Pilz	Zuerst kleine gelbliche Flecke, die sich vergrößern, ineinanderfließen und später braun bis schwarz werden.	Befallene Pflanzenteile entfernen; Fungizide
	Grauschimmel	Pilz	Beschädigt die Blüten, aber auch Stengel; kleine graubraune Flecken, später bedeckt mit staubigen Sporen.	Für richtige Anbaubedingungen sorgen; Fungizide
	Eulenraupen	Schmetterlingsraupe	Raupen fressen am Wurzelhals und an den Wurzeln.	Raupen sammeln und vernichten; Insektizide
Lupinus (Lupine)	Graurüßler (Blattrandrüßler)	Rüsselkäfer	Halbmondförmige, ausgefressene Blattränder; bei starkem Befall fast Kahlfraß.	Insektizide
Paeonia (Pfingstrose)	Basale Stengelfäule	Pilz	Faulen der Stengel und Welken der Pflanze.	Bodenentseuchung; Beizen der Knollen und Stecklinge; Fungizide.
	Welkekrankheit	Pilz	Der Längsschnitt zeigt braune Wasserleitungsbahnen; gelbe Flecke, Welken und Absterben der Pflanze.	Bodenentseuchung; Beizen der Knollen; Fungizide.
	Grauschimmel	Pilz	Welken der jungen Triebe; Knospen werden braun und sterben ab; im Sommer graue Flecken auf Blättern und Stengeln.	Günstige Anbaubedingungen schaffen; Fungizide.

Krankheiten und Schädlinge an Zierpflanzen

Gattung	Krankheit, Schädling	Erreger	Krankheitsbild	Bekämpfung
	Ringfleckigkeit	Virus	Unregelmäßige gelbe Flecken.	Vernichten der Pflanze, Entseuchen von Boden und Gartengeräten.
Phlox (Flammenblume)	Echter Mehltau	Pilz	Mehlartiger, weißlicher Belag an der Oberseite der befallenen Pflanzenteile; bei starkem Befall vorzeitiger Blattfall.	Fungizide
Primula (Schlüsselblume, Primel)	Wurzelbräune	Pilz	Schwarzwerden und Faulen der Wurzeln; Vergilben des Laubes.	Befallene Pflanze entfernen; Fungizide.
	Grauschimmel	Pilz	Schädigung von Blättern, Trieben, Knospen und Blüten; graubraune Flecken mit staubigen Sporen.	Günstige Anbaubedingungen schaffen; Fungizide.
	Ramularia — Blattfleckenkrankheit	Pilz	Graue, eintrocknende Flecken; an der Blattunterseite weißlicher Belag.	Befallene Pflanzenteile vernichten; Fungizide
Rudbeckia (Sonnenhut)	Echer Mehltau	Pilz	Mehlartiger, weißlicher Belag an den befallenen Pflanzenteilen.	Befallene Pflanzenteile vernichten; Fungizide.
	Falscher Mehltau	Pilz	Mehlartiger, weißlicher Belag an der Blattunterseite, an der Oberseite helle Flecken.	Befallene Pflanzen vernichten; Fungizide.
	Blattfleckenkrankheit	Pilze	Flecken an den Blättern	Für geeignete Standortbedingungen sorgen; Fungizide.
Solidago (Goldrute)	Echter Mehltau der Gurke	Pilz	Mehlartiger, weißlicher Belag an den befallenen Pflanzenteilen.	Für geeignete Standortbedingungen sorgen; Fungizide.
Veronica (Ehrenpreis)	Falscher Mehltau	Pilz	An der Blattoberseite helle Flecken, an der Unterseite weißlicher Belag.	Entfernen der befallenen Pflanzenteile; Fungizide.
Campanula (Glockenblume)	Sclerotinia — Stengelfäule	Pilz	Stengel faulen und Pflanze welkt.	Bodenentseuchung, Entfernen der befallenen Pflanzenteile; Fungizide.

Rosen

Gattung	Krankheit, Schädling	Erreger	Krankheitsbild	Bekämpfung
Stämme und Zweige	Rindenfleckenkrankheit	Pilz	Große runde Flecke an der Rinde, die sich vergrößern in graubraune Streifen abgestorbenen Gewebes, Zweige sterben ab.	Winterschutz rechtzeitig entfernen; Fungizide.
	Okuliermade	Mückenlarve	Larven fressen das Mark im Trieb.	Befallene Pflanzenteile mit den Larven vernichten; Insektizide.
Blätter	Echter Mehltau	Pilz	Mehlartiger, weißlicher Bezug auf den Blättern.	Befallene Pflanzenteile entfernen; mehltauresistente Züchtungen verwenden; Fungizide.
	Sternrußtau	Pilz	Dunkelbraune bis rotviolette Flecken mit feinem strahlenartigem Rand auf Blättern; befallen werden auch Triebe und Blüten.	Resistente Sorten anpflanzen; starken Blattlausbefall verhindern.
	Rosenrot	Pilz	Gelbliche oder rötliche Flecken, an der Unterseite staubartige Rostsporenhäufchen.	Befallene Teile verbrennen; nicht wirtswechselnd; resistente Sorten anpflanzen.
Blüten	Botrytis-Blütenknospenfäule und Blütenpocken	Pilz	Blütenknospen entwickeln sich nicht.	Richtige Anbaubedingungen schaffen; Fungizide.

Einjahrs- und Zweijahrsblumen

Gattung	Krankheit, Schädling	Erreger	Krankheitsbild	Bekämpfung
Callistephus chinensis (Sommeraster)	Asternwelke und Umfallkrankheit (Schwarzbeinigkeit)	Pilze	Welken der Pflanze, Wurzelhals und untere Stengelteile werden schwarz.	Kulturfolge beachten; kranke Pflanzen entfernen; Boden entseuchen; Beizen der Samen, resistente Sorten verwenden.
Begonia-Semperflorens-Hybriden (Begonie)	Blattfleckenkrankheit	Bakterium	Gelbliche, durchscheinende Flecken an den Blättern, sie werden braun und sterben ab.	Boden entseuchen; kranke Pflanzen vernichten.
	Grauschimmel	Pilz	Graubrauner staubiger Sporenbelag; befallen werden vor allem Blätter und Blüten.	Bessere Anbaubedingungen schaffen; Fungizide.
Zinnia (Zinnie)	Sclerotinia — Stengelfäule	Pilz	Faulen der Stengel und Welken der Pflanze.	Kulturfolge beachten; befallene Pflanzen entfernen; Fungizide.
	Alternariakrankheit	Pilz	Flecken an den befallenen Organen.	Beizen der Samen; Fungizide.
Cheiranthus (Goldlack)	Bakterienwelke	Bakterium	Kleine, gelbliche Flecke, sog. »Ölflecke«, später Welken der Pflanze.	Befallene Pflanzen entfernen.
	Falscher Mehltau	Pilz	An der Blattoberseite helle Flecken, an der Unterseite weißlicher Belag, Pflanze stirbt ab.	Befallene Pflanzen oder Pflanzenteile entfernen; Fungizide.
	Kohlhernie (Kropfkrankheit)	Schleimpilz	Wucherungen an den Wurzeln, Wachstumsstopp und Vergilben und Absterben der Pflanze.	Kranke Pflanzen vernichten; Bodenentseuchung, Kulturfolge.
	Großer Kohlweißling	Schmetterlingsraupen	Raupen fressen an Blättern und Blüten.	Eier ablesen.

Krankheiten und Schädlinge an Zierpflanzen

Gattung	Krankheit, Schädling	Erreger	Krankheitsbild	Bekämpfung
	Erdflöhe	Blattkäfer	Käfer fressen an den auflaufenden und heranwachsenden Pflanzen.	Geeignete Standortbedingungen schaffen;
Godetia (Godetie, Atlasblume)	Welkekrankheit	Pilz	Welken und Absterben der Pflanzen.	Richtige Fruchtfolge, kranke Pflanzen ververbrennen; Bodenentseuchung.
	Dörrfleckenkrankheit	Pilz	Kleine Flecken auf den Blättern, die sich schnell vergrößern und sich mit staubartigen Sporen bedecken.	Richtige Anbaubedingungen schaffen; Fungizide.
Antirrhinum (Löwenmaul)	Falscher Mehltau	Pilz	Helle Flecken an der Blattoberseite, weißlicher Belag an der Unterseite.	Samen beizen; Fungizide.
	Löwenmaulrost	Pilz	Auf Blättern, Stengeln, Kronblättern und Fruchtkapseln schokoladenbraune, stäubende Pusteln auf gelblichen Flecken.	Infizierte Pflanzenteile entfernen; Wirtswechsel unbekannt; Fungizide.
Lathyrus (Platterbse, Wicke)	Welkekrankheit	Pilz	Plötzliches Vergilben und Welken der Blätter, Absterben der Pflanze (im Längsschnitt sind die braunen Gefäße zu sehen).	Geeignete Kulturbedingungen schaffen; befallene Pflanzen vernichten; Boden entseuchen.
	Echter Mehltau	Pilz	Weißlicher, mehlartiger Belag an den befallenen Pflanzenteilen.	Befallene Teile beseitigen; richtige Anbaubedingungen schaffen.
	Grauschimmel	Pilz	Befallen wird die ganze Pflanze; kleine Flecke, die sich schnell verbreiten und die Pflanze mit einer staubartigen Sporenschicht überziehen.	Richtige Anbaubedingungen schaffen; Fungizide.
Dianthus (Nelke)	Fuß- und Stengelkrankheit	Pilze	Welken und Umfallen der Pflanzen; Schwarzwerden des Wurzelhalses und der Stengelbasis.	Richtige Kulturmaßnahmen; kranke Pflanzen entfernen; Bodenentseuchung; Fungizide.
	Nelkenrost	Pilz	Gelbliche bis braune Flecken an der Blattoberseite, an den Befallstellen platzt das Gewebe auf und gibt die Sporen frei.	Entfernen der befallenen Pflanzenteile; Wirtspflanzen (einige Euphorbia-Arten) vernichten; Fungizide.
	Blattfleckenkrankheit und Stengelfäule	Pilz	Graue bis braune Flecken, in der Mitte olivgrün.	Beizen des Samens; Fungizide.
	Nelkenfliege	Fliegenmaden	Blätter welken und faulen; Triebe sterben ab; kleine Gänge in Blattunterseiten und in Stengeln.	Befallene Pflanzen vernichten; Instektizide.
Viola (Veilchen, Stiefmütterchen)	Falscher Mehltau	Pilz	Helle Flecken an der Blattoberseite, an der Unterseite grauer Belag; Welken und Absterben der Pflanze.	Befallene Pflanzen oder Pflanzenteile entfernen; Fungizide.
	Veilchenrost	Pilz	Verdichte hellgrüne bis gelbliche Flecken an der Blattoberseite; Gewebe zerreißt und gibt die Rostsporen frei.	Infizierte Pflanzenteile entfernen und verbrennen; nicht wirtswechselnd; Fungizide.
Papaver (Mohn)	Falscher Mehltau	Pilz	Helle Flecken an der Blattoberseite, an der Unterseite weißlicher Belag.	Für geeignete Standortbedingungen sorgen; Fungizide.
Calendula (Ringelblume)	Blattfleckenkrankheit	Pilz	Runde gelbgrüne bis graubraune Flecken mit dunklem Rand; Blätter sind durchlöchert und sterben ab.	Befallene Pflanzenteile verbrennen; Fungizide.
	Echter Mehltau	Pilz	Mehlartige, weißliche Beläge an den befallenen Pflanzen	Richtige Kulturbedingungen schaffen, befallene Pflanzen verbrennen; Fungizide.
Myosotis (Vergißmeinnicht)	Falscher Mehltau	Pilz	Helle Flecken an der Oberseite, weißlicher Belag an der Unterseite; Pflanze welkt und stirbt ab.	Geeignete Kulturbedingungen schaffen; Fungizide.
	Echter Mehltau	Pilz	Mehlartiger, weißlicher Belag an der Pflanze; Vergilben und Absterben der Pflanze.	Richtige Kulturbedingungen schaffen; befallene Pflanzen entfernen; Fungizide.
Helichrysum (Strohblume)	Grauschimmel	Pilz	Kleine Flecken an den Blättern; Punkte auf den Blüten; Pflanze stirbt ab.	Richtige Anbaubedingungen schaffen; Fungizide.
Althaea (Stockrose, Malve)	Rost	Pilz	An Blättern und Stengeln kleine Sporenhäufchen, Blätter sterben ab.	Befallene Pflanzenteile verbrennen; nicht wirtswechselnd; Fungizide.
Salvia (Salbei)	Blattläuse und Spinnmilben	Saugende Insekten	Saugschäden	Geeignete Standortbedingungen schaffen; befallene Pflanzen oder Pflanzenteile entfernen; Insektizide, Akarizide

Unkräuter

Manch einer bekommt allein schon beim Anblick des Wortes »Unkraut« und bei der Erinnerung an die vielen beim Unkrautjäten verbrachten Stunden Rückenschmerzen. Aber wir sollten alle Dinge objektiv beurteilen. Unter den Pflanzen, die uns im allgemeinen als Unkraut bekannt sind, befinden sich auch Heilpflanzen, die dem Menschen viel mehr dienen könnten, würden sie entsprechend ausgenützt.

Wir dürfen auch nicht die Aufgabe des Unkrautes vergessen, bei der Kompostbildung als organisches Substrat zu dienen. Oft wird nur Kompost für die Düngung verwandt. Und letztendlich sagt auch das Auftreten von Unkräutern im Garten Spezifisches über den Boden aus.

Bei gut überlegten Pflegearbeiten kann man erreichen, daß das Unkraut nicht zu große Sorgen bereitet.

Manchmal kommt es vor, daß wir nur im Frühjahr Zeit zum Jäten haben; im Sommer ist dann das Unkraut schon überall und wegen anderer wichtiger Arbeiten lassen wir es nicht nur auf den Beeten, sondern auch im Kompost aussamen. Im Alpinum können wir den Giersch nicht loswerden; Rosen, Johannisbeeren, Zäune und Rasen sind von der Ackerwinde durchwachsen, in der Gartenecke breiten sich die Brennesseln aus, Wege und Rasen sind durch Gemeine Quecke und kriechende Unkräuter (Kriechendes Fingerkraut, Kriechender Hahnenfuß, Gundermann u.a.) durchsetzt; im Rasen machen uns Löwenzahn und Sumpfblättriger Ampfer zu schaffen.

Bevor wir zum letzten Mittel der Unkrautbekämpfung greifen, also zu Herbiziden, müssen wir uns fragen, ob wir wirklich alles in unseren Kräften Stehende getan haben, um gegen das Unkraut anzugehen, also: konsequent und ausreichend gehackt und gejätet, den richtigen Fruchtwechsel vorgenommen (Hülsenfrüchte, Brachland, Mais, Kartoffeln usw.) und die Unkrautquellen eingeschränkt.

Bevor wir beispielsweise ein Alpinum anlegen, sind am dafür vorgesehenen Platz besonders die mehrjährigen Unkräuter (Giersch, Ackerdistel, Quecke u.ä.) sorgfältig zu beseitigen; bevor wir Johannisbeeren oder Rosen auspflanzen, ist vor allem die Ackerwinde zu entfernen. Komposte dürfen nie dort angelegt werden, wo sich Ackerschachtelhalm, Ackerdistel, Ackerwinde und andere tief wurzelnde Unkräuter breit machen, da sie den Kompost durchwachsen können. Wächst Quecke in der Nähe, ist der Kompost schon bald durch ihre unterirdischen Ausläufer durchwachsen. Und wer regelmäßig Unkräuter bekämpft, stellt bald fest, daß sich die Anwendung chemischer Mittel erübrigt.

◄ *Der Löwenzahn* (Taraxacum officinale) *gehört zu den ausdauernden Unkräutern. Zu seiner Bekämpfung sind vorbeugende Maßnahmen, wie die Vernichtung der Unkrautherde, reines Saatgut, Fruchtwechsel, sowie Bodenpflege wichtig. Im Garten, besonders auf dem Beet, ist der Löwenzahn ein sehr lästiges Unkraut (173)*

Gartenunkräuter

Vom Standpunkt der konsequenten Unkrautbeseitigung im Garten ist nur eine solche Klassifizierung von Bedeutung, die die Unkräuter nicht nach dem botanischen System, sondern nach biologisch ähnlichen Gruppen gliedert, also in

Einjährige:
▶ Winterunkräuter,
▶ zeitige Frühjahrsunkräuter,
▶ späte Frühjahrsunkräuter und

Ausdauernde:
▶ sich überwiegend generativ (durch Samen) vermehrende Unkräuter,
▶ sich vegetativ vermehrende Unkräuter (flach und tief wurzelnde).

Winterunkräuter

In diese Gruppe gehören einerseits Unkräuter wie Efeublättriger Ehrenpreis, Frühlings-Ehrenpreis, Frühlings-Hungerblümchen, Dolden-Spurre u.a., die eine kurze Vegetationszeit haben und noch im Winter oder zeitig im Frühjahr

Unkräuter im frühen Stadium ihres Wachstums zu bestimmen, lohnt sich immer. Wer sie rechtzeitig vernichtet, spart sich später größere Mühe. Im Bild die Kleine Brennessel (Urtica urens) *(174)*

reifen, zum anderen Unkrautarten mit sehr kurzer Vegetationszeit, die aber ihr Wachstum und ihre Entwicklung in jeder beliebigen Zeitperiode abschließen können und winterhart sind (Hirtentäschel, Ackerhellerkraut, Vogelmiere, Rote Taubnessel, Stengelumfassende Taubnessel, Einjähriges Rispengras, Ehrenpreis, Gemeines Kreuzkraut, Akker-Stiefmütterchen und andere). Zu den Winterunkräutern gehören auch diejenigen, die als Keimlinge überwintern und ihre Entwicklung erst in der Sommerperiode vollenden, wie z. B. Gemeiner Reiherschnabel, Storchschnabel, Kanadisches Berufkraut, Gemeiner Erdrauch, Hundspetersilie, Rainkohl und andere.

Die Winterunkräuter sind besonders in mehrjährigen und überwinternden Nutzpflanzungen schädlich (Erdbeeren, Rasen, Staudenpflanzen) und bei Gemüse. Das Bekämpfen dieser Unkräuter besteht vor allem in vorbeugenden Maßnahmen (keine Samen ansetzen).

Einjährige zeitige Frühjahrsunkräuter

Sie keimen sehr zeitig im Frühling (Unkräuter, die im Herbst aufgehen, sind meistens frostgeschädigt) und bedeuten für den Garten keine große Gefahr. Dazu zählen Ackersenf, Rettich, Hohlzahn, Gemeiner Windenknöterich als typische Feldunkräuter. Im Garten werden sie meistens nicht geduldet. Ackergauchheil, Vögelknöterich, Kleine Brennessel und einige andere Unkräuter dagegen keimen während des ganzen Jahres.

Einjährige späte Frühjahrsunkräuter

Sie keimen vor allem bei höheren Bodentemperaturen und sind typische Gartenunkräuter. Sie haben eine kurze Vegetationszeit und wachsen häufig bis zum Bestandsschluß in den Gemüsebeeten. Jede Pflanze bildet eine große Anzahl Samen oder Früchte, die viele Jahre lang keimfähig bleiben. Hierzu gehören: Einjähriges Bingelkraut, Grüne Borstenhirse, Hühnerhirse, Acker-Fuchsschwanz, Gartenmelde, Rutenmelde, Nachtschatten, Weißer Gänsefuß, Vielsamiger Gänsefuß, Acker-Gänsedistel, Gemeine Gänsedistel, Franzosenkraut, Sonnenwendige Wolfsmilch, Floh-Knöterich, Ampfer-Knöterich und andere. Die Bekämpfung dieser Gruppe erfordert den Einsatz vieler verschiedener Kulturmaßnahmen.

Ausdauernde, sich vor allem generativ (durch Samen) vermehrende Unkräuter

Es handelt sich um typische Unkräuter, die in zwei- oder mehrjährigen Pflanzenbeständen, Rasen und auf Wegen anzutreffen sind. Dazu gehören Löwenzahn, Wiesen-Pippau, Wilde Möhre, Krauser Ampfer, Wiesen-Sauerampfer und andere Ampfer, Weiße Lichtnelke, Spitzwegerich und andere Unkräuter.

In die Gärten gelangen sie meistens durch schlecht gereinigtes Klee- und Grassaatgut oder von verunkrauteten benachbarten Grundstücken.

Bei der Bekämpfung dieser Unkrautgruppe ist es vor allem notwendig, vorbeugende Maßnahmen zu ergreifen, wie die Verwendung von sauberem Saatgut, Beseitigung der Unkrauterde, Fruchtwechsel (Gemüseanbau anstelle von Rasen) und sorgfältige Bodenbearbeitung.

Ausdauernde, flachwurzelnde Unkräuter, die sich vegetativ vermehren

Dazu zählen Arten mit kriechenden, wurzelnden oberirdischen Ausläufern, wie Kriechendes Fingerkraut, Gänse-Fingerkraut, Gundermann, Kriechender Hahnenfuß, Gehörnter Sauerklee und andere.

Diese Unkräuter sind deswegen im Garten so unangenehm, weil sie trotz Jäten und sogar gegen Herbizide recht

Die Ackerwinde (Convolvulus arvensis) ist ein unangenehm hartnäckiges mehrjähriges Unkraut mit tiefgehenden Wurzeln. Bekämpft wird sie durch tiefe Bodenbearbeitung und die Bebauung mit dichtwüchsigen Pflanzen (175)

widerstandsfähig sind und sich von Rasen und Wegen aus über die Beete verbreiten. Sie haben während der ganzen Vegetationsperiode eine große Regenerationsfähigkeit. Die Grundlage jeder Bekämpfung ist die Lokalisierung und Vernichtung aller Herde durch mechanische Bekämpfung sowie Bepflanzen dieser Flächen mit dichtwachsenden Kulturpflanzen, die eine kurze Vegetationszeit haben.

Zu den Arten mit festen und zähen Ausläufern gehören Gemeine Quecke, Große Brennessel, Straußgras, Honiggras und andere. Am sichersten lassen sie sich durch sorgfältiges Jäten und Ausgraben aller Wurzeln vernichten.

Zu den Gattungen mit weichen und zarten Ausläufern gehören Sumpf-Ziest, Acker-Minze und Giersch. Diese Arten bevorzugen feuchte Standorte. Bekämpfen können wir sie am besten durch häufigen Wechsel des Pflanzenbestandes (das verträgt der Giersch nicht) und häufige Bodenlockerung, besonders bei trockenem Wetter, denn Sumpf-Ziest und Acker-Minze sind dagegen empfindlich.

Zu den Zwiebel- und Knollenunkräutern bzw. Unkräutern mit knollig verdickten Ausläufern gehören Knollen-Platterbse, Lauch, Acker-Glockenblume und andere. Sie kommen vor allem auf trockenen Standorten vor und vertragen keine Störung.

Ausdauernde tiefwurzelnde Unkräuter, die sich vor allem vegetativ vermehren

Unkräuter dieser Gruppe sind die hartnäckigsten. Die hauptsächliche Bekämpfungsform dieser Arten ist das Umbrechen des Bodens, vor allem aber die Wahl der geeigneten Kulturpflanzen (einjährige Arten mit dichtem Wuchs).

Zu den sich durch unterirdische Ausläufer verbreitenden Arten gehören Huflattich, Ackerschachtelhalm, Leinkraut, Acker-Distel, Ackerwinde, Pfeilkresse und andere.

Eine vollständige Übersicht aller vorkommenden und im Garten sehr lästigen Unkräuter kann in diesem Rahmen nicht gegeben werden. Denn zum »Unkraut« kann nicht nur das kleine Gänseblümchen werden, sondern auch gegen den Willen des Gärtners wachsende Kulturpflanzen (Tulpen, Dill, Meerrettich usw.).

Unkrautbekämpfung im Garten

Bei zielbewußtem Kulturpflanzenanbau im Garten reichen zur Bekämpfung von Unkräutern Einzelmaßnahmen nicht aus; es sind eine ganze Reihe vorbeugender Maßnahmen erforderlich, die sich nach der jeweiligen Lebensweise der Kulturpflanzen und Unkräuter zu richten haben.

Die Vogelmiere (Stellaria media) *ist ein einjähriges Unkraut. Bekämpft wird es dadurch, daß man das Aussamen verhindert (176)*

Vorbeugende Maßnahmen:
1. Verwendung von reinem Saatgut, vor allem bei Pflanzen mit breitwürfiger Aussaat, also bei Gräsern, Klee, Hülsenfrüchten usw.
2. Anwendung von einwandfreiem organischem Dünger (z.B. von Unkrautsamen und Wurzeln freier Kompost).
3. Verhütung des Aussamens der Unkräuter (das gilt nicht nur für die Beete, sondern auch für den Kompost; aber auch unreifes Unkraut kann lebensfähige Samen enthalten oder erst nach dem Mähen ausreifen.
4. Mechanische Vernichtung der Unkrautherde schon vor der Blüte, weil sich einige Arten durch den Wind (Löwenzahn, Ackerdistel usw.) oder vegetativ verbreiten (vom Weg und Rasen aus).
5. Unkrautfeindliche Kulturpflanzenfolge und sorgfältige Bodenbearbeitung, um ein Vermehren der Unkräuter einzudämmen, besonders vor der Ernte und zwischen den Wachstumsperioden.

Direkte Maßnahmen:
1. Mechanische Bekämpfung: Jäten, Hacken, Umgraben und ähnliches.
   Dadurch wird nicht nur das Unkraut beseitigt, sondern auch das Wachstum der Kulturpflanzen gefördert.
2. Chemische Bekämpfung: Anwendung von Herbiziden. Vom Einsatz chemischer Mittel sollte im Garten jedoch möglichst Abstand genommen werden.

Unkräuter geben Hinweise auf die Standortbedingungen

Wasser- und Lufthaushalt des Bodens	**gut durchlüftet — feucht**	**gut durchlüftet, nie zu naß, aber nicht trocken**		**indifferent**	**stauende Nässe**
	Ehrenpreis, Erdrauch Rote Taubnessel A.-Vergißmeinnicht	Rittersporn Adonisröschen		Kornblume Hirtentäschel Wind. Knöterich	Kriech. Hahnenfuß Ackerminze, Huflattich Vogelknöterich, Krötenbinse
Bodenreaktion (ph-Wert)	**stark sauer**	**sauer**	**schwach sauer**	**neutral — alkalisch**	**schwach sauer bis alkalisch**
	Spörgel Kl. Knäuel Kl. Sauerampfer Hasenklee	Hederich Hundskamille Adonisröschen A.-Wachtelweizen	Echte Kamille Feldehrenpreis Frauenmantel Kornblume, Kornrade	Haftdolde, Rittersporn Venuskamm R. Taubnessel Bärenlauch	Ackersenf Pers. Ehrenpreis Erdrauch Gänsedistel
Stickstoffgehalt des Bodens	**sehr gering**	**gering**	**mäßig**	**hoch**	**sehr hoch**
	Hungerblümchen Hasenohr Kl. Sauerampfer	Adonisröschen Venuskamm	Frauenmantel Kamille	Klebkraut Taubnessel Melde	Amarant, Bingelkraut Kreuzkraut, Vogelmiere Kl. Brennessel
Garezustand des Bodens	**sehr schlecht (Kohärentstruktur)**	**schlecht**	**mittel**	**gut**	**sehr gut (Krümelstruktur)**
	Knauel	Frauenmantel, Haftdolde Echte Kamille Hederich	Adonisröschen Hundskamille Rittersporn, Steinsame	Weißer Gänsefuß Taubnessel Finkensame, Knöterich	Wolfsmilch, Bingelkraut Portulak, Nachtschatten Brennessel

Obst

Aus der Sicht der Ernährung ist Obst für uns wegen seines Gehaltes an Vitaminen, Mineralstoffen und verschiedenen spezifischen Wirkstoffen von erstrangiger Bedeutung. Darüber hinaus enthalten die Obstarten durchschnittlich 5—10%, Weintrauben sogar 17% Zucker. Unter günstigen Bedingungen kann der Zuckergehalt noch um fünfzig Prozent höher liegen. Dem Fruchtzuckergehalt nach folgen dem Wein, Apfel, Süßkirsche, Birne und Pflaume.

Ernährungswert und Geschmack werden dazu noch erheblich von organischen Säuren beeinflußt, besonders Äpfel-, Zitronen- und Weinsäure. Den höchsten Gehalt hat Beerenobst, am wenigsten Fruchtsäuren enthalten Birnen. Obst ist eiweiß- und fettarm, ausgenommen Walnuß, Haselnuß und Mandel, die wegen des hohen Fett- und Eiweißanteils sogar recht sättigend wirken. Alle übrigen Obstarten sind dank ihres niedrigen Kalorienwertes wertvoller Bestandteil der Diätkost.

Die Obstarten unterscheiden sich auch im Gehalt der einzelnen Vitamine. Das meiste Karotin (Provitamin A) finden wir in der Aprikose, wesentlich weniger im Pfirsich und in Süß- und Sauerkirsche. Die übrigen Obstarten sind als Vitamin-A-Spender zu vernachlässigen. Vitamine der B-Gruppe sind am häufigsten in Walnüssen, Haselnüssen und Mandeln zu finden; reich an Vitamin C sind Schwarze Johannisbeere, Erdbeere und Eberesche. Am wenigsten enthalten Birne, Weintraube, Zwetsche und Reneklode. Der Vitamingehalt wird durch Sortenwahl, Anbauweise, Klima- und Bodenbedingungen, Fruchtreife und Lagerunsweise erheblich beeinflußt.

Obst ist für den menschlichen Organismus eine wichtige Quelle für Kalzium (Beerenobst), Phosphor (Schwarze Johannisbeere, Stachelbeere, Erdbeere und Himbeere), Eisen (Heidelbeere, Schwarze Johannisbeere, Erdbeere, Brombeere) und Spurenelemente. Außerdem liefert Obst Gerbstoffe, Fermente, Aromastoffe und andere für die richtige Stoffwechselfunktion unseres Körpers wichtige Stoffe.

Alles in allem hat für unsere Ernährung Beerenobst den höchsten Wert, an erster Stelle Schwarze Johannisbeere, mit Abstand Erdbeere, Stachelbeere, Rote Johannisbeere, Brombeere und Himbeere, gefolgt vom Steinobst (Aprikose, Zwetsche, Sauerkirsche, Pfirsich, Süßkirsche und Reneklode). Geringer ist der Wert des Kernobstes, also des Apfels und der Birne. Jeder Mensch sollte im Jahr 100—120 kg Obst verbrauchen; und dieses Optimum vermag wohl jeder Gartenbesitzer ohne Schwierigkeiten aus eigenem Aufkommen zu decken.

Geeignete Weichselkirschsorten sind in günstigen Lagen besonders lukrativ. Die Kultur unterliegt nicht so vielen Risiken wie die der anderen Kirsch-Sorten, denn Fröste richten hier nur selten Schäden während der Blüte an (178)

Apfelsorten werden unter anderem nach der Blüte bewertet; Merkmale sind Form und Farbe der Kronblätter bzw. Knospen (179)

Unterteilung der Obstgehölze

Obstgehölze werden nach dem Bau ihrer oberirdischen Teile in vier Gruppen unterteilt:
1. **Bäume** – ihre oberirdischen Teile sind verholzt, typisch ist die Ausbildung eines Stammes. In diese Gruppe gehören Äpfel, Birne, Quitte, Eberesche, Zwetsche, Reneklode, Mirabelle, Mandel, Pfirsich, Aprikose, Süß- und Sauerkirsche sowie Walnuß.
2. **Sträucher** – Holzgewächse ohne Stamm mit mehreren verholzenden Sproßachsen. Von den Obstgehölzen gehören hierher Johannisbeere, Stachelbeere, Brom- und Himbeere und Haselnuß.
3. **Stauden** – mehrjährige Pflanzen mit unverholzten oberirdischen Teilen. Die Erdbeere ist die einzige Obstart aus dieser Gruppe.

Die Obstgehölze unterteilen wir in Kern-, Stein-, Beeren- und Schalenobst. Es gehören zum
- **Kernobst:** Apfel, Birne, Quitte, Eberesche und Mispel;
- **Steinobst:** Sauerkirsche, Süßkirsche, Aprikose, Pfirsich, Mandel, alle Pflaumen (Zwetschen, Mirabellen, Reneklooden usw.);
- **Beerenobst:** Johannisbeere, Stachelbeere, Erdbeere, Heidelbeere und Preiselbeere;
- **Schalenobst:** Hasel- und Walnuß.

Botanisch gesehen gehören Brombeere, Himbeere und Erdbeere zu den **Sammelfrüchten**, die sich aus vielen einzelnen Steinfrüchten (Him- und Brombeere) oder Nüßchen (Erdbeere) zusammensetzen.

Aufbau der Obstgehölze

Wurzelsystem

Obstgehölze entwickeln je nach Art flache oder tiefgehende Wurzelsysteme. Tiefwurzler haben eine zu einer Haupt- oder Pfahlwurzel verlängerte Wurzelachse von der aus sich ein dichtes Netz verzweigender Neben- oder Seitenwurzeln bildet. Die an den Nebenwurzeln in großer Zahl vorhandenen Wurzelhaare entziehen dem Boden die für das Pflanzenwachstum notwendigen Nährstoffe sowie Wasser. Von der Höhe des Grundwasserspiegels und der Art des Wurzelsystems hängt es ab, ob ein Standort geeignet ist. Der Grundwasserspiegel darf bei Walnuß 300 cm, Zwetsche 140 cm, Birne und Süßkirsche 250 cm, Aprikose und Sauerkirsche 200 cm, Pfirsich 160 cm, Apfel 120 cm, Stachel- und Johannisbeere 140 cm und Erdbeere 80 cm unter der Bodenoberfläche liegen.

Oberirdische Teile

Beim Obstbaum besteht der oberirdische Teil aus Stamm und Krone. Dabei ist der die Krone und das Wurzelsystem miteinander verbindende Stamm eigentlich die Sproßachse, deren Verlängerung den Mitteltrieb bildet, aus dem die Gerüstäste erzogen werden. Seitenäste, Leit- und Seitentriebe vervollständigen die Krone.

Jedes Gehölz hat Holz- (Trieb-), Blatt- und Blütenknospen. Aus den häufig als Terminal- oder Endknospen ausgebildeten Holzknospen entwickeln sich die neuen, noch nicht verholzten Triebe. Aus den Blattknospen gehen die Blattrosetten und aus den Blütenknospen die Blüten hervor. Beim Kernobst lassen sich die Blütenknospen von den Holz- und Blattknospen sehr gut an ihrer Größe erkennen (sie sind dicker), bei den Steinobstgehölzen sitzen sie dagegen zu beiden Seiten der Blatt- und Holzknospen.

Je nach der Stellung am Trieb unterscheiden wir End- oder Spitzenknospen (Terminalknospen), Seiten-, Neben- und Adventivknospen sowie schlafende Augen. Die Endknospe ist immer die oberste Knospe am Trieb, darunter befinden sich die über die ganze Trieblänge verteilten Seitenknospen. Neben den Seitenknospen können kleinere Nebenknospen stehen, die sich entwickeln, sobald die Seitenknospe zerstört wird. Schlafende oder ruhende Knospen (»Augen«) haben ihren Platz an der Triebbasis und beginnen auszutreiben, wenn der Trieb dicht über dem Astring weggeschnitten wird. Adventivknospen sitzen an stärkeren Ästen und am Stamm und treiben meist nur nach Frostschäden oder starkem Rückschnitt aus. Sie entwickeln sich zu sogenannten Waserschossen, also zu meist weichen Holztrieben.

Als Triebe werden die einjährigen Sprosse bezeichnet, die man nach ihrem Ansatz am Gehölz in Mittel-, Seiten- und vorzeitigen Trieb einteilt. Mitteltriebe entwickeln sich aus Endknospen und verlängern den Ast; die aus den Seitenknospen entstehenden Seitentriebe bilden gewöhnlich das Fruchtholz. An starken neuen Trieben, meist an Verlängerungstrieben, können sich noch im gleichen Jahr vorzeitige Triebe entwickeln, die meist zu schwach und unausgereift sind, und im Winter erfrieren.

Die Obstgehölze bilden an den Ästen Fruchtholz von unterschiedlicher Länge. Fruchttriebe können kurz (bis 10 cm, z. B. Fruchtspieße) oder lang (15—30 cm) und ein, zwei oder drei Jahre alt sein.

Mit der Stellung der Äste am Baum ändert sich auch ihre Ertragsleistung. Senkrecht wachsende Zweige und Triebe tragen am wenigsten Früchte, mit zunehmendem Neigungswinkel zur Senkrechten steigt die Blütenwilligkeit. Die besten Erträge bringen waagerecht stehende Triebe.

Blüten

Voraussetzung für die Ausbildung von Früchten ist die gute und rechtzeitige Bestäubung und Befruchtung der Blüte. Diese Aufgabe übernehmen Insekten oder der Wind. Das Pollenwachstum ist stark von den Temperaturen abhängig; bei kaltem Wetter bleiben die Staubgefäße in ihrem Wachstum zurück, so daß die Narbe schlecht bestäubt wird. Aber auch genetische Besonderheiten, chemische Mittel, Trockenheit, ungenügende Ernährung u. ä. können Ursachen für schlechte Blütenstaubentwicklung sein.

Die selbstunfruchtbaren Sorten brauchen zur Befruchtung Pollen von anderen Sorten; Selbstfruchtbaren Sorten reichen die eigenen männlichen Blüten oder die der benachbarten gleichen Sorte. Gut keimender Pollen ist noch keine Gewähr für erfolgreiche Befruchtung. Für selbstunfruchtbare Sorten sind gleiche Blütezeit und eine richtige Befruchtersorte mindestens genauso wichtig. Wenn sich die Blütezeiten nicht decken oder wenigstens überschneiden, ist kaum mit einer guten Ernte zu rechnen. Die Sorten sind deshalb dementsprechend auszuwählen und zusammenzupflanzen. Sobald die Blüte befruchtet ist, beginnen sich einige Blütenteile zurückzubilden. Griffel, Narbe, Staubgefäße und Kronblätter verwelken und vertrocknen, die Fruchtbildung beginnt. Die sich nach der Befruchtung bildenden Samen sind beim Kernobst (Apfel, Birne) im Kerngehäuse, beim Steinobst im Stein eingeschlossen. Die Frucht enwickelt sich in mehreren Etappen: Nach der Befruchtung verliert die Blüte ihre Kronblätter, darauf folgt die Wachstumsphase; und den Abschluß bildet die Reife- und Ausfärbphase.

Die Frucht wächst während des Sommers unterschiedlich schnell, die Birne beispielsweise in den ersten 3 Wochen langsamer und beschleunigt dann das Wachstum je nach Sorte von der 9. Woche nach der Befruchtung an. Süßkirschen wachsen zuerst gleichmäßig, um dann bis zum Reifebeginn (nach 8—12 Wochen) zu beschleunigen.

Ansprüche an Boden und Klima

Optimale Anbaulagen für Obstgehölze sind langsam aus der Ebene zu Hügeln und Höhenzügen ansteigende Hänge. Offene, starken Winden frei ausgesetzte Gegenden und geschlossene Täler, sog. Frostlöcher, machen den Obstanbau problematisch; denn die Bestände leiden leicht unter Krankheiten, Schädlingen und Spätfrösten. Auch zu steile Hänge mit wenig Mutterboden und steinigem Grund sind nicht der richtige Standort. Für wärmeliebende Obstgehölze (Mandel, Pfirsich, Aprikose, Walnuß), frühe Sorten und in höher gelegenen Anbaugebieten wählen wir am besten Südhänge, da sie die wärmsten Lagen sind. In wärmeren Gegenden sollte man für Äpfel, Zwetsche und Reneklode eher den nach Süden gekehrten und den nach Südosten zeigenden Hängen den Vorzug geben. Die Bäume leiden dann nicht so schnell unter Wassermangel. In Höhenlagen sollte man Obstbäume an Nordhängen überhaupt nicht pflanzen. Obstbäume gedeihen am besten in mittelschweren, durchlässigen, ausreichend mit Humus versorgt und Feuchtigkeit haltenden Böden. In wärmeren und trockeneren Gegenden sind schwerere Böden, in kälteren und feuchten Lagen leichtere Böden vorzuziehen. Obstgehölze gedeihen nicht in sandigen, steinigen trocke-

Obstbäume aus der Baumschule. a: *einjährige Veredlung;* b: *Palmette;* c: *Spindelbusch;* d: *Viertelstamm;* e: *Halbstamm;* f: *Hochstamm (180)*

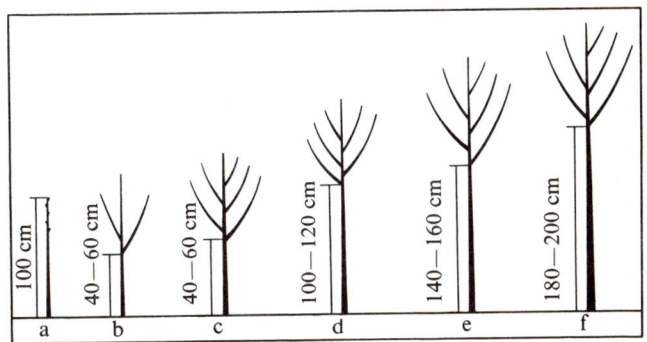

Zum Treiben und zur frühen Reifezeit bei Erdbeeren eignen sich einfache Folientunnel (181)

nen, kalkhaltigen oder schweren, nassen und stark sauren Böden. Für Hanglagen mit schlechteren Wasserverhältnissen und geringerer Bodenfruchtbarkeit sollte man kräftiger wachsende und tiefer wurzelnde Unterlagen wählen.

Unsere wichtigen einheimischen Obstarten gedeihen am besten in schwach sauren Böden, Beerenobst bevorzugt neutrale bis leicht sauere Bodenreaktion. Erdbeeren vertragen auch ziemlich sauren Boden, Heidelbeeren machen ihn sogar zur Bedingung. Aber die meisten Obstarten sind an die Bodenreaktion ziemlich anpassungsfähig.

Die minimale Niederschlagsmenge pro Jahr beträgt für Süß- und Sauerkirsche 450 mm, für die übrigen Arten 500 mm. Durch Wassergabe zum richtigen Zeitpunkt lassen sich jedoch die Erträge erheblich verbessern.

Die oberirdischen Baumteile vertragen während der Vegetationsruhe auch strengere Fröste bis -26°C, nur Pfirsich (-17°C) und Aprikose (-20°C) machen eine Ausnahme. Weitaus empfindlicher ist das Wurzelsystem der Obstgehölze. Die Wurzeln des Apfelbaumes und des Johannisbeerstrauchs beispielsweise erfrieren schon bei -15°C, Birnen vertragen sogar nur -9°C und Pfirsiche -10°C. Aber schon eine dünne Schneeschicht genügt, um den Boden vor einer stärkeren Abkühlung und damit das Wurzelwerk der Obstgehölze vor dem Erfrieren zu schützen.

Frostempfindlicher sind Bestände in nassen und zu fetten (also mit Stickstoff überdüngten) Böden; ausgewogen ernährte Obstbäume dagegen sind widerstandsfähiger.

Bereits geschwollene Knospen erfrieren bei Temperaturen von -4°C, Aprikosen- und Pfirsichblüten im Ballonstadium bei -3°C und die Blüten der übrigen Arten bei -2°C, junge Früchte vertragen nicht einmal -1°C. Erheblichen Einfluß auf die Widerstandsfähigkeit gegen Fröste haben Luftfeuchtigkeit und Wind, denn hohe Luftfeuchtigkeit erhöht und Windbewegung senkt die Frostempfindlichkeit.

Baumformen und Unterlagen

Der Grundsatz für die Wahl eines Obstgehölzes für unseren Garten muß heißen: Je kleiner der Garten, desto kleiner der Baum. Der Vorteil kleiner Baumformen liegt im frühen und regelmäßigen Ertrag, in der Fruchtqualität und der leichteren Ernte und Pflege. Auf einer kleinen Fläche kann heute jeder Gartenfreund dank des geringen Platzbedarfes der Zwergformen ein größeres Sortiment mit einer breiter gefächerten Reifezeit anbauen, so daß ihm Obst praktisch fast das ganze Jahr über aus seinem eigenen Garten zur Verfügung steht.

Apfel und Birne pflanzt man meist als Spindel mit 40—60 cm Stammhöhe oder als Buschbaum mit 60 bis 80 cm hohem Stamm. Diese Formen eignen sich auch für Sauerkirsche und Pfirsich. Bei allen übrigen Steinobstarten wählen wir den Viertelstamm (Stammhöhe 100—120 cm); Walnußbäume sind im allgemeinen für kleine Gärten ungeeignet.

Wer einen genügend großen Garten hat und Unterkulturen anbauen möchte, entscheidet sich in der Regel für Halb- oder Hochstämme (Stammhöhen 140—160 cm bzw. 180—220 cm). Nachteilig wirkt sich bei diesen Formen aus, daß sie später in Ertrag kommen und sich schwerer pflegen und abernten lassen. Deshalb empfiehlt es sich, auch bei

Apfelunterlagen — geordnet nach ihrer Wüchsigkeit
(M 9 = schwächste, Sämling = stärkste Unterlage).
Die Unterlagen mit der Bezeichnung M (Malling-Unterlage) oder MM (Malling-Merton-Unterlage) werden vegetativ vermehrt.

Unterlage	Eigenschaften
M 9	▶ fördert frühzeitige und regelmäßige Fruchtbarkeit, ebenso Fruchtqualität hinsichtlich der Größe, Farbe und der Inhaltsstoffe ▶ stellt hohe ökologische Ansprüche, insbesondere an die Feuchtkeit und Durchlüftung des Bodens ▶ ist frostempfindlich ▶ ist nicht standfest, deshalb Pfahl notwendig ▶ begrenzt die Lebensdauer der Kombination ▶ bricht leider an oder über der Veredlungsstelle ab ▶ erfordert hohen Pflegeaufwand ▶ wird von Hasen und Wühlmäusen bevorzugt ▶ ist weitgehend widerstandsfähig gegen Kragenfäule ▶ ist anfällig für Blutlaus
M 26	▶ wächst etwas stärker als M 9 und ist deshalb für schwachwüchsige Sorten sehr gut geeignet ▶ ist frosthärter als M 9 ▶ beeinflußt die Fruchtgröße positiv ▶ ist nicht standfest ▶ bildet Luftwurzeln, ist aber frei von Wurzelschossen ▶ ist weitgehend widerstandsfähig gegen Kragenfäule
MM 106	▶ bewirkt frühes und jährlich gleichmäßiges Fruchten ▶ begünstigt Fruchtqualität ▶ ist ökologisch anpassungsfähig ▶ ist widerstandsfähig gegenüber der Blutlaus
M 4	▶ zeigt anfänglich kräftiges Wachstum, später läßt dieses nach ▶ fruchtet mittelfrüh und neigt zur Alternanz ▶ fördert Fruchtqualität ▶ ist empfindlich gegenüber Staunässe im Boden (Sauerstoffmangel) und gegenüber Trockenheit ▶ ist nicht standfest, deshalb Pfahl notwendig ▶ ist weitgehend widerstandsfähig gegen Kragenfäule
MM 111	▶ fruchtet mittelfrüh und verursacht mäßige Alternanz ▶ begünstigt Fruchtqualität ▶ ist gegenüber zeitweiliger Trockenheit wenig empfindlich ▶ ist weitgehend widerstandsfähig gegen Kragenfäule ▶ ist standfest ▶ ist widerstandsfähig gegenüber der Blutlaus
M 11	▶ verursacht spätes Fruchten und erhöht die Neigung zur Alternanz ▶ beeinträchtigt Fruchtgröße ▶ ist ökologisch anpassungsfähig ▶ ist standfest ▶ ist anfällig für Kragenfäule ▶ verursachen mehr als andere starkwüchsige Unterlagen spätes und jährlich schwankendes Fruchten
Sämlinge	▶ sind standfest ▶ beeinträchtigen die Fruchtgröße negativ ▶ sind ökologisch anpassungsfähig ▶ besitzen eine hohe Frostresistenz ▶ sind von Natur aus virusfrei ▶ sind anfällig für Kragenfäule

diesen Gartengrößen, einen Teil als niederstämmige Bäume und den anderen auf höheren Stämmen zu wählen.

Wachstum, Ertragsfähigkeit, Lebensdauer, Frostempfindlichkeit und Resistenz gegen Krankheiten und Schädlinge einer Sorte werden in hohem Maße durch die Unterlage bestimmt. Aus Samen gezogene Unterlagen, die als Sämlingsunterlagen bezeichnet werden, bilden ein mächtigeres Wurzelsystem aus, so daß die Veredlungssorte auch in trockeneren und tieferen Böden sehr gut wächst. Auf Sämlingsunterlagen werden Hoch-, Halb- und Viertelstämme gezogen. Sie beginnen zwar später zu tragen, stehen dafür aber auch länger im Ertrag.

Für kleinere Formen, vor allem für Apfel und Birne, werden die Unterlagen vegetativ vermehrt, und als Typen- oder Klonunterlagen bezeichnet, die sich durch bestimmte Eigenschaften auszeichnen. Auf schwachwachsender Unterlage gezogene Obstbäume kommen früh in Ertrag, erreichen aber kein so hohes Alter.

Allgemein gilt der Grundsatz, schwachwachsende Unterlagen benötigen fruchtbareren Boden als starkwachsende.

Auspflanzen von Obstgehölzen

Obstgehölze pflanzen wir während der Vegetationsruhe, am besten im Herbst (Oktober/November), damit die Pflanze die Winterfeuchtigkeit ausnutzen und im Frühjahr schon bald austreiben.

Äste der Apfelbäume neigen sich unter der Fruchtlast zu Boden; in solchen Fällen bewähren sich Stützen sehr gut (182)

Wer sein Pflanzmaterial in einer Baumschule kauft, sollte sofort auspflanzen, damit die Wurzeln nicht trocken werden. Exemplare mit trockenen Wurzeln werden vorher einen Tag lang bis zur Krone ins Wasser gelegt.

Wem nicht genügend Zeit bleibt, die Bäume im Herbst zu pflanzen, schlägt sie sorgfältig im Boden ein, deckt sie mit Erde ab und schützt sie vor Wildverbiß. Im Frühjahr werden sie dann in vorbereitete Pflanzgruben gesetzt, sobald der Boden aufgetaut und abgetrocknet ist.

Eine Ausnahme bildet der Pfirsich, der während der Herbstzeit keine Wurzeln bildet, dafür jedoch während des ganzen Winters über den Stamm und die Zweige Wasser verdunstet und deshalb bei Herbstpflanzung wegen Wassermangels vertrocknet. Nur einen milden und kurzen Winter vermag ein frischgepflanzter Pfirsichbaum zu überstehen. Der beste Pflanztermin ist das zeitige Frühjahr. Auch dann sollten wir dieses empfindliche Obstgehölz spätestens zwei Tage nach dem Roden in der Baumschule pflanzen. Wer seinen Pfirsich bereits im Herbst kaufen mußte, legt ihn am besten bis zur Kronenmitte schräg in eine auch im Winter wasserfreie Grube und deckt ihn mit Erde ab. Aprikose und Walnuß sollten ebenfalls vorzugsweise im zeitigen Frühjahr gepflanzt werden. Anders ist es mit Erdbeeren. Ein früher Pflanztermin (Juli/Anfang August) gewährleistet bereits im ersten Jahr gute Erträge. Ab Mitte September sollten Erdbeeren nicht mehr verpflanzt werden.

Bei Stachel- und Johannisbeere empfiehlt sich Herbstpflanzung, da sie zu den zeitig treibenden Gehölzen gehören und durch Auspflanzen im Frühjahr die Knospen beschädigt und das Wachstum gebremst würden. Himbeeren setzt man dagegen am besten im Frühjahr.

Bodenvorbereitung

Die Bodenvorbereitung ist für das Anlegen von Obstbeständen eine der wichtigsten Arbeiten. Der Boden ist bis in die tieferen Schichten (50—60 cm) zu verbessern; er wird gut durchlüftet, mit Humus versehen, Vorratsdünger eingebracht und die Bodenreaktion der Obstart entsprechend (aber unter Berücksichtigung der Bodenart) korrigiert. Im Sommer vor dem Auspflanzen ist er zu rigolen oder tief umzugraben. Gleichzeitig wird anorganischer Dünger eingearbeitet. Als Vorfrucht sind mit Stalldung versorgte Hackfrüchte am besten geeignet. Für Obstspaliere wird der Boden in einem mindestens 1—1,5 m breiten Streifen hergerichtet.

Die Pflanzlöcher sollen mindestens einen Monat vor der Herbstpflanzung ausgehoben werden, für die Frühjahrspflanzung ist bereits im Herbst vorzubereiten.

Wir erleichtern uns die Pflanzarbeit, wenn wir den künftigen Standort des Baumes durch einen Stab markieren, zwei weitere an beiden Enden der Grube aufstellen und alle durch eine Latte miteinander verbinden. Die Pflanzlöcher werden bis 60 cm tief und 100—150 cm breit ausgehoben, besonders an Standorten mit steinigen und schlechteren Böden. Auf fruchtbaren Boden kann die Grube kleiner sein. Die Grubensohle wird sorgfältig umgegraben, besonders bei schweren, verdichteten Böden. Die ausgehobene Erde unterschiedlicher Qualität wird getrennt gelagert; die fruchtbare Oberschicht kommt auf die eine, die weniger gute Unterschicht auf die andere Seite des Pflanzloches.

Beim Vermessen der Pflanzabstände sollten wir uns danach richten, welchen Platzbedarf der ausgewachsene Baum hat. In zu dichten Beständen nehmen sich die Bäume gegenseitig Licht weg, wachsen zu sehr in die Höhe, entwickeln wenig Blüten und Früchte und sind anfälliger für Krankheiten und Schädlinge. Empfohlen werden 8 bis 10 m Abstand für Apfelsorten auf kräftig wachsenden Unterlagen und Süßkirschen, 7—9 m für Birnen auf Sämlingsunterlagen, 10—15 m für Walnüsse, 6—8 m für Zwetschen, Renekloden, Mirabellen und Sauerkirschen, 6 bis 7 m für Aprikosen, 4—5 m für Pfirsiche, 4—6 m für Äpfel und Birnen auf schwachwachsenderen Unterlagen, 2 bis 3 m für Johannis- und Stachelbeeren, 1—2 m für Him- und Brombeeren und 4 m für Haselnüsse. Spalierbäume sollen 3—4 m voneinander entfernt stehen. Auf ebenen Flächen empfiehlt sich die Nord-Süd-Richtung, an Hängen die Höhenlinie.

Gartengeräte, die unentbehrlich sind: Zweischneidenschere, Gartenmesser, Baumsäge, Baumwachs, Band. Sie dienen zum Veredeln sowie zur laufenden Baumpflege (183)

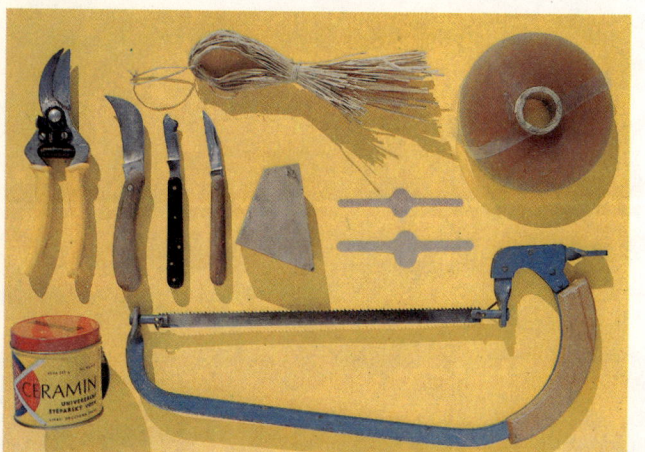

Soll der ganze Garten oder ein Teil mit Bäumen gleicher Form bepflanzt werden, empfiehlt sich als wirtschaftlichste Flächennutzung die Dreieckpflanzung. Werden dagegen verschiedene Baumformen oder Arten unterschiedlicher Lebenserwartung zusammengepflanzt, beispielsweise Kernobst mit Sauerkirsche oder Obstbäume mit Beerensträuchern, sollte die Quadrat- oder Rechteckanordnung und Zwischenpflanzung kleiner Wuchsformen oder Sträucher gewählt werden. Wer gerodete Obstgärten wieder mit Obstbäumen bepflanzen will, sollte den Boden wenigstens ein halbes Jahr lang brach liegen lassen und ihn während dieser Zeit mehrmals umgraben. Noch besser wäre es, ein Jahr lang Gemüse als Zwischenfrucht anzubauen, um die Fruchtbarkeit des Bodens zu erneuern. Dieser Prozeß läßt sich durch Stalldung- und Mineraldüngergaben beschleunigen. Niemals werden die neuen Bäume an die Stelle gepflanzt, an der schon vorher ein Baum stand. Auch die gleichen Obstarten sollten nicht aufeinander folgen.

Vorbereitung des Pflanzgutes

Alle Obstbäume müssen sorgfältig zum Auspflanzen vorbereitet werden. Man kürzt alle beschädigten, vertrockneten und frostgeschädigten Wurzeln bis auf das gesunde Gewebe mit einem scharfen Messer oder einer guten zweischneidigen Gartenschere ein. Gesunde Wurzeln sind am weißen Holz zu erkennen, trockene Wurzeln sind braun, erfrorene grau bis schwarz. Auch zu lange und schwache Wurzeln schneidet man weg oder stark zurück und sorgt dafür, daß die Wurzelkrone nach Möglichkeit gleichmäßig geformt ist. Der Schnitt muß glatt und die Schnittfläche so klein wie möglich sein (Schnitt lotrecht zur Wurzel).

Nach dem Pflanzen des Baumes erfolgt der Pflanzschnitt der Krone. Man beläßt höchstens 4, bei Hohlkronen 3 Seitentriebe, die übrigen schneidet man an der Basis »auf Astring« zurück. Auch alle unter der Krone aus dem Stamm sowie am Wurzelhals befindlichen Triebe werden entfernt. Die Schnittwunde am Stamm oder Leitast wird mit einem Messer geglättet und mit Baumwachs verschlossen, um die Heilung zu fördern und Krankheiten zu verhindern, besonders beim Pfirsich ist das unerläßlich. Die stehengelassenen Triebe schneidet man auch bei Herbstpflanzungen erst im Frühjahr zurück. Um das Anwachsen zu beschleunigen, empfiehlt es sich, die Wurzeln nach dem Kürzen in einen Brei aus humoser Lehmerde und Kuhdung zu tauchen. Nie sollte dazu Ton verwendet werden, denn er wird in leicht austrocknenden Böden hart und behindert die Wurzelatmung und das Eindringen der Wurzeln in das Erdreich.

Hohe Stammformen oder Obstbäume mit schwächer ausgebildeten Kronen werden an einen Pfahl gebunden, damit sie nicht umgeweht werden können. Erst wenn der Stamm kräftig genug ist (nach 5—8 Jahren) nimmt man den Pfahl weg; Bäume auf schwachen Unterlagen benötigen allerdings auch weiterhin einen Pfahl. Der Pfahl muß aus dauerhaftem Material sein, er darf nicht in die Krone reichen, sondern soll mindestens 10 cm unter dem untersten Trieb abschließen. Bei Holzpfählen wird der untere Teil vor dem Setzen durch Abbrennen oder Schutzanstrich behandelt. Der Baumpfahl wird immer vor dem Pflanzen des Gehölzes in die Erde geschlagen.

Pflanzung des Obstgehölzes

Sobald der Boden nicht mehr zu naß oder gefroren ist, kann gepflanzt werden. Das Pflanzloch mit Pfahl wird teilweise mit guter Muttererde gefüllt, die beim Ausheben des Pflanzloches getrennt gelagert wurde. Sie kann durch guten

Kompost verbessert werden, man darf jedoch nie frischen Stalldung verwenden. Am Pflanzgrubenrand wird der Boden leicht festgetreten, so daß neben dem Pfahl ein kleiner Hügel entsteht, auf dem die Baumwurzeln aufgesetzt werden. In windigen Lagen soll der Pfahl an der dem Wind zugewandten Seite in etwa 10 cm Abstand vom Baumstamm stehen, in windgeschützten Lagen kommt er auf die Südseite, um den schwachen jungen Stamm vor zu starker Sonne zu schützen. Unser Obstbaum wird uns die beim Pflanzen aufgewandte Sorgfalt später durch gute Erträge danken. Zu tiefes Setzen ist eine der Ursachen dauernder Unfruchtbarkeit. Bei einem richtig gepflanzten Baum soll der Wurzelhals etwa 5—6 cm über der Erdoberfläche stehen, damit er nach dem Setzen des Erdreichs so tief kommt wie er in der Baumschule stand.

Damit der Baum vom sich setzenden Erdreich nicht zu tief absinkt, wird der Boden beim Zuschütten der Pflanzgrube am Rand leicht angetreten. Besonders empfindlich gegen zu hohes oder zu niedriges Pflanzen sind kleine Baum-Formen auf schwachwachsenden Unterlagen. Bei einem zu tief stehenden Baum bildet sich über der Veredelungsstelle ein eigenes, meist üppiges Wurzelsystem aus, das den Einfluß der schwachwachsenden Unterlage praktisch ausschließt, den Ertragsbeginn hinauszögert und die Kronengröße beeinflußt.

Bäume sollten immer von zwei Personen gepflanzt werden. Eine hält den Stamm fest und breitet die Wurzeln aus, die zweite schaufelt feine, zerkleinerte Erde in das Pflanzloch. Dabei wird der Baum leicht gerüttelt, damit zwischen den Wurzeln keine Hohlräume bleiben, die das Anwachsen verzögern könnte. Rasenstücke und Erdklumpen hätten die gleiche Wirkung. Damit die Erde gut an die Wurzeln kommt, ist der Boden leicht festzutreten und gründlich einzuschlämmen.

Die beim Ausheben des Pflanzloches beiseite geschaufelten unteren Bodenschichten werden nur verwendet, wenn es an gutem Boden fehlt. Bevor sie als letzte Schicht aufgebracht werden, sind sie mit Kompost zu verbessern.

Der Baum wird zuerst nur leicht am Pfahl angebunden, damit er dem sich setzenden Erdreich folgen kann. Hat er dann seine endgültige Tiefe erreicht, macht man ihn gut fest, am besten mit einem breiten Gurt; Gummiband ist ungeeignet.

Vor dem Auspflanzen werden jeweils 50—100 g eines (umhüllten) langsam fließenden Volldüngers mit der zum Verfüllen des Pflanzloches vorgesehenen Erde vermischt.

Bei Herbstpflanzung schützen wir die kleinen Stämmchen bis in 130 cm Höhe mit Drahtgeflecht oder mit Rohrmatten, Fichtenborke, Latten, Kunststoffmanschetten, Fichtenreisig u. ä. vor Wildverbiß. Im Frühjahr verbrennt man dann dieses Material, damit die eingenisteten Schädlinge vernichtet werden.

Um den Stamm häufen wir 25—30 cm Erde an und schützen die Wurzeln dadurch vor Frösten. Im Frühjahr wird das Erdreich wieder eingeebnet und eine 1—1,5 m breite Baumscheibe (zum besseren Belüften der Wurzeln und um Verluste an Bodenfeuchtigkeit zu vermeiden) um den Stamm herum angelegt.

Umpflanzen von Obstbäumen

Ältere Bäume sollten möglichst nicht mehr umgesetzt werden. Ist das jedoch unumgänglich, darf der Wurzelballen nicht beschädigt werden. Ein Jahr vor dem Umpflanzen wird in 50—70 cm Entfernung um den Stamm herum ein Graben ausgehoben und mit guter Komposterde gefüllt. Das Wurzelsystem des Obstbaumes kann diese Schicht während der Vegetationsperiode gut durchwachsen und der Wurzelballen hält beim Umsetzen besser zusammen. Soll der Obstbaum über eine größere Entfernung zum neuen Standort transportiert werden, empfiehlt sich ein Holzverschlag oder das Einschlagen des Ballens in Sackleinen. Im Frühjahr muß die Krone des umgepflanzten Baumes einen starken Verjüngungsschnitt erhalten. Um das Entwurzeln durch den Wind zu verhindern und das Einwurzeln zu erleichtern, empfehlen sich Stützdrähte, die im Dreieck mit einem Ende über Sackleinen am Baum und mit dem anderen an Bodenpfählen befestigt werden. In der ersten Zeit sollte der ganze Stamm mit Stroh und Sackleinen umwickelt werden, um die Wasserverdunstung einzuschränken. Während der Wachstumsperiode ist häufig und ausgiebig zu wässern; düngen sollte man erst nach dem zuverlässigen Anwachsen des Baumes am neuen Standort. Im darauffolgenden Jahr sollte man noch auf den Ernteertrag verzichten und Blüten bzw. Früchte entfernen, um den Baum nicht zu schwächen.

Regelmäßige Pflegearbeiten

Bereits im Januar kann das Kalken der Baumstämme erforderlich sein; denn die weiße Schutzschicht verhindert das übermäßige Erwärmen durch die intensive Sonnenstrahlung (die besonders über einer Schneedecke entsteht) und damit die Beschädigung der Stämme infolge des zu großen Temperaturunterschiedes zwischen sonnigen Tagen und frostigen Nächten.

Die Baumscheibe sollte im Frühjahr mit trockener Erde, Kompost, Torf oder Pflanzenresten bestreut werden, um das Wasser im Boden zu halten.

Während der Wachstumsperiode, vor allem bei längerer Trockenheit, sind alle Obstgehölze ausgiebig zu wässern. Kleinere, dafür aber häufigere Wassergaben haben nicht die erwartete Wirkung. Das Wasser gelangt nicht bis zu den Wurzeln, sondern verläuft sich unter der Oberfläche und verschließt dazu den Boden durch eine unerwünschte Kruste. Bewährt hat sich das Aufbringen einer 5—10 cm dicken Mulchschicht aus grobem strohreichem Stalldung oder Gras nach der Baumblüte (nicht früher, da sonst die Gefahr der Spätfröste für die Blüte durch Unterbrechung der Wärmezufuhr aus dem Boden erhöht ist). Sollte einer der im Herbst gepflanzten Bäume im Frühjhar nicht austreiben, wird er vorsichtig aus dem Boden genommen, der Wurzelballen leicht eingekürzt und mehrere Tage ins Wasser gestellt (am besten im Keller) oder über die ganze Länge in feuchte Erde gelegt. Erst nach dem Austrieb wird der Baum wieder eingepflanzt. Während der Vegetationsperiode ist der Boden rund um den Baum, vor allem nach Regenfällen (noch bevor sich eine Kruste bilden kann), flach zu lockern oder zu mulchen. Tiefenlockerung würde das Wurzelwerk beschädigen und die Wasserverdunstung fördern. Die Haupttermine sind Mai bis Juli, wenn die Triebe und Früchte das größte Wachstum zeigen. Im August und September lassen wir den Boden ungestört, da die Früchte dann besser reifen und ausfärben.

Im Herbst wird der Boden um die Bäume bis 10 cm und zwischen den Reihen bis 15 cm tief umgegraben. Für diese Arbeiten empfiehlt sich eine Grabegabel, um die Wurzeln nicht zu beschädigen. Flaches Hacken ist jedoch dem Umgraben vorzuziehen. Im Sommer soll nie umgegraben werden; sobald der Boden im Frühjahr abgetrocknet ist, wird der Boden mit der Rückseite eines Rechens geglättet, um die Wasserverdunstung einzuschränken.

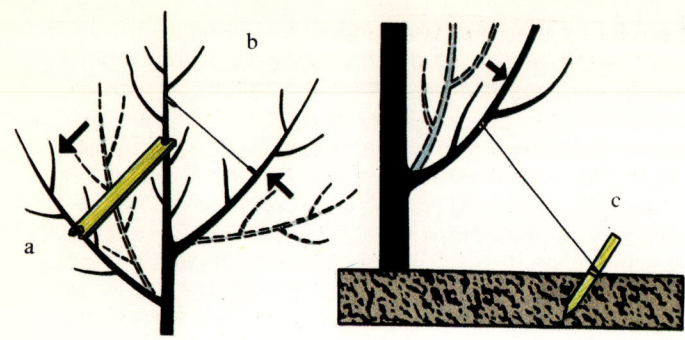

Formieren einer Krone durch Abspreizen und Hochbinden von Ästen. a und b: im Astgerüst selbst; c: durch Anpflocken (184)

Um den Boden durch Gründüngung zu verbessern, empfiehlt sich als Unterpflanzung: Futtererbse, Wicke, Weißer Senf, Kammgras, Phazelia, Weißklee, Welsches und Deutsches Weidelgras, auf Sandboden Lupine. Ausgesät wird bis Anfang August in ausreichend feuchten Boden, bei Trockenheit ist zu gießen. Diese Gründungspflanzen werden erst im Frühjahr in den Boden eingearbeitet, denn sie sind im Winter ein zusätzlicher Bodenschutz gegen tiefer eindringende Fröste und halten auch den Schnee besser. In Gegenden mit Niederschlagsmengen unter 500 mm und in jungen Baumbeständen sollte man auf Gründüngung verzichten.

Der Raum zwischen den Baumreihen kann zum Anbau von Gemüse genutzt werden. Das sollte man jedoch bei Zwergformen nur bis zum dritten und bei höheren Stämmen bis zum achten Jahr tun. Empfehlenswert sind Buschbohnen, Erbsen, Salat, früher Blumenkohl und Kohlrabi, Gurken, Sellerie, Tomaten, Karotten und Frühkartoffeln. Nie soll jedoch direkt unter den Baum gepflanzt werden.

Düngung

Organischer Dünger ist die Grundlage der Nährstoffversorgung der Obstgehölze. Den notwendigen Humus führen wir meist als gut verrotteten oder noch besser kompostierten Stallmist zu, der im Herbst 10—15 cm tief entweder über die ganze Kulturfläche unter den Obstbaum oder in die Bodenscheiben eingearbeitet wird. Leichte Böden düngt man jährlich oder jedes zweite Jahr, bei schwereren Böden genügt ein Intervall von 3—4 Jahren. Schwachwachsende Unterlagen benötigen höhere Gaben. Stalldung können wir im Herbst oder auch im Frühjahr durch Kompost ergänzen. Ein wertvoller Dünger ist trockener Geflügelmist (100—200 g/m²). Wer unter den Bäumen Gründüngung betreibt, kann die Dung- oder Kompostmengen auf die Hälfte verringern. Auch bei ausreichender organischer Düngung können wir jedoch auf Mineraldünger nicht immer ganz verzichten. Mineraldünger wird gleichzeitig mit Kompost oder verrottetem Dung eingearbeitet. Die Dunggaben richten sich nach dem Alter des Bestandes. Ein 2—3 Jahre alter Baum soll 12 bis 15 kg Dung bekommen, mit zunehmendem Alter werden die Mengen erhöht. 40—50 kg gibt man im Alter von 8—9 Jahren, 120—160 kg Dung bei älteren Exemplaren mit 6 m Kronendurchmesser.

Die Mineraldüngermengen werden nach der gewünschten Bodenreaktion, dem Alter und dem Fruchtansatz des Gehölzes bestimmt. Im Herbst kommen Phosphor- (meistens nicht erforderlich, da die Böden in vielen Fällen ausreichend versorgt sind), Magnesium (auf Sandböden) und Kalidüngemittel in den Boden, damit diese zu Beginn der Wachstumsperiode für den Baum verfügbar sind. Im zeitigen Frühjahr kommen Stickstoffdünger dazu. Bequemer ist es, im Herbst und noch einmal im Frühjahr Mischdünger auszubringen. Nachgedüngt wird während der Wachstumsperiode nur mit Stickstoffdüngemitteln (flach einhacken).

Anorganische Dünger sollten jährlich gegeben werden; die Dosis kann auf die Hälfte verringert werden, wenn der Baum die volle organische Düngermenge erhält. Ein zu üppiges Wachstum und schlecht ausgereiftes Holz sind Anzeichen für eine zu starke Stickstoffdüngung. Bei Unterpflanzung wird dem stärkeren Verbrauch entsprechend mehr gedüngt.

Zur Kopfdüngung schwachwachsender Bäume empfiehlt sich Flüssigdünger, beispielsweise vergorener Geflügel- oder Kaninchenmist mit 10 Teilen Wasser oder ein gut löslicher Volldünger. Flüssigdünger werden in einer Rinne entlang dem Kronenumfang 10—15 cm tief in den Boden gebracht, danach wird die Rinne glattgeharkt.

Die Kalziumgaben richten sich nach dem Kalkgehalt des Bodens und den Ansprüchen der einzelnen Arten. Den größten Kalkanteil will Steinobst, Erdbeeren hingegen kommen mit wenig Kalk aus. Grundsätzlich ist zu beachten, daß Kalzium nie gleichzeitig mit Stalldung, Superphosphat oder anorganischen Stickstoffdüngern gegeben werden darf.

Bei plötzlich auftretendem Nährstoffmangel oder bei schlechter Nährstoffaufnahme (zu nasser Boden, Wurzelverletzungen) ist eine Blattdüngung durch Spritzen sehr zu empfehlen. Für die Blattdüngung verwendet man auf 10 Liter Wasser 40 g Kalkammoniumsalpeter oder 50—60 g Harnstoff, 50—60 g Kaliumsulfat und 300—400 g Superphosphat. Gedüngt wird am besten nach der Blüte. Bei größerem Nährstoffmangel sollte das Spritzen noch ein- bis zweimal in Abständen von 10—14 Tagen wiederholt werden. Der Nährstofflösung können außerdem in akuten Notfällen Pflanzenschutzmittel zugesetzt werden.

Bekämpfung von Krankheiten und Schädlingen

Der sicherste und wirksamste Schutz gegen Krankheiten und Schädlingsbefall ist immer die Vorbeugung. Gut gepflegte und ernährte Bestände werden kaum Schwierigkeiten bereiten.

Und wer außerdem noch dafür sorgt, daß genügend Vögel zu den Gartenbesuchern gehören, wird noch weniger Sorgen haben. Es reicht, den Winter über ein ausreichend versorgtes Futterhäuschen in den Garten zu stellen und Nistkästen für Singvögel aufzuhängen. Für diese Aufmerksamkeit werden sie uns reichlich danken; ihnen wird kaum ein Insektenschädling entgehen. Wenn sich aber doch Krankheiten und Schädlinge bemerkbar machen, muß sehr schnell die Ursache gefunden und eventuell auch mit Unterstützung eines Fachmanns Abhilfe geschaffen werden. Zu chemischen Mitteln sollten wir nur im äußersten Fall greifen.

Schnitt der Obstgehölze

Für den Baumschnitt gibt es leider kein Rezept. Jede Art, jede Sorte unterliegt eigenen Gesetzmäßigkeiten. Jeder Baum stellt eigene Ansprüche nach Wuchs, gewünschter Kronenform, Unterlage, Bodenfruchtbarkeit und vielen anderen Faktoren. Aufgabe des Schnittes in den ersten Jahren ist es, eine leichte, starke und feste Krone aufzubauen und sie zu zeitiger Blüte und regelmäßigem Ertrag zu erziehen. Später wird dann durch Schneiden nur das Gleichgewicht zwischen Kronenwachstum und Ertragsfähigkeit aufrechterhalten. Durch Verjüngungsschnitt schützen wir Altbäume vor vorzeitiger Erschöpfung, erneuern die Wachstumswilligkeit und verbessern die Fruchtbarkeit. Durch den Schnitt werden außerdem Anzahl, Größe und Qualität der Früchte beeinflußt.

In der Obstbau-Literatur gibt es viele Anweisungen zum Obstbaum-Schnitt. Auch wenn mit einigen Schnittmethoden gute Ergebnisse erzielt wurden, ist vieles wegen der Arbeits- und Zeitaufwendigkeit oder durch die Einführung verbesserter Anbaumethoden und ertragreicherer Sorten und Unterlagen überholt.

Allgemeine Grundsätze

Zu Anfang sollten wir uns über einige Begriffe Klarheit verschaffen, die für jeden Baumschnitt wichtig sind.

Der Mittel- oder Leitast ist die senkrecht nach oben wachsende Stammverlängerung.

Der Seitenast wächst seitlich aus dem Mittelast. Meist wachsen in gleicher Höhe mehrere nach den Seiten auseinanderstrebende Seitenäste. Sie können aber auch am Stamm in größerem Abstand übereinander stehen und als Gerüstäste (Seitenäste 1. Ordnung) dienen. (Seitenaststreuung ist meistens besser als ein Seitenastquirl, da dieser den Mittelast im Wachstum zu stark behindern kann.)

Triebe gewährleisten die Fortsetzung des Längenwachstums von Mittelast und Seitenästen. Als Triebe werden die ein-(dies-)jährigen, noch nicht verholzten oder gerade verholzenden Sprosse bezeichnet.

Konkurrenz- oder Afterleittriebe sind die neben dem Mitteltrieb entstandenen, gleichlangen Seitentriebe.

Bekleidungsholz sind die Triebe an den Seitenästen 1. Ordnung. Es handelt sich entweder um Holztriebe (ohne Blütenknospen) oder um Fruchtholz mit Blütenknospen, auch Frucht- oder Tragäste, genannt.

Knospen sind die während der Vegetationsruhe an den Trieben gut zu erkennenden schlankeren Blatt- oder Holzknospen und die rundlichen Blütenknospen. Während der Wachstumszeit werden sie als **Augen** bezeichnet.

Ruhende oder schlafende Knospen (Augen) befinden sich am unteren (basalen) Teil eines Triebes und sind am unbelaubten Baum als kleine Striche zu erkennen. Sie treiben nur aus, wenn der ganze Trieb bis auf ein kleines Stück über dem ruhenden Auge weggeschnitten wird.

Stellung der Seitenäste

Die Seitenäste müssen am Mittelast gut festsitzen, damit sie später, vor allem bei stärkerer Belastung durch den Fruchtbehang nicht ausbrechen. Am besten wählt man zum Aufbau eines kräftigen Astgerüstes vier Seitentriebe, die in einem Winkel von 40—60° und mehr am Stamm ansetzen. Seitentriebe mit geringerer Neigung sind ungeeignet, denn sie brechen leicht aus. Besonders wichtig ist dieser Grundsatz bei der Erziehung der Steinobstbäume. Noch stabiler sind Seitentriebe, die nicht in einer Höhe, sondern verteilt am Mittelast ansetzen. Wachstum, Verzweigung und Ertragsleistung sind von der Lage der Äste und Zweige abhängig. Senkrecht stehende Triebe haben das größte Längenwachstum, verzweigen sich meist nur im oberen Teil und bringen wenig Fruchtholz. Je waagerechter die Äste wachsen, desto größer ist der über die ganze Länge verteilte Fruchtknospenansatz. Der Baum treibt nur schwache, aufrechte Sprosse und verwendet mehr Kraft auf die Blütenbildung. Diese Eigenschaften werden natürlich bei der Kronenerziehung genutzt. Man zwingt die Triebe durch Aufbinden oder Abspreizen in eine leichte Schräg- bis Horizontallage und unterstützt damit die Fruchtbildung. Diese Arbeiten sollen nicht sofort nach dem Pflanzen des jungen Baumes, sondern erst nach gutem Wachstum vorgenommen werden. Zu frühes Herunterbinden der Triebe nach dem Pflanzen würde bei schwachwachsenden Unterlagen zur vorzeitigen Vergreisung des Baumes führen. Nie sollten die Zweige so geformt werden, daß sie nach unten zeigen. Die zu einem Bogen erzogenen Zweige treiben am üppigsten am Bogenscheitel aus und setzen reichlich Blüten an.

Auslichtungsschnitt

Bei der Erziehung der Baumkrone empfiehlt es sich, den Rückschnitt der Triebe mit dem Auslichtungsschnitt zu kombinieren, bei dem ganze Äste weggeschnitten werden. Ohne das Einkürzen der Leittriebe blieben sie viel zu schwach und biegsam. Aber auch wenn man sie zu stark und zu oft zurückschneidet, wird keine schöne, starke Krone aufgebaut. Es würden sich zu starke und starre Zweige bilden, die Krone würde zu dicht und die Fruchtbarkeit zu spät einsetzen.

Durch den Auslichtungsschnitt wird die Baumkrone licht und luftig, eine notwendige Vorbedingung für guten Gesundheitszustand und hohe Fruchtbarkeit.

Schnitt von Trieben und Ästen.
1: *Trieb mit treibendem Auge;*
a: *richtig;* b und c: *falsch*
2: *Zapfenschnitt;* a: *im Winter;*
b: *in der Vegetationszeit*
3: *Schnitt am Astring;* a: *richtig;*
b, c: *falsch;* d: *Absägen des Astes (185)*

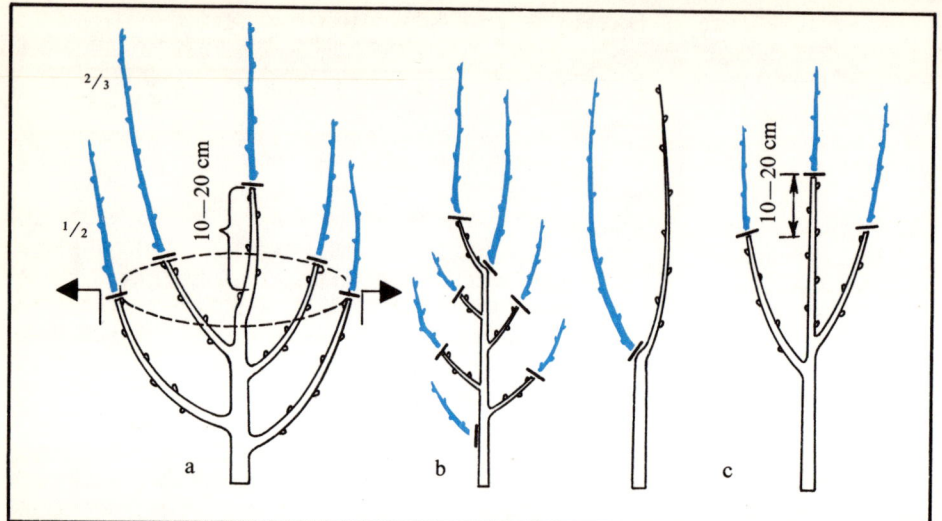

Pflanzschnitt bei Obstbäumen. a: bei normal entwickelter Krone; b: bei schwach entwickelter Krone; c: bei unregelmäßig entwickelter Krone (186)

Winterschnitt

Durch Erziehungsschnitt und Auslichten während der Vegetationsruhe unterstützen wir die Holzbildung. Der Auslichtungsschnitt fördert das Wachstum der ganzen Krone, der Erziehungsschnitt das der einzelnen Zweige. Dieser sogenannte Winterschnitt wird bei schwachwachsenden Bäumen im Herbst oder Winter ausgeführt, denn er fördert die Triebbildung. Kräftig wachsende Bäume mit langen Trieben dagegen schneidet man im späten Frühjahr, um die Triebfreudigkeit zu bremsen. Ein starker Winterschnitt fördert das Holzwachstum und verringert die Blütenentwicklung. Kräftig wachsende junge Bäume schneidet man deshalb während der Vegetationsruhe nicht zu stark zurück. Niemals sollten diese Arbeiten bei Temperaturen unter −8 °C ausgeführt werden, denn der Frost würde das Holz an den Schnittwunden beschädigen.

Sommerschnitt

Der Sommerschnitt, auch als Grünschnitt bezeichnet, wird zur Regulierung des Wachstums ausgeführt. Seine Wirkung hängt von der Wachstumsphase ab, in der er vorgenommen wird. Durch Schneiden der Triebspitzen in der Zeit des Austriebs wird das Längenwachstum am stärksten eingeschränkt, so daß die noch nicht entspitzten darunterliegenden Triebe umso kräftiger wachsen. Das kann zur Formung unregelmäßig gewachsener Kronen genutzt werden.

Durch Triebschnitt in der vollen Triebphase (Juni bis Anfang Juli) verbessert sich die Entwicklung der Augen, die sich im oberen Teil des eingekürzten Triebes zu den sog. vorzeitigen Trieben entwickeln können. Bei Aprikosen ist das erwünscht, beim Kernobst jedoch nicht, da wir die Ernte stark verringern würden. Beim Kernobst entspitzt man die Triebe erst bei Abschluß des Längenwachstums und Ausbildung der Endknospe (Ende Juli bis Mitte August). Dieser Grünschnitt unterstützt die Knospenentwicklung und die Knospen treiben dann in der Regel auch nicht mehr aus.

Einer reichen Ernte förderlich

Durch richtige Düngung und ausgewogenen Schnitt halten wir das Gleichgewicht von Wachstum und Fruchtbarkeit aufrecht. Schwache Holzbildung und zu starke Blütenbildung sind die Ursache für die unerwünschte, periodisch schwankende Fruchtbarkeit beim Kernobst. Die Bäume erschöpfen ihre Kräfte durch eine zu reiche Ernte und tragen dann im nächsten Jahr nicht. Regelmäßige Ernten erzielen wir nur durch regelmäßigen, angemessenen, mittelscharfen Schnitt und ausreichende Düngung vor allem mit Stickstoffdüngemitteln. Allerdings bewirken zu starke Stickstoffgaben übermäßiges Blattwachstum zu Lasten des Ertrags. Bei zu geringen Gaben bleiben die Bäume klein und tragen schlecht. Genauso ausgewogen muß die Düngung mit Phosphor- und Kalidüngern sein.

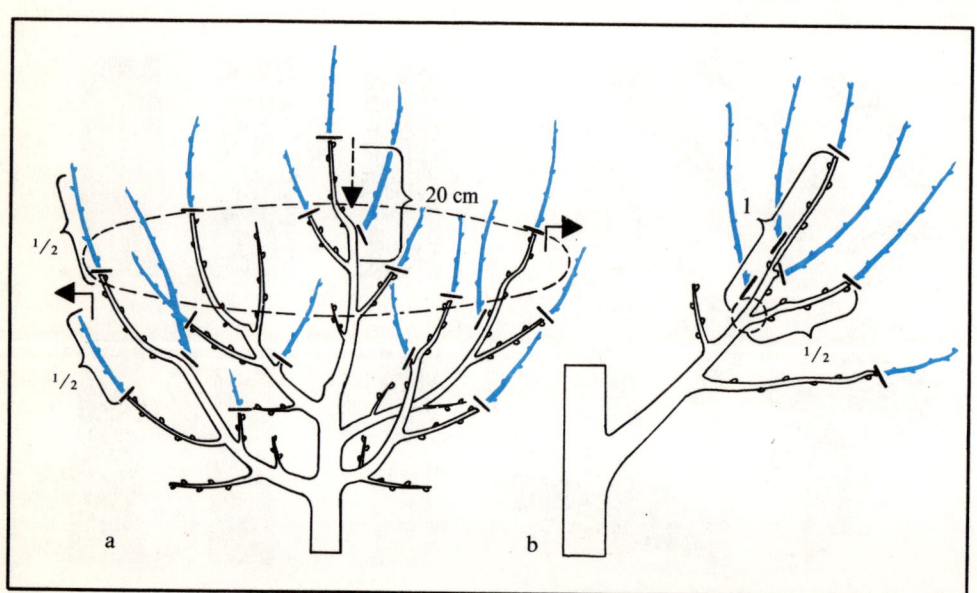

Kronenaufbauschnitt ein Jahr nach dem Pflanzen (187)

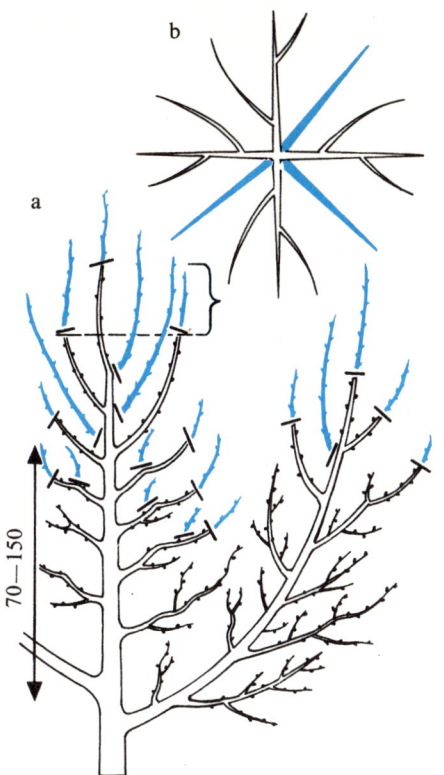

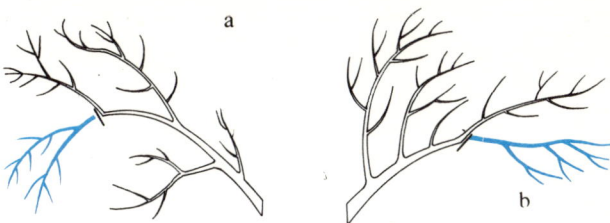

Der Erhaltungsschnitt wird durchgeführt, um das Wachstum der einjährigen Triebe zu unterstützen. a: *Ausschneiden von abwärtsgebogenen Zweigen;* b: *Schneiden von verzweigten Ästen (189)*

Wie wird geschnitten

Der Winterschnitt erfolgt in der Regel auf Knospe. Entfernt werden meist Teile einjähriger Triebe dicht über dem Auge durch einen leicht schrägen Schnitt, damit weder ein Zapfen noch eine zu lange Schnittwunde (bei zu schrägem Schnitt) entsteht. Ähnlich entspitzt man im Sommer die Triebe.

Beim Winter- und Sommerschnitt von Konkurrenztrieben und anderen starken Zweigen schneidet man bis auf den Grund zurück. Man entfernt den Trieb ganz und läßt nur etwa 1 cm Holz stehen. Im Sommer sind an diesem Stumpf nur 2—3 kleine Blätter zu sehen, im Winter bleibt nur ein kleiner Strich übrig. Der verbliebene Zapfen darf keine Knospen tragen. Durch diesen Rückschnitt bis zum Grund wird der Baum in seinem Wachstum sehr geschwächt; aus dem schlafenden Auge treibt meist nur kurzes und schwaches Holz.

Beim Auslichten, also beim Entfernen von Zweigen und ganzen Ästen, wird auf Astring geschnitten, und zwar dicht über dem Stamm oder an einem Ast höherer Ordnung. Es darf weder ein Stumpf stehenbleiben noch zu tief geschnitten werden, damit die Schnittwunde möglichst klein ist. Stärkere Äste werden zuerst an der Unterseite angesägt und erst dann von oben abgeschnitten oder gesägt, damit sich das Holz nicht spaltet.

Kronenschnitt im ersten Jahr nach dem Pflanzen

Jeder Baum, den wir auspflanzen, besitzt nur noch einen Teil seines ursprünglichen Wurzelsystems. Diese übriggebliebenen Wurzeln vermögen nicht so viel Nährstoffe aufzunehmen, wie für den ganzen Baum notwendig wäre. Die Krone muß deshalb in gleichem Maße zurückgeschnitten werden wie die Wurzel. Diesen Pflanzschnitt führt man bei

Kronenaufbauschnitt im dritten bis fünften Jahr nach dem Pflanzen. a: *zuerst werden zwei kräftige Seitenäste für den Kronengerüstaufbau belassen, der dritte wird ein Jahr später ausgewählt;* b: *Seitenäste 1. und 2. Ordnung (Aufsicht) (188)*

Aber auch das Fruchtholz bedarf des Schnittes. Die Triebe, die sich durch Einkürzen und richtige Ernährung am Fruchtholz bilden, vergrößern die Assimilationsfläche des Baumes und unterstützen damit Größe und Qualität der Früchte.

Grundsätzlich entfernen wir die Konkurrenztriebe, denn sie verdichten die Krone zu sehr. Geschnitten wird entweder der ganze Trieb auf Astring oder es bleibt ein 0,5 bis 1 cm langes Triebstück mit ruhenden Augen stehen. Aus diesen Augen entwickeln sich dann während der Vegetationsphase nur schwächere Triebe.

Waagerechte oder nach unten geneigte Triebe werden in der Regel nicht zurückgeschnitten. Nur zu lange, tief im unteren Teil der Krone niedriger Formen wachsende waagerechte Triebe schneidet man, damit die Früchte den Boden nicht berühren.

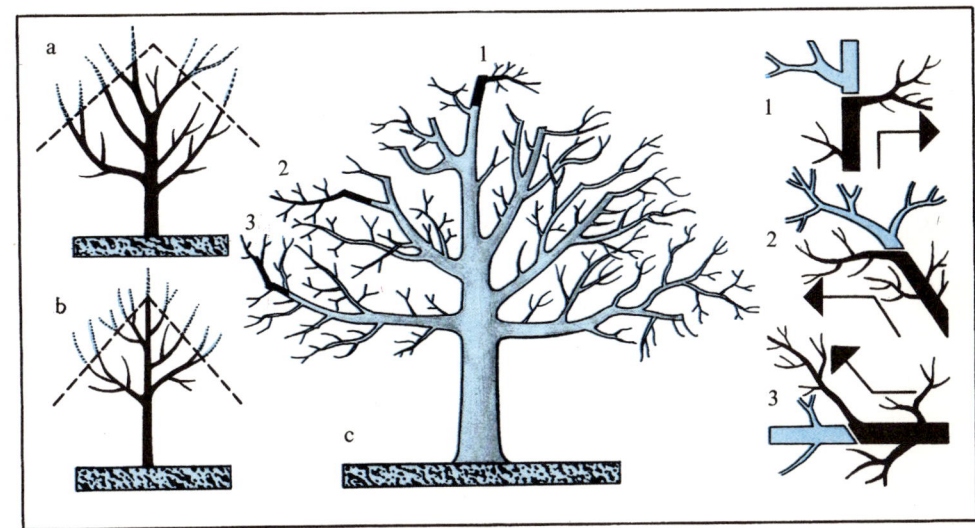

Verjüngungsschnitt an alten Kronen.
a: *Schnittwinkel beim Apfelbaum;* b: *beim Birnbaum;*
c: *Apfelbaum nach dem Schnitt;* 1: *Zweig am Ende der verkürzten Mittelachse;*
2. *Zweig an einem verkürzten Seitenast 2. Ordnung;*
3. *Zweig an einem verkürzten Seitenast 1. Ordnung (190)*

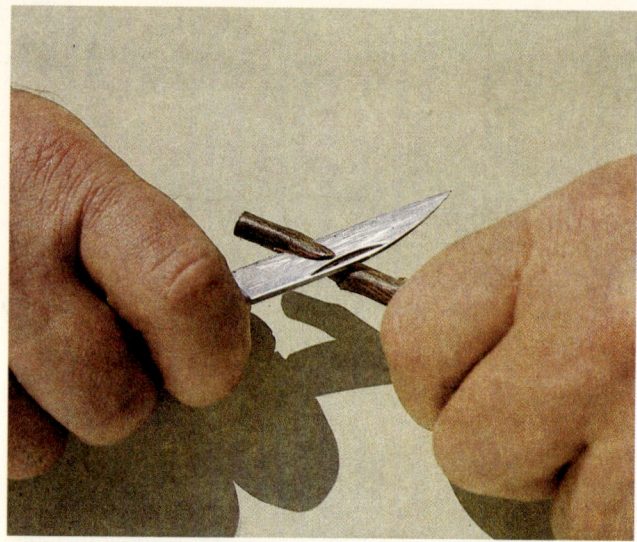

Oben: Die Schnittfläche am Edelreis muß glatt sein, daher verwende man scharfe Messer. Je länger die Schnittfläche ist, desto besser wachsen Unterlage und Edelreis zusammen (191)

Mitte (192) und unten (193): Das Auge wird in den T-Schnitt an der Unterlage eingeführt, die Schnittstelle mit Bast oder Kunststoffband verbunden

Frühjahrspflanzung vor dem Pflanzen und bei im Herbst gepflanzten Bäumen erst im Frühjahr aus. Natürlich kann man im Herbst ein wenig zurückschneiden.

Der Pflanzschnitt hat außer der Schaffung des Gleichgewichts zwischen Wurzelsystem und Krone noch einen anderen Zweck — er gibt der Krone die richtige Gestalt und ermöglicht an den Kronengerüsttrieben den Austrieb von Fruchtholz längs der Seitentriebe. Bäume, bei denen der Pflanzschnitt nicht vorgenommen wurde, wachsen schlecht, kommen vorzeitig in Ertrag und verlieren dadurch zu viel Kräfte. Nicht erzogene Kronen sind meist schwach und verkümmern.

Erster Rückschnitt

Nach dem Auspflanzen ist der Schnittvorgang bei allen Baumformen der gleiche. Man läßt nur drei, höchstens vier annähernd gleich starke und möglichst nach allen Seiten gleichmäßig verteilte Seitentriebe, dazu den mittleren, den Leittrieb, stehen. Höchstens bei Apfel- und Birnbäumen mit kurzem Fruchtholz können wir fünf Seitentriebe belassen. Alle übrigen Triebe sind dicht am Stamm auf Astring wegzunehmen. Zuerst werden die Gerüstäste eingekürzt, dann der mittlere, dicht unterhalb des Mitteltriebs schräg nach oben wachsende Konkurrenztrieb ganz weggeschnitten. Bei im Herbst gepflanzten Bäumen mit normal entwickeltem Wurzelsystem werden beim ersten Rückschnitt zuerst der höchstliegende Seitentrieb um 2/3 seiner Länge und dann die niedrigeren Triebe auf die Hälfte ihrer Länge eingekürzt. Dabei wird der Grundsatz befolgt, daß die als Endknospe stehengebliebene Knospe nach außen von der Kronenmitte wegzeigt und alle Seitentriebe annähernd in gleicher Höhe enden.

Der Mitteltrieb wird je nach seiner Stärke so zurückgeschnitten, daß die belassene Endknospe über der Narbe des vorjährigen Schnittes steht und der Trieb 10—20 cm über der Schnittebene der Gerüsttriebe endet. Der Leittrieb wird desto tiefer eingekürzt, je schwachwüchsiger die Sorte und je schwächer die Seitentriebe sind.

In windigen Lagen soll die Endknospe des Leittriebs nach der überwiegenden Windrichtung zeigen. Dadurch wächst dann der Verlängerungstrieb sehr schön aufrecht.

Viel liegt an der Form der Baumkrone

In den ersten 3—5 Jahren nach der Pflanzung sollten wir durch richtigen Erziehungsschnitt eine kräftige, luftige und lichte Krone mit gleichmäßig stehenden Gerüstästen und reichem Fruchtholz aufbauen. Bäume mit richtig erzogener Krone kommen früh, regelmäßig und reichlich in Ertrag, sind widerstandsfähig gegen schädigende Einflüsse, hauptsächlich Wind und Pilzkrankheiten, und erreichen ein höheres Alter als ungeschnittene Bäume. Beim Kronenschnitt gilt als Grundsatz, daß kräftiger wachsende und an langen Fruchttrieben tragende Sorten weniger und schwächer wachsende oder an kurzen Fruchtspießen blühende Sorten sowie alle an Wuchskraft nachlassenden Bäume stärker zurückgeschnitten werden. Danach wird verfahren, bis alle Hauptäste ausreichend Fruchtholz gebildet haben. Dann wird nicht mehr regelmäßig, sondern nur noch nach Bedarf geschnitten. Der Verlängerungstrieb (Seitenast 1. Ordnung) eines Gerüstastes soll auch nach dem Rückschnitt zweimal so lang sein wie die Seitenäste 2. Ordnung nach dem Schnitt. Bei Apfelsorten mit überhängenden Ästen werden die Verlängerungstriebe auf Innenauge geschnitten, so daß zu breites Wachstum der Krone vermieden wird.

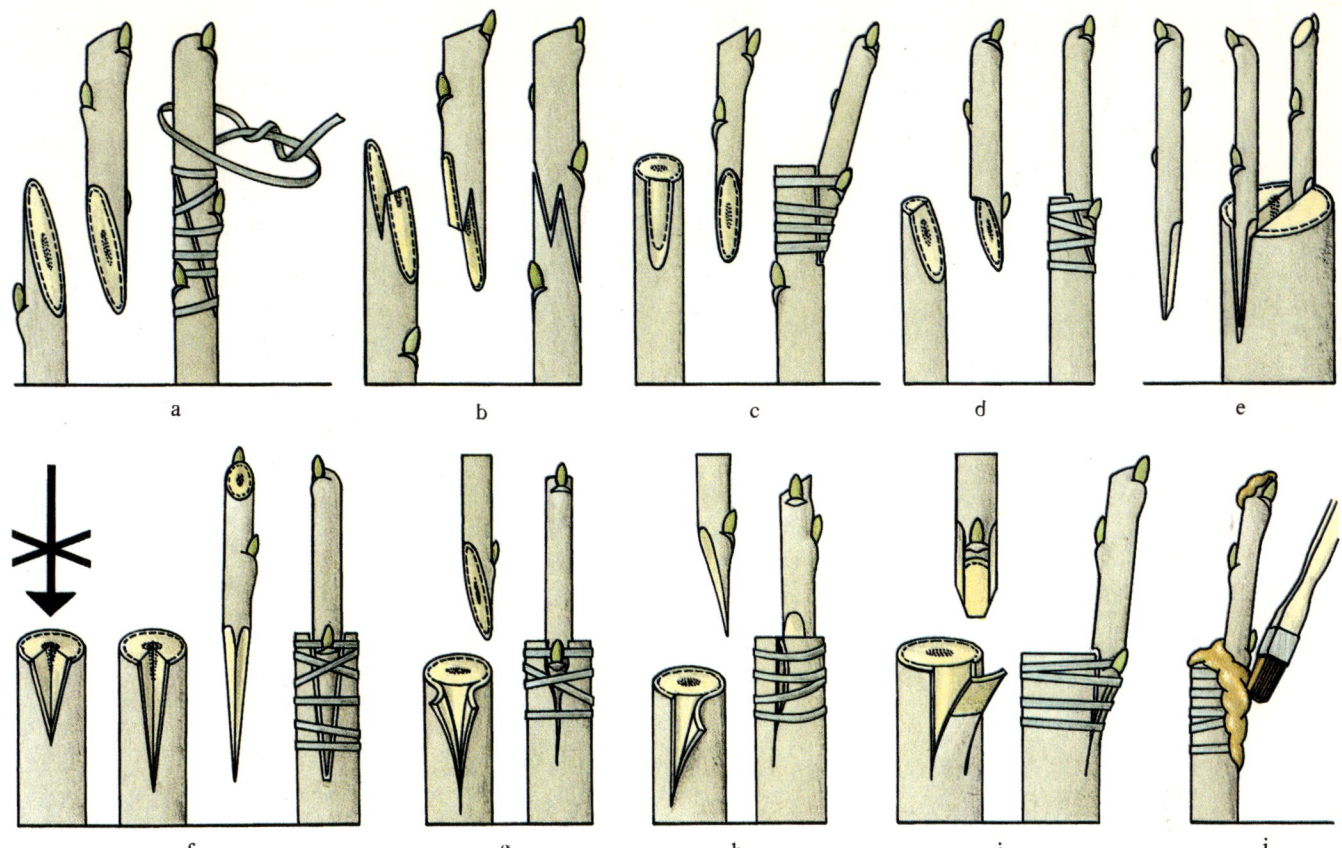

Bei starkwachsenden Sorten muß dem Winter- der Grünschnitt folgen. Im Frühjahr darf dann weniger stark zurückgeschnitten werden, so daß der Baum nicht zu sehr zum Wachstum angeregt wird. Ende Juli werden die Konkurrenztriebe und die senkrecht in die Krone wachsenden triebe weggenommen.

Unser Bestreben muß es sein, jede Krone zu einer regelmäßigen Form zu erziehen. Zu steil wachsende Triebe und Äste werden durch Stützen vom Stamm abgespreizt oder an Bodenpflöcke gebunden, herunterhängende oder zu waagerecht wachsende Triebe (Äste) werden dagegen aufgebunden.

Weitere Pflegearbeiten

Im dritten bis fünften Jahr kann man dann mit dem Aufbau des zweiten Kronenkranzes beginnen, vorausgesetzt, die Gerüstäste des ersten sind gut entwickelt. Man wählt 3 Gerüstäste am verlängerten Mittelast aus, die nach Möglichkeit auch unterschiedlich hoch ansetzen. Ihr Abstand zum ersten Kranz soll 70—150 cm betragen.

In den ersten Jahren nach dem Kronenaufbau beschränken wir uns auf das Auslichten, ohne die Triebe einzukürzen. Dadurch kommen Sonne und Luft in die Krone. Wir entfernen alle überflüssigen, in die Krone hineinreichenden, sich kreuzenden oder nahe nebeneinander in gleicher Richtung wachsenden Zweige und alles trockene, angebrochene und kranke Holz. Wer seine Krone vom ersten Jahr an richtig erzieht, kann sich darauf beschränken, hin und wieder einen Ast wegzunehmen.

Bei frühen Kernobst- und Steinobstsorten empfiehlt sich das Auslichten gleich nach der Ernte; wenn wir diese Arbeiten für den Vorfrühling ließen, würden wir den Baum um die in diesem Holz gespeicherten Nährstoffe bringen. Bei späten Sorten sollte der Schnitt zeitig im Vorfrühling erfolgen, denn die beim Herbstschnitt entstandenen Wunden würden bis zum Winter nur schlecht heilen und Frostschä-

Pfropfverfahren. a: *Kopulation (Bastverband mit Knoten);* b: *Kopulation mit Gegenzungen;* c: *Anplatten;* d: *Sattelschäften;* e: *Pfropfen in den Spalt;* f: *Geißfußveredlung;* g: *Pfropfen hinter die Rinde;* h: *Pfropfen hinter die Rinde, verbesserte Methode;* i: *Tittelpfropfen;* j: *die Schnittflächen sorgfältig mit Baumwachs verstreichen (194)*

den am Baum verursachen. Grundsätzlich sägt man im Herbst keine starken Äste direkt am Stamm ab. Der Sommerschnitt erleichtert die Beurteilung der Kronendichte und das Entfernen von vertrocknetem Holz, das beim Winterschnitt nur schwer zu erkennen ist.

Bei älteren Beständen, bei denen sich dann bereits fruchtbare und unfruchtbare Jahre abwechseln, die Qualität der Früchte nachläßt und sich das Längenwachstum verringert, beginnt man mit einer leichten Verjüngung. Von den zur Erde gebogenen Zweigen schneidet man die Enden an der ersten oder nächsten Verzweigung ab. Sorten, bei denen sich keine gebogenen Zweige bilden, werden in den Gerüstästen oder in den stärkeren Seitenästen an der letzten oder vorletzten Verzweigung eingekürzt. Gleichzeitig vereinzeln wir das lange Fruchtholz.

Rückschnitt nach der Veredlung
a: *oberhalb des Auges;*
b: *Rückschnitt des Triebes;*
c: *Rückschnitt der Unterlage oberhalb der Veredlungsstelle nach dem Austrieb des Auges;*
d: *richtiger Rückschnitt;*
e, f: *falscher Rückschnitt der Unterlage (195)*

Verjüngungsschnitt

Die Kronen der alten Bäume müssen verjüngt werden. Diese Arbeiten erfolgen im Vorfrühling durch einen starken Verjüngungsschnitt in das alte Holz. Auch für diese Arbeiten gibt es kein Rezept; sie richten sich nach den individuellen Eigenschaften jeden Baumes, nach der Sorte, dem Zustand des Baumes und dem Anbaugebiet. Beim Verjüngungsschnitt wird zuerst die Krone ausgelichtet sowie krankes und trockenes Holz entfernt. Dann folgt der Schnitt der Gerüstäste von oben nach unten. Hohe Kronen kann man beim Verjüngen niedriger halten. Man kürzt die Äste im oberen Teil der Krone bei älteren Bäumen stärker ein als bei jüngeren — um ein Viertel bis zur Hälfte. Die unteren Äste werden weniger zurückgeschnitten um die gewünschte, für die gegebene Sorte typische Kronenform zu erhalten. Am Astende beläßt man einen abzweigenden Leittrieb, der im höheren Geäst waagerecht stehen und bei den unteren Ästen schräg nach oben zeigen soll. Nach den gleichen Grundsätzen schneidet man dann auch die Seitenäste zurück.

Jeder Verjüngungsschnitt muß mit der richtigen allseitigen Ernährung verbunden sein. Holzwachstum und Wassersprosse fördernder Stickstoff sollte nur vorsichtig gegeben werden, am besten ist es, den Bestand ein Jahr vor dem Verjüngen zu düngen.

Wer in seinem Garten gesunde, aber von der Sorte her nicht zufriedenstellende Bäume hat, kann auf eine bessere Sorte umveredeln. Diese Arbeiten werden im nächsten Kapitel eingehender beschrieben.

Da jede Obstart und jede Sorte ihre eigenen Ansprüche an den Schnitt stellt, werden wir darauf bei der Sortenbeschreibung zurückkommen.

Propfen und Okulieren

Im Grunde könnte sich jeder seine Obstbäume im Garten selbst ziehen. Die Unterlage könnte er durch vegetative Vermehrung oder aus Samen gewinnen, aufschulen und dann veredeln. Aber diese Arbeiten sind mit großem Zeitaufwand verbunden und deshalb in der Gartenpraxis kaum anzutreffen. Unsere jungen Obstbäume kaufen wir lieber fertig veredelt im Gartencenter oder in der Baumschule. Kenntnisse der Obstbaumveredelung können uns jedoch recht nützlich sein, wenn uns mit der Zeit eine Sorte nicht überzeugt und wir uns zum Umveredeln entschließen.

Das Wesen des Veredelns besteht darin, daß wir Teile von zwei verschiedenen Pflanzen so miteinander verbinden, daß sie für immer zu einer einzigen Pflanze zusam-

Spalierapfelbäume können frei oder an Drähten gezogen werden. Bei letzterem Verfahren sind die Spaliere schmaler; die Erträge sind höher, dafür aber auch die Ansprüche an die Formierung (196)

menwachsen. Von der einen Pflanze (der Unterlage) möchten wir das Wurzelsystem, von der anderen (dem Edelreis) die Krone.

Im Vorfrühling oder zu Beginn der Wachstumsperiode schneiden wir die Krone des umzuveredelnden Baumes zurück, indem wir sie je nach Art und ihrem natürlichen Wachstumstyp in einem Winkel von 70—110° abwerfen. Am Ende der Ästestummel lassen wir einen schwächeren Zugast stehen, der die Baumsäfte anzieht und damit dem Edelreis das Anwachsen erleichtert. Die Stärke der abgeworfenen Äste soll bei Birnen 15 cm, Äpfeln 10 cm und Steinobstarten 8 cm nicht überschreiten.

Die Edelreiser wählt man von sehr fruchtbaren und gesunden Bäumen der Sorten, die in unserer Gegend am besten gedeihen.

Formobstwände. a: Schlösser-Palmette drei Jahre nach der Pflanzung; b: Italienische Palmette drei Jahre nach der Pflanzung; c: Schmitz-Hübsch-Palmette drei Jahre nach der Pflanzung; d: Fruchtholzbildung an einer Delbard-Palmette; e: Hungaria-Palmette drei Jahre nach der Pflanzung; f: Duhans-Palmette; g: für Birnbäume geeignete Form (die aber auch für Apfelbäume geeignet ist); Lepage-Palmette; h: Ruzyner-Palmette für Birnbäume; Krone gut geschlossen; i: frei wachsende Palmette (197)

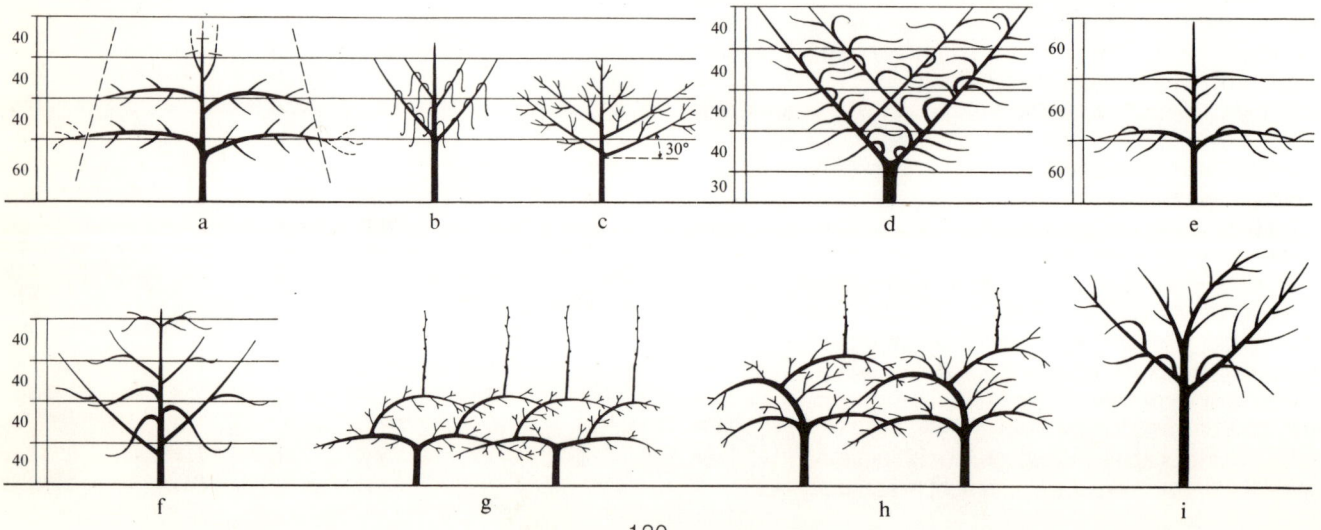

Vorbereitung der Edelreiser

Als Edelreiser nehmen wir während der Vegetationsruhe einjährige, gut ausgereifte Triebe, am besten von der nach Süden gewandten Seite des Mutterbaumes. Wasserschosse sind als Reiser völlig ungeeignet.

Die günstigsten Monate für den Reisschnitt sind Dezember und Januar; für Steinobst sind sie sogar Bedingung. Kernobstreiser lassen sich auch noch kurz vor dem Austrieb schneiden. Man schlägt sie den Winter über in eine Grube in feuchten Sand ein und deckt sie halb mit Erde ab, damit sie nicht austrocknen.

Das Reis soll drei Knospen haben; der obere Schnitt muß dicht über der Knospe sitzen, darf sie aber nicht verletzen.

Veredelungsmethoden

Wenn diese Arbeiten noch während der Saftruhe ausgeführt werden, wählt man die Geißfußpfropfung; beim Austrieb, wenn sich die Rinde bereits vom Holz löst, pfropft man lieber hinter die Rinde. Bei dünnen Ästen kann man einfach oder mit Gegenzunge kopulieren.

Spindelbusch; die Äste werden durch Anbinden an Pflöcke abgespreizt (198)

Beim Geißfußpfropfen wird aus der Unterlage ein Keil herausgeschnitten, der eher schmal und so tief wie breit sein soll. Auf die gleiche Form schneidet man das Reis zu und setzt es in den Keil ein.

Die Rindenveredlung kann auf verschiedene Weise vorgenommen werden: Die Rinde wird senkrecht eingeschnitten und entweder vorsichtig zu beiden Seiten des Schnitts abgehoben und über dem eingeschobenen beidseitig angeschnittenen Reis wieder geschlossen, oder sie wird nur an einer Seite abgehoben und das keilförmig angeschnittene Reis seitlich eingeschoben. Die letzte Methode ist die bessere.

Voraussetzung für die Kopulationsveredlung ist die gleiche Stärke von Reis und Unterlage. Bei der einfachen Kopulation wird das schräg angeschnittene Reis auf die im gleichen Winkel angeschrägte Unterlage aufgesetzt und an dieser festgebunden (siehe Abb. 194). Bei der Kopulation mit Gegenzunge werden einfacher Schrägschnitt und gegenläufige Einschnitte (Zungen) auf den Schnittflächen kombiniert.

Pflückreife Birnen mit sortentypischer Fruchtfärbung. So gepflückt, sind sie widerstandsfähiger gegen Krankheiten als vorzeitig oder verspätet gepflückte. Bei der Pflückreife läßt sich der Fruchtstiel durch Drehen und sanftes Ziehen leicht lösen (199)

Beim Kopulieren und Pfropfen werden die Schnitte von oben nach unten angesetzt. Beim Pfropfen auf schwache Äste setzt man 1—2, auf starke bis zu 5 Edelreiser. Die gepfropften Reiser werden gut mit Bast festgebunden und mit Baumwachs verstrichen. Wenn man mit Kunststoffstreifen verbindet, muß man nicht wachsen. Damit Vögel oder Wind die frisch gepfropften Reiser nicht beschädigen können, schützt man sie durch darübergebogene Ruten oder bindet sie an Stäben am Ast fest.

Im darauffolgenden Jahr sucht man aus den neu entwickelten Trieben die besten als neue Äste aus und schneidet alles übrige, auch die Zugäste, nach dem Abheilen der Schnittstelle bis zur Basis weg. Die neuen Triebe erzieht man in den nächsten Jahren wie bei einem frisch gepflanzten Baum.

Okulieren

Da sich Pfirsiche nicht umpfropfen lassen, wird im August nach dem Verjüngungsschnitt okuliert. Auch junge Süß- oder Sauerkirschbäume lassen sich im Juli/August durch Okulieren oder Pfropfen umveredeln.

Veredelungsaugen nimmt man nur von ausgereiften Trieben von Kultursorten. Einen Tag vor dem Okulieren schneidet man das Reis, nimmt die Blattspreiten weg und schneidet die Blattstiele bis auf etwa 1 cm Länge zurück. Das Reis wird in ein feuchtes Tuch eingeschlagen und kühl und dunkel aufbewahrt. Das Auge schneidet man aus der Mitte des Reises mit einem scharfen Okuliermesser auf einem etwa 3 cm langen ovalen Rindenschild mit einer dünnen Holzschicht heraus. Das Holz wird vorsichtig herausgeschält, damit das Auge nicht beschädigt wird. In die Unterlage schneidet man ein »T« mit einem etwa 1 cm langen waagerechten und etwa 3 cm langen senkrechten Schnitt, schiebt das Schild unter die abgehobene Rinde, damit das Auge ungefähr 1 cm unter dem Querschnitt sitzt und verbindet mit Bast. Dabei soll das Auge frei bleiben. Wenn bei der Kontrolle 14 Tage nach dem Okulieren der Blattstiel bei leichter Berührung abfällt, ist das Veredeln gelungen. Der Bastfaden wird erst nach drei Wochen entfernt.

Bei der Wahl der zum Umveredeln bestimmten Sorte sind die Verbindungsneigung von Unterlage und Reisspender, ihre Verträglichkeit, in Betracht zu ziehen. Am zuverlässigsten gedeihen stärker wachsende auf starken und schwächer wachsende auf schwachen Sorten sowie späte und frühe Sorten auf zeitlich entsprechenden Unterlagen.

Ernte und Lagerung des Obstes

Es ist allgemein bekannt, daß die Früchte in leichten und warmen Böden früher reifen und besser ausfärben als auf schweren Böden. In höheren Lagen liegen die Erntezeiten später (auf jeweils 100 m über dem Meeresspiegel kommt eine Verzögerung von 4—8 Tagen), dafür sind die Früchte haltbarer als die von niederen Lagen. Zu hohe Stickstoffgaben (besonders in Form von Jauche kurz vor der Ernte) verlangsamt die Reife, senkt die Farbintensität bei rot ausfärbenden Sorten und bewirkt zu schnelles Verderben des gelagerten Obstes. Ausreichende Kalidüngung dagegen erhöht den Zuckergehalt, unterstützt das Ausfärben und verleiht eine bessere Lagerfähigkeit.

Obst von Niederstämmen auf schwachwüchsigen Unlagen muß (ca. 10 Tage) früher geerntet werden als das von Hochstämmen auf Sämlingsunterlagen oder stark wachsenden Typenunterlagen. Von der gleichen Sorte stammende größere Früchte verderben im allgemeinen schneller als mittelgroße Früchte. Regnerisches Wetter und Beregnung zu Ende der Entwicklungsphase der Früchte beeinflussen die Haltbarkeit ebenfalls negativ.

Geerntet wrid Obst am besten nach und nach entsprechend der Art bei Genußreife oder Pflückreife, möglichst bei trockenem und kühlem Wetter. Obst mit weichem Fruchtfleisch (Erdbeeren beispielsweise und zur Lagerung bestimmte Früchte) erntet man am Morgen sobald der Tau abgetrocknet ist oder abends. Steinobst und Kernobst-Sommersorten werden 4—6 Tage vor der Vollreife gepflückt, damit sie nicht so schnell verderben. Herbstäpfel und -birnen erntet man, sobald die Kerne braun werden, Wintersorten kommen als letzte an die Reihe, denn eine späte Ernte erhöht ihre Haltbarkeit. Die Pflückreife erkennt man bei Äpfeln und Birnen daran, daß sich die Stiele bei leichtem Drehen und Anheben gut vom Fruchtholz lösen.

Zur Orientierung einige Hinweise, woran man bei den einzelnen Obstarten den richtigen Erntetermin erkennen kann:

Sommeräpfel: Die Schale färbt aus; die grüne Schale wird gelb und das Fruchtfleisch wird heller, die Früchte duften und lassen sich leicht vom Zweig lösen. Die Äpfel fallen vom Baum, auch wenn die Kerne noch weiß sind. Früheres Pflücken erhöht die Haltbarkeit im Vergleich zu den am Baum belassenen Früchten nicht; am Baum voll ausgereifte Sommeräpfel müssen schnell verbraucht werden, haben aber auch ein besonders gutes Aroma.

Herbstäpfel: Geerntet wird, wenn die Kerne braun werden. Je länger die Früchte am Baum bleiben, desto besser schmecken sie.

Winteräpfel: Nicht zu spät ernten, um die Lagerfähigkeit zu erhöhen.

Der 'Glockenapfel' wird möglichst spät im Oktober gepflückt; er reift bis Januar nach, hält bis Mai oder länger, ist gut lagerfähig, fault nicht (200)

Birnen: Bis auf die Wintersorten wird wie bei Äpfeln geerntet. Bei Winterbirnen beschleunigt spätes Pflücken die Genußreife, früh geerntete Winterbirnen bleiben länger lagerfähig.

Süßkirschen: Knorpelkirschen sollen beim Pflücken vollreif sein, die weicheren Herzkirschen müssen nicht die volle Reife haben.

Sauerkirschen: Bleiben so lange wie möglich am Baum.

Pfirsiche: die Frucht muß Farbe zeigen, duften und sich leicht an der Oberfläche eindrücken lassen.

Pflaumen (Zwetschen, Rundpflaumen, Halbzwetschen, Renekloden, Mirabellen): für Kompott muß das Fruchtfleisch noch recht fest sein; für den direkten Konsum sollen die Früchte gut ausgefärbt sein sowie feines weiches Fruchtfleisch und einen angenehmen Geschmack aufweisen.

Johannisbeeren: abnehmen, sobald sie die für sie typische Fruchtfarbe und ihre Genußreife erreicht haben.

Stachelbeeren: zum Einkochen unreif pflücken, wenn sie noch eine harte Schale haben, aber bei leichtem Fingerdruck etwas nachgeben; für den direkten Verbrauch läßt man sie am Strauch ausreifen.

Himbeeren: sind täglich zu ernten, sobald sich die Frucht leicht vom Kelch lösen läßt.

Walnüsse: werden geschüttelt oder vom Baum geschlagen, sobald sich die grünen Schalen öffnen und die Nüsse zu fallen beginnen.

Zuerst pflückt man das Obst von den unteren Ästen und geht dann immer höher in die Krone. Man sollte die Früchte immer mit Stiel abnehmen, damit sie nicht zu stark saften und sich besser halten (besonders Süß- und Sauerkirschen, Erdbeeren). Von Zwergbäumen werden die Früchte gleich in Steigen oder Körbe gelegt, bei höheren Bäumen verwendet man einen aus Stoff hergestellten Obstpflücker. Je weicher die Früchte sind, desto weniger Schichten werden übereinandergelegt. Gepflücktes Obst soll nie in der Sonne stehen bleiben, sondern immer sofort an einen kühlen, schattigen Ort gebracht werden.

Man lagert das Obst am besten in einem frostfreien, gut gelüfteten Obstkeller, in dem der Luftaustausch im ganzen Raum gewährleistet ist. Zur Lagerung eignen sich auch andere Räume; sie sollten nach Norden oder Nordosten liegen und nie durchfrieren. Die Lüftungsöffnungen müssen im Winter gut geschlossen werden und durch ein dichtes Insektennetz geschützt sein.

Der Raum wird vor dem Einlagern des Obstes gut gesäubert, Wände und Decke werden mit Kalkmilch unter Zusatz von 3% Kupfervitriol geweißt.

Sofort nach dem Pflücken kommt das Obst in den Keller. Nach dem Aussortieren beschädigter, kranker und zu kleiner Früchte wird es nach Sorten in einer Schicht auf gut abgewaschene und desinfizierte Obsthorden oder Regale gelegt. Äpfel sollen mit dem Stiel nach unten und Birnen mit dem Stiel nach oben liegen.

'Alkmene' wird im September geerntet, reift in einer Woche nach und hält sich bis Dezember. Überreife Früchte verlieren an Geschmack und Saft und fallen ab (202)

Obst hat die unangenehme Eigenschaft, fremde Gerüche anzunehmen, so daß es nie mit Kartoffeln oder Gemüse gelagert werden darf, von anderen geruchsintensiven Stoffen wie Benzin, Petroleum u.ä. ganz zu schweigen.

Hervorragende Lagerplätze sind alte, nicht mehr benutzte Brunnen. Man läßt die Körbe am Seil bis über den Wasserspiegel hinab.

Stehen kühle Keller nicht zur Verfügung und sind die Wohnungen zu warm, kann man das Obst in großen Kisten auf dem Balkon lagern, muß sie aber vor Frost schützen. In Kellern mit Wintertemperaturen um 10°C dienen gelochte Polyäthylenbeutel zur Aufbewahrung.

'Ontario' wird in der zweiten Oktoberhälfte gepflückt, erreicht die Genußreife im Januar, hält bis Mai. Am besten gedeiht er an geschützten sonnigen Standorten, ist anpassungsfähig an die Bodenverhältnisse (203)

Die Apfelsorte 'Starkrimson Delicious' ist eine Mutation von 'Starking Delicious', die 1952 in Oregon in den USA entdeckt wurde. Sie braucht warme, gechützte Lagen und nährstoffreiche Böden (201)

Das gelagerte Obst wird regelmäßig kontrolliert, wobei angefaulte und faule Früchte ausgelesen werden. Kernobst bleibt länger lagerfähig, wenn jede Frucht einzeln in Papier eingeschlagen wird.

Das Obstlager soll dunkel sein und eine gleichbleibende Temperatur aufweisen (im Herbst und Frühjahr 6—8°C und den Winter über 2—4°C). Beim Absinken unter -1°C erfrieren die Früchte. Die relative Luftfeuchtigkeit im Obstlager soll zwischen 85 und 90% liegen. In trockeneren Räumen wird der Gefahr des Welkens durch Sprengen des Fußbodens, ein wassergefülltes Gefäß oder feuchtes Moos vorgebeugt. Sind die Räume zu feucht, werden hygroskopische Stoffe wie Kalziumchlorid, Branntkalk oder trockenes Moos ausgebracht.

Birnensorte 'Fondante Thoriot' ist in der ersten Oktoberhälfte erntereif, wird in 14 Tagen genußreif und hält bis Mitte Dezember. Früchte trägt sie ab dem 5. und 6. Standjahr. Sie ist anspruchslos, auch für höhere Lagen geeignet (204)

Apfelsorten — ihre Lagerfähigkeit und Neigung zur Stippigkeit

Sorten (nach Reifezeit geordnet)	Lagerfähigkeit	Neigung zu Stippigkeit
Klarapfel	sehr gering	gering
Gravensteiner	mittel	groß
James Grieve	mittel	mittel
Goldparmäne	gering	groß
Ingrid Marie	mittel	mittel
Cox Orange	mittel	groß
Holsteiner Cox	mittel	groß
Boskoop	hoch	groß
Jonathan	hoch	gering
Starking	hoch	gering
Golden Delicious	hoch	gering
Glockenapfel	hoch	mittel
Morgenduft	hoch	gering
Granny Smith	hoch	gering

Anbau der einzelnen Obstarten

Der Apfel

Als Ursprungsgebiet der Kulturapfelsorten (*Malus sylvestris* var. *domestica*) werden der Kaukasus und Turkestan betrachtet. Die besten Sorten gelangten über Kleinasien und Griechenland bis nach Italien und ganz Europa. Die Kultursorten werden nach Fruchtformen und Reifezeit gegliedert.

Die Ansprüche des Apfels an den Standort lassen sich nicht allgemein festlegen. Bekannt ist, daß er am besten auf durchlässigen, humusreichen, leicht feuchten lehmigen Sand- und sandigen Lehmböden gedeiht und daß trockene Südhänge ungeeignet sind. Der Apfel stellt gemeinhin höhere Ansprüche an Bodenfruchtbarkeit und Feuchtigkeit als die Birne, verträgt aber ein weitaus kühleres Klima.

Krankheitsanfälligkeit und Frosthärte sind bei den einzelnen Sorten unterschiedlich und entscheiden häufig bei der Sortenwahl für einen bestimmten Standort. Am gefürchtetsten sind Apfelmehltau und Apfelschorf; in der Anfälligkeit der Sorten gibt es recht große Unterschiede.

Die Baumform- und Unterlagenwahl richtet sich nach den vorhandenen Flächen und der Vorstellung, wie man Obstbau betreiben will. Beim Apfel nutzt man in erster Linie vegetative Unterlagen, um Wachstum und Fruchtbarkeit der Kultursorten in der gewünschten Richtung zu beeinflussen.

Die Baumform und die Unterlage bestimmen Wachstum und Fruchtbarkeit der Sorte. Die strenger geformten Palmetten und Spindelbuschbäume erfordern arbeitsaufwendige Schnittmaßnahmen und wachsen auf schwachwüchsigen Unterlagen, kräftiger wachsenden Sorten sind dagegen die freieren, nahezu natürlichen Kronenformen der Nieder-, Viertel-, Halb- und Hochstämme vorbehalten. Beim Schnitt eines Apfelbaumes richtet man sich nach der sortenbedingten Länge des Fruchtholzes und der Entwicklungsdauer. Fruchtholz bildet sich in der Regel an zweijährigem und älterem Holz, mit Blütenknospen bekleiden sich nur einjährige Triebe einiger früh tragender und dazu noch auf schwachen Unterlagen veredelter Sorten. Der Apfel stellt an den richtigen Kronenaufbau hohe Ansprüche, da er zu übermäßig dichten Kronen neigt. Bei Sorten mit kurzen Fruchtspießen kürzt man beim Erhaltungsschnitt die Triebe stärker ein, bei Züchtungen mit langen Fruchtruten zieht man das Auslichten vor. Entwickeln Sorten mitellanges Fruchtholz, kombiniert man Einkürzen und Auslichten miteinander. Sich schnell entwickelnde Sorten zeichnen sich durch schwaches Wachstum, kurzes Fruchtholz, zeitige und reiche Erträge und schnelleres Altern aus. Sie stellen deshalb hohe Ansprüche an ausreichende Ernährung, regelmäßigen Erhaltungsschnitt und zeitige Verjüngung.

Spät in Ertrag kommende Sorten bilden große Kronen, und erreichen ein hohes Alter. Diese Eigenschaften finden wir beim Hochstamm. Der Kronenaufbau dauert länger; meist ist die Krone erst nach 5—7 Jahren kräftig und der

Apfelsorten — ihre Abstammung und Eignung als Pollenspender

Sorten (nach Reifezeit geordnet)	Abstammung (Fundgebiet)	geeignet als Pollenspender
Klarapfel	Zufallssämling (Baltikum)	ja
Gravensteiner	Zufallssämling (Nordschleswig, Dänemark)	nein
James Grieve	aus Samen von Pott's Seedling (Schottland)	ja
Goldparmäne	Zufallssämling (England oder Frankreich)	ja
Ingrid Marie	vermutlich aus Samen von Cox Orange (Dänemark)	ja
Cox Orange	aus Samen von Ribston Pepping (England)	ja
Holsteiner Cox	vermutlich aus Samen von Cox Orange (Norddeutschland)	nein
Boskoop	Zufallssämling (Holland)	nein
Jonathan	aus Samen von Esopus Spitzenberg (Nordamerika)	ja
Starking	Knospenmutation von (Red) Delicious (USA)	ja
Golden Delicious	Zufallssämling (Nordamerika)	ja
Glockenapfel	Zufallssämling (Schweiz oder Norddeutschland)	ja
Morgenduft (Rothe Beauty)	Zufallssämling (USA)	ja
Granny Smith	Zufallssämling (Australien)	ja

Baum in der Phase des zunehmenden Ertrages. Der spätere Erhaltungsschnitt ist einfacher auszuführen und beschränkt sich meist aufs Auslichten.

Sorten mit mittlerem Wachstum sind eine Übergangsform zwischen beiden beschriebenen Gruppen. Der Erziehungsschnitt ist meist nach 3—4 Jahren beendet, dann folgen ein einfacher Auslichtungsschnitt, das Zurückschneiden des Fruchtholzes und eine leichte Verjüngung der Äste.

Die Birne

Die Kultursorten der Birne (*Pyrus communis*) sind das Ergebnis mehrmaliger Kreuzung europäischer und asiatischer Arten. Als Heimat gilt Transkaukasien, ihr Weg nach Europa war nicht einfach. Viele noch heute angebaute Sorten entstanden bereits Ende des 17., Anfang des 18. Jahrhunderts in Belgien und Frankreich. Pomologisch klassifiziert man die Birne nach Fruchtform und Reifezeit.

Die Birne will tiefgründigeren und schwereren, aber durchlässigen, humus- und nährstoffreicheren Boden als der Apfel. Auch das Klima muß wärmer und trockener sein. Zu kalkhaltige Böden mit hohem Grundwasserspiegel sagen ihr nicht zu. In höheren Lagen pflanzt man Birnen nur an geschützten Wänden.

Die Anfälligkeit gegenüber Krankheiten wird stark durch die Sorte betimmt. Außer durch Schorf ist die Birne durch Virusbefall gefährdet, der jedoch ebenfalls sortenbedingt ist.

Baumform und Unterlage wählt man nach dem natürlichen Kronenaufbau der Züchtung. Die Birne bildet meist kürzeres Fruchtholz und eine weniger dichte Krone aus als der Apfel. In den ersten Jahren vermeidet man durch richtigen Erziehungsschnitt den Aufbau einer hohen Kronenpyramide, zu der einige Sorten neigen. Für den Schnitt gelten je nach der Entwicklungsfreudigkeit ähnliche Grundsätze wie beim Apfel, die Verlängerungstriebe werden jedoch weniger stark eingekürzt.

Bei Birnen ist rote Schalenfärbung seltener. Trotzdem wirkt sie appetitlich, wie man am Beispiel der Sorte 'Rote Williams Christ' sehen kann (205)

Althans Renekloden' gibt es in Viertel- oder Halbstamm, gedeiht am besten auf guten Böden in günstigen Lagen. Reifezeit Ende August (206)

Hohe Kronenpyramiden schneidet man um ein Drittel zurück — bei jüngeren Bäumen im August, bei älteren im Vorfrühling.

Birnensorten — ihre Eignung als Pollenspender und ihre Neigung zur Parthenokarpie (Jungfernfrüchtigkeit + Fruchtbildung ohne Befruchtung)

Sorten (nach Reifezeit geordnet)	gleichbedeutende Namen	Neigung zur Parthenokarpie	als Pollenspender geeignet
Trévoux	Frühe aus Trévoux, Précoce de Trévoux	ja	ja
Clapps	Clapps Liebling, Clapps Favourite	nein	ja
Williams	Williams Christ, Williams Bon Chretien, Bartlett	ja	ja
Vienne	Triumph aus Vienne	ja	ja
Gellerts	Gellerts Butterbirne, Beurré Hardy, Hardys Butterbirne	nein	ja
Gute Luise	Bonne Louise d'Avranches, Prinz v. Württemberg	nein	ja
Charneux	Köstliche aus Charneux, Bürgermeisterbirne, Légipont	nein	ja
Conference	Konferenzbirne, Conference	ja	ja
Bosc	Beurré Bosc, Boscs Flaschenbirne, Kaiser Alexander, Kaiserkrone, Cale Bassé	nein	ja
Clairgeau	Clairgeaus Butterbirne, Beurré Clairgeau	nein	ja
Lucas	Alexander Lucas	ja	nein
Vereinsdechant	Vereins-Dechantsbirne, Doyenné de Comice	nein	ja
Edelcrassane	Passa crassana, Passe crassane	nein	ja

Die Pflaume

Zu den Pflaumen (*Prunus domestica*) rechnet man gemeinhin Zwetschen und Halbzwetschen, Rundpflaumen, Renekloden und Mirabellen. Zwetschen, auch Hauspflaumen genannt, haben langgezogene, zu beiden Enden hin schmaler werdende, meist dunkelviolette, auffallend bereifte Früchte; die Halbzwetschen sind ihnen zwar ähnlich, haben jedoch nicht so lang gezogene Früchte und ihr Fruchtfleisch erreicht nicht die Festigkeit wie bei der Hauspflaume. Die einzelnen Sorten unterscheiden sich erheblich durch die Früchte und die Baumform.

Renekloden tragen größere, regelmäßige, rundliche, ovale oder eiförmige Früchte mit festem Fruchtfleisch, von dem sich der Stein meist recht gut löst. Die Schale ist säuerlich, läßt sich gut abziehen und ist unterschiedlich gefärbt. Der Stein ist bauchiger. Rundpflaumen haben mehr oder weniger runde oder ovale, verschieden große Früchte mit weniger festem Fruchtfleisch, von dem sich der Stein nur schwer löst. Die Schale kann verschiedene Farben haben und läßt sich oft nur schwer vom Fleisch abziehen.

Mirabellen bringen kleinere, rundlichovale gelbe bis goldgelbe Früchte mit gelbem, gut steinlöslichem Fruchtfleisch. Die einzelnen Sorten unterscheiden sich etwas durch ihre Reifezeit.

Pflaumen reifen ab Mitte Juli bis Ende September, in höheren Lagen gepflanzte Spätsorten kommen meist nicht zur Ausreife.

Die Pflaumenblüte tritt später als die Kirschblüte ein. Nach der Blütezeit unterscheiden wir frühe, mittelfrühe, mittelspäte und späte Pflaumensorten. Eierpflaumen blühen meist früh bis mittelspät, Renekloden, bis auf Ausnahmen, mittelfrüh, Halbzwetschen und Mirabellen meist früh bis mittelspät und Zwetschen mittelfrüh bis spät.

Da es unter den Pflaumensorten neben selbstfruchtbaren auch selbstunfruchtbare und teils fremd-, teils eigenbestäubende Züchtungen gibt, dürfen gleichzeitig blühende Pollenspender nicht vergessen werden.

Pflaumen gedeihen am besten in feuchteren mittelschweren bis schweren lehmigen Böden. Auf wurzelechte Hauszwetschen veredelte Pflaumensorten vertragen von allen Obstarten die feuchtesten Böden, Pflaumen für trockenere und wärmere Standorte veredelt man auf Myrobalane. Sie wollen recht kalkhaltige Böden. Der Fruchtertrag bei Pflaumen ist von den Standort- und Witterungsbedingungen abhängig. Die Pflaumenblüte ist nicht so frost-

Befruchtungsverhältnisse bei Pflaumen

Sorten (nach Reifezeit geordnet)	gleichbedeutende Namen	Befruchtungsverhältnisse
Gerstetter	Ruth Gerstetter	nicht ausreichend selbstfruchtbar
Lützelsachser	Lützelsachser Frühzwetsche	selbstunfruchtbar
Magna Glauca	keine	?
Zimmers	Zimmers Frühzwetsche	selbstunfruchtbar
Ersinger	Ersinger Frühzwetsche, Eisentaler, Goldquelle	schwach selbstfruchtbar
Bühler	Bühler Frühzwetsche	selbstfruchtbar
Nancy-Mirabelle	Doppelte Mirabelle, Mirabelle aus Nancy	selbstfruchtbar
Große Grüne	G. G. Reneklode, Wahre Reneclaude	selbstunfruchtbar
Wangenheim	Wangenheims Frühzwetsche, Rote Wangenheimspflaume	selbstfruchtbar
Ortenauer	Slawonische Zwetsche, Johannisberg II, Borzami Szliva	vermutlich selbstfruchtbar
Stanley	Santa Clara	selbstfruchtbar
Italienische	Italienische Zwetsche, Fellenberg, Kohlstock, Vöslauer, Schweizer Zwetsche	selbstfruchtbar
Hauszwetsche	Deutsche Hauszwetsche, Bauernpflaume, Brechpflaume, Quetsch Commune	selbstfruchtbar

Renekloden sind gefragte Pflaumen. Früchte zum baldigen Verbrauch pflückt man erst, wenn sie ihre typische Farbe und ihren aromatischen Geschmack und Duft haben (207)

empfindlich wie die der Süßkirsche, es gibt aber Unterschiede der Frostempfindlichkeit bei den Sorten.

Für die Pflaume wird meist der Halb- oder Viertelstamm gewählt, für kleine Gärten bevorzugt man schwachwachsende Unterlagen. Es gibt aus Samen und vegetativ vermehrte Unterlagen. Für die Pflaume ist die Scharkakrankheit, eine Virose, am gefährlichsten.

Auch beim Pflaumenbaum sind die Erziehung der Krone und ihre Erhaltung durch gutes Auslichten wichtig. Sein Holz ist recht spröde und bricht leicht, so daß es sich empfiehlt, für den Kronenaufbau Gerüstäste mit größerem Nei-

Zwetschen schmecken nicht nur gut, sondern haben auch ernährungsphysiologisch gesehen einen hohen Wert (208)

gungswinkel und größerem Abstand voneinander zu wählen. Der Erziehungsschnitt soll im 4. Jahr abgeschlossen sein. Konkurrenztriebe, zu deren Bildung der Baum durch den Schnitt angeregt wurde, werden rechtzeitig weggenommen. Pflaumen fruchten nur bei den Sorten am einjährigen Holz, bei denen der Ertrag früh und stark einsetzt. Die meisten Blüten stehen an kurzen Fruchtspießen am zweijährigen Holz, bringen drei Jahre reichen Ertrag und sterben dann nach und nach ab. Beeinflußt wird dieses Verhalten durch Sorte und Lichtverhältnisse. Eine durch laufendes Auslichten hell und luftig gehaltene Krone und durch rechtzeitiges leichtes Einkürzen ins alte Holz verjüngte Fruchtholzbekleidung verlängern die Lebensfähigkeit des Fruchtholzes. Das gilt auch für schwachwüchsige Sorten. Der Auslichtungsschnitt soll, wenn möglich, zum Sommerende vorgenommen werden.

Ein starker Verjüngungsschnitt bei alten Pflaumenbäumen hat nur selten den gewünschten Erfolg, da die Wunden nur schwer heilen. Auch das Umpfropfen ist bei Altbeständen schwieriger. Es empfiehlt sich, nur auf verjüngte Triebe zu pfropfen.

Die Süßkirsche

Süßkirschen (*Prunus avium*) werden nach der Fruchtfleischfestigkeit in die festfleischigen Knorpelkirschen, die weichfleischigen Herzkirschen und die Halbknorpelkirschen mit mittelfestem Fleisch und nach der Schalenfarbe in dunkle, bunte und gelbe unterteilt. Bei den dunklen Sorten ist der Saft rot und meist stark färbend, die bunten und gelben Früchte haben hellen Saft und sind nichtfärbend.

Die Süßkirsche gehört zu den frühblühenden Obstgehölzen. Sie blüht später als Pfirsich und Aprikose, aber früher als die Sauerkirsche. Alle Süßkirschensorten, gleichgültig, ob früh-, mittelfrüh-, mittelspät- oder spätblühende Züch-

Dunkle Kirschen haben einen roten Fruchtsaft. Für die Pflück- und Erntezeit gibt es Kirschwochen, die ab der Reifezeit der frühesten Sorte, ('Früheste der Mark' oder 'Küppers Frühkirsche') gezählt werden (209)

'Büttners Rote Knorpelkirsche', ist eine Sorte, die wenig Ansprüche an den Boden stellt, allerdings sind die Erträge in trockeneren Lagen niedriger. Sie reift Anfang der 5. Kirschwoche, also gewöhnlich Anfang bis Mitte Juli. Die Früchte halten sich lange am Baum (210)

tungen, sind selbstunfruchtbar und können sich auch teilweise gegenseitig nicht befruchten. Es müssen deshalb immer die geeigneten Sorten zusammenstehen. Die Pollen werden von Insekten übertragen, meist von Bienen. Die Süßkirsche gedeiht am besten in gut gedüngten und tiefgründig bearbeiteten durchlässigen leichten und steinigen Böden und fordert gute Bodenpflege. Auf trockenen Standorten wächst sie schlecht und bringt nur kleine Früchte, feuchte Böden wieder machen sie anfälliger für Frostschäden und Gummifluß. Am besten wählt man vor Nordwinden geschützte Hänge. In ebenen Lagen und in Tälern erfrieren häufig Knospen und Holz und die Bäume leiden während der Knospen-, Blüten- und Fruchtbildung unter Spätfrösten.

Die Ertragserwartungen werden stark durch die Witterungsbedingungen beeinflußt.

Auch die Süßkirsche wird in verschiedenen Formen erzogen. Als Unterlagen verwendet man Sämlinge verschiedener Vogelkirschen (*Prunus avium*) oder der Steinweichsel (*Prunus mahaleb*), man kann aber auch vegetativ vermehren.

Die Süßkirsche stellt keine Ansprüche an den Schnitt. Sie bildet Blütenknospen an Buquettzweigen des zweijährigen und älteren Holzes. Einjährige Triebe tragen im oberen Teil Holz- und Blattknospen und im unteren Blütenknospen. Deshalb dürfen die Verlängerungstriebe beim in der Regel nach 3 Jahren auszuführenden Erziehungsschnitt nicht mehr als um die Hälfte eingekürzt werden, um Knospen für den neuen Trieb zu erhalten.

Die Krone wird mit 4 Gerüstästen mit genügend großem Neigungswinkel zum Leitast und größerem gegenseitigem Abstand aufgebaut. Wenn mehrere Gerüstäste an der gleichen Stelle aus dem Stamm wachsen, entsteht leicht Gummifluß.

Da die Süßkirsche lichte Kronen bildet, kann man sich nach Aufbau des ersten Astgerüstes auf das Auslichten unerwünschter und beschädigter Zweige beschränken. Diese Arbeiten werden am besten gleich nach der Ernte vorgenommen, da dann keine Gefahr des Gummiflusses besteht. Wenn in späteren Jahren die Triebe im Längenwachstum nachlassen, nur kleine Blätter wachsen und sich die Qualität der Früchte verschlechtert, nimmt man im Vorfrühling oder in der ersten Augusthälfte einen Verjüngungsschnitt ins 3- bis 5jährige Holz vor.

Es gibt Sorten, die als Hochstämme hohe, ausladende Kronen bilden, und sich dadurch nur schwer beernten lassen. Bei solchen Kronen sollte die Verlängerung des Leitastes entweder sofort nach der Ernte oder Anfang August auf etwa 4 m über dem Boden bis auf einen schwächeren abzweigenden Ast zurückgeschnitten werden.

Süßkirschensorten — fruchtbare und unfruchtbare Kreuzungskombinationen

Muttersorte (Blüte)		Vatersorte (Pollen)								
		1	2	3	4	5	6	7	8	9
Bärtschis Adler	1	—		●	●	●	●	●		●
Bleyhls Braune	2	●	—	●		—	—	—	—	
Büttners Rote Knorpel	3	●		—	●	●	●	●		●
Frühe Meckenheimer	4	●		●	—	●		●		●
Glemser	5	●		●	●	—	—	—	—	●
Große Schwarze Knorpel	6			●	●	—	—	—		●
Hedelfinger, Diemitz	7	●		●				—		
Hedelfinger, rundfrüchtig	8			—						
Schneiders Späte Knorpel	9	●		●	●	●	●	●	●	—

● Kombination fruchtbar   — Kombination unfruchtbar

Gleichbedeutende Namen für die oben aufgeführten Sorten 1—9

1 Adlerkirsche von Bärtschi, Bronnerkirsche, Besigheimer Braune, Braune Knorpel, Schwarze Adler
2 Bleyhls II
3 Büttners Rote Knorpelkirsche, Große Riesenkirsche
4 Mayrs Frühe Herzkirsche, Frühe Rote Herzkirsche, Frühe Rote Meckenheimer
5 Glemserkirsche, Hedelfinger, Typ Froschmaul
6 Große Schwarze Knorpelkirsche, Typ Diemitz
7 Hedelfinger Riesenkirsche, Typ Diemitz
8 Wahlerkirsche, Spiegelkirsche, Rommelshausener Riesen
9 Schneiders Späte Knorpelkirsche, Kaiser Franz, Zeppelin (?)

'Heimanns Konservenweichsel' ist eine mittelspät blühende, selbstfruchtbare Sorte. Die Früchte bleiben fest am Baum, so daß man sie nach dem Reifwerden aller anderen Sorten ernten kann (211)

Die Sauerkirsche

Die Sauerkirsche (*Prunus cerasus*) wird pomologisch in Bastard- und in Echte Sauerkirschen unterteilt. Bei den Echten Sauerkirschen unterscheiden wir Weichseln und Amarellen, bei den Bastardkirschen die eigentlichen Süßweichseln und die Glaskirschen.

Die Weichselkirsche wächst meist als Baum, hat saure oder säuerliche, dunkelrote bis schwarzrote Früchte und roten, färbenden Fruchtsaft. Amarellen bilden früher Fruchtholz als die Weichseln und tragen rote, bunte oder gelbe Früchte mit nichtfärbendem Saft.

Die süßsauren Sorten (Süßweichseln) erinnern in ihrem Wachstum an Süßkirschen und haben rot saftende, dunkle Früchte und die Glaskirschen gelbe oder bunte Früchte mit hellem, nicht färbendem Saft.

Die Sauerkirschblüte folgt nach der Süßkirschblüte; die Sorten unterscheiden wir nach früh, mittelfrüh, mittelspät und spät einsetzender Blüte.

Unter den Sauerkirschsorten gibt es selbstfruchtbare und selbstunfruchtbare Sorten. Einige Sorten nehmen gern den Pollen gleichzeitig blühender Süßkirschsorten auf.

Sauerkirschen sind weniger anspruchsvoll an den Boden als Süßkirschen. Sie gedeihen am besten in lehmigen Böden. Sauerkirschen lassen sich auch an trockenen Hängen erfolgreich anbauen, wenn als Unterlage die Steinweichsel genommen wird. Es empfehlen sich nach Norden geschützte Hanglagen, um die Gefahr der Blütenfröste zu mindern. Holz, Knospen und Blüten der Sauerkirschen sind gegen Frost widerstandsfähiger als Süßkirschen.

Sauerkirschen werden zwar in verschiedenen Bauformen gezogen, die höheren Formen (Hoch- und Halbstamm) sind jedoch recht selten. Als Unterlagen dienen meist Vogelkirsche und Steinweichsel. Geschnitten werden sie nach ihrer Wuchsfreudigkeit. Sie neigen zu dichten,

'Schattenmorelle', eine selbstfruchtbare Sauerkirsche (212)

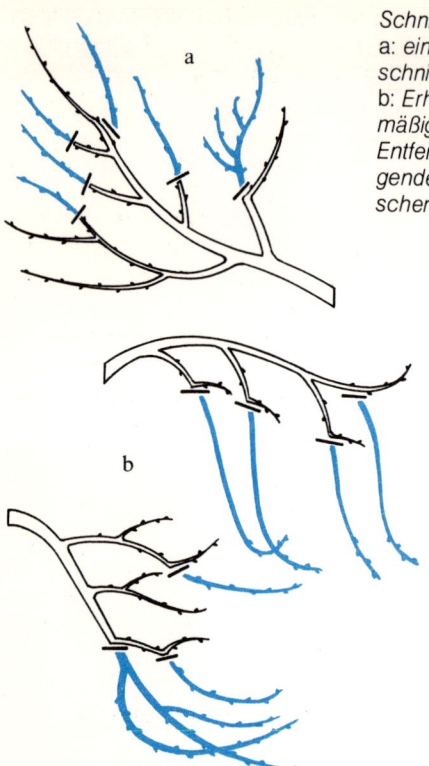

*Schnitt der Sauerkirsche.
a: einfacher Verjüngungsschnitt;
b: Erhaltungsschnitt, regelmäßiges Auslichten und Entfernen alter (herabhängender) Zweige (Peitschentriebe) (213)*

überhängenden Kronen, zeitigem Altern und Verkahlen älterer Äste. In den ersten Jahren nach dem Pflanzen werden die Konkurrenztriebe entfernt. Schwachwüchsige Sorten bilden nur wenige seitliche Büschelzweige, denn sie fruchten in der Regel am einjährigen Holz. Zweige tragen meist nur endständige Verlängerungsknospen, so daß zwei- und mehrjähriges Holz verkahlt und sich »Haarzweige« bilden. Diese Neigung wird verstärkt, wenn die Früchte mit Stiel und Stielansätzen gepflückt werden, an denen Blüten- und Blattknospen stehen. Diese Sorten verlangen einen regelmäßigen Erhaltungsschnitt, bei dem die starken Zweige am Ende der Hauptäste auf etwa ungefähr die Hälfte und die niedriger liegenden starken Äste auf 2—6 Knospen zurückgeschnitten werden. Als Endknospe läßt man immer eine Blattknospe stehen. Das Fruchtholz in den niedrigeren Teilen der Krone wird nur ausgelichtet; abgetragenes Holz wird auf die unteren Triebe eingekürzt. Beim Teilschnitt werden alle einjährigen Triebe im Frühjahr um 1/5 bis 1/3 zurückgeschnitten und das ältere Fruchtholz verjüngt, indem es bis auf die Jungtriebe nahe an den Gerüstästen weggenommen wird. Nach dem Abernten werden die überflüssigen Einjahrstriebe und die abgetragenen Zweige ausgelichtet. Das mindeste, was man bei diesen Sorten tun muß, ist, hin und wieder die nach unten geneigten Äste wegnehmen.

Das Verkahlen der Zweige wird hinausgezögert, wenn man die Früchte vom Stiel abschneidet. Sauerkirschen vertragen einen starken Verjüngungsschnitt (ins 4- bis 6jährige Holz) verhältnismäßig gut.

Wuchsfreudige Sorten bilden mehr langlebige Buquettzweige. Nach der Ernte werden sie ausgelichtet und ältere nach unten geneigte Äste weggenommen. Kräftiger wachsende Bastardkirschen werden wie Süßkirschen geschnitten.

Die Aprikose

Die Kultursorten der Aprikose (*Prunus armeniaca*) unterscheiden sich zwar in ihren Merkmalen und Eigenschaften, lassen sich jedoch manchmal nur schwer bestimmen.

Ein wichtiges Sortenmerkmal ist die Fruchtreife bzw. die Entwicklungsdauer in Jahren mit allmählichen Frühjahrseintritt. Ein weiteres Kennzeichen ist der Ertragsbeginn. Früh fruchtende Sorten auf Viertelstämmen kommen schon im 3.—4. Jahr nach dem Auspflanzen in Ertrag, spätere Sorten erst ab dem 5. Jahr. Dazu kommen Gesamtertrag, Regelmäßigkeit des Ertrags und Widerstandsfähigkeit gegen Krankheiten.

Ein erfolgreicher Anbau von Aprikosen ist vor allem von den Standortbedingungen abhängig. Aprikosen eignen sich für Gebiete mit Kontinentalklima, also mit harten, aber kurzen Wintern und schnellem Frühlingsbeginn. Unter diesen Bedingungen entstand auch die bekannte, für die meisten mitteleuropäischen Sorten typische kurze, tiefe Winterruhe. Temperaturschwankungen im Vorfrühling vertragen Aprikosen deshalb nicht sehr gut. Sie gedeihen am besten an Standorten in der Nähe großer Wasserflächen und an warmen nach Westen gelegenen Hängen. Sie liebt föhnige Winde in der zweiten Sommerhälfte und bevorzugt sandige Lehmböden.

Die Aprikose sollte man am besten als Viertelstamm mit 80—100 cm Stammhöhe ziehen. Veredelt wird meist auf Aprikosensämlinge, Myrobalanen-Sämlinge sind weniger geeignet.

2—3 Jahre nach dem Auspflanzen sollte der Erziehungsschnitt bei der Aprikose beendet sein. Beim Kronenaufbau berücksichtigt man die Sprödigkeit des Holzes und wählt Gerüstäste mit größerem Neigungswinkel zum Leitast und mit 15—25 cm Abstand voneinander.

Der Pflanzschnitt besteht im starken Rückschnitt der Seitenäste und des Leittriebes. Da viele Aprikosensorten schlecht verzweigen und nur wenig Fruchtholz bilden, empfiehlt sich in den ersten Jahren am Jungbaum das Entspitzen der Triebe, sobald sich 12—15 Blätter entwickelt haben, also Anfang Juni. Dadurch wird die Fruchtholzbildung im unteren Teil der Krone unterstützt und ein zu starker Wuchs der Hauptäste verhindert. Der Sommerschnitt hat außerdem den Vorteil, daß die an den Trieben nach dem Entspitzen wachsenden Blütenknospen im Frühjahr später aufblühen und nicht so leicht erfrieren.

Fruchtholz über 50 cm Länge wird im Frühjahr so auf die Hälfte bis zwei Drittel eingekürzt, daß Blütenknospengruppen stehen bleiben. Kurzes Holz wird nicht geschnitten. Mitte Juni kann man Jahrestriebe über 20—25 cm Länge um ein Drittel bis um die Hälfte zurückschneiden, um die Blütenknospenbildung zu fördern.

Wenn die Kronenerziehung abgeschlossen ist, beschränkt man sich auf das Auslichten, am besten während der Wachstumsperiode im August — September oder im Frühjahr. Stark wachsende einjährige Verlängerungs- oder Seitentriebe können Anfang Juni um ein Drittel bis zur Hälfte zurückgeschnitten werden. Wenn dann später der Längenzuwachs abnimmt, wird vor allem im Jahr nach einer reichen Ernte ins 2- bis 4jährige Holz, wenn notwendig auch noch tiefer, zurückgeschnitten. Kräftige Triebe aus verjüngten Zweigen bedürfen ebenfalls des Rückschnitts. Einen stärkeren Verjüngungsschnitt in altes Holz verträgt die Aprikose nur schlecht.

Der Pfirsich

Die wirtschaftlich wichtigen Kultursorten des Pfirsichs (*Prunus persica*) lassen sich nur schwer voneinander unterscheiden. Die größten Unterschiede weisen die Früchte in Farbe, Form, Steinlöslichkeit und -form sowie in ihrer Reifezeit auf. Wichtiges Unterscheidungsmerkmal ist die Behaarung der Fruchtschale. Als Reifezeit gilt beim Pfirsich, wenn 50 % der Früchte die volle Genußreife erreicht haben.

Der Pfirsich ist sehr wärmebedürftig, nicht nur während der Wachstumszeit. Er verlangt eine hohe durchschnittliche Jahrestemperatur und einen regelmäßigen Temperaturverlauf über das ganze Jahr hin. Im Winter verträgt er jedoch auch kurze Temperaturstürze bis zu -25 °C. Seine Frosthärte wird durch den Ernährungszustand, die Durchschnittstemperaturen hauptsächlich zu Ende der vorangegangenen Vegetationsperiode, die Bodenpflege, das Alter der Bäume und den Ernteertrag des Vorjahres beeinflußt. Am frostempfindlichsten sind die Blüten, aber auch Blattknospen, Kambium, Holz und Wurzeln sind frostanfällig. Dem Pfirsich schaden Temperaturrückgänge im Frühjahr weniger als der Aprikose, es gibt aber auch hier erhebliche Sortenunterschiede. Sorten mit schalenförmigen Blüten vertragen Temperaturen von -2 bis -3 °C, glockenförmige Blüten dagegen halten noch -4 bis -5 °C aus. Aber auch beim Pfirsich können Temperaturschwankungen im Winter und besonders im Vorfrühling den Baum schädigen.

Pfirsiche brauchen ausreichend Licht. Schattige, dichte Kronen und zu geringer Abstand der einzelnen Bäume führen zu geringen Erträgen, schlechter Fruchtqualität und sich schnell verschlechterndem Gesundheitszustand. Mehr als bei allen anderen Obstarten sind deswegen beim Pfirsich Standortwahl, Pflanzsystem und Schnitt wichtig.

Gleich wichtig ist sowohl für das Wachsen und Gedeihen des Baumes als auch der Früchte die Bodenfeuchtigkeit. Optimale Bodenfeuchte gewährleistet eine gute Ernährung, ein gutes Wachstum des Baumes, hohe Photosyntheseleistung, eine gute Blüten- und Fruchtentwicklung, das Ausreifen des Holzes und damit insgesamt eine gute Vorbereitung der ganzen Pflanze auf die Winterruhe. Besonders viel Wasser benötigt der Pfirsich während der Blütenbildung und nach dem Verblühen, wenn die kleinen Früchte sich am schnellsten entwickeln.

Die besten Bedingungen findet der Pfirsich in mittelschweren lehmigen, gut durchlüfteten und ausreichend Wasser führenden Böden mit neutraler oder leicht alkalischer Reaktion. In zu kalkhaltigen Böden steigt die Gefahr von Chlorosen. Für Pfirsichpflanzungen sollten leichte Hanglagen bevorzugt werden, wo die Gefahr der Spätfrostschäden durch die Luftbewegung gemindert wird.

Veredelt wird in der Regel auf Pfirsichsämlinge, aber auch vegetativ vermehrte Pflaumenunterlagen finden gelegentlich Verwendung.

Pfirsiche werden anders geschnitten als die übrigen Obstbaumarten. Sie fruchten vor allem am einjährigen Holz, älteres Fruchtholz stirbt allmählich ab. Man muß deshalb kräftige Kronenzweige mit reicher Fruchtholzbekleidung erziehen.

Beim Pfirsich wählt man am häufigsten eine Buschform mit weit geöffneter Hohlkrone ohne Leittrieb. Kronen mit Mitteltrieb sollte man nicht erziehen, da Pfirsiche stark nach oben wachsen und bald eine zweite Astgerüstetage aufbauen, die die unteren Äste zu sehr beschattet und zu ihrem frühzeitigen Absterben führt.

Man setzt einjährige veredelte Bäumchen, sogenannte Heister, und schneidet nach dem Auspflanzen stark zurück. Am besten wurzeln sie, wenn ihr Stamm noch schwach und ihr Wurzelballen kräftig ausgebildet ist. Die Krone wird erst im nächsten Frühjahr aufgebaut. Wenn sich jedoch am Stamm vorzeitig Holz bildet, werden an der Stelle der künftigen Krone 3—4 Triebe ausgewählt. Sobald sie Bleistiftstärke erreicht haben, entspitzt man die oberen Triebe auf 1—2 Augen und die am niedrigsten liegenden auf 4 Augen. Immer wird auf Außenknospe geschnitten. Die übrigen Triebe und den Mitteltrieb nimmt man über dem obersten Seitentrieb weg.

Schwache Seitentriebe werden auf das erste Auge dicht am Stamm eingekürzt. Wenn sich am Stamm an der Stelle der künftigen Krone noch keine Triebe gebildet haben, gewinnt man die Krone aus den vorhandenen Augen.

Bei frischgepflanzten Pfirsichbäumen mit bereits in der Baumschule aufgebauter Hohlkrone bleiben 3—4 Triebe stehen, die man stark zurückschneidet (die oberen höchstens auf 3, die untersten meist auf 5 Augen). Bei kräftig wachsenden und unregelmäßigen Kronen junger Bäume ist der Sommerschnitt im ersten Jahr wichtig, denn er legt den Grundstock für den Kronenaufbau und unterstützt die Bildung von Fruchtholz in den unteren Baumpartien.

Im Juni werden die von den Gerüstästen ausgehenden Verlängerungstriebe auf eine Länge von 20—30 cm (auf ein von der Krone wegzeigendes Blatt) zurückgeschnitten. Wenn jedoch der sich aus einer weiter unten stehenden Knospe entwickelnde Trieb besser wächst, nutzt man ihn zum weiteren Kronenaufbau und schneidet das Holz aus der darüberliegenden Knospe weg. Die Triebenden müssen nach dem Zurückschneiden alle in einer Ebene liegen, also eine »Saftwaage« bilden. Die Seitentriebe werden stärker zurückgeschnitten (hinter dem 5.—6. Blatt), denn sie würden sonst mit den Verlängerungstrieben konkurrieren.

Aprikosen sind ein gefragtes Obst. Die einzelnen Sorten unterscheiden sich durch Form und Farbe der Früchte voneinander (214)

Wärmeliebende Pfirsiche lassen sich nur bis 350 m ü. d. M. mit Erfolg anbauen (215)

Im Vorfrühling des zweiten Pflanzjahres werden Kronen mit geringem Austrieb ähnlich wie im ersten Jahr noch einmal stark zurückgeschnitten. Dieser kräftige Rückschnitt regt zum Austreiben an, so daß dann aus den neuen Trieben im Sommer die Krone entstehen kann.

Bei Bäumen mit gut ausgebildeten Kronen kürzt man im Vorfrühling die Verlängerungstriebe der Gerüstäste auf 30 bis 40 cm, bei kräftigem Wuchs bis auf 50 cm ein. Kräftiges Holz wird weniger, schwaches und dünnes Holz stärker geschnitten. Von der Krone wegwachsende Seitenzweige schneidet man auf zweiknospige Zapfen. Starkes, in das Kroneninnere zeigendes Holz nimmt man ganz weg. Zu dichte Kronen werden ausgelichtet.

Der Sommerschnitt erfolgt im Juni. Kräftigere Verlängerungstriebe an den Gerüstästen schneidet man auf 30 cm, die schwachen läßt man stehen. Die Krone wird aus 3—4 Hauptästen aufgebaut, die man sich 50—60 cm vom Stamm verzweigen läßt. Damit besteht das Kronengerüst aus 6—8 Hauptästen. Die nahe an den Verlängerungen der Gerüstäste wachsenden Triebe (Konkurrenztriebe) werden weggeschnitten.

Diese 6—8 Äste sollen sich breit und regelmäßig nach allen Seiten ausbreiten. Diesen Kronenaufbau erhält man auch in den nächsten Jahren und beschränkt sich auf den Instandhaltungsschnitt im Vorfrühling. Die Verlängerungstriebe an den Gerüstästen kürzt man um ein Drittel bis zur Hälfte ein, je nach Wüchsigkeit und Fruchtholzbesatz.

Das einjährige Holz an den Gerüstästen wird in den folgenden Jahren wie bei einem zweijährigen Jungbaum behandelt. Die aus den zweiknospigen vorjährigen Zapfen gewachsene Bekleidung wird wie folgt geschnitten: Der aus der unteren Knospe wachsende Trieb wird auf zwei Augen entspitzt, der Trieb aus dem zweiten Auge wird, wenn an ihm keine Blütenknospen stehen, über der unteren Zapfenknospe weggeschnitten. Bei Blütenknospenansatz wird über den 3—4 untersten Blütenknospen geschnitten. Immer ist jedoch dafür zu sorgen, daß am Ende des entspitzten Triebes eine Holzknospe steht, damit der Baum Blätter bilden kann. Abgeerntete Triebe werden im folgenden Frühjahr entfernt. Der Austrieb des unteren Zapfenauges wird wie im Jahr vorher geschnitten — der obere Trieb auf Fruchtzapfen, der untere auf zweiknospigen Vorratszapfen. Bei diesem Schnitt erreichen die Gerüstäste im 5. Jahr bei gutem Wachstum in der Regel 120—150 cm Länge. Diese Länge wird durch Instandhaltungsschnitt erhalten, der im Einkürzen der Triebe auf Fruchtholz — also 4 bis 6 Blütenknospen — besteht. Nur lange und kräftige Triebe nimmt man völlig weg. Wenn Fruchtholz in den unteren Kronenteilen zu trocknen beginnt und zu schwach wird, verjüngt man die Krone ins alte Holz. Der Junischnitt ist in der Regel ab drittes Jahr nicht mehr notwendig, nur bei verjüngten Bäumen sollte er vorgenommen werden, um die Langtriebbildung einzuschränken und die Entwicklung von Fruchtholz zu unterstützen.

Pfirsiche sind wärmeliebend, besonders ihre Blüten sind sehr frostempfindlich. Bei günstigem Wetter während der Blüte gibt es reiche Ernten (216)

Während der Fruchtentwicklung ist der Schnitt nach dem 20. August sehr wichtig, denn er fördert das Triebwachstum und den Blütenknospenansatz. Langtriebe werden auf 40 cm zurückgeschnitten, kürzere Triebe läßt man stehen.

Auch bei richtigem Fruchtholzschnitt auf 3 (später auf 4 - 6) Fruchtholzknospen setzt der Baum bei guten Bestäubungsbedingungen mehr Früchte an als erwünscht sind. Um schöne, große Früchte von guter Qualität zu erhalten, ist es deshalb notwendig, die noch kleinen Früchte gleich nach dem Abblühen auszubrechen (auszudünnen), besonders wenn sie in Büscheln stehen. An jedem Zweig lassen wir nur 2—4 Früchte in genügendem Abstand voneinander stehen.

Der Pfirsich hat eine sehr gute Regenerierungsfähigkeit und verträgt einen Verjüngungsschnitt ausgezeichnet. Bäume mit vernachlässigter oder erfrorener Krone oder mit abgestorbenem Fruchtholz in den unteren Partien werden verjüngt, indem man 4—5 Äste mit dem besten Zustand stehenläßt. Wenn er Fruchtholz trägt, wird ein Drittel oder

Schnitt eines Pfirsichbaumes. a: *Pflanzschnitt;* b: *Hohlkrone, drei Jahre nach dem Pflanzschnitt;* c: *Zweig mit Blütenknospen;* d: *Fruchtholzschnitt;* e: *Sommerschnitt (217)*

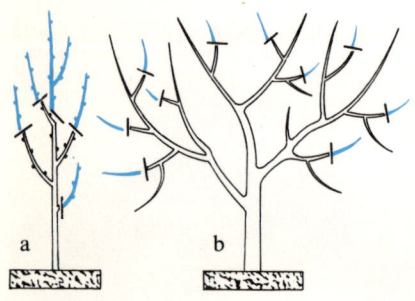  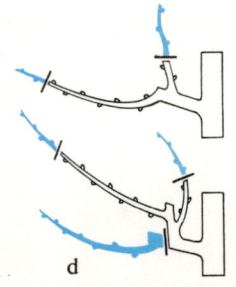 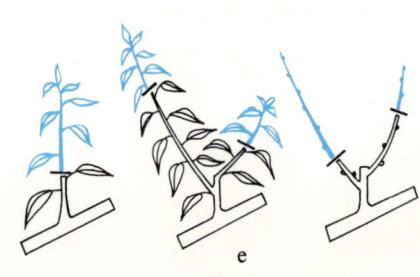

die Hälfte so weggeschnitten, daß ihre Triebenden in einer Ebene stehen. Die Fruchtholzbekleidung soll möglichst erhalten bleiben, um das übermäßige Holzwachstum nach dem Verjüngen zu unterbinden. Verkahlte Gerüstäste in den unteren Partien schneidet man stärker zurück, um das Austreiben von Fruchtholz aus ruhenden Augen anzuregen.

Verjüngte Baumkronen benötigen den Juni-Erziehungsschnitt. Dabei werden die Verlängerungstriebe der Hauptäste auf 40 cm und alle übrigen Triebe stärker zurückgeschnitten, denn sie würden zur Konkurrenz der Gerüstäste werden.

Der Walnußbaum

Man unterteilt die Walnüsse (*Juglans regia*) in mehrere Spielarten, und zwar in solche mit dünner Schale, mit harter Schale, mit großer, gefurchter Schale, mit zu 8—12 in Büscheln stehenden, kleineren Nüssen, solche, die spät treiben und in solche mit spätem Austrieb, aber früh einsetzendem Fruchtertrag.

Die einzelnen Sorten unterscheiden sich voneinander in Habitus, Blattgröße, Größe der männlichen Blütenstände (Kätzchen), Zeit des Austriebs und vor allem in Größe, Form und Schale der Früchte.

Für die Walnuß eignen sich am besten warme, offene, leicht abfallende Hanglagen mit tiefgründigen, mineralstoffreichen und genügend feuchten Böden. Hervorragende Bedingungen bieten Hochplateaus mit Verwitterungsböden im Weinbauklima. Dort schaden der Walnuß weder stärkere Winterfröste noch Spät- oder Frühfröste. In den Niederungen treibt sie im Frühjahr wesentlich zeitiger aus und leidet unter den großen Temperaturschwankungen. Als Anbaugebiete sind in keinem Fall frostgefährdete Täler und Standorte mit hohem Grundwasserspiegel zu empfehlen.

Für Gärten eignen sich am besten Halb- und Viertelstämme. Als Unterlagen verwendet man Sämlinge von *Juglans regia* oder *J. nigra*.

Auch die Walnuß braucht nach dem Auspflanzen einen Erziehungsschnitt, vor allem unter schlechteren Boden- und Klimabedingungen. Unbedingt notwendig ist der Schnitt bei Heistern mit beschädigten Wurzeln, denn sie würden sonst in ihrem Wuchs nur kümmerlich bleiben.

Walnußbäume werden in erster Linie als Heister gepflanzt, also als zwei- bis dreijährige Veredlungen noch ohne geformte Krone. Als Pflanzzeit empfiehlt sich das Frühjahr, da bei im Herbst gepflanzten Walnußbäumen die Wurzeln leicht erfrieren können.

Werden Heister mit ungenügender Stammlänge an ihrem endgültigen Standort ausgepflanzt, so wird zuerst im folgenden Jahr aus der endständigen Knospe der Stamm verlängert. Die übrigen Triebknospen werden ausgebrochen oder bei zu schwachem Stamm ein kurzer Seitentrieb belassen, der erst Mitte August entfernt wird. Der Kronenaufbau beginnt im zweiten Jahr nach dem Pflanzen. Die Krone des Walnußbaums erzieht man aus den 4-5 oberen Knospen des Mitteltriebs. Alle übrigen Knospen werden bei genügend starkem Stamm bald nach dem Austrieb ausgebrochen. Bei schwachen Stämmen läßt man alle Augen als wachstumsfördernde Triebe wachsen und schneidet erst Mitte August alles weg. Im ersten Pflanzjahr bilden Heister meist nur kurze Kronentriebe, die im zweiten Jahr während des Austriebs (nicht früher, damit der Baum nicht zu viel Kraft verliert) auf zwei Knospen zurückgeschnitten werden. Eine dieser Knospen dient als Reserve und der daraus wachsende Trieb wird frühestens während der Vegetationsperiode geschnitten. An jedem Zweig bleibt immer nur ein Jahrestrieb stehen.

Erreicht der Trieb im zweiten Jahr nicht wenigstens 60 cm Länge, so wird er im Frühjahr des dritten Pflanzjahres wieder auf zwei Augen zurückgeschnitten und wie im zweiten Pflanzjahr behandelt. Meist reicht dieses Vorgehen aus, um die gewünschte Länge zu erzielen; danach wird nicht mehr eingekürzt. Über 80 cm lange Triebe schneidet man Ende August etwas zurück, damit sie besser ausreifen und Seitenfruchtholz bilden können.

Eine erzogene Krone bedarf dann meist nicht mehr des Schnittes, sondern hin und wieder nur des Entfernens überflüssigen Holzes. Diesen Erhaltungsschnitt nimmt man im August vor, damit sich die Schnittstellen besser schließen

Für die Beurteilung der Früchte sind die Farbe des Fruchtfleisches, die Behaarung (wollig, glatt) der Schale sowie die Löslichkeit des Steines wichtige Merkmale (218)

'Redhaven' ist eine weitverbreitete Pfirsichsorte, sie stellt keine hohen Standortansprüche, ist widerstandsfähig, reagiert aber auf Bewässerung positiv. Sie reift von Anfang bis Mitte August (219)

und der Baum möglichst wenig Saft verliert. Walnußbäume werden nie während der Vegetationsruhe geschnitten, da zu dieser Zeit der meiste Saft austritt.

Wenn Walnüsse mit bereits geformter Krone gepflanzt werden, schneidet man unter weniger guten Anbaubedingungen die Triebe auf zwei Augen zurück und beläßt von jedem eingekürzten Trieb nur einen Austrieb. Die weiteren Arbeiten des Kronenaufbaus wurden bereits beschrieben. An optimalen Standorten nimmt man die Kronentriebe nur dann zurück, wenn der Jahreszuwachs im zweiten und dritten Pflanzjahr unter 20 cm liegt.

Nach dem Auspflanzen nicht geschnittene Kronen bleiben in der Regel nach einigen Jahren im Wachstum zurück. In diesen Fällen schafft ein stärkerer Eingriff Abhilfe. Außer dem Mittelast beläßt man nur 3—4 der am meisten am Mittelast verteilten Hauptäste und schneidet die übrigen Ende August oder während des Frühjahrsaustriebs zurück. Die belassenen Äste kürzt man während des Frühlingsschnitts bis zur 2.—3. Verzweigung ein und läßt von den neuen Trieben nur den Verlängerungstrieb der Gerüstäste stehen. Nach dem Begrünen nimmt man alles übrige weg. Liegt die Trieblänge im ersten Jahr unter 1 m, wird im Frühjahr auf 1—2 Augen zurückgeschnitten. Dieser Schnitt reicht in der Regel aus, um die Krone zu kräftigem Wachstum anzuregen.

Der Wartungsschnitt beschränkt sich auf die Erhaltung einer lichten Krone durch Auslichten aller trockenen oder zu dicht wachsenden Zweige im Abstand von 2—3 Jahren. Überalterte Bäume mit Holzzuwachs unter 10 cm oder mit verkahlten Kronen werden durch Einkürzen zu Ende des Sommers oder nach dem Frühjahrsaustrieb verjüngt.

Walnußbäume sind recht empfindlich; es empfiehlt sich, jedes Jahr nur 1—2 Äste zu schneiden. Nicht zu alte Bäume mit beschädigtem Stamm aber gesunden Wurzeln können bis zum Boden verjüngt werden. Aus den Neutrieben erzieht man dann Stamm und Krone neu.

Hat der Frost Schäden am Holz hinterlassen, schneidet man erst im Frühjahr des nächsten Jahres, sobald klar zu erkennen ist, wie weit der Baum geschädigt ist. Der Rückschnitt erfolgt bis in das gesunde Holz. Im darauffolgenden Frühjahr entfernt man dann durch Korrekturschnitt alle am Ende der eingekürzten Äste stehengebliebenen Zapfen.

In weniger guten Böden lassen sich Walnußbäume als Sämlinge ziehen. Man legt 5—6 gegen Schädlinge behandelte Walnüsse 10 cm tief in gut gelockerten Boden und läßt die kräftigste Jungpflanze stehen. Sie bildet eine tiefe Pfahlwurzel, mit der sie Wasser und Nährstoffe ziemlich tief aus dem Boden holt.

Die Haselnuß

Die Haselnuß (*Corylus avellana*) gedeiht in gemäßigten und warmen Klimazonen und bevorzugt Standorte mit höherer Luftfeuchtigkeit und genügend Niederschlägen. Für guten Fruchtansatz benötigt sie jedoch unbedingt sonnige, freie Lagen und eine ausreichend lange Vegetationszeit. Am besten sind für ihren Anbau Vorgebirgs- und Mittelgebirgslagen geeignet.

Der für Pfirsichbäume optimale pH-Wert des Bodens liegt im Bereich von 6,5—7,5. Als Pfropfunterlage eignet sich ein Pfirsichsämling (220)

Die Hasel pflanzt man an einen geschützten Platz; am meisten sagen ihr West- und Südwesthänge zu. In südlichen Regionen genügen ihr aber auch milde Nordhänge mit nicht zu schweren und kalten Böden. Frosttäler und windige Lagen sind für die Hasel ungeeignet.

Die Hasel bevorzugt wärmere, tiefgründige und humusreiche Lehm- bis lehmige Sandböden und kommt schlecht in kalten, schweren und nassen Böden voran. Aber auch zu trockene Böden sind nicht zu empfehlen.

Die natürliche Wuchsform der Hasel ist der Strauch, und so wird sie auch meist im Garten erzogen. Die Pflanzen sollen 2—4 Jahre alt sein. Wer die Hasel als Baum möchte, muß eine auf *Corylus colurna* (Baumhasel) veredelte Sorte wählen.

Strauchformen haben den Vorteil, daß sie schnell wachsen; dafür bringen sie aber auch im Strauchinneren weniger Früchte, lassen sich schlecht beernten und erschweren die Bodenbearbeitung. Baumformen erleichtern zwar die Ernte und die Bodenpflege, haben jedoch den Nachteil, daß die Hasel schneller altert, also früher im Ertrag zurückgeht.

Die Hasel ist selbstunfruchtbar und braucht deshalb die Pollen anderer Sorten. Man entscheidet sich aus diesem Grund für eine Sortenmischung. Ausgepflanzt wird im Herbst auf 4 x 4 m, der Rückschnitt erfolgt erst im Frühjahr auf 4—6 Augen. Ab viertem Pflanzjahr beschränkt man sich auf das Auslichten, um den Strauch luftig zu halten und Licht ins Innere zu lassen. 4—5 Hauptäste genügen, denn sie setzen bei guten Lichtverhältnissen ausreichend Seitenäste an. Ist das Fruchtholz zu lang, so kann man es im Juni bis Juli auf 4—6 Augen einkürzen. Beim Auslichtungsschnitt entfernt man alle 2—3 Jahre während der Winterruhe altes Holz und während der Wachstumszeit dann alle überflüssigen Jungtriebe, die nicht als Ersatz für das weggenommene Holz benötigt werden. Etwa 15jährige Haseln werden verjüngt. Man schneidet entweder auf einmal alles Holz bis auf 60—80 cm über dem Boden weg oder ersetzt die ausgeschnittenen Äste nach und nach durch jungen Austrieb.

Die Hasel kommt in der Regel im vierten bis fünften Jahr in Ertrag. Die Nüsse sollte man ernten, sobald sie am Grund braun werden und sich leicht aus den Hüllen lösen lassen. Während der Vegetation empfiehlt es sich, den Boden häufiger zu lockern und unkrautfrei zu halten. Alle 2—3 Jahre gibt man 20 kg Stalldung je Strauch, jährlich kann man mit Mineraldünger nachdüngen. Auf trockenen Böden sollte gemulcht und wenigstens dreimal im Jahr gewässert werden.

Die Johannisbeere

Man unterscheidet nach der Fruchtfarbe rot-, weiß- und schwarzfrüchtige Johannisbeeren (*Ribes rubrum, R. nigrum*). Unterscheidungsmerkmale für die einzelnen Sorten sind Wachstum, Triebe, Knospen, Blätter, Blüten, Früchte, Austriebs- und Blühbeginn, Fruchtreifetermin und die Fruchtbarkeit.

Johannisbeeren eignen sich für alle Gebiete, die nicht durch Spätfröste gefährdet sind. Rote und weiße Sorten bevorzugen höhere Lagen mit ausreichender Feuchtigkeit und Jahresdurchschnittstemperaturen um 6—8 °C. Hohe Luftfeuchtigkeit fordert die Rote Johannisbeere vor allem während der Blüte. Sie verträgt jedoch auch Halbschatten. Die Schwarze Johannisbeere dagegen ist lichthungrig und braucht vollsonnige Standorte. Für sie empfehlen sich Standorte bis höchstens 350 m über NN und mit Jahresdurchschnittstemperaturen von 7—9 °C. Schwarze Sorten sind auch gegenüber Frostschäden im Holz empfindlicher als Weiße und Rote Johannisbeere.

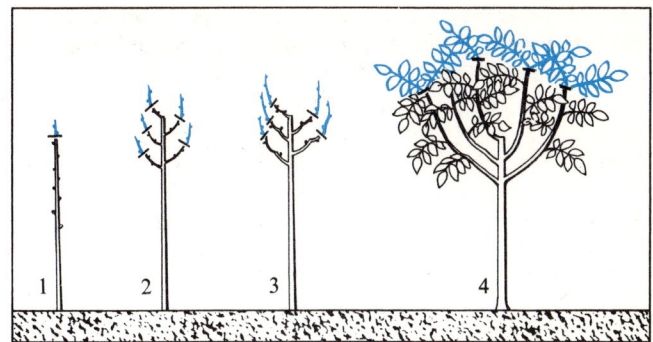

Aufbauschnitt bei einem Nußbaum: 1—4 im ersten, zweiten, dritten und vierten Jahr nach dem Pflanzen (221)

Die Johannisbeere gehört zu den flachwurzelnden Obstarten und braucht deshalb humusreichen, biologisch aktiven Gartenboden. Rote und weiße Sorten gedeihen in schwereren, feuchten, leicht sauren Böden; die Schwarze Johannisbeere stellt zwar geringere Ansprüche an die Bodenfeuchtigkeit, möchte aber sich gut erwärmenden, neutralen bis leicht alkalischen Boden. Der Boden darf nicht naß sein und der Grundwasserspiegel soll bei 70—90 cm liegen.

Die meisten Johannisbeersorten vermehrt man vegetativ durch Holz- oder Grünstecklinge. Schlechter vermehrbare Sorten gewinnt man durch Abstechen der bewurzelten Ableger, Abriß oder durch Veredeln auf Unterlagen von *Ribes aureum* (Goldjohannisbeere). *Ribes aureum* verwendet man auch zur Anzucht von Stämmen.

Für die Stecklingsvermehrung im Frühjahr schneidet man etwa 20 cm lange Reiser mit 4—5 Augen von November bis Anfang Februar von einjährigen Trieben der Edelsorte, schlägt sie gebündelt in leicht feuchten Flußsand ein und bringt sie in den Keller. Im zeitigen Frühjahr bringt man sie dann auf ein Beet mit leichtem, humosem Boden und pflanzt sie leicht schräg mit dem oberen Auge über dem Boden. Wer durch Stecklinge im September vermehren möchte, bringt die Reiser sofort aufs Beet. Beim Vermehren durch Abriß werden die alten Triebe der Mutterpflanze im Jahr vor der Vermehrung auf etwa 5 cm über dem Boden zurückgeschnitten und der Boden ringsum gut gedüngt. Im nächsten Frühjahr kürzt man 5 - 10 starke Jungtriebe um ein Drittel ein, legt sie strahlenförmig um den Strauch und hält sie mit Haken am Boden fest. Sobald die aus den Holzknospen wachsenden Triebe 25 cm lang sind, häufelt man öfter und immer höher mit lockerer Erde an, um sie zur Wurzelbildung zu veranlassen. Wenn die bewurzelten Triebe ihre Wachstumsphase abschließen, werden sie abgetrennt, aufgeschult und nach einem Jahr an ihren Platz ausgepflanzt. Die Johannisbeere sollte am besten als Strauch angebaut werden, denn diese Wuchsform erleichtert das Verjüngen. Beerensträucher können bei guter Pflege und unter günstigen Bedingungen bis zu 40 Jahre alt werden. Auf Stämmchen gezogene Pflanzen altern wesentlich früher.

Johannisbeeren werden in 3 m voneinander entfernten Reihen (für weiße und schwachwüchsige Sorten genügen 2 m) mit 1,5—2 m Pflanzenabstand in der Reihe bei roten und weißen und 2—3 m bei schwarzen Sorten gepflanzt. Stämmchen setzt man auf 1 m in der Reihe und 70 cm vom Gartenweg entfernt.

Ein gut entwickelter, ausgewachsener Strauch hat 8—12 starke Äste. Bei richtigem Pflanzen und Erziehen kann das schon in den ersten Pflanzjahren erreicht werden.

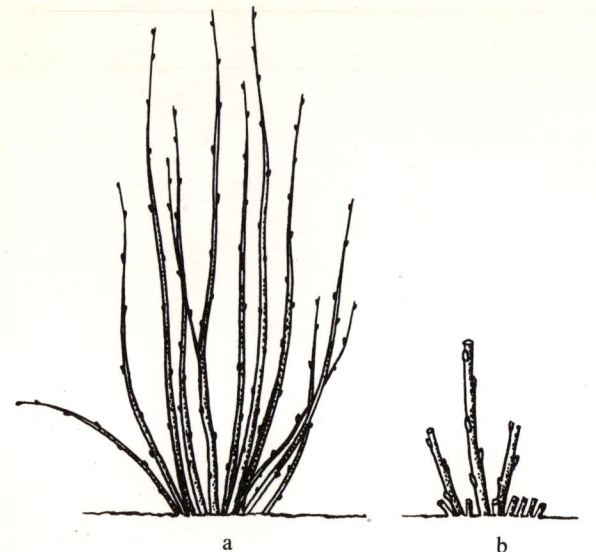

Pflanzschnitt beim Haselnußstrauch. a: *vor dem Schnitt;* b: *nach dem Schnitt (222)*

Die Johannisbeere gehört zu den im zeitigen Frühjahr austreibenden Obstarten und muß deshalb im Herbst gepflanzt werden. Die Pflanzen sollen 1—2 Jahre alt sein. Beschädigte und zu lange Wurzeln kürzt man ein, bis auf 3—5 starke Triebe schneidet man die Triebe weg.

Man hebt 40 cm breite und tiefe Pflanzlöcher aus und pflanzt so tief, daß der Strauch 5 cm tiefer steht als in der Baumschule. Das unterstützt die zusätzliche Wurzelbildung denn die von Erde bedeckten Triebteile bilden eigene Wurzeln. Dadurch wird auch das spätere Verjüngen der Johannisbeere erleichtert. Tieferes Setzen ist bei auf *Ribes aureum* veredelten Sorten unbedingt notwendig, da sie bei zu flachem Auspflanzen Wildtriebe bilden.

Das Pflanzloch wird mit gut verrottetem Kompost gefüllt und der Strauch sofort mit Erde angehäufelt. Im Frühjahr trägt man sie wieder ab und schneidet auf 2—3 Augen zurück, um zum Wachstum starker Triebe anzuregen. Die Pflegearbeiten während der Vegetationszeit beschränken sich auf häufiges Hacken, Unkrautjäten, Wässern und Mulchen. Im Herbst wird wieder angehäufelt.

Im zweiten Jahr nach dem Pflanzen empfiehlt sich im Februar bis März das Zurückschneiden starker Triebe auf 2 bis 3 Augen; schwaches Holz kürzt man auf 1 Auge ein oder schneidet es weg. Das Ergebnis ist dann ein großer,

Erhaltungsschnitt beim Haselstrauch in den folgenden Jahren. a: *vor dem Schnitt;* b: *nach dem Schnitt (223)*

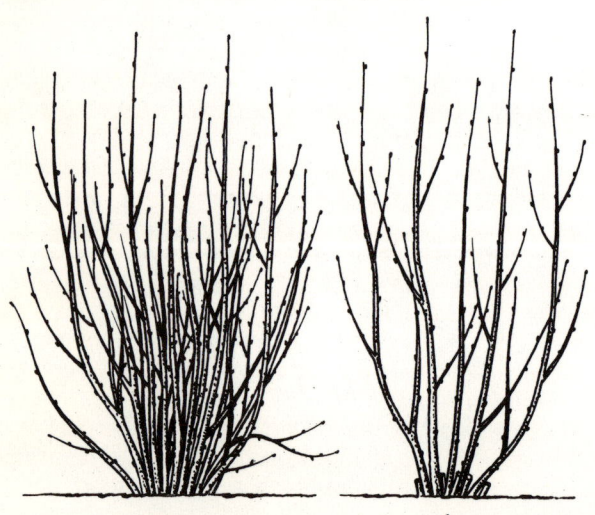

kräftiger Strauch. Im dritten Jahr läßt man 8—12 starke Triebe stehen und nimmt alles übrige, vor allem schwaches, unausgereiftes und krankes Holz weg. Wuchsfreudigkeit und Fruchtbarkeit erhält man in den weiteren Jahren durch regelmäßiges Auslichten der Sträucher. Rechtzeitig im Herbst oder sehr zeitig im Frühjahr wird vier- bis fünfjähriges alterndes und wenig fruchttragendes Holz dicht über dem Boden weggenommen. Diese Äste erkennt man an den kleineren Blättern und Früchten und an der dunklen Rinde. Bis zum Boden schneidet man auch alle sich zur Erde neigenden Äste weg, vor allem bei der Schwarzen Johannisbeere, die sich aus dem Strauchinnern heraus verjüngt. Außerdem entfernt man beschädigtes oder von Krankheiten befallenes Holz und ersetzt es durch junge, einjährige Triebe. Wer seine Johannisbeeren gut pflegt, kann auf diese Weise jedes Jahr 2—3 Äste ersetzen. Durch Auslichten bleiben die Sträucher licht und luftig, so daß das Jungholz gut gedeiht, ausreichend Blüten ansetzt und eine gute Fruchtqualität bringt. Größere Schnittwunden schützt man durch Baumwachs vor dem Eindringen von Pilzkrankheiten, die vor allem bei der Schwarzen Johannisbeere das Gewebe und damit das Holz zum Absterben bringen. Durch völliges Wegnehmen der schwachen und überzähligen Jungtriebe Ende Mai, Anfang Juni unterstützen wir Wuchs und Lebensdauer der Hauptäste. Jungtriebe, die wir als Ersatz für weggenommenes Holz stehenlassen, dürfen nicht eingekürzt werden, um die Ertragserwartung nicht zu mindern.

Johannisbeeren auf Stämmchen lassen sich auch als Spaliere erziehen. Die Pflege unterscheidet sich nicht von den Strauchformen, die Pflanzen werden jedoch dichter gesetzt und die Reihen in Nord-Süd-Richtung angelegt. Bei Reihenpflanzung von Stammbeerenobst werden schwachwüchsige Sorten auf 1 m Abstand und kräftigere Züchtungen auf 1,5 m Abstand in der Reihe gepflanzt. Geeignet dafür sind Schwarze Johannisbeere und einige rote Sorten mit kräftigen, aufrechtwachsenden Zweigen. Eingekürzt werden die in die Gasse wachsenden Triebe, damit die Reihe schmal bleibt.

Bei Erziehung an Drähten wählt man 1 m Pflanzabstand. Die Äste werden an zwei in 40—50 cm und 80—100 cm Höhe gezogene Drähte angebunden. Man kann sie auch zwischen zwei Drähten in gleicher Höhe ziehen.

Besonders bei der Schwarzen Johannisbeere wird die Befruchtung durch Auspflanzen mehrerer Sorten unterstützt, denn es gibt Züchtungen, die sich nur schlecht selbst bestäuben und bei denen bei Monokultur ohne Kombination mit guten Pollenspendern nur geringe Erträge zu erwarten sind.

Die Stachelbeere

Von der Stachelbeere (*Ribes uva-crispa*) gibt es Sorten mit roten, gelben, grünen und weißlichgrünen Früchten. Außerdem gibt es Früchte mit mehr oder weniger intensiver Ausfärbung ihrer sonnenbeschienenen Seite (Sonnenbrand).

Die Stachelbeersorten unterscheiden sich auch hinsichtlich ihres Wachstums, ihrer Triebe, Blätter und Blüten sowie des Austriebbeginns und Fruchtreifetermins.

Charakteristische Fruchtmerkmale sind außer der Farbe, Größe, Form, auch Behaarung, Schalenfestigkeit, Saftigkeit und Geschmack, bei Tafelobst auch die Anzahl und Größe der Samen in der Beere.

Die Fruchtformen sind vielgestaltig und reichen von runden über eiförmigen bis zu kantigen Früchten. Wichtig ist die Gleichmäßigkeit der Fruchtform einer Sorte und die Platzfestigkeit der Beeren.

Die Stachelbeere ist in ihren Boden- und Klimaansprüchen bescheiden. Am besten gedeiht sie in warmen, mittelhohen Lagen auf mittelschweren, feuchten, humushaltigen Lehmböden. Auf Kosten der Fruchtbarkeit begnügt sie sich auch mit trockenen Standorten. Die Stachelbeere verträgt Halbschatten. Der Feuchtigkeitsbedarf ist während des Streckungswachstums und in der Zeit des Fruchtansatzes und der Fruchtreife am höchsten. Flachwurzelnde Sorten reagieren sofort auf alle pflegerischen Maßnahmen.

Bei der Stachelbeere gibt man den Hochstämmen den Vorzug. Das Anwachsergebnis des Edelreises auf *Ribes aureum* (Goldjohannisbeere) als Unterlage ist vorzüglich.

Die richtige Pflanzzeit für die Stachelbeere ist der Herbst. Die Jungpflanzen mit 100 cm hohem Stamm setzt man an einem festen Pfahl in Abständen von 2 x 1 m. Im Unterschied zu allen anderen Obstarten soll der Pfahl über die Krone hinaus reichen, damit die Zweige später bei starkem Fruchtbehang am Pfahl hochgebunden werden können, und dadurch ihr Abbrechen verhindert wird. Anstelle eines Pfahles eignet sich auch ein in Kronenhöhe gespannter, 2,5 bis 3 mm starker verzinkter Draht.

Weiße Johannisbeersorten bringen geringere Erträge als rote. Sie brauchen wärmere und trockenere Lagen (225)

Johannisbeersträucher eignen sich besser für den Anbau als Hochstämmchen, sie werden bei guter Pflege bis zu 40 Jahre alt. Bei der Schwarzen Johannisbeere sind mehrere Sorten anzubauen, denn die meisten sind nicht ausreichend selbstfertil (224)

und kürzt sie um ein Drittel ein, alles übrige nimmt man weg. Wenn die Triebe bereits im ersten Pflanzjahr Kurztriebe bilden, entspitzt man diese Triebe im nächsten Frühjahr auf 1 bis 2 Augen.

Durch Erhaltungsschnitt in den folgenden Jahren wird der Strauch licht und luftig gehalten. Zu Beginn des Sommers, meist schon ab zweitem Pflanzjahr, werden alle zur Erhaltung der gewünschten Strauchgröße nicht benötigten Jungtriebe entfernt. Im Vorfrühling schneidet man das Bekleidungsholz um ein bis zwei Drittel und die Verlängerungstriebe der Hauptäste um ein Drittel bis zur Hälfte zurück.

'Rondom' eine Rote Johannisbeersorte, die dichte Trauben trägt. Ihr Geschmack ist leicht sauer, mit eigenartigem Aroma. Diese Sorte paßt sich den Standortverhältnissen gut an, gedeiht jedoch nicht in Frostlagen (226)

Wer seinen Garten gut ausnutzen möchte, kann abwechselnd Hochstämmchen mit 50 (60) und 100 (120) cm Stammhöhe auf 75 cm Abstand setzen. Im darauffolgenden Frühling werden die Kronentriebe auf 3 Augen zurückgeschnitten. Eine gut aufgebaute Krone soll mindestens 6 regelmäßig verteilte Hauptäste haben, deren Holztriebe jedes Jahr um die Hälfte bis ein Drittel zurückgeschnitten werden. Die Seitentriebe werden auf ein bis zwei Drittel ihrer Länge eingekürzt. Triebe, die die Krone verdichten könnten, entfernt man. Der Erhaltungsschnitt beschränkt sich in den folgenden Jahren auf Verjüngen durch Rückschnitt um etwa ein Drittel. Wurzeltriebe der Unterlagen werden rechtzeitig und in entsprechender Tiefe vorsichtig entfernt.

Wer bei der Stachelbeere die Strauchform wählt, pflanzt auf 2 x 2 m, bei Bandpflanzungen auf 2 x 1 m. Sofort beim Pflanzen wird auf 1—2 Augen zurückgeschnitten. Im Frühjahr darauf wählt man dann die 5—8 stärksten Triebe aus

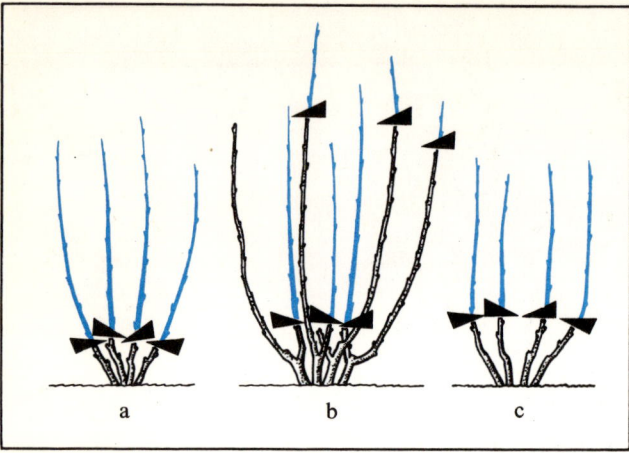

Schnitt der Johannisbeeren nach dem Pflanzen und im folgenden Jahr. a: Rückschnitt nach dem Pflanzen; b: Schnitt der Triebe eines starken Strauches nach einem Jahr; c: Schnitt der Triebe eines schwachen Strauches nach einem Jahr (227)

Nach 8—12 Jahren ist ein Verjüngungsschnitt notwendig. Man nimmt alles alte Holz bis zum Boden weg und läßt die stärksten Jungtriebe stehen.

Überhängende Äste müssen bei Reihenpflanzung zu beiden Seiten an in 25—30 cm Höhe geführten stärkeren Drähten oder an Stangen hochgebunden werden. Bei größeren Pflanzabständen eignen sich Stämmchen als Zwischenpflanzung.

Von Strauchformen lassen sich ausgezeichnet neue Pflanzen durch Abrisse gewinnen.

Die Himbeere

Die Kultursorten der Himbeere (*Rubus idaeus*) lassen sich in einmal tragende Sorten unterteilen. Erkennen kann man die einzelnen Sorten an Wuchsfreudigkeit und Wuchscharakter, Triebbildung, Knospen, Blättern und Früchten. Die Früchte der einzelnen Sorten unterscheiden sich in Größe,

'Jonkheer van Tets' ist eine früh reifende, ertragreiche Sorte mit säuerlichem Geschmack. Sie braucht humosen, nährstoffreichen Boden und genug Feuchtigkeit (228)

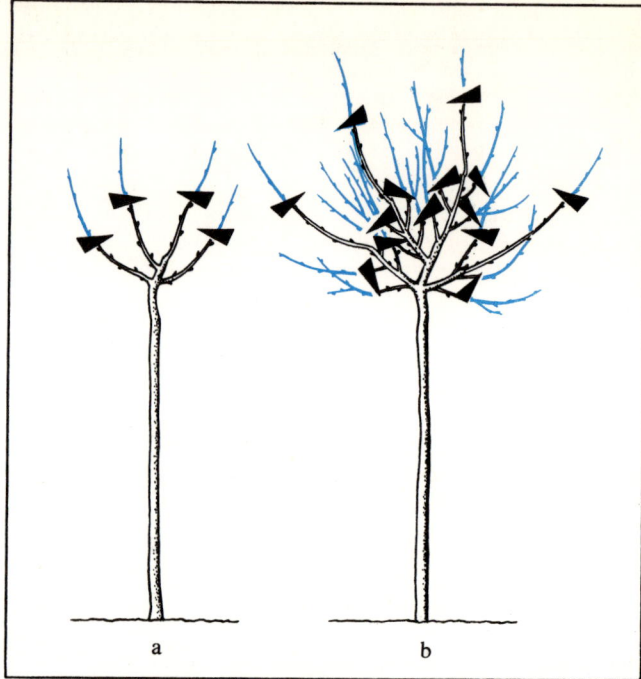

Rückschnitt von Hochstammstachelbeeren und -johannisbeeren. a: Schnitt der Krone nach dem Pflanzen; b: Schnitt der Krone ein Jahr nach dem Pflanzen (229)

Form, Farbe, Geschmack, Fruchtsaftaroma und Ertragsleistung. Im Anbau der einmal tragenden und der zweimaltragenden Sorten gibt es keine Unterschiede.

Die Himbeere braucht leichte, nährstoff- und humusreiche, feuchte Böden mit leicht saurer Reaktion. Besonders in geschützten, vollsonnigen Lagen gedeiht sie ausgezeichnet, denn die Triebe reifen gut aus und erfrieren nicht. Die Pflanze bringt reichlich und regelmäßig große, aromatische Früchte. Flachgründige, nährstoffarme und leicht austrocknende Steinböden und kalte, schattige Standorte sind dagegen für den Anbau von Himbeeren völlig ungeeignet.

Die Himbeere wird entweder in Reihe oder am Spalier gepflanzt. Die durch Abriß oder Wurzelableger gewonnenen Pflanzen bringt man im Herbst in tief umgegrabenen und reichlich mit gut verrottetem Stalldung oder Kompost versorgten Boden. Für die Frühjahrspflanzung entscheidet man sich nur bei schwereren Böden. Einjährige Stecklinge schneidet man je nach Stärke auf 3—5 Augen zurück. Der Pflanzabstand soll 30—50 cm und der Reihenabstand 2 m betragen. Als Winterschutz genügt das Anhäufeln, als Pflegemaßnahme während der Vegetationszeit leichtes Hakken, regelmäßiges Jäten und Wässern. Eine Mulchschicht erleichtert uns die Pflege und hält den Boden feucht.

In den darauffolgenden Jahren sollen sich die Himbeerruten im 40—60 cm breiten Spalier ausbreiten. Da Himbeeren nicht ohne Stütze auskommen, zieht man in 80—120 cm Höhe zwei Drähte übereinander und bindet die Ruten an.

Der richtige Schnitt beeinflußt auch bei der Himbeere den Ertrag in erheblichem Maße. Himbeeren tragen am Trieb der vorjährigen Ruten, so daß sofort nach dem Abernten alle abgetragenen, zweijährigen Ruten sowie alle schwachen, von Schädlingen verletzten und kranken Neutriebe dicht über dem Boden weggeschnitten werden. Man läßt nur die stärksten diesjährigen Ruten stehen. Die Dichte soll je nach Sorte 6—12 Ruten auf dem laufenden Meter betragen. Im Frühjahr darauf werden die Ruten sortenabhängig um ein Viertel bis ein Drittel eingekürzt. Die Triebe

Stachelbeeren sind ziemlich anspruchslos an Boden und Klima. Kleingärtner verwenden meistens Hochstammsorten. Unterscheidungsmerkmale der einzelnen Sorten sind Größe, Farbe und Behaarung der Beeren (230)

Stachelbeeren werden am besten in sonnigen, luftigen Lagen angebaut. Auch wenn sie Schatten vertragen, sind sie an sonnigen Standorten ertragreicher (232)

verzweigen sich dann besser und bringen reichere Ernten. Bei den am Spalier erzogenen Pflanzen reicht das Wegschneiden der erfrorenen oder eingetrockneten Rutenspitzen.

Bei den zweimaltragenden Sorten hat sich das Führen und Anheften im Bogen am Spalier gleich nach dem Abernten bewährt.

Erhaltungsschnitt bei Hochstammstachelbeeren und -johannisbeeren. Oben: vor dem Schnitt; unten: nach dem Schnitt (231)

Die Brombeere

Die wirtschaftlich wichtigen Kultursorten der Brombeere (*Rubus fruticosus*) können nach ihrer Wuchsform in zwei Gruppen eingeteilt werden: in aufrecht wachsende und in rankende (kriechende) Sorten. In diesen beiden Gruppen unterscheidet man dann weiter nach Wachstum, Bildung von Nebentrieben an den Ruten und Anzahl der Absenker. Weitere Sortenmerkmale sind Größe, Form, Farbe und Geschmack der Früchte sowie Fruchtreifetermin. Die aufrecht wachsenden Sorten kann man als besser durchgezüchtet betrachten. Sie stellen dafür auch höhere Ansprüche an die Standortbedingungen als die kriechenden Sorten. Als Boden kommt ein gut durchlässiger, humoser, genügend feuchter toniger Sandboden in Frage. Das Holz ist ziemlich frostanfällig, so daß ein geschützter, vollsonniger Standort zum vollen Ausreifen des Holzes Grundvoraussetzung für einen erfolgreichen Anbau ist. Aus den wild

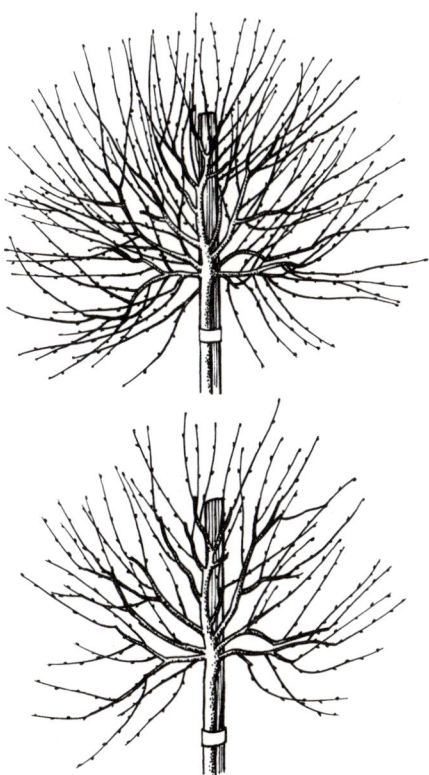

Schnitt der Strauchstachelbeeren nach dem Pflanzen und im darauffolgenden Jahr. a: nach dem Pflanzen beschnittener Strauch; b: im folgenden Jahr beschnittener Strauch (233)

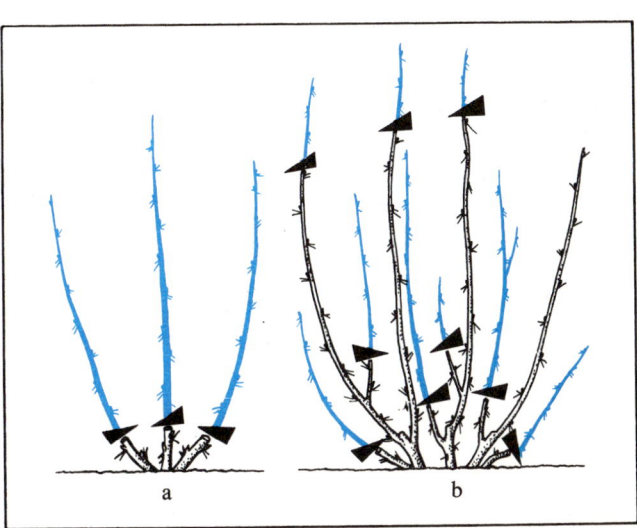

'Lloyd George' ist eine zweimaltragende Himbeersorte. Sie reift Ende Juni und Anfang Juli, und bringt gegen Ende September noch eine kleinere Ernte (234)

wachsenden amerikanischen Brombeeren wurden mit der Zeit frostharte Sorten gezüchtet.

Die kriechenden Sorten sind, abgesehen von der bevorzugten warmen Lage, vollkommen anspruchslos und werden mit Recht als bescheidenste Obstart betrachtet.

Brombeerpflanzen gewinnt man wie Himbeeren durch vegetative Vermehrung. Die auf 2—3 Augen zurückgeschnittenen Jungpflanzen werden in der Regel im Frühjahr in 2,5 m voneinander entfernten Reihen aufgepflanzt. Der Pflanzabstand soll bei aufrecht wachsenden Sorten 1 bis 1,5 m und bei kriechenden 2—3 m betragen. Ähnlich wie die Himbeere wird auch die Brombeere in Reihen gepflanzt. Die abgetragenen zweijährigen Ruten schneidet man nach der Ernte oder im Frühjahr über dem Erdboden weg; starke einjährige Triebe kürzt man im Frühjahr auf zwei Drittel und ihre Seitentriebe auf 1—3 Augen ein. Schwache diesjährige Ruten werden schon im Sommer entfernt. Bei den rankenden Sorten erfolgt im Frühjahr ein Rückschnitt auf etwa 2 m, die Seitentriebe werden im Sommer auf etwa 40 cm entspitzt. Sofort nach dem Frühjahrsschnitt werden die Ruten am Spalier aufgebunden. Wegen ihrer Frostempfindlichkeit löst man sie in Lagen mit stärkeren Winterfrösten vom Spalier und deckt sie am Boden mit Schnee oder Fichtenreisig zu.

Die Erdbeere

Unsere heutigen Gartenerdbeeren (*Fragaria* x *magna*) sind das Ergebnis jahrzehntelanger gezielter und zufälliger Kreuzungen der verschiedensten in Europa, Asien und Amerika wachsenden Arten der Gattung *Fragaria*. Gewöhnlich unterscheiden wir einmaltragende und zweimaltragende Sorten. Bei den einmaltragenden gibt es Sorten mit sehr früher, früher, mittelfrüher und später Fruchtreife. Auch die Fruchtgröße (Anzahl der Nüßchen auf dem fleischigen Blütenboden [Fruchtfleisch der Sammelfrucht]) ist ein Sortenmerkmal, das sich jedoch durch Standortbedingungen und Pflegemaßnahmen beeinflussen läßt. Die Erdbeerfrüchte unterscheiden sich in Farbe und Saftfärbung.

Die meisten Erdbeersorten treiben Ausläufer, die sich hin und wieder auch verzweigen. An den Knoten bilden sich hinter verkümmerten Blättchen kräftige Blattrosetten, die bei Berührung mit dem Erdreich Wurzeln machen und neue Pflanzen bilden. Um kräftige Tocherpflanzen zu erhalten, läßt man an jeder Mutterpflanze nur 2—3 Ausläufer. Die einzelnen Sorten unterscheiden sich in der Intensität der Ausläuferbildung recht erheblich; Monatserdbeeren (*Fragaria vesca* var. *semperflorens*), die ausläuferlos sind, lassen sich nur generativ (durch Samen) vermehren.

Für einen erfolgreichen Anbau der Erdbeeren sind Lagen mit durchschnittlichen Jahrestemperaturen um 7°C am besten geeignet. Bevorzugt werden ebene Flächen oder leichte Südwesthänge. Weniger gut gedeihen Erdbeeren an ungeschützten Ost- und Nordhängen. In höheren Lagen kommt die Erdbeere später zur Blüte, so daß ihr Spätfröste kaum etwas anhaben können. Auch die Erdbeerspinnmilbe ist dann weitaus seltener. Dafür bringen Anlagen in wärmeren, feuchteren Gebieten auch die höchsten Erträge.

Bedingung für gutes Pflanzenwachstum und große Früchte sind ausreichende Niederschläge. Ideal ist eine Jahresniederschlagsmenge von 600—700 mm. Die Erdbeere ist recht empfindlich gegen Feuchtigkeit. Sie will zwar während der Fruchtreife ausreichend Wasser, zu viel Feuchtigkeit bekommt ihr jedoch nicht, denn sie fördert die Grauschimmelbildung an den Früchten. Vorteilhaft sind kräftige, aber nicht zu häufige Regengüsse anstelle von andauerndem Landregen.

Himbeer- und Brombeeranbau. a: *zwischen zwei parallelen Drähten;* b: *am Pfahl;* c: *an Drähten (235)*

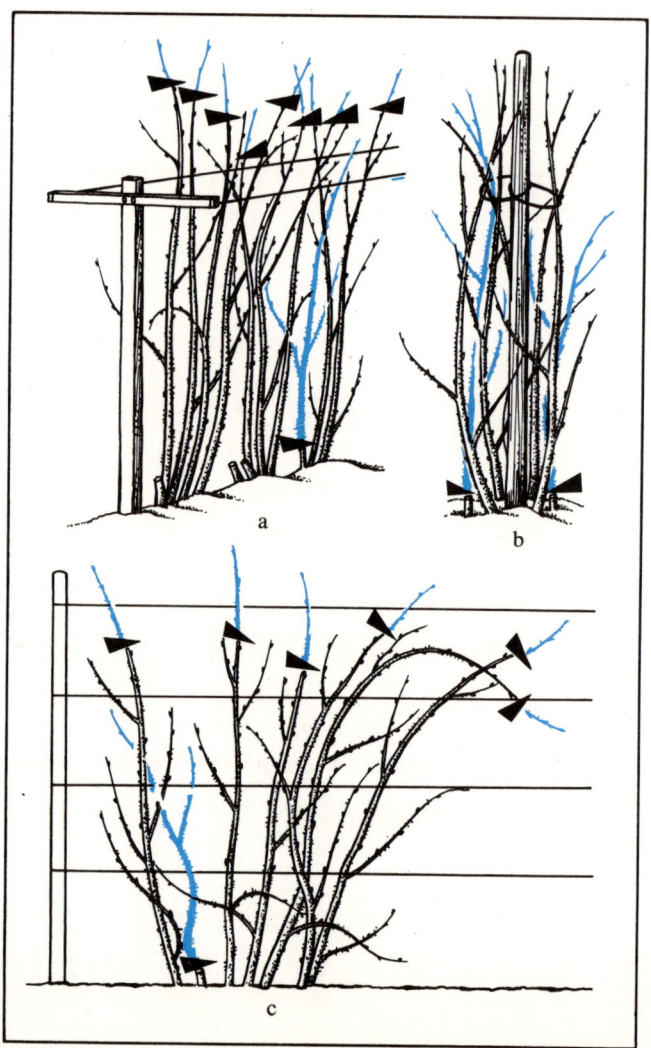

Auch dem Wind ausgesetzte Lagen bieten der Erdbeere nicht die besten Bedingungen. Extremere, frostgefährdete Tallagen sind für ihren Anbau völlig ungeeignet. Um sichere Erträge zu erzielen wählt man Sorten, deren Blütenstände unter der Blattrosette bleiben, so daß ihnen Spätfröste wenig schaden können.

Die besten Wachstumsbedingungen findet die Erdbeere in lehmigen Sand- oder sandigen Lehmböden mittlerer Qualität, in die vor dem Auspflanzen ausreichend Humus und Nährstoffe eingearbeitet wurden. Die Böden können leicht sauer bis neutral reagieren. Ausgesprochene Sandböden trocknen zu sehr und zu schnell aus, schwere Tonböden sind zu kalt. Der Grundwasserspiegel soll bis 50 cm unter die Oberfläche reichen. In schwereren, feuchten Böden können Erdbeeren auf erhöhten Beeten oder auf Hügelbeeten gepflanzt werden, müssen jedoch mindestens 25 cm guten, den Erdbeeren zusagenden Boden bekommen.

Im Garten lassen sich Erdbeeren jedoch in fast allen Lagen und Böden anbauen, wenn man ihnen ein entsprechendes Mikroklima schafft. Und auf kleinen Flecken ist es wohl nicht schwierig, den für ihr gutes Gedeihen notwendigen Boden zu bereiten und Schutz zu bieten. Noch bis in 700 m Höhe über dem Meeresspiegel gedeiht sie in Kleingärten bei richtiger Pflege.

Erdbeeren sollte man im Juli oder Anfang August, nie jedoch später als Mitte September pflanzen. Als Vorfrucht empfiehlt sich der Anbau von Bohnen, Erbsen, Frühsalat, Frühkohlrabi, Spinat, Zwiebeln u.ä. Erdbeeren sollen frühestens nach 4 Jahren wieder an den gleichen Platz kommen.

Die meisten Haarwurzeln bildet die Erdbeere in 20 bis 25 cm Tiefe; der Boden muß deshalb vor dem Auspflanzen wenigstens 20 cm tief umgegraben oder gelockert werden. Wer die Vorfrucht nicht mit Stalldung versorgt hat, muß bei der Pflanzbettvorbereitung mindestens 5—7 kg gut verrotten Kompost pro Quadratmeter oder Düngedorf in den

Himbeeren tragen Früchte an Jahrestrieben, daher schneidet man zweijährige Triebe aus (237)

Boden eingearbeitet. Frischer Stalldung ist ungeeignet. Als Vorratsdüngung werden gleichzeitig Mineraldünger eingebracht (chloridhaltige Kalidünger sind nicht zu verwenden).

Bei der Vorbereitung des Pflanzbetts werden auch die Wurzeln aller ausdauernden Unkräuter sehr sorgfältig entfernt. Gepflanzt werden soll 8—14 Tage nach der Bodenbearbeitung, damit sich das Erdreich noch setzen kann.

Erhaltungsschnitt bei Himbeeren und Brombeeren in den folgenden Jahren: In der Vegetationszeit werden schwache und überflüssige Triebe entfernt. Man läßt 6—8 Jahrestriebe stehen, die das erschöpfte Holz ersetzen. Im Vorfrühling werden die überflüssigen Triebe entfernt, die übrigen zurückgeschnitten (238)

Brombeeren und Himbeeren nach dem Pflanzen. a: *Jungpflanze nach dem Pflanzschnitt;* b: *Wachstum nach dem Schnitt (236)*

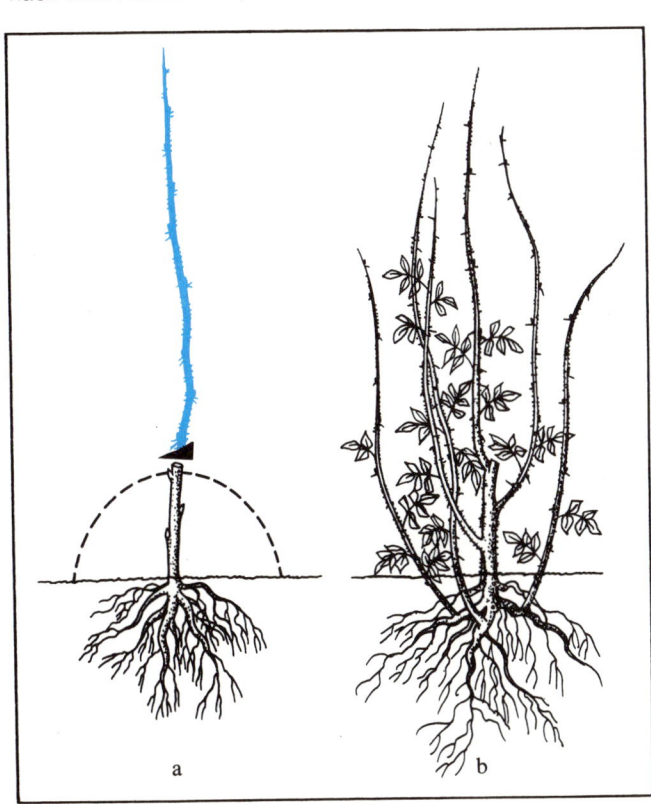

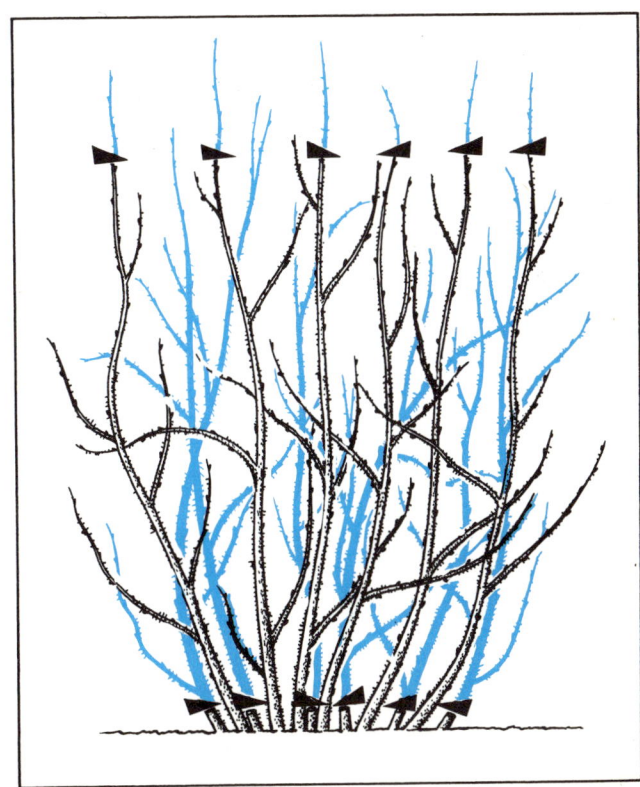

'Wilsons Frühe' ist eine an Klima und Boden nicht anspruchsvolle Brombeersorte mit mittelgroßen, süßen Früchten. Reifezeit Ende Juli bis Ende August. Sie bringt gute und gleichmäßige Erträge (239)

Jungpflanzen kauft man oder nimmt sie von den eigenen Mutterpflanzen. Man pflanzt am besten bei bedecktem Himmel und verwendet für die Gewinnung von Jungpflanzen ein-, höchstens zweijährige gesunde und gut tragende Mutterpflanzen. Das wertvollste Pflanzmaterial liefern Absenker, die der Mutterpflanze am nächsten wachsen. Kräftige Jungpflanzen haben mindestens 3—4 gut ausgebildete Blätter, ein gut entwickeltes Herz, einen starken Wurzelhals und reichlich Wurzeln. Die Pflanze wird mit einem großen Wurzelballen aus der Erde genommen und gleich an ihren Platz gesetzt. Vorher wird der Ausläufer zu beiden Seiten auf 1 cm weggeschnitten. Die junge Erdbeerpflanze muß so in den Boden kommen, daß sich der Wurzelhals auf gleicher Höhe mit der Bodenoberfläche befindet; tiefer gesetzte Pflanzen verfaulen oder wachsen schlecht, bei zu hoch gepflanzten Erdbeeren vertrocknen die freiliegenden Wurzeln. Nach dem Pflanzen gießt man gut an.

Wenn das Beet für die Sommerpflanzung nicht rechtzeitig frei ist, können die Jungpflanzen vorübergehend auf ein mit Torf oder bei schweren Böden mit Sand verbessertes Beet mit 10—15 cm Abstand in der Reihe und mit einem Reihenabstand von 20—25 cm gepflanzt werden. Bis zum Umpflanzen entwickelt die Jungpflanze einen kräftigen Wurzelballen, der vorsichtig ausgegraben wird, um die Entwicklung der Erdbeerpflanze so wenig wie möglich zu unterbrechen. Gegossen wird nach Bedarf.

Es ist üblich, die Erdbeeranlage drei Jahre auf dem Beet stehen zu lassen. Je nach Wüchsigkeit der Sorte und ihrer Fruchtbarkeit wird ein Reihenabstand von 60—80 cm und ein Pflanzabstand in der Reihe von 20—60 cm gewählt. Bei Horstpflanzung stehen 3—4 Pflanzen in 10 cm Abstand voneinander; die Horstpflanzung erfolgt im Verband von 75 x 75 cm. Im ersten und zweiten Jahr schneidet man nach der Ernte alle Ausläufer weg. Im darauffolgenden Jahr gehen jedoch die Erträge bereits erheblich zurück.

Erdbeeren tragen reicher, wenn sie nicht zu eng gepflanzt werden. Man kann bei den mit einem größeren Abstand gepflanzten Erdbeeren im zweiten und dritten Jahr mehrere Absenker stehen lassen. Das verlängert die Lebensdauer der Pflanzung, erhöht die Erträge und verhindert das Verunreinigen der Früchte mit Erde. Das Zusammenwachsen der Pflanzung ist jedoch zu verhindern. Damit die Absenker die Mutterpflanze nicht zu sehr schwächen, wird der Ausläufer nach dem Bewurzeln der Tochterpflanzen durchschnitten.

Für den Garten sind dichte, einjährige eventuell kombinierte ein- und zweijährige Bestände am wirtschaftlichsten. Kräftige Jungpflanzen kann man in der Reihe mit einem Abstand von 15—20 cm und mit einem Reihenabstand von nur 35—40 cm setzen. Die Früchte an den einjährigen Pflanzen reifen früher, sind groß und weniger anfällig für Grauschimmel. Nach der Ernte werden die Absenker aufgenommen und auf ein anderes Beet gepflanzt, die Altpflanzen gräbt man unter oder entfernt sie. Der Vorteil dieser Anbauweise ist, daß das arbeitsaufwendige Säubern der Beete von Unkraut und überflüssigen Absenken im Herbst und Frühjahr entfällt. Dafür muß jedes Jahr ein neues Beet angelegt werden.

Wenn man jedoch nach dem Abernten jede zweite Reihe entfernt, erhält man eine Reihenkultur mit normalem Abstand, in der auch die Jungpflanzen stehen bleiben können, so daß ein schmaler Streifen ein- und zweijähriger Pflanzen entsteht. An den zweijährigen Pflanzen reifen die Früchte etwas später und verlängern dadurch die Ernte. Am besten ist der Wechsel einer dichten einjährigen mit einer ausgedünnten zweijährigen Reihe. Wer Ende Januar ein tragbares Folienzelt über seine Erdbeeren stellt, kann mit einer frühen Ernte rechnen.

Die Pflegearbeiten bestehen während des Jahres im Hacken und Gießen. Vor Winterbeginn häufelt man leicht an, läßt aber das Herz dabei frei. Wenn schneelose Fröste zu erwarten sind, deckt man mit Fichten-Reisig oder längerem Stroh zu. Im Frühling wird das Beet gesäubert; alle fleckigen und trockenen Blätter werden entfernt und mit im Verhältnis 1:4 verdünnter Jauche oder mit gegorenem Geflügelmist (Verdünnung 1:6) gedüngt. Vor der Blüte gibt man noch Mineraldünger. Wenn jedoch die Pflanzen zu üppig wachsen, verzichtet man auf das Nachdüngen. Von der Blüte bis zur Ernte dürfen keine Stickstoffdünger gegeben werden. Blattdüngung mit Spurenelementen erfogt nach Bedarf.

Durch Wassergaben unterstützen wir die Blütenknospenbildung für das kommende Jahr. Es empfiehlt sich, durch Mulchen mit Gras, Abdecken mit schwarzer Folie und ähnlichen Maßnahmen das Austrocknen des Bodens und die Entwicklung von Unkraut und Schimmelkrankheiten zu verhindern. Besonders nach dem Abblühen, nach der Ernte und zu Sommerende ist für ausreichend Feuchtigkeit zu sorgen.

Nach dem Abernten wird gehackt und dabei Volldünger wie vor dem Auspflanzen untergearbeitet.

Durch den Einsatz schwarzer PVC-Folien in den Erdbeerfeldern werden nicht nur die Früchte vor Verunreinigungen geschützt, sondern auch der Unkrautwuchs gehemmt und die Absenkerbildung eingeschränkt. Die Folie hält die Erde feucht und warm und beschleunigt auch die Ernte um 3—4 Tage. Man deckt das ganze Beet mit Folie ab, schneidet in Pflanzabständen Löcher ein und pflanzt in diese Löcher. Man kann auch nur den Boden zwischen den Reihen abdecken.

Zweimaltragende Erdbeersorten werden wie einmaltragende behandelt. Man kann sie jedoch dichter pflanzen. Nach der weniger reichen Juniernte bringen die Pflanzen dann in 6—8 Wochen die nächste und blühen und fruchten bis zum Frostbeginn. Um die letzten Früchte ausreifen zu lassen empfiehlt es sich, Anfang Oktober Blüten und kleine grüne Früchte zu entfernen. Durch Abdecken mit einem transportablen Frühbeetkasten oder Folienzelt wird die Reife sicherer. Höhere Ernteerträge in der zweiten Wachstumsphase machen ein Nachdüngen und Wässern nach der ersten Ernte erforderlich.

Monatserdbeeren bringen kleinere Früchte mit einem an Walderdbeeren erinnernden Geschmack. Man vermehrt sie aus Samen und pflanzt sie als Wegbegrenzung.

Erdbeeren sollte man nie während der Tageshitze, sondern früh am Morgen oder am Abend pflücken, denn sie würden sonst schnell weich und verderben. Sobald der Tau etwas abgetrocknet ist, wird vorsichtig mit einem kleinen Stiel und Kelch geerntet. Die Früchte kommen in einen flachen Korb oder eine Steige und werden nicht mehr umgepackt. Ohne Kelch gepflückte Früchte verderben schneller. Körbe oder Steigen stellt man an einen kühlen, aber nicht feuchten Ort. Beschädigte oder angefaulte, verschimmelte Früchte werden sorgfältig während des Durchpflückens entfernt und weder auf dem Gartenweg liegengelassen noch auf den Kompost geworfen, sondern vernichtet.

Die Weinrebe

Man nimmt an, daß sich die ältesten Sorten der Weinrebe (*Vitis vinifera* ssp. *vinifera*) aus den westlichen Gebieten des Kaukasus über Kleinasien, Griechenland und den ganzen Balkan bis nach Westeuropa verbreiteten. Die heute in den westeuropäischen Weinanbaugebieten gepflanzten Sorten sind zwar durch ihre biologischen Eigenschaften auch unserem mitteleuropäischen Klima angepaßt, trotzdem empfiehlt es sich nicht, in Gegenden mit durchschnittlichen Jahrestemperaturen unter 8 °C, Wein anzubauen. Dazu soll der Durchschnitt während der Vegetationsperiode wenigstens bei 15 °C liegen, denn die Qualität der Weinrebe steigt mit der Temperatur. Die Weinrebe ist dank ihres Gehaltes an schnell abbaubaren Zuckern, organischen Säuren, Vitaminen und anderen Stoffen ein wertvolles Obst. Besonders zu empfehlen ist sie für Kranke und Genesende.

Zur Wärme kommt bei der Weinrebe das Licht als wichtiger Standortfaktor hinzu, denn es beeinflußt die Bildung der Blütenanlage und damit die Ertragserwartung im kommenden Jahr.

Die Weinrebe gedeiht am besten an Süd-, Südwest- und Südosthängen in Höhenlagen bis 300 m über NN, in wärmeren Gegenden bis in 400 m Höhe. Sie bekommt dort im Sommer genügend Sonne und Wärme und bringt die besten Fruchtqualitäten. Der üblichen Bodenerosion an steileren Hängen wird durch Terrassierung vorgebeugt. In höheren Lagen kann die Weinrebe nur an sonnigen, am besten weiß gestrichenen Wänden gezogen werden. Man kann sie dort auch unter Glas oder Folie anbauen.

An den Boden stellt die Weinrebe keine großen Ansprüche. Abgesehen von nassen und zu salzhaltigen Böden eignen sich nahezu alle Bodenarten. Die optimale Bodenreaktion liegt jedoch bei pH 6,5—8. In Böden mit höherem Kalziumgehalt müssen auf besondere Unterlagen veredelte Sorten gepflanzt werden, da sie sonst von der Gelbsucht (Chlorose) befallen würden und eingingen.

Die größten Ansprüche an die Feuchtigkeit hat die Weinrebe zu Anfang der Wachstumsperiode, nach dem Verblühen und während der Reifezeit, wenn die Trauben weich zu werden beginnen. Während der Blüte ist regnerisches, kühles Wetter recht unerwünscht, denn die Blüte wird schlecht bestäubt und die Trauben bleiben dann klein. Um die Bestäubungsbedingungen zu verbessern, pflanzt man in der Regel mehrere Sorten zusammen.

Erdbeeren gehören zu den beliebtesten Obstarten. Sie liefern im Jahr die ersten Früchte (240)

Da der Weinstock 30—50 Jahre an seinem Standort bleiben kann, wird vor dem Auspflanzen sehr sorgfältig rigolt. Man verschafft dem bis zu 30—40 cm tief gehenden Wurzeln günstige Bedingungen, vor allem genügend Sauerstoff, wenn man den Boden 2—3 Monate vor dem Auspflanzen mindestens bis in 60 cm Tiefe bearbeitet. Der Boden wird so umgeschichtet, daß sich Mutterboden mit den tiefen Schichten mischt. Größere Steine nimmt man heraus, kleinere kann man in der Erde lassen, denn sie sorgen für bessere Erwärmung des Bodens.

Während des Rigolens wird als Vorratsdüngung in 30 bis 60 cm Tiefe eine größere Gabe Phosphor- und Kalidünger eingearbeitet und kalkarme Böden werden durch Kalk angereichert. In die obere Erdschicht werden 10 kg gut verrotteter Kuhdung oder Kompost je Quadratmeter gemischt.

Jungpflanzen gewinnt man aus Steckholz, Ableger oder durch Veredelung. Man pflanzt nur kräftige, 1—2jährige Pflanzen, deren Wurzelhals, also das Stück zwischen Wurzelkörper und Sproßachse lang genug ist. Der Austrieb soll 15 cm Länge haben, gut ausgereift sein und wenigstens 4

Oft werden Erdbeeren im Garten in Reihen gepflanzt; die Pflanzabstände betragen in den 60—80 cm voneinander entfernten Reihen 25—50 cm. Dabei werden für 10 m² 45—70 Pflanzen benötigt (241)

entwickelte Augen aufweisen. Die Wurzeln sollen 10 cm lang sein.

Der günstigste Pflanztermin für die Weinrebe ist März/April, wenn sich der Boden bereits gut durchwärmt hat. Spätestens bis Mitte Mai muß die Pflanze jedoch im Boden sein. Vor dem Auspflanzen werden die Hauptwurzeln auf etwa 10 cm eingekürzt, die höher ansetzenden Wurzeln nimmt man weg. Der Trieb wird auf 2 Augen gekürzt, Nebentriebe auf 1 Auge. Wichtig ist, bei diesem Schnitt einen 2 cm langen Zapfen stehenzulassen, damit das Auge nicht vertrocknet. Bevor man pflanzt, kann man die Wurzeln in einen dünnen Brei aus Erde und Kuhdung tauchen.

In rigoltem Boden wird ein Pflanzloch ausgehoben, das etwas tiefer ist als die Pflanzenlänge beträgt. Die Pflanze wird auf einen kleinen aus Erde und Kompost gemischten Hügel gesetzt. Dabei soll das obere Auge etwa 4 cm über der Bodenoberfläche stehen. Die Wurzeln werden gut über den Hügel verteilt, damit sie nach unten zeigen und mit Erdreich bedeckt. Man füllt die Grube bis zur Hälfte mit einer Mischung aus Erde und Kompost, tritt leicht fest und füllt sie dann bis zum Rand mit Wasser auf. Nach dem Versickern des Wassers wird das Pflanzloch aufgefüllt und über dem Sproß 3—4 cm hoch leichter Boden angehäufelt, damit er vor Frösten und Vertrocknen geschützt ist. Es ist darauf zu achten, daß die Wurzeln nie mit frischem Dung in Kontakt kommen.

Wird vor einer Wand gepflanzt, muß die Pflanze schräg mit von der Wand wegzeigenden Wurzeln in die Erde kommen. Bevor wir pflanzen, setzen wir neben der Pflanzgrube einen Pfahl, an dem später die jungen Reben aufgebunden werden.

Im ersten Pflanzjahr besteht die Bodenpflege im häufigen Lockern des Bodens, um Unkraut zu vernichten und den Wurzelraum genügend zu durchlüften. Besonders sorgfältig ist mit der angehäufelten Stelle umzugehen, um die im Mai, spätestens Anfang Juni treibenden Knospen nicht zu beschädigen.

Ende Juni wird die Erde vorsichtig von der Weinrebe weggeräumt, damit man die sich eventuell gebildeten Adventivwurzeln (sproßbürtige Wurzeln) abschneiden kann. Dann deckt man wieder zu. Mitte August ebnet man den Hügel ein, denn der bisher mit Erde abgedeckte Teil des jungen Triebes muß bis zum Winter ausreifen. Auch die freigelegten Adventivwurzeln schneidet man wieder ab.

Bei Trockenheit wird gegossen. Man kann auch nachdüngen, muß das jedoch spätestens bis Ende Juli tun. Die jungen Triebe bindet man am Pfahl fest oder heftet sie am Spalier an. Im Herbst häufelt man wieder an, damit das Holz nicht zurückfriert. Damit sind die Pflegearbeiten im ersten Jahr abgeschlossen. Der Erfolg des Weinrebenanbaus hängt in hohem Maße vom richtigen Schnitt ab.

Man kann die Rebe zwar bereits ab Mitte Dezember schneiden, sollte sich zu diesen Arbeiten jedoch erst im Februar oder März entschließen, wenn die strengsten Fröste vorbei sind. Die Temperaturen sollen nicht unter $-3°C$ liegen, wenn man schneidet. Einjährige Reben schneidet man mit einer scharfen Gartenschere, für altes Holz ist eine Baumsäge notwendig. Im Unterschied zu Obstbäumen kürzt man bei der Weinrebe immer auf einen 2 cm langen Zapfen über dem Auge.

Reichtragende Tafelsorten mit großen Trauben werden auf kurze Triebe mit 1—3 Augen geschnitten, denn sie würden am längeren Holz zu viele Trauben ansetzen und sich zu früh erschöpfen. Auch bei der Weinrebe wird der Schnitt wie bei allen Obstgehölzen durch die von Sorte, Alter, Wuchs, Ernährung u. ä. beeinflußte individuelle Wuchseigenschaft bestimmt. Grundsätzlich geht man davon aus, daß die Rebe am obersten Zapfen am kräftigsten wächst.

Ungefähr ab Mitte Mai bis Anfang Juni, wenn die Triebe 20—25 cm lang sind und die Gescheine, also die Blütenansätze zu sehen sind, erfolgt der Sommerschnitt am einjährigen, fruchttragenden Holz. Er soll die Beerenausbildung fördern und zur Tragholzbildung für das nächste Jahr anregen. Alle Triebe aus den obersten Augen, die keine Blüten angesetzt haben, und alles Holz bis zur nächsten gescheintragenden Rebe schneidet man weg. Während des Wachstums bindet man die Triebe an Pfählen, Spalieren oder Drähten an und bricht regelmäßig die sich in den Blattachseln entwickelnden Geize, also Nebentriebe, aus, solange sie noch klein sind. Man verhindert dadurch das Überwachsen des Holzes und hält den Rebstock licht und luftig. Nur in den ersten beiden Jahren nach der Pflanzung läßt man die Geize wachsen, damit die Pflanze genügend Assimilationsfläche zum kräftigen Wachstum hat.

Ende Juni oder im Juli werden die aus langem Holz wachsenden fruchttragenden Reben über dem 10. bis 12. Blatt entspitzt, nichtfruchttragende Triebe werden ausgebrochen.

In den letzten drei Blattachseln der eingekürzten Triebe läßt man die Geize stehen. Ende August oder wenn die Weinbeeren beginnen weich zu werden, werden die Triebspitzen weggeschnitten, um das Reifen der Trauben zu fördern.

Für den Garten empfiehlt es sich, die Weinrebe als waagerechten ein- oder zweiarmigen Spalier mit verschiedener Stammhöhe zu erziehen.

Erdbeeren können auf allen Gartenböden und in allen Lagen bis in 700 Meter Höhe ü. d. M. gezogen werden. Ein Folientunnel schützt die Erdbeerpflanzen vor Kälte und bringt frühere und sichere Erträge (242)

Erdbeerfrüchte sollten nicht auf dem Boden aufliegen, damit sie nicht von Schimmelpilzen befallen werden. Als Unterlage ist Holzwolle gut geeignet (243) ▶

An Standorten mit rauheren Wintern empfehlen sich die schräge Spaliererziehung, denn sie lassen sich vom Spalier, Draht oder Pfahl abnehmen und niederlegen. Man deckt dann mit einer Erdschicht, mit Stroh oder Reisig zu.

Wer Hauswände oder andere Mauern bedecken möchte, kann die Weinrebe auch zu einem unregelmäßigen Spalier erziehen. Die Hauptäste werden fächerförmig so an einer Lattenkonstruktion aufgebunden, daß die Reben eine größtmögliche Fläche bedecken, sich dabei aber gegenseitig nicht Luft und Licht wegnehmen. Die Gerüstäste werden nach und nach angelegt, jedes Jahr nur einer, damit das Holz gut ausreifen kann. Die Seitentriebe werden kurz hinter dem zweiten Auge oder lang hinter dem vierten bis fünften Auge eingekürzt.

Wenn Weinstöcke mit höheren Stämmen bereits überaltert sind, werden sie verjüngt (man erkennt das am geringen Jahreszuwachs). Der alte Stamm wird so weit wie möglich am Boden zurückgeschnitten und der aus dem Ersatzzapfen am Fuß hervorgehende Trieb in der zur Erziehung des neuen Stammes notwendigen Höhe entspitzt. Am Stammende bleiben nur zwei Jungtriebe stehen, dazu einer als Ersatztrieb am Stammfuß. Alle anderen Sprosse werden sofort nach dem Austrieb ausgebrochen.

Da Weinreben sehr lange an ihrem Platz stehenbleiben, müssen sie regelmäßig mit Nährstoffen versorgt werden. Im Herbst wird tief umgegraben und jedes dritte Jahr gut verrotteter Stalldung eingebracht. Wer keinen Dung zur Verfügung hat, gibt im Frühjahr Kompost. Beide organische Dünger können durch Gründung ersetzt werden. Zusammen mit diesen Stoffen werden die für die Weinrebe besonders wichtigen Phosphor- und Kalidünger in den Boden eingearbeitet. Im Frühjahr wird der Boden 15—20 cm tief gehackt und gleichzeitig Stickstoffdünger gegeben. Es genügt aber auch ein guter Volldünger. Er kommt 25—30 cm tief in den Boden.

In den beiden Jahren, in denen kein organischer Dünger eingearbeitet wird, ist die Mineraldüngergabe entsprechend zu erhöhen.

Während der Vegetationszeit wird mehrmals gehackt und gejätet. Die Trauben der Tafelweinsorten werden nach und nach abgenommen, sobald sie ausreifen und ausfärben. Man schneidet sie mit einer Schere oder einem scharfen Messer vorsichtig ab und legt sie in einen leichten Korb oder auf Steigen, damit sie nicht gedrückt werden. Angefaulte Beeren werden sofort entfernt. Wer Tafeltrauben noch längere Zeit nach der Ernte zur Verfügung haben möchte, hängt sie in einen kühlen, dunklen Keller einzeln an einem Haken an Drähte. Noch länger lagerfähig bleiben Weintrauben, wenn man sie dünn in einen Korb oder auf eine Steige schichtet und in einen tiefen Brunnen dicht über die Wasserfläche hängt.

Weniger bekannte Obstgehölze

Die Edeleberesche

Von der Edeleberesche oder Süßen Eberesche (Sorbus aucuparia var. edulis) gibt es verschiedene Sorten. Diese Bäume sind völlig anspruchslos hinsichtlich der Boden- und Klimabedingungen und können bis in 1200 m Höhe über dem Meeresspiegel angebaut werden. Die Früchte erhalten ihren Wert durch den hohen Karotin (Provitamin-A-) und Vitamin-C-Gehalt.

Ebereschenkompott fördert die Gallensekretion und eignet sich als Beilage zu Wildbret.

Der als Halb- oder Hochstamm gezogene Ebereschenbaum soll 8 m von Gebäuden und anderen Bäumen entfernt stehen. Nach dem Pflanzen erfolgt der Kronenaufbau ähnlich wie bei den anderen Obstbäumen.

Später ist beim Erhaltungsschnitt auf eine lichte, luftige Krone zu achten. Wassersprosse aus dem Fuß des Baumes oder am Stamm werden entfernt.

Die Früchte für Vitamin-C-reiche Ebereschensäfte werden in niedrigeren Lagen Ende August, in höheren Lagen Mitte September geerntet. Für den Verzehr und für Kompotte wird später geerntet. Läßt man die Früchte an Stielen, halten sie sich im Keller bei einer Temperatur von 2 °C bis in den März hinein.

Apfelbeere

Diese als Apfelbeere bekannte Art (Aronia melanocarpa) zeichnet sich ebenfalls durch einen hohen Gehalt an Vitaminen, vor allem an Vitamin C, aus und eignet sich als Heilmittel bei hohem Blutdruck und Sklerose. Sie wird als Strauch (2 m hoch und 1,5 m breit) oder auf Sorbus domestica (Speierling) veredelter Baum mit kleinerer Krone erzogen. Strauchformen kann man aus Steckholz, Absenkern, Ablegern oder aus Samen ziehen. Von einem Strauch lassen sich bis zu 10 kg Früchte ernten, die unter entsprechenden Bedingungen 2 Monate lagerfähig bleiben.

Die Apfelbeere wird auch als Zierstrauch geschätzt. Im Mai trägt sie reichblühende weiße Blütendolden, im Herbst trägt sie schönes rotes Laub.

Die Quitte

Die Quitte (Cydonia oblonga) ist in Mitteleuropa eher als Ziergehölz bekannt, denn auch in den wärmsten Regionen dieser Klimazone erreichen ihre Früchte nicht immer die gewünschte Reife. Sie gedeiht am besten an hellen und wärmeren Standorten in mittelschweren, nährstoffreichen, genügend feuchten, kalkhaltigen Böden und gibt eine gute Birnenunterlage ab.

Erdbeerpflanzung.
In den Reihen werden in richtigen Abständen mit der Handschaufel etwa 15 cm tiefe Pflanzgruben hergestellt. Die Wurzeln werden ausgebreitet, das Herz soll in der Höhe der Erdoberfläche liegen und nicht von Erde bedeckt sein. Dann wird der Boden über den Wurzeln fest angedrückt (244)

Die Sorte 'Rügen' bildet fast keine Ausläufer, sie wird daher generativ vermehrt. Die Früchte haben einen ausgeprägten süßlich aromatischen Geschmack. Sie ist sehr ertragreich, fruchtet jedes Jahr. Geerntet wird von der zweiten Juniwoche bis Ende Juli, ferner von August bis Oktober. Sie eignet sich auch für höhere Lagen (245)

Die Quittenfrüchte sind je nach Sorte entweder birnen- oder apfelförmig. In Südosteuropa werden von einigen Sorten bis zu mehreren Kilogramm schwere Früchte geerntet. Auf weicher Unterlage an einem trockenen Lagerort halten sie sich lange.

Wegen ihres hohen Pektingehalts werden Quittensäfte auch anderen Obstsäften zugesetzt, die zu Marmeladen verarbeitet werden. Pektine werden aus Quitten auch zu medizinischen Zwecken gewonnen. Da die gelben Früchte meist mit einer grauen Filzschicht überzogen sind, müssen sie vor dem Verarbeiten in der Küche mit einem groben Leinentuch abgerieben werden. Für die Verarbeitung sollen Quittenfrüchte so spät wie möglich geerntet werden, im Oktober oder November vor Eintritt des Frostes, also wenn die ersten Früchte abfallen.

Die Mispel

Die Mispel (*Mespilus germanica*) ist ein Strauch oder 2 bis 5 m hoher Baum mit flachgedrückten runden bis birnenförmigen walnußgroßen braungrünen Früchten.

Die Mispel braucht eine warme, geschützte und sonnige Lage mit durchlässigem, nährstoffreichem Boden. Vermehrt wird sie durch Pfropfen oder Okulieren auf Weißdorn; veredelte Pflanzen sind widerstandsfähiger als Sämlinge.

Als Busch und als Baum erreichen Mispeln ein hohes Lebensalter. Der Jahresertrag erreicht bei Büschen 15 kg Früchte und mehr. Die Früchte sind meist 2- bis 5kernig und werden nach den ersten Frösten geerntet, die ihnen nicht schaden, sondern im Gegenteil das Weichwerden fördern.

Als ungekochtes Obst sind sie ungeeignet. Mispeln werden als Zusatz zu Marmelade und zur Weinbereitung verwendet.

Die Kulturheidelbeere

Die Kulturheidelbeere (*Vaccinium corymbosum*), auch Kanadische Heidelbeere genannt, bildet lichte bis durchscheinende Sträucher mit einem sehr dichten Wurzelsystem.

Diese Obstart gedeiht am besten in sonnigen oder leicht schattigen Lagen auf lockeren, humosen, sauren Sandböden oder im Hochmoor. Sie verträgt keine Trockenheit, im Gegenteil, sie braucht während der ganzen Vegetationszeit viel Wasser. Der Grundwasserspiegel soll bis 60 cm unter die Bodenoberfläche reichen. Um eine gute Bestäubung zu sichern, setzt man im Herbst oder zeitigen Frühjahr im Abstand von 3 x 1,5 m gut bewurzelte Pflanzen verschiedener Sorten. Steht weder humoser Sandboden noch Hochmoor zur Verfügung, füllt man eine größere Grube mit Torferde oder Waldboden. In keinem Fall dürfen zum Düngen Stalldung oder Mineraldünger mit Kalk- und Chloridgehalt verwendet werden. Die Nährstoffzufuhr erfolgt zu zwei Dritteln im Herbst oder im zeitigen Frühjahr und zu einem Drittel Anfang Juni mit einem geeigneten Volldünger.

Da die Kulturheidelbeere die besten Früchte an einjährigen Trieben bringt, wird sie durch regelmäßigen Winterschnitt zur Triebbildung angeregt. Gleichzeitig werden schwache und beschädigte Zweige weggeschnitten. Ein gut ausgewachsener Strauch soll 5—8 kräftige Zweige haben.

Die Kanadische Heidelbeere kommt im zweiten bis dritten Jahr nach dem Auspflanzen in Ertrag und bringt in voller Ertragsleistung 2,5—5 kg Beeren je Strauch. Die Lebensdauer kann bis zu 30 Jahren betragen. Ihre Früchte werden frisch oder als Kompott gegessen.

Pflanzung von Erdbeeren in Mulchfolie. Die Ränder der ausgebreiteten Kunststoff-Folie werden mit Erde bedeckt. Die Erdbeeren pflanzt man in Löcher in der Folie (246)

Die Rebensorte 'Blauer Portugieser' wird Ende September reif. Sie ist reich und gleichmäßig im Ertrag und stellt keine hohen Ansprüche an die Pflege. Als Tafelsorte ist sie ebenfalls geeignet (247)

Einige abschließende Hinweise

Außer den Früchten der beschriebenen Obstarten können auch die einiger Ziergehölze für die menschliche Ernährung Verwendung finden. Die Früchte der Kornelkirsche (*Cornus mas*) geben ein ausgezeichnetes Kompott; die Beeren der Berberitze (*Berberis vulgaris*) setzt man Kompotten und Konfitüren zu, denn ihr Saft hat ähnliche Eigenschaften wie der von Zitronen. Auch Weißdorn (*Crataegus oxyacantha*) lieferte schon dem Menschen der Steinzeit Obst, das zu Säften, Sirup und Trockenfrüchten verarbeitet wird. Die Früchte der Scheinquitte (*Chaenomeles japonica*), die nur in warmen Sommern reifen, sind gelb und ähneln denen der apfelfrüchtigen Quitte. Sie eignen sich hervorragend als Gelee, Marmelade und für Zuckerwerk. Vergessen dürfen wir keinesfalls die Hagebutten, die Früchte der *Rosa canina* und anderer Wildrosen, die zu den Früchten mit dem höchsten Vitamin-C-Gehalt gehören.

Sicher ließen sich noch viele andere Pflanzen nennen, die nicht nur durch ihren Habitus, sondern auch durch den Nutzen ihrer Früchte unsere Aufmerksamkeit verdienen. Wenn wir in die Vergangenheit zurückgingen, würden wir sicher viele vergessene Arten entdecken.

Auf der einen Seite handelt es sich um alte, vergessene Delikatessen, auf der anderen Seite brachte uns die unermüdliche Arbeit von Generationen von Züchtern neue, hervorragende Sorten, oft auch Artkreuzungen, deren Früchte heute oder in Zukunft eine willkommene Bereicherung unserer Speisekarte bringen. Vieles wird beispielsweise von einer Kreuzung zwischen der Schwarzen Johannisbeere und der Stachelbeere, *Ribes* x *nidigrolaria* der 'Josta' erwartet. Unser Wunsch kann es nur sein, daß es in Zukunft noch mehrere geben wird.

Anmerkungen zu Bestäubung, Befruchtung, Fruchtansatz und Fruchtentwicklung

Selbstfruchtbarkeit und Selbstunfruchtbarkeit

Man hat gefunden, daß isoliert stehende, in sich geschlossene Obstanlagen mit einzelnen Kernobstsorten, wie z. B. Williams Christbirne und Cox Orange, trotz günstiger Ernährung, Boden- und Baumpflege und Witterungsverhältnisse selbst in Gegenwart von Bienenvölkern keine befriedigenden Erträge bringen.

Die Schwierigkeiten bei der Befruchtung und bei der Samen- und Fruchtbildung selbst beruhen auf verschieden gearteten Sterilitätsverhältnissen. Diese werden einmal durch Ernährungsstörungen und hemmende Umwelteinflüsse, zum andern durch erbliche Veranlagungen bedingt. Die erste Gruppe der Sterilität spielt im Obstbau eine nur untergeordnete Rolle und kann bei den weiteren Betrachtungen vernachlässigt werden. Dagegen hat die erblich oder konstitutionell bedingte Sterilität eine große Bedeutung. Sie kann morphologisch, physiologisch oder zytologisch, d. h. durch besondere Chromosomenverhältnisse bedingt sein.

Die morphologisch bedingte Sterilität kann sich sowohl auf die weiblichen als auch auf die männlichen Geschlechtsorgane erstrecken. Sie ist meist durch eine vollkommene oder teilweise Umformung und dadurch hervorgerufene Funktionsunfähigkeit der Geschlechtsorgane (Staub- und Fruchtblätter) bedingt.

Demgegenüber liegt bei der physiologisch bedingten Sterilität nur eine scheinbare Sterilität vor, die auf Unverträglichkeit zwischen Pollen und Griffel beruht, obwohl männliche und weibliche Geschlechtsorgane an sich voll funktionsfähig sind. Sie kommt vor bei allen selbstunfruchtbaren (selbststerilen, selbstunverträglichen) Obstarten und -sorten, die im Gegensatz zu selbstfruchtbaren (selbstfertilen, selbstverträglichen) Arten bzw. Sorten mit eigenem Pollenstaub nicht befruchtet werden können und deswegen keine normalen Früchte bilden.

Die dritte Form der Sterilität, d. h. die zytologisch bedingte Sterilität, wird durch abnorme Chromosomenverhältnisse verursacht. Sie kann sich als Pollen- oder Eizellensterilität äußern.

Schwierigkeiten in der Bestäubung ergeben sich ferner durch eine zeitlich unterschiedliche Reife der männlichen und weiblichen Geschlechtsorgane. Während bei Apfel und Birne die weiblichen Organe im allgemeinen vor den männlichen reifen (protogyn), ist dies bei Hasel- und Walnußsorten häufig umgekehrt (protandrisch).

Wichtig für das Gelingen der Bestäubung und damit der Befruchtung ist ferner die Übereinstimmung der Blütezeit der sich gegenseitig befruchtenden Sorten. Bei der Sortenzusammenstellung ist es notwendig, daß die Blütezeiten sich auch bei weniger gutem Blühwetter mindestens drei Tage überschneiden. Aus diesem Grunde erfolgte eine Sorteneinteilung in Früh-, Mittelspät- und Spätblüher, die jeweils ihre Bestäubungspartner innerhalb der gleichen Obstanlage benötigen.

Für die Bildung der Frucht ist im allgemeinen die Verschmelzung eines männlichen Geschlechtskernes mit der weiblichen Eizelle unerläßlich. Bestimmte Apfel- und Birnensorten sind jedoch zur Jungfernfrüchtigkeit (Parthenokarpie) befähigt, d. h. sie können Früchte ohne Samenanlage ausbilden. Sie wurde vor allem beobachtet an Äpfeln, und zwar bei Adersleber Kalvill, Baldwin, Bohnapfel, Cellini, Kanada-Renette, Weißer Klarapfel, und an Birnen, vorwiegend bei Alexander Lucas, Bosc's Flaschenbirne, Neue Poiteau, Jules Guyot, Williams Christbirne und Frühe von Trévoux. Diese Sorten werden durch günstige Ernährungsverhältnisse, vor allem aber durch leichtere Blütenfröste zur Bildung parthenokarper Früchte angereizt. Solche Früchte weichen meist von der sortentypischen Form ab und sind mehr walzenförmig und samenlos.

Maßnahmen zur Sicherung der Befruchtung

Die heimischen Obstarten (außer Nußarten) sind auf die Pollenübertragung durch Insekten angewiesen. Die Honigbienen sind die Hauptträger der Bestäubung.

Die Entfernung der Bienenstöcke vom Obstgarten soll nicht größer als 700 bis 900 m sein. Innerhalb dieser Entfernung dürfen sich keine Hindernisse für die Bienen befinden.

'Müller-Thurgau' kann auch als Tafelsorte angesehen werden. Sie reift in der zweiten Septemberhälfte, die Erträge sind hoch und gleichmäßig. Sie braucht luftige Lagen, verträgt kalkhaltige Böden und eignet sich auch für nördlichere Gebiete (248)

Die Anzahl der Bienenstöcke wird unterschiedlich bemessen. Für einen Plantagenbestand ohne Unterkulturen genügt ein Bienenvolk von 10 000 Flugbienen pro ha; Obstgärten mit Unterkulturen benötigen in der Regel zwei Bienenvölker pro ha Obstgarten. Zu beachten ist, daß Bienen unter +8°C in ihren Bewegungen gelähmt und durch Sturm im Flug gehemmt werden.

Die Leistung einer Honigbiene ist sehr beachtlich. Sie besucht in einer Minute durchschnittlich zehn Blüten und unternimmt etwa 40 Flüge pro Tag. Damit ist bei schönem Wetter durch 10 000 Flugbienen eines Volkes die Bestäubung von 40 Millionen Obstblüten pro Tag möglich.

Eine gewisse Steigerung des Bienenbesuchs an Obstgewächsen erzielt man durch »Duftstoff-Dressur«. Durch eine Zuckerlösung, die mit den Riechstoffen der zu besuchenden Obstblüten versetzt ist, »erzieht« man die Bienen zum Besuch jener Blüten, die den Duftstoff produzieren. Diese Dressur ist namentlich dann wertvoll, wenn die Bienen durch benachbarte blühende Felder vom Besuch der Obstgärten abgelenkt werden.

Immer wieder strebt man neben der »natürlichen« Bestäubung durch Insekten eine »künstliche« Pollenübertragung auf die Blütennarbe auf verschiedene Weise an.

Am einfachsten ist bei Selbstbefruchtern, z. B. bei Schattenmorelle und Pfirsich, das Schütteln und Klopfen von Bäumen und Ästen, um durch die Erschütterung ein Pollenrieseln in der gleichen Blüte oder im Baum selbst zu fördern. Langwierig und teuer ist die Übertragung mit Haarpinseln, wobei der Pollen einer Blüte reicht, um acht bis zehn Blüten zu bestäuben. Auf einer Narbe befinden sich bei normaler Bestäubung 50 Pollenkörner, deren Pollenschläuche mehr oder weniger rasch zur Eizelle vordringen.

Die besprochenen unterschiedlichen befruchtungsbiologischen Verhältnisse bei den einzelnen Obstarten weisen auf die Notwendigkeit hin, bei der Neuanlage und Umpfropfung von Obstpflanzungen eine jeweils geeignete Sortenwahl und Zusammenstellung vorzunehmen und für eine ausreichende Pollenübertragung zu sorgen.

Die selbstfruchtbaren Obstarten und -sorten, wie Blaue Hauszwetsche, Schattenmorelle, Pfirsich- und Aprikosensorten und das Beerenobst, können ohne Nachteile sortenrein aufgepflanzt werden. Dagegen muß bei allen selbst- und intersterilen, z. B. bei allen Apfel-, Birnen-, Süßkirschen- und bestimmten Sauerkirschen- und Pflaumensorten, für eine ausreichende Fremdbefruchtung Sorge getragen werden. Ungeeignet als Befruchter sind grundsätzlich alle triploiden (Sorten, die den dreifachen Chromosomensatz der haploiden Keimzelle enthalten. Ihre Gameten haben oft unvollständige Chromosomensätze, wodurch eine teilweise Sterilität der Pollen entsteht.), Kernobstsorten und Süßkirschen der gleichen Intersterilitätsgruppen. Auch an sich wertvolle diploide Sorten kommen für die Befruchtung dann nicht in Frage, wenn ihre Blütezeiten nicht mit denen der zu befruchtenden Sorten übereinstimmen. Abgesehen von einer ausreichenden Übereinstimmung des Blühverlaufs haben sich, wie aus den Tabellen auf den Seiten 134, 136 und 138 zu erkennen ist, jeweils bestimmte diploide Sorten versuchsmäßig als besonders geeignete Befruchter erwiesen.

Da die vorgesehenen Befruchtersorten gleichmäßig über die ganze Obstanlage verteilt werden, sollte man solche Sorten ausschalten, die anfällig sind für epidemisch auftretende Schädlinge und Krankheiten (z. B. ist Goldparmäne anfällig für Blut- und Blattlaus, Laxtons Superb für Schorf). Da die Blühfähigkeit und die Periodizität der Tragbarkeit bei den einzelnen Sorten mehr oder weniger voneinander abweichen und deswegen diese oder jene Sorte zeitweise als Bestäuber ausfallen kann, müssen mindestens drei diploide Sorten mit übereinstimmender Blütezeit in einer Anlage vorhanden sein. Bei Süßkirschen wählt man aus gleichen Gründen wenigstens drei Sorten verschiedener Intersterilitätsgruppen.

Ursachen und Maßnahmen zur Behebung der Alternanz

Bei Apfel und Birne, gelegentlich auch bei Pfirsich und Pflaume, besteht eine jährlich abwechselnde Ertragsschwankung, die als Alternanz bezeichnet wird. Da dieser mehr oder weniger regelmäßige Wechsel in einem Obstbaumbestand von gleichen Sorten auch unter übereinstimmenden Entwicklungsbedingungen bei den einzelnen Bäumen nicht immer gleichzeitig auftritt, kann die Alternanz nur physiologisch bedingt sein. Sie hat deswegen mit klimatisch verursachten Ertragsschwankungen nicht ohne weiteres etwas zu tun.

Die Ursache für den Wechsel zwischen Ertrags- und Ausfalljahr liegt in einem Mißverhältnis zwischen Triebwachstum und Blütenanlage. Falls in einem Ertragsjahr der Vorrat an gebildeten Assimilaten nicht ausreicht, um einmal den Fruchtbehang zu ernähren und zum anderen die Bildung von Blütenknospen für das kommende Jahr zu beeinflussen, wird das folgende Jahr durch diesen Assimilatmangel zum Ausfalljahr. Da im Jahr der Fehlernte nur ein schwacher Fruchtansatz zu ernähren ist, können die Assimilate weitgehend für die Blütenknospen des darauf folgenden Jahres verwertet werden. Mithin entstehen zahlreiche Blüten und mit ihnen ein relativ hoher Fruchtansatz. Gelegentlich kann bei starker Erschöpfung der Bäume im Ertragsjahr erst wieder das dritte weitere Jahr zum nächsten Ertragsjahr werden.

Es kommt darauf an, Maßnahmen zu ergreifen, welche die Bäume in das »physiologische Gleichgewicht« bringen, so daß sie in jedem Jahre gleichmäßig treiben, blühen und fruchten.

Die Eberesche ist anspruchslos hinsichtlich Klima und Boden. Die meist angebauten Formen sind Halb- oder Hochstamm. Die Früchte der sehr dekorativen Bäume lassen sich zu Marmelade verarbeiten (249)

Bei einzelnen Apfelsorten, die Schwierigkeiten machen, gelingt es, durch Verwendung von Zwergunterlage (M 9) die Alternanz einzuschränken. Gravensteiner und Laxtons Superb reagieren allerdings kaum, Schöner von Boskoop nur beschränkt).

Weitere Voraussetzungen für die Behebung der Alternanz sind günstige Standortverhältnisse und richtige Kulturmaßnahmen. Allerdings reagieren die Sorten sehr unterschiedlich, und einzelne sind dann auch durch ausgeglichene Kulturmaßnahmen nicht zu beeinflussen. Wichtig ist vor allem die richtige Kombination der Kulturmaßnahmen, besonders im Hinblick auf Schnitt, Düngung und Ausdünnen des Fruchtbehanges. Diese Maßnahmen haben davon auszugehen, daß einmal die Bäume zum Wachsen gebracht und darin erhalten werden und zum anderen übermäßiger Fruchtansatz verhindert oder rechtzeitig beseitigt wird. Der Zeitpunkt für den Einsatz dieser Kulturmaßnahmen wird durch die Blütenknospendifferenzierung bestimmt, die, etwa mit Abschluß des Triebwachstums — nach den örtlichen Verhältnissen verschieden — Ende Juni bis Ende Juli erfolgt.

Nicht unwichtig zur Vermeidung der Alternanz ist eine jährliche Düngung. Eine solche im Zeitraum von drei bis vier Jahren stört leicht ein bestehendes physiologisches Gleichgewicht entscheidend.

Neben der Düngung muß vor allem der Schnitt das Wachstum regulieren und Holztriebe und Fruchtholz in das richtige Verhältnis zueinander bringen. Dabei ist in erster Linie die Verjüngung des Fruchtholzes von entscheidender Bedeutung. Im Winter vor dem Ertragsjahr ist ein scharfer Fruchtholzschnitt wegen der Blütenknospenbeschränkung von Vorteil. Umgekehrt wird man vor einem Ausfalljahr die wenigen vorhandenen Fruchtknospen unter allen Umständen schonen.

Auch durch die Vermeidung von Totalfrostschäden an Blüten wird eine Störung des physiologischen Gleichgewichts und damit eine Alternanz bis zum gewissen Grade verhindert.

Am sichersten wird die Alternanz durch das Ausdünnen der Blüten oder der ganz jungen Früchte beeinflußt. So wird ein übermäßiger Fruchtansatz verhindert und ein günstiges Blatt:Frucht-Verhältnis erzielt. Dieses Verhältnis soll zur Auflösung der Alternanz etwa 25 (bis 40) : 1, zur Erhaltung des Gleichgewichts etwa 15 (bis 30) : 1 betragen. Für stark alternierende und schwachwüchsige Bäume ist das Verhältnis noch höher zu wählen, d. h. es müssen noch mehr Blätter je Frucht vorhanden sein. Je früher ausgedünnt wird, um so stärker ist die Beseitigung der Alternanz. Insbesondere darf der Junifall nicht abgewartet werden. Ein späteres Ausdünnen wirkt sich wohl günstig auf die Qualität der wachsenden Früchte aus, jedoch nicht mehr auf die Ausdifferenzierung der Blütenknospen und somit auf die Beseitigung der Alternanz.

Fruchtentwicklung

Die Reifung der Frucht im weiten Sinne des Wortes ist ein ununterbrochener Vorgang, der mit der Schwellung des Fruchtknotens beginnt und erst mit dem Tode der Frucht endet. Diese äußerlich feststellbare Zustandsänderung wird begleitet von inneren komplizierten Umwandlungen. Grundsätzlich folgt auf die starke Zellteilung, d. h. auf die Ausbildung zahlreicher neuer Zellen eine Zellvergrößerung im Innern der Frucht, die sich äußerlich durch das Größerwerden der Frucht kundtut. Diese Entwicklung macht aber nur ein Teil der Fruchtknospen der Kern- und Steinobstsorten durch, während eine große Anzahl unmittelbar nach der Blüte bzw. später bei dem sogenannten Junifall vorzei-

Vaccinium corymbosum ist eine Blaubeerenart, die in vielen Sorten als Zier- und Nutzpflanze in Gärten vorkommt. Die Bestäubung wird verbessert (und der Ertrag erhöht), wenn mehrere Sorten nebeneinander angepflanzt werden. Die Früchte haben etwas helleres Fruchtfleisch als die wildwachsenden Heidelbeeren, stehen ihnen aber im Geschmack kaum nach (250)

tig abgestoßen wird. Das Ausmaß dieses Abstoßens wird bestimmt von der erblichen Veranlagung von Art und Sorten, von der Befruchtung und von den Standort- und Ernährungsbedingungen.

Nach dem Junifall schreitet die morphologische und anatomische Entwicklung der am Baum verbliebenen Früchte rasch vorwärts. Sie zeigt sich durch Verlängerung des Fruchtstiels und Erhöhung seiner Widerstandsfähigkeit durch Ausbildung besonderer Festigungsgewebe. Beim Kernobst wird zwischen Frucht und Baum eine Scheidewand, bei Steinobst und Johannisbeere werden zwei aus Korkzellen bestehende Trennungsgewebe zwischen Fruchtstiel und Trieb bzw. zwischen Stiel und eigentlicher Frucht entwickelt. Sie ermöglichen ein Festhalten bis zur Reife und anschließend ein für die Pflanze gefahrloses Loslösen der Frucht vom Baum bzw. Fruchtstiel. Bei der Schattenmorelle, die ohne Stiel geerntet wird, kann der Baum nicht geschädigt werden, weil nach mehreren Wochen das sich bildende Korkgewebe die Wunde am Baum abschließt und der Stiel von selbst abfällt.

Die »Baumfestigkeit« der Frucht ist bei den einzelnen Obstarten und Sorten sehr verschieden und wird neben erblicher Veranlagung auch von Umweltfaktoren bestimmt. Sie hängt ab von Länge und Elastizität des Fruchtstiels, Art und Schnelligkeit der Ausbildung des korkartigen Trennungsgewebes und zum Teil auch von der Schwere der Frucht.

Die physiologischen und stofflichen Veränderungen sind kompliziert und mannigfaltig. Im Stadium der intensiven Zellteilung werden der heranwachsenden Frucht neben Wasser vor allem Kohlehydrate, Stickstoffverbindungen und Mineralstoffe zugeleitet. Da die Synthese der Kohlehydrate mit der Photosynthese 57 in enger Verbindung steht, ist es klar, daß hohe Lichtintensität und ausreichende Wärme einen günstigen Einfluß ausüben. In dieser Periode der raschen Zellteilung ist die Atmung sehr lebhaft. Sie läßt jedoch mit Abklingen dieses Entwicklungsabschnittes allmählich nach. In diesem Stadium erfolgt eine Anreicherung von Apfel- bzw. Zitronensäure, Zellulose und Pektinstoffen.

Im Stadium der Zellstreckung wird die Bildung und Umlagerung von Zuckern zu Stärke (Reservestoffe) sowie die Bildung von Zellulose, Pektinen, Fruchtsäuren und Vitaminen weiter fortgesetzt. Es erfolgt aber eine vermehrte Zufuhr von Stickstoffverbindungen für die Eiweißbildung im heranwachsenden Samen. Alle diese Vorgänge des Aufbaues und der Anreicherung kommen dann zum Stillstand, wenn eine normale Fruchtgröße und damit etwa der Zustand der Baumreife erreicht ist.

Den Umschlagpunkt, an dem der Abbau der Stoffe beginnt, bezeichnet man als Klimakterium. Das auf diesen Punkt folgende Stadium der Weiterentwicklung ist gekennzeichnet durch Spaltung von Stärke in Zucker, Veratmung von Zuckern und Fetten, Bildung von Wachsen, Ausscheidung von Kohlendioxyd und Wasser und Verminderung der Fruchtsäuren. Dieser Abbau wird teilweise durch Enzyme vermittelt und verläuft über bestimmte chemische Zwischenstufen. Dabei treten flüchtige Stoffe, vor allem Äthylen (Reifegas) auf, das bei der Lagerung eine wichtige Rolle spielt, ferner angenehm riechende Fruchtester, ätherische Öle und in geringen Mengen Äthylalkohol. Diese Umlagerungen sind art- und sortengebunden. Äußerlich verändern die Früchte ihre Farben häufig bedeutend, indem sie sich durch Flavonol- und Anthocyanfarbstoffe intensiver gelb, rot oder blauviolett färben und dadurch die Grundfarbe zum Teil überdecken. Damit beginnt der Zustand der Genußreife. Dieses Stadium wird bei frühen Kernobstsorten und Stein- und Beerenobst an der Pflanze, bei Lagersorten von Kernobst aber erst nach mehr oder weniger langer Lagerung, d. h. nach Wochen oder gar Monaten erreicht.

Bei den Steinfrüchten werden im Zuge der Reifung die Zellwände der inneren Fruchthaut durch Auflagerung holzartiger Stoffe allseitig verstärkt und erzeugen die steinartige innere Fruchtschale. Bei zahlreichen Steinobstarten löst sich das Fruchtfleisch ohne weiteres von der Steinschicht. Bei anderen Sorten — vor allem bei Pflaume und Pfirsich — gibt es sogenannte Härtlinge, die nicht steinlösend sind. Beim Kernobst (Birne, Quitte) werden solche Steinzellen, die durch eine besondere Auflagerung von Zellulose- und Holzstoffen auf die ursprüngliche Zellwand zustande kommen, vor allem in der Nähe des Kernhauses gebildet. Sie vermindern die Qualität der Frucht erheblich.

Sortiment der Obstgehölze

Sorte	Fruchtgröße	Fruchtfarbe	Geschmack	Genußreife	Anmerkung
Äpfel					
Alkmene	mittelgroß	grünlich gelb, auf sonnenzugewandter Seite orangerot	sauersüß, aromatisch	Anfang September bis Ende November	ertragreich
Cox' Orangen Renette	klein bis mittelgroß	goldgelb, rotorangene Wange, rot gestreift	süß, aromatisch, besonders würzig	Oktober bis November	braucht guten Boden
Geheimrat Oldenburg	mittelgroß	grünlich gelb, auf sonnenzugewandter Seite, orangerot gestreift	sauersüß mit leicht würzigem Beigeschmack	September bis November	besonders ertragreich, erfordert regelmäßige Düngung und Rückschnitt
Golden Delicious	mittelgroß bis groß	grünlich gelb bis goldfarbig	süß bis sehr aromatisch	November bis März	geeignet lediglich für warme Lagen
Goldparmäne	klein bis mittelgroß	goldfarbig, auf Sonnenseite rot- bis orange gestreift	süßsäuerlich, leicht würzig	November bis Februar	regelmäßige Erträge
Idared	mittelgroß bis groß	satt dunkelrot auf grüngelber Grundlage	leicht säuerlich, aromatisch bis würzig	Januar bis April	sehr ertragsreich, frostbeständig
Ingrid Marie	klein bis mittelgroß	intensiv rot auf grüngelber Grundlage	süßsäuerlich, würzig	Oktober bis Dezember	besonders ertragreich, erfordert höhere relative Luftfeuchte
James Grieve	mittelgroß	hellgelb, auf sonnenzugewandter Seite orange gestreift	angenehm würzig, süßsäuerlich	Mitte September bis Ende Oktober	eine der besten Herbstsorten, trägt regelmäßig
Ontario	groß	gelblich grün, halb bräunlich rot	sauersüß ohne Aroma	Januar bis Mai	sehr ertragreich, nicht ganz frostbeständig
Roter Berlepsch	mittelgroß	rot auf goldgelber Grundlage	frisch säuerlich, leicht würzig, hoher Vitamin-C-Gehalt	November bis März	ertragreiche Tafelobstsorte
Roter Boskoop	groß bis sehr groß	orangen- bis dunkelrot auf gelber Grundlage	säuerlich bis sauer, würzig	Dezember bis März	wenig anfällig gegen Pilzkrankheiten, Blüten frostempfindlich
Stark Earliest	mittelgroß	hellrot auf grünweißer Grundlage	süßsäuerlich, aromatisch	von Mitte bis Ende Juli	braucht gute Nährstoffversorgung und Schutz
Birnen					
Alexander Lucas	groß	grünlich gelb, mit zahlreichen rostfarbenen Punkten	süß, aromatisch, saftig	Oktober bis Dezember	ertragreich, geeignet für geschützte Lagen
Boscs Flaschenbirne	mittelgroß bis groß	bronzegoldgelb	süß, angenehm würzig	Oktober bis Mitte November	Früchte sehr guter Qualität, guten Geschmacks und Aussehens
Clapps Liebling	mittelgroß bis groß	zitronengelb mit klarer roter Wange	süßsäuerlich, leicht würzig	Mitte August bis Anfang Oktober	ertragreich, kann auch in höheren Lagen gepflanzt werden
Conference	mittelgroß bis groß	hellgelb, leicht rostfarben	süß, aromatisch, zerfließend	Oktober bis November	geeignet auch für Niederstämme, verträgt höhere Lagen
Gellerts Butterbirne	groß	grünlich gelb, mit bronzefarbigen Flecken	sehr saftig, würzigsüßlich	Ende September bis Mitte Oktober	hervorragende Herbstbirne für geschützte Lagen
Gräfin von Paris	mittelgroß bis groß	grünlich gelb mit zahlreichen Punkten	süßlich, würzig, leicht aromatisch	November bis Februar	benötigt warme Standorte
Gute Luise	mittelgroß	hellgelb bis orangerot	süß, leicht säuerlich, aromatisch	September bis Oktober	ertragreich, geeignet für Wandspalieranbau
Köstliche von Charneux	mittelgroß	grünlich gelb	süß, schmeckt sehr gut, aromatisch	Mitte Oktober bis Anfang Dezember	Früchte von hervorragender Qualität, schmeckt gut, gut lagerfähig
Williams Christbirne	mittelgroß bis groß	hellgelb, auf sonnenzugewandter Seite leicht rötlich	saftig, süß, deutlich würzig	September	hervorragende, ertragreiche Sorte
Pflaumen, Zwetschen, Mirabellen, Renekloden					
Bühler Frühzwetsche	mittelgroß	dunkelblau, stark bereift	süß, saftig	August	selbstfruchtbar, eine der besten Frühzwetschen
Graf Althans Reneklode	groß bis sehr groß	bräunlich rot, blaurot bereift	sehr saftig	Mitte August bis Mitte September	trägt reich, geringe Bodenansprüche
Große Grüne Reneklode	mittelgroß	grünlich gelb, mit roten Punkten	sehr saftig, süß, würzig	Ende August bis Mitte September	selbstfruchtbar, hervorragend auch für Konservierung
Hauszwetsche	mittelgroß	dunkelblau, bereift	süß, aromatisch	September bis Anfang Oktober	selbstfruchtbar, bevorzugt tiefgründigen, nährstoffreichen Boden
Nancymirabelle	klein	zitronengelb mit roten Punkten	süß	Mitte bis Ende August	selbstfruchtbar, anspruchslos, ertragreich
Ontario Pflaume	groß	grünlich gelb	süß, leicht aromatisch	August	selbstfruchtbar, sehr ertragreich
Oullins Reneklode	groß	gelb, mit roten Punkten	saftig, süß	August	bevorzugt wärmeres Klima mit nährstoffreichem Boden, selbstfruchtbar
The Czar	groß	dunkelblau	süß, würzig, saftig	Ende Juli bis Mitte August	selbstfruchtbar, ertragreich
Wangenheims Frühzwetsche	mittelgroß	rötlich blau, bereift	sehr süß	Ende August bis Mitte September	selbstfruchtbar, liebt wärmere Lagen

Sorte	Fruchtgröße	Fruchtfarbe	Geschmack	Reifezeit	Anmerkung
Pfirsiche					
Redhaven	groß	orangegelb bis dunkelkarminrot	fein, süß, aromatisch, zerfließend	Ende August bis Anfang September	braucht entsprechend warme Lagen
South Haven	groß	gelb bis orangerot	saftig, leicht aromatisch	Ende August	sehr gut transportfähig
Aprikosen					
Nancyaprikose	groß	orangegelb bis rot	Fruchtfleisch leicht orangenfarbig, vom Stein gut löslich	Anfang bis Mitte August	hervorragendes Tafelobst
Ungarische Beste	mittelgroß bis groß	dunkelgelb	Fruchtfleisch orangengelb, vom Stein gut löslich	Anfang August	reich tragend
Johannisbeeren					
Heinemanns Rote Spätlese	mittelgroß	hellrot	sauer	Anfang August	gesunder Wuchs, reich tragend
Jonkheer van Tets	groß	dunkelrot	säuerlich, aromatisch	Anfang bis Ende Juli	besonders reich tragend
Red Lake	groß	rot	feinaromatisch mit hohem Vitamin-C-Gehalt	Anfang bis Ende Juni	Früchte sind leicht zu pflücken
Rondom	mittelgroß	dunkelrot	süß, leicht aromatisch	Mitte bis Ende Juli	ertragreich, geeignet auch für höhere Lagen
Silvergieters Schwarze	groß	bläulich schwarz	süß, leicht aromatisch	Anfang Juli	besonders geeignet für leichte Böden
Stachelbeeren					
Gelbe Triumphbeere	mittelgroß bis groß	gelbrün	angenehm süß, wenig aromatisch	Anfang bis Mitte Juli	
Grüne Kugel	groß	hellgrün	angenehm süß, hocharomatisch	Anfang bis Mitte Juli	am Strauch gut haltbar
Maiherzog	mittelgroß bis groß	rot	sauersüß, aromatisch	Anfang bis Mitte Juli	
Weiße Triumphbeere	mittelgroß bis groß	weißlichgrün	sauersüß, saftig	Anfang bis Mitte Juli	
Himbeeren					
Malling Promise	groß	mittelrot	saftig, aromatisch	früh bis mittelfrüh	schöne Früchte, mäßig wüchsig
Schönemann	sehr groß	dunkelrot	säuerlich, aromatisch	spät	starkwüchsig lange Erntedauer
Brombeeren					
Theodor Reimers	mittegrloß	schwarz, glänzend	süßsäuerlich, aromatisch	spätreifend	gehört zu den sog. Kletterbrombeeren
Thornless Evergreen	mittelgroß	schwarz	aromatisch, sehr saftig	trägt ab August bis Oktober	nicht bestachelt, üppig wachsend
Weinreben					
Blauer Portugieser	mittelgroß	sattblau	angenehm süß	September	stark, gesund wachsend
Weißer Gutedel	groß	gelbgrün	sehr süß, würzig	September – Oktober	stark, gesund wachsend

Kirschen	Fruchtfarbe	Fruchtfleisch	Reifezeit	Anmerkung
Süßkirschen	braun-schwarz-rot	fest, angenehmer Geschmack	spätreifend	bevorzugt mittelschwere bis schwere Böden
Büttners Rote Knorpelkirsche	gelbrot	fest, auch wenn vollreif	spätreifend	starkwüchsig
Große Prinzessin	gelbrot	hellgelb, saftig	mittelfrühreifend	liebt guten Boden
Große Schwarze Knorpelkirsche	dunkelbraunrot	geschmackvoll, saftig, würzig	mittelspätreifend	erfordert keinen allzu schweren Boden
Hedelfinger-Riesenkirsche	braunrot	sauersüß, würzig	spätreifend	geringe Ansprüche an Boden
Sauerkirschen				
Koröser Weichsel	dunkelbraunrot	sauersüß	mittelfrühreifend	Früchte sind ohne Stiele zu pflücken
Morellenfeuer	dunkelrot	Fruchtfleisch mittelfest, säuerlich, aromatisch	spätreifend	Früchte platzen nicht bei regnerischer Witterung
Schattenmorelle	schwarzrot	saftig, weich	spätreifend	selbstfruchtbar, braucht tiefere, genügend feuchte Böden

Haselnüsse	Frucht	Reifezeit	Erdbeeren	Reifezeit	Tiefkühlfähigkeit
Cosford	langzylinderförmig, hellbraun	September	Senga Pantagruella	sehr früh	bedingt
			Pocahontas	früh	sehr gut
Hallesche Riesen	sehr groß, breit kugelförmig	Ende September	Gorella	früh	bedingt
Webbs Preis-Nuß	sehr groß, langoval	Mitte September	Hummi Ferma	mittel	mittel
			Tenira	mittel	bedingt
Quitten			Sivetta	mittel	?
Bereczkiquitte	groß, lang birnenförmig	Oktober bis November	Senga Litessa	mittel bis spät	mittel
Konstantinopeler	groß, apfelförmig, auch breit	Oktober bis November	Red Gauntlet	mittel bis spät	bedingt
Riesenquitte von Leskovac	groß, apfel- bis birnenförmig	Oktober bis Dezember	Senga Sengana	spät	sehr gut
			Elista	spät	?

Gemüse

Das Gemüse stellt eine außerordentlich wichtige Komponente unserer Nahrung dar. Es versorgt den Organismus mit Vitaminen, vor allem mit Vitamin C, Provitamin A, Vitamin B_1, B_2, E und K. Das Gemüse enthält weiter Mineralstoffe, wie Kalzium, Phosphor, Magnesium, Schwefel, Eisen, Kalium und andere sowie Heilstoffe — Phytonzide, Antibiotika, Diuretika u.dgl. Im wesentlichen besteht die Bedeutung des Gemüses in der günstigen Beeinflussung der Darmflora sowie in der Tatsache, daß es den Säuregehaltsanstieg im Organismus verhindert, der durch Fleisch- und Süßspeisen begünstigt wird. Als weiterer Vorzug des Gemüses kann die Belieferung des Organismus mit Verdauungsregulatoren (Enzymen, organischen Säuren, Zellulose und zahlreichen weiteren Stoffen) bezeichnet werden. Die günstige Wirkung frischen Gemüses auf die Gesundheit ist beachtlich und sein biologischer Wert höher als der des Obstes. Es ist daher wünschenswert, daß diese wichtige Nahrungskomponente in jedem Garten angebaut wird.

Nach Meinung der Ärzte und Wissenschaftler sollte jeder Mensch jährlich mindestens 120 kg Gemüse zu sich nehmen, wobei im Hinblick auf die unterschiedliche Zusammensetzung der spezifischen Wirkstoffe auf ein möglichst vielgestaltiges Sortiment zu achten ist. So enthalten z.B. Bohnen und grüne Erbsen eine beachtliche Menge des für die Knochenentwicklung wichtigen Phosphors, Blattpetersilie und Schnittlauch wiederum eine große Menge Kalzium und Zwiebel, und andere Lauchgemüsearten relativ viel Schwefel. Durch einen hohen Gehalt an Magnesium und Eisen zeichnet sich vor allem die Blattpetersilie aus. Die größte Vitamin-C-Menge ist im Paprika enthalten, sie ist sogar um ein Vielfaches höher als in anderen Gemüsearten. Vitamin E hat vor allem Blattgemüse zu bieten, namentlich Salat, aber auch Erbsen und Wirsingkohl. Das Provitamin A kommt besonders in Möhren, Petersilie und Spinat vor.

Der Vitamin-C-Mangel äußert sich am nachdrücklichsten im Winter und Frühjhar, weshalb auch gerade in dieser Zeit der Gemüsegenuß wichtig ist. Das Gemüse sollte im Hausgarten niemals fehlen, da es nach Bedarf geerntet werden und deshalb stets frisch und vollwertig sein kann.

Der biologische Wert des Gemüses sollte nicht durch die Speisenzubereitung gemindert werden. Wichtig ist auch, das Gemüse nicht lange unter ungünstigen Bedingungen einzulagern, zum Schneiden oder Raspeln nur Geräte aus rostfreiem Stahl oder Kunststoff zu verwenden, es nicht lange Zeit in Eisen- oder Aluminiumgeschirr zu kochen oder langsam zu braten, bzw. zu wärmen. Die schonendste Zubereitungsart ist das Dünsten.

Bedingungen für einen erfolgreichen Gemüseanbau

Gemüse und Kräuter erfordern einen beträchtlichen Aufwand an Sorgfalt und Zeit. Wem es daran mangelt, sollte nur anspruchslosere Arten anziehen, wie Schnittlauch, Petersilie, Dill, Kümmel oder Liebstöckel, Radieschen, Erbsen, Zwiebeln und Knoblauch. Die meisten Möglichkeiten sowie ein reiches Artensortiment bieten sich jedoch demjenigen, der nicht nur über genügend Zeit, sondern

◄ *Ein gut gepflegter Garten belohnt die viele Mühe mit saftigen Leckerbissen* (251)

Vollentwickelte grüne Paprikaschoten pflückt man von Juli bis zum Frosteinbruch (252)

Ein Frühbeet lohnt auch in kleineren Gärten. Im Frühjahr dient es zum Treiben und Vorkultivieren, im Herbst zur Wachstumsverlängerung einiger Gemüsearten, im Winter zur Gemüseeinlagerung. Gute Hobbygärtner streben zwei Gemüseernten im Jahr an. Sie kombinieren daher Frühgemüse und Spätgemüse bzw. zwei Gemüsekulturen mit einer Zwischenfrucht; dabei sind die Regeln des Fruchtwechsels zu beachten (253)

Vitamine der Pflanze
— ihr Vorkommen und ihre Bedeutung

allg. Name	chemische Bezeichnung	Mangelkrankheit bei Mensch bzw. Tier	Vorkommen besonders in:
Vit. A (Karotin = Prov. A)	Axerophthol (Carotinoide)	Wachstumsstörungen, Hauterkrankungen	Blattgemüse, Möhren, Petersilie, Brokkoli; Kürbis
Vit. D	Steroide (D_2 = Calciferol)	Rachitis	Blattgemüse, Hefe; sehr geringe Gehalte
Vit. E	Tocopherole	Fruchtbarkeitsstörungen, Gewebeschäden	Getreidekörner, Blattgemüse, Öle (Weizenkeimöl)
Vit. K	Phyllochinone	Blutungen	Blattgemüse
Vit. B_1	Thiamin (= Aneurin)	nervöse Störungen	Getreide- und Leguminosenkörner; Keimlinge, Reisschale, Blattgemüse, Hefe
Vit. B_2	Riboflavin (Lactoflavin)	Wachstumsstörungen	Getreidekörner, Keimlinge, Reisschale, Kohl, Champignon, Hefe
Vit. B_6	Pyridoxin, etc.	Hauterkrankungen	Getreidekörner, Keimlinge, Reisschale, Blattgemüse, Hefe
Vit. B_{12}	Cobalamin, etc.	Anämie	Knöllchen der Leguminosen (Milch)
(zu B)	Niacin (Nicotinsäureamid)	Pellagra (Hauterkrankungen)	Getreidekörner, Keimlinge, Blattgemüse, Erbsen, Möhren, Möhren, Erdnuß, Hefe
(zu B)	Pantothensäure	Hauterkrankungen	Blattgemüse, Körner, Melasse, Hefe
(zu B)	Folsäure	Anämie	Blattgemüse
(zu B)	Biotin (Vit. H)	Hauterkrankungen	Blattgemüse, Körner, Soja, Hefe
Vit. C	Ascorbinsäure	Skorbut	frisches Obst (Hagebutten, Schwarze Johannisbeeren, Sanddorn, Citrus), Blattgemüse, Kohl, Kartoffel, Petersilie, Paprika

Mineralstoffgehalte verschiedener Gemüsearten (mg/100 g eßbarer Anteil)

Kalzium (mg/100 g Frischgemüse)

über 300	Blattpetersilie
50—200	Schnittlauch, Meerrettich, Grünkohl, Brokkoli, Spinat, Wirsing, Porree, Rotkohl, Bleichsellerie, Knollensellerie, Kohlrabi
unter 50	Möhre, Endivie, Radies, Weißkohl, Rosenkohl, Zwiebel, Bohne, Rote Rübe

Eisen (mg/100 g Frischgemüse)

über 10	Schnittlauch, Dicke Bohne
2,5—10	Blattpetersilie, Spinat, Endivie, Fenchel
unter 2,5	Meerrettich, Erbse, Radies, Schwarzwurzel, Feldsalat, Knoblauch, Brokkoli, Porree, Champignon, Kresse, Grünkohl, Grünspargel, Blumenkohl, Rosenkohl, Kopfsalat, Wirsing, Gurke

Phosphor (mg/100 g Frischgemüse)

über 100	Bohne, Erbse, Sellerie
50—100	Artischocken, Blumenkohl, Brokkoli, Grünkohl, Feldsalat, Kohlrabi, Porree
unter 50	Melone, Tomate, Paprika, Rote Rübe, Rhabarber

Kalium (mg/100 g Frischgemüse)

über 400	Artischocken, Spinat, Feldsalat, Fenchel
200—400	Kohl, Tomate, Bohnen, Brokkoli, Kopfsalat, Spargel, Möhren, Paprika, Rettich, Sellerie, Erbsen, Rote Rübe
unter 200	Gurke, Melone, Zwiebel

Nitratgehalt einiger Gemüsearten

	Gemüseart	mg NO$_3$/kg Frischgemüse
Fruchtgemüse	Bohne	80— 800
	Erbse	10— 120
	Gurke	20— 300
	Tomate	10— 100
Wurzelgemüse	Möhre	30— 800
	Rettich (Freiland)	260—1200
	Rote Rübe	150—5690
Blattgemüse	Chinakohl	400—2400
	Kopfsalat	380—3520
	Spinat	345—3890

auch noch über ein Frühbeet und ein Gewächshaus verfügt. Darin lassen sich nicht nur die verschiedensten Arten anziehen, sondern auch treiben oder antreiben.

Wärme und Licht

Da für das Wachstum und die Entwicklung des Gemüses die Temperaturbedingungen einen wesentlichen Faktor darstellen, müssen bei der Wahl geeigneter Arten die Lage des Gartens und die Höhe über Normalnull in Betracht gezogen werden. Bei einem nordwärts gewandten Grundstück kann im Vergleich zur waagerechten Lage mit einer niedrigeren Temperatur gerechnet werden, während Südhänge wärmer sind als ebene Lagen. Eine niedrigere Temperatur weisen auch höher gelegene Gärten auf. Mit steigender Höhe über Normalnull sinkt die Temperatur alle 300 m um etwa 1,5°C.

Ein nicht minder wichtiger Vegetationsfaktor ist das Licht. Deshalb sind schattige Lagen für Gemüse in der Regel weniger günstig. Am meisten leiden unter Lichtmangel die Jungpflanzen des Gemüses. Sie entwickeln sich langsamer, sind schwächlich und hochwüchsig, und ihr Gewebe ist lockerer und weniger widerstandsfähig. Grundsätzlich sind weder Frühbeete noch Gewächshäuser in Schattenlagen aufzustellen. Außer der Lichtintensität ist für das Gemüse auch die Länge des Tages von Bedeutung. Nach den Ansprüchen an die Tageslänge werden Kurz- und Langtagpflanzen sowie Pflanzen unterschieden, bei denen die Blütenbildung nicht von der Tageslänge beeinflußt wird.

Kopfsalat als Zwischenfrucht im Zwiebelbeet (254)

Diese spezifischen Eigenschaften der verschiedenen Gemüsearten können durch entsprechende Kulturmaßnahmen zielstrebig genutzt werden, und zwar sowohl durch Verkürzung der Tageslänge mittels Verdunkelung als auch durch seine Verlängerung mittels Zusatzbelichtung.

Boden

Da die meisten Gemüsearten tiefere Wurzelsysteme bilden und zu ihrer Entwicklung in der Wachstumszeit genügend Nährstoffe und Feuchtigkeit benötigen, sollte dem Gemüse ein Grundstück mit allerbestem Boden vorbehalten sein. Die Bodenschicht sollte mindestens 40 cm mächtig sein und auf einem durchlässigen Untergrund aufliegen, der nicht nur ein gutes Einsickern des Regenwassers ermöglicht, sondern auch den erforderlichen kapillaren Aufstieg des Grundwassers gewährleistet. Optimal ist es, wenn das Grundwasserniveau etwa 70 - 150 cm unter der Bodenoberfläche ist.

Wenngleich die einzelnen Gemüsearten unterschiedliche Ansprüche an die Bodenqualität erheben, muß der Boden auf jeden Fall ausreichend mit Humus versorgt werden, denn dieser beeinflußt nicht nur das Gefüge günstig, sondern stellt auch eine Energiequelle für die Mikroorganismen des Bodens dar. Der Humus erhöht nicht nur die Erwärmbarkeit des Bodens, sondern hält auch Feuchtigkeit und Nährstoffe zurück. Für Gemüse sind mittelschwere lehmige Sandböden bis sandige Lehmböden am zweckdienlichsten. Minder geeignet erscheinen Ton- und Mergelböden, die zu feucht und zu wenig warm sind. Auch leichte Böden mit einem hohen Sandanteil sind wegen des raschen Austrocknens für Gemüse ungünstig, ebenso wie Kies- und Steinböden.

Pflanzplan

Den einzelnen Gemüsearten ist eine unterschiedliche Wachstumsdauer eigen, d.h. daß zwischen Aussaat und Ernte eine verschieden lange Zeitspanne liegt. Durch eine geeignete Pflanzenfolge können also auf einem Beet im Laufe eines Jahres zwei oder mehr Ernten erzielt werden. Voraussetzung dafür ist jedoch eine sorgfältige Planung und Festlegung der Arten, die als Vor-, Haupt-, Nach-, Zweit- und Zwischenfrucht in Frage kommen.

Als **Vorfrucht** werden Gemüsearten mit einer kurzen Vegetationsdauer verwendet, wie Radieschen, Kopfsalat, Frühwirsing, Frühkohlrabi, Spinat, Erbsen u.a. Ihre Ernte erfolgt Ende des Frühjahrs, also im Mai und Juni, vor dem Auspflanzen oder der Aussaat der Hauptfrucht.

Bei der **Hauptfrucht** wird vorausgesetzt, daß sie den größten Teil der Vegetationszeit über auf dem Beet bleiben, wie etwa Gurken, Tomaten, Sellerie, Zuckermais u.a. Ihre Aussaat oder Auspflanzung erfolgt nach dem Abernten der Vorfrucht. Manche als Hauptfrucht verwendete Gemüse mit einer langen Wachstumsdauer werden jedoch ohne Vorfrucht schon im Frühjahr gesät, wie z.B. Möhren, Schwarzwurzel, Pastinak oder Petersilie. Andere Gemüsearten mit einer kürzeren Wachstumsdauer werden auch nacheinander gepflanzt, wie z.B. Frühkartoffeln und Blumenkohl, der auf diese Weise zur Nachfrucht umfunktioniert wird.

Als **Nachfrüchte** werden bestimmte Gemüsearten nach abgeschlossener Ernte der Hauptfrucht gepflanzt oder gesät. Ihre Wachstumsdauer ist kürzer, und ihre Ernte erfolgt in der Regel im Herbst (frühe oder späte Kohlrabiarten, Salat, Radieschen, Chinakohl) oder im Frühjahr (Winter-

Spinat wird in Reihen mit Abständen von 20—25 cm gesät. Geerntet werden einzelne Blätter oder ganze Pflanzen (255)

Kohl ist reich an Vitaminen und Mineralstoffen. Bei der Gärung entsteht Milchsäure, die appetit- und verdauungsfördernd wirkt (257)

salat, Porree, Spinat). Ihre Wahl hängt meist von der Erntezeit der Gemüse-Hauptfrucht ab. So kann z.B. Knoblauch gut nach der Gurkenernte im Herbst gepflanzt und dann im Sommer des folgenden Jahres geerntet werden.

Als **Zweitfrucht** werden Gemüsearten angebaut, die unter Obstbäumen wachsen, wie etwa Frühkartoffeln, Salat oder einige Kohlgewächse.

Der Zwischenfruchtanbau wird zugleich mit dem Hauptfruchtanbau vorgenommen, ohne diesen zu behindern oder mit ihm zu konkurrieren. Gemüse für den Zwischenfruchtanbau haben meist eine kürzere Wachstumsperiode und werden geerntet, bevor die Hauptfrucht zum Bestandsschluß kommt. Als Zwischenfrucht in Kombination mit der Hauptfrucht kommen z.B. Kohlrabi mit Tomaten, Salat mit Sellerie oder Karotten mit Porree in Frage. Günstig ist es, z.B. Gurken zwischen Streifen aus sog. Kulissenpflanzen zu kultivieren, wie Rosenkohl oder Zuckermais.

Stabtomaten werden an Pfählen und verschiedenen Stützen angebunden. Meistens wird nur ein Trieb belassen, damit die Früchte besser ausreifen können (256)

Als **Mischkulturen** werden mehrere auf einem Beet gleichzeitig angebaute Gemüsearten bezeichnet. Abgesehen von der maximalen Flächennutzung können die Pflanzen gegenseitig ihr Wachstum begünstigen oder einander sogar Schutz vor Schädlingen bieten. So vertreibt z.B. der neben Radieschen oder Chinakohl gepflanzte Salat Erdflöhe und Glanzkäfer, Tomaten und Knoblauch schützen Kohlgemüse vor Kohlweißlingen u.dgl. Auch wenn Zwiebel- und Möhrenreihen kombiniert werden, schützen sich beide gegenseitig vor Schädlingen.

Es gibt viele derartige Möglichkeiten, doch muß andererseits auch in Betracht gezogen werden, daß sich manche Pflanzen gegenseitig nicht vertragen, das Wachstum bremsen oder aufeinander Schädlinge und Krankheiten übertragen. So z.B. Bohnen mit Zwiebeln und Erbsen, Tomaten mit Erbsen, Wirsing mit Zwiebeln usw. Tomaten sollten nicht in die Nähe von Kartoffeln gepflanzt werden, vor allem wegen der Übertragungsgefahr des Erregers der Krautfäule. Übrigens sollten Tomaten auch nicht auf Flächen gepflanzt werden, auf denen im Vorjahr Kartoffeln wuchsen, und umgekehrt.

Was die optimale Nutzung der Gemüsebeete rund um das Jahr anbelangt, führen wir eine Reihe von Beispielen an, wobei an erster Stelle die Vor- oder Hauptfrucht, an zweiter Stelle die Haupt- oder Nachfrucht und ggf. an dritter Stelle die Nachfrucht genannt wird.

Erbsen — Rosenkohl; Frühsalat — Rote Beete; Frühkohlrabi — Karotten — Spinat; Frühsalat oder Wintersalat vom Vorjahr — Radieschen — Porree; Frühlingsspinat — Tomaten — Wintersalat; Radieschen — Einlegegurken — Knoblauch; Zwiebeln von Aussaat oder Jungpflanzen — Chinakohl; Frühkartoffeln — Blumenkohl; Frühsalat — Blumenkohl — Porree; Frühkohlrabi — Eissalat — Rettich.

Fruchtwechsel

Gemüse stellt außerordentlich hohe Ansprüche an den Nährstoffgehalt des Bodens. Dieser Tatsache wird durch den jährlichen Fruchtwechsel auf den einzelnen Beeten

In der Küche sollen auch die jungen Blätter des Kohlrabis verwertet werden, die mehr Kalzium enthalten als die Knollen sowie mehr Karotin und Vitamin C (258)

Zwiebeln enthalten wertvolle gesundheitsfördernde ätherische Öle (259)

Rechnung getragen. Im ersten Jahr, für die sog. erste Tracht (unmittelbar nach der Düngung), werden Arten mit hohem Nährstoffbedarf gewählt. Besonders der Stalldung ist als Dünger vorteilhaft. Im folgenden Jahr werden auf dem betreffenden Beet Pflanzen angebaut, die mit einer geringeren Dunggabe auskommen. Nach Ansprüchen an organische Düngemittel werden die Gemüsearten in insgesamt drei Trachten gegliedert, von denen bei der Fruchtfolgeplanung auszugehen ist. Als Fruchtfolge wird der Wechsel der Pflanzenarten auf einem bestimmten Schlag bezeichnet.

Zu den im ersten Fruchtfolgeglied angebauten Arten gehören vor allem Kohlgewächse, also Weißkohl, Chinakohl, Kopfkohl, Rosenkohl, Wirsingkohl, Blumenkohl und Brokkoli. Hierher gehört auch der Kohlrabi, der jedoch keinen frischen Stalldung verträgt. Weiter sind es die Fruchtgemüsearten, wie Tomaten, Paprika, Auberginen, Gurken, Kürbisse und Melonen, von anderen Pflanzengruppen Sellerie, Zuckermais, Porree und Frühkartoffeln. Der Boden für Gemüsearten der ersten Tracht wird gründlich mit verrottetem Stalldung (4—8 kg/m^2), Kompost oder mit Gründüngung gedüngt. In der Fruchtfolge lassen sich zur Gründüngung vorteilhaft Kleearten nutzen, die Kalkungen vertragen und eine geeignete Vorfrucht für Kohlpflanzen darstellen, ähnlich wie Hülsenfrüchte, Sellerie und Frühkartoffeln. Ein Teil der Vegetationsperiode im ersten Fruchtfolgeglied läßt sich z.B. für Frühkopfsalat und Frühjahrsspinat nutzen.

Je ausreichender die Düngung für die erste Tracht ist, um so mehr Nährstoffe verbleiben für die Gemüsearten des zweiten Fruchtfolgegliedes, die eines hohen Humusanteils im Boden bedürfen. Hierher gehören Wurzelgemüse mit Ausnahme von Sellerie, Zwiebelgewächse außer Porree und auch Blattgemüse, wie etwa Salat und Spinat.

Zu den Arten der dritten Tracht gehören Hülsenfrüchte (Erbsen, Bohnen) und Gewürze, wie Dill, Majoran, Melisse u.a. Bei guter Kompost- und geeigneter Mineraldüngung können in guten humösen Böden Möhren, Zwiebeln, Knoblauch, Salat und Spinat im dritten Jahr angebaut werden.

Eine selbständige Gruppe bilden Dauergemüsearten, wie Rhabarber, Spargel, Meerrettich und Liebstöckel. Sie bedürfen einer gründlichen Bodenbearbeitung und Mineraldüngung vor dem Auspflanzen an den dazu bestimmten Dauerstandort sowie eine regelmäßige Nachdüngung in den weiteren Jahren.

Freilandgemüsebau

Die Freilandaussaat kommt in der Regel für abgehärtete Gemüsearten in Betracht, die nicht umgepflanzt und im Gewächshaus oder Frühbeet angezogen werden müssen. Es sind vor allem Möhre, Petersilie, Pastinak, Rote Bete, Rettich, Schwarzwurzel, Dill u.a. Je nach Gemüseart, Anbauzweck und vorausgesetzter Erntezeit erfolgt die Aussaat im Frühjahr, Sommer oder Herbst.

Zeitig im Frühjahr werden weniger empfindliche Wurzelgemüsearten, Spinat u.a. gesät. Bei günstigen Witterungsverhältnissen findet dies in der Regel Mitte bis Ende März statt. Bei der zeitigen Frühjahrsaussaat können die aufgelaufenen Pflanzen die Winterfeuchtigkeit nutzen, besonders wenn der Schlag im Herbst umgegraben und der Boden vor der Aussaat leicht gelockert und geharkt wurde. Empfindlichere Arten, wie Bohnen, Gurken, Melonen, Kürbisse u.dgl., werden erst Mitte Mai (nach den Eisheiligen) gesät. Bei der zeitigen Freilandaussaat im Frühjahr erübrigt sich in der Regel eine nachträgliche Beregnung.

Im Laufe des Sommers, vornehmlich im Juli, wird dann nach der Ernte des Frühgemüses das sog. Zweitgemüse gesät, dessen Ernte noch im Herbst (Chinakohl, grüne Bohnen, Kohlrabi), im Winter oder nächsten Frühjahr (Porree), bzw. erst im Sommer des folgenden Jahres (Winterzwiebel) erfolgt. Chinakohl wird Mitte Juli, Winterzwiebel Mitte Juli bis Mitte August gesät, wobei besonders bei trockenem und warmem Wetter eine gründliche Beregnung erforderlich ist.

Die unmittelbare Freilandaussaat ist besonders bei späten Kohlgewächsen günstig, die mit ihren gesunden

Wurzeln in der trockeneren Jahreszeit größere Feuchtigkeitsmengen aus den tieferen Bodenschichten zu entnehmen vermögen und deshalb nicht in dem Maße beregnungsabhängig sind wie umgepflanztes Gemüse.

Die Herbstaussaat gelangt vor allem bei Arten zur Anwendung, die gut im Freiland zu überwintern vermögen, wie etwa Spinat, Wintersalat, Schwarzwurzel und Petersilie. Wenn die Aussaat von September bis Anfang Oktober erfolgt, können die Samen auskeimen und überwintern bereits als kleine Pflanzen. Bei einer späteren Aussaat keimen die Samen nicht mehr aus, quellen jedoch und sind dann zeitig im Frühjahr schon keimbereit. Die Vorzüge der herbstlichen Aussaat kommen besonders nach langen Wintern zum Tragen, wenn sich das Frühjahr verzögert.

Es ist generell richtig, wenn Herbstaussaaten im Süden Deutschlands 2 bis 3 Wochen später vorgenommen werden als im Norden. Gleiches gilt für Nachkulturen wie z. B. Winterzwiebeln, die im Norden Mitte bis Ende Juli, im Süden Anfang bis Mitte August gesät werden. Frühkulturen können im Süden je nach Witterung Anfang bis Mitte März, im Norden aber erst Mitte bis Ende März, teilweise jedoch erst Anfang April in den Boden gebracht werden.

Aussaatarten

Die **Reihensaat** ist im praktischen Gemüseanbau bei den meisten unmittelbar ins Freiland gesäten Arten am üblichsten. Artbedingt werden zunächst in einer bestimmten Entfernung voneinander die Reihen markiert, und zwar entweder in Längs- oder Querrichtung des Beetes. Die Beete werden in der Regel in einer Breite von 120 cm angelegt. Die Aussaat erfolgt von Hand oder von einem Blatt Papier, nur bei größeren Flächen mit Hilfe einer Sämaschine. Die Aussaattiefe hängt in der Regel von der Samengröße (größere Samen werden tiefer gesät) und der Bodenbeschaffenheit ab (in schwerere Böden wird flacher gesät). Dem Saatgut, das längere Zeit zum Keimen benötigt, wie etwa Möhren, kann eine sog. Markiersaat beigegeben werden, z. B. Salat, Radies oder Spinat. Diese keimen frühzeitig und kennzeichnen die Reihen, noch bevor die Möhrensaat aufgeht. Dadurch werden weitere Kulturmaßnahmen, wie z. B. das Hacken zwischen den Reihen, wesentlich erleichtert.

Die **Breitsaat** gelangt entweder auf Aussaatbeeten für die Jungpflanzenanzucht oder bei Gemüsearten mit kurzer Wachstumsdauer (Radies, Spinat, Dill) zur Anwendung. Nach der Aussaat von Hand werden die Samen mit einem Eisenrechen, Brett oder mit einer Schaufel leicht angedrückt, mittels einer Kanne mit feiner Brause angegossen und mit einer dünnen Schicht durchgesiebter Erde bedeckt. Das so ausgesäte Gemüse nutzt den Gesamtraum des Beetes voll aus, besonders wenn die Aussaat entsprechend gleichmäßig ist. Bei solchen Beständen kann allerdings das Jäten nur von Hand erfolgen, darum kommt die Breitsaat nur auf Beeten ohne Unkrautbesatz in Frage.

Bei der **Nestaussaat** werden die Samen in eine Kreisfurche eingebracht, eine Aussaatart, die besonders bei Mais und Gurken angewandt wird.

Die **Dibbelaussaat** ist dadurch gekennzeichnet, daß mehrere Samen gleichzeitig an eine Stelle kommen. Auf diese Weise werden z. B. Stangen- und Buschbohnen gesät.

Saatgutvorbereitung

Um das Auflaufen der Samen zu begünstigen, das besonders in den Frühjahrsmonaten als Voraussetzung für eine gute Ernte von Wichtigkeit ist, werden einige Arten des Vorkeimens genutzt.

Das Einweichen, bzw. Besprätzen der Samen mit lauwarmem Wasser stellt eine traditionelle Samenvorbereitung für die Aussaat dar. Die Samen quellen an und trocknen vor der Ausbringung ab. Da die Samen in den Außenschichten z. T. Stoffe enthalten, die das Keimen behindern oder verlangsamen, diese jedoch im Wasserbad ausgeschwemmt werden, ist das Einweichen der Samen außerordentlich zweckmäßig. Daneben ist es vorteilhaft, die Samen gleichzeitig zu belüften (z. B. durch Schütteln in einem Gefäß), denn die Samen benötigen zum Keimen Sauerstoff. Wichtig ist es auch, während des Einweichens das Wasser einige Male zu wechseln, wobei die Wassertemperatur zuvor auf 20—25 °C zu bringen ist. Je länger die Samen eingeweicht werden, umso rascher keimen sie.

Das Ankeimen entspricht im wesentlichen dem vorstehend angeführten Verfahren. Die Samen werden so lange im Wasser gelassen, bis sie Keime bilden. Beim Säen ist dann darauf zu achten, daß die aufgekeimten Samen nicht in trockenen Boden kommen. Wenn nicht die Möglichkeit eines ausreichenden Gießens der Saat gegeben ist, würden die Keime vertrocknen und die Pflanzen nicht wachsen. Durch das Einweichen und Ankeimen benötigt man weniger Saatgut, denn es wurde festgestellt, daß im Vergleich zu trockenen Samen die Auflauffähigkeit eingeweichter und angekeimter Samen in etwa doppelt so hoch ist.

Das Durchwärmen der Samen ist noch vor dem Einweichen und Aufkeimen zu empfehlen, wobei entweder ein Warmluftstrom von 40—50 °C ungefähr zwei Stunden lang auf die Samen einwirkt, oder der Beutel mit den Samen in einer entsprechenden Entfernung unter eine eingeschaltete Tischlampe gelegt wird. Das einige Mal zu wiederholende Durchwärmen ist besonders bei Gurken, Melonen und Tomaten von Nutzen. Es beeinflußt das Wachstum der Pflanzen positiv und begünstigt den Ansatz von Blüten und Früchten.

Die Jarowisation der Samen hingegen besteht in der Anregung der Samenkeimung durch Befeuchtung in warmer Umgebung und der anschließenden kurzzeitigen Abkühlung, z. B. durch eine ein- bis zweitägige Einlagerung der Samen im Kühlschrank. Durch diese Kältebehandlung wird bei einigen Gemüsearten die Keimfähigkeit der Samen gesteigert, z. B. bei Tomaten. Ohne Jarowisation bleiben hingegen die Samen von Zwiebel, Kohlrabi, Sellerie und anderen Arten, die sonst dazu neigen, Blüten anzusetzen.

Das Pillieren der Samen gewährleistet eine bessere Ernährung der Jungpflanzen unmittelbar nach dem Auflaufen und erleichtert die Aussaat (z. B. bei Kopfsalat). Da das Pillieren jedoch ein teures Verfahren ist, wird hierfür nur hochwertiges Saatgut verwendet. Im Prinzip besteht das Pillieren in der Umhüllung der angefeuchteten Samen mit pulverisierten organisch-mineralischen Düngemitteln. Die derartig vorbehandelten Samen werden dann so rasch wie möglich in den Boden eingebracht. Das Pillenpräparat sollte die Nährstoffe in einem solchen Verhältnis und in einer derartigen Form enthalten, daß die keimenden Samen und jungen Pflanzen sie gut nutzen können. Der feuchte Pillierpulverrest wird im Wasser aufgelöst und findet als Dünger im Frühbeet Verwendung.

Auspflanzen von Gemüsejungpflanzen

Für das Auspflanzen von Gemüse ist besonders im Frühjahr, wenn es noch kühl und der Boden nicht gerade ideal zum Pflanzen geeignet ist, eine sorgfältige Bodenbearbeitung von Wichtigkeit. Die Wachstumsbedingungen im Freiland sind für die Jungpflanzen in der Regel wesentlich ungünstiger als die Bedingungen, unter denen sie aufgewachsen sind.

Nach einer leichten Auflockerung des Bodens und entsprechendem Glattstreichen werden die Beete ähnlich abgesteckt wie für die Freilandaussaat. Die Reihen werden mit Hilfe einer Schnur oder eines Markeurs gekennzeichnet, der ganz leicht angefertigt werden kann. In eine längenmäßig etwa der Beetbreite entsprechende Latte (120 cm) werden längere Nägel eingeschlagen, und zwar auf der einen Seite in Abständen von 20 cm, auf der anderen von 30 cm. Anstatt der Nägel können auch Hartholzdübel genommen werden, die dann in vorgebohrte Löcher getrieben werden. Auf diese Weise entsteht eine Art Rechen, der fest mit dem Stiel verbunden wird.

Der Erfolg des Gemüseanbaus ist vor allem von gesunden, abgehärteten, entsprechend kräftigen und nicht allzu hochgeschossenen Jungpflanzen abhängig. Die besten Resultate bringen Pflanzen, bei denen das Wachstum von der Aussaat bis zur Ernte ohne jegliche Unterbrechung verlaufen ist. Von verkümmerten Pflanzen wird das Wachstum vorzeitig beendet. Sie blühen und bringen selbst bei noch so guter Pflege und Ernährung kein hochwertiges Gemüse. Besonders beim Blumenkohl führt ein langes und langsames Wachstum zum Verhärten und zum vorzeitigen Ansetzen unterentwickelter Rosetten. Lang andauernde niedrige Temperaturen können auch den Entwicklungsrhythmus mancher Pflanzen stören, wie es z. B. bei Kohlrabi der Fall ist, der besonders beim Treiben längliche Knollen hervorbringt und bereits im ersten Anbaujahr zur Blüte kommt. Auch Sellerie reagiert auf Temperaturen um Null Grad recht empfindlich.

Falls die Jungpflanzen über eine größere Entfernung transportiert oder nicht gleich gepflanzt werden sollen, sind sie gründlich zu bewässern (das Laub sollte trocken bleiben) und in einen Polyäthylenbeutel zu stellen. Auf ähnliche Weise ist auch bei Jungpflanzen mit einem festen Wurzelballen zu verfahren, besonders wenn sie in rasch austrocknenden Torftöpfen stehen.

Zeitpunkt und Art des Auspflanzens

Die ganz frühen Gemüsearten werden bereits ab Ende März gepflanzt. Bei günstiger Witterung sind es vor allem Kopfsalat und frühe Kohlarten. Wärmeliebende Gemüsearten, wie Gurken, Tomaten, Sellerie u.a. werden erst in der zweiten Maihälfte gepflanzt. Frühe Gemüsearten mit einer kürzeren Vegetationsdauer können im Juli für die Ernte im Herbst gepflanzt werden. Zu dieser Nachfrucht gehören Blumenkohl, Kohlrabi, Wirsingkohl, Rettich und Salat.

Das Auspflanzen erfolgt am besten bei bewölktem Himmel, besonders bevor es zu regnen beginnt. Ebenso kann kurz nach einem größeren Regen gepflanzt werden, sobald der Boden nur einigermaßen abgetrocknet ist. Dann genügt es, die Jungpflanzen nur wenig zu gießen, denn die Bodenfeuchtigkeit reicht zweifellos solange aus, bis sie sich selbst ausreichend mit Wasser versorgen können. Ungeeignet zum Pflanzen ist windiges Wetter. Bei warmer, sonniger Witterung ist es wohl am günstigsten, am Abend zu pflanzen. Während des nächtlichen und morgendlichen Temperaturrückganges erholen sich die Pflanzen und sind dann durchaus imstande, die Hitze des darauffolgenden Tages zu vertragen. Auch das Gießen der Neupflanzung sollte am Abend erfolgen.

Die Jungpflanzen werden in der Regel mit einem Pflanzholz gesetzt, Pflanzen aus Töpfen oder Saatgefäßen meist mit Schaufel und Hacke. Die Wurzeln sollten in dem Pflanzenloch stets genügend Raum haben, damit sie durch das

Die besten Erträge bei Sellerie erzielt man durch Vorkultivieren der Pflanzen in Töpfen oder Multitopfplatten (260)

Umsetzen so wenig wie möglich beschädigt werden. Die Pflanzen werden angedrückt, damit sie sich im Boden leichter verankern und die Wurzeln nicht austrocknen. Bei Tomaten- und Gurken-Jungpflanzen lohnt es sich, die Sproßachse schräg zu legen, damit etwa ein Drittel mit Erde bedeckt werden kann. Tiefer sind auch Kopfkohl und Porree zu setzen, während andererseits bei Sellerie und Salat darauf zu achten ist, daß die Jungpflanzen nicht »ertrinken«. Sellerie bildet bei zu tiefer Pflanzung nur kleine Knollen und zahlreiche Wurzeln, beim Salat wiederum entwickeln sich mangelhafte Köpfe, und die anderen Blätter faulen.

Entsprechend der gewählten Gemüseart, bzw. nach der Art der späteren Kultivierung werden die Pflanzen in Reihen (Zwiebel, Knoblauch, Porree), Nestern (Gurken, Bohnen) oder im Quadrat-, Rechteck- oder Dreieckverband gesetzt (Salat, Kohlrabi, Blumenkohl).

Solche Pflanzen verfügen über gute Wurzelballen und setzen ihr Wachstum nach dem Umpflanzen ohne Unterbrechung fort (261)

Pflegemaßnahmen während der Vegetationszeit

Im Gemüsegarten müssen konsequent alle Pflegemaßnahmen durchgeführt werden, die für die einzelnen Gemüsearten erforderlich sind. Gemüse muß vor allem regelmäßig gegossen und gedüngt, der Boden gelockert, und das Unkraut bekämpft werden. Gegebenenfalls sind auch noch weitere Arbeiten durchzuführen, wie z. B. die Vereinzelung von ins Freiland ausgesäten Arten, das Anhäufeln und das Mulchen.

Vereinzelung der Pflanzen

Vereinzelt werden vor allem zu dicht gesäte Gemüsearten, damit sie sich erfolgreich und gleichmäßig entwickeln können. Das ist besonders bei Möhren, Petersilie, Radies u. a. der Fall. Die Vereinzelung wird in der Anfangsphase ihrer Entwicklung so durchgeführt, daß in bestimmten Abständen voneinander nur die kräftigeren Pflanzen stehenbleiben, die anderen hingegen herausgezogen werden. Bei einigen Gemüsearten ist die Vereinzelung nicht üblich, wie etwa bei Spinat, Dill, Schnittlauch u. dgl.

Regelmäßiges Gießen

Nahezu alle Gemüsearten benötigen während ihrer Entwicklung eine ausreichende und regelmäßige Wasserversorgung. Die höchsten Ansprüche erheben in dieser Hinsicht Frucht- und Blattgemüse, besonders in der Zeit, bevor ihr Wurzelsystem so entwickelt ist, daß sie auch aus größerer Tiefe Feuchtigkeit aufnehmen können. Pflanzen, die also noch nicht ausreichend bewurzelt sind, werden deshalb mit kleineren Wassermengen, dafür jedoch häufiger gegossen. Zum Gießen sind der Nachmittag oder die Abendstunden am geeignetsten, sofern es sich um Freilandbeete handelt. Unter Folien, in Frühbeeten und Treibhäusern ist der Vormittag zum Gießen besser geeignet, da dann das Wasser an den Pflanzen bis zum Abend abzutrocknen vermag. Bei Tomaten ist es notwendig, das Wasser nur zu den Wurzeln zu leiten, da beim Benetzen der Blätter die Gefahr besteht, daß Blätter und Früchte von der Krautfäule oder anderen Krankheiten befallen werden. Zwiebeln brauchen nur in der ersten Hälfte ihrer Entwicklungszeit mehr Feuchtigkeit, und einige Gemüsearten brauchen in Jahren mit durchschnittlicher Niederschlagsmenge überhaupt nicht gegossen zu werden, wie z. B. Steckzwiebeln, Schalotte, Knoblauch und Rote Bete. Stangenbohnen sollten bis zum Blütenansatz relativ trocken gehalten werden. Dadurch wird eine frühzeitigere und reichere Blüte erzielt.

Nachdüngen während des Wachstums

Die Grundrationen der erforderlichen Nährstoffe werden dem Boden bereits vor der Aussaat oder Pflanzung des Gemüses durch eine entsprechende Düngung zugeführt. Diese Nährstoffrationen reichen in der Regel für Gemüsearten mit einer kürzeren Wachstumsdauer, bei Pflanzen mit längerer Entwicklung ist jedoch ein Nachdüngen während der Wachstumsperiode unerläßlich. Ins Freiland gesätes Gemüse wird erst nach der Vereinzelung nachgedüngt, frisch gepflanztes Gemüse frühestens zwei Wochen nach der Pflanzung. Um den Pflanzen eine ausreichende Menge des wachstumsfördernden Stickstoffs zuzuführen, wird meist mit Kalkammonsalpeter, Kalksalpeter oder Harnstoff nachgedüngt. Die Stickstoffnachdüngung wird einige Male wiederholt, und zwar in Zeitabständen von etwa drei Wochen. Stickstoff wird jedoch längstens bis zur Hälfte der Wachstumsdauer verabreicht, um ein gutes Ausreifen zu gewährleisten. Außerdem werden bei Bedarf weitere Nährstoffe (Kalium, Phosphor) nachgedüngt. Mit Kaliumsulfat wird Kopfkohl nachgedüngt, kurz bevor er Köpfe bildet, mit Superphosphat Fruchtgemüse, um die Bildung einer ausreichenden Menge von Blüten und Früchten zu unterstützen. Für einzelne Gemüsearten werden z. T. auch spezielle Düngemittel verwendet.

Am effektivsten ist die Nachdüngung in seichte Furchen zwischen den Reihen oder rund um die Pflanzen. In diese Furchen wird das Düngemittel entweder eingestreut, oder es wird in Wasser aufgelöst und dann mit der Gießkanne in die Furchen gegossen. Dann werden die Furchen eingeebnet. Die Nachdüngung kann auch durch Streuen des Düngemittels auf die Oberfläche des Bodens erfolgen, und zwar entweder in Richtung der Reihen zwischen den Pflanzen oder ringförmig um diese herum (besonders bei Arten, die in breitem Verband gesetzt wurden), oder breitwürfig, vor allem bei geringerem Reihenabstand. Zur derartigen Nachdüngung werden leichtlösliche Düngemittel eingesetzt, bei denen sich ein Einbringen in den Boden erübrigt, namentlich vor dem Regen, wenn die Möglichkeit einer ausreichenden sofortigen Beregnung nicht gegeben ist. Besonders bei der zuletzt genannten Art des Nachdüngens könnte das Düngemittel an den Organen der Pflanzen haften bleiben und diese verbrennen.

Düngerlösungen sind nicht nur von gut löslichen Mineraldüngemitteln herzustellen, sondern auch von organischen Düngemitteln. Am geeignetsten ist Geflügel- oder Taubenkot, die beim gelegentlichen Umrühren vor der Verwendung für einige Tage in einem größeren Gefäß gären müssen. Das Gefäß wird etwa bis zur Hälfte mit dem Dungkot gefüllt und dann mit Wasser aufgefüllt. Vor dem Düngen wird die Lösung nochmals im Verhältnis 1:10 verdünnt, so daß mit dem Inhalt einer Zehn-Liter-Kanne etwa 2 m² gedüngt werden können. Der Rest der festen Sedimente auf dem Boden des Gefäßes wird dem Kompost beigemengt.

Unkrautbekämpfung

Das Unkraut entzieht dem Boden beachtliche Mengen an Nährstoffen und Wasser und begünstigt die Ausbreitung von Krankheiten und Schädlingen, für die sie häufig die Wirtspflanzen abgeben. Auch beschatten sie die Kulturpflanzen und unterdrücken sie, wodurch geringere Erträge erzielt werden.

Die Unkrautbekämpfung bedient sich einer Reihe von Maßnahmen, die das Wachstum dieser Pflanzen behindern. Vor allem ist es das Striegeln, das mittels Striegel verschiedener Konstruktion erfolgt. Freizeitgärtner bedienen sich vornehmlich zweier Typen, und zwar entweder sog. Striegelrahmen, auch Augen genannt, die besonders für kleine Beete geeignet sind, oder Handstriegelmaschinen, die vor allem zum Auskrauten längerer Gemüsereihen auf größeren Grundstücken zum Einsatz gelangen. Durch das Striegeln wird der Boden zwischen den Reihen gleichzeitig durchlüftet und die Bodenkruste gelockert, wodurch die Verdunstung beschränkt wird. Das Striegeln ist besonders bei trockener Witterung geeignet, da das Unkraut zwischen den Reihen bald trocknet. Bei feuchtem Wetter ist das Striegeln kaum wirkungsvoll, da das Unkraut in seinem Wachstum fortfährt. Auch ist es wichtig, mit dem Auskrauten rechtzeitig zu beginnen, solange die Pflanzen noch nicht allzu hoch sind.

Transportables Frühbeet aus Holz. Es wird entweder mit Fenster oder Polyäthylenfolie zugedeckt. Das Holz leidet weniger, wenn die Konstruktion auf Ziegeln ruht (262)

Anhäufeln der Pflanzen

Durch das Anhäufeln haben die Pflanzen im Boden einen besseren Halt und die Gefahr des Entwurzelns bei Regen und Wind ist behoben. Die mit Erde bedeckten Pflanzenteile bewurzeln sich in der Regel, und durch das reichere Wurzelsystem vermag die Pflanze auch mehr Feuchtigkeit und Nährstoffe aufzunehmen.

Das Anhäufeln ist besonders bei Tomaten, Gurken, Zuckermais und Frühkartoffeln von Wichtigkeit. Zum Anhäufeln in Reihen dienen außer Hacken auch verschiedene Reihenzieher. Bei Gemüsearten, die keine größere Pflanztiefe vertragen, wie z. B. Sellerie, Zwiebel, Kohlrabi und Salat ist von Anhäufeln abzusehen. Das Anhäufeln bewirkt bei einigen Gemüsearten zugleich auch ein Etiolieren (Vergeilen) der Sproßachse, denn die angehäufelte Erde verhindert den Lichtzutritt. Die vergeilten Pflanzenteile sind dann zarter und schmackhafter. Das Etiolieren kommt besonders beim Porree, beim Stangensellerie und beim Spargel in Frage.

Das Jäten und Umgraben ist mit einer anderen Kulturmaßnahme verbunden. Mit der Hacke wird gleichzeitig der Boden gelockert und durchlüftet, die Pflanzen werden vereinzelt, bzw. angehäufelt.

Das Lockern des Bodens erfolgt nicht nur mit der Hacke, sondern vor allem mit verschiedenen Grubbern, wodurch das Unkrautwachstum unterbunden wird. Zum Anlegen von Furchen werden Ziehhacken verwendet, zum Lockern der Bodenkruste sind verschiedene Typen von Grubbern geeignet.

Der Einsatz von Herbiziden, d.h. chemischen Mitteln zur Unkrautbekämpfung, wird auf keinen Fall empfohlen. Ausnahmsweise kann ein Herbizid verwendet werden, wenn es nicht gelingt, des Unkrauts durch Jäten und Hacken Herr zu werden. Zur vorübergehenden Entkrautung kompostierter Erde oder Gartenwege können Herbizide mit kurzfristiger Wirkung zur Verwendung gelangen, die im Boden keine Spuren hinterlassen.

Für die Unkrautbekämpfung im Garten reichen kaum die einzelnen mechanischen Eingriffe aus. Deshalb sind kombinierte Maßnahmen, besonders vorbeugender Art, zu empfehlen. Vor allem darf nicht zugelassen werden, daß die Unkrautpflanzen Samen ausstreuen, und zwar nicht nur auf den Beeten, sondern ebensowenig auf dem Kompost oder auf den Gartenwegen. Die Samen der Unkrautpflanzen reifen meist in den Sommermonaten, auch nach dem Abmähen der blühenden Pflanzen. Auch dürfen Wurzelstöcke und Wurzeln der perennierenden Unkrautpflanzen grundsätzlich nie in den Kompost kommen, und es sind sämtliche möglichen Ausgangspunkte für die Unkrautverbreitung unter Kontrolle zu halten. Von Wichtigkeit ist auch ein geeigneter Fruchtwechsel, z. B. ein häufigerer Anbau von Hack- und Hülsenfrüchten.

Mulchen

Das Abdecken des Bodens (Mulchen) beschleunigt das Wachstum und erhöht die Erträge, vor allem bei wärmeliebenden Gemüsearten. Die zum Mulchen traditionell verwendeten Stoffe, wie Strohdung, gemähtes Gras, Torf und Papier, werden in letzter Zeit durch wirksamere und praktischere Kunststoffolien verdrängt.

Das Mulchen mit Folien verringert das Verdunsten des Wassers aus dem Boden, ermöglicht eine wirtschaftliche Nutzung der Bodenfeuchtigkeit und erspart das häufige Gießen. Die Folien schützen den Boden vor Verkrustung und wahren seine Krümelstruktur. Außerdem begünstigen sie die Tätigkeit der Mikroorganismen. Die günstigen Feuchtigkeits- und Wärmeverhältnisse unter der Folie können jedoch mitunter bei einer ungünstigen Bodenzusammensetzung die Bildung von Schimmel unterstützen. Undurchsichtige Folien behindern das Wachstum des Unkrauts besser als transparente Folien. Unter transparenten Folien wächst zwar zunächst das Unkraut recht üppig, wird jedoch später infolge der höheren Temperaturen verdrängt. Transparente Folien erhöhen die Temperatur der Oberfläche des Bodens bis um 5°C.

Zum Mulchen werden Folien mit einer Dicke von 0,03—0,05 mm verwendet. Die Folien werden entweder zwischen die Reihen, möglichst nahe an die Pflanzen gelegt, oder häufiger über die ganze Breite des Beetes, und zwar noch vor der Pflanzung. In die Folien werden in bestimmten Abständen kreuz- oder kreisförmige Öffnungen geschnitten, in die dann die Pflanzung oder Aussaat erfolgt. Das Mulchen lohnt sich besonders bei wärmeliebenden Gemüsearten, wie Tomaten, Paprika und Gurken.

Schutz gegen Krankheiten und Schädlinge

Im Verlauf der Vegetationsperiode sind die Pflanzen von verschiedenen Krankheiten und Schädlingen bedroht, die sich auf das Gemüse wertmindernd auswirken und die Erträge verringern. Entsprechenden vorbeugenden Maßnahmen wird häufig nicht genügend Aufmerksamkeit gewidmet, und chemische Schutzmittel sind nicht nur aufwendiger und anspruchsvoller, was fachliche Kenntnisse anlangt, sondern sind vor allem bei verspäteter Applikation auch wenig wirksam. Vom Standpunkt der gesunden Ernährung sollten chemische Pflanzenschutzmittel in der Freizeitgärtnerei überhaupt nicht eingesetzt werden. Häufig werden auch chemische Präparate verwendet, die für den

Querschnitt durch ein warmes Frühbeet: Unten eine 30 cm hohe Mist- und Laubschicht, darauf eine 15—20 cm hohe Erdschicht (263)

Das Treibhaus verlängert die Anbausaison und bietet viele weitere Möglichkeiten für den anspruchsvollen Hobbygärtner (264)

Gemüsegarten ungeeignet, oder sogar schädlich sind. Besonders Kartoffeln und Wurzelgemüse sind in dieser Hinsicht höchst empfindlich.

Oberster Grundsatz des vorbeugenden Schutzes gegen Krankheiten und Schädlinge ist ein entsprechendes Maß an Sauberkeit im gesamten Umfeld. Außer dem Beizen des Saatguts vor dem Einbringen in den Boden ist eine Desinfizierung der gesamten Erde notwendig, die zur Aussaat oder zum Pikieren der Jungpflanzen verwendet wird. Die wirkungsvollste Desinfizierungsart ist das Dämpfen des Bodens.

Eine weitere grundlegende Maßnahme, die jedem Gartenfreund zur Selbstverständlichkeit werden sollte, ist, daß Reste kranker Pflanzen nicht in den Kompost gehören, sondern verbrannt oder in eine tiefe Grube geworfen werden sollen, in die dann noch Branntkalk hinzugegeben wird. Erntereste, wie Wurzeln von Kohlgewächsen mit Kropfkrankheit, durch die Möhrenfliege befallene oder wurmstichige Möhren, Tomaten mit Anzeichen der Krautfäule und andere offenkundig von Krankheiten befallene Pflanzenteile sollten niemals in den Kompost kommen, da sie einen dauernden Ansteckungsherd darstellen.

Gleichzeitig ist es notwendig, auf die richtige Fruchtfolge zu achten, also nicht hintereinander Gemüsearten oder -gruppen anzubauen, die für die gleichen Schädlinge und Krankheiten anfällig sind. Es ist auch erforderlich, durch rechtzeitiges Eingreifen einer Ausbreitung des Unkrauts entgegenzusteuern, denn dieses ist einerseits Überträger von Pilzkrankheiten (Wurzelkropf bei Unkrautpflanzen aus der Familie der Kreuzblütler), andererseits Wirtspflanze tierischer Schädlinge, wie der Kartoffelkäfer auf dem Schwarzen Nachtschatten oder die Rübenblattlaus auf zahlreichen Unkrautarten.

Chemische Präparate sollten nur im äußersten Notfall, bei einem hohen Infektionsdruck, eingesetzt werden. Besser ist es, eine von Schädlingen oder einer Krankheit befallene Pflanze oder mehrere solcher Pflanzen zu beseitigen und zu verbrennen, als den Weg komplizierter und keineswegs unproblematischer chemischer Behandlung einzuschlagen.

Anzucht der Gemüsejungpflanzen

Unentbehrliche Einrichtungen für die Jungpflanzenanzucht und für das Treiben einiger früher Gemüsearten sind Frühbeete und Gewächshäuser.

Aussaat ins Frühbeet

Ein warmes Frühbeet läßt sich bei günstiger Witterung von Ende Februar an nutzen. Hier werden frühe Kohlarten und Salat gesät, die ab Mitte April ins Freiland gepflanzt werden. Im warmen Frühbeet bleibt ein Teil der Fläche für den Anbau von wärmeliebenden Gemüsearten frei, sofern diese nicht im Treibhaus einen entsprechenden Platz haben. Ende April werden Tomaten und Paprika gesät; um Mitte Mai Salatgurken und Melonen, am besten unmittelbar in kleine Blumentöpfe oder Kunststoffschalen. Nach dem Pflanzen der wärmeliebenden Gemüsearten in der zweiten Aprilhälfte und nach dem Freiwerden des Frühbeets kann ein Teil der Salatgurken- und Paprikasaat ins Frühbeet kommen. Etwa Mitte September, nachdem diese Früchte geerntet sind, kann noch Spinat ins Frühbeet gesät werden. Aussaaten von Radies und Pflanzungen von Salat müssen bis Ende August erfolgen. Um diese Zeit kann auch noch Dill gesät werden, der unter den Fenstern bis Mitte Oktober wächst.

Halbwarmbeete werden auf ähnliche Weise genutzt, nur mit dem Unterschied, daß die Gemüseaussaat hier nicht so eilig ist. Je nach der Witterung läuft die Aussaat erst um Ende April an. Ein Teil des Frühbeetes kann wiederum zur Anzucht verschiedener Gemüsearten verwendet werden, z. B. von Salat. Wenn der Salat in breitem Verband gesetzt wird, kann dazwischen Radies gesät werden. Nachdem der Salat abgeerntet ist, können schon Mitte Mai Salatgurken ins Frühbeet kommen, woraufhin die Fläche Ende August wiederum für Radies und Salat genutzt werden kann.

Die Aussaat ins Frühbeet erfolgt entweder breitwürfig oder in etwa 8 cm voneinander entfernte Reihen. Die Reihensaat ist besonders für Pflanzen geeignet, die längere Zeit im Frühbeet bleiben und nicht pikiert werden sollen, wie etwa Porree, Schnittlauch oder einige Kohlarten. Bei der Reihensaat sind das Jäten sowie das Lockern des Bodens einfacher. Für ein Frühbeetfenster sind bei den meisten Gemüsearten etwa 10 g Samen erforderlich, bei dünner Aussaat, wenn die Pflanzen nicht pikiert werden sollen, reichen etwa 5 g.

Dabei soll stets auf die Standortansprüche der Gemüsearten Rücksicht genommen werden. So werden z. B. abgehärtere Kohlpflanzen, die ein häufigeres Lüften benötigen, nicht mit wärmeliebenden Gurken oder Paprika zusammengebracht, die recht kälteempfindlich sind.

Nach der Aussaat werden die Samen leicht mit einem kleinen Brett in den Boden gedrückt, mit lauwarmem Wasser begossen und danach mit einer dünnen Schicht gesiebter Erde zugedeckt. Da die meisten Samen besser in Dunkelheit keimen, bleiben die Frühbeetfenster mit Matten bedeckt, bis sich die ersten keimenden Pflanzen zeigen. Dann werden die Matten sofort beseitigt und nur mehr für die Nacht ausgerollt. In dieser Zeit benötigen nämlich die Pflanzen so viel Licht wie nur möglich, da sie sonst in die Höhe schießen und schwach bleiben würden.

Aussaatkiste mit elektrischer Bodenheizung zum Vorziehen von Frühgemüse (265)

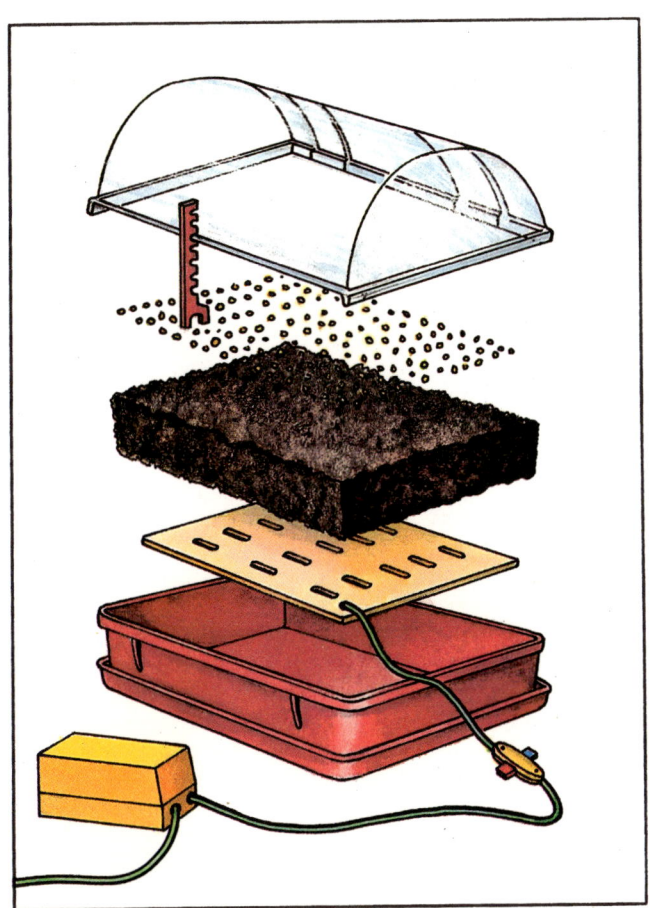

Bei einer später im Frühjahr vorgenommenen Aussaat wird das Frühbeet durch Schattierleinen gegen Hitzeschäden geschützt, besonders wenn kleinkörnige Samen gesät wurden, die meist nicht zugedeckt werden, wie z.B. Majoran. An warmen Tagen wird darauf geachtet, daß der Boden im Frühbeet seine gleichmäßige Feuchtigkeit behält. Das Gießen geschieht in Form eines feinen Besprengens. Der obere (höhere) Teil des Frühbeetes, wo der Raum größer ist und die Sonne den Boden mehr austrocknet, muß häufiger und ausgiebiger gegossen werden. Übrigens gilt auch hier der Grundsatz, daß die eigene Erfahrung den besten Lehrmeister des Gärtners abgibt.

Aussaat im Gewächshaus

Im Gewächshaus wird Gemüse zur Jungpflanzenanzucht in Kästen, Aussaatschalen, bzw. in kleine Töpfe gesät.

Zuvor werden die Kästen desinfiziert, was am besten durch Auswischen mit Kalkmilch oder einer Kupfervitriollösung geschieht. Auch die gesiebte Erde, mit der die Kästen gefüllt werden, sollte desinfiziert sein, am besten durch Wasserdampf. Dadurch werden zahlreiche Schädlinge vernichtet, vor allem pilzliche Krankheitserreger. Als Erde für die Aussaat wird am besten Frühbeet- oder Komposterde genommen, die noch durch Hinzugabe von Torf und Sand verbessert wird. Die Samen werden breitwürfig in die Kästen ausgesät, mit einem kleinen Brett leicht eingedrückt, vorsichtig begossen und mit einer dünnen Schicht Erde bedeckt. Diese sollte jedoch nicht höher sein, als der Durchschnitt der zur Aussaat gelangten Samen. Bei einigen kleinen Samen wird vom Zudecken mit Erde abgesehen. Statt dessen wird bis zum Auflaufen ein geeignetes Material darübergebreitet, z. B. Zeitungspapier. In Kästen werden am häufigsten frühe Kohlarten gesät ebenso wie früher Salat, Paprika, Tomaten, Majoran u. a. Auch die Aussaat von Sellerie kann im geheizten Gewächshaus (möglichst über 16°C, da Sellerie sonst schießt; Aussaat im kalten Gewächshaus deshalb erst ab Mitte Mai möglich) bereits im Februar — und mitunter auch noch frühzeitiger — in Kästen oder Schalen erfolgen. Da jedoch die Anzucht der Selleriepflanzen sehr schwierig ist, ist es für weniger versierte Gartenfreunde günstiger, vollwertige Jungpflanzen zu kaufen.

Die Direktaussaat in Töpfe erfolgt nur bei rasch wachsenden Gemüsearten, wodurch allerdings die ganze Arbeit wesentlich vereinfacht wird. Von Vorteil ist das bei der Jungpflanzenanzucht von Frühbeet- und Gewächshaussalatgurken, Melonen und evtl. Zuckermais, bei denen auf diese Weise eine sehr frühzeitige Ernte erzielt wird.

Die Aussaat in Töpfe ist nur bei einer geringeren Menge vorgezogenen Pflanzguts vorteilhaft, da die Töpfe im Gewächshaus zu viel Raum in Anspruch nehmen. Andererseits können jedoch die Töpfe später zur Abhärtung in das Frühbeet gebracht werden, wenn dieses z. B. nach dem Abernten von Salat und Radies entsprechend Platz bietet.

Sämtlichen Aussaaten ist im Gewächshaus die gleiche Pflege angedeihen zu lassen wie der Saat im Frühbeet. Zum Gießen wird nur lauwarmes Wasser genommen, und die Kanne muß eine feine Brause tragen. Bei sonnigem Wetter wird das Gewächshaus belüftet und die Aussaaten nach Bedarf schattiert. Frühe Kohlpflanzenarten bedürfen einer Temperatur von etwa 16—18°C, wärmeliebendes Fruchtgemüse, wie Tomaten, Gurken und Paprika 22—25°C.

Pikieren

Gemüsepflanzen können auch ohne Pikieren angezogen werden, sie werden jedoch nie so kräftig wie pikierte Pflanzen, und auch ihr Wurzelsystem wird nicht so gut verzweigt sein. Die aufgelaufenen Sämlinge werden in Pikierkisten pikiert, sobald ihre Keimblätter entwickelt oder die ersten Laubblätter angesetzt sind. Bei späterer Aussaat wird in der Regel ins Frühbeet pikiert. Die Erde zum Pikieren wird durch Torfmull oder Komposterde verbessert, damit die Pflanzen beim späteren Umsetzen an den endgültigen Standort festere und kompaktere Wurzelballen besitzen. Kohlpflanzen werden in Abständen von etwa 5 cm pikiert, Tomaten bis zu 10 cm. Beim Pikieren werden die Wurzeln der Pflanzen eingekürzt und hochgewachsene sowie offenkundig kranke Exemplare ausgeschieden. Erkrankte Pflanzen lassen häufig Nekrosen am Wurzelhals erkennen, die zuerst durch wäßriges Aussehen auffallen und später braun und schwarz werden. Durch die darauffolgende fadenförmige Verdünnung des Wurzelhalses verliert die Pflanze an Festigkeit und Stehvermögen. Abgesehen vom vorbeugenden Dämpfen der Erde und der Desinfektion der Geräte sowie der Pikierkisten sollte darauf geachtet werden, daß nur gesundes und keimfähiges Saatgut verwendet, in richtigen Abständen gesät, für entsprechende Wachstumsbedingungen, namentlich angemessene Temperatur und Feuchtigkeit, gesorgt und rechtzeitig pikiert wird.

Soweit die Sämlinge nicht in Kisten pikiert werden, können hierfür auch Ton- oder Plastiktöpfe mit einem Durchmesser von 8—10 cm, Torfzellulosetöpfe, Paper Pots, Gittertöpfe, Multitopfplatten und ähnliche Systeme verwendet werden. Topfgrößen bis 10 cm Durchmesser eignen sich besonders gut für die Vorkultur von Tomaten und Paprika.

Zum Topfen sowie für die Pikierkisten ist humose Frühbeeterde, evtl. gesiebte Erde von gut verrottetem Kompost zu verwenden.

Direkt in Töpfe, die zur Hälfte mit Erde gefüllt sind, werden z. B. Gurken und Melonen gesät. Die Samen müssen mit der schmaleren Kante leicht in den Boden gedrückt und gegossen werden. Zweckmäßig ist es, die Samen einige Tage vor der Aussaat in lauwarmem Wasser quellen und keimen zu lassen. Schrittweise wird dann, so wie die Pflanzen wachsen, in die Töpfe Erde nachgefüllt, bis diese schließlich bis fast zum Oberrand reicht.

Das in Töpfen oder Pikierkisten angezogene Pflanzgut muß vor dem Umsetzen gut eingewurzelt sein. Bevor es ins Freiland gepflanzt wird, soll eine Zeit im Frühbeet zwischengeschaltet werden, wo ein schrittweises Abhärten der Pflanzen erfolgt.

Wir sind natürlich bemüht, das Gewächshaus rund um das Jahr möglichst wirtschaftlich und effektiv zu nutzen. Vor allem wird darin in den Frühlingsmonaten das gesamte Gemüse für das spätere Pflanzen im Freiland angezogen, ebenso wie für das Frühbeet (z. B. Salatgurken und Paprika) oder für das Pflanzen in freigewordenen Gewächshausteilen im Mai (Salatgurken, Paprika, Tomaten). Abgesehen von der Gemüseanzucht, kann im Frühjahr ein Teil des Gewächshauses für frühen Salat, Radies, Kohlrabi sowie zum Treiben von Petersilie und Schnittlauch in Blumentöpfen genutzt werden.

Wenn schließlich das Gewächshaus frei geworden ist, das pflegt im Laufe des Mai zu sein, wenn die wärmeliebenden Gemüsearten in Freilandbeete umgesetzt werden, läßt sich die gesamte Gewächshausfläche für Paprika, Salatgurken und evtl. auch für Tomaten nutzen. Die Ernte dieses Gemüses dauert gewöhnlich von Mitte Juli bis Ende August, bzw. bis Mitte September. Ab Ende August wird dann das Gewächshaus aufs neue bepflanzt, und zwar mit Arten, die sich durch eine kürzere Entwicklungsdauer auszeichnen, wie Salat und Radies. Im Oktober können im Gewächshaus, ähnlich wie im Frühbeet, einige Gemüsearten wie z. B. China- oder Blumenkohl, eingelagert werden.

Gemüse unter Folien und Vlies

Verschiedene heute produzierte Folientypen werden mit Erfolg auch von Hobbygärtnern genutzt. Kunststoff-Folien sind wesentlich weniger aufwendig als Glas und lassen sich einfach zum Bespannen verschiedener Skelettkonstruktionen nutzen.

Niedrigere Folientunnel lassen sich leicht aus stärkeren Weiden- oder Haselnußruten anfertigen, die in Abständen von etwa einem Meter in den Boden gesteckt werden. Ebenso können diesem Zweck auch Armierungseisenstäbe oder Polyäthylenstäbe dienen. Metallbogen lassen sich auch zu einem Rahmen verschweißen, der teilweise in der Erde verankert ist. Wichtig ist, daß die Bogen im gleichen Winkel in die Erde getrieben oder an den Rahmen angeschweißt werden, bzw. gleichhoch über dem Boden stehen. Diese ganze Konstruktion wird nun mit der Folie bespannt, die zu beiden Seiten mit Leisten oder aufgeschütteter Erde verankert ist. Niedrigere Folientunnel sind häufig als ortsveränderliche Einrichtungen gebaut. Sie werden zum Anziehen von Gemüse im Freiland verwendet und haben sich z. B. bei Salat, Radies und Kohlrabi bewährt. Gleichzeitig schützen sie nach der Aussaat wärmeliebende Fruchtgemüsearten vor Spätfrösten und niedrigen Temperaturen.

Hohe Folientunnel können auf ähnliche Weise genutzt werden wie normale Gewächshäuser. Sie werden mit Hilfe von festeren bogenförmigen oder dreieckartigen Konstruktionen errichtet, die gut in der Erde verankert sind. Diese Verankerung ist wichtig, weil die größeren Tunnel wenig widerstandsfähig gegen Windstöße sind. Auch die Polyäthylen-Folien sind etwas dicker, in der Regel 0,2 mm. Dennoch hält eine normale Polyäthylenfolie meist nur eine Saison lang aus, so daß die Tragekonstruktion jedes Jahr neu bespannt werden muß. Trotzdem lohnt sich der Aufwand (es gibt aber auch Folien, die mehrere Jahre halten, jedoch im allgemeinen weniger lichtdurchlässig sind). Praktisch können bereits Ende März in den Folientunnel Radies, Karotte, Spinat und Salat gesät und gepflanzt werden. Später, etwa um Mitte April, folgen dann frühe Kohlgemüsearten, die normalerweise erst Anfang Mai ins Freiland gepflanzt werden können. Da im Folientunnel ein großer luftiger Raum mit günstigen Temperatur-, Licht- und Feuchtigkeitsverhältnissen gegeben ist, gedeihen hier besonders Gewächshausgurken, Paprika und Tomaten.

Tragbare Folientunnel bieten Gemüsepflanzen (Kohlrabi, Kopfsalat, Paprika, Tomaten) Wärmeschutz (266)

Aber nicht nur unter Folientunnel und Foliensabdeckung kann man das Gemüse einige Tage oder sogar bis zu zwei Wochen früher ernten, sondern auch Vliese haben einen ähnlichen Effekt. Sie bestehen aus einem leichten Fasergewebe mit geringerer Wärmewirkung als Folien. Diese Merkmale haben den Vorteil, daß die Vliese länger auf der Kultur liegen bleiben können — bis kurz vor der Ernte — und damit den Wachstumsrückstand wieder ausgleichen. Wegen der Durchlässigkeit des Vlieses ist sogar eine flüssige Kopfdüngung möglich.

Für den Hobbygärtner hat die Vliesabdeckung z. B. bei der Salat- und Frühkartoffelkultur Bedeutung.

Gemüseernte und -einlagerung

Es darf nie vergessen werden, daß durch eine verspätete Ernte das Gemüse leicht an Wert verlieren kann. Auf eine rechtzeitige Ernte ist besonders bei Radies zu achten, der hohl und holzig wird, ebenso bei Einlegegurken, die leicht überreif werden, sowie bei Kopfsalat, der dann bitter wird und schoßt. Auch zur Einlagerung müssen bestimmte Gemüsearten zum richtigen Zeitpunkt geerntet werden, besonders Knoblauch und Zwiebel. Bei späten Gemüsearten ist das Einhalten des richtigen Erntetermins ebenso wichtig, da die Herbstfröste weniger widerstandsfähige Arten in Mitleidenschaft ziehen, so daß sie dann bei der Einlagerung leicht Schäden unterliegen.

Frühe und nur langsam reifende Arten werden nach und nach geerntet. Das gilt besonders für Kohlrabi, Einlegegurken, zur winterlichen Einlagerung bestimmtes Spätgemüse, wie Petersilie, Möhren, späten Kohl und Kohlrabi, Knoblauch u. dgl.

Manche Gemüsearten welken, sobald sie abgeerntet sind, sehr rasch, besonders bei heißem Sommerwetter. Deshalb ist zum Ernten der frühe Morgen am geeignetsten, evtl. auch der Abend. Damit das Welken z. B. von Möhren, Radieschen und Kohlrabi verzögert wird, sind möglichst bald nach der Ernte die Laubblätter zu beseitigen. Spinat und Dill werden für die kurzfristige Zwischenlagerung am besten samt den Wurzeln in ein Gefäß mit Wasser gelegt. In Polyäthylenbeuteln lassen sich gut Schnittlauch und Petersilie aufheben, besonders wenn dazu noch ein kühler Keller oder der Kühlschrank genutzt wird.

Einlagerung von Gemüse

Wurzelgemüse, Zwiebel, Knoblauch, einige späte Kohlgemüsearten u. dgl. können eingelagert werden. Zur Einlagerung werden, je nach den gegebenen Möglichkeiten, Keller, Frühbeete, Mieten oder andere geeignete Räume verwendet. Manche Gemüsearten sind dermaßen frosthart, daß sie im Freiland auf den Beeten bleiben können.

Einlagerung im Keller

Vor der Einlagerung muß der Keller gut gelüftet und desinfiziert werden, am besten durch Ausräuchern mit Schwefelkerzen (Dochten). Zweckdienlich ist es, Wände und Decken mit Kalkmilch zu tünchen.

Im Keller wird vor allem Kohlgemüse eingelagert, meist in Pyramiden oder Haufen geschichtet, evtl. auch in Kisten oder Beete mit Sand, bzw. Torfmull gelegt. Kopfkohl wird in geräumigere Steigen oder Regale eingelagert, mitunter auch samt Wurzeln in Pyramiden, wobei die Wurzeln mit Sand bestreut werden. Kohlrabi kann ebenso wie Wurzelgemüse in Sandbeeten gelagert werden.

Zwiebeln erntet man, wenn das Kraut gelb zu werden beginnt und sich zum Boden neigt. Man zieht die Zwiebel am Kraut heraus und läßt sie in der Reihe, bei feuchtem Wetter an einem trockenen Platz, abtrocknen (267)

Im Keller ist die ganze Einlagerungszeit hindurch für einen guten Luftaustausch, für optimale Temperatur und Luftfeuchtigkeit zu sorgen. Die Belüftung wird durch die Anbringung von Luftkanälen oder Fenstern gewährleistet. Die Temperatur wird durch häufigeres Lüften herabgesetzt und bei starken Frösten wiederum durch Schließen der Fenster erhöht. Die optimale Kellertemperatur für die Gemüseeinlagerung beträgt etwa 1—4°C. Meist herrscht in den Kellern eine etwas höhere Temperatur. Mit Hilfe eines entsprechenden Meßgerätes läßt sich auch die relative Luftfeuchtigkeit feststellen. Diese soll etwa 90% betragen. Die Feuchtigkeit im Keller läßt sich durch feuchten Torfmull, nasse Säcke oder durch häufigeres Besprengen des Fußbodens erhöhen.

Wenn es im Keller dauernd trocken ist, wie z. B. in gut isolierten Neubauhäusern, werden gesundes Wurzelgemüse und Kartoffeln am besten in perforierte Polyäthylenbeutel gelegt — am besten aus 0,02—0,04 mm dicker Folie. Das Gemüse welkt darin nicht und bleibt länger frisch.

Die Lagerräume können auch mit Leichtplatten aus Schaumpolystyrol isoliert werden. Dieser bietet einen guten Schutz vor zu niedrigen Temperaturen. Gemüse läßt sich mit Hilfe solcher Platten sogar auf offenen Balkons einlagern. Die Gemüselagerkiste für den Balkon wird aus Kantholzstücken und Brettern zusammengenagelt und innen mit Polystyrolplatten ausgekleidet. Es ist jedoch wichtig, daß die Verbindungsstellen absolut dicht aneinander anschließen. In diese Kiste wird nun das Gemüse entweder unverpackt hineingelegt oder aber in Polyäthylenbeuteln verstaut, die nicht ganz verschlossen werden. Mit Polystyrol müssen sämtliche Kistenwände ausgekleidet sein, ebenso wie Boden und Decke.

Gemüseeinlagerung im Frühbeet

Die Frühbeete, aus denen alljährlich die Erde herausgenommen wird, sind durchaus zur Einlagerung von Wurzel- und Kohlgemüsearten geeignet. Das eingelagerte Wurzelgemüse wird mit Erde oder Sand zugedeckt, während Kohlgemüse mit samt dem Wurzelballen ins Frühbeet kommt. Dieser muß ebenfalls mit Erde bedeckt sein. Das Frühbeet sollte im Herbst so lange wie möglich offenstehen, und die Fenster werden erst bei kräftigeren Frösten geschlossen. Später wird das Frühbeet durch eine Stroh- oder Laubschicht warm gehalten.

Miete
In Mieten werden für den Winter Wurzel- und Kohlgemüse sowie Kartoffeln eingelagert. Mieten werden auf trockenen Böden mit nicht allzu hohem Grundwasserstand angelegt. Überschwemmungsgefahr darf nicht drohen.

Für eine einfache Miete wird die Erde zunächst bis in eine Tiefe von etwa 20 cm ausgehoben. Die Breite der Miete beträgt in der Regel 2 m, die Länge ist beliebig. Zum Schutz gegen Mäuse wird auf dem Mietengrund und ringsum ein dichtmaschiges verzinktes Drahtgewebe verlegt. Auf dem Mietenboden wird nun das einzulagernde Wurzelgemüse in einer Pyramide aufgeschichtet und seitlich mit Erde »schwarz gemacht«. Vor Eintritt der starken Fröste wird die Miete mit einer Schicht alten Strohs bedeckt, über die noch eine etwa 30 cm dicke Erdschicht kommt. Aus kurzen Asbestzement- oder Steingutrohren werden Lüftungskanäle angelegt oder aus vier gleichlangen Brettchen Lüftungskamine angefertigt. Diese werden am Mietenfirst angebracht, noch bevor die Miete mit der Erdschicht zugedeckt wird.

Etwas kompliziertere, jedoch für längere Zeit bestimmte Mieten lassen sich ebenfalls ohne große Mühe anlegen. Als Regel gilt, daß die Deckenschicht um so dünner sein kann, je tiefer die Miete in den Boden eingelassen ist.

Überwinterung auf Freilandbeeten
Einige Gemüsearten können den Winter über im Freiland bleiben, wie z. B. Pastinak, Porree, Spinat, Grünkohl u. a. Rosenkohl hat sogar einen feineren Geschmack, wenn er erst nach den ersten Frösten geerntet wird. Das Abernten von Wurzelgemüse und Porree aus gefrorenem Boden ist allerdings wesentlich schwieriger und sollte in der Regel nur bei aufgetautem Boden erfolgen.

Kohlgemüse

Die kultivierten Kohlgemüsearten stammen von dem im Mittelmeergebiet, Ostasien und Osteuropa wild wachsenden Kohl ab. Es handelt sich um zumeist zweijährige Pflanzen, die im ersten Jahr eßbare Teile, im zweiten dann Samen hervorbringen, nur ausnahmsweise blühen sie bereits im ersten Jahr. Sämtliche Kohlgemüsearten werden in der ersten Tracht angebaut, d.h. daß das hierfür bestimmte Beet vor allem mit verrottetem Stallmist, bzw. mit Kompost gedüngt ist. Da sämtliche Kohlgemüsearten einen verhältnismäßig hohen Kalibedarf haben, wird der Boden vor dem Pflanzen am besten mit Kaliumsulfat gedüngt.

Jungpflanzenanzucht bei Kohlgemüse
Zur Jungpflanzenanzucht von Kohlrabi, Kohl, Blumenkohl und anderen Kohlgemüsearten für das Auspflanzen ins Frühbeet oder Freiland werden die Samen meistens in warme oder halbwarme Frühbeete, ggf. auch im Gewächshaus ausgesät. Wenn ein beheiztes Gewächshaus zur Verfügung steht, können frühe Kohl-, Blumenkohl- und Kohlrabiarten bereits im Februar gesät werden, im Frühbeet ab Mitte März. Späte Kohl-, Kopfkohl- und Kohlrabiarten werden am besten Ende April in kalte Frühbeete oder Freilandbeete in geschützten Lagen gesät. Bei frühen Blumenkohlsorten mit einer kürzeren Wachstumsdauer reicht es — sofern sie für die herbstliche Ernte bestimmt sind — wenn die Aussaat im Juni erfolgt.

Bei der Frühaussaat ins warme Frühbeet oder im Gewächshaus werden die Pflanzen in tiefere Kisten pikiert, am besten, wenn die Keimblätter entwickelt sind. Durch ein rechtzeitiges Pikieren läßt sich zu einem gewissen Grad Umfallkrankheiten vorbeugen. Wenn das Pflanzgut später nicht eingetopft werden soll, wird in Pikierkisten oder Schalen pikiert. Etwa vierzehn Tage vor dem geplanten Umsetzen wird mit dem Abhärten der Jungpflanzen begonnen, indem immer häufiger gelüftet und schließlich die Fenster völlig entfernt werden. Das im Gewächshaus angezogene Pflanzgut wird zunächst im Frühbeet abgehärtet.

Weißkohl und Rotkohl
Der Weißkohl (*Brassica oleracea,* var. *capitata*) gehört zu den beliebtesten und meistverbreiteten Gemüsearten. Er wird entweder in frischem Zustand verwendet oder durch Milchsäuregärung konserviert, bzw. sterilisiert. Der Weißkohl enthält die Vitamine C und B_1 sowie Provitamin A (Karotin) und eine Reihe von Mineralstoffen. Der Saft von Roh- und Sauerkraut übt durch seine antibiotischen Wirkstoffe einen positiven Einfluß auf die Darmflora aus.

Der Kohl bedarf einer höheren Feuchtigkeit und gedeiht deshalb auch in höheren Lagen. Seine Ansprüche an den Nährstoffgehalt des Bodens sind hoch, er verträgt jedoch keine sauren Böden. Nach der 110—210 Tage währenden Wachstumsperiode wird früher, mittelfrüher, mittelspäter und später Kohl unterschieden. Meist werden für den Kohlanbau die Jungpflanzen vorkultiviert, jedoch ist die unmittelbare Freilandaussaat, mit Ausnahme der frühen Sorten, ebenfalls möglich.

Kohlgemüsearten stellen hohe Ansprüche an Nährstoffgehalt und Feuchtigkeit des Bodens. Sie werden oft von Krankheiten und Schädlingen befallen (268)

Die frühen, für die Ernte im Juni bestimmten Sorten werden Mitte März in warme Frühbeete oder im Gewächshaus ausgesät. Die mittelfrühen Sorten werden im April ins Frühbeet gesät, die mittelspäten und späten Anfang Mai. Während das Pflanzgut der frühen Sorten beim Umpflanzen genügend Raum bedarf und in größere Töpfe gepflanzt werden muß, erübrigt sich bei den späteren Sorten das Pikieren überhaupt, besonders wenn die Aussaat genügend dünn erfolgt.

Kohl wird je nach der Größe des Wurzelballens mit dem Pflanzholz, dem Spaten oder der Hacke gepflanzt. Es ist stets darauf zu achten, daß sie genügend tief gesetzt werden, d. h. bis zum Herz, wobei der Abstand 50 cm betragen soll. Kohl ist gegen niedrigere Temperaturen widerstandsfähiger als z. B. Kohlrabi, so daß die frühen Sorten bereits Ende April gepflanzt werden können. Sobald die Pflanzen eingewurzelt sind, wird mit im Verhältnis 1:10 verdünnter Gülle oder mit Kalkammonsalpeter nachgedüngt, wobei 30 g/m² gerechnet werden. Die Düngung erfolgt am besten vor einem Regen oder vor künstlicher Beregnung. Vor allem die frühen Kohlarten bedürfen einer guten Wasserversorgung, besonders unmittelbar vor der Kopfbildung. Während des Wachstums müssen die Reihen einige Male gehackt werden, wobei die Erde stets zu den Pflanzen hin gehackt werden soll.

Frühe und mittelfrühe Kohlsorten werden je nach Bedarf nach und nach geerntet, am besten mit einigen Deckblättern, damit die Köpfe nicht zerdrückt werden. Zur Einlagerung werden die Pflanzen mitsamt den Wurzeln genommen. Nach Abbrechen der äußeren Blätter können die Köpfe im Keller oder im leeren Frühbeet eingelagert werden.

Wirsing

Der Wirsing (*Brassica oleracea* var. *sabauda*) ist ein wertvolles, vor allem für den unmittelbaren Konsum bestimmtes Gemüse, das jedoch weniger verbreitet ist als der Weißkohl. Er enthält eine beachtliche Menge Vitamin C und Provitamin A, Vitamine der B-Gruppe und Mineralstoffe. In der menschlichen Nahrung wirkt der Wirsingkohl diuretisch.

Die Ansprüche des Wirsingkohls sind in etwa die gleichen wie jene des Weißkohls, er ist jedoch hinsichtlich der Bodengüte bescheidener und bedarf auch keiner so intensiven Düngung. Rauhere klimatische Bedingungen verträgt er besser und ist auch gegen Fröste widerstandsfähiger. Besonders spätere Sorten überwintern gut, vor allem, wenn in der Zeit der größten Fröste eine ausreichende Schneedecke vorhanden ist. In günstigen Lagen lassen sich frühe Wirsingsorten im Herbst pflanzen und im Frühling ernten.

Die Anzucht erfolgt auf ähnliche Weise wie beim Weißkohl, wobei jedoch die Abstände kleiner sein können, bei den frühen Sorten genügt ein Verband von 35 x 35 cm, bei späteren ist mit einem Abstand von bis zu 60 cm zu rechnen. Die Pflanztiefe ist in etwa die gleiche wie beim Weißkohl. Auch die Pflege während der Vegetationszeit unterscheidet sich kaum von jener beim Weißkohl.

Die frühen Wirsingsorten werden selektiv geerntet, die späten, zur Einlagerung geeigneten Sorten hingegen auf einmal. Die Einlagerung von Wirsingkohl ist schwieriger als beim Weißkohl. Er verträgt keine warmen, feuchten und schlecht gelüfteten Räume und ist in solchen recht fäulnisanfällig. Günstiger ist es deshalb, die Pflanzen zwecks schrittweiser Ernte so lange wie möglich mit einer leichten Reisig- oder Strohdecke auf den Beeten zu belassen.

Grünkohl

Den Grünkohl (*Brassica oleracea* var. *sabellica*), auch Kraus-, Blatt- oder Braunkohl genannt, gibt es in zahlrei-

Später Kohl wird Ende Oktober und im November vor Frosteintritt geerntet. Eingelagert wird er in kühlen Kellern oder mitsamt den Wurzelballen in Mieten (269)

Für die Sommer- und Herbsternte sind Rotkohlsorten sehr beliebt (270)

chen, durch Form, Kräuselung und Farbe der Blätter sowie Wuchshöhe unterschiedenen Sorten.

Der Grünkohl ist eine Gemüseart mit einem hohen Vitamin- und Mineralstoffgehalt, dessen Nährwert höher ist als der des Weißkohls. Er kann den ganzen Winter über geerntet werden, da er auch starke Fröste übersteht, ohne Schaden zu nehmen. Die gekräuselten Blätter werden am besten erst nach den ersten Frösten geerntet, da sie dann noch schmackhafter sind. Wer ein unbeheiztes Gewächshaus oder einen lichteren Keller besitzt, ist gut beraten, wenn er den Grünkohl mitsamt den Wurzeln aus der Erde nimmt und ihn in Polyäthylenbeutel oder ein größeres Gefäß setzt.

Hinsichtlich seiner Ansprüche an Bodenbeschaffenheit, Lage, Nährstoffgehalt des Bodens sowie Feuchtigkeit ist der Grünkohl ein recht bescheidenes Gemüse, das auch im Halbschatten gedeiht. Der Grünkohl wird im Mai dünn in ein Aussaatbeet ausgesät, und die Jungpflanzen werden dann im Juni und Juli im Abstand von 60 cm so tief wie möglich gesetzt.

Die Vegetationsdauer der einzelnen Sorten beträgt 100 bis 150 Tage.

Rosenkohl

Der Rosenkohl (*Brassica oleracea* var. *gemmifera*) verträgt, ähnlich wie der Grünkohl, selbst stärkere Fröste und ist hervorragend für den winterlichen Konsum geeignet. Er enthält einen hohen Anteil an Vitaminen C, B_1, B_2 und K, Provitamin A und Mineralstoffe.

Wirsingkohl läßt sich auch im Winter firsch von den Freilandbeeten ernten (271)

Grünkohl kann bedeckt mit Nadelholzreisig, vor der winterlichen Sonne geschützt werden. Ab Oktober pflückt man die Blätter, beginnend bei den äußeren. Auch ganz gefroren sind sie verwendbar (272)

Die früheste Ernte gibt es von weißen Kohlrabisorten. Sie werden ab Ende April so tief gepflanzt, wie sie im Frühbeet gewachsen sind. Die Pflanzen sollen schnell und ohne Unterbrechung weiterwachsen (273)

Da weiße frühe Kohlrabisorten meist keine höheren Temperaturen im Frühsommer vertragen, sind für die Frühsommerernte neben weißen auch blaue Sorten anzubauen, die seltener holzig werden (274)

Der Rosenkohl stellt hohe Ansprüche an den Nährstoffgehalt im Boden, gedeiht aber auch gut in feuchteren und höheren Lagen. Die Wachstumsdauer beträgt 160—180 Tage.

Die Aussaat des Rosenkohls erfolgt ab Mitte April ins Aussaatbeet, wo er bei zu dichter Aussaat pikiert werden kann. Die Pflanzung ist bis spätestens Mitte Juni vorzunehmen, wobei der Abstand 60—70 cm zu betragen hat. Die Jungpflanzen kommen tief in die Erde, und während des Wachstums wird noch nachgedüngt. Als Kulissenpflanze schützt der Rosenkohl z. B. Gurken hervorragend gegen schädlichen Wind. Um die Bildung der in den Blattachseln wachsenden Röschen zu unterstützen, können Ende August die Gipfeltriebe der Pflanzen abgeschnitten werden. Die Blätter werden jedoch belassen, da sich die Röschen sonst zu sehr öffnen würden.

Die Ernte des Rosenkohls erfolgt durch Sichtung, so wie die einzelnen Pflanzen wachsen. Da er Fröste bis zu -15°C verträgt, kann er lange Zeit auf dem Beet stehenbleiben. Nach dem Einfrieren sind die Röschen sogar zarter und schmackhafter. Oft ist es vorteilhaft, die ganzen Strünke mitsamt der Röschen zu ernten und im Keller einzulagern, bzw. mitsamt den Wurzeln in einem tiefen Frühbeet einzuschlagen, besonders wenn das Grundstück nach der Rosenkohlernte rechtzeitig umgegraben werden soll.

Kohlrabi

Der Kohlrabi (*Brassica oleracea* var. *gongylodes*) gehört, besondes im Frühjahr, zu den beliebtesten Gemüsearten. In frischem Zustand erreicht er einen Vitamin-C-Gehalt von 50—60 mg je 100 g Frischsubstanz. Die jungen Blätter enthalten gegenüber den Knollen sogar ein Vielfaches an Vitamin C, dreimal mehr Kalzium und darüber hinaus Provitamin A. In manchen Ländern werden die jungen Blätter der Kohlrabi üblicherweise in der Küche mit verwendet.

Kohlrabi wird in feuchteren und warmen Böden in der ersten Tracht angebaut; humose, nährstoffreiche Böden sind dazu erforderlich; zu vermeiden ist jedoch eine Düngung mit frischem Stallmist. Hingegen ist die Düngung der Beete mit Kompost noch vor der Pflanzung außerordentlich zuträglich. Im Unterschied zu anderen Kohlgemüsearten ist Kohlrabi gegenüber raschen und größeren Temperaturstürzen empfindlich. Besonders angetriebener Kohlrabi schoßt nach wiederholter Unterkühlung, ohne Knollen zu bilden, wobei die blauen Sorten besonders anfällig sind. Ein kurzfristiges Absinken der Temperatur, evtl. bis zum Gefrierpunkt, schadet hingegen den Jungpflanzen kaum. Während des gesamten Wachstums muß der Kohlrabi regelmäßig und ausgiebig gegossen werden. Bei unzureichender Feuchtigkeit verholzen die Knollen, während sie andererseits bei zu großen Wassermengen leicht platzen.

Kohlrabi wird in der Regel aus Jungpflanzen angezogen, seltener unmittelbar ausgesät. Kräftiges, gut entwickeltes Pflanzgut wird auf ähnliche Weise gewonnen, wie beim Weißkohl und Grünkohl. Früher Kohlrabi zur frühzeitigen Beetpflanzung wird bereits Ende Februar oder Anfang März in warme Frühbeete gesät, Sommersorten werden dann im März gesät und späte Sorten in der ersten Aprilhälfte. Frühe Sorten, die als Folgefrucht für die herbstliche Ernte bestimmt sind, werden im Juni gesät. Kohlrabi wird in der Regel nur pikiert, Topfen ist für die beschleunigte Entwicklung der Jungpflanzen nicht nötig.

Kohlrabi wird grundsätzlich flach gepflanzt, am besten ebenso tief, wie sie im Frühbeet standen. Bei zu tiefer Pflanzung werden die Knollen länglich. Auch beim späteren Lockern des Bodens ist darauf zu achten, daß ihre kurzen Strünke nicht mit Erde zugedeckt werden. Frühe Sorten werden bereits Anfang Mai gepflanzt. Mit Hilfe von Folientunneln kann die Ernte bis um 14 Tage beschleunigt werden. Wichtig ist ein regelmäßiges Gießen während der gesamten Wachstumsperiode.

Frühe Kohlrabisorten werden selektiv geerntet, so wie sie groß genug sind, wobei darauf zu achten ist, daß dies möglichst erst kurz vor der Zubereitung geschieht, damit sie ganz frisch und nicht schon angewelkt sind. Auch sollten sie rechtzeitig geerntet werden, damit sie nicht holzig werden. Spätere Sorten werden in der Regel auf einmal geerntet, und zwar noch vor den ersten Frösten. Die gesunden und ungeplatzten Knollen werden samt dem Wurzelwerk im Frühbeet oder im Keller in Sand eingeschlagen, bzw. in eine Miete gebracht.

Blumenkohl

Der Blumenkohl (*Brassica oleracea* var. *botrytis*) ist ein hochwertiges und außerordentlich beliebtes Gemüse. Der Vitamingehalt entspricht in etwa jenem des Rosenkohls, nur der Provitamin-A-Gehalt ist geringer. Da der Blumenkohlkopf — er besteht aus einem fleischigen Blütenstand — weniger Zellulose enthält als anderes Kohlgemüse, gehört der Blumenkohl zu den leicht verdaulichen Gemüsearten.

Von allen Kohlgemüsearten stellt der Blumenkohl die höchsten Ansprüche. Er verlangt feuchtere, warme und reichlich sonnenbestrahlte Böden, Schattenlagen verträgt er nicht. Blumenkohl ist ein typisches Gemüse der ersten Tracht, seine Ansprüche an den Humus- und Nährstoffgehalt des Bodens sind hoch. Die gesamte Wachstumszeit über muß häufig und regelmäßig gegossen werden. Voraussetzung für den Erfolg ist jedoch auch die Wahl der richtigen Sorte für die beabsichtigte Aufzuchtweise.

Da die Jungpflanzen zum Wachsen ein entsprechend tiefgründiges und gleichzeitig auch warmes, mit Stallmist gedüngtes Frühbeet braucht, ist für den Hobbygarten eher das Anziehen unter Folien geeignet. Wenn Blumenkohlpflanzen für eine frühzeitige Frühjahrsauspflanzung bereitgestellt werden sollen, muß die Aussaat bereits ab Ende März erfolgen. Bereits einmal pikierte Pflanzen sollten noch in größere Töpfe umgepflanzt werden.

Das angezogene, abgehärtete Pflanzgut des frühen Blumenkohls, dessen Wachstum ohne Unterbrechung verlief, wird in der ersten Maihälfte in Beete gesetzt. Dabei ist auf eine ausreichende Pflanztiefe sowie auf einen Pflanzabstand von etwa 50 cm zu achten. Sommerblumenkohl wird in der Regel Ende April gesät, im halbwarmen Frühbeet angezogene Pflanzen kommen Ende Mai oder im Juni ins Beet. Im Hobbygarten ist es wohl am günstigsten, Blumenkohl als Folgefrucht für die herbstliche Ernte zu pflanzen, z. B. nach Frühkartoffeln. Die Aussaat erfolgt etwa um Mitte Mai, die Pflanzung dann bis Mitte Juli. Bei verspäteter Pflanzung bildet der Blumenkohl erst spät Köpfe, so daß er seine Entwicklung bis Ende September nicht mehr abschließen kann.

Während der Vegetationsdauer bedarf der Blumenkohl außer der Grunddüngung mit Stallmist oder gutem Kompost auch noch weiterer Dünger in Form von Mineralsalzen. Wenn die Beete vor der Pflanzung mit Ammoniumsulfat, Superphosphat und Kaliumsalz in Mengen von 50, 70 und 30 g/m² gedüngt wurden, reicht während des Wachstums eine Nachdüngung mit Kalkammonsalpeter in einer Menge von 35 g/m² aus. Anstatt der Krumendüngung mit Ammoniumsulfat, Superphosphat und Kaliumsalz kann auch ein Volldünger in einer Menge von 100 g/m² eingesetzt werden. Bewährt haben sich Volldünger mit Molybdän, dessen Fehlen im Boden das bekannte „Klemmherz" bei Blumenkohl auslöst. Der hohe Nährstoffgehalt des Bodens ist von außerordentlicher Wichtigkeit, da nur kräftige Pflanzen mit großen Blättern entsprechend große und kompakte Köpfe hervorzubringen vermögen. Kleine und langsam wachsende, unter Nährstoff- oder Wassermangel leidende Pflanzen bilden zwar schon frühzeitig Köpfe aus, diese bleiben jedoch klein und minderwertig.

Die Köpfe müssen auch vor unmittelbarer Sonneneinwirkung geschützt werden, da sie sonst gelb werden. Bisher gibt es nur wenige Sorten, bei denen die Innenblätter die Rose von alleine decken. In der letzten Wachstumsphase werden deshalb die Blätter zusammengebunden oder oberhalb der Rose umgebrochen. Der Blumenkohl wird stets selektiv geerntet, vor allem muß jedoch die Ernte rechtzeitig erfolgen, da die Köpfe sonst durchwachsen. Blumenkohl ist nur beschränkt lagerungsfähig.

Brokkoli

Der Brokkoli (*Brassica oleracea* var. *italica*), auch Spargelkohl genannt, stellt eine Übergangsform zwischen Blumenkohl und anderem Kohlgemüse dar. Im Vergleich zum Blumenkohl ist die Sproßachse wesentlich verstärkt und läuft in einen rispenartigen Blütenknospenstand mit locke-

Blumenkohl braucht eine offene sonnige Lage und genügend Niederschläge (275)

ren sich nacheinander entwickelnden fleischigen Knospen aus. Seine Zubereitung erfolgt ähnlich wie die des Blumenkohls oder Spargels. Der Vitamingehalt des Brokkoli ist wesentlich höher als beim Blumenkohl, besonders der Gehalt an Vitamin C, E und Provitamin A.

Der Anbau von Brokkoli ist weniger anspruchsvoll als der Anbau von Blumenkohl, auch seine Ansprüche an die Wachstumsbedingungen sind wesentlich bescheidener. Er gedeiht gut in höheren Lagen mit feuchtem Klima. Die Aussaat erfolgt meist ab Mitte Mai in ein Saatbeet. Ende Juni oder Anfang Juli werden die Pflanzen dann mit Abständen von 50—60 cm ausgepflanzt. Die Ernte erfolgt dann nach und nach im September. Zunächst wird der Hauptsproß mit einem 15—20 cm langen fleischigen Stengelanteil abgeschnitten, und dann die bis zu den ersten Frösten an den Seitensprossen wachsenden Rosen. Für die Früherne kann der Brokkoli ab Ende März in ein warmes Frühbeet ausgesät und die dort angezogenen Jungpflanzen können dann Mitte Mai ins Freiland umgesetzt werden. Beim Frühjahrsanbau ist jedoch der Erntezeitraum wesentlich kürzer, da die Pflanzen bald schossen.

Chinakohl

Der Chinakohl (*Brassica pekinensis*) wird in der Praxis manchmal dem Blattgemüse zugeordnet, wohl weil aus den rohen Blättern ein Salat zubereitet wird. Es handelt sich jedoch in Wirklichkeit um ein Kohlgemüse. Nach dem Entfernen der äußeren Blätter kann der längliche Kopf in dünne Streifen geschnitten werden. Er kann jedoch ebenso wie Spinat, Stangensellerie oder Weißkohl zubereitet werden. Der Vitamin-C-Gehalt ist beachtlich, ebenso der Gehalt an Provitamin A und einigen Mineralstoffen.

Der Chinakohl stellt keine besonders hohen Standort- und Pflegeansprüche, braucht jedoch eine ausreichende Boden- und Luftfeuchtigkeit. Deshalb gedeiht er auch in höheren Lagen recht gut. Der Chinakohl benötigt für seine Entwicklung etwa zwei bis drei Monate. Die Aussaat erfolgt im Sommer.

Am besten hat sich die Zeit Anfang bis Mitte Juli bewährt. Unter den Bedingungen im Frühling würden nämlich die Pflanzen keine genügend festen Köpfe bilden und vorzeitig zur Blüte kommen. Andererseits sollte jedoch die Aussaat auch nicht über die Julimitte hinausgezogen werden, damit die Pflanzen bis zum Frosteinbruch entsprechend wachsen können.

Die Kultur von Chinakohl beginnt entweder mit einer unmittelbaren Aussaat ins Freilandbeet oder mit der Anzucht von Jungpflanzen. Der Reihenabstand beträgt bei der Aussaat ins Freiland etwa 40 cm. Nach dem Auflaufen werden die Pflanzen auf etwa 25 cm Abstand in der Reihe vereinzelt. Während der Wachstumszeit muß der Boden oft gelockert und mit Wasser versorgt werden. Reichliche Feuchtigkeit ist für den Chinakohl besonders wichtig. Durch häufiges Besprengen wird dem Vorkommen von Glanzkäfern und Erdflöhen vorgebeugt, die keine Feuchtigkeit vertragen. Es ist auch darauf zu achten, daß den Pflanzen ausreichend Nährstoffe im Boden zur Verfügung stehen, da diese für eine schnelle Entwicklung unerläßlich sind.

Die Ernte erfolgt selektiv, wenn sich die ersten Köpfe zu bilden beginnen, d.h. etwa zwei Monate nach der Aussaat. Selbst wenn der Chinakohl gegen Kurzfröste einigermaßen widerstandsfähig ist, lohnt es sich, die Beete zuzudecken, z. B. mit einer ortsveränderlichen Folienabdeckung. Ebenso ist es möglich, die Pflanzen vor Frosteinbruch mitsamt den Wurzeln in ein tieferes Frühbeet oder in einen kühlen Keller zu bringen, wo er dann bis in den Winter hinein gelagert werden kann. Die Dunkelheit bewirkt an den so gelagerten Pflanzen keine Schäden.

Fruchtgemüse

Die Fruchtgemüsearten sind ausnahmslos in tropischen oder subtropischen Gegenden beheimatet und stellen deshalb besonders hohe Ansprüche an Wärme und Feuchtigkeit. Sie werden in der ersten Tracht angebaut, nachdem der Boden durch ausgiebige Stallmist- und hochwertige Kompostgaben sowie Grün- oder Mineraldüngung entsprechend vorbereitet wurde. Dem Fruchtgemüse werden vor allem Pflanzen der Nachtschatten- und Kürbisgewächse zugeordnet.

Gurken

Die Gurken (*Cucumis sativus*) gehören zu den weitverbreitetsten Gemüsearten, wenngleich auch ihr erfolgreicher Anbau von zahlreichen Faktoren abhängig ist, besonders von einer entsprechenden Temperatur während der Wachstumszeit. Wegen ihres Erfrischungseffekts erfreuen sich die Gurken einer außerordentlichen Beliebtheit, sei es in frischem Zustand oder konserviert. Sie enthalten jedoch viel Wasser und nur wenig Vitamin C und Mineralstoffe, im Fleisch sogar weniger als in der Schale.

Gurken stellen hohe Ansprüche besonders an ausreichende Wärme. Gegen Temperaturschwankungen oder gar Unterkühlung sind die Pflanzen höchst empfindlich. Sie verlangen basische Warmböden mit hohem Humus- oder Nährstoffgehalt. Besonders effektiv ist die Stallmistdüngung. Die Gurkenfläche sollte möglichst sonnenbestrahlt und gleichzeitig gegen Wind geschützt sein. Nützlich ist es,

Brokkoli enthält viele Vitamine und Mineralstoffe. Solange die Blütenstände noch dicht sind, pflückt man zunächst die Hauptblütenstände, dann die seitlichen (276)

Chinakohl kann nur im Herbst angezogen werden. In der Wachstumsperiode gießt man ihn reichlich, um einen Befall durch Erdflöhe zu verhindern. Aus rohem Chinakohl bereitet man Salate zu (277)

Gurken zwischen höheren Pflanzen anzuziehen, z. B. zwischen Mais, Rosenkohl, Tomaten u. dgl.

Gurken werden entweder direkt ausgesät, häufig jedoch vorkultiviert. Direktaussaaten sind gegen ungünstige klimatische Bedingungen widerstandsfähiger, beginnen jedoch namentlich bei kühlerem Regenwetter später zu keimen oder gehen sogar überhaupt nicht auf. Deshalb wird es in der Regel günstiger sein, erst Jungpflanzen anzuziehen. Dermaßen vorkultivierte Gurken lassen sich auch früher ernten. Da die Fruchtbarkeit der Samen mit ihrem Alter zunimmt, und demzufolge Pflanzen aus jüngerem Saatgut geringere Erträge bringen, werden vornehmlich ältere Samen — in der Regel drei bis vier Jahre alte — genommen. Im Unterschied zu anderen Gemüsearten lohnt es sich deshalb, Gurkensamen ein bis zwei Jahre im voraus zu erwerben.

Die Freilandaussaat der Gurken erfolgt in der zweiten Maihälfte, am besten mit 80—100 cm Reihenabstand. Bei Einlegegurken kann der Abstand geringer sein, etwa 60 bis 80 cm. Entlang des Beetes werden etwa 30 cm breite und 20 cm tiefe Furchen gezogen, die mit verrottetem Stallmist oder gutem Kompost gefüllt und dann mit Erde bedeckt werden. In die so entstandenen Hügel werden nun die Samen flach eingebracht, wobei am besten angekeimtes oder angequollenes Saatgut verwendet wird. Bis zum Zeitpunkt, zu dem die Gurkenpflanzen groß geworden sind und die ganze Beetfläche bedecken, können die Flächen zwischen den Gurkenreihen anderweitig genutzt werden, z. B. für Kohlrabi und Salat.

Falls das Pflanzgut vorkultiviert werden soll, müssen die Samen in der zweiten Aprilhälfte am besten in Töpfe oder Schalen ausgesät werden, die im Gewächshaus oder Frühbeet warmgehalten werden. In etwa drei bis vier Wochen können die bereits abgehärteten Pflanzen entweder in vorbereitete Freilandbeete oder in das nach der Salaternte frei gewordene Frühbeet gesetzt werden.

Die Gurkentreiberei im warmen Frühbeet beginnt in der Regel ab Mitte April. Die Anzucht der Gurken wird erfolgreich sein, wenn es gelingt, im Frühbeet eine Temperatur von 18 °C zu gewährleisten. Unter ein Frühbeetfenster kommen etwa drei Sämlinge. Wenn sie mindestens fünf Laubblätter haben, werden sie gestutzt. Die Pflanzung erfolgt flach und schräg, um das Einwurzeln zu erleichtern. Im Frühbeet werden die Gurken mit lauwarmem oder abgestandenem Wasser gegossen. Zwischen den Pflanzreihen darf der Boden nicht tief aufgehackt werden, da die Gurken ausgesprochene Flachwurzler sind. Bei sonnigem Wetter ist das Frühbeet zu beschatten und zu lüften.

Gurken lassen sich mit Erfolg auch im geschützten und feuchten Milieu höherer Folientunnel anbauen, eine Methode, derer sich zahlreiche Freizeitgärtner bedienen. In solchen hohen Folientunneln werden in gut mit Stallmist oder wenigstens mit Kompost gedüngten Beeten Gewächshaussorten angebaut. Die Gurkenkeimlinge werden in der gewohnten Weise durch Aussaat in kleine Töpfe angezogen. Um recht kräftige Pflanzen zu erzielen, werden sie noch einmal in größere Töpfe mit einem Durchmesser von 10—12 cm umgesetzt. Für die Widerstandsfähigkeit gegen Welke pfropfen manche erfahrenen Anbauer die jungen Gurkensämlinge auf Jungpflanzen des Feigenblattkürbisses. Sämlinge mit gut durchwurzelten Ballen werden im Abstand von 60—80 cm aufgepflanzt, am besten in angehäufelten durchgesiebten Kompost.

Unter günstigen Bedingungen wachsen die Gurkensämlinge verhältnismäßig rasch. Jede Pflanze wird mit Hilfe eines Bindfadens auf eine Lattenkonstruktion oder auf einen etwa 180 cm über dem Beet gespannten Draht geführt. Der Bindfaden wird sehr vorsichtig am Stengel befestigt, am besten unterhalb der Keimblätter, wobei die Schlinge genügend weit bleiben muß, damit sie nicht in den Stengel einschneidet. Ebenso sollen Bindfäden, an denen sich die Pflanzen zum Trägerdraht ranken, genügend locker sein. Sobald der Haupttrieb über den Trägerdraht gewachsen ist, wird der Trieb auf das zweite Blatt über dem Draht zurückgeschnitten. Bis zur Höhe von etwa 60 cm werden alle Nebentriebe der Hauptsproßachse beseitigt und erst darüber belassen. Diese Seitentriebe werden über dem ersten Blattknoten eingekürzt. Über dem Trägerdraht sind inzwischen aus den Blattachseln zweier Blätter Triebe gewachsen, die freihängend belassen werden, bis sie bis zur Erde reichen. Dann werden sie — etwa 60 cm über dem Boden — wieder gekürzt. An diesen freihängenden Trieben wird später wiederum in jeder Blattachsel eine Frucht belassen. Von dieser Methode gibt es allerdings eine ganze Reihe verschiedener Modifikationen, ebenso wie die verschiedensten Schnittarten. In der zweiten Wachstumsperiode werden vor allem alle überzähligen Triebe beseitigt, besonders jedoch alle von Virus- oder Fäulniskrankheiten befallenen Pflanzenteile. Abgesehen vom regelmäßigen Schnitt muß im Gewächshaus eine gleichmäßige Luftfeuchtigkeit sowie eine Temperatur zwischen 20° und 35 °C aufrechterhalten werden. Es müssen auch sämtliche abgeblühten männlichen Blüten beseitigt werden, die bei der hohen Luftfeuchtigkeit von Fäulniserregern befallen werden und ihr Umfeld anstecken würden (in der Regel werden in Gewächshäusern heute aber rein weibliche Sorten verwendet, die keine männlichen Blüten mehr bilden).

In Freilandbeeten erfordern Gurken eine keineswegs geringere Sorgfalt. Sie müssen regelmäßig und reichlich gegossen werden, an heißen Sommertagen am besten in den frühen Morgenstunden. Falls es nicht möglich ist, regelmäßig zu gießen, ist es besser, abgesehen von einer kurzen Zeit nach der Pflanzung, vom Gießen überhaupt abzusehen. Das Hacken und Harken erfolgt nur ganz flach, von größerer Bedeutung ist ein mäßiges Häufeln um die Pflanzen herum. Von höchster Wichtigkeit ist ein Nachdüngen mit Mineraldüngern während der Wachstumsperiode, z. B.

Auch der Nutzgarten kann »für das Auge« gestaltet sein. Die Plattenwege trennen die Beete und schaffen so Ordnung (278)

Gurken baut der Mensch seit dem 2.—3. Jh. vor unserer Zeitrechnung an. Obwohl sie den größten Wassergehalt unter allen Gemüsearten und den niedrigsten Gehalt an Vitaminen und Nährstoffen haben, sind sie sehr beliebt (279)

mit Kalkammonsalpeter in einer Menge von etwa 20 g/m² (alle 14 Tage).

Freilandgurken können etwa ab Mitte Juli bis Mitte September geerntet werden, so wie sie nach und nach reifen. Besonders Einlegegurken dürfen nicht an den Pflanzen bleiben bis sie überreif sind, da die Früchte dann Samen bilden und die Pflanzen so stark beansprucht werden, daß sie keine neuen Früchte ansetzen können. Einlegegurken werden zunächst täglich, später dann jeden zweiten oder dritten Tag geerntet.

Kürbis

Beim Kürbis werden kriechende Riesenkürbisse (*Cucurbita maxima*) und strauchförmige Gartenkürbisse (*Cucurbita pepo*) unterschieden. Ganz allgemein gehören sie zu den minder verbreiteten Gemüsearten, wenngleich sie auch in Hobbygärten verhältnismäßig oft angebaut werden. Die Früchte zeichnen sich durch einen verhältnismäßig hohen Vitamin-C-Gehalt aus und sind gut bekömmlich. Ausgereifte Früchte werden vor allem zur Kompottzubereitung verwendet.

Der Kürbis ist eine wärmeliebende Pflanze, die warme Lagen und humose Böden mit einer ausreichenden Nährstoff- und Feuchtigkeitsmenge braucht. Er ist jedoch weniger kälteempfindlich als die Gurke.

Kürbisse werden in der Regel direkt ins Freiland ausgesät, wenngleich auch, besonders in höheren und kühleren Lagen, eine Vorkultivierung in größeren Töpfen, ähnlich wie bei Gurken, durchaus möglich ist. Die Freilandaussaat erfolgt in der zweiten Maihälfte, am besten mit mindestens einem Meter Abstand zwischen den Pflanzlöchern, in die jeweils 2—3 Samen gelegt werden. Bei den kriechenden Sorten muß der Abstand sogar zwei Meter betragen. Ungeeignet für die Aussaat von Kürbissen ist der Kompost, der durch die großen Blätter zwar beschattet wird, dem jedoch durch das gewaltige Wurzelsystem zu viele Nährstoffe und zu viel Feuchtigkeit entzogen werden.

Zu den Strauchkürbissen gehören auch die beliebten Patisson-Kürbisse (Scallopini), mit aufrechten kurzen Stengeln und flachen scheibenartigen Früchten. Sie werden in milchreifem Zustand geerntet, wenn ihre Schalen noch weich sind.

Zucchini

Diese in südlichen Ländern allgemein verbreitete Gemüsedelikatesse kann auch in unseren Breiten erfolgreich angebaut werden. Auch die Zucchini ist eine Varietät des Gemüsekürbisses (*Cucurbita pepo* convar. *giromantiina*) und stellt ähnliche Ansprüche an die Bodenbeschaffenheit. Sie gedeiht gut in warmen, sonnigen Lagen. Aus den im April in Töpfe oder im Treibhaus, oder an einen anderen geschützten Ort gesäten Samen werden Jungpflanzen angezogen, die erst in der zweiten Maihälfte ins Freiland kommen. Der Abstand zwischen den Pflanzen muß einen Meter betragen. Die Zucchini brauchen einen lockeren Boden und müssen ausreichend gegossen werden. Die Ernte beginnt, wenn die Früchte etwa 20 cm lang sind, also Ende Juli oder Anfang August, um dann bis zu den ersten Frösten zu dauern. Die Zucchini werden vor ungünstiger Witterung am besten im Frühbeet oder im Folientunnel geschützt, können aber auch im Freiland ohne Schutz angebaut werden.

Zuckermelone

Die Zucker- oder Gartenmelone (*Cucumis meio*) ist ein naher Verwandter der Gurke, jedoch wesentlich anspruchsvoller, was die Wärme anlangt. Sie trägt kleinere aromatische Früchte mit gelbem, grünem oder orangefarbenem Fleisch, das sich durch einen Zuckergehalt von 5 bis 8 % auszeichnet und eine hervorragende diätetische Wirkung hat. Die Früchte enthalten überdies Vitamin C sowie Zitronen- und Apfelsäure.

Wegen ihrer hohen Wärmeansprüche kann die Zuckermelone nur in warmen Gegenden im Freiland angebaut werden, in weniger günstigen Klimalagen müssen Frühbeete und Folientunnel genutzt werden. Der Boden hat humos und warm zu sein, und muß einen ausreichenden Nährstoffvorrat besitzen. Die Ansprüche an die Luftfeuchtigkeit sind gering, die Zuckermelone verträgt jedoch keinesfalls windige Lagen, große Temperaturstürze sowie länger dauernde Regenfälle. Bis zum Erntezeitpunkt vergehen 120—130 Tage.

In warmen Gegenden werden die Zuckermelonen im Mai unmittelbar in gut mit Kompost und verrottetem Stall-

Als erste werden Treibhausgurken geerntet. Die Früchte entwickeln sich, ohne daß die Blüten bestäubt worden wären (280)

mist gedüngte Freilandbeete ausgesät. Üblicher ist es jedoch, Jungpflanzen vorzukultivieren, die auf ähnliche Weise angezogen werden wie Gurken, nämlich durch Aussaat in kleine Töpfe. Dieses wird im April vorgenommen, wobei es ebenso wie bei den Gurken vorteilhaft ist, drei- bis vierjährige Samen auszusäen. Von vorkultivierten Pflanzen können die ersten Früchte bis zu drei Wochen früher geerntet werden als nach unmittelbarer Freilandaussaat. Ende Mai werden dann die kräftigen und abgehärteten Pflanzen mit Abständen von etwa 80 cm gepflanzt. In der ersten Wachstumsphase sind Folienabdeckungen von Nutzen. Diese werden erst Ende Juni entfernt, wenn die Pflanzen schon kräftig geworden sind und zu blühen beginnen. Um den Fruchansatz zu beschleunigen, werden sie dermaßen gestutzt, daß nur etwa zwei bis vier Früchte belassen werden, wodurch gewährleistet ist, daß diese voll auswachsen. Zu Beginn des Wachstums wird der Boden um die Pflanzen herum flach gelockert, und besonders in regenarmen Wetterperioden wird häufig gegossen. Später ist unter normalen Wetterbedingungen das Gießen nicht erforderlich. Die Melonen wurzeln wesentlich tiefer als die Gurken und entnehmen deshalb die Feuchtigkeit auch aus den tieferen Bodenschichten.

Die Ernte erfolgt nach und nach, so wie die Früchte reif werden. Vollreife Früchte sind am intensiven Duft sowie am Weichwerden zu erkennen. Zuckermelonen lassen sich nicht längere Zeit einlagern und halten bei normaler Temperatur höchstens eine Woche nach der Ernte aus. Gekühlt stellen sie eine höchst angenehme Erfrischung dar.

Wassermelone

Die Wassermelone (*Citrullus lanatus*) bringt gewaltige Pflanzen mit kugeligen, eiförmigen oder ovalen Früchten hervor, die ein Gewicht von 10—15 kg erreichen. Diese enthalten Vitamin C, 3—5 % Zucker und sind ebenso gut bekömmlich wie die Früchte der Zuckermelone.

Die Wachstumsdauer der Wassermelonen beträgt 130 bis 150 Tage. Der Anbau erfolgt ähnlich wie bei den Zuckermelonen. Auch die Ansprüche sind in etwa die gleichen, die Wassermelonen brauchen jedoch mehr Wärme als die Zuckermelonen. Die vorkultivierten Pflanzen werden in einem Verband von 80 × 150 bis 80 × 200 cm gesetzt.

Die Ernte beginnt etwas später als bei der Zuckermelone, ungefähr Ende August, meist jedoch Anfang September. Ein zuverlässiges Zeichen der Erntereife ist der hohle Ton beim Beklopfen der Früchte ebenso wie der leicht gewordene und eintrocknende Fruchtstiel. Die feste, lederartige Schale der Wassermelonen bewirkt, daß sie länger gelagert werden können als die Zuckermelonen, ohne Schwierigkeiten bis zu 2—3 Monate.

Tomate

Die Tomate (*Lycopersicon lycopersicum*) gehört heute zu den meistverbreiteten Gemüsearten, obwohl sie noch in der ersten Hälfte des vorigen Jahrhunderts als ausgesprochen ungesunde Pflanze bezeichnet wurde. Die Früchte enthalten viel Vitamine C, B_1 und Provitamin A, viel Zucker und zahlreiche Mineralstoffe, wobei Vitamine und Nährstoffe in den Früchten in einem wohlproportionierten Verhältnis vorhanden sind, so daß sogar der Konsum von größeren Tomatenmengen keinerlei Verdauungsstörungen herbeiführt.

Die Tomaten stellen vor allem bestimmte Temperaturansprüche. Am besten gedeihen sie in Jahren mit baldigem Frühjahrsbeginn, wenn die Temperaturen im Mai nicht mehr unter den Gefrierpunkt sinken und ein warmer Sommer in einen trockeneren Herbst übergeht. Tomaten bedürfen sonniger und geschützter Lagen und warmer, humoser, nährstoff- und feuchtigkeitsreicher Böden. Am geeignetsten sind Böden mit neutraler Reaktion, doch auch leicht saure Böden sind annehmbar. Grundsätzlich werden Tomaten nicht als Folgefrucht von Kartoffeln angebaut, da diese den Boden mit Krankheiten infizieren können, unter denen später die Tomaten zu leiden hätten. Geeignete Vorfrüchte sind hingegen überwinternder Porree, im Herbst gesäter Spinat oder früher Kopfsalat.

In unseren klimatischen Bedingungen ist es vorteilhafter, Tomaten vorzukultivieren als sie unmittelbar ins Freiland auszusäen. Die Wachstumsdauer der Tomaten ist nämlich verhältnismäßig lang — 120 bis 140 Tage — und sie sind sowohl gegen Spätfröste im Frühjahr als auch gegen die ersten Herbstfröste höchst empfindlich. Durch die Vorkultivierung kann die Vegetationszeit für die Tomaten verlängert werden, was zu höheren Erträgen führt.

Die Aussaat erfolgt etwa Anfang April in Saatkisten oder -schalen, die im warmen Frühbeet, im beheizten Gewächs-

Riesenkürbisse werden mit einem Reihenabstand von bis zu 2 m und in der Reihe mit einem Abstand von 1—1,5 m gepflanzt. Die Früchte werden mit dem Stiel gepflückt, sonst verderben sie leicht (281)

Kürbisse sind anspruchsvolle, wärmeliebende Pflanzen. Die ersten Früchte liefern sie 60—70 Tage nach der Aussaat. Kontinuierliche Ernte regt die Ausbildung weiterer Früchte an (282)

haus oder in einem lichten und warmen Wohnraum in Fensternähe untergebracht werden. Nach dem Auflaufen, wenn die Pflanzen bereits die Keimblätter oder die ersten echten Laubblätter gebildet haben, werden sie im Abstand von 8—10 cm ins Frühbeet pikiert. Kleine Sämlinge können auch in mit Komposterde gefüllte Töpfe gesetzt werden, die bis zum Topfrand ins Frühbeet einzusenken sind. Die Pflanzen dürfen keinen niedrigen Temperaturen oder gar Frösten ausgesetzt sein und sollen ausreichend Licht haben, damit sie nicht überständig werden. Das Frühbeet wird ausreichend gelüftet, besonders die letzten 15 Tage vor der Pflanzung, um gesunde, kräftige und abgehärtete Jungpflanzen zu erzielen. Ein Blütenansatz an den vorkultivierten Pflanzen vor dem Auspflanzen schadet nicht.

Das Pflanzen erfolgt häufig erst Ende Mai, wenn bereits die Spätfrostgefahr vorbei ist. Die Pflanztiefe sollte so groß sein, daß etwa ein Drittel der Sproßachse mit Erde bedeckt ist, und es ist günstig, höhere und überständige Pflanzen schräg zu pflanzen. Die mit Erde bedeckten Pflanzenteile bewurzeln sich leicht, so daß sich ein größeres Wurzelsystem entwickelt, das später zu höheren Erträgen führt.

Pflanzung und Pflege sind sortenbedingt unterschiedlich, je nachdem, ob es sich um Stab- oder Buschtomaten handelt.

Die Stabtomaten sind gekennzeichnet durch eine größere Wüchsigkeit der Sproßachse mit Seitentrieben (die entfernt werden müssen) in den Blattachseln. Da die Sproßachse im Laufe des Wachstums eine Höhe bis zu zwei Metern und mehr erreicht, muß sie, um ein Lagern zu verhindern, an eine entsprechende Stütze angebunden werden. Fruchtbildung und Reife erfolgen bei den Stabtomaten schrittweise. Die Pflanzabstände betragen 40 bis 60 cm. An den angezeichneten Stellen werden zunächst mindestens 150 cm lange Stäbe eingerammt und dann mittels Schaufel oder Hacke tiefere Gruben ausgehoben. In diese werden die Pflanzen schräg hineingestellt, die Wurzeln werden zum Teil mit Erde bedeckt und dann begossen. Wenn das Wasser eingesickert ist, wird die Grube ganz zugeschüttet und Erde angehäufelt. Wenn nicht genügend Stäbe vorhanden sind, kann auch zwischen zwei oder mehreren kräftigen Pfählen ein Trägerdraht gespannt werden. Dieser befindet sich dann etwa einen Meter über dem Boden und von ihm werden Bindfäden zu jeder Pflanze geführt, und diese daran befestigt.

Stabtomaten werden mit einem Trieb oder zwei bis drei Trieben gezogen, die in den Blattachseln ansetzenden Seitentriebe werden stets so bald wie möglich ausgeizt. In der zweiten Augusthälfte, bzw. Anfang September werden die Pflanzen über dem letzten entwickelten Blütenstand geköpft, wodurch eine rechtzeitige Vollreife der verbliebenen Früchte herbeigeführt wird.

Für die Buschtomaten ist eine kurze in einem Blütenstand gipfelnde Sproßachse kennzeichnend. Dadurch entstehen binnen kurzer Zeit Seitentriebe, die wiederum durch endständige Blüten abgeschlossen sind. Auch die Buschtomaten bedürfen für ihr aufrechtes Wachstum einer entsprechenden Stütze. Ein weiteres charakteristisches Kennzeichen ist die kürzere Wachstumsdauer, die Früchte reifen früher und gleichmäßiger. Ins Freiland werden sie in einem engeren Verband gesetzt, etwa 25 x 60 cm. Es ist günstig, sie in tiefere Furchen zu pflanzen, etwa wie Kartoffeln, sie können dann später auf ähnliche Weise angehäufelt werden. Die Pflanzen werden während ihres Wachstums ihrer Entwicklung überlassen, es werden also die Seitentriebe nicht ausgebrochen.

In der Zeit ihres intensiven Wachstums werden Stab- ebenso wie Buschtomaten regelmäßig gegossen, am besten mittels einer Kanne ohne Brause, damit Blätter und Früchte nicht benetzt werden. Auf diese Weise wird der

Melonen können nur in den wärmsten Regionen gedeihen. Die Wassermelone braucht noch höhere Temperaturen als die Rebe. Sie verträgt weder Dauerregen noch zu viel Feuchtigkeit oder starke Temperaturschwankungen (283)

Tomaten tragen bereits ab Ende Juni die ersten Früchte. Der Durchschnittsertrag von einer Pflanze beträgt 4—6 kg, d. h. daß sich aus einer Zelle etwa 20 kg Früchte ernten lassen. Allerdings muß der Boden unter der Klimatisierungszelle gut gedüngt werden, und es dürfen nur hochleistungsfähige Hybridsorten der Stabtomaten gepflanzt werden. Buschtomaten sind für dieses Verfahren weniger geeignet.

Noch bevor die ersten Herbstfröste kommen, werden alle vollentwickelten, wenngleich noch grünen Früchte geerntet. Sofern sie nicht in grünem Zustand eingekocht werden sollen, ist es am günstigsten, sie im Gewächshaus oder Frühbeet auf einer Polyäthylenfolie auszubreiten, wo sie dann nachreifen. Ebenso ist es möglich, die ganzen

Tomaten sind begehrt, weil sie saftig sind, gut schmecken und viele Vitamine und Mineralstoffe enthalten. Bei hoher Sonneneinstrahlung sind sie am gehaltvollsten (284)

Ausbreitung pilzlicher Krankheiten vorgebeugt. Während der Vegetationsdauer wird auch nachgedüngt, z.B. mit Kalkammonsalpeter in einer Menge von 22 g/m².

Frühzeitigere und höhere Erträge sind durch Antreiben zu erzielen, z. B. unter einer Polyäthylenfolienbedeckung, evtl. durch das Pflanzen unter Folientunnel. Es muß jedoch eine ausreichende Belüftung gewährleistet sein, damit sich an den Früchten nicht Krautfäule begünstigende Feuchtigkeit niederschlägt. Bei zu hoher Luftfeuchtigkeit setzen die Tomaten auch schlechter Früchte an — die Blüten fallen häufig ab, da der Pollen nicht stäubt. Durch entsprechende Belüftung, evtl. auch durch leichtes Schütteln der Pflanzen, wird der Fruchtansatz gefördert.

In Kleingärten können mit Erfolg auch Klimatisierungszellen eingesetzt werden. Dabei handelt es sich um zerlegbare Mehrzweckeinrichtungen, die für den Anbau von Tomaten und Paprika besonders gut geeignet sind. Sie bestehen aus vier 90 cm langen PVC-Rohren mit offenem oberem und verjüngtem unteren Ende und seitlichen Öffnungen. Diese Rohre werden im Viereck mit 50 cm Abstand in das vorbereitete Beet gerammt und mit Folien umgeben. In jede Ecke des dermaßen abgegrenzten Raumes wird nun eine Pflanze gesetzt und die Zelle mit einem Deckel versehen, von dem das Regen- und Berieselungswasser durch die Rohre direkt zu den Pflanzenwurzeln geleitet wird. Wenn die Pflanzen später über die Zellen hinauswachsen, wird die Bedeckung entfernt, und in die Rohröffnungen können z. B. lange Weidenruten gesteckt werden, an die sich die Oberteile der Pflanzen anbinden lassen. Die Anfang bis Mitte Mai in diese Zellen gepflanzten

Tomatenfrüchte sind vielgestaltig in ihrer Form (285)

Tomaten pflückt man, wenn sie rot geworden sind. Vor Frosteintritt erntet man auch die grünen Früchte, die an einem warmen Ort nachreifen (286)

Pflanzen zu ernten und in einen wärmeren Raum aufzuhängen, wo dann die Vollreife der Früchte abgewartet wird. Es ist jedoch selbstverständlich, daß diese Früchte nicht so hochwertig sind, wie die unmittelbar am Busch gereiften Tomaten.

Paprika

Der Paprika (*Capsicum annuum*) gehört zu den beliebten und wertvollen Gemüsearten. Mit seinem hohen Vitamin-C-Gehalt, besonders in den grünen, unausgereiften Früchten (bis zu 200 mg in 100 g Frischsubstanz) steht der Paprika unter allen Gemüsearten an erster Stelle. Die reifen, voll ausgefärbten Früchte enthalten hingegen viel Provitamin A. Vom Standpunkt des Anbauablaufes, vor allem aber der Verwendung, ist grundsätzlich der Gemüsepaprika vom Gewürzpaprika zu unterscheiden.

Tomaten wachsen und reifen im Gewächshaus schneller (287) ▶

Paprikaschoten haben einen sehr hohen Vitamin-C-Gehalt (288)

Der Paprika ist ganz besonders wärmeliebend und benötigt zum Gedeihen eine wesentlich höhere Temperatur als z. B. Gurken oder Tomaten, namentlich die Gewürzpaprikasorten sind besonders wärmebedürftig. Der Paprika gehört zu den Gemüsearten mit langer Entwicklungsdauer, d. h. 150—200 Tage. Außer seinen Temperaturansprüchen verlangt der Paprika auch regelmäßiges Gießen. Er gedeiht in leicht erwärmbaren, sandigen Lehmböden oder humosen Böden mit genügend Nährstoffen und braucht auch entsprechend geschützte Lagen. Schatten bekommt ihm nicht gut. Paprika darf niemals als Folgefrucht von Tomaten angebaut werden, am besten wird der Paprika als Folgefrucht gut gedüngter Kohlgemüsearten gepflanzt.

Um rechtzeitig vorkultiviertes Pflanzgut zu gewährleisten, erfolgt die Aussaat des Paprikas in der zweiten Märzhälfte oder Anfang April in Handkisten oder Schalen, am besten bei einer Temperatur von 18° bis 25°C. Die aufgelaufenen Sämlinge werden stets zu zweit in Töpfe oder auch direkt ins Frühbeet gesetzt. Vorher werden die Pflanzen durch häufigeres Lüften abgehärtet.

In wärmeren Gegenden kommt der Paprika in der zweiten Maihälfte in Freilandbeete, wiederum je zwei Pflanzen in einen Verband von 40 x 50 cm. Der Paprika läßt sich jedoch nur in warmen Gegenden im Freien anbauen, wo kälteres Klima herrscht, stellen Folienabdeckungen oder Frühbeete die unerläßliche Vorbedingung für einen Erfolg dar, um so mehr, als der Paprika eine hohe Luftfeuchtigkeit sehr gut verträgt. Deshalb ist es auch möglich, die Pflanzen zu spritzen oder zu beregnen. Die häufig aufgestellte Behauptung, daß die Bewässerung beim Paprika nur über die Wurzeln zu erfolgen hat, ist völlig unbegründet. Nur bei Blühbeginn muß das Frühbeet oder das Folienhaus mehr gelüftet werden, damit die Temperatur verringert und das Blütenfallen verhindert wird. Besonders in dieser Zeit sind die Paprikapflanzen gegenüber trockeneren Bedingungen mit Temperaturen um die 30°C und mehr empfindlich. Während des Wachstums erfolgt auch eine Kopfdüngung, entweder mit im Verhältnis 1:10 verdünnter Gülle oder mit Kalkammonsalpeter in einer Menge von 20 g/m².

Wenn der Paprika wegen der grünen Frucht angebaut wird, beginnt die Ernte der Pflanzen im Folienhaus oder Frühbeet bereits Mitte Juli, die Ernte voll ausgereifter, also roter oder gelber Früchte, erfolgt schrittweise Ende August und im September. Unter der Folie werden die letzten Früchte Ende Oktober oder sogar noch später geerntet. Gewürzpaprika wird im Herbst geerntet, wobei die roten Früchte in der Regel in einen warmen Raum gehängt und getrocknet, die grünen hingegen konserviert werden.

Eierfrucht

Die Eierfrüchte (*Solanum melongena*), auch Aubergine genannt, sind von verschiedener Form und meist violett. Es gibt jedoch auch zahlreiche andersfarbige Sorten, weiße, gelbe, braune, purpurfarbene bis schwarze. Die Früchte werden auf verschiedene Art zubereitet, z. B. gedünstet, gebraten wie Schnitzel oder mariniert.

Die Eierfrüchte benötigen eine warme, geschützte Lage und einen gut mit Nährstoffen versorgten, humosen Boden. Im Hinblick auf die lange Wachstumszeit werden die Jungpflanzen stets vorkultiviert. Von sämtlichen Fruchtgemüsearten stellen die Eierfrüchte die höchsten Wärmeansprüche. Unter weniger günstigen Bedingungen können Eierfrüchte nur im Frühbeet oder im Folienhaus angebaut werden.

Die Aussaat erfolgt Anfang März in Handkisten oder Schalen, am besten im Gewächshaus oder im warmen Frühbeet. Die Vorkultivierung der Jungpflanzen verläuft auf in etwa gleicher Weise wie bei Tomaten. Ende April werden dann die Jungpflanzen im Abstand von etwa 40 cm ins Frühbeet gepflanzt, ins Freiland einen Monat später. Bei Freilandbeeten hat sich die Folienabdeckung bewährt. Während des Wachstums ist ein gelegentliches Nachdüngen mit im Verhältnis 1:10 verdünnter Gülle oder Kalkammonsalpeter in einer Menge von 20 g/m² nicht fehl am Platz. Ab Mitte Juni werden die Pflanzen regelmäßig gegossen, und die Oberfläche des Bodens wird aufgelockert.

Die Ernte beginnt ungefähr Mitte August. Um entsprechend große Früchte zu erzielen, werden an jeder Pflanze stets nur fünf bis sechs Fruchtansätze belassen und die übrigen ausgebrochen. Die Ernte muß rechtzeitig erfolgen, solange die Früchte noch im vollen Wachstum begriffen sind, d. h. wenn die Samen zwar schon entwickelt, jedoch noch weich und weiß sind. Überreife Früchte sind meist bitter.

Lauchgemüsearten

Zwiebelgemüse werden meist in der zweiten Tracht angebaut, d.h. nach Gemüsearten, die ausgiebig mit Stalldung oder Kompost gedüngt wurden. Nur der Porree verträgt eine Frischdunggabe und stellt die ganze Wachstumszeit über hohe Ansprüche an die Wasserversorgung. Zwiebelgemüse verlangt einen gut vorbereiteten Boden ohne Unkrautbesatz, am besten lehmigen Sandboden mit einem ausreichenden Vorrat an Kalzium und anderen Nährstoffen.

Küchenzwiebel

Die Küchenzwiebel (*Allium cepa*) ist eine der meistverbreiteten und wichtigsten Gemüsearten, unentbehrlich bei der Zubereitung der verschiedensten Speisen. Sie läßt sich

Die wärmeliebenden Paprikapflanzen gedeihen gut in Weinbaugebieten. Man pflanzt sie auf mittelschwerem humosen Boden in warmer, sonniger Lage, in den nördlichen Breitengraden wählt man geschützte Lagen, am besten an einer weißen Haussüdwand (289)

auch gut trocknen. Der Zwiebelsaft enthält antibiotische Wirkstoffe, Phytonzide, und wird z. B. mit Honig eingenommen, als Medikament gegen Erkältungen geschätzt. Außer ätherischen Ölen (Allin, Allizin), Zuckern und Mineralstoffen enthält die Zwiebel die Vitamine C, B_1, B_2 und E. Die röhrigen Zwiebelblätter sind auch reich an Provitamin A. Die Zwiebel ist, ebenso wie fast alle anderen Gemüsearten, im rohen Zustand am gesündesten.

Die Küchenzwiebel braucht vor allem sonnige Lagen und warme Böden, die ihr einen zarten, süßlichen Geschmack verleihen. In schweren, sauren und kalten Böden bildet sie sog. »Dickhälse«, reift schlechter aus und ist fäulnisanfällig. In höheren Lagen mit feuchterem Klima gedeiht sie schlecht und reift hier auch nicht richtig aus. Was ihre Nährstoffansprüche anbelangt, braucht sie vor allem Phosphor und Kalium. Stickstoffhaltige Düngemittel müssen vorsichtig eingesetzt werden, da ein Stickstoffüberschuß im Boden den Reifeprozeß verlangsamt und sich negativ auf die Lagerfähigkeit auswirkt. Die Küchenzwiebel ist auch hochempfindlich gegenüber Chlor, weshalb ausschließlich Kaliumsulfat verwendet werden darf, das das Kalium in Sulfatform enthält. Vor der Aussaat und vor dem Pflanzen ist in den Boden Kaliumsulfat in einer Menge von 25 g/m² einzubringen.

Der Anbau von Zwiebeln erfolgt im wesentlichen auf dreierlei Weise — durch die Anzucht von Jungpflanzen, durch die unmttelbare Aussaat an Ort und Stelle und durch die Anzucht aus Steckzwiebeln.

Der Anbau vorkultivierter Jungpflanzen ist besonders in höheren Lagen günstig. Die Aussaat erfolgt in der zweiten Märzhälfte, entweder dünn breitwürfig oder in Reihen ins Frühbeet. Die aufgewachsenen Jungpflanzen kommen Ende April oder Anfang Mai in einem Verband von etwa 10 x 20 cm unpikiert auf die Beete. Es können auch, vor allem in trockeneren Zeitabschnitten, je zwei Pflanzen zusammengepflanzt werden, da nicht alle Jungpflanzen weiterwachsen. In solchen Zeiten ist Gießen erforderlich.

Die Direktaussaat ist in wärmeren Gegenden vorteilhaft. Gesät wird in der ersten Märzhälfte in Reihen mit einem

Reihenabstand von 25 cm. Zu dicht aufgelaufene Pflanzen werden auf einem Abstand von 8—10 cm vereinzelt. Bei dieser Anbaumethode ist der Ertrag zwar geringer als beim Anbau aus Steckzwiebeln, es entfällt jedoch die arbeitsaufwendige Anzucht. Bei rechtzeitiger Aussaat reifen die Zwiebeln voll aus und lassen sich ausgezeichnet einlagern. In der Praxis werden dermaßen angebaute Zwiebeln als einjährig bezeichnet.

Die Wintersorten können auf ähnliche Weise Mitte August gesät werden. Bis Winteranfang erreichen sie eine Höhe von 20 cm und überwintern im Freiland recht gut. Vereinzelt wird erst im Frühjahr. Die Reife tritt in etwa um die gleiche Zeit ein, wie beim Anbau aus Steckzwiebeln.

Der Anbau von Steckzwiebeln kann als die landläufige Anbaumethode bezeichnet werden. Diese zweijährige Kultur bringt Erträge hochwertiger, vollreifer Zwiebeln. Die Ernte erfolgt in etwa einen Monat früher als bei Zwiebeln, die unmittelbar an Ort und Stelle ausgesät wurden. Die besten Steckzwiebeln sind 4—10 mm im Durchmesser, bei einem Durchmesser von 10—15 mm sind sie für die Pflanzung auch noch geeignet. Gepflanzt wird im März bis Ende April im Verband von 10 x 25 cm dermaßen flach in den Boden, daß die Hälse leicht herausstehen. In leichten Böden kann etwas tiefer gesetzt werden. Während des Wachstums wird vor allem das Unkraut bekämpft und zwischen den Reihen der Boden leicht gelockert. Die Ernte erfolgt Ende Juli bis Ende August. Sobald das Kraut einen braunen Schimmer zeigt, abzutrocknen und sich umzulegen beginnt, werden die Zwiebeln herausgezogen und sofern nicht regnerisches Wetter herrscht, zum Trocknen aufs Beet gelegt. Vor dem Einlagern und Putzen werden sie in flacher Schicht auf Paletten oder aufgehängt in sog. Zwiebelzöpfen in einem luftigen Raum weiter getrocknet.

Für die Anzucht von Steckzwiebeln sind trockene und sonnige Grundstücke ohne Unkrautbesatz am geeignetsten. Der Boden muß bereits im Herbst entsprechend vorbereitet werden. Die Aussaat erfolgt möglichst frühzeitig im Jahr, sobald es der Zustand des Bodens erlaubt. Die geeignetste Aussaatzeit im Süden Deutschlands ist März und April, bei der Maiaussaat macht sich bereits ein Feuchtigkeitsmangel bemerkbar, der zu einer ungleichmäßigen Keimung führt. Bei einer späteren Saat, im Mai oder sogar im Juni, wie sie mancherorts empfohlen wird, ziehen die Zwiebeln schlecht ein, bilden Dickhälse und reifen nicht aus. Die Samen werden meist in breite, flache, 20—25 cm voneinander entfernte, mit einer Schmalhacke gezogene Furchen gesät, wobei die Aussaatmenge ungefähr 3—5 g je laufenden Meter, bzw. 15 g je m², beträgt. Die optimale Aussaattiefe beträgt bei leichten Böden 3—4 cm, bei schwereren Böden 2—3 cm. Früher wurde häufig die Breitsaat angewandt, bei der jedoch je Quadratmeter rund 30 g Samen benötigt wurden. Grundvoraussetzung dieser Aussaatmethode ist jedoch ein völlig unkrautfreies Beet. Bei verspäteter Aussaat kann ungefähr eine Woche durch vierundzwanzigstündiges Einweichen des Saatgutes in lauwarmes Wasser eingeholt werden. Nach dem Auflaufen der Saat wird grundsätzlich nicht vereinzelt, es wird nur der Boden gelockert und von Unkraut freigehalten. Die Jungpflanzen konkurrieren miteinander im dichten Bestandschluß und bilden bald kleine Zwiebeln. Während des Wachstums wird weder nachgedüngt noch gegossen.

Beim Steckzwiebelanbau ist von größter Wichtigkeit, den geeigneten Erntezeitpunkt nicht zu versäumen. Etwa um Mitte Juli, wenn die Blätter (Schlotten oder Röhren) noch grün sind, sich jedoch schon umzulegen beginnen, werden die Steckzwiebeln herausgezogen. Die herausgezogenen Pflanzen werden mit den Zwiebeln in einer Richtung auf das Beet gelegt und hier zur Feldnachreife belassen. Dann folgt die Nachtrocknung in dünnen Schichten unter Dach, am besten ausgebreitet in Flachsteigen. Vor der weiteren Einlagerung werden die Zwiebeln gründlich von trockenen Blättern und Wurzeln geputzt. Wenn während der Erntezeit Regenwetter eintritt, werden die Zwiebeln nicht auf dem Beet belassen, sondern an einen geschützten Ort unter Dach gebracht.

Von einem Quadratmeter können 1 kg Steckzwiebel mit Röhren geerntet werden, d. h. nach dem Trocknen und Putzen ungefähr 1 kg. Ein Kilogramm erstklassiger Steckzwiebeln mit 4—10 mm Durchmesser umfaßt 2000—2500 Stück, bei einem Durchmesser von 10—15 mm 600—2000 Stück und bei den größten Steckzwiebeln mit einem Durchmesser von 15—20 mm 500—600 Stück. Zwiebeln mit einem Durchmesser von mehr als 20 mm werden nicht zur Auspflanzung verwendet, da sie Blütentriebe ansetzen könnten und keine größeren, lagerfähigen Zwiebeln bilden würden. Sie sind allerdings gut zum Einlegen geeignet, z. B. in süßsauerem Aufguß.

Knoblauch

Der Knoblauch (*Allium sativum*) gehört zu den althergebrachten Kulturpflanzen, deren Heilwirkung den Menschen schon in früheren Zeiten bekannt war. Er enthält noch mehr Phytonzide als die Zwiebel und dazu noch zahlreiche Vitamine. Geschätzt ist seine wohltuende Wirkung bei Arteriosklerose, hohem Blutdruck und vor allem gegen Verdauungsbeschwerden. Der Knoblauch stellt einen wertvollen Rohstoff für die Herstellung verschiedener Pharmazeutika dar und ist für die Zubereitung der Speisen praktisch unerläßlich.

Für den Anbau des Knoblauchs sind warme und sonnige Lagen erforderlich, er ist jedoch frosthart. Er wird in der zweiten Tracht angebaut, am besten als Folgefrucht gutgedünger Kohlgemüse und Gurken. Ungeeignete Vorfrüchte sind Kartoffeln, Tomaten, Küchenzwiebeln und Porree. Der Boden sollte mittelschwer bis leicht sein, mit einer ausreichenden Kalkmenge, zwar humos, jedoch nicht unmittelbar vor dem Anbau gedüngt. Zu nasse Böden und eine frische Stalldüngung verträgt der Knoblauch nicht. Unter günstigen Klimabedingungen bedarf er keiner zusätzlichen Bewässerung. Gegossen wird nur bei langanhaltender Trockenheit, namentlich nach der Frühjahrsaussaat.

Aus botanischer Sicht gibt es blauen Knoblauch, der »Köpfe« bildet und weißen ohne »Köpfe«. Die blauen Sorten bilden Blütenstiele mit Brutzwiebeln und eine große, leicht violettfarbene Zwiebel mit ebensolchen Nebenzwiebeln (Zehen). Aus den Brutzwiebeln, deren Gesundheitszustand besser zu sein pflegt, als der Gesundheitszustand der Zehen, läßt sich der Knoblauch leicht vermehren. Die weißen Knoblauch-Sorten haben in der Regel größere, weiße, aus weißen Zehen zusammengesetzte Zwiebeln und bilden keinen Blütenstiel mit »Kopf«.

Vom Standpunkt der Anbauweise sind Winter- und Frühjahrssorten zu unterscheiden. Die im Herbst gepflanzten Wintersorten sind ertragreicher, jedoch weniger haltbar. Wenn sie erst im Frühjahr gesetzt würden, wären die Erträge nur gering, etwa 30 % der Normalerträge. Die Frühjahrssorten lassen sich besser einlagern als die Wintersorten, dafür sind jedoch ihre Erträge geringer. Wenn Frühjahrssorten bereits im Herbst gesetzt werden, erhöhen sich zwar die Erträge bis um 20 %, meist lassen sie sich jedoch nicht gut einlagern.

Der Knoblauch wird aus Zehen gezogen, evtl. auch aus Brutzwiebeln, die jedoch vor dem Setzen gebeizt werden müssen. Die Zehen werden in der Reihe ungefähr mit 8 cm zwischen den Reihen mit einem Abstand von 25—30 cm

Zwiebeln werden in Zöpfen oder in Horden an einem trockenen, luftigen Ort bei Temperaturen über 3°C gelagert. Damit sie nicht vorzeitig austreiben, legt man sie so in die Horden, daß die Wurzeln nach oben zeigen (290)

gesetzt. Bei der herbstlichen Pflanzung, Ende September oder Anfang Oktober, werden die Zehen etwas tiefer, d. h. 6 bis 8 cm, bei der Frühjahrspflanzung, also im März, weniger tief, etwa 5—6 cm tief gepflanzt. Verwendet werden nur die größten Zehen vom Rande der Zwiebel. Während der Vegetationszeit wird regelmäßig gehackt und gejätet. Falls besonders im Mai und Juni große Trockenheit herrscht, wird beregnet. Auch kann mit Kalkammonsalpeter in einer Menge von 18 g/m² nachgedüngt werden. Von besonderer Wichtigkeit ist die Beseitigung von verkümmerten kranken Pflanzen vom Beet.

Es ist darauf zu achten, daß nicht die rechtzeitige Ernte versäumt wird, denn bei zu später Ernte zerfallen die Zwiebeln infolge der überreifen Hüllschuppen. Mit der Ernte von Sorten, die keine Brutzwiebelbildung in den Blütendolden aufweist, wird begonnen, sobald sich die Blätter umzulegen beginnen. Bei Sorten, die eine Brutzwiebelbildung in den Blütendolden aufweisen, ist die Bestimmung des richtigen Erntezeitpunktes etwas schwieriger. In der Regel dient jedoch das Aufrichten des gekrümmten Blütenstiels, an dessen Ende die Brutzwiebeln sitzen, als sicheres Merkmal der Erntereife. Auch beginnen Blätter und Blütenstiel zu vergilben. Der geerntete Knoblauch wird mit gestutzten Wurzeln zum Trocknen in den Schatten gebracht, am besten wird er zu 15—20 Zwiebeln zu kleinen Büscheln zusammengebunden und auf dem Dachboden aufgehängt.

Porree

Der Porree (*Allium porrum*) wird in geringerem Maße angebaut als Küchenzwiebel oder Knoblauch, kann aber dennoch als sehr beliebte Gemüseart bezeichnet werden. Außer Vitamin C sowie Mineralstoffen enthält er vor allem ätherische Öle, die die Magensäurebildung und die Verdauung günstig beeinflussen. In der Küche hat der Porree seinen unbestrittenen Platz unter den Gemüsedelikatessen. Als besonderer Vorzug kann zweifellos die Tatsache betrachtet werden, daß der Porree den ganzen Winter über bis in die Frühjahrsmonate geerntet werden kann.

Der Porree stellt im Unterschied zu anderen Lauchgemüsearten recht hohe Ansprüche an die Bodenbeschaffenheit. Er verlangt feuchtere, mittelschwere und tiefe Böden mit einem ausreichenden Feuchtigkeits- und Nährstoffgehalt. Die Düngung mit verrottetem Stalldung verträgt er gut, weshalb er häufig als Folgefrucht früher Kohlgemüsearten, besonders des Blumenkohls, angebaut wird. Er gedeiht auch in höheren und kühleren Lagen recht gut.

Es sind Winter-, Herbst- und Sommerporree zu unterscheiden, wobei der Winterporree wesentlich mehr verbreitet ist als der Sommerporree. Er hat eine längere Entwicklungszeit, die Stangen sind kürzer und kräftiger, und er ist außerordentlich gut haltbar und winterfest. Sommerporree wird im Juli und August, Winterporree Mitte September bis Mitte Oktober geerntet. Da Sommerporree frostempfindlich ist, solle er nicht zu spät geerntet werden.

Der Porree wird entweder unmittelbar in Freilandbeete ausgesät oder vorkultiviert. Im Kleingarten ist das letztere günstiger, damit die Jungpflanzen entsprechend tief gesetzt werden können. Beim Drillen hingegen müssen die Pflanzen nach dem Vereinzeln angehäufelt werden, um eine möglichst lange gebleichte Stange zu erzielen. Beim Vorkultivieren des Pflanzgutes erfolgt die Aussaat in ein Saat-oder Frühbeet, je nachdem, ob die Absicht besteht, im Herbst und Winter oder erst im Frühjahr zu ernten. Sobald auspflanzungsfähige Jungpflanzen herangewachsen sind, d.h. die Halme in etwa Bleistiftdicke haben, werden Laub und Wurzeln eingekürzt, und das Pflanzen wird in etwa

Möchte man selbstgezogene Zwiebelsamen ernten, so pflanzt man im März oder in der ersten Aprilhälfte die runden oder leicht abgeplatteten Steckzwiebeln. Die Stengel bindet man an Stangen an; erst nachdem sie bleich und die Samen schwarz geworden sind, schneidet man sie ab (291)

10 cm tiefe Rillen im Verband von 10 x 40 cm vorgenommen. Bei der späteren Bodenlockerung wird schrittweise angehäufelt.

Während des ganzen Wachstums muß reichlich gegossen werden, besonders in der trockenen Sommerzeit. Günstig ist auch eine Nachdüngung mit verdünnter Gülle, oder mit Volldünger etwa 45 g/m². Der Porree wird nach und nach ausgegraben, so wie er die Vollreife erreicht, d. h. vom Sommer, über den zeitigen Herbst bis zum Frühjahr.

Schalotte

Die Schalotte (*Allium ascalonicum*) ist eine Lauchart, die aus einer einzigen Zwiebel binnen einer kurzen Wachstumszeit ein ganzes Büschel gleichgroßer Tochterzwiebeln hervorbringt. Der Anwendungsbereich der Schalotte ist ebenso breit wie jener der Küchenzwiebel, die Schalottenzwiebeln haben jedoch einen feineren, süßlichen Geschmack und erfreuen sich besonders zum Einlegen, großer Beliebtheit. Im Frühling sind die zarten Blätter der Schalotte ein ebenso hochwertiges Gemüse wie Schnittlauch.

Am einfachsten sind Zwiebeln aus Steckzwiebeln zu ziehen. Dafür eignen sich auch schwere und kalte wie sandige Böden, auf denen die Aussaat nicht sehr erfolgreich zu sein pflegt (292)

Die Zwiebel enthält mehr Wirkstoffe als manches andere Gemüse. Daher sollte sie auch roh gegessen werden (293)

Knoblauch ist eine alte Kulturpflanze. Seine Heilwirkungen waren schon den Indern, Babyloniern und Ägyptern vor vielen Jahrtausenden bekannt (294)

Die Schalotte kann überall angebaut werden, namentlich in höheren Lagen und in Norddeutschland mit weniger günstigen Klimabedingungen ist ihr Anbau zweckmäßiger und zuverlässiger als der Anbau von Küchenzwiebeln. Die Schalotte wird frühzeitig im Jahr flach in den Boden gesteckt, am günstigsten in einen Verband von 10 x 20 cm. Sie kann, ähnlich wie Knoblauch in Süddeutschland, bereits im Herbst gepflanzt werden, mindestens 5 cm tief. Allerdings bilden im Herbst gepflanzte Schalotten häufig Blüten. Während des Wachstums wird der Bestand gejätet, und es wird der Boden gelockert. Eine Beregnung erübrigt sich.

Die Ernte beginnt, sobald die Blätter zu lagern beginnen, das ist bei dem im Frühjahr gesteckten Pflanzgut im Juli. Ernte und Trocknung verlaufen ähnlich wie bei der Küchenzwiebel. Die Schalotte zieht übrigens besser ein als die Küchenzwiebel und hält sich während der Einlagerung besser in gutem Zustand. Sie ist länger lagerfähig als die Küchenzwiebel. Im Unterschied zu dieser treibt sie gegen das Winterende nicht aus und kann auch noch im zweiten Jahr nach der Ernte verwendet werden.

Im Winter können kleinere Zwiebeln dicht nebeneinander in eine Schale gesteckt werden. Bei normaler Zimmertemperatur und gelegentlichem Begießen wachsen nach kurzer Zeit zarte Blätter (Schlotten), die ähnlich wie Schnittlauch geerntet werden.

Winterzwiebel

Die Winterzwiebel (*Allium fistulosum*), auch Röhrenlauch genannt, ist eine ausdauernde winterfeste Pflanze, die bereits sehr frühzeitig im Jahr zu treiben beginnt, wesentlich eher als Schnittlauch. Sie wird vor allem wegen ihrer zarten Blätter angebaut, die kräftiger sind als die des Schnittlauchs, so daß die Erträge höher liegen. Die kleinen, länglichen in Büscheln wachsenden Zwiebeln sind außerordentlich schmackhaft.

Die Bodenansprüche der Winterzwiebel sind recht bescheiden und sie bedürfen auch keiner besonders günstigen Lage. Die Vermehrung erfolgt leicht durch Teilung oder aus Samen, die durch die alljährliche Blüte hervorgebracht werden. Gesät wird im Frühjahr, evtl. auch im Juli/August, und zwar in Rillen. Die unvereinzelten Büschel werden im Herbst oder im Frühjahr an die endgültigen Standorte gepflanzt.

Teilweise bilden die Winterzwiebeln am Stiel anstatt eines Blütenstandes kleine Luftzwiebeln, ähnlich wie der Knoblauch, doch in einigen Stufen übereinander.

Perlzwiebel

Die Perlzwiebel (*Allium ampeloprasum f. holmense*), auch Silberzwiebel genannt, ist eine perennierende Pflanze, deren Blätter dem Porree ähnlich sehen. Unterirdisch bildet sie jedoch kleine, weiße, silbrig schuppige Zwiebeln, die sich durch einen zart würzigen aromatischen Geschmack auszeichnen. Sie werden ähnlich wie Schalotten eingelegt oder für Gemüsesalate verwendet, stets jedoch so bald wie

Blauer Knoblauch hat blau-violette Schalen und bildet »Köpfe«. Die Erntezeit fällt mit dem Gelbwerden der Blätter im unteren Teil zusammen (295)

Weißer Knoblauch hat weiße Zehenschalen und bildet keine »Köpfe«. Beim Knoblauch ist die Erntezeit sehr wichtig. Zu spät herausgezogene Zwiebeln zerfallen in einzelne Zehen, die dann nur mühsam aus dem Boden zu holen sind. Er ist erntereif, wenn die Blätter sich niederlegen (296)

Porree pflanzt man in Furchen, die Pflanzen werden angehäufelt (297)

möglich nach der Ernte, da sie wenig haltbar sind und sich nicht einlagern lassen.

Die Vermehrung der Perlzwiebel erfolgt ausschließlich vegetativ durch kleine Zwiebeln, und zwar Ende Juli oder im August, wenn die reifenden Zwiebeln geerntet werden. Gepflanzt werden in einem Verband von 5 x 20 cm nur kleinere Zwiebeln.

Von älteren Landsorten lassen sich auch unechte Perlzwiebeln von überwintertem Porree gewinnen, der im Frühjahr nicht geerntet wurde. Wenn er zur Blüte kommen darf, d. h. wenn nicht beizeiten die Blütenstiele abgeschnitten werden, bilden sich unterirdisch kleine weiße Zwiebeln (»Perlzwiebeln«), die aufs neue gepflanzt und weiter kultiviert werden können. Geschmacklich sind sie von echten Perlzwiebeln kaum zu unterscheiden.

Schnittlauch

Der Schnittlauch (*Allium schoenoprasum*) ist eine ausdauernde winterfeste Pflanze, die dichte Büschel feiner röhriger Blätter mit einem hohen Gehalt an Vitamin C und B_2 bildet. Der Schnittlauch ist ein beliebtes Blattgemüse, besonders im Winter und im Frühjahr. In dieser Zeit ist es üblich, Schnittlauch zu treiben.

Der Schnittlauch verlangt schwerere, lehmige und humose Böden mit einem hohen Nährstoffvorrat. Hinsichtlich der Lage stellt er keine hohen Ansprüche, gedeiht jedoch in leichten und trockenen Böden nur schlecht.

Die Vermehrung des Schnittlauchs erfolgt durch Teilung oder durch Aussaat. Diese wird in der Regel im April auf ein Saat- oder ins Frühbeet vorgenommen. In Abständen von etwa 10 cm werden mit kleinen Blumentöpfen oder mit einem Becher Gruben in den lockeren Boden gedrückt und darin etwa soviel Samen gestreut, als sich zwischen drei Finger nehmen läßt. Dann werden die Gruben zugeschüttet. Die gruppenweise aufgelaufenen Pflanzen lassen sich gut jäten. Später werden sie dann umgesetzt. Auf diese Weise entfällt das arbeitsaufwendige Teilen der Pflanzen nach der Breitsaat, besonders wenn sich das Umsetzen verzögert hat und der Schnittlauch bereits überständig ist.

Aus dem Früh- oder Saatbeet werden die Ballen in etwa im Mai/Juni herausgenommen. Ein Teil gelangt an den unkrautfreien endgültigen Standort, ein Teil wird zur winterlichen Treiberei im Verband von 25 x 25 cm zum Nachkultivieren in ein Beet gepflanzt. Während des Wachstums werden die Pflanzen beregnet, gehackt und nachgedüngt.

Zweckdienlich ist eine Nachdüngung mit Kalkammonsalpeter in einer Menge von 15 g/m².

Blätter des zur winterlichen Treiberei bestimmten Schnittlauchs werden im Sommer nicht geschnitten, damit die Kräfte der Pflanzen durch die Bildung neuer Blätter nicht zu sehr in Anspruch genommen werden. Bereits im September werden die Pflanzen aus dem Beet genommen und frei im leeren Frühbeet oder im Keller eingelagert, wo sie nach und nach ihr Wachstum beenden und gut einziehen. Eine bestimmte Wachstumspause ist in dieser Zeit unerläßlich. Die Schnittlauchpflanzen werden von Winterbeginn an schrittweise eingetopft und zum Treiben in einem Wohnraum ans Fenster gestellt. Die abgetriebenen Ballen werden dann im Frühjahr wieder ins Freiland gesetzt.

Wurzelgemüse

Mit Ausnahme von Knollensellerie verträgt das Wurzelgemüse keine direkte Düngung mit Stalldung. In frisch gedüngtem Boden bringen die Pflanzen auf Kosten der Wurzeln einen Überschuß an Laub hervor. Außerdem kann der Stalldung auch den Geschmack der Wurzeln ungünstig beeinflussen. Wo also mit Stalldung gedüngt wird, ist es besser, Wurzelgemüse erst in zweiter Tracht anzubauen.

Speisemöhre

Die Speisemöhre (*Daucus carota* ssp. *sativus*) ist ein beliebtes und weitverbreitetes Gemüse. Ihr Wert beruht vor allem auf dem hohen Gehalt an Provitamin A sowie an den Vitaminen B_1, B_2 und zahlreichen Mineralstoffen. Wie sämtliche Gemüsearten ist auch die Speisemöhre in rohem Zustand am wertvollsten.

Vom Standpunkt der Anbautechnologie lassen sich die Möhren in frühe (Karotten), mittelfrühe und späte Sorten (Möhren) einteilen. Bei den Karotten sind die Wurzeln (Rüben) in der Regel kürzer und stumpf abgeschlossen. Wegen ihres höheren Zuckergehalts und des feineren Geschmacks werden sie als die hochwertigste Sorte ange-

Getriebener Schnittlauch für den Winter. Im Oktober entnimmt man aus dem Beet gesunde zweijährige Pflanzen, die man in Töpfe pflanzt. Im Winter bringt man die Töpfe in einen warmen hellen Raum. Im Frühjahr kann man sie wieder ins Freiland setzen (298)

Frühe Möhrensorten, die Karotten, haben kürzere, saftige Wurzelrüben mit feinem Geschmack. Sie eignen sich allerdings nicht für die Wintereinlagerung (299)

Möhren enthalten sehr viel Karotin (Provitamin A), das den Stoffwechsel fördert und die Widerstandsfähigkeit des Organismus gegen Infektionskrankheiten erhöht (300)

sehen. Die mittelfrühen und späten Sorten (Möhren) besitzen lange spindelförmige Wurzeln und bringen höhere Erträge.

Die Möhren brauchen tiefe, humose und leichtere Böden mit einem genügenden Kalkgehalt. Frischen Stalldung vertragen sie nicht, die Wurzeln verzweigen sich und platzen, besonders bei Überdüngung mit Stickstoff. Sauere Böden müssen im Herbst gekalkt werden.

Die Möhren werden möglichst zeitig im Frühjahr mit einem Reihenabstand von 25 cm in etwa 1,5 cm tiefe Rillen ausgesät. Zu empfehlen ist die Beigabe von Markiersaatgut, etwa Radies, Spinat oder Dill, da die Möhrensamen oft erst nach drei Wochen zu keimen beginnen, und der Boden zwischen den Reihen gelockert werden muß. Die auflaufenden Möhren sind nämlich sehr empfindlich gegenüber einer Verkrustung des Bodens und Unkrautbesatz. Zum Lockern des Bodens eignet sich am besten ein Grubber oder eine Hackmaschine. Die aufgelaufenen Jungpflanzen werden so bald wie möglich vereinzelt, und zwar auf einen Abstand von 4—5 cm, bei späten Sorten auf 7—10 cm. Unverzüglich nach dem Vereinzeln wird mit Kalkammonsalpeter in einer Menge von 15 g/m² nachgedüngt. Von einem späteren Nachdüngen ist abzusehen. Bei trockenem Wetter ist eine Beregnung nicht ungeeignet. In der Zeit des intensiven Wurzelwachstums wird die Bewässerung jedoch eingeschränkt, damit die Wurzeln durch das Übermaß an Feuchtigkeit nicht platzen. Das Platzen der Wurzeln kann jedoch auch durch den jähen Übergang des trockenen Sommerwetters zum feuchteren Herbstwetter verursacht werden.

Die frühen Karottensorten werden meist schrittweise von März bis Juni gesät. Im Gewächshaus können sie auch schon Ende Februar ausgesät werden. Weniger dicht gesäte Karotten werden nicht vereinzelt. Meist erreichen sie bereits drei Monate nach der Aussaat ihre endgültige Größe und können selektiv geerntet werden.

Möhren zur Einlagerung für den Winter werden im Herbst geerntet, bevor die ersten stärkeren Fröste kommen. Am besten werden sie mit der Grabegabel ausgehoben. Die Wurzeln werden von den Erdresten gereinigt, und das Kraut wird vorsichtig abgedreht. Die gesunden und unbeschädigten Rüben werden im tiefen Frühbeet oder in Mieten eingelagert, bzw. im kühlen Keller in Sand gelegt. Durch Waschen kann die Haltbarkeit der Möhren erhöht werden.

Bei Ernte von Möhren im Spätherbst und frühen Winter kann auch das Laub abgeschnitten und mit einer Strohpackung Frostschutz gegeben werden. In Gebieten mit nicht so tiefen Wintertemperaturen kann auf diese Weise sogar bis zum Frühjahr frisch geerntet werden.

Wurzelpetersilie

Die Wurzel- oder Knollenpetersilie (*Petroselinum crispum* ssp. *tuberosum*) ist ein hochwertiges Gemüse, besonders in rohem Zustand. Die Wurzeln enthalten Provitamin A und zahlreiche Mineralstoffe.

Hinsichtlich ihrer Bodenansprüche verhält sich die Wurzelpetersilie ähnlich wie die Möhre. Sie benötigt viel Licht und in Trockenperioden eine regelmäßige Bewässerung. Sie gedeiht in allen Lagen, verträgt aber ebenso wie die Möhre keinen Stalldung. Dieser verursacht Wurzelkrankheiten. Auch die Pflegemaßnahmen unterscheiden sich kaum von jenen bei der Möhre. Die Aussaat erfolgt möglichst frühzeitig im Jahr und muß auf größere Abstände vereinzelt werden — 8 bis 12 cm. Geerntet wird später als bei den Möhren, die Wurzelpetersilie verträgt jedoch gut Fröste und hält mit einer leichten Bedeckung des Beetes in Süddeutschland bis zum Frühjahr aus.

Ähnlich wie bei der Blattpetersilie wird auch bei der Wurzelpetersilie das Laub genutzt. Die Blätter lassen sich trocknen, sind jedoch in frischem Zustand wesentlich wertvoller. Deshalb wird auch im Winter die Petersilie getrieben, und zwar auf die gleiche Weise wie der Schnittlauch, z. B. in einem warmen Raum am Fenster. Zu diesem Zweck werden im Herbst einige Petersilienwurzeln in Töpfe gepflanzt. Diese werden dann im Frühbeet oder in einem kühlen Keller aufgestellt und dann nach Bedarf ans Licht und in die Wärme gebracht.

Pastinak

Die Pastinake (*Pastinaca sativa*) ist eine weniger gebräuchliche Gemüseart, wenngleich sie sich mit der Bescheidenheit ihrer Ansprüche und ihren guten Eigenschaften eine größere Verbreitung verdienen würde. Sie wird wegen ihrer Wurzeln angebaut, die der Petersilienwurzel nicht unähnlich sehen, während sie im Geschmack den Speisemöhren gleichen. Die Pastinake vermag in der Küche sowohl Möhren als auch Wurzelpetersilie und Sellerie zu ersetzen. Im Vergleich zu den Möhren enthält die Pastinake mehr Vitamin C und weniger Provitamin A.

Die Pastinake gehört zu den recht anspruchslosen Gemüsearten. Sie nimmt mit einem feuchteren Boden vorlieb und gedeiht auch in höheren Lagen gut. Ihre Ansprüche sind in etwa mit denen des Sellerie gleich, sie

Krause Blattpetersilie verträgt auch Halbschatten. Sie kann je nach Bedarf während der ganzen Wachstumsperiode geerntet werden (301)

Wurzelpetersilie hat einen hohen Gehalt an Vitaminen. Petersilie für den Winter erntet man vor dem ersten Frost (302)

gedeiht jedoch auch unter bescheideneren Bedingungen und verträgt sogar mäßigen Schatten.

Der Anbau erfolgt auf ähnliche Weise wie bei Petersilie. Die Entwicklungsdauer ist lang, und die Samen benötigen 3 bis 4 Wochen, bevor sie zu keimen beginnen. Deshalb wird mit der Aussaat so bald wie möglich im Jahr begonnen, und zwar in Reihen, die voneinander 30 cm entfernt sind. Ein rechtzeitiges Vereinzeln auf eine Entfernung von 10 bis 12 cm ist unerläßlich. Da die Pastinake winterfest ist, genügt es, im Herbst nur einen Teil der Wurzeln zu ernten und die übrigen für den winterlichen Bedarf im Beet zu belassen. Ebenso können alle Wurzeln für den Winter in das Frühbeet gebracht werden, wenn es notwendig ist, das Beet noch im Herbst umzugraben.

Schwarzwurzel

Die Schwarzwurzel (*Scorzonera hispanica*) ist ein höchst nahrhaftes und wertvolles Gemüse, das mit seiner biologischen und diätetischen Wertigkeit zu den besten gehört. Aus den Wurzeln quillt, wenn sie verletzt werden, ein weißer inulinhaltiger Saft, weshalb die Schwarzwurzel besonders für Zuckerkranke geeignet ist. Die Wurzeln sind leicht verdaulich, und ihr Geschmack ähnelt in rohem Zustand dem von Walnüssen. Im Winter und im Frühjahr werden die Schwarzwurzeln auf etwa die gleiche Weise zubereitet wie Spargel.

Was die klimatischen Voraussetzungen anlangt, ist die Schwarzwurzel keineswegs anspruchsvoll, sie bedarf jedoch eines tiefgründigen lehmigen Sandbodens ohne Unkrautbesatz und mit einem größeren Vorrat an Humus und Nährstoffen. Saure Böden verträgt sie schlecht ebenso wie eine direkte Düngung mit Stalldung. Ein Überschuß an Stickstoff macht die Wurzeln bitter und weich.

Die Entwicklung der Schwarzwurzel dauert verhältnismäßig lange, weshalb die Aussaat möglichst frühzeitig im Jahr erfolgt. Für die Ernte im nächsten Jahr kann in Süddeutschland auch am Sommerende gesät werden, doch beginnen überwinternde Pflanzen mitunter vorzeitig zu blühen. Die Samen werden mit einem Reihenabstand von 25 cm in den Boden eingebracht. Die aufgelaufenen Pflanzen werden in der Reihe auf einen Abstand von 5—8 cm ausgedünnt.

Die Wurzeln werden im Herbst geerntet, evtl. auch erst im Frühjahr, denn sie sind, ähnlich wie die Pastinake, relativ frosthart. Dabei ist höchste Vorsicht am Platz, da die Wurzeln sehr empfindlich sind und leicht brechen. Da sie recht lang sind, ist es ratsam, entlang der Pflanzenreihe eine tiefere Furche zu ziehen und die Wurzeln seitlich anzuheben, am besten mit der Grabegabel oder mit dem Spaten. Die Wurzeln gelangen zunächst in den Keller oder in feuchten Sand im Frühbeet, da sie leicht vertrocknen.

Der Pastinak findet in der Küche ähnliche Verwendung wie die Wurzelpetersilie. Die Einlagerung erfolgt wie bei Möhren (303)

Knollensellerie

Der Knollensellerie (*Apium graveolens* var. *rapaceum*) ist ein für die Zubereitung verschiedener Speisen außerordentlich wichtiges Gemüse. Die Knollen enthalten Eiweiß- und Mineralstoffe, die Blätter viele Vitamine. Abgesehen von seiner Heilwirkung beeinflußt der Sellerie den Stoffwechsel positiv und regt den Appetit an.

Der Sellerie ist eine wärmeliebende Pflanze mit einer 180 bis 240 Tage dauernden Entwicklung. Er stellt hohe Ansprüche an die Nährstoffe im Boden und bedarf eines häufigen Gießens, besonders in sandigen Lehmböden. Trockenheit verträgt er schlecht. Die Düngung erfolgt durch reichliche Mengen Stalldung und Kompost, während des Wachstums dann auch durch Mineraldünger. Chloride im Boden beeinträchtigen das Wachstums des Sellerie in keiner Weise, so daß auch chlorhaltige Düngemittel zum Einsatz gelangen können.

In Freilandbeeten wird Sellerie ausschließlich von vorkultivierten Jungpflanzen angebaut. Die Jungpflanzenanzucht ist höchst anspruchsvoll und wird nur den erfahrensten Hobbygärtnern gelingen. Die Aussaat muß bereits im Januar oder Anfang Februar in Töpfe oder Kisten vorgenommen werden, am besten im warmen Gewächshaus. Die Samen keimen nur langsam. Nach dem Auflaufen werden die Pflanzen im Keimblattstadium in Kisten pikiert, wobei der Abstand etwa 3 cm zu betragen hat. Nach wenigen Wochen, wenn die Jungpflanzen größer geworden sind, wird noch einmal pikiert, und zwar auf Abstände von ungefähr 8 cm in tiefe Kisten oder in freigewordene Frühbeete. Bei jedem Umpflanzen werden die Wurzeln um ein Drittel bis zur Hälfte eingekürzt. Die Sellerie-Jungpflanzen sind kälteempfindlich, weshalb häufiger gelüftet und Anfang Mai vor dem Auspflanzen mit der Abhärtung begonnen werden muß.

Die vorkultivierten Jungpflanzen werden in der zweiten Maihälfte in gut gedüngten Boden gepflanzt, wobei die Wurzeln noch einmal gekürzt werden. Außerdem werden dieses Mal auch noch die Blätter eingekürzt. Die Pflanzung erfolgt ganz flach, nur so tief, wie die Pflanzen im Frühbeet waren. Der Verband soll etwa 30 × 30 cm betragen. Die umgesetzten Jungpflanzen werden bis zum Einwurzeln regelmäßig gegossen.

Während seines Wachstums bedarf der Sellerie einer sorgfältigen Pflege. Außer der Bodenlockerung und reichlichem Gießen soll eine Kopfdüngung erfolgen, am besten mit 1:8 verdünnter Gülle. Bis Ende Juli wird auch noch regelmäßig alle vierzehn Tage mit Kalkammonsalpeter in einer Menge von 30 g/m² oder Volldünger in einer Menge von 100 g/m² nachgedüngt (möglichst mit borhaltigen Düngern). Die Blätter werden nicht entfernt, denn dadurch würde die Assimilationsfläche und damit auch der Ertrag verringert werden. Unnötig ist es, die Erde um die Knollen wegzuziehen und diese von kleinen Wurzeln zu reinigen oder sie sogar abzuschneiden, um die Knollen glatt zu halten. Die heute angebauten Selleriesorten bilden ohnedies nur an der Unterseite der Knollen Wurzeln. Ein Freilegen der Knollen ist nur dann sinnvoll, wenn die Pflanzen zu tief gesetzt wurden.

Der Sellerie wird rechtzeitig vor dem Einbruch der ersten Herbstfröste geerntet, indem er mit dem Spaten oder mit der Grabegabel angehoben wird. Die Blätter werden bis auf das Herz von Hand abgedreht, die zwischen den Wurzeln haftende Erde wird ausgeklopft und die Wurzeln etwas verkürzt. Die Einlagerung erfolgt in Mieten oder im Keller in feuchtem Sand. Die Knollen können sonst leicht vertrocknen.

Radies

Das Radies (*Raphanus sativus* var. *sativus*) gehört zu den beliebten und gesunden Gemüsearten, vor allem im Frühjahr. Die Knollen enthalten viel Vitamin C und Mineralstoffe. Den charakteristischen würzigen bis leicht beißenden Geschmack bewirkt das in den Knollen enthaltene Senföl.

Das Radies hat eine kurze Wachstumszeit und wurzelt im Unterschied zu vielen anderen Gemüsearten äußerst flach. Es ist ziemlich widerstandsfähig gegen Kälte, doch vermögen ihm die Spätfröste im Frühjahr Schaden zuzufügen. Was die Bodenansprüche anlangt, ist ein humoser Boden mit verfügbaren Nährstoffvorräten erforderlich. Die gesamte Wachstumszeit über ist ausreichende Feuchtigkeit nötig. Wenn es daran mangelt, nehmen die Knollen eine langgestreckte Form an, sind weich und von unangenehm brennendem Geschmack. In den Sommermonaten schießt das Radies leicht.

Die frühen Radiessorten werden bereits im Februar in ein warmes Frühbeet gesät, wo sie für die ab der zweiten Märzhälfte vorzunehmende Ernte angebaut werden. Ins kalte Frühbeet erfolgt die Aussaat Mitte März. Hier können die Radiesreihen mit frühen Karottensorten kombiniert werden, die dann später ernereif sind. Die Aussaat in Freilandbeete kann von März bis Mitte Juni vorgenommen werden, stets dünn, in 10—15 cm voneinander entfernte Reihen. Für die herbstliche Ernte wird das Radies von Mitte August bis Mitte September ausgesät. Den Sommer über ist eine Radiesaussaat nicht üblich, wenngleich es an feuchteren Standorten im Halbschatten bei häufigerem Begießen gut gedeihen kann und erst verspätet schoßt.

Die Ernte hat rechtzeitig zu erfolgen, so wie die Knollen heranreifen. Überreife Knollen sind hohl, weich oder holzig. Es lohnt sich, das Radies nicht auf einmal, sondern in Zeitabständen von einer Woche oder vierzehn Tagen auszusäen.

Die Schwarzwurzel sät man mit einem Reihenabstand von 25—30 cm aus und vereinzelt später in der Reihe auf Abstände von 10 cm. Blütenstände schneidet man ab (304)

Rettich

Der Rettich (*Raphanus sativus* var. *niger*) gehört zu den ältesten Kulturpflanzen, wenngleich er nicht so verbreitet ist, wie er es verdienen würde. Im Unterschied zum Radies hat er einen schärferen Geschmack und bringt größere Rüben hervor. Er wird, ähnlich wie Meerrettich, als Beilage zu Fleischspeisen geschabt, seine diätetischen Eigenschaften sind jedoch weitaus höher. Er enthält Vitamin C, ätherische Öle sowie Mineralstoffe.

Die Boden- und Klimaansprüche des Rettichs sind in etwa die gleichen wie die des Radies. Geeignet sind leichtere Böden mit einem ausreichenden Humusvorrat, Wintersorten gedeihen auch gut in schwereren Böden. Stalldung wird nicht vertragen. Die Aussaat der frühen Sorten erfolgt in Süddeutschland Ende März oder Anfang April unmittelbar ins Freiland. Der Reihenabstand soll ungefähr 20 cm betragen. Nach dem Auflaufen werden die Pflanzen auf einen Abstand von 10 cm vereinzelt. Die späten bzw. Wintersorten werden von Ende Juli bis Mitte August in 30 cm voneinander entfernte Reihen gesät und nach dem Auflaufen auf einen Abstand von 10—15 cm vereinzelt. Während die Frühjahrssorten eine regelmäßige Beregnung benötigen, erübrigt sich das bei den Wintersorten in der Regel völlig. Beregnete Rettiche haben jedoch einen feineren Geschmack.

Die Frühjahrssorten werden selektiv geerntet, so wie sie reifen. Die Ernte der Wintersorten verläuft von Ende September bis Anfang November. Vor Eintritt der ersten Fröste wird dann auf einmal abgeerntet. Das Laub wird vorsichtig von den Rüben abgedreht und diese zunächst im Keller in Sand eingeschlagen oder in die Miete gebracht, damit sie nicht welken.

Meerrettich

Der Meerrettich (*Armoracia rusticana*) ist ein beliebtes Feingemüse, das vor allem als Beilage zu Fleischgerichten und zur Konservierung einiger Gemüsearten, wie Rote Rüben und Gurken, Verwendung findet. Er enthält viel Vitamin C, fördert die Verdauung und unterstützt die Schleimabsonderung. Außerdem beeinflußt er bei Rheumatismus und Ischias die Blutreinigung positiv. Die im Meerrettich enthaltenen ätherischen Öle üben auch eine bakterizide Wirkung aus.

Der Meerrettich ist eine frostharte und trockenheitsresistente perennierende Pflanze, die einen tiefgründigen, nicht allzu schweren humosen Boden braucht. Ungeeignet sind vernäßte und zur Verdichtung neigende Böden.

Noch heute wird der Meerrettich mancherorts traditionell als Dauerkultur angebaut. In den gut bestellten und mit etwa 5 kg Stalldung, 40 g Superphosphat und 40 g Ammoniumsulfat je Quadratmeter gedüngtem Boden werden Fechser (unterirdischer mit Augen besetzter Sproß) gepflanzt, wobei der Abstand rund 70 cm betragen soll. Im ersten Jahr wachsen aus den Knospen Triebe, die bis an die Oberfläche dringen können. Die erste Ernte — eigentlich eher ein Verdünnen — erfolgt im kommenden Frühjahr. Mit der Hacke werden die Pflanzen bis zum ursprünglichen Sproßteil freigelegt und nur ein bis zwei Triebe gelassen. Alle anderen werden abgebrochen. Daraufhin werden die Pflanzen wieder eingeschlagen. Im Laufe der Vegetationsperiode wird nachgedüngt, der Boden im Umfeld gelockert und bei Trockenheit gegossen. Die belassenen Triebe erreichen im zweiten Jahr Konsumgröße. Dieser Vorgang wird alljährlich wiederholt. Die ganze Zeit über ist ein regelmäßiges Auslichten der Triebe von größter Wichtigkeit, da sich der Meerrettich sonst in das gesamte Umfeld ausbreiten und zum lästigen Unkraut werden könnte.

Die modernere Methode beschränkt sich auf den einjährigen Anbau. Bei diesem werden im März oder April wesentlich längere Fechser schräg in den Boden gepflanzt, so daß der unterste Teil etwa 10 cm tief und der obere knapp unter der Oberfläche zu liegen kommt. Die Fechser sollen mindestens 20—25 cm lang und im Durchmesser 1 bis 2 cm dick sein. Vor dem Pflanzen müssen die Fechser im mittleren Teil abgerieben werden, am besten mit einem gröberen Jutegewebe, damit Knospen und Wurzeln beseitigt werden. Der Terminalteil hingegen darf nicht beschädigt werden. Zwischen den einzelnen Fechsern hat ein Abstand von 10—15 cm zu verbleiben. Während der Vegetation wird der umliegende Boden gelockert und von Unkraut befreit. Von Vorteil ist auch eine Nachdüngung mit Ammoniumsulfat, am besten 30 g/m² unter Hinzunahme eines Mehrnährstoffdüngemittels in einer Menge von 65 g/m². Ende Juni können die Hauptstangen freigelegt und in ihrem Ober- und Mittelteil die kleinen Wurzeln beseitigt werden. Dann werden die Pflanzen wieder eingeschlagen.

Die Ernte erfolgt so spät wie möglich im Herbst vor Beginn stärkerer Fröste. Die Wurzeln werden ausgegraben, geputzt und im Keller oder in einem tieferen Frühbeet in Sand gelegt. Dünnere Wurzeln werden mit dem Messer für das Auspflanzen im nächsten Frühjahr zurechtgeschnitten und den Winter über in das Frühbeet gelegt oder auch in ein Freilandbeet eingegraben. Damit sich im Frühjahr Ober- und Unterteile der Fechser voneinander unterscheiden lassen, wird der untere Teil leicht schräg geschnitten, der obere hingegen senkrecht zur Stangenachse. Bei der Ernte ist es wichtig, aus dem Beet sämtliche Wurzelreste zu beseitigen, damit sie im nächsten Jahr nicht als Unkraut weiterwachsen. Als Folgefrucht nach Meerrettich sind Kartoffeln geeignet, da bei dem Umgraben und Häufeln die letzten Überreste beseitigt werden.

Rote Rübe

Die Rote Rübe (*Beta vulgaris* var. *conditiva*) hat zwar nur einen geringen Vitamingehalt, doch ist sie durch einen hohen Anteil an organischen Säuren und Pektinen den-

Sellerie wässert man von unten über eine Furche, da die Blätter bei übermäßiger Feuchtigkeit von der Septoria-Blattfleckenkrankheit befallen werden (305)

noch ein sehr wertvolles Gemüse. Außer Mineralstoffen basischen Charakters enthält sie auch Stoffe, die besonders gegen Arterienverkalkung und Leberkrankheiten wirksam sind. Weniger gut werden sie hingegen bei Nieren-und Gallenkrankheiten vertragen.

Die Roten Rüben stellen durchschnittliche Bodenansprüche, sie gedeihen in allen Lagen. Frischen Stalldung vertragen sie schlecht, weshalb sie in zweiter Tracht angebaut werden, meist als Nachfrucht anderer Gemüsearten. Gegen Frost und Kälte sind sie recht empfindlich, bei vorzeitiger Frühjahrsaussaat schossen sie. Solche Pflanzen müssen aus dem Bestand entfernt werden, da ihre Rüben kleiner und holzig sind.

Die Aussaat erfolgt von April bis Juni unmittelbar in die Beete, mit einem Reihenabstand von 30 cm. Nach dem Auflaufen der Pflanzen wird auf 10—15 cm vereinzelt. Während der Vegetationszeit muß der Boden gelockert und das Unkraut gejätet werden. Auch ist eine Nachdüngung mit 30 g Kalkammonsalpeter und 65 g Volldünger je Quadratmeter zu empfehlen. Eine Beregnung ist nur in der trockenen Sommerzeit erforderlich.

Die Vegetationsdauer der Roten Rübe beträgt 90—140 Tage, so daß bereits am Sommerende selektiv Rüben für den Direktverbrauch geerntet werden können. Vor Frosteintritt werden dann sämtliche Restbestände auf einmal geerntet, die Belaubung wird abgedreht und die Rüben der Konservierung zugeführt oder im Keller in feuchten Sand eingelagert. Im trockenen Umfeld neigen die Rüben leicht zum Welken.

Wasserrübe

Die Wasserrübe, auch Weiße oder Stoppelrübe genannt, (*Brassica rapa* var. *rapa*) ist ein beliebtes Gemüse, dessen zarter Geschmack in etwa dem der Kohlrabis ähnelt.

Sie hat eine außerordentlich kurze Vegetationszeit — 60 bis 100 Tage — und gehört zu den recht anspruchslosen Pflanzen. Besonders gut gedeiht sie in höheren Lagen, wo die Luftfeuchtigkeit größer und die Bodenbedingungen günstiger sind. Bei Trockenheit leidet sie ähnlich wie Radies und Chinakohl. Die Herbstfröste vertragen die Pflanzen recht gut.

Die Aussaat erfolgt vornehmlich im Juli, z. B. nach der Frühkartoffelernte, und zwar in 30 cm voneinander entfernte Reihen. Nach dem Auflaufen der Saat wird auf einen Abstand von etwa 15 cm vereinzelt, und es werden die üblichen Pflegearbeiten vorgenommen, d. h. Unkrautbekämpfung und Bodenlockerung. Von der im März bis Mai erfolgten Frühjahrsaussaat werden laufend Wasserrüben für den Direktverbrauch den Sommer über geerntet. Für die winterliche Einlagerung sind die Wasserrüben von der Sommeraussaat bestimmt. Sorgfältig eingelagert halten die Wasserrüben bis zum Frühjahr aus.

Kohlrübe

Die Kohlrübe (*Brassica napus* var. *napobrassica*), auch Steckrübe und Wruke genannt, wird zu Recht den Gemüsearten zugeordnet. Ebenso wie die Wasserrübe wird sie wegen der Rüben angebaut, die einen leicht beißenden Geschmack haben.

Die Boden- und Standortansprüche der Speisekohlrübe sind in etwa die gleichen wie jene der Wasserrübe, am geeignetsten sind feuchtere Böden und sie gedeiht auch gut in höheren Vorgebirgslagen. Die Wachstumsdauer beträgt 130—140 Tage. Die Aussaat erfolgt unmittelbar ins Freiland, wobei der Reihenabstand rund 40 cm zu betragen hat. Nach dem Auflaufen müssen die Pflanzen vereinzelt wer-

Knollensellerie wird noch vor dem ersten Frost geerntet. Die Blätter werden bis auf die kleinsten sorgfältig entfernt. Die Knollen werden am besten in einer Kiste mit Sand im Keller eingelagert (306)

den. Häufiger werden jedoch im Saatbeet Jungpflanzen vorkultiviert, und zwar von Ende April bis Ende Mai. Das Saatgut wird dünn ausgebracht und die Pflanzen werden nicht pikiert, sondern Ende Mai, bzw. im Juni in einem Verband von 40 x 40 cm ausgepflanzt. Während des Wachstums werden die Beete von Unkraut befreit, der Boden um die Pflanzen wird gelockert und bei trockenem Wetter eine reichliche Beregnung vorgenommen.

Die Ernte erfolgt selektiv, so wie die einzelnen Rüben die Vollreife erreichen. Rüben, die über Winter eingelagert werden, sollen erst spät im Herbst geerntet werden, bevor stärkere Fröste einsetzen. Die Einlagerung erfolgt im Keller oder in der Miete. Die Kohlrüben halten zwar bis zum Frühjahr aus, doch bereits im Februar sind die Rüben nicht mehr ganz hochwertig.

Blattgemüse

Die meisten Blattgemüsearten zeichnen sich durch eine kurze Entwicklungsdauer aus und werden deshalb meist nicht als Hauptfrucht, sondern als Vor- oder Zweitfrucht angebaut, oder auch als Zwischenfrucht. Zu ihrer guten Entwicklung benötigen die Blattgemüsearten genügend Licht, einen ausreichenden Vorrat aufnehmbarer Nährstoffe im Boden, sowie eine regelmäßige und ausreichende Beregnung.

Kopfsalat

Der Kopfsalat (*Lactuca sativa* var. *capitata*) ist zweifellos das beliebteste und meistverbreitete Gemüse. Er enthält viel Provitamin A, Vitamine der B-Gruppe, weiter das Vitamin E und in geringerer Menge auch Vitamin C. Von besonderer Wichtigkeit sind vor allem die frühen Salatarten, die zusammen mit dem Radies die wesentlichsten Vitaminquellen in einer Zeit darstellen, in der andere Gemüsearten noch nicht verfügbar sind, also im Frühjahr.

Der Salat braucht sonnige und warme Lagen mit leichteren, jedoch humosen Böden mit neutraler oder leicht saurer Reaktion. Saure Böden verträgt er schlecht und verlangt einen stets bereitstehenden Nährstoffvorrat im Boden. Außer mit Kompost werden vor dem Auspflanzen die Beete noch mit Ammoniumsulfat in einer Menge von 30 g/m² und Superphosphat in einer Menge von 60 g/m² gedüngt. Während der Wachstumszeit ist eine schrittweise Nachdüngung mit Kalkammonsalpeter und Mehrnährstoffdüngemittel in Mengen von 15 bzw. 60 g/m² günstig. Außerdem häufigen Lockern der Beete muß regelmäßig gegossen werden. Bei trockenem Boden erfolgt der Kopfansatz nur mangelhaft, und die Pflanzen schossen bald. Salat kann einige Jahre nacheinander auf der gleichen Fläche angebaut werden, ohne daß sich eine Bodenmüdigkeit durch einseitige Inanspruchnahme der Nährstoffe äußern würde oder mit einem größeren Vorkommen von Krankheiten und Schädlingen gerechnet werden müßte. Gegen Kälte ist der Salat ziemlich unempfindlich, geringe Frostgrade vermögen gut abgehärteten Pflanzen keinerlei Schaden zuzufügen. Von Wichtigkeit ist eine entsprechend flache Auspflanzung, da der Salat sonst minderwertige trichterförmige Köpfe bildet und bei Feuchtigkeit die Außenblätter faulen.

Aus vorkultivierten Pflanzen wird Treibsalat und Salat für die Freilandpflanzung gezogen, evtl. auch der sommerliche Eissalat. Wintersalat wird in der Regel unmittelbar ins Beet oder ins Frühbeet gesät. Die Jungpflanzenanzucht erfolgt auf die übliche Weise, etwa so wie beim Kohlgemüse. Vorteilhaft ist es, die Aussaatzeitpunkte sorgfältig zu planen, damit der frische Salat ohne Unterbrechung von Anfang Mai bis in den späten Herbst bereitsteht. Überwinterter Salat läßt sich im abgedeckten Frühbeet bereits Ende März ernten. Erforderlich ist es, stets die geeignete Sorte zu wählen, namentlich den Sommer über. Z. B. Frühjahrssalatsorten, wenn sie im Sommer gepflanzt werden, bilden keine oder nur minderwertige Köpfe und beginnen bald zu schossen.

Der Frühsalat zum Anbau im warmen Frühbeet zur Ernte Ende April und im Mai wird von Februar bis März in Breitsaat in Saatkästen ausgesät. Die aufgelaufenen Pflanzen werden im Keimblattstadium in tiefere Kisten oder andere Anzuchtgefäße pikiert, bzw. in kleinerer Zahl in Erdtöpfe gesetzt. Ins warme Frühbeet gelangen sie etwa Mitte März. Die Pflanzung erfolgt in einem Abstand von 25 cm. Der im März gesäte und bereits aufgelaufene Frühsalat wird in der zweiten Aprilhälfte in Freilandbeete gepflanzt, bei günstigen Bedingungen sogar schon Anfang April. Die Pflanzung erfolgt in einem Verband von 25 × 25 cm.

Der Sommersalat wird wiederum schrittweise von April bis Mai gesät, am besten entsprechend dünn in ein Aussaatbeet. Kräftige Jungpflanzen werden in einem Verband von 30 × 30 cm gepflanzt, weil die Sommersorten, namentlich der Eissalat, größere Ausmaße erreichen. Bei schrittweiser Aussaat in etwa vierzehntägigen Abständen kann dann kontinuierlich von Juli bis September geerntet werden.

Für die herbstliche Ernte von September bis Oktober, und im Frühbeet oder unter einem Folienzelt sogar bis zum November, werden bereits wieder frühe Sorten verwendet.

Radieschen erntet man selektiv, immer jeweils nur die gut entwickelten Knollen (307)

Diese werden von Juli bis Mitte August ins Anzuchtbeet gesät und im August in die Beete, bzw. in der ersten Septemberhälfte ins Frühbeet gepflanzt.

Der Wintersalat wird entweder unmittelbar in ein geschützt liegendes Beet mit humosen Boden gesät, wo er überwintern soll, oder aber die Pflanzen werden vorkultiviert. Die Aussaat erfolgt im August oder Anfang September, die Jungpflanzen werden im Laufe des September gepflanzt, spätestens jedoch Anfang Oktober. Die Pflanzung des Wintersalats in Furchen, die mitunter zum Schutz gegen größere Kälte empfohlen wird, ist ungeeignet, da sich besonders in schwereren Böden in den Rillen Wasser hält, das nur langsam in den Boden einsickert und bei niedrigeren Temperaturen, besonders nachts, gefriert. Unter dem so entstehenden Eispanzer haben die Pflanzen mehr zu leiden als unter dem Frost selbst. Ein entsprechend humoser Boden bietet den Wintersalatpflanzen ausreichenden Schutz gegen ein Erfrieren. Günstig ist es auch, einen Teil der Pflanzen ins Frühbeet oder an einen anderen Ort zu pflanzen, wo sie im Frühjahr unter Fenstern oder Folien getrieben werden können. Auf diese Weise wird der erste Salat bereits Ende März schnittreif, während er aus dem unabgedeckten Freiland frühestens Ende April geerntet werden kann. In Norddeutschland sollte von einer Wintersalatpflanzung im Freiland abgesehen werden. Auch im kalten Folienhaus werden keine guten Kulturergebnisse erzielt.

Der Salat wird die ganze Wachstumszeit über selektiv geerntet, so wie die einzelnen Pflanzen geschlossene und feste Köpfe bilden. Da er leicht welkt, wird der Salat erst unmittelbar vor seiner Verwendung geschnitten, am besten früh morgens oder am Abend.

Schnittsalat

Der Schnitt- oder Pflücksalat (*Lactua sativa* var. *crispa*) unterscheidet sich vom Kopfsalat dadurch, daß er keine Köpfe, sondern vielmehr große Halbrosetten aus grünen, gelben oder auch rotbraunen, gekrausten Blätter bildet. Zum Verzehr werden die Blätter nach und nach gepflückt. Diese sind sehr zart, feinschmeckend und lassen sich den ganzen Sommer über ernten. Ebenso können aber auch die ganzen Rosetten auf einmal geerntet werden.

Der Anbau des Schnittsalats ist ungewöhnlich einfach. Die Aussaat erfolgt von März bis Ende August, meist unmittelbar ins Freiland, wobei der Reihenabstand 20 cm beträgt. Die Jungpflanzen werden nur bei ganz dichter Aussaat vereinzelt, und zwar auf einen Abstand von 15—20 cm.

Winterendivie

Die Winterendivie (*Cichorium endivia*) wird auf ähnliche Weise angebaut wie der Kopfsalat und verwendet. Außer den lockeren Köpfen mit leicht bitter schmeckenden Rosetten aus reich gekrausten Blättern gibt es breitblättrige sog. Escariol-Sorten.

Die Winterendivie benötigt tiefgründige und warme Böden in geschützten Lagen sowie ausreichend Feuchtigkeit. In trockenen Böden schießt sie sehr bald. Die Nährstoffansprüche sind in etwa die gleichen wie bei Salat.

Die krausblättrige Endivie wird im Sommer als Ersatz vor allem für Salat genommen. Die Aussaat erfolgt im April in etwa 30 cm voneinander entfernte Reihen. Anbau und Ernte verlaufen ähnlich wie beim Schnittsalat.

Die breitblättrige Endivie wird vornehmlich im Herbst und Winter geerntet. Der Gärtner bedient sich entweder der Direktaussaat oder im Anzuchtbeet vorkultivierter Jungpflanzen. Die im Juli gesäten Pflanzen werden vereinzelt oder in Abständen von etwa 30 cm gepflanzt. Ungefähr drei Wochen vor der beabsichtigten Ernte werden die Blattrosetten zum Bleichen zusammengebunden. Gebleichte Blätter sind weniger bitter, zarter und schmackhaft. Heute gibt es aber auch sogenannte »Selbstbleichende Sorten«, die nicht mehr zusammengebunden werden müssen, um ein gelbes »Herz« zu erhalten. Die Ernte erfolgt von Oktober bis November. Vor Eintritt stärkerer Fröste werden die letzten Pflanzen geerntet und samt Wurzeln im Keller oder im Frühbeet in feuchten Sand eingeschlagen. Dort halten sie sich dann bis Weihnachten und sogar länger frisch.

Chicorée

Der Chicorée (*Cichorium intybus* var. *foliosum*), auch Salatzichorie genannt, wird wegen der gebleichten Blattrippen angebaut, die im Winter und zeitigen Frühjahr ein beliebtes Salatgemüse abgeben. Die zarten Blattrippen enthalten viel Vitamin C, Vitamine der B-Gruppe sowie Mineralstoffe. Beachtenswert ist die diätetische Wirkung. Chicorée fördert den Appetit und die Verdauung.

Der Chicorée braucht einen mittelschweren, tiefgründigen und humosen Boden, mit durchschnittlichem Nährstoffgehalt. In mageren Böden bildet er zu kleine Rüben, in zu stark gedüngten hingegen mehrere Sprosse, was gleichfalls unerwünscht ist. Ein zu großer Saatabstand führt zur Entwicklung von zu großen Rüben, die ebenfalls unerwünscht sind. Für die Treiberei sind Wurzeln mit einem Durchmesser von etwa 3 cm am oberen Ende am geeignetsten.

Die Aussaat erfolgt im April oder Mai unmittelbar ins Beet, wobei die Reihenabstände 30 cm zu betragen haben. Nach dem Auflaufen werden die Pflanzen auf einen Abstand in der Reihe von 10 cm vereinzelt. Während des Wachstums ist den Pflanzen die übliche Pflege angedeihen zu lassen, d. h. daß der Boden zwischen den Reihen gelockert und von Unkraut befreit und bei Trockenheit gegossen wird. Die Rüben werden Ende Oktober geerntet, das Laub wird etwa 2 cm über dem Herzen abgeschnitten, und die Wurzeln werden am besten im Frühbeet oder in einem kühlen Keller in Sand eingeschlagen.

Die Wurzeln werden getrieben, indem sie ab Dezember bis zum Februar nach und nach in tiefere Kisten mit humoser Erde so gepflanzt werden, daß über ihnen noch ein Raum von mindestens 20 cm bleibt, der mit Sägespänen oder Sand ausgefüllt wird. Die Kiste wird in einen Raum gestellt, dessen Temperatur 12—15 °C beträgt. Um ein häufiges Befeuchten der Wurzeln überflüssig zu machen, wird die Kiste mit einer Polyäthylenfolie bedeckt. Binnen drei bis vier Wochen erreichen die Sprosse das entsprechende Erntestadium. Die Wurzeln werden herausgehoben, die Sprosse abgeschnitten, mit Wasser abgespült und sofort als Salat zubereitet.

Ein Teil der Chicoréewurzeln kann den Winter über im zugedeckten Frühbeet oder im Kompost mit einer bis zu 30 cm dicken Erdschicht zugedeckt bleiben. Während des Winters beginnen die Sprosse bei der niedrigen Temperatur langsam zu sprießen und erreichen bis zum Frühjahr das Erntestadium, so daß sie etwa in der ersten Aprilhälfte verwendet werden können.

Feldsalat

Der Feldsalat (*Valerianella locusta*), auch Rapunzel genannt, ist ein Salatgemüse. Genutzt werden die langgezogenen saftigen Blätter mit angenehm süßlichem Geschmack, die von den Blattrosen am Wurzelhals gewonnen werden. Die Blätter enthalten viel Vitamin C, Provitamin A sowie eine Reihe von Mineralstoffen.

Rettich nimmt man bei trockenem Wetter heraus, entfernt die Blätter schonend und lagert ihn in Sand im Keller oder Frühbeet ein (308)

Rote Rübenknollen werden ähnlich wie der Rettich geerntet und eingelagert (309)

Der Feldsalat ist eine ganz anspruchslose Pflanze und hat keinerlei spezielle Klima- oder Bodenansprüche. In der Regel wird er für die Herbsternte im Juli bis August gesät, evtl. Anfang September zum Überwintern. Die Aussaat erfolgt in Reihen mit einem Abstand von 15—20 cm.

Die Ernte wird bei frostfreiem Wetter von Oktober bis zum Winter vorgenommen, bei überwinternden Pflanzen bis etwa Mitte April, bevor sie zu schossen beginnen. Es werden nicht nur einzelne Blätter geschnitten, sondern die ganzen Pflanzen geerntet, ähnlich wie beim Spinat.

Gartenkresse

Die Gartenkresse (*Lepidium sativum*) ist ein wegen des pikanten und angenehm beißenden Geschmacks seiner Blätter vor allem im Winter und Frühjahr beliebtes Blattgemüse. Ähnlich wie Schnittlauch wird sie gern für Salate und verschiedene Brotaufstriche verwendet.

Die Aussaat kann in etwa 15 cm voneinander entfernten Reihen ab März unmittelbar in das Beet erfolgen. Die Entwicklungszeit ist kurz, so daß bereits 2—3 Wochen nach der Aussaat geerntet werden kann. Die Blätter werden selektiv geschnitten, so wie es dem anfallenden Bedarf entspricht. Sie lassen sich nicht lange frisch halten und welken rasch.

Häufig wird die Gartenkresse auch im Winter ausgesät. Zu diesem Zweck wird sie in Schüsseln oder andere flache Gefäße ausgesät, die mit einem gerade vorhandenen Substrat gefüllt werden, wie etwa Sand, Sägespäne oder etwas Torf. Es genügt jedoch auch ständig feucht gehaltene Zellwatte. Die auf die Oberfläche des Substrats gebrachten Samen keimen bei einer Temperatur von 16—18°C binnen drei Tagen, und bereits nach einer Woche kann das zarte Laub geerntet werden.

Spinat

Der Spinat (*Spinacia oleracea*) ist eine weitverbreitete Gemüseart. In frischem Zustand wird er im Frühjahr und Herbst verwendet, tiefgekühlt das ganze Jahr über. Er enthält außer Provitamin A viel Vitamine C, E, B_1, B_2 und K sowie zahlreiche Mineralstoffe. Spinat sollte jedoch in Maßen genossen werden, da er andererseits auch Oxalsäure enthält, die Kalzium bindet und bei einer höheren Menge verzehrten Spinats den menschlichen Organismus um dieses wichtige Element bringt. Spinat unterstützt die Tätigkeit der Schilddrüse sowie die Verdauung, sollte jedoch bei Nierenkrankheiten gemieden werden.

Der Anbau von Spinat ist recht einfach. Da er eine kurze Entwicklungsdauer hat — nur 30 bis 35 Tage, abgesehen von den Wintermonaten — wird er als Vor- oder Zweitfrucht angebaut. Am besten gedeiht er in humosen und basischen Böden mit einem genügenden Nährstoffvorrat, vor allem einer entsprechenden Stickstoffmenge. Er verträgt auch kühlere Lagen und vermag, sofern nicht heftige Kahlfröste eintreten, gut zu überwintern.

Die Aussaat des Spinats erfolgt frühzeitig im Jahr, etwa Mitte März für die Ernte im Mai, oder dann im August für die herbstliche Ernte. In den Sommermonaten gesäter Spinat würde schossen. Für das Überwintern wird der Spinat von Mitte September bis Mitte Oktober gesät, um dann im April geerntet zu werden. Die Aussaat erfolgt in 25 cm voneinander entfernte Reihen, im Frühjahr dünner, im Herbst für die Überwinterung etwas dichter. Während des Wachstums ist eine Beregnung zweckmäßig und kurz vor dem Auflaufen der Samen, beim ersten Striegeln auch eine Kopfdüngung, am besten mit Kalkammonsalpeter in einer Gabe von 22 g/m².

Kopfsalat ist eines der wenigen Gemüse, die in mehreren aufeinanderfolgenden Jahren auf demselben Beet angezogen werden können (310)

Kopfsalat enthält Vitamine und andere Wirkstoffe. Er wirkt appetit- und verdauungsfördernd und regt die Blutbildung an (311)

Eissalatsorten, die auch als Sommersorten anzubauen sind, zeichnen sich durch zarte krause Blätter aus (312)

Die Spinaternte beginnt etwa fünf Wochen nach der Aussaat. Es lassen sich sowohl einzelne, gut entwickelte Blätter ernten als auch — und das ist vorteilhafter — selektiv die ganzen bestentwickelten Pflanzen samt einem kurzen Wurzelteil. Dadurch wird der Bestand vereinzelt, schwächere Pflanzen können sich weiterentwickeln, und die Ernte der betreffenden Aussaat wird bis zu drei Wochen verlängert. Spinatpflanzen werden nicht bei feuchtem oder heißem Wetter geerntet, da sie dumpfig werden könnten und rasch welken.

Neuseeländer Spinat

Der Neuseeländer Spinat (*Tetragonia tetragonioides*) stellt in der Sommerzeit einen guten Ersatz für den in dieser Zeit wegen seines Schossens und des bitteren Geschmacks nicht angebauten Spinat dar.

Der Neuseeländer Spinat stellt höhere Ansprüche an warme und geschützte Standorte mit tiefgründigen humosen Böden. Er ist frostempfindlich und bedarf, was die Nährstoffe anlangt, vor allem Stickstoff. Häufiger als durch direkte Aussaat erfolgt der Anbau mit vorkultivierten Jungpflanzen. Diese werden im März, am besten je zwei Samen, in Töpfe gesät. Bis zur Auspflanzung, etwa bis Mitte Mai, verbleiben die Pflanzen im Frühbeet oder im Gewächshaus. Erst wenn keine Spätfröste mehr drohen, werden sie in einem Verband von 50 × 80 cm ins Freiland gepflanzt.

Im Unterschied zum normalen Spinat werden nur die Blätter und die jungen fleischigen Triebspitzen verwendet. Ihre Zubereitung erfolgt ähnlich wie beim Spinat.

Mangold

Der Mangold (*Beta vulgaris* var. *vulgaris*) gehört zu den verhältnismäßig wenig bekannten Gemüsearten, wenngleich er eine größere Verbreitung verdienen würde. Die Pflanzen ähneln der Rübe, werden jedoch nur wegen ihrer oberirdischen Grünteile angebaut. Die gekrausten Blattspreiten des Schnittmangolds sowie die dicken, fleischigen Stiele des Rippenmangolds werden auf ähnliche Weise wie Stielsellerie oder Spargel zubereitet. Der Mangold ist ein höchst wertvolles Gemüse mit erwiesener Heilwirkung gegen Sklerose. Er enthält viel Vitamin C, Provitamin A, Eiweiß- und Mineralstoffe.

Die Standortansprüche des Mangolds sind bescheiden, und er verträgt sehr gut auch kälteres Klima. Am geeignetsten sind genügend humose und feuchte Böden mit einem guten Vorrat an Nährstoffen, besonders an Stickstoff. Die Samen werden ab April unmittelbar in die Beete gesät, wobei der Reihenabstand etwa 50 cm betragen soll. Am besten werden jeweils drei Samen je Aussaatstelle eingebracht. Etwa in der ersten Maihälfte werden die Pflanzen auf eine Entfernung von 30 cm vereinzelt. Während des Wachstums wird der Boden im Umfeld der Pflanzen gelockert, und bei Trockenheit wird gegossen.

Die Blattspreiten werden bereits zu Sommerbeginn geerntet, die Stiele jedoch erst von Mitte August bis zum Herbst.

Vor dem Eintritt stärkerer Fröste werden die Pflanzen samt Wurzeln ausgehoben und in ein tiefes Frühbeet eingeschlagen, bzw. in den Keller gebracht. Die nachwachsenden Blätter können dann laufend bis lange in den Winter hinein geerntet werden. Ein Teil der Pflanzen kann auch auf dem Beet belassen und zur Überwinterung mit einer Schicht Erde, Strohmist oder Laub abgedeckt werden. Im März wird dann die Decke entfernt und bereits im April können die nachwachsenden Stiele solange geerntet werden, bis die Pflanzen zu schossen beginnen.

Frühsalate kultiviert man im temperierten bzw. kalten Haus, in Frühbeetkästen oder unter Polyäthylenfolie (313)

Treiben von Salat im transportablen Folientunnel (314)

Geerntet wird Salat, wenn die Köpfe fest und geschlossen sind, am besten in den Morgen- und Abendstunden (315)

Schnitt- oder Pflücksalat wird vorkultiviert oder direkt ins Freiland ausgesät. Gepflückt werden Blätter oder ganze Pflanzen (316)

Gartenmelde

Die Gartenmelde (*Atriplex hortensis*) wird auf gleiche Weise genutzt wie Spinat, doch sind die Erträge im Hinblick auf die wesentlich größeren Blätter höher. Sie enthalten auch weniger Oxalsäure als der Spinat.

Die Melde kann grundsätzlich überall angebaut werden, wenngleich ihr am besten wärmere Lagen zusagen. Hinsichtlich der Bodenbeschaffenheit ist sie nicht besonders anspruchsvoll. Da sie im trockenen Sommerwetter rasch zu schossen beginnt, ist es günstiger, sie im Frühjahr und im Herbst anzubauen. Die Aussaat erfolgt dünn entweder im April oder Ende August oder im September in 25 cm voneinander entfernte Reihen. Nach dem Auflaufen werden die Pflanzen auf einen Abstand von 20 cm vereinzelt.

Die Blätter werden gepflückt oder geschnitten, sobald die Pflanzen eine Höhe von etwa 40 cm erreicht haben. Ähnlich wie beim Spinat muß mit dem baldigen Welken der geernteten Blätter gerechnet werden.

Hülsenfrüchte

Hülsenfrüchte werden in der dritten Tracht angebaut. Sie stellen keine hohen Ansprüche an die Düngung. Es genügt, kalziumhaltige Mineraldünger einzubringen. Andererseits reichern die Hülsenfrüchte die Bodenvorräte an Stickstoff an, indem sie diesen mittels der Knöllchenbakterien an ihren Wurzeln aus der Luft aufnehmen. Sie sind deshalb gut als Vorfrucht für andere Gemüsearten geeignet.

Gartenerbse

Im Gemüsegarten werden Erbsen (*Pisum sativum* ssp. *sativum*) vor allem der grünen Hülsen und der süßen Erbsen wegen angebaut. Grüne Erbsen zeichnen sich durch einen hohen Kaloriengehalt aus. Sie enthalten auch viel Vitamine C und E, Eiweiße und von den Mineralstoffen vor allem Phosphor.

Die Gartenerbsen werden in drei Gruppen eingeteilt — Mark- oder auch Runzelerbsen, Schal- oder Palerbsen und Zuckererbsen.

Von den angeführten Sortengruppen sind die Markerbsen am verbreitetsten. Sie werden wegen der unreifen Hülsen angebaut, die entweder im ganzen oder in Form der unreifen flachen Samen in frischem Zustand oder konserviert genossen werden. In reifem und trockenem Zustand sind die Samen stark runzelig, lassen sich nicht kochen und bleiben ungenießbar hart.

Schalerbsen werden ausschließlich der unreifen, süßen und kugelförmigen Samen wegen angebaut. Die reifen Samen sind gelb oder grün und lassen sich kochen. Sie bleiben selbst in trockenem Zustand kugelförmig.

Die Zuckererbsen schließlich werden wegen der grünen, zarten und fleischigen Hülsen angebaut. Sie werden entweder in rohem Zustand genossen oder gekocht. Die Samen sind kugelförmig, süß und leicht runzelig.

Die Entwicklungsdauer der Erbsen beträgt 65—85 Tage. Hohe Ansprüche an die Bodenbeschaffenheit und an das Klima werden nicht gestellt. Am geeignetsten sind feuchtere Böden mit einem ausreichenden Kalziumgehalt. Die Aussaat erfolgt stets unmittelbar ins Freiland, ein Umpflanzen kommt nicht in Frage. Zunächst, d. h. Ende März, werden die widerstandsfähigeren Schalerbsen gesät. Mark- und Zuckererbsen erst Mitte April. Die Aussaat erfolgt mit einem Reihenabstand von 25 cm in etwa 5 cm tiefe Rillen. In der Reihe beträgt der Abstand zwischen den Samen etwa 2 cm. Während des Wachstums muß der Boden gelockert und unkrautfrei gehalten werden. In trockenen Perioden sind die Pflanzen ausgiebig zu beregnen. Wenngleich es heute niedrigwüchsige Sorten gibt, die keiner Stützen bedürfen, müssen die zur Lagerung neigenden Sorten gestützt werden. Dazu kann z. B. gleichzeitig mit den Erbsen in die Reihen gesäter Hafer dienen oder ein Streifen Drahtgeflecht, der zwischen die Erbsenreihen gespannt wird. Für die herbstliche Ernte können Markerbsen mit einer kürzeren Entwicklungszeit gesät werden, und zwar spätestens Mitte Juni.

»Pflücksalat« wird in Abständen von 25 × 15—20 cm angebaut. Seine Ansprüche sind denen des Kopfsalates ähnlich (317)

Spinat hat einen hohen Gehalt an Vitaminen und Mineralstoffen. Der Eisengehalt des Spinats ist aber nicht so hoch wie ursprünglich angenommen wurde (318)

Gartenbohne

Die Gartenbohne (*Phaseolus vulgaris*) ist ein außerordentlich beliebtes Gemüse, besonders wegen der unreifen grünen oder gelben Hülsen, die viel Eiweißstoffe, Zucker und Vitamine der Gruppe B enthalten. Die unreifen Hülsen werden zum direkten Konsum zubereitet oder konserviert. Die Bohnenhülsen wirken harntreibend und erhöhen den Blutzuckerspiegel.

Die Bohnen werden in Busch- und Stangenbohnen eingeteilt. Die Buschbohnen bringen geringere Erträge als die Stangenbohnen, bedürfen jedoch keiner Stützen und haben eine kurze Entwicklungsdauer. Bei den Stangenbohnen ist sie länger und die Ernte deshalb auf einen längeren Zeitraum verteilt.

Die Bohnen gehören zu den wärmeliebenden Pflanzen. Sie benötigen mittelschwere bis leichtere humose Böden mit einer ausreichenden Kalkversorgung, am besten in geschützten, sonnigen Lagen. Sie bevorzugen eher ein feuchteres Klima, bei trockenem Wetter wachsen sie nur langsam. Ein Übermaß an Feuchtigkeit hingegen begünstigt wiederum die Ausbreitung der Anthraknose (Brennfleckenkrankheit). Da die Bohnen hohe Wärmeansprüche stellen, werden sie erst Ende Mai gesät, wenn keine Spätfröste mehr drohen. Die Buschbohnen werden in 40—50 cm voneinander entfernte Reihen mit 20 cm Abstand oder in Nester zu 3—4 Samen in einem Verband von 30 x 40 cm gesät. Bei Stangenbohnen erfolgt die Horstsaat unmittelbar nach dem Aufstellen der pyramidenartigen Konstruktionen aus mindestens 250 cm langen Stangen im Verband von 60 mal 100 cm.

Die Hülsenernte erfolgt laufend in Abhängigkeit vom Aussaattermin, in der Zeit von Juli bis Mitte September. Die Pflückreife wird durch Aufbrechen der Hülsen beurteilt. Diese sollen einen glatten senkrechten Bruch zeigen und ohne Fasern und Zellulose sein.

Ackerbohne

Die Ackerbohne (*Vicia faba*), auch Puffbohne, Saubohne oder Dicke Bohne genannt, wird verhältnismäßig selten angebaut. Als Gemüse werden die jungen Samen im Zustand der Milch- bis Wachsreife genossen, evtl. auch die unreifen Hülsen.

Im Unterschied zu anderen Hülsenfrüchten braucht die Ackerbohne feuchtere, humose und gut mit Stalldung oder Kompost gedüngte Böden. Geeignet sind sonnige und warme Lagen.

Die Aussaat erfolgt bereits ab Mitte März, und zwar ähnlich wie bei den Buschbohnen entweder in Reihen oder in Nester in einem Verband von 40 x 60 cm. In Trockenperioden ist eine Beregnung erforderlich. Schon ab Juni erreichen die Hülsen Pflückreife.

Linse

Die Linse (*Lens culinaris*) ist eine beliebte Hülsenfrucht und wird von zahlreichen Konsumenten den Delikatessen zugeordnet. Wegen der schwankenden Erträge ist die Produktion von Linsen zurückgegangen.

Als Hülsenfrucht ist die Linse keinesfalls anspruchsvoll. Sie braucht zwar mehr Wärme als Erbsen, jedoch andererseits wieder nicht so viel wie die Bohnen. Am geeignetsten sind leichtere, lehmige Sandböden mit einem ausreichenden Nährstoffvorrat, vor allem jedoch ein möglichst sauberer Boden, ohne Unkrautbesatz. Von Mineraldüngemitteln kann vor der Aussaat Mehrnährstoffdünger in einer Gabe von 50 g/m^2 eingebracht werden. Während des Wachstums der Jungpflanzen kann in einer Menge von 8 g/m^2 mit Kalkammonsalpeter nachgedüngt werden. Stalldung verträgt die Linse nicht.

Die Aussaat erfolgt im April in 15 cm voneinander entfernte Reihen in eine Tiefe von etwa drei Zentimetern. Namentlich in der Zeit des Auflaufens der Pflanzen müssen die Beete unkrautfrei gehalten werden.

Erntereif sind die Linsen, wenn die unteren Hülsen braun zu werden beginnen. Die Pflanzen werden herausgezogen

In der Wachstumszeit des Spinats jätet und lockert man den Boden. Gewässert wird bei Bedarf. Spinat benötigt relativ viel Stickstoff, der sich jedoch unter ungünstigen Wachstumsbedingungen (vor allem bei Lichtmangel) in den Blättern in Form von Nitrat anreichern kann (319)

oder gemäht und am besten gebündelt unter dem Dach zum Nachtrocknen aufgehängt. Dann werden die Samen herausgeschält oder mit einem Stock, bzw. Brett am besten auf einer Platte gedroschen.

Mangold gedeiht am besten auf mittelschweren nährstoffreichen Böden. Die Blätter werden laufend gepflückt — als Blattgemüse schon zwei Monate nach dem Austreiben, als Stielmangold nach drei Monaten (320)

Gewürzpflanzen

Diese werden im Garten vor allem zum Würzen und Aromatisieren der Speisen angebaut. Zahlreiche Gewürzpflanzen sind zugleich Heilkräuter. Ihr Nährwert tritt in den Hintergrund. Wirksame Komponenten bilden vor allem flüchtige ätherische Öle, Gerbstoffe, Glykoside, Harze, Phytonzide u.a. In diesem Abschnitt unseres Buches sollen nur die meistverbreiteten Gewürzpflanzenarten angeführt werden, die im Hobbygarten angebaut werden können.

Majoran

Der Majoran (*Origanum majorana*), auch Wurst- oder Kranzkraut genannt, gehört zu den bedeutendsten Gewürzpflanzen. Er wird frischgehackt sowie getrocknet vor allem für Räucherwaren, Hackfleisch, Leberwürste sowie zum Würzen von Suppen und anderen Speisen verwendet. Er enthält ätherisches Öl sowie Bitter- und Gerbstoffe, beeinflußt die Verdauung positiv, erhöht die Ausscheidung der Magensäfte, wodurch die Verdauung beschleunigt wird, wirkt gegen Blähungen, Darmkoliken und hilft gegen Erkältungserkrankungen.

Der Majoran gedeiht am besten in leichten humosen Böden an sonnigen Standorten. Angebaut werden in der Regel vorkultivierte Jungpflanzen, nur vereinzelt gelangt eine Direktaussaat in die Beete zur Anwendung. Die kleinen Samen werden im März ins Frühbeet oder in Saatkisten im Gewächshaus gesät, wobei die Samen nicht mit Erde abgedeckt, sondern nur leicht in die Erde hineingedrückt werden. Bis zum Keimen wird die Erde leicht feucht gehalten. Gut ist es, die Aussaat bis zum Auflaufen der Samen mit Zeitungspapier oder Polyäthylenfolie abzudecken. Die Jungpflanzen werden in der zweiten Maihälfte zu dritt oder zu viert in Reihen aufgepflanzt, die voneinander 20—30 cm entfernt sind. Der Abstand zwischen den Pflanzen in der Reihe soll 15 cm betragen.

Die Majoranblätter werden zweimal bis dreimal im Jahr etwa fünf Zentimeter über der Erde abgeschnitten, und zwar stets vor der Vollblüte. Am hochwertigsten ist die erste Ernte. Die Blätter werden bei mäßiger Wärme im Schatten getrocknet, also nicht der Sonnenbestrahlung ausgesetzt. Bei einer künstlichen Trocknung sollte die Temperatur nicht über 35°C betragen, da sonst wertvolle Wirkstoffe verloren gehen. Nach dem Trocknen wird das Laub von den Stielen abgestreift. Die Einlagerung muß in gut schließenden Gefäßen erfolgen.

Dill
Der Dill (*Anethum graveolens*) wird wegen seiner jungen Blätter angebaut, die sowohl in frischem Zustand als auch getrocknet und sterilisiert im Aufguß Verwendung finden. Abgeblühte Dillpflanzen mit Samen im Zustand der Milchreife dienen als Zutat zum Einlegen von Gurken. Der Dill enthält Vitamin C und ätherische Öle. Er fördert den Appetit, wirkt harntreibend und hilft gegen Blähungen.

Der Anbau des Dills ist in keiner Weise anspruchsvoll, er gedeiht jedoch schlecht in trockenen Böden. Häufig wird er als Zwischenfrucht oder als Einsaat zwischen anderen Gemüsearten, bzw. als Markiersaat z. B. in Möhren- oder Petersiliereihen angebaut, da er außerordentlich rasch keimt. Als selbständige Kultur wird er in 25 cm voneinander entfernte Reihen gesät und ab Mai laufend geerntet, damit ständig frisches Kraut nachwächst. Für die herbstliche Ernte wird der Dill im August in Beete oder noch im September ins Frühbeet gesät.

Kümmel
Der Kümmel (*Carum carvi*) ist ein allgemein verbreitetes Küchengewürz. Seine Samen werden vor allem in der Bäckerei- und Fleischindustrie verwendet, weiter bei der Herstellung von Likören, Ölen u. dgl. Der Kümmel enthält ein ätherisches Öl, dessen Hauptkomponente Karvon ist.

Der Kümmel ist eine zweijährige Pflanze, die im ersten Jahr eine Blattrosette bildet und erst im zweiten Jahr blüht und Früchte trägt. Der Kümmel gedeiht am besten in feuchteren und humosen Böden mit einem ausreichenden Kalziumgehalt. Hinsichtlich der Lage stellt er keine hohen Ansprüche und wächst auch in höheren Vorgebirgslagen. Um Platz zu sparen, wird er als Untersaat zwischen Mohnreihen gesät.

Im Hobbygarten wird der Kümmel meist in ein Kräuterbeet gesät, und zwar von April bis Juni mit einem Reihenabstand von 30 cm.

Erbsen gedeihen auf allen Böden, die nicht zu trocken oder zu naß sind. Die besten Erträge gibt es auf mittelschweren kalkreichen Böden (321)

Im Herbst können die Reihen leicht zugedeckt werden. Der Kümmel überwintert dann besser. Im darauffolgenden Jahr wird der Kümmel geerntet, wenn die Dolde und die Flügelfrüchte braun zu werden beginnen, in der Regel Ende Juni und im Juli. Die Pflanzen werden in Bündeln getrocknet und dann gedroschen und gereinigt.

Pfefferminze
Die getrockneten Blätter der Pfefferminze (*Mentha* x *piperita*) gelangen bei der Zubereitung verschiedener Speisen zur Verwendung. Sie fördern den Appetit, lindern Blähungen, beruhigen den Verdauungstrakt und wirken sich positiv auf Magenneurosen aus. Pfefferminze wird auch in Form von Heiltees genommen, vor allem bei Leber- und Gallenerkrankungen. Die Blätter der Pfefferminze enthalten Bitter- und Gerbstoffe sowie ein ätherisches Öl, dessen Hauptkomponente Menthol ist.

Die Pfefferminze ist eine ausdauernde Pflanze, die gut in warmen und sonnigen Lagen gedeiht und leichtere, kalkhaltige Böden bevorzugt. Sie vermehrt sich durch Ausläufer — besonders die neuen Sorten bilden keine Samen und können nur auf vegetative Weise vermehrt werden. Die jungen Ausläufer werden im Frühjahr oder im Herbst in einem Verband von 20 x 50 cm etwa 6 cm tief gepflanzt.

Die Blätter der Pflanze werden vor der Blüte geerntet und dann noch ein zweites Mal, wenn sich die Pflanzen erholt haben. Die Blätter werden so rasch wie möglich im Schatten getrocknet. Die Pflanzen werden etwa vier Jahre lang an ihren Standorten belassen. Eine unangenehme Eigenschaft der Pfefferminze ist die Tatsache, daß sie sich mit ihren ununterbrochen gebildeten Ausläufern stark ausbreitet.

Anis
Des Anis (*Pimpinella anisum*) bedient sich die Heilkunde bereits einige Jahrtausende lang. Die Samen oder das aus ihnen gewonnene ätherische Öl bilden einen Bestandteil

Erbsenhülsen werden gepflückt, wenn die Erbsen voll entwickelt, die Hülsen aber noch grün sind (322)

Grüne Bohnen pflückt man kontinuierlich, solange sie jung und glatt sind. Bohnen haben, wie Erbsen und andere Schmetterlingsblütler, die Fähigkeit zur Symbiose mit luftstickstoffbindenden Knöllchenbakterien. Diese dringen in das Wurzelgewebe ein und lösen die Bildung kleiner knöllchenartiger Wucherungen aus (323)

Stangenbohnen brauchen Stützen. Dazu eignet sich auch ein Drahtgeflechtzaun (324)

von Medikamenten gegen Husten und Erkältungen. In größerem Umfang wird der Anis in der Nahrungsmittelindustrie bei der Herstellung von Süßwaren und Gebäck verwendet, ebenso bei der Gemüsekonservierung und bei der Herstellung von Likören. Ähnliche Eigenschaften zeichnen auch den Fenchel aus, der sich leichter anbauen läßt und den Anis voll ersetzt.

Der Anis ist eine höchst anspruchsvolle Pflanze, die nur in warmen, sonnigen und geschützten Lagen gedeiht. Mancherorts fügen ihm häufig Spätfröste Schaden zu. Der Boden muß humos und gut bestellt sein. Die Aussaat erfolgt im April mit einem Reihenabstand von 30—40 cm. Nach dem Auflaufen werden die Pflanzen auf einen Abstand von etwa 5 cm vereinzelt. Geerntet wird ähnlich wie beim Kümmel, also wenn die Samen braun zu werden beginnen. Das Trocknen wird unter Dach vorgenommen, die Samen werden durch Drusch gewonnen.

Estragon

Der Estragon (*Artemisia dracunculus*), auch Dragun genannt, ist ein traditionelles Gewürz zur Zubereitung verschiedener Speisen, vor allem aber zum Einlegen von Gemüse, zur Herstellung von Mayonnaise, Essig, Estragonsenf u. dgl. Als Gewürz fördert der Estragon den Appetit und regt die Gallen- sowie Magensaftausscheidung an. Die Blätter enthalten ein ätherisches Öl, das zur Parfumherstellung dient.

Der Estragon ist eine perennierende Pflanze, die sonnige, warme und trockenere Lagen braucht, jedoch hinsichtlich der Bodenbeschaffenheit keine hohen Ansprüche stellt. Die Pflanzen vermehren sich meist durch unterirdische Ausläufer (Stolonen), die in einem Verband von 30 x 50 cm gesetzt werden. Die Pflanzen werden vier Jahre lang an ihrem Standort belassen. Die Ernte der Blätter erfolgt vor der Blüte, auch mehrere Male im Jahr. Die Trocknung ist im Halbschatten vorzunehmen.

Thymian

Der Thymian (*Thymus vulgaris*) ist ein ebenso wichtiges Gewürz wie Heilkraut. Im Haushalt wird er vor allem zum Würzen von Wildbret, Geflügel, Räucherfleisch, Suppen und Soßen verwendet sowie als Zusatz zum Einlegen von Gurken. Er wirkt desinfizierend und gegen Darmparasiten und lindert Blähungen und Durchfall. Die Hauptbestandteile des im Thymian enthaltenen ätherischen Öls sind Thymol, Zymol und Karvakrol.

Der Thymian ist eine ausdauernde Pflanze, die vier bis fünf Jahre am gleichen Standort belassen wird. Die Fortpflanzung erfolgt durch Teilung der Pflanzen oder durch Samen. Diese werden in der zweiten Märzhälfte ins Frühbeet gesät. Die aufgelaufenen Samen werden pikiert, damit sie kräftiger werden, und dann im Mai in Gruppen, ähnlich wie Majoran, in einem Verband von 30 x 40 cm gepflanzt. Die krautigen Teile werden unmittelbar vor der Blüte geerntet, d. h. im Mai bis Juli. Die Pflanzen werden etwa fünf 5 cm über dem Boden abgeschnitten und das Kraut dann im Schatten bei Durchzug getrocknet.

Salbei

Der Salbei (*Salvia officinalis*) gelangt in der Küche sowohl in frischem Zustand als auch getrocknet zur Anwendung. Er eignet sich besonders zum Würzen von Fleisch und Fleischfüllungen, Hackfleisch und Fisch. Die Blätter enthalten ätherische Öle sowie Gerb- und Bitterstoffe. In geringen Dosen gelangt er als linderndes Mittel zum Gurgeln bei

Majoran erntet man vor dem Blühen, zum erstenmal Ende Juli. Die Pflanzen schneidet man etwa 5 cm über der Erde ab, damit sie nachtreiben und im September erneut geerntet werden können (325)

Dill stellt hohe Ansprüche an die Pflege. Er ist am besten im Frühling oder Herbst anzubauen, sonst blüht er zu schnell (326)

Mundhöhlenentzündungen zur Anwendung. Außerdem hindert er die übermäßige Transpiration, fördert die Verdauung und beeinflußt die Tätigkeit der Leber und Galle positiv.

Er stellt keine hohen Ansprüche an die Bodenbeschaffenheit und gedeiht am besten in sonnigen, geschützten Lagen. Die Vermehrung erfolgt durch Pflanzenteilung, evtl. durch Samen. Diese werden im März ins Frühbeet gesät. Die vorkultivierten Pflanzen kommen zu Beginn des Sommers in einem Verband von 40 x 50 cm auf Freilandbeete.

Die Blätter werden unmittelbar vor der Blüte geerntet. Im ersten Jahr werden die Pflanzen nur einmal abgeschnitten, in den weiteren dann regelmäßig zweimal innerhalb der Vegetationszeit. Die Trocknung erfolgt im Schatten.

Fenchel

Der Fenchel (*Foeniculum vulgare*) ist ein außerordentlich beliebtes Gewürz. Außer bei der Speisezubereitung im Haushalt findet er auch in der Nahrungsmittelindustrie bei der Herstellung von Back- und Süßwaren Verwendung. Das im Fenchel enthaltene ätherische Öl bewirkt Linderung bei Blähungen und unterstützt das Abhusten. Die Wirkstoffe des Fenchels sind Komponenten zahlreicher heute produzierter Arzneimittel.

Der Fenchel braucht sonnige, warme und mäßig feuchte Lagen. Besonders gut gedeiht er im Weinbauklima. Die Vermehrung kann durch Wurzelschnittlinge erfolgen, günstiger ist jedoch die Vermehrung durch Samen. Diese werden Ende April in etwa 40 cm voneinander entfernte Reihen gesät. Entweder werden dabei die Samen entsprechend dünn verteilt, oder aber wird nachträglich vereinzelt. Im Herbst werden die Pflanzen ausgegraben, die Wurzeln gereinigt, und sie kommen den Winter über ins leere Frühbeet oder in Sand im Keller. Im darauffolgenden Frühjahr werden sie dann in Abständen von 60—80 cm ausgepflanzt. Es werden die ganzen Dolden abgeschnitten und im Schatten auf Horden ausgebreitet und getrocknet. Nach dem Trocknen werden sie gedroschen oder ausgeschält.

Kerbel

Der Kerbel (*Anthriscus cerefolium* ssp. *cerefolium*) ist eine ausdauernde Pflanze mit reich gekrausten Blättern, die täuschend der Schnittpetersilie ähnlich sieht. Es gibt auch eine Art mit einfacheren Blättern, die jenen der Wurzelpetersilie gleichen. Der Kerbel wird zum Würzen von Fleischgerichten, Suppen und Soßen sowie als Verzierung für belegte Brötchen und als Zutat für verschiedene Aufstriche verwendet. Die frischen Blätter enthalten Vitamin C. Der Kerbel wirkt harntreibend und regt den Appetit an.

Er gedeiht sowohl in sonnigen Lagen als auch im Halbschatten. Die Aussaat erfolgt fortlaufend vom April bis September. Auf diese Weise stehen jederzeit frische Blätter zur Verfügung. Mit der Ernte kann bereits ein Monat nach der Aussaat begonnen werden. Die von der herbstlichen Aussaat im September stammenden Pflanzen können gut im Freiland überwintern, um frühzeitig im Jahr reiche Blattrosetten zu bilden, von denen schon im zeitigen Frühling die süßlichen und leicht beißenden Blätter geerntet werden können.

Koriander

Der Koriander (*Coriandrum sativum*) ist eine einjährige Pflanze, von der die frischen Blätter sowie die reifen Samen als Gewürz für die Konservierung von Gemüse sowie zur Zubereitung verschiedener Speisen verwendet werden. Sie enthalten ein ätherisches Öl, das die Verdauung unterstützt und Blähungen lindert.

Der Koriander braucht mittelschwere, durchlässige und kalkhaltige Böden. Die Aussaat erfolgt im April in 30 cm voneinander entfernte Reihen. Die Ernte beginnt, wenn die Früchte und Dolden braun zu werden beginnen. Meist ist das Ende August der Fall. Die reifen Samen lassen sich nach dem Trocknen leicht ausschälen. Sie sind ungemein aromatisch und haben einen angenehmen süßlichen, leicht brennenden Geschmack.

Liebstöckel

Der Liebstöckel (*Levisticum officinale*) ist eine aromatische Pflanze, die das ätherische Öl Terpineol enthält. Die Blätter des Liebstöckels sehen auffallend jenen des Selleries ähnlich. In der Küche findet der Liebstöckel ein breites Anwendungsfeld. Er ist ein bekanntes Suppengewürz, das Kartoffel- und Erbsensuppen beigemengt wird, ebenso wie Rinderbrühen, Hackfleisch und Soßen. Er gelangt sowohl in frischem Zustand als auch getrocknet zur Verwendung. Als Heilpflanze wirkt der Liebstöckel gegen Sklerose, lindert Blähungen und unterstützt eine erhöhte Chloridausscheidung. Er ist harn- und galletreibend.

Der Liebstöckel gedeiht in feuchteren Böden sowohl in sonnigen Lagen als auch im Halbschatten. Die Vermehrung erfolgt durch Ableger von älteren Pflanzen oder durch Samen. Die Keimfähigkeit der Samen ist in der Regel nur gering, weshalb sie so bald wie möglich gesät werden müssen, oft schon nach der herbstlichen Ernte, und zwar unmittelbar ins Freiland- oder Frühbeet. Die einjährigen Pflanzen werden dann am Ende des Sommers sowie im Herbst in einem Verband von 40 x 50 cm gepflanzt.

Die Blätter des Liebstöckels können bereits im ersten Jahr nach der Auspflanzung geerntet werden, die für pharmazeutische Zwecke verwendeten Wurzeln erst von zweijährigen und älteren Pflanzen.

Basilikum

Das Basilikum (*Ocimum basilicum*) mit seinen aromatischen Blättern und dem angenehmen Gewürznelkenduft gehört ähnlich wie der Majoran zu den allgemein beliebten Gewürzpflanzen. Es wird zum Würzen von Soßen, Suppen sowie bei der Zubereitung von Wildbret, Leber und Hülsenfrüchten verwendet und eignet sich auch als Zutat zu eingelegten Roten Rüben. Es lindert Blähungen und fördert den Appetit.

Das Basilikum ist eine einjährige Pflanze, die nur in sonnigen und geschützten Lagen gedeiht. Die Aussaat erfolgt im März ins Frühbeet oder in Saatkisten. Die Jungpflanzen werden in kleine Töpfe verpflanzt und die dermaßen vorkultivierten Pflanzen zu zweit im Abstand von 30 cm ausgepflanzt.

Die krautigen Teile werden zum ersten Mal bei Blühbeginn, das zweite Mal im September geerntet, bevor die Samen ganz reif sind. Beim ersten Mal werden die Pflanzen etwa 10 cm über dem Boden abgeschnitten. Bei einem tiefer liegenden Schnitt könnten sie eingehen. Die Trocknung erfolgt an einem schattigen Ort.

Bohnenkraut

Das Bohnenkraut (*Satureja hortensis*) ist eine einjährige Pflanze mit angenehmem Duft und würzigem, beißendem Geschmack, weshalb die getrockneten sowie frischen Blätter als Ersatz für Pfeffer genommen werden. Besonders geeignet ist das Bohnenkraut für Suppen aus Hülsenfrüchten, zum Einlegen von Gurken, für Räucherwaren, Soßen sowie zu Wildbret. Das Kraut enthält ein ätherisches Öl aus Karvakrol und Zymol sowie Gerbstoffe, die gegen Durchfall wirksam sind. Außerdem fördert das Bohnenkraut den Appetit, wirkt harntreibend und schützt vor Entzündungen.

Das Bohnenkraut bevorzugt leichtere Böden und vor allem sonnige und warme Standorte. Der Anbau erfolgt auf ähnliche Weise wie beim Basilikum oder Majoran. Die im Frühbeet oder Erdkasten vorkultivierten Pflanzen werden in der zweiten Maihälfte in einem Verband von 20 x 30 cm gepflanzt. In wärmeren Gegenden kann die Aussaat bereits im April unmittelbar in das Beet erfolgen. Der Reihenabstand beträgt dann 30 cm.

Vor Blühbeginn wird das Kraut etwa 5 cm über dem Boden abgeschnitten und anschließend in dünnen Schichten im Schatten bei mäßigem Durchzug getrocknet.

Portulak

Der Portulak (*Portulaca oleracea* ssp. *sativa*) ist eine einjährige Pflanze mit fleischigen, breit ausladenden Stengeln und eiförmigen Blättern, die seit altersher mit Essig und Pfeffer, bzw. Öl zur Zubereitung von Salaten genutzt wurden. Die Blätter können auch auf ähnliche Weise wie Spinat genossen werden.

Der Portulak stellt sehr hohe Standortansprüche. Er verlangt warme Lagen und leichtere Böden. Wegen seiner Kälteempfindlichkeit wird der Portulak erst im März ins Frühbeet gesät, wo die Pflanzen vorkultiviert werden, worauf dann im Mai und Juni das Auspflanzen in 30—40 cm voneinander entfernte Reihen erfolgt.

Die jungen Triebe oder Blätter werden durchlaufend von Juli bis Mitte Oktober in Abhängigkeit vom Aussaattermin geerntet, also etwa drei Monate nach der Saat. Deshalb lohnt es sich, den Portulak am besten in einmonatigen Zwischenräumen zu säen.

Ysop

Die frischen sowie die getrockneten Blätter des Ysops (*Hyssopus officinalis*) zeichnen sich durch den markanten würzigen Kampfergeschmack aus. Sie werden zur Zube-

Samen von Dill werden aus im Frühjahr ausgesäten Pflanzen gewonnen. Geerntet wird, wenn die Dolden braun zu werden beginnen, sonst streut sich der Samen aus und läuft an unerwünschter Stelle auf (327)

Liebstöckel wird aus Samen oder durch Teilung vermehrt. Die Blätter werden während der ganzen Wachstumszeit gepflückt (328)

reitung von Suppen, Fleischsoßen, Füllungen und Gemüsesalaten verwendet. Ähnlich wie beim Salbei wird das Kraut des Ysop als Mittel gegen übermäßiges Schwitzen verwendet. Es enthält das ätherische Öl Pinen sowie Gerbstoffe und Glykoside.

Der Ysop ist eine ausdauernde Pflanze, die am besten in warmen, sonnigen und geschützten Lagen in Böden gedeiht, die einen ausreichenden Kalziumvorrat aufweisen. Die Vermehrung erfolgt durch Pflanzenteilung oder durch Aussaat, die Ende März ins Frühbeet oder in Saatkisten erfolgt. Die vorkultivierten Pflanzen werden in der zweiten Maihälfte in einem Verband von 40 x 40 cm ausgepflanzt. In Gegenden mit günstigen klimatischen Bedingungen kann der Ysop im April unmittelbar am endgültigen Standort ausgesät werden.

Das Kraut wird bei Blühbeginn etwa 10 cm über dem Boden abgeschnitten. Die Ernte erfolgt zweimal im Jahr. Das Kraut wird dann im Schatten getrocknet.

Melisse

Der Zitronengeschmack und -duft der Melisse (*Melissa officinalis*) haben zur Folge, daß diese Pflanze überall dort verwendet wird, wo Zitronenschalen oder Zitronensaft erforderlich wären. Die Blätter der Melisse enthalten vor allem ätherische Öle mit Zitral und Geraniol als Bestandteile sowie Gerbstoffe. Deshalb wird die Melisse auch zum Aromatisieren von Essig, Mayonnaise, Fleischgerichten, Salaten, Suppen und Soßen genommen. Die Heilwirkung der Melisse ist in etwa die gleiche wie die der Minze — sie lindert Blähungen, setzt den Blutdruck herab und hilft gegen Migräne. Aus frischen oder getrockneten duftenden Blättern wird ein hervorragender erfrischender Tee gekocht.

Die Melisse stellt bestimmte Wärmeansprüche und wird deshalb nur in geschützten und sonnigen Lagen gedeihen, wobei der Boden leichter und humos sein soll. Die Vermehrung erfolgt durch Pflanzenteilung oder durch Aussaat. Am Standort verbleibt sie fünf Jahre und länger. Den Winter über müssen die Pflanzen mit Erde und Laub zugedeckt werden. Die Samen werden ab März ins Frühbeet gesät, die Jungpflanzen pikiert, damit sich ihr Wurzelsystem besser entwickelt, und im Mai werden sie dann in einem Verband von 40 x 40 cm ausgepflanzt.

Das Kraut wird bei trockenem Wetter geerntet, am besten vor Ausbildung der Blütenstände oder bei Blühbeginn, wenn die Blätter am intensivsten duften. Geerntet wird zweimal im Jahr. Das Kraut wird vorsichtig im Schatten getrocknet und anschließend in gut abgeschlossenen Gefäßen aufbewahrt, damit sich das duftende ätherische Öl nicht verflüchtigt. Dennoch behält es seinen vollen Wert meist nur bis zur nächsten Ernte.

Weinraute

Die Wein- oder Edelraute (*Ruta graveolens*) ist ein perennierender Halbstrauch, dessen aromatische Blätter und jungen Triebe mit scharfem bitterem Geschmack in geringen Mengen zum Würzen von Salaten, Fleischgerichten und Soßen verwendet werden. Die Weinraute enthält ein ätherisches Öl, Bitterstoffe und das Glykosid Rutin. Sie fördert den Appetit, lindert Neurosen und wirkt harntreibend.

Für den Anbau der Weinraute sind mittelschwere bis leichte kalkhaltige Böden in sonnigen warmen Lagen am geeignetsten. Die Vermehrung erfolgt durch Teilung der Mutterpflanzen oder durch Samen, die Ende März oder im April ins Frühbeet gesät werden. Die Jungpflanzen kommen dann Ende Mai im Abstand von etwa 30 cm ins Freilandbeet.

Das Kraut wird am besten noch vor der Blüte geerntet. Da die Berührung der frischen Grünteile mitunter einen unangenehmen Nesselausschlag zu bewirken vermag, ist es zweckdienlich, zur Ernte Handschuhe anzuziehen. Nach der im Schatten vorzunehmenden Trocknung werden die Blätter abgestreift und ähnlich wie die Melisse in gut schließenden Gefäßen aufbewahrt. Sie behalten ihre charakteristischen Eigenschaften höchstens ein Jahr lang.

Borretsch

Der Borretsch (*Borago officinalis*) ist eine einjährige Pflanze, die heute nur noch verhältnismäßig selten angebaut wird. Als Gewürz werden die jungen, noch unbehaarten Blätter genommen, die kleingeschnitten auf hervorragende Weise den Geschmack von Gemüsesalaten, Soßen und Suppen verfeinern. Die Borretschblätter verbreiten nach dem Zerreiben oder Zerschneiden einen angenehmen Gurkenduft. Die getrockneten Blätter werden in der Volksheilkunde gegen Rheumatismus und Entzündungen der Harnwege empfohlen.

Der Borretsch wird im Frühjahr gesät, evtl. auch im Herbst. Was Standortlage und Bodenverhältnisse anlangt, stellt er keine hohen Ansprüche und bedarf auch während des Wachstums keiner besonderen Pflegemaßnahmen. Der Borretsch vermehrt sich häufig durch Selbstaussaat, wenn die aus den erwachsenen Pflanzen ausfallenden reifen Samen noch im Herbst oder erst im folgenden Frühjahr dort zu keimen beginnen, wo die alten Pflanzen angebaut wurden.

Blattpetersilie

Das Petersilienlaub ist besonders reich an Vitamin c, Vitamin A und Mineralstoffen. Blattpetersilie (*Petroselinum crispum* ssp. *crispum*) wird am besten im Gewächshaus oder Frühbeetkasten kultiviert. Dann kann nicht nur über den ganzen Sommer, sondern auch im Winter (Temperaturen unter 0° C vermeiden) geerntet werden. Bei der Ernte werden zunächst stets die ältesten Blätter gepflückt und es verbleibt zumindest der jüngere, hellgrüne Blattschopf. In kälteren Gebieten, z. B. in Norddeutschland, können die Pflanzen auch im Oktober aus dem Freiland in Töpfe gepflanzt und über den Winter auf der Fensterbank weiterkultiviert werden.

Andere Gemüsearten

Rhabarber

Der Rhabarber (*Rheum rhabarbarum*) wird in den Gärten seiner langen, fleischigen Blattstiele wegen angebaut. Sie enthalten Vitamin C, Provitamin A sowie Mineralsalze, wie Phosphor, Kalium und Magnesium. Den pikanten säuerlichen Geschmack verleihen dem Rhabarber die in den Stangen enthaltene Äpfel- und Oxalsäure. Aus den Stielen wird ein Kompott zubereitet, und sie werden auch für andere Süßspeisen verwendet.

Für den Anbau dieser ausdauernden Gemüsepflanze sind tiefgründige, mittelschwere und angemessen feuchte Böden am besten. Versumpfte saure Böden sind ungeeignet. Vor der Bepflanzung muß das Beet gründlich mit Stalldung in einer Grube von etwa 8 kg/m² versorgt werden. Zugleich wird auch mit Superphosphat, Ammoniumsulfat und Kaliumsalz (40%) in Mengen von 60, 40 und 25 g/m² oder mit kombiniertem Düngemittel in einer Gabe von 80 g/m² gedüngt. Der Rhabarber ist hinsichtlich der Standortlage recht anspruchslos und gedeiht überall. Er ist winterhart und begnügt sich auch mit Halbschatten. Während der Wachstumszeit ist eine Beregnung am Platz, besonders bei leichteren Böden. Alle drei bis vier Jahre wird der Boden zwischen den Pflanzen gekalkt, am besten im Herbst.

Im Garten sollte der Rhabarber nicht aus Samen angezogen werden, da er Fremdbestäuber ist und die Pflanzen deshalb ungleichmäßig wären. Die Vermehrung erfolgt vielmehr vegetativ, durch Pflanzenteilung. Ableger mit einem oder zwei Achselsprossen werden im Frühjahr oder schon im Herbst in einem Abstand von 80 Zentimetern gepflanzt. Die Herbstpflanzung ist zuverlässiger, da die Pflanzen eher zu wachsen beginnen. Bei der Pflanzung ist darauf zu achten, daß der Achselsproß etwa 5 cm unter der Erdoberfläche zu liegen kommt. Den Winter über werden die Pflanzen durch eine schwächere Kompostschicht Torfmull oder Strohmist geschützt. Im ersten Jahr nach der Pflanzung ist von einer Ernte abzusehen, damit die Pflanzen nicht zu sehr geschwächt werden. Während der Vegetationsperiode ist mit Kalkammonsalpeter in Gaben von 22 g/m² nachzudüngen.

Mit der Ernte der Blattstiele wird im zweiten Jahr begonnen. Von April bis Mitte Juli werden die Stangen laufend ausgebrochen. Diese dürfen jedoch niemals abgeschnitten werden. An jeder Pflanze werden stets nur einige junge Blätter belassen. Von den ausgebrochenen Stielen werden unverzüglich die Spreiten beseitigt, damit diese nicht zu welken beginnen. Von Juli bis in den Herbst wird von einer Ernte abgesehen. Rechtzeitig werden die Blütenstände entfernt, die die Pflanzen nur schwächen würden.

Die getrockneten Samen des Koriander werden vor allem beim Einmachen von Gemüse verwendet, finden als Gewürz aber auch bei anderen Gelegenheiten Verwendung (329)

Spargel

Der Spargel (*Asparagus officinalis*) wird wegen der meist gebleichten, mitunter aber auch grünen Triebe — der sog. Stangen — angebaut, die eine beliebte Gemüsedelikatesse darstellen, besonders im Frühjahr, wenn noch wenig anderes Frühgemüse vorhanden ist. Der Nährwert des Spargels ist im großen und ganzen gering. Er enthält eine geringere Menge Vitamin C, Mineralstoffe, Fette, Zucker, Eiweiße und freie Asparaginsäure, die zum Aroma beiträgt. Der Spargel besitzt allerdings eine bestimmte Heilwirkung, die wohl früher Anlaß für seine weite Verbreitung war. Er reguliert den Blutdruck, beseitigt Müdigkeit und fördert die Herz- und Nierentätigkeit.

Der Spargel gedeiht überall, wo Voraussetzungen für den Gemüseanbau gegeben sind. Er bevorzugt sonnige und warme Lagen auf trockeneren lehmigen Sandböden mit einem niedrigeren Grundwasserspiegel. Schwere und kalte Böden verträgt er ebensowenig wie Chloride. Der Spargel wird langfristig angebaut, oft sogar 20 Jahre lang. Vor der Auspflanzung ist deshalb auf eine sorgfältige Bestellung des Bodens zu achten. Dieser wird mindestens 50 cm tief gelockert und mit Stalldung in einer Menge von 8 kg/m² gedüngt. An Mineraldüngemitteln sind als Vorratsdüngung Superphosphat, Kalisalz (vierzigprozentiges) und Ammoniumsulfat in Gaben von 60, 50 und 30 g/m² einzubringen.

Die Anzucht des Pflanzgutes kann der Hobbygärtner selbst vornehmen. Die vorher drei Tage lang in immer wieder ausgewechseltem Wasser eingeweichten Samen werden in einem Reihenabstand von 30 Zentimetern in das Saatbeet gesät. Die Jungpflanzen werden dann auf einen Abstand von zehn Zentimetern vereinzelt. Der Boden wird regelmäßig gelockert, die Pflanzen werden gegossen und im Juni dann mit Kalkammonsalpeter in Gaben von 15 g/m² nachgedüngt. Sofern die einjährigen Pflanzen genügend kräftig sind, werden sie bereits im zweiten Frühjahr ausgepflanzt. In der Regel werden sie jedoch noch ein weiteres Jahr vorkultiviert.

An die endgültigen Standorte werden kräftigere einjährige oder zweijährige Spargelpflanzen im April oder Mai in vorbereitete ausgehobene Gräben gepflanzt, deren Sohle (40 cm tief) mit einer Kompostschicht bedeckt ist. Auf diese werden mit etwa 50 cm Abstand die Spargelpflanzen gesetzt, worauf wieder eine Kompostschicht und nach dem Angießen noch Erde kommt. Sofern eine größere Menge von Pflanzen gepflanzt werden soll, ist es gut, die Gräben in einem Abstand von 120 cm auszuheben. Zwei Jahre nach dem Auspflanzen werden die Pflanzen auf die übliche Weise gepflegt, d. h. von Unkraut freigehalten, gegossen und nachgedüngt. Um den Platz zwischen den Reihen zu nutzen, werden zwischen die Spargel flach wurzelnde Pflanzen mit einer kurzen Entwicklungszeit angebaut, wie etwa Salat, Radies, Spinat u.dgl. Im Herbst werden die oberirdischen Teile des Spargels abgeschnitten und die Pflanzen in den Reihen mit Kompost zugedeckt.

Erst im dritten Jahr wird mit der Ernte von jungen Spargelstangen begonnen. Im zeitigen Frühjahr werden über den Pflanzen bis in eine Höhe von 30 cm Dämme aufgeworfen (Oberflächen mit der Schaufel festklopfen), die von den Stangen durchwachsen werden müssen. Die Ernte erfolgt regelmäßig einige Male in der Woche, indem nach Freilegen der Stangen diese abgeschnitten werden. Anfangs wird nur ein kleinerer Teil der Sprosse geerntet, damit die Pflanzen nicht zu sehr entkräftet werden. Erst in den folgenden Jahren werden bei häufigem und regelmäßigem Nachdüngen im Herbst sowie während der Vegetationszeit bis zu zwei Dritteln der Spargel geerntet, die eine Länge von 20—25 cm erreicht haben. Um den 25. Juni herum sollte die Ernte eingestellt werden, damit die danach erscheinenden Stangen sich zu Trieben entwickeln können und die Pflanzen wieder zu Kraft kommen.

Die Ernte des sog. Grünspargels ist einfacher. Die Pflanzen werden nur mit einer dünnen Erdschicht bedeckt, und es werden also ungebleichte Stangen geerntet. Diese enthalten mehr Vitamin C als die gebleichten Stangen und dazu noch das Provitamin A.

Artischocke

Die Artischocken (*Cynara scolymus*) sind eine Gemüsedelikatesse, die wegen der bis zu 10 cm im Durchmesser erreichenden fleischigen Blütenhüllböden und wegen des fleischigen Inhalts der Hüllblätter angebaut werden. Die Zubereitung der Artischocken erfolgt auf ähnliche Weise wie beim Spargel. Die Artischocken enthalten das Vitamin B, Provitamin A und Inulin (Reservekohlenhydrat).

Es handelt sich um eine ausdauernde, wärmeliebende Pflanze, die recht frostempfindlich ist. Sie bevorzugt einen tiefen humosen Boden mit hohem Nährstoffgehalt und bedarf einer ausreichenden Beregnung.

Die Vermehrung der Artischocken erfolgt durch Ableger von älteren Pflanzen oder durch Samen. Diese werden im März in kleine Töpfe gesät. Bis zum Auspflanzen, d.h. bis Ende Mai, bleiben sie im Gewächshaus oder im Frühbeet. Sie werden in einen Verband von 60 x 100 cm gepflanzt und verbleiben etwa fünf Jahre am Standort. Die Artischocken blühen in der Regel erst im zweiten oder dritten Jahr nach der Aussaat. Von der Aussaat im Februar können jedoch blühende Pflanzen noch im gleichen Jahr gewonnen werden. Den Winter über werden die Pflanzen mit einer Schicht Laub oder Stroh zugedeckt, über die in der Zeit der stärksten Fröste noch eine Folie ausgebreitet wird.

Um bis zur Ernte gut entwickelte Blütenknospen zu bekommen, werden an einer Pflanze höchstens drei Blüten gelassen. Die Ernte muß rechtzeitig erfolgen, d. h. bevor die Pflanzen aufblühen und wenn der fleischige Blütenhüllboden und die Basis der Blütenhüllblätter voll entwickelt sind.

Bleichsellerie

Der Bleichsellerie (*Apium graveolens* var. *dulce*) unterscheidet sich vom Knollensellerie durch eine reichere Belaubung und eine kleine, zur Verwendung ungeeignete Knolle. Besonders die Blattstiele sind kräftig und fleischig. Gebleichte Blattstiele werden auf ähnliche Weise zubereitet wie Spargel oder Bohnenhülsen, bzw. dem Hackfleisch beigegeben wie Porree. Es handelt sich um ein wertvolles und schmackhaftes Gemüse mit diätetischer Wirkung.

Was die Boden- und Klimaansprüche des Bleichselleries anlangt, sind diese in etwa die gleichen wie bei Knollensellerie. Ebenso erfolgt die warme Anzucht der Jungpflanzen auf ähnliche Weise.

Die traditionellen Sorten wurden früher z. B. durch ein Anhäufeln der Pflanzen, durch Zusammenbinden sowie durch Umhüllen der Stiele mit dunklem Papier oder in einen dunklen Keller, bzw. ein gedecktes Frühbeet gebleicht. Die neuen Sorten mit weißlichen bis gelbgrünen Blättern sind selbstbleichend. Häufig trägt auch eine dichtere Bepflanzung der Reihen, d. h. ein Verband von 20 x 60 cm zur Bleichung bei. Damit die Stiele bei der Ernte nicht auseinanderfallen, werden sie samt einem Teil der Wurzeln abgeschnitten.

Zuckermais

Der Zuckermais (*Zea mays* convar. *saccharata*) stellt im Zustand der Milch- und Wachsreife eine wohlschmeckende Delikatesse dar. Die Kolben werden roh oder im Salzwasser gekocht genossen, evtl. gebraten. Die ganz kleinen, etwa drei bis zehn Zentimeter langen Kolben werden auch in einem süßsauren Aufguß konserviert, ähnlich wie Gurken. Der Rohwert des Zuckermaises entspricht in etwa dem der grünen Erbsen. Die Samen enthalten vor allem viel leicht verdauliches Eiweiß, Zucker und Stärke.

Im Unterschied zum Futtermais hat der Zuckermais einen niedrigeren, häufig strauchartigen Wuchs. Der Mais ist eine wärmeliebende Pflanze, die nur in geschützten Lagen angebaut werden kann. Zur Keimung ist mindestens eine Temperatur von 8°—10°C erforderlich. Hoch sind auch die Ansprüche an den Humus- und Nährstoffgehalt des Bodens. Außer mit Stalldung und gutem Kompost muß das Beet auch mit Mineraldünger gedüngt werden. Am geeignetsten ist Volldünger in einer Gabe von 80 g/m². Geeignete Vorfrüchte sind Frühsalat, Radies oder auch Spinat aus der herbstlichen Aussaat. Der Mais ist frostempfindlich, und sein Anbau kommt deshalb in höheren Lagen und Frosttälern nicht in Frage.

Die Aussaat des Zuckermaises erfolgt in der Regel Mitte Mai; in wärmeren Gebieten, etwa dort, wo auch die Weinrebe gedeiht, evtl. schon Ende April. Falls eine frühzeitigere Ernte erwünscht ist, können die Pflanzen im Gewächshaus oder im Frühbeet durch die Anfang April vorgenommene Aussaat in größere, mit Kompost gefüllte Töpfe vorkultiviert werden. Das Auspflanzen erfolgt dann Mitte Mai in einem Verband von 40 x 80 cm.

Normalerweise wird der Zuckermais direkt in 6 cm tiefe Rillen, am besten als Horstsaat mit je drei bis vier Samen gesät. Nach dem Auflaufen werden in jedem Nest zwei Pflanzen belassen. Zweckmäßig ist es, Mais als Schutzstreifen für windempfindliche Gemüsearten, wie etwa Gurken, zu pflanzen. In der ersten Wachstumsphase, bei der ersten Bodenlockerung, ist eine Zusatzdüngung mit Kalkammonsalpeter in einer Gabe von 30 g/m² ratsam, und später, vor dem Schossen, mit verdünnter Gülle, der 200 g Superphosphat je 10 l beigemengt werden. Wenn die Pflanzen eine Höhe von etwa 40 cm erreicht haben, wird angehäufelt. Außer dem Lockern des Bodens ist auch ein ausgiebiges Gießen angebracht, das auf den Wasserbedarf der im Umfeld gepflanzten Gemüseart abzustimmen ist. Herbizide werden im Hobbygarten grundsätzlich nicht eingesetzt, selbst wenn sie in der Großproduktion bei Mais allgemein üblich sind. Sinnvoll ist der Anbau von 2 oder 3 Sorten, da dann mit einer besseren Befruchtung — und damit einer besseren Ernte — gerechnet werden kann.

Die Kolben werden selektiv geerntet, so wie sie reif werden. Dabei sollen die einzelnen Samen weich sein und beim Zerdrücken eine cremegelbliche Flüssigkeit abgeben.

Mitunter wird der sog. Puffmais (Z. mays convar. microsperma) angebaut, der erst nach völligem Ausreifen der Samen geerntet wird, wenn die Deckblätter einzutrocknen beginnen. Die Kolben werden freigelegt und im Schatten hängend getrocknet. Die harten Körner werden nach völligem Trocknen ausgebröckelt und trocken aufbewahrt. Sie werden durch langsames Rösten auf der heißen Herdplatte zubereitet.

Mohn

Der Mohn (Papaver somniferum) wird häufig für verschiedene Kuchen und Süßspeisen verwandt. Außer in der Speisenzubereitung findet der Mohn aber auch in der Nahrungsmittelindustrie (z. B. zum Pressen von Öl) und in der pharmazeutischen Industrie Verwendung. Seine Samen enthalten ebenso wie die Mohnkapseln einige Dutzend Alkaloide.

Beim Mohn werden zwei Gruppen unterschieden — der Schüttmohn, dessen reifende Kapseln Öffnungen tragen, durch die die Samen bei Wind herausfallen, und der Schließmohn, dessen Kapseln geschlossen bleiben.

Der Mohn stellt hohe Ansprüche an den Humusgehalt sowie an den Kalziumvorrat im Boden. Er verträgt keine Verunkrautung und gedeiht auch nicht in schweren und nassen Böden sowie in Windlagen. Als geeignete Vorfrucht können z. B. gelten: Frucht- und Kohlgemüsearten und Frühkartoffeln, die mit Stalldung gedüngt werden, evtl. auch Hülsenfrüchte. Den guten Gesundheitszustand der Pflanzen beeinflussen vor allem die rechtzeitige Aussaat und ein richtiges Vereinzeln. Auf der gleichen Fläche kann Mohn erst nach einer Pause von fünf Jahren erneut angebaut werden.

Die Aussaat des Mohns erfolgt möglichst frühzeitig im Jahr in 30 cm voneinander entfernte Reihen. Wenn die Jungpflanzen 3—4 Laubblätter entwickelt haben, wird auf eine Entfernung von 10—15 cm vereinzelt. Es können auch Nester mit je zwei bis drei Pflanzen in einer Entfernung von 25 cm gelassen werden. Während der Entwicklungszeit wird der Boden gelockert, und es wird das Unkraut gejätet.

Die Ernte erfolgt selektiv, so wie die Kapseln ihre volle Größe erreichen und reif werden, d.h. zu trocknen beginnen und die Samen darin beim Schütteln rasseln. Das ist in der Regel Ende Juli und im August der Fall, in höheren Lagen oder bei verspäteter Aussaat erst Anfang September. Die Kapseln werden am besten mit einem 10—15 cm langem Stengelteil abgeschnitten und in Bündeln unter dem Dach hängend getrocknet. Nach dem völligen Trocknen wird der Oberteil der Kapseln unter der Krone abgeschnitten und die Samen von Hand herausgeklopft. Der so gewonnene Mohn ist unbeschädigt, hochwertig und wird selbst nach längerer Lagerung nicht bitter.

Frühkartoffeln

Hinsichtlich der Bedeutung der Frühkartoffeln (Solanum tuberosum) im Gemüsegarten kann es keinen Zweifel geben. Durch ihren Nährwert sowie ihre diätetische Wirkung kommt ihnen ebenso wie anderen Gemüsearten in der menschlichen Nahrung ein hoher Stellenwert zu, und sie sollten in jedem Hobbygarten wenigstens auf einem kleinen Stück Land angebaut werden. Die Frühkartoffeln können selektiv geerntet werden und geben bereits drei Monate nach dem Auspflanzen erntereife Kartoffeln.

Was die Bodenbeschaffenheit anlangt, ist ein leichterer bis mittelschwerer humoser Boden am geeignetsten, am besten Sandboden bis lehmiger Sandboden. Willkommen sind geschützte Lagen in Höhen bis zu 300 m über Normalnull. Ungeeignet sind schwere, zu nasse Böden. Von den Nährstoffen ist Kalium besonders wichtig. Für die Pflanzung von Kartoffeln ist der Boden stets schon im Herbst zu bestellen. Beim Graben werden 6 kg/m² Stalldung eingebracht oder die doppelte Menge Kompost. Im Frühjahr wird mit Ammoniumsulfat, Superphosphat und Kaliumsulfat in Gaben von 30, 50 und 40 g/m² gedüngt. Auch während der Vegetation, am besten im Mai, wird der Kartoffelbestand mit Kalkammonsalpeter in einer Menge von 20 g/m² nachgedüngt.

Anspruchsvoll sind die Kartoffeln, was das regelmäßige Gießen anlangt. Feuchtigkeitsmangel verlangsamt die Entwicklung der Pflanze und verringert den Ertrag wesentlich. Am meisten Feuchtigkeit brauchen die Kartoffeln, wenn sie Knospen ansetzen und zu blühen beginnen. In dieser Zeit beginnt auch die Knollenbildung. Zum optimalen Wachs-

Rhabarber-Blattstiele werden erstmals im zweiten Jahr nach dem Auspflanzen von Mitte April bis Mitte Juli geerntet (330)

tum brauchen die Kartoffeln eine Temperatur von 15° bis 20°C. Bei Temperaturen unter 7°C kommt das Wachstum zum Stillstand, und bei einer Temperatur unter -3°C nehmen die ganzen Pflanzen Schaden.

Eine der wichtigsten Voraussetzungen für eine frühzeitige Ernte ist die Bereitstellung des vorgekeimten oder sogar eingewurzelten Pflanzguts. Etwa Ende Februar bis Anfang April werden ausgewählte Knollen so auf Paletten gelegt, daß mehrere Augen nach oben gerichtet sind. Die Paletten werden in einen lichten Raum gebracht und bis zum Keimen bei einer Temperatur von 12°—15°C gelagert. Die Knollen bilden dann kräftige, etwa 2 cm lange Keime. Eine noch frühzeitigere Ernte wird durch das Einwurzeln der Knollen erzielt. Zu diesem Zweck werden die Paletten etwa zehn Tage vor dem Auspflanzen mit Kompost oder Torf bedeckt. Zweckmäßig ist es auch, die Knollen in Torfzellulosetöpfe oder andere Anzuchtgefäße zu pflanzen. Die Wurzeln bilden einen festen Ballen, und nach dem Auspflanzen setzen die Knollen ihr Wachstum ungestört fort.

Frühkartoffeln werden in Abhängigkeit vom Wetterablauf etwa Mitte April bis Mitte Mai gesetzt. Dabei kann vorausgesetzt werden, daß die vorgekeimten und eingewurzelten Knollen nach dem Legen auch bei einer niedrigeren Temperatur, etwa um 5°C herum, imstande sein werden, im Wachstum fortzufahren, während unangekeimtes Pflanzgut im Boden liegt und nur sehr langsam keimen wird. Bereits ab Anfang Mai kann sich das erste Kraut zeigen, das allerdings durch Spätfröste Schaden nehmen kann. In unsicheren Lagen lohnt es sich daher, mit dem Legen der Kartoffeln nicht allzusehr zu eilen. Die Pflanzkartoffeln werden in einem Reihenabstand von etwa 60 cm in 8—10 cm tiefe Furchen gelegt, wobei darauf zu achten ist, daß der Kronenteil der Knollen nach oben gerichtet ist. Der Abstand zwischen den Knollen in der Reihe soll 25—30 cm betragen. Die Kartoffeln werden mit Erde bedeckt und diese wird mit der Schaufel leicht verdichtet. Gehackt und dabei gehäufelt wird das erste Mal, wenn die Pflanzen eine Höhe von etwa 10 cm erreicht haben, das zweite Hacken folgt dann, wenn sie etwa 20 cm hoch sind. Bei Trockenheit ist die Beregnung von großer Wichtigkeit.

Die ersten Knollen können bereits in der zweiten Junihälfte geerntet werden, besonders wenn vorgekeimtes und eingewurzeltes Pflanzgut gelegt wurde. Die Ernte beginnt, wenn die Pflanzen Blüten ansetzen. Dabei macht es nichts aus, wenn die eine oder andere Staude untergraben und nur die größten Knollen geerntet werden. Die kleineren wachsen unter der Staude ungestört nach. Auf einmal wird dann der Rest der Frühkartoffeln in der zweiten Julihälfte oder im August geerntet, wenn das Kraut gelb zu werden und einzutrocknen beginnt.

Gesunde und unbeschädigte Kartoffeln lassen sich am besten in dunklen, gut gelüfteten und kühlen Kellerräumen einlagern, gegebenenfalls auch in Mieten. Am zweckdienlichsten ist die Einlagerung in niedrigen Holzsteigen oder Paletten. Die für den Konsum bestimmten Kartoffeln müssen im Dunkeln gelagert werden, da sie sonst grün werden und Solanin bilden, das Verdauungsschwierigkeiten verursacht. Pflanzkartoffeln hingegen können bei zerstreutem Licht gelagert werden. Licht verhindert die Entstehung und Verbreitung von Fäunis und verzögert ähnlich wie niedrigere Temperatur den Keimprozeß. Pflanzkartoffeln mit grünlicher Schale befinden sich in einem guten Gesundheitszustand und sind wesentlich lebensfähiger als die braunen. Die optimale Einlagerungstemperatur beträgt 3° bis 5°C.

Artischocken lassen sich nur in den wärmsten Lagen anbauen. Damit sich starke Blütenköpfe ausbilden, beläßt man immer nur 2—3 Knospen an einem Stengel (331)

Topinambur

Der Topinambur (*Helianthus tuberosus*) ist eine bislang nicht genügend geschätzte Gemüseart. Wenngleich sie meist nur zu Futterzwecken angebaut wird, kann sie auf gleiche Weise zubereitet werden wie Kartoffeln, hat jedoch überdies noch den Vorteil, auch in rohem Zustand verzehrt werden zu können. Die Knollen enthalten als Reservekohlenhydrat keine Stärke, sondern Inulin, und sind deshalb ein willkommenes Gemüse für Diabetiker.

Der Topinambur ist eine ausdauernde und anspruchslose Hackfrucht, die nahezu überall angebaut werden kann. Sie braucht nicht gegossen zu werden, ist frosthart und wächst auch an schattigen Standorten. Weniger geeignet sind hingegen Windlagen, weil die zwei bis drei Meter hohen Pflanzen umstürzen können oder lagern. Auch was den Nährstoffgehalt des Bodens anlangt, stellt der Topinambur keine hohen Ansprüche. Wenn jedoch der Boden ähnlich bestellt wird wie für die Kartoffeln, ist der Knollenertrag ebenso wie der zu Futterzwecken verwendete Grünmassenertrag wesentlich höher.

Die Knollen werden baldmöglichst im Frühjahr in einem Verband von 50 x 100 cm 15 cm tief in den Boden gelegt. Während des Wachstums wird der Boden zwischen den Reihen gelockert, und die Erde wird ähnlich wie bei Kartoffeln angehäufelt.

Die Ernte wird spät im Herbst oder im Frühjahr vorgenommen ebenso wie auch während des Winters, wenn die Erde nicht gefroren ist. In der Erde erfrieren die Knollen nicht. Der Frost würde sie allerdings beschädigen, wenn sie nicht zugedeckt wären. Wenn bei der Ernte ein Teil der Knollen im Boden gelassen wird, wachsen daraus neue. An einem Standort kann Topinambur bis zu fünf Jahren angebaut werden.

Den Winter über werden die Knollen in einem kühlen Keller, in einer Miete oder im Frühbeet eingelagert. Zweckdienlich ist es, sie in Sand einzuschlagen, damit sie nicht eintrocknen. Die Schale der Topinamburknollen ist verschiedenfarbig, meist weißlich oder rötlich.

Pilze im Garten

Champignon

Der Gartenchampignon (*Agaricus hortensis*), auch Egerling genannt, hat sich zu einer beliebten Delikatesse entwickelt. Die Fruchtkörper lassen sich als Beilage zu verschiedenen Speisen oder auch als selbständiges Gericht gebraten, in Soßen oder sterilisiert in verschiedenen Gerichten zubereiten. Am gefragtesten sind jedoch im Winter sowie im Frühjahr frische Fruchtkörper.

Champignons können nahezu überall angebaut werden. Im Sommer auf dem Beet, an einem geschützten Platz, des Gartens, im Frühbeet, evtl. auch unter dem Tisch im Gewächshaus, während des Winters dann in Kisten in der Wohnung. Champignons bedürfen zum Wachstum einer genügend konstanten Temperatur. Optimal sind für das Wachstum des Myzels im Substrat 18°—20°C, für das Wachstum der Fruchtkörper genügt hingegen eine Temperatur ab 11°C.

Artischockenpflanzen werden im Frühbeet oder im Treibhaus vorkultiviert. Man sät sie in 20—30 cm tiefe, zum Teil mit Kompost gefüllte Pflanzgruben so aus, daß die Wurzeln später etwa 10 cm tief im Boden sitzen. Pflanzabstände 80 x 80 bis 100 x 100 cm (332)

Mais gedeiht in nährstoffreichen Böden in geschützter Lage. Die Maiskolben werden geerntet, wenn das Korn ausgereift, hart und glänzend wird und die Hüllblätter gelb sind (333)

Hauptvoraussetzung für den Erfolg ist das Substrat, das jeder Hobbygärtner selbst herzustellen vermag, wenn er genügend frischen Stallmist zur Verfügung hat, allerdings ausschließlich Pferdemist. Wenn davon keine ausreichende Menge vorhanden ist, können z. B. Häckselstroh, Kleie u.a. hinzugemischt werden. An einem geeigneten, durchzugfreien und geschützten Platz wird der Pferdemist in mehreren Lagen bis zu einer Höhe von 120 Zentimetern aufgeschichtet. Jede einzelne Schicht wird mit Wasser begossen und festgetreten. Nach einigen Tagen, wenn sich der Dung auf etwa 60°C erwärmt hat, wird er so umgeschichtet, daß die äußere Schicht ins Innere des Haufens gelangt. Nach nochmaliger Erwärmung nach ungefähr fünf Tagen wird der Haufen noch einmal umgeschichtet, d.h. also nach ungefähr 15—20 Tagen. Auf diese Weise entsteht ein fermentiertes Substrat von brauner Farbe, das bereits verrottet ist und keinen üblen Geruch verbreitet, denn das Ammoniak hat sich durch die Fermentierung verflüchtigt.

Das dermaßen zubereitete Substrat wird dann in einer 20 cm hohen Schicht auf ein Beet im Keller oder ins Frühbeet gebracht. Auf das mäßig verdichtete Substrat wird dann das käuflich erworbene körnige Pflanzgut dünn ausgestreut und mit einer 3—4 cm hohen Substratschicht bedeckt und angedrückt. Um ein Austrocknen des Beetes zu vermeiden, ist es ratsam, dieses mit einem feuchten Jutegewebe oder einer perforierten Folie zu bedecken. Nach etwa drei Wochen, wenn sich gezeigt hat, daß das Myzel gedeiht und vorwärtskommt, wird das Substrat noch einmal mit einer 3 cm hohen Schicht bedeckt, die aus einem Teil Frühbeeterde, einem Teil Flußsand und einem Teil Torf besteht. In diese einige Wochen vorher zubereitete und desinfizierte Erde wird noch gemahlener Kalkstein in einer Menge von etwa anderthalb Kilogramm auf jeden vollen Schubkarren hinzugegeben. Gebrannter Kalk ist jedoch nicht zu verwenden.

Nach etwa vier bis fünf Wochen tauchen die ersten Fruchtkörper auf, die geerntet werden, sobald sie einen Durchmesser von etwa 3 cm erreicht haben. Die Fruchtkörper werden vorsichtig durch eine drehende Handbewegung aus dem Substrat gelöst. Von einem Quadratmeter können etwa vier Kilogramm Champignons geerntet werden. Im Verlauf der drei bis vier Monate dauernden Ernte muß das Beet beregnet und der Keller, bzw. das Frühbeet, gelüftet werden.

Kulturträuschling

Die Fruchtkörper des Kulturträuschlings (*Stropharia rugoso annulata*) haben unter den Hobbygärtnern zahlreiche Freunde und Bewunderer. Der fleischige Fruchtkörper ist weiß, leicht würzig und schmackhaft. Der Träuschling dient zur Zubereitung von Suppen, Fleischsoßen sowie gebratenen und trockenen Pilzen.

Träuschlinge lassen sich am besten im tieferen Frühbeet auf einer nach mehrtägigem Anfeuchten und festgetretenen 20—30 cm hohen Schicht beliebigen Strohs anziehen. Auch eine Anzucht auf gepreßten Strohballen ist möglich (sie müssen einige Tage feucht gehalten werden).

Die geeignetste Zeit zur Anlage des Beetes ist etwa Mitte Mai. Nach ungefähr einer Woche werden in das erwärmte Stroh etwa 5—7 cm unter die Oberfläche kleine Stücke des Pflanzguts in Entfernungen von 15 cm gesetzt. Danach ist es am besten, das Substrat mit einer Folie oder dem Frühbeetfenster zuzudecken. Die Temperatur des Substrats sollte 20°—25°C betragen. Nach Bedarf wird es von Zeit zu Zeit mit lauwarmem Wasser angefeuchtet. Etwa nach einem Monat zeigt sich an der Oberfläche des Substrats ein weißes Myzel, das mit einer etwa 5 cm hohen Schicht Grabenaushub gemischt mit Torf und Sand bedeckt wird, damit im Substrat genügend Feuchtigkeit erhalten bleibt und die Fruchtkörper später nicht umfallen (diese Erdabdeckung ist bei der Kultur auf gepreßten Strohballen nicht erforderlich). Gegen Sonnenbestrahlung muß das Frühbeet mit einer Polyäthylenfolie oder mit Strohmatten geschützt werden.

Die Ernte der laufend wachsenden Fruchtkörper dauert von etwa Mitte Juli bis Mitte September. Von einem Quadratmeter Fläche lassen sich rund drei Kilogramm Träuschlinge ernten.

Wenn das Substrat mit dem Myzel den Winter über im Keller aufbewahrt oder mit einer ausreichenden Schicht Kompost oder Stalldung zugedeckt wird, damit es nicht erfriert, können daraus auch im folgenden Jahr Fruchtkörper kultiviert werden.

Austernseitling

Der Austernseitling (*Pleurotus ostreatus*) gehört zu den äußerst schmackhaften Pilzen. Sein markanter Pilzgeschmack ist aromatischer als der des Champignons. Zwar ist er etwas fester und bedarf einer längeren Zubereitung, doch eignet er sich für sämtliche Speisezwecke sowie besonders zum Einlegen in Essigaufguß.

Der Austernseitling ist ein holzzerstörender Pilz und kann deshalb nicht auf Beeten kultiviert werden. Im Garten wird er auf den Klötzen verschiedener Bäume angezogen, die der Länge nach in 10—20 cm dicke und 30—40 cm lange Stücke geschnitten wurden. Es muß jedoch vorher festgestellt werden, ob das Holz nicht schon von irgendeinem anderen holzzerstörenden Pilz befallen ist. Deshalb ist es

Kartoffeln brauchen während ihrer Blütezeit das meiste Wasser, denn sie setzen in dieser Zeit neue Knollen an (334)

besser, frische und noch feuchte Holzstücke zu nehmen. Am geeignetsten sind Weißbuchen-, Pappel-, Rotbuchen- und Nußholz. Die vorbereiteten Klötze werden mit dem käuflich erworbenen Myzel infiziert, indem in vorgebohrte Löcher, etwa in der Mitte des Klotzes, Myzelstücke eingeführt werden. Die Löcher werden mit einem Folienstreifen geschlossen, um gegen Austrocknung geschützt zu sein. Die Klötze werden dann so eingegraben, daß sich das Myzel etwa drei Zentimeter unter der Oberfläche befindet und noch ein Klotzstück herausragt. Die Klötze sollten an schattigen, geschützten Plätzen aufgestellt und mit einer Polyäthylenfolie bedeckt werden. Nach etwa zwei Monaten durchwächst das Myzel den Klotz, und es tauchen in Büscheln die ersten Fruchtkörper auf. Auch der Austernseitling kann auf Strohballen kultiviert werden, die aber vor der Beimpfung 6—10 Tage zur Fermentierung unter Wasser getaucht werden müssen. Hierfür wäre z. B. ein 200 l-Faß geeignet. Der Ballen wird mit einem Brett abgedeckt

Zeitplan für Aussaat, Pflanzung und Ernte der einzelnen Gemüsearten

Gemüseart	Aussaat Frühbeet	Aussaat Freilandbeet	Aussaattiefe (cm)	Vereinzeln	Pflanzung ins Beet	Reihenabstand bzw. Verband (cm)	Ernte
Blumenkohl, Herbst-	—	April-Mai	0,5	—	Juni-Juli	50 x 50	August-November
Blumenkohl, Sommer-	Februar - März	—	0,5	—	April-Mai	50 x 50	Mai-Juli
Brokkoli	Februar-März (frühe Sorten)	Juni (späte Sorten)	0,5	—	April-Mai frühe Sorten Juli - späte Sorten	50 x 50	ab Juli
Buschbohnen	—	Mai-Juni	2 - 3	—	—	30 x 40	Juli-September
Chinakohl	—	Mitte Juli	2	nach Bedarf	—	25 x 40	sukzessive September
Endivie	—	April, Juli	2	nach Bedarf	—	30 x 30	Juli, Oktober
Erbsen, Mark-	—	April	4 - 5	—	—	25	Juli-September
Erbsen, Schal-	—	März	4 - 5	—	—	25	Juni-Juli
Feldsalat	—	Juli-August	2	—	—	20	Oktober-Dezember
Gurken, Freiland-	April-Mai	—	1,5	Juni	Juni	100 - 200	Juli-September
Kartoffeln	—	—	8 - 10	—	April-Mai	60 x 25	Juli-August
Knoblauch	—	—	4 - 5	—	Oktober oder März	25 x 8	sobald die Blätter gelb zu werden beginnen
Kohl, Früh-	Ende Februar	—	0,5	März	April-Mai	50 x 50	Mai-Juni
Kohlrabi	—	März-Juli	0,5	nach Bedarf	—	30 x 30	Juni-September
Kohl, Sommer-	April	April-Mai	0,5	Mai	Mai-Juni	50 x 50	Juni-September
Kohl, Winter-	—	Mai	0,5	Mai	Juni	50 x 50	Oktober-November
Kopfsalat	ab Februar	ab März	1,5	—	ab April	25 x 25	April-Oktober
Kürbis	—	Mai	3 - 4	Juni	Juni	100 - 200	September-Oktober
Melone	Mai	Mai	3 - 4	—	Juni	80 x 80	August-September
Möhren, Karotten	—	März-Juni	1,0	nach Bedarf	—	25 x 7	selektiv
Paprika	März-April	—	1	—	ab Mitte Mai	40 x 50	August-Oktober
Pastinak	—	Februar-April	2 - 3	nach Bedarf	—	25 x 100	Oktober-Dezember
Wurzelpetersilie	—	März-Mai	1,0	nach Bedarf	—	25 x 10 - 25	auch den Winter über
Pflück- und Schnittsalat	März-April	März-August	1,5	nach Bedarf	—	25 x 25	sukzessive nach Wüchsigkeit
Porree	März-Mai	April-Mai	1,0	—	Mai-Juni	10 x 40	September-März
Radies	Februar	März-Juni August-September	1,5	—	—	20	Mai-Oktober
Rosenkohl	—	April-Mai	0,5	Mai-Juni	Juni	60 x 60	Oktober-März
Rote Rübe	—	April-Juni	3	nach Auflaufen	—	30 x 15	August-Oktober
Schalotten	—	—	unmittelbar unter die Oberfläche	—	Februar-Mai	10 x 20	Juli-September
Schnittlauch	März	März-Mai	0,75	—	Mai-Juni	25 x 25 (Büschel)	Mai-September
Schwarzwurzel	—	März, September	2 - 3	nach Bedarf	—	25 x 8	Oktober, März
Sellerie	Januar-Februar	—	0,3	—	Mitte Mai	30 x 30 - 50	September-November
Spinat, Frühjahrs-	—	Mitte März/April	2,0	—	—	20	Mai-Juni
Spinat, Winter-	—	September/Oktober	2,0	—	—	20	April
Stangenbohnen	—	Mai-Juni	2 - 3	—	—	60 x 100	Juli-September
Tomate	ab Mitte März	—	1,0	—	ab Mitte Mai	60 x 80	Juli-November
Wirsingkohl	März-April	April-Mai	0,5	—	Mai-Juni	60 x 60	selektiv nach Wüchsigkeit
Zwiebel, Speise-	—	Herbst-Frühling	0,75	April	—	25 x 10	Juli-September
Zwiebel, Steck-	—	—	unmittelbar unter die Oberfläche	—	März-Mai	25 x 10	Juli-August

Austernseitlinge erntet man durch Abschneiden oder durch Abbrechen der Hüte oder ganzer Büschel (335)

und mit Steinen beschwert bis der Ballen vollständig unter Wasser ist.

Da der Austernseitling ein Herbstpilz ist, bilden sich die Fruchtkörper erst beim entsprechenden Temperaturrückgang, also wenn die Temperatur in der Nacht auf 8°—10°C sinkt. Um Fruchtkörper noch in demselben Jahr zu bekommen, muß die Seitlingkultur im Frühjahr oder im Sommer angelegt werden. Die Klotzkultur bringt vier und mehr Jahre Seitlinge hervor.

Die herbstliche Ernte kann leicht bis in den Dezember hinein verlängert werden, wenn die Klötze mit einer Polyäthylenfolie oder einem Frühbeetfenster zugedeckt werden. Kurze Herbstfröste fügen den Fruchtkörpern keinen Schaden zu. Die Ernte erfolgt durch vorsichtiges Herausbrechen oder Abschneiden der einzelnen Fruchtkörper oder ganzer Büschel.

zeichen der Alterung von Samen ist eine Abnahme der Triebkraft. Es folgen eine verlängerte Keimdauer und schließlich eine Abnahme der Keimfähigkeit. Die Dauer geringer Abnahme der Keimfähigkeit wird als Lagerfähigkeit bezeichnet. Sie währt in Abhängigkeit von der Pflanzenart und den Lagerbedingungen einige Wochen bis zu mehreren, in Sonderfällen bis zu 200 Jahren.

Die erste Voraussetzung für eine langfristige Aufbewahrung ist ein gut ausgereiftes, gesundes Saatgut mit einer hohen Keimfähigkeit. Die mittlere Lagerfähigkeit guten Gemüsesaatgutes in klimatisierten Räumen oder Behältern ist relativ kurz bei der Schwarzwurzel, der Pastinake und bei Schnittlauch. Besonders lange lagerfähig ist Saatgut der Kürbisgewächse. Bei zu langer Lagerdauer und unter ungünstigen Lagerbedingungen ist mit einer stärkeren Abnahme der Keimfähigkeit, einem verstärkten Auftreten von Mißbildungen und einer größeren Anfälligkeit gegenüber Schaderregern zu rechnen. Dies gilt besonders für ungünstige Keimbedingungen.

Die wichtigste Voraussetzung für die Erhaltung der Vitalität des Saatgutes ist ein geringer Wassergehalt der Samen. Da das Wasser im Samen in einem ständigen Austausch mit dem Wasserdampfgehalt der Luft steht, sollte stets trockenes Saatgut bei niedriger Luftfeuchte gelagert werden. Darüber hinaus verlängert niedrige Temperatur durch eine Reduzierung der chemisch-physiologischen Reaktionen die Lagerfähigkeit.

Es wurden die folgenden Faustregeln aufgestellt:

Wassergehalt: Im Bereich von 5—14% Wassergehalt der Samen reduziert ein Anstieg des Wassergehaltes der Samen um 1% die Lebensdauer auf die Hälfte. Eine zu starke Trocknung der Samen (Wassergehalt unter 5%) birgt aber auch Gefahren in sich.

Bei einem Wassergehalt über 12% wird das Saatgut anfällig gegen Pilze, über 18—20% besteht zusätzlich die Gefahr der Selbsterhitzung durch eine verstärkte Atmung. Für eine längere Lagerung sollten deshalb Feinsämereien auf 5—6%, ölhaltige Samen auf ca. 9% Wassergehalt getrocknet und bei einer Luftfeuchte von 10—14% gelagert werden.

Einer trockenen Lagerung dienen wasserdampfdichte Behälter mit Trockenmitteln (z.B. Silikagel) oder Keimschutzpackungen.

Temperatur: Im Bereich von 0—50°C reduziert ein Anstieg der Temperatur um 5°C die Lebensdauer der Samen auf die Hälfte.

Eine niedrige Temperatur z.B. in Kühlschränken, kann somit wesentlich zur Erhaltung der Vitalität beitragen, wenn eine Wiederbefeuchtung vermieden wird. Samen mit geringem Wassergehalt können auch bei Temperaturen unter 0°C, z.B. in Tiefkühltruhen bis unter -20°C, gelagert werden.

Anmerkungen zur Saatgutlagerung*

Die größte Triebkraft und Keimfähigkeit besitzt Saatgut, sofern keine Keimruhe vorliegt, zur morphologischen Reife. Mit zunehmendem Altern sinkt die Vitalität. Ein erstes Kenn-

---

* Aus: Krug, H., 1986: Gemüseproduktion. Berlin, Hamburg: Paul Parey.

Auswahl von Gemüsesorten

Kohlgemüse

Weißkohl	frühe Sorten	Marschländer Frühspitz, Marner Allfrüh, Dittmarscher Früher
	mittelfrühe Sorten	September-Weißkohl, Marner Spezialzucht, Wiam
	späte Sorten	Minicole, Hidera, Amager, Dauerweiß Marner
Rotkohl	frühe Sorten	Marner Frührot
	mittelfrühe Sorten	Marner Septemberrot
	späte Sorten	Marner Lagerrot
Wirsingkohl	frühe Sorten	Vorbote
	mittelfrühe Sorten	Marner Grünkopf
	späte Sorten	Dauerwirsing, Marner Spezialzucht
Blumenkohl	frühe Sorten	Mechelner, Delfter Markt, Opaal, Früher Globus
	mittelfrühe Sorten	Raket, Celesta, Fortuna
	späte Sorten	Whit Rock, Celesta, Fortuna
Kohlrabi	frühe Sorten	Knaufs Frühweiß, Lauro, Azur Star, Trero, Blaro
	mittelfrühe Sorten	Azur Star, Primavera, Lanro, Blaro
	späte Sorten	Azur Star, Primavera, Lanro, Blaro
Rosenkohl	frühe Sorten	Oliver, Titurel
	mittelfrühe Sorten	Citadel
	späte Sorten	Tardis, Rasmunda
Grünkohl		Lerchenzungen, Niedriger Grüner Krauser
Broccoli		Corvet, Dandy Early
Chinakohl		Early Market, Hongkong, Nagaoka King

Blattgemüse

Kopfsalat	frühe Freilandsorten	Suzan, Meridian, Reskia
	mittelfrühe Sorten	Attraktion, Mondian, Florian, Soraya, Cindy, Pirat (rot), Rotkäppchen
	späte Sorten	Attraktion, Mondian, Florian, Reskia, Soraya, Cindy
Eissalat		Laibacher Eis, Astral, Great Lakes, Nabcco, Pennlake, Canasta (rot), Rouge grenoblaise (rot)
Schnittsalat		Krauser Gelber
Pflücksalat		Lollo bionda, Lollo rossa (rot)
Bindesalat (Römischer Salat)		Barcarolle, Corsaro
Winterendivie		Bubikopf, Malan
Feldsalat		Dunkelgrüner Vollherziger, Holländischer Breitblättriger, Vit
Gartenkresse	Freiland, Unterglas	Einfache
Mangold	Blatt/Schnitt	Paros, Grüner Schnitt, Lukullus
Chicoree		Witloof, Fritardif

Wurzel- und Knollengemüse

Möhre, Karotte	frühe Sorten	Planet, Duwicker, Amsterdamer Treib
	Sommersorten	Juwarot, Rotin, Hilmar, Corioca, Tip Top, Nantaise
	Wintersorten (zur Winterlagerung)	Lange rote Stumpfe ohne Herz
Knollensellerie		Alba, Monarch, Invictus, Volltreffer
Rote Rübe		Rote Kugel, Monopoly, Formanova
Schwarzwurzel		Schwarze Pfahl, Hoffmanns schwarze Pfahl
Rettich	frühe Sorten	Hilds Frühlingsgruß, Rex, Ostergruß
	mittelfrühe Sorten	Halblanger Weißer Sommer, Rex
	Herbst- und Sommersorten	Runder Schwarzer Winter, Langer Schwarzer Winter, Rex
Radieschen	Gewächshaus und Frühbeet	Hilmar, Cherry Belle, Rota, Saxa-Spezialzucht
	Freiland (Sommersalat)	Sora, Karissima, Eiszapfen, Parat
Wurzelpetersilie		Halblange
Pastinak		Halblange Weiße

Lauchgemüse

Speisezwiebel		Stuttgarter Riesen (Steckzwiebel), Weiße Königin, Weiße Frühlingszwiebel
Porree	Sommer- und Herbstsorten	Artaban, Swiss Giant, Hilari, Hanibal
	Herbst- und Wintersorten	Elefant, Goliath, Alma
	Wintersorten	Carentan, Alaska, Kajak

Fruchtgemüse

Tomaten		Master, Diego, Rheinlands Ruhm, Goldene Königin, Hildares, Estrella, Sweet 100 (Cocktailtomate)
Gurken	Einlegegurken	Wilma, Colet, Nimbus
	Salatgurken	Bella, Corona, Chinesische Schlangen
Kürbis		Zentner-Kürbis, gelber
Paprika		California Wonder, Neusiedler Ideal, Bell-Boy, Puszta Gold
Zucchini		Seneco

Hülsenfrüchte

Bohne	Buschbohnen	Calvy, Benaco, Processor, Fanion, Maxi, Fabiola, Marona
	Stangenbohnen	Perle von Marbach, Neckarkönigin
Erbsen	Schal- oder Perlerbsen	Maiperle, Cobri, Kleine Rheinländerin
	Markerbsen	Wunder von Kelvedon, Fonado, Exclette, Lancet
	Zuckererbsen	Frühe Heinrich, Zuga

Andere Gemüsearten

Rhabarber	Viktoria, Holsteiner Blut
Spargel	Ruhm von Braunschweig
Artischocke	Große Grüne von Laon
Bleichsellerie	Giant White

Fruchtfolge von Gemüse im Freiland

Vorfrucht			Hauptfrucht			Nachfrucht		
Gemüseart	Saat- bzw. Pflanz- monat	Ernte- monat	Gemüseart	Saat- bzw. Pflanz- monat	Ernte- monat	Gemüseart	Saat- bzw. Pflanz- monat	Ernte- monat
Kartoffeln	—	—	Weißkohl (früh)	3./4.	7./8.	Spinat Kopfsalat Wintersalat Feldsalat Buschbohnen Endivien	**8.** 7./8. 9./10. **8.** **7.** **8.**	11./4. 9./10. 5. 2./3. 9./10. 10./1.
Kartoffeln	—	—	Wirsing (früh)	4.	7./8.	Buschbohnen Frühmöhren Kopfsalat	**7.** **7.** 7./8.	10. 10. 9./10.
Spinat, Feldsalat	**8.**	3./4.	Später Weißkohl Später Rotkohl Spätwirsing	6.	9./10.	Alle Gemüse außer Kohl	—	—
Gurken, Buschbohnen, Möhren, Zwiebeln	—	—	Adventswirsing	9./10.	5./6	Buschbohnen Buschbohnen u. danach Spinat Gurken Wintersalat nach Gurken Möhren Möhren, gemischt mit Kohlrabi	**5.** **8.** **5.** 9./10. **5. /6.** **5. /6.**	8. 11./3. 8. 5. 9./10. 9./10.
früher Weißkohl	—	—	Blumenkohl (September Saat)	3.	6./7.	früher Wirsing	—	—
			Blumenkohl (Februar Saat)	4.	7.	früher Weißkohl	—	—
später Weißkohl	—	—	Blumenkohl	5.	8.	später Weißkohl		
später Weißkohl	—	—	Blumenkohl	6.	9./10.	später Weißkohl		
später Weißkohl	—	—	Rosenkohl	5./6.	10./3.	Möhren, Zwiebeln, Erbsen, Petersilie, Rüben Kartoffeln		
Bohnen, Erbsen, Frühmöhren	—	7./8.	Grünkohl	7./8.	11./3.	Rosenkohl, Frühwirsing	—	—
Frühwirsing	—	—	Kohlrabi (Frühsorten)	4.	6./7.	früher Weißkohl	—	—
Spinat, Feldsalat	**8.**	3./4.	Kohlrabi (frühe und mittelfrühe)	5.	7./8.	früher Weißkohl	—	—
Spinat, Feldsalat	**8.**	3./4.	Kohlrabi (Spätsorten)	5./6.	10./11.	Rosenkohl	—	—
Spinat, Feldsalat, Wintersalat	—	5.	Kohlrabi (Frühsorte)	6.	7./8.	Frühkohl	—	—
Adventswirsing, Erbsen, Möhren, Kopfsalat	—	6.	Kohlrabi (Frühsorte)	7.	9.	Wintersalat	—	—
Erbsen, Bohnen, Möhren, Rote Rüben	—	7./8.	Kohlrabi (Frühsorte)	8.	10./11.	Rosenkohl	7./8.	11./3.
Spinat, Feldsalat	**8.**	3.	Rote Rüben (früh)	4.	7.	Grünkohl, Kohlrabi, Kopfsalat		
Spinat, Feldsalat	**8.**	3.	Rote Rüben (spät)	4.	9./10.	Spätkohl		
Adventswirsing, Wintersalat	9./10.	5.	Rote Rüben (früh)	6.	9./10.	Spätkohl		
Buschbohnen, Erbsen, Möhren, Rote Rüben, Gurken, Kohlrabi, Frühkraut, Frühwirsing, Blumenkohl, Sellerie	—	7./8.	Winterspinat	8.	11./4.	Spätkohlarten, Rote Rüben, Gurken, Tomaten, Sellerie, Bohnen, Kopfsalat Möhren, Zwiebeln, Erbsen	—	9./11.
Spätkohlarten, Tomaten, Sellerie, Zwiebeln, Rosenkohl, Grünkohl, Kartoffeln	—	10./3.	Sommerspinat	3.	5.	Buschbohnen, Möhren, Kohlrabi, Blumenkohl, Spätkohlarten, Kopfsalat	—	9./10.
Sommerspinat	—	—	Radies	3./4.	5.	Sommerspinat	—	—
Spinat, Feldsalat	**8.**	4.	Radies	5.	6.	Buschbohnen, Rote Rüben, Kohlrabi, Möhren, Grünkohl, Frühkohl, Früh- wirsing, Kopfsalat	—	9./11.
Gurken, Salat, Kohlrabi, Bohnen, Frühkohl, Blumenkohl	—	9.	Radies	9.	10.	später Weißkohl	—	—
Sommerspinat	—	—	Mairettich	3./4.	5./6.	Juniradieschen	—	—
Spinat, Feldsalat	**8.**	3.	Sommerrettich	4.	7.	Grünkohl, Kohlrabi, Buschbohnen, Möhren, Kopfsalat, Spinat, Feldsalat		
Spinat, Feldsalat, Wintersalat	9./10.	3./5.	Sommerrettich	5.	8.	Spinat, Feldsalat		
Adventswirsing, Kopfsalat, Erbsen, Sommerspinat, Kohlrabi, Möhren	—	6.	Sommer- und Herbstrettich	6.	9.	Wintersalat, Adventswirsing, Karotffeln		
Wie vorher und Hauptfrucht Blumenkohl	—	—	Herbstrettich	7.	10.	Wie vorher		
Wie vorher und Hauptfrucht Busch- bohnen, Frühkohl, Frühwirsing	—	7.	Winterrettich	8.	11.	Kartoffeln, Sommergemüse, Zwiebeln, Tomaten usw.		

Fruchtfolge von Gemüse im Freiland

Vorfrucht			Hauptfrucht			Nachfrucht		
Gemüseart	Saat- bzw. Pflanz- monat	Ernte- monat	Gemüseart	Saat- bzw. Pflanz- monat	Ernte- monat	Gemüseart	Saat- bzw. Pflanz- monat	Ernte- monat
Spätkohlarten, Zwiebeln, Möhren, Sellerie, Tomaten, Gurken	—	10./11.	**Erbsen**	3./4.	5./6.	Kohlrabi, Frühwirsing, Grünkohl, Rosen-Möhren, Spinat, Feldsalat, Kopfsalat Nach frühen Erbsen empfiehlt sich Blumenkohl, nach späten Grünkohl, Endivie, Salat ganz besonders	—	10./12.
Spinat, Feldsalat, Radies	—	5.	**Buschbohnen** (frühe)	5.	7./8.	Spinat, Feldsalat, Wintersalat, Advents-wirsing, Rosenkohl, Frühkohlrabi	—	—
Wie vorher und Adventswirsing, Kopfsalat	—	7.	**Buschbohnen** (späte)	7.	9./10.	Nächstjähriges Sommergemüse: Zwiebeln, Gurken, Tomaten, Kohlarten, allenfalls ist aber auch Herbstaussaat von Möhren (zum Überwintern) in Betracht zu ziehen	—	—
Spinat, Feldsalat, Radies	—	5.	**Stangenbohnen**	5.	8./9.	Spinat, Feldsalat, Wintersalat, Advents-wirsing	—	—
Spinat, Feldsalat, Kopfsalat, Radies	—	5.	**Gurken**	5.	8.	Spinat, Feldsalat, Wintersalat, Advents-wirsing	—	—
Spinat, Feldsalat, Radies	—	5.	**Kürbis**	5.	9.	Spinat, Feldsalat, Wintersalat, Advents-wirsing	—	—
Spinat, Feldsalat, Radies	—	5.	**Tomaten**	5.	8./9.	Spinat, Feldsalat, Wintersalat, Advents-wirsing	—	—
Spinat, Feldsalat, Radies	—	5.	**Sellerie**	5./6.	9./10.	Kartoffeln	—	—
						Nach früher Augusternte Adventswirsing, Endiviensalat, aber keinen Kopfsalat	8.	10./11.
Möhren	—	10./3.	**Zwiebeln**	4.	8.	Kartoffeln, Frühkohl	—	—
Kartoffeln	—	10.	**Wurzelpetersilie**	3./4.	10.	Frühjahrsanbau beliebig	—	—
Spinat, Feldsalat	—	10./3.	**Schnittpetersilie**	4.	9./4.	Buschbohnen, Tomaten, Gurken, Kohlrabi, Salat	—	—
Kartoffeln	—	10.	**Schwarzwurzel**	3.	10./11.	Beliebige Frühjahrskultur	—	—
Spinat, Feldsalat	8.	4.	**Möhren** (Frühsorte)	4.	7./8.	Grünkohl, Kohlrabi, Salat, Spinat	7./8.	9./10.
Adventswirsing, Kopfsalat, Kohlrabi, Rettich, Erbse	—	5./6.	**Möhren** (Frühsorte)	6.	9.	Wintersalat, Adventwirsing	7./8.	9.10.
Wie vorher, Früh-, Blumenkohl	—	7.	**Möhren** (Frühsorte)	7.	10.	Wie vorher	—	10.
Kartoffeln, Spinat, Feldsalat	8.	10./3.	**Möhren** (Frühsorte)	3.	8./9.	Beliebige Frühjkahrskultur oder im noch Adventswirsing	—	—
		10./3.	**Möhren** (Spätsorte)	4.	9./10.	Wie vorher	—	—
Spinat, Feldsalat, Rettich, Radies, Salat, Adventswirsing	—	5.	**Möhren** (Nantaise)	5.	10.	Bohnen, Tomaten, Gurken, Frühkohl, Kohlrabi, Rettich, Rote Rüben, Blumenkohl, Möhren	5./6.	9./10.
Beliebige Vorfrucht, die bis 9. das Feld räumt	—	9.	**Kopfsalat (Wintersalat)**	10.	5.			
Spinat, Feldsalat, Kartoffeln	—	10./4.	**Kopfsalat**	4.	7.	Kohlrabi, Möhren, Rettich, Grünkohl	7.	9./10.
Wie vorher, Adventswirsing, Erbsen	—	6./7.	**Kopfsalat**	6./8.	9./10.	Adventswirsing	9./10.	—
Vorfrucht beliebig	—	8.	**Feldsalat** (Valerianella)	8.	2./3.	Nachfrucht beliebig	—	—
Spinat, Feldsalat	—	4.	**Frühkartoffeln**	4.	7.	Grünkohl, Kohlrabi, Rettich, Salat	—	9./10.

Der Rasen

Eine wichtige Fläche in jedem Garten ist ein schöner, frischgrüner Rasen. Sein Grün schmeichelt dem Auge und sein weicher Teppich lädt zum Ausruhen ein. Ein gut gepflegter und dichter Rasen trägt zweifellos zur Verbesserung des Mikroklimas bei. Darüber hinaus erfüllt er noch die Funktion eines architektonischen Elementes, denn er gibt einen herrlichen, grünen Rahmen ab für Blumenbeete, Rosenpartien, Solitärs und ganze Ziergehölzgruppen und unterstreicht die warmen Farbtöne der blühenden Pflanzen.

Die Anlage eines Rasens und seine Pflege ist jedoch keine ganz einfache Sache. Da er uns viele Jahre gute Dienste leisten soll, muß man von Anfang an dafür sorgen, daß er ordentlich angelegt wird, damit später auch die Mühen belohnt werden.

Für eine Rasenanlage wähle man am besten einen sonnigen Platz, eventuell auch leichten Halbschatten, der gut vor Zugluft geschützt ist. Zu feuchte Standorte und Plätze, wo im Frühjahr der Schnee nur langsam schmilzt, sind nicht geeignet; feuchte Böden muß man entwässern und schweren Boden verbessern.

Ausbringen der Rasensaat

Bevor der Rasen angelegt wird, wird der Boden sorgfältig bis in 25—40 cm Tiefe umgegraben. Dabei wird jedoch nicht die untere Erdschicht nach oben gebracht wie beim Rigolen. Es lohnt sich wenigstens in einer 15 cm starken Schicht guten Humosboden (beispielsweise guten Kompost) oben aufzubringen. Die ganze für den Rasen vorgesehene Fläche wird sorgfältig geebnet, alle Reste sich vegetativ vermehrender Unkräuter und Steine entfernt, denn sie würden später die Pflegearbeiten recht erschweren.

Es empfiehlt sich, die für die Rasenanlage bestimmte Fläche schon im Herbst vorzubereiten. Es wird umgegraben und die grobe Scholle über Winter liegen gelassen. Aber auch im zeitigen Frühjahr kann der Boden noch vorbereitet werden. Wer mit den Vorbereitungen erst kurz vor der Aussaat beginnt, muß wenigstens ein paar Tage warten, damit sich der Boden setzt.

Dann wird je nach dem Zweck, dem der Rasen dienen soll, und nach den Standortbedingungen die richtige Rasenmischung gewählt (englischer Rasen, Sport- und Erholungsrasen, halbschattige Rasen u. ä.). Der Rasensamen kommt etwa ab Mitte April bis Mitte September in die Erde, je nach den Witterungsbedingungen. Selbstverständlich sollte im Sommer nur gesät werden, wenn die Saat regelmäßig gegossen werden kann. Auf ebenen Flächen reichen 20—25 g Grassamenmischung für einen Quadratmeter, am Hang und an den Rasenkanten sollte man etwas dichter säen.

Im Garten wird der Grassamen von Hand durch freien Wurf ausgesät. Dann wird der Samen mit einem eisernen Rechen leicht eingerecht und sofort mit Tretbrettern, breiteren von Platz zu Platz verlegten Brettern oder Walzen angedrückt. Damit die Samen gleichmäßig auflaufen, muß der Boden immer angemessen feucht gehalten werden. Zum Gießen darf nur ein Rasensprenger mit feiner Düse verwendet werden. Die geeignetste Zeit ist morgens oder abends.

Etwa 10 Tage nach der Aussaat beginnen sich die ersten grünen Spitzen zu zeigen. Erst wenn der Rasen handhoch steht, soll er zum erstenmal gemäht werden. Den ersten Schnitt nimmt man mit einer Sichel oder einer Sense vor, denn ein Rasenmäher könnte die ganze junge Pflanze mit den Wurzeln herausziehen. Nach dem Schneiden wird der Boden wieder festgewalzt.

Ein im Frühjahr von April bis Ende Juni nachgesäter Rasen muß anfangs jede Woche geschnitten werden.

Auslegen von Rollrasen

Schneller, aber auch aufwendiger läßt sich eine Rasenfläche schaffen, wenn Rollrasen oder Grassoden verwendet werden können. Wenn man den Rasen auf diese Weise anlegt, gibt es schnell dichten betretbaren Rasen. Jedoch ist der Rasen auf trockenen Boden zu verlegen!

◀ *Der Rasen betont die Wirkung einer jeden Gartenpartie. Aus den modernen Gärten ist er kaum wegzudenken (336)*

Ein gepflegter Rasen wirkt durch sein frisches Grün (337)

Vor der Grasaussaat muß der Boden angedrückt werden. Dazu reichen an den Schuhen befestigte Holzbretter (338)

Die für das Auslegen des fertigen Rasens gewählte Fläche wird zuerst vorbereitet. Auf die geebnete Fläche wird eine 2—3 cm dicke Schicht nährstoffreicher Humuserde aufgebracht. Erst dann wird der vorkultivierte Rollrasen ausgelegt und so angedrückt, daß seine Wurzeln in unmittelbaren Bodenkontakt kommen und ihn fest durchwachsen. Spalten, die zwischen den einzelnen Streifen oder Platten entstehen, werden mit Komposterde aufgefüllt, damit die Bodenfeuchtigkeit nicht verdunstet. Der ausgelegte Rollrasen wird ausgiebig gewässert und darauf geachtet, daß er nie austrocknet.

Wer sich für einen Fertigrasen entscheidet, hat die Möglichkeit, sich aus den Katalogen der spezialisierten Firmen den gewünschten Rasentyp auszusuchen. Und wer sich nicht traut, ihn selbst auszulegen, überläßt diese Arbeiten lieber Fachleuten.

Rasenpflege

Die eigentlichen Pflegearbeiten bestehen im regelmäßigen Schneiden, Sprengen, Unkrautjäten und Nachdüngen. Auch diese Arbeiten werden über das Endergebnis unserer Mühe entscheiden.

Wie auf Beeten, muß man auch beim Rasen dafür sorgen, daß er unkrautfrei ist. Ausdauernde Unkräuter werden zusammen mit ihrem Wurzelstock mit einem scharfen Messer herausgeschnitten oder mit einem Stecher so herausgestochen, daß der umgebende Rasen nach Möglichkeit unbeschädigt bleibt. Nach dem Jäten wird der Rasen gewalzt. Nur auf großen Flächen, wo das Unkraut nicht durch Jäten entfernt werden kann, verwendet man Herbizide. Einjährige Unkräuter lassen sich durch regelmäßiges Schneiden des Rasens ausreichend bekämpfen.

Grasaussaat: Zunächst wird der Boden planiert und glattgeharkt. Kurz vor der Aussaat wird der Boden mit an den Schuhen befestigten Brettern, bei größeren Flächen mit der Gartenwalze, angedrückt. Dann wird mit der Hand breitwürfig ausgesät. Um eine möglichst gleichmäßige Aussaat zu erzielen, wird erneut quer zur ersten Richtung ausgesät. Die benötigte Grassaat liegt in Abhängigkeit von der Grasart zwischen 15 und 50 g/m². Die Rasenränder werden extra eingesät, um eine zu dünne Aussaat in den Randpartien zu vermeiden. Die Samen werden mit dem Rechen gleichmäßig flach unter die Bodenoberfläche eingebracht und anschließend mit Brett oder Walze angedrückt. Zum Schluß wird der Rasen gewässert. Die Keimdauer beträgt 8—14 Tage (339 bis 341)

Rasenflächen sollen bis in den Herbst hinein etwa alle 5—14 Tage gemäht werden, damit sie bei Eintreten der Frostperiode nicht zu hoch stehen. Der regelmäßige Schnitt hält den Rasen in optimalem Zustand und senkt auch in gewissem Maße die übermäßigen Wasserverluste, so daß weniger gesprengt werden muß. Man mache es sich zur Regel, den Rasen nach dem Schneiden, vor allem in den trockenen Sommermonaten, gründlich zu gießen. Auch an regelmäßiges Düngen mit einem der Handelsvolldünger sollte man denken. Einige chemische Rasenpflegepräparate enthalten sowohl Herbizide als auch notwendige Nährstoffe, so daß durch ihre Anwendung beiden Arbeiten Genüge getan wird.

Zu Ende des Sommers verwendet man keine Düngemittel mehr, die Stickstoff enthalten, um das Wachstum der Gräser nicht anzuregen und ihre Frostempfindlichkeit nicht zu erhöhen. Auf mageren Böden und vor allem dort, wo Nährstoffe abgeschwemmt werden, wird gleich nach dem Mähen 150 g PK-Dünger und 2 kg Kompost/10 m² gegeben. Wenn der Rasen beim letzten Schnitt nicht zu hoch steht, kann das abgemähte Gras gleichmäßig über die Fläche verteilt und den Winter über als Winterschutz liegenbleiben.

Jeder Rasen sollte von Zeit zu Zeit mit einem scharfen Eisenrechen geharkt und damit besser durchlüftet werden, vor allem in schwereren, verdichteten Böden. Durch diese Bodenlockerung wird der Moos-Bildung vorgebeugt. Moos tritt in der Regel nur dort auf, wo dem Rasen nicht die entsprechende Pflege zuteil wird.

Aber auch Dauerschatten, zu kurzer Rasenschnitt, stehende Nässe und starker Nährstoffmangel unterstützen das Wachstum des Mooses. Deshalb empfiehlt es sich, wenigstens einmal jährlich bei Winterbeginn den Rasen durchzurechen, mit Kompost zu düngen und zu kalken.

Zu den grünen Rasenflächen bilden die Koniferen einen schönen Kontrast (342)

Bei der Gestaltung des Gartens berücksichtigt man die Funktion des Rasens als Verbindungsglied zwischen den verschiedenen Gartenteilen (343)

Ausstechen von Rasensoden mit dem Spaten und ihr Verlegen an einem anderen Ort. Die Soden werden wie Ziegel verlegt; dabei ist auf die richtige Fugenweite zu achten. Die Fugen werden anschließend mit Hilfe eines Besens mit Erde gefüllt (344)

Regner werden in großer Zahl angeboten. Zum Sprengen des Rasens dienen z. B. die abgebildeten Typen (345)

Wichtig ist auch, den Rasen von Zeit zu Zeit zu durchlüften. Man verwendet dazu eine stumpfe Gabel. Es reicht aber auch, mit einer gewöhnlichen Gabel 10—15 cm tief in die Rasenfläche zu stechen. Das Durchlüften regt die Gräser zu intensiverem Wachstum an und fördert vor allem in schwereren, verdichteten Böden den Wasserabzug.

Ein wichtiger Bestandteil der Rasenpflege ist der sorgfältige »Vorfrühlingsputz«. Vom Rasen werden alle abgestorbenen Gräser, Moose, angewehtes Laub und andere Verunreinigungen abgerecht und zum erstenmal gedüngt. Im Laufe des April kann man alle Unebenheiten mit Komposterde ausgleichen und ausgewinterte, kahle Stellen nachsäen.

Andere Bodendecker

Hin und wieder treten Probleme beim Anlegen eines Rasens auf, etwa an Böschungen oder an zu sonnigen oder zu schattigen Stellen. Die schlechtesten Bedingungen für einen Rasen bieten dichte Gehölzbestände, die nicht nur dauernd Schatten werfen, sondern in ihrer näheren Umgebung viel Feuchtigkeit entziehen. Für diese Flächen im Garten müssen sich deshalb anstelle des Rasens andere Möglichkeiten finden, denn es gibt noch keine Rasenmischung, für die diese Bedingungen geeignet wären.

Als Bodendecker sehr schattiger Gartenpartien bieten sich entweder einige Arten und Sorten polsterbildender

Stauden oder niedrige Gehölze an. Vielleicht ist für diese Zwecke am besten das bescheidene Immergrün (*Vinca minor*) geeignet, das dichte Bestände bildet und dazu noch reichlich blaue Blüten bringt. Weiter empfehlen sich Laugenblume (*Cotula squalida*), Stachelnüßchen (*Acaena splendens*), Leberblümchen (*Hepatica nobilis*), Haselwurz (*Asarum europaeum*), Lungenkraut (*Pulmonaria officinalis*) und der Waldmeister (*Galium odoratum*). Sehr widerstandsfähig ist der Efeu (*Hedera helix*), der auch im tiefsten Schatten kriecht und klettert, gleichgültig, wo man ihn pflanzt, in ebenen Partien, an Böschungen, in Ecken zwischen Bäumen, an Mauern und Zäunen.

An vollsonnigen Stellen ist der Boden schnell mit einem Teppich leuchtend grüner, silbergrauer oder rötlicher, niedrigwachsender, trockenheitsliebender Steingartenblumen bedeckt, wie etwa mit der anspruchslosen Fetthenne (*Sedum acre*) der Schleifenblume (*Iberis sempervirens*) oder Gänsekresse (*Arabis* x *arendsii*), dem Hornkraut (*Cerastium grandiflorum*), dem sich kräftig ausbreitenden Günsel (*Ajuga reptans*) und einigen Ziergräsern, wie Schwingel (*Festuca*) und Seggen (*Carex*).

Als Ersatz für Rasen bei besonders sandigen Böden werden häufig auch einige Heidegewächse gewählt, vor allem die Schneeheide (*Erica herbacea*) und die Besenheide (*Calluna vulgaris*) verwendet. Die vielen Sorten mit reichem Flor in allen möglichen Farben wirken vor allem in den Waldpartien von Gärten sehr natürlich.

Farne sind mit Recht ein gern verwendetes belebendes Element in so mancher Gartenecke. Am häufigsten findet man den Tüpfelfarn (*Polypodium angustifolium*), Straußfarn (*Matteuccia struthiopteris*), den Rippenfarn (*Blechnum spicant*), die Hirschzunge (*Phyllitis scolopendrium*) und den Streifenfarn (*Asplenium nidus*).

Von den bodendeckenden Gehölzen haben sich besonders die modernen Züchtungen der Zwergmispel (*Cotoneaster dammeri*) mit niedrigem, kriechendem Wuchs bewährt. Sie ist immergrün, und ziert den Herbstgarten mit ihren hübschen roten Früchten. Zum Begrünen des Bodens eignen sich auch einige niedrige Alpenrosen (z. B.

Rasen und Hausfassade bilden eine interessante Kombination (346)

Rhododendron forrestii), der interessant belaubte Spindelstrauch (*Euonymus fortunei*), die kriechenden Wacholder-Arten (z. B. *Juniperus squamata* 'Blue Carpet') und Zwergkiefern (z. B. *Pinus mugo* 'Mops').

Außer, daß der Rasen ein wichtiges Element der Gartengestaltung ist, dient er auch der Erholung und dem Sport. Er liefert Sauerstoff und nimmt Wasser auf und verbessert auf diese Weise das Mikroklima des Gartens (347)

Ziergehölze

Ziergehölze sind Bäume und Sträucher die von hohem Wert für die Gartengestaltung sind. Sträucher sind Holzgewächse, die sich schon am Boden verzweigen; Bäume haben einen im unteren Teil unverzweigten verholzten Hauptsproß, also Stamm, und bilden eine Krone mit Ästen und Blättern bzw. Nadeln.

Ziergehölze sind aus dem Garten nicht wegzudenken. Sie werden als Solitäre, in Gruppen oder als Hecken verwendet. Kletterpflanzen und Sträucher an Wänden können einen stufenlosen Übergang zum Gebäude bilden. Ohne Ziergehölze kann der moderne Gartenarchitekt nicht auskommen.

Die Gartengestaltung im städtischen Umfeld unterscheidet sich recht deutlich von der auf dem Lande. Ein ländlicher Garten muß feinfühlig an die ihn umgebende Landschaft angepaßt sein; ein Stadtgarten dagegen kann freier gestaltet werden. Er kann sich Ziergehölze erlauben, die für einen ländlichen Garten nicht in Frage kommen.

Die Ziergehölze lassen sich in Koniferen, immergrüne und laubabwerfende Laubgehölze sowie in Kletterpflanzen einteilen.

Die Koniferen oder Nadelgehölze gehören zu den Nacktsamern (*Gymnospermae*). Die für uns wichtigsten Vertreter der Koniferen sind die Kieferngewächse (*Pinaceae*) mit den Gattungen *Abies* (Tanne), *Picea* (Fichte), *Pinus* (Kiefer), *Larix* (Lärche), *Tsuga* (Hemlocktanne), *Cedrus* (Zeder) und *Pseudotsuga* (Douglasie). Zu den Koniferen (*Coniferae*) gehören außerdem einige weitere Familien wie die Sumpfzypressengewächse (*Taxodiaceae*) und die Zypressengewächse (*Cupressaceae*). Die Eibengewächse (*Taxaceae*) gehören botanisch gesehen zwar nicht zu den *Coniferae*, werden aber von den Gärtnern ebenfalls zu den Koniferen gerechnet. Die Laubgehölze (einschließlich der Kletterpflanzen) gehören erdgeschichtlich gesehen zu einer »moderneren« Pflanzengruppe, den Bedecktsamern (*Angiospermae*). Zu den für uns in diesem Zusammenhang wichtigsten Familien gehören die Birkengewächse (*Betulaceae*), die Buchengewächse (*Fagaceae*), die Ulmengewächse (*Ulmaceae*), die Magnoliengewächse (*Magnoliaceae*), die Zaubernußgewächse (*Hamamelidaceae*), die Ahorngewächse (*Aceraceae*), die Lindengewächse (*Tiliaceae*) und die Hartriegelgewächse (*Cornaceae*).

Zierwert der immergrünen Gehölze

Das wichtigste Merkmal der Nadelgehölze und der immergrünen Laubgehölze sind ihre zu jeder Jahreszeit grünen Blätter bzw. Nadeln. Sie eignen sich gut zum Verdecken unansehnlicher Stellen und zur Schaffung eines individuellen Gartens. Geformte Koniferen oder Laubgehölze können immergrüne Wände, geometrische Gebilde oder regelmäßig gegliederte grüne Flächen bilden.

◂ *Eine Koniferen- und Laubgehölzgruppe bildet eine romantische Silhouette, in der die Weide* Salix alba 'Trista' *dominiert (348)*

Reine Koniferen- und immergrüne Laubgehölzpflanzungen muten durch ihr überwiegend dunkelgrünes Laubwerk und ihre Benadelung, ihre starren Wuchsformen und ihre sich nur wenig bewegenden Äste und Blätter etwas »ernst« an. In wohldurchdachter Anordnung vermögen sie aber die Würde eines Ortes zu betonen.

Sie kommen besonders in Gesellschaft mit kontrastierenden Pflanzen oder Flächen gut zur Geltung, wie z.B. mit Gehölzen, die bunte Blüten und helles Laub tragen oder mit frisch grünem, gepflegtem Rasen. Auch der Blick durch die dunkleren Nadelbäume in die hellen Teile des Gartens kann reizvoll wirken.

Koniferen im Garten

Koniferen werden als Solitärs im Rasen oder in Gruppen an sonnigen und halbschattigen Standorten, zuweilen auch im Schatten, ferner in Steingärten oder als freiwachsende oder geformte Hecken gepflanzt. Einige Koniferenarten und -sorten zeichnen sich durch aufrechten, ausladenden oder hängenden Wuchs aus, andere wiederum wachsen kriechend oder liegen am Boden. Sie sind wegen der immergrünen Benadelung, einer interessanten Kronenform oder den Fruchtständen geschätzt.

Allgemein gilt, daß die einzelnen Gehölzarten und -sorten nicht nur für einen Standort, z. B. den Steingarten, geeignet sind. In den einzelnen Kapiteln wird nun deshalb auf die wertvollsten Ziergehölze näher eingegangen.

Viele Koniferen haben eine charakteristische Kronenform, besonders Fichten und Tannen, Lebensbäume und Zedern, einige säulenförmige Wacholderarten u.a. Sie pas-

Zwischen Gehölzgruppen sorgen laubabwerfende Rhododendron für Belebung — im Frühling durch ihr frisches Grün und ihre Blütenpracht, im Herbst durch ihr immergrünes buntes farbiges Laub (349)

Prunus serrulata ist eine sehr beliebte Zierkirsche. Sie gehört zu den schönsten Frühlingsblühern. Sie kommt einzelnstehend oder vor dem Hintergrund höherer Gehölze zur Geltung, die ihre Schönheit eher noch unterstreichen (350)

Immergrüne Laubgehölze

Immergrüne Laubbäume und -sträucher sind in den Gärten sehr häufig vertreten, obwohl sie anspruchsvoller sind als laubabwerfende Arten. Damit sie richtig zur Geltung kommen, pflanzt man sie am besten einzeln oder in selbständigen Gruppen an. Ein Zusammenpflanzen mit laubabwerfenden Gehölzen ist nicht ratsam, besser passen zu ihnen Nadelgehölze. Immergrüne Laubgehölze stehen oft nahe an Gebäuden, einige Arten eignen sich auch als Heckenpflanzen oder werden in Heidegartenpartien gepflanzt; bodendeckende, kriechende Arten können den Rasen ersetzen.

Neben der frischgrünen oder buntgefärbten Dauerbelaubung fallen sie durch ihre Blattformen und oft auch farbigen Früchte auf. Man läßt ihnen ihre natürlichen Wuchsformen oder formt sie durch Schnitt.

Die immergrünen Laubgehölze vereinigen sowohl Merkmale von Nadelgehölzen als auch von laubabwerfenden Laubgehölzen, was sie für die Gartenarchitektur zu einem wertvollen Gestaltungselement macht.

sen gut zu Gebäuden, denn sie knüpfen durch ihre regelmäßigen Formen an die Architektur an. Der symmetrische Habitus von Koniferen und immergrünen Laubgehölzen kommt in lockeren Gruppen oder in der Nachbarschaft von Gehölzen mit unregelmäßigem Wuchs besonders zur Geltung.

Koniferen werden häufig zum dominierenden Element im Garten, sie lenken die Aufmerksamkeit auf sich und bilden einen gewissen Mittelpunkt in der Gartenanlage. In dieser Funktion sollte man sie häufiger als bisher verwenden. Ihre Anordnung im Garten muß wohldurchdacht sein, damit die Harmonie der Gestaltung, z. B. auch mit laubabwerfenden Gehölzen, gewahrt bleibt.

Die meisten Nadelgehölze wirken am besten, wenn ihre Zweige bis zum Boden reichen. Ast- und nadellos im unteren Teil, sind sie kein schöner Anblick. Ihr Standort muß ihnen von Jugend an Platz genug bieten, so daß sie ihre Wuchsform frei entfalten können.

Laubabwerfende Gehölze

Die laubabwerfenden Gehölze sind in ihrer Variabilität den Immergrünen überlegen. Unterschiedlich ist nicht allein die Wirkung eines belaubten und unbelaubten Gehölzes; sie ändert sich auch im Laufe der Vegetationsperiode. Im Frühling durch die Blüte und im Herbst zeichnen sich diese Pflanzen durch die Farbenpracht ihrer Blätter aus. Aufgrund der verschiedenen Laubfärbung hat der Gartenbesitzer viele Gestaltungsmöglichkeiten.

Im Gegensatz zu den Koniferen haben viele laubabwerfende Gehölze farbige und duftende Blüten. Diese Arten gehören auch zu den am häufigsten in der Gartengestaltung angewandten, gefolgt von denen mit zierenden Früchten, die besonders im Herbst und im Winter einen schönen Anblick bieten. In den Wintermonaten kommen bei laubabwerfenden Gehölzen Farbe und Oberflächenstruktur der

Ohne Koniferen kann die Parkgestaltung nicht auskommen. Sie lassen sich zu den mannigfaltigsten Kompositionen zusammenstellen. Pinus mugo (im Vordergrund), die Bergkiefer, ist ein Gehölz, das mit den meisten anderen harmoniert (351)

Bei der Auswahl der Gehölze muß ihre Größe in ausgewachsenem Zustand in Betracht gezogen werden. Sie dürfen sich gegenseitig nicht behindern, und müssen genug Licht bekommen, damit sie bis zum Boden beastet sind (352)

Borke und Dornen, aber auch ihre äußere Gestalt und andere Details, etwa eine schöne Astgabel u.ä., zur Geltung.

Im Vergleich zu den Nadelgehölzen wirken die laubabwerfenden Gehölze leichter und »optimistischer«. Ihr Laub ist heller, ihre Kronen lockerer, luftiger. Sie sind im Habitus mannigfaltig und ihre Blätter muten dekorativ an. Besonders reizvoll wirkt die Bewegung der Blätter, die für manche Gehölzarten geradezu typisch ist. Wegen all dieser Vorteile werden sie den Koniferen vorgezogen. Die Baumschulen bieten ein reiches Sortiment laubabwerfender Bäume und Sträucher für praktisch alle Standorte an.

Kletterpflanzen

Kletterpflanzen gehören zu den interessantesten Ziergehölzen.

Da sie fast immer an einem Gerüst emporklettern, stellen sie eine Verbindung von Gartenflora und gartenarchitektonischen Gestaltungselementen dar. Die Ansprüche an den ästhetischen Bezug zur Architektur sind deshalb bei den Kletterpflanzen viel höher als bei den übrigen Gehölzen. Der lockere Wuchs des Blauregens (*Glyzine*) zum Beispiel paßt zu Gittern und gegliederten Fassaden; Wilder Wein mit seinem kompakten Wuchs sollte dagegen große Mauerflächen bedecken. Zum Beranken von Felsgestein, alten Bäumen u.ä. eignet sich vorzüglich Efeu, denn er stellt im fruchttragenden Stadium sein Längenwachstum ein und wird strauchartig.

Beim Beranken von Gebäuden mit Kletterpflanzen sind auch Details, wie etwa die Farbharmonie von Fassade und Laub bzw. Blüten, oder das Größenverhältnis von Blättern und Details der zu berankenden Unterlage in Betracht zu ziehen. Dem ästhetischen Ziel muß auch die Erziehung der Kletterpflanzen entsprechen. Kletterrosen bindet man an eigens für sie bestimmte Konstruktionen an, kletternde Gehölze lieben senkrechte Drähte oder Holzlatten, selbstklimmende und selbsthaftende Gewächse bedecken auch die glatteste Fassade ohne Gerüst. Man muß deshalb bei der Auswahl der geeigneten Art alle ihre spezifischen Eigenschaften gut kennen, um Lauben, Pergolen, Terrassen, Zäune, Torbögen, Gebäude u.ä. richtig zu beranken.

Wir wählen Koniferen aus

Bei der Wahl der Arten und Sorten sind besonders Aussehen und Größe des ausgewachsenen Gehölzes, Wuchsfreudigkeit, Farbe und Farbänderungen in den verschiedenen Vegetationsphasen und Bodenansprüche zu erwägen und mit den vorhandenen Bedingungen, der Anlage und Größe des verfügbaren Grundstücks in Einklang zu bringen.

Koniferen lieben meist helle, sonnige Standorte, deshalb benötigen sie genügend Abstand zu anderen Gehölzen, Licht und Luft.

Sehr anpassungsfähig sind Eiben, die auch im Halbschatten oder gar im Schatten gedeihen. Im Jugendstadium vertragen Tannen, Douglasien, Wacholder, Sicheltannen und von den Kiefern die Koreanische und Mazedonische Kiefer Schatten. Scheinzypressen gedeihen besser im Halbschatten oder in sonnenabgewandten Lagen. Ziemlich anpassungsfähig sind Lebensbäume. Die übrigen bei uns gepflanzten Koniferenarten bevorzugen einen sonnigen Standort. Wacholder vertragen Schatten nur schlecht.

Ilex aquifolium, *die Stechpalme, ist ein schöner Solitärbaum, der auch in Gruppen immergrüner Gehölze gepflanzt wird. Die Blätter sind ledrig, stachelig, glänzend. Die Blüten sind weiß, die Früchte korallenrot. Blätter und Früchte sind ein beliebter Weihnachtsschmuck (353)*

Die Bodenansprüche der einzelnen Nadelgehölzarten sind sehr unterschiedlich. Am anspruchslosesten sind Lärchen, Wacholder, Kiefern (außer den fünfnadeligen Arten) sowie Scheinzypressen. Sie gedeihen auf lehmigen Sandböden, die Kiefern begnügen sich sogar mit steinigem Grund; Scheinzypressen, Wacholder, Lärchen, Fichten und Eiben sind kalkliebend. Wacholder vertragen zudem trockene Böden; Scheinzypressen dagegen brauchen mäßige Bodenfeuchtigkeit. Fichten lieben feuchtere lehmige Sandböden. Tannen sind an den Boden anspruchsvoller als Fichten. Sie gedeihen in tieferen, mäßig feuchten, nährstoffreichen lehmigen Sandböden und vertragen keinen zu hohen Grundwasserspiegel. Die übrigen Koniferenarten wollen tiefgründigere, nährstoffreiche Böden und entsprechende Feuchtigkeit. Auf sumpfigen Böden oder sogar im seichten, stehenden Wasser gedeihen nur Sumpfzypressen.

Die meisten Nadelgehölze vertragen niedrige Temperaturen. Tannen, Zedern, Sicheltanne, Fichten und einige

Corylus avellana 'Contorta' *ist eine langsam wachsende und sich durch unregelmäßigen Wuchs und korkenzieherartig gedrehte Äste auszeichnende Sorte der Haselnuß. Am schönsten ist dieses Solitärgehölz im Winter und zur Blütezeit (354)*

Parthenocissus tricuspidata 'Veitchii' ist ein wirkungsvolles Klettergehölz, das Wände sehr dicht bewächst. Die herbstliche Laubfärbung — von Gelb bis Rot — ist bei diesem wilden Wein besonders prächtig (355)

Beispiel für eine Koniferengruppe in Hausnähe. Die Gestalt der Gehölze kommt vor der weißen Hauswand gut zur Geltung (356)

empfindlichere Koniferenarten pflanze man aber nicht in Frostlöchern.

Zu den frostharten Tannen gehören: *Abies balsamea, A. concolor, A. grandis, A. homolepis;* zu den Scheinzypressen: *Chamaecyparis nootkatensis* und *Ch. lawsoniana;* zu den frostharten Fichten: *Picea abies, P. glauca, P. asperata, P. omorika* und *P. pungens* und zu den frostharten Kiefern: *Pinus banksiana, P. cembra* und *P. peuce.*

Fichten lieben windgeschützte Lagen, Zedern stellen diesbezüglich noch höhere Ansprüche. Da buntnadelige Koniferen und der Lebensbaum (*Thuja orientalis*) unter Sonneneinstrahlung im Winter leiden, sollten sie entsprechende Standorte erhalten.

Koniferen reagieren recht unterschiedlich auf Luftverschmutzung und Schadstoffemission; einige Arten können auch in Industriegebieten gedeihen. Gegenüber verschmutzter Luft vollkommen unverträglich sind z. B. die meisten Tannen, Fichten, Kiefern und Sicheltannen.

Relativ rauchunempfindlich sind die Tannen *Abis grandis, A. koreana, A. nordmanniana, A. procera* und *A. veitchii,* blaugrüne Zedern und Scheinzypressen, Eiben, Lebensbäume und die Kiefern *Pinus nigra.*

Unter Wildverbiß leiden weichnadelige Tannen, Scheinzypressen (hauptsächlich junge), einige junge Wacholderarten, wie *Juniperus chinensis* und *J. virginiana,* im Frühjahr der Gemeine Wacholder (*J. communis*). Verbissen werden auch junge Lärchen, weichnadelige Kiefern, die Eibe und der Lebensbaum. Die übrigen Koniferen leiden meistens nicht unter Wildverbiß.

Oft verlangen Hobbygärtner in Ziergehölzbaumschulen hochwüchsige Koniferen, ohne sich deren zukünftiger Größe bewußt zu werden. Ihnen gefallen die hübschen jungen Pflanzen, und sie sehen deren gestalterische Wirkung. Wuchskräftige Arten und Sorten von Lebensbaum, Scheinzypresse, Fichte, Tanne, Kiefer und anderen Koniferen bilden bald undurchdringliche Wände, die die Aussicht behindern oder den ganzen Garten beschatten können.

Hohe Koniferen

Veitchs-Tanne (*Abies veitchii*) ist ein 15—25 Meter hoher schlanker Baum mit einem Stammumfang bis zu 4 m. Die Nadeln sind dicht, dunkelgrün glänzend, unterseits silbrig weiß. Der Höhenzuwachs beträgt etwa 70 cm, der Durchmesserzuwachs etwa 20 cm pro Jahr. Sie kommt als Einzelbaum in größeren Gärten gut zur Geltung.

Die Gemeine Fichte (*Picea abies*) ist ein wohlbekannter, 30—50 m hoher Baum mit spitz-kegelförmig, regelmäßig verzweigter Krone und waagerecht oder leicht geneigt abstehenden Ästen. Sie wächst üppig, der Kronenzuwachs beträgt etwa 80 cm in der Höhe und 30 cm in der Breite pro Jahr. Sie findet nur als Solitärbaum in großen Gärten, als Windschutz oder für geschnittene Hecken Verwendung.

Die Omorikafichte (*Picea omorika*) ist ein schöner Baum, auffallend schlank und schon an der Basis verzweigt. Sie gehört zu den frostharten Nadelbäumen und verträgt auch Stadtluft. Sie erreicht eine Höhe von 25—35 m, hat aber in Bodennähe nur einen Stammumfang von 2—3 m. Der Jahreszuwachs beträgt etwa 50 cm in der Höhe und 15—20 cm im Kronendurchmesser. Sie ist ein hervorragender Solitärnadelbaum für große und mittelgroße Gärten.

Die Schwarzkiefer (*Pinus nigra* ssp. *nigra*) hat eine kegelförmige, später breit-ovalförmige, 4—8 m breite Krone. Sie erreicht eine Höhe von 20, zuweilen bis 25 m und der Jahreszuwachs beträgt etwa 70 cm in der Höhe und 35 cm in

Abies concolor ist empfindlich gegen Immissionen. Die graugrünen Nadeln dieser Tanne bilden mit dunkelgrünen Koniferen oder den goldgelben Blättern von Laubgehölzen einen hübschen Kontrast (357)

der Breite. Ein schöner Solitär für große Gärten, der sich für trockene, durchlässige kalkhaltige Böden eignet.

Die Europäische Lärche (*Larix decidua*) erreicht Höhen bis 35 m. Die Krone ist 4 bis 6 m breit und hat den größten Jahreszuwachs aller Lärchenarten, nämlich bis zu 80 cm in der Höhe und 50 cm in der Breite. Die Nadeln sind frischgrün. Sie liebt sonnige Standorte, viel Raum und tiefe, nicht besonders leichte, aber durchlässige Böden.

Die stahlblaue Züchtung der Scheinzypresse (*Chamaecyparis lawsoniana* ‚Alumii'), ist von schönem, schmal kegeligem, dichtem Wuchs, etwa 10 m hoch und 2–3 m breit. Der Jahreszuwachs beträgt 30 cm in der Höhe und 10 cm im Kronendurchmesser. Diese anspruchslose Sorte liebt Sonne und wird als winterhart bezeichnet.

Die Eibe (*Taxus baccata*) verträgt vollen Schatten, gedeiht aber auch gut an sonnigen Standorten. Sie ist 10–20 m hoch, die abgerundete Krone wird 10–15 m breit. Der Jahreszuwachs beträgt 30 cm in Höhe und Breite. Manche Sorten wachsen nur strauchartig. Die Eibe kann ein hohes Alter erreichen. Sie liebt durchlässige, kalkhaltige Böden und findet als Solitärbaum, als Unterwuchs für höhere Bäume oder als freiwachsende oder geschnittene Hecke Verwendung.

Der Lebensbaum (*Thuja occidentalis*) ist von kegeligem Wuchs, erreicht eine Höhe von 10–15 m und eine Breite von 3–4 m. Jährlich wächst er 20–30 cm in die Höhe und Breite. Die Äste stehen waagerecht ab. Er liebt sonnige Standorte, ist ungewöhnlich winterhart und eignet sich sowohl für freiwachsende als auch geschnittene Hecken.

Die Grautanne (*Abies concolor*) ist ein 20–25 m hoher Baum von aufrechtem Wuchs. Die kegelige Krone reicht bis zum Boden und wird 3–4 m breit. Die schönen Nadeln sind graugrün und sichelförmig aufwärts gebogen. Der Höhenzuwachs erreicht 50 cm, der Breitenzuwachs etwa 15 cm im Jahr. Sie liebt Sonne, ist winterhart und verlangt durchlässigen, nährstoffreichen Boden an sonnigem Standort. Sie sieht auch als Einzelbaum in einem städtischen Garten oder einer Parkanlage sehr schön aus.

Mittelhohe Koniferen

Mittelhohe und niedrige Koniferen sind wichtige Gehölze für den Gartenarchitekten. Sie lassen sich neben Gartenwegen, Häusern, in Steingärten und überall dort anpflanzen, wo sich hochwüchsige Koniferen nicht mehr eignen.

Nadel- und Laubgehölzgruppen an einer größeren Wasserfläche, ergänzt durch blühende Stauden. Das Ganze wirkt völlig natürlich (358)

Diese einzelne, mit Gefühl für Raum im Vorgarten plazierte Fichte harmoniert gut mit dem Zaun (359)

Zapfen hoch in den Baumwipfeln zieren dreißigjährige und ältere Koniferen. Die Zapfen der Tannen stehen aufrecht, die der Fichten hängen herab (360)

Die Korea-Tanne (*Abies koreana*) erfreut sich in den letzten Jahren einer besonderen Beliebtheit. Diese langsam wachsende Art von dichtem kegelförmigem Wuchs, die mit zunehmendem Alter meist breiter als hoch wird, erreicht eine Höhe von 2—4 (8) m und eine Breite von 2—3 (4) m. Jedes Jahr wächst sie um etwa 30 cm in die Höhe und 15—20 cm in die Breite. Sie trägt schon als junger Baum eine Fülle von schönen violett-purpur bis 7 cm langen Zapfen.

Die hübsche Scheinzypresse *Chamaecyparis lawsoniana* 'Ellwoodii' hat stahlblaue bis graugrüne Nadeln und gehört zu den langsam wachsenden Züchtungen (Jahreszuwachs 20 bzw. 5—10 cm). Sie wird 2—3 m hoch und etwa 1 m breit und ist von breit-konischem Wuchs. Sie ist völlig anspruchslos und eignet sich auch in kleineren Gärten als Solitär.

Die aufrecht wachsende Scheinzypresse *Chamaecyparis pisifera* 'Plumosa Aurea' zeichnet sich durch auffallende goldgelbe Nadeln und kegeligem Wuchs aus. Sie erreicht 6—8 (9) m Höhe und 2—3 (4) m Breite und wird jedes Jahr bis zu 25 cm höher und 15 cm breiter. Sie ist anspruchslos, liebt jedoch feuchtere und durchlässige Sandböden. Ihre intensive Nadelfärbung entwickelt sie nur an sonnigen Standorten. Sie ist als Solitärgehölz oder für Hecken geeignet. In der letzten Zeit wurde *Chamaecyparis pisifera* 'Boulevard' sehr beliebt. Sie wächst langsam, erreicht eine Höhe von bis zu 2 m und eine Breite von 1 m bei einem Jahreszuwachs von 15 bzw. 10 cm. Der breit kegelförmige Baum braucht frische humose Böden und halbschattige Lagen. Einzeln im Rasen fällt er durch seine intensiv silberblauen, weichen Nadeln auf.

Der anmutige Wacholder *Juniperus communis* 'Hibernica' ist schlank-säulenförmig und zählt zu den besonders geeigneten Solitärkoniferen für große und kleine Gärten (Höhe 3—4 m, Breite etwa 1 m, Zuwachs in der Höhe 15 bzw. und in der Breite 5 cm). Die nicht stechenden, dichtwachsenden Nadeln sind silbrig-blaugrün. Er ist lichtbedürftig und gedeiht auf sandigen, durchlässigen Böden. Zur Geltung kommt er besonders in naturnahen Gartenpartien, in Steingärten oder deren Nähe sowie zwischen Heidekrautgewächsen, entweder einzeln stehend oder in kleinen Gruppen.

Juniperus chinensis 'Pfitzeriana' ist ein gut wachsender, Wacholder mit ausladenden, leicht herabhängenden Ästen, 3—4 m hoch und 4—6 m breit, geeignet als Solitärbaum. Die Sorte 'Pfitzeriana Aurea' zeichnet sich durch breiten Wuchs und gelbgrüne, während des Austriebs goldgelbe, im Winter bronzefarbene Nadeln aus. Sie kann etwa 3—4 m hoch und 4—6 m breit werden. Der Höhenzuwachs macht

Koniferen heben die Nüchternheit des Gebäudes auf und bilden einen natürlichen Übergang zwischen ebenen Flächen und Hängen (361)

Chamaecyparis pisifera 'Filifera Aurea Nana' ist eine Scheinzypresse mit goldgelben Nadeln, die für niedrigere Koniferengruppen und Heidegärten geeignet ist (362)

Ein Beispiel für die Bepflanzung einer Fläche mit verschiedenen Koniferen (363)

Pinus mugo spp. pumilio ist eine Zwergkiefer, die sich am besten für Steingärten als Vordergrund von Gehölzgruppen eignet (366)

Säulenförmige Wacholder kommen einzelnstehend oder in kleineren Gruppen auf Rasenflächen und in Stein- und Heidegärten zur Wirkung (364)

Picea glauca 'Conica' ist eine langsamwachsende Form der Schimmelfichte, die 2 bis 3 m Höhe erreicht. Sie wird einzelnstehend oder in Gruppen an Wegrändern oder in Steingärten gepflanzt (365)

im Jahr nur etwa 20 cm, der Breitenzuwchs jedoch bis zu 40 cm aus. Sie ist sehr winterhart, liebt durchlässige Böden und sonnige bis leicht schattige Standorte und gehört zu den schönsten breitwachsenden Wacholdern. Man setzt sie einzeln oder zusammen mit anderen Koniferen.

Die bekannte Zuckerhut-Fichte *Picea glauca* 'Conica' erreicht bei einem Jahreszuwachs von ca. 10 cm in der Höhe und 5 cm in die Breite nach 30 Jahren eine Höhe von 3 m und eine Breite von 1 m. Der kegelförmige Baum wächst dicht und kompakt, seine weichen Nadeln sind grasgrün. Er eignet sich auch für ganz kleine Gärten im Rasen oder in Steingärten. Im Halbschatten fühlt er sich am wohlsten, in der Sonne leidet er.

Die Bergkiefer *Pinus mugo* var. *pumilio* ist eine der beliebtesten Kiefern. Sie wächst halbkugelig und wird etwa 80 cm hoch und 80—100 cm breit. Der Jahreszuwachs beträgt 5 cm in der Höhe und 10 cm in der Breite. Sie liebt sonnige Lagen und eignet sich als Solitär- und als Gruppenpflanze.

Koniferen mit bunten Nadeln

Die blaugrüne Stechfichte *Picea pungens* 'Glauca' wird oft als »Edeltanne« bezeichnet. Schon die Sämlinge sind teilweise schön ausgefärbt; diese Fichten können in unseren Breiten 10—20 m Höhe erreichen. Außerdem gibt es eine Reihe von durch Pfropfen veredelte Sorten, wie 'Koster' mit intensiv silbrigblauen Nadeln oder 'Moerheimi' mit silbrigblauen Nadeln und schmalkegeligem Wuchs. Der Jahreszuwachs beläuft sich auf 15—25 cm in der Höhe und 10—15 cm in der Breite.

Besonders die noch nicht so erfahrenen Kleingärtner beanstanden häufig die unregelmäßigen Formen der jungen veredelten Pflanzen. Ihr Wuchs wird jedoch in drei oder mehr Jahren regelmäßig. Andererseits gibt es Sorten, die wegen ihrer unregelmäßigen, oft sogar bizarren Wuchsformen begehrt sind, wie z. B. 'Glauca Globosa'.

Unter den Tannen zeichnet sich *Abies procera* 'Glauca', eine wuchskräftige Sorte von 20—30 m Höhe durch ungewöhnlich blaue Nadeln aus. Ältere gepfropfte Bäume tragen jedes Jahr bis 25 cm lange Zapfen. Jährlich nimmt sie um 30 cm in der Länge und 15 cm in der Breite zu.

Mit einer breiten Skala blaufarbener Nadeln können sich die Wacholder rühmen. Breite und nicht besonders hohe Bäume bilden z. B. *Juniperus chinensis* 'Pfitzeriana' und *J. chinensis* 'Hetzii', während der langsam und kompakt wachsende *Juniperus squamata* 'Meyeri' lebhaft weiße Nadeln hat. Auch dieser Wacholder soll durch Schnitt geformt werden.

Silbrige und blauweiße Stechfichten sind sehr beliebt. Sie eignen sich jedoch nicht für Naturgärten, wo sie mit ihrer auffälligen Benadelung störend wirken (367)

Als niedriger Bodenbewuchs eignet sich der an halbschattigen Standorten gedeihende Kriechwacholder *Juniperus horizontalis* 'Glauca' mit stahlblauen Nadeln. Er wird nur 20—30 cm hoch und bedeckt im Alter eine Fläche von 2 bis 3 Quadratmetern.

Durch kugelige fleischige Zäpfchen, schönen säulenartigen Wuchs und feine blaugrüne bis silbriggraue Nadeln fällt der Blaue Virginische Sadebaum (*Juniperus virginiana* 'Glauca') auf.

Auch unter den gelbfarbenen Koniferen gibt es sehr schöne Arten und Sorten. Die Scheinzypresse *Chamaecyparis lawsoniana* 'Golden King' hat herabhängende Äste und goldgelbe Nadeln, die sich im Winter bräunlichgelb verfärben.

Zu den schönsten Scheinzypressen gehört *Chamaecyparis lawsoniana* 'Lane' mit einer Höhe von über 5 m. Die Sorten des China-Wacholders (*Juniperus chinensis*) 'Pfitzeriana Aurea', 'Old Gold' und 'Plumosa Aurea' haben gelbliche bis intensiv goldgelbe Nadeln.

Auch unter den Eiben und Lebensbäumen gibt es buntnadelige Gehölze, wie *Taxus baccata* 'Fastigiata Aurea' oder *Thuja occidentalis* 'Rheingold'.

Koniferen für Steingärten und Pflanzgefäße

Koniferen sind ein nicht wegzudenkender Bestandteil der Steingärten und deren nächster Umgebung. Für kleine Steingärten und Ministeingärten in Schalen und Trögen oder auf Mauern sowie als Bodendecker eignen sich niedrige oder kriechende Zwergformen. Sie zeichnen sich oft durch bizarre Formen und bunte Nadeln aus. Die Zwergformen wachsen sehr langsam. Für große Felspartien wähle man hochwachsende Arten und Sorten aus.

Abies balsamea 'Nana Hudsonia' ist eine Zwergtanne mit niedrigem nestartigem Wuchs. Das langsamwachsende Bäumchen wird nur 50—100 cm hoch. Die dichtstehenden Nadeln sind kurz, glänzend und dunkelgrün.

Abies concolor 'Glauca Compacta' ist eine seltene Tanne von gedrungenem unregelmäßigem Wuchs mit auffallend graublauen Nadeln und eignet sich für größere Alpinen, deren Umgebung sowie im Rasen kleinerer Gärten.

Abies koreana, die Koreanische Tanne, ist trotz ihrer Höhe auch für einen kleinen Garten geeignet, denn erst nach vielen Jahren erreicht sie ihre Höhe von 2—4 m. Sie wächst langsam; ausgewachsene, ältere Exemplare sind manchmal breiter als hoch. Die schönen Nadeln sind fest, sattgrün, an der Unterseite weiß, die Zapfen sind violett gefärbt und erscheinen schon an sehr jungen Bäumen.

Die Scheinzypresse *Chamaecyparis lawsoniana* 'Fletcheri' wächst säulen- bis kegelförmig. Die jungen Nadeln sind heller und graugrün. Obwohl sie in der Liste für Steingärten steht, muß man damit rechnen, daß sie auch 5 m und mehr erreichen kann. *Chamaecyparis lawsoniana* 'Minima Glauca' ist eine schöne, bis 1 m hohe Zwergform mit muschelförmigen Trieben. Die Nadeln sind matt blaugrün. Zunächst wächst sie kugelförmig, später geht sie in einen eher kegelförmigen Wuchs über.

Die auffällige *Chamaecyparis obtusa* 'Cirppsii' mit hell schwefelgelben bis goldgelben Nadeln ist eine der schönsten »goldenen« Koniferen. Ihr Wuchs ist breitkegelig und erst nach vielen Jahren erreicht sie ihre Endhöhe von über 3 m. Die Sorte 'Filicoides' wird erst nach 25 Jahren über 2 m hoch. Diese langsamwachsende aufrechte, zuweilen unregelmäßig strauchartige Sorte mit an Farnblätter erin-

Partie aus Gehölzen, Gräsern und Stauden, in der die Dreiergruppe aus Wacholder (Juniperus communis *'Hibernica') dominiert (368)*

Zwergkoniferen lassen sich im Garten vielseitig verwenden (369)

Chamaecyparis obtusa 'Nana Gracilis' erreicht eine Höhe von 2 m. Diese Scheinzypresse wächst sehr langsam und eignet sich deshalb für Steingärten und Pflanzgefäße (371)

nernden Zweigen und dunkelgrünen Nadeln ist schon als junges Exemplar auffällig. 'Lycopodioides' zeichnet sich durch kompakten Wuchs aus, ist manchmal pyramidenförmig verzweigt und erinnert an einen Bärlapp. Die Nadeln dieser 1,5—2 m hohen und über 2 m breiten Konifere sind sattgrün. Die Sorte 'Nana Gracilis' wird erst nach vielen Jahren 80—100 cm hoch. Ihre Nadeln sind lebhaft grün, ihre Äste wachsen muschelförmig. 'Pygmaea' ist eine Zwergzypresse mit kugeligem Habitus und etagenartig wachsenden, fast horizontal liegenden Ästen. Die Nadeln sind auffällig rotbraun, später glänzend braungrün, im Winter bronzefarben angelaufen. Sie wächst langsam und erreicht nur 1—1,5 m Höhe.

Chamaecyparis pisifera 'Aurea Nana', eine langsam wachsende kegelförmige Scheinzypresse mit sattgelben Nadeln, eignet sich für kleine Steingärten und Troggärten. 'Boulevard' ist eine neue Züchtung mit breit-pyramidalem Wuchs und erreicht im Alter bis 9 m Höhe. Sie ist geeignet für ganz kleine Steingärten. Die auffallend intensiv stahlblauen, im Winter purpurnen Nadeln fühlen sich weich an. Diese Sorte entstand 1934 aus der 'Squarrosa' und erfreut sich erst in letzter Zeit größerer Beliebtheit. 'Nana Aureovariegata' erreicht eine Höhe von 60 cm. Die Äste sind fein, kurz, etagenartig ansitzend, an der Spitze überhängend und gekräuselt. Die Nadeln sind klein, mattgelb. Geeignet für kleine Steingärten. Die Sorte 'Filifera Nana' wird nicht höher als 1 m. Die fadenartigen Zweige hängen nach allen Seiten über. Die Nadeln sind lebhaft grün. 'Plumosa Compressa' zählt zu den niedrigsten Steingartenkoniferen, ist nur etwa 30—60 cm hoch, polsterartig, mit hellgelb bis bläulichen Nadeln.

Cryptomeria japonica (Zwergformen) sind winterharte Vertreter der Sicheltannen. Sie wachsen langsam, unregelmäßig-strauchartig und werden nur ein bis wenige Meter hoch. Sie ist der Stolz eines jeden Sammlers. Der Standort muß geschützt liegen oder abgedeckt werden.

Juniperus chinensis 'Old Gold' ähnelt der Wacholder-Sorte 'Pfitzeriana Aurea', ist aber von kompakterem Wuchs und die bronzegelbe Nadelfarbe ändert sich auch im Winter nicht. Er erreicht eine Höhe von 1,5—2 m und eine Breite von 2—3 m.

Juniperus communis 'Compressa' wächst sehr langsam, zwergig mit einem Jahreszuwachs von nur 2—5 cm. Die Äste stehen dicht beieinander, die Nadeln sind hellgrün. Ein seltenes Stück für anspruchsvolle Gärtner, geeignet auch für kleine Steingärten. In rauhen Lagen muß er zugedeckt überwintern. Die Sorte 'Depressa' ist ein Kriechwacholder und wird 50—100 cm hoch. Die Nadeln sind kurz, breiter, gelblich oder bräunlich-grün, im Winter bronzefarben. Diese aus Nordamerika stammende natürliche Varietät gehört zu den besten niedrigen, polsterartigen Koniferen. Sie

Zwergformen der Scheinzypressen sind für Steingärten und in Gebäudenähe ein gestalterisches Element. Ihre Form ist meist streng geometrisch (370)

Niedrige Kiefern und Wacholder, Pinus mugo *ssp.* mugo *und* Juniperus communis *var.* depressa, *in einem Steingarten (372)*

bedecken große, sonnige Flächen. 'Depressa Aurea' unterscheidet sich von ihr durch die bis in den Frühsommer hinein intensiv goldgelben, später hellgelben Nadeln. Die Nadeln der Sorte 'Depressa Aureospica' sind beim Austrieb lebhaft hellgelb. 'Hibernica' ist eine bekannte und beliebte aufrecht wachsende Wacholder-Sorte mit blaugrünen Nadeln. Sie wird bis 4 m hoch. 'Hornibrookii' ist eine kriechende Sorte. Später erreicht sie bis 2 m Breite, im Alter ist sie 30—50 cm hoch. Nur die glänzend braungelben Spitzen der ungleich langen Zweige steigen auf. Die Nadeln sind dicht, hellgrün, silbrig gestreift, im Winter etwas bräunlich. Sie bildet dichte Polster in Steingärten und an Hängen und begrünt auch größere Flächen.

Juniperus horizontalis 'Douglasii' ist ein schöner, nur 30 cm hoher, kriechender Wacholder, der wegen seines langsamen Wuchses geschätzt ist. Erst sehr alte Exemplare werden bis 3 m breit. Die Nadeln sind stahlblau, im Herbst purpurn angelaufen und bläulich grün bereift. Er eignet sich zur Grabbepflanzung.

Juniperus sabina 'Cupressifolia' ist eine niedrige, langsam wachsende, mehr oder weniger kriechende Züchtung von kaum 60 cm Höhe. Die Nadeln sind dunkelgrün. Er ist geeignet für Hänge und Rasen. 'Tamariscifolia' ist eine kriechende Wacholder-Sorte mit bläulich grünen Nadeln und niedrigem (bis 60 cm), breitem Wuchs.

Juniperus squamata 'Meyeri' mit kräftigen aufrechten Ästen (seltenen Mitteltrieb) und auffallend silbrig blauen Nadeln, der eine Höhe von 2—3 m erreicht.

Juniperus virginiana 'Globosa' oder 'Nana Compacta' ist von strauchartigem, kugelförmigen Wuchs, bis 1 m hoch, dicht verästelt. Schuppenblätter frischgrün, im Winter blaß purpur-grün. 'Skyrocket' zählt mit einer Höhe bis zu 8 m nicht zu den niedrigen Koniferen, ist jedoch wegen ihres ungewöhnlich schlanken, säulenartigen Wuchses eine wertvolle Wacholder-Sorte. Ein 2 m hohes Gehölz ist nur 60 cm breit. Die Äste liegen dicht aneinander, die Nadeln sind blaugrün. Sie eignet sich gut für Heidepartien und überall dort, wo die Eintönigkeit einer Koniferenpflanzung aufgehoben werden soll.

Hauseingang mit zwei säulenförmigen Wacholdern, Juniperus communis *'Hibernica' (373)*

Picea abies 'Echiniformis' ist eine polsterartig wachsende Zwergfichte mit schlanken, dichten Ästen und hell gelbgrünen Nadeln. Eine schöne Züchtung für Steingärten oder deren Umgebung sowie für den Rasen. Sie erreicht 50 cm Höhe. 'Maxwelli' wächst schmal flachkugelig und wird bis 100 cm hoch. Die Nadeln sind hellgrün. 'Nidiformis' ist eine polsterbildende, zwergige oben nestförmige vertiefte Fichten-Sorte, die sich auch für Steingärten eignet. Sie wird nur 60—100 cm hoch. 'Pumila Glauca' ist eine breitausladende flache, Zwergform mit bläulich-grünen Nadeln, bis 80 cm hoch.

Picea glauca 'Alberta Globe' ist eine schöne kegelförmige Zwergfichte mit weichen hellgrünen Nadeln. Sie wächst langsam, erreicht eine Höhe von 3 m und wirkt sehr dekorativ.

Interessante Gestaltung einer wassernahen Gartenfläche. An die Polsterstauden schließen Gehölze an, unter denen Zwergkoniferen die attraktivsten sind (374)

Picea glauca 'Alberta Globe' erreicht 3 m Höhe. Man pflanzt diese Schimmelfichte in Steingärten, in niedrigeren Koniferengruppen sowie als Vordergrund zu höheren Gehölzen (375)

Kiefern sind für die Garten- und Landschaftsgestaltung allgemein von großer Bedeutung. Zwergkiefern, wie die Latsche, eignen sich für kleinere Gärten, Steingärten und wassernahe Flächen (377)

Picea omorika 'Nana' ist eine Zwergform der bekannten Serbischen Fichte mit breitkegeligem, dichtem, kompaktem Wuchs, manchmal breiter als hoch, die im Alter 1,5 bis 4 m erreicht. Die Nadeln sitzen strahlenförmig an, so daß die bläulich-silbrige Unterseite gut sichtbar ist.

Picea pungens 'Glauca Globosa' ist eine Zwergform der Blauen Stechfichte mit schönen blauen Nadeln. Sie erreicht eine Höhe von 1—1,5 m. Sie wachsen sehr langsam und kompakt.

Pinus densiflora 'Umbraculifera' ist eine langsam wachsende Kiefer mit unregelmäßiger, schirmartiger Krone mit waagerechten Ästen. Die Nadeln dieser schönen Sorte — sie erreicht in 30 Jahren eine Höhe von nur 2 m —, sind weich und auffällig frisch.

Pinus mugo, die Bergkiefer, wächst strauchartig, die Äste sind manchmal liegend. Sie eignet sich gut für naturähnliche Gartenpartien und große Alpinen. Höhe 3—5 m. *Pinus mugo* var. *pumilio* ist eher breiter als hoch. Sie zählt zu den beliebtesten Steingartenkoniferen und erreicht nur 1 m Höhe.

Pinus pumila 'Glauca' ist eine strauchartige, 1—1,5 m hohe, der Bergkiefer ähnliche Kiefer mit auffallend blaugrünen Nadeln. Für Steingärten und Hänge geeignet.

Pinus strobus 'Nana' ist eine Zwergform der Weymothskiefer. Ihre Nadeln sind auffallend bläulich-grün und ziemlich kurz. Diese anspruchslose, winterharte, 1,5—2 m hohe Kiefer mit breitem Wuchs ist als Solitärbaum für kleinere Gärten geeignet.

Taxus baccata 'Compacta' ist eine langsam wachsende Eibe mit kompaktem, ovalem oder kegelförmigem Wuchs, aufwärtsgerichteten Ästen und dunkelgrünen Nadeln; geeignet auch für kleinere Steingärten.

Taxus cuspidata 'Nana' ist eine Zwergeibe von grazilem Wuchs mit saftig stumpfgrünen Nadeln. Sie erreicht eine Höhe von 1 m und eine Breite von 3 m.

Taxus media 'Hicksii' ist von aufrechtem, schlankem Wuchs und wird 1,5—3 m hoch. Die Nadeln sind lebhaft stumpfgrün. Sie eignet sich für sonnige und schattige Lagen gleichermaßen gut.

Thuja occidentalis 'Ellwangeriana Aurea' und 'Rheingold' sind langsam wachsende, kugelförmige, etwa 1,5 m hohe Lebensbäume mit goldorangefarbenen Nadeln. 'Little Gem' ist eine eher breitere Zwergform mit dunkelsattgrünen Nadeln. 'Recurva Nana' wächst kegel- bis kugelförmig und wird bis 2 m hoch. Die Nadeln sind grün, im Winter braun, die Astspitzen herabgebogen.

Thuja orientalis 'Aurea Nana' ist ein Lebensbaum von kugeliger Wuchsform mit goldgelben Nadeln, im Winter dunkelbraun. Er eignet sich auch für kleinere Steingärten.

Eiben vertragen Schatten. Sie lassen sich von allen Koniferen am besten schneiden und formen. Im Bild: Taxus baccata 'Repandens' (376)

Hemlocktannen pflanzt man einzelnstehend oder gruppenweise. Ihre nicht ganz regelmäßige Kronenform paßt sowohl in Natur- als auch in gestaltete Gärten. Im Bild: Tsuga canadensis (378)

Die anspruchslose Zwergmispel Cotoneaster multiflorus, *die in sonnigen wie schattigen Lagen gedeiht, pflanzt man einzeln oder in Gruppen (379)*

Mit Hilfe von Ziergehölzen läßt sich ein kleiner Garten sehr wirkungsvoll gestalten (380)

Ansprüche der Laubgehölze

Die Ansprüche der einzelnen Laubgehölzgattungen sind sehr unterschiedlich. Sehr anspruchslos sind z. B. Weißdorn, Liguster, Geißblatt, Blasenspiere, Brombeere, Holunder und Schneebeere. Demgegenüber haben einige andere, wie Sommerflieder, Heidekraut oder Rhododendron, ganz spezielle Ansprüche.

Auch die Arten innerhalb einer Gattung verhalten sich sehr unterschiedlich. Die Lavendelheide ist kalkhold, die Ohrweide kalkmeidend. Es gibt aber auch anpassungsfähige Arten, die an sonnigen Standorten und im Halbschatten oder im Schatten gedeihen. Zu ihnen gehören Buchsbaum, Scheinquitte, Geißblatt und Weide.

Sonneliebend sind laubabwerfende Berberitzen, Kornelkirsche, Perückenstrauch, Forsythie, Ginster, Walnuß, Lorbeerrose, Bauernrose, Pappel, Rose, im Schatten gedeihen Wilder Wein, Buchsbaum, Scheinquitte, Deutzie, Johanniskraut, Liguster, Kreuzdorn und Immergrüner Schneeball. Die meisten Gehölze wachsen sowohl in der Sonne als auch im leichten Halbschatten.

Unterschiedlich sind auch die Ansprüche an den Boden. Viele Arten erweisen sich als sehr anspruchslos. Birke, Ginster, Johannisbeere, Himbeere, Holunder, Schneebeere und Ulme gedeihen auf nährstoffarmen oder sogar steinigen Böden. Hasel, Liguster und Essigbaum zum Beispiel sind sehr anpassungsfähig. Anspruchsvoll sind dagegen Eiche, Magnolie, Pfeifenstrauch, Zwergginster, Zaubernuß, Ahorn, Sommerflieder u. a.

Viele Laubgehölze brauchen kalkhaltigen Boden, andere vertragen oder meiden ihn. Allerdings gibt es innerhalb beispielsweise der kalkmeidenden *Rhododendron*-Gattung solche Arten, die Kalk vertragen, wie die Alpenrose (*Rhododendron hirsutum*) und *Rhododendron praecox*.

Laubgehölze können sich gut an die Bodenfeuchtigkeit anpassen. Berberitze oder Schneebeere gedeihen sowohl in trockenen als auch in feuchten Böden. Erlen vertragen sehr feuchte Böden und sogar zeitweilige Überschwemmungen, Schneebeeren dagegen extreme Dürren.

Die meisten Laubgehölze begnügen sich mit den Niederschlägen, nur die immergrünen Arten müssen bei niederschlagsarmem Herbstwetter vor Frosteinbruch gegebenenfalls in frostfreien Wintermonaten reichlich gewässert werden.

Laubgehölze sind in der Regel winterhart. Die frostempfindlichen Arten wiederum haben eine hohe Regenerationsfähigkeit. Der Trompetenbaum erfriert nur als junger Baum, später ist er dann winterhart. Der Grad der Frostschädigung hängt ab vom Wetter während der Vegetationszeit, von der Sonneneinstrahlung, vom Nährstoffgehalt im Boden, vom Ausreifen des Jahresholzzuwachses u. a. Empfindlichere Gehölze sind für Frostlöcher ungeeignet.

Unterschiedlich ist auch die Empfindlichkeit gegenüber der Stadt- und Industrieluft. Waldrebe oder Japanischer Ahorn können sich nicht anpassen. Die meisten Gehölze sind jedoch anpassungsfähig, viele sogar unempfindlich, wie Goldregen, Buchsbaum, Pfeifenstrauch, Holunder, Schneebeere, Ulme u. a.

Der Wildverbiß bereitet keine großen Sorgen. Zwar leiden Apfel, Robinie, einige Ahorn-Arten, Erbsenstrauch, Trompetenbaum, Scheinquitte, einige Zwergmispeln, Forsythie, Mehlbeere und einige Schneeballarten besonders als junge Pflanzen darunter, doch werden die meisten Arten nicht vom Wild verletzt.

Eine Auswahl immergrüner Laubgehölze

Immergrüne Laubgehölze sind außerordentlich wichtige Ziergehölze, die bei der Gartengestaltung sehr beliebt sind. Sie verschönern nicht allein durch ihre Blüten, ihr frisches Laub oder durch zierliche Früchte, sondern beleben den Garten auch während der winterlichen Ruhezeit der übrigen Pflanzen. Zu den bekanntesten gehören Rhododendron, Stechpalme, Lorbeerrose, Mahonie, einige Zwerg-

Die sehr dekorativen Blüten der Zaubernuß sitzen an blattlosen Zweigen. Schneeverweht, rollen sich die Blüten zusammen und öffnen sich erst wieder bei besserem Wetter (381)

Berberis julianae ist eine widerstandsfähige Berberitze. Ihre Blüten sind gelb, die blauschwarzen Beeren sind bereift (383)

mispeln, Berberitze, Lorbeerkirsche, Feuerdorn und Heidekraut.

Einer der weniger bekannten immergrünen Sträucher ist die Lavendelheide (Andromeda glaucophylla), ein 10 bis 30 cm hoher Zwergstrauch mit dünnen graugrünen Blättern. Sie bildet Polster, die im Spätfrühling und zu Sommerbeginn mit rosaweißen, maiglöckchenähnlichen Blüten bedeckt sind. Sie liebt feuchtere, humusreiche Böden. Die Echte Lavendelheide (Andromeda polifolia) ist kaum 10 cm hoch, selten höher. Die verzweigten Zwergsträucher erinnern an Rosmarin. Sie blüht im Mai und Juni, die Sproßenden tragen jeweils 3 bis 5 kugelförmige weiße bis leuchtend rosa Blüten. Die Sorte 'Nana' ist noch niedriger und trägt hellrosafarbene Blütentrauben. Die Lavendelheide wird mit Vorliebe mit Heidekrautgewächsen in Steingärten gepflanzt.

Die Gemeine Bärentraube (Arctostaphylos uva-ursi) bildet immergrüne, etwa 40 cm hohe, kriechende Sträucher mit bis zu 50 cm langen Ästen, die sich bewurzeln. Die ledrigen Blätter sind klein und dunkelgrün. Die kleinen, in Trauben stehenden hellrosa-weißen Blüten blühen im April und Mai. Die Früchte sind erbsengroße, scharlachrote glänzende Beeren. Als Wildpflanze steht sie unter Naturschutz. Sie gedeiht auf den gleichen Böden wie Rhododendren, verträgt jedoch noch mehr Sand und Trockenheit. Eine beliebte Steingarten- und Heidepflanze, die sich auch für sonnige Hänge eignet.

Ährenheide (Bruckenthalia spiculifolia) ist eine 10—15 cm hohe, heideähnliche Pflanze mit schlanken aufrechten Ästen und einer Fülle hellrosafarbener duftender Blüten in dichten, 2 - 3 cm langen Ähren. Sie blüht im Juli und August und gedeiht unter ähnlichen Bedingungen wie Heide.

Die Zypressenheide (Cassiope tetragona) ist ein bis 30 cm hoher Strauch mit aufrechtem Wuchs und anfangs liegenden Trieben. Sie hat kleine dicht dachziegelartig in vier Reihen wachsende Blätter. Die glockenförmigen, nickenden Blüten stehen einzeln und blühen im April und Mai. Die Zypressenheide eignet sich für Steingärten und Heidepartien.

Die Irische Heide (Daboecia cantabrica) ist ein schöner, 20—30 (50) cm hoher Halbstrauch mit liegenden Zweigen. Die immergrünen Blätter sind klein, glänzend, unterseits weißwollig. Vom Juni bis September trägt sie krugförmige, purpurrote Blüten in bis zu 10 cm langen Trauben. Sie paßt sehr gut zu Heidekrautgewächsen, Rhododendren und anderen immergrünen Pflanzen. Heimisch ist sie in den europäischen Küstengebieten von Spanien bis Irland, unter unseren klimatischen Verhältnissen ist sie recht empfindlich und braucht Winterschutz. Erfrorene Pflanzen treiben nach dem Frühjahrsschnitt neu aus. Zur Art gehören mehrere Züchtungen mit reinweißen, rosa, dunkelkarminroten und lachsroten Blüten.

Eine Auswahl laubabwerfender Gehölze

Laubabwerfende Gehölze sehen zu jeder Jahreszeit anders aus und diese Wandlungsfähigkeit sollte man sich bei der Gartengestaltung zunutze machen.

Frühjahrsblüher

Im März, bei günstigem Wetter noch früher, erfreuen uns Winterjasmin, Zaubernuß, einige Schneeballarten, Seidelbast, Kornelkirsche und Forsythie mit ihren Blüten.

Winterjasmin (Jasminum nudiflorum) wächst üppig, die Zweige erreichen eine Länge von 3—5 m. Der Strauch wächst kriechend, die Triebe sind kantig, sattgrün. Er blüht noch vor dem Laubaustrieb, meistens im Februar, März und April. Er ist anspruchslos und begnügt sich mit jedem Gartenboden, liebt jedoch geschützte, nach Westen oder Südwesten gewandte Standorte. Am besten kommt er in größeren Gärten, an Gartenlauben, Pfeilern und Gittern, die er

Forsythien sollten in keinem Garten fehlen. Sie sind die ersten Frühlingsblüher und kommen einzelstehend oder in Gruppen zur Geltung. Im Bild: Forsythia x intermedia *(382)*

Der Winterjasmin, Jasminum nudiflorum, *blüht vor dem Laubaustrieb, manchmal schon im Dezember, meistens aber von Februar bis April (384)*

Die Zaubernuß, Hamamelis mollis, ist ein Solitärgehölz, das am besten vor dem Hintergrund dunkler Koniferen zur Geltung kommt (385)

Wegen seiner auffälligen, gut und intensiv duftenden Blüten wird der Seidelbast, Daphne mezereum, als Solitärstrauch für Stein- und Heidegärten, auf Rasen, zwischen Stauden sowie unter höheren Gehölzen gepflanzt (386)

nicht völlig verdeckt, zur Wirkung. Seine gelben Blüten sind im Winter ein willkommener Vasenschmuck.

Zaubernuß-(Hamamelis)Arten sind widerstandsfähige Sträucher, die an hellen bis leicht schattigen Standorten mit humusreichem Boden gedeihen. Sie wachsen schon bald zu hübschen Sträuchern heran und kommen einzeln wie in Gesellschaft anderer Ziergehölze zur Geltung. Auffallend sind ihre goldenen, orangefarbenen oder roten Blüten, die an den noch kahlen Ästen sitzen, manchmal schon, wenn ringsum noch Schnee liegt. Im Herbst zieren sie den Garten durch die schönen leuchtenden Farben der Belaubung. *Hamamelis japonica*, 2,5–5 m hoch und von bizarrem Wuchs, hat im Herbst kupferrotes Laub. Von den winterblühenden Zaubernüssen blüht sie als erste, vom Januar bis März, mit lebhaft gelben Blüten. Die Sorte 'Ruby Glow' zählt zweifellos zu den prächtigsten laubabwerfenden Gehölzen.

Hamamelis mollis ist ein bis 5 m hoher Strauch mit silbrig-flaumigen jungen Trieben und Blattunterseiten. Die großen, dekorativen Blätter färben sich im Herbst auffallend gelb. Die gelben, stark duftenden Blüten sind größer als bei den übrigen Zaubernuß-Arten. Sie blühen schon ab Februar. Sehr schön sind ihre rotblühenden Züchtungen.

Der Gemeine Seidelbast oder Kellerhals (*Daphne mezereum*) zeigt Anfang März, bei gutem Wetter auch früher, Büschel rosaroter, süßlich duftender Blüten. Er gedeiht in sonnigen bis schattigen Lagen in durchlässigen, humusreichen Gartenböden und wird 1 m hoch. Er blüht noch vor dem Laubaustrieb. Für unsere Gärten eignen sich am besten die großblütigen Sorten mit sattrosa Blüten. im Juli reifen die giftigen scharlachroten, bei der weißblühenden Züchtung gelben Früchte, die den Vögeln als Nahrung dienen.

Der Schneeball ziert unseren Garten in der Vegetationsperiode und auch im Winter. Einige winter- und vorfrühlingsblühende Arten zeichnen sich durch angenehmen, feinen Duft aus, wie *Viburnum farreri*, der 1–3 m erreicht und vor dem Laubaustrieb meistens schon im März, duftende, weiße Blüten bringt, die im Knospenstadium rosa sind. In milden Wintern erscheinen die Blüten schon im November und blühen auch bei Regen, Schnee und Frost. In der Vase angetriebene Zweige verbreiten im Zimmer einen angenehmen Duft.

Die Kornelkirsche (*Cornus mas*) blüht im Frühling mit zahlreichen, sternähnlichen Blüten, die gern von Bienen beflogen werden. Sie erreicht eine Höhe von 2–6 m, hat olivgrüne Zweige und zähe, erst nach der Blüte erscheinende eiförmige Blätter. Sie gedeiht in der Sonne wie im Halbschatten und eignet sich für dichte, hohe Hecken. Formschnitt verträgt sie ausgezeichnet.

Sommerblühende laubabwerfende Gehölze

Es stimmt zwar, daß der Garten im Sommer voll ist von bunten Blumen und daß es an Blüten keineswegs mangelt, die späterblühenden Gehölze bereiten jedoch nicht weniger Freude als die frühblühenden. Ziergehölzgruppen werden durch im Sommer und Spätsommer blühende Arten und Sorten interessanter, wenn auch manche von ihnen Solitärgehölze sind.

Zu den besonders beliebten zählt der Sommerflieder (*Buddleja davidii*), ein 2–3 m hoher Strauch mit kantigen Trieben. Die Blätter sind lanzettlich, dunkelgrün, an der Unterseite weiß behaart, die Blüten bilden 25–30 cm lange Rispen. Es gibt viele hervorragende Züchtungen, so zum Beispiel die Sorte 'Empire Blue' mit reinblauen Blüten, die dunkelbau blühende 'Flaming Violet', 'Purple Prince' mit vio-violettroten oder 'White Bouqet' mit duftenden, weißen Blüten. Der Sommerflieder blüht je nach Sorte von Juli bis Oktober. Die mild oder stark duftenden Blütenstände wirken sehr schön. Die Sträucher gedeihen auf leichteren, aber nährstoffreichen Gartenböden, in sonnigen, wenn möglich geschützten Lagen und an Hängen. Als Solitärpflanzen sind sie besonders an Stellen geeignet, wo sie ihre recht langen Äste frei ausbreiten können. Da das vorjährige Holz meist erfriert, müssen sie im Vorfrühling fast bis zum Boden zurückgeschnitten werden. Die Blüte wird dadurch nicht beeinträchtigt, da sie sich am einjährigen Holz entwickeln.

Sehr beliebt sind die Hortensien (*Hydrangea*). Die Gartenarten sind meist Sträucher mit einfachen gesägten Blättern und auffallenden Blüten in endständigen Doldentrauben, seltener in Rispen. Sie sind wertvolle Sommerblüher und vertragen auch schattige Standorte. Geschätzt werden sie wegen ihrer ausdauernden Blütenstände. Bei den meisten Arten sind die großen randständigen Blüten im Blütenstand steril, die mittleren, kleinen dagegen fruchtbar.

Alle Hortensienarten lieben lockere, durchlässige und nährstoffreiche, angemessen feuchte und kalkfreie Gartenböden, die mit Torf, Lauberde oder ausgereiftem Kompost mit etwas Sand vermischt, verbessert werden können.

Sie brauchen Winterschutz, am besten eine Schicht Humus. Gepflanzt werden sie entweder einzeln oder in Gruppen, z. B. vor höheren Gehölzen. Besonderen Zierwert besitzen sie auf Rasen in der Nähe von Gebäuden oder Wegen.

Eine der bekanntesten und am meisten gepflanzten Hortensien-Arten ist *Hydrangea paniculata*. Sie ist wuchskräftig und hat rosa-weiße, in kegeligen Rispen stehende Blüten. Am häufigsten ist die Sorte 'Grandiflora' mit bis zu 30 cm langem Blütenstand zu sehen, der vorwiegend aus sterilen Blüten besteht. Die halbtrockenen Blüten bleiben am Strauch und verschönern noch lange den Garten. Bei alljährlichem Rückschnitt bilden die Pflanzen niedrige Sträucher mit besonders großen Blütenständen.

Der Roseneibisch (*Hibiscus syriacus*) ist ein mittelhoher, aufrechter Strauch, der eine Höhe von 2 m erreicht. Seine Triebe sind graugrün, die Blätter chrysanthemenähnlich. Er blüht schon als Jungpflanze und liebt sonnige, geschützte Standorte auf leichteren, durchlässigen, humusreichen Böden. Man mulcht mit Torf und deckt vor dem Winter mit Reisig ab. In den Garten sollten nur sehr gute Züchtungen mit großen einfachen, halbgefüllten oder gefüllten Blüten gepflanzt werden. Von den einfachblühenden sei die violettblau blühende Sorte 'Coelestia' genannt, 'Hamabo' mit großen hellrosa Blüten, 'Monstrosus' mit großen weißen, in der Mitte roten Blüten, die dunkelrote 'Rubis' und 'Woodbridge' mit großen karminroten Blüten. Von den gefülltblühenden stehen zur Auswahl: 'Duc de Brabant' mit sattrosaroten Blüten, 'Lady Stanley' mit weißen, karminrot gefleckten Blüten, 'Speciosus' mit weißen, rot gefleckten Blüten, und 'Carneus Plenus' mit violettblauen, in der Mitte roten Blüten.

Der Roseneibisch kommt als Solitärpflanze oder in kleinen Gruppen zur Geltung. Er bringt die Pracht der tropischen Flora in unsere Gärten und gehört wegen seiner späten Blüte (August bis Oktober) mit Recht zu unseren wertvollsten Herbstblühern.

Laubabwerfende Herbstblüher
Die Farbintensität ist bei einigen laubabwerfenden Gehölzen unverändert, bei anderen steigert sie sich bis zu den leuchtendsten Farben, um vom ersten Frost vernichtet zu werden. Die Intensität der Laubfärbung hängt von der Sonneneinstrahlung und der Lufttemperatur zu Herbstbeginn ab. Lage und Bodenverhältnisse spielen natürlich auch eine Rolle.

Die Zeit der schönen Herbst-Farben kann man durch gezielte Auswahl der Gehölzarten und -sorten beeinflussen.

Neben der Laubfärbung fallen im Herbst viele Gehölze durch ihre Blüten auf, beispielsweise die bereits erwähnte *Buddleja davidii* mit ihren von Juli bis Oktober blühenden Sorten, die Bartblume, (*Caryopteris* x *clandonensis*) mit einer Fülle violettblauer Blüten im September und Oktober, die Waldrebe, (*Clematis tangutica*), eine ungewöhnlich lange blühende Kletterpflanze mit schönen gelben, glockenförmigen Blüten (Juli bis Oktober) und mit zierlichen silbrigen Fruchtständen, die von September bis November gelb blühende Zaubernuß (*Hamamelis virginiana*), viele Züchtungen des Roseneibischs, mit ihrer bunten Farbpalette von Juli bis Oktober, Johanniskraut, wie z. B. *Hypericum patulum* 'Hidcote Gold', das von Juli bis Oktober eine Fülle schöner gelber Blüten trägt, u. a.

Das Wahrzeichen des Herbstes sind die Fruchtstände. Bei einigen Laubgehölzen, z. B. bei Berberitze und Zwergmispel, ersetzen auffallende Früchte die schwindenden Blüten. Auffallende oder farbige Früchte zieren den Garten

Viburnum opulus 'Sterile' ist ein üppig blühender Schneeball mit einem breiten Anwendungsbereich. Er ist anspruchslos und verträgt auch Schatten (387)

bis in den Winter hinein, bevor sie dann von Vögeln verzehrt werden. Die fruchtbesetzten Zweige sind im Winter ein schöner Vasenschmuck.

Laubabwerfende Gehölze im Winter
Selbst zum Winterbeginn und im Winter müssen wir auf die Schönheit der Pflanzen in unserem Garten nicht verzichten. Auch ein verschneiter Garten kann einen schönen Anblick bieten.

Neben den Immergrünen kommen fruchttragende Gehölze (Berberitze, Zwergmispel, Sanddorn), bizarr wachsende (Zwergeichen und Zaubernuß) oder die sich durch auffallend gefärbte oder strukturierte Borke auszeichnenden Gehölze (z. B. die Flügelnuß) zur Geltung.

Laubgehölze für den Steingarten
Um natürlich zu wirken, muß ein Steingarten mit Gefühl in seine Umgebung eingeführt werden. Dazu eignen sich laubabwerfende Gehölze, die einzeln oder in Gruppen gepflanzt werden, beispielsweise Heidekrautgewächse, aber auch Japanischer Ahorn, Zwergbirke, Zwergginster, Ginster, Berberitze und Zwergmispeln. Von großer Bedeutung sind Rhododendren und Azaleen.

Kerria japonica *'Pleniflora'* blüht von Mai bis Juni. Geeignet als Solitär oder für gemischte Sträucher-Rabatten. Der Ranunkelstrauch fällt im Winter durch seine lebhaft grünen Triebe auf (388)

Der Schmalblättrige Sommerflieder, Buddleja alternifolia, *ist ein auffallendes Solitärgehölz, das auch aus der Ferne auf Hängen und Terrassen schön blüht* (389)

In der Nähe von Steingärten nehmen sich z. B. Mahonie, Spierstrauch, Schneeball, Seidelbast, Johanniskraut sowie Wildrosen gut aus.

Für den Steingarten verwenden wir Gehölze, die ein nicht zu auffälliges Laub haben. Bei der Auswahl soll man die Größe des Steingartens berücksichtigen. Kleinere Steingärten bepflanzt man mit Arten und Sorten von mäßigem Wuchs. Sie verschönen den Steingarten nicht nur während der Vegetationsperiode, sondern auch vom Spätsommer an mit ihren farbigen Blättern und Früchten und im Winter nicht selten durch die bizarren Formen ihrer Zweige.

Von den niedrigen laubabwerfenden Gehölzen eignet sich der Japanische Ahorn (Acer palmatum) und seine Sorten — Sträucher oder kleine Bäume mit edlem Wuchs und schönem, dekorativem Laub, wie z. B. die Sorten 'Atropurpureum', bis 3 m hoch, und die etwa 1,5 m hoch werdende 'Dissectu Atropurpureum' mit dunkelrotem Laub sowie 'Dissectum Garnet', mit sattpurpurrotem Laub und etwa 2 m Höhe.

Sie lieben geschützte sonnige bis halbschattige Lagen und leicht saure Böden. Ferner empfehlen sich einige Berberitzen, wie z. B. *Berberis buxifolia* 'Nana', ein immergrüner, kugelförmiger Strauch mit gelben Blüten und schwarzroten Früchten und *Berberis thumbergii* 'Atropurpurea Nana' eine Zwergform mit roten Blättern und Früchten und gelben Blüten. Sie gedeihen in sonnigen oder halbschattigen Lagen und vertragen Schnitt.

Von den Birken sei die Zwergbirke (Betula nana) genannt, ein weniger als 1 m hoher, winterfester Strauch mit halbkugeligem Wuchs, dichter Verzweigung und kleinen fast runden dekorativen Blättern.

Von den Zwergmispeln seien *Cotoneaster adpressus*, eine niedrige Art mit bodenanliegenden Ästen und rosa Blüten und roten Früchten, die bekannte Fächer-Zwergmispel *Cotoneaster horizontale* mit rosa Blüten und roten Früchten für größere Steingärten und *Cotoneaster dammeri* 'Skogholm', ein sehr widerstandsfähiger, ausladend wachsender Strauch mit liegenden Ästen, weißen Blüten und roten Früchten genannt. Fast alle Zwergmispeln fallen durch ihre Früchte auf. Sie lieben sonnige Lagen, an den Boden sind sie anspruchslos.

Zum Beleben von Felspartien eignen sich Zwergginster. *Cytisus decumbens* wächst liegend und blüht goldgelb, *Cytisus x kewensis* ist ein breitausladender Strauch mit elfenbeingelben Blüten, von *C. scoparius,* dem Besenginster, gibt es einige auffallende Züchtungen, sogar solche mit zweifarbigen Blüten.

Der Seidelbast gehört zu den schönsten blühenden Gehölzen. *Daphne cneorum*, der Rosmarinseidelbast, ist ein Zwerggehölz mit duftenden rosa Blüten. *Daphne meze-*

Hydrangea macrophylla *'Bouqet-Rose' ist eine sommerblühende Hortensie, die einzelnstehend oder in kleineren Gruppen zur Wirkung kommt* (390)

reum, der Gemeine Seidelbast (Kellerhals), blüht vor der Laubentfaltung. Er wird 1 m hoch.

Von den für Steingärten geeigneten Pfaffenhütchen seien *Euonymus fortunei* 'Gracilis', eine buntblättrige Zwergsorte und 'Minimus' genannt, die sich sehr gut zum Überwachsen von Steinen eignen. Eine schöne Steingartenpflanze ist die Strauchveronika, *Hebe*, ein niedrigwachsender Strauch. *Hebe armstrongii* ist reich verzweigt und hat winzige kupfergelbe Blätter; *Hebe buchananii* hat graublaue und *Hebe pimeleoides* und *Hebe glaucocaerulea* blaugrüne, ovale Blätter. Sie gedeihen auf humusreichen, etwas sandigen Böden in sonnigen oder halbschattigen Lagen. Sonnige, aber auch Schattenplätze im Steingarten sind für den Efeu (*Hedera helix*) geeignet. Es gibt mehrere Sorten, wie die niedrige, aufrechtwachsende 'Arborescens' oder 'Conglomerata' mit anfangs aufrechten, später liegenden Trieben, die auch an Steinen haftet.

In letzter Zeit wurde das strauchartig wachsende Johanniskraut beliebt, das sich eher für größere Steingärten eignet. *Hypericum* x *moseranum* bringt im Spätsommer zahlreiche Blüten, *Hypericum patulum* 'Hidcote' blüht von Juli bis Oktober.

Unermüdlich blüht auch das strauchartige Fingerkraut (*Potentilla fruticosa*), unter ihnen die Sorte 'Klondike' mit kleinen Blättern und großen sattgelben Blüten (Juni bis Oktober) und 'Goldfinger', eine der wertvollsten höheren blühenden Züchtungen (bis 1 m hoch).

In einem Steingarten sollten Wildrosen nicht fehlen. *Rosa hugonis* hat kleine Blätter und blüht schon ab Mitte Mai mit hellgelben Blüten. Der Strauch erreicht eine Höhe von 2 m, die Triebe wachsen gerade oder bogenförmig. Er eignet sich am besten als Hintergrund größerer Steingärten.

Im Steingarten und in seiner Umgebung werden noch viele andere Laubgehölze angepflanzt, wie Stechpalme, Magnolie, Zwergformen des Pfeifenstrauches, Feuerdorn, Japanische Scheinquitte, Spierstrauch und Schneeball.

Laubgehölze für Ministeingärten und Pflanzgefäße

Die dekorative Wirkung besonders schöner keramischer Gefäße mit ausdauernden Stauden, Laubgehölzen oder Koniferen bleibt auch nach der Vegetationsperiode erhalten.

Die Gefäße passen in ruhiger wirkende Gartenpartien — besonders in die Nähe von Ruheplätzen, Bänken, Wasser-

Das Laub der meisten Ahorn-Arten färbt sich im Herbst prächtig (391)

Weigela florida 'Variegata' *ist eine Weigelie mit auffallend gelbgesäumten Blättern. Sie sollte deshalb einzeln stehen und nur vorsichtig mit anderen Gehölzen kombiniert werden (392)*

becken, auf Rasen, neben Plattenwege und Terrassen, an Treppen und Mauern. Hervorragend eignen sie sich für Atriumgärten.

Die Gefäße — Schalen, Vasen, Steintröge und Kästen — müssen sich in ihrer Größe der Umgebung anpassen. Auch beim Pflanzen sollten wir in Betracht ziehen, daß weniger oft mehr ist; die Gefäße dürfen nicht zu dicht bepflanzt werden, denn man muß an die Größe der ausgewachsenen Pflanzen denken.

Von den für diesen Zweck empfehlenswerten Laubgehölzen seien nur einige erwähnt.

Die Berberitze, *Berberis thunbergii* 'Atropurpurea Nana' wird nur bis zu 30 cm hoch, zeichnet sich durch breitkegeligen Wuchs, auffallend blutrot verfärbtes Laub und eine Menge scharlachroter Früchte aus und gedeiht an sonnigen wie halbschattigen Standorten.

Die Zwergbirke (*Betula nana*) erreicht in Gefäßen eine Höhe von etwa 40 cm. Das schöne Zwerggehölz hat kleine, sehr zierliche, tief gekerbte Blätter. Sie gedeiht in sonniger und halbschattiger und in feuchterer aber auch trockner Umgebung.

Die Bartblume (*Caryopteris* x *clandonensis*) ist ein etwa 1 m hoher Bienenstrauch mit dunkelgrünen, unterseits

Hippophaë rhamnoides, *der Sanddorn, trägt eine Fülle orangefarbener Früchte, die sehr reich an Vitamin C sind. Er trägt nur Früchte, wenn männliche und weibliche Exemplare nebeneinander wachsen (393)*

Der Ginster, Cytisus x praecox, *findet in seiner Blütezeit kaum seinesgleichen, gleichgültig, ob freistehend oder in Gemeinschaft mit anderen Pflanzen (394)*

graugrünen Blättern. Die Blüten sind groß, leuchtend violett und erscheinen im Herbst. Am besten gedeiht sie an geschützten sonnigen Standorten in gut durchlässigen Böden. Den Winter über muß sie zugedeckt werden, im zeitigen Frühling erfolgt ein starker Rückschnitt.

Auch einige Zwergmispeln eignen sich für Gefäße. *Cotoneaster adpressus* beispielsweise, wird etwa 25 cm hoch, wächst liegend bis kriechend, dicht und kompakt und liebt sonnige Standorte. Die kleinen Blätter sind stumpfgrün, im Herbst färben sie sich scharlachrot. Sie blüht im Mai rötlich-weiß, die Früchte sind lebhaft rot.

Cotoneaster horizontalis, die Fächerzwergmispel, ist ein niedriger, breitausladender Strauch mit kleinen, sommergrünen Blättern, die aber in milden Wintern bis in den Frühling hinein ausdauern können. Schön sind die korallenroten Früchte, die die Sträucher bis lange in den Winter hinein zieren. Das anspruchslose Gehölz gedeiht in der Sonne und im Halbschatten.

In letzter Zeit gewann *Cotoneaster dammeri* 'Skogholm' sehr an Beliebtheit. Der wüchsige immergrüne Strauch hat über 1 m lange Triebe mit 2—3 cm langen elliptischen Blättern. Die Früchte sind scharlachrot. Der Strauch ist ein guter Bodendecker, in Gefäßen gepflanzt, schmückt er die Wände mit seinen Trieben.

Cotoneaster praecox wächst flach und gedrungen. Der bis 50 cm hohe Strauch breitet sich schnell aus, denn seine dem Boden anliegenden Triebe bewurzeln sich leicht. Die grünen Blätter sind rundlich, die im Mai erscheinenden Blüten rosaweiß, die herbstlichen Früchte sind leuchtend rot.

Als Schmuck für kleinere Gefäße eignen sich die schön belaubten und blühenden Ginster, Zwergginster, Stundeneibisch, Johanniskraut, Kolkwitzie, Japanische und Garten-Azaleen sowie niedrige Rhododendren.

Wüchsigere Gehölzarten und -sorten brauchen entsprechend große Gefäße, obwohl sie darin langsamer wachsen als im Freiland.

Genannt seien der Japanische Ahorn und seine Sorten, z. B. *Acer palmatum* 'Atropurpureum', der Purpur-Ahorn, ein 3 m hoher, eher strauchartiger Baum mit dekorativen, tiefgelappten, den ganzen Sommer über sattroten Blättern. Er wächst langsam, aber in die Breite, gedeiht in schwach sauren Böden an sonnigen bis leicht schattigen Standorten. Er ist widerstandsfähig und winterhart. Die eisenhutblättrige Sorte *Acer japonicum* 'Aconitifolium' wächst strauchartig und erreicht eine Höhe von 3 m. Die hellgrünen Blätter sind ziemlich groß, tiefgeteilt und färben sich im Herbst leuchtend rot. Nicht nur der Wuchs fällt auf; auch die purpurroten Blüten und das Herbstlaub sorgen für ein schönes Aussehen fast das ganze Jahr über.

Die rotblättrige Berberitze (*Berberis thunbergii* 'Atropurpurea') erreicht eine Höhe von etwa 1,5 m. Das Laub ist bronzerot, im Herbst scharlachrot. Ältere Exemplare bringen zahlreiche gelbe Blüten und scharlachrote Früchte. Sie verträgt Sonne und Halbschatten.

Die Scheinhasel (*Corylopsis pauciflora*) ist ein noch nicht so bekannter, sehr schöner, reich verzweigter, 1—2 m hoher Strauch, der im März oder April vor dem Laubaustrieb blüht. Die gelben, glockenförmigen Blüten nehmen sich besonders gut auf dem dunklen Hintergrund der Koniferen aus. Die rötlichen Sommertriebe fallen im hellgrünen Laub

Der Seidelbast, Daphne mezereum, geeignet für kleine Gärten, Stein- und Heidegärten, wirkt durch die Blüten wie durch seine — leider giftigen — Früchte (395)

Acer palmatum 'Dissectum Atropurpureum' ist von kompaktem Wuchs; dieser Ahorn wächst langsam, er ist geeignet als Solitär in Stein- und Heidegärten (397)

auf. Sie eignet sich für sonnige und für halbschattige Standorte.

Zu den schönsten rotlaubigen Gehölzen zählt der Perückenstrauch (*Cotinus coggygria* 'Royal Purple'), ein 2 bis 3 m hoher, dicht verzweigter Strauch mit schwarzroten, etwas glänzenden, langstieligen, eiförmigen Blättern, der zu jeder Pflanzenzusammenstellung paßt. Seine Blüten wirken unscheinbar, dekorativer sind später dann die 20 cm langen Fruchtrispen. Er gedeiht in trockeneren, sonnigen Lagen.

Kolkwitzia amabalis ist ein etwa 2 m hoch werdender Strauch mit gebogenen Trieben und sommergrünen Laub. Im Mai und Juni trägt sie zahlreiche rosa, im Schlund weigeliaähnlich rote Blütenglocken. Sie ist winterhart und gedeiht in sonnigen Lagen auf durchlässigen, nährstoffreichen Böden, verträgt aber auch Trockenheit und leichten Schatten.

Das Geißblatt (*Lonicera* x *purpusii*) ist ein über 2 m hoher immergrüner Strauch mit auffallendem dunkelgrünem Laub. Geschätzt wird es besonders wegen seiner frühen Blütezeit (Dezember bis April). Die zahlreichen Blüten sind rahmweiß, die Beeren rot. Es ist anspruchslos und gedeiht in der Sonne und im Halbschatten.

Der spitzblättrige Spierstrauch (*Spiraea* x *arguta*) ist ein 1,5—2 m hoher, aufrecht wachsender Strauch mit dünnen, leicht herabhängenden Zweigen. Die reinweißen Blüten stehen in kurzen Doldentrauben entlang des vorjährigen Holzes, so daß der Strauch in der Blütezeit April und Mai wie beschneit aussieht.

Zwergginster schätzt man wegen ihrer Blüten und ihres herbstlichen Erscheinungsbildes. Sie sind typische Pflanzen der Stein- und Heidegärten, werden aber auch als Solitär gepflanzt. Die Blütenfarbe ist reinweiß, gelb, violett oder dunkelbraun, außerdem gibt es zweifarbige Blüten (396)

Spiraea thunbergii wird 1,5 m hoch und ist schön gewachsen. Die leicht herabgezogenen Zweige sind mit einer Fülle weißer Blüten an kurzstieligen Dolden besetzt. Die Blätter sind lebhaft hellgrün. Man pflanzt an geschützten sonnigen oder halbschattigen Standorten.

Zur Gefäßbepflanzung eignen sich auch andere laubabwerfende und immergrüne Laubgehölze, z. B. Forsythien (vor allem ihre modernen, großblütigen Züchtungen), Japanische und Pontische Azaleen (*Rhododendron japonicum*, syn. Azalea mollis und *Rhododendron luteum*, syn. Azalea pontica), Amerikanische Heidelbeere (*Vaccinium corymbosum*) mit zahlreichen wohlschmeckenden Früchten (Kulturheidelbeere) und einige Schneeball-Arten wie *Viburnum* x *burkwoodii*, *V.* x *carlecephalum* und *V. farreri*.

Kletter- und Schlingpflanzen für den Garten

In Gärten, an Hauswänden und Mauern fällt manchmal das satte Grün von Kletterpflanzen auf; im Herbst reicht die Farbpalette von Gelb bis Leuchtendrot. Rankende Pflanzen schmücken Zäune, Gartenlauben, Pergolen, Tore, Säulen und die Stämme abgestorbener Bäume, sie verdecken oft unansehnliche Ecken, Zäune und abgefallenen Putz und verschönern hohe Mauern, Gebäudefronten und nüchterne Gebäude.

Dabei muß nicht immer das ganze Haus oder Gerüst voll berankt sein, manchmal genügt eine Teilbegrünung oder

Der kriechende Ginster, Cytisus decumbens, eignet sich zur Bodenbedeckung (398)

Fingerkraut pflanzt man einzeln oder in Gruppen auf Rasen in Wegnähe, als Hecke, als Vordergrund höherer Gehölze oder an Terrassen und Mauern (399)

Zwergmispeln wirken durch ihren Wuchs und durch ihre Blätter, Blüten und Früchte. Die Fruchtfarbe reicht von Gelblich über Rot bis Schwarz (400)

es kann z. B. auch nur eine Trennwand mit Kletterpflanzen bewachsen sein. Gartenlauben, Pergolen und ähnliche Elemente der Gartengestaltung erhalten erst durch Kletterpflanzen ihren Charakter. Arten und Sorten mit schöne Blüten, eventuell auch kräftiger wüchsige Kletterpflanzen eignen sich zum Bewachsen von Zäunen, Garteneingängen und Hausfronten.

Eine Zeitlang bestand die Ansicht, Kletterpflanzen hielten Gemäuer feucht und böten Lebensraum für Ungeziefer. Nachgewiesen ist jedoch, daß sie das Mauerwerk nicht beschädigen. Ein »Laubdach« läßt kein Wasser durch, die Wände bleiben auch bei starkem Regen trocken. Auch die Fundamente sind eher trocken, da die Pflanzen das überschüssige Wasser entziehen. Ein Beweis dafür sind Kirchen, Burgen, Schlösser und Ruinen, die seit Jahrhunderten, vor allem von Efeu, bewachsen sind, der sie eher vor dem Zusammenfallen bewahrt als ihre Zerstörung fördert. Allerdings müssen abgefallenes Laub, das die Feuchtigkeit hält, sowie in Dachrinnen und Wasserrohre hineinwachsende Triebe bzw. Wurzeln rechtzeitig beseitigt werden.

Man kann bei Kletterpflanzen nicht erwarten, daß sie sich gleich in den ersten Jahren in voller Pracht zeigen. Ein wirkungsvoller Bewuchs bildet sich häufig erst nach vielen Jahren, ist dafür aber ausdauernd, und in seiner ästhetischen Wirkung überzeugend.

Bevor man Kletterpflanzen setzt, muß man wissen, ob sie die ganze Fläche, oder nur einen Teil bedecken sollen. Bei der Wahl der richtigen Art sind auch die Ansprüche an Lage, Boden und Klima sowie ihr Wuchs in Betracht zu ziehen. Es kommt auch auf die Art und Weise an, wie sich die Pflanze an der Unterlage anhaften, ob sie sich ansaugen oder über umschlingende oder klammernde Ranken verfügen.

Der Wuchs der meisten Kletterpflanzen muß am Anfang gesteuert werden, gegebenenfalls sind sie anzubinden. Das Schneiden wird nötig, wenn die Pflanzen über den ihnen zugewiesenen Platz hinauswachsen. Einige Arten eignen sich bestens für Hänge oder über Terrassen, an denen sie dann lose herabhängen.

Kletterpflanzen an Südmauern oder Hauswänden brauchen genügend tiefen, lockeren Boden mit Dränage zum Ableiten des überflüssigen Wassers. Überragt das Gebäudedach das Mauerwerk, muß die Pflanze in einem gewissen Abstand zur Hauswand gepflanzt werden, damit sie nicht unter Feuchtigkeitsmangel leidet.

Zu den anspruchslosesten Kletterpflanzen gehören die dekorative Jungfernrebe, von denen *Parthenocissus quinquefolia* am bekanntesten ist. Er verträgt Sonne wie Halbschatten und bietet Bienen und Vögeln Nahrung. Seine guten Eigenschaften machen ihn zu einem sehr häufig verwendeten Gehölz. Er wird auf 1,5—2 m Abstand gepflanzt und will im ersten Jahr reichlich Wasser. Später stellt er dann an die Pflege keine besonderen Ansprüche mehr. *P. tricuspidata*, die Dreilappige Jungfernrebe, zeichnet sich durch schönes sattgrünes Laub aus, das in der Herbstsonne in einer breiten Farbpalette schimmert. Sie gedeiht auf jedem Gartenboden in sonniger oder halbschattiger Lage und ist widerstandsfähig gegen Stadt- und Industrieluft.

Knöterich (*Fallopia aubertii*) eignen sich gut zur schnellen Begrünung größerer Flächen. Das Pflanzen an instandzuhaltenden Zäunen ist nicht zu empfehlen, da sie sie mit der Zeit undurchdringlich bewachsen.

Eine sehr häufige Kletterpflanze ist das Echte Geißblatt oder Jelängerjelieber (*Lonicera caprifolium*). Es wird gern an Zäunen, Lauben und Gartentoren gepflanzt. Die Blätter bleiben bis weit in den Herbst hinein frisch grün. Die auffallenden röhrigen Blüten sind ab Mai zu sehen. Die Früchte sind rote Beeren. Alle kletternden Geißblattarten bevorzugen lockeren, nährstoffreichen, mäßig feuchten Boden. In der Sommerzeit, besonders bei anhaltender Trockenheit, verlangen sie regelmäßiges Wässern mit wiederholten Düngergaben. Frühlingsschnitt und zeitweise Verjüngung sind förderlich für ein gutes Wachstum.

Die Pfeifenwinde (*Aristolochia macrophylla*) ist eine gut beschattende Schlingpflanze mit großen frischgrünen Blättern und interessanten pfeifenartigen Blüten. Die Früchte erinnern an schlanke Gurken. Sie gedeiht am besten an schattigen aber auch sonnigen Standorten auf lockerem, angemessen feuchtem Boden.

Der Efeu verträgt Halbschatten bis völligen Schatten, bei genügend Feuchtigkeit wächst er aber auch in sonniger Lage. An geeigneten Standorten hält er jahrzehntelang aus, über 400 Jahre alte Exemplare sind keine Seltenheit. Das schöne Laubwerk begrünt alte Gemäuer und Bäume, aber auch moderne Bauten.

Charakteristisch für den Perückenstrauch (Cotinus coggygria) sind seine Blüten und besonders die Fruchtstände mit ihren langen federigen Haaren, die der Windverbreitung dienen (401)

Acer palmatum 'Atropurpureum' ist ein schöner Ahorn, der sich als Solitärbaum eignet. In seinem Herbstlaub zaubern Sonnenstrahlen eine ganze Farbenpalette von Gelb bis Dunkelrot hervor (403)

Kletterrosen zählen zu den beliebtesten Kletterpflanzen. Sie eignen sich für Hauswände, Zäune, Lauben, sogar zum Bewachsen sonniger Hänge. Einige Sorten schmücken den Garten von Juni bis in den Herbst. Sie sind meistens sehr ausdauernd und widerstandsfähig. Neben den schönen Blüten wirken diese außerordentlich dekorativen Rosen durch ihr Laub und die Stacheln. Da sie am Boden kriechen, können sie Hänge bedecken. Unsere heutigen Kletterrosen sind das Ergebnis intensiver Kreuzungen. Die neuesten Züchtungen, bei denen ein Elternteil Teehybriden sind, haben schöne glänzende Blätter und größere Blüten. Im zeitigen Frühling beseitigt man nur abgestorbenes Holz und schwache und kranke Triebe. Kletterrosen lieben luftige, sonnige Lagen mit durchlässigen lehmigen Sandböden. Alljährliche Kompostgaben, nach dem Bewurzeln vom Frühling bis Ende Juli wiederholtes Düngen mit Mineraldünger sind zu empfehlen. Von Zeit zu Zeit sind Kalkgaben erwünscht. Die günstigste Pflanzenzeit ist Mitte Oktober bis zum Frosteinbruch sowie der Vorfrühling.

Die Glyzine (Wisteria sinensis) ist eine prachtvolle Kletterpflanze, die sich großer Beliebtheit erfreut. Gepflanzt wird sie im Frühling an einem warmen, sonnigen Platz im Garten, auf tieferem nahrhaftem gut drainiertem Boden mit schwach alkalischer Reaktion. Die Glyzine hat als Jungpflanze lange, dünne Triebe, im Alter aber kompaktes, knorriges Holz. Die Blüten wachsen an Seitenzweigen, die bei Verjüngung bzw. beim Schnitt zu schonen sind.

Die Waldrebe (Clematis) zählt zu den Juwelen unter den Kletterpflanzen. Clematis vitalba unsere heimische Waldrebe, eignet sich zum Bewachsen großer Flächen in warmen und sonnigen Lagen. Sie wächst auch auf weniger guten Böden. Clematis x durandii hat blaue Blüten, die auch als Vasenschmuck verwendbar sind. Die kriechende Clematis alpina bewächst Steine; einen schönen Habitus hat die gelb blühende Clematis tangutica. Die großblumigen Waldreben sind durch mehrfache Kreuzungen entstanden. Manche Gartensorten haben prachtvolle, 10—15 cm große Blüten. Bei den großblumigen Sorten hängt die Art des Schnitts und damit auch Wuchs und Blühfreudigkeit von der Art ab, zu der sie gehört. Die Waldreben sind recht anspruchslos, sie wachsen auf leichteren, gut durchlässigen nährstoffreichen Böden. Ihnen bekommt das Bedecken der Wurzeln mit gut verrottetem Stallmist oder Kompost. Man pflanzt sie an sonnige Stellen, läßt jedoch die Wurzeln von ausdauernden Polsterstauden beschatten.

Die Hortensie (Hydrangea anomala ssp. petiolaris) ist eine Kletterpflanze mit Haftwurzeln, geeignet zum Bewachsen von Baumstämmen, höheren Mauern, Holzzäunen und

Spiraea x vanhouttei ist ein beliebter Spierstrauch, der einzelnstehend, in Gruppen oder als Hecke oft anzutreffen ist (402)

Cotoneaster horizontalis ist eine der bekanntesten Zwergmispelarten. Sie sind gut plaziert in größeren Steingärten, an Hängen und vor Hauswänden. Die korallenroten Früchte zieren die Sträucher im Spätsommer und Herbst (404)

Sehr attraktiv sind die frühblühenden Sorten von Rhododendron japonicum. *Ihre großen Blüten variieren von Creme, Gelb, über Rosa, Orange und Lachs bis zu lebhaftem Rot (405)*

Gartentoren oder zum Begrünen größerer schattiger Flächen. Der Standort kann halb- oder vollschattig sein.

Der Winterjasmin (*Jasminum nudiflorum*), ein Klettergehölz mit sattgrünen kantigen Ästen, blüht vor dem Laubaustrieb. Er gedeiht an geschützten Standorten und kann auch überhängend wachsen.

Kletterpflanzen für Pflanzgefäße

Der immergrüne Efeu begrünt innerhalb kurzer Zeit sonnige wie schattige Stellen. Er blüht jedoch nur an der Sonne im September und Oktober mit kleinen, grünlich-gelben Blüten. Die sonst recht bescheidene Pflanze zeigt sich dankbar für lockeren, angemessen feuchten humusreichen Boden.

Das Geißblatt (*Lonicera* x *heckrottii*) ist ein 3—4 m hohes Klettergehölz von eher strauchartigem Wuchs. Es ist ein Dauerblüher und trägt den ganzen Sommer über große, duftende, fleischrote, innen orangegelbe Blüten. Die Knospen sind rose-karminrot. *Lonicera tellmanniana* ist eine starkwüchsige Hybride, die sich bis zu 6 m hoch schlingt. Sie blüht im Mai und Juni reich mit großen, goldgelben nicht duftenden Blüten.

Hecken

Hecken sind eine der besten Möglichkeiten, einen in sich abgeschlossenen Garten zu schaffen. Sie werden in Stadtgärten anders angelegt als auf dem Lande, aber immer müssen geeignete Pflanzen dafür ausgewählt werden, die für einen Übergang des Gartens in die Umgebung sorgen.

Koniferenhecken

Die natürliche Schönheit der Koniferen kommt auch im Winter zur Geltung. In dieser Zeit spielen sie sogar die Hauptrolle. Ihre Nadeln in den verschiedensten Farben beleben dann den winterlichen Garten. Koniferen sind wichtig bei der Unterteilung des Gartens. Sie bilden lebende Kulissen, undurchsichtige Hecken, ansehnliche Hintergründe, sowie einen schönen Rahmen für Teile des Gartens oder für den ganzen Garten.

Für undurchsichtige grüne Hecken eignen sich Lebensbäume, Scheinzypressen, Fichten, Eiben und Wacholder, die entweder geformt werden oder frei wachsen können, wenn Platz genug vorhanden ist. Schöne 60—100 cm hohe Hecken bilden zum Beispiel Eiben. Sie sind auch gegen Krankheiten und Schädlinge sehr widerstandsfähig. Etwas Pflege belohnen sie mit üppigem und gesundem Wuchs. Durch Schnitt können sie auf 60 cm bis 3 m Höhe gehalten werden. Sie gedeihen in tieferem, sorgfältig bearbeitetem, etwas kalkhaltigem, in der Vegetationsperiode mäßig feuchtem Boden. Die Eiben gehören wegen ihrer guten Eigenschaften zu den wertvollsten Koniferen. Sie vertragen den Schnitt, begnügen sich mit einem ausreichend feuchten Platz an der Sonne sowie mit einem schattigen Standort, ohne daß sie an Schönheit einbüßen. 1—2 m hohe Hecken bilden auch einige Sorten von *Taxus baccata*, wie z. B. 'Fastigiata', die von schlankem säulenförmigem Wuchs ist und kurze, dicht verzweigte Äste und dunkelgrüne Nadeln trägt. Sie kommt besonders in kleineren Gärten zur Geltung.

Taxus media 'Hicksii' erreicht eine Höhe von 2 m, und wächst locker säulenförmig. Die Nadeln sind stumpfgrün.

Von den Scheinzypressen, die für Hecken geeignet sind, sei *Chamaecyparis lawsoniana* 'Alumii' genannt.

Breite Hecken lassen sich aus der interessanten Wacholder-Sorte *Juniperus chinensis* 'Pfitzeriana', erzielen. Dieser Wacholder ist starkwüchsig und hat breitausladende, leicht überhängende Äste und graugrüne Nadeln. Er erreicht eine Höhe von 2 m und eine Breite von bis zu 4 m. Er ist anspruchslos, eignet sich allerdings nur für große Gärten.

Parthenocissus tricuspidata 'Veitchii' gedeiht in der Sonne wie im Schatten und verträgt auch radikalen Rückschnitt. Er rundet die Gebäudelinien ab (406)

Die Rotfichte (Picea abies) ist von regelmäßigem, pyramidalem Wuchs. Freiwachsend erreicht sie eine Höhe von 30—50 m. Sie verträgt den Schnitt gut, so daß sie sich auch für breitere und höhere Hecken eignet. Sie liebt saure bis schwachalkalische und nährstoffreiche, mäßig feuchte, aber keine staunassen Böden.

Zu den meistgepflanzten Heckenkoniferen gehören Lebensbäume. Sie sind sehr frosthart und vertragen auch nährstoffärmere, aber ausreichend feuchte Böden. Sehr dankbar ist der Abendländische Lebensbaum (Thuja occidentalis). Von seinen Gartensorten sei 'Columna', eine aufrechte, schmal-säulenförmige Konifere mit kurzen, dichten, waagerecht abstehenden Zweigen erwähnt. Sie erreicht eine Höhe von 8—10 m, ihre Nadeln sind auch im Winter dunkelgrün. Sie liebt durchlässigen, nicht zu trockenen Boden und sonnige oder halbschattige Standorte. 'Holmstrup' oder auch 'Holmstrupensis' ist eine neuere Züchtung, langsam wachsend vom regelmäßigem, kegeligem Wuchs. Die dicht gebüschelten Nadeln sind frischgrün, nur in harten Wintern bronzefarben überlaufen. Sie erreicht nur 1 bis 1,5 m, wird aber unter besonders günstigen Bedingungen 2—3 m hoch. Sie kommt als Solitärbaum oder in niedrigeren Hecken zur Geltung. 'Malonyana' ist eine besonders wertvolle Züchtung des Abendländischen Lebensbaumes. Sie zeichnet sich durch aufrechten, schlank-säulenförmigen Wuchs und eine Höhe von 5—10 m aus. Die dicht stehenden Nadeln sind zu jeder Jahreszeit sattgrün. Sie eignet sich für regelmäßige Hecken oder zum Begrünen großer Flächen. 'Viridis' ist ebenfalls zum Begrünen großer Flächen geeignet. Ihr Wuchs ist kompakt, pyramidenförmig und gut formbar. Die Nadeln sind dunkelgrün. Sie verträgt regelmäßigen Schnitt, ist widerstandsfähig, anspruchslos und winterhart. Zu den Vorteilen dieser Sorte zählt noch, daß die Hecken auch im Winter frisch grün bleiben und sehr schön wirken. Nicht geschnittene Exemplare erreichen im Alter je nach Standort eine Höhe von 8—15 m.

Thuja plicata 'Zebrina' ist ein im Garten sehr häufig anzutreffender Riesenlebensbaum. Er wächst üppig, ist von breit kegeligem Wuchs und hat cremig-gelbgrüne, an den Enden leicht überhängende Triebe. Er erreicht eine Höhe von 10 m und eignet sich als Solitärbaum oder für hohe Hecken.

Laubgehölz - Hecken

Unter Hecken stellt man sich meistens nur regelmäßig geformte Hecken aus Laub- oder Nadelgehölzen vor. Sie können jedoch auch aus frei wachsenden Blütengehölzen be-

Waldreben (Clematis) zählen zu den beliebtesten Kletterpflanzen. Eine großblumige Clematis an einer Treppensäule. Zu der Putzfarbe hätte jedoch eine farbig blühende Sorte besser gepaßt (407)

Der Feuerdorn Pyracantha coccinea 'Lalandei' wirkt an der Hauswand sehr dekorativ. Farbe und Fülle seiner Früchte bilden zu dem hellen Hintergrund einen Kontrast (408)

stehen, die in Wuchsstärke und Farbe aufeinander abgestimmt sind. Häufig wird in einer Hecke nur eine Art gepflanzt.

Hecken aus immergrünen Laubgehölzen haben ihre Vorteile. Sie bilden das ganze Jahr über undurchsichtige Hecken, ihre regelmäßigen Wuchsformen wirken wie geformt und schließlich bildet ihr dunkelgrünes Laub einen kontrastreichen Hintergrund für andere Pflanzen.

Hecken aus laubabwerfenden Gehölzen

Sie wirken luftig, blühen schön und zeigen im Herbst eine schöne Laubfärbung. Sie sind in naturähnlichen Gartenanlagen unabdingbar. Ungeschnitten nehmen sie mehr Platz ein als geformte oder Koniferen-Hecken.

Höhere Gehölze pflanzt man am Zaun entlang. Mit unregelmäßigen Gruppen niedrigerer Gehölze davor wirkt die Anlage noch besser.

Bei freier konzipierten Naturgärten wählt man Hecken aus freiwachsenden Laub- und Nadelgehölzen, die sich durch ihren Wuchs, ihr Laub und die Blüten sehr gut ausnehmen und ein intimes Milieu auf Terrassen und abgelegenen Ruheplätzen im Garten schaffen.

Gut gewählte Gehölze am richtigen Platz verlangen nicht viel Pflege, sind dabei aber Schmuckstücke eines jeden Gartens. Sie brauchen allerdings mehr Platz als geschnittene Gehölze. Der Schnitt wird meistens einmal im Jahr, nach dem Verblühen vorgenommen. Die Pflanzabstände vom Zaun sollen je nach Art 80—100 cm, bei niedrigeren dichten Hecken etwa 60 cm, bei mittelhohen Hecken 80 - 150 cm betragen. Beispielsweise pflanzt man auf einen Meter 2—3 Hainbuchen oder 3—4 Liguster.

Ziergehölze verlangen mindestens einmal im Jahr Volldünger (NPK-Düngung), um das Wachstum zu fördern. Am wichtigsten bleibt jedoch die Kompostdüngung. Sträuchern bekommt Bodenlockerung und ausgiebige Wässerung bei längerer Trockenheit gut.

Manchmal werden einzeln stehende Bäume vor eine Hecke gepflanzt, deren Nüchternheit sie aufheben. Gehölze von niedrigem Wuchs pflanzt man in Gruppen in Abständen von 1,5—2 m, wüchsigere in Abständen von 2 - 3,5 m.

Parthenocissus quinquefolia, *Wilder Wein, ist von luftigem Aufbau. Sein Laub färbt sich im Herbst rot (409)*

Weißblühende Heckenkirsche, Lonicera tatarica 'Alba', *geeignet für Hecken oder als Unterholz (410)*

Niedrige Hecken

Zu den wüchsigen reich blühenden oder schön belaubten Ziergehölzen für niedrigere Hecken bis 40 cm Höhe zählen einige immergrüne Berberitzen, wie *Berberis buxifolia* 'Nana', *B. candidula* oder *B. verrucandi. Berberis buxifolia* 'Nana' verträgt den Schnitt gut, ist anspruchslos und gedeiht auf trockenen sandigen Böden in sonnigen und halbschattigen Lagen. Hübsch sieht auch der gedrungene Buchsbaum *Buxus sempervirens* 'Suffruticosa' mit seinen glänzend grünen Blättern aus, ferner einige Spindelstrauch-Sorten wie *Euonymus fortunei* 'Variegatus' mit weißbunten Blättern, das Geißblatt *Lonicera nitida* mit glänzend-grünem Laub und duftenden blaßgelben Blüten. Es gedeiht an sonnigen wie halbschattigen Standorten und ist widerstandsfähiger als *L. nitida.*

Mittelhohe Hecken

Zu den dankbarsten immergrünen Laubgehölzen für natürlich wachsende und geformte Hecken bis 1 m Höhe zählt sicher die wohlbekannte und allgemein beliebte Mahonie, *Mahonia aquifolium.* Sie wirkt das ganze Jahr über durch ihr sattgrünes Laub, das sich bei der Sorte 'Atropurpurea' im Herbst scharlachrot färbt. Sehr schön sind die quittegelben Blüten und die dunkelblauen bereiften Beeren. Die Mahonien sind anspruchslos, sie gedeihen auf jedem feuchteren, am besten tonigen bis lehmigen kalkhaltigen Gartenboden, im Halbschatten, aber auch in sonnigen oder schattigen Lagen. Jungpflanzen lassen sich gut umpflanzen. Um die Sträucher niedrig, kompakt und dicht belaubt zu halten, schneidet man sie nach dem Abblühen oder vor dem Winter zurück.

Hecken bis zu 1 m bilden auch Berberitzen, z. B. *Berberis gagnepainii* var. *lanceifolia* und *B. verruculosa.* Im Winter deckt man sie mit Nadelholzreisig zu.

1—2 m hohe Hecken bilden sich gut aus dem Buchsbaum *Buxus sempervirens* var. *sempervirens.* Dieser immergrüne Strauch mit kleinen ledrigen, glänzend-grünen Blättern war ein berühmtes Gehölz der französischen Gartenarchitektur. Er eignet sich hervorragend für geformte wie freiwachsende Hecken. Von einigen Sorten gibt es Formen mit weiß- und gelbbunten Blättern.

Auch zwei Lorbeerkirsch-Sorten *Prunus laurocerasus* 'Schipkaensis Macrophylla' und 'Zabeliana', eignen sich wegen ihrer Unempfindlichkeit gegen Kälte und Trockenheit für Hecken.

In der letzten Zeit ist der Feuerdorn (*Pyracantha coccinea*), sehr beliebt. Dieses dornige Gehölz mit schwach glänzenden, sattgrünen Blättern und zahlreichen weißen Blüten in Doldenrispen trägt im Herbst prächtige zinnoberrote bis orangefarbene erbsengroße Früchte, die die Sträucher lange zieren.

Der Feuerdorn braucht guten, durchlässigen, trockeneren Boden in sonniger Lage. Mit der Zeit wächst er zu einer undurchdringlichen Hecke heran. Frei wachsende Exemplare erreichen eine Höhe von 2—3 m, sie können aber durch Rückschnitt auf gewünschter Höhe gehalten werden.

Hohe Hecken

Für Hecken über 2 m eignen sich außer zahlreichen Gartengehölzen auch Ahorn, Hainbuche, Kornelkirsche, Roter Hartriegel, Haselnuß, Buche, Eiche, Pappel und Rose.

Der immergrüne Liguster, *Ligustrum vulgare* 'Atrovirens', eignet sich sowohl für niedrigere geformte, 1—2 m hohe als auch für höhere, 2—4 m hohe Hecken. Diese schöne, langsamwachsende, ausgesprochen winterharte Art hat sattgrüne, im Herbst purpurbraun gefärbte Blätter, die auch in strengen Wintern bis in den Frühling hinein ausdauern.

Ligustrum ovalifolium hat dunkelgrüne, unterseits bläulich-grüne Blätter und rahmweiße Blüten in bis 10 cm langen Rispen. Er verträgt Schatten und Schnitt. Am besten eignet er sich für geschützte Lagen. An den Boden stellt er keine besonderen Ansprüche und kann bis 5 m hohe Hecken bilden.

Weniger häufig sind bei uns Hecken aus Stechpalmen. In der Gartengestaltung wird am häufigsten *Ilex aquifolium*, mit strauchartigem oder schlank-pyramidalem Wuchs verwendet. Diese Art hat sehr starre dornig glänzende Blätter und gedeiht in halbschattigen Lagen am besten.

Gehölze mit giftigen Zweigen, Blättern oder Früchten

Diese Liste soll lediglich eine Information für den Benutzer des Buches sein und nicht Ablehnung der weiteren Verwendung der nachfolgend genannten Gehölze. Man muß sich aber klar darüber sein, daß ihre Verwendung bei der Bepflanzung von Haus- und Wohngärten für Kinder gefährlich werden kann.

Gattung, Art	giftige Teile	Wirkung
Andromeda polifolia (Lavendelheide)	ganze Pflanze, bes. junge Triebe	innerlich: stark narkotisch, Erbrechen, evtl. Tod
Arctostaphylos uva-ursi (Bärentraube)	Blätter und Früchte	leicht giftig, stark harntreibend
Cotoneaster-Arten (Zwergmispel)	Früchte	enthalten geringe Mengen Blausäure
Cytisus scoparius (Besenginster)	ganze Pflanze	innerlich: Nervengift, wirkt lähmend
Daphne cneorum, D. laureola und D. mezereum (Seidelbast)	ganze Pflanze, auch Blüten und Früchte	äußerlich: schon Berühren der Rinde kann bei empfindlichen Personen nach 2—4 Tagen Entzündungen hervorrufen: Genuß der Früchte sehr gefährlich, wirken auf Magen, Darm, Nieren, evtl. tödlich
Euonymus europaeus (Pfaffenhütchen) und andere Arten	Rinde, Früchte, Blätter	innerlich: Erbrechen, Ohnmacht, Blutdrucksteigerung, evtl. tödlich
Genista-Arten (Ginster)	ganze Pflanze und Samen	Erbrechen, Atemlähmung, Fieber, Hautausschlag
Hedera helix (Efeu)	ganze Pflanze	bei empfindlichen Personen hautreizend
Juniperus communis (Wacholder)	alle Teile	äußerlich: Hautreizung; innerlich: Magen-Darm-Entzündung, Nierenentzündung; Krämpfe, Tod
— sabina (Sadebaum)	Zweigspitzen	Krämpfe, Tod
— virginiana (Wacholder)	Nadeln	bei empfindlichen Personen hautgiftig
Kalmia angustifolia und K. latifolia (Lorbeerrose)	Blätter	innerlich: Erbrechen, Sehstörungen, Atembeschwerden
Laburnum anagyroides und andere Arten (Goldregen)	Blätter, Rinde, Wurzeln, junge Früchte, Samen	innerlich: Aufregung, Krämpfe, Atemlähmung, Erbrechen, evtl. Tod
Ledum palustre (Sumpfporst)	Zweige	innerlich: Erbrechen, zuerst erregend, später lähmend, Schwindel, Kollaps
Ligustrum vulgare (Liguster)	Blätter, Rinde, Früchte	innerlich: Erbrechen, Durchfall, Kolik, evtl. tödlich
Lonicera nigra und L. xylosteum (Geißblatt)	Früchte	innerlich: Erbrechen, Durchfall, Nierenstörung, evtl. Tod
Lycium barbarum und andere Arten (Bocksdorn)	ganze Pflanze	wirkt atropinähnlich, doch schwächer; innerlich: Sehstörung, Tobsucht, Atemlähmung, evtl. tödlich
Mahonia (Mahonie)	Blätter, Früchte	Blätter giftig; Früchte gekocht unschädlich, roh jedoch in Mengen genossen gefährlich
Pieris japonica	bes. junge Triebe	innerlich: wie bei Andromeda; vgl. dort
Prunus laurocerasus (Kirschlorbeer) P. serotina (Black Cherry)	junge Triebe; Früchte	blausäurehaltig; Genuß der Früchte kann tödlich wirken
Pyracantha (Feuerdorn)	Früchte	enthalten geringe Mengen Blausäure
Rhamnus cathartica (Kreuzdorn) und R. frangula (Faulbaum)	Beeren, Rinde, Zweige	Erbrechen, Kolik, Nierenstörung, Kollaps
Rhus glabra und R. typhina (Sumach)	Blätter	Hautentzündung bei Berührung nur bei besonders empfindlichen Personen; innerlich: Magen-, Darm-, Nierenentzündung, evtl. Tod
Robinia pseudoacacia (Scheinakazie)	Samen, Früchte, Blätter, Blüten, Rinde	innerlich, Kolik, Krämpfe, Kollaps
Sambucus ebulus (Zwergholunder) und S. racemosa (Traubenholunder)	Früchte und Blätter	innerlich: Durchfall, Schwindel, evtl. tödlich
Symphoricarpos albus (Schneebeere)	Früchte	äußerlich: Hautreizung; innerlich: Magenbeschwerden, wenn in größeren Mengen genossen
Taxus baccata (Eibe) (der rote Samenmantel der Früchte ist nicht giftig!)	Triebe, Nadeln	innerlich: Magen-Darm-Störung bis schwere Vergiftung und Tod
Thuja occidentalis und T. orientalis (Lebensbaum)	Zweige	äußerlich: bei empfindlichen Personen hautgiftig; innerlich: wie bei Juniperus communis
Viburnum-Arten (Schneeball)	Rinde, Blätter, Früchte	Genuß einzelner Früchte nicht schädlich, können aber Magen-Darm-Entzündungen verursachen, Nervenschädigung, evtl. tödlich
Wisteria sinensis (Glyzine)	Zweige	Magenbeschwerden, Durchfall, Kollaps

Hedera helix, der Efeu, begrünt Wände und Mauern, aber auch Stämme alter Bäume (411)

Pflanzhinweise für Ziergehölze

Die günstigste Pflanzzeit ist der Herbst, in klimatisch weniger günstigen Lagen oder bei empfindlichen Arten der Frühling. Gewöhnliche Ziergehölze, vor allem Decksträucher, werden ohne Wurzelballen in vorbereitete Pflanzgruben oder -gräben gesetzt. Beim Ausheben werden die obere und die untere Bodenschicht getrennt gelagert. Seit einiger Zeit werden die sog. Containerpflanzen bevorzugt. Sie können wegen ihres festen Wurzelballens fast während der ganzen Vegetationsperiode ausgepflanzt werden. Nur die Sommermonate mit starker Sonneneinstrahlung sind dazu nicht geeignet, da die Pflanzen beschattet werden müssen und überhaupt mehr Pflege erfordern.

Damit die Wurzeln nicht austrocknen, darf man sie weder der Sonne noch dem Wind oder Frost aussetzen. Falls sie bei aller Sorgfalt doch ausgetrocknet sind, taucht man sie für 24 Stunden in Wasser.

Die Gehölze werden etwa so tief eingepflanzt wie sie in der Baumschule standen. Eine Ausnahme bilden veredelte Gehölze, wie Strauchpäonien (Paeonia suffruticosa) oder großblumige Waldreben (Clematis), die etwas tiefer stehen müssen, damit sich auch die Veredelungsunterlage bewurzeln kann und die Pflanzen besser ernährt werden. Flachwurzelnde Sträucher leiden durch zu tiefes Pflanzen.

Die Gehölze pflanzt man immer senkrecht, die Wurzeln sollten dabei möglichst nicht zur Seite, aber überhaupt nicht nach oben gebogen sein. Man deckt die Wurzeln mit gutem Oberboden ab, wenn möglich, angereichert mit gutem Kompost, erst dann kommt die Unterschicht. Frisch gepflanzte Gehölze dürfen erst nach dem Anwurzeln gedüngt werden. Nach dem Pflanzen wird gut gewässert und Humus nachgefüllt, nachdem sich die Erde gesetzt hat, um eine Wasserverdunstung zu vermeiden. Das spielt besonders dann eine große Rolle, wenn man nicht nach Bedarf gießen kann. Bald nach dem Pflanzen bekommt den Gehölzen flache Bodenlockerung gut, die ebenfalls die Wasserverdunstung unterbindet. Müssen die Gehölze angebunden werden, so sind vor dem Pflanzen Pfähle in die Pflanzgruben einzuschlagen.

Auf dem Rasen legt man beim Pflanzen um die Solitärgehölze herum eine Baumscheibe an, die etwa dem Kronenumfang entsprechen soll. Sie erleichtert das Wässern und das Nachdüngen; Gras entzieht dem Gehölz dann weder Wasser noch Nährstoffe. Die Bodenscheiben sind mit dem Wachstum zu vergrößern und von Unkraut freizuhalten. Die Rasenkanten sind mit einem Spaten abzustechen.

Der Schnitt, sofern überhaupt notwendig, wird vor oder nach dem Pflanzen vorgenommen, und zwar durch Einkürzen der Triebe bis um zwei Drittel. Kürzere Triebe sind stärker zu kürzen als längere, aber niemals in der gleichen Ebene. Vor dem Pflanzen sind alle beschädigten Wurzeln durch sauberen Schnitt zu entfernen. Bei Rosen schneidet man bei der Herbstpflanzung nur die Wurzeln, die Triebe erst im Frühjahr.

Wir pflanzen Koniferen

Koniferen pflanzt man von Mitte August bis Ende November, empfindlichere Arten von März bis Mai. Am besten eignet sich dazu ein nicht zu windiger, bewölkter Tag. Die Pflanzen müssen unbeschädigte Wurzelballen haben. in den Boden der Pflanzgrube arbeitet man eine Schicht guten Humus ein.

Die Pflanzen werden vor dem Entfernen des Ballierungsmaterials in die Pflanzgrube gesetzt und diese mit dem Aushub (evtl. mit Kompost verbessert) aufgefüllt. Bei Jungpflanzen genügt es, den Boden leicht anzutreten, bei größeren Pflanzen muß er gut festgetreten werden, damit der Wurzelballen Bodenschluß bekommt. Danach legt man die Baumscheibe an und gießt besser gleich zweimal an. Nachdem das Wasser eingesickert ist, füllt man die Baumscheibe mit lockerem Oberboden auf. Die Pflanzen sind regelmäßig zu besprühen und bei längerandauernder Trockenheit und austrocknendem Wind je nach Bedarf zu gießen, besser nicht zu oft, dafür dann aber reichlicher. Kleinere Exemplare können vor dem Austrocknen durch Sonne mit Nadelholzreisig geschützt werden. Ältere Koniferen gießt man häufig und kräftig, außerdem sollten sie mehrmals täglich abgespritzt werden.

Koniferen sind wie alle immergrünen Gehölze vor dem Frosteinbruch tüchtig zu wässern, damit sie im Winter nicht durch Trockenheit leiden.

Die üppig blühende Clematis-Sorte 'Nelly Moser' bevorzugt halbschattige Lagen (412)

Großblumige Waldrebe (Clematis) als Bestandteil einer Hecke, Sichtschutzpflanzung. Mit einer erst nach dem Abblühen der Rosen blühenden Sorte wurde die richtige Wahl getroffen (413)

Die Clematis-Sorte 'Nelly Moser' wirkt auch am Ende der Blütezeit dekorativ, wenn die Blütenblätter ihre Farbe fast verloren haben (414)

Ältere Koniferen müssen beim Umpflanzen im Boden verankert werden, damit der Wind sie nicht umstürzt. Dazu eignen sich drei Pfähle und Drähte.

Wir pflanzen Laubgehölze

Laubabwerfende Gehölze werden im Herbst von Mitte Oktober bis zum Frosteinbruch, im Frühling je nach dem Wetter von März bis April gepflanzt. Seltenere und immergrüne Laubgehölze mit vollständigem Wurzelballen sowie Heidekrautgewächse können bei günstigem Wetter ab Mitte Mai gepflanzt werden. Das Pflanzen von Containerpflanzen wurde schon erwähnt.

Nach dem Pflanzen sind die Gehölze zu wässern. Laubgehölze reagieren schnell auf den Wassergehalt des Bodens. Die Feuchtigkeitsansprüche der Laubgehölzarten sind sehr unterschiedlich.

Pflege der Ziergehölze

Das Aussehen der Gehölze ist weitgehend von ihrer Pflege abhängig. Diese besteht aus Wässern, Düngen, Abschneiden verwelkter Blüten bzw. Blütenstände sowie Erhaltung einer gesunden Krone.

Erziehungs- und Erhaltungsschnitt

Viele Gartenbesitzer haben nicht genug Erfahrungen mit dem Schneiden oder sie schneiden gar nicht, was eine nachlassende Blühwilligkeit der Gehölze zur Folge haben kann.

Erziehungs- und Erhaltungsschnitt sind bei weitem nicht so kompliziert, wie viele denken. Bei allen Gehölzen werden ausnahmslos erfrorene und trockene Triebe herausgeschnitten, angefrorenes Holz ist beim Austrieb abzuschneiden, damit kein Korrekturschnitt notwendig ist. Bei veredelten Gehölzen sind auch die Wildtriebe zu beseitigen. Bei stark treibenden Gehölzen werden die Wurzelschößlinge beseitigt, falls sie die ästhetische Wirkung des Gehölzes stören. Manche Gehölze bedürfen überhaupt keines Schnittes, der ihr Aussehen eher beeinträchtigt. Andere wiederum werden alljährlich geschnitten oder brauchen nur von Zeit zu Zeit einen Verjüngungsschnitt.

Gehölze, die keinen Schnitt benötigen

Nicht geschnitten werden Ahorn, immergrüne Berberitzen, Scheinquitte, Seidelbast, Zaubernuß, immergrünes Johanniskraut, Stechpalme, Walnuß, Lorbeerrose, Rhododendron, Goldregen, Magnolie, Strauchpäonie, Eiche, Perückenstrauch, Ulme und immergrüner Schneeball; selbst die nicht geschnittenen Zwergmispeln zeigen sich in voller Blüten- und Früchtepracht.

Gehölze, die einen Verjüngungsschnitt benötigen

Die einmal radikale, ein andermal schonende Verjüngung besteht im Ausschneiden von altem Holz und Ersatz durch junge Triebe. Verjüngt werden Felsenbirne, laubabwerfende Berberitzen, unten verkahlende Hasel, Ölweide, wenigblütiger Stundeneibisch, Kolkwitzie, Liguster, Geißblatt, Pfeifenstrauch, Blasenspiere, strauchartiges Fingerkraut, Blutjohannisbeere, Schneebeere, Flieder, Schneeball, Weigelie u.a. Geschnitten wird meistens in der Vegetationsperiode.

Ist ein Baum oder Strauch zu dicht geworden, muß er radikal zurückgeschnitten oder ausgelichtet werden. Alle Äste werden über dem Boden abgeschnitten und dafür die gleiche Anzahl an jungen Trieben belassen. Radikale Verjüngungen werden schrittweise in zwei oder drei aufeinanderfolgenden Jahren vorgenommen. Vernachlässigte Gehölze werden durch stärkeren Schnitt verjüngt. Oder man beseitigt sämtliches altes Holz und beläßt nur junge Triebe.

In Gruppen stehende Laubgehölze werden im Winter so geschnitten, daß sie sich im Sommer nicht gegenseitig beschatten und genug Luft und Sonne haben. Gehölze mit schön gefärbten Jahrestrieben verjüngt man alljährlich, um ihre ästhetische Wirkung zur Geltung kommen zu lassen.

Taxus baccata, eine baumartige Eibe mit unregelmäßiger ausladender Krone. Sie ist zweihäusig (415)

Die Wahl der Heckengehölzart muß den Charakter des Gartens und dessen Umgebung berücksichtigen. Im Bild: geformte Hecke aus Ligustrum vulgare (416)

Dieser niedrigwachsende Spierstrauch (Spiraea-Bumalda-Hybriden) ist auch für geformte Hecken geeignet (417)

Beim Anlegen einer Hecke macht sich das Umgraben des ganzen Pflanzstreifens bezahlt. Das Heckenwachstum ist dann gleichmäßiger. Die Wurzeln deckt man mit guter Erde zu. Beim Bestimmen der Pflanzabstände verwende man eine Meßlatte (418)

Gehölze mit zierender Frucht oder Borke schneidet man erst zum Winterende, damit sie im Winter noch den Garten verschönen.

Gehölze die einen Erhaltungsschnitt benötigen

Alljährlich zu schneidende Gehölze lassen sich nach ihrer Blütezeit in drei Gruppen einteilen: in Laubgehölze, die im Vorfrühling am einjährigen Holz blühen, Arten, die im Sommer an ein- und diesjährigen Trieben blühen sowie Laubgehölze, die im Sommer und Herbst am zweijährigen Holz blühen.

Bei im Vorfrühling blühenden Gehölzen der ersten Gruppe werden im Winter alle schwachen und sich kreuzenden Triebe herausgeschnitten und allzu lange Triebe eingekürzt. Der Winterschnitt wird ab Mitte Oktober frühestens 3 Jahre nach dem Pflanzen vorgenommen. Begonnen wird von unten, im Innern des Gehölzes wird möglichst wenig und gut durchdacht geschnitten. Dadurch werden eine vollkommene Wuchsform gewährleistet und die Knospenbildung angeregt. Der Hauptschnitt erfolgt nach dem Abblühen, gewöhnlich in der zweiten Maihälfte, damit die Gehölze bis zum Herbst blütentragende Jahrestriebe entwickeln können. In diese Gruppe gehören z. B. Forsythie, einige Spiersträucher, Mandel, Zierpflaume, echter Jasmin, Zwergginster und Kornelkirsche.

Bei an diesjährigen Trieben im Sommer und Herbst blühenden Ziergehölzen, wie Sommerflieder, Bartblume u. a., werden je nach der Holzstärke im Frühjahr 2—6 Augen am vorjährigen Holz belassen, alte oder schwache Triebe werden ganz entfernt.

Die Ziergehölze der dritten Gruppe werden an den starken Trieben bis um ein Drittel eingekürzt, um zur Bildung neuer Seitentriebe angeregt zu werden. Zu dieser Gruppe gehören Zierapfel in den ersten Jahren nach dem Pflanzen, Mehlbeere, Weißdorn, einige Berberitzen, Blutjohannisbeere und Tamariske.

Gießen

Die Bodenarten unterscheiden sich in der Wasseraufnahme- und Wasserabgabefähigkeit sowie durch weitere Eigenschaften, die Einfluß auf die Wasserversorgung der Wurzeln haben. Wenn z.B. der Boden wenig durchlässig ist, sickert das Wasser nicht tief ein, zerstört die Bodenstruktur und verursacht nach dem Verdunsten das Verkrusten des

Verschiedene Formgebung bei Hecken (419)

Bedingungen für gutes Wachstum durch Verbesserung der Bodenstruktur durch organische Düngemittel zu schaffen sind. Das Nachdüngen mit Mineraldüngern ist erst nach dem Anwachsen entsprechend den Nährstoffansprüchen der einzelnen Arten empfehlenswert. Das Nachdüngen erfolgt spätestens im Juli, damit die neuen Jahrestriebe vor dem Winterbeginn ausreifen können.

Schutz der Gehölze
Haben die Gehölze optimale Bedingungen, wird ihr gesundes Wachstum keine Sorgen bereiten. Die beste Vorbeugung ist immer eine gute Pflege. Werden Gehölze von Schädlingen oder Krankheiten befallen, ist beim Fachmann Rat einzuholen.

Vermehrung von Ziergehölzen

Ziergehölze können aus Samen (generativ) oder ungeschlechtlich (vegetativ) aus Pflanzenteilen der Mutterpflanzen vermehrt werden.

Generative Vermehrung
Die Vermehrung aus Samen ist dann am billigsten und effektivsten, wenn eine größere Menge Pflanzen gebraucht wird. Die so gewonnenen Pflanzen sind auch meistens widerstandsfähiger gegen extreme Lebensbedingungen als die vegetativ vermehrten. Das Saatgut wird aus den Früchten der Ziergehölze verwendet. Für die Aussaat spielt die physiologische Samenreife eine wichtige Rolle, also der Zeitpunkt, wenn sich der Keim — manchmal noch vor der Fruchtreife — vollkommen entwickelt hat. Die Fruchternte zur richtigen Zeit und die Gewinnung keimfähiger Samen setzen große Kenntnisse und Erfahrungen voraus. Die Samen müssen ausgelesen und gereinigt werden. Einige Samenarten darf man nicht trocken lagern, da sie austrocknen, so daß sich die Keimzeit verlängert. Manche Samen keimen erst nach 2 bis 3 Jahren, was auf die Eigenschaften der Samenschale oder auf Keimungshemmstoffe zurückzuführen ist. Häufig sind zusätzliche Maßnahmen, wie Stratifikation, Behandlung mit lauwarmem oder heißem Wasser, mechanische Behandlung der Samenschale u.ä., notwendig.

Ligustrum vulgare — *eine dankbare Liguster-Art für freiwachsende und geformte Hecken (421)*

Die so vorbereiteten Samen sät man in desinfizierte Samenschalen, in denen über einer gut durchlässigen Schicht (Sand) Komposterde oder ein spezielles Substrat geschichtet ist. Das Saatgefäß läßt man je nach Pflanzenart eine bestimmte Zeit kalt stehen oder setzt es dem Frost aus und bringt es dann ins Glas- oder Treibhaus. Die Saat ist pflegebedürftig, sie benötigt Bodenlockerung, Unkrautjäten, Beschattung usw. Im Winter ist sie vor Frost zu schützen, vor dem Pikieren sind die Sämlinge abzuhärten und später sind die jungen Gehölze aufzuschulen.

Vegetative Vermehrung
Es gibt mehrere Methoden der direkten und indirekten vegetativen Vermehrung. Eine der einfachsten direkten Methoden ist das Teilen von Sträuchern und die Vermehrung durch Wurzelschosse. Sie ist bei Arten möglich, die Ableger bewurzeln oder Wurzelschosse bilden. Solche Gehölze nimmt man aus dem Boden und teilt sie. Schwächere Pflanzen schult man zunächst auf, stärkere pflanzt man gleich an ihren Bestimmungsort.

Seltener ist die Vermehrung durch Anhäufeln. Die Mutterpflanze wird im Frühjahr, wenn die Jahrestriebe die richtige Höhe erreicht haben, mit Erde angehäufelt. Das wird noch ein- bis zweimal wiederholt, damit sich an den Trieben

Eine niedrige Hecke trennt Hauseingang und Garageneinfahrt. Die Rosen an der Treppe sind eine schöne Ergänzung (420)

Mahonia aquifolium *ist winterhart. Die glänzenden Blätter der Mahonie färben sich im Winter teilweise rot. Die Blüten sind gelb, die Früchte dunkelblau bereift (422)*

Der Feuerdorn Pyracantha coccinea 'Kasan' *ist ein üppigwachsender, reich verzweigter, aufrecht wachsender Strauch mit großen orangeroten Früchten (423)*

Wurzeln in mehreren Etagen bilden. Im Herbst oder im nächsten Frühjahr wird der Boden entfernt und die jungen Abrisse werden abgenommen. An der Mutterpflanze häufelt man bei Winterbeginn etwas Boden an.

Beim Absenken bleibt der Absenker bis zu seiner Bewurzelung mit der Mutterpflanze verbunden. Es gibt mehrere Absenkungsmethoden. In einem Verfahren werden im Frühjahr einjährige Triebe niedergelegt und befestigt, nach dem Austreiben werden sie dann mit Boden bedeckt. Schon im Herbst stehen einige Absenker zur Verfügung. Am einfachsten ist das Absenken in Bögen. Einjährige, ausnahmsweise auch zweijährige Triebe, biegt man im Frühjahr und steckt ihre Spitzen in einem scharfen Winkel in die Erde, tritt mit dem Fuß fest und häufelt Boden an. Die Bodens. Ungünstig ist auch ein allzu durchlässiger Boden, der das Wasser bis in größere Tiefen ableitet, so daß es für die Wurzeln unerreichbar ist. Als erstes ist dafür zu sorgen, daß die Bodenfeuchtigkeit je nach dem Bodencharakter durch Wässern erhalten wird. Auch das muß jedoch mit Bedacht getan werden. Zu häufiges Gießen, das nur die Oberfläche anfeuchtet, ist genauso schädlich wie zu häufiges ausgiebiges Wässern, das den Boden durchnäßt und den Sauerstoff verdrängt.

Das Wässern muß grundsätzlich den Wurzelbereich feucht halten. Am besten wird morgens oder abends gegossen. Immergrüne Gehölze brauchen auch im Winter Wasser, man gießt nur bei frostfreiem trockenem Wetter.

Auch auf die Qualität des Gießwassers kommt es an. Am besten ist Regenwasser, freilich nicht in den Industriegebieten. Brunnenwasser mit über 1 g Salzgehalt pro Liter ist zum Gießen ungeeignet. Problematisch ist auch Flußwasser, das durch Industrieabfälle verschmutzt ist.

Düngung

Wegen der Vielfalt von Ziergehölzen lassen sich auch Hinweise auf ihre Ernährung und Düngung nicht verallgemeinern. Im großen und ganzen kann man jedoch sagen, daß bewurzelten Absenker werden im Herbst abgeschnitten und ausgegraben. Es gibt auch weitere Absenkmethoden, die zur Vermehrung von Gehölzen, besonders bei Schling- und Kletterpflanzen, dienen.

Eine der häufigsten direkten Vermehrungsmethoden ist die Vermehrung durch Stecklinge. Laubabwerfende Gehölze werden durch Frühlings- und Sommer-Grünstecklinge, durch Holz- oder Wurzelstecklinge, Koniferen durch ausgereifte Stecklinge, die nicht hart sein dürfen, vermehrt. Bei dieser Vermehrung ist auf das richtige Verfahren zu achten. Man muß wissen, aus welchem Teil der jeweiligen Pflanzen sich am besten vermehren läßt. Die Bewurzelung wird u.. durch Wachstumsregulatoren gefördert. Die Anzucht geschieht in Gewächshäusern, unter Folie usw., auf Substraten und Torfmischungen oder in Plastiktöpfen. Den Steck-

Ligustrum vulgare *hat alle Eigenschaften einer guten Heckenpflanze: sie ist industriefest, anspruchslos und verträgt Schatten und Schnitt (424)*

Der Liguster, Ligustrum ovalifolium 'Aureum' *in geformter Hecke belebt diesen Gartenteil mit seinem gelbbunten Laub (425)*

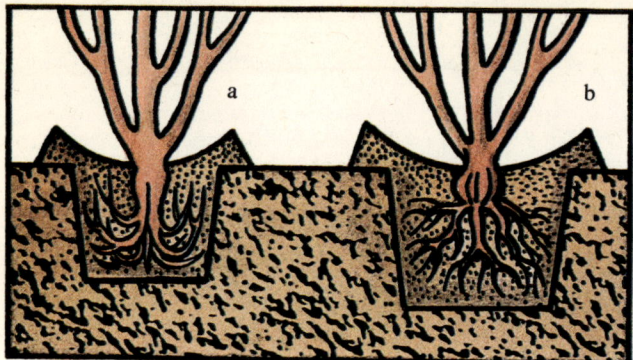

Pflanzen von Gehözen. a: die Wurzeln dürfen nie nach oben gebogen werden; b: richtig, sie sind in der Pflanzgrube frei ausgebreitet (426)

lingen ist die richtige Pflege zuteil werden zu lassen. Aus der speziellen Fachliteratur ist alles Wissenswerte zu entnehmen.

Es gibt auch indirekte vegetative Vermehrungsmethoden (Pfropfen, Kopulieren und Okulieren). Von ihnen macht man Gebrauch, wenn sich die Gehölze nur schwer oder nicht anders vermehren lassen.

Große Aufmerksamkeit ist der Auswahl der Unterlagen und des Eidelreises bzw. Auges zu widmen. Der Erfolg des Pfropfens hängt ferner von der Einhaltung des richtigen Veredlungszeitpunktes ab.

Mit der Vermehrugn von Gehölzen befassen sich nur die Gartenliebhaber, die ihr Können unter Beweis stellen wollen. Die meisten bevorzugen veredelte Gehölze aus Baumschulen, die ihren Zweck in kurzer Zeit voll erfüllen können.

Bedecken des Bodens um den Baumstamm herum; Laub und anderes Mulchmaterial wirkt der Austrocknung entgegen (427)

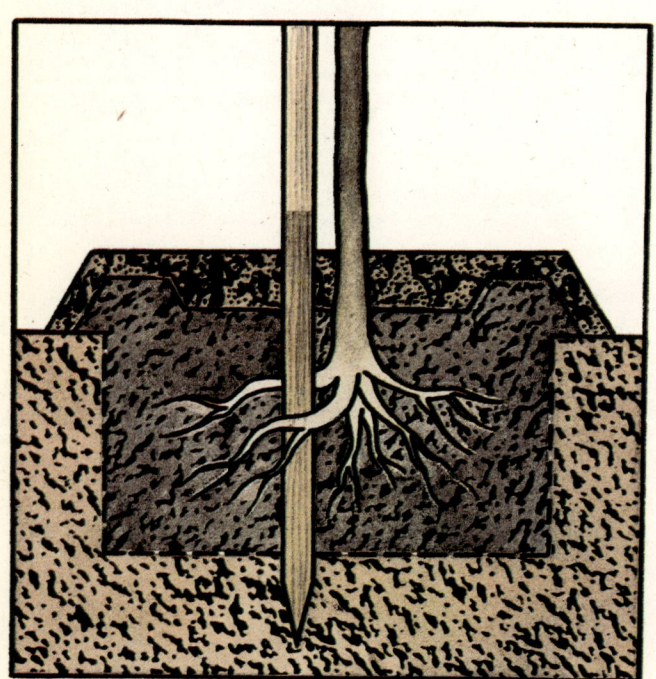

Vogelschutz- und -nährgehölze
Nährgehölze mit Beeren sind mit N markiert)

Gattung, Art	Bemerkungen
Laubgehölze	
Acer campestre, Feldahorn	Hecken
— *platanoides* 'Globosum' Spitzahorn	mittelschwere Böden
Alnus-Arten, Erle	N frische Böden, auch trocknere Standorte
Amelanchier-Arten, Felsenbirne	N hohe Hecken
Berberis-Arten, Berberitze	N Hecken, Zweige mit Stacheln
Betula verrucosa, Weißbirke	auch sandige Böden
Carpinus betulus, Weißbuche, Hainbuche	Wilddeckung
Clematis vitalba u.a., Waldrebe	an Bäumen oder Zäunen
Colutea arborescens, Blasenstrauch	mittelschwere Böden
Cornus mas, Kornelkirsche	N mittelschwere Böden
— *sanguinea*, Hartriegel	N frische Böden, Wilddeckung
Cotoneaster-Arten, Zwergmispel	N mittelschwere Böden
Crataegus-Arten, Weißdorn	N Hecken, Zweige stark dornig
Cytisus scoparius, Besenginster	sandige Böden
Euonymus-Arten, Spindelstrauch	Hecken
Gleditsia triacanthos, Lederhülsenbaum	sandige Böden, Stämme stark dornig
Hedera helix, Efeu	humose Böden, Wände
Hippophae rhamnoides, Sanddorn	N Sand- und Kiesgrubenränder, Zweige dornig
Ilex aquifolium u.a., Stechpalme	N humose Böden, Hecken
Ligustrum-Arten, Liguster	N Hecken
Lonicera coerulea, Heckenkirsche	N Hecken
— *periclymenum*, Waldgeißblatt	N Hecken
— *xylosteum*, Heckenkirsche	N Hecken
Malus silvestris u.a., Apfelbaum	N Wilddeckung, Teile verdornend
Parthenocissus-Arten, Wilder Wein	N Wände
Pyrus communis u.a., Birne	N Wilddeckung
Populus tremula, Zitterpappel	mittelschwere Böden
Prunus padus, Traubenkirsche	N hohe Hecken
— *spinosa* u.a, Schlehdorn	N Hecken
Quercus-Arten, Eichen	Wildschutz
Rhamnus frangula, Faulbaum	N mittelschwere Böden
— *catharticus*, Kreuzdorn	N hohe Hecken, Zweige verdornend
Ribes alpinum, Alpenjohannisbeere	N Hecken
— *grossularia* u.a., Stachelbeere	N mittelschwere Böden
Robinia-Arten, Scheinakazie	sandige Böden, Zweige stachelig
Rosa, wilde Rosen	N Hecken stachelig
Rubus fruticosus, Brombeere	N humos-sandige Böden, Hecken, Zweige stachelig
— *idaeus*, Himbeere	N humose Böden
Salix caprea, Salweide u.a.	frische Böden, Ufer, hohe Hecken
Sambucus nigra, Schwarzer Holunder	N
— *racemosa*, Traubenholunder	N frische Böden, Unterholz
Sorbus aria, Mehlbeere	N steinige Lagen
— *aucuparia*, Vogelbeere	N mittelschwere Böden
— *torminalis*, Eisbeere	N mittelschwere Böden
Spiraea, Spierstrauch	mittelschwere Böden
Syringa vulgaris u.a., Flieder	frische Böden
Viburnum opulus u.a., Gemeiner Schneeball	N frische Böden
Nadelgehölze	
Juniperus-Arten, Wacholder	N mittelschwere Böden
Larix-Arten, Lärchen	N Bestände
Picea-Arten, Fichten	N Bestände, Wilddeckung
Taxus-Arten, Eiben	N Unterholz

Bienennährpflanzen
(besonders wichtige Pflanzen sind mit ● markiert)

Gattung, Art		Blütezeit
Acer saccharinum, Silberahorn		II—III
Alnus glutinosa, Schwarzerle		II—IV
Corylus avellana, Haselnuß	●	II—III
Salix x smithiana, Weide	●	II—IV
Ulmus minor, Feldulme		II—IV
Acer negundo, Eschenahorn		III—IV
Alnus incana, Grauerle		III—IV
Choenomeles, Zierquitte		III—IV
Cornus mas, Kornelkirsche	●	III—IV
Erica herbacea u.a., Schneeheide	●	III—V
Daphne mezereum u.a., Seidelbast		III—V
Populus alba, Silberpappel		III—IV
— canadensis, Pappel		III—IV
— nigra, Schwarzpappel		III—V
— tremula, Zitterpappel		III—IV
Prunus padus, Traubenkirsche		III—IV
Ribes nigrum, Schwarze Johannisbeere		III—IV
— sanguineum u.a., Blutjohannisbeere		III—V
Salix caprea, Salweide	●	III—IV
— daphnoides, Reifweide	●	III—IV
— purpurea, Purpurweide		III—IV
Acer campestre, Feldahorn		IV—V
— platanoides, Spitzahorn		IV—V
— pseudoplatanus, Bergahorn		IV—V
Amelanchier, Felsenbirne		IV—VI
Berberis, Berberitze		IV—VI
Cercis siliquastrum, Judasbaum		IV
Cornus sanguinea, Hartriegel		IV—V
Crataegus, Weißdorn		IV—V
Forsythia, Forsythie		IV—V
Mahonia aquifolium, Mahonie		IV—V
Malus, Apfelbaum		IV—V
einfachblühende Ziersorten		IV—V
Prunus, alle einfachblühenden Zierarten der Kirsche, Pflaume	●	IV—V
— avium, Süßkirschen	●	IV—V
— cerasus, Sauerkirschen	●	IV—V
— domestica, Pflaumen	●	IV—V
— mahaleb, Felsenkirsche	●	IV—V
— spinosa, Schlehdorn	●	IV—V
Pyrus, Birnbaum	●	IV—V
Quercus, Eiche (Blatthonig)		IV—V
Ribes in Sorten, Stachelbeeren	●	IV—V
Sorbus aucuparia, Eberesche		IV—V
Aesculus x carnea, Rotblühende Roßkastanie		V
— hippocastanum, Gemeine Roßkastanie		V—VI
Colutea, Blasenstrauch		V—VII
Cotoneaster, Zwergmispel		V—VI

Gattung, Art		Blütezeit
Crataegus x lavallei, Weißdorn		V—VI
— monogyna, Weißdorn		V—VI
Cytisus, Ginster		V—VI
Euonymus europaeus, Ginster, Pfaffenhütchen		V—VI
Exochorda, Radspiere		V
Fraxinus ornus, Blumenesche		V—VI
Juglans regia, Walnuß		V
Laburnum, Goldregen		V—VI
Lonicera, Geißblatt, Heckenkirsche		V—VI
Lycium barbarum, Bocksdorn		V—VII
Prunus serotina, Traubenkirsche		V—IX
Rhamnus cathartius, Kreuzdorn		V—VI
— frangula, Faulbaum	●	V—VII
Robinia pseudoacacia, Scheinakazie	●	V—IX
Rosa rugosa, Kartoffelrose	●	V—VII
Rubus idaeus, Himbeere	●	V—VII
Sorbus, Mehlbeere		V—VI
Syringa, Flieder	●	V
Tamarix, Tamariske		V—VI
Viburnum, Schneeball		V—VIII
Weigela, Weigelie		V—VI
Wisteria, Glyzine		V—VI
Ailanthus altissima, Götterbaum		VI—VII
Amorpha, Bastardindigo		VI—VIII
Castanea sativa, Eßkastanie		VI—VII
Catalpa bignonioides, Trompetenbaum		VI—VII
Genista tinctoria, Färberginster		VI—VIII
Gleditsia triacanthos, Lederhülsenbaum		VI
Ligustrum vulgare u.a., Liguster		VI—VII
Parthenocissus, Wilder Wein	●	VI—VII
Philadelphus, Sommerjasmin		VI—VII
Physocarpus, Blasenspiere		VI—VII
Potentilla fruticosa, Fingerkraut		VI—X
Rhus typhina, Essigbaum, Sumach		VI—VII
Rosa rubiginosa, Weinrose	●	VI—VII
Rubus fruticosus, Brombeere	●	VI—VII
Spiraea, Spierstrauch		VI—VIII
Symphoricarpos, Schneebeere		VI—VIII
Tilia cordata, Winterlinde	●	VI—VII
— platyphyllos, Sommerlinde	●	VI—VII
Vaccinium myrtillus, Heidelbeere		VI
— vitis-idaea, Preiselbeere		VI—VII
Aesculus parviflora, Roßkastanie		VII—VIII
Calluna vulgaris, Besenheide	●	VII—IX
Clematis vitalba, Waldrebe		VII—IX
Hypericum calycinum, Johanniskraut		VII—VIII
Rhododendron ferrugineum, Alpenrose		VII—VIII
Hedera, helix, 'Arborescens', Efeu		IX—X

Lorbeerrosen bedürfen keines Schnittes (428)

Ribes sanguineum eignet sich als Solitärstrauch und für Kombinationen mit gelbblühenden Forsythien und Frühlingsstauden oder Zwiebelgewächsen. Von Zeit zu Zeit muß die Blutjohannisbeere verjüngt werden (429)

Aussehen, Wüchsigkeit und Standortansprüche einiger Koniferen
(Die Angaben beziehen sich auch auf die Sorten der jeweiligen Art)

In den Tabellen verwendete Zeichen

Habitus:
- ⌒ kriechender oder liegender Strauch
- ⌂ kugel- oder halbkugelförmiger Strauch
- ⌻ länglicher oder eiförmiger Strauch
- ♀ Baum mit länglicher oder abgerundeter Krone
- ♂ Baum mit breiter bis halbkugelförmiger Krone
- ♦ Baum mit kegelförmiger Krone
- ⸙ Kletterpflanze

Lichtansprüche:
- ○ vollsonnig
- ◐ halbschattig
- ● schattig

Art	Höhe (m)	Habitus	Wachstum	Nadelfarbe	Fruchtfarbe	Licht	Boden	Bodenfeuchte
Abies alba, Weißtanne	20–50	♦	mittelschnell	dunkelgrün	grünlich braun	○◐	schwer, leicht	mittelfeucht
Abies concolor, Grautanne	1–30	⌂ ♦	schnell	graugrün, graublau	graublau, -grün	○	leicht, schwer	trocken, feucht
Abies nordmanniana, Nordmanstanne	15–30	♦	schnell	dunkelgrün	rotbraun	○◐	leicht, schwer	mittelfeucht
Cedrus atlantica, Atlaszeder	0,5–40	⌂ ♦ ⌒	schnell	blaugrün	braun	○◐	leicht, schwer	trocken, mittelfeucht
Chamaecyparis lawsoniana Scheinzypresse	0,5–40	⌂ ♦	mittelschnell	blaugrün	graublau, -grün	○◐	leicht, schwer	trocken, feucht
Chamaecyparis nootkatensis Scheinzypresse	0,5–40	⌂ ♦	mittelschnell	dunkelgrün, bunt	blaubraun	○◐	leicht, schwer	mittelfeucht
Chamaecyparis obtusa Scheinzypresse	0,5–15	⌂ ♦	langsam	dunkelgrün	orangebraun	○◐	leicht, schwer	mittelfeucht
Chamaecyparis pisifera Scheinzypresse	0,5–40	⌂ ♦	mittelschnell	grün, bunt	braun	○◐	leicht, schwer	mittelfeucht
Cryptomeria japonica Sicheltanne	0,3–30	⌂ ♦	schnell	dunkelgrün, bunt	braun	○◐	leicht, schwer	mittelfeucht
Ginkgo biloba, Ginkgo	10–40	⌂ ♀	mittelschnell	grün, gelb	gelbgrün	○◐	leicht, schwer	trocken, mittelfeucht
Juniperus chinensis Wacholder	0,5–20	⌂ ♦	mittelschnell	grün, bunt	braun	◐	leicht, schwer	mittelfeucht, feucht
Juniperus communis Wacholder	0,5–15	⌒ ⌻ ♦	mittelschnell	grün, blaugrün, bunt	bläulich-weiß	◐	leicht, schwer	trocken, mittelfeucht
Juniperus horizontalis Kriechwacholder	0,3–0,5	⌒	mittelschnell	blaugrün, bunt		○◐	leicht, schwer	trocken, mittelfeucht
Juniperus sabina Sadebaum	0,5–20	⌒	mittelschnell	blaugrün	blauschwarz	○◐	leicht, schwer	trocken, mittelfeucht
Juniperus squamata Wacholder	0,5–6	⌒ ⌻	mittelschnell	blaugrün	rotbraun	○	leicht, schwer	trocken, mittelfeucht
Juniperus virginiana Wacholder	0,5–30	⌒ ⌂ ♦	mittelschnell	dunkelgrün, bunt	blau	○◐	leicht, schwer	trocken, naß
Larix decidua, Lärche	2–30	⌻ ♦	schnell	grün	braun	○	leicht, schwer	trocken, feucht
Larix kaempferi, Lärche	10–30	♦	schnell	blaugrün	graubraun	○	schwer	mittelfeucht, feucht
Metasequoia glyptostroboides Urweltmammutbaum	15–35	♦	schnell	grün	braun	○◐	leicht, schwer	mittelfeucht
Picea abies Gemeine Fichte, Rotfichte	0,2–40	⌒ ⌂ ♦	schnell	grün, bunt	braun	○◐	leicht, schwer	mittelfeucht, feucht
Picea glauca, Schimmelfichte	4–15	♦ ⌻	mittelschnell	blaugrau, -grün	grünlich-braun	○◐	leicht, schwer	mittelfeucht, feucht
Picea omorika Serbische Fichte	2–30	⌂ ⌻ ♦	schnell	dunkelgrün, bunt	violett, purpur-braun	○◐	leicht, schwer	mittelfeucht, feucht feucht
Picea orientalis, Kaukasusfichte	1–40	⌂ ♦	mittel	grün, gelb	violett-braun	○◐	leicht, schwer	mittelfeucht
Picea pungens, Stechfichte	0,5–40	⌂ ♦	langsam	blaugrün, -silbrig	braun	○◐	leicht, schwer	mittelfeucht, feucht
Pinus cembra, Zirbelkiefer	2–20	⌂ ♀	mittelschnell	dunkelgrün	violett-braun	○◐	leicht, schwer	mittelfeucht, feucht
Pinus contorta, Drehkiefer	8–25	♀ ♦	mittelschnell	dunkelgrün	braun	○◐	leicht, schwer	mittelfeucht
Pinus densiflora, Rotkiefer	1–20	⌂ ♀	mittelschnell	grün, gelbgrün	braun	○◐	leicht, schwer	trocken, mittelfeucht
Pinus mugo, Bergkiefer	0,5–3	⌂	mittelschnell	dunkelgrün	braungrau	○	leicht, schwer	mittelfeucht
Pinus nigra, Schwarzkiefer	1–40	⌂ ♦	schnell	dunkelgrün	gelbbraun	○	leicht, schwer	trocken, feucht
Pinus strobus Weymouthskiefer	0,5–25	⌂ ♦	schnell	graugrün, grüngelb	braun	○◐	leicht, schwer	mittelfeucht, trocken
Pinus sylvestris Gemeine Kiefer, Föhre	0,5–30	⌂ ♦	schnell	graugrün, bunt	braun	○	leicht, schwer	mittelfeucht
Pseudotsuga menziesii Douglasie	0,5–60	⌂ ♦	schnell	graugrün, bunt	braun	○◐	leicht, schwer	trocken, naß
Taxodium distichum Sumpfeibe, Sumpfzypresse	20–40	⌂	mittelschnell	grün	braungrau	○◐	leicht, schwer	mittelfeucht, naß
Taxus baccata, Eibe	0,4–20	⌂ ⌻ ♦	mittelschnell	dunkelgrün, bunt	rot	◐●	leicht, schwer	mittelfeucht, feucht
Taxus cuspidata, Eibe	0,3–20	⌂ ♦	langsam	dunkelgrün, gelbgrün	rot	○●	leicht, schwer	mittelfeucht, feucht
Taxus x media, Eibe	1,5–20	⌂ ♦	mittelschnell	dunkelgrün, gelbgrün	rot	◐●	leicht	mittelfeucht
Thuja occidentalis, Lebensbaum	0,2–20	⌂ ⌻ ♦	mittelschnell	grün, bunt	braun	◐	leicht, schwer	trocken, naß
Thuja orientalis, Lebensbaum	0,5–10	⌂ ♦	mittelschnell	grün, bunt	braungrün	◐	leicht, schwer	mittelfeucht
Tsuga canadensis Hemlocktanne	0,5–30	⌂ ♦	mittelschnell	grüngrau, bunt	braun	○◐	leicht, schwer	mittelfeucht, naß

Aussehen, Wüchsigkeit und Standortansprüche von Laubgehölzen
(Die Angaben beziehen sich auch auf die Sorten der jeweiligen Art)

Art	Höhe (m)	Jahreszuwächse Höhe (cm)	Jahreszuwächse Breite (cm)	Habitus	Wachstum	Laub Sommerfarbe	Laub Herbstfarbe	Blütenfarbe	Fruchtfarbe	Ansprüche an den Standort Licht	Ansprüche an den Standort Boden	Ansprüche an den Standort Bodenfeuchte
Acer campestre, Feldahorn	10–15	40	30	◊	schnell	grün	gelb	grün	grünbraun	○◐	leicht, schwer	trocken, mittelfeucht
Acer ginnala, Feuerahorn	5–7	25	20	◊	mittelschnell	grün	orangerot	gelbweiß	rotgrün	○◐	leicht, schwer	trocken, mittelfeucht
Acer japonicum, Ahorn	2–4	15	10	◊	mittelschnell	grün, bunt	rot, gelb	purpurrot	rotgrün	○◐	leicht, schwer	mittelfeucht
Acer negundo, Eschenahorn	15–25	50	40	◊	schnell	gelb, bunt	gelb	gelbgrün	grünbraun	○◐	leicht, schwer	trocken, feucht
Acer palmatum, Ahorn	1–4	20	15	◊	langsam	grün, rot	gelbrot	purpurrot	rotgrün	○◐	leicht, schwer	mittelfeucht
Acer platanoides, Spitzahorn	20–30	75	50	◊	schnell	grün, rot	gelb, rot	grüngelb	grünbraun	○◐	leicht, schwer	trocken, mittelfeucht
Acer pseudoplatanus, Bergahorn	20–40	100	50	◊	schnell	grün, bunt	gelb	grüngelb	grünbraun	○◐	leicht, schwer	trocken, feucht
Acer saccharinum, Silberahorn	30–40	75	50	◊	schnell	grünweiß	gelbrot	grün	grünbraun	○	leicht, schwer	trocken, feucht
Aesculus x carnea, Rotblütige Roßkastanie	10–20	25	20	◊	mittelschnell	dunkelgrün	gelbbraun	rotrosa	grünbraun	○◐	leicht, schwer	mittelfeucht, feucht
Aesculus hippocastanum, Gemeine Roßkastanie	15–25	50	25	◊	schnell	dunkelgrün	gelbbraun	grünbraun rot	grünbraun	○◐	leicht, schwer	trocken, feucht
Aesculus parviflora, Strauch-Roßkastanie	3–5	20	30	◊	mittelschnell	grün	gelb	weiß	grünbraun	○◐	leicht, schwer	mittelfeucht, feucht
Ailanthus altissima, Götterbaum	15–25	50	50	◊	schnell	grün	grüngelb	weißgelb	braun	○◐	leicht, schwer	trocken, feucht
Alnus glutinosa, Schwarzerle	15–30	50	20	◊	mittelschnell	dunkelgrün	grün	grünbraun	schwarzbraun	○	leicht, schwer	trocken, mittelfeucht
Amorpha fruticosa, Bastardindigo	3–4	25	15	◊	mittelschnell	grün	grüngelb	blauviolett	grün	○	leicht, schwer	mittelfeucht, feucht
Aralia elata, Japanischer Angelica-Baum	2–6	25	15	◊	mittelschnell	grün	grüngelb	weißgelb	schwarz	○◐	leicht, schwer	trocken, feucht
Aristolochia macrophylla, Pfeifenblume	5–10	30	—	◊	schnell	dunkelgrün	gelbgrün	gelbgrün	grünbraun	◐●	leicht, schwer	trocken, feucht
Berberis julianae, Sauerdorn	1–2	15	15	◊	mittelschnell	grün	grün	gelb	blauschwarz	◐	leicht, schwer	trocken, mittelfeucht
Berberis thunbergii, Sauerdorn	1–1,5	15	15	◊	mittelschnell	grün, rot	gelbrot	gelb	rot	○◐	leicht, schwer	trocken, mittelfeucht
Berberis verruculosa, Sauerdorn	1–1,5	10	10	◊	mittelschnell	dunkelgrün	dunkelgrün	gelb	blauschwarz	◐●	leicht, schwer	trocken, mittelfeucht
Berberis vulgaris, Sauerdorn	2–3	15	15	◊	mittelschnell	grün	gelbgrün	grün	purpurrot	○◐	leicht, schwer	trocken, mittelfeucht
Betula nana, Zwergbirke	1	5	5	◊	mittelschnell	grün	grüngelb	grünbraun	braungelb	○	leicht	mittelfeucht, feucht
Betula pubescens, Moorbirke	15–20	30	15	◊	mittelschnell	grün	gelbgelb	grünbraun	braungelb	○	leicht	mittelfeucht, feucht
Betula pendula, Sandbirke, Weißbirke	20–25	50	20	◊	schnell	grün	gelb	grünbraun	braungelb	○	leicht, schwer	trocken, mittelfeucht
Buddleja davidii, Schmetterlingsstrauch	3–4	40	10	◊	mittelschnell	dunkelgrün	grüngelb	rosa, violett, rot	—	○◐	leicht, schwer	trocken, mittelfeucht
Buxus sempervirens, Buchsbaum	0,5–6	10	10	◊	mittelschnell	dunkelgrün	dunkelgrün	gelbweiß	—	○●	leicht, schwer	trocken, mittelfeucht
Calluna vulgaris, Besenheide	0,2–0,4	3	5	◊	mittelschnell	grün, gelb	grün, gelb	rosa, rot, weiß	—	○	leicht	trocken, mittelfeucht
Calycanthus floridus, Gewürzstrauch	2–3	10	5	◊	mittelschnell	grün	grüngelb	rotbraun	—	○●	leicht, schwer	trocken, mittelfeucht
Campsis radicans, Trompetenblume	5–10	40		◊	mittelschnell	grün	gelbgrün	orangerot	—	○	schwer	mittelfeucht
Carpinus betulus, Weißbuche, Hainbuche	10–20	30	20	◊	mittelschnell	grün	gelb	grüngelb	grün	○●	leicht,	trocken und feucht
Castanea sativa, Eßkastanie	15–30	30	20	◊	mittelschnell	grün	gelb	gelbweiß	braun	○●	leicht,	trocken, feucht
Catalpa bignonioides, Trompetenbaum	10–15	30	30	◊	schnell	grün	gelb	weiß	braunschwarz	○◐	leicht, leicht	trocken, naß
Ceanothus americanus, Säckelblume	0,5–1	15	15	◊	mittelschnell	grün	gelbgrün	braun	—	○◐	leicht, schwer	trocken, mittelfeucht
Celastrus scandens, Baumwürger	3–9	100		◊	schnell	grün	gelbgrün	weißgrün	orangegelb	○◐	leicht, schwer	trocken, mittelfeucht
Cercidiphyllum japonicum, Katsurabaum	5–10	30	15	◊	mittelschnell	grün	gelbrot	weißgrün		○◐	leicht, schwer	trocken, feucht
Choenomeles japonica, Zierquitte	1	10	10	◊	langsam	grün	grüngelb	rot, rosa	grüngelb	○●	leicht, schwer	trocken, mittelfeucht
Choenomeles speciosa, Zierquitte	1–3	20	15	◊	mittelschnell	grün	grüngelb	rot, weiß	grüngelb	○●	leicht, schwer	trocken, mittelfeucht
Chionanthus virginicus, Schneeflockenstrauch	2–3	15	10	◊	mittelschnell	grün	gelb	weiß	purpurblau	○	schwer	mittelfeucht, feucht

Aussehen, Wüchsigkeit und Standortansprüche von Laubgehölzen

Art	Höhe (m)	Jahreszuwächse Höhe (cm)	Jahreszuwächse Breite (cm)	Habitus	Wachstum	Laub Sommerfarbe	Laub Herbstfarbe	Blütenfarbe	Fruchtfarbe	Ansprüche an den Standort Licht	Ansprüche an den Standort Boden	Ansprüche an den Standort Bodenfeuchte
Clematis alpina Alpenwaldrebe	1–2	15		?	langsam	grün	gelbgrün	violett	braunsilbrig	◐	schwer	mittelfeucht, feucht
Clematis x jackmanii Waldrebe	3–4	30		?	mittelschnell	grün	grüngelb	violettpurpurfarben	braunsilbrig	◐	schwer	mittelfeucht, feucht
Colutea arborescens Blasenstrauch	2–4	30	20	⌂	mittelschnell	grün	grüngelb	gelb	grün	○	leicht, schwer	trocken, mittelfeucht
Cornus florida Blumenhartriegel	1–5	20	10	⌂ Q	mittelschnell	grün	violettrot	weiß, rosa	rot	○●	leicht, schwer	trocken, feucht
Cornus mas Kornelkirsche	2–8	25	20	⌂	mittelschnell	grün, gelb	gelb	gelb	rot	○●	leicht, schwer	trocken, mittelfeucht
Cornus sanguinea Hartriegel	2–4	20	20	⌂	mittelschnell	grün	grüngelb	weiß	schwarz	◐	leicht, schwer	trocken, naß
Corylus avellana Haselnuß	2–5	20	15	⌂	schnell	grün, rot	gelb, gelbrot	rot, gelb	braun	○●	leicht, schwer	trocken, feucht
Corylus maxima Lambertsnuß	2–5	15	15	⌂	mittelschnell	grün, rot	gelbrot	gelb, rot	braun	○●	schwer	mittelfeucht
Cotinus coggygria Perückenstrauch	2–5	15	15	⌂	mittelschnell	grün, rot	grüngelbrot	weißgrün	grünrot	○	leicht, schwer	trocken, mittelfeucht
Cotoneaster adpressus Zwergmispel	0,25	3	10	⌒	mittelschnell	grün	grün	rotweiß	rot	◐	leicht, schwer	trocken, mittelfeucht
Cotoneaster dammeri Zwergmispel	0,10	3	20	⌒	mittelschnell	grün	grün	weiß	rot	◐	leicht, schwer	mittelfeucht
Cotoneaster horizontalis Zwergmispel	0,50	10	15	⌒	mittelschnell	grün	rotorange	rotweiß	rot	◐	leicht, schwer	trocken, mittelfeucht
Cotoneaster multiflorus Zwergmispel	2–3	20	30	⌂	mittelschnell	grün	grüngelb	weiß	rot	○	leicht, schwer	mittelfeucht
Cotoneaster salicifolius Zwergmispel	2–4	30	30	⌂	mittelschnell	dunkelgrün	dunkelgrün	weiß	rot	◐	leicht, schwer	mittelfeucht
Crataegus laevigata Weißdorn	4–6	25	20	Q	mittelschnell	grün	grüngelb	weiß, rot	rot	○●	leicht, schwer	trocken, mittelfeucht
Crataegus monogyna Weißdorn	7–15	25	20	Q	mittelschnell	grün	grüngelb	weiß	rot	○●	leicht, schwer	trocken, mittelfeucht
Cytisus x praecox Elfenbeinginster	1–3	15	15	⌂	mittelschnell	grün	grüngelb	gelbweiß	grün	○	leicht, schwer	trocken, mittelfeucht
Cytisus scoparius Besenginster	1–3	25	20	⌂	mittelschnell	grün	grüngelb	gelb, weiß	grün	○	leicht	trocken, mittelfeucht
Daphne cneorum Rosmarinseidelbast	0,2–0,3	5	5	⌒ ⌂	mittelschnell	dunkelgrün	dunkelgrün	violettrot	gelbraun	◐	leicht, schwer	mittelfeucht
Daphne mezereum Seidelbast, Kellerhals	1–1,5	10	15	⌂	mittelschnell	grün	gelbgrün	violettrot	rot	○●	leicht, schwer	feucht
Deutzia gracilis Deutzie	1–1,5	5	10	⌂	mittelschnell	grün	grüngelb	weiß		○	leicht, schwer	mittelfeucht
Deutzia scabra Deutzie	1–3	20	10	⌂	mittelschnell	grün	grüngelb	weiß		○	leicht, schwer	trocken, mittelfeucht
Erica herbacea Schneeheide	0,3	3	5	⌒	mittelschnell	grün, gelb	grün, gelb	braun, rot, rosa		○●	leicht, schwer	trocken, mittelfeucht
Erica vagans Glockenheide	0,4	3	5	⌒	mittelschnell	grün	grün	rosa		○●	leicht, schwer	trocken, mittelfeucht
Euonymus alata Spindelstrauch	2–3	10	10	⌂	langsam	grün	rot	grün	rotorange	◐	leicht, schwer	trocken, mittelfeucht
Euonymus europea Pfaffenhütchen	3–6	20	10	⌂ Q	mittelschnell	grün	gelbgrün	gelbgrün	rosarot	○●	leicht, schwer	mittelfeucht, feucht
Euonymus fortunei Spindelstrauch	0,3	3	20	⌂	mittelschnell	dunkelgrün, bunt	dunkelgrün, bunt	gelbgrün		○●	leicht	mittelfeucht, feucht
Exochorda racemosa Radspiere	2–4	15	15	⌂	mittelschnell	grün	grüngelb	weiß	grün	○●	leicht, schwer	trocken, mittelfeucht
Fagus sylvatica Rotbuche	20–40	50	40	Q	schnell	grün, rot	gelb, rot	grünweiß	braun	○●	leicht, schwer	trocken, mittelfeucht
Forsythia x intermedia Forsythie	2–4	30	20	⌂	mittelschnell	grün	grüngelb	gelb	grün	○●	leicht, schwer	mittelfeucht
Fraxinus excelsior Esche	20–40	30	15	⌂	schnell	grün, bunt	gelbgrün	gelbgrün	grünbraun	○●	leicht, schwer	mittelfeucht, naß
Fraxinus ornus Blumenesche	5–10	20	15	Q	langsam	grün	gelbgrün	weiß	grünbraun	○	leicht, schwer	trocken, mittelfeucht
Genista tinctoria Färberginster	0,5–1	10	20	⌂	mittelschnell	grün	gelbgrün	gelb	grün	○	leicht	trocken, mittelfeucht
Gleditsia triacanthos Lederhülsenbaum	15–20	30	20	Q	schnell	grün	gelb	grün	braun	○	leicht, schwer	trocken, mittelfeucht
Hamamelis japonica Zaubernuß	2–3	15	20	⌂	mittelschnell	grün	gelb	gelbbraun		◐	leicht, schwer	mittelfeucht, feucht
Hamamelis mollis Zaubernuß	2–4	20	20	⌂	mittelschnell	grün	gelb	gelb		○●	leicht, schwer	mittelfeucht, feucht
Hedera helix Efeu	5–20	10	15	?	schnell	dunkelgrün	dunkelgrün	grün		○●	leicht, schwer	mittelfeucht, feucht
Hibiscus syriacus Roseneibisch	2–3	10	5	⌂	mittelschnell	grün	grüngelb	weißrosa, rotviolett		○	leicht, schwer	mittelfeucht, feucht

Aussehen, Wüchsigkeit und Standortansprüche von Laubgehölzen

Art	Höhe (m)	Jahreszuwächse Höhe (cm)	Jahreszuwächse Breite (cm)	Habitus	Wachstum	Laub Sommerfarbe	Laub Herbstfarbe	Blütenfarbe	Fruchtfarbe	Ansprüche an den Standort Licht	Ansprüche an den Standort Boden	Ansprüche an den Standort Bodenfeuchte
Hippophae rhamnoides Sanddorn	4-6	25	20		mittelschnell	silbriggrau	silbriggrau	gelb	orangegelb	O	leicht, schwer	trocken, mittelfeucht
Hydrangea arborescens Hortensie	1-2,5	20	20		mittelschnell	grün	grüngelb	grünweiß		O◐	leicht, schwer	mittelfeucht, naß
Hydrangea paniculata Hortensie	2-4	20	20		mittelschnell	grün	grüngelb	weißrosa		O◐	schwer	mittelfeucht
Hypericum calycinum Johanniskraut	0,40	5	5		mittelschnell	dunkelgrün	dunkelgrün	gelb		◐	leicht, schwer	trocken, mittelfeucht
Hypericum patulum Johanniskraut	0,5-1	20	5		mittelschnell	grün	grüngelb	gelb		◐	leicht, schwer	mittelfeucht
Ilex aquifolium Stechpalme	2-6	20	10		langsam	dunkelgrün	dunkelgrün	weiß	rot	O◑	leicht, schwer	mittelfeucht, feucht
Jasminum nudiflorum Winterjasmin	1,5-5	20	20		mittelschnell	grün	grüngelb	gelb	schwarz	O◑	leicht, schwer	mittelfeucht, feucht
Juglans nigra Schwarznußbaum	25-40	50	20		schnell	grün	gelbgrün	grüngelb	grün-schwarz	O	leicht, schwer	mittelfeucht
Kalmia angustifolia Lorbeerrose	1	5	3		mittelschnell	dunkelgrün	dunkelgrün	purpurrot	grün	O◐	leicht	feucht
Kalmia latifolia Berglorbeer	1-3	10	5		mittelschnell	dunkelgrün	dunkelgrün	rosa	grün	O◐	leicht	feucht
Kerria japonica Ranunkelstrauch	1-2	15	15		mittelschnell	grün	grüngelb	gelborange	braunschwarz	O◐	leicht, schwer	trocken, mittelfeucht
Laburnum anagyroides Goldregen	4-7	25	15		mittelschnell	grün	grüngelb	gelb	grün	O●	leicht, schwer	trocken, mittelfeucht
Ligustrum obtusifolium Liguster	1,5-2	10	15		mittelschnell	grün	grüngelb	weiß	schwarz	O◑	leicht, schwer	trocken, mittelfeucht
Ligustrum vulgare Liguster	4-5	15	15		mittelschnell	dunkelgrün	dunkelgrün-gelb	weiß	schwarz	O●	leicht, schwer	trocken, mittelfeucht
Liriodendron tulipifera Tulpenbaum	20-30	30	15		schnell	grün	gelb	gelbgrün	grünbraun	O◐	leicht, schwer	mittelfeucht
Lonicera caprifolium Jelängerjelieber	4-7	50			schnell	dunkelgrün	grüngelb	gelbweiß	orangerot	O◐	leicht, schwer	mittelfeucht, feucht
Lonicera henryi Geißblatt	2-4	30			langsam	grün	grüngelb	gelbrot	schwarz purpurfarben	◐●	leicht, schwer	mittelfeucht, feucht
Lonicera xylosteum Heckenkirsche	2-3	30	30		schnell	grün	grüngelb	gelbweißrot	rot	O●	leicht, schwer	mittelfeucht
Lycium barbarum Bocksdorn	2-4	20	50		mittelschnell	graugrün	grüngelb	purpurviolett	rot	O◐	leicht, schwer	trocken, mittelfeucht
Magnolia x soulangiana Magnolie	3-6	20	30		mittelschnell	grün	grüngelb	weiß, purpurrot	grün	O◐	leicht, schwer	mittelfeucht
Mahonia aquifolium Mahonie	0,5-1	10	5		mittelschnell	grün	grünrot	gelb	schwarzblau	O●	leicht, schwer	trocken, feucht
Malus floribunda Zierapfelbaum	5-10	30	30		schnell	grün	grüngelb	rosarot	gelb	O◐	leicht, schwer	mittelfeucht
Malus (Hybriden) Zierapfelbaum	5-10	30	30		schnell	grün	grüngelb	rosaweiß	gelb	O◐	leicht, schwer	mittelfeucht
Paeonia suffruticosa Strauchpäonie	1-2	10	10		mittelschnell	grün	grün	weiß, rosa, rot, violett		O	schwer	mittelfeucht, feucht
Pachysandra terminalis Pachysandra	0,25	5			mittelschnell	grün	grün	weiß	weiß	◐●	leicht, schwer	mittelfeucht, feucht
Parrotia persica Parrotie	4-10	20	30		langsam	grün	gelbrot	gelb	grün	O	leicht, schwer	mittelfeucht, feucht
Parthenocissus quinquefolia Wilder Wein	8-12	50			mittelschnell	dunkelgrün	rot	grün	blauschwarz	O●	leicht, schwer	trocken, mittelfeucht
Parthenocissus tricuspidata Jungfernrebe	8-15	50			mittelschnell	dunkelgrün	orangerot	grüngelb	blauschwarz	O●	leicht, schwer	mittelfeucht, trocken
Philadelphus coronarius Sommerjasmin	1-3	30	30		mittelschnell	grün	grüngelb	weiß		O●	leicht, schwer	mittelfeucht
Philadelphus inodorus Sommerjasmin	1-3	40	30		mittelschnell	grün	grüngelb	weiß		O◐	leicht, schwer	mittelfeucht
Philadelphus-Lemoinei-Hybriden	1-2	15	15		mittelschnell	grün	grüngelb	weiß		O◐	leicht	mittelfeucht
Philadelphus-Virginalis-Hybriden, Sommerjasmin	2-4	20	20		mittelschnell	grün	grüngelb	weiß		O◐	leicht, schwer	mittelfeucht
Physocarpus opulifolius Blasenspiere	2-3	30	30		mittelschnell	grüngelb	grüngelb	weißrot	grünrot	O●	leicht, schwer	trocken, feucht
Platanus x hispanica Platane	15-25	50	30		mittelschnell	grün, bunt	gelb	grünweiß	grünbraun	O	leicht, schwer	trocken, mittelfeucht
Populus alba Silberpappel	20-30	50	30		schnell	grüngrau	grüngelb	gelbgrün	grüngrau	O	leicht, schwer	trocken, feucht
Populus x berolinensis Pappel	20-35	80	50		schnell	dunkelgrün	grüngelb	gelbgrün	grüngrau	O	leicht, schwer	trocken, feucht
Populus-Canadensis-Hybriden, Pappel	20-30	100	50		schnell	grün	grüngelb	gelbgrün	grüngrau	O	leicht, schwer	mittelfeucht, feucht

Aussehen, Wüchsigkeit und Standortansprüche von Laubgehölzen

Art	Höhe (m)	Jahreszuwächse Höhe (cm)	Jahreszuwächse Breite (cm)	Habitus	Wachstum	Laub Sommerfarbe	Laub Herbstfarbe	Blütenfarbe	Fruchtfarbe	Ansprüche Licht	Ansprüche Boden	Ansprüche Bodenfeuchte
Populus canescens Graupappel	20-30	100	50	♀	schnell	grün	grüngelb	gelbgrün	graugrün	○	leicht, schwer	trocken, feucht
Populus nigra Schwarzpappel	25-30	100	15	♀	schnell	grün	gelbgrün	gelbgrün	grüngrau	○	leicht, schwer	trocken, feucht
Populus simonii Pappel	10-20	50	10	♀	schnell	grün	gelbgrün	gelbgrün	grüngrau	○	leicht, schwer	mittelfeucht, feucht
Populus tremula Zitterpappel	15-25	100	50	♀	schnell	grüngelb	grüngelb	gelbgrün	grüngrau	○◐	leicht, schwer	trocken, naß
Potentilla fruticosa Fingerkraut	1-1,5	15	15	⌂	mittelschnell	grün	gelbgrün	gelb, weiß, grüngelb, rot	grünbraun	○	leicht, schwer	trocken, mittelfeucht
Prunus avium Vogelkirsche	10-15	20	20	↑	schnell	grün	rotgelb	weiß	rot	○◐	leicht, schwer	trocken, mittelfeucht
Prunus cerasifera Kirschpflaume	4-8	30	10	♀	schnell	grün, rot	grüngelbrot	weiß	rot	○◐	leicht, schwer	trocken, mittelfeucht
Prunus laurocerasus Kirschlorbeer	1-2	10	15	⌂	mittelschnell	dunkelgrün	dunkelgrün	weiß	schwarzrot	○●	leicht, schwer	trocken, feucht
Prunus mahaleb Felsenkirsche	6-10	30	20	♀	mittelschnell	grün	grüngelb	weiß	schwarz	○●	leicht, schwer	trocken, mittelfeucht
Prunus padus Traubenkirsche	4-15	50	40	⌂♀	schnell	dunkelgrün	rotgelb	weiß	schwarz	○	leicht, schwer	mittelfeucht, feucht
Prunus serotina Traubenkirsche	10-25	50	25	♀	schnell	dunkelgrün	gelbgrün	weiß	schwarz	○●	leicht, schwer	trocken, mittelfeucht
Prunus serrulata Zierkirsche	5-8	30	5	♀	schnell	dunkelgrün	gelbgrün	rosa, weiß		○◐	leicht, schwer	mittelfeucht
Prunus spinosa Schlehdorn	2-4	20	20	⌂	mittelschnell	grün	gelbgrün	weiß	blauschwarz	○◐	leicht, schwer	trocken, mittelfeucht
Prunus triloba Mandelbäumchen	1-2	10	10	⌂♀	mittelschnell	grün	gelbgrün	rosa		○◐	leicht, schwer	mittelfeucht
Pterocarya fraxinifolia Flügelnuß	15-20	50	50	♀	mittelschnell	grün	gelb	braungrün	grünbraun	○◐	leicht, schwer	mittelfeucht, feucht
Pyracantha coccinea Feuerdorn	1,5-3	10	20	⌂	mittelschnell	dunkelgrün	dunkelgrün	weiß	rotorange	○●	leicht, schwer	mittelfeucht
Quercus cerris Zerreiche	15-35	30	20	↑	mittelschnell	dunkelgrün	gelbbraun	grünbraun	braun	○	leicht, schwer	trocken, mittelfeucht
Quercus palustris Sumpfeiche	20-30	30	30	♀	mittelschnell	grün	rot	grünbraun	braun	○	leicht, schwer	mittelfeucht, naß
Quercus petraea Traubeneiche	25-40	30	20	♀	mittelschnell	grün, bunt	gelbbraun	grünbraun	braun	○◐	leicht, schwer	trocken, feucht
Quercus robur Stieleiche	20-45	30	30	♀	mittelschnell	grün	gelb, bunt, gelb	grünbraun	braun	○◐	leicht, schwer	mittelfeucht, feucht
Rhamnus catharticus Kreuzdorn	2-6	20	20	⌂♀	mittelschnell	grün	gelbgrün	gelbgrün	schwarz	○●	leicht, schwer	trocken, feucht
Rhamnus frangula Faulbaum	2-4	20	20	⌂	mittelschnell	dunkelgrün	gelbgrün	gelbgrün	rot	○●	leicht, schwer	mittelfeucht
Rhododendron luteum Pontische Azalee	1-4	10	15	⌂	mittelschnell	grün	orangerot	gelb		○●	leicht, schwer	mittelfeucht, feucht
Rhododendron-Hybriden Rhododendron	1-3	15	15	⌂	mittelschnell	dunkelgrün	dunkelgrün	rot, weißrosa, rotviolett, rosa		○●	leicht, schwer	mittelfeucht, feucht
Rhododendron japonicum Japanische Azalee	1-2	10	10	⌂	mittelschnell	grün	gelbgrün	orange, rot, rosa		○●	leicht, schwer	mittelfeucht, feucht
Rhododendron x praecox Frühjahrsrhododendron	0,5-1,5	20	15	⌂	mittelschnell	dunkelgrün	dunkelgrün	violettrosa		◐●	leicht, schwer	mittelfeucht, feucht
Rhodotypos scandens Scheinkerrie	1-2	20	20	⌂	mittelschnell	grün	gelbgrün	weiß	schwarz	◐●	leicht, schwer	trocken, mittelfeucht
Rhus typhina Essigbaum	3-4	30	40	⌂♀	mittelschnell	grün	orangerotgelb	grün	rot	○	leicht, schwer	trocken, mittelfeucht
Ribes alpinum Alpenjohannisbeere	1-2	10	10	⌂	mittelschnell	grün	grüngelb	gelbgrün	rot	○●	leicht, schwer	trocken, mittelfeucht
Ribes sanguineum Blutjohannisbeere	1-3	15	15	♀	mittelschnell	grün	gelbgrün	rot, rosa	blauschwarz	○●	leicht, schwer	trocken, mittelfeucht
Robinia hispida Robinie	1-8	20	30	♀	mittelschnell	grün	gelbgrün	rosa	grünbraun	○	leicht, schwer	trocken, mittelfeucht
Robinia pseudoacacia Scheinakazie	15-20	40	25	♀	schnell	grün	gelb	weiß	grünbraun	○	leicht, schwer	trocken, mittelfeucht
Rosa canina Hundsrose	1-3	40	50	⌂	mittelschnell	grün	gelbgrün	rosa, weiß	rot	○	leicht, schwer	trocken, mittelfeucht
Rosa multiflora Rose	1-4	60	60	⌢	mittelschnell	grün	gelbgrün	weiß, rosa	rot	○	leicht, schwer	trocken, mittelfeucht
Rosa omeiensis Rose	1-3	50	50	⌂	schnell	dunkelgrün	gelbgrün	weiß	rot	○	leicht, schwer	mittelfeucht
Rosa pimpinellifolia Bibernellrose	0,8	10	15	⌢	mittelschnell	dunkelgrün	gelbgrün	weiß, rosa	braunschwarz	○	leicht, schwer	trocken, mittelfeucht
Rosa rubiginosa Weinrose	2-3	50	50	⌂	mittelschnell	dunkelgrün	grüngelb	rosa	rotorange	○	leicht, schwer	trocken, mittelfeucht

Aussehen, Wüchsigkeit und Standortansprüche von Laubgehölzen

Art	Höhe (m)	Jahreszuwächse Höhe (cm)	Jahreszuwächse Breite (cm)	Habitus	Wachstum	Laub Sommerfarbe	Laub Herbstfarbe	Blütenfarbe	Fruchtfarbe	Ansprüche an den Standort Licht	Ansprüche an den Standort Boden	Ansprüche an den Standort Bodenfeuchte
Rosa rugosa Kartoffelrose	1-2	30	30	⌂	mittelschnell	dunkelgrün	gelbgrün	weißrosa, rotviolett	rot	○	leicht, schwer	trocken, mittelfeucht
Salix alba Silberweide	15-25	50	50	♀	schnell	grausilbrig-grün	gelbgrün	grüngelb		○	leicht, schwer	trocken, naß
Salix caprea Salweide	4-7	50	50	⌂♀	schnell	grüngrau	grüngelb	gelb		○●	leicht, schwer	trocken, mittelfeucht
Salix fragilis Knackweide	10-30	50	50	♀	schnell	grün	gelbgrün	grüngelb		○	leicht, schwer	mittelfeucht, naß
Salix purpurea Purpurweide	1-3	50	50	⌂	schnell	grün	gelbgrün	gelbgrün		○	leicht, schwer	trocken, mittelfeucht
Salix repens Kriechweide	0,5-1	15	20		mittelschnell	graugrün	gelbgrün	gelbgrün		○	leicht, schwer	mittelfeucht, feucht
Salix viminalis Korbweide	2-10	70	50	♀	schnell	graugrün	gelbgrün	gelbgrün		○	leicht, schwer	mittelfeucht, naß
Sambucus nigra Schwarzer Holunder	3-8	50	40	⌂♀	schnell	grün, gelb	grüngelb	gelbweiß	rotschwarz	○●	leicht, schwer	mittelfeucht, feucht
Sambucus racemosa Traubenholunder	1-4	50	40	⌂	schnell	grün	gelbgrün	gelbweiß	rot	○●	leicht, schwer	trocken, mittelfeucht
Sorbus aria Mehlbeere	6-10	40	30	♀⌂	mittelschnell	graugrün	grüngelb-braun	weiß	rotorange	○◐	leicht, schwer	trocken, mittelfeucht
Sorbus aucuparia Eberesche	10-15	50	30	♀	schnell	grüngelb	gelbgrün	weiß	rotorange	○●	leicht, schwer	trocken, mittelfeucht
Sorbus intermedia Oxelbeere	4-10	30	20	⌂♀	mittelschnell	grüngrau	gelbgrün	weiß	orangerot	○◐	leicht, schwer	trocken, mittelfeucht
Spiraea x arguta Spierstrauch	1-2	20	15	⌂	mittelschnell	grün	gelbgrün	weiß		○●	leicht, schwer	trocken, mittelfeucht
Spiraea-Bumalda-Hybriden Spierstrauch	0,5-1	10	10	⌂	mittelschnell	grün	gelbgrün	rosa, violettrot		○◐	leicht schwer	schwer mittelfeucht
Spiraea nipponica Spierstrauch	1-3	20	20	⌂	mittelschnell	blaugrün	gelbgrün	weiß		○◐	leicht, schwer	trocken, feucht
Spiraea prunifolia Spierstrauch	1-1,5	20	20	⌂	mittelschnell	grün	orangegelb	weiß		○◐	leicht, schwer	mittelfeucht
Spiraea x vanhouttei Spierstrauch	1-2	20	15	⌂	schnell	grün	gelbgrün	weiß		◐●	leicht, schwer	mittelfeucht
Symphoricarpos albus Schneebeere	1-2	20	20	⌂	mittelschnell	dunkelgrün	gelbgrün	rotweiß	weiß	○●	leicht, schwer	trocken, mittelfeucht
Symphoricarpos x chenaultii Korallenbeere	1-1,5	30	30	⌂	mittelschnell	dunkelgrün	gelbgrün	rosa	rot	○◐	leicht, schwer	trocken, mittelfeucht
Symphoricarpos orbiculatus Korallenbeere	1,5-2	30	30	⌂	mittelschnell	dunkelgrün	gelbgrün	rosarot	purpurrot	○◐	leicht, schwer	trocken, mittelfeucht
Syringa x chinensis Flieder	3-4	20	15	⌂	mittelschnell	grün	gelbgrün	violettrosa	grünbraun	○◐	leicht, schwer	trocken, mittelfeucht
Syringa reflexa Flieder	3-4	40	30	⌂	mittelschnell	dunkelgrün	gelbgrün	rosaweiß	grünbraun	○◐	leicht, schwer	mittelfeucht
Syringa vulgaris Flieder	3-7	30	20	♀⌂	mittelschnell	grün	gelbgrün	weiß, rosa, violett	grünbraun	○●	leicht, schwer	trocken, mittelfeucht
Tamarix chinensis Tamariske	2-5	30	30	⌂	mittelschnell	blaugrün	gelbgrün	rosa		○	leicht, schwer	trocken, feucht
Tilia cordata Winterlinde	20-30	40	40	♀	mittelschnell	grün	gelbgrün	gelbweiß	gelbgrau	○●	leicht, schwer	trocken, feucht
Tilia platyphyllos Sommerlinde	20-40	50	50	♀	schnell	grün	gelbgrün	gelbweiß		○●	leicht, schwer	mittelfeucht, feucht
Tilia tomentosa Silberlinde	20-30	50	40	♀	mittelschnell	silbriggraugrün	gelb	gelbweiß		○	leicht, schwer	trocken, mittelfeucht
Ulmus glabra Bergulme	25-40	40	30	♀	schnell	grün	gelbgrün	braungelb	grünbraun	○◐	leicht, schwer	mittelfeucht, feucht
Viburnum x burkwoodii Schneeball	1-2	20	25	⌂	mittelschnell	grün	grün	rosaweiß		○◐	leicht, schwer	mittelfeucht
Viburnum x carlcephalum Schneeball	1-2	20	25	⌂	mittelschnell	graugrün	purpurgrün	weißrot		○◐	leicht, schwer	mittelfeucht
Viburnum carlesii Schneeball	1-1,5	10	15	⌂	mittelschnell	graugrün	purpurgrün	weißrosa	blauschwarz	○◐	leicht, schwer	mittelfeucht
Viburnum lantana Wolliger Schneeball	1-2	30	30	⌂	mittelschnell	graugrün	violettrot-grün	weiß	rotschwarz	○●	leicht, schwer	trocken, feucht
Viburnum opulus Gemeiner Schneeball	2-4	30	30	⌂	schnell	grün	gelbgrün	weiß	rot	◐●	leicht, schwer	mittelfeucht, feucht
Viburnum rhytidophyllum Schneeball	2-4	30	30	⌂	mittelschnell	grün	grün	weiß	rotschwarz	○◐	leicht, schwer	mittelfeucht, feucht
Vinca minor Immergrün	0,15	5		~	mittelschnell	dunkelgrün	dunkelgrün	blauviolett		◐●	leicht, schwer	trocken, mittelfeucht
Vitis riparia Uferrebe	4-10	50		ʒ	schnell	grün	rot	gelbgrün	blauschwarz	○◐	leicht, schwer	mittelfeucht
Weigela-Hybride Weigelie	1-2	40	40	⌂	mittelschnell	grün, bunt	gelbgrün	weißrosarot		○◐	leicht, schwer	mittelfeucht
Wisteria sinensis Glyzine	8-10	50		ʒ	schnell	grün	gelbgrün	violettbraun	grünbraun	○	leicht, schwer	trocken, mittelfeucht

Rosen

In der freien Natur wachsen die Rosen als verschieden hohe Büsche. Stehen sie allein zwischen niedrig wachsenden Pflanzen, so bleiben sie niedriger, kompakter, bilden breit ausladende Ausläufer und nehmen beträchtlichen Raum ein. Am Waldrand jedoch, in der Gesellschaft höherwüchsiger Pflanzen, sind auch die Rosenbüsche größer, weniger dicht, mit längeren, zur Sonne emporstrebenden Trieben. Rosen, die in der Natur zwischen anderen Gehölzen stehen müssen, bilden sehr lange, spärlich belaubte Zweige und fast keine oder nur sehr wenig Blüten. Die Triebe kämpfen sich durch das Unterholz und mühen sich, die Gipfel des Bestandes zu erreichen, wo sie ausreichend Licht finden. Ist ihnen das gelungen, dann entfalten sie wieder ihre ganze Blütenpracht. Wenn wir Wildrosen an Plätze pflanzen, die ihren ursprünglichen Lebensbedingungen entsprechen, bewahren sie auch in Gärten und Gartenanlagen ihren ursprünglichen Habitus. Die Wildrosen finden wir jedoch in unseren Gärten weit seltener als Sorten, die durch Züchtung entstanden sind.

Die Rosenpflanze

Die ursprüngliche Wuchsform der Rose ist der Busch.

Das Wurzelsystem der wilden Rosen und auch der Arten, die als Veredelungsunterlage dienen, besteht aus einer pfahlartigen Hauptwurzel und Nebenwurzeln. Vegetativ vermehrte Rosen (aus Stecklingen, durch Teilung und Absenken) bilden keine Hauptwurzel. Bei einigen Wildrosenarten, einschließlich der als Veredelungsunterlage dienenden *Rosa canina, R. laxa* und *R. multiflora* entwickeln sich aus schlafenden Augen sogenannte »Wildtriebe«. Bei schlecht gepflegten Kulturen können diese Triebe so stark werden wie bei Rosen, die auf eigener Wurzel stehen. Sie überwuchern die veredelte Rose und unterdrücken sie so, daß der ganze Strauch in Form, Farbe und Größe seiner Blüten aussieht wie die ursprüngliche Wildform, also wie die Unterlage.

Der oberirdische Teil des Wildrosenbusches besteht aus Trieben, die aus den unteren Augen des Wurzelhalses wachsen. Bei den veredelten (okulierten) Rosen kommen sie aus dem über der Veredelungsstelle wachsenden Teil. Die Triebe an einer Pflanze unterscheiden sich gewöhnlich in Alter, Stärke und Länge. Bei den in freier Natur oder auch im Garten wachsenden Wildrose ist der Anteil des dreijährigen und älteren Holzes wesentlich größer als bei den Kultursorten. Die Triebe bestimmen die Wuchsform des Busches, sie sind die Grundlage jeden Rosenstrauches. Ein reich blühender Strauch hat meist zweijähriges, vor allem aber einjähriges Holz, denn gerade aus dessen Augen entwickeln sich die blütentragenden Triebe. Bei richtiger Ernährung, Pflege und Feuchtigkeit entwickeln sich jedes Jahr kräftige, gesunde Triebe, die bis zu Beginn des Winters gut ausreifen. Durch richtigen, den Eigenschaften der Art oder Sorte, dem Alter und Gesundheitszustand angepaßten Schnitt wird die Länge der Neutriebe korrigiert, und damit die Anzahl der Augen und der ersten Blüten im kommenden Frühjahr.

Die Blätter der Rose sind unpaarig gefiedert mit einer ungeraden Anzahl von Fiederblättern. Gewöhnlich sind es 5—7 kleine Blättchen bei den Wildarten europäischen Ursprungs und 5—9 bei ihren Hybriden.

Diese Fiederblätter sind ein sehr charakteristisches Merkmal der Art. Bei der *R. multiflora* beispielsweise sind sie fransig geschlitzt und breit, bei der *R. wichuraiana* fransig geschlitzt und schmal, leicht gezänt bei der *R. chinensis,* sehr breit und mit eingerolltem Rand bei *R. majalis* und breit und groß bei der *R. rugosa.* Nahezu jede Rosensorte trägt Stacheln — spitze, scharfe Auswüchse der Epidermis. Bei den entwicklungsgeschichtlich älteren Arten, wie etwa bei *R. pimpinellifolia* und *R. rugosa,* sind sie gerade und abstehend, bei den jüngeren Arten dagegen hakenförmig gebogen. Es gibt jedoch auch Arten, bei denen beide Formen auftreten — die geraden wie die ge-

◀ *Die Teehybride 'Whisky' erreicht eine Höhe von 60 cm. Ihre bronzegelben vollen Blüten haben einen sehr schönen Duft (430)*

Kletterrosen können Hecken bilden. Das Bild zeigt zwei Sorten mit verschiedener Blütenfarbe. Die Pflanzabstände sind so gewählt, daß die Sorten nicht ineinander wachsen und größere einfarbige Flächen bilden (431)

Rosen kommen auch inmitten von Stauden zur Geltung. Die Rose im Bild dominiert in der Komposition (432)

bogenen, wie beispielsweise bei *R. gallica*. Keine oder nur wenige Stacheln hat *R. pendulina*.

Bei den veredelten Rosen haben die Stacheln die verschiedensten Formen, Größen und Verteilungsdichten an Trieben und Blattstielen. Rosensorten mit dicht sitzenden, kleinen Stacheln sind weniger gut zum Schnitt geeignet, denn es macht viel Mühe, die Stacheln zu entfernen.

Stacheln sind nicht nur ein Bestimmungsmerkmal für die Art und Sorte, sondern für die Pflanze auch von praktischer Bedeutung. Sie schützen sie vor Tierverbiß und dienen den kletternden Arten zum Festhalten an den Kletterstützen.

Der wichtigste Teil des Rosenstrauches sind jedoch seine Blüten. Jede Blüte trägt zahlreiche Merkmale zur Artbestimmung, z. B. Kelchblätter, Kronblätter, Staubblätter und Griffel. Ein wichtiges Klassifizierungsmerkmal für ihre Einteilung in Klassen ist die Blütenfüllung. Nach der Anzahl der Blütenblätter werden einfache, einfach gefüllte, halbgefüllte und gefüllte Blüten unterschieden.

Von der Form, Festigkeit, Größe und Anzahl der Blütenblätter hängt die Blütenform ab. Und die ist unendlich vielfältig: Sie geht von flachen überkugeligen bis zu sehr schlanken, zylindrisch langgezogenen Formen.

Die Farbpalette der Rosenblüten ist breit; sie reicht von reinem Weiß, Gelb, Rosa und Rot und ihren feinen Abstufungen bis zu »Blau«. Auch zweifarbige Sorten gibt es. Die Gartenrosenzüchtungen sind mannigfaltiger in der Farbe ihrer Blüten als die Wildrosenarten. Die Blütezeit der Rosen ist recht unterschiedlich. Die meisten Wildrosen entfalten ihren ersten Flor in der ersten Sommerhälfte. Einige Parkrosen, wie *R. gallica*, *R. centifolia*, *R. centifolia* 'Andrewsii' und *R. damascena*, blühen später, einige, etwa *R. rugosa*, bis zu den ersten Frösten. Die remontierenden Rosen bringen den ersten Flor im Juni, den zweiten Ende August. Polyantha- und Floribundarosen erfreuen uns mit ihren Blüten meistens später als die Edelrosen, dafür aber bis die ersten Fröste eintreten. Die Anzahl der Blüten ist von der Sorte und vom Frühjahrsschnitt abhängig.

Die Früchte der Rosen sind die Hagebutten, ein wichtiges sekundäres Bestimmungsmerkmal.

Züchtungsmerkmale

Ein wichtiges Merkmal ist die Widerstandsfähigkeit gegen Frost. Auch wenn wir unsere Gartenrosen zum Überwintern durch Anhäufeln des Bodens und Abdecken mit Fichtenreisig schützen, muß dieser Punkt bei der Wahl der Sorte besonders für weniger günstige Lagen und Böden beachtet werden. Nach der Frostbeständigkeit werden die Rosenarten und -sorten in mehrere Gruppen eingeteilt.
1. Gruppe: sehr empfindlich; auch verholzte oberirdische Pflanzenteile erfrieren leicht.
2. Gruppe: empfindlich; es erfrieren die schlecht ausgereiften Teile der Triebe, aber auch reifes Holz kann bis auf die unteren zwei Augen erfrieren.
3. Gruppe: frostempfindlich sind die unausgereiften Triebteile, reifes Holz ist nur bis zur halben Länge gefährdet.
4. Gruppe: winterhart — es erfrieren die unreifen Triebteile und die ausgereiften Teile nur bis zu einem Viertel der Länge.
5. Gruppe: sehre winterhart — es erfrieren nur die Triebspitzen.
6. Gruppe: absolut winterhart — keine Anzeichen von Frostschäden.

Eine weitere wichtige Eigenschaft ist die Farbbeständigkeit der Blüte, die den Wert der Sorte erhöht. Auch die Haltbarkeit der Farbe bei starker Sonneneinstrahlung ist für die Sortenwahl besonders für extreme Lagen wichtig.

Von nicht geringer Bedeutung ist die Beständigkeit gegen Pilzkrankheiten, wie Sternrußtau und Echten Mehltau. Die Widerstandsfähigkeit wird einheitlich bei der Bewertung nach einer Fünf-Punkte-Skala (1—5) beurteilt: die niedrigste Zahl bedeutet größte Resistenz, die hohe erhalten Pflanzen, die sehr anfällig für Pilzkrankheiten sind.

Wichtig ist es auch, die Wüchsigkeit der Sorten zu kennen. Es gibt schwachwachsende Sorten (die man dichter pflanzen kann) und Sorten, die sehr kräftig und ausladend wachsen und deshalb nicht so eng stehen dürfen.

Solche Blüten sind Schmuck eines jeden Gartens (433)

Kletterrosen finden vielfältige Anwendung. Angebunden können sie auch einzelnstehend zur Geltung kommen (434)

Die Floribundarose 'Geisha Girl' hat kleine lachsrosa Blüten und sattgrüne Blätter (435)

Parkrosen im Hintergrund eines Steingartens. Sie nehmen sich gegenüber der weißen Hauswand gut aus (436)

Klassifizierung der Rosen

Die morphologischen Merkmale ermöglichen vor allem die genaue Bestimmung der Wildrosen und ihre Einordnung in Klassen. Die Klassifizierungsmerkmale der veredelten Rosenarten sind nicht genau ausgearbeitet und die Einteilung des heute gezüchteten Rosensortimentes nach botanischen Merkmalen ist nahezu unmöglich. Die botanische Klassifizierung und die verschiedenen Klassifizierungsmerkmale haben zwar Bedeutung für Baumschulen, Züchter und Veredlungsbetriebe, für die meisten Gärtner und Rosenfreunde jedoch sind sie viel zu umfangreich. Wichtiger für uns ist die Unterteilung nach dem Verwendungszweck in Gärten und Parks:

1. Groß- und vielblütige Beetrosen
a) Teehybriden (oder Edelrosen) und Pernetiana-Rosen
b) Remontant- und Bourbon-Rose
c) Polyantharosen und Polyantha-Hybriden
d) Floribunda- und Grandiflora-Rosen

2. Kletterrosen
a) Hybriden der *Rosa wichuraiana*
b) Hybriden der *R. multiflora*
d) Lambertiana-Rosen
d) Climbing-Sports
e) übrige Hybriden

3. Parkrosen
a) Wildrosen
b) gezüchtete Gartenhybriden der *R. rugosa, R. gallica, R. lutea* und übrige Hybriden.

Von den genannten Gruppen wird in unsren Gärten den großblütigen Teehybriden und Remontantrosen, den vielblütigen Polyantharosen, Polyanthahybriden, Floribunda-, Grandiflora-, den Climbing-Sports und in geringerem Maße den Park-Rosen der Vorzug gegeben. Dazu kommen als Untergruppen z. B. die Zwergrosen. Um die Einordnung in diese Klassen zu erleichtern, wird in der Beschreibung des Rosensortiments bei jeder Sorte auch die entsprechende Klasse angeführt.

Boden- und Klimabedingungen

Bei der Wahl des Grundstücks für eine Rosenbaumschule oder einen größeren Rosengarten werden u.a. die Klimaverhältnisse, die Himmelsrichtung, Bodenart und -typ sowie die Wasserverhältnisse in Betracht gezogen werden müssen. In den wenigsten Fällen läßt sich jedoch ein Kleingartengrundstück nach den Ansprüchen der Rosen auswählen. Es bleibt dann nur eine Möglichkeit: die gegebenen Bedingungen den Anforderungen der Rosen anpassen. Nur an die Klimabedingungen müssen sich die Rosen selbst gewöhnen. Auch wenn die Rosen zu den wärmeliebenden Pflanzengattungen gezählt werden, müssen wir auf sie nicht verzichten, nur weil unser Garten in höhergelegenen Gegenden mit rauhem Klima oder irgendwo im Tal liegt.

Klimaverhältnisse

Die früheren Bedenken hinsichtlich der Empfindlichkeit der Rosen wurden längst überwunden, sicher auch dank der vielen winterharten und widerstandsfähigeren Neuzüchtungen. Selbstverständlich macht die Züchtung unter erschwerten Klimabedingungen mehr Mühe; zeitiger Winterbeginn und späte Fröste im Frühjahr sind genauso zu berücksichtigen wie ein besserer Winterschutz. In den Bergen ist das Wesentlichste, daß die Rosen nach der Schneeschmelze die Spätfröste und die ziemlich großen Unterschiede zwischen Tag- und Nachttemperaturen bei intensiver Sonneneinstrahlung schadlos überstehen. Am resistentesten sind die Wildrosen, die auch in kalten Gegenden vieler Kontinente wild wachsen. Dann folgen die Parkrosen, denn sie sind unmittelbare Kreuzungen der winterharten Wildrosen.

Großblumige Teehybriden pflanzt man am besten in Haus- oder Sitzplatznähe, um sich an ihrer Farbe und ihrem Duft erfreuen zu können (437)

'Peer Gynt' ist eine bis 60 cm hohe Rose mit goldgelben Blüten und sattgrünen Blättern (438)

Bodenverhältnisse

Rosen bevorzugen tiefgründigen, nicht zu schweren und nicht zu trockenen Boden, der ausreichend durchlüftet ist und bei Regen oder beim Gießen das Wasser gut aufnimmt, es aber nicht zu schnell an die unteren Bodenschichten abgibt. Um Wurzeln und Mikroorganismen ausreichend mit Sauerstoff und Wasser zu versorgen, empfiehlt es sich, genügend Humus einzuarbeiten. Zu schwere, lehmige, sich verdichtende, schlammige und kalte, steinige und zu flachgründige Böden und stauende Nässe vertragen die Rosen nicht. Auch in zu sauren und ausgesprochen humusarmen Sandböden, in denen die Nährstoffe zu schnell in die unteren Bodenschichten abgeschwemmt werden, sind kein Standort für Rosen.

Schwere Böden werden durch Zugabe von Torfmull, Stallmist, Kompost und anderen Substraten verbessert und ihre Durchlässigkeit und damit ihr Sauerstoffgehalt erhöht. Auch Sand oder sandige Erden in Mengen von 5—10 kg auf einen Quadratmeter, Asche (am besten ist Holzasche) und Flugasche, die gut in den Boden eingearbeitet werden, tragen dazu bei. Ein ausgezeichneter Bodenverbesserer ist gut verrotteter Geflügel- und Kaninchenmist, der in schwere Böden nicht zu tief untergraben wird. Böden mit sauren Eigenschaften werden durch gelöschten Kalk oder stark gekalkten Kompost, eventuell auch durch hohe gaben einer leicht alkalischen bis neutralen Erde verbessert.

Leichte Sandböden sind viel zu durchlässig und luftig und müssen deshalb durch Zugabe von Substraten, am besten Kompost, humushaltiger gemacht werden, damit der Boden den Ansprüchen der Rose genügt. Wenn in leichte, trockene Böden schwerere Erde eingebracht wird, muß das nicht so tief wie bei schweren Böden geschehen, weil mit der Zeit das Wasser die abschlämmbaren Teilchen in die tieferen Schichten mitnimmt. Vor allem eignen sich Stalldung, guter Kompost mit Torfmull, kompostierter Rasen mit Lehm u. ä. Leichte Böden brauchen häufig Dung und andere organische Düngergaben, denn sie zersetzen sich schneller. Zur Neutralisierung saurerer Böden empfiehlt sich vor allem gemahlener Kalkstein.

Nasse Grundstücke lassen sich manchmal durch Rigolen oder Dränage erfolgreich trockenlegen. Handelt es sich um eine zu flache Erdschicht auf felsigem Untergrund, bleibt kein anderer Weg, als so hoch Erde aufzuschütten, bis die Beettiefe wenigstens 60 cm beträgt.

Viele Rosensorten sind auf die Unterlage *R. canina* veredelt, die verhältnismäßig tief wurzelt. Das ist wichtig für die Beurteilung der Wasserverhältnisse. Ein hoher Grundwasserspiegel fördert das Vergilben der Blätter und den Sternrußtaubefall, so daß nur die Entwässerung des Grundstückes Abhilfe schafft. Die Rosen haben vor allem in trockenen Perioden hin und wieder eine Wassergabe recht gern, aber einen hohen Grundwasserspiegel vertragen sie nicht. Er muß mindestens 100 cm tief liegen.

In schon lange bewirtschafteten Gärten mit normalem sandigem oder lehmigen Boden sind wohl kaum große Bodenverbesserungen notwendig. Immer ist aber darauf zu achten, daß Rosen nicht auf unverträgliche Pflanzenarten folgen. Als Vorkultur sind Rosengewächse am ungeeignetsten, also fast alle unsere Obstarten, denn sie entnehmen dem Boden gerade die Nährstoffe, die auch die Rosen brauchen. Richtige und ausreichende Vorratsdüngung vor dem Auspflanzen ist deshalb Bedingung. Rosen können sich auch nicht zufriedenstellend entwickeln, wenn besonders in trockenen Jahren die Vorkulturen mit Herbiziden behandelt wurden, denn Herbizide halten sich häufig lange im Boden.

Licht und Wärme

Alle Rosen lieben viel Licht aber volle Sonne den ganzen Tag über ist nicht Bedingung.

Bei ganztägigem Sonnenschein verblühen die Rosen sehr rasch und an Südwänden können sie unter sengender Sonne und Trockenheit auch leiden. Den Kulturrosen sagen am besten Temperaturen zwischen 15—22 °C zu. Sobald das Thermometer über 25 °C steigt, verblassen die Blütenfarben, und bei den dunkelblühenden Sorten erleiden die Blütenblätter sogar Verbrennungen. In größeren Abständen ausgepflanzte Rosen können außerdem unter der schnellen Erwärmung des Bodens leiden, was sich durch Mulchen verhindern läßt.

Kronen von Hochstammrosen werden kugelförmig geschnitten. Die Pflanzabstände sind so zu wählen, daß sich die Rosen gut entwickeln können. Hochstammrosen können auch mit Strauchrosen kombiniert werden (439)

Stützen für Kletterrosen — ein Metallrohrgerüst bietet sicheren Halt (441)

Wenn die Rosen, vor allem die Edelrosen, zur Verschönerung des Gartens bestimmt sind, muß dafür gesorgt werden, daß sie wenigstens einen Teil des Tages leichten Schatten bekommen, am besten während der Mittagshitze. An Hanglagen wird, wenn möglich, die Südwest- oder Westrichtung gewählt. Gute Dienste leistet der wandernde Schatten höherer Bäume, vorausgesetzt, daß die Pflanzen nicht zu lange im Schatten stehen. Voller Schatten, Nordseiten von Gebäuden und Nordhänge sind für Rosen gleich welcher Art ungeeignet. Sie leiden unter Krankheiten und Schädlingsbefall, ihr Holz reift nicht aus und sie erfrieren leicht. Auch in allzugroßer Nähe von Bäumen soll man keine Rosen anpflanzen, vor allem dann nicht, wenn sie ihnen Nährstoffe und Wasser wegnehmen, wie die Birke, der Ahorn, die Ulmen, Eschen und andere. Völlig ungeeignet ist ein Platz unter einem Baum oder am Kronenrand (Traufrand). Im Garten veremeidet man, Rosenbeete in unmittelbarer Nähe von Erdbeer-, Salat- und anderen Gemüsekulturen anzulegen; auch Beerenobst soll nicht zu dicht bei den Rosen stehen. Dabei spielen weniger ästhetische Erwägungen eine Rolle. Es könnte eher geschehen, daß notwendige Schutzspritzungen nicht rechtzeitig vorgenommen werden können, so daß es den Rosen zum Nachteil gereicht.

Rosen vertragen weder andauernde, austrocknende Zugluft, etwa an Hausecken oder Durchbrüchen zwischen Gebäuden, noch geschlossene Standorte in umbauten Höfen oder in kleinen, von hohen Mauern umgebenen Gärten. Sollen sie gut gedeihen und gesund bleiben, brauchen sie die Bewegung der Luft und wir sollten sie auch nicht durch zu dichtes Umpflanzen mit anderen Sträuchern und Gehölzen einschränken. Ein luftiger Standort und nicht zu große Pflanzdichte spielen eine nicht geringe Rolle im Kampf gegen Pilzkrankheiten und tierische Schädlinge.

Pflanzung

Vorbereitung des Bodens

Im allgemeinen ist bei Rosen die Herbstpflanzung zu empfehlen. Die Beete werden spätestens Ende des Sommers hergerichtet. Es reicht, sandige oder lehmige Böden auf Spatentiefe umzugraben und dabei in den Grund Phosphordünger (Thomasmehl) als Vorratsdüngung einzubringen. Nützlich ist auch die Zugabe humusreicher Stoffe, wie Komposterden oder gut verrotteter Stalldung.

Um den vorbereiteten Boden locker und feucht zu halten, deckt man den Boden mit einer dünnen Schicht Torf oder

Hauptverbindungselement zwischen den Rosenbeeten und der übrigen Anpflanzung ist der Rasen. Er schafft zugleich ein für Rosen günstiges Mikroklima (440)

Kletterrosen können eine trennende Hecke bilden. In ihrer Blütenpracht finden Rosen kaum ihresgleichen (442)

Die Kletterrose 'Danse des Sylphes' hat pelargonienrote volle Blüten. Die remontierende Sorte erreicht eine Höhe von 3 m (443)

gemähtem Gras ab. Da die richtige Pflanztiefe der Rosen für die Entwicklung im kommenden Jahr sehr wichtig ist, ist es nicht ratsam, in frisch hergerichteten Boden zu pflanzen; der Boden setzt sich noch und nimmt die Rose nicht mit, so daß sie zu hoch zu sitzen kommt und leicht erfrieren kann.

Pflanzdichte

Ungemein wichtig ist für die Rosen auch die Pflanzdichte; sie richtet sich nach den Wuchseigenschaften der Sorten. Schwach wachsende Sorten pflanzt man auf 30—40 cm Abstand, wüchsigere Sorten auf 50 cm und mehr.

Zu dicht stehende Rosen unterstützen die Verbreitung von Pilzkrankheiten, die Pflanzen wachsen in die Höhe und verlieren im unteren Teil die Blätter. Aber auch zu »dünne« Bestände sind unerwünscht, weil sie leicht verunkrauten und die Sonne den Boden zu sehr durchwärmt und austrocknet.

Rosen-Hochstämme werden mindestens mit einem Abstand von 100 cm gesetzt. Dabei muß berücksichtigt werden, daß genügend Platz für das Umlegen des Stammes im Herbst (Winterschutz) vorhanden ist.

Eine ganz spezifische Rolle spielen — soweit es sich um den Abstand der einzelnen Pflanzen handelt — die Kletterrosen. Je nach Wuchs und Verwendung können sie den Umständen entsprechend 2—3 m und mehr, wenigstens aber 1,20 m voneinander entfernt stehen. Ähnlich pflanzt man auch die Parkrosen, unter denen es schlanke Arten gibt, die sich mit minimalem Platz begnügen, aber auch solche, die zu ausladenden, mehrere Meter breiten Büschen heranwachsen. Bevor man diese Arten zu pflanzen beginnt, muß man sich eingehend mit ihren Anforderungen vertraut machen, um nicht unnötig Fehler zu begehen.

Pflanzzeit

Rosen lassen sich von Oktober bis April pflanzen, solange der Boden nicht gefroren ist. Günstiger ist die Herbstpflanzung, denn die Rosen können noch vor Eintritt des Frostes feine Haarwurzeln bilden und haben dann natürlich im Frühjahr einen Vorsprung. Ungünstig für die Herbstpflanzung ist, daß die frisch ausgepflanzten Rosen dem Frost ausgesetzt sind. Bei Frühjahrspflanzung soll gewartet werden, bis der Boden nicht mehr ständig naß ist, denn er wird sonst beim Pflanzen verdichtet und läßt sich nur sehr schwer lockern. Auch zu warmes Wetter gleich nach dem Pflanzen ist gefährlich.

Bei Rosen-Hochstämmchen dagegen ist das Pflanzen im Frühjahr zu empfehlen, weil sie zum Überwintern der speziellen Pflege bedürfen. Auch in hohen Lagen, wo schon früh der Frost kommt, sollte lieber im Frühjahr gepflanzt werden.

Pflanzen

Wenn der Boden gut vorbereitet ist und sich gesetzt hat, kann mit dem Pflanzen begonnen werden. Rosen soll man nie in nasse und »verdichtete« Böden bringen, da dabei die Gefahr groß ist, daß die Wurzeln faulen. Auch Temperaturen unter dem Gefrierpunkt sind ungeeignet.

Die vorbereiteten Pflanzen sollen nie frei liegen, besonders nicht in der Sonne, und auch vor dem Austrocknen durch den Wind geschützt werden. Wenn die Pflanzen dennoch teilweise vertrocknet sind, muß der ganze Strauch vor dem Pflanzen ein paar Stunden in Wasser gelegt werden. Bei Herbstpflanzung werden nur die beschädigten, an den Enden abgebrochenen Triebe gekürzt. Auch unreifes Holz kann entfernt werden. Stehen bleiben sollen nur die 3—5 stärksten Triebe. Das Zurückschneiden auf wenige Augen läßt man für den Frühjahrsschnitt.

Wenn die Rosen im Frühjahr gepflanzt werden, muß alles überflüssige Holz fortgeschnitten und auf 2—3 Augen, je nach Stärke, eingekürzt werden. Pflanzen in gutem Zustand und mit kräftigen Trieben kann man mehr Augen belassen, bei sehr dünnen Trieben soll sogar bis auf ein Auge zurückgeschnitten werden. Auch beschädigte Wurzelteile werden entfernt und das Wurzelwerk insgesamt um die Hälfte gekürzt.

Rosen werden nie an den Beetrand gepflanzt, sondern mindestens 25 cm in das Beet hinein. Nach dem sorgfältigen Abmessen der Pflanzabstände werden die Pflanzstellen gekennzeichnet und 40 cm breite und 40 cm tiefe Löcher ausgehoben. Auf den Grund kommt Komposterde, nie jedoch Mist oder Mineraldünger. Nur Knochenmehl darf zugegeben werden, weil es allmählich wirkt. Nachgedüngt wird erst ein Jahr nach dem Auspflanzen. Beim Pflanzen ist

Parkrosen sind wie geschaffen für natürliche Gärten. Sie kommen sowohl einzeln als auch in Gruppen zur Geltung (444)

darauf zu achten, daß die Wurzeln nicht nach oben umgebogen sind. Sie werden so frei in das Pflanzloch gelegt (am besten über in der Mitte leicht aufgehäufte Erde), daß sie alle nach unten zeigen. Beim Einpflanzen muß die Veredelungsstelle etwa 5 cm im Boden bleiben. Das Pflanzloch wird zu 2/3 mit Erde gefüllt, angedrückt und angegossen. Gründliches Wässern ist vor allem im Frühjahr notwendig. Erst wenn das Wasser eingesickert ist, wird Erde aufgefüllt und mindestens 20 cm hoch angehäufelt. Vor Eintritt des Frostes soll noch einmal nachgehäufelt werden. Im Frühjahr erfüllt diese angehäufte Erde ihren Zweck als Schutz vor Sonne und austrocknenden Winden. Um die Pflanze noch wirksamer vor Frösten und Austrocknung zu schützen, wird mit Fichtenreisig abgedeckt. Bei trockenem Wetter gießt man alle 5—6 Tage. Bei Frühjahrspflanzung wird die angehäufelte Erde nach drei Wochen vorsichtig entfernt, am besten bei wolkenverhangenem Himmel, wenn kein größerer Rückgang der Nachttemperaturen mehr zu befürchten ist.

Anfang April wird der Winterschutz weggenommen und bei im Herbst gepflanzten Rosen, wie bereits beschrieben, geschnitten. Es ist sorgfältig darauf zu achten, daß die Veredelungsstelle 5 cm unter der Bodenoberfläche bleibt; denn es ist der empfindlichste Teil der Pflanze, aus dessen ruhenden Augen jedes Jahr neue Triebe kommen. Die Wildrosen kommen genauso tief in die Erde wie sie in der Baumschule standen.

Kletterrosen sollen noch etwas tiefer gesetzt werden, etwa 10 cm, um die Entwicklung der echt wurzelnden Austriebe zu fördern. Auch die Kletterrosen werden nach dem Auspflanzen angehäufelt. Wenn sie an Mauern klettern sollen, müssen die Stöcke schräg zur Mauer hin und nicht näher als 50 cm gesetzt werden. Bei geringerem Abstand würden sie unter Trockenheit leiden.

Rosen-Hochstämme stützt man mit Pfählen ab, denn der Stamm allein wäre nicht in der Lage, das Gewicht der Krone zu tragen. Die Pfähle werden noch vor dem Einpflanzen des Hochstämmchens in das Pflanzloch gesteckt. Sie sollen ausreichend fest sein und so weit in die Krone hineinragen, daß sie auch bei starkem Wind nicht bricht. Der Rosen-Hochstamm wird in der Höhe der Krone mit einem festen, gegen Herabrutschen gesicherten, zuverlässigen Bindematerial am Pfahl festgebunden. Schon beim Auspflanzen ist zu berücksichtigen, daß Hochstämmchen zum Überwintern der Kronen im Boden niedergebogen werden. Hochstämmchen werden leicht schräg gepflanzt, so daß sie sich vom Pfahl um etwa 30° zu der Seite neigen, zu der sie jedes Jahr über die abgeschnittenen Zapfen zur Erde gebogen werden. Wenn man sie in der entgegengesetzten Richtung niederlegte, könnte der Stamm leicht brechen. Schräges Auspflanzen erleichtert nicht nur das Niederlegen, sondern auch das Entfernen der wilden Triebe aus den ruhenden Wurzelaugen.

Wenn die Hochstämme im späten Frühjahr bei trockenem, warmem Wetter gepflanzt werden, empfiehlt es sich, den Boden mit feuchtem Torfmull abzudecken, das Stämmchen mit angefeuchtetem Moos oder einem anderen die Feuchtigkeit haltenden Material zu umwickeln und die Krone vor zu starker Sonneneinstrahlung mit Papier zu beschatten.

Manchmal geschieht es, daß im Laufe der Zeit eine Rose auf dem Beet eingeht. An ihre Stelle soll dann eine schon etwas stärkere Pflanze ausgepflanzt werden, die sich in ihrem Wuchs schnell an die sie umgebenden Pflanzen anzupassen vermag. Da jedoch Rosen nie aufeinander folgen sollen, muß vorher die Erde ausgewechselt werden. Die alte Erde wird aus der Pflanzgrube herausgenommen und durch frischen, mit Humus angereicherten Boden er-

'Gloria Dei' wächst üppig, etwas ausladend, wird 80 cm hoch. Sie hat große, glänzende, dunkelgrüne Blätter. Remontierend; geeignet für große Gruppen oder als Solitär (445)

setzt. Mit Erfolg lassen sich auch 10 Jahre alte und ältere Rosen umsetzen. Das Umpflanzen ist immer im Herbst vorzunehmen. Die Rose wird sorgfältig aus dem Boden genommen, beschädigte Wurzeln werden abgeschnitten, alle Blätter und beschädigte Triebe entfernt und die Jahrestriebe auf die Hälfte zurückgeschnitten.

Rosenschnitt

Wichtig und notwendig für die Rose ist der Frühjahrsschnitt, der zu einer ständigen Verjüngung der Pflanze führt, denn den veredelten Rosen fehlt die Fähigkeit ihrer wilden Verwandten, sich durch Neutrieb aus dem Wurzelhals heraus immer wieder selbst zu verjüngen.

Der Schnitt ist immer 5—8 mm über einem gesunden Auge anzusetzen, da sich die Schnittwunden nicht so schließen wie bei einigen Obstgehölzen. Bei den Rosen trocknen Holz und Rinde an der Schnittstelle ein. Zum Schneiden ist nur eine scharfe Schere zu benutzen, die wirklich schneidet und nicht quetscht. Die Schnittfläche soll sich vom Auge wegneigen, damit kein Wasser über das Auge fließt. Nicht nur ein zu dichter Schnitt am Auge, auch ein zu großer Triebrest über dem Auge ist nicht zu empfehlen. Diese sog. Zapfen sterben schnell ab, werden schwarz und sind häufig Befallstellen für Pilzkrankheiten.

Der Hauptschnitt der Rosen erfolgt allein und grundsätzlich im Frühjahr nach dem Überwintern. Erfahrungsgemäß beschädigen die Winterfröste die Rosen bei weitem nicht so stark wie plötzliche Temperaturstürze im Frühjahr. Man sollte den Winterschutz deshalb erst dann entfernen, wenn die Gefahr von Nachtfrösten vorbei ist. Aufgabe des Frühlingsschnittes ist es,
1. den Wuchs des Rosenstrauches so zu beeinflussen, daß er eine schöne, regelmäßige Form erhält und die Triebe nicht in eine unerwünschte Richtung wachsen;
2. entweder prachtvolle, große Blüten am langen Stil oder viele, dafür aber kleinere Blüten an einer größeren Anzahl von Trieben zu erzielen und
3. die Lebensdauer der ganzen Pflanze durch Entfernen des alten Holzes und Zwang zum Austreiben neuer, kräftiger Triebe zu verlängern.

Am günstigsten für diesen Schnitt ist die Zeit kurz vor dem Schwellen der Triebknospen, selbstverständlich erst dann, wenn nicht mehr mit stärkeren Frösten gerechnet werden muß. Gewöhnlich ist das Ende März, Anfang April. Rechtzeitiger Schnitt bedeutet beschleunigten Austrieb, verspäteter Frühjahrsschnitt dagegen verzögerte Blüte. Aber auch zu früher Eingriff in die Pflanze noch vor den späten Frühjahrsfrösten kann Ursache für eine späte Blüte sein.

Zuerst entfernt man alles alte, erfrorene und abgestorbene Holz. An schwachen Pflanzen werden auch dünne Triebe nicht völlig weggeschnitten, sondern nur bis auf ein Auge eingekürzt, damit sie kräftiger werden können. An stärkeren Pflanzen wird alles schwache, nach innen wachsende und den Busch verdichtende Holz fortgeschnitten. Erst nach diesem Auslichten nimmt man den eigentlichen Schnitt vor, der sich bei den einzelnen Rosenklassen ziemlich unterscheidet und danach richtet, ob man auf einen reichen Blütenflor, auf Schnittrosen oder auf die Verjüngung der ganzen Pflanze Wert legt. Bei jedem Eingriff in den Strauch müssen der allgemeine Zustand und die Wüchsigkeit der Rose bedacht werden. Es dürfen nur so viel schlafende Augen an der Rose gelassen werden, daß sie die Triebe gut zu ernähren vermag. Dieser Grundsatz ist für den letztlichen Erfolg des Schnittes viel wichtiger als das Abzählen der Augen an den einzelnen Trieben. Nach jedem starken Rückschnitt muß ausgiebig gedüngt werden.

Schnitt bei den einzelnen Rosenklassen

Edelrosen auf Beeten werden 3—6 Augen an jedem Trieb zurückgeschnitten, stärkere Triebe kürzt man weniger, schwächere mehr ein. Wer Rosen für den Schnitt wünscht, nimmt mehr Holz weg und beläßt 3—4 Triebknospen. Es wachsen dann zwar weniger, dafür aber umso längere, starke Stiele mit schönen, großen Blüten.

Bei auf den Wurzelhals verdelten Rosen muß die Okulierstelle mit Erde bedeckt werden. a: *falsch;* b: *richtig;* c: *falsch (446)*

Beim Pflanzen von Kletterrosen muß ihr Wuchs berücksichtigt werden. Es wäre schade, gesunde Triebe wohlgedeihender, aber zu dicht nebeneinander stehender Sträucher abschneiden zu müssen. Mindestabstände zwischen Kletterrosen betragen 1,20 m, manchmal 2—3 m und mehr (447)

Stehen Edelrosen und Floribundarosen als Solitäre, dann beschränkt man sich darauf, schwaches Holz wegzuschneiden und gesunde Triebe entsprechend einzukürzen. Vorrang hat die schöne Form des ganzen Strauches. Wenn später der Blütenflor zurückgeht, wird durch stärkeren Schnitt verjüngt.

Polyantha- und Polyanthahybridrosen wählt man in der Regel, um eine geschlossene Rosenfarbfläche zu schaffen. Deshalb setzt man auch alle Triebe auf die gleiche Höhe zurück. Die günstigste Anzahl Triebknospen zu empfehlen, ist in diesen Fällen recht schwierig, denn die einzelnen Sorten unterscheiden sich beträchtlich in ihrer Wuchshöhe. Ob man 3, 6 oder 8 Augen stehenläßt, hängt letztendlich von der Sorte und dem Zustand der Pflanzen ab.

Beim Schneiden von Kletterrosen unterlaufen dem unerfahrenen Rosenfreund die meisten Fehler. Manchmal werden sogar junge, aus dem Grund wachsende Triebe als wilde Triebe betrachtet und weggeschnitten. Diese Triebe sind jedoch das wichtigste Zeichen für das gesunde Wachstum der Kletterrose, denn sie verjüngt sich dadurch ständig. Daß eine Kletterrose im ersten Jahr nicht blüht, ist kein Grund für einen starken Rückschnitt, sondern für diese Rosen normal. Junge Triebe werden immer geschont, auch im Frühjahr fallen sie der Schere nicht zum Opfer, denn sie tragen im kommenden Jahr kurze, blütentragende Zweige, Kletterrosen blühen also erst am zweijährigen Holz! Bei ihnen hat der Schnitt nur den Zweck, der Pflanze Gelegenheit zu geben, neue, blütenbringende Triebe zu bilden. Wenn wir die ruhenden Augen an den Neutrieben zum Treiben anregen wollen, sollten wir uns lieber bemühen, die Triebe schräg oder waagerecht zu führen.

Bei nicht remontierenden Kletterrosen werden im Frühjahr nur die dünnen Triebspitzen weggenommen, denn sie sind in der Regel erfroren. Der Hauptschnitt erfolgt dann sofort nach dem Verblühen. Überalterte, vierjährige Triebe werden bis zum Grund entfernt. Nach dem Düngen kann man dann mit dem üppigen Wachstum starker, junger Triebe rechnen.

Die remontierenden Kletterrosensorten neigen dazu, im unteren Teil zu verkahlen. Um das zu vermeiden, schneidet man einen oder zwei alte Triebe über einem gesunden Auge nahe am Boden ab. Wer sehr lange Triebe wünscht, schneidet an den Verzweigungen immer so, daß der jüngere Trieb erhalten bleibt. Dadurch entstehen einzelne Leittriebe, die sehr leicht die gewünschte Fläche bedecken. Später werden dann nur die schwachen Spitzen der Seitentriebe eingekürzt.

Parkrosen bedürfen meist nicht des Schnittes. Nur sollten sie hin und wieder in Form gebracht, ausgelichtet und

Polyantharosen können große einfarbige Flächen an Zugangswegen und der Hauseinfahrt akzentuieren (448)

an den schwachen Triebspitzen geschnitten werden. Vertrocknetes Holz ist zu entfernen.

Bei den Wild-Rosen schneidet man nur trockenes und krankes Holz weg, nichts anderes. Wenn man diesen Rosen genügend Platz und volle Freiheit für uneingeschränktes Wachstum beläßt, danken sie es durch herrlichen Wuchs.

Die Zwergrosen kürzt man auf die Hälfte der Trieblänge und berücksichtigt dabei die Höhe der jeweiligen Sorte. Abgestorbenes Holz ist vorsichtig zu entfernen.

Der Schnitt der Hochstämmchen unterscheidet sich nicht von dem der Strauchrosen. Man schneidet eher etwas stärker, um den Umfang und das Gewicht der Krone zu beschränken. Der Schnitt soll so ausgeführt werden, daß man eine vollendete, harmonische Kronenform erhält.

Bei den überhängenden, den »Trauerrosen«, geht man in etwa wie bei den Kletterrosen vor. Man schont junge, bis zu drei, vier Jahre alte Triebe und schneidet nur älteres Holz weg. Selbstverständlich entfernt man erfrorene und beschädigte Triebteile. Die Krone wird so ausgelichtet, daß sie immer tragend und leicht bleibt.

Rosenpflege

Rosen verlangen lockeren und unkrautfreien Boden, der Luft und Wärme gut aufnimmt. Flaches Hacken und häufiges Lockern tragen zu besserer Nährstoff- und Wasserversorgung bei. Besonders wenn es geregnet hat, soll die abgetrocknete, verkrustete Bodendecke bald gelockert werden, denn dadurch schützt man die tieferen Bodenschichten vor dem Austrocknen. Zu tiefes Lockern des Bodens kann den Pflanzen aber auch schaden, denn häufig werden dabei die Wurzeln verletzt. Man darf deshalb nicht tiefer als 10 cm gehen. Wenn es nicht nötig ist, sollte man nicht in das Rosenbeet treten, vor allem nicht, solange der Boden feucht ist. Am besten ist es, die Fußspuren gleich durch Lockern des Bodens zu beseitigen.

Zum Herbst schränkt man alles ein, was Wachstum und Triebbildung fördern könnte, denn die Rose braucht zum Ausreifen des Holzes Ruhe. Auch die Bodenpflege unterläßt man.

Mulchen

Sehr zu empfehlen ist das Zudecken des Bodens — das Mulchen. Man verwendet dazu geeignetes Material, wie Laub, gemähtes Gras, oder auch alten, verrotteten Stalldung. Dafür muß man den Boden dann längere Zeit nicht lockern und nicht so häufig gießen. Die Mulchschicht beeinflußt die physikalischen und chemischen Eigenschaften des Bodens günstig und erhöht die Aktivität der im Boden lebenden Mikroorganismen. Gleich im Frühjahr, nach dem Schnitt und dem Herrichten der Beete, wird zwischen die Rosenstöcke eine etwa 8 cm dicke Mulchschicht gebracht. Diese Arbeiten sollen noch vor dem Austrieb vorgenommen werden, um sie nicht abzubrechen. Diese Mulchdecke ist der Rose von Nutzen. Sie unterstützt das Wachstum und unterdrückt das Auflaufen von Unkraut. Schlimmer ist es schon mit dem Aussehen des Beetes, vor allem dort, wo es den Garten verschönern soll. Besser ist es deshalb, solches Material zum Mulchen zu verwenden, das sich später leicht in den Boden einarbeiten läßt.

Entspitzen

Durch Ausbrechen der Triebknospen läßt sich das zu üppige Wachstum einzelner Triebe einschränken. Es kann nämlich vorkommen, daß nur das oberste Auge am Trieb austreibt, und einen übermäßig langen Trieb bildet. Man bezeichnet diesen als »Holztrieb«. Auf dem Beet sieht das nicht besonders gut aus, noch weniger ansehnlich ist es bei den Hochstammrosen. Erfolgt die Holztriebbildung im Mai, blüht die Rose schon sehr früh.

Aber man sollte lieber auf diese Blüte verzichten und den jungen Trieb so kürzen, daß zwei bis drei Augen zum Austreiben bleiben. Die Krone bekommt dann eine schönere Form; die Rose trägt zwar später, dafür aber umso mehr Blüten.

Manche Triebe enden nur in einem Blatt ohne blütenbildendes Auge. Wenn dieser blinde Trieb sonst ganz gesund ist, wird über dem nächsten Blatt mit einer gesunden Triebknospe geschnitten, so daß sich daraus ein blühfähiger Trieb entwickelt.

Wurden die Rosen nicht sorgfältig genug gepflanzt, und werden sie unzureichend gepflegt, wachsen oft direkt aus der Unterlage wilde Triebe, sogenannte Wildtriebe. Ihre Blätter sind gewöhnlich heller als das der über der Veredelungsstelle wachsenden Triebe, sie unterscheiden sich in Größe und Anzahl der Fiederblätter und auch die Stacheln weisen in Form und Menge merkliche Unterschiede auf. Auf die Dauer kann diese Wildtriebbildung nur verhindert werden, wenn man die Wurzelstelle freilegt und den Trieb sorgfältig bis auf die Wurzel abschneidet. Manchmal reicht es, den Wildtrieb einfach herauszureißen. Wird er aber nur am Boden abgeschnitten, wie das so häufig geschieht, regt ihn das zu stärkerem Wachstum an.

Hochstammrosen werden immer an Pfähle gebunden, die bis in die Krone reichen sollen, damit diese nicht abbricht. Die Pfähle streicht man mit Firnisfarbe, z. B. weiß an (449)

Einfarbige Rosenblüten — mit zunehmendem Alter verblaßt die Blütenfarbe (450)

Sommerschnitt

Unter Sommerschnitt versteht man das Einkürzen einzelner, zu üppig wachsender Triebe, vor allem bei den Edel- und Hochstammrosen. Er soll aber vor allem dazu beitragen, die Rose zur Bildung immer neuer Blüten anzuregen. Die Anzahl der Blüten, die ein Rosenstrauch während eines Sommers bringt, ist verschieden und von den Eigenschaften der Sorte abhängig. Es gibt reich und weniger reich blühende Züchtungen, aber ob eine Sorte die höchstmögliche Blütenfülle bringt, liegt allein in der Hand des Gärtners. Dabei spielen Pflege, Bodenbedingungen, Wassergabe, Düngung, Witterungsbedingungen und Schutz vor Schädlingen und Krankheiten eine wesentliche Rolle, aber auch wenn alle diese Bedingungen erfüllt wären, würde man ohne richtigen Sommerschnitt während eines Sommers von einem Trieb wohl kaum drei oder vier gesunde, schöne Blüten bekommen.

Bei Rosen müssen die Wurzelschösslinge rechtzeitig beseitigt werden. Am besten ist es, wenn die Triebe dicht an der Wurzel abgeschnitten werden (451)

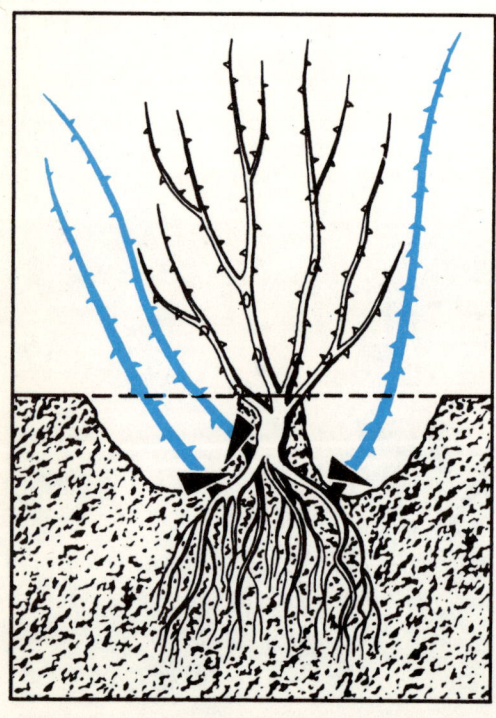

Ein grundsätzlicher Fehler wäre es, die verblühte Rose erst nach dem Abfallen der Kronblätter und dann auch nur durch Kappen des Blütenkelches entfernen zu wollen, wie man das gewöhnlich bei Narzissen, Tulpen, Pfingstrosen und anderen Blumen tut. Der neue, blütentragende Trieb würde dann viel zu hoch am schwächsten Teil des alten Triebes wachsen und einen überständigen, dünnen und biegsamen Trieb bilden. Beim Entfernen der verwelkten Blüten empfiehlt es sich, nach den Grundsätzen des Sommerschnittes vorzugehen. Die Blüte soll nicht erst abgeschnitten werden, wenn sie keine Blütenblätter mehr hat, sondern gleich, wenn sie ihre Schönheit verliert. Bei den Edelrosen wird zusammen mit der abgeblühten Rose der Teil des Stieles entfernt, der Blätter mit nicht vollzähligen Fiederblättern trägt, und dazu noch ein vollständiges, vollzähliges Blatt. Die Schere soll 5—8 mm über dem nächsten gesunden Auge angesetzt werden. Ist der alte Trieb an dieser Stelle noch nicht kräftig genug, um den neuen, aufrechten Stiel mit der Blüte zu tragen, wird stärker zurückgeschnitten. Damit der neue Trieb nicht in den Strauch hineinwächst, wird — vor allem bei Hochstammrosen — nach Möglichkeit, ähnlich wie beim Frühjahrsschnitt, über einer nach außen zeigenden Triebknospe geschnitten. Bei kürzeren Trieben mit wenig Blättern darf der Rosenstrauch nicht durch übermäßiges Verkleinern der Gesamt-Blattfläche geschwächt werden. Im September und bis in den Herbst hinein wäre es nicht zweckmäßig, mit der abgeblühten Rose noch zwei Blätter wegzunehmen, weil der zwangsläufig neu wachsende Trieb keine Aussichten hätte, bis zum Winter eine gute Blüte zu bringen. Um diese Zeit wird die Rose schon geschont, damit das Holz gut ausreifen kann und den Wintereinflüssen besser widerstehen kann. Deshalb schneidet man im Herbst auch die für die Vase bestimmten Blüten nicht mehr mit langem Stiel.

Bei den vielblütigen Rosen, den Polyantha- und Floribundarosen, wird nach dem allmählichen Abblühen aller im Büschel stehenden Blüten der ganze Blütenstand über dem ersten Blatt abgeschnitten. Heute gibt es bereits Züchtungen, die ausgesprochen für die Beetpflanzung bestimmt sind (vielblütige Sorten) und sich nach dem Verblühen »selbst reinigen«, denn sie werfen ihre Blütenstiele mit den welken Blättern selbst ab. Diese Eigenschaft ist für Sorten sehr wertvoll, die auf großen Flächen gepflanzt werden und weiß oder in anderen hellen Farbtönen blühen. Bei ihnen dunkeln die welken Blütenblätter immer nach und stören damit das Gesamtaussehen der Pflanzung.

Bei den Kletterrosen, deren Blüten büschelig stehen, wie bei den Polyantharosen, wird auch der ganze Blütenstand auf einmal abgeschnitten. Besonders wichtig ist das bei öfter blühenden Sorten, denn dadurch wird der reichere Blütenaustrieb unterstützt. Im Sommer, wenn die Rosen im vollen Laub stehen, ist das sehr arbeitsaufwendig. Aber auch bei den nur einmal blühenden Sorten sollte dieser Eingriff vorgenommen werden, um die Pflanze nicht durch die Fruchtbildung zu schwächen, sondern ihr genügend Kraft für die Bildung einer größeren Anzahl neuer Blütenknospen für das kommende Jahr zu geben. Wildrosen und einige ihnen verwandte Parkrosenzüchtungen läßt man ohne Schnitt mit ihren schön gefärbten und geformten Hagebutten noch bis spät in den Herbst hinein Gärten und Parkanlagen schmücken.

Düngen

Wichtiger Bestandteil der laufenden Rosenpflege ist die richtige Düngung. Für die Vorrats- und Kopfdüngung finden hauptsächlich mineralische Volldünger Verwendung, in denen mehrere Nährstoffe in einem bestimmten Verhältnis kombiniert sind. Für die richtige Ernährung der Rosen ist auch die Bodenreaktion wichtig. Die Bodenreaktion soll schwachsauer (pH 5,5—6,5) sein. In alkalischen Böden, also bei pH-Werten über 7, verwandeln sich die Eisenverbindungen in für die Rosen nicht aufnehmbare Formen, so daß sich an den Rosen Mangelerscheinungen (Chlorosen) bemerkbar machen.

Rosen sind vor allem empfindlich, wenn sich zu viel Salz im Boden befinden. Deshalb ist nur vorsichtig Mineraldünger zu geben, besonders in schweren Böden, wo das Salz nur sehr langsam ausgewaschen wird.

Voraussetzung dafür, daß die Pflanze alle durch Mineraldünger in den Boden gebrachten Nährstoffe auch nutzen kann, ist ausreichender Humusgehalt im Boden. Humus verhindert das Auswaschen der Nährstoffe in tiefere Bodenschichten und erhöht die Fähigkeit des Bodens, Wasser für einen längeren Zeitraum zu halten und für die Pflanzen verfügbar zu machen. Dadurch können von den Rosen auch kritische Perioden, wie Trockenheit und Fröste überstanden werden. Die wichtigsten Humuslieferanten sind Stalldung und Kompost.

Stalldung kann nur als Vorratsdünger gegeben werden und muß rechtzeitig vor dem Auspflanzen in die oberen Bodenschichten eingearbeitet werden. In leichteren Böden können bis 8 kg Stalldung m² gegeben werden, in schweren Böden nur etwa die Hälfte. Am besten eignet sich Kuhmist; Pferdemist muß wegen der Ammoniakbildung sehr vorsichtig und kann nur gut verrottet verwendet werden.

Die Wurzeln der Rosen dürfen nie mit frischem Mist in Berührung kommen, besonders den jungen, umgepflanzten Rosen würde er beschädigen. Er muß lange vor dem Pflanzen in den Boden kommen. Geeignet sind auch andere organische Dünger, wie Knochenmehl und Hornspäne. Geflügelmist ist ein sehr ergiebiger Dünger und besonders als Flüssigdünger geeignet. Er wird vergoren und nur als sehr stark verdünnte Lösung den Pflanzen verabreicht.

Torf zersetzt sich im Boden nur sehr langsam und ist deshalb eine ausgezeichnete Humusquelle. In durch Torferde verbesserten Böden können die Rosen gut Wurzeln bilden.

Kompost kann zu jeder Zeit gegeben werden, am besten jedoch im Vorfrühling, noch bevor der Winterschutz weggenommen wird. Guter Kompost oder verrotteter Mist werden in einer etwa 5 cm hohen Schicht auf das Beet ausgestreut und leicht in die Bodenoberschicht eingearbeitet. Wenn zum Anhäufeln die Erde zwischen den Rosenstöcken verwendet wird, können die entstandenen Löcher schon im Winter mit diesen Stoffen aufgefüllt werden. Der Frost dringt dann nicht so sehr in den Boden ein und das Einbringen des Düngers im Frühjahr beim Anhäufeln wird erleichtert.

Teehybride 'Dr. A.J. Verhage' bildet 60-70 cm hohe, kräftige und kompakte Sträucher. Die Blüten sind bernsteingelb, mit bronzefarbenem Anflug (452)

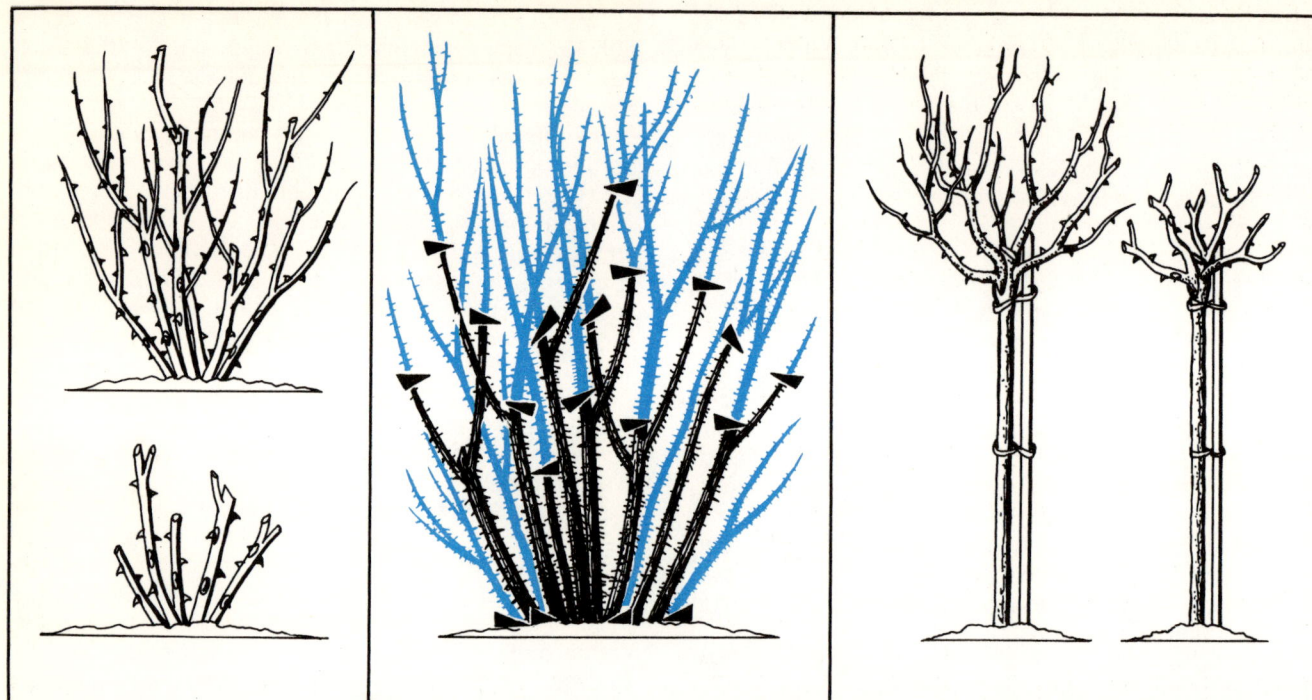

Im ersten Jahr nach dem Auspflanzen werden die Rosen nie gedüngt. Erst im zweiten Jahr beginnt man damit, düngt dann aber regelmäßig, ohne auch nur ein Jahr auszulassen. Dünger sollen die Pflanzen rechtzeitig bekommen, damit er ihnen zur Verfügung steht, wenn sie ihn am meisten brauchen: einmal während des Frühjahrsaustriebes, wenn sich Triebe und Blätter bilden und die ersten Blütenknospen angelegt werden, später nach dem ersten Flor, wenn neue Triebe und die nächsten Blüten kommen. In der ersten Phase ist mehr Bedarf an Stickstoff, als in der zweiten, dann braucht die Rose vor allem Kalium und Phosphor. Die einzelnen Mineraldünger unterscheiden sich durch ihre Zusammensetzung und es ist deshalb gut, sich bei der Wahl nach dem Nährstoffbedarf der Pflanzen und dem Nachlieferungsvermögen des Bodens zu richten.

Düngungstermine
Wenn man das bisher Gesagte zusammenfaßt, müßte der Zeitplan für die Düngung in etwa so aussehen:
1. Zeitig im Vorfrühling: Sobald es das Wetter erlaubt, noch vor dem Abhäufeln, wird 60—80 g Volldünger m² gleichmäßig über die ganze Fläche gestreut. Beim Abhäufeln kommt dann der Dünger flach unter die Oberfläche.
2. Etwa Mitte Mai, wenn die Rosen mit der Knospenbildung beginnen: Nach Regen oder nach dem Gießen wird eine schnellwirkende Volldüngerlösung (30 g Düngemittel 10 l Wasser) gegeben. Jeder Rosenstrauch bekommt drei Liter dieser Lösung.
3. Ende Juli: Es wird noch einmal flüssig gedüngt, natürlich nur bei gut feuchtem Boden.
4. Ende Oktober bis Anfang November: chloridfreies Kalium und Superphosphat (jeweils 30 g/m²) ausstreuen.

Werden die Rosen angehäufelt, darf diese Düngung erst nach dem Zudecken erfolgen.

Aber nicht immer ist dieses Schema geeignet; es ist für normale Witterungsverhältnisse, durchschnittliche Bodentypen und normale leichte bis mittelschwere Gartenböden bestimmt. Auf leichten, sehr durchlässigen Böden empfiehlt es sich, nicht erst im Juli, sondern schon Mitte Juni die erste Flüssigdüngung vorzunehmen und eine zusätzliche Gabe eines schnellwirkenden Flüssigdüngers spätestens

Rosenschnitt. Oben links: Die Triebe der Strauchrosen werden im Herbst nur etwas eingekürzt. Unten links: Erst im Frühling werden die schwachen Triebe entfernt und die übrigen je nach ihrer Wüchsigkeit auf 2—8 Augen zurückgeschnitten. Mitte: Bei Parkrosen, die einmal in der Vegetationsperiode blühen, werden schwache bzw. alte Triebe abgeschnitten. Die übrigen Triebe werden nach dem Abblühen um höchstens ein Drittel eingekürzt. Rechts: Die Kronen der Hochstammrosen werden im Frühling ausgelichtet und die übriggebliebenen Triebe auf eine Länge von 15—20 cm eingekürzt (453)

noch in der ersten Julihälfte einzuschieben. Ähnliches gilt für sehr nasses, regnerisches Wetter, wenn zu viel Nährstoffe zu schnell weggespült werden.

In trockenen Jahren muß man nicht so viel düngen wie in Jahren mit ergiebigeren Niederschlägen. Besonders vorsichtig gibt man Stickstoff, denn ein Teil des im Frühjahr eingebrachten Düngers bleibt bei zu wenig Feuchtigkeit unverbraucht im Boden. Erst wenn die Spätsommer- und Herbstniederschläge den Boden tüchtig durchfeuchten, beginnen die Pflanzen diese Nährstoffe aufzunehmen, sie verlängern die Vegetationsperiode weit in den Winter hinein, so daß diese Rosen besonders stark von Winterschäden bedroht sind.

Kletterrosen verschönern den Garteneingang (454)

Die Bodenbeschaffenheit ist ein beachtenswerter Faktor. In verdichteten und tonigen Böden können sich schlecht Wurzeln bilden. Darum müssen Humus, grober Sand und alles, was den Boden auflockert und krümelig macht, hier Abhilfe schaffen.

Blattdüngung ist selbstverständlich allen Rosen von Nutzen, aber für junge, geschwächte Pflanzen, die noch kein ausreichendes Wurzelsystem besitzen, manchmal auch für ältere, umgesetzte Rosensträucher kann sie auch von Nachteil sein. Diese Pflanzen mit leicht vergilbten, kleinen und matten Blättern, und schwachen Blütenstielen erhalten einmal in der Woche oder auch öfter flüssigen Volldünger.

Es gibt Spezialmittel für die Kopfdüngung, die alle Hauptnährstoffe, einige Spurenelemente und einen Zusatz enthalten, der die Nährstoffaufnahme durch die Pflanzen unterstützt. Dieser Stoff (Chelatbildner) kann auch dem Düngemittel zugesetzt werden, das mit dem Gießwasser gegeben wird, aber er ist vor allem Blattdüngern zugesetzt, die dann verwendet werden, wenn kurzfristig ein Mangel an dem einen oder anderen Nährstoff im Boden überbrückt werden muß. Diese Düngerlösung in einer bestimmten, nach der Gebrauchsanweisung zuzubereitenden Konzentration wird insgesamt drei- bis viermal in 10- bis 14tägigen Intervallen auf die Blätter gesprüht (z. B. Eisenchelat bei durch Eisenmangel entstandenen Chlorosen).

Rosa sericea var. pteracantha gehört zu den Wildrosenarten. Sie erreicht eine Höhe von 3 m (456)

Bewässerung

Rosen benötigen ziemlich viel Wasser. Allgemein wird die erforderliche Menge an Niederschlägen mit 700–800 mm angegeben. In den einzelnen Wachstumsphasen schwanken jedoch die Ansprüche an die Wassermenge. Am meisten Wasser braucht die Pflanze während der Zeit der intensivsten Entwicklung, also nach dem Frühjahrsaustrieb und nach dem ersten Flor.

Der wesentlich höhere Wasserverbrauch während der Hauptwachstumszeit steht übrigens in einem direkten Zusammenhang mit den erhöhten Düngergaben in dieser Zeit. Ohne genügend Wasser und Nährstoffe bildet die Rose nur schwache Triebe und legt verkümmerte, meist recht wenig gefüllt Blüten auf sehr kurzen Stielen an. Nur selten reicht der Regen aus, so daß es oft notwendig ist, die Rosen ausgiebig zu wässern. Oberflächliches, wenn auch tägliches Gießen ist für die Rosen ohne Nutzen.

Schon beim Lockern des Bodens soll an das Gießen gedacht werden. Der Beetrand wird leicht angehäufelt, damit das Gießwasser nicht wegfließt, sondern unmittelbar an die Pflanze gelangt. Nie soll bei praller Sonne gegossen werden. Das abgestandene Wasser wird mit der Gießkanne, von der die Tülle entfernt wurde, direkt in eine seichte Rinne gegossen, aber immer so, daß die Blätter nicht naß werden.

Beim Beregnen kommt meist weniger Wasser in den Boden als man annimmt. Wenn es keine andere Möglichkeit gibt, soll wenigstens das Sprengen bei zu großer Hitze vermieden und darauf geachtet werden, daß die Rosen noch bis zum Abend abtrocknen können. Bleiben die Blätter über Nacht naß, sind sie leicht dem Befall durch Pilzkrankheiten ausgesetzt. Im Spätsommer und Herbst sollten die Rosen nicht zu viel Wasser bekommen, im Gegenteil, es kann ihnen sogar schaden. Zu viel Wasser im Herbst regt sie zu ständigem Wachstum an, so daß die Triebe nicht rechtzeitig ausreifen und leicht durch Frost geschädigt werden. Anfang September hört man deshalb in der Regel auf zu gießen, den Pflanzen reichen die Niederschläge. Ist es im Herbst aber sehr trocken, muß entsprechend gewässert werden, denn gefrorene Böden nehmen kein Wasser mehr auf, so daß die Rosen dann wegen Wassermangel eingehen. Ausreichendes Wässern noch vor dem Frosteinbruch ist sehr wichtig. Häufig wird fälschlich angenommen, die Rosen seien erfroren. In Wirklichkeit sind sie wegen Wassermangel unter der gefrorenen Bodenoberfläche vertrocknet. Diese Gefahr wird an warmen, sonnigen Februar- und Märztagen noch erhöht, wenn nicht nur die oberirdischen Pflanzenteile und der Boden intensiv Wasser abgeben, sondern mit den vorzeitig in den Pflanzen aufsteigenden Säften Wasser auch aus den Wurzeln entzogen wird, ohne daß der Boden aufgetaut wäre und Wasser nachliefern könnte. Bei trockenem Herbstwetter müssen die Pflanzen deshalb noch einmal genügend Wasser

Bei Kletterrosen werden beim Frühjahrsschnitt alte Triebe entfernt; höchstens sechs starke Triebe werden belassen und nur teilweise zurückgeschnitten, damit sie sich nicht zu sehr verzweigen, sondern in die Höhe wachsen (455)

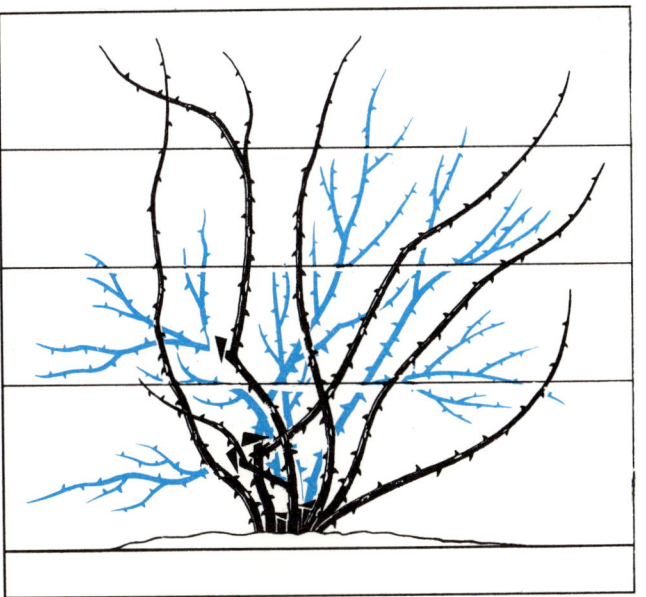

bekommen, damit sie ihren Wasservorrat auffüllen können. Das soll noch vor dem Anhäufeln erfolgen.

Überwintern

Eine der wichtigsten Pflegearbeiten ist der Schutz der Rosenpflanze vor Frösten. Eigentlich beginnt das schon bei der Auswahl des Standortes und der Sorten. Weit besser überstehen den Winter gut entwickelte, richtig ernährte (ausreichend mit Kalium und Phosphor versorgte), im guten Humusboden stehende und nicht durch Schädlinge und Krankheiten geschwächte Rosen. Rosen mit unausgereiftem Holz, die bis zum Eintritt des Frostes noch Wachstum zeigen, sind gefährdet und erfrieren leicht. Es ist deshalb alles zu vermeiden, was das Ausreifen des Holzes beeinträchtigen könnte und die Pflanze noch spät im Herbst zum Wachstum anregt. Zu den schwerwiegendsten Fehlern gehören: vorzeitiges Herausnehmen der jungen Rosen, Pflanzen im Schatten unter Bäumen, zu späte Düngung, Mästen der Bestände mit Stickstoff, übermäßiges oder zu geringes Wässern, kein ausreichendes flaches oder ein zu tiefes Hacken und ein zu später Schnitt (im Spätsommer und Herbst).

Erst im November wird der Boden noch einmal gut gelockert, bevor angehäufelt wird, und bei trockenem Herbstwetter noch einmal rechtzeitig und gründlich vor dem Frost gewässert.

Die Auswahl winterharter Sorten ist besonders bei den Kletterrosen wichtig, denn sie lassen sich nur schwer zudecken. In unseren Klimazonen müssen die meisten Sorten Winterschutz erhalten. Wann jedoch der richtige Zeitpunkt gekommen ist, läßt sich niemals genau sagen, auf keinen Fall darf das zu früh geschehen. Es bleibt aber nichts anderes übrig als die Wetterentwicklung zu verfolgen und sich nicht vom Winter überraschen zu lassen. Geringe Kältegrade machen den Rosen nichts aus und leichtere Fröste beschleunigen das Abfallen des Laubes. Sobald jedoch die Gefahr besteht, daß die Temperaturen unter −10°C absinken oder Dauerfröste eintreten, müssen die Rosen so schnell wie möglich angehäufelt werden, damit das Erdreich oder anderes Material, mit dem angehäufelt werden soll, nicht gefriert.

Der beste Winterschutz für Rosen ist Anhäufeln mit lockerer Erde. Stehen die Rosen weit auseinander oder in einer Reihe, reicht es aus, die sie umgebende Erde zum Stamm zu häufeln. Durch das Ausfüllen der dadurch entstandenen Löcher mit Stalldung wird das Durchfrieren des Bodens verhindert. Wenn der Dung dann beim Abhäufeln

Rechteckige Rosenbeete entsprechen der Hausarchitektur (457)

Je nach der Blütenblattzahl werden einfachblühende, einfach gefüllte, halbgefüllte und gefüllte Sorten unterschieden. Teehybriden haben stark gefüllte Blüten mit 40 Petalen in acht Reihen (458)

im Frühjahr mit der Häufelerde zugedeckt wird, gibt es gleich noch Humus und Nährstoffe: Der Dung darf jedoch nicht das Holz der Rosensträucher berühren.

Vor dem Anhäufeln werden die Rosen entlaubt und die nicht ausgereiften Triebspitzen abgeschnitten. Zu lange Triebe werden leicht eingekürzt, um die Arbeiten nicht zu erschweren.

Stehen die Rosen dicht und in mehreren Reihen, kann die Beeterde nicht verwendet werden. Am häufigsten wird dann auf erdigen, gut verrotteten Kompost zurückgegriffen. Noch verwesendes Material ist ungeeignet; es entwickelt Wärme und die Triebe fangen an zu treiben. Torf, der auch manchmal verwendet wird, hält zu viel Wasser. Und wenn er zu naß ist und gefriert, können die scharfen Eiskanten die Rinde an den unteren Triebteilen beschädigen. Strohhäckseln und ähnliches Material gibt oft gute Nestplätze für Wühlmäuse ab. Es sollte deshalb höchstens dem Erdreich beigemengt werden. Wenn größere Mengen zum Zudecken gebraucht werden, sollte das Material rechtzeitig, eventuell vom weiter entfernten Komposthaufen herangefahren und in mehreren Haufen etwa auf den Wegen bevorbevorratet werden. Bei plötzlich eintretenden Frösten kann es dann schnell an die Rosen gebracht werden. Es schadet nichts, wenn der Boden schon leicht gefroren oder von einer dünnen Schneeschicht bedeckt ist.

Strauchrosen werden gewöhnlich in der zweiten Novemberhälfte etwa 20—30 cm hoch angehäufelt. Die Erde muß so zwischen die Triebe kommen, daß keine Hohlräume entstehen, durch die der Frost an die Pflanze herankönnte oder wo sich Schimmel bilden würde. In kälteren Gegenden wird zusätzlich noch leicht mit Fichtenreisig zugedeckt. Besonders sorgfältig sind die im Herbst neu gepflanzten Rosen zu behandeln, die noch nicht fest eingewurzelt sind.

Die Kronen der Hochstammrosen werden auch vor dem Überwintern entlaubt, nicht ausgereifte Triebspitzen werden abgeschnitten und die Krone mit einem Bindfaden zusammengezogen. Jüngere Stämme können ohne Bedenken umgebogen werden, besonders wenn sie leicht schräg gepflanzt wurden. Man biegt sie sehr behutsam nieder, damit der Stamm an der Veredlungsstelle oder an eventuellen Schadstellen nicht bricht. Es wird darauf geachtet, daß die Veredlungsstellen an der Bogenunterseite bleiben. Mit einer Hand hält man den Stamm nahe am Wurzelhals fest und mit der anderen Hand biegt man ihn langsam nieder, immer in Richtung des nach dem Schnitt verbliebenen Zapfens. Dicht unter der Krone wird der Stamm mit überkreuzten Stangen oder einem Haken im Boden festgemacht. Wer den Stützpfahl im Winter schützen möchte, zieht ihn heraus und kennzeichnet das Loch durch einen kurzen Pflock.

In leichten, durchlässigen Böden kann die Krone in eine Grube gelegt werden, bei schwereren Böden ist es besser, sie nicht einzusenken, weil sich in dem Loch Wasser halten könnte. Die Grube wird gut mit Erde angefüllt und noch ungefähr 20 cm vor allem an dser Veredelungsstelle angehäufelt. Der Stamm wird eingebunden und Erde über den Wurzeln aufgeschüttet, so daß der Stamm vor Frost und Temperaturschwankungen sowie vor eventuellem Tierverbiß geschützt ist. Bei strengen Frösten kann noch mit Fichtenreisig zugedeckt werden.

Schwieriger ist der Winterschutz bei älteren Hochstammrosen mit starken Stämmen, die sich nicht mehr biegen lassen und schon eine gut ausgebildete, schwere Krone haben. Das Niederbiegen hätte das Abbrechen des Stammes zur Folge. Diese Rosen müssen stehen bleiben und eingebunden werden. Beim Umlegen der älteren Hochstammrosen kann aber auch noch eine andere Methode angewendet werden. Hierbei wird zuerst die Erde an der Seite weggenommen, auf die der Stamm niedergelegt werden soll. Eine Person erfaßt den Stamm nahe am Boden, zieht an ihm und legt ihn gleichzeitig auf die Seite. Dabei sticht ein Helfer von der gegenüberliegenden Seite mit einem Spaten unter das entferntere Drittel des Wurzelballens und hebt diesen Teil der Wurzeln leicht nach oben. Das eigentliche Umlegen überträgt sich dadurch bis auf die elastischen Wurzeln unter dem Wurzelhals. Der größte Teil des Wurzelsystems bleibt dabei unbeschädigt im Boden, auch wenn einige Wurzeln verlorengehen. Es lohnt sich aber, denn dadurch kann die wertvolle Hochstammrose vor dem Abbrechen des Stammes oder dem Erfrieren bewahrt werden. Der Stamm wird mit der Krone auf die Erde gelegt und auf die bereits beschriebene Weise am Boden angepflockt. Die angehobenen Wurzeln, der Stamm und die Krone werden sorgfältig mit Erde zugeschüttet. Die gesunde, nicht vom Frost beschädigte Pflanze bildet dann im Frühjahr nach dem Wiederaufstellen sehr bald ausreichend neue Wurzeln.

Wer seine nicht mehr biegsamen Hochstammrosen stehen läßt und sie einpacken möchte, muß dafür luftiges, leichtes und trockenes Material wählen. Niemals dürfen Folien oder imprägniertes Papier verwendet werden, denn sie sind luftundurchlässig. Bei sonnigem Wetter steigen darunter die Temperaturen stark an und beschädigen die Rose dann bei den nachts abfallenden Temperaturen umsomehr. Den besten Schutz nicht nur gegen Fröste, sondern auch gegen Windbruch und Schneelast bieten drei schräg über der Krone zu einer Pyramide zusammengesteckten Pfähle. Dieser Raum wird mit Stroh oder Heu ausgefüllt, eingepackt und mit Draht fest zusammengebunden. Auch der Stamm wird eingebunden, beispielsweise mit durchlässigem Sackmaterial.

Kletterrosen sind verhältnismäßig frostbeständig und einige Neuzüchtungen, z. B. aus der Gruppe der öfterblühenden Rosa-Kordesii-Hybriden, zu deren Stammeltern auch die sehr resistente R. rugosa gehört, sind fast winterhart. Die vom Climbing-Typ dagegen, die aus Mutationen von Edelrosen und Floribundarosen entstanden sind, haben deren Frostempfindlichkeit geerbt. Ein erfolgreicher, aber umso arbeitsaufwendiger Frostschutz wäre es, die Kletterrosen vom Stützgerüst abzunehmen, auf den Boden zu legen und mit Erde abzudecken. Meist ist das jedoch undurchführbar. Kletterrosen schützt man deshalb meist durch über die Rosen an Mauern und Pergolen gelegtes und angebundenes Sackmaterial, Papier oder Fichtenreisig. Besonders wichtig ist für diese Pflanzen Sonnenschutz in den Winter- und Vorfrühlingsmonaten. Bei den Kletterrosen lassen sich auch nur schwer alle Blätter entfernen, an denen Krankheitserreger und Schädlinge überwintern können. Dagegen hilft nur ausgiebiges Spritzen oder Begießen der ganzen Pflanze und des Bodens mit einem Schwefelpräparat. Bei den an Mauern wachsenden Rosen ist vorsichtig mit diesen Mitteln umzugehen!

Wie bei den Beetrosen, wird vor allem die Veredelungsstelle sorgfältig mit angehäufelter Erde geschützt. Kletterrosen, die in strengen Wintern bis auf den Grund erfroren sind, müssen deshalb noch nicht verloren gegeben werden. Die durch das Erdreich geschützten unteren

Das Gebäude läßt sich optisch durch Pergolen und kletterrosenbewachsene Wände verlängern, besonders, wenn eine Terrasse an das Haus anschließt (459)

Floribundahybride 'Lili Marleen' wächst üppig, erreicht eine Höhe von 50–60 cm; die halbgefüllten Blüten sind feuerrot. Geeignet für Gruppenpflanzung (460)

Rosen bilden einen genügend dichten Sichtschutz, um Intimität zu schaffen (461)

Floribundarose 'Allgold'. Höhe 40—60 cm, Blütenfarbe Goldgelb (462)

Augen treiben umso lebhafter aus und bilden bis zum Sommer kräftige Triebe.

Parkrosen, vor allem aber die niedrigen und dauerblühenden Züchtungen, werden wie die Beetrosen durch Aufschütten von Erde geschützt. Längere Triebe können durch Abdeckmaterial Schatten erhalten.

Einige Parkrosen und die meisten Wildrosen überstehen unsere Winter meist recht gut. Man kann ein übriges tun und den Boden mit Walderde, geschnittenem Gras und ähnlichem zudecken. Rosen, die auf dem Balkon in Kästen und Kübeln gezogen werden, stellt man den Winter über in einen kühlen Keller.

Ab Anfang April wird der Winterschutz nach und nach von den Rosenstöcken abgenommen. Das soll bei bedecktem Himmel, nie an sonnigen Tagen erfolgen.

Ziemlich schwierig ist es, die bereits ausgetriebenen, empfindlichen Triebe der abgehäufelten Rosen vor den Spätfrühlingsfrösten zu retten. Beim Anhäufeln besteht die Gefahr, daß sie abbrechen. Es geht hauptsächlich darum, daß die in der Regel auf Frostnächte folgende Morgensonne die angefrorenen Triebe nicht zu früh auftaut. Solange die Nachtfröste im April und Mai nicht unter –5°C sinken, besteht Hoffnung, daß die jungen Triebe überleben, wenn man sie langsam auftaut. Das Auftauen kann man hinauszögern, wenn man gleich nach Tagesanbruch fein Wasser über die Pflanze sprüht. Leichtes Gefrieren durch Wasser schadet nichts, aber Temperaturstürze unter –5°C vernichten die Triebe vollständig. Wenn das aber nun doch eintritt, hilft sich der Rosenstock selbst, wenn er richtig tief gesetzt wurde und die Augen nahe am Wurzelhals durch Erde geschützt sind. Zum Wiederaustrieb regt das rechtzeitige Abschneiden der erfrorenen Triebe an. Auch Gießen mit einer schwachen Lösung eines schnell wirkenden Volldüngers fördert den Austrieb.

Rosen werden auch bereits unter den rauhen klimatischen Bedingungen der Hochgebirge gezogen. Ihr Überwintern unter diesen extrem schwierigen Verhältnissen macht auch ganz außergewöhnliche Maßnahmen erforderlich. Die Schneedecke bleibt dort den ganzen Winter über liegen und die sonst für die Rosen so gefährliche Erwärmung tagsüber nach Nachtfrösten ohne Schnee ist kaum zu befürchten. Im Gegenteil, in den Gebirgslagen gibt es Schnee im Überfluß. Die zusammengepreßten unteren Schichten verdichten sich zu Eis und zerdrücken jeden normal behandelten Rosenstock. Bei mehrjährigen Versuchen in den schweizerischen Alpen wurde festgestellt, daß in 1200—1900 m Höhe über dem Meeresspiegel Rosen ganz gut ohne besonderen Schutz überwintern. Sie müssen jedoch vor Eintritt des Winters, also um den 10. Oktober herum, dem Zustand des Rosenstrauches entsprechend, geschnitten werden. Oft werden sie ganz eingekürzt, manchmal sogar fast bis auf die Veredelungsstelle, um zu verhindern, daß die mehrere Meter hohen Schneemassen den Stock zerbrechen.

Teehybride 'Bettina' ist von mittlerem, etwas ausladendem Wuchs und etwa 60 cm hoch. Sie braucht nährstoffreichen Boden, remontiert gut. Die Blätter sind metallisch-glänzend, die Blüten orange (463)

Schädigende Einflüsse

Die Rosen können durch ungünstige Standortbedingungen, tierische Schädlinge oder durch Pilze, Bakterien und Viren verursachte Krankheiten sowie durch Unkräuter Schäden nehmen.

Unter ungünstigen Lebensbedingungen sind Mangel oder Überfluß an Nährstoffen, Schädigungen durch Fröste, Wind, Trockenheit, Wassermangel u.ä. zu verstehen. Einige dieser Einflüsse lassen sich durch geeignete Maßnahmen in ihrer Wirkung mindern oder verändern, beispielsweise durch richtige Ernährung, Wässern, Schnitt und die gesamte Pflege der Rosen überhaupt.

Frostgeschädigte Rosen bleiben in ihrer Entwicklung zurück und haben kleinere, hellere bis gelbe Blätter. Manchmal ist nur ein Teil des Strauches, manchmal nur ein Teil eines Triebes davon betroffen. Es ist dann das Beste, sehr bald zu schneiden, damit sich die übrigen Triebe gut entwickeln können. Tiefergehende Frostschäden lassen sich kaum ausgleichen, der Rosenstrauch erholt sich nur selten so weit, daß er diese Frostschäden überwindet.

Schutz gegen Krankheiten und Schädlinge

Man darf nie vergessen, daß gut gepflegte Pflanzenbestände immer widerstandsfähiger gegen Schädlings- und Krankheitsbefall sind. Deshalb wird für eine ausgewogene Ernährung, rechtzeitiges und ausreichendes Wässern, guten physikalischen Bodenzustand durch Bodenlockerung, unkrautfreie Bestände und saubere Beete (abgeblühte Blüten und abgefallenes Laub entfernt man) gesorgt. Alle Pflanzen, die Anzeichen einer Virose zeigen, werden entfernt, da sie die gesunden Rosen anstecken könnten.

Schnell und wirkungsvoll wird die Rose in Ausnahmefällen durch rechtzeitig und richtig ausgeführte Behandlung mit chemischen Pflanzenschutzmitteln geschützt. Gespritzt werden soll am späten Nachmittag, wenn die Sonnenein-

Winterharte Teehybride 'Peter Frankenfeld' hat dunkelgrüne Blätter und satt-karminrote Blüten (464)

Teehybride 'Mister Lincoln' mit auffallend großen, stark duftenden Blüten auf kräftigem Blütenstengel. Ein üppig wachsender winterharter Strauch (465)

Drei Stellen der Knospenentfaltung. Im Vordergrund voll entwickelte Blüte. Sobald die Blüte an Schönheit verloren hat, wird sie mit dem Stengelteil und mindestens einem Laubblatt entfernt (466)

strahlung schwächer ist und keine Gefahr des Verbrennens der Pflanzen besteht. Bei bedecktem Himmel kann den ganzen Tag über gespritzt werden, immer jedoch bei Windstille. Die Lösung soll fein und nicht aus allzugroßer Nähe scharf auf die Blätter gesprüht werden. Beim Herrichten der Lösung ist auf das richtige Verdünnungsverhältnis der Pflanzenschutzmittel zu achten, da eine höhere Konzentration erhebliche Schäden anrichten kann. Verbrennungen durch Spritzen zeigen sich kurze Zeit später durch Vertrocknen der Blattspitzen und Blattränder, wo sich das abfließende Mittel angesammelt hat. Die Präparate sind zu wechseln, besonders organische Spritzmittel.

Vermehrung

Rosen lassen sich durch Samen, Stecklinge oder Absenker vermehren. Eine weitere, und heute als einzige von den Vermehrungsbetrieben angewandte Methode ist das Ver-

Die Rosenblütenfarbe sollte möglichst einen Kontrast zur Hausfassade bilden (467)

Floribundarose 'Europeana' bildet breitausladende Sträucher mit einer Höhe von 50-80 cm. Die leuchtend blutroten, stark duftenden Blüten stehen in Dolden (469)

mehren durch Okulieren, also das Einsetzen eines »Auges« von einer Edelsorte in den Wurzelhals der Unterlage.

Verwendung finden Dutzende verschiedener Unterlagen, gewonnen aus selektierten Samen unterschiedlicher Sorten und Arten. Durch die Wahl der Unterlage kann die Widerstandsfestigkeit der aufveredelten Sorte gegen Temperaturschwankungen erhöht sowie die Blüte und gesunde Entwicklung unter den verschiedenen Bedingungen beeinflußt werden. Eine häufig verwendete Unterlage ist die *Rosa canina*. Die Veredelungsunterlagen werden aus Samen gezogen. Sobald die Sämlinge drei Laubblätter entwickeln, wird pikiert. Ihr weiteres gesundes Wachstum wird durch Hacken, Jäten, Düngen, Wässern und vorbeugenden Schutz gegen Pilzkrankheiten unterstützt. Das Aufschulen der Unterlagen erfolgt im zeitigen Frühjahr, damit sie bis

Hochstammrosen sind vor Frost zu schützen. Daran muß man schon beim Pflanzen denken: Die Rose etwas schräg pflanzen, damit sie sich leichter biegen läßt. Der geneigte Stamm wird mit Haken im Boden befestigt, die Krone mit Erde, der Stamm mit Nadelholzreisig zugedeckt (468)

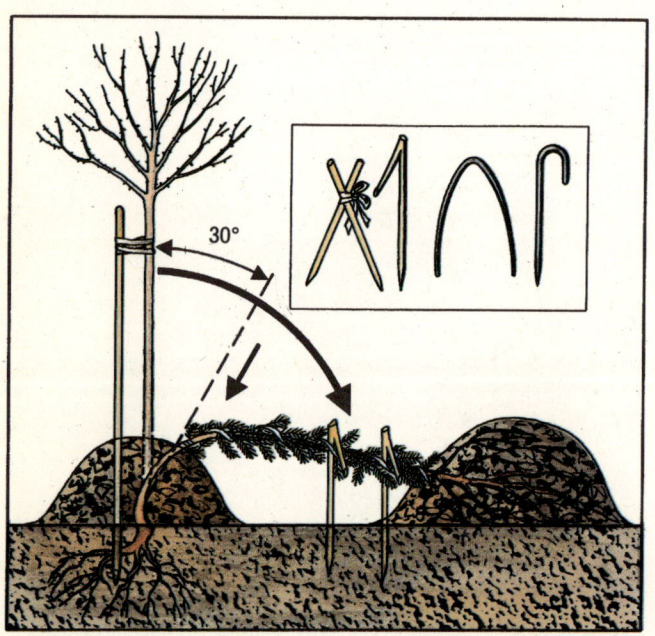

zum Veredeln noch kräftig genug werden. Vor dem Aufschulen werden Kronen und Wurzeln beschnitten.

Das eigentliche Veredeln kann entweder auf schlafendes Auge oder auf treibendes Auge erfolgen. Ersteres geschieht weitaus häufiger und erfolgt ab Ende Juni bis Ende August. Der Erfolg des Veredelns wird unter andrem auch von der Qualität des Auges abhängen. Am besten nimmt man das Material aus dem Mittelteil eines ausgereiften, abgeblühten Triebes. Das vom Reis geschnittene Auge wird in den T-Schnitt am Wurzelhals eingesetzt und der obere Teil der Rinde durch Schrägschnitt mit der Unterlage egalisiert. Das eingesetzte Auge drückt man zusammen mit der belassenen Rinde gut an die Unterlage an und verbindet mit Bast oder anderem Material. Wurde Bast verwendet, muß er noch gegen die Okuliermade behandelt werden. Nach dem Okulieren wird der Wurzelhals der Unterlage mit Erde angehäufelt. Sobald festgestellt wird, daß das Auge angewachsen ist, wird der Verband abgenommen. Eine erfolglose Veredelung kann wiederholt werden.

Im Frühjahr schneidet man dann die Unterlage über der Veredelungsstelle leicht schräg vom Auge weg ab, damit kein Wasser auf das Auge fließt und das Auge nicht fault.

Gartenfreunde vermehren die Rosen auch durch Stecklinge halbreifer Jahresreiser im Juni oder Juli oder durch verholzte Triebe im Winter. Reiser werden auch mit Erfolg zum Vermehren von Zwergrosen verwendet.

Einige Wildrosen lassen sich durch Wurzelreiser (*R. rugosa*), Ausläufer (*R. hugonis*), Teilen des Busches oder Absenken vermehren.

Rosen im Garten

Rosen im Vorgarten

Im Vorgarten wirken Rosen am besten in Kombination mit Rasenflächen. Zu wählen sind solche Arten und Sorten, die nicht so pflegebedürftig sind und deren Pflege nicht auf Kosten des Rasens geht. Die Vielfalt an Farben und Formen von Blüten, Blättern und Früchten der Rosen bietet zahlreiche Kombinationsmöglichkeiten. Man sollte jedoch nicht vergessen, daß Schönheit in Mäßigkeit besteht.

Niedrige, vielblütige Polyantharosen und Polyantha-Hybriden lassen sich mit geringen Pflanzabständen auf

'Irish Beauty' ist eine bis 50 cm hohe Floribundahybride. Die großen Blüten sind halbgefüllt und lachsrot (470)

Rosen besitzen alle Eigenschaften, die sie für einen Garten unentbehrlich machen: Sie sind dauerhaft, anspruchslos, winterhart, widerstandsfähig gegen Witterungseinflüsse und zeichnen sich durch vielgestaltige Formen, sowie durch ihre Farben und Düfte aus (472)

länglichen Beeten anpflanzen, die Floribundarosen und großblütigen Rosen pflanzt man in kleineren Gruppen von jeweils der gleichen Sorte. Niedrigere Parkrosen kommen vorzüglich auf einer Rasenfläche, üppigere Rosensorten einzelnstehend, schlankere in lockeren Gruppen von drei Pflanzen derselben Sorte zur Geltung. Vor dem Pflanzen muß man die Größe der ausgewachsenen Exemplare in Betracht ziehen.

Als Solitärpflanze in lockeren Dreiergruppen eignen sich üppigwachsende Teehybriden. Sehr eindrucksvoll wirken hier Hochstammrosen. Es ist darauf zu achten, daß alle von gleicher Höhe und Kronengröße sind.

In südwärtsgelegenen Vorgärten pflanze man die Rosen nicht dicht an die Gebäudewand, denn sonst leiden sie an der übermäßigen Wärmeeinwirkung durch die Sonne. Zwischen den Rosen sollte Rasen angelegt werden, damit sie genügend Feuchtigkeit und Nährstoffe haben.

Im Vorgarten sind die Rosen besser nicht mit anderen Pflanzen zu kombinieren.

Ergänzende Pflanzen
Die vielblütigen Rosen haben neue Kombinationsmöglichkeiten von Rosen mit ihren begleitenden Pflanzen erschlos-

Rosen dürfen weder im Wachstum behindert noch durch andere Pflanzen zurückgedrängt werden, sondern sollten immer im Mittelpunkt stehen (471)

sen. Richtig ausgewählte Pflanzen können die ästhetische Wirkung der Rosen noch steigern.

Die Wahl und Anordnung dieser ergänzenden Pflanzen müssen auf den Gartenraum abgestimmt werden. Es muß immer zu sehen sein, daß die Rose die dominierende Pflanze ist. Sie darf weder in ihrem Wachstum behindert noch von anderen Pflanzen in den Schatten gestellt werden.

Je nach der Anwendung teilt man die rosenbegleitenden Pflanzen in einige Gruppen. An erster Stelle diejenigen, die Hintergrund oder Einrahmung für Rosen bilden. Einige frühblühende Pflanzen beleben den Garten vor dem Aufblühen der Rosen, andere besonders die mit weniger auffallenden Blüten bilden den Übergang zwischen den Rosenbeeten. Pflanzen mit Blüten in Ergänzungsfarben sorgen für farbliche Harmonie und unterstreichen die Rose.

Außer mit Rasen können die Flächen zwischen den Rosen mit Nadelgehölzen oder immergrünen Laubgehölzen begrünt werden.

Von den immergrünen Laubgehölzen seien der Feuerdorn, die Mahonie und die Berberitze genannt.

Zu den führenden rosenbegleitenden Pflanzen gehören Gräser. Ihre Farbskala reicht zwar von Grün über Graublau

Die Kletterrose kann das dominierende Zierelement des Gebäudeeingangs sein (473)

Das Okulieren von Rosen wird in der zweiten Julihälfte vorgenommen. Am Edelreis werden die Blätter entfernt. Mit einem scharfen Okuliermesser wird ein etwa 3,5 cm langer Rindenstreifen samt einem Auge und einem Stück Holzgewebe herausgeschnitten. Dabei darf das Auge nicht beschädigt werden. An der Unterlage wird der T-Schnitt nahe dem Boden vorgenommen, das Auge wird behutsam eingeführt und mit Bast verbunden (474)

bis Gelb, doch braucht man nicht zu befürchten, daß ihre milden Farbtöne die leuchtenden Farben der Rosenblüten zurückdrängen könnten. Einige wüchsige Grasarten kommen unter Gruppen von Park- und Kletterrosen sowie den Wildrosen gut zur Geltung.

Von den Blütensträuchern eignen sich zum Einrahmen von Rosen frühblühende Scheinquitten, Zwergginster, Forsythie und Spierstrauch. Von den Gehölzen, die zusammen mit Rosen blühen, seien Deutzie, Johanniskraut, Pfeifenstrauch und Fingerkraut genannt.

Die Auswahl von ausdauernden Pflanzen mit auffallenden Blüten ist schon viel schwieriger. Zu Floribundarosen passen andere Pflanzen als zu Parkrosen. Harmonisch wirken ausdauernde Pflanzen mit silbrigen Blättern, wie Ehrenpreis, Ziest, Beifuß, Katzenminze, Echter Lavendel, Schafgarbe und Heiligenkraut.

Zu Rosen aller Farben lassen sich niedrige Sorten von Schleierkraut, Rittersporn oder Glockenblume pflanzen.

Für kleine grüne Flächen oder Beetränder eignen sich Stachelnüßchen, Katzenpfötchen, Grasnalke, Laugenblume, Steinbrech, Fetthenne, Thymian u. a.

An Zwiebelpflanzen sind Winterling, Schneeglöckchen, Krokus, Traubenhyazinthe und Blaustern mit Rosen kombinierbar. Tulpen und Pflanzen mit größeren Blättern sind nicht geeignet, da sie nach dem Abblühen gelb werden.

Unter den sommerblühenden Pflanzen meide man diejenigen mit auffallenden Blüten. Am besten passen blaue und weiße Blüten sowie silbriggraue Blätter zu Rosen. Bewährt haben sich Duftsteinrich mit weißen Blüten oder der blaublühende Salbei und das Kreuzkraut.

Rosen im Garten

Die Auswahl von Rosen für kleine und große Gärten hängt maßgeblich davon ab, ob es sich um regelmäßig gegliederte Gärten oder Landschaftsgärten handelt. Für letztere eignen sich großblumige oder vielblütige Rosen nicht so sehr, dafür aber Wild- und Parkrosen.

Für das Auspflanzen von Rosen in Gärten gilt grundsätzlich dasselbe wie bei den Vorgärten. Großblumige Teehybriden pflanzt man am besten in die Nähe des Hauses, an Terrassen und ruhigen Plätzen. Hier hat man sie in der Nähe und kann sich an ihrer Schönheit, den Farben und ihrem Duft erfreuen. Rosenbeete sollten der Architektur des Gebäudes angepaßt werden. Die Linie der Hauswand wird oft durch Pergolen und rosenbewachsene Gerüste optisch verlängert werden. Bildet das Gebäude den Hintergrund für die Rosen, so ist die Wahl mit Bedacht zu treffen, damit die Blüten schön zur Geltung kommen.

Die optische Wirkung der Rosen wird erhöht, wenn immer mindestens vier Pflanzen von der gleichen Sorte an eine Stelle gepflanzt werden. Das beste Bindeglied für Rosen im Garten ist ein gepflegter Rasen.

Zur Gartenteilung dienen Pergolen, rosenbewachsene Gerüste oder Rosenhecken. Der Garten wird in verschiedene Bereiche aufgeteilt, es entsteht ein neuer Blickfang, der Ruheplatz wird beschattet, die Sicht zum Nachbargarten eingeschränkt.

Das immer breitere Angebot an Zwerg- und Minirosen verschaffte den Rosen den Eingang in die Steingärten. Kleinblütige, niedrige Rosen mit frischgrünen Blättern kommen hervorragend in Nachbarschaft von dunkelgrünen Zwergnadelgehölzen zur Geltung. Die Zwergstrauchrosen fallen besonders in der Zeit auf, in der nicht viele bunte Steingartenpflanzen blühen.

Das Gegenteil sind üppige, stattliche Sträucher einiger Arten und Sorten, die sich für Hecken eignen. Eine Rosenhecke bedarf keiner mühsamen Pflege. Manche Wildrosen bilden nach einigen Jahren undurchdringliche Hecken mit festen Stämmen. Rosenhecken können Gärten umzäunen, Flächen gegenüber Straßen abschirmen, unansehnliche Stellen verdecken, Schutz gegen Wind, Staub und Lärm bilden und zugleich ein Teil der Begrünung sein. Am besten wirkt die Hecke aus einer einzigen Rosenart.

Für ganz niedrige, eher symbolische Hecken eignen sich hervorragend üppig wachsende Polyantharosen, Polyanthahybriden, oder Floribundarosen, die üppige Sträucher bilden. Man pflanzt die Rosen zweireihig und enger.

In den Beeten sind durch die Auswahl kontrastreicher Rosenfarben interessante Farbeffekte zu erzielen. Farbschattierungen und Farbtiefe, der Hintergrund u.a. sollten miteinander im Einklang stehen. Kontraste können auch durch Rosen verschiedener Höhe geschaffen werden.

Rosen kommen im Garten auch als Solitärpflanzen zur Geltung. Solitär können fast alle Rosen gepflanzt werden. Hochstammrosen wirken einzeln und auch als Gruppen. Eine Sonderform der Hochstammrosen sind Hängerosen, auch Trauerrosen genannt. Sie sind von auffallend schönem Wuchs, brauchen jedoch kompliziertere Stützen als nur die üblichen Pfähle. Sehr effektvolle Solitärpflanzen sind Parkrosen. Ihre Sorten haben die verschiedensten Formen und kommen auch in kleineren Gärten zur Geltung.

Bei weitem werden nicht alle Anwendungsmöglichkeiten der Kletterrosen genutzt. Die ohne Stützen wachsenden erreichen eine Höhe von 1 m, andere wachsen an Säulen, Hauswänden und verschiedenen Gerüsten empor, wiederum andere eignen sich für lichte Laubengänge.

Rosensortiment

Farbtöne		Blüte	Wuchs	Höhe (cm)	Anmerkungen
Rote Farbtöne					
Alain	Fl	Scharlachrot, gefüllt, in Dolden	kräftig, breitbuschig	50-60	leicht duftend
Ave Maria	Th	lachsorange, edle Blütenform	aufrecht, buschig	50-70	angenehmer Duft
Bad Füssing	Fl	leuchtendblutrot, öfter blühend in Dolden	breit, buschig	50	sehr winterhart
Berlin	DS	zinnoberrot, in vielen großen Ständen	aufrecht, kräftig	150	bis zum Frost blühend
Blaze Superior	Kl	feurig scharlachrot, in großer Fülle	sehr kräftig	250-300	dauerblühend
Duftwolke	Th	orangerot, Knospe groß	kräftig aufrecht	70-80	stark duftend
Erotika	Th	dunkelrot, Knospe schlank	kräftig aufrecht	70-80	stark duftend
Europeana	Fl	dunkel, gefüllt, in Dolden	breitbuschig	50-80	stark duftend
Gruß an Bayern	Fl	blutrot, schwach gefüllt	deutlich aufwärtsstrebend	50-80	Wildrosenduft
Lilli Marleen	Fl	dunkelrot, gefüllt in Dolden	breitbuschig	50-80	Blumen groß, lange haltbar
Paprika	Pol	ziegelrot, schwach gefüllt	breitbuschig	50-80	sehr winterhart
Prominent	Fl	rotorange, gefüllt	deutlich aufwärtsstrebend	80	hervorragende Garten- und Schnittsorte
Rosa Farbtöne					
Coral Dawn	Kl	korallenrosa, haltbar	stark kletternd	250-300	duftend
Elysium	Fl	lachsrosa	straff aufrecht, buschig	60	herrlicher Duft
Esmeralda	Th	leuchtendes Altrosa	gut verzweigt	80-90	starker Duft
Michele Meilland	Th	zartrosa, Knospe lang	aufrecht buschig	70-90	duftend
New Dawn	Kl	weißlichrosa, gefüllt	stark	230-400	duftend
Pariser Charme	Th	reinrosa, gefüllt	breitbuschig	50-80	starker, ausgeprägter Duft
Queen Elisabeth	Fl	rosa, gefüllt	breitbuschig, deutlich aufwärtsstrebend	über 80	verträgt Halbschatten
Rosenfee	Fl	reinrosa	breitbuschig	40-50	schöne Beetrose
Gelbe Farbtöne					
Allgold	Fl	gelb, halbgefüllt, in Dolden	breitbuschig	40-70	Belaubung glänzend grün
Gloria Dei	Th	gelb mit rosa Rand	stark aufrecht	120	sehr winterhart
Goldstern	Kl	tief goldgelb, gefüllt	aufrecht buschig	200-300	sattgrüne Belaubung
R. hugonis	Park	gelb, einfach, einzeln	aufrecht buschig	200-250	einmal blühend
King's Ransom	Th	rein goldgelb, Knospe lang	kräftig	70-90	stark duftend
Norris Pratt	Fl	goldgelb, gefüllt	breitbuschig	30-50	Farbe beständig
Westerland	DS	gelb mit orange, halbgefüllt, in Büscheln	stark, breitbuschig	150-200	stark duftend
Weiße Farbtöne					
Edelweiß	Fl	schneeweiß, gut gefüllt, mehrere beisammen	breitbuschig	40-50	haltbar bei jedem Wetter
Pascali	Th	zart, rahmweiß, Knospe lang	kräftig, buschig	70-90	üppige Garten- und Schnittrose
Schneewittchen	DS	weiß gefüllt, in Büscheln	kräftig, breitbuschig	100-120	dauerblühend
Virgo	Th	reinweiß	stark aufrecht	50	sehr blühwillig, mäßig bis stark duftend duftend
Bläuliche Farbtöne					
Mainzer Fastnacht	Th	fliederlila, Knospe lang	straff aufrecht	70-80	stark duftend
Shocking Blue	Fl	magentalila, gefüllt	breitbuschig	50-60	reich und langblühend
Silver Star	Th	silberblau, Knospe lang	buschig, kräftig	70-80	stark duftend

Verwendete Abkürzungen:
DS — Dauerblühende Strauchrose
Kl — Kletterrose
Park — Parkrose
Th — Teehybride
Pol — Polyantharose
Fl — Floribundarose
FG — Floribunda-Grandiflora

Stauden

Stauden (Perenne) sind der Definition nach mehrjährige krautartige Gewächse, die im Unterschied zu den einjährigen (Annuelle) und zweijährigen Pflanzen (Bienne) während ihres Lebens über mehrere Vegetationsperioden blühen und Samen bilden.

Sie überdauern die Winterzeit in der Regel nur in den unterirdischen Organen mit für die künftige Wachstumszeit bereiten Erneuerungsknospen. Es gibt jedoch auch Stauden, besonders die Polster-Stauden, deren oberirdische grüne Teile nicht absterben und den Winter über erhalten bleiben. Die unterirdischen Pflanzenorgane (Rhizome, Wurzeln, Knollen und Zwiebeln) haben häufig Speicherfunktion. Sie sammeln nicht nur Nährstoffe, sondern auch Wasser und ermöglichen es der Pflanze, ungünstige Zeiten zu überdauern. Die Pflanzen überstehen dadurch nicht nur die kalte Jahreszeit (Winter), sondern auch die Monate der Trockenheit (Sommer in den Gebieten mit Kontinentalklima) und der zu geringen Lichtintensität (Laubwälder in voller Belaubung). Was der Gärtner jedoch unter dem Begriff »Stauden« versteht, deckt sich nicht immer ganz mit der o. g. Definition. Meist liegen außerhalb seines Interessenbereiches alle die Arten, die keinen Gartenwert besitzen und die, die den Winter über nicht im Freien bleiben können, auch wenn es sich um Stauden handelt. Manchmal werden nicht einmal die Arten zu den Stauden gezählt, die aus rein pflanzenbaulichen Gründen jedes Jahr umgesetzt werden. Dagegen klassifiziert man aus rein praktischen Gründen einige kleine Halbsträucher (Silberwurz, Thymian, Sonnenröschen u. a.) als Stauden. Die unter Gärtnern übliche Bezeichnung »Gartenstauden« ist also botanisch nicht immer genau.

Abhängigkeit von den Standortbedingungen

Die Herkunft der in unseren Gärten angebauten Stauden ist sehr vielfältig; sie kommen praktisch aus allen Teilen der Welt. Es ist nur zu natürlich, daß die Arten, die in unseren Klimabedingungen den Winter im Freien überdauern, nur aus der gemäßigten Klimazone stammen können.

Wichtiger jedoch als die geografische Herkunft ist die Vielfalt der ursprünglichen Standorte. Pflanzen halten sich nicht an Landesgrenzen, viele nicht einmal an Kontinente; die Standortbedingungen sind für sie das Entscheidende. Feuchte Böden liebende Pflanzen können in allen Gegenden mit reichen Niederschlägen wachsen, in trockeneren Gebieten dagegen nur an den Ufern nie versiegender Gewässer. Wollen wir ihnen einen anderen Standort geben, müssen wir für ausreichende Bewässerung sorgen (*Ligularia*). Stauden, die feuchten Boden und hohe Luftfeuchtigkeit benötigen, können sich nur in Landschaften mit häufigen Niederschlägen, am Meer oder in höheren Lagen entfalten; anderswo führten sie ein kümmerliches Dasein, auch wenn wir für ausreichende Feuchtigkeit sorgen (*Phlox paniculata*). Um ihnen optimale Wachstumsbedingungen zu bieten, müßten wir nicht nur gießen, sondern durch Nebeln die Luft feucht halten. Und das wird in der Praxis auch gemacht, beispielsweise bei Hochgebirgsstauden. Stauden, die feuchten Boden, hohe Luftfeuchtigkeit und Wärme brauchen, gedeihen nur in den wärmeren meernahen Gebieten, wie etwa in Südengland, Portugal und Mitteljapan. Wir in unseren mitteleuropäischen Ländern können ihnen keine entsprechenden Freilandbedingungen bieten, im kontinentalen Klima wäre das nur im Gewächshaus (Goldbandlilie) möglich.

Das andere Extrem sind Stauden, die trockenen Boden wollen (Schleierkraut) und in feuchten Böden oder Gebieten mit größeren Niederschlägen nicht wachsen. Wir müssen ihnen deshalb im Garten eine höhergelegenen, gut drainierten Platz anbieten und sie in der Zeit, in der sie

◀ *Hohe Gräser bilden vor der Pflanzung von Goldfelberich (Lysimachia punctata) einen natürlichen Übergang zwischen Rasenfläche und Mauer, die sie teilweise verdecken (475)*

Phlox paniculata 'Starfire' gehört zu den wüchsigeren Flammenblumenarten. In Gebirgslagen mit höherer Luftfeuchtigkeit kann sie an der Sonne gedeihen, in trockeneren Lagen liebt sie mäßigen Halbschatten. Bodenansprüche: nährstoffreich und feucht (476)

trocken stehen sollen, mit Glas oder Folie zudecken. Wenn möglich, nimmt man sie aus dem Boden und bringt sie in einen trockenen Raum (in Gewächshäuser für trockenheitliebende Steinkräuter oder in beheizte Blumenzwiebellager).

Wenn die Arten außer trockenen Böden auch noch trockene Luft brauchen, können sie in Gegenden mit häufigem Regen überhaupt nicht gepflanzt werden. In Westeuropa würde beispielsweise die *Iris pumila* nicht lange aushalten.

Es liegt jedoch nicht nur an der Gesamtmenge der Niederschläge und der durchschnittlichen Jahrestemperatur der Gegend, aus der die Pflanzen stammen, sondern sehr oft an ihrer Verteilung; völlig unterschiedlich sind die Wachstumsbedingungen in Gegenden mit sonnenarmen Sommern und naßkalten Wintern und in Landschaften mit trockenem, sonnigem Sommerwetter, Regenfällen im Herbst und frostkalten Wintern, auch wenn die Niederschlagsmenge — über das ganze Jahr gerechnet — annähernd gleich ist.

Klimatypen

Man gliedert in etwa fünf Klimatypen, die für die natürlichen Bedingungen in den Ursprungsländern unserer meisten Gartenstauden charakteristisch sind.

1. Gemäßigtes und feuchtes Klima mit wolkenreichem Sommer und Schneefällen oder Frösten über der Schneedecke im Winter (z. B. Süd-Skandinavien, Norddeutschland, Holland, Belgien, Nord-Japan, Atlantikküste von der kanadischen Grenze bis Washington und kanadische Pazifikküste).

2. Gemäßigtes und trockeneres Klima mit viel Sonne, Temperaturen auch über 30°C und zwei- bis dreiwöchigen, ausnahmsweise auch längeren regenlosen Perioden im Sommer sowie Wintertemperaturen auch unter −20°C, dünner Schneedecke und häufigen Barfrösten (z. B. Ungarn, Rumänien, Weinanbaugebiete Mitteleuropas, USA im Gebiet der Großen Seen)

3. Wärmeres und trockenes Klima mit heißen, niederschlagslosen Sommern (auch mehrere Wochen lang) und windigen, frostigen Wintern (z. B. Ukraine, Südsibirien, Mittelteil der USA)

4. Wärmeres und feuchtes Klima mit warmen Sommern und häufigen Regenfällen sowie regnerischen Wintern mit hin und wieder leichten Frösten (z. B. Südengland, französische Atlantikküste und Nordspanien, Südhänge der Alpen, Pazifikküste der USA außer Kalifornien)

5. Subarktisches Klima mit sehr spätem Frühling, kurzem, kaltem Sommer und langem, schneereichem Winter mit starken Frösten (z. B. Mittel- und Nordteile Norwegens und Schwedens, Finnland, Nordschottland und die Hochgebirge Mitteleuropas, Kamtschatka und der größte Teil Sibiriens, Alaska und der größte Teil Kanadas).

Temperatur, Bodenfeuchtigkeit und Luftfeuchtigkeit sind jedoch nicht die einzigen Wachstumsfaktoren. Nicht weniger wichtig sind Licht, Schatten und Bodenqualität (Lehm, Sand-, Humusboden; flach- und tiefgründige Böden; fruchtbare oder magere Böden; sauere oder kalkhaltige Böden). Durch die Kombination dieser Faktoren entstehen die verschiedensten Biotope, die immer nur bestimmten Arten oder Gruppen von Pflanzarten optimale Lebensbedingungen bieten. Die Folge sind charakteristische Pflanzengesellschaften. Es gibt Gattungen, die sich an ähnlichen Standorten überall auf der nördlichen Halbkugel finden lassen, etwa die Sumpfdotterblume an Bachufern, viele Steinbrecharten in naßkalten, feuchten Gebieten auf sehr flachgründigen Böden oder die Maiglöckchen im Halbschatten auf nährstoffreichen Humusböden. Dagegen gibt es Arten, die nur auf ein bestimmtes geografisches Gebiet beschränkt sind. Wenn man ihnen aber einen ähnlichen Standort in anderen geografischen Lagen anbietet, gewöhnen sie sich leicht ein. So können beispielsweise Sumpfdotterblume, Schwertlilien aus Ostasien und Gauklerblume aus Nordamerika gut nebeneinander stehen, weil alle diese Gattungen versumpfte Wiesen als Standort wünschen. Dagegen kann die Sumpfdotterblume nicht mit Schafgarbe zusammenstehen, auch wenn man sie in der Natur manchmal keine fünfzig Meter voneinander findet, denn jede gehört zu einem völlig anderen Biotop: die eine will Sumpfboden, die andere einen vollsonnigen Hang oder Feldrain.

Die Herkunft der Stauden müssen wir also nach den Standortbedingungen, nicht nach dem Erdteil beurteilen.

Fontäne als Beispiel der Anwendung von Wasser im Garten. Besonders in Kombination mit Stauden, ergibt sich eine angenehme Wirkung (477)

Unregelmäßige Bepflanzung ist in modernen Gärten beliebt. Im Bild farblich wohlausgewogene Staudenpflanzung: Gartenmargerite (Chrysanthemum maximum), Mädchenauge (Coreopsis verticillata) und Flammenblume (Phlox paniculata 'Septemberglut') (478)

Beispiel der Belebung einer Gehölzpflanzung durch Stauden: Sowohl niedrige bis teppichartige Stauden als auch Ziergräser und Farne. Eine natürliche und eindrucksvolle Wirkung (479)

Richtige Pflanzenwahl für unseren Garten

Pflanzen sind bis zu einem gewissen Grad anpassungsfähig. Aber auch der Mensch kann ihnen durch Herrichten ihrer Standortbedingungen entgegenkommen, so daß in einem einzigen Garten und sogar auf dem gleichen Beet Pflanzen mit verschiedenen Ansprüchen gepflanzt werden können. Aber das macht viel Arbeit und erfordert Kenntnisse und individuelle Pflege. Und die Pflanzen halten nicht lange aus, so daß das Beet nach ein paar Jahren neu bepflanzt werden muß. Wenn wir jedoch Pflanzenarten wählen, deren Standortanforderungen den natürlichen Bedingungen unseres Gartens entsprechen, werden sie gesund und wüchsig bleiben und weit weniger Arbeit und Pflege erfordern.

Wer aber auch auf empfindliche, anspruchsvolle Arten in seinem Garten nicht verzichten möchte, sollte auf einem Beet immer Pflanzen gleicher Standortansprüche zusammenstellen. So gehören etwa alle auf nährstoffreichen Wiesen wachsenden Gattungen, auch wenn sie in Europa, Asien oder Amerika heimisch sind, auf ein gut gedüngtes und flaches, wenn nicht gar unter dem Geländeniveau liegendes Beet, damit sich dort das Regenwasser sammeln kann und der Boden den Ansprüchen genügt. Zu ihnen kann man auch Arten setzen, die an Gewässerufern oder auf nassen, sauren Bergwiesen heimisch sind, denn es dürfte ihnen nicht schwer fallen, sich anzupassen. Von trockenen Wiesen und aus Steppengebieten stammende Stauden sollten auch unter unseren Bedingungen einen Platz an Südhängen mit leichtem oder gut drainiertem Boden erhalten, denn viele dieser Arten sind gegen stauende Nässe äußerst empfindlich. Diese Xerophyten können mit Arten, denen eine dünne Schicht Erdreich genügt und die volle Sonne lieben, oder auch mit alpinen Arten kombiniert werden, die nur während der Schneeschmelze genügend Wasser haben und die übrige Zeit meist trocken stehen.

Für nach Norden liegende, schattige, feuchte und kühle Gartenanlagen kommen neben den diesen Standorten entsprechenden Waldpflanzen auch mehrere Arten in Frage, die an Gewässerufern und in Hochgebirgslagen mit häufigen Niederschlägen wachsen und auch im Schatten willig blühen.

Wohl für jeden Garten und jeden Standort lassen sich genügend Pflanzen finden, vorausgesetzt, daß man sich bei der Wahl Mühe gibt. Von der richtigen Auswahl der Arten hängt in erheblichem Grad unser gärtnerischer Erfolg ab. Es genügt nicht, den Habitus der Pflanze zu kennen und zu wissen, wann sie blüht; Kenntnisse über ihren natürlichen Standort sind beinahe noch wichtiger. Wir sollten von der Natur lernen. Wie in der freien Natur jeder Standort seine typische Pflanzengesellschaft hat, so müssen auch wir für jeden Garten und jedes Beet die Arten auswählen, deren Standortansprüche den gebotenen Bedingungen entsprechen.

Verhalten der Stauden

Was von den Wildstaudenarten bisher gesagt wurde, gilt weitgehend auch für die Kultursorten, vor allem für die, die nur durch Auslese und nicht durch Einkreuzung entstanden sind. Diese Züchtungen wollen in der Regel die gleichen klimatischen Bedingungen wie die Wildform, vertragen jedoch häufig extreme Verhältnisse nicht gut und sind anspruchsvoller an Nährstoffe und meist auch an Wasser. Vieles hängt von den Klimaverhältnissen ab, unter denen sie gezüchtet wurden. Wenn diese sich stark von den hiesigen unterscheiden, kann es geschehen, daß in unserem Garten die Kultursorten schlechter gedeihen als die Wildformen.

Besonders stark ist der Einfluß der Herkunft bei den Kultursorten, die durch Kreuzung mehrerer Arten mit verschiedenen Standortansprüchen entstanden. Vor allem bei den kalifornischen und japanischen Züchtungen muß man auch mit Mißerfolgen rechnen.

Das Kreuzen von Arten ist eine gute Methode, um willig wachsende Arten zu züchten, wenn die Wildarten nur schlecht gedeihen. Als Beispiel kann die Silberwurz, *Dryas x suendermannii* stehen, die wesentlich besser wächst als die beiden Elternarten *Dryas drummondii* und *Dryas octopetala*. Beide wurden durch diesen Artbastard nahezu aus den Kulturen verdrängt.

Die zur Pflanzenwelt der außereuropäischen Kontinente gehörenden Stauden kamen meist im Laufe des 18. und 19. Jahrhunderts in die botanischen Gärten Europas. Von hier aus nahmen viele ihren Weg in die Gartenbaubetriebe, die sie Schritt für Schritt in Kultur nahmen und für ihre Verbreitung sorgten. Aber erst um 1930 begann ihr wirklicher Aufstieg. Lilien begann man sogar erst in den dreißiger Jahren intensiver zu züchten; ähnlich verhielt es sich mit Russell-Lupinen sowie den *Aster-Dumosus* und *Chrysanthemum-Rubellum*-Hybriden. In den Gärten hielten die Stauden zuerst in England Einzug, etwa als Ersatz für Einjährige Sommerblumen und Rosen, die wegen des feuchten Klimas nur schlecht blühten. Man setzte sie, genauso wie Rosen und Einjahrsblumen, auf regelmäßige, lange Beete — sog. Rabatten. Und schon bald begann sich diese Art und Weise auch in allen anderen Ländern mit ähnlichem Klima durchzusetzen. Die Stauden haben nun einmal eine ganz andere Veranlagung als Rosen und Sommerblumen. Deshalb konnten sie sich auch in Ländern mit warmen, sonnigen, für diese wie geschaffenen Sommern erst einbürgern als eine Methode der Pflege und Anwendung

Goldfelberich (Lysimachia punctata) eignet sich besonders für größere Gärten. Eine anspruchslose Staude für halbschattige bis schattige Lagen, die insbesondere an Wasserbecken zur Geltung kommt. Im Bild ist außerdem die Taglilie (Hemerocallis fulva) zu sehen (480)

Eine Gruppen von Gehölzen und Stauden mit dem auffallend rot blühenden Salbei (Salvia splendens) wird von der Rasenfläche umschlossen und bildet in Hausnähe eine schöne Ecke (481)

gefunden wurde, die ihren typischen Eigenschaften entsprach.

Verwendung der Stauden

Stauden sind die jüngsten, in Gartenkultur genommenen Pflanzen. Auch wenn einige Gattungen seit Jahrhunderten bekannt sind, so waren sie eher für die Schnittblumengewinnung bestimmt als zur Zierde unserer Gärten, wie etwa Pfingstrosen, Lilien und Chrysanthemen. Die meisten der für uns heute selbstverständlichen Stauden wurden erst Ende des vergangenen Jahrhunderts zum festen Bestandteil der Kataloge der Gartenbaubetriebe. Inzwischen sind Staudengärtnereien zu einem eigenständigen Zweig des Gartenbaus geworden.

Zwei Gartentypen

Im wesentlichen gibt es zwei verschiedene Auffassungen, wie ein Garten aussehen soll. Der erste Typ betont ihn als Kunstprodukt des Menschen — des Gartenarchitekten. Er wird als Erweiterung der Wohnräume oder als Empfangshalle unter freiem Himmel betrachtet, ausgestattet anstelle mit Gegenständen aus Holz oder Textilien mit behauenen Steinen und lebenden Pflanzen. Dieser Gartentyp erfordert Gewächse, die schnell den erwünschten Wuchs erreichen und ihn so lange wie möglich bewahren. U. a. eignet sich dafür ein Beet mit Polyantha-Rosen, Begonien oder Kreuz-

Stauden bieten vielfältige Anwendungsmöglichkeiten: alleinstehend, mit Gehölzen, mit ein- bis zweijährigen Pflanzen und Zwiebelblumen sowie für Gefäße. Im Bild eine der vielen Anwendungsmöglichkeiten dieser beliebten Pflanzengruppe (482)

Wollziest (Stachys byzantina) eignet sich als bodendeckende Pflanze für größere Flächen an trockenen, sonnigen Standorten, wo die Blätter von Frühling bis Herbst frisch und von schöner Farbe sind (484)

kraut (Senecio) im geschnittenen Rasen. Die zweite Richtung respektiert die Natur und sieht ihr Ziel darin, auf behutsame, einfühlsame Weise den Garten in diese natürlichen Bedingungen zu integrieren. Auf kleinem Raum will man in der Regel alles zusammentragen, was man in der freien Natur bewundert — die Vielfalt der Formen und Farben der einzelnen Gewächse genauso wie die Harmonie der Pflanzengesellschaften und ihren Wandel zu den verschiedenen Tages- und Jahreszeiten. Und ohne Staudenpflanzen in ihrem Arten- und Sortenreichtum wäre das in unseren Gärten undenkbar.

Natürlich begegnen wir in der Praxis nicht nur diesen beiden ausgesprochen konträren Gartentypen, sondern allen möglichen Zwischenformen. Als Grundsätze sind sie aber sehr wohl in Betracht zu ziehen, wenn es darum geht, ob und welche Stauden zu wählen sind.

Am schwierigsten zu lösen ist gerade der am häufigsten auftretende Fall: ein kleines Gartengrundstück von regelmäßigem Grundriß, eben gelegen, völlig beherrscht von einem Gebäude ebenso gleichmäßiger Form. Und unter diesen Bedingungen, wo geometrische Formen absolut überwiegen, läßt sich wohl kaum die Illusion der freien, unverfälschten Natur schaffen. Es bleibt uns nur die Stilisierung.

Der Garten sollte so wenig wie möglich gegliedert werden, und wo das notwendig ist, da sind einfache geometrische Formen in asymmetrischer Anordnung zu wählen. Vor allem bei den wichtigsten Elementen, wie Haupt-

Die Taglilie, Hemerocallis-Hybride 'Burning Daylight', gehört zu den niedrigeren Sorten. Sie erreicht eine Höhe von 60 cm und zeichnet sich durch schönen Wuchs aus. Die sattorangenen Blüten haben einen braunroten Hauch. Sie erscheinen im Juni und Juli (483)

Anmutige Frühlingsstauden, die eine Gehölzgruppe umsäumen, und das frische Grün des Rasens in Hausnähe, sind eine wahre Augenweide. Besonders schön das gelbe Steinkraut (Alyssum saxatile 'Compactum') und die kriechende rotblühende Flammenblume (Phlox subulata) (485)

Eine Gruppe höherer Stauden vor einer Hecke; dominierend ist der blaue Rittersporn, kombiniert mit dem Weiß der Lilien. Ziergräser und der Widerstoß (Limonium latifolium) runden diese Gartenpartie ab (486)

Die Glockenblume (Campanula glomerata) mit dunkelblauvioletten Blüten und der Goldfelberich (Lysimachia punctata) mit goldgelben Blüten gehören zu den anspruchslosen Stauden, die sich für jeden normalen Gartenboden eignen (488)

weg, Hauseingang, Ruheplatz, auffälligster Baum oder zentrale Gehölzgruppe bzw. Wasserbecken, ist immer auf Asymmetrie zu achten, ohne daß dabei der Eindruck der höchsten Zweckmäßigkeit verlorengeht. Für einen so angelegten Garten lassen sich Zierstauden für beide Gestaltungsarten wählen. Entscheidend ist nur, was den Wünschen und Vorstellungen des Gartenfreundes mehr entgegenkommt. Nie sollten jedoch beide Stilarten gemischt werden. Wer beide Typen in seinem Garten haben möchte, muß dafür sorgen, daß sie in nicht gegenseitig einsehbaren Teilen des Grundstücks liegen.

Blumen vom Frühjahr bis in den Herbst hinein

Stauden erfreuen uns mit ihren Blüten tatsächlich die ganze Wachstumsperiode über, denn die Palette reicht von im zeitigen Frühjahr blühenden Arten (Christrose, Winterling) bis zu Spätherbstblühern (*Astern* und *Chrysanthemen*), nicht zu vergessen die auch im Winter dekorativen Arten (Gräser oder Wintergrüne wie Schleifenblume, Hauswurz, Fetthenne).

Ein überlegt angeordnetes, gut angelegtes und gepflegtes Staudenbeet kann fünf Jahre und länger stehenbleiben, ohne daß man es umpflanzen muß. Es bietet das ganze Jahr über einen sich immer wieder verändernden Anblick, gleichsam wie ein lebender Kalender der Jahreszeiten. Mit Stauden können auch schattige oder anderswie ungünstig gelegene Stellen im Garten bepflanzt werden. Wenn nötig, lassen sich aus Stauden Partien zusammenstellen, die überhaupt nicht gegossen werden müssen, falls der Sommer nicht ausgesprochen trocken ist.

Wenn man in Betracht zieht, daß jede Staudenart im Durchschnitt nur 3—4 Wochen lang blüht, müssen wenigstens 7 Arten nacheinander in Flor stehen, wenn wir die ganze Wachstumsperiode über Blumen haben wollen. Das heißt, daß auf eine in voller Blüte stehende Art immer 1—2 aufblühende oder abgeblühte und 4—5 nicht blühende

Gemischte Gruppe von Koniferen, Gräsern und Stauden, in der ein Büschel der blühenden Fetthenne, Sedum telephium 'Herbstfreude', dominiert. Die Ansicht der Hausrückseite wird aufgelockert (487)

Stauden kommen, deren Blüte entweder schon ganz vorbei ist oder die erst Knospen ansetzen. Dieses Verhältnis läßt sich verbessern, wenn man remontierende Arten pflanzt. Viele Stauden sind auch außerhalb der Blütezeit durch ihre dekorativen Blätter wertvolle Gartenpflanzen (*Astilbe, Taglilie, Lungenkraut*).

Sehr viel liegt an der richtigen Wahl der Staudenarten und Züchtungen und ihrer geschickten Zusammenstellung. Auch gepflegt werden müssen die einzelnen Arten nach individuellen Ansprüchen. Besonders im ersten Wachstumsjahr brauchen sie mehr Pflege.

Anordnung der Stauden

Wenn, aus welchem Grund auch immer, sei es aus ästhetischen oder praktischen Erwägungen heraus, die Entscheidung für Stauden fällt, beginnen die Überlegungen über Anordnung, Größe und Form der Staudenrabatte. Das Beet sollte so breit gewählt werden, daß mindestens 3, besser noch 4 Reihen Stauden nebeneinander stehen können. Im Umriß sollte man sich eher für abgeschrägte als für rechtwinklige Formen oder für einfache Bogen entscheiden. Wenn man ein langes, gerades Beet nicht vermeiden kann, sollte man diese Geradlinigkeit durch unregelmäßig und ausladend wachsende Staudenbüsche unterbrechen.

Staudenpflanzungen legt man am besten entweder an Stellen an, von denen aus sich die einzelnen Pflanzen gut beobachten lassen, etwa an Sitzplätzen, oder so, daß man in Ruhe die gesamte Anlage wahrnehmen kann, etwa im Blickfeld des Wohnzimmerfensters oder der Terrasse. In der Staudenrabatte muß immer an mehrere stabilisierende Elemente gedacht werden, die die ganze Gruppe stützen, praktisch das Skelett bilden. Bei kleineren Staudengruppen reicht dafür der Hintergrund, bei größeren sind feste, stützende Punkte direkt auf der Rabatte notwendig. Meist wählt man für diese Aufgabe Gehölze. Wintergrüne Gehölze machen die Gruppe im Winter dekorativer, Laubgehölze bringen den Farbeffekt während ihrer Blütezeit und später durch ihr herbstbuntes Laub. Aber auch Gebäude, geschlossene Zäune, kleine architektonische Bauten, wie etwa Pergolen oder Mauern, geben den gewünschten Hintergrund. Große Felsbrocken oder Keramik lockern die Staudenrabatten auf. Staudenbeete besetzt man immer unregelmäßig. Das heißt jedoch nicht, daß man zufällig und unüberlegt pflanzt. Eine Rabatte wirkt nur ansehnlich, wenn man sich bei der Staudenzusammensetzung von bestimmten Grundsätzen leiten läßt.

Die wichtigste Regel ist, daß das auffälligste Element nie in die Mitte der Gruppe gesetzt wird, sondern immer etwas auf die Seite, am besten in einem Drittel in Länge und Tiefe des Beetes. Als Gegenelement muß dann auf der anderen Seite eine ähnliche, aber schwächere, attraktive Art kommen. So kann man z. B. von der gleichen Art oder Züchtung auf der einen Seite 5—6 Pflanzen und auf der anderen nur 2—3 zusammenpflanzen. Oder man wählt ein einzelnes, starkwüchsiges, durch seine Färbung hervorstechendes Exemplar und gibt ihm ein farblich schlichteres, niedrigeres Pendant. Auch zwei verschiedene Arten von ähnlichem Wuchs, aber unterschiedlicher Größe sind dafür geeignet, z. B. Glattblattaster (*Aster novi-belgii*) und Kissenaster (*Aster dumosus*).

Ist das Beet breiter, wählt man 3 Schwerpunkte: für eine Seite ein sehr auffälliges Stück, das schwächere Exemplar auf der Gegenseite und das schwächste im Vordergrund, etwas außerhalb der Mitte. In diesem Fall genügt zum Abstufen jedoch keine unterschiedliche Anzahl Pflanzen oder Sorten einer Art, sondern es sind schon verschiedene Gattungen oder Arten notwendig, z. B. Sonnenauge, Sonnenhut und Nachtkerze.

Eine lange, geradlinige Rabatte wird in kürzere Abschnitte aufgeteilt und für jedes Teilstück die Pflanzenpartie zusammengestellt. Man kann diese Partie dann mehrmals wiederholen wie Glieder an einer Kette. Die einzelnen Elemente können in solch einer Gruppe auch in der Reihenfolge auffallend — schwächer — am unscheinbarsten hintereinander stehen. Die Pflanzen setze man nicht in Reihe und auf gleichen Abstand, sondern auch in die Tiefe

Sedum spectabile 'Brillant' ist eine hervorragende Fetthennensorte mit fleischigen graugrünen Blättern und einer Fülle karminroter Blüten in Dolden. Sie ist vital und widerstandsfähig. Zur Geltung kommt sie einzelnstehend, vor Rabatten oder in Gemeinschaft mit Gräsern (489)

Der Ehrenpreis, *Veronica spicata* 'Blaubart', ist eine anspruchslose Staude für sonnige Standorte mit normalem, durchlässigem Boden. Sie entfaltet ihre Wirkung besonders in großen, gleichartigen Gruppen, in Steingärten oder in Gesellschaft anderer Stauden (490)

Die Indianernessel, Monarda didyma 'Cambridge Scarlet', ist von höherem Wuchs, dekorativ und vital blühend. Geeignet für gemischte Pflanzengruppen, Landschaftsgärten, vor Ziersträuchern sowie als Schnittblume (491)

Die Primeln sind besonders beliebte und häufig gepflanzte Frühjahrsblumen. Die frühesten Sorten blühen im Vorfrühling, die weiteren Sorten zieren den Garten über den ganzen Frühling mit einer Fülle von Blüten in einer bunten Farbskala (492)

des Beetes. Die an und für sich schon in sich unregelmäßige Gruppe soll sich regelmäßig wiederholen, so daß ein Rhythmus entsteht.

Zum bestimmenden, wichtigsten Element der Partie kann nicht jede beliebige Pflanze genommen werden. Die Art muß hochwüchsig sein, gut geeignet für den gegebenen Standort, lang und reich blühen und kräftige Farben

Stauden sind für naturähnliche Gartenteile von besonderer Bedeutung. Sorten mit niedrigerem Wuchs eignen sich zum Begrünen größerer Flächen, auf denen sich einzelnstehende oder in Gruppen höherwachsende Stauden gut ausnehmen. Der Gartenteil wirkt harmonisch, die niedrigeren Pflanzen lassen die höheren zur Geltung kommen (493)

Halbschattige Partien können nur mit bestimmten Pflanzen begrünt bzw. farblich belebt werden: mit Stauden und Gehölzen, die Beschattung vertragen oder sogar lieben. Vor allem sind es Arten, die in der Natur unter höheren Laubbäumen wachsen. Manche von ihnen blühen noch vor dem Laubaustrieb der Bäume (494)

haben. Bereits im Pflanzplan wird sie als Leitpflanze zuerst plaziert.

Da aber auch die dominierenden Stauden natürlich nicht das ganze Jahre über blühen, müssen sie den rechten Nachfolger für die restlichen Sommerwochen und den Herbst erhalten. Ganz gut eignen sich dafür Arten mit vollständig anderem Wuchs und anderer Farbe oder Arten mit unauffälligem oder völlig fehlendem Blütenstand, etwa hohe Grasarten. Diese dominierende Vertreterpflanze kommt als zweite in den Pflanzplan.

Zur Vervollständigung der Gruppe werden Arten ausgewählt, die gleichzeitig mit der Leitpflanze oder ihrem Vertreter blühen, im Wuchs aber kleiner und in der Blüte unauffälliger bleiben. Ihre Farben müssen gut harmonieren.

Die verbleibende Fläche wird mit Stauden besetzt, die zu einer anderen Zeit blühen als die Hauptart und die ihr zugeordneten Arten. Aber nicht nur die Fläche soll bedeckt werden, sondern vor allem der ganze Zeitraum, an dem uns gelegen ist, soll mit blühenden Pflanzen ausgefüllt sein. Wichtig ist, daß die ganze Rabatte farblich gut aufeinander abgestimmt ist.

Dabei darf nicht vergessen werden, daß viele im Frühjahr oder zeitigen Sommer blühende Stauden in ihrem Wuchs nach dem Verblühen nicht sehr schön aussehen oder sogar ganz einziehen. Solche Arten setzt man dann am besten weiter nach hinten und wählt für den Vordergrund die Stauden, die bis in den Herbst hinein schönes Laub zeigen.

Zuletzt verteilen wir die Arten, die unser Staudenbeet farbenfreudiger machen. Dazu gehören in erster Linie die verschiedensten Zwiebelgewächse. Die kleineren Arten kommen unter Büsche und Sträucher, also an später schattige Plätze, die größeren, etwa die Tulpen, zwischen Herbststauden. Zur Belebung unserer Beete tragen jedoch auch Pflanzen mit auffälliger Gestalt bei, wie beispielsweise Prachtscharte, Ballonblume, Edeldistel, nicht zu vergessen die Gräser, wie Pfeifengras, Federborstengras und andere.

Gemischte Staudenrabatten

Rabatten, also im wesentlichen lange, regelmäßig geformte Blumenbeete, bepflanzt man mit den verschiedensten Stauden, aber immer so, daß sie in Farbe und Höhe harmonieren und als Ganzes einen ausgewogenen Eindruck vermitteln.

Im Unterschied zu der klassischen Auffassung einer kompakten, streng in der Wuchshöhe abgestuften Rabatte überwiegt heute die aufgelockerte Pflanzenanordnung. Dabei können höhere Stauden mit schönem Wuchs und schöner Belaubung ruhig vorn stehen, etwa zwischen niedrigeren Arten. Dann setzt man mehrere niedrigere, reich blühende Arten zu den in einer größeren, lockeren Gruppe stehenden hohen Stauden. Auch Solitäre wirken in der Blumenrabatte durch ihre gefälligen Wuchsformen und ihren Charakter sehr individuell. Für Rabatten eignen sich jedoch auch Arten mit weniger attraktiven Blüten, aber schönem Wuchs und schöner Belaubung, wie etwa Ziergräser.

Solche Staudenrabatten sind eigentlich nur eine Art Übergang zu freien Staudenpartien. Sie kommen besonders vor dem dunklen Hintergrund von Sträuchern oder vor hellen Mauern und Häuserwänden wirkungsvoll zur Geltung.

Bevor Rabatten in der Nähe von Hecken angelegt werden, sollte man sich überzeugen, daß das Wurzelwerk der

Gemswurz (Doronicum columnae) zählt zu den frühblühenden Korbblütlern. Die Staude eignet sich für Rabatten, gemischte Staudengruppen, als Vordergrund zu dunkelgrünen Koniferen sowie als Schnittblume. Am besten gedeiht sie an mäßig feuchten Standorten, im Schatten eines Laubbaumes (495)

Trollblumen (Trollius-Hybriden) sind vielseitig anwendbare Stauden für naturartige Gartenpartien, Ufer von Gewässern, für Rabatten und Staudengruppen. Bemerkenswert sind die neuen Sorten mit großen Blüten, die sich auch zum Schnitt eignen (496)

Zu den schönsten blau blühenden Stauden gehört der Rittersporn. Die auffallende Pflanze eignet sich besonders für gepflegte Gärten. Sie kommt einzeln oder in gemischten Gruppen als dominierende Pflanze zur Geltung, eignet sich aber auch als Vasenschmuck. Sehr wirkungsvoll sind lockere Gruppen aus verschiedenen Sorten oder in Kombination mit Rosen (498)

Büsche und Sträucher nicht bis zum Staudenbeet reicht, denn die Stauden würden schlecht gedeihen. Man kann den Ausbreitungsbereich des Wurzelsystems dieser Nachbarn durch wenigstens 50 cm tief in den Boden eingesenkte Blechstreifen eingrenzen. Für Rabatten längs der Wege empfehlen sich zierlichere Staudenarten; für Rabatten, die man aus größerer Entfernung betrachtet, wähle man lieber Stauden mit reichem Flor und ausdrucksvollen Blüten oder Blütenständen und pflanze immer mehrere Exemplare einer Art in Gruppen zusammen. Dann wirkt das Staudenbeet aus der Ferne durch seine kompakten Farben.

Stauden für niedrige Rabatten

Wahl und Anordnung der Stauden in der Rabatte bestimmen ihren Charakter: Die niedrige Rabatte besteht im wesentlichen aus niedrigen Staudenarten, die hohe Rabatte ist mit höherwüchsigen Pflanzen besetzt. Meist werden einseitige Rabatten angelegt, die nur von einer Seite besehen werden können. Und dementsprechend wählt man dann auch die Stauden nach ihrer Wüchsigkeit. Aber auch doppelseitige Rabatten, die sich von beiden Seiten unserem Blick darbieten, sind eine der Gestaltungsmöglichkeit.

Rabatten aus niedrigen Staudenarten sind in unseren Gärten recht weit verbreitet. In Gärten mit kleineren Höhenunterschieden stuft man mit Trockenmauern ab und bepflanzt die dabei entstandenen Beete mit niedrigen Staudenrabatten, denn sie sind eine edle Zierde und lockern farblich auf. Genauso gut eignen sich niedrige Rabatten als Einfassungen von Gartenwegen, vor allem von Plattenwegen, und für regelmäßige Ruheplätze und Terrassen.

Für niedrige Rabatten entscheiden wir uns sicher auch, wenn wir längs des Zaunes zu öffentlichen Verkehrswegen hin den Blick in den Garten freihalten wollen, wie das meist bei schmalen Vorgärten der Fall ist.

Für niedrige Rabatten werden niedrige, polsterartige und kriechende Stauden gewählt, die höchstens 40—50 cm hoch werden. Dazu gehören die meisten Zwiebel- und Knollengewächse, aber auch einige niedrig bleibende Laub- und Nadelgehölze. Auch Ziergräser eignen sich ausgezeichnet, wenn sie in Gruppen stehen.

Die meisten niedrigen und kriechenden Stauden sind Frühlingsblüher. Und so ist es kein Problem, eine zu dieser Jahreszeit in allen Farben schwelgende Rabatte zusammenzustellen.

Schlimmer sieht das dann schon im Sommer und Herbst aus. Aber auch für diese Jahreszeiten ist gesorgt, wir dürfen nur nicht versäumen, Sommer- und Herbstblüher in unserem Bepflanzungsplan zu berücksichtigen. Genannt seien nur die Nachtkerze (*Oenothera missouriensis*), Leimkraut (*Silene schafta*), Hornveilchen (*Viola cornuta*), Islandmohn (*Papaver nudicaule*), Kokardenblume (*Gaillardia grandiflora* 'Kobold'), Braunelle (*Prunella*), Katzenminze (*Nepeta* x *faassenii*), Glockenblume (*Campanula poscharskyana*), Nelke (*Dianthus*), Lavendel (*Lavandula*) und Ehrenpreis (*Veronica*). Für den Spätsommer- und Herbstflor eignen sich verschiedene Fetthenne-Arten, Heidekraut (*Calluna*),

Türkischer Mohn (Papaver orientale) besticht durch die Leuchtkraft seiner Blüten. Auf nährstoffreichen Böden an sonnigen Standorten harrt der Türkische Mohn jahrelang ohne besondere Pflege aus. Man pflanzt ihn gern einzeln oder in gemischten Gruppen mit Schwertlilie, Lupine, Rittersporn und Salbei (497)

Herbstzeitlose (*Colchicum*) u. ä. und wer aus der Vielfalt der frühlingsblühenden Arten die auswählt, die auch nach dem Verblühen ihre schmückende Belaubung behalten, kann sich an der Pracht seiner Rabatte bis in den Herbst hinein erfreuen. An Stellenwert gewinnen deshalb Gräser, Zwergnadelgehölze und Laubgehölze, vor allem die immergrünen Zwergmispeln.

Blumenzwiebeln setzt man, wenn möglich, in Horste zwischen später austreibende Stauden mit tieferen, aber nicht zu aggressivem Wurzelwerk, wie etwa die Nachtkerze (*Oenothera missouriensis*), Schleierkraut (*Gypsophila repens*), Kaukasusvergißmeinnicht (*Brunnera*), Freilandgloxinie (*Incarvillea*) und Ballonblume (*Platycodon*). Die Zwiebelblumen füllen dann alle im Frühjahr nur schwach bewachsenen Stellen aus und haben genügend Zeit zu blühen und einzuziehen, bevor diese Stauden sich entwickeln.

Auf niedrigen Staudenbeeten werden immer mehrere Pflanzen der gleichen Art so zusammengepflanzt, daß farblich harmonierende Kombinationen entstehen. In der Regel sollen bei niedrigen Arten wenigstens 3—5 Pflanzen einer Sorte gesetzt werden; die Blumenzwiebelhorste sollen wenigstens 7—10 Pflanzen der gleichen Sorten umfassen.

Die meisten niedrigen Stauden wollen sonnige Lagen und gut durchlässigen, eher trockeneren Boden. Aber auch für mehr oder weniger schattige Stellen findet sich eine ausreichende Anzahl geeigneter Staudenarten.

Einige niedrige Stauden wollen humusreiche Böden mit ausreichender Feuchte. Böden, die diesen Ansprüchen nicht gerecht werden, sind durch Zugabe von Torferde, Lauberde und Waldhumus herzurichten.

Der wichtigste Vertreter der im Halbschatten gedeihenden Stauden sind die Primel mit ihrer großen Artenbreite. Sie blühen unermüdlich vom zeitigen Frühjahr bis zu Beginn des Sommers. Den Blütenreigen eröffnet oft schon im März die *Primula rosea,* gefolgt von *P. vulgaris* (Erd-Schlüsselblume), *P. denticulata* (Kugelprimel) und später von *P. elatior* (Hohe Schlüsselblume) und *P.* x *pubescens* (Gartenaurikel). Im Juni und Anfang Juli stehen *P. japonica, P. bulleyana, P.-Bullesiana*-Hybriden u. a. in Flor.

In den Sommermonaten beherrschen dann die verschiedenen Arten und Sorten der Astilbe mit ihren prächtigen Farben die Rabatte. Halbschattige Standorte eignen sich auch für die Arten der Gattungen *Anemone, Bergenia* (Bergenie), *Brunnera* (Kaukasusvergißmeinnicht), *Hacquetia* (Schaftdolde), *Helleborus* (Christrose), *Hepatica* (Le-

Ligula (Ligularia x hessei) *ist eine stattliche, sehr dekorative solitäre Staude. Sie nimmt sich in Naturpartien besonders gut in der Nähe von Gewässern aus. Die Blatt- und Blütenpflanze kommt nur in kleinen Gruppen zur Geltung. An einem geeigneten Standort hält sie auf einem humosen Boden über zehn Jahre ohne Umpflanzen aus* (499)

Gartenmargeriten (Chrysanthemum maximum) *sind für Dorfgärten sehr geeignete Stauden, aber auch in modernen Gärten sind sie kaum zu missen. Je nach Sorte blühen sie von Juni bis August und lassen sich gut mit andersfarbig blühenden Stauden kombinieren (500)*

Die Pfingstrose (Paeonia lactiflora) *ist eine schöne, sehr beliebte Staude mit dekorativen Blättern und einer Fülle von Blüten. Sie eignet sich sowohl für kleine als auch für große Gärten wie auch zum Schnitt. Sorten mit einfachen Blüten haben in den naturähnlichen Gartenpartien und in der Nähe von Gehölzen eine gute Wirkung. Gefüllte Sorten nehmen sich gut einzeln auf einer Rasenfläche aus (502)*

berblümchen), *Hosta* (Funkie), *Polygonatum* (Salomonssiegel), *Omphalodes* (Gedenkemein), *Pulmonaria* (Lungenkraut), die Gräser *Luzula* (Hainsimse) und *Carex* (Segge) und viele Farne.

Stauden im Vorgarten — nicht weniger wichtig als einige Gehölze. Die Abmessungen des Vorgartens bestimmen die Pflanzenwahl. Überfüllte Vorgärten sind nicht schön, da nicht nur ihre Gestaltung, sondern auch die Anmut der einzelnen Pflanzen nicht zum Tragen kommen können (503)

Stauden für hohe Rabatten

Rabatten mit höherwüchsigen Stauden werden meist dann angelegt, wenn sie vor einem Hintergrund liegen oder den Ziergarten von anderen, weniger ansehnlichen Teilen des Gartens trennen sollen.

Bei hohen Rabatten sollen nicht mehr als 3—4 Pflanzen auf einen Quadratmeter kommen, in einigen Fällen sogar

Akanthus (Acanthus spinosus) *ist eine interessante Staude mit ornamental-dekorativen Blättern und ansehnlichen Blütenständen. Man pflanzt sie einzeln, in großen Steingärten bzw. Heidegärten oder in größeren Gruppen in Landschaftsgärten, vorwiegend zwischen Ziergräsern und für solche Gartenpartien geeigneten Stauden (501)*

Die Garbe, Achillea filipendulina 'Golden Plate', ist eine wüchsige Staude mit steifen, spärlich beblätterten Achsen. Die zahlreichen kleinen gelben Blüten stehen in dichten Doldentrauben. Das Gelb nimmt sich gut vor dem dunklen Koniferenhintergrund aus (504)

Ein von der Sonne bestrahlter Vorgarten bietet gegenüber dem beschatteten eine weitaus größere Farbenpracht. Neben Rosen und Sommerpflanzen zieren den Vorgarten insbesondere im Frühling verschiedenste Stauden, Zwiebel- und Knollenpflanzen (505)

noch weniger. Bei niedrigen Rabatten rechnet man dagegen für diese Fläche mit einer durchschnittlichen Pflanzdichte von 9—12 Exemplaren. Niedrige Rabatten können nur 70—100 cm breit sein, für Beete mit höheren Stauden sollte mit wenigstens 1,5—2 m Breite gerechnet werden. Mittelhohe und höhere Stauden stehen in der Regel im Spätherbst, im Sommer und Herbst in Flor, niedrige Stauden dagegen vor allem im Vorfrühling und während der Frühlingszeit. Das Angebot der frühblühenden mittelhohen Stauden ist recht bescheiden und beschränkt sich im wesentlichen auf Gemswurz (*Doronicum*), Tränendes Herz (*Dicentra*), Trollblume (*Trollius*) und ein paar weitere Arten. Auch die Farbskala dieser begrenzten Auswahl ist recht bescheiden. Man muß sich dann mit Zwiebelgewächsen behelfen. Die Farblücke füllen im Frühjahr Tulpen aus. Sie haben nur den Nachteil, daß sie nach dem Flor einziehen und nicht mehrere Jahre an der gleichen Stelle bleiben können. Es sind also keine Perennen im eigentlichen Sinne des Wortes; trotzdem lohnt es sich, ihre herrlichen und prächtigen Farben zu nutzen. Sie werden an mehreren Stellen zu 15—20 Zwiebeln ausgelegt, nach dem Verblühen und Einziehen herausgenommen und die kahlen Stellen mit Einjahrsblumen bepflanzt. Leere Stellen in Staudenbeeten entstehen aber auch durch Stauden, die nach der Blüte einziehen, wie beispielsweise Türkischer Mohn (*Papaver orientale*). Dieser Mohn belebt recht früh die Rabatte mit seinen prächtigen Blüten in strahlenden Farben. Man setzt deshalb vor einziehende Stauden-Arten, die später austreiben, und erst im Sommer ihr volles Wachstum und ihre Blüte erreichen, wie etwa Sonnenhut (*Rudbeckia*), Sonnenauge (*Heliopsis*), die höhere Flammenblumenart, *Phlox paniculata* u. ä.

Bepflanzen der Staudenrabatten

Die für Rabatten geeigneten Stauden können etwa in drei Kategorien eingeteilt werden: In die erste Kategorie gehören höher und kräftiger wachsende Stauden, die wir wie Solitäre behandeln. Sie ziehen den Blick auf sich und sind ein wichtiges Element für eine interessante Gestaltung, gleichgültig, ob es sich um blühende Arten oder nur um grüne Gewächse handelt.

In diese Gruppe gehören beispielsweise Rittersporn (*Delphinium*), Ligularie (*Ligularia*), Steppenkerze (*Eremu-*

rus), Diptam (*Dictamnus*), Chinaschilf (*Miscanthus*) und Palmlilie (*Yucca*). Die zweite Gruppe bilden die Arten, die sich durch reiche Blütenfülle und kräftige Farben auszeichnen. Sie sind das wichtigste Farbelement der Bepflanzung. Man pflanzt sie in größeren Horsten und stimmt sie farblich aufeinander ab. Die bekanntesten sind wohl Lupinen (*Lupinus*), Chrysanthemen (*Chrysanthemum*), Pfingstrose (*Paeonia*), Gemswurz (*Doronicum*), Sonnenauge (*Heliopsis*), Sonnenhut (*Rudbeckia*), Phlox (*Phlox paniculata*), Goldraute (*Solidago*) und *Aster*. Zu diesen blühenden Gattungen und Arten werden dann Füllstauden gesetzt.

Beim Bepflanzen der Rabatte ist der richtige Pflanzabstand sehr wichtig. Dabei werden die größten Fehler gemacht; oft bedenkt man nicht die Größe der ausgewachsenen Pflanze und setzt viel zu dicht. Und wenn die Pflanzen dann heranwachsen, bedrängen sie sich gegenseitig, nehmen sich Licht und Luft weg und können sich nicht zu

*Die hohe Flammenblume (*Phlox paniculata*) ist eine sehr beliebte, anspruchslose Staude mit schön gefärbten Blüten (506)*

Eigenschaften und Ansprüche der einzelnen Staudenpflanzen. Die Möglichkeiten zur Kombination der einzelnen Staudenarten sind nahezu unbegrenzt und wohl kaum in eine Schablone zu bringen, auch wenn uns gelungene Gestaltungsbeispiele die Arbeit erleichtern. Jeder Garten ist anders, bringt spezifische Bedingungen — sei es in bezug auf Lage, Boden oder Lichtverhältnisse. Eine Hilfe für die Wahl der richtigen Pflanzenarten kann wohl die Tabelle ab Seite 326 sein, in der Blütezeit, Pflanzenhöhe, Blütenfarbe und wichtigste Ansprüche der einzelnen Staudenarten angegeben sind.

Die für Staudenbeete verfügbaren Arten stellen meist hohe Ansprüche an den Boden. Das ist eigentlich nur zu verständlich, denn unter den Stauden überwiegen die kräftig wachsenden Arten, deren Wurzeln eine große Blattmasse und unzählige Blüten ausreichend mit Nährstoffen versorgen müssen. Deshalb sind nicht nur ausreichend Nährstoffe durch Vorratsdüngung beim Herrichten des Bodens einzubringen, das Beet muß auch in den kommenden Jahren regelmäßig gepflegt und gedüngt werden.

Mädchenauge (Coreopsis grandiflora) *ist wegen ihrer langen Blütezeit und ihrer Eignung zum Schnitt beliebt. Sie braucht sonnige Lagen, nährstoffreichen und mäßig feuchten Boden. Sie belebt Rabatten und gemischte Staudengruppen (507)*

voller Schönheit entwickeln. Auf einer richtig bepflanzten Rabatte sollen die Stauden ineinanderfließen und locker stehen, ohne daß sich größere Lücken bilden.

Bei einer richtig besetzten Rabatte harmonieren die benachbarten Arten farblich und geben während der Blüte schöne Farbkontraste. Man pflanzt deshalb z. B. blaue mit gelben, rote mit weiß oder gelb blühende Arten zusammen. Dabei darf man nicht vergessen, daß die miteinander kombinierten Arten auch zur gleichen Zeit in Flor kommen müssen, wenn die Rabatte den gewünschten Effekt bringen soll.

Grundvoraussetzung für eine gelungene Bepflanzung, die uns das ganze Jahr über erfreut, ist die Kenntnis der

Hoher Phlox (Phlox paniculata) *findet im Garten breite Anwendung. Mit seinem Wuchs und der auffallenden Blütenfarbe setzt er Schwerpunkte in größeren oder kleineren homogenen oder gemischten Gruppen. Er läßt sich jedoch auch in Reihen oder auf Teppichen aus niedrigeren Stauden anpflanzen, wo er für Kontrast sorgt (508)*

Die Sumpfgarbe, Achillea ptarmica 'The Pearl', *wird seit langem angepflanzt. In gemischten Staudengruppen wirkt die Pflanze durch ihre weißen gefüllten Blüten neutralisierend. Die sehr ausdauernden Blüten sind ein beliebter Vasenschmuck (509)*

Wichtig ist die Lebensdauer der einzelnen Staudenarten. Gerade die kurzlebigeren Arten bestechen durch reichen und langen Flor. Damit erschöpfen sie sich recht bald und müssen durch neue Pflanzen ersetzt werden.

Freie Staudenpartien
Freie Staudenpartien haben recht vieles mit dem freien Rabattentyp gemeinsam, unterscheiden sich jedoch darin, daß sie keine regelmäßige Fläche haben und niedrige, kriechende Stauden überwiegen. Diese Anordnung entspricht am besten unserer heutigen Auffassung von Gartengestaltung. Die Gartenwege werden nicht mehr geradlinig ge-

führt, sondern in unregelmäßigen Bögen und Kurven, so daß sich freie Staudengruppen besser eignen als regelmäßige Beetstreifen.

Charakteristisch für freie Staudenpartien sind der unregelmäßige Grundriß und die Art und Weise der Bepflanzung. Sie hängt davon ab, ob kriechende und niedrige Polsterstauden eine Art Grundteppich bilden, in die mittelhohe und hohe Stauden räumlich plastisch gesetzt werden. Diese Staudenanordnung wirkt leicht und luftig. Wichtig ist die sorgfältige Auswahl, um nicht nur die Schönheit der Blüte, sondern auch den Habitus der ganzen Pflanze gebührend zur Geltung zu bringen. Wenn die einzelnen Arten nicht so dicht gedrängt zusammenstehen wie in der Rabatte, sondern frei im rasenartigen Pflanzenteppich, können sie sich besser entwickeln und sich unserem Auge in ihrer ganzen Pracht darbieten. Diese Gestaltung kommt dem Charakter der Stauden am nächsten.

Für freie Staudenpartien werden am häufigsten kriechende Polsterstauden mit schöner Belaubung gewählt, denn sie erfüllen ihren Zweck auch, wenn sie bereits verblüht sind, wie etwa Ziest, *Stachys byzantina*, Stachelnüßchen (*Acaena*), verschiedene Fetthenne-Arten (*Sedum*), Günsel (*Ajuga*) u. ä. Mit Blumenzwiebeln sollte man auch hier nicht sparsam sein. Besonders Wildtulpen, Narzissen, aber auch die meisten niedrigen Zwiebelgewächse lockern die Teppiche der meist flach wurzelnden Polsterstauden auf, ohne daß man sich Sorgen um kahle Beetstellen nach dem Einziehen der Blumenzwiebeln machen muß.

Nahezu unverzichtbar für freie Staudengruppen sind Ziergräser. Niedrige Arten, wie die Schwingel (*Festuca*), bilden mit den Polsterstauden unregelmäßige Flächen. Die mittelhohen Gräser, wie Hafer (*Avena*), Schmiele (*Deschampsia*), Federborstengras (*Pennisetum*) u. a. werden in kleineren Trupps zwischen Polsterstauden gepflanzt. Hohe Gräser, wie Stielblütengras (*Miscanthus*), Süßwasserseilgras (*Spartina*), Pampasgras (*Cortaderia*) u. ä., sind prächtige Solitäre.

Die Staudengruppen können auch Gehölze als Komponenten bekommen (Zwergfichten, Bergkiefern, Wacholder, von den Laubgehölzen Zwergmispeln, Fingerkraut, Berberitzen, Zierquitten u. ä.).

Freie Staudenpartien können die verschiedenartigste Form und Größe haben. Auch hier ist die Kenntnis des Sortiments Voraussetzung, um wirklich die Arten zusammenzustellen, die zueinander passen und die unter den gegebenen Bedingungen am besten gedeihen.

Freie Staudenpartien können in unseren Gärten an den verschiedensten Stellen entstehen. In Vorgärten mit geringem Platzangebot arbeitet man am besten mit niedrigeren Arten und Zwerggehölzen. Sehr gut wirkt so eine Partie vor Gehölzgruppen, gleichgültig, ob es sich um Nadel- oder Laubgehölz handelt. Vor diesem dunkleren Hintergrund macht sich die ruhige, grüne Fläche eines Rasens sehr gut. Für Wege sollten in erster Linie Natursteine verwendet werden. Sie können in unregelmäßigen Biegungen an diesen Partien vorbei- oder zu ihnen hinführen. Sollen freie Staudenpartien an Ruheplätze angrenzen oder nahe an einem Wasserbecken oder am Haus stehen, so sind dem Charakter dieser Plätze entsprechende Arten zu wählen.

Große Staudengruppen

Ununterbrochen und reich blühende Staudengruppen sind den gemischten Staudenrabatten recht ähnlich. Sie haben jedoch einen unregelmäßigen Grundriß und werden nach den Gestaltungsgrundsätzen für freie Staudenpflanzungen mit reich und farbenprächtig blühenden Arten besetzt. In

Chrysanthemum maximum ist der häufigste Vertreter Gartenmargeriten. Die modernen Sorten zeichnen sich durch reinweiße Blüten und eine Höhe von 50—100 cm aus. Im Sommer werden sie gerne für die Vase geschnitten, da sie sich sehr lange halten. Bodenansprüche: gut gedüngt, durchlässig, in sonniger Lage (510)

solchen Partien wird in erster Linie mit der reichen Farbenvielfalt gerechnet.

Da die Partie mindestens 2—3 m breit sein soll, eignen sich keine kleinen Flächen, sondern nur größere Gärten und Parks. Von jeder Art werden wenigstens 15—20 Pflanzen gesetzt, um wirklich eine große Anzahl Blüten richtig zur Geltung zu bringen. Der Vordergrund sollte eine größere Rasenfläche bilden, die die farbliche Komposition der Blumen unterstreicht und dem Beschauer einen genügend großen Abstand ermöglicht. Den Abstand bestimmt die Größe der Staudenpartie. Er soll nicht geringer sein als 8—10 m, bei größeren Partien lieber mehr.

Bei dieser Massenpflanzung müssen die Arten so gewählt und räumlich angeordnet werden, daß sie sich in Höhe und Wüchsigkeit gegenseitig nicht stören und übersichtlich sind. Niedrigere Arten kommen natürlich in den Vordergrund. Ausgesprochene Polsterstauden verwende man nicht, denn sie kommen wegen der größeren Entfernung vom Beschauer kaum zur Geltung. Die Hauptstauden sind reich blühende Arten, wie beispielsweise Pfingstrosen (*Paeonia*), Türkischer Mohn (*Papaver orientale*), Rittersporn (*Delphinium*), Lupinen (*Lupinus*), Brennende Liebe (*Lychnis chalcedonica*), Indianernessel (*Monarda didyma*), Mädchenauge (*Coreopsis verticillalata*), Sonnenbraut (*Helenium*), Gartenmargerite (*Chrysanthemum maximum*), hohe Arten von Schafgarbe (*Achillea*), Phlox (*Phlox paniculata*) und herbstblühende Arten von Astern (*Aster*), Goldraute (*Solidago*), Sonnenhut (*Rudbeckie*) und Winteraster (*Chrysanthemum-Indicum*-Hybriden). Tatsache bleibt, daß die Hauptblütezeit dieser Arten vom Spätfrühling bis in den Herbst hinein reicht und sich unter ihnen keine für den zeitigen Frühjahrsflor befinden. Eine gute Vorpflanzung für diese Stauden sind Tulpen.

Stauden für den Schnitt

Schnittblumen erfreuen sich steigender Beliebtheit und das Sortiment kann nicht breit genug sein. Blumen sind uns auch im täglichen Leben zum Bedürfnis geworden, sind also nicht mehr ein nur gelegentliches Geschenk. Im breiten Staudensortiment gibt es genug Arten, die Blumen für den Schnitt liefern. Sie haben den Vorteil, daß sie reichen Flor und häufig dazu noch dauerhafte Blumen bringen.

Wie lange die geschnittenen Blüten aushalten, hängt von vielen Umständen ab. Oft ist ihre Lebensdauer deshalb recht unterschiedlich. Wichtig ist, wie weit sie aufgeblüht sind und wie lange sie schon blühen, wie das Wetter während des Schneidens ist, welche Temperaturen und Luftfeuchtigkeit am Lagerort herrschen, wie häufig das

Die Goldrute (*Solidago*) ist unentbehrlich für die sommerliche Rabatte. Moderne wüchsige Sorten bilden in gemischten Staudengruppen meistens den Hintergrund, eignen sich zugleich aber auch für Pflanzungen vor laubabwerfenden Gehölzen, die im Herbst ihr Laub bunt färben (511)

Iris pallida 'Variegata' zählt, wie die übrigen Schwertlilien, zu den häufig gepflanzten Rabatten- und Gruppenpflanzen. Sie hat dekorative Blätter und angenehm duftende Blüten und kann auch einzeln stehen (512)

Wasser in der Vase ausgewechselt wird und ob Blumenfrischhaltemittel im Blumenwasser verwendet werden. Ausschlaggebend ist jedoch die Art. Es kommt oft vor, daß sich Arten der gleichen Gattung völlig verschieden verhalten. Als Beispiel seien der Sonnenhut (*Rudbeckia nitida*) und *Rudbeckia* 'Gloriosa Daisy' mit sehr dauerhaften, unter günstigen Bedingungen 1—2 Wochen frischbleibenden Blüten und *Rudbeckia fulgida* genannt, deren Blüten nach dem Abschneiden nicht länger als 3—4 Tage frisch bleiben.

Zu den guten Arten, deren Blüten in der Vase mindestens 5—7 Tage aushalten, gehören Garbe (*Achillea filipendulina*), Bunte Margerite (*Chrysanthemum coccineum*), Gartenmagerite (*Ch. maximum*), Winteraster (*Ch. indicum*), Maiglöckchen (*Convallaria majalis*), Gemswurz (*Doronicum*), Berufkraut (*Erigeron*), Edeldistel (*Eryngium alpinum*), Kokardenblume (*Gaillardia aristata*), Schleierkraut (*Gypsophila paniculata*), Sonnenauge (*Heliopsis*), Prachtscharte (*Liatris spicata*), Lein (*Linum*), Widerstoß (*Limonium*), Pfingstrose (*Paeonia lactiflora*) und Skabiose (*Scabiosa caucasica*).

Die übrigen Staudenarten bleiben unter normalen Verhältnissen 3—5 Tage in der Vase frisch. Einige Arten mit langem traubenartigem Blütenstand, etwa Rittersporn (*Delphinium*), Steppenkerze (*Eremurus*), Fingerhut (*Digitalis*) und Lupine (*Lupinus*) eignen sich ausgezeichnet zu Dekorationszwecken in größeren Vasen.

Nach dem Trocknen lassen sich einige Arten als ausdauernde Schmuckblumen verwenden, beispielsweise Garbe (*Achillea filipendulina*), Edeldistel (*Eryngium*), Schleierkraut (*Gypsophila paniculata*), Edelweiß (*Leontopodium alpinum*), Lampionpflanze (*Physalis*), Statice (*Goniolimon tataricum*), Widerstoß (*Limonium lactifolium*), Prachtscharte (*Liatris spicata*) und Goldraute (*Solidago*). Auch die Blütenstände einiger Gräser geben nach dem Trocknen ausgezeichnetes Dekorationsmaterial ab.

Stauden als Solitäre

Als Solitäre betrachten wir Pflanzen, die wir in unsren Gärten so zur Geltung bringen, daß sie durch ihre hervorstechenden Eigenschaften die Aufmerksamkeit auf sich ziehen. Meist sind es größere Arten mit typischem Habitus. Man setzt sie einzeln oder in kleineren Gruppen, sei es in der Rasenfläche oder in Pflanzenpartien mit anderen Arten zusammen; immer aber so, daß sie sich von ihren Nachbarn abheben. Es muß sich nicht immer um mächtige, kräftig wachsende Arten handeln. Ein Horst Staudenhafer (*Helictotrichon sempervirens*) in einer flächigen Polsterstaudenpflanzung ist eigentlich schon ein Solitär.

In unserem modernen Garten mit seinen freien Staudenpartien haben solitäre Stauden ihren besonderen Stellenwert. Für einzelstehende Pflanzen wählen wir einen solchen Standort, daß sie die Gesamtwirkung der Anlage unterstreichen. Meist bekommen sie einen Platz am Hauseingang, neben Treppen und Ruheplätzen, auf Terrassen, an Pergolen oder einfach frei im Rasen.

Auch für natürliche Gartenpartien wie Heide- und Steppenpartien, aber auch für freie Staudengruppen sind Solitäre wichtig. Sie schaffen eine räumliche Gliederung der sonst flächigen Partien.

Unter den Stauden gibt es genügend Arten, die sich als Solitäre eignen. Von den mächtigste Exemplare liefernden

*Die Königskerze (*Verbascum thapsus*) gehört zwar zu den Zweijahrsblumen, wird aber oft auch als Staude angepflanzt, besonders in Gärten auf dem Lande oder in naturähnlichen Gartenteilen. Die Pflanze wird bis zu 2 m hoch und zeichnet sich durch eine Fülle gelber Blüten in kerzenförmigem Blütenstand aus. Sie zählt zu den seit alters her beliebten Heilpflanzen (513)*

*Die Palmlilie (*Yucca filamentosa*) ist eine dekorative Staude, die in großen Steingärten, auf Rabatten, Beeten und im Rasen einzeln oder in Gruppen angepflanzt wird. Die großen glockenförmigen Blüten muten im Garten exotisch an. Die Pflanze wirkt auch durch die schmalen schwertähnlichen, blaugrau bereiften Blätter (514)*

Arten seien z. B. Geißbart (*Aruncus dioicus*), Tafelblatt (*Astilboides tabularis*), Meerkohl (*Crambe cordifolia*), Steppenkerze (*Eremurus robustus*), Sonnenblume (*Helianthus salicifolius*), Bärenklau (*Heracleum stevenii*), Ligularie (*Ligularia dentata*), Federmohn (*Macleaya cordata*), Kermesbeere (*Phytolacca americana*), Medizinalrhabarber (*Rheum palmatum*), Schaublatt (*Rodgerisa aesculifolia*), Sonnenhut (*Rudbeckia nitida*) und Königskerze (*Verbascum olympicum*) genannt.

Mittelgroße Stauden sind Akanthus (*Acanthus longifolius*), Garbe (*Achillea filipendulina*), Eisenhut (*Aconitum fischeri*), Flockenblume (*Centaurea macrocephala*), Diptam (*Dictamnus albus*), Kugeldistel (*Echinops ritro*), Taglilie (*Hemerocallis*-Hybriden), Fackellilie (*Kniphofia*-Hybriden) und Palmlilie (*Yucca filamentosa*).

Stauden für besondere Partien

Stauden werden mit Erfolg auch in speziellen Gartenpartien verwendet. Sie wirken als belebendes Element durch Farbe und Form, ihren Duft oder unterstreichen den natürlichen Charakter der Partie.

In erster Linie sind es Heidepartien, deren unregelmäßige Glocken- (*Erica*) und Besen- (*Calluna*) Heide-Flächen durch Stauden angenehm aufgelockert werden. Genannt seien Katzenpfötchen (*Antennaria dioica*), Goldhaar (*Aster linosyris*), Sandnelke (*Dianthus arenarius*), Heidenelke (*D. deltoides*), Mädesüß (*Filipendula vulgaris*), Habichtskraut (*Hieracium*), Hornklee (*Lotus corniculatus*), Feldthymian (*Thymus serpyllum*), Ehrenpreis (*Veronica prostrata*) und Silberdistel (*Carlina acaulis*).

Auf trockenen und warmen Standorten lassen sich sehr schöne Xerophyten-Anlagen herrichten, in denen außer den typischen, Trockenheit liebenden Gehölzen Gruppen von Gräsern dicht neben wie zufällig hingestreuten Findlingen wachsen. Dazwischen kommen in Horsten Stauden der Gattungen Igelpolster (*Acantholimon*), Lavendel (*Lavandula*), Andorn (*Marrubium*), Hundskamille (*Anthemis*), Fetthenne (*Sedum*) und Tragant (*Astragalus*).

Auch in Steppenpartien, die in der Gestaltung den Heidepartien ähnlich sind, jedoch mit Steppenpflanzen angelegt werden, die überwiegend neutrale Böden wünschen, verwendet man Gräser und eine Vielzahl anderer Stauden. Gräser bilden jedoch den Kern der Anlage und werden durch Stauden, wie beispielsweise Palmlilie (*Yucca filamentosa*), Lavendel (*Lavandula*), Kuhschelle (*Pulsatilla grandis*), Adonisröschen (*Adonis*), Iris, Edeldistel (*Eryngium*), Kugeldistel (*Echinops*), Gold-Wolfsmilch (*Euphorbia*

Euphorbia polychroma ist das Schmuckstück eines jeden Steingartens im Frühling. Diese Wolfsmilchart macht sich besonders gut vor Ziergehölzen und im Herbst in der Nachbarschaft von Astern. Auffallend sind Blätter und Hochblätter, die Blüten sind unscheinbar. Im Bild kontrastieren die frischgrünen Wolfsmilchblätter mit dem weißlich behaarten Ziest (Stachys byzantina) (515)

Iris germanica 'Frithjof'. Die Schwertlilien der Barbata-Media-Gruppe blühen erst nach den niedrigeren Sorten, aber vor der Barbata-Elatior-Gruppe. Neben den späten Tulpensorten gehören sie zu den großblumigen Frühlingsstauden, die sich auch zum Schnitt eignen (516)

polychroma), Kissenaster (*Aster linosyris*), Mädesüß (*Filipendula hexapetala*), Fetthenne (*Sedum spectabile, S. telephium*) und Alant (*Inula ensifolia*) nur ergänzt.

Stauden als Wegeinfassung werden in unseren modernen Gärten kaum noch verwendet. Wer es trotzdem tut, muß dafür sorgen, daß mehrere wichtige Grundsätze erfüllt werden. Die zu wählenden Staudenarten müssen kompakt sein und dürfen nicht zu üppig in die Breite wachsen, denn es würde zu viel Arbeit machen, sie dauernd zu beschneiden. Dazu müssen sie nicht nur schöne Blüten, sondern auch ansehnliche Belaubung und einen gefälligen Habitus bieten. Diesen Ansprüchen genügen beispielsweise Strandnelke (*Armeria maritima*), Gold-Wolfsmilch (*Euphorbia polychroma*), Lavendel (*Lavandula angustifolia*) und Ehrenpreis (*Veronica austriaca*).

An Beliebtheit gewinnen in unseren Gärten Wasserpartien. Die Pflanzenwelt der Wasserbecken und Teiche hat ihren spezifischen Charakter und unterscheidet sich beträchtlich von den übrigen Staudenarten. Wer eine solche Partie gestalten will, muß solche Arten wählen, die in ihrem Charakter dem der Wasser- und Sumpfpflanzen nahekommen. Es können beispielsweise Prachtspiere (*Astilbe*), Mädesüß (*Filipendula*), Schwertlilie (*Iris*), Ligularie (*Ligularia*), Felberich (*Lysimachia*), Schaublatt (*Rodgersia*), Dreimasterblume (*Tradescantia*), Taglilie (*Hemerocallis hybrida*), Fackellilie (*Kniphofia hybrida*), Trollblume (*Trollius hybridus*) und andere sein.

Bodenvorbereitung

Wenn der entsprechende Standort im Garten ausgewählt und der Bepflanzungsplan fertig ist, wird der Boden vor dem Auspflanzen sorgfältig hergerichtet. Diese Arbeiten sind für Stauden genau so wichtig wie für andere Pflanzengruppen, auch wenn man häufig liest, daß Stauden anspruchslos seien. Die Bodenvorbereitung besteht vor allem im gründlichen Lockern des Bodens und Entfernen der einjährigen und ausdauernden Unkräuter. Pflanzen, von denen wir erwarten, daß sie uns mehrere Jahre lang Freude bringen, verdienen sicher, daß wir uns die Mühe machen, das Pflanzenbett gut vorzubereiten. Dazu spart uns das in den kom-

Die Dreimasterblume, Tradescantia-Andersoniana-Hybride 'Zwanenburg Blue', blüht sehr üppig während des ganzen Sommers. Die in der Frühe sich öffnenden Blüten bleiben nur für den Vormittag offen. Die Pflanze eignet sich für größere Steingärten, Rabatten sowie Beete unter mittelhohen Stauden. Die verschiedenen Sorten fallen durch satte Farben, besonders das Himmelblau, auf (517)

Zierteiche sind wichtiger Bestandteil des Gartens. Wasser- und Sumpfpflanzen bereichern die Sortenvielfalt im Garten durch ihre Wuchsformen, Blätter und Blüten. In der Nähe vom Wasser können viele Stauden stehen, so z. B. die Trollblume, die im Mai und Juni gelb blüht (518)

menden Jahren viel Arbeit und die Pflanzen danken es uns mit gutem und schnellem Wachstum.

Bodenlockerung

Das Staudenbeet wird zuerst gründlich umgegraben. Von grasbewachsenen Stellen wird die Grasnarbe abgetragen. Rasen soll man nur untergraben, wenn der Boden wenigstens eine Saison lang ruhen und sich das Gras zersetzen kann, bevor die Stauden ausgepflanzt werden.

Meist reicht den Stauden eine Bodenlockerung auf 30 cm, also auf Spatentiefe. Für die Arten, die tiefer gehen, reichen 30 cm nicht. Dagegen genügt es bei den meisten niedrigen Polsterstauden, die Erde bis 20 cm durchzuarbeiten.

Unkrautbeseitigung

Die wichtigste Arbeit bei der Vorbereitung der Staudenbeete und Voraussetzung für die erfolgreiche Pflege ist die völlige Beseitigung der Unkräuter. Besonders unangenehm sind die Arten, die sich durch Wurzelausläufer vermehren. Die häufigsten sind Quecke, Zaungiersch, Kratzdistel, Huflattich, Wilde Sumpfkresse, Hahnenfuß, Schachtelhalm u. a. Allen ist eines gemeinsam — es reicht, daß ein Stück Wurzel im Boden bleibt und ihm eine genügend lange Ruhezeit gegönnt wird, und schon bald verbreitet es sich wie vordem.

Probleme schaffen auch die Unkräuter, deren Wurzeln und Ausläufer sich durch Umgraben nicht erreichen lassen. Zu ihnen gehören Huflattich, Kratzdistel und Schachtelhalm. Recht unangenehm ist die Ackerwinde. Sie hat zwar keine Wurzelausläufer, geht aber mit ihren Wurzeln so tief, daß sie mechanisch nicht zu erreichen sind. Ausdauernde Unkräuter dieser Kategorie lassen sich weder durch Umgraben noch durch sorgfältiges Entfernen der Wurzeln vernichten. Es bleibt dann nur eines: man muß auf diesen Böden auf Stauden verzichten. Wenn uns aber doch nichts anderes übrigbleibt, ist es besser, das Auspflanzen um ein Jahr zu verschieben und in der Zwischenzeit keine Mühe zu scheuen, das Beet von allen ausdauernden Unkräutern zu befreien. Der Boden wird häufig umgegraben und gehackt. Und wenn wir dafür sorgen, daß sie die ganze Saison über keine grünen Teile entwickeln können, halten sie das in der Regel nicht aus und gehen ein. Nur die Winde ist so ausdauernd, daß sie auch diesen Eingriff übersteht.

Chemische Unkrautvertilgungsmittel vermeide man tunlichst, vor allem die mit Langzeitwirkung. Man verlasse sich lieber auf mechanische Mittel und auf seine Geduld.

Diese einjährige Ruhepause vor dem Auspflanzen der Stauden hat dazu noch den Vorteil, daß man recht bald feststellt, welches Unkraut beim Umgraben nicht entfernt wurde. Wenn der Boden zu sehr verunkrautet ist, gelingt es meist nicht beim ersten Mal, besonders die ausdauernden Arten zu vernichten, auch wenn noch so sorgfältig umgegraben wurde. Ein bepflanztes Beet läßt sich dann nur sehr mühsam von dieser Plage befreien und verunkrautet meist sehr rasch.

Einjährige Unkräuter sind nicht so problematisch, auch wenn sie oft Sorgen machen. In jedem Boden befindet sich eine Menge Unkrautsamen, die unter günstigen Bedingungen keimen. Die häufigsten sind Sternmiere, Kreuzkraut, Franzosenkraut, Einjähriges Rispengras und manchmal auch Borstenhirse. Am wirksamsten ist Hacken während der Vegetationszeit, möglichst bei trockenem Wetter. Einjähriges Brachliegen hilft auch, diese einjährigen Unkräuter zu vernichten.

Bodenverbesserung

Die Bodenvorbereitung für Staudenpflanzungen beschränkt sich nicht auf Umgraben und Jäten, sondern schließt auch die Verbesserung des Bodens ein. Hier hilft uns keine Schablone. Ausschlaggebend sind die Bodenansprüche der ausgewählten Arten. Guter Gartenboden, also lockerer, durchlässiger, humushaltiger sandiger Lehmboden bis lehmiger Sandboden, macht in der Regel nur wenig Sorgen, denn er genügt den meisten Staudenarten. Undurchlässige, schwere Lehmböden müssen unbedingt verbessert werden. Es wird tief umgegraben und dabei Torf, Sand, Asche und guter Kompost eingearbeitet. Es empfiehlt sich, den gut umgegrabenen Boden als grobe Scholle den Winter über durchfrieren zu lassen, während des Winters mit Asche zu bestreuen, im Frühjahr noch einmal umzugra-

Nach dem Abblühen der Zwiebelpflanzen lenken größere büschel- und rasenartige Staudenfelder mit zahlreichen Blüten die Aufmerksamkeit auf sich. Sie begrünen die Stellen, an denen die Zwiebelpflanzen abgeblüht sind. Die weißblütige Gänsekresse Arabis procurrens 'Compactum', und das gelb blühende Felsensteinkraut Alyssum saxatile 'Compactum', kontrastieren mit dem Dunkelgrün der Koniferen (519)

ben und mit einer Hacke oder Bodenfräse nachzubehandeln.

Zu leichter Sandboden wird mit Torferde, gutem Kompost und schwererer Erde verbessert. Steht eine nur dünne, steinige Bodenschicht zur Verfügung, sammelt man die Steine heraus und verbessert mit Torferde, Kompost und wenn möglich auch mit humushaltiger Walderde.

Wenn man die Ansprüche der Arten gut kennt, ist es nicht um jeden Preis notwendig, den Boden zu verbessern, denn es gibt Arten, die in natürlich gewachsenen Böden viel besser gedeihen. Bodenverbesserung kann im Gegenteil ihr Aussehen verschlechtern oder ihre Lebensdauer verringern. Ein Beispiel dafür ist Staudenhafer. Dieses Gras

bevorzugt trockenen, sandigen, eher mageren Boden. Wenn gedüngt und viel gewässert wird, bildet es zwar im ersten Jahr eine mächtige Blüte, geht aber dann mehr und mehr zurück, um zuletzt ganz einzugehen.

Düngung

Für Staudenarten, die anspruchsvoll an den Boden sind, müssen durch Düngung ausreichend Nährstoffe zugeführt werden. Für die Vorratsdüngung vor dem Auspflanzen darf nie frischer Stalldung oder Mineraldünger verwendet werden, denn er würde die jungen Wurzeln der Setzlinge verbrennen. Man nehme gut zersetzten, nährstoffreichen Kompost. Auch verschiedene langsamwirkende organische Dünger, wie Horn- und Knochenmehl, eignen sich ausgezeichnet.

Erst wenn die Pflanzen gut angewachsen sind, wird Mineraldünger gegeben. Am besten verwendet man eine Volldüngerlösung, die man dem Gießwasser beimischt. Näheres dazu ist im Abschnitt über die Pflege der Stauden enthalten. Es gibt Arten, ja ganze Gruppen von Stauden mit spezifischen Anforderungen an die Bodenreaktion. Wer sie

Moderne Sorten der Akelei (Aquilegia) zeichnen sich durch ihre Höhe, den eleganten Habitus sowie eine breite Blütenfarbskala aus. Sie erreichen eine Höhe von 60–80 cm. Die Blütezeit ist Mai und Juni. Da die Blütenschönheit sich erst bei näherem Betrachten entfaltet, pflanze man sie in kleinen Gruppen zwischen entsprechend hohen Stauden, am besten in Rabatten und entlang der Wege. Sie sind auch schöne Schnittblumen, jedoch nicht allzu lange haltbar (520)

Blüten des Türkischen Mohns (Papaver orientale) sind wegen ihrer Farbe sehr beliebt. Die feuer-, scharlach-, ziegel- und lachsroten, rosa wie auch reinweißen Blüten mit schwarzen Flecken in der Mitte erfreuen sich zu Recht der Aufmerksamkeit aller Blumenfreunde (521)

Die Fetthenne, Sedum spectabile 'Brillant', ist eine dickblättrige Staude, die praktisch keine Ansprüche an die Pflege stellt. Sie wirkt durch ihre Blüten wie durch die Blätter. Blütezeit: Spätsommer und Herbstanfang (522)

Die Funkie, Hosta undulata 'Medio-Variegata', ist eine wertvolle Staude für halbschattige bis schattige Standorte. Sie hat hübsche gewellte, weiß-bunte Blätter und glockenförmige lila, etwas nickende Blüten in Trauben. Blütezeit Juli und August. In Gruppen zwischen Gehölzen, in Wassernähe, in Säumen und naturähnlichen Gartenpartien setzen sie Akzente, können aber auch einzelnstehend gepflanzt werden (523)

erfolgreich ziehen möchte, muß diese unbedingt berücksichtigen.

Es geht im wesentlichen um kalkfeindliche Pflanzen, die kalkhaltige Böden überhaupt nicht vertragen. Kalkholde Arten und Gattungen gedeihen meist auch in neutralen Böden, gegen Kalk empfindliche Arten dagegen kommen nur in sauren Böden voran.

Alkalisch reagierende Böden müssen deshalb für kalkfeindliche Kulturen hergerichtet werden; besser ist es jedoch, das Erdreich auszuwechseln. Die Bodendecke wird mindestens bis in eine Tiefe von 25—30 cm abgetragen und durch eine Mischung aus Torf, Waldhumus, Rasenerde und Sand ersetzt.

Diese Mischung reagiert neutral bis leicht sauer und ist arm an Nährstoffen. Diesem Mangel kann man, wenn nötig, durch Düngen abhelfen. Für Heidepflanzenkulturen muß mehr Sand zugegeben werden. Mit neutralen Böden ist das einfacher. Für Heidepflanzen brauchen die Bodeneigenschaften nur durch Sand und Torferde verändert zu werden. Wer kalkholde Arten pflanzen will, muß Kalkmergel dazugeben.

Für humusliebende Arten wird der Boden durch Torf-, Laub-, Frühbeeterde und gutem Kompost verbessert. Torf ist überhaupt ein Material für diesen Zweck. Schwere Böden macht er leichter und luftdurchlässiger, in leichten Böden hält er die Feuchtigkeit zurück. Torf hat eine ausgezeichnete Fähigkeit, Wasser und Nährstoffe aufzunehmen, so daß gedüngter Torf ein ausgezeichneter Bodenzusatz ist. Der Hobbygärtner sollte es heute jedoch vorziehen, Komposterde einzusetzen, um damit zur Erhaltung der letzten Hochmoore beizutragen.

Auspflanzen der Stauden

Die Meinungen über den richtigen Pflanztermin für Stauden gehen recht weit auseinander. In gewissem Maße gilt die Regel, daß die frühlingsblühenden Arten im Herbst und die Sommer- und Herbststauden im Frühjahr gesetzt werden sollen. Diese Regel hat jedoch keine unumstößliche Gültigkeit.

Man pflanzt gewöhnlich zwischen Anfang und Mitte Mai. Im Herbst beginnen die Pflanzarbeiten meist Mitte August und können sich bis spätestens Anfang November hinziehen. Sicherer ist der Frühherbst, denn die Pflanzen können bis zum Winter noch gut anwachsen. Sonst besteht die Gefahr, daß sie vor allem bei schneelosen Frösten erfrieren oder die Wurzelballen bei wechselnden Temperaturen hochfrieren und vertrocknen.

Spätherbstpflanzungen sind der Vorsicht halber mit Fichtenreisig zuzudecken. In schneesicheren Gegenden bietet die Schneedecke ausreichenden Winterschutz. Unter rauheren Klimabedingungen verschiebt sich selbstverständlich die Pflanzzeit im Frühjahr und verkürzt sich damit gleichzeitig. Auch die Setzarbeiten im Herbst sind früher zu beenden.

Die günstigsten Pflanztermine sind auch teilweise von der Bodenqualität abhängig. In schwereren und feuchteren Böden setzt man im Herbst lieber früher, im Frühjahr dagegen nicht zu zeitig. Es gibt Arten, die das Auspflanzen in schwerere Böden im Herbst überhaupt nicht vertragen. Beispiele dafür sind Ochsenzunge, Herbstanemonen, Hundskamille, Winteraster, Gartenmargarite, Bergaster, Fackellilie, Lupine, Katzenminze, Skabiose.

Die Pflanzdichte der Stauden ist von der Größe der Pflanzen und ihrer Fähigkeit abhängig, sich schnell auszubreiten. Höherwüchsige Arten, wie etwa Sonnenhut, sollen 80—120 cm Abstand halten. Mittelgroße Stauden, wie z. B. Sonnenbraut oder Rittersporn pflanzt man meist 50—60 cm voneinander entfernt. Bei kleineren Arten, wie Glockenblumen, wählt man 30—40 cm Pflanzabstand. Sich schnell ausbreitende Polsterstauden setzt man mit 20—30 cm Abstand. Will man erreichen, daß Polsterstauden schnell einen zusammenhängenden Bestand bilden, etwa wie Thymian, Fetthenne und Immergrün, dann setzt man die Senker nur auf 10—15 cm Abstand.

Der Diptam (Dictamnus albus) ist eine sehr ausdauernde Pflanze für trockene kalkhaltige Böden. Sie findet auch in großen Steingärten Anwendung (524)

Sanguisorba tenuifolia, der Wiesenknopf, ist eine elegante Staude mit graziös überhängenden Blütenköpfchen. Sehr dekorativ wirken auch die frischgrünen gefiederten Blätter. Die Pflanze steht gut in naturähnlichen Gartenpartien, zwischen Gehölzen sowie auf Rabatten in leicht schattigen Lagen und wird 180 cm hoch (526)

Wenn gekaufte Pflanzen nicht sofort an ihren Standort gepflanzt werden können, werden sie an einem schattigen Platz in den Boden eingesenkt und gut gewässert. So behandelte Pflanzen halten auch mehrere Tage aus. Und wer sie nicht im Freiland einschlagen kann, lasse sie im Keller. Sie müssen feucht gehalten werden. Im Keller können die Jungpflanzen jedoch nicht allzulange bleiben, in der Regel nur etwa 2—3 Tage.

Zum Auspflanzen benutzt man eine Pflanzenschaufel oder eine kleine Harke. Lange Wurzeln werden mit einem Messer eingekürzt. Pflanzen mit kahlen, ballenlosen Wurzeln wachsen besser an, wenn man sie vor dem Umpflanzen in einen dünnen Erdbrei eintaucht. In jedem Fall bekommt es den Pflanzen gut, wenn man in die ausgehobene Pflanzgrube vor dem Setzen einen Handvoll feuchten Torf gibt. Der Boden wird gut an die Wurzelstöcke angedrückt und ausgiebig mit einem Schlauch oder einer Kanne ohne Brause gewässert, um die Erde an die Wurzeln zu schlämmen.

Was die Pflanztiefe betrifft, pflanze man so tief, wie die Pflanzen vorher gestanden haben, so daß die Austriebe etwa in Bodenhöhe kommen. Es gibt Arten, die keine Blüten entwickeln, erkranken oder sogar eingehen, wenn sie zu tief gesetzt werden. Empfindlich gegen zu tiefes Auspflanzen sind z. B. Pfingstrosen.

Mit Stauden besetzte Partien kann man mulchen, z. B. mit einer wenigstens 5 cm dicken Torfschicht. Die Erde trocknet dann nicht aus und das Keimen von Unkrautsamen wird verhindert. Man erspart sich außerdem Pflegearbeiten, denn unter der Torfschicht wird der Boden nicht hart. Später arbeitet man dann die Mulchschicht in die Erde ein.

Laufende Pflege

Verglichen mit anderen Pflanzen machen die Stauden weniger Arbeit. Das heißt jedoch nicht, daß sie überhaupt keine Pflege brauchen. Zu ihren Vorteilen gehört es, daß Sie nicht jedes Jahr neu gepflanzt werden müssen. Es gibt Arten, die so dichte Bestände bilden, daß sich einjährige Unkräuter nicht entwickeln können und eingehen. Nicht nur einige Polsterstauden bleiben so unkrautfrei, sondern auch höhere, dichte Horste bildende Arten.

Die Schwertlilien (Iris germanica) aus der Barbata-Elatior-Gruppe sind schön blühende Stauden für Rabatten, Gruppen und Flächenbepflanzung. Die Farbskala der Irisblüten findet unter den Stauden nicht ihresgleichen. Sie erreichen verschiedene Nuancen und blühen je nach Art von Mai bis Juni auf. Sie sind gut kombinierbar mit Stauden, die wie sie trockene Böden vertragen (525)

Die Fackellilie, Kniphofia uvaria 'Nobilis', ist eine ungewöhnlich dekorative Staude mit immergrünen steifen Blättern und dichten Trauben aus röhrigen geneigten Blüten. Sie belebt die Staudengruppen und nimmt sich gut an Wasserflächen aus. Aus Südafrika stammend, braucht sie trockene Überwinterung mit Bodenbedeckung (527)

Pfingstrose (Paeonia officinalis). *Die ursprüngliche Art war aus Bauerngärten nicht wegzudenken. Heute gehören die modernen Sorten zu den schönsten Stauden — sie sind wahre Königinnen unter den Frühlingsblumen (528)*

Die mit der Pflege der Staudenbeete verbundenen Arbeiten sind nicht jedes Jahr gleich. Im ersten Jahr nach dem Auspflanzen, wenn sich die Pflanzen noch nicht zu ihrer vollen Größe entwickelt haben, muß ihnen mehr Pflege zuteil werden. Hierbei unterscheiden sie sich praktisch nicht von anderen Blumen. Sind die Stauden jedoch erwachsen, dann ist wesentlich weniger Arbeitsaufwand notwendig. Das ist selbstverständlich nicht bei allen Arten in gleichem Maße der Fall. Die sogenannten Beetstauden, also die für Rabatten verwendeten Arten, wollen mehr Pflege als einige Wildstauden, die häufig verwildert in freien, natürlichen Partien stehen.

Im ersten Jahr nach dem Auspflanzen gilt alle Sorge dem guten Bewurzeln und schnellen Wachstum der jungen Pflanzen. Man gießt häufiger, vor allem, wenn es nach dem Pflanzen nicht regnet, achtet aber darauf, daß der Boden nicht übermäßig naß ist. Am besten ist gleichmäßige, dauernde Feuchtigkeit. Wer nicht regelmäßig gießen kann, sollte sich lieber fürs Mulchen entscheiden. Auch Rasensprenger erleichtern das unablässige Feuchthalten der frisch angelegten Beete. Sie haben dabei den Vorteil, daß sie das Wasser wie feinen Nebel zersprühen und den Erdboden dadurch nicht übermäßig naß wird und verkrustet. Dieser feine Sprühregen wird von den Pflanzen und dem Boden gut aufgenommen.

Bevor die Stauden so groß sind, daß sie beginnen, das Beet völlig zu bedecken, sollte man den Boden hin und wieder hacken. Im Abschnitt über die Bodenvorbereitung wurde bereits erwähnt, wie wichtig es ist, vor dem Auspflanzen alle Dauerunkräuter zu vernichten, wenn wir uns für die Zukunft die Pflegearbeiten nicht beträchtlich erschweren wollen. Es bleiben auch so noch genug Unkrautsamen in der Erde, die dann sehr schnell keimen. Am wirksamsten beseitigt man sie durch Hacken, solange sie noch klein sind. Von Nutzen sind diese Arbeiten aber nur bei trockenem, wärmerem Wetter, damit das abgehackte Unkraut schnell vertrocknet.

Zu den laufenden Pflegearbeiten gehört aber auch das Nachdüngen. Aber man darf dabei nicht wahllos vorgehen, denn die Ansprüche der einzelnen Arten sind doch recht verschieden. Allgemein gilt, daß die Kulturarten anspruchsvoller an die Nährstoffzuführung sind als die Wildstauden, die wir gewöhnlich in freien Naturpartien verwenden.

Gute Gartenerde in einwandfreiem biologischem Zustand, die hin und wieder durch Kompost zwischen den Stauden verbessert wird, muß in der Regel nicht gedüngt werden. Sie bietet den Pflanzen ausreichend Nährstoffe für ein normales Wachstum und einen reichen Flor. Und damit wäre das Gewünschte erreicht. Es ist keinesfalls wünschenswert, daß die Stauden unnatürlich und zu üppig wachsen, wie es bei zu reichlicher Mineraldüngergabe geschehen kann. Dazu geht diese meist noch auf Kosten der Blüten.

Bei mageren Böden ist das regelmäßige Düngen der Rabattenstauden eine Notwendigkeit. Am besten eignen sich organische oder Volldünger. In Sandböden mit geringem Humusgehalt sind Mineraldünger nur sehr vorsichtig zu verwenden. Besser und sicherer ist Torf oder ein anderer guter Humusdünger, denn Humus gibt die gebun-

Sonnenhut (Echinacea purpurea) zählt zu den Sommerstauden. Sie erreicht eine Höhe von 60—100 cm und hat feste Stengel. Die Blüten sind groß, mit schwarzbrauner Scheibe in der Mitte. Gepflanzt wird sie einzelnstehend oder mit anderen Stauden zusammen. Sie gedeiht auf jedem Gartenboden (529)

Die Taglilien (Hemerocallis-Hybriden) sind eine bedeutende Gruppe von anspruchslosen, widerstandsfähigen Stauden mit breiten Anwendungsmöglichkeiten. Das Sortiment wurde in den letzten 25 Jahren um viele wertvolle Sorten erweitert, deren Blüten sich durch Größe und auffallende Farben auszeichnen (530)

denen Nährstoffe nur allmählich frei, so daß sie den Pflanzen in angemessenen Gaben verfügbar sind. Gut geeignet sind auch langsamwirkende organische Dünger, wie beispielsweise Horn- oder Knochenmehl. Diese Stoffe werden wie Düngetorf zwischen die Pflanzen gestreut und oberflächig in den Boden eingearbeitet. Angemessen ist eine Gabe von 30—50 g/m².

Mineraldünger verabreicht man am besten aufgelöst als Zusatz zum Gießwasser. Es gibt einige Volldünger, die sich dazu eignen. Staudenarten, deren Blätter leicht verbrennen, wenn sie mit Düngerlösung in Berührung kommen, gießt man so, daß die Blätter nicht benetzt werden oder man spritzt die Blätter nach dem Düngen gründlich mit Wasser ab.

Wildstaudenarten in Naturpartien werden praktisch nicht gedüngt. Meist sind sie recht anspruchslos in ihrer Ernährung und sie begnügen sich in der Regel mit Humusgaben in Form von Lauberde, Walderde oder Kompost.

Alte Staudenbestände sollten hin und wieder verjüngt werden. Man schneidet die Blütenstände weg oder nimmt sie gleich nach dem Verblühen weg. Im Herbst wird die ganze Pflanze bis zum Grund abgeschnitten. Eine Ausnahme bilden wintergrüne Stauden.

Blüten und Blütenstengel werden bei Stauden abgeschnitten, wenn
1. die Blüten verwelkt sind und unschön aussehen,
2. die Arten zum Aussamen neigen, wie Kissenaster, Steinkraut und viele andere, so daß der Bestand leicht verunkrauten könnte,
3. die Arten bei rechtzeitigem Wegschneiden der Blütenstiele zum erneuten Austrieb angeregt werden, wie Lupine, Rittersporn u. a.,
4. wir der Energievergeudung vorbeugen wollen, die die Samenausbildung mit sich brächte. Die Pflanze spart Kraft, erholt sich. Einige Zweijährige halten dann auch noch ein weiteres Jahr aus, bei manchen Arten ist es lebenswichtige Voraussetzung wie z.B. bei *Lilium pumilum*.

Stauden lassen wir nur dort aussamen, wo der Bestand dichter werden oder sich gar ausbreiten soll, wie etwa bei freien, natürlichen Anpflanzungen. Meist ist dafür genug Platz, und ein Verwildern ist von Anfang an vorgesehen. Weniger erwünscht ist es dann schon, wenn Stauden dort aussamen, wo auch wertvollere Kulturen stehen, deren Bestand gewöhnlich durch vegetative Vermehrung gewahrt bleibt. Sämlinge dieser Sorten sind fast immer von minderer Qualität, dazu von robusterem Wuchs und erhöhter Vitalität.

Bei Arten mit verholzten Trieben, also bei den Gehölzen, die aus praktischen Gründen den Stauden zugeordnet werden, führt eine Verjüngung zu kompakterem Wuchs und besserem Flor. Bei einigen Arten verlängert sich die Lebensdauer, beispielsweise bei Besenheide, Glockenheide, Sonnenröschen, Johanniskraut, Schleifenblume, Lavendel, Heiligenkraut, Gamander, Thymian u. a. Der Verjüngungsschnitt wird jedes Jahr, spätestens jedes zweite Jahr bei ihnen ausgeführt.

Stauden im Winter

Vor Beginn des Winters werden die Stauden bis auf den Boden abgeschnitten, vor allem die Stauden auf Rabatten. Die Rabatte kann dann zwischen den Pflanzen sehr gut gelockert werden, bevor der Winter kommt. In großen Staudenpartien können bei allen Arten, deren Blütenstände auch nach dem Verblühen noch Schmuckwert haben, die oberirdischen Teile stehenbleiben. Dazu gehören z. B. Ligularie, Sonnenhut, Edeldistel, Fetthenne u. ä. Auch die Ziergräser bleiben den Winter über ungeschnitten. Wenn sie von Rauhreif oder frisch gefallenem Schnee bedeckt sind, können wir uns auch zu dieser winterlichen Jahreszeit an ihrer nun ganz anderen Schönheit erfreuen. Geschnitten wird dann erst im Frühjahr vor dem Austrieb.

Von den Stauden sagt man, sie seien winterharte Pflanzen. Es sind jedoch Arten unter ihnen, die unter den Winterfrösten ganz erheblich leiden. Am gefährlichsten sind Fröste ohne die schützende Schneedecke. Bei der Vielfalt der Gattungen und Arten, die unter dem Begriff Stauden zusammengefaßt werden und die aus den verschiedensten Klimazonen unserer Erde kommen, ist es nur zu natürlich, daß sich nicht alle bei uns heimisch fühlen. Manchen muß man deshalb helfen, unsere Winter zu überstehen, an die sie in ihrer Heimat nicht gewöhnt sind. Aber auch bei wintergrünen Stauden, besonders den groß- und breitblättrigen, erfriert manchmal das Laub. Auch wenn ihr Bestand dadurch ungefährdet bleibt, ihr Aussehen leidet immer darunter, wie z. B. Palmlilie, Fackellilie und Schleifenblume. Am besten ist ein Schutz aus Tannen- oder Fichtenreisig, denn er verhindert gleichzeitig die Sonneneinstrahlung.

Einige bei uns empfindlichere Staudenarten, wie etwa Herbstanemone, einige Steppenkerzen-Arten, die Sonnenblume *Helianthus atrorubens* u. a., sind für eine Schicht Laub dankbar.

Im Frühjahr dann, wenn keine stärkeren Fröste mehr zu erwarten sind, beginnt man den Winterschutz allmählich wegzuräumen. Bei den wintergrünen Stauden darf schützendes Material nicht auf einmal weggenommen werden,

Wasserdost (Eupatorium purpureum) ist eine bis 180 cm hohe Staude mit unverzweigten Stengeln, lanzettlichen Blättern und weinroten Blüten, die vor allem wegen ihrer späten Blütezeit geschätzt wird. Sie kommt in den naturähnlichen Gartenteilen, am Wasser und unter Gehölzen zur Geltung. Sie braucht einen tiefgründigen Boden und eine sonnige bis halbschattige geschützte Lage. An einem günstigen Standort steht sie viele Jahre (532)

Anemone sylvestris 'Grandiflora' sieht dem Großen Windröschen ähnlich, ihre Blüten sind aber größer und rahmweiß. Sie ist widerstandsfähig und vermehrt sich gut, liebt kalkhaltigen Boden und halbschattige Lagen, gedeiht jedoch auch an sonnigen Standorten. Geeignet für Steingärten, unter Sträuchern und Bäumen. Sehr gut nimmt sie sich in Kombination mit Schlüsselblumen, Blausternen, Traubenhyazinthen und ähnlichen Blumen aus (531)

denn die Pflanzen könnten leicht von der Sonne geschädigt werden. Man macht das etappenweise, der Sicherheit halber aber immer bei bewölktem Wetter. Aber man darf auch nicht zu lange den Winterschutz lassen, denn vor allem früh austreibenden Arten würde er schaden.

Staudenvermehrung

Vermehrung aus Samen

Die generative Vermehrung bleibt nach wie vor die wichtigste Methode der Arterhaltung bei Stauden. Eine einheitliche Nachkommenschaft hinsichtlich Höhe und Blütenfarbe bekommt man nur durch Aussäen art- bzw. sortenechter Samen. Die Samen der meisten Sorten liefern allerdings einen uneinheitlichen Nachwuchs. Sortenbeständigkeit ist nur durch vegetative Vermehrung gewährleistet.

Erfolgversprechend ist die geschlechtliche Vermehrung sortenreiner Stauden nur bei reinem, gut ausgereiftem Saatgut, guter Kenntnis der richtigen Saattermine und Aussaatmethoden. Die Aussaat erfolgt während des Winters im Gewächshaus in Töpfe, Schalen oder Handkisten. Man kann den Samen vorher beizen, Tonschalen und Töpfe sind vorher gut zu waschen bzw. durch die Flamme zu ziehen, um alle Pilze zu vernichten. Handkisten sollen neu oder mit einem geeigneten Kupferpräparat desinfiziert sein. Außer diesen Gefäßen eignen sich auch Platsikschalen für die Anzucht, denn sie halten die Feuchtigkeit gleichmäßig und lassen sich gut reinigen. Auf den Gefäßboden kommt eine Lage grober Sand oder Topfscherben als Dränageschicht. Die Erde wird zu gleichen Teilen aus feiner Lauberde, Torfmull und Flußsand gemischt und vor dem Aussäen gedämpft. Man füllt die Saatgefäße, streicht gut glatt und drückt leicht fest.

Die Saatdichte richtet sich nach der Keimfähigkeit des verwendeten Samens. Saatgut mit guter Keimfähigkeit wird

Die Kokardenblume, Gaillardia aristata 'Fackelschein', ist eine ungemein lange blühende Staude. Sie eignet sich für Rabatten sowie zum Schnitt. Sie muß im Spätsommer geschnitten werden, um richtig zu überwintern (533)

Die Lichtnelke, Lychnis viscaria 'Plena', ist eine farblich sehr wirkungsvolle Staude für Rabatten, größere Steingärten und Säume. Sie hat grundständige Blütenrosetten und klebrige Stengel. Die großen Blüten sind gefüllt, karminrot und duften. Schön harmoniert sie mit dem Großen Ehrenpreis (Veronica teucrium 'Royal Blue'), der Aster (Aster tongolensis 'Wartburgstern') und dem Hornkraut (Cerastium tomentosum var. columnae) (534)

nicht zu dicht gesät, schlechtes Material dagegen angemessen dicht. Nach dem Aussäen wird eine dünne Schicht keimfrei gemachter Sand darüber gestreut, abhängig von der Korngröße. Feine Samen deckt man nicht ab. Wichtig ist dabei, welche Ansprüche die einzelnen Samenarten an das Licht stellen. Samen, die zum Keimen Licht brauchen, decke man besser erst beim Ankeimen ab. Langsam keimende Saat sollte mit Sand und noch dazu mit einer Schicht Moos (*Sphagnum*) beschichtet werden, das sie ausreichend und gleichmäßig feucht hält. Alle Saatgefäße versehe man mit einem Schild, auf dem Pflanzenname, Aussaatdatum und eventuell auch Samenherkunft vermerkt sind.

Auch wenn die meisten Staudensamen recht gut im Gewächshaus keimen, ist es besser, sie anfangs ins Freie zu bringen. Das kommt vor allem den Arten zugute, die unbedingt Frosteinwirkung zum Auflaufen brauchen. Nach 14—20 Tagen, je nach Art und Keimdauer, hole man sie ins Gewächshaus mit Temperaturen um die 10—12°C. Die Sämlinge werden dann ein oder auch zweimal pikiert.

Leicht keimende Arten werden im Frühjahr auf ein Saatbeet oder ins kalte Frühbeet ausgesät.

Wenn die Saatgefäße ins Gewächshaus gebracht werden, ist vor allem für gleichmäßige Feuchtigkeit zu sorgen. Man kann mit PVC-Folie zudecken und so ein Mikroklima schaffen, muß aber täglich kontrollieren, ob sich Pilze bilden oder sich schon Blattspitzen zeigen. Gegossen wird ganz vorsichtig, denn vor allem bei feinen Samen besteht die Gefahr, daß sie weggespült werden. Gut bewährt hat es sich, die Saatgefäße in Wasser zu stellen, damit sie Feuchtigkeit ansaugen. An sonnigen Tagen decke man leicht zu, vergesse aber nicht, rechtzeitig den Sonnenschutz wieder zu entfernen. Ungemein wichtig ist das ausgiebige Lüften, um die Sämlinge gut abzuhärten.

Mit dem Pikieren beginnt man sofort, wenn die kleinen Pflänzchen sich mit den Fingern fassen lassen. Als Erde nimmt man eine ähnliche Erde wie zur Aussaat, sie muß aber etwas nährstoffreicher sein. Nach dem Pikieren muß man anfangs recht vorsichtig gießen, mehr Schatten geben und die Pflanzen bei höheren Temperaturen halten. Sobald die Sämlinge angewurzelt sind, beginnt man allmählich abzuhärten, gießt weniger, lüftet tüchtig und gibt nur bei intensiver Sonneneinstrahlung Schatten. Einige Arten werden gestutzt, um sie zum buschigen Wuchs anzuregen (Nelke, Schleifenblume, Johanniskraut). In regelmäßigen Abständen (alle 2—3 Wochen) wird die Erde in den Pikierkisten gelockert. Gut angewurzelte Bestände kann man mit einer Volldüngerlösung gießen.

Sobald die Sämlinge in den Kisten so groß werden, daß sich ihre Blätter berühren oder sogar überdecken, pikiert man noch einmal und setzt sie in größerem Abstand in Kisten oder direkt ins Frühbeet. Man beginnt sie so rechtzeitig, allmählich abzuhärten, daß sie beim Auspflanzen kräftig und gesund sind.

In den Monaten April und Mai kann man schon direkt ins Freiland säen. Sobald man kann, bereitet man im Frühjahr

Die Ligularie (Ligularia x hessei) ist eine stattliche, bis 180 cm hohe Staude mit dekorativen Blättern und Blüten in aufrechten Trauben. Ihr Platz ist am Wasser, einzelnstehend oder in kleinen Gruppen (535)

die Saatbeete vor. Die Erde soll locker, durchlässig, humushaltig, gut und kräftig und natürlich unkrautfrei sein. nach Bedarf kann man sie mit humushaltigen Düngern, Torf und ähnlichem verbessern. Wenn die Saatfläche nicht allzugroß ist, empfiehlt es sich, dem so vorbereiteten Boden noch eine Schicht gedämpfte Erde zu geben. Diese Arbeit zahlt sich überall dort aus, wo der Boden zu sehr verunkrautet ist und zu viel Unkrautsamen enthält.

Ausgesät wird breitwürfig oder in Reihen. Reihen haben den Vorteil, daß sie sich besser jäten, lockern und hacken lassen. Und die in Reihen stehenden Pflanzen entwickeln sich auch besser, denn sie haben nach beiden Seiten genug Platz, sich auszubreiten. Die Saatfurche zieht man am besten mit einer Latte oder einem Pflanzholz. Größere Samen (Lupinen, Wicken) drückt man in der Furche gut fest und deckt mit einer dünnen Schicht Sand zu. Nach der Aussaat kann man das Beet mit Reisig oder anderem geeigneten Material zudecken, um das Austrocknen zu verhindern und Vögel abzuhalten. Wenn die Trockenheit länger anhält, muß gegossen werden, sonst läuft der Samen sehr unregelmäßig oder gar nicht auf, so daß alle Mühe umsonst war. Nach dem Aufgehen wird das Reisig weggeräumt und nur bei längeranhaltender Trockenheit und sonnigem Wetter beschattet. Es wird regelmäßig gelockert und gejätet. Zu dichte Bestände vereinzelt man, um Platz zu schaffen für eine gute Entwicklung.

Die meisten ins Freiland gesäten Pflanzen läßt man das ganze Jahr über auf dem Aussaatbeet stehen. Erst im zweiten Jahr werden die Sämlinge aufgenommen, sortiert und auf das vorbereitete Beet gesetzt.

Es ist eine Tatsache, daß die generative Vermehrung dazu angetan ist, eine unbegrenzte Anzahl Staudenpflanzen zu erhalten. Dazu kommt, daß die Sämlinge eine größere Vitalität zeigen als die vegetativ gewonnenen Pflanzen.

Die Alpenaster (Aster alpinus) ist eine hochgeschätzte Pflanze, die sich sehr vielfältig anwenden läßt. Ihre zahlreichen Sorten haben verschiedene Blütenfarben. Geeignet für Steingärten und Mauern, hauptsächlich auf deren oberen Rändern, aber auch für Säume, Staudengruppen in naturartigen Gartenpartien und zum Schnitt (536)

Die Winterastern (Chrysanthemum-Indicum-Hybriden) sind meist die letzten schönen Blüher des spätherbstlichen Gartens. Ihre einfachen, halbgefüllten und gefüllten Blüten in einer reichen Farbskala erfreuen uns bis zu den ersten Frösten (537)

Vegetative Vermehrung der Stauden

Zur vegetativen Vermehrung verwendet man Mutterpflanzen, bei denen Herkunft und Eigenschaften ausreichend bekannt sind. Ein großer Vorzug dieser Methode ist es, daß sortenechter Nachwuchs mit allen Merkmalen und Eigenschaften der Mutterpflanze erzielt wird.

Vermehrung durch Teilen

Das Teilen der Stauden ist die einfachste Methode der ungeschlechtlichen Vermehrung und für den Gartenliebhaber überhaupt am besten, denn durch Teilen lassen sich die meisten Staudenarten vermehren.

Bei den Arten, die im Frühjahr später austreiben oder bei denen während des Jahres die oberirdischen Teile absterben, ist das Teilen während der Vegetationsruhe selbstverständlich am besten.

Die zum Teilen vorgesehenen Pflanzen werden mit einem Spaten aufgenommen, von Erde befreit und am besten mit einem scharfen Messer in einzelne Stücke geteilt. Die Größe der Teilstücke hängt häufig von den verfügbaren Mutterpflanzen ab. Größere Exemplare wachsen natürlich besser weiter.

Wer durch Teilen eine große Anzahl neuer Pflanzen gewinnen will, nimmt im Herbst die Ballen mit gut entwickelten Knospen aus dem Boden und teilt sie. Eingetopft kommen sie in ein Frühbeet zum Überwintern. Sehr gut geeignet sind Torfmulltöpfe. Als Frostschutz deckt man mit Glasfenstern, Laubschicht oder Stalldung ab. Im Frühjahr werden die so gewonnenen Pflanzen allmählich abgehärtet und im Mai bis Juni auf die Beete gepflanzt.

Bei Herbstblühern (Herbstaster, Winteraster, Sonnenbraut, Sonnenblume, Sonnenhut u. a.) und bei im Frühjahr spät austreibenden Stauden (Prachtspiere, Funkie) empfiehlt sich das Teilen im Frühjahr.

Sollen die im Frühling blühenden Staudenarten noch im Frühjahr geteilt werden, muß das rechtzeitig vor Abschluß der Ruhezeit geschehen.

Im Herbst werden die Arten geteilt, die besonders abgehärtet und weder frost- noch nässeempfindlich sind. Als Termin für diese Arbeiten wählt man den Frühherbst, damit die Pflanzen noch vor Frosteinbruch anwurzeln können. Bei schönem Wetter lassen sich im Spätherbst nur die abgehärtetesten Arten teilen (Prachtspiere, Pfingstrose, Flammenblume). Man schlägt sie in einen Graben in Erde ein und deckt mit einer Erdschicht gut ab.

Zur Herbstteilung eignen sich auch widerstandsfähige frühlingsblühende Stauden (Blaukissen, Gänsekresse, Hornkraut, Maiglöckchen, Christrose, Gemswurz, Blauwurz, Alpenglöckchen und andere).

In den Frühjahrs- und Sommermonaten und im Frühherbst hängt der Erfolg des Teilens stark von den Witterungsverhältnissen ab. Bei trockenem, sonnigem und windigem Wetter sind die Arbeiten in einem geschlossenen oder wenigstens überdachten Raum auszuführen, um das Vertrocknen der Wurzeln zu verhindern. Die auf etwa Handbreite sauber abgeschnittenen Wurzeln werden vor dem Einschlagen oder Eintopfen in einen dünnen Erdbrei getaucht. Alle oberirdischen Pflanzenteile werden auf die Hälfte oder ein Drittel ihrer Länge zurückgeschnitten.

Bei günstigem, also kühlem und feuchtem Wetter kann die Mutterpflanze direkt an Ort und Stelle geteilt werden und die Stücke müssen auch nicht in Wasser getaucht werden, bevor man sie setzt. Die Ausfälle sind bei diesen Bedingun-

Astilbe chinensis 'Finale'. Die modernen Astilbensorten gehören zu den hervorragenden Besiedlern des Halbschattens im Garten. Man pflanzt sie in Rabatten, auf Beeten und in größeren homogenen Gruppen, am besten in Wassernähe (538)

Lebhafte Farben der Frühlingspflanzen in Hausnähe bieten ständig sich wandelnde Bilder von frischer Anmut. Besonders große Teppiche aus der kriechenden Flammenblume (Phlox subulata) oder große Büschel des Felsensteinkrauts (Alyssum saxatile) strotzen alljährlich vor Blütenfülle (539)

gen um ein Vielfaches geringer. Am erfolgreichsten lassen sich Stauden während der Ruhezeit, also im zeitigen Frühjahr, vegetativ vermehren. Die Erde ist um diese Jahreszeit feucht genug, so daß eine der wichtigsten Bedingungen für das gute Anwurzeln erfüllt ist. Auch das Blattwerk muß nicht zurückgenommen werden. Besonders für Arten, die diese Eingriffe schlecht vertragen, ist das ungemein wichtig.

Vermehrung durch Stecklinge

Durch Stecklinge vermehrt man Stauden nur, wenn man von einer bestimmten Art oder Sorte eine größere Anzahl sortenechter Pflanzen braucht oder nur wenige Mutterpflanzen zur Verfügung hat. Stauden werden durch Stecklinge natürlich auch dann vermehrt, wenn andere Methoden der ungeschlechtlichen Vermehrung unmöglich oder schwierig sind.

Durch Sproßstecklinge vermehrt man, wenn die jungen Staudentriebe 10—15 cm lang sind, also im April bis Juni. Diese Zeit verspricht die besten Ergebnisse. Praktisch erfolgen diese Arbeiten jedoch von April bis August. Stecklinge, die im Herbst geschnitten werden, bringen meist nicht diese Erfolge, denn sie bewurzeln unregelmäßig und manchmal erst im folgenden Jahr.

Wichtig ist, daß nur Stecklinge von gesunden Pflanzen geschnitten werden. Am besten sind die oberen Teile der Triebe. Die Stecklinge werden auf 4—6 cm geschnitten; die unteren Blätter und Blattstiele nimmt man dicht am Stengel weg. Die oberen Blätter werden je nach Größe um ein Drittel oder bis zur Hälfte weggenommen, kleinblättrige Stauden kürzt man nicht ein. Die Anwendung von Bewurzelungshormonen, wie sie bei Nadelgehölzen oder einigen Laubholzarten erfolgt, wird man Stauden besser nicht in Erwägung ziehen, denn sie ist noch nicht ausreichend erprobt.

Die so hergerichteten Stecklinge kommen in ein Vermehrungsbeet oder noch besser in Handkisten, die man in ein Frühbeet stellt. Als Substrat verwendet man ein aus Torfmull und Sand im Verhältnis 1:1 bestehendes Gemisch. Gut bewährt haben sich Kunststoffmaterialien, die den Boden leicht machen und durch ihre große Wasseraufnahmefähigkeit für günstige Feuchtigkeitsverhältnisse sorgen. Wenn Stecklinge in größerer Menge geschnitten werden, ist besonders dafür zu sorgen, daß sie nicht anwelken, bevor sie in die Erde kommen. Nach dem Stecken werden sie gegossen. Die Pflegearbeiten konzentrieren sich auf maximale Feuchtigkeit und optimale Temperatur. Genebelt wird je nach Bedarf 2—4 mal täglich. An sonnigen Tagen, besonders im Sommer, muß schattiert werden. Zum Abend wird dann die Beschattung weggenommen. Vor allem im Frühling mit seinen stark schwankenden Tag- und Nachttemperaturen muß mit Matten auch nachts zugedeckt werden.

Sobald sich die Stecklinge bewurzeln, wird das Nebeln allmählich verringert. Nach dem Bewurzeln wird nur noch gegossen, wenn das Substrat zu trocken ist. Außerdem verringert man das Schattieren und beginnt zu lüften.

Vermehrung durch Rosettenstecklinge

Es handelt sich um eine besondere Art von Triebstecklingen, bei denen am Sproß die Blätter in einer Rosette stehen. Man trennt die Tochterrosetten von der Mutterpflanze durch Abbrechen oder Abreißen und nimmt alle absterbenden Blätter weg, bevor man sie in die Erde bringt. Um das

Gedenkemein (Omphalodes verna) ist eine dankbare Schattenpflanze mit anmutigen vergißmeinnicht-ähnlichen Blüten. Sie ist gut bodendeckend und eignet sich daher zur Begrünung und farblichen Belebung beschatteter Garten- und Steingartenpartien (540)

Die Flammenblume Phlox paniculata 'Frührosa'. Sie überragt in den Sommermonaten die übrigen Stauden (541)

Anwurzeln zu beschleunigen, sollte man den Sproß unter der Blattrosette leicht anschneiden. Wichtig ist, daß die Rosette mit ihrem verhältnismäßig kurzen Stiel festen Kontakt mit der Erde hat. Geschnitten wird im Herbst und Winter und zum Anwurzeln am besten ein tiefes Frühbeet gewählt.

Vermehrung durch Blattstecklinge

Einige Staudenarten lassen sich auch durch Blattstecklinge vermehren. Geeignet sind nur gut ausgebildete, gesunde Blätter, die zusammen mit einem Teil des Blattstiels in ein Gemisch aus Sand und Torfmull gesteckt werden. Man sollte nicht nur den Torfmull durch Dämpfen steril machen, sondern auch alle Pflanzgefäße durch Abschruppen und Dämpfen von allen Pilz- und Bakterienkeimen befreien.

Nicht alle Blätter werden auf die gleiche Weise in das Pflanzgefäß gesteckt. Bei manchen Arten, etwa beim Schaumkraut, werden sie auf das Substrat gelegt und gut angedrückt, bei anderen Ramondie, Haberlee, Fetthenne schiebt man sie ungefähr 1 cm tief in eine Rinne und drückt leicht an. Die großen und völlig gesunden Blätter der Ramondie und Haberlee zerschneidet man in zwei Teile, steckt den basalen Blatteil zusammen mit dem Stiel in die Erde und biegt den oberen Blattspreitenteil in die Rinne.

Vermehrung durch Ableger

Auf diese Weise vermehrt man Arten, die selbstwurzelnde Absenker bilden. Die sich durch diese Ausläufer vermehrenden Exemplare bedrängen zwar oft ihre Nachbarn, aber praktisch betrachtet, ist diese Eigenschaft einiger Staudenarten nur zu begrüßen.

Durch Wurzelausläufer wird im Frühjahr oder Frühherbst vermehrt, indem von der Mutterpflanze alle Ableger zusammen mit ihren Wurzeln abgeschnitten, abgerissen oder mit einem Spaten abgestochen werden. Ihr Entwicklungsstadium ist ausschlaggebend dafür, ob sie gleich auf das Beet kommen (dann muß nach dem Pflanzen gut gegossen werden) oder vor dem Auspflanzen erst in einen Erdbrei getaucht werden (z. B. Margerite, Sonnenhut). Schwache Ableger setzt man einzeln in Handkisten oder direkt in das Frühbeet, wo sie bei einer Temperatur von 10—12 °C meist recht schnell anwurzeln.

Vermehrung durch Absenken

Diese Vermehrungsmethode wird in der Praxis recht häufig angewendet. Durch diese einfache, aber langwierige Weise vermehrt man seltene und schwer wurzelnde Stauden, beispielsweise Igelpolster.

Nach dem Verblühen wird der Trieb so zur Erde gebogen und befestigt, daß er fest auf dem Boden aufliegt. An den Stellen der erwarteten Wurzelbildung kann man den Stengel an der Unterseite mehrere Male leicht einschneiden. Über die Stelle wird sandige Erde oder eine Mischung aus Sand und Torfmull gestreut. Wenn der Absenker gut bewurzelt ist, trennt man ihn von der Mutterpflanze ab, topft ihn ein oder pflanzt ihn direkt in das Beet.

Vermehrung durch Wurzelstecklinge

Diese Methode erfreut sich wachsender Beliebtheit, denn man kann besonders in den Wintermonaten eine große Anzahl neuer Pflanzen damit gewinnen. Noch vor Eintritt der Frostperiode werden die Mutterpflanzen vorsichtig aus dem Boden genommen, um das Wurzelsystem so wenig wie möglich zu beschädigen. Die gesunden, unbeschädigten Wurzeln werden mit einem scharfen Messer abgetrennt, gebündelt, etikettiert und an einer frostfreien Stelle eingeschlagen. Im Januar beginnt dann die Hauptarbeit. Die Wurzeln werden in 4—5 cm lange Stecklinge geschnitten und in einem Abstand von etwa 0,5—1 cm nebeneinander oder waagerecht in eine Handkiste gelegt und mit einer 1—1,5 cm dicken Schicht Sandboden zugedeckt. Einige Arten, wie Ochsenzunge, Türkischer Mohn und Königskerze, soll man grundsätzlich nicht legen, sondern so in eine Rinne stellen, daß ihr oberes Ende aus der Erde in den Kisten herausragt, weil sie an der oberen Schnittstelle austreiben. Der obere und untere Teil des Stecklings wird nach dem lotrecht oder schräg zur Wurzelachse geführten Schnitt unterschieden.

Die Adventivknospen treiben bei einer Temperatur von 10—12°C ungefähr nach 20—40 Tagen aus. Die bewurzelten Stecklinge werden eingetopft und im Herbst an ihren endgültigen Standort gepflanzt. Die Wurzelstecklinge von Phlox (Flammenblume), Türkischer Mohn und Pfingstrose können direkt ins Freiland, müssen aber gegebenenfalls beschattet werden.

Durch Wurzelstecklinge lassen sich vermehren: Akanthus, Ochsenzunge, Herbstanemone, Kaukasusvergißmeinnicht, Flockenblume, Meerkohl, Götterblume, Kugeldistel, Edeldistel, Mädesüß, Storchschnabel, Widerstoß, Federmohn, Türkischer Mohn, Phlox, Kugelprimel, Schaublatt und Königskerze.

Vermehrung durch Wurzelstockstecklinge

Es ist eine recht unbekannte Vermehrungsmethode, durch die sich nur wenige Staudenarten vermehren lassen. Sie müssen einen verzweigten und dicken Wurzelstock und gut entwickelte oberirdische Pflanzenteile haben. Zu ihnen gehören Bergenie, Schildblatt, Schaublatt, von den Farmen z. B. Frauenhaar, Seefeder Rippenfarn und Tüpfelfarn. Technik und Zeit der Vermehrung erinnern an die Wurzelstecklingsmethode. Etwa 4—5 cm lange Stecklinge werden in Handkisten eingesenkt und mit einer 2—3 cm starken Schicht gut gedämpfter, sandiger Erde bedeckt. Bei einer Temperatur von 8—12°C beginnen sie nach 40—60 Tagen auszutreiben. 4—6 Wochen später können sie dann auf größere Abstände umgepflanzt und im Frühbeet auf das Beet gebracht werden.

Vermehrung durch Veredeln

Stauden werden recht selten durch Veredeln vermehrt. Diese Methode ist nahezu ausschließlich den gefülltblühenden Sorten von Schleierkraut (Gypsophila) vorbehalten. Als Unterlagen dienen Wurzelstücke der *Gypsophila paniculata*, die man im Herbst aus dem Saatbeet nimmt und sortiert. Zum Veredeln eignen sich etwa Bleistiftdicke Wurzeln. Die Mutterpflanzen werden zu Ende des Herbstes in volle Sonne in ein Gewächshaus gesetzt. Die Reiser sollen halb ausgereift sine und ein Blattpaar haben. Unreife Reiser sind ungeeignet, da sie leicht faulen. Veredelt wird im Januar bis April auf alle bekannten Veredelungsarten, am häufigsten findet jedoch die Geißfußpfropfung Verwendung.

Die veredelten Stücke kommen in Töpfe oder noch besser in Kisten. Die Veredelungsstelle wird zugedeckt. Die Erde muß vorher gut durchfeuchtet werden, um die frisch veredelten Stücke nicht gleich gießen zu müssen. Nach 3—5 Tagen, wenn schon gut zu sehen ist, ob die Veredelung gelungen ist, kann ausgiebiger gesprüht werden. Nach 4—6 Wochen werden die getopften Veredelungsstücke in ein Freibeet getragen, wo sie gut abgehärtet und dann im Mai und Juni in gut vorbereiteten Boden auf das Beet gesetzt werden.

Die Bergenie (Bergenia cordifolia) ist eine anspruchslose immergrüne Pflanze mit großen ledrigen Blättern, die das ganze Jahr über auf Rabatten, in Staudengruppen, auf Beeten, vor Gehölzen, an Gewässern sowie in Steingärten attraktiv wirkt (542)

Das Schleierkraut (Gypsophila paniculata) gehört zu den beliebten, fast unentbehrlichen Stauden. Ihre zahlreichen winzigen Blüten sind eine willkommene Ergänzung für Blumensträuße. Sie kommt allerdings auch in Gruppen unter wüchsigen Stauden zur Geltung. Blütezeit: Juli bis September (543)

Sortiment der Stauden

Art, Varietät, Sorte	Höhe (cm)	Blütenfarbe	Blütezeit	Standortansprüche Boden	Licht	Verwendung
Acanthus hungaricus Akanthus	80-120	rosa	VI-VIII	schwerere bis mittelschwere Böden	○	große Steingartenpartien, Solitärstaude
Achillea millefolium 'Kelwayi', Schafgarbe	20-80	dunkelrot	VI-IX	Sand-Lehmböden, kalkhaltig	○	Rabatten, Beete, kleinere und größere Gruppen, größere Steingartenpartien, Schnittstaude
Achillea ptarmica 'Schneeball', Sumpfgarbe	30-80	weiß	VI-IX	Sand-Lehmböden, kalkhaltig	○	Rabatten, Beete, Schnittstaude
Actaea pachypoda Christophskraut	50-80	weißlich	V-VI	humose Sandlehmböden	○◐●	Vor- und Unterpflanzung für Gehölze, größere Gruppen
Adonis vernalis Adonisröschen	20-30	strahlend gelb	IV-V	durchlässige, kalkhaltige Lehmsandböden	○	Steingärten, Heidepartien, Steppenpartien
Anchusa azurea 'Dropmore', Ochsenzunge	100-150	enzianblau	VI-IX	Sandlehmböden	◐	Beete, sommertrockene Plätze
Anemone hupehensis 'Praecox', Anemone	80	rosarot	VIII-IX	humose Sandlehmböden	◐	Beete, Naturpartien, Schnittstaude
Anemone hupehensis 'Septembercharm', Anemone	50-90	rosa	VIII-IX	humose Sandlehmböden	◐	Beete, Naturpartien, Schnittstaude
Anemone-Japonica-Hybriden Anemone	60-80	verschieden	VIII-X	humose Lehmböden	◐	Staudenbeete, Naturpartien, Schnittstaude
Anemone vitifolia 'Robustissima', Anemone	60-100	weißrosa	VIII-X	humose Sandlehmböden	◐	Gruppenpflanzungen in Naturpartien, Schnittstaude
Antennaria dioica Katzenpfötchen	5-20	weißlich rosa	V-VII	Sandböden	○	Steingärten, Heidepartien, Bodendecker
Anthericum liliago Graslilie	40-60	weiß	V-VI	magerere, kalkhaltige Lehmsandböden	○	Steingärten, Rabatten, Beete, Naturpartien
Aquilegia caerulea 'Crimson Star', Akelei	30-60	weiß und rot	VI-VII	humose Sandlehmböden	○◐	Beete, Rabatten, Vorpflanzungen für Gehölze, Schnittstaude
Aquilegia caerulea 'Mc Kana', Akelei	60	verschieden	V-VI	humose Sandlehmböden	○◐	Beete, Rabatten, Vorpflanzungen für Gehölzpartien, Schnittstaude
Aruncus dioicus Geißbart	200	weiß	VI-VII	humose Sandlehmböden	○◐●	Solitärstaude, Beete, an Wasserstellen, in Naturpartien, Schnittstaude
Asclepias tuberosa Seidenpflanze	50	orangegelb	VI-VIII	humose Sandlehmböden	○	Beete, Naturpartien, Schnittstaude, Felssteppenbereich
Asphodelus albus Affodill	100	weiß	V-VI	Sandlehmböden	○	Solitärstaude, Steingärten, Beete, Naturpartien
Aster amellus-Sorten Bergaster	40-80	verschieden	VIII-IX	kalkhaltige Sandlehmböden	○	Beete, größere und kleinere Gruppen, Schnittstaude
Aster dumosus-Sorten Kissenaster	25-50	verschieden	VIII-IX	Sandlehmböden	○	Beete, Einfassungen, Steingärten
Aster novae-angliae-Sorten Rauhblattaster	80-150	verschieden	IX-X	Sandlehmböden	○	Solitärstaude, Beete, Gruppen
Aster novi-belgii-Sorten Glattblattaster	60-150	verschieden	IX-X	Sandlehmböden	○	Solitärstaude, Beete, Gruppen, Schnittstauden
Astilbe-Arendsii-Hybriden Prachtspiere	60-100	verschieden	VII-IX	humoser Sandlehmboden	○◐	Beete, Gruppen, Unterpflanzungen, am Wasser, Schnittstauden
Astilbe-Japonica-Hybriden Prachtspiere	50-70	verschieden	VI-VIII	humoser Sandlehmboden	○	Beete, Schnittstaude
Astilbe-Simplicifolia-Hybriden Prachtspiere	40-50	verschieden	VII-VIII	humoser Sandlehmboden	○	Beete, Naturpartien, Schnittstaude
Bergenia-Hybriden Bergenie	30-40	rosa	III-V	Sandlehmboden	○◐	Steingärten, Beete, Gruppen, Naturpartien
Brunnera macrophylla Kaukasusvergißmeinnicht	25-40	blau	IV-V	Lehmsandboden	○◐	Unterpflanzungen, zwischen Stauden
Calamintha grandiflora Steinquendel	50	rosa	VI-VIII	humoser Sandlehmboden	○◐	Steingärten, Beete, Naturpartien, Schnittstaude
Campanula glomerata 'Joan Elliott', Glockenblume	40	satt violett	VII	Sandlehmboden	○◐	Beete, Schnittstaude
Campanula lactiflora 'Prichard' Riesen-Doldenglockenblume	50	amethyst-violett	VI-VIII	humose Sandlehmböden	○◐	Beete, Naturpartien
Campanula persicifolia 'Grandiflora Caerulea' Pfirsichblättrige Glockenblume	80	strahlend blau	VII-VIII	humose Sandböden	○◐●	Beete, Stauden für den Schnitt
Cardamine trifolia Waldschaumkraut	10-20	weiß	VI	humose Lehmsandböden	○◐	Waldpartien, schattige Steingärten
Centaurea macrocephala Gelbe Riesenflockenblume	80-110	sattgelb	VI-VII	tieferer Lehmsandboden	○	Gruppen, große Steingartenpartien, Naturpartien
Centaurea montana Bergflockenblume	40-50	blau	V-VI	Lehmsandboden	○	Gruppen, große Steingartenanlagen, Naturpartien
Chrysanthemum coccineum Bunte Frühlingsmargerite	50-80	verschieden	V-VI	Sandlehmboden	○	Beete, Gruppen, Schnittstauden

Sortiment der Stauden

Art, Varietät, Sorte	Höhe (cm)	Blütenfarbe	Blütezeit	Standortansprüche Boden	Licht	Verwendung
Chrysanthemum-Indicum-Hybriden, Winteraster	40–80	verschieden	VIII–X	kalkhaltiger Sandlehmboden	○	Beete, Gruppen, Schnittstauden
Chrysanthemum leucanthemum, 'Maistern' Frühlingsmargerite	50–70	weiß	V–VI	Sandlehmboden	○	Beete, Gruppen, Schnittstauden
Chrysanthemum maximum-Sorten Sommer- oder Gartenmargerite	60–100	weiß	VII–IX	Sandlehmboden	○	Beete, Gruppen, Schnittstauden
Cimicifuga racemosa Lanzen-Silberkerze	200	weiß	VII–VIII	humoser Sandlehmboden	○◐	Solitärstaude, Beete, vor und zwischen Gehölzen
Clematis integrifolia Waldrebe	60	blauviolett	VI–IX	humoser Sandlehmboden	○	Gruppen, Steingärten, zwischen Gehölzen
Convallaria majalis Maiglöckchen	10–20	weiß	V	Sandlehmboden	◐	Unterpflanzungen in Hainpartien, Schnittstaude
Coreopsis grandiflora 'Badengold' Mädchenauge	70	goldgelb	VII–IX	Sandlehmboden	○	größere und kleinere Gruppen, Beete, Schnittstaude
Coreopsis lanceolata 'Goldfink' Mädchenauge	25	goldgelb	VI–VIII	Sandlehmboden	○	Steingärten, Gruppen
Coreopsis verticillata 'Grandiflora' Netzblattstern	70	gelb	VIII	Sandlehmboden	○	größere Gruppen, Beete
Delphinium-Hybriden Rittersporn	80–200	verschieden	VI–VII IX–X	Sandlehmboden	○	Solitärstaude, Beete, Gruppen, Unterpflanzung für Gehölze, Schnittstaude
Dianthus plumarius-Sorten Gartenfedernelke	10–30	weiß, rosa, rot	V–VI	kalkhaltiger Sandlehmboden	○◐	Beete, Einfassungen, Schnittstaude
Dicentra spectabilis Tränendes Herz	80	rosa mit weiß	V–VI	humoser Sandlehmboden	○◐	Solitärstaude, Beete, Schnittstaude
Dictamnus albus Diptam	70	rosa, weiß	VI	kalkhaltiger Sandlehmboden	○◐	Solitärstauden, Beete, Naturpartien
Doronicum orientale Gemswurz, Gelbe Margerite	15–50	goldgelb	IV–V	Sandlehmboden	○◐	Gruppen, Beete, Schnittstaude
Echinacea purpurea 'Odin' Sonnenhut	100	burgunderrot	VII–IX	Sandlehmboden	○	Gruppen, Beete, Schnittstaude
Eremurus robustus Steppenkerze	250–300	hellrosa	VI–VII	mittelschwerer, durchlässiger Boden	○	Solitärstaude, in Kombination mit dunklen Gehölzen
Erigeron-Hybriden Feinstrahl	60–70	verschieden	VI–IX	Sandlehmboden	○	Gruppen, Beete, Schnittpflanze
Eryngium alpinum 'Opal' Alpendistel	70	silbrig lila	VII–VIII	Sandboden	○	Beete, Naturpartien, Schnittpflanze
Eryngium planum 'Blauer Zwerg' Edeldistel	50	Sattblau	VII–VIII	Sandboden	○	Beete, Naturpartien, Schnittstauden
Euphorbia polychroma Gold-Wolfsmilch	40	grünlichgelb	IV–V	kalkhaltiger, durchlässiger Lehmsandboden	○◐	Solitäre, größere Steingärten, natürliche Staudenpartien
Filipendula ulmaria Mädesüß	100–150	cremeweiß	VI–VII	Lehmsandboden	○◐	Naturpartien, Bach- und Teichufer
Filipendula vulgaris Knollen-Rüsterstaude	30–50	weiß	VI–VII	kalkhaltiger, durchlässiger, Lehmsandboden	○	Steppen- und Heidepartien
Gaillardia-Hybriden Kokardenblume	20–70	rot, gelb	VII–IX	Sandlehmboden	○	Gruppen, Beete, Schnittstauden
Geranium platypetalum Storchschnabel	50	blauviolett	VI–VII	humoser, sandiger Boden	○	Gruppen zwischen Gehölzen
Geum-Chiloense-Hybriden 'Princess Julians', Nelkenwurz	20	orange	V–VII	Sandlehmboden	○◐	kleinere und größere Gruppen, Beete, Schnittstaude
Gypsophila paniculata-Sorten Riesenschleierkraut	100	weiß, rosa	VII–VIII	trockener, kalkhaltiger Sandboden	○	Solitärstaude, Beete, kleinere und größere Gruppen, Schnittblume, Trockenblume
Helenium-Hybriden Sonnenbraut	80–150	verschieden	VII–IX	Sandlehmboden	○	Gruppen, Beete, Schnittstaude
Helianthus salicifolius Weidenblättrige Sonnenblume	250	gelb	IX–X	Sandlehmboden	○	Solitärstaude, an künstlichen Wasserstellen
Heliopsis helianthoides 'Sonnenschild', Sonnenauge	140	goldgelb	VI–IX	Sandlehmboden	○	Beete, kleinere und größere Gruppen, Schnittstaude
Helleborus abchasicus Nieswurz	30	gedämpft purpurn	III–IV	durchlässiger Lehmsandboden	◐	Naturpartien
Helleborus niger Christrose, Nieswurz	25	weiß	XII und III–IV	durchlässiger Lehmsandboden, kalkhaltig	◐	Steingärten, Naturpartien, Schnittblume
Hemerocallis-Hybriden Taglilie	50–120	verschieden	VI–VIII	feuchterer Sandlehmboden	○◐	Beete, kleinere und größere Gruppen, an künstlichen Wasserstellen, Schnittblume
Heracleum lanatum Bärenklau, Herkulesstaude	180	weiß	VI–VII	Lehmsandboden	○◐	Solitärstaude, Naturpartien

Sortiment der Stauden

Art, Varietät, Sorte	Höhe (cm)	Blütenfarbe	Blütezeit	Standortansprüche Boden	Licht	Verwendung
Hosta plantaginea var. grandiflora, Funkie	60–80	weiß	VII–IX	Sandlehmboden	○◐	Einfassungen, Beete, Gruppen, an Wasserstellen
Hosta sieboldii Funkie	30–60	lila	VII–VIII	Sandlehmboden	○◐	Einfassungen, Beete, Gruppen, an Wasserstellen
Incarvillea delavayi Freilandgloxinie	50–60	rosarot	VI–VII	kalkhaltiger, durchlässiger Lehmsandboden	○	Rabatten, freie Staudengruppen; Steingärten
Inula hybrida 'Garden Beauty' Alant	30–40	goldgelb	VII–VIII	Sandlehmboden	○	kleinere und größere Gruppen, Naturpartien
Iris-Barbata-Elatior-Gruppe Iris, Schwertlilie	80–100	verschieden	V–VI	humoser Sandlehmboden	○	Beete, Gruppen, an künstlichen Wasserstellen, Schnittstaude
Iris-Barbata-Media-Gruppe Iris	40–50	verschieden	V	Sandlehmboden	○	Beete, Gruppen, an künstlichen Wasserstellen, Schnittstaude
Iris-Barbata-Nana-Gruppe Iris	15–30	verschieden	IV–V	humoser Sandlehmboden	○	Steingärten, Einfassungen, Staudengruppen, Beete
Iris kaempferi-Sorten Japanische Sumpfiris	80–100	verschieden	VI–VII	feuchter Sandlehmboden, kalkarm	○◐	an Wasserstellen, Gruppen, Rabatten, Schnittstaude
Iris sibirica-Sorten Sibirische Wieseniris	80–100	verschieden	VI	feuchterer Sandlehmboden	○	an Wasserstellen, Gruppen, Rabatten, Beete, Schnittstaude
Kniphofia-Hybriden Fackellilie	50–150	verschieden	VI–IX	Sandlehmboden	○	an Wasserstellen, Gruppen, Rabatten, Beete, Schnittstaude
Lathyrus latifolius Staudenwicke	200	weiß, rosarot	VI–XIII	Sandlehmboden	○◐	zum Beranken von Zäunen, Beete, Schnittblume
Leontopodium alpinum Alpen-Edelweiß	15	gelblich-weiß	VI–VII	magerer, kalkhaltiger Sandboden	○	Steingärten
Liatris spicata Prachtscharte	80	weiß, violett	VII–X	sandige Böden	○	Solitärstaude, Beete, Naturpartien, Schnittblume
Limonium latifolium Blauschleier	50	violett	VII–VIII	magerer, sandiger Boden	○	Steingärten, Beete, Naturpartien, Schnittblume
Lupinus-Polyphyllus-Hybriden Lupine	100	verschieden	VI–VII	Sandlehmboden, kalkarm	○	Gruppen, Beete, Schnittstaude
Lychnis chalcedonica Brennende Liebe	80	scharlachrot	VI–VII	Sandlehmboden	○	Gruppen, Beete
Lysimachia punctata Goldfelberich	80	gelb	VII–VIII	Sandlehmboden, feucht	○◐	kleinere und größere Gruppen, Naturpartien, an künstlichen Wasserstellen, Vorpflanzung zu Gehölzen
Malva moschata Moschus-Malve	70	rosa	VI–IX	Sandlehmboden	○◐	Gruppen, Vor- und Unterpflanzungen für Gehölze, Naturpartien, Schnitt
Monarda-Hybriden Indianernessel	100–150	verschieden	VII–IX	Sandlehmboden	○	kleinere und größere Gruppen, Rabatten, Vorpflanzungen für Gehölze, Schnitt
Oenothera missouriensis Nachtkerze	20	schwefelgelb	VI–IX	magerer Lehmsandboden	○	größere Steingartenpartien, freie Staudengruppen
Oenothera tetragona Nachtkerze	40	goldgelb	VI–VIII	magerer Lehmsandboden	○	gemischte Rabatten, freie Gruppen
Omphalodes verna Gedenkemein	10–15	himmelblau	IV–V	kalkhaltiger, humoser Lehmsandboden	○◐	Hainpartien
Paeonia lactiflora Pfingstrose	60–100	verschieden	VI	lehmiger Boden	○	Solitärstaude, Gruppen, Beete, Rabatten, Schnittstauden
Papaver nudicaule Islandmohn	20–40	weiß, gelb bis orange	IV–IX	Lehmsandboden	○	Steingärten, Polsterpflanzungen
Papaver orientale Türkischer Mohn	50–100	verschieden	VI–VII	Sandlehmboden	○	kleinere und größere Gruppen, Rabatten, Beete, Schnittstaude
Pentstemon-Barbatus-Hybriden Schmidel, Bartfaden	80–100	rot	VII–IX	humoser Sandlehmboden	○	Beete, Rabatten, Schnittblume
Phlox-Paniculata-Hybriden Großer Staudenphlox	50–120	verschieden	VI–IX	Sandlehmboden	○	kleinere und größere Gruppen, Beete, Rabatten, Schnittblume
Physalis alkekengi var. franchetii, Lampionblume	100	orange	VIII–IX	Sandlehmboden	○◐	Gruppen, Naturpartien, zum Schnitt geeignet
Platycodon grandiflorus Ballonblume	30–60	sattblau	VII–VIII	durchlässiger Sandlehmboden	○	Steingärten, Gruppen, Beete, Rabatten, Naturpartien
Polygonum amplexicaule 'Atropurpureum' Kerzenknöterich	90	rubinrot	VIII–IX	feuchterer Sandlehmboden	○◐	Solitärstaude, größere Gruppen, Naturpartien, Schnittstaude
Potentilla-Hybriden Fingerkraut	40–50	verschieden	VI–VIII	Sandlehmboden	○	größere Gruppen, Beete, Vorpflanzungen zu Gehölzen, Schnittstaude
Primula-Elatior-Hybriden Primel, Schlüsselblume	25–30	verschieden	III–IV	durchlässiger, humoser Boden	○◐	Steingärten, Gruppen, Rabatten, Vorpflanzung für Gehölze
Prunella grandiflora	5–20	violett	VI–VIII	Lehmsandboden	○	Steingärten, freie Staudenpartien
Pulmonaria angustifolia Lungenkraut	20–30	karminrot	IV–V	Lehmsandboden	○◐	freie Gruppen, Frühlingspartien mit Zwiebelgewächsen

Sortiment der Stauden

Art, Varietät, Sorte	Höhe (cm)	Blütenfarbe	Blütezeit	Standortansprüche Boden	Licht	Verwendung
Ranunculus acris 'Multiplex' Scharfer Hahnenfuß	60	goldgelb	VI	humoser, sandiger Boden	○◐	kleinere und größere Gruppen, Rabatten, Schnittstaude
Rheum palmatum Kronrhabarber	250	rahmgelb	V-VI	tiefgründiger Lehmsandboden	○	Solitärstaude, Naturpartien
Rudbeckia fulgida 'Goldsturm' Sonnenhut	70	goldgelb	VII-IX	Sandlehmboden	○	kleinere und größere Gruppen, Beete, Rabatten
Rudbeckia laciniata 'Goldquelle' Fallschirm-Rudbeckie, Sonnenhut	70	goldgelb gefüllt	VIII-IX	Sandlehmboden	○	kleinere und größere Gruppen, Beete, Rabatten, Schnittstaude
Rudbeckia nitida 'Herbstsonne' Fallschirm-Rudbeckie, Sonnenhut	200	sattgelb	VIII-IX	Sandlehmboden	○	gemischte Gruppen, Naturpartien
Salvia nemorosa 'Ostfriesland' Salbei	50	dunkelviolett	VI-VII	kalkhaltiger Sandlehmboden	○	größere Gruppen, Beete, Naturpartien
Scabiosa caucasica-Sorten Skabiose	80	verschieden	VI-X	kalkhaltiger Sandlehmboden	○	größere und kleinere Gruppen, Beete, Rabatten, Schnittstaude
Sedum spectabile 'Carmen' Fetthenne	40	karminrosa	VIII-X	auch ärmlichere Sandlehm-lehmböden	○	Solitärpflanze, Rabatten, Beete, Schnittstaude
Sedum x telephium 'Herbstfreude', Fetthenne	60	rosarot	IX-X	auch ärmlichere Sandlehmböden	○	Beete, Rabatten, vor und zwischen Gehölzen
Solidago-Hybriden Goldrute	60-90	goldgelb	VII-IX	Sandlehmboden	○	Beete, Gruppen, Herbstrabatten, Schnittstaude
Stachys byzantina Ziest	15-25	dunkelrosa	VI-VII	Lehmsandböden	○	Unterpflanzung für auffällige Pflanzen
Stachys byzantina 'Silver Carpet' Wollziest	10	blüht nicht	—	kalkhaltiger Sandlehmboden	○	silbriggrauer Bodendecker
Stachys grandiflora 'Superba' Ziest	50	purpurrosa	VII-VIII	kalkhaltiger Sandlehmboden	○◐	Massenpflanzungen, Gruppen, Vor- und Unterpflanzungen für Gehölze
Telekia speciosa Telekie	150	gelb	VII-VIII	Sandlehmboden	○◐	Solitärpflanze, Vor- und Unterpflanzung für Gehölze, Naturpartien
Thalictrum aquilegifolium Amstelraute	100	lila bis purpurn	V-VII	Sandlehmboden	○◐	Gruppen, Vor- und Unterpflanzungen für Gehölze, Naturpartien, Schnittstaude
Thalictrum dipterocarpum Wiesenraute	180	rosa-violett	VII-IX	humushaltiger Sandboden	○	Gruppe, Vor- und Unterpflanzungen für Gehölze, Naturpartien, Schnittstaude
Thalictrum minus 'Adiantifolium' Wiesenraute	40	gelblich	VII-VIII	Sandlehmboden	○◐	Gruppen, Vor- und Unterpflanzungen für Gehölze, Naturpartien, Schnitt
Tradescantia-Andersoniana-Hybriden, Dreimasterblume	40-50	verschieden	VI-IX	Sandlehmboden	○◐	Gruppen, Beete, Rabatten, an künstlichen Wasserstellen, Naturpartien
Trollius chinensis 'Golden Queen' Trollblume	90	orange	VI-VII	humushaltiger, nahrhafter, feuchterer Boden	○	Rabatten, Naturpartien, an künstlichen Wasserstellen, Schnittstaude
Trollius-Hybriden 'Orangeglobe' Trollblume	90	orangegelb	V-VI	humushaltiger, nahrhafter, feuchterer Boden	○◐	Rabatten, Naturpartien, an künstlichen Wasserstellen, Schnittstaude
Veratrum nigrum Germer	120	braunrot	VII-VIII	Sandlehm- und Moorboden	○◐	Solitär, Gruppen, unter Gehölzen, Naturpartien
Verbascum-Hybriden 'Golden Bush' Königskerze	50	gelb	VI-IX	auch magerer Sandlehmboden	○	Solitär, Gruppen, Naturpartien
Verbascum-Hybriden 'Pink Domino' Königskerze	100	rosa	VI-VIII	auch magerere Sandlehmböden	○	Solitärstaude, Gruppen, Naturpartien
Veronica austriaca ssp. *teucrium*, Büschelveronika	15-20	blau	VI	kalkhaltiger Lehmsandboden	○	Rabatten, freie Staudengruppen, Steingarten
Veronica spicata Kerzenveronika	5-30	lila	VII	Lehmsandboden	○	Rabatten, freie Staudengruppen
Viola cornuta-Sorten Hornveilchen	10-25	verschieden	V	lockerer Lehmsandboden	○◐	gemischte Rabatten, Flächenpflanzungen
Viola odorata-Sorten Duftveilchen	10-15	verschieden	III-IV IX-X	lockerer Lehmsandboden	○◐	als Unterpflanzung, Schnittblume
Yucca filamentosa 'Elegantissima', Palmlilie	-150	weiß	VII-VIII	kalkhaltiger, humushaltiger Sandlehmboden	○	Solitärstaude, Steingärten, Gruppen, Rabatten, Naturpartien, Schnittstaude
Yucca glauca Palmlilie	40-100	grünlichweiß	VII-VIII	kalkhaltiger, humushaltiger Sandlehmboden	○	Solitärstaude, Steingärten, Gruppen, Rabatten, Naturpartien, Schnittstaude

Einjahresblumen

Einjahrsblumen im Sinne des Gärtners sind Pflanzen, die er sich nur für eine Vegetationsperiode als Zierpflanzen nutzbar machen kann. Die Annuellen schließen in einer Vegetationsperiode den Prozeß des Keimens, Wachsens, Blühens, Früchtetragens, Reifens und Absterbens ab; in unseren Breiten dauert das höchstens zehn Monate. Zu den Annuellen müssen auch Pflanzen gerechnet werden, die in ihrer wärmeren Heimat als ausdauernde Stauden wachsen, sich bei uns eingebürgert haben, aber nicht widerstandsfähig genug sind, um die winterlichen Temperaturen unserer Klimazonen zu überstehen. Letztendlich gehören zu den Einjahrsblumen auch die Arten, die zwar mehrere Jahre an einem Standort wachsen, jedoch ihren größten Flor im ersten Lebensjahr entwickeln, so daß sie ein, höchstens zwei Jahre gehalten werden.

In ihrem Wachstumszyklus sind die Sommerannuellen den Winterannuellen recht ähnlich, die sich wie Bienne verhalten. Sie brauchen zu ihrer vollen Entwicklung unbedingt kaltes Winterwetter als Ruheperiode. Bis zum Herbst keimen und wachsen sie, überwintern, entfalten zu Beginn der neuen Wachstumsperiode ihre Blüten und bilden Samen. Ihr Leben dauert eben auch nur ein Jahr lang, nur daß sie sich nicht nach unserem Kalenderjahr richten.

Herkunft der Einjahrsblumen

Sommerblumen sind auf allen Erdteilen und in den verschiedensten Pflanzengesellschaften vertreten. Die meisten einjährigen Pflanzen — auch Therophyten genannt — stammen aus den Trockengebieten unserer Erde, aus den Wüsten und Halbwüsten Europas, Südamerikas, Asiens, Südafrikas und Australiens. Sie entwickelten sich an Standorten mit extremen Klimaverhältnissen, wo sich die kurzen und unregelmäßigen Perioden der Frühjahrsregen mit langen trockenen, heißen Sommern abwechseln. In diesen Ursprungsgebieten hat sich ein Vegetationszyklus herausgebildet, der es den Gewächsen erlaubt, während der kurzen Regenperiode aus Samen zu keimen und zu wachsen, zu Sommerbeginn zu blühen und noch vor Eintritt der alles vernichtenden Trockenheit die Samen zur Reife zu bringen. Die verhältnismäßig großen Mengen Samen mit der für die Einjahrsblumen typischen relativ langen Keimfähigkeit (etwa 3—5 Jahre) hat also ihre Berechtigung. An ihren ursprünglichen Standorten sind Regenzeiten keine regelmäßige Erscheinung. Der Samen überdauert im Boden unbeschadet auch eine drei Jahre währende ununterbro-

◀ Tagetes erecta 'Clinton' ist eine beliebte Sommerblume, die eine Höhe von 60 bis 80 cm erreicht. Ihre Blütezeit dauert von Juni bis September. Sie gedeiht in der Sonne sowie im Halbschatten und fordert humosen, durchlässigen Boden (544)

Die Wucherblume (Chrysanthemum carinatum) 'Polarstern' hat einen kompakten regelmäßigen Aufbau und blüht reich (545)

Sommerastern (Callistephus chinensis) dienen vorwiegend zum Schnitt, seltener sind sie auf Beeten zu finden. Sie werden nach der Form ihrer Blütenkörbe unterschieden. Im Bild eine Aster aus der Gruppe der Strahlen-Astern (546)

Zinnien sind wegen ihrer langen Blütezeit sehr beliebt, die von Juni bis zum Eintritt der ersten Fröste reicht. Zinnia angustifolia 'Persian Carpet' ist eine buntblühende Sorte, die an sonnigen Plätzen in durchlässigem Boden auszupflanzen ist. Im anfänglichen Entwicklungsstadium braucht sie genügend Feuchtigkeit (547)

Venidium fastuosum 'Orange' ist eine Sommerblume aus Afrika. Die Blüten reagieren hochempfindlich auf Sonnenschein (sie folgen der Bewegung der Sonne). Sie ist gut zum Schnitt geeignet — in der Vase hält sie sich 5-7 Tage frisch. Die Pflanzen werden einzeln oder in Gruppen ausgepflanzt, sie gedeihen gut bei trockenem und sonnigem Wetter, lang anhaltendes feuchtes Wetter vertragen sie nicht (548)

chene Trockenheit. Die aus den Trockengebieten unserer Erde stammenden Sommerblumen gewöhnten sich zwar sehr bald an die veränderten Bedingungen unserer Gartenkulturen, bewahrten aber als typische Eigenschaften die Sonnenhungrigkeit und den hohen Wasserbedarf in der ersten Phase ihres Wachstums.

Verwendung der Sommerblumen

Einjahrsblumen für den Schnitt

Die Sommerblumen finden auf die mannigfaltigste Weise Verwendung. Es gibt Arten, die sich für Anpflanzungen eignen und solche, die als Schnittblumen angebaut werden. Nicht selten erfüllen sie beide Forderungen.

Die frisch geschnittenen Sommerblumen sind eine willkommene Bereicherung unseres Schnittblumenangebotes und dürfen bei keinem bedeutenderem Ereignis in unserem Leben fehlen. Und als Schmuck für unsere Wohnungen und Gesellschaftsräume sind sie nicht wegzudenken. Wer Sommerblumen als Vasenschmuck im Garten anzieht, wird Arten und Sorten mit langem, festen Stengel und schöner, auffälliger Blüte sowie Arten wählen, die wegen ihrer Empfindlichkeit für längeren Transport ungeeignet sind.

Für kleine Vasen zur Tischdekoration eignen sich am besten kurzstielige Arten, wie beispielsweise Tausendschön (*Bellis perennis*), Garten-Stiefmütterchen (*Viola-Wittrockiana*-Hybriden), Leinkraut (*Linaria*), Damaszener Schwarzkümmel oder Braut im Haar, oder Jungfer im Grünen (*Nigella damascena*), Kapuzinerkresse (*Tropaeolum majus*), oder Studentenblume (*Tagetes patula*). Für hohe, dekorative Blumenvasen empfehlen sich z. B. Sonnenblume (*Helianthus annuus*), Malve (*Alcea rosea*) oder Eisenkraut (*Verbena bonariensis*). Keine dieser Arten wird im Garten nur ausschließlich für den Schnitt kultiviert; immer sind sie Bestandteil von Beetbepflanzungen, als Vasenschmuck schneidet man sie nur gelegentlich. Für den Garten werden am liebsten remontierende Arten ausgewählt, deren Flor den ganzen Sommer über andauert. Sie sind nicht nur im Garten, sondern auch in der Vase dekorativ. Ein einfühlsam ausgeführter Schnitt nimmt ihnen nichts von ihrer Schönheit, im Gegenteil, er verjüngt die Pflanze. Zu den remontierenden Arten gehören z. B. Zinnien (*Zinnia*), Rudbeckien, Sonnenhut (*Rudbeckia*), Wucherblumen (*Chrysanthemum carinatum*), Löwenmaul (*Antirrhinum*) und andere.

Wer sich an frisch geschnittenen Blumen so lange wie möglich erfreuen möchte, sollte erst in den späten Nachmittagsstunden, bei großer Hitze sogar erst am späten Abend schneiden, wenn der osmotische Druck in den Zellen auf das Minimum gesunken ist und die ins Wasser getauchten Stengel sofort beginnen, Wasser aufzuneh-

Zur Belebung der Gartenzäune und Pergolen wird gern die wohlriechende Wicke (Lathyrus odoratus 'Spencer') verwendet. Die Pflanzen bilden von Juni bis August eine farbenreiche duftende Wand, sie brauchen nährstoffreichen Boden und reichlich Wasser während der Wachstumsperiode. Notwendig ist ein jährlicher Wechsel der Pflanzstelle (549)

men. Bei Regen empfiehlt sich der Schnitt nicht, denn es bilden sich an der Blume oft unschöne Flecke.

Wichtig ist, den Augenblick des Schnitts der günstigsten Wachstumsphase der Pflanze anzupassen. Mohn (Papaver) schneidet man, solange die Knospen noch grün sind und sich gerade aufrichten. Ringelblumen, Kornblumen und Wucherblumen können schon geschnitten werden, wenn sich über dem Blumenkelch die ersten farbigen Spitzen der Blütenblätter zeigen. Bei Löwenmaul und Reseda muß mindestens ein Drittel des Blütenstandes voll erblüht sein, bei der Wohlriechenden Wicke (Lathyrus odoratus) und Levkoje (Matthiola incana) sogar die halbe Blütenrispe. Sommerazaleen (Godetia grandiflora), Clarkien (Clarkia unguiculata) und Glockenblumen (Campanula) werden fast als Knospen, Gartennelken (Dianthus caryophyllus) dagegen mit halb entfalteter Blüte geschnitten. Geschlossene, aber bereits gefärbte Blütenstände dürfen die Korbblätter Skabiose (Scabiosa atropurpurea), Kosmee (Cosmos sulphureus), Tithonie (Tithonia rotundifolia) und Dahlie (Dahlia) haben. Bevor sich die gelben Röhrenblüten im Blütenkorb öffnen, also sehr jung, wird die Venidie (Venidium fastuosum) geschnitten. Bei den Sommerastern (Callistephus chinensis) muß wenigstens der halbe Blütenstand, bei Zinnie und Tagetes der überwiegende Teil aufgeblüht sein. Bei der Rudbeckie ist zu warten, bis sich Blüte und der kegelig aufgewölbte Blütenboten voll entwickelt haben.

Welke Schnittblumen lassen sich nicht gut verwenden. Angewelkte Blumen sind deshalb in ein mit Wasser gefülltes Gefäß unterzutauchen und unter Wasser anzuschneiden. Sind sie wieder frisch, wird alles, was beschädigt ist, entfernt, und erst dann ordnet man sie in der Vase.

Als Wohnungsschmuck können neben frischen Schnittblumen vom Gartenbeet auch einjährige Topfpflanzen dienen. Die Jungpflanzen werden im Garten gezogen, wenn nötig, auch im Frühbeet getrieben, sobald sie Knospen ansetzen oder zu blühen beginnen, eingetopft und in den Raum gestellt. Sehr schön als Topfpflanzen sind niedrige Tagetes, Zwergastern, niedrigwachsende Wucherblumen und selbstverständlich Begonien (Begonia-Semperflorens-Hybriden), die von allen genannten Sommerblumen die geringsten Ansprüche ans Licht stellen, im Zimmer aber nur eine beschränkte Blütezeit haben. Besonders schön sind für die Topftreiberei niedrige, kompakte Levkojearten, denn sie duften angenehm und erinnern mit ihrer dichten Blütentraube an Hyazinthen. Die Aussaat erfolgt im Dezember bis Januar, zweimal wird pikiert; zuerst in kleine, dann in größere Töpfe (10 cm Durchmesser). Zum Anwachsen reicht eine Temperatur um die 12°C; in einem wärmeren, hellen Gewächshaus erreichen sie die Blüte etwa viereinhalb Monate nach der Aussaat.

Zu den Einjahrsblumen gehören auch mehrere Arten, deren Blüten ausdauernde Kelche oder mehrreihige, trockenhäutige Hüllblätter bilden, die durch Trocknen weder Form noch Farbe verlieren. Diese werden in Trocken- oder Strohblumen zusammengefaßt; typische Gattungen sind die Gartenstrohblume (Helichrysum bracteatum), den ihr in der Blüte ähnliche Sonnenflügel (Helipterum roseum), die bewährten Meerlavendelarten (Limonium sinuatum) und (L. bonduellei), das Papierknöpfchen (Ammobium alatum) mit kleinen weißen Blüten und der glänzend karminrot blühende Kugelamarant (Gomphrena globosa).

Trockenblumen sind besonders beliebt, weil sich ihre Blüten zeitlich unabhängig auf die mannigfaltigste Art in der Blumenbinderei als dekorativer Raumschmuck verwenden lassen. Die Blumen werden geschnitten, wenn die Blüte beginnt, sich zu entfalten. Die Blumenblätter sollen den gelben, mit Zungenblüten besetzten Blütenboden noch

Studentenblumen (Tagetes) sind typische Vertreter der Sommerflora. Sie vertragen sowohl trockenes als auch Regenwetter und lassen vielfältige Verwendungsmöglichkeiten zu. Niedrige Sorten sind günstig für Einfassungen von Beeten u.ä., hohe Sorten für bunte Blumenbeete. Beide sind in Pflanzschalen zu finden. Sie werden zum Schnitt benutzt. In der Vase halten sie sich 8-15 Tage frisch (550)

nicht freigeben; es sieht aus, als erblühte eine Bürste aus gelben oder weißen Blumen. Sie werden zu kleinen Sträußen gebündelt und mit den Blütenköpfen nach unten an einem luftigen, und, wenn möglich, trockenen Ort zum Trocknen aufgehängt.

Trocknen lassen sich noch viele andere Blüten- und Fruchtstände als ausgezeichnete Elemente für die verschiedensten Arrangements in Körben, Keramik- und Steingutgefäßen, ja sogar in Stilrahmen verwenden. Die feinen farblichen Abstufungen der Meerlavendel (Limonium suworowii) werden durch das dunkle Grün der Koniferenzweige unterstrichen, die luftigen Rispen der Hirse (Panicum capillare) und des Straußgrases (Agrostis nebulosa) heben die Kompaktheit der dichten Blütenstände des Meerlavandels und der schwarzen Kegel des Sonnenhutes

Meerlavendel (Limonium sinuatum) findet vor allem in der Blumenbinderei Anwendung. Die Blüten sind zum Schnitt geeignet. Fürs Trocknen schneidet man völlig aufgeblühte Blumenstengel, die bündelweise in einem luftigen dunklen Raum aufzuhängen sind (551)

Am dekorativsten ist der Judassilberling (Lunaria annua) nach dem Verblühen. Die Früchte — reife Schötchen — haben eine einzigartige Form, deshalb sind sie im Arrangement mäßig und mit Gefühl zu verwenden. Die Pflanzen werden entweder als Sommerblumen oder als zweijährige Blumen angebaut, die letztgenannte wächst kräftiger und trägt mehr Früchte. Lunaria ist anspruchslos und gedeiht sogar im Halbschatten (552)

braune und dunkelkarminrote Blütenstände, die sich farblich ausgezeichnet mit den hellgrauen, weich behaarten Ähren des Hasenschwanzgrases (*Lagurus ovatus*) oder des Federborstengrases (*Pennisetum villosum*) ergänzen. Der einfallslose, oft in hohen Vasen auf Terrassen und in größeren Räumen verwendete Schilfrohrkolben sollte durch die interessant wirkenden, dünnen, aber starren Zweige der Verbene oder die trockenen, langstengeligen Blütenstände des Rittersporns (*Delphinium consolida* und *D. ajacis*) ersetzt werden. Am besten läßt sich zu diesem Zweck die ganze, nur leicht aufgeblühte Pflanze trocknen.

Das waren nur einige willkürlich herausgegriffene Beispiele für die Möglichkeiten, die uns die Pflanzenwelt zur Verschönerung unserer häuslichen Umgebung, vor allem im blütenarmen Winter, bietet. Gegen die Farbenpracht der lebendigen Flora sind aber auch die kräftigsten Farben der getrockneten Blüten gedämpft; umso nötiger ist schöpferischer Einfallsreichtum, um ihre Formen und Farben richtig zur Geltung zu bringen.

Einjahrsblumen als Beetpflanzung

Obwohl sie Arbeit machen, sind Sommerblumen in Gärten recht beliebt. Schon deshalb, weil Gartenarbeit eine Form der aktiven Erholung ist und jeder Gärtner seine Phantasie bei der jährlichen Neugestaltung seines Gartens unter Beweis stellen kann. Sommerblumenbeete wirken meist formaler als Staudenpflanzungen, sind also besonders dazu geeignet, die Umgebung von Gebäuden zu verschönern. Von erheblicher Bedeutung ist die Blütenfarbe. Durch Wahl einer oder einer beschränkten Anzahl aufeinander abgestimmter Farbtöne lassen sich Gebäude und deren unmittelbare Umgebung harmonisch gestalten.

Die Artenwahl hängt außer von den Anforderungen der Pflanzen auch von der Größe des zu bepflanzenden Beetes ab. Kleine Beete vertragen keine robusten, strauchigen

(*Rudbeckia*) auf und ergänzen auf angenehme Weise die gelben Kugeln der *Lonas annua*. Der Schwarz-Kümmel (*Nigella damascena*) bietet seine Fruchtbälge an, der Schlafmohn (*Papaver somniferum*) seine Kapseln und die Purpurskabiose (*Scabiosa atropurpurea*) ihre bräunlichen Zapfen. Und wenn in der Zusammenstellung irgendeine Farbe fehlt, ist sie bestimmt unter den bewährten Trockenblumen zu finden: das reinste Weiß bei dem Papierknöpfchen, das kräftigste Rosa bei der anmutigen Sonnenflügelsorte 'Roseum' (*Helipterum roseum*). Die Garten-Strohblume (Helichrysum bracteatum) hat nicht nur weiße, gelbe und rosa Sorten, sondern auch intensiv glänzende, rot-

Sommerblumen bieten eine Vielfalt von Verwendungsmöglichkeiten, je nach Geschmack. Petunien können z. B. auf den Sommerblumenbeeten gepflanzt werden oder auch Gruppen von Stauden beleben (553)

Arrangements aus Trockenblumen werden erfolgreich bei der Ausschmückung von Wohnräumen im Winter benutzt. Für diesen Zweck sind viele Pflanzenarten geeignet, besonders auch Gartenstrohblumen (Helichrysum bracteatum). Die Kelchblätter ihrer Blütenstände behalten ihre ursprüngliche Farbe auch im trockenen Zustand. Sie können alleine oder mit anderen Gattungen kombiniert werden, wie hier im Bild mit der Lampionblume (Physalis alkehengi) (554)

Arten, für große Flächen wiederum sind kleine, kompakte Wuchsformen ungeeignet. Je geringer der verfügbare Platz, desto durchdachter muß er geplant und gepflegt werden, weil dort jede einzelne Pflanze zur Geltung kommt. Diese kleinen Rabatten können meist aus unmittelbarer Nähe betrachtet werden; deshalb sollten sie mit Sorten bepflanzt werden, die in bunten Farben blühen. Je nach Buntheit setzt man sie entweder allein oder zusammen mit einfarbigen und im Wuchs kontrastierenden Arten. Auf kleinen Flächen, vor allem, wenn sie direkt zwischen den Wegen liegen oder sie abgrenzen, verwenden wir einzelne Arten, beispielsweise Mittagsblume (*Dorotheanthus bellidiformis*), Portulakröschen (*Portulaca grandiflora*) oder Sommerphlox (*Phlox drummondii*). Gelbrote Zinnien (*Zinnia elegans*) unterstreichen angenehm das Blau des Salbeis (*Salvia farinacea*) oder des Leberbalsams (*Ageratum houstonianum*). Beide passen auch gut zu der bunt gemischten Gazanie (*Gazania rigens*), bei der gelbe und weiße Töne überwiegen. Bei Aussaat direkt an Ort und Stelle sollte man den Kalifornischen Goldmohn, oder Schlafmützchen (*Eschscholzia californica*) nicht vergessen. Von den Winterannuellen, also den Frühlingsblühern, sind die bunten Stiefmütterchen in praktisch allen Farben am beliebtesten. Gepflanzt werden also nicht nur bunte Sorten einer Art, sondern häufig verschiedene Sommerblumenarten zusammen, um eine Farb- und Formenvielfalt zu erhalten. Eine solche Pflanzung hat sicher manche Vorteile; wenn frühe mit späten Arten wechseln, kann ein ununterbrochener Flor erreicht werden.

Selbstverständlich ist es für die Wahl der richtigen Arten Bedingung, daß sie in ihrem Wuchs zueinander passen, das Beet wirklich bunt ist, ständig blüht und farblich ausgewogen ist. Auf Sommerblumenrabatten können neben niedrigen, ausgesprochenen Beetannuellen auch zum Schnitt geeignete und den ganzen Sommer über in Blüte stehende Arten gepflanzt werden.

Viel wirkungsvoller sind jedoch Partien, die aus mehreren größeren Gruppen reiner Farbtöne zusammengesetzt sind. Sie müssen so gewählt werden, daß sie miteinander harmonieren und sich gut von der hellen Hauswand oder dem dunklen Hintergrund grüner Strauch- und Baumpflanzungen abheben. Grüner Rasen gibt jedoch für eine farbige Fläche immer noch den besten Rahmen ab.

Die eigentliche Anordnung der Bepflanzung kann äußerst vielgestaltig sein. Dem Charakter der Sommerblumen entspricht eine regelmäßige, geometrische Gliederung genauso wie eine ganz unregelmäßige Flächenkomposition. Ornamentreiche Blütenteppiche sind unmodern geworden und aus unseren Gärten verschwunden. Umso beliebter sind dafür sog. Paletten, also Pflanzengruppen unregelmäßiger Formen. Für die eigentliche Pflanztechnik sind ganz ungleichmäßige Figuren nicht gerade sehr leicht auszuführen. So ein Grundriß, der sich auf dem Papier ganz leicht skizzieren läßt, macht beim Abstecken so manche Schwierigkeiten. Viel einfacher ist es, den gleichen Effekt durch asymmetrische Gestaltung regelmäßiger Flächen zu erreichen. Auch Höhenunterschiede in der Bepflanzung erwecken den Eindruck einer freieren Gruppierung. Für diese Rabatten und Beete kann man alle schon genannten Sommerblumen mit langer Blühdauer, aber auch Kombinationen, verwenden.

Weniger gebräuchlich, aber umso schöner ist eine Beetbepflanzung mit einer niedrigwüchsigen, die Grundfläche bildenden Art und wie Inseln eingestreuten, höherwüchsigen Arten. Am besten sind zwei verschiedene Farbtöne einer Art oder höchstens zwei Arten.

Hohe Sommerblumen, wie Sonnenhut (*Rudbeckia hirta*), Sammetblume oder Studentenblume (*Tagetes erecta*),

Für Schlafmützen (Eschscholzia californica) *gibt es eine breite Skala von Verwendungsmöglichkeiten: in Steingärten, an Trockenmauern oder auf Beeten, einzeln oder in Gruppen gepflanzt. Die Blume ist auch zum Schnitt geeignet (555)*

Tithonie (*Tithonia rotundifolia*), Fuchsschwanz (*Amaranthus caudatus*), Spinnenpflanze (*Cleome spinosa*), Wunderbaum (*Ricinus communis*), Sommerzypresse (*Kochia scoparia*), Stockrose (*Alcea rosea*) geben schöne Solitärs in Rasenflächen oder in unmittelbarer Nähe des Hauses, etwa am Eingang, entlang der Veranda u. ä. ab. Pflanzungen und Blumenarten wählen wir selbstverständlich entsprechend dem Charakter des Gebäudes. Die Umgebung eines Einfamilienhauses sollte anders aussehen als die eines typischen Bauernhauses. In einer naturnahen Umgebung verwendet man lieber weniger prächtige, von den ursprünglichen Formen nur gering abweichenden Arten, bei einem Haus von auffallender, moderner Architektur können hochgezüchtete, effektvolle Kultursorten stehen, wie etwa vollblütige Levkojen (*Mathiola incana*), großblumige Tagetes (*Tagetes erecta*), Begonien (*Begonia-Semperflorens*-Hybriden) und elegante Petunien (*Petunia*-Hybriden). Soll die Pflanzung natürlich wirken, eignen sich am besten direkt zur Aussaat an Ort und Stelle bestimmte Sommerblumen, dazu noch z. B. Salbei (*Salvia viridis*), Mittagsgold

Portulak (Portulaca grandiflora) ist eine kriechende Sommerblume von nur 10—15 cm Höhe, die für größere oder kleinere Gruppen auf Beeten, in Steingärten, auf Mauern, in Kästen und flachen Gefäßen geeignet ist. Gepflanzt wird sie Ende Mai an sonnigen Orten in lockeren, leichten Boden. Sie verträgt weder Schatten, schweren Boden noch Regenwetter (556)

Die Stockmalve (Alcea rosea) erreicht eine Höhe von bis zu 2,5 m. Ihr Wuchs hängt von der Sorte, von der Nährstoffversorgung und dem Standort ab. Sie braucht tiefer gelockerten Boden und genügend Feuchtigkeit. In ländlichen Gärten, an Holzzäunen, Mauern und Blockhäusern setzt sie farbenfrohe Akzente (558)

(*Gazania rigens*), Verbene (*Verbena canadensis*), Ursinie (*Ursinia anethoides*) u. a.

Einjahrsblumen in Steingärten und an Trockenmauern

Beliebte Gartenpartien sind Steingärten und Blumenmauern. Steingärten werden mit schwachwüchsigen und niederliegenden oder kriechenden Nadel- oder Laubgehölzen und ausdauernden Stauden, den Steingartengewächsen, bepflanzt. Belebend wirken hier nicht nur die Blüten der Zwiebelgewächse, sondern auch so manche Sommerblume, vorausgesetzt, daß sie ihrem Charakter nach für ein Alpinum geeignet ist. In den Sommermonaten sind sie mit ihrem Flor eine Bereicherung.

Die Größe des Alpinums bestimmt, ob Annuelle einzeln oder als kleine Gruppe gepflanzt werden. Sie füllen die leeren Stellen, die verblühte und eingezogene Zwiebelgewächse hinterlassen. Sommerblumen stehen wesentlich länger im Flor als Stauden, die meisten vom Auspflanzen bis zu den ersten Frösten, manche auch noch länger. Der Duftsteinrich (*Lobularia maritima*) beispielsweise blüht ununterbrochen von Mai bis in den Herbst hinein; seine Polster sind im Herbst sogar am schönsten, besonders nach den ersten leichten Herbstfrösten, wenn die meisten kriechenden Stauden schon lange verblüht sind. Den ganzen Sommer über erfreuen uns auch die Blüten der gelben Sanvitalie (*Sanvitalia procumbens*), die buntblättrigen Sorten der Gartenverbene (*Verbena-Hybriden*) und die in der Sonne wie Edelsteine leuchtenden, großen Blüten des Portulakröschens (*Portulaca grandiflora*). Vielleicht noch schöner ist wohl die Mittagsblume (*Dorotheanthus bellidi-*

Gartenlevkoje (Mathiola incana) wird auf Beeten (höhere Sorten) oder in Blumenkästen und Gefäßen (niedrige, kompakte Sorten) gepflanzt. Die häufigste Anwendung findet sie in Ikebana-Arrangements (559) ▶

Die Zinnie (Zinnia elegans) hebt sich am wirkungsvollsten in selbständigen Gruppen klarer Farben oder auch in Mischgruppen hervor (im Bild). Die Beete büßen nichts von ihrer Wirkung ein, wenn wir ab und zu einige Blumen für die Vase abschneiden. Diese sind voll aufgeblüht zu schneiden, sie halten sich 6—10 Tage frisch (557)

Tagetes patula 'Ruffled Red' erreicht eine Höhe von 25—35 cm. In voller Blüte bilden die Bestände eine zusammenhängende farbenprächtige Fläche (560)

Der Mauerkasten wurde mit Pelargonien, kombiniert mit Sommerblumen, bepflanzt (562)

campanularia) und der wegen seines langen Flors wertvolle Goldmohn (Eschscholzia californica). Es reicht, die meisten dieser Annuellen nur einmal auszusäen für ihre Weiterexistenz in den kommenden Jahren sorgen sie dann schon selbst, wenn ihnen die Bedinungen zusagen.

Trockenmauern, die keine natürliche Szenerie vortäuschen sollen, lassen sich außer mit den genannten Arten auch mit prächtigeren Annuellen bepflanzen, etwa mit Petunia-Hybriden oder niedrigen Levkojezüchtungen.

Alle diese Arten stellen ausgeprägte Bedingungen an den Standort. Sie wollen viel Sonne und Licht, der Boden muß durchlässig sein (was bei den meisten Steingärten der Fall ist) und alkalisch reagieren (auch das ist meist natürlich). Der Versuch, sie in schattigen Steingärten oder dort zu pflanzen, wo das Alpinum Teil spezieller Partien mit ausgesprochenen und den Sommerblumen nicht zusagenden Ansprüchen ist (z. B. Heiden), wäre völlig verfehlt.

Einjährige Pflanzen in Blumenkästen und -schalen

Wohl keine Konkurrenz haben die einjährigen Pflanzen als Bepflanzung für die kleinsten Beete zu befürchten — Fenster- und Balkonkästen. Nur sie können mit einer so geringen Tiefe und so wenig Erde auskommen. Auch ihr Wachstumszyklus entspricht ganz diesem Zweck, im Herbst, wenn sie verblüht sind, entfernen wir gewöhnlich diese Kästen von Fenstern und Balkonen. Und wenn sie mit Pelargonien und Knollenbegonien bepflanzt waren, machen uns Pflanzen und Knollen dann Sorgen, sie während der Winterperiode so unterzubringen, daß sie nicht vertrocknen oder erfrieren. Sommerblumen werden erst im zeitigen Frühjahr aktuell; zuerst nur in den vielgestaltigen Plänen, wie wir wohl unsere Fenster und Balkone völlig neu gestalten könnten. Es stehen im wesentlichen drei Wuchsformen dafür zur Verfügung:

Sommerblumen dienen in Steingärten z. B. zur Bepflanzung von freien Stellen, die nach dem Abblühen der Zwiebelgewächse entstehen. Auszuwählen sind Gattungen, die im Wuchs an Steingartenpflanzen erinnern (561)

formis), auch wenn ihre strahlenden Blütensterne nur bis August in Flor stehen. Wer sie einmal in seinem Garten hatte, wird ihr wohl auch künftig treu bleiben. Die lebhaftesten Farben bringen die niedrigen Löwenmaulsorten (Antirrhinum majus) in das Alpinum. Das karminrote Leimkraut (Silene pendula) mit seinen rötlich angehauchten Fruchtbälgen ist auch nach dem Verblühen noch prächtig. Um blaue Farbtöne bereichert der Kurzschopf (Brachycome iberidifolia) mit seinen einfachen Blättern und Blüten jeden Garten. Als hübsches Solitär wirken die Zwergformen der Spaltblume (Schizanthus-Wisetonensis-Hybriden), kegelförmige, mit pastellfarbenen Blüten eingehüllte Pflanzen.

Außer diesen vorkultivierten Sommerblumen können auch direkt ausgesäte Arten den Steingarten verschönen, wie beispielsweise die niedrige, liegend wachsende regenanzeigende Kapkörbchen (Dimorphotheca pluvialis), das im Juni/Juli blühende Phacelie, Büschelschön (Phacelia

1. kompakte, niedrige, aufrechtwachsende Annuelle,
2. liegende bis kriechende Arten, die über den Kasten hinaushängen,
3. sich aufwärts windende und kletternde Arten.

Wenn der Blumenkasten nicht nach Norden oder schattig steht, können für die erste Gestaltungsart alle kompakten, niedrigwüchsigen einjährigen Pflanzen verwendet werden, je nach Größe und vor allem Breite des Kastens eine oder mehrere Arten. Kombinationen von Früh- und Spätblühern sorgen für einen ununterbrocehnen Flor. Sehr

Petunien brauchen schweren nährstoffreichen Boden und eine geschützte sonnige Lage. Sie blühen den ganzen Sommer über und sind deswegen während der Vegetationszeit regelmäßig nachzudüngen. Im Bild ein Beispiel ihrer Anwendungsmöglichkeiten. Der Holzkasten ist den ganzen Sommer über mit Blüten übersät (564) ▶

hübsch sind Zwergsorten der ab Mitte Juni blühenden Levkoje; nach dem Verblühen werden sie durch bereits blühende Begonien (*Begonia*-Knollenbegonien-Hybriden) ersetzt. Zwischen den Levkojen (*Mathiola incana*) wirken dichtwachsende Zwergastern (*Callistephus sinensis*) gut, mit denen sie sich in der Blüte abwechseln.

Und wenn die Kästen den Winter über am Fenster bleiben können, blühen noch Stiefmütterchen (*Viola-Wittrockiana*-Hybriden) und Tausendschönchen (*Bellis perennis*), die im zeitigen Frühjahr gepflanzt wurden. Bei Herbstpflanzungen ist Frostschutz durch Fichtenzweige zu geben. Aber bei strengen Frösten können auch sie die Pflanzen nicht vor dem Auswintern schützen.

Die typischen Annuellen für die zweite Pflanzform sind die Petunien (*Petunia*-Hybriden). Diese über den Kastenrand hinauswachsende Gattung ist wohl allgemein die beliebteste und meistverwendete Kastenpflanze. Die formen- und variantenreiche Petunie in ihren vielfältigsten, strahlenden Farbtönen bringt den ganzen Sommer über reichen Flor und erträgt von allen Balkonblumen am besten starke Sonneneinstrahlung; sie übersteht auch zeitweiliges Austrocknen und wenig Erde.

Eine zweite, dankbare einjährige Pflanze für den Balkon ist die Kapuzinerkresse (*Tropaeolum majus*). Für Balkonkästen eignen sich jedoch auch alle in Polstern wachsenden Sommerblumen.

Die dritte Gruppe, also die Kletterpflanzen, werden gern für Balkone und Terrassen verwendet, wo sie sich am Geländer oder an einem leichten Gitter hochwinden und eine lebende, grüne Wand bilden können. Die Prunkwinde (*Pharbitus purpurea*) etwa, die Feuer- oder Prunkbohne (*Phaseolus coccineus*) oder die Wohlriechende Wicke (*Lathyrus odoratus*) werden auch an Drahtzäunen und Pergolen ausgesät, denn sie wirken sehr dekorativ.

Die Auswahl für die nach Norden gehenden und schattigen Fenster und Balkone ist nicht sehr reich. Begonien (*Begonia*-Knollenbegonien-Hybriden), Balsaminen (*Impatiens balsamina*), Fleißiges Lieschen (*Impatiens-Walle-*

Kapuzinerkresse (*Tropaeolum majus*) erreicht eine Höhe von 2 m. Sie ist auf Beeten zu pflanzen oder bewächst Gartengitter, Geländer, Gartenlauben und Pergolen. In der Vase hält sie sich bis zu 10 Tage frisch (565) ▼

Unser Bild zeigt, daß verschiedene Pflanzenarten zur Belebung des Raumes unter Dächern geeignet sind. Einen festen Platz nehmen unter ihnen die Sommerblumen ein (566) ▼

Eine der schönsten Sommerblumen für die Bepflanzung von Fensterblumenkästen und Gefäßen ist die Petunie (*Petunia*-Hybriden). Es gibt sie in vielen Farbschattierungen. Weißblühende Sorten heben die Farbigkeit des Arrangements hervor oder bilden einen Kontrast zum dunklen Hintergrund (563)

Öffentliche Flächen werden den ganzen Sommer über mit Blumen — vor allem mit Sommerblumen — in Betongefäßen geschmückt (567)

*Das Federborstengras (*Pennisetum villosum*) ist im Spätsommer mit schönen federartigen Ähren geschmückt. Es steht einzeln oder ergänzt die Blumenaussaat. Für seine Entwicklung braucht es lockeren Boden und einen sonnigen Standort (569)*

riana-Hybriden) und Zwergwicken (*Lathyrus odoratus*) sind praktisch die einzigen für diese Standorte verfügbaren Sommerblumen.

Neben Balkonkästen eignen sich auch verschiedene Keramik- und Steingutgefäße zum Bepflanzen mit Annuellen. Sie nehmen sich auf Balkonen und Terrassen genauso gut aus wie in Atriumgärten, vor Hauseingängen und auf gepflegten Rasen. In größeren und tieferen Gefäßen wirken außer den beschriebenen Sommerblumen auch Fuchsschwanz (*Amaranthus caudatus*), Studentenblume (*Tagetes*) und Zier-Tabak (*Nicotiana alata*) sehr interessant. Ein Bepflanzungsvorschlag für diese Gefäße: in die Mitte eine

*Mähnengerste (*Hordeum jubatum*) hebt sich durch feines Farbenspiel hervor, besonders, wenn milder Wind ihre Halme in Bewegung setzt. Dieses Ziergras ist auch zum Schnitt für Blumengestecke mit frischen oder Trockenblumen geeignet. An einem nährstoffreichen und sonnigen Standort fühlt sie sich wohl (568)*

höhere, aufrechte Art pflanzen und um sie herum niedrige, über den Gefäßrand überhängende Pflanzen gruppieren.

Der Bepflanzung von Balkonkästen und -schalen muß intensivere Pflege zuteil werden als Beetanpflanzungen. Das wichtigste ist sehr häufiges und ausreichendes Gießen, denn in den nicht in den Boden eingesenkten Gefäßen, vor allem in Wandkästen, trocknet der Boden sehr schnell aus. Während der Wachstumsperiode muß mehrmals Garten-Volldünger gegeben werden, am besten mit dem Gießwasser. Man darf nicht vergessen, daß die Bodenmenge und damit auch die für die Pflanze verfügbaren Nährstoffe im Kasten oder im Topf beschränkt sind. Und auch wenn sie nur für eine einzige Vegetationsperiode bestimmt sind, danken diese Blumen sicher jede zusätzliche Nährstoffversorgung mit reicher Blüte. Der äußerste Termin für eine wirksame Düngergabe ist Mitte August.

Einjährige Ziergräser

Sommerblumenpflanzungen vertragen sich sehr gut mit einjährigen Ziergräsern, die vor allem durch ihre Blütenstände wirken. Da einige Gräser nach und nach erblühen und die Blütenstände dazu noch bis zur Samenreife ausdauern, können sie eine lange Zeit genutzt werden. Einjährige Ziergräser werden in Blumenbestände als verfeinerndes, auflockerndes Element eingegliedert, denn sie sind in der Farbe unauffällig, oft neutral und in ihrem Wuchs als Einkeimblättrige gegenüber dem Blütenbau und Habitus der Zweikeimblättrigen verschieden. Besonders geeignet sind sie für größere Flächen weniger regelmäßiger Formen. Sehr schön und interessant wirkt beispielsweise die Kombination größerer Gruppen von Federborstengras (*Pennisetum villosum*) und Eisenkraut (*Verbena bonariensis*). Weitere Schmuckgräser sind Straußgras (*Agrostis nebulosa*), Hasenschwanzgras (*Lagurus ovatus*), Hirse (*Panicum capillare*), Zittergras (*Briza maxima*), auch Hasenbrödle genannt, und Lamarckgras (*Lamarckia aurea*). Diese Gräser verschönen unsere Gärten nicht nur auf Blumenrabatten, sondern auch als Beipflanzungen in Step-

Hasenschwanzgras (Lagurus ovatus) ist ein interessantes Gartenelement, das in kleinen oder größeren Gruppen auf Beeten oder als Einfassung dekorativ wirkt. Trockene Blütenstände bewahren ihren Charakter bis zum Wintereinbruch (570)

Wolfsmilch (Euphorbia marginata) ist eine Zierpflanze mit weiß panaschierten Blättern. Sie erreicht eine Höhe von 80 cm und wird zwischen niedrige dunkelblühende Sommerblumen gepflanzt, kann aber auch einzeln stehen. Die Pflanze braucht lockeren, leichten Boden, Sonne und einen trockenen Standort (572)

penpartien oder als ergänzende Grünkomponente. Wie bereits erwähnt, eignen sie sich ausgezeichnet für den Schnitt, zum Binden von Sträußen und Blumenarrangements. Getrocknet schmücken sie die Wohnung in den blumenarmen Jahreszeiten.

Die Pflege der einjährigen Ziergräser ist sehr einfach und entspricht der der einjährigen Sommerblumen. Sie werden direkt an Ort und Stelle ausgesät oder im Saat- oder Frühbeet vorkultiviert und dann ausgepflanzt.

Einjahrsblumen mit Schmuckblättern und -früchten

Die letzte spezifische Gruppe der Einjährigen bilden die Gattungen, bei denen Laub und Fruchtstände Schmuckwert haben. Von den niedrigeren Formen gehören dazu Arten der Gattung Iresine. Sehr effektvoll sind auch die Gartenzypresse (*Kochia scoparia*) und Kosmee (*Cosmos bippinnatus*), bei denen dazu noch die Blüten als Zierde dienen. Einige Arten wirken noch vor dem Aufblühen durch ihre herrlichen Blätter Kamille-(*Matricaria maritima*), andere unterstützen die Wirkung der Blüten Eisenkraut (*Verbena bonariensis*) oder fesseln den Blick durch die Größe

Sommerzypresse (Kochia scoparia) kann während der Sommersaison die Gartenhecke ersetzen oder den grünen Hintergrund für buntblühende Sommerblumen bilden. Zur Geltung kommt sie auch einzeln, sie ist anspruchslos bezüglich des Bodens und der Lage (571)

Ein Blumengefäß mit blühenden Gewächsen belebt den Sommer über die Rasenfläche. Greiskraut (Senecio bicolor) bildet durch seine silberfarbenen Blätter einen wirkungsvollen Kontrast zu den farbenfrohen Pelargonien (573)

Die Kapkörbchen, Dimorphotheca sinuata 'Tetra Goliath', gedeihen auf Beeten, einzeln oder in Gruppen, in Steingärten und an Mauern. Die Blüten öffnen sich nur an sonnigen Tagen (574)

ihrer fast exotischen Blätter des Wunderbaums (Ricinus communis). Als Solitär wird die dunkelrot gefärbte, 2 Meter hohe Gartenmelde (Atriplex hortensis) gern angepflanzt. Wie vielfältig ist doch die Farbpalette, die uns die Buntnessel (Coleus-Blumei-Hybriden) durch ihre Blätter anbietet! Durch ihre silberne Färbung fällt auch die Gartenzinerarie (Senecio bicolor) auf.

Neben Blättern und Blüten lassen sich bei einer Reihe einjähriger Pflanzen auch die Fruchtstände, frisch und getrocknet, zu Dekorationszwecken verwenden. Die Kapseln der großen Mohnarten (Papaver), die Balgfrüchte des Schwarzkümmels (Nigella domascena), die abgeblühten Blütenstände der Skabiose (Scabiosa) und die wie Münzen in einer Traube wachsenden Früchte des Silberlings (Lunaria) regen unsere Phantasie an, wie wir sie — hauptsächlich getrocknet — so interessant wie möglich arrangieren könnten.

Aussaat, Pflanzen, Pflege

Sommerblumen anzuziehen ist recht arbeitsaufwendig, wenn man bedenkt, daß sie jedes Jahr neu ausgesät, vorkultiviert und gesetzt werden müssen. Meist läßt sich das ohne teure Ausrüstung tun; und das Teuerste daran, das Saatgut, ist billig und leicht zu bekommen. Die herangezogenen Jungpflanzen werden wertvoll durch die Arbeit, die wir ihnen gewidmet und die innere Beziehung, die wir zu ihnen gewonnen haben.

Aussaat direkt in das Beet

Die meisten Einjahrsblumen vermehren sich durch Samen. Am einfachsten und besten ist die Aussaat direkt an Ort und Stelle. Dafür kommen vor allem Arten in Frage, die wegen ihrer hohen Vermehrungsfähigkeit und des niedrigen Saatgut-Preises die Vorkultivierung nicht erforderlich machen oder sie wegen ihrer Pfahlwurzeln nicht vertragen. Ausgesät wird dünn in Nestern und auf die empfohlenen Abstände in gut gelockerten und geebneten Boden. Nach dem Auflaufen wird auf 2—3 Pflanzen im Horst vereinzelt. Die Saattiefe hängt von der Samengröße ab. Da jedoch die meisten Samen klein sind, wird flach gesät, Erde darüber gestreut und leicht angedrückt. Nach der Aussaat ist für ständige Feuchte zu sorgen. Sehr feine Samen werden nicht zugedeckt, sondern nur angedrückt. Der Aussaattermin richtet sich nach den Ansprüchen der einzelnen Arten an die Bodentemperatur, aber auch danach, wann der Gärtner den Blumenflor wünscht. Die Arten, die Maifröste vertragen, kommen schon in der ersten Aprilhälfte in den Boden, empfindlichere Arten, wie die Kapuzinerkresse, erst im Mai, und dann auch so, daß sie in der zweiten Maihälfte aufgehen. Einige Arten verhalten sich wie Wintergetreide. Herbstaussaat fördert ihre Entwicklung. Gesät werden soll so spät wie möglich, damit der Samen bis zum Winter noch keine Pflänzchen bildet. Um den Flor zu verlängern, kann bei einigen Arten vom zeitigen Frühjahr bis zu Sommerbeginn nachgesät werden, etwa in monatlichen Abständen. Durch Aussaat Anfang April, Mai und Juni läßt sich die Blüte bei Arten mit kurzer Vegetationsdauer wesentlich verlängern.

Direktaussaat in den offenen Boden an Ort und Stelle ist eine bis heute nicht ausreichend geschätzte Methode der Anzucht. Und doch bietet sie sich für Wochenendgärtner geradezu an, denn die Pflege von vorkultivierten Pflanzen ist für sie die Woche über problematisch. Zu den für diese Aussaat geeigneten Arten gehören sowohl niedrige Arten als auch Schnittblumen, beispielsweise die beliebte und anspruchslose Ringelblume (Calendula officinalis), die (Amberboa moschate) das Schleierkraut, auch als Brautschleier bekannt (Gypsophila elegans), die Wucherblume (Chrysanthemum carinatum) und der Feldrittersporn (Delphinium consolida).

Auch zum Kombinieren mit ausgepflanzten Arten kann die Direktaussaat gute Dienste leisten. Wenn beispielsweise Mitte April Levkojen auf das Beet gesetzt werden, läßt sich gleichzeitig Goldmohn dazwischen säen. Die Levkojen entfernt man nach dem Verblühen, also Anfang Juli, der Mohn jedoch blüht bis in den Herbst hinein, bis zur Aussaat der Winterannuellen. Auf diese Weise lassen sich alle Beete mit zwar sehr schönen, aber nur kurz im Flor stehenden Blumen gestalten.

Die Ursinie (Ursinia anethoides) gehört zu den frühesten Sommerblumenarten, die Blütezeit dauert etwa einen Monat, sie blüht ab Ende Juni. Die kurze Blütezeit ist der einzige Nachteil der Pflanze, die zum Schnitt geeignet ist (575)

Die Kaisernelke oder Heddewigsnelke (Dianthus chinensis) ist sehr dafür geeignet, »Farbtupfer« ins Beet zu setzen (576)

Vorkultivieren der Einjahrsblumen

Bei allen Arten, deren Sämlinge empfindlicher sind oder die einen längeren Wachstumszyklus haben, werden die Jungpflanzen an geschützter und warmer Stelle, etwa im Gewächshaus, im Frühbeet oder vielleicht auch zu Hause auf dem Fensterbrett, herangezogen und erst dann im Freien ausgesetzt, wenn die Zeit für sie günstig ist. Die Saatgefäße, wie Handkästen, Schalen oder Töpfe, müssen vorher gut gesäubert werden. Bei feinen, sehr empfindlichen Gattungen, etwa der Begonie (Begonia-Semperflorens-Hybriden) oder die Lobelie (Lobelia erinus) empfiehlt es sich, neue oder mindestens sterilisierte Saatgefäße zu verwenden. Die für die Aussaat verwendete Erde soll gut gesiebt, leicht und wenn möglich gedämpft sein. Der Aussaattermin ist den Pflegeterminen der einzelnen Arten anzupassen.

Der Samen wird nur dünn ausgestreut und dann leicht mit Erde bedeckt, am besten mit Flußsand. Die jungen Pflänzchen pikiert man, sobald sich das erste Laubblattpaar entwickelt hat, am besten in Erdpreßtöpfe oder Torfmulltöpfchen. In diesem Substrat entwickeln die Sämlinge dann bis zum Auspflanzen im Freien einen dichten Wurzelballen und wurzeln gut an.

Falls die Sämlinge zu schwach sind und bei allen Versuchen, dünn zu säen, im Saatkasten zu dicht stehen, muß zweimal pikiert werden. Das erste Mal setzt man sie eigentlich nur auf größere Abstände, damit sie sich besser entwickeln können. Man kann sie auch in kleinere Horste pflanzen, und erst wenn sie größer und kräftiger sind, setzt man einzeln. Die meisten Arten brauchen als optimale Auflauf- und Wachstumstemperatur etwa 18°C. Wichtig ist ausreichend Licht, das es in diesen Vorfrühlingstagen nicht gerade in Überfluß gibt, damit sie nicht »vergeilen« und anfällig gegenüber Krankheiten werden. Am häufigsten bekommen die Keimlinge »schwarze Beine« und fallen um. Die ausgesäten Samen sollen gut gegossen werden, die Erde darf weder austrocknen noch zu naß gehalten werden.

Die Aussaatzeit und mit ihr die zur Vorkultivierung benötigte Zeit unterscheidet sich sehr und richtet sich nach der Auflaufdauer und der Wachstumswilligkeit der einzelnen Arten. Am frühesten kommt der Begoniensamen in die Erde (im Januar), denn er braucht lange und die Pflanzen müssen schon fertig sein, wenn sie ins Freie gebracht werden. Verbenen, die etwa vierzehn Tage zum Keimen und Auflaufen brauchen, werden im Februar gesät. Beide Gattungen kommen nicht vor der zweiten Maihälfte aufs Beet, also nach den »Eisheiligen«, denn sie vertragen auch nicht den leichtesten Frost. Tagetes hingegen, die genauso frostempfindlich sind und mit den genannten Arten ausgepflanzt werden, brauchen von der Aussaat bis zur Blüte nur 5 Wochen. Die Jungpflanzen der Levkoje müssen schon Mitte April zum Aussetzen fertig sein, denn spätere Pflanzungen bilden kleinere und ärmere Blütenstände. Das setzt Februaraussaat voraus.

Während im Januar und Februar nur ins Gewächshaus gesät wird, kann die Märzaussaat schon ins warme Frühbeet erfolgen. Man sät in Reihen oder breitwürfig, in allen Fällen jedoch so dünn wie möglich. Wenn die Keimlinge genügend Platz zur Entwicklung kräftiger Jungpflanzen haben, kann man sich das Pikieren sparen und direkt aufs Beet pflanzen. Den Setzlingen muß man jedoch größere Pflege angedeihen lassen, denn sie sind doch meist etwas schwächer. Gewächshaus- und Frühbeetkulturen härtet man ab, indem man sie durch zunehmendes Lüften an die Außentemperaturen gewöhnt. Auch sog. abgehärtete Arten darf man nicht ohne Übergang aus dem Gewächshaus direkt ins Freie bringen, denn im Gewächshaus sinken die Temperaturen selten unter 10°C, draußen können sie sich dagegen besonders in den Nächten um 0°C bewegen. Zweijährige sät man von Mai bis Juli ins Kaltbeet oder auf ein gut vorbereitetes, feinerdiges Saatbeet und deckt mit einer höheren Erdschicht ab (etwa 1 cm), die die Samen leichter feucht zu halten vermag. Licht und Wärme gibt es gewöhnlich zu dieser Jahreszeit mehr als genug, so daß sich Beschattung empfiehlt. Dem aufgehenden Samen und den Sämlingen sollte besondere Pflege zuteil werden, bei höheren Sommertemperaturen wird zweimal täglich (früh und abends) leicht gegossen.

Die Winde (Convolvulus tricolor) ist eine etwa 30 cm hohe Pflanze, die sich auf Beeten stark ausbreitet. Ihre Blütezeit dauert von Juni bis Ende August. Die Blüten öffnen sich früh am Morgen und schließen sich nachmittags wieder (577)

Auspflanzen der Einjahrsblumen

Der Pflanztermin ist bei den Einjährigen nicht so sehr an spezifische Anforderungen gebunden, wie das bei der Aussaat der Fall ist. Sie lassen sich etwa in zwei Gruppen einteilen: in Arten, deren Jungpflanzen Temperaturen um Null Grad und darunter, wie sie Mitte Mai auftreten, überstehen und bereits in der zweiten Aprilhälfte auf das Beet gesetzt werden können, und Arten, deren Setzlinge auch nicht den geringsten Bodenfrost ertragen und deshalb nicht früher als gegen Ende Mai ins Freie dürfen. Den Pflanztermin passen wir jedoch manchmal auch unseren eigenen Bedürfnissen an; sei es, daß wir warten müssen, bis das Beet frei ist (wenn sich die Frühkulturen verspäten und gerade im besten Flor stehen) oder daß wir durch Folgepflanzung die Blütezeit verlängern möchten.

Das zum Bepflanzen mit Einjährigen Blumen vorgesehene Beet muß gut gelockert werden, einmal, um den Pflanzen außer Wasser auch ausreichend Sauerstoff zuzuführen, zum anderen wegen der eigentlichen Anforderungen an die Pflanztechnik. Die Setzlinge müssen so tief in den Boden kommen, daß ihre Wurzelballen zumindest völlig mit Erde bedeckt sind. »Vergeilte« (etiolierte) Pflanzen sollen sogar noch tiefer stehen. Der Pflanzabstand richtet sich nach der Größe der ausgewachsenen Pflanze.

Die Winterannuellen setzt man Ende August bis Ende September aufs Beet, damit sie bis zum Winter gut anwurzeln können. Nach dem Auspflanzen wird nach Bedarf mehrmals gegossen und bevor die Fröste kommen, besonders vor dem ersten Schnee, mit Fichtenzweigen zugedeckt.

Pflege der Bestände

Die laufende Pflege der bepflanzten Fläche besteht in ausreichendem Gießen bis zu Beginn des Flors. In den warmen Sommermonaten gießt man lieber früh morgens oder am Abend, weil einige Arten kein kaltes Wasser vertragen, wenn ihr Gewebe erhitzt ist, und dann leicht absterben.

Falls sich nach dem ausgiebigen Gießen oder nach einem Regenguß auf dem Beet eine Erdkruste bildet, soll baldmöglichst gehackt werden, um der Luft Zutritt zu den Wurzeln zu verschaffen. Während des Sommers ist der Boden unkrautfrei zu halten.

Anorganischen Dünger führt man der Pflanze am besten in Form von Mischdünger zu (während des Flors sind Phosphor und Kalium am wichtigsten). Ungefähr 14 Tage vor der Aussaat oder dem Bepflanzen wird die erste Gabe in der der Zusammensetzung des Düngers entsprechenden Menge ausgebracht. Nach dem Verziehen oder dem Pflanzen wird der Nährstoffhaushalt durch etwa die Hälfte der ersten Düngergabe aufgebessert. Organische Dünger dürfen nur als gut zersetzter Kompost gegeben werden. Kompost verbessert dazu noch die Bodenstruktur, besonders die schwereren Lehmböden. Stalldung vertragen nur wenige Arten (meist aus der Familie der Kreuzblütengewächse); für die meisten einjährigen Pflanzen ist es nicht gut, manche vertragen ihn überhaupt nicht. In ihrer überwiegenden Mehrheit sind Sommerblumen kalkliebend und gedeihen am besten in neutralen Böden.

Einjahrsblumen lassen sich gewöhnlich mehrere Jahre hintereinander an der gleichen Stelle pflanzen, ausgenommen alle Erbsenarten, also auch die Duftwicke, die an ihrem Vorjahresstandort schlecht aufgeht und noch schlechter wächst.

Sommerblumen auf nicht eingezäunten Grundstücken sind bei Hasen und Wildkaninchen beliebt. Aber nicht alle Arten erfreuen sich des gleichen Zuspruchs. Am liebsten werden Garten- und Kaisernelke, Kochie, hoch wachsende Tagetes, Gazanie und Verbene angeknabbert. Wenn wir unsere Sommerblumen im Flor sehen wollen, müssen wir rechtzeitig einzäunen.

Vermehrung

Vegetative Vermehrung

Die vegetative Vermehrung ist bei Sommerblumen nur selten üblich. Früher wurde sie bei den sog. Polsterblumen praktiziert, nicht nur bei denen, die der Schmuckblätter wegen beliebt waren, sondern auch bei einigen blühenden Arten. Vegetative Vermehrung gewährleistet Sortenecht-

Die Flammenblume Phlox drummondii 'Cuspidata' *erreicht eine Höhe von 25 cm und wird in Kombination mit anderen niedrigen Arten oder für sich gepflanzt. Die Pflanze ist geeignet für Steingärten und Gartenmauern, sie ist anspruchslos und verträgt langanhaltende Dürre besser als Nässe und Regenwetter (578)*

Löwenmäulchen (Antirrhinum majus) *gibt es in vielen verschiedenfarbigen Sorten, die sich in der Sommerbepflanzung wirkungsvoll einsetzen lassen. Höhere Sorten sind besser zum Schnitt geeignet als niedrige. Die Blütezeit dauert von Mitte Juni bis Mitte August (579)*

Die Blüten der Zinnien (Zinnia elegans) sind in allen Farbschattierungen zu finden, außer in Blau. Wir unterscheiden nach der Form ihres Blütenstandes folgende Gruppen: »Dahlienblütige« (im Bild), »Kaktuszinnien« und »Liliput-« oder »Skabiosenblütige« (580)

heit, das völlig übereinstimmende Aussehen mit der Mutterpflanze, eine Eigenschaft, die besonders für ornamentale Bepflanzungen von Bedeutung ist. Uns stehen jedoch heute so veredelte Kultivare zur Verfügung, daß auch ihre aus Samen gezogene Nachkommenschaft sehr einheitlich ist. Deshalb ist die viel arbeitsaufwendigere vegetative Vermehrung (fast ausschließlich durch grüne Stecklinge) nur noch bei Arten notwendig, die wegen ihrer schönen Blätter gezogen werden, also nicht blühen.

Während des Sommers werden die Mutterpflanzen ausgewählt, im August die grünen Kopfstecklinge geschnitten und in Vermehrungskästen oder Torfmulltöpfe gesteckt. Das Substrat muß leicht und fein gesiebt sein, empfohlen wird eine Mischung aus 2 Teilen Kompost und 1 Teil Sand. Die Handkisten werden im Frühbeet, im sog. Sommervermehrungsbeet, aufgestellt, beschattet, angemessen feucht gehalten und wenn nötig, gelüftet. Sobald sie angewurzelt sind, wird die Schattengabe verringert und durch Lüften abgehärtet. Zuletzt werden Beetfenster und Matten völlig entfernt. Dann werden die bewurzelten Pflanzen im Gewächshaus so nahe wie möglich am Glas aufgestellt, damit sie nicht überständig werden. Man hält leicht feucht und läßt überwintern. Im Februar kommen die Stecklinge auf ein warmes Vermehrungsbeet, wo sie schnell austreiben. Bis Mitte März werden Stengel als Triebstecklinge geschnitten und so hergerichtet, daß jeder Steckling 2—3 voll ausgebildete Blattpaare hat. Sie kommen auf dem warmen Vermehrungsbeet in eine Mischung aus Torfmull und Sand. Hohe Temperaturen (etwa 25°C) und hohe Luftfeuchtigkeit unterstützen die Wurzelbildung. Bis sie Wurzeln machen, werden die Stecklinge mit Glas abgedeckt und mit einer Zeitung beschattet. In diesem günstigen Mikroklima sind sie nach 14 Tagen angewurzelt. Dann werden sie eingetopft oder direkt in sandige Frühbeeterde ins warme Frühbeet gesetzt und wie Sämlinge gepflegt.

Vermehrung aus Samen

Sommerblumensamen ist billig und ohne weiteres zu haben. Am besten man kauft ihn in Spezialgeschäften, die sortenreines Saatgut mit garantierter Keimfähigkeit in ansprechender Verpackung mit einer kurzen Beschreibung der Pflegemaßnahmen verkaufen. Wer von seinen im Garten wachsenden Arten und Sorten Samen gewinnen will, muß vor allem wissen, ob es sich bei der Art, deren Samen aufbewahrt werden soll, um Selbst- oder Fremdbestäuber handelt.

Von den selbstbestäubenden Pflanzen, also denen, die sich durch eigene Pollen bestäuben, erhalten wir sortenreine, der Mutterpflanze gleichende Nachkommen. Fremdbestäubende Gattungen benötigen zur Bestäubung den Blütenstaub anderer Pflanzen. Die Vaterpflanze kann beispielsweise zu einer anderen Sorte gehören als die Mutterpflanze (etwa aus dem Nachbargarten), so daß sich die Nachkommenschaft vom Bestand der ausgewählten Mutterpflanze erheblich unterscheiden kann. Wenn wir Samen von einer fremdbestäubenden Art selbst ziehen möchten, dürfen sich in unserem Garten oder in dem des Nachbarn nur Exemplare der Mutterpflanzen und gewünschten Pollenspendersorte befinden. Oder die Mutterpflanze ist zu isolieren und von Hand mit dem gewünschten Pollen zu bestäuben.

Eine Auswahl von Einjahrsblumen

Art	Höhe (cm)	Aussaat-termin	Pflanz-termin	Pflanz-abstand (cm)	Blütenfarbe	Blütezeit	Standortansprüche	
							Licht	Boden
Abronia umbellata Abronie	10-20	II-III	V	30-40	rosaviolett	VII-VIII	○	leicht
Adlumia fungosa Adlumie	400	VIII	V	50	rotweiß	VII-IX	◐	leicht, schwer
Adonis aestivalis Sommer-Teufelsauge	30-50	III-IV		15	rot, gelb	V-VII	○	leicht, schwer
Adonis annua Herbstfeuerröschen	10-30	IX-X		15	rot	V/VI-VII	○	leicht, schwer
Ageratum houstonianum Leberbalsam	25-35	I-II	V	20-30	blauviolett	VI-X	○	leicht
Agrostis nebulosa Straußgras	30-50	IV	V	30		VII-IX	○◐	leicht, schwer
Alcea rosea Stockmalve	100-250	VI	IX	70-100	rot, rosa, weiß, gelb	VI-IX	○◐	schwer
Alonsoa acutifolia Alonsoe	60-75	III	V	30-40	rot	VII-X	○	leicht
Amaranthus caudatus Garten-Fuchsschwanz	60-100	III-V	V	40-50	rot, weißgrün	VII-X	○	leicht, schwer
Amaranthus tricolor Fuchsschwanz	80-100		V	50-60	weißgrün	VII-IX	○	leicht, schwer
Amberboa moschata Imperialis-Gruppe	90-120	IV		40	weiß, rot, violett	VI-X	○	leicht, schwer
Amberboa moschata-Sorten	60-90	IV		40	gelb, weiß	VII-X	○	leicht, schwer
Ammobium alatum Papierknöpfchen	50-80	IV	V	20-25	weiß	VII-VIII	○	leicht, schwer
Anagallis monelli ssp. *linifolia* Gauchheil	40	III-IV		30	blau	VI-X	○	schwer
Anchusa capensis-Sorten Ochsenzunge	40-50	III	V	20-30	blautrotweiß, blau	VII-VIII	○	leicht
Antirrhinum majus-Sorten Löwenmaul	30-100	II-III	IV-V	30	weiß, rot, rosa, gelb	VI-IX	○	leicht, schwer
Arctotis breviscapa Bärenohr	10-15	III	V	15	orangegelb	VII-IX	○	leicht
Arctotis venusta Bärenohr	60-100	III-IV	V	40	weißblau-violett	VIII-X	○	leicht
Arctotis venusta Bärenohr	50-70	III	V	40	blauviolett-gelbweiß	VI-XI	○	leicht
Artemisia gmelinii Beifuß	100-200	III-IV	V	60-90	weißviolett	VIII-IX	○	leicht, schwer
Asperula orientalis Waldmeister	20	IV		20	blau	VII-IX	○	leicht, schwer
Begonia-Semperflorens-Hybriden Begonie, Schiefblatt	12-25	I	V-VI	20-30	weiß, rosa, rot	VI-X	○	leicht, schwer
Bellis perennis-Sorten Tausendschön, Gänseblümchen	10-15	VI-VII	IX	20-30	weiß, rosa, rot	IV-VII	○	leicht, schwer
Brachycome iberidifolia-Sorten Kurzschopf	25-30	III-IV	V	30	blau, rosa, weißrosa	VII-IX	○	leicht, schwer
Briza maxima Zittergras	40-50	IV		20	grün	VI-VIII	○◐	leicht, schwer
Bromus briziformis Trespe	40-50	IV		20	grün	VI-VIII	○	leicht, schwer
Browallia grandiflora Browallie	40-50	III	V	20-40	weiß, blau	VI-IX	○	leicht
Calendula officinalis-Sorten Ringelblume	30-50	IV		40	gelb, orange	VI-IX	○	leicht, schwer
Callistephus chinensis-Sorten Sommeraster	25-80	III-IV	V	30-40	weiß, rosa, rot, gelb, violett, blau	VII-X	○	leicht, schwer
Campanula medium-Sorten Marienglockenblume	50-90	IV	IX	50	weiß, rosa, violett, blau	VI-VII	○◐	leicht, schwer
Celosia argentea-Sorten Federbuschcelosie, Hahnenkamm	20-90	III	V-VI	20-30	rot, gelb, violett, rosa, rot-violett	VII-IX	○	leicht, schwer
Centaurea americana-Sorten Flockenblume	100-200	III-IV	V	40	violett, rosa, rot, weiß	VII-VIII	○	leicht, schwer
Centaurea cyanus-Sorten Kornblume	20-50	III-IV	V	30	blau, weiß, rosa, rot	VII-VIII	○	leicht, schwer
Cheiranthus cheiri-Sorten Goldlack	25-50	VI	IX	30	graungelb, rotgelb, rotbraun, gelborange	V-VI	○	leicht, schwer
Chrysanthemum carinatum-Sorten, Wucherblume	40-80	IV	V	40	weißgelb, rot, orangerot,	VI-IX	○	leicht, schwer
Chrysanthemum parthenium-Sorten, Goldkamille	20-30	IV	IV-V	20-30	weiß, gelb	VII-VIII	○◐	leicht, schwer
Chrysanthemum segetum-Sorten, Wucherblume	30-60	IV		40	gelb	VII-IX	○	leicht, schwer
Clarkia unguiculata-Sorten Mandelröschen	50-60	IV-V	V	40	weiß, rosa, rot	VII-VIII	○	leicht, schwer
Cleome spinosa Spinnenpflanze	80-100	III-IV	V	50	weiß, violett, rot, rosa	VII-IX	○	leicht, schwer
Cobaea scandens Glockenrebe	300-500	III	V	20	violett, rot, blau	VII-X	○◐	leicht, schwer
Coleus-Blumei-Hybriden Buntnessel, Blumennessel	25-50	I-V	V	30	blauweiß	VI-VIII	○	leicht, schwer

Eine Auswahl von Einjahrsblumen

Art	Höhe (cm)	Aussaat-termin	Pflanz-termin	Pflanz-abstand (cm)	Blütenfarbe	Blütezeit	Standortansprüche	
							Licht	Boden
Convolvulus tricolor-Sorten Winde	20–40	IV–V		50	blau, weiß, weißrosablau, rot, weißblaugelb	VI–IX	○	leicht, schwer
Coreopsis basalis-Sorten Mädchenauge	25–60	III–IV	V	40	gelbbraun	VII–IX	○	leicht, schwer
Cosmos bipinnatus-Sorten Schmuckkörbchen Kosmee	90	IV	V	40–50	weiß, rosa, rot, rotviolett	VII–X	○	leicht, schwer
Cosmos-Hybriden Kosmee	100–150	IV	V	40	rosarot, orangeweiß, rosa, weiß	VII–X	○	leicht, schwer
Cosmos sulphureus Kosmee	50–60	IV	V	40–50	orange, gelb, rot	VII–IX	○	leicht
Crepis rubra Roter Pippau	10–45	III–IV	V		rosa mit dunklerer Mitte	VI–VII	○	leicht
Cucurbita pepo Gartenkürbis, Zierkürbis	300 Rankenlänge	IV–V	V	80	gelb	VII	○◐	leicht
Dahlia-Hybriden Dahlie	25–45	II–IV	V	40	weiß, rosa, rot, gelb, orange	VII–XI	○	leicht, schwer
Delphinium consolida-Sorten Ackerrittersporn	30–100	IV X–XI		10–15	weiß, rot, blau, rosalila, blaulila	VI–VIII	○	leicht, schwer
Dianthus caryophyllus-Sorten Gartennelke	40–70	II	V	30	weiß, rosa, rot, violett	VI–IX	○	leicht, schwer
Dianthus chinensis-Sorten Sommernelken	15–25	I–III	IV	30	weiß, rosa, rot	VI–IX	○	leicht, schwer
Didiscus caeruleus Blaudolde	30–60	III	V	30	blau	VII–IX	○	leicht, schwer
Digitalis ferruginea Fingerhut	100–150	VI	VIII/IX	40–50	gelb, gelbbraun, gelbrot	VII–VIII	○	leicht, schwer
Digitalis lanata Fingerhut	60–80	VI	VIII/IX	40–50	weiß, weißgelb	VII–VIII	○	leicht, schwer
Digitalis purpurea Roter Fingerhut	60–120	VI	VIII/IX	40–50	rosa, rot, hellpurpur	VII–VIII	○◐	leicht, schwer
Dimorphotheca sinuata-Sorten Kap-Ringelblume	20–40	IV/V		30	weiß, gelb, orange, orange-braun	VII–VIII	○	leicht, schwer
Dorotheanthus bellidiformis Mittagsblume	8–10	III–IV	V	20–25	weiß, gelb, rot, rosa, violett	VI–VIII	○	leicht
Dracocephalum moldavica Drachenkopf	30–50	III	V	25	violett, blaßblau	VII–VIII	○	leicht, schwer
Eccremocarpus scaber-Sorten Schönranke	400–500	II/III	V	75	orange, rot, gelb, rosa	VI–XI	○	leicht, schwer
Echium plantagineum-Sorten Natternkopf	30–50	IV	V	20–30	lilarot, weiß, blau	VI–VIII	○	leicht, schwer
Eschscholzia californica-Sorten, Goldmohn, Schlafmützchen	30–60	IV		30	orange, rot, gelb	VI–X	○	leicht, schwer
Euphorbia marginata Wolfsmilch, Schnee-auf-dem-Berge	60–80	III–V	V	40	grüngelb	VII–VIII	○	leicht, schwer
Gaillardia pulchella Kokardenblume	30–50	III–IV	V	40	gelbrot	VI–IX	○	leicht, schwer
Gamolepis tagetes Gamolepis	15–25	III/V	V	15	gelb, orange	VI–VIII	○	leicht, schwer
Gazania longiscapa Gazanie	15–20	III	V	25–30	gelbbraunweiß	VI–VIII	○	leicht, schwer
Gazania rigens Gazanie	15–50	III	V	30	orange, gelb	VI–VIII	○	leicht, schwer
Gilia capitata-Sorten Gilie	50–80	IV	V	15	blau, weiß	VII	○	leicht, schwer
Godetia grandiflora Godetie, Atlasblume	25–40	III–IV	V	30	weiß, rosa, rot, orange mit dunklem oder gelbem Fleck	VI–IX	○	leicht, schwer
Gypsophila elegans-Sorten Schleierkraut	30–50	III–IV		40	weiß, rosa	VII	○	leicht, schwer
Gypsophila muralis Schleierkraut	5–15	IV		30	hellpurpur	VII–VIII	○	leicht, schwer
Helianthus agrophyllus Sonnenblume	100–150	IV	V	40–70	gelb	VIII–X	○	leicht, schwer
Helianthus annuus-Sorten Sonnenblume	100–200	IV	V	40–70	gelb, braunrot	VII–X	○	leicht, schwer
Helichrysum bracteatum-Sorten Strohblume	40–100	III–IV	V	20–25	weiß, rosa, rot, rotviolett, braun	VII–IX	○	leicht, schwer
Helipterum roseum-Sorten Sonnenflügel	30–50	III–IV	V	30	weiß, rosa, mit gelber oder schwarzer Mitte	VII–IX	○	leicht, schwer
Hibiscus trionum Stundeneibisch	30–60	III–IV	V	30–80	gelb mit purpurnen Flecken	VII–IX	○	leicht, schwer
Hordeum jubatum Mähnengerste	60–80	IV–V		20–30	grünweiß	VI–VIII	○	leicht, schwer
Humulus scandens Japanischer Hopfen	200–400	II–III	V	100	grün	VII–VIII	○◐	leicht, schwer
Iberis amara Schleifenblume	20–40	III–IV	IV	10–15	weiß	VI–VIII	○	leicht, schwer
Iberis umbellata-Sorten Schleifenblume	15–40	III–IV	IV	30	violett, rot, weiß, rosa	VI–VIII	○	leicht, schwer
Impatiens balsamina-Sorten Gartenbalsamine	20–60	III	V	20	weiß, rosa, rot, violett	VI–IX	○◐	leicht, schwer
Impatiens walleriana-Sorten Fleißiges Lieschen	25–40	IV	V	20–30	rot, rosa, weiß	VII–VIII	○◐●	leicht, schwer

Eine Auswahl von Einjahrsblumen

Art	Höhe (cm)	Aussaat-termin	Pflanz-termin	Pflanz-abstand (cm)	Blütenfarbe	Blütezeit	Standortansprüche Licht	Boden
Ipomoea tricolor-Sorten Prunkwinde	200–300	II–IV	V	30–40	weiß, blau, rot, rotweiß, blauweiß	VII–X	○	leicht, schwer
Kochia scoparia 'Trichophylla' Besenkraut	80–100	III–IV	V	50	—		○	leicht, schwer
Lagurus ovatus Hasenschwanzgras, Sammetgras	30–40	III–IV		20–30	—	VI–VIII	○	leicht, schwer
Lamarckia aurea Lamarckie	20–30	IV		10	grüngelb	VIII	○	leicht
Lathyrus odoratus-Sorten Wohlriechende Wicke	100–150	III–IV	IV–V	10	weiß, rosa, rot, violett	VI–IX	○	leicht, schwer
Lavatera trimestris-Sorten	60–100	IV		50	rosa, weiß	VII–IX	○◑	leicht, schwer
Limnanthes douglasii Sumpfblume	10–15	IV	V	15–20	gelbweiß	VI–VIII	○	leicht, schwer
Limonium bonduellei Widerstoß, Meerlavendel	40–50	III	V	25–30	gelb	VIII–X	○	leicht, schwer
Limonium sinuatum-Sorten Widerstoß, Meerlavendel	40–60	III	V	40	blau, weiß, rosa	VII–IX	○	leicht, schwer
Limonium suworowii Widerstoß, Meerlavendel	40–60	III	V	30	rosarot	VII–IX	○	leicht, schwer
Linaria heterophylla Leinkraut	60–90	IV–V		15–20	gelb, orangegelbroter Streifen	VII–VIII	○	leicht
Linaria incarnata Leinkraut	20–30	IV		20	verschieden	VI–VII	○	leicht
Linaria reticulata-Sorten Leinkraut	40–60	IV–V		20	rot, rotgelb	VII–VIII	○	leicht
Linum grandiflorum-Sorten Leinkraut	20–40	IV		30	rot, grün	VII–XI	○	leicht, schwer
Lobelia erinus-Sorten Lobelie	10–20	II–III	V	20	weiß, blau, violett, rosa	VII–IX	○	leicht, schwer
Lobularia maritima-Sorten Duftsteinrich	10–40	III–IV	V	30	weiß, violett	VI–XI	○	leicht, schwer
Lonas annua Lonas	30–60	III–IV	V	40	gelb	VIII–X	○	leicht, schwer
Lunaria annua Judassilberling	30–100	IV	IX	30	purpurrot, weiß	V–VI	○◑	leicht, schwer
Lupinus-Einjährige Hybriden Lupine	50–150	IV		20–40	weiß, rosa, gelb, rot	VII–IIX	○	leicht, schwer
Lupinus hartwegii Lupine	50–75	IV		30	weiß, violettrosa, violett	VII–X	○	leicht, schwer
Lupinus luteus Gelbe Lupine	30–80	IV		20–40	gelb	VI–IX	○	leicht, schwer
Malope trifida Malope	80–100	IV		50	weiß, rosa, rot	VII–X	○	leicht, schwer
Malva verticillata Krause Malve	150–200	IV		60–80	weißlich unscheinbar	VII–IX	○	leicht, schwer
Matricaria maritima Strandkamille	30–40	III–IV	V	30	weiß	VI–VIII	○	leicht, schwer
Matthiola incana-Sorten Levkoje	20–60	II–III	IV	20–30	gelb, weiß, rosa, rotviolett	V–VIII	○	leicht, schwer
Meconopsis sinuata Scheinmohn	30–60	IV	V	30	blau	VII–VIII	◑	leicht, schwer
Mesembryanthemum cristallinum Eiskraut	6–8	IV	V	10	weiß, gelb, rosa	VII–VIII	○	leicht, schwer
Mimulus-Hybriden Gauklerblume	30–70	IV	V	30	rosa-weiß, rot, rosa	V–VIII	○◑	leicht, schwer
Mimulus luteus-Sorten Gauklerblume	20–60	III–IV	V	30	braungelb, gelb, gelbrot	V–VIII	◑	leicht, schwer
Mirabilis jalapa Wunderblume	60–100	IV–V	V	50	weiß, gelb, rot, weißgelb, gelbrot	VI–X	○	leicht, schwer
Myosotis alpestris-Sorten Vergißmeinnicht	20–35	VI	IX	20–30	weiß, rosa, blau	IV–VIII	○◑	leicht
Myosotis-Hybriden Vergißmeinnicht	20–35	VI	IX	20–30	blauweiß	IV–IX	○◑	leicht
Myosotis sylvatica-Sorten Vergißmeinnicht	15–30	V–VI	IX	30	blau, rosa, weiß	IV–IX	○◑	leicht
Nemesia strumosa-Sorten Nemesie	25–60	III–IV	V	20	weiß, gelb, orange, blau	VI–IX	○	leicht, schwer
Nemesia versicolor Nemesie	35–50	III	V	15–20	weiß, rot, blau, violett	VII–VIII	○	leicht, schwer
Nicotiana alata-Sorten Tabak	80–150	III–IV	V	50	grünweiß, weiß, rosa	VII–IX	○	leicht, schwer
Nierembergia hippomanica Nierembergie	7–15	III	V	20	violett	VII–IX	○	leicht
Nigella damascena-Sorten Braut in Haaren, Jungfer im Grünen	40–50	IV		30	blau, weiß	VI–IX	○	leicht, schwer
Oenothera drummondii Nachtkerze	50–60	III	V	25–40	gelb	VII–VIII	○	leicht, schwer
Oenothera rosea Nachtkerze	10–20	III	V	20	rosaweiß	VII–VIII	○	leicht, schwer
Oenothera speciosa Nachtkerze	30–70	III	V	25–40	weiß	VII–VIII	○	leicht, schwer
Oxalis rosea-Sorten Sauerklee	20–40	III–IV	V	10	rosarot, weiß	VII–VIII	○◑	leicht, schwer

Eine Auswahl von Einjahrsblumen

Art	Höhe (cm)	Aussaat-termin	Pflanz-termin	Pflanz-abstand (cm)	Blütenfarbe	Blütezeit	Standortansprüche Licht	Boden
Panicum capillare Hirse	30–60	IV		40	gelbgrün	VII–IX	O	leicht
Papaver glaucum Tulpenmohn	40–50	IV		20–30	rot mit schwarzer Mitte	VI–VIII	O	leicht, schwer
Papaver rhoeas-Sorten Klatschmohn	30–60	IV		20	weiß, rosa, rot	V–X	O	leicht, schwer
Papaver somniferum-Sorten Schlafmohn	30–120	IV		20	weiß, rosa, rot	VI–VIII	O	leicht, schwer
Pennisetum villosum Federborstengras	50–70	IV		40	grün	VIII–X	O	leicht, schwer
Penstemon-Hybriden Bartfaden	30–80	I–II	IV	40	rosa, rot, blau, violett	VII–X	O	leicht, schwer
Petunia-Hybriden Petunie	25–50	II–III	V	20–30	weiß, rosa, gelb, rot, violett	VI–XI	O	leicht, schwer
Phacelia campanularia-Sorten Phazelie	15–30	IV		20–30	blau, weiß	VII–IX	O	leicht
Phacelia tanacetifolia-Sorten Phazelie	–70	IV		20–30	blau-blaugrau	VI–VIII	O	leicht
Phaseolus oceineus-Sorten	100–250	IV–V	V	20	rot, rotlila, rotweiß	VI–VII	O	leicht, schwer
Phlox drummondii-Sorten Flammenblume	10–50	II–III	IV	20–30	rot, rosa, gelb, weiß	VII–IX	O	leicht, schwer
Polygonum orientale-Sorten Orientknötchen	40–100	IV	V	40	rosa, gelb, weiß	VII–X	OO	schwer
Portulaca grandiflora-Sorten Portulak	4–6	III	V	30	rosa, weiß, gelb, rot	VI–VIII	O	leicht
Quamoclit coccinea-Sorten Sternwinde	300–500	IV–V	V	50	orangegelb, gelbrot, gelb	VII–X	O	leicht, schwer
Reseda odorata-Sorten Gartenreseda	15–40	IV		30	rot, weiß, gelb	VI–VII	OO	leicht, schwer
Ricinus communis Wunderbaum	75–300	III–IV	V	50–80	grün	VIII–X	O	leicht, schwer
Rudbeckia hirta-Sorten Rudbeckie	30–50	III–IV	V	25–30	gelb mit dunkler Mitte	VII–IX	O	leicht, schwer
Salpiglossis sinuata-Sorten Trompetenzunge	40–100	III–IV	V	30	gelbweiß, gelb, violettrosa	VI–IIX	O	leicht, schwer
Salvia farinacea Salbei	60–80	II	V	40	blau	V–X	O	leicht, schwer
Salvia splendens-Sorten Salbei	20–40	II	V	30	rot, weiß, rosa	V–XI	O	leicht
Salvia viridis-Sorten Salbei	30–60	II	V	50	weiß, rot, violett	VI–VIII	O	leicht
Sanvitalia procumbens Sanvitalie	10–15	III	V	30	gelb mit purpurroter Mitte	VII–IX	O	leicht, schwer
Saponaria calabrica Seifenkraut	15–30	III	V	10	rosarot, rot, weiß	VIII–IX	O	leicht, schwer
Satureja hortensis Kölle, Bohnenkraut	10–20	IV		10	weißlila	VII–X	O	leicht, schwer
Saxifraga cymbalaria Steinbrech	10	IV		10	orangegelb	V–VIII	◐	leicht, schwer
Scabiosa atropurpurea-Sorten Purpur-Skabiose	50–90	III–IV	V	30	weiß, rot, rosa, blau	VII–X	O	leicht, schwer
Schizanthus pinnatus-Sorten Spaltblume	30–45	III	V	20–30	violett, weiß, rosa	VII–IX	O	leicht
Sedum caeruleum Fetthenne	6–10	III	V	5–10	blauweiß	VI–VIII		leicht
Senecio maritima, Geiskraut	15–35	III	V	20–30	gelb		O	leicht, schwer
Silene armeria-Sorten Gartenleimkraut	30–50	III	V	30–40	rot, weiß, rosa	V–IX	O	leicht, schwer
Silene coeli-rosa-Sorten Himmelsröschen	30–80	III–V	IV–V	30	weiß, violett, rot	V–IX	O	leicht, schwer
Silene pendula-Sorten Leimkraut	15–25	III–IV	V	10–20	rosa, rot, violett, weiß	V–IX	O	leicht, schwer
Tagetes-Erecta-Hybriden Sammetblume, Studentenblume	30–100	IV–V	V	40	gelb, gelbbraun, gelborange	VII–IX	O	leicht, schwer
Tagetes-Patula-Hybriden Sammetblume, Studentenblume	40–60	IV–V	V	30	gelb, braun, gelborange	VII–X	O	leicht, schwer
Tithonia rotundifolia	100–120	IV	V	50	orangerot	VIII–X	O	leicht, schwer
Tropaeolum majus-Sorten	15–30	IV–V	V	50	gelb, rot, orange	VI–XI	OO	schwer
Ursinia anethoides Ursinie	20–30	IV		30	orange	VI–VII	O	leicht
Venidium fastuosum Venidie	20	IV	V	60	goldgelb, orange	VI–IX	O	schwer
Verbena canadensis Verbene, Eisenkraut	25–40	II–III	V	30	lilarosa	VII–X	O	leicht, schwer
Verbena-Hybriden Verbene, Eisenkraut	30–40	II–III	V	30–40	rot, blau, rosa, weiß	VII–X	O	leicht, schwer
Viola-Wittrockiana-Hybriden Stiefmütterchen	10–20	VII	XI	30	weiß, rot, braun, gelb, blau	I–XII	O	leicht, schwer
Xeranthemum annuum-Sorten Papierblume	30–60	III–IV	V	40	rosa, violettrosa	VII–IX	O	leicht, schwer
Zinnia angustifolia-Sorten, Zinnie	30–40	III–IV	V	30	gelb, orangegelb, rot	VII–X	O	schwer
Zinnia elegans-Sorten, Zinnie	30–60	IV	V	30–40	weiß, gelb, rosa, rot, violett	VII–IX	O	schwer

Zwiebel- und Knollengewächse

Die Blumenzwiebel- und Knollengewächse gehören zu den ausdauernden Pflanzen. Ihr charakteristisches Merkmal ist die Ausbildung eines unterirdischen Speicherorgans, aus dem sich die Pflanze oder ihre Tochter in der kommenden Vegetationsperiode ernährt. Typisch für diese Pflanzengruppe ist der einjährige Wachstumszyklus; in dieser Zeit entwickelt die Pflanze alle oberirdischen Teile, blüht, bildet manchmal Samen aus und sammelt in ihrem unterirdischen Speicherorgan, also in der Zwiebel oder in der Knolle, alle für die nächste Lebensperiode notwendigen Nährstoffe. Jeder Zyklus wird durch eine Ruhephase beendet. Wenn ein Vegetationszyklus beginnt, schließt gleichzeitig der vorangehende ab. Bei den einzelnen Gattungen und Arten ist sein Ablauf jahreszeitlich verschoben, aber immer nimmt er ein Jahr in Anspruch, besser gesagt, zwölf Monate, denn Anfang und Ende decken sich nicht mit unserem Kalenderjahr. Wenn man danach ginge, müßte man alle diese Gewächse zu den »Zweijährigen« zählen. Ihr Wachstumszyklus ähnelt am meisten dem der fälschlich als Bienne bezeichneten Winterannuellen Einjahrsblumen, etwa den Gartenstiefmütterchen oder Vergißmeinnicht.

Der Vegetationsbeginn ist bei den einzelnen Arten unterschiedlich, immer jedoch an den Eintritt bestimmter, den Wachstumsbeginn günstig beeinflussende Bedingungen geknüpft. Die Tatsache, daß die neue Vegetationsperiode erst einsetzen kann, wenn die vorangehende abgeschlossen ist, ist unbedingt zu respektieren, wenn man diese schönen Pflanzen im Garten kultivieren oder gar im Zimmer treiben will.

Ein weiteres Charakteristikum der Zwiebel- und Knollengewächse ist, daß diese Pflanzengruppe nicht zeitgleich ihren ober- und unterirdischen Teil ausbildet. Während die meisten ausdauernden Pflanzen den Vegetationszyklus mit physiologischen und biologischen Veränderungen an den oberirdischen Vegetationsteilen beginnen, entstehen bei den Zwiebel- und Knollengewächsen die wesentlichen Veränderungen zuerst an den im Boden wachsenden Speicherorganen und erst später wachsen dann die über der Erde erscheinenden Pflanzenteile.

Nur im ersten Jahr, bei der generativen Vermehrung, verhalten sich die Zwiebel- und Knollengewächse wie die meisten übrigen Pflanzengruppen. Ihr Lebenszyklus beginnt mit dem Keimen des Samens und der Entwicklung der Organe. Innerhalb kurzer Zeit kommt es zur Anlage und Herausbildung des Nährstoffspeichers, der Zwiebel oder Knolle, des wichtigsten Organs dieser Pflanzengruppe. In dem Moment, in dem dieser unterirdische Teil der Pflanze entsteht, beginnen sich die Zwiebel- und Knollengewächse von den übrigen Pflanzen zu unterscheiden. Die Vermehrung der Kultursorten erfolgt vegetativ, so daß alle Merkmale und Eigenschaften der Art erhalten bleiben.

Zwiebel- und Knollengewächse erfüllen im Garten zwei Funktionen: Als Blumenschmuck werden sie im Blumengarten gepflanzt, zum Schnitt meist im Nutzgarten. Es gibt Arten, die am schönsten im Freien sind, andere kommen erst in der Vase richtig zur Geltung. Ein Beispiel dafür sind die Gladiolen, die in der Vase weitaus dekorativer und ausdauernder sind als auf dem Beet. Diese ausgesprochenen Schnittblumen gehören deshalb nur in den Nutzgarten, und wenn der fehlt, dann an eine Stelle, wo die der Blüte beraubte Pflanze so wenig wie möglich störend wirkt. Alle Arten, die wir zur Zierde im Garten halten, sollten uns mit ihrem Blütenflor so lange wie möglich erfreuen. Würde man sie als Schnittblumen verwenden, könnten sie ihre Aufgaben nicht erfüllen. Gedacht sei nur an Tulpen, Lilien, Narzissen und viele andere Arten, wie beispielsweise Schneeglöckchen, Märzbecher oder Kaiserkronen.

Die hervorragendste und einzigartige Eigenschaft vieler Blumenzwiebel- und Knollengewächse ist ihre Eignung, sich leicht treiben und schon in den kritischsten Winter- und Vorfrühlingsmonaten vorkultivieren zu lassen. Wenn im ausgehenden Winter die meisten Pflanzen noch nicht

◄ *Niedrige Tulpen werden mit Vorliebe in Steingärten gepflanzt. Obwohl die Tulpe,* Tulipa eichleri, *große, leuchtende Blüten hat, kommt sie gruppenweise besser zur Geltung (581)*

Narzissen verwendet man für Staudenbeete, selbständige Gruppen und Kombinationen mit anderen Zwiebelpflanzen. Im Bild Narcissus-*Hybride 'Urania' im Halbschatten (582)*

blühen, sind es Zwiebel- und Knollengewächse, die uns als Vorboten des nahenden Frühlings in Parks, Gärten und Wohnungen mit ihren Blüten erfreuen.

Verwendung der Zwiebel- und Knollengewächse

Allgemein werden Zwiebel- und Knollenblumen auf folgende Weise genutzt:
▶ als Zierde im Garten
▶ für die Freiland-Schnittblumengewinnung
▶ als Topfblumen und
▶ zum Treiben und Vorkultivieren.

Zwiebeln und Knollen im Garten

In unseren Gärten werden Blumenzwiebeln und Knollen in Blumenbeete mit anderen Zierpflanzen zusammen eingefügt, leider nicht immer am geeigneten Standort und in richtig räumlicher Anordnung, so daß die optimale ästhetische Wirkung oft nicht erreicht wird. Man sollte sich grundsätzlich vergegenwärtigen, daß unsere Blumengärten eine natürliche, auf kleiner Fläche konzentrierte Einheit sein sollen. Ein Garten ist ein Stück lebendige Natur, die wir unseren menschlichen Wohnstätten zuordnen, so daß wir auch gehalten sind, in ihm die Natur zu respektieren. Man sollte immer daran denken, daß sich die schönsten und vollkommensten Alpina, Bergwiesen, Trockenmauern und Wasser- und Sumpfpartien die Natur selbst nach ihren eigenen Gesetzmäßigkeiten geschaffen hat. Diese Teile der freien Natur befriedigen nicht nur das ästhetische Empfinden des Menschen, sondern entsprechen auch den natürlichen Anforderungen der Pflanzengesellschaften. Deshalb sehen wir auch in der Natur niemals Pflanzen zusammenstehen, die nicht zueinander passen. Und auch in regelmäßigen Reihen werden wir sie wohl vergeblich suchen. Eine Reihe verblühter Tulpen mit einer davor stehenden Reihe vergilbter Schneeglöckchen und mit noch fast kahlen Rosen im Hintergrund bringt wohl nicht

Die Blütenfarbe der Tulpen wirkt nur, wenn sie in größeren Gruppen gepflanzt wird. Die Sorte 'Maytime' eignet sich für Beete und zum Schnitt (584)

den gewünschten Effekt. Es ist ein Irrtum zu glauben, daß ein Bepflanzen dieses Frühlingsblumenbeetes mit weiteren Reihen Gladiolen, Tagetes und anderen uns lieben Blumen, und seien es gleich Orchideen, eine überzeugende Wirkung hervorrufen könnte. In freier Natur steht die gewöhnlichste Brennessel in Horsten und hat überhaupt nicht das Bestreben, eine Reihe zu bilden. Und obwohl wir sie als ungeliebtes und unerwünschtes Unkraut abtun, wirkt dieser Brennesselstock immer dekorativ, sei es nun mit seinen frischen, jungen Trieben im zeitigen Frühjahr, mit seinem vollen Blütenstand im Sommer oder nach den ersten Frösten, wenn sich die absterbenden Stengel mit Reifkristallen schmücken. Und wenn wir dann die Möglichkeit haben, so wertvolle und schöne Pflanzen wie Zwiebel-

Gladiolus-Hybriden (Gladiolen) dienen häufig zum Schnitt. Der Stengel wird höchstens mit einem oder zwei Blättern geschnitten, die übrigen Blätter dürfen nicht beschädigt werden (583)

und Knollenblumen in unsere Gärten zu bekommen, sollten wir uns diese Pflanzengesellschaften zum Vorbild nehmen und in unseren Gärten liebliche, in Farbe und Form gut ausgewogene Partien zu schaffen, die die Umgebung nicht stören, sondern sie im Gegenteil verschönen und unterstreichen.

Blumenzwiebeln in Horsten gepflanzt

Wir sollten es uns zum Grundsatz machen, die Blumen in unseren Gärten in Gruppen zu pflanzen, seien es regelmäßige oder unterschiedlich gegliederte Partien. Die in Horsten zusammenstehenden Pflanzen der gleichen Art wirken nicht nur gefällig, sondern schaffen sich auch vortreffliche Bedingungen für ihre Existenz. Sie konkurrieren nicht in der Höhe miteinander, entziehen dem Boden gleichwertig Nährstoffe, beschatten an heißen Tagen ihre Wurzeln und stützen sich gegenseitig bei starkem Regen und Wind, so daß sie weniger Pflege brauchen. Sie schaffen sich selbst ohne Zutun des Menschen auch auf sehr kleiner Fläche ein ihnen zusagendes Mikroklima, also ein Stück heimatliche Standortbedingungen.

Bei Zwiebel- und Knollengewächsen gilt dies noch mehr als für andere Pflanzengruppen.

Zwiebel- und Knollengewächse treten in freier Natur immer nur horstweise auf. Durch vegetative Vermehrung des Speicherorgans der Mutterpflanze entstehen mit den Jahren eine Menge Tochterzwiebeln, die eine mehr oder weniger dichte, zusammenhängende Gruppe von Pflanzen gleicher Art bildet. Bei kleineren Arten mit einer nur spärlichen Blattfläche kommen zu den vegetativ vermehrten Exemplaren noch aus Samen entstandene Pflanzen hinzu. Bei den meisten dieser Arten haben die Samen weder Flügel noch Häutchen, die ihre Verbreitung unterstützen könnten. Sobald sich ihre Samenstände öffnen, fallen die nackten Samen heraus und rollen über den Boden, um sich nahe an der Mutterpflanze anzusiedeln. Bei den größeren oder den sich vegetativ stark vermehrenden Zwiebelgewächsen haben die Samen meist Flugorgane, so daß sie der Wind weit forttragen kann, wo sie neue Familien bilden.

*Der Märzbecher (*Leucojum vernum*) ist eine anspruchslose Zwiebelpflanze für Steingärten, unter höheren Bäumen und an anderen beschatteten Standorten. Sehr geeignet zum Schnitt (585)*

Die Kaiserkrone, Fritillaria imperialis *'Lutea Maxima', kommt einzelnstehend gut zur Geltung. Die Zwiebel riecht charakteristisch, die Pflanze enthält giftige Alkaloide (586)*

Bei den sehr sonnenliebenden Lilienarten wandert der Stengel ein Stück von der Mutterzwiebel weg, bevor er aus der Erde kommt, um der aus ihm herauswachsenden neuen Zwiebelgeneration ausreichend Lebensraum zu verschaffen. Durch dieses arteigene Verhalten sichert sich die Pflanze ausreichend Licht und den nötigen Nährstoffvorrat für die Existenz der neuen Generation. Dieses unterschiedliche Verhalten der einzelnen Arten einer Gattung ist kein Spiel oder Irrtum der Natur, sondern das Ergebnis einer langen Entwicklung. Wir Menschen sollten das deshalb auch respektieren, wenn wir diese Arten in unseren Gärten kultivieren.

Die Gladiolus*-Hybride 'Black Jack' ist eine sehr schöne rotblühende Sorte. An die zwanzig Blüten sind spiralförmig im Wickel angeordnet (587)*

Das Schneeglöckchen (Galanthus nivalis) *gedeiht im Halbschatten. In der Zeit der Vegetationsruhe darf der Boden nicht austrocknen. Das Schneeglöckchen ist geeignet für die Saumpflanzung entlang von Gehölzpartien sowie für Kombinationen mit Stauden, die im Sommer den Boden beschatten (588)*

Dahliensorten werden nach der Form ihrer Blüten eingeteilt. Im Bild ein buntes Beet, vorwiegend aus Dahlia pinnata *und Kaktusdahlien (590)*

Blumenzwiebeln und Knollen setzt man im Garten am besten in kleineren, selbständigen Horsten in den Rasen oder fügt sie zu Staudenpflanzen. Eine ganze Reihe von ihnen, etwa Krokusse, Tulpen, Narzissen und Scilla, wirken auch sehr dekorativ, wenn sie über die ganze Wiese verstreut wachsen.

Unter dem Gesichtspunkt der ästhetischen Wirkung und der Pflege ist es besser, für die einzelnen Blumenhorste nur eine einzige Art oder gar Sorte zu wählen und ihre Form und Ausdehnung zu variieren. Und wenn das Wachstum dieser Frühlingsblüher abgeschlossen ist, werden die dann kahlen Flächen mit flachwurzelnden Sommerblumen bepflanzt, wie beispielsweise mit Knollenbegonien, Geranien und ähnlichem.

Sehr interessant wirken Zwiebelblumen auch an den Rändern von breiten, gepflasterten Wegen oder an Gartenwegen aus unregelmäßig verlegten Steinen oder Platten ohne Einfassungen. Wenn es die Umstände erlauben, können am Rand die Steine auch weggenommen und die freigewordenen Stellen mit Blumenzwiebeln bepflanzt werden. Sobald die Zwiebelgewächse eingezogen haben, ersetzt man sie entweder durch Einjahrsblumen oder legt die Steine und Platten wieder auf ihren Platz zurück. Aber auch bei einer solchen Gestaltung sollte man strenge Regelmäßigkeit und Wiederholung vermeiden. Man nimmt einmal nur einen Stein, an anderer Stelle zwei Steine oder mehr weg und kann bei genügend breiten Wegen auch ganze blühende Oasen inmitten des Weges schaffen. Diese Variante empfiehlt sich aber nur, wenn der Weg unmittelbar in den Rasen übergeht.

In jedem Fall können hoch wachsende frühblühende Zwiebel- und Knollengewächse mit niedrigen Einjahrsblumen, wie Stiefmütterchen, Tausendschönchen und Vergißmeinnicht, zusammengepflanzt werden, die noch vor dem Austreiben der Zwiebeln und Knollen und vor allem nach ihrem Flor diese kleinen Beete schmücken. Zur Unterpflanzung höherwüchsiger Zwiebelblumen eignen sich jedoch auch andere Gattungen, wie z. B. Traubenhyazinthen (*Muscari armeniacum*). Dieser Art, die bei frühzeitigem Aussetzen schon im Herbst wächst und den Boden mit ihren schön geformten Blattrosetten bedeckt, wird noch nicht die Beachtung geschenkt, die sie verdient hätte. Ihre in dichten Trauben stehenden intensiv blauen Blüten halten 4 bis 5 Wochen aus und sind von April bis Mai eine interessante Farbkomponente, Traubenhyazinthen ersetzen oft schlecht überwinterte Stiefmütterchen oder Vergißmeinnicht. Diese Gattung vermehrt sich vegetativ wie generativ ausgiebig, so daß sich leicht eine ausreichende Menge Zwiebeln heranziehen läßt.

Gelbblühende Pompondahlien (589)

*Die Montbretie (*Crocosmia masonorum*) eignet sich für Staudenbeete und zum Schnitt. Die im Boden belassenen Knollen müssen im Winter vor Frost und Nässe geschützt werden. Sie können höchstens drei Jahre am gleichen Standort bleiben (591)*

Die Gattung Crocus *umfaßt etwa 80 wildwachsende Arten. Die Ziersorten des Krokus entstanden hauptsächlich aus zwei Arten — C. vernus und C. chrysanthus. Im Bild* C. vernus *'Queen of the Blues'* (592)

Zwiebel- und Knollengewächse in Staudenpflanzungen

Eine weitere Möglichkeit, Zwiebel- und Knollengewächse im Garten zu kultivieren, ist ihre Kombination mit den übrigen Zierpflanzen, vor allem mit Stauden. Blumenzwiebeln in Staudenpartien bieten eine unermeßliche Variationsvielfalt.

Neben den häufig gepflanzten, früh blühenden Zwiebelblumen, die die Zierde jedes Steingartens und Staudenbeetes sind, bietet sich eine ausreichende Zahl interessanter und anspruchsloser Sommersorten an, die den Flor unserer Staudenpflanzungen bunter machen. Um jedoch die richtigen Arten zusammenzupflanzen, muß man Wuchs, Höhe, Farbe, Blütezeit und Pflegeansprüche genau kennen. Durch richtige Plazierung der einzelnen Arten auf dem Beet bewahrt man sich vor der unangenehmen Überraschung und der Verwunderung darüber, wie leicht eine herrliche, 20 cm hohe Blume im dichten, 2 m hohen Rittersporn oder in ähnlichen, üppig wachsenden Stauden untergehen kann. Zwiebeln und Knollen zwischen Stauden bringen aber auch andere Probleme mit sich. Wenn die früh blühenden Zwiebelgewächse aufgenommen werden sollen, stehen die meisten Stauden in voller Blüte und man kann ihr Wurzelsystem nicht nur deshalb zerstören, weil man Blumenzwiebeln ernten muß! Es bleiben nur zwei Möglichkeiten: Entweder man überläßt die Zwiebeln ihrem Schicksal und wartet ab, was im kommenden Jahr daraus wird, oder man setzt solche Sorten, die nicht jedes Jahr aus dem Boden geholt werden müssen. Kultursorten der Tulpen und Hyazinthen sollten jährlich ausgegraben werden, Krokusse wegen der Mäuse auch. Tut man das nicht, dann muß man ihnen während der Ruhezeit wenigstens die Grundbedingungen bieten, damit sie überdauern können. Krokusse wollen vor Wühlmäusen geschützt werden, Tulpen und vor allem Hyazinthen sind während dieser Zeit anfällig für Pilz- und bakterielle Krankheiten. Hohe Temperaturen und Bodenfeuchtigkeit fördern die Verbreitung dieser Pilze beträchtlich und es sollte deshalb nicht unnötig dort gegossen werden, wo Blumenzwiebeln ruhen. Man kann auf diese Standorte aber auch flachwurzelnde, kriechende Polsterstauden (Thymian, Blaukissen Laugenblume) pflanzen. Die Zwiebelgewächse sind dann fähig, die Polster im Frühjahr zu durchwachsen, ohne sie zu beschädigen.

Niedrige Polsterstauden verhindern im Sommer, daß sich der Boden zu sehr durchwärmt und zu naß wird. Und wenn die Zwiebelgewächse nach der Blüte- und Wachs-

Die Colchicum-Hybride 'Waterlily' ist eine sehr schöne Zeitlose, die sich sowohl für Steingärten und Beetränder als auch für Steppenpartien, Rasen und als Vorpflanzung für Ziergehölzstreifen eignet. Man muß beachten, daß die im Frühling austreibenden Blätter ziemlich groß sind (593)

Vielblütige Sorten von Crocus chrysanthus *eignen sich einzeln für Minigärten und Gefäße. Nach dem Abblühen müssen sie entfernt werden, damit die Blätter die anderen Pflanzen nicht beschatten (595)*

tumsphase einziehen, bleiben an diesen Plätzen auch keine unansehnlichen, kahlen Stellen. Zum Zusammenpflanzen von Blumenzwiebeln und flachen Staudenpolstern oder mit später treibenden Staudenpflanzen eignen sich alle Blumenzwiebelarten, die während ihrer Wachstumsruhe in den Sommermonaten in der Erde bleiben.

Zwiebel- und Knollengewächse, die in unseren Breiten nicht überwintern, müssen jedes Jahr aufgenommen und im Frühjahr neu gepflanzt werden. Man sollte nicht vergessen, daß zu diesen Arten auch die Kronenanemone (*Anemone coronaria*), die Ranunkel (*Ranunculus asiaticus*) und die Klebschwertel (*Ixia speciosa*) gehören, die während des Sommers ihren Vegetationszyklus abschließen und im Herbst neu austreiben können. Wer sie im Winter im Boden läßt, vernichtet sie vorsätzlich.

Ein weiteres Problem, das die Nachbarschaft von Zwiebel- und Knollengewächsen mit Stauden mit sich bringt, ist das düngen. Pflanzen mit unterirdischen Speicherorganen fordern hohe Mineraldüngergaben, besonders den für Stauden völlig ungeeigneten Stickstoff, denn er würde bei ihnen zu üppigem Wuchs auf Kosten der Blüte führen. Man muß deshalb einen Kompromiß finden. Das betrifft auch die übrigen Pflegemaßnahmen, wie Hacken, Spritzen u. a.

Da man den Zwiebelgewächsen auf Staudenbeeten niemals optimale Bedingungen zu bieten vermag, muß man sich auch damit abfinden, daß einige von ihnen früher oder später verschwinden und ersetzt werden müssen. Diese unangenehme Erscheinung betrifft auch viele empfindliche Staudenarten. Zuverlässig überdauern viele Jahre nur die widerstandsfähigsten und sich stark selbst vermehrenden Arten. Bedeutung für die Langlebigkeit der einzelnen Arten haben ohne Zweifel Standort, Pflege, Bodeneigenschaften und andere äußere Bedingungen, die sich in zwei aneinander angrenzenden Gärten wesentlich unterscheiden können. Blumenzwiebeln und Knollen werden auch auf Staudenbeeten in Horsten gesetzt. Einzelne Zwiebelgewächse zwischen Stauden wirken nie so ansehnlich wie mehrere frei verstreute, unregelmäßige Gruppen. Wieviel Pflanzen zusammenstehen können, ist einmal von der Robustheit der Art, zum anderen vom Charakter und von der Größe der Staudenpflanzung abhängig. Mindestens sollten es aber drei Exemplare der gleichen Sorte und Art sein, auch wenn es sich um die exklusivsten Arten, wie Steppenkerze (*Eremurus*), Kaiserkrone (*Fritillaria*) Zierlauch (*Allium*), u. a., handelt. Und gibt man diesen Gruppen

Die Traubenhyazinthe Muscari armeniacum *'Heavenly Blue' gedeiht in der Sonne und im Halbschatten. Gepflanzt wird sie von August bis zum Frosteinbruch. An ihrem Standort kann sie mehrere Jahre bleiben (594)*

*Die Steppenkerze (*Eremurus stenophyllus *var. bungei) hat einen 120-150 cm hohen Blütenstand mit gelb- bis orangefarbenen Blüten. Imposant wirkt die Kombination mit dem Lauch,* Allium giganteum, *im Garten wie in Blumenarrangements (596)*

Allium moly findet in Gruppen für sich oder mit anderen Pflanzen auf Staudenbeeten Verwendung. Am effektvollsten ist diese Lauch-Art auf größeren Flächen. Die Blütenstände fügen sich sehr gut in Blumenarrangements ein und eignen sich auch zum Trocknen (597)

Frühlings-Zwiebelblumen werden mit Vorliebe in Steingärten gepflanzt, und zwar immer gruppenweise. Eine Kombination verschiedener Arten untereinander und mit Stauden ist möglich (599)

einen entsprechenden Raum, dann wirken sie genau so dekorativ wie Solitärs.

Blumenzwiebeln und Gräser

Sehr interessant sind Zwiebelgewächse zusammen mit Ziergräsern in den sogenannten Steppenpartien. Die Wirkung dieser Kombination ruft nicht nur bei richtiger Anordnung voll zur Geltung kommende Kontraste von Wuchs und Färbung hervor, sondern vor allem, und das im wahrsten Sinne des Wortes, die natürliche Kombinatin von zwei geografisch zueinander gehörenden Pflanzengruppen. Aus den Steppengebieten stammen nicht nur viele Gräser, sondern auch zahlreiche Zwiebelgewächse.

Zwiebelgewächse in Steingärten

Sehr häufig werden kleinwüchsige, zierliche Zwiebel- und Knollengewächse, die keine übertriebenen Anforderungen an den Standort stellen, in Steingärten, ja sogar auf Trockenmauern gepflanzt. Man steckt die Zwiebeln und Knollen dort, wo Stauden in Polstern wachsen, denn sie beleben den Steingarten mit ihrem schönen, vollen Blütenflor gerade zu der Zeit, wo unsere alpinen Pflanzen nicht austreiben. Für Steingartenpartien eignen sich vor allem

Schneestolz (Chionodoxa luciliae) ist eine anspruchslose Pflanze für Staudenbeetsäume und Steingärten, sie eignet sich aber auch als zusammenhängender Unterwuchs lichter Gehölzbestände, in der Sonne wie im Halbschatten gedeihend (598)

Arten und Sorten, die zierlich und klein wachsen, etwa Vertreter der Gattungen *Chionodoxa* (Schneestolz), *Crocus* (Krokus), *Cyclamen* (Alpenveilchen), *Erythronium* (Zahnlilie), *Galanthus* (Schneeglöckchen), *Iris* (Schwertlilie), *Ixiolirion* (Ixlilie), *Leucojum* (Märzbecher), *Muscari* (Perl- oder Traubenhyazinthe), *Narcissus* (Narzisse), *Ornithogalum* (Milchstern), *Puschkinia* (Blaulilie) und *Tulipa* (Tulpe).

Wie bei Blumenzwiebelpflanzungen größeren Umfangs muß man auch in Steingärten immer ihre gestalterische Wirkung und ihre Ansprüche in Betracht ziehen.

Schnittblumenanbau im Freiland

Im Nutzgarten werden außer Gemüse, Kräutern und Obst auch für den Schnitt bestimmte Blumen gezüchtet. Darüber hinaus läßt sich dieser Teil des Gartens sehr gut zur Anzucht kleiner, noch nicht zur Blütenreife entwickelter Zwiebeln und Knollen nutzen. Und diese Reserve, die wir in unseren Nutzgärten heranziehen, brauchen wir notwendig, denn viele der in unseren Blumenpartien stehenden Arten und Sorten sterben ab oder degenerieren mit der Zeit, so daß dieses Material dann als Ersatz recht nützlich ist.

Anemone blanda ist eine der frühesten und schönsten Anemonen im Steingarten. Ihre Knollen sind nicht ganz winterhart, sie müssen daher für die Überwinterung mit Laub oder Stroh bedeckt werden, das noch vor dem Austrieb wieder zu entfernen ist (600)

▲ *Die Goldbandlilie (*Lilium auratum*)* ist eine anspruchsvolle fernöstliche Art, die sich zum Schnitt eignet. Geschnitten wird sie vor dem Aufblühen der ersten Blüte. Dabei müssen mit Rücksicht auf die Zwiebel genügend Blätter belassen werden. Gegen Ende der Wachstumsperiode werden sie nicht mehr gegossen, damit die Zwiebeln ausreifen können (601)

▲ *Dahlia pinnata, eine kaktusblütige, sehr dekorative Dahlie* (602)

Als Schnittblumenlieferanten eignen sich von den Zwiebel- und Knollengewächsen vor allem die Vertreter folgender Gattungen: *Acidanthera* (Acidanthere), *Allium* (Lauch), *Anemone coronaria* (Kronenanemone), *Camassia* (Präriekerze), *Crocosmia* (Montbretie), *Dahlia* (Dahlie), *Eremurus stenophyllus* (Steppenlilie), *Fritillaria meleagris* (Schachbrettblume), *Gladiolus* (Gladiole), *Hyacinthus* (Hyazinthe), *Hymenocallis* (Schönhäutchen), *Iris* (Schwertlilie), *Ixiolirion* (Ixlilie), *Leucojum* (Märzbecher), *Liatris* (Prachtscharte), *Lilium* (Lilie), *Muscari* (Traubenhyazinthe), *Narcissus* (Narzisse) und alle höheren Sorten der Gattung *Tulipa* (Tulpe), ausgenommen die Wildtulpen.

Man sollte immer berücksichtigen, daß nur solche Pflanzen gute Schnittware liefern, die aus voll entwickelten Knollen und Zwiebeln entstehen. Nur diese Exemplare sind fähig, gute Blüten zu entwickeln und darüber hinaus bei richtigem Schneiden noch Ersatzspeicherorgane zu bilden.

Dahlien und Anemonen sollen beim Schneiden frisch aufgeblüht, nie aber zu alt sein. Einstengelige Arten, wie Tulpen, Lilien, Gladiolen und andere müssen so hoch geschnitten werden, daß der Pflanze genügend Blattfläche bleibt, so daß sie ihren Vegetationszyklus mit der Bildung eines gut entwickelten Ersatzorgans abschließen kann. Wenn keine Tochterzwiebeln oder Nebenknollen gezogen werden sollen, kann man natürlich den Schnitt am Grund ansetzen. Will man jedoch Pflanzmaterial für die nächste Vegetationsperiode gewinnen, darf die Blattfläche nur so wenig wie möglich reduziert werden. Die unterirdischen Organe dieser Pflanzengruppe erreichen ihre maximale Größe erst nach dem Verblühen, so daß jedes weggenommene Blatt Größe und Qualität der Zwiebel oder Knolle und damit den Flor im kommenden Jahr senkt.

Kultivieren in Gefäßen

Immer häufiger findet man mit langsamwachsenden Gehölzen, niedrigen Stauden und Steingartengewächsen bepflanzte Keramikgefäße und Behälter aus den verschiedensten Materialien und in den unterschiedlichsten Größen. Diese Minigärten geben nicht nur eine interessante Ergänzungskomponente öffentlicher Anlagen und Flächen ab; sie sind gerade für größere Balkons, Terrassen, Veranden, gepflasterte Höfe und ähnliche Plätze hervorragend geeignet.

Der Boden des Pflanzgefäßes wird mit einer Schicht Dränagematerial (Ziegelstücke, Topfscherben) bedeckt und dann mit Erde gefüllt. Zwischen Erde und Dränage kommt eine dünne Schicht aus Torf oder anderem Material mit einer hohen Wasserhaltekraft die für die kontinuierliche Versorgung des Bodens mit Wasser aus der dränierten Schicht sorgt, so daß man größeren Sorgen mit dem ständigen Gießen enthoben ist.

Um die Bepflanzung dieser Minigärten abwechslungsreicher zu gestalten, können auch kleinwüchsige, frühlingsblühende Zwiebel- und Knollengewächse eingefügt werden. Die Zwiebel oder Knolle wird wie üblich zu den sorten- und arteigenen Pflanzterminen zwischen die übrigen Gewächse gepflanzt, niemals jedoch zur Gefäßwand, damit die Wurzeln unter den Temperaturschwankungen im Winter nicht leiden. Für diese Kleinstgärten eignen sich Zwiebeln und Knollen nur in kleinen Horsten oder einzeln. Gedüngt wird weder beim Legen noch im Frühjahr, und sie werden entfernt, sobald ihre Blüte vorbei ist, damit die sich

◄ *Die Hyazinthe, Hyacinthus orientalis 'Delft Blue',* findet in Steingärten und auf Staudenbeeten in Kombination mit anderen Frühlings-Zwiebelblumen Anwendung. Sehr wirkungsvoll sind auch größere Gruppen auf Rasenflächen (603)

Die Blütenähren der wegen ihrer langen Blütezeit geschätzten Montbretie (Crocosmia x crocosmiflora) bestehen aus 15 bis 20 trichterförmigen Blüten. Blütezeit von Juli bis zum Frosteintritt (606)

ausbreitenden Blätter nicht die übrigen Gewächse beschatten.

Treiben von Blumenzwiebeln

Zum Treiben werden grundsätzlich nur große, gesunde Zwiebeln und Knollen verwendet. Sie werden vor dem Setzen bei Temperaturen bis 20°C gelagert. Zum Treiben verwendet man angemessen große Nutzgefäße, auch Pflanzkisten, und pflanzt dann vor dem Aufblühen in Ziergefäße um. Die Kronenanemone (Anemone coronaria) und Narzissen möchten mindestens 20 cm tief stehen, den übrigen Arten reicht eine Bodentiefe von 5—8 cm. Es ist überflüssig, und außerdem nicht schön, für eine einzelne Pflanze ein größeres Gefäß zu verwenden. Viel dekorativer sind drei bis zehn Exemplare von einer Art oder Sorte. Wer verschiedene Arten zusammenpflanzen möchte, muß in Pflanzkisten und entsprechend der Entwicklungsdauer vorgetriebene Zwiebeln dazu nehmen, denn eine kombinierte Blumenschale muß auf einmal blühen, weil abgeblühte Zwiebelblumen unschön wirken. Neu Tonschalen werden

Die Gattung Narcissus umfaßt etwa 30 wildwachsende Arten. Die in den Gärten gezogenen Sorten entstammen überwiegend mehrfachen Kreuzungen. Aus gärtnerischer Sicht werden Narzissen nach der Blütenform eingeteilt. Im Bild eine Narzissensorte mit großer Nebenkrone (604)

Allium karataviense hat besonders hübsche abgeblühte Blütenstände. Diese Lauch-Art kommt in Steingärten und vor Staudenbeeten zur Geltung. Sie verträgt keine Staunässe in der Ruhephase (605)

Eranthis hyemalis blüht schon im Vorfrühling, weder Schnee noch Frost können dem Winterling etwas anhaben. Geeignet auch für Ministeingärten und zum Verfrühen (607)

Bei Crocus vernus *'Pickwick' kommen jeweils zwei bis vier Blüten aus einer Zwiebel hervor. Während der Wachstumszeit braucht diese Krokus-Art genügend Feuchtigkeit, im Winter erübrigt sich ein Zudecken (608)*

vor der Verwendung für 48 Stunden in genügend Wasser getaucht.

Für den Hausgebrauch wird bei allen Zwiebel- und Knollengewächsen nur das Vorkultivieren empfohlen, also das Treiben zu einem späteren Termin (Februar–März). Zwiebeln und Knollen brauchen zum Treiben keine zusätzlichen Nährstoffgaben, denn sie nehmen die notwendigen Stoffe aus ihren eigenen Vorräten.

Von den zum Vorkultivieren empfohlenen Arten muß man nur die Anemone nachdüngen. Sobald die Pflanze die ersten Blätter treibt, bis zum Verblühen gibt man regelmäßig in Abständen von 10–14 Tagen einen Zimmerpflanzendünger. Anemonen und Winterlinge (*Eranthis*) wollen volles Licht, sobald sich die ersten Blätter zeigen, die übrigen Arten sollen bis zu einer Höhe von 5–10 cm dunkel stehen.

Zur Vorbehandlung wird das Treibmaterial zunächst eingeschlagen. Dafür eignet sich nur leichter, sich nicht zu sehr verdichtender Boden mit einem ausreichenden Anteil Sand. Die Erde darf nie zu naß sein; es ist also für einen guten Wasserabfluß aus dem Gefäß zu sorgen. Die meisten Arten schlägt man Anfang Oktober (Pflanztiefe siehe Tabelle) ein. Damit die Zwiebeln gut bewurzeln können, benötigen sie angemessene Feuchtigkeit und meist Temperaturen zwischen +2 und +8°C. Stehen sie kälter oder wärmer, bleiben sie sitzen, bilden keine Wurzeln und die Blüten sind spärlich und klein. Das Bewurzeln erfolgt an einen speziell dafür vorbereiteten Platz, etwa in einem ausgetragenen, gut entwässerten und ausreichend warmen Frühbeet, oder in einem feuchten Kellerraum. Nach dem Einschlagen wird gut angegossen. Die im Keller untergebrachten Pflanzgefäße werden mit Sägespänen oder Torf abgedeckt, damit die Erde nicht austrocknet. Trotzdem ist hin und wieder eine Feuchtigkeitskontrolle angeraten. in einem Bewurzelungsbeet entfällt diese Sorge. Dafür müssen die ausgelegten Zwiebeln und Knollen vor Wühlmäusen und Frost geschützt werden. Im Frühbeet stülpt man auf die Töpfe gleich große Blumentöpfe und deckt mit einer mindestens 15–20 cm hohen Erdschicht zu. Sobald die Bodenoberfläche gefriert, wird ein Schutz aus Laub oder Sägespänen gegeben.

In die Wärme, zum eigentlichen Treiben, werden nur ausreichend bewurzelte Pflanzen mit entwickelten Knospen gebracht. Das gilt jedoch nicht für Anemonen und Winterlinge. Das eigentliche Treiben erfolgt bei unterschiedlichen Temperaturen (siehe Tabelle), aber immer bei vollem Licht. Die Treibdauer hängt von Art, Sorte und vielen anderen Faktoren ab (in der Tabelle ist zur Orientierung die Anzahl der Tage angeführt, die die Pflanze zur Blütenbildung braucht). Während des Treibens wird angemessen gegossen. Ergiebige Wassergaben (evtl. zweimal täglich) wollen nur Narzissen. Wichtig ist, die für das Bewurzeln und Treiben vorgeschriebenen Temperaturen (siehe Tabelle) sorgfältig einzuhalten. Gefährlich wird es, wenn die entsprechenden Temperaturen überschritten werden; dann können die Knospen eintrocknen, die Blätter wie Papier eintrocknen und sogar die Blütenbildung unterdrückt werden (bei Krokussen). Treibzwiebelblumen sind nur in kühleren Räumen ausreichend ausdauernd.

Abgetriebene Zwiebeln und Knollen eignen sich nicht mehr zu diesem Zweck, sie können jedoch mit Ausnahme der Tulpen im Garten ausgepflanzt werden. Nach dem Verblühen läßt man sie noch bis zum Ausreifen im Topf und bringt sie dann termingerecht ins Freiland. Im Gefäß gezogene Pflanzen werden regelmäßig nachgedüngt.

Kultivieren im Garten

Standortansprüche

Die meisten Zwiebel- und Knollengewächse brauchen sonnige Standorte, vertragen aber manchmal auch leichten Halbschatten. Dauerschatten ist für alle diese Pflanzen ungeeignet. Auf einem offenen, vollsonnigen Platz erblühen sie früher als im Halbschatten, dafür ist aber auch die Haltbarkeit ihrer Blüten etwas geringer. Exemplare, die volle Sonne bekommen, entwickeln sich jedoch viel besser und ihre neuen unterirdischen Speicherorgane sind vollkommener ausgebildet und ausgereift als bei halbschattig stehenden Pflanzen. Auch ihr Gesundheitszustand ist im allgemeinen besser. Für Halbschatten eignen sich Anemonen (*Anemone blanda*), Knollenbegonien (*Begonia-*Knollenbegonien-Hybriden), Alpenveilchen (*Cyclamen*), Schneeruhm (*Chionodoxa*), Winterling (*Eranthis*), Hundszahn (*Erythronium*), Schachbrettblume (*Fritillaria melea-*

Knollenbegonien-Hybriden der Gruppe 'Gigantea' brauchen leichten sauren Boden in halbschattiger Lage. In der Wachstumsphase vertragen sie nicht einmal ein kurzfristiges Austrocknen des Bodens (609)

Zum Treiben geeignete Zwiebel- und Knollengewächse

Gattung, Art	Bewurzelungstemperatur (°C)	Bodenschicht über der Zwiebel (cm)	Bewurzelungsdauer (Wochen)	Treibtemperatur (°C)	Treibdauer (Tage)
Anemone blanda, Anemone	10 und mehr	2	bis zum Austrieb	8—10	20—30
Anemone coronaria, Kronenanemone	10 und mehr	5	bis zum Austrieb	8—10	30—40
Crocus, Krokus	4—8	4—5	8—10	8—9	15—20
Eranthis, Winterling	4—8	2	12	8—10	15—20
Galanthus, Schneeglöckchen	4—8	1	12—14	12—15	15—20
Muscari azureum, Traubenhyazinthe	4—8	1	12	10—22	20—25
Hyacinthus, Hyazinthe	4—8	0	10—12	20—22	20—25
Chionodoxa, Schneestolz	4—8	1	10—12	12—15	20—25
Iris reticulata, Schwertlilie	4—8	4	12—14	8—9	20—30
Leucojum, Märzbecher	4—8	1	12—14	12—15	20—30
Muscari armeniacum, Traubenhyazinthe	4—8	1	12	10—12	20—30
Narcissus, Narzisse	4—8	2	12	14—16	25—35
Scilla, Blaustern	4—8	1	10—12	12—15	25—30
Tulipa, Tulpe	4—8	0	9—12	16—18	25—30

gris), Schneeglöckchen (*Galanthus*), Märzenbecher (*Leucojum*), einige Lilienarten (*Lilium*), Blaustern (*Scilla sibirica*) und andere. Einige der oben erwähnten Arten sind auf diese Standorte geradezu angewiesen und vertragen nicht allzuviel Sonne.

Zwiebel- und Knollengewächse gedeihen in fast allen Gartenböden. Am liebsten haben sie jedoch durchlässige, neutrale bis leicht alkalische, ausreichend mit Humus und Nährstoffen versorgte sandige Lehmböden. Schweren und nassen Boden vertragen sie nicht. Ungeeignet sind auch ausgesprochen trockene, sandige oder schotterige Gründe, auf denen sich die Pflanzen schlecht entwickeln und unter ständigem Wassermangel leiden.

In den zum Pflanzen von Zwiebeln und Knollen bestimmten Boden sollen niemals unverrottete organische Stoffe eingearbeitet werden. Unzulässig ist es, in Böden zu pflanzen, die mit frischem Mist von Haustieren aller Art gedüngt wurden.

Vorbereitung des Bodens, Düngung und richtiges Pflanzen

Böden, in die Zwiebeln und Knollen, gleich welcher Gattung und Art, kommen sollen, müssen vor dem Legen gut und tiefgründig durchgearbeitet werden. Bei Herbstpflanzung soll das mindestens 10—14 Tage vor dem Auslegen geschehen, damit sich der Boden noch leicht setzen kann. Als angemessen betrachtet man bei Arten mit größeren Zwiebeln eine Tiefe von wenigstens 20—25 cm, also Spatentiefe. Man muß dabei in Betracht ziehen, daß sich das Wurzelwerk meist unter dem Speicherorgan ausbreitet und daß der Boden eben gerade für die Wurzeln vorbereitet wird. Beim Umgraben werden alle Unkräuter, vor allem aber die Wurzeln der ausdauernden Arten, gut entfernt. Bei rechtzeitiger Bodenvorbereitung, also bei wenigstens teilweise abgesetztem Boden, kann auch die Pflanztiefe richtig festgestellt werden. Für die im Frühjahr zu legenden Zwiebeln und Knollen wird die Erde vor Winterbeginn umgegra-

Erythronium dens-canis, *der Hundszahn, ist eine Blatt- und Blütenzierpflanze, die durchlässigen, genügend feuchten Boden in halbschattigen bis leicht schattigen Lagen braucht. Sie verträgt im Winter keine Nässe* (610)

Iris reticulata *ist eine sehr effektvolle frühe Schwertlilien-Art für trockene Mauern, Staudenbeete und Rasen. Die Zwiebeln sind winterhart, vertragen jedoch während der Wachstumsperiode keine Bodennässe. Im Bild die Sorten 'J.S. Dijt' (violett) und 'Joyce' (blau)* (611)

ben, damit die grobe Scholle durchfrieren kann. Schwere Böden macht man durch Zugabe von Sägespänen, Sand, Asche, grobem gekalktem Torf oder Kunststoffsubstraten durchlässiger. Schnell austrocknende, leichte Böden können durch Einarbeiten gut verroteten Kompostes mit Beimengungen schwerer Erden verbessert werden.

Zur Vorratsdüngung sollte man einen Volldünger verwenden, der die drei Hauptnährstoffe Phosphor, Kalium und Stickstoff enthält. Für Sorten mit kurzer Wachstumsdauer empfiehlt sich eine Grunddüngung von 100 g auf einen Quadratmeter, bei Arten mit langer Wachstumsphase (Gladiolen, Lilien), die während der Vegetationsperiode mit Volldünger nachgedüngt werden, reichen 50 g als Vorratsdüngung aus. Sehr wichtig ist das gleichmäßige Ausstreuen des Düngers. Beim Aussetzen der Zwiebeln oder Knollen wird der Dünger in die Schichten über den Zwiebeln oder Knollen eingebracht und während der Wachstumsperiode dann nach und nach zu den Wurzeln gespült. Einige empfindlichere Freilandkulturen, wie etwa Hundszahn (*Erythronium*), Alpenveilchen (*Cyclamen*) oder Begonien (*Begonia*-Knollenbegonien-Hybriden), sollen wiederholt während des Wachstums flüssig gedüngt werden.

Vor dem eigentlichen Einbringen der Zwiebeln und Knollen in die Erde wird das Beet nur leicht, dafür aber sorgfältig geebnet. Man darf nicht auf den gelockerten Boden treten oder zu sehr harken, um nicht noch vor dem Pflanzen alle Mühen des aufwendigen Umgrabens zunichte zu machen. Bei kleineren Beeten wird vom Weg aus gearbeitet, bei größeren empfiehlt sich ein breiteres Brett als Unterlage, das die Körpermasse auf eine größere Fläche verteilt und das lokale Verdichten des Bodens verhindert.

Pflanztiefe und Termin richten sich nach der Artenzugehörigkeit. Grundsätzlich gilt jedoch, daß mit Ausnahme einiger Arten die Pflanztiefe der dreifachen Höhe der Zwiebel oder Knolle entsprechen soll. Als Pflanztiefe wird die Bodenschicht über dem Speicherorgan verstanden; man mißt also von der Zwiebelspitze an, nicht vom Grund des Pflanzloches. Daraus folgt, daß schwächere Exemplare der gleichen Art immer flacher in den Boden zu bringen sind als größere Zwiebeln oder Knollen. In schweren Lehmböden wird diese Tiefe um 2—3 cm verringert, in ausgesprochen leichten Erden wird 2—3 cm tiefer gepflanzt. Auch auf frisch vorbereiteten Beeten, deren Boden sich noch nicht gesetzt hat, werden 2—4 cm zugegeben.

Der Abstand der Pflanzen und ihre Verteilung richten sich nach den Bedürfnissen der einzelnen Arten, eventuell auch nach dem Zweck der Pflanzung und den Absichten des Gärtners. Auf Zierbeeten sollen Zwiebeln und Knollen in Horsten, niemals in Reihe ausgesetzt werden, auf Schnittblumen- und Anzuchtbeeten dagegen empfiehlt sich die Reihenpflanzung. Zwiebeln und Knollen legt man in Gruben oder Furchen, eventuell auf den Grund eines entsprechend ausgehobenen Beetes. Diese letztgenannte Pflanzweise kann als beste, jedoch auch als arbeitsaufwendigste betrachtet werden. Der Boden wird auf gewünschte Tiefe aus dem Beet genommen, der Grund nochmals gelockert und die Zwiebel oder Knolle leicht in die Erde gedrückt. Dann wird der Boden wieder aufgefüllt. Auf diese Weise wird eine vollkommen gleichmäßige Pflanztiefe aller in einem Horst zusammenstehender Zwiebeln gewährleistet. Geeignet ist das Ausheben vor allem für kleinere Gruppenpflanzungen. Das übliche Legen mit der Pflanzschaufel bringt die einzelnen Zwiebeln nicht tief genug in den Boden. Außerdem stehen sie dann unterschiedlich tief und entwickeln sich nicht gleichmäßig. Die Einzelpflanzen im Horst sind dann verschieden hoch und blühen vor allem nicht zur gleichen Zeit. Beim Setzen in Furchen kann die gleiche Tiefe verhältnismäßig leicht eingehalten werden.

Die Zwiebelspitzen oder Knollenteile müssen beim Pflanzen immer senkrecht nach oben zeigen. Legt man sie umgekehrt, dann treiben sie später und unregelmäßig aus. Auch das Wachstum ist schwächer. Die Knollen einiger Arten sind überhaupt nicht wachstumsfähig, wenn man sie mit den Triebknospen nach unten legt, und gehen ein, wie z. B. Kronenanemone (*Anemone coronaria*). Beim Legen werden deshalb die Zwiebeln und Knollen leicht in den Boden gedrückt, damit sie nicht umfallen können, und leicht mit Erde zugedeckt. Vor allem bei hohen Zwiebeln ist darauf zu achten, daß sie sich nicht umlegen. Dann wird der restliche Boden nachgefüllt, leicht eingeebnet und sofort gut gegossen. Das Wasser muß bis zu den ausgelegten Speicherorganen dringen. Dabei darf jedoch nicht zu scharf gegossen werden, damit das Wasser die Oberfläche

Trompetenförmige Lilien-Hybride (612)

Die Gattung Lilium *umfaßt etwa 90 Arten, die im nördlichen gemäßigten und im subtropischen Klima wachsen. Sie gehört zu den ersten Zierpflanzen des Menschen. Im Bild eine rosablühende trompetenförmige Lilie (613)*

Colchicum bornmuelleri (Zeitlose) braucht tiefgründige, humose, mittelschwere nährstoffreiche Böden. Sie muß alljährlich gedüngt werden (614)

Hyacinthus orientalis 'Bismarck' ist eine empfindliche und anspruchsvolle Hyazinthe, daher muß der Bodenvorbereitung besondere Aufmerksamkeit geschenkt werden. Es empfiehlt sich, den Boden mit Kompost anzureichern. In der Wachstumsperiode soll der Boden locker sein (615)

des Bodens nicht verschlämmt. Eingeschlemmtes Erdreich bildet beim Austrocknen eine harte Kruste, die den Boden schließt, das Durchwachsen der Pflanzen erschwert und den Gesundheitszustand der unterirdischen Pflanzenteile ungünstig beeinflußt. Bei trockenem Wetter wird das Gießen nach Bedarf wiederholt. Während der Bewurzelungszeit achtet man auf auftretende Wühlmäuse, denn sie können für einige Zwiebel- und Knollenarten eine ernstzunehmende Gefahr sein. Wie sich gezeigt hat, ist die Hauskatze im Kampf gegen die Wühlmaus noch immer zuverlässlicher als die teuersten und giftigsten Schädlingsbekämpfungsmittel.

Pflegearbeiten während des Wachstums

Nach dem Austrieb der Zwiebeln und Knollen wird der Boden gleich gelockert und von Unkraut befreit.

Während des Wachstums wird der Boden regelmäßig gehackt, unkrautfrei gehalten und gegossen. Es empfiehlt sich, in den kühleren Morgenstunden, besser aber noch abends zu gießen. Steigen tagsüber die Temperaturen zu stark an, vor allem in heißen Sommern, kann Gießen bei einigen Arten Schädigungen an den ober- und unterirdischen Pflanzenteilen verursachen. Das betrifft vor allem Hyazinthen, Tulpen, Begonien und einige andere empfindlichere Arten. Zum Gießen verwendet man nach Möglichkeit weiches Regenwasser oder wenigstens leicht angewärmtes Wasser, kein kaltes Brunnenwasser. Gechlortes Leitungswasser muß vor dem Verwenden mindestens einige Stunden in einem breiten, offenen Gefäß in der Sonne stehen, damit das überzählige aktive Chlor aus dem Wasser frei werden kann. Diesen Grundsatz muß man vor allem bei chlorempfindlichen, selteneren Arten, etwa bei den Hyazinthen, berücksichtigen.

Nach dem Gießen, aber auch nach ergiebigem Regen soll der Boden gelockert und damit die Kruste zerstört werden. Die gelockerte Bodenoberfläche behindert das Entweichen der Feuchtigkeit aus dem Boden (Evaporation) und das Aufheizen des Bodens bis zu den Zwiebeln und Knollen und verhindert eine Beschädigung dieser Speicherorgane, vor allem in der späteren Wachstumsphase. Die jungen, noch verhältnismäßig weichen und meist ungeschützten Speicherorgane sind in dieser Zeit am empfindlichsten gegenüber Infektionskrankheiten. Hohe Tagestemperaturen schaffen im nassen und warmen Erdreich ideale Bedingungen für das Überhandnehmen krankheitserregender Pilze und Bakterien. Dann geschieht es häufig, daß zum Herbst verfaulte oder stark geschädigte Reste der noch unlängst gesunden Zwiebeln und Knollen

Pflanztiefe bei Zwiebel- und Knollenpflanzen. Links von oben: das Liliengewächs Cardiocrinum giganteum, Blaustern, Krokus, Winterling, Hyazinthe, die Lilien Lilium candidum (Madonnenlilie), Lilium auratum (Goldbandlilie), Lilium regale (Königslilie) und Lilium lancifolium (Tigerlilie); rechts oben: Anemone, Ranunkel, Traubenhyazinthe, Schneeglöckchen, Märzbecher, Tulpe, die Lilie Lilium pumilum und Kaiserkrone (616)

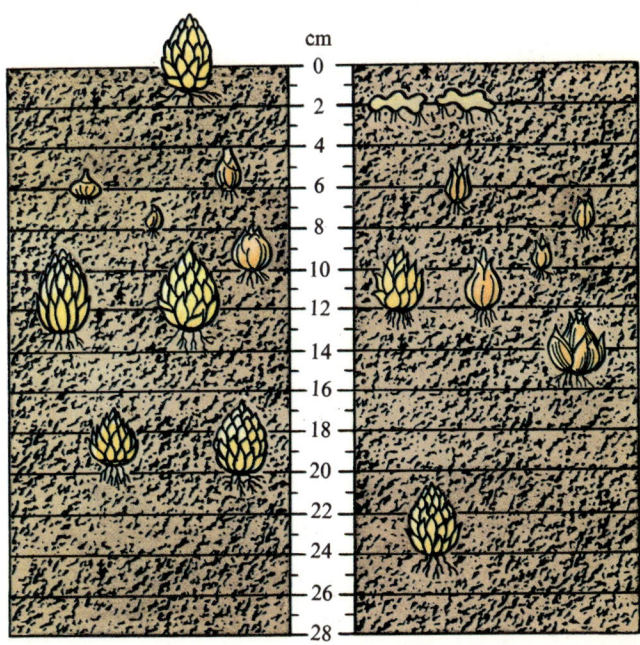

aus dem Boden genommen werden. Deshalb stellt man etwa einen Monat vor Abschluß des natürlichen Wachstums das Gießen der Zwiebel- und Knollengewächse ein. Während dieser Zeit zeigen die Speicherorgane noch Massewachstum; hauptsächlich jedoch reift ihr Gewebe. Für einen ordentlichen Ablauf dieser Phase brauchen die Pflanzen nur noch wenig Bodenfeuchtigkeit, denn Zwiebeln und Knollen bereiten sich auf die Ruhezeit vor.

Alle Prozesse, die unter dem allgemeinen Begriff »Fäule« zusammengefaßt werden, sind das Ergebnis der Tätigkeit pathogener Pilze und Bakterien, die die Pflanzenteile befallen und sie verderben. In vielen Fällen gelingt es dem Gärtner, durch gute Pflege als Grundlage optimaler Bodenfunktion die Infektion zu verhindern. In gesunden, biologisch tätigen Böden vermehren sich die meisten schädlichen Organismen nicht in solchem Ausmaß, daß sie die Kulturpflanzen ernsthaft schädigen. Durch schlechte Pflege stört der Mensch oft das natürliche biologische Gleichgewicht im Boden und unterstützt damit die Verbreitung krankheitserregender Mikroorganismen.

Alle Bodenpflegearbeiten sollen fachgerecht ausgeführt und dem Stand des Bodens und den Anforderungen der Pflanzen angemessen sein.

Gartenböden sind meist nicht ausreichend mit Nährstoffen versorgt, die Zwiebel- und Knollengewächse unbedingt für ihre Entwicklung benötigen. Gärten mit humosen, gut gepflegten Böden sind meist besser mit durch Pflanzen aufnehmbaren Nährstoffen versorgt als extensiv bewirtschaftete Anlagen. In leichten Sandböden halten sich in der Regel Nährstoffvorräte weniger gut als in lehmigen Sandböden oder sandigen Lehmböden. Da Zwiebel- und Knollengewächse während ihres Wachstums erhebliche Mengen an Stickstoff, Kalium und Phosphor aufnehmen, müssen alle Böden jährlich ausreichend mit Mineraldüngern versorgt werden.

Außer Vorratsdüngung vor dem Einbringen von Knollen und Zwiebeln in den Boden muß während der Speicherorganbildung mit Stickstoff oder Volldünger nachgedüngt werden.

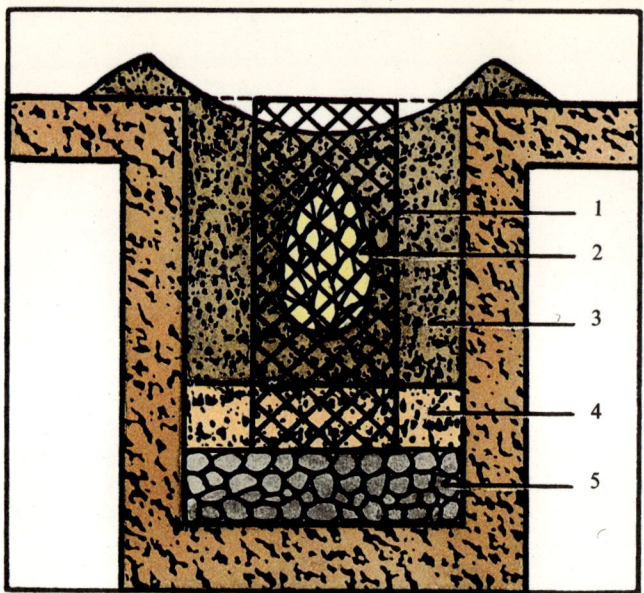

Pflanzen von Lilien: Auf dem Grubengrund eine Dränschicht aus Kies oder ähnlichem Material ausbreiten (5); darüber eine Sandschicht (4); ferner guten Boden (3). Lilienzwiebel (2) in die richtige Tiefe bringen, dann wird die Pflanzgrube mit Erde gefüllt. Damit die Zwiebeln nicht durch Mäuse benagt werden, pflanzt man sie in Drahtgeflechtkörbe (1) (618)

Im Frühjahr ausgesetzte Arten düngt man meist zweimal, das erstemal einen Monat nach dem Austrieb, das zweitemal zur Blütezeit. Arten, die zwar im Frühjahr ausgebracht wurden, die aber nur eine kurze Wachstumszeit haben, wie Kronenanemone, Ranunkel und andere, erhalten nur die erste Düngergabe. Während des Wachstums unterläßt man grundsätzlich das Nachdüngen der Dahlien, weil sie bei einem höheren Stickstoffgehalt des Bodens nur schlecht blühen.

Winterharte Zwiebelgewächse, die über mehrere Jahre in der Erde bleiben, müssen jedes Jahr ausreichend mit Nährstoffen versorgt werden. Dem Verbrauch der Art entsprechend wird im Herbst Volldünger als Grunddüngung

Die Madonnenlilie (Lilium candidum) gedeiht am besten in voller Sonne. Gepflanzt wird sie bereits im August, am günstigsten in südlicher Lage. Der Boden soll durch Zugabe von Kompost, Lauberde und Sand verbessert werden (617)

Die gelbblühende Dahlia pinnata gehört zur Gruppe der einfach blühenden Dahlien (619)

Dahlia pinnata 'Tartan' ist eine dekokrative Dahlien-Sorte (620)

Tulipa kaufmanniana *ist eine frühblühende Wildtulpe für Steingärten und Rasen (621)*

gegeben. Die Frühjahrsdüngung ist ähnlich wie bei den jährlich neu gepflanzten Arten.

Sobald der Dünger ausgestreut ist, muß gründlich gegossen werden, um die Nährstoffe so schnell wie möglich zu den Wurzeln zu bringen. Danach wird innerhalb von 14—20 Tagen noch ein- bis zweimal gegossen, um zu vermeiden, daß sich die Konzentration der Mineralsalze in den Bodenschichten über den Zwiebeln vorübergehend erhöht, denn durch eine Überkonzentration vor allem von Salpeter könnten die unterirdischen Stengelteile verbrennen.

Zwiebel- und Knollengewächse wünschen immer ausgiebige Wassergaben, aber sie dürfen die Aufnahmefähigkeit des Bodens nicht übersteigen.

Bei den in Ziergärten kultivierten Pflanzen müssen die verwelkten Blüten entfernt werden, noch bevor sich die Samenanlage entwickelt. Wenn das nicht sofort geschieht, kann die Entwicklung der vegetativen Speicherorgane durch die Samenentwicklung stark geschädigt werden. Die Blüten werden unmittelbar unter dem Blütenboden abgebrochen oder der Blütenstand unter den niedrigstehenden Blüten weggeschnitten, um nicht unnötig die assimilierenden Pflanzenteile zu beschädigen.

Pflegearbeiten zur Erhaltung des Gesundheitszustandes der Pflanzen

Als eines der wichtigsten Elemente der Pflanzenpflege betrachtet man bei den Zwiebel- und Knollengewächsen den Kampf gegen Krankheiten.

Sofort nach dem Austrieb der oberirdischen Pflanzenteile wird der gesamte Bestand kontrolliert und alle Exemplare werden entfernt, die auch nur die geringsten Anzeichen von Krankheiten aufweisen, um die gesunden Pflanzen vor Infektion zu schützen. Diese negative Auslese muß während der gesamten Wachstumsperiode erfolgen .Einige Krankheiten, insbesondere Pilzbefall, machen sich gleich zu Beginn des Wachstums bemerkbar, andere dagegen, meist durch Bakterien und Viren hervorgerufene Erkrankungen, lassen sich erst später erkennen. Ohne Rücksicht auf Jahreszeit oder Wachstumsphase werden alle Pflanzen beseitigt, die infiziert sein könnten. Das betrifft vor allem Virosen an Tulpen und Gladiolen, die erst an den Blüten feststellbar sind.

Außer dieser Auslese kranker Pflanzen wird empfohlen, die Pflanzenpflege in Ausnahmefällen durch vorbeugendes Spritzen mit chemischen Präparaten zu ergänzen. Obwohl der Einsatz von chemischen Pflanzenschutzmitteln im Garten kompliziert ist, machen einige Kulturen wenigstens zeitweilig ein Spritzen erforderlich. Besser ist es jedoch, auf anfällige Sorten ganz zu verzichten.

Grundsätzlich muß man sich vergegenwärtigen, daß bisher kein Allheilmittel gegen Pflanzenkrankheiten und -schädlinge gefunden wurde und sicher auch keines gefunden wird. Die Wirkungsbsreite der einzelnen Pflanzenschutzmittel, also die Anzahl der durch ein Mittel bekämpften Krankheiten, unterscheidet sich beträchtlich. Bei der Anwendung von Pflanzenschutzmitteln ist den Vorschriften des Herstellers, auch bezüglich Konzentration und Applikationsweise größte Aufmerksamkeit zu widmen.

Ernten und Lagern der Zwiebeln und Knollen

Sobald die oberirdischen Pflanzenteile abgestorben sind, treten Zwiebeln und Knollen in die Ruhephase ein. Beim Kultivieren dieser Pflanzengruppe im Garten werden folgende Grundsätze empfohlen:

▶ Jedes Jahr sind die nicht winterfesten Arten und Sorten aus dem Boden zu nehmen, also *Acidanthera, Anemone coronaria, Begonia*-Knollenbegonien-Hybriden, *Canna, Crocosmia, Dahlia, Freesia, Galtonia, Gladiolus, Hymenocallis, Iris x hollandica, Ixia, Oxalis, Ranunculus, Tigridia* und die sommerlagernden Gattungen, wie Hyazinthen, Gartentulpen, empfindliche Wildtulpen und manchmal auch Krokusse.

▶ Alle anderen Gattungen und Arten, einschließlich der Wildtulpen, *Tulipa kaufmanniana, T. persica, T. urumiensis, T. tarda, T. biflora, T. turkestanica, T. praestans,* können mehrere Jahre an einem Standort bleiben.

Tulipa kaufmanniana 'Heart's Delight' (622)

Narzissen, Lilien und Herbstzeitlose werden alle 3—4 Jahre aufgenommen, wenn sich die Pflanze zu sehr vermehren und zu dichte Bestände gebildet haben.

Zwiebeln und Knollen werden grundsätzlich herausgenommen, wenn die oberirdischen Pflanzenteile vollständig abgestorben sind. Beim Ausgraben der Speicherorgane ist sehr vorsichtig vorzugehen. Stengel und Blätter werden gleich beim Ernten unmittelbar an der Zwiebel oder Knolle abgetrennt. Nur so kann der gute Gesundheitszustand der Zwiebeln und Knollen erhalten bleiben. Eine Ausnahme bilden Dahlien, denen man etwa 10 cm des alten Stengels beläßt, aber die Blattreste völlig entfernt.

Das von anhaftender Erde gereinigte Erntegut wird in dünnen Schichten in Obstkisten gelegt und in einem trockenen, gut gelüfteten Raum gelagert. Die meisten Kisten haben kleine Füße, so daß die Luft zirkulieren kann. In der Sonne dürfen nur die im Herbst aufgenommenen Arten getrocknet werden. Dafür sind sie aber vor dem abendlichen Tau und vor der Herbstkühle zu schützen.

Sobald die Zwiebeln und Knollen abgetrocknet sind, also nach etwa einem Monat, werden sie gesäubert, von abgestorbenen Resten der alten Speicherorgane befreit und eingelagert. Lilienzwiebeln mit Ausnahme von *Lilium candidum* werden nicht getrocknet.

Beim Ernten und Säubern und im Verlauf der ganzen Lagerzeit ist sorgfältig auf den Gesundheitszustand des Lagergutes zu achten. Alle kranken Zwiebeln und Knollen werden sofort entfernt, denn sie können das gesunde Material infizieren und die Verbreitung einiger Pilz- und Bakterienerkrankungen bis zum Ausmaß einer Epidemie bewirken.

Wenn kein Lagerraum mit Lüfter und einwandfreier Absaugung feuchter Luft zur Verfügung steht, muß die Trocknungstemperatur, wenigstens in der ersten Phase, unter 20°C gehalten werden.

Um die Verbreitung von Pilzkrankheiten zu verhindern, empfiehlt es sich, alle geernteten Zwiebeln und Knollen sofort mit einem geeigneten Präparat zu beizen. Vorher müssen alle Erdreste abgewaschen werden. Dazu legt man das Erntegut am besten in ein großmaschiges Sieb und taucht es in ein mit Wasser gefülltes Gefäß. Nach dem Abwaschen wird mit sauberem Wasser nachgespült. Erst wenn das Wasser gut abgetropft ist und Zwiebeln und Knollen nach dem Beizen im Freien gut abgetrocknet sind, werden sie in den Lagerraum gebracht.

Man muß Zwiebeln und Knollen immer sehr sorgfältig behandeln, denn es ist lebendes Material, das auch in dieser scheinbaren Ruhezeit innere Veränderungen durchmacht, deren Ablauf sehr stark von den Lagerbedingungen und der Pflege abhängt. Die Qualität der Lagerung bestimmt die Güte der Zwiebeln und Knollen für die kommende Vegetationsperiode. Alle Zwiebeln und Knollen sind sorgfältig vor Frösten zu schützen.

Vermehrung der Zwiebel- und Knollengewächse

Blumenzwiebeln und Knollen vermehren sich in freier Natur vegetativ wie generativ. Im Unterschied zu den meisten anderen Gewächsen gehört die vegetative Vermehrung der Mitglieder dieser Pflanzengruppe zur grundlegenden Vermehrungsweise in der Natur. Die Gartensorten vieler Zwiebel- und Knollenblumenarten lassen sich nur auf vegetativem Wege vermehren.

Generative Vermehrung

Die geschlechtliche Vermehrung durch Samen kann unter Kulturbedingungen nur bei den Wildarten der Zwiebel- und Knollengewächse vorgenommen werden. In der gärtnerischen Großproduktion werden zwar auch Pflanzen aus Samen gezogen, deren vegetative Vermehrung wenig produktiv ist (Anemonen, Begonien, Alpenveilchen, Freesien u. a.), aber die auf geschlechtlichem Weg gewonnene Nachkommenschaft der Gartensorten ist nicht ganz einheitlich und für gärtnerische Zwecke völlig ungeeignet. Deshalb läßt sich diese Art der Vermehrung bei Gartensorten nicht empfehlen.

Die Samen der Wildarten werden ins Frühbeet oder auf ein Saatbeet ausgebracht. Der Boden auf diesen Beeten muß immer leichter und besser vorbereitet sein als auf normalen Beeten. Die Sätiefe liegt bei den meisten Arten bei 1–2 cm. Den Bestand läßt man zwei bis drei Jahre auf

Tulpen — wie z. B. diese Darwin-Hybride, entfalten ihre Schönheit am besten in größeren Gruppen (623)

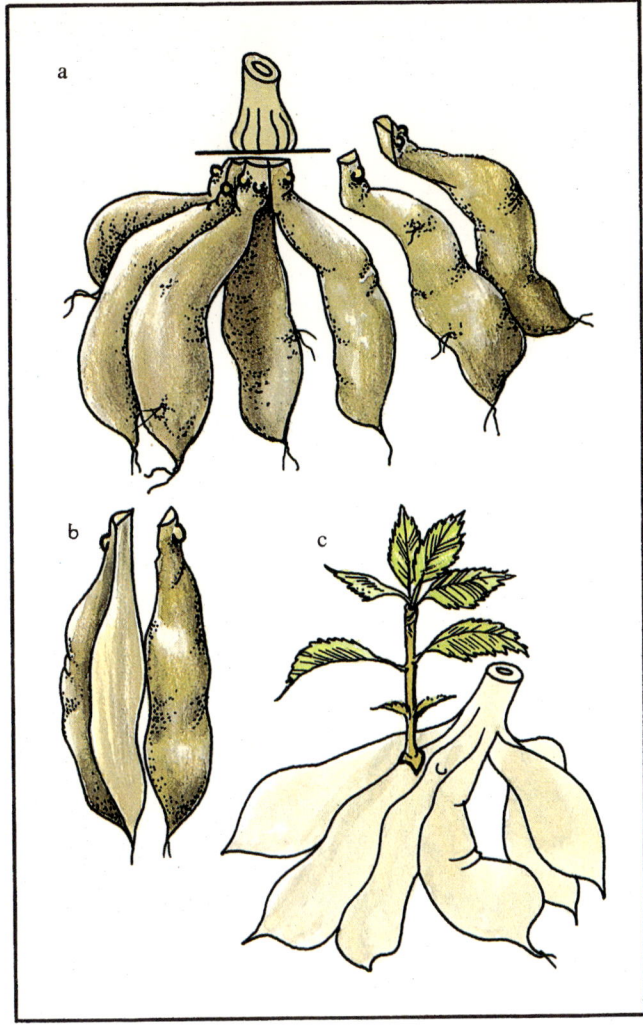

Vermehren von Dahlien. a: *durch Teilen des Knollenballens in einzelne Knollen;* b: *durch Teilen der einzelnen Knollen;* c: *durch Stecklinge (624)*

dem Saatbeet. Die Samen aller winterharten Arten werden grundsätzlich im Herbst ausgesät, da sie ohne vorangehende kühle Periode nicht keimfähig sind. Samen der nicht überwinternden Arten werden im Frühjahr auf das Beet gebracht. Auf dem Saatbeet fordern die Jungpflanzen aufmerksame Pflege. Weder vor dem Aussäen noch während der ersten Wachstumsperiode wird Dünger gegeben. Erst nach Abschluß des ersten Jahres, etwa im Herbst und dann im Frühjahr, bekommen sie Nährstoffgaben wie mehrjährige erwachsene Pflanzenbestände. Nach 2–3 Jahren bilden sich bei den meisten Zwiebelgewächsen kleine Zwiebelchen, die noch ein- oder zweimal umgesetzt werden und eine weitere Saison, (eventuell bis zu drei Jahren) benötigen, um zur Blühreife gebracht zu werden. Bei jedem Umpflanzen kommt die Zwiebel tiefer in die Erde, um ihr die entsprechenden Wärme- und Feuchtigkeitsbedingungen zu verschaffen. Die Sämlinge der nicht winterharten Arten müssen selbstverständlich jedes Jahr geerntet werden.

Vegetative Vermehrung

Die vegetative Vermehrung ist bei den Zwiebel- und Knollengewächsen die wesentliche Vermehrungsweise.

Arten, deren Zwiebeln oder Knollen nur ein Jahr lang lebensfähig sind, bilden neben der Ersatzzwiebel oder -knolle eine größere oder kleinere Anzahl Tochterzwiebeln oder -knollen (Tulpen, Schwertlilien, Schachbrettblumen). Nicht alle Tochterzwiebeln sind gleichgroß, aber immer ist ein Teil blühfähig. Arten mit mehrjährigen Zwiebeln produzieren weitaus weniger Tochterzwiebeln und man muß sie mindestens ein Jahr pflegen, bis sie blühfähig sind. Diese Tochterzwiebeln wachsen nur an größeren Mutterzwiebeln. In der Praxis der Vermehrungsbetriebe vermehrt man eine Reihe von Blumenzwiebel- und Knollenarten künstlich vegetativ. Man verletzt den Basalteil der Zwiebel oder Knolle (Hyazinthen, Blaustern) oder teilt die Schuppen der Mutterzwiebel (Lilien, Schachbrettblumen). An den Schnittflächen dieser Zwiebeln oder an den abgelösten Schuppen entwickeln sich unter den optimalen Bedingungen des klimatisierten Vermehrungshauses nach einer bestimmten Zeit kleine Brutzwiebeln, die innerhalb von zwei bis vier Jahren zu blühreifen Exemplaren herangezogen werden.

Arten mit Zwiebeln bilden jedes Jahr entweder eine bestimmte Anzahl blühfähige Tochterzwiebeln (Herbstzeitlose, Krokus, Montbretien) oder es entstehen außer der Ersatzzwiebel noch viele kleine Vermehrungsorgane, die man als Brut-Zwiebeln bezeichnet (Gladiolen, Sterngladiolen, Ixlilien). Die Brut-Zwiebeln sind meist nicht in der Lage, schon im zweiten Jahr blühreife Zwiebeln zu bilden und müssen deshalb auf Anzuchtbeeten aufgepflanzt werden.

Die knollenbildenden Arten produzieren nur selten Tochterknollen, wenn etwa die Pflanze ihre maximale Größe erreicht hat. Meist geht es nicht um Tochterspeicherorgane, sondern nur um eine Teilung der Mutterknolle in zwei und mehr Erstazknollen, wie bei Dahlien, Anemonen und Eremurus. Die Anzucht der meisten Knollengewächse muß deshalb durch generative Vermehrung oder durch vegetative Vermehrung (Stecklinge von jungen Stengeln: Dahlien, Begonien, Canna) erfolgen.

Zu kleine Zwiebeln und Knollen sowie Jungpflanzen aller Arten werden nach ähnlichen Methoden angezogen, nur widmet man ihnen mehr Sorgfalt. Das zur Anzucht bestimmte Pflanzmaterial wird immer sorgfältiger eingebracht als ausgewachsene Zwiebeln und Knollen, die leichter unsere eventuelle Nachlässigkeit zu tolerieren vermögen. Die Einhaltung aller Grundsätze der richtigen Düngung, des Pflanzenschutzes, der Bewässerung und der Pflege wird bei jungen, nicht ausreichend entwickelten Speicherorganen geradezu zu einer Notwendigkeit.

Herbstzeitlose erfreuen uns mit ihrer zarten Schönheit besonders wegen ihrer späten Blütezeit. Colchicum byzantinum *var.* cilicicum *blüht hellrot (625)*

Eine Auswahl von Zwiebel- und Knollengewächsen

Art	Höhe (cm)	Blütenfarbe	Blütezeit	Boden	Licht	Pflanztiefe (cm)
Acidanthera bicolor var. *murielae* Sterngladiole	80–100	weiß mit rotbraunem Fleck	VIII–X	durchlässigen, fetten Boden	◐◐	6–8
Allium aflatunense Lauch	80–100	hell violett	V	durchlässiger, leichter Boden	○	12–14
Allium caeruleum Lauch	50–60	azurblau	VI–VII	durchlässiger, leichter Boden	○	6–8
Allium karataviense Blauzungenlauch	15–25	grauweiß	V–VI	anspruchslos	◐◐	12–15
Allium moly Lauch	20–30	gelb	V–VI	anspruchslos	◐◐	6–8
Allium oreophilum Lauch	10–15	rosarot	VI–VII	Sand-Humosboden	○	6–8
Anemone apennina Anemone	15–20	himmelblau	IV–V	trockener, durchlässiger Boden	◐◐	5–7
Anemone blanda Anemone	10–15	blau	III–IV	feuchterer, wärmerer Boden	◐◐	5–7
Anemone coronaria Kronenanemone	25–40	verschieden	IV–V	leichterer Humusboden	○	4–8
Begonia-Knollenbegonien-Hybriden Knollenbegonie	15–40	weiß, gelb, orange, rot	VI–X	leichterer, durchlässiger Humusboden	○	2–3
Bletilla striata Japanorchidee	20–40	rot und weiß	V–VI	kalkhaltiger Humusboden	◐◐	10–15
Bulbocodium vernum Frühlingslichtblume	10–15	lilarosa, purpur	III	feuchterer Sandhumusboden	◐◐	8–10
Camassia quamash Prärielilie	30–60	stahlblau	V–VI	durchlässiger Sandhumusboden	○	10–12
Canna indica Blumenrohr	40–150	gelb, rosa, rot	VII–X	leichterer, humushaltiger Boden	○	5
Chionodoxa luciliae Schneeglanz	10–15	blau, zur Mitte hin weiß	III–IV	leichterer Humusboden	○	5
Colchicum autumnale Herbstzeitlose	10–15	lilarosa	IX–X	feuchterer Humusboden	○	10–15
Colchicum speciosum var. *bornmülleri* Zeitlose	12–15	lilarosa	VIII–IX	Sandhumusboden	◐◐	10–15
Crocosmia x crocosmiiflora Gartenmontbretie	30–70	orangerot	VIII–X	durchlässiger, fetter Boden	○	5–8
Crocus chrysanthus Krokus	10–12	gelb	II–IV	leichterer Humosboden	○	6–8
Crocus kotschyanus Krokus	10–15	lila	IX–X	leichterer Humusboden	○	6–8
Crocus-Sorten Krokus	10–15	verschieden	III–IV	leichterer, durchlässiger Boden	○	6–10
Cyclamen purpurascens Alpenveilchen	10–12	purpurrosa	VI–IX	leichterer Humusboden	○	2–3
Dahlia-Hybriden Dahlie	25–200	verschieden	VI–X	mittelschwerer Boden, kalkhaltig	○	8–10
Eranthis hyemalis Winterling	6–10	gelb	II–III	leichterer Humusboden	◐○	5–7
Eremurus stenophyllus Steppenkerze	60–80	dunkelgelb	VI–VII	Lehmsandboden	○	15–20
Erythronium dens-canis Hundszahn	10–20	zartrosa, fleischfarben	III–IV	lockerer Humusboden	○	5–6
Freesia-Hybriden Freesien	60–80	weiß, gelb, rosa, karmin, purpur	VII–X	leichter, durchlässiger Boden	○	5
Frtillaria imperialis Kaiserkrone	80–100	orange	IV–V	lockerer, fetter Boden, durchlässig	○	15–20
Fritillaria meleagris Schachbrettblume	20–30	hell- und dunkelpurpurn gescheckt	IV–V	lockerer, fetter Boden, durchlässig	○	6–8
Galanthus nivalis Schneeglöckchen	15–20	weiß	II–III	lockerer, fetter Boden, durchlässig	◐◐	6–10
Galtonia candicans Sommerhyazinthe	80–100	weiß	VII–IX	leichter, fetter Boden, durchlässig	○	10–20
Gladiolus-Hybriden Gladiole	80–180	verschieden	VII–IX	leichter bis mittelschwerer, durchlässiger Boden	○	8–10
Hyacinthus orientalis-Sorten Hyazinthe	15–25	verschieden	IV–V	durchlässiger Lehmsandboden	○	10–15

Eine Auswahl von Zwiebel- und Knollengewächsen

Art	Höhe (cm)	Blütenfarbe	Blütezeit	Standortansprüche Boden	Licht	Pflanztiefe (cm)
Hymenocallis narcissiflora	60-100	cremeweiß	VI-VII	leichterer Humusboden	○	10
Ipheion uniflorum Sternblume	10-20	hellviolettblau	III-V	anspruchslos	○◐	8
Iris reticulata Schwertlilie	15-20	violett, blau, weinrot	II-III	leichterer, durchlässiger, fetter Boden	○	5-6
Iris-Hollandica-Hybriden Schwertlilie	40-50	weiß, blau, violett, gelb	V-VII	durchlässiger Humusboden	○	10-12
Ixia speciosa Klebschwertel	15-30	rosa, karmin	VI-VII	leichterer, durchlässiger, fetter Boden	○◐	8-10
Leucojum vernum Märzbecher	25-30	weiß	III-IV	durchlässiger, feuchterer Boden	◐	5-8
Liatris spicata Prachtscharte	60-100	weiß, rosa, violett	VII-X	Lehmsandboden	○	6-8
Lilium candidum Madonnenlilie	50-100	weiß	VI-VII	durchlässiger, kalkhaltiger Lehmboden	○	2-3
Lilium martagon Türkenbundlilie	60-180	rosa mit dunkleren Flecken	VI-VII	durchlässiger, kalkhaltiger Lehmboden	○◐	10-12
Lilium pumilum Lilie	30-45	scharlachrot	VI	durchlässiger lehmiger Boden	○	6-7
Lilium regale Königslilie	80-120	cremeweiß, außen kastanienrot	VII	sandiger Humusboden, verträgt Kalk	○◐	10-12
Lilium speciosum Prachtlilie	90-200	rosa angehaucht mit purpurgefleckten Außenrippen	VIII	sandiger Humusboden	○	10
Muscari armeniacum Traubenhyazinthe	20-25	kobaldblau mit weißem Saum	IV-V	anspruchslos	○◐●	8-10
Muscari botryoides Traubenhyazinthe	10-20	blau	IV-V	anspruchslos	○◐●	8-10
Muscari comosum Traubenhyazinthe	30-50	amethystblau	V-VI	sandiger Humusboden	○	6-8
Narcissus cyclamineus Alpenveilchen-Narzisse	12-15	gelb	II-III	feuchter, durchlässiger Boden	○	8-10
Narcissus poeticus Dichternarzisse	40	weiß und roter Saum	IV	durchlässiger Lehmboden	◐	10-12
Narcissus triandrus var. *albus* Engelstränennarzisse	18	weiß	IV-V	durchlässiger Lehmboden	○	1
Narcissus-Sorten Narzisse	25-60	verschieden	III-V	guter, durchlässiger Lehmsandboden	○◐	10-12
Ornithogalum umbellatum Milchstern, Stern von Bethlehem	10-30	weiß	IV-V	durchlässiger Humusboden	○	10
Oxalis adenophylla Sauerklee	8-10	violettrosa	V-VI	durchlässiger, saurer Humusboden	○◐	5
Puschkinia scilloides var. *libanotica* Puschkinie	bis 15	hellblau	III-IV	lockerer Humusboden	○◐	5-6
Ranunculus asiaticus Ranunkel	20-30	verschieden	VII	durchlässiger Humusboden	○	3-4
Scilla hispanica Blaustern	20-30	violettblau	V-VI	leichterer Gartenboden	○◐	6-10
Scilla sibirica Blausternchen	10-20	strahlend blau	III-IV	guter, durchlässiger Humusboden	○◐	6-8
Sparaxis grandiflora Fransenschwertel	30-45	purpur	IV-V	leichterer, durchlässiger Boden	○	6-10
Sternbergia lutea Goldkrokus	10-15	gelb	IX-X	kalkhaltiger, steiniger, sandiger Boden	○◐	10-12
Tigridia pavonia Muschel-, Pfauen- oder Tigerblume	40-60	verschieden	VII-IX	guter, durchlässiger Boden	○	5-7
Tulipa eichleri Tulpe	30	rot	IV-V	durchlässiger Lehmsandboden	○	10-12
Tulipa fosteriana Tulpe	30-40	scharlachrot	IV	durchlässiger Lehmsandboden	○	10-12
Tulipa kaufmanniana Tulpe	15-20	weiß, hell- oder dunkelgelb	III-IV	durchlässiger Lehmsandboden	○	10-12
Tulipa tarda Tulpe	10-15	gelb mit weißem Ring	IV-V	durchlässiger Lehmsandboden	○	6-8
Tulipa-Sorten Tulpe	15-80	verschieden	III-V	nahrhafte, durchlässige Böden	○	10-12

Steingartenpflanzen

Unter dem Begriff Steingartenpflanzen versteht man gewöhnlich verschieden hoch wachsende Pflanzen mit unterschiedlichen Eigenschaften, die älter werden als zwei Jahre und den Winter scheinbar ohne Anzeichen von Leben in den unterirdischen Teilen überdauern (ausgenommen immergrüne Arten). Im Herbst, oder zu Beginn des Winters, aber manchmal auch schon recht bald nach dem Verblühen, sterben ihre oberirdischen Teile ab und treiben im Frühjahr wieder aus. Die Steingartenpflanzen kommen gewöhnlich auf spezielle, dem Gebirgsgelände nachgebildete Gartenpartien — in Steingärten. Die Pflege von Alpinen ist zu einer recht populären Liebhaberei geworden, denn auf verhältnismäßig kleiner Fläche läßt sich im Garten, aber auch auf dem Balkon, der Gartenterrasse oder auf dem flachen Hausdach ein reiches Sortiment von Pflanzen aus allen Gegenden unserer Erde zusammentragen.

Es gibt viele schöne Alpenpflanzen, was zahlreiche Menschen dazu verführen mag, sie mit nach Hause, in ihre Gärten zu nehmen. Dies ist aber ein unbedachter Schritt. Einerseits sind einige Arten geschützt, andererseits wachsen diese Pflanzen in den Gärten häufig nicht an. Dann war alle Mühe umsonst. Im Handel sind so viel Pflanzen vorhanden, daß auch der anspruchsvollste Kleingärtner zufrieden sein wird.

Steingärten und Trockenmauern

Steingartenpflanzen können in Steingärten, auf Trockenmauern, in Trögen und anderen Pflanzgefäßen gezogen werden. Aber noch bevor wir uns dazu entschließen, einen Steingarten anzulegen, sollten wir uns auf Wanderungen durch die Bergwelt von der Natur belehren lassen.

Wir sollten uns sehr aufmerksam die Felspartien, die reiche Flora und die Zusammensetzung der Pflanzengesellschaften, die Bergbäche und Bergwiesen ansehen, aber auch das Klima und die Böden kennenlernen, in denen die Bergflora wächst. Diese Beobachtungen werden uns dann bei der Entscheidung, ob und wie das Alpinum anzulegen ist, eine unschätzbare Hilfe sein.

Jeder Steingarten ist für sich genommen eine selbständige Partie, für die — falls das jedoch nicht schon durch die natürlichen Bedingungen gegeben ist — ein ausreichender Abstand zu den übrigen Teilen des Gartens, ein schöner Hintergrund, wenn möglich eine naturgetreue Umgebung, etwa durch Eingliederung oder Anschluß einer Heidepartie auch mit Steppenflora, und verschiedene ergänzende Wasser- und Sumpfpartien geschaffen werden müssen. In der Nachbarschaft eines Steingartens kommt auch eine gut gepflegte Rasenfläche sehr schön zur Geltung.

Selbstverständlich ist man bei der Anlage eines Steingartens vom Charakter des Gartengeländes abhängig. Bei natürlicher Hanglage und ausreichender Entfernung vom Gebäude läßt sich ein Naturalpinum anlegen, in dem man bis zu einem bestimmten Grad die Natur nachbilden kann. Für diesen Steingarten sollte man unregelmäßige, verwitterte, an der Oberfläche liegende Steine verwenden, denn sie machen den natürlichsten Eindruck. Am idealsten ist ein nach Osten oder Nordosten liegender Hang, denn dort kommen auch sehr schwierige Arten gut voran. Selbstverständlich werden auch nach anderen Himmelsrichtungen liegende abschüssige Gelände für Steingärten genutzt. Nur muß man die Wahl der Arten der gegebenen Lage anpassen.

Wasser in beliebiger Gestalt belebt den Steingarten. Die Bepflanzung der unmittelbaren Umgebung eines Teiches ist sorgfältig zu planen und soll möglichst natürlich wirken (627)

Aus dem Bild geht deutlich hervor, wie anspruchslos das Felsensteinkraut (Alyssum saxatile) ist. In der Natur wächst es auf Felsen und ist mit wenig Boden zufrieden. Für Steingärten und Trockenmauern ist es unentbehrlich. Es bildet große Polster und die gelbe Farbe seiner Blüten verleiht dem ganzen eine heitere Note (626)

Das gegliederte Gelände am Haus ist für den Bau eines Steingartens günstig. Die Art und Größe der Steine sowie der Charakter des Steingartens sind der Architektur des Wohnhauses angepaßt (628)

Wenn das abfallende Gelände an ein Gebäude anschließt, dann entscheide man sich lieber für einen Steingartentyp, der der Architektur des Baues entspricht. Am besten ist ein sogenanntes architektonisches Alpinum aus Quadern oder Steinplatten in der Form mehr oder weniger abgestufter Terrassen.

Eine sehr schöne Ergänzung unserer heutigen Gärten mit Höhenunterschieden, die nicht für klassische Alpinen genutzt werden können, sind freie Steingärten oder Steinpartien. Die natürlichen Bodenwellen werden belassen und mit einzeln oder in kleineren Gruppen aufgestellten, schön geformten Findlingen besetzt. Die so vorbereitete Böschung wird mit einer frei gestellten Gruppe Stauden bepflanzt. Verglichen mit einem klassischen Alpinum erfordert so ein Steingarten weniger Pflege, besonders dann, wenn sich die Polsterstauden kräftig ausbreiten.

Höhenunterschiede lassen sich auch durch Trockenmauern gut überbrücken. Beim Bau dieser Mauern findet kein Mörtel, sondern reichlich Lehm und Erde Verwendung.

Mit Hilfe von Trockenmauern kann man Unebenheiten des Geländes auffangen. Günstig ist es, die Mauern schon während des Baus mit passenden Arten der Alpenflora zu bepflanzen, die zur harmonischen Verbindung mit dem Gelände beitragen (629)

Die Fugen werden mit Arten besetzt, die blühende Polster bilden. Eine Trockenmauer sollte nicht höher sein als 50–60 cm. Wenn ein größerer Unterschied zu überwinden ist, sollten lieber zwei Mauern angelegt werden. Zum Bau von Trockenmauern benutzt man Naturstein und auch die Stufen sollen nur mit Erde ausgefugt werden, damit niedrig wachsende Arten gedeihen können, denen es nichts ausmacht, wenn man darauf tritt.

Weit verbreitet ist das Bepflanzen verschiedener Pflanzgefäße mit alpinen Stauden. Diese Troggärten sind Miniaturalpinen, die den Reiz haben, daß man sie überall aufstellen kann, ohne daß sie störend wirken würden. Nur die Pflanzgefäße müssen den ästhetischen Ansprüchen genügen. Als Minialpinum kann auch ein größerer, mit geschickt ausgewählten Arten bepflanzter Travertin-Stein sehr schön wirken.

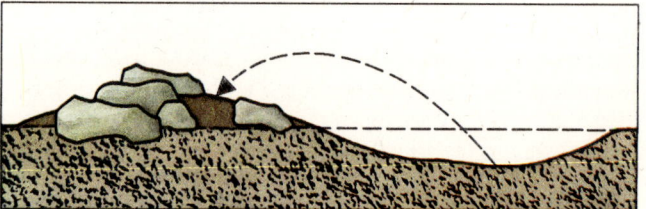

Auch im Flachland kann ein Steingarten angelegt werden; durch das Ausheben von Boden entsteht eine Mulde z. B. für einen Wassergarten (630)

Anlegen von Steingärten und Trockenmauern

Steingärten lassen sich in allen Höhenlagen ohne Rücksicht auf die Bodenbedingungen anlegen, weil sie in jedem Fall auf geeignete Weise hergerichtet werden müssen. Am besten eignet sich ein vollsonniger oder leicht schattiger Platz. Niemals werden Steingärten jedoch unter Bäumen plaziert.

Für den Bau werden entweder natürliche Abhänge oder künstlich geschaffene, an eine Wand, Gartenmauer u.ä. anschließende Böschungen gewählt. Sogar ebene Gelände lassen sich herrichten. Man muß dort unregelmäßige Bodenmulden ausheben, die ausgeworfene Erde daneben aufschütten und kleine Erhebungen schaffen. Wenn man das sehr sorgfältig und einfühlsam macht, wirkt es nicht gewaltsam. Und wenn man das nicht möchte, dann kann man Steingartenblumen auch in der Ebene zwischen flachen, hier und da als größere Solitärs oder als Gruppe angeordneten Steinen pflanzen. Ein solches Alpinum kann sogar natürlicher wirken als ein künstlich aufgeschütteter Steingarten.

Gestein im Alpinum

Neben den Pflanzen ist der Stein das wichtigste Element des Steingartens. Man sollte immer nur eine einzige Gesteinsart wählen, am besten die für die Gegend typische. Am natürlichsten wirken Steine, deren Oberfläche verwittert, mit Moos oder sogar mit Flechten bewachsen ist. Sehr effektvoll wirken Steingärten aus Kalkstein, Sandstein oder Kieselschiefer. Aber oft bleibt keine andere Wahl, als Steine aus dem Steinbruch zu verwenden. Frisch gebrochenes

Gestein muß sehr gut durchdacht und vorsichtig angeordnet werden, damit das Ergebnis wenigstens einigermaßen den Vorstellungen entspricht.

Zum Bau von Trockenmauern werden natürlich gewachsene Steine verwendet. Wenn die Mauer an ein Gebäude mit Steinsockel anschließt, soll das gleiche Material verbaut werden. Größere Steine werden für das mindestens 20–30 cm tiefe Mauerfundament genutzt, kleinere für die oberen Schichten.

Substrat des Steingartens

Ist das geeignete Gelände für das Alpinum gefunden, beginnt die eigentliche Arbeit. Der Umriß wird in etwa abgesteckt, vor allem deshalb, weil sich der Steingarten am Ende doch vom ursprünglichen Plan unterscheidet. Zuerst wird das Gelände hergerichtet, auf dem der Steingarten entstehen wird. Dabei ist immer von den gegebenen Verhältnissen auszugehen. Dort, wo die Fläche rasenbewachsen ist, wird die Rasenschicht völlig abgetragen. Wenn es sich um guten Rasen handelt, wird er sorgfältig beiseitegelegt. Auf den ausgehobenen Untergrund wird Dränagematerial bis in etwa 20 cm Höhe aufgeschichtet. Verwenden lassen sich Schotter, Kieselsteine, zerbrochene Dachziegel oder Ziegelstücke. Wenn als Zentralpunkt mächtige Felsbrocken gewählt werden, ist es besser, für sie ein Fundament aus Ziegelstücken, Steinen oder Formziegeln zu bauen, damit sich die schweren Steine darauf abstützen und nicht in den Boden einsinken und den ganzen Steingarten zum Abrutschen bringen. Das gilt vor allem für Alpinen, die an Zaungrundmauern anschließen.

Auf die Dränageschicht wird eine Erdschicht aufgeschüttet. Man kann dafür die Rasenstücke verwenden, die zur Seite gelegt wurden. Die Erde muß gesiebt sein und darf kein Unkraut und keine Wurzeln enthalten. Wenn notwendig, wird sie mit Sand, Ziegelschutt oder Torf versetzt. Diese Bodenschicht soll am Gipfel des Steingartens 10–15 cm stark sein, am Fuß dagegen etwas stärker, sie wird fest angedrückt.

Den gewöhnlich für Steingärten gewählten Pflanzenarten reicht eine gute Bodenmischung aus Rasenerde, Sand und etwas Torf. Sie wird aufgebracht, noch bevor die Steine über das Alpinum verteilt werden. Wer jedoch auch anspruchsvolle alpine Pflanzen setzen will, muß für sie den Ansprüchen entsprechende Erdmischungen herrichten und sie anstelle der beschriebenen Mischung an die Pflanzstellen bringen.

Der Größe des Steingartens entsprechend wählt man die Gehölzarten, die seinen natürlichen Charakter unterstreichen und seine Wirkung erhöhen sollen (631)

Die mit Bitterwurz (Lewisia) bepflanzte Schale wirkt während der Blütezeit sehr dekoraktiv auf der Rasenfläche. Ende Sommer, ist sie an einen regengeschützten Platz zu bringen (632)

Immergrüne und laubabwerfende Gehölze ermöglichen es, den Steingarten in seine unmittelbare Umgebung sowie in den Gesamtcharakter des Gartens natürlich einzugliedern. In unserem Fall bilden die Nadelgehölze zugleich auch den Hintergrund des Steingartens, vor dem sich die wunderschönen Farben der blühenden Laubgehölze abheben (633)

Bau des Steingartens

Auf die so vorbereitete Fläche werden die Steine geschichtet. Ein natürlicher Hang wird so hergerichtet, daß der Boden beim Gießen oder vom Regen nicht weggespült werden kann. Beim Modellieren des Steingartens handelt es sich um eine wirklich künstlerische Tätigkeit, bei der alles Gefühl für die Natürlichkeit, Geschmack und Erfahrungen aktiviert werden müssen. Die Steine werden zur Hälfte oder bis zu zwei Dritteln in das Erdreich eingesenkt, damit sie so natürlich wie möglich wirken. Nie soll ihre Spitze nach oben zeigen. Das Erdreich wird rings um den Stein festgestampft und alle Spalten ausgefüllt, damit sich der Stein später nicht mehr setzen kann. Zum Schluß wird der fertige Steingarten sauber gekehrt und gesprengt.

In den Fugen der Trockenmauer gedeiht eine Reihe von Pflanzen, zu denen auch zahlreiche Glockenblumen gehören, hier z. B. Campanula carpatica 'Alba' (634)

Schon in diesem Zustand muß er ästhetisch wirken, auch wenn noch keine Pflanzen darauf stehen.

Ein Steingarten soll stark gegliedert sein, damit so viel wie möglich geschützte Stellen, verschiedene Fugen, Überhänge und in alle Himmelsrichtungen zeigende Spalten geschaffen werden. Das ist die Voraussetzung für das Aussetzen einer größeren Anzahl von Steingartenpflanzen mit verschiedenen Standortansprüchen. Beim Bau des Steingartens müssen auch Wege und Stufen vorgesehen werden, damit alle Stellen für Pflegearbeiten zugänglich sind. Sie werden so in das Alpinum eingefügt, daß sie funktionsgerecht, bequem und sicher sind und dabei die natürliche Einheit der Anlage nicht stören.

Auf keinen Fall sollte man vergessen, Wasser in den Steingarten zu legen, das immer angenehme Erfrischung bringt. Es verbessert nicht nur die mikroklimatischen Bedingungen, sondern bietet auch die Möglichkeit, die Anlage um die ungemein anmutigen Wasser- und Sumpfpflanzen sowie um feuchtigkeitsliebende Flora zu bereichern. Geradezu ideal ist eine natürliche Wasserquelle in Form eines kleinen Baches oder eines kleinen Wasserfalls. Aber auch ein künstlicher Teich, Tümpel oder ein Bassin eignen sich hervorragend für Steingärten.

Es empfiehlt sich, alle diese Arbeiten im Herbst vorzunehmen, damit sich das Alpinum bis zum Frühjahr setzen kann. Bei der Frühjahrsbepflanzung besteht dann nicht mehr die Gefahr, daß sich das Gelände absenkt. Wenn es jedoch nicht anders geht, kann das Alpinum auch im Frühjahr angelegt werden, aber mit ausreichendem zeitlichem Abstand vor dem Bepflanzen, damit sich die Erde zwischen den Steinen setzen kann.

Trockenmauern werden zu jeder Jahreszeit gebaut. Am besten eignen sich Frühling oder Herbst, denn die Mauern sollen gleich beim Bau bepflanzt werden.

Die Steine sollen eckig sein und müssen wie Ziegelsteine beim Mauerbau gebunden werden. Die Trockenmauer bekommt eine leichte Neigung nach hinten. Der Kopf soll vom Mauerfuß um etwa 10 cm gegen den Hang zurückgesetzt sein. Die Gesteinsfugen werden mit einer Universalerdmischung gefüllt, die dem für Trockenmauern geeigneten Staudensortiment entspricht. In die Mauerfugen werden schon während des Baus die sorgfältig ausgewählten und farblich gut aufeinander abgestimmten polsterbildenden Stauden eingesetzt und zuletzt gut gewässert.

Der geschmackvoll gebaute und bepflanzte naturähnliche Steingarten wird mit der Zeit zu einer der attraktivsten Partien im Garten (635)

Die aus Natursteinen gebaute Treppe wirkt nicht nur natürlich, sie ist auch ein ästhetisches Element der Gartengestaltung (636)

a: Weder große noch kleine Steine dürfen mit der Spitze nach oben stehen, das wirkt unnatürlich, und kleinere Pflanzen können dazwischen nicht zur Geltung kommen; b: Richtig gesetzte Steine ragen höchstens um ein Drittel bis zur Hälfte heraus, scharfe Kanten sind besser im Boden zu verstecken (637)

Arbeiten kurz vor dem Bepflanzen des Alpinums

Am besten ist es, noch vor dem Bepflanzen des Alpinums einen Bepflanzungsplan auszuarbeiten. Nach den Katalogen der Gartenbaubetriebe wählt man die geeigneten Pflanzenarten aus, zeichnet sie in den Plan ein und achtet darauf, daß immer die richtigen Pflanzengesellschaften zusammenstehen. Leitfaden dafür sollte die Farbkombination des Flors sein, aber auch die Belaubung ist wichtig, damit das Alpinum auch ohne Blüten interessant wirkt. Und letztendlich sollte zur Bedingung gemacht werden, daß vom zeitigen Frühjahr bis in den Herbst hinein immer mehrere Arten im Flor stehen.

Wir sollten uns jedoch vorher immer sehr gründlich überlegen, welche Arten wir nach unseren Kenntnissen in der Lage sind, erfolgreich zu pflegen und mit welchen wir eher noch warten sollten, bis wir über mehr Erfahrungen verfügen.

Außer dem Pflanzmaterial besorgen wir uns auch das richtige Gartenwerkzeug, das wir unablässig brauchen werden. Notwendig sind Gartenschaufel, ein langstieliger Löffel und eine Kelle zum Ausheben von Erdreich, dazu eine halbrunde Schaufel zum Zuschütten und ein Setzholz zum Festklopfen des Erdreichs zwischen den Steinen. Nützlich sind sicher auch Gartenschere und Pinzette. Und selbstverständlich braucht man eine Nebeldüse zum Sprühen und eine kleinere Gießkanne.

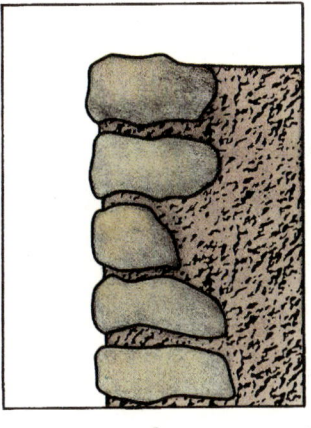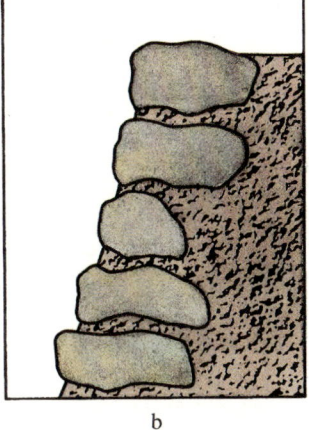

Trockenmauern sind besonders stabil, wenn sie nicht senkrecht (a), sondern etwas zum Hang hin geneigt (b) sind. Die jeweils oberen Steine dürfen die darunterliegenden nicht ganz überdecken, damit die Mauerpflanzen im Regen und beim Gießen genug Wasser erhalten (638)

Jahreszeiten im Steingarten

Unser in vier Jahreszeiten unterteiltes Kalenderjahr entspricht nicht immer dem Vegetationsverlauf im Pflanzenreich. Es gibt Jahre, in denen Gunst und Ungunst des Wetters die Blütezeit der klassischen Vertreter dieser oder jener Jahreszeit verschiebt und häufig dazu führt, daß manche Pflanzen schon mitten im Winter zum Leben erwachen und ein andermal viel später in Flor kommen als üblich.

Für Gärtner und Steingartenfreunde insbesondere hat das Jahr im Steingarten dazu noch Zeiten, von denen zweifellos der Vorfrühling mit seiner bezaubernden Flora am bedeutendsten ist und am sehnlichsten erwartet wird. Der Frühling unterteilt sich in der Regel in frühen und späten Frühling, der Sommer in Frühling- und Hochsommer, der Herbst ähnlich wie der Frühling in Früh- und Spätherbst.

Mit Pflanzen bewachsene Steinmauern wirken viel besser als nüchterne mit Mörtel verfugte Mauern. Beim Bau von Trockenmauern werden die Steine mit sorgfältig gesiebtem Sandboden (mit kleiner Humuszugabe) verbunden. Die Steingartenpflanzen werden am besten gleich beim Bau in die Spalten gepflanzt. Niedrigere Mauern (30–40 cm) können auf der Bodenoberfläche errichtet werden, für höhere müssen Grundsteine 30–40 cm tief in den Boden eingesenkt werden, oder es müssen Betonfundamente vorhanden sein, damit die Mauer den Witterungseinflüssen standhalten kann. Eine Dränschicht aus Kies oder Sand hinter der Mauer sorgt für Wasserableitung (639)

▼ Zwiebelblumen, vor allem niedrige Arten und Sorten, sind ein fester Bestandteil des Steingartens. Die höheren Arten sind für die Bepflanzung der unmittelbaren Umgebung des Steingartens in Form unregelmäßier Einfassungen geeignet (641)

▼ Das Adonisröschen (Adonis vernalis) blüht im April, allerdings wird es oft von Kälteeinbrüchen überrascht. Die Blüte ist jedoch sehr widerstandsfähig, und sobald der Schnee getaut ist, stellt sie sich aufs neue in voller Schönheit ein. Die Pflanze gedeiht am besten auf gut dräniertem kalkhaltigem Boden, der nicht allzuoft gelockert werden sollte (642)

◄ *Eine Wasserquelle im Steingarten ruft in uns Gefühle hervor die wir bei Wanderungen durch die Natur haben. Der Teich bietet überdies die Möglichkeit, den Steingarten auch mit Wasserpflanzen zu bereichern. Die Mühe, die für den Bau eines Teiches aufgewandt wird, lohnt sich! (640)*

Nur der Winter in unserem Garten ist mit dem des Kalenders identisch, auch wenn er »kurz« und »lang«, mild und streng, günstig und ungünstig sein kann und von seinem Verlauf die Dauer des Vorfrühlings abhängt.

Vorfrühling

Das alljährliche Erwachen der Natur ist vielschichtig; nie wiederholt es sich zur gleichen Zeit, nie gleicht es sich, auch nicht bei denselben Witterungsbedingungen.

Es ist natürlich, daß die Witterungsentwicklung auch die »Kulisse« unseres Steingartens bestimmt, die in der Nachbarschaft erblühenden Pflanzen im großen Amphitheater der Natur — in den Gebirgen, an den Berghängen, und

*Von Dezember bis März blüht die Schwarze Nieswurz (*Helleborus niger*), auch »Christrose« genannt. Sie gedeiht im Schatten bis Halbschatten in mäßig feuchten humosen Böden. Zu finden ist sie in Steingärten sowie in Staudenbeeten und als Unterwuchs von Ziergehölzen. Sie ist auch zum Schnitt geeignet (644)*

Knospen übersäte Schneeheide, der Seidelbast und die Zaubernuß mit ihren interessanten Blüten, denen auch mehrere Frostgrade nichts anzuhaben vermögen. Und wer wüßte nicht die Beständigkeit und den frischen Reiz der frühblühenden Zwiebel- und Knollengewächse zu schätzen, die meist in Steingärten und unter lichten Gehölzen überall dort wachsen, wo wenigstens die Frühlingssonne Zutritt hat. Zu dieser nur selten einheimischen, sondern meist aus fernen Gegenden eingebürgerten Flora gehören frühblühende Freiland-Alpenveilchen, Winterling, Schneeglöckchen, einige Krokusarten und andere Frühlingsboten.

Die winterharten Alpenveilchen, die gut durchlässige Böden mit reichem Humusgehalt und leicht schattige Standorte wollen, eignen sich besonders in der Nachbarschaft von Heidepartien oder Zwerggehölzen gut als Steingartenzierde. Der Winterling (*Eranthis*) sollte in keinem Garten und schon gar nicht im Steingarten fehlen. Er liebt leicht

Alpenveilchen (Cyclamen) sind Knollenpflanzen, die in der Nähe von Heideflächen oder kleineren Nadelbäumen sowie Farnkräutern oder Nieswurz und Kissenprimeln auszupflanzen sind. Sie verlieren auch zwischen den kleinen Zwiebelblumen nichts an Wirkung. Einige Arten blühen im Frühling (im Bild), andere im Herbst (643)

Das Schneeglöckchen (Galanthus nivalis) gehört zu den am häufigsten verwendeten kleinen Zwiebelblumen. Die Pflanzen brauchen schweren humushaltigen Boden und ausreichende Bodenfeuchtigkeit, sie gedeihen sowohl auf den sonnigen als auch halbschattigen Stellen im Steingarten und in Hainpartien (645)

Böschungen, in den Hainen, an Waldrändern und Wasserläufen, aber auch in unseren Gärten und Alpinen. Um den Steingarten weht oft noch die Winterkälte, hier und dort sind jedoch Eis und Schneedecke schon im Schwinden begriffen, denn die Steine unseres Alpinums geben die durch die ersten wärmenden Strahlen der Vorfrühlingssonne aufgenommene Wärme an ihre unmittelbare Umgebung ab und geben den ersten, lang ersehnten Frühlingsblühern den Weg frei.

Die Steingartenfreunde haben sich schon lange an den Reiz der Winter- und Vorfrühlingsflora gewöhnt, an die frostbeständigsten Stauden und Gehölze. Zu ihnen gehören die Christrose mit ihren herrlichen Blüten, die reich mit

schattige Stellen unter schwachwüchsigen Ziersträuchern und verschönt mit seinen goldgelben Blüten und Schmuckblättern unsere Gärten schon im Februar und März.

Zu den am frühesten blühenden Pflanzen unserer einheimischen Flora gehört das allgemein bekannte und beliebte Schneeglöckchen (*Galanthus*), das seine Blütenköpfe schon aus der Erde steckt, sobald die ersten lauen Winde wehen.

Für die früh blühenden Vertreter der Pflanzenwelt ist charakteristisch, daß sie ihre Knospen schon im Herbst anlegen. Zu diesen Steingarten- und Gehölzarten gehört vor allem die Christrose (*Helleborus niger*) mit ihren schönen, großen, weißen Blüten. Einige Sorten öffnen ihre Blüten noch vor Weihnachten, andere folgen nach und nach bis zum April. Ihre Frostbeständigkeit ist bewundernswert, denn auch mehrere Frostgrade machen ihr nichts aus.

Auch die frühblühende Schneeheide (*Erica herbacea*) blüht meist schon, sobald der Schnee schmilzt. Das Sortiment der Sorten umfaßt eine ganze Farbskala, angefangen von Weiß über zartes Rosa und Rosarot bis zum satten Karminrot. Ein lieber Gesellschafter der Heidekräuter sind die Sträucher des Gemeinen Seidelbastes (*Daphne mezereum*), eines Ziergehölzes, das sich durch den intensiven, angenehmen Duft seiner in großer Zahl erblühenden rosaroter weißer Blüten schon von weitem verrät. Dazu lockt es die Bienen zur ersten Weide.

Auch der Winterjasmin (*Jasminum nudiflorum*), ein interessanter, aus China stammender kriechender Strauch, erregt durch seine Blüten und feinen, an Forsythien erinnernden Duft verdiente Aufmerksamkeit. In einer geschützten Gartenecke oder auf größeren Steingärten blüht er oft schon ab Januar.

Die Kissenprimel (*Primula vulgaris*), sei es die einfache, gelb blühende Wildform oder die vielen, in herrlichsten Farben erstrahlenden Gartensorten, tragen nicht wenig zur farblichen Belebung der Waldpartien und Steingärten zu einer Zeit bei, in der es gewöhnlich noch recht kalt ist.

Helleborus-Hybriden (in unserem Fall weißblühender Nieswurz) sind schöne, anspruchslose und ausdauernde, frühblühende Pflanzen, deren Wirkung sich nicht nur durch die Blüten, sondern auch durch die immergrünen Blätter entfaltet. Die Blütezeit dauert von März bis April (646)

Zuerst erscheinen in dem Büschel vertrockneten, vorjährigen Laubes die Knospen und dann nach und nach die Blütenhäufchen inmitten der Blattrosette.

In den Steingartenanlagen anspruchsvoller Hobby-Gärtner kann man die bezaubernden Steinbrech-Arten aus den Sektionen Porophyllum wie z. B. *Saxifraga porophylla* bewundern. Auch die frühlingsblühenden Krokusse, wie *Crocus heufellianus* und andere Wildarten, bestechen durch ihren Willen zum Leben, wenn sie sich durch den schmelzenden und oft noch gefrorenen letzten Schnee drängen. Zu den frühen Zwiebelgewächsen gehören auch mehrere nicht so häufig anzutreffende Arten, wie die Frühlingslichtblume (*Bulbocodium vernum*), eine aus Südeuropa stammende, an die Herbstzeitlose erinnernde, hellviolettrosa blühende Pflanze.

Das Leberblümchen (*Hepatica nobilis*) steckt seine Knospen und Blüten schon aus dem Gewirr aus Zweigen und vorjährigem Laub, sobald die ersten wärmeren Strahlen der Sonne die kalte Erde erwärmen. Schon im Februar blüht das aus Siebenbürgen stammende Leberblümchen *Hepatica transsylvanica* mit schönen, blauen Blüten. Es wurden auch großblütige gefüllte Sorten mit rosa und weißer Blüte gezüchtet.

In Gärten und Steingärten sind schon im zeitigen Vorfrühling die Blüten der zwiebelblütigen Miniatur-Schwertlilien und Zwergnarzissen zu finden. Von den Adonisröschen stellt *Adonis amurensis* ihre Blüten schon im Februar vor und etwas später folgt auch unsere einheimische *Adonis vernalis*.

Vorfrühlingsarbeiten
Schöne Vorfrühlingstage locken häufig dazu, mit den Frühlingsarbeiten im Steingarten zu beginnen, vor allem die Winterdecke bei den schon blühenden Arten zu entfernen, um ihre Schönheit besser genießen zu können.

Es ist zwar so, daß einigen Arten, zum Beispiel vielen Zwiebelgewächsen, das Abdecken auch bei schlechterem Wetter, bei Schneegestöber, Frösten ohne Schnee oder

Der Rosmarinseidelbast Daphne cneorum 'Major' gedeiht in der Sonne, aber auch im leichten Halbschatten in humosem, sandigen Lehmboden (647)

Neuschnee nichts ausmacht, aber das plötzliche und zu frühe Entfernen des Winterschutzes kann vielen Steingartenblumen vor allem bei sonnigem Wetter zum Verhängnis werden. Die Vorfrühlingssonne kann sie verbrennen oder der Frost kann sie beschädigen oder sogar völlig vernichten.

Es ist allgemein bekannt, daß den meisten Steingartenpflanzen Winterschutz gegeben wird, um sie entweder vor der brennenden Winter- oder Vorfrühlingssonne oder vor Frösten zu schützen. Man darf deshalb auch bei warmem Wetter im zeitigen Frühjahr nicht zu bald das Fichtenreisig vom Alpinum nehmen. Es ist besser man wartet, bis sich das Wetter stabilisiert.

Wer Garten und Steingarten gleich am Haus hat, kann besonders bei wärmerem und regnerischem Wetter mit dem Aufräumen beginnen. Das Fichtenreisig wird entfernt, gefallenes und aufgehäuftes Laub weggerecht, trockene Pflanzenteile werden weggeschnitten, so daß der Steingarten wenigstens im Groben aufgeräumt ist. Das Reisig läßt man aber immer noch bei der Hand für den Fall, daß wieder Frostwetter eintritt, ohne daß Schnee fällt. Wenn es aber tüchtig schneit, dann kann man ganz beruhigt sein, denn Schnee schützt unsere Steingartenpflanzen sehr sicher und zuverlässig vor Frostschäden.

Erst wenn sich das Wetter stabilisiert hat, entfernt man die verschiedenen Glas- und Folienabdeckungen, die die im Winter keine Feuchtigkeit vertragenden Arten unbedingt brauchen, reinigt den Steingarten und drückt die vom Frost aus dem Boden gezogenen Pflanzen wieder in die Erde.

Die während des Winters locker gewordenen Steine werden gerichtet und festgedrückt, Dauerunkräuter entfernt, strauchig wachsende Steingartengewächse etwa um 1/3 ihrer Länge eingekürzt. Der Boden zwischen den Pflanzen wird gelockert und im Bedarfsfall die von den einzelnen Pflanzfeldern und aus den Steinspalten ausgeschwemmte Erde ersetzt. Wüchsige Pflanzen werden entweder umgesetzt oder in ihrem Wuchs auf geeignete Weise gehemmt. An sich sind übermäßig wuchsfreudige Arten nicht schön für ein Alpinum. Sie verlieren ihren arteigenen Charakter und werden meist den weniger aggressiven und oft viel kostbareren Nachbarn zu einer lebensbedrohenden Gefahr. Ihr zu starker Wuchs wird häufig durch ungeeigneten Boden, falschen Standort, ungewünschte Lage und vor allem zu großes Nährstoffangebot durch Nachdüngen verursacht.

Der Vorfrühling im Steingarten ist nicht nur eine Periode herrlicher Blüten, sondern auch wichtiger Arbeiten, um wieder einen unkrautfreien, ordentlichen Steingarten zu bekommen, der sich durch die Harmonie seiner Bepflanzung auszeichnet. Das bedeutet, daß einige Pflanzen auf andere, besser geeignete Standorte umgesetzt werden, um nicht nur Farben und Wuchsformen, sondern auch den Charakter der Arten aufeinander abzustimmen. Man sollte darauf achten, daß in den einzelnen Steingartenpartien immer nur Arten und Sorten zusammenstehen, die an die Pflanzengesellschaften an ihren Standorten in der freien Natur erinnern.

Bei den Arbeiten im Steingarten ist zu bedenken, daß durch das Abdecken vor allem bestimmte aus Gebirgs- und Hochgebirgsgegenden stammende Familien und Gattungen, wie z.B. asiatische Primelgewächse, Tränendes Herz, Lilien und Prachtspiere durch Nachtfröste während des Austriebs gefährdet sind. Die frostgeschädigten Pflanzen verlieren meist ihre Blätter und es dauert lange, bis sie sich davon erholen, oft auf Kosten des Flores.

Heideflächen dienen oft zur gestalterischen Verbindung einzelner Gartenpartien mit dem Steingarten (648)

Frühling

Der Steingarten ist in jeder Jahreszeit schön, am anziehendsten ist er jedoch zweifellos im Frühling, wenn er durch die Fülle strahlender Farben unser Auge blendet. In dieser Jahreszeit, meist von Ende März bis Mitte Juni, stellen sich uns die meisten Garten- und Steingartenblumen in vollkommenem farblichem Zusammenspiel vor.

Großes Verdienst um die zauberhafte Blütenfülle kommt neben den vielen Zwiebel- und Knollgengewächsen vor allem dem überreichen Sortiment der Primeln und vieler anderer Vertreter der Familie der Primelgewächse zu.

Zu den lieblichen Frühlingsblühern gehören auch viele sog. »glockenblütige« Gattungen, von denen viele nach und nach auch zu den übrigen Jahreszeiten zur Blüte kommen. Natürlich gehören nicht alle in die Familie der Glockenblumengewächse und ihre Blüten sind auch keine echten Glocken, sondern in ihrem Aussehen ihnen nur ähnlich.

Zu den bekanntesten glockenblütigen Pflanzen gehört der Märzbecher mit gebogenen, breit glockenartigen, an den Spitzen der Blütenblätter grün gepunkteten Blüten.

Schon ab Januar schmückt sich das Alpenglöckchen mit ihren gefransten Glöckchen, auch wenn es noch von Schnee und dem eisigen Schmelzwasser umgeben ist.

Wenn in den Märztagen die ersten warmen, sonnigen Tage kommen, beginnen sich die großen glockigen Blüten der Kuhschellen zu öffnen, nachdem sie sich durch das Laub des vergangenen Jahres und die Halme der sie umgebenden Gräser durchgearbeitet haben. Als Schutz gegen das wechselhafte Frühlingswetter sind Stengel, Knospen und sogar die strahlenden Blüten mit einem dichten, weichen Flaum bedeckt, der sicher vor den Witterungsunbilden schützt.

Sobald in der Natur der Frühling wirklich die Herrschaft übernommen hat, und sich der Boden ausreichend erwärmt, beginnt der Siegeszug der »Glockenblumen« im Steingarten. Den Reigen eröffnen die reichen Bestände der Maiglöckchen, deren rein weiße Glöckchen mit ihrem angenehmen Duft die ganze Umgebung erfüllen.

Beachtung verdienen auch einige frühblühende echte Glockenblumen mit hübschen Blüten, die sich am besten für schmale Fugen zwischen Steinen an vollsonnigen Stellen im Steingarten oder in der Trockenmauer eignen, wie etwa *Campanula aucheri* mit großen violetten Blüten. Sie erscheinen bereits im April – Mai. Zu dieser Zeit kommt auch *Campanula tridentata* mit einzelnstehenden, außen blauvioletten und innen blauweißen Blütenglocken in Flor. *Campanula bellidifolia* mit Blüten ähnlich denen der *Campanula aucheri* öffnet ihre Glöckchen von April bis Juni.

Die frühlingsblühenden Steingartenblumen sind uns so willkommen und lieblich, daß wir ihnen beim Bepflanzen unserer Steingärten immer den Vorzug geben und lieber die späterblühenden Arten ein bißchen vernachlässigen. Und dann kann es geschehen, daß unser Steingarten, der im Frühling in allen Farben schwelgte, zur Sommerzeit und im Herbst arm und traurig anzusehen ist. Wählen wir jedoch Arten und Sorten richtig aus, dann kann uns das nicht passieren und unser Steingarten blüht die ganze Vegetationszeit über.

Frühjahrsarbeiten

Nun werden auch die letzten, empfindlichen Arten von ihrem Winterschutz befreit; altes Gras wird fast am Grund aus dem Zierrasen genommen, Unkraut gejätet, Erde aufgefüllt und mit dem Setzen neuer Pflanzen begonnen. Vor allem alpine Arten, die trotz aller Pflege nicht über den Winter gekommen sind, werden ersetzt. Und im Frühling ist auch die Zeit, neue Arten und Sorten in den Steingarten zu bringen, von denen man glaubt, daß sie für die gegebenen Standorte wirklich eine Bereicherung sind. Auch umgesetzt wird auf geeignetere Stellen.

Der Witterung entsprechend, vor allem aber bei länger andauernder Trockenheit, wird gegossen, am besten am Abend oder früh am Morgen. Man verwendet am besten eine Gießkanne mit feinlöchrigem Sprenger oder eine Nebeldüse, um die Blumen nicht zu beschädigen oder von abschüssigen Gelände oder aus den Steinfugen keine Erde abzuschwemmen. Nur bei einigen Arten wird begonnen, vorsichtig zu düngen. Man gibt am besten Flüssigdünger.

Zu den beliebten Zwiebelblumen im Steingarten gehören die Krokusse. Sie sind in Gruppen auszupflanzen, breiten sich aus und bilden große Kolonien. Ihre Blütezeit ist im Vorfrühling (649)

Das Adonisröschen (Adonis vernalis) wächst in der Natur an sonnigen Steppenhängen auf Kalkunterlage. Im Garten sind die Pflanzen in Steingärten und Einfassungsbeeten an Trockenmauern zu pflanzen (650)

Der zeitige Frühling ist auch die Hauptzeit zur Vermehrung vieler Steingartenpflanzen, sei es durch Samen oder durch Teilen stärkerer Pflanzen. Stecklinge gewinnt man von den frühblühenden Steingartenpflanzen in der Regel nach dem Verblühen oder im Herbst von Ende September bis November.

Von allen Pflanzen, beispielsweise von den Zwiebelgewächsen, von denen keine Samen gewonnen werden sollen, werden die verblühten Blüten entfernt, um die Pflanze durch Samenbildung nicht unnötig zu schwächen.

Mit fortschreitendem Frühling werden vor allem frisch angelegte Steingärten, in denen vor allem sich durch Samen vermehrende Unkräuter überhandnehmen, bei sonnigem Wetter leicht gehackt oder mit einem Kratzer bearbeitet, um sie vom Unkraut zu befreien. An den Stellen, wo niedrige Zwiebelgewächse stehen, werden flache, sich polsterig ausbreitende, nicht zu wüchsige Arten oder Sommerblumen ausgepflanzt, die sich für Steingärten eignen, damit nach dem Einziehen der Blumenzwiebeln keine kahlen Flecken bleiben. Zu den Pflegearbeiten im Frühjahr

Primeln sind beliebt wegen ihrer frühen Blütezeit, der schönen Blütenfarben sowie wegen der Vielfalt der Verwendungsmöglichkeiten. Im Steingarten sind sie in Gruppen in Abhängigkeit von Wuchs, Farbe und Blütezeit zu pflanzen. Im Bild Hohe Schlüsselblume (Primula elatior), *deren Blütezeit von März bis April dauert. Sie ist im Halbschatten in humosen Boden zu pflanzen (652)*

men ausgenommen. Erst die modernen Staudenarten und besonders die Bergflora bieten die Möglichkeit, die Schönheit der in Farben schwelgenden Sommerpflanzen in vollem Maße auszukosten.

Den ganzen Sommer über sind es neben den Staudenbeeten vor allem die Steingartenpartien, die uns im Garten mit immer neuen Farbbildern von arteigenem Reiz und lebendiger Schönheit darbieten. Die Blumenwelt der Sommerzeit ist kräftiger, wuchsfreudiger und viel bunter.

Die Kugelprimel (Primula denticulata) *im Hintergrund verfügt über einen interessanten kugelförmigen Blütenstand an einem 15–25 cm hohen Stengel und blüht von März bis April. Zusammen mit der Kissenprimel* (Primula vulgaris) *bildet sie eine anmutige Frühlingsblumengruppe (653)*

Adonis amurensis *stammt aus der Mandschurei, blüht eher als A.* vernalis, *oft gleichzeitig mit dem Winterling* (Eranthis). *Dieses Adonisröschen gedeiht im Halbschatten sehr gut, meist stirbt das Laub bereits im Juni ab (651)*

gehört auch der Schutz der Alpinen vor Krankheiten und Schädlingen. Man darf dabei auch die unterirdischen Pflanzenteile nicht vergessen. In manchen Fällen ist es sogar notwendig, die ganze Pflanze aus dem Boden zu nehmen, sie durchzusehen und die Wurzeln zu behandeln, die Schädlinge zu vernichten und die Pflanze in frische Erde zurückzusetzen.

Sommer

Früher, bevor Steingärten und Steingartenpflanzen ihren Siegeszug antraten, war der Garten an der Schwelle zum Sommer meist recht arm an Flor, Rosen und Sommerblu-

An den einzelnen Stellen zwischen den Steinen und über ganze Abschnitte des Steingartens und der Trockenmauer herrschen jetzt beispielsweise einige Schleierkrautarten mit vielen zarten, kleinen weißen und rosa Blüten. Am bekanntesten ist vielleicht *Gypsophila paniculata,* Rosenschleier, eine sehr wertvolle, mit gefüllten rosa Blüten überreich besetzte Art. Sie eignet sich hervorragend für voll in der Sonne stehende, größere Trockenmauern.

Gegen Abend leuchten im Sommerflor der Steingärten die großen, schwefelgelben Blumen der Nachtkerze *Oenothera missouriensis,* auf; jeden Abend eine neue. Und am Morgen sind sie, je nach dem Wetter früher oder später, wieder verblüht. *Oenothere tetragona* 'Fyrverkeri' mit aufrechtem, geschlossenem, höherem Wuchs hat dagegen rote Knospen und große, den ganzen Tag über geöffnete, leuchtend gelbe Blüten.

Der sommerliche Steingarten steht gewöhnlich im Zeichen eines ungewöhnlichen Blütenreichtums der niedrig und höher wüchsigen Glockenblumenarten. Zu den reich wachsenden und im Garten am stärksten verbreiteten Arten gehört *Campanula carpatica* mit ihren zahlreichen Sorten. Von den Zwergglockenblumen sind außerdem *Campanula cochleariifolia* mit zarten, hellblauen Glöckchen und ihre weiß oder dunkelblau blühenden Sorten, die aus dem Südalpengebiet stammenden *C. portenschlagiana* und *C. poscharskyana* mit ihren den ganzen Sommer über blühenden Blütensternen beliebte Steingartenpflanzen. Der Erwähnung wert sind auch die Sommerenzianen, vor allem *Gentiana septemfida* var. *lagodechiana* mit in den Stengelspitzen büschelig stehenden, strahlend himmel-

Auf nassen, schattigen Standorten mit durchlässigem humosem Boden gedeihen die Alpenglöckchen. Zu diesen gehört auch Soldanella carpatica, *die von April bis Mai viele blaulila Blüten trägt (654)*

*Die Küchenschelle (*Pulsatilla*) sollte in keinem Steingarten fehlen. Sie hat anmutige Blätter, auffallende, unterschiedlich gefärbte Blüten und interessante Früchte. Die Pflanze gedeiht in der Sonne im durchlässigen, gut dränierten und humushaltigen Boden (655)*

Zu den wegen ihrer Sommerblütezeit beliebten Pflanzen gehören die Glockenblumen. Campanula poscharskyana wächst stark, breitet sich flächendeckend aus, blüht von Mai bis Juni und erreicht eine maximale Höhe von 20 cm. Die Pflanze gedeiht in der Sonne sowie im Halbschatten und braucht lockeren lehmigen Sandboden (656)

Die Glockenblume Campanula cochleariifolia 'Alba' ist eine anspruchslose Pflanze, die in der Sonne und im Halbschatten sowohl in steinigem, humosem als auch kalkhaltigen Boden gedeiht. Schrittweise blüht sie von Juni bis August auf (657)

blauen Blütenkelchen, die allmählich vom Juli bis in den September erblühen. Wenn sich der Sommer zu Ende neigt, öffnen sich die herrlichen, großen innen türkisblau und außen grünlich und weiß gestreiften Blüten des aus Tibet stammenden Enzians, *Gentiana farreri*. Diese Art mit grasartig schmalen Blättern gehört zu den seltenen und immer bewunderten, aber heiklen und deshalb nur für erfahrene Gärtner geeigneten Steingartenarten.

Ein beliebter Gesellschafter des »Königs der Berge«, der Enzian, ist auch an unseren Trockenmauern und im Steingarten die Felsennelke *Petrorhagia saxifraga* 'Pleniflora' mit gefüllten, rosa Blütchen, die über der Blattrosette einen dichten Blütenschleier bilden. Sie blüht den ganzen Sommer über bis in den September. Zu dieser Gesellschaft gehört auch das Leimkraut *Silene schafta*, eine anspruchslose Alpenblume mit einem sehr reichen, rosa Blütenflor im Hoch- und Spätsommer.

Zu den Sommerblumen des Steingartens gehören auch der ausdauernde, asternähnliche Alant, *Inula ensifolia*, eine dankbare, Trockenheit liebende Pflanze mit gelben Blütensternen und der Dost, *Origanum vulgare* 'Compactum' mit rosa-violetten, intensiv duftenden Blüten.

Die Aufzählung der sommerblühenden Steingartenpflanzen ist bei weitem nicht vollständig.

Und es gibt sogar frühlingsblühende Arten, die zu dieser Jahreszeit zum zweiten Mal blühen, wenn man die erste Blüte rechtzeitig abschneidet.

Sommerarbeiten

Während des Sommers ist im Steingarten kaum Arbeit. Die Pflege der Blumen beschränkt sich auf Jäten, Gießen, Hacken, Abschneiden der verblühten Blüten und vertrockneten Pflanzenteile und den Schutz vor Schädlingen und Krankheiten.

Herbst

Auch im Herbst mangelt es im Steingarten nicht an Blumen, wenn bei der Anlage an die richtige Artenzusammensetzung gedacht wurde. Neben den beliebten Herbstzeitlosen eignen sich die großblütigen Anemone-Japonica-Hybriden mit ihren rosa Blüten und die sehr widerstandsfähige, reich blühende und an Weinlaub erinnernde *Anemone vitifolia* mit weißen, rosa angehauchten Blüten zu den unverwüstlichen Herbstblühern. Sie werden 40–80 cm hoch.

Beachtung verdient auch die aus Südafrika stammende und bis 70 cm hoch werdende Kapfuchsie (*Phygelius capensis*). Es ist ein Halbstrauch mit einer Fülle korallenroter, röhrenförmiger Blüten, der meist schon ab Ende Juli unermüdlich in Flor steht.

Zur Belebung des Steingartens mitten im Herbst trägt auch die kleine Kolibritrompete (*Zauschneria*) bei. Sie ähnelt den Fuchsien und kommt aus Kalifornien. Sie bekleidet sich mit vielen ungewöhnlich ausdauernden, zarten, leuchtend scharlachroten Kronröhrenblüten und wird 30–50 cm hoch.

Bei allen diesen Arten, die meist aus wärmeren Gegenden zu uns gebracht wurden, muß nicht nur sehr sorgfältig für eine ausreichende Humusschicht über den Wurzeln, sondern vor allem auf ausreichenden Schutz vor Nässe und unbeständigem Winterwetter geachtet werden. Deshalb ist eine zuverlässige Wasserableitung wichtige Voraussetzung für ihr Gedeihen.

Der Herbstflor in unseren Steingärten ist bis auf einige Ausnahmen nicht mehr so bunt wie im Frühjahr oder Sommer. Deshalb kommt zu dieser Jahreszeit auch die Wuchsform der vielen Steingartenpflanzen und der Kontrast der vielen Grünabstufungen zur Geltung. Das ist die Zeit der Ziergräser, ihrer mannigfaltigen Fruchtstände und Wuchsformen.

Herbstarbeiten

Langsam kommt die Zeit, in der die ersten leichten Herbstfröste helfen, die Pflanzen abzuhärten und dazu beizutragen, daß alles Holz besser ausreift. Es empfiehlt sich deshalb nicht, durch übermäßiges Wässern die Pflanzen zu neuem Austrieb anzuregen. Wenn nötig, sollte man nur den Pflanzen Wasser geben, von denen noch Flor erwartet wird. Bei den übrigen Pflanzen sollte nur der Boden gelockert, Fruchtstände beseitigt und ihr Wuchs durch Einkürzen gedämmt werden, wenn sie ihre Nachbarn gefährden. Ein stärkerer Rückschnitt darf bei einigen wuchsfreudigeren

Das Leimkraut (Silene schafta) ist als Spätsommerblüher (August bis September) wegen seines großen Blütenreichtums beliebt. Diese anspruchslose Pflanze finden wir oft in Steingärten sowie an Trockenmauern. Sie hebt sich in Nachbarschaft gut von den sommerblühenden Enzianen ab (658)

Der Alant (Inula ensifolia) sollte zusammen mit Trockenheit liebenden Gewächsen an sonnigen Stellen im Steingarten ausgesät werden. Er wird bis zu 30 cm hoch und blüht von Juli bis August (660)

Arten, beispielsweise beim Sonnenröschen, in dieser Jahreszeit schon nicht mehr vorgenommen werden, weil sie bei etwas strengeren Wintern eingehen könnten. Geschnitten wird dann erst im Vorfrühling.

Zu Herbstbeginn können die meisten Steingartenpflanzen umgesetzt werden. Containerpflanzen dagegen lassen sich unbedenklich den ganzen Herbst über aussetzen. Der Frühherbst ist auch die Pflanzzeit für fast alle Blumenzwiebeln und für viele Knollengewächse. Das Auslegen soll jedoch bis Mitte, spätestens bis Ende Oktober abgeschlossen sein. Jetzt werden Samen geerntet (falls einige Arten auf diese Weise vermehrt werden sollen) und alle Samen in die Erde gebracht, die unbedingt durchfrieren müssen, wenn sie gut Auflaufen sollen.

Im Spätherbst müssen alle immergrünen Gehölze, beispielsweise alle Alpenrosen und Nadelbäume gut gewässert werden. Vorher schützt man alle Steingartenpflanzen, die während der Vegetationsruhe überhaupt keine Feuchtigkeit vertragen, durch Glasscheiben oder PVC-Folien.

Origanum vulgare 'Compactum' ist eine niedrigwachsende Dost-Sorte, die für Steingärten und Heidegärten geeignet ist. Sie breitet sich polsterartig aus, gedeiht auch in sehr armen Böden und braucht einen sonnigen Platz. Ihre Blütezeit dauert von Juli bis Oktober (659)

Bei günstigem Wetter werden bei den größeren Stauden die absterbenden Stengel beseitigt. Bei einigen Arten kann man ganz am Grund wegschneiden, bei anderen muß dafür gesorgt werden, daß genügend Blattwerk erhalten bleibt. Für diese Arbeiten gibt es keine Schablone. Bei den wintergrünen Arten, wie beispielsweise bei der Schwertlilie oder der Gemswurz und bei den immergrünen, halb verholzten Sträuchern, Polstern oder den niedrige Teppiche bildenden Steingartenpflanzen wird nichts Grünes weggenommen.

Auch das Zurückschneiden von Teilen immergrüner Pflanzen darf zu dieser Zeit nicht mehr erfolgen. Die Pflanzen würden empfindlicher für ungünstigere Witterungseinflüsse, vor allem für Fröste ohne Schnee. In den meisten Fällen würde auch der Flor im kommenden Jahr zurückgehen, denn manche Pflanzen blühen gerade am älteren Holz. Besser ist es, gleich nach dem Verblühen zu schneiden, damit die Pflanze in kurzer Zeit den Verlust der abgeschnittenen Teile ersetzen kann.

Der Steingarten und die Trockenmauer wird gründlich aufgeräumt und der Boden zwischen den Pflanzen noch einmal leicht gelockert. Zu diesem Zweck reicht meist ein Pflock, um den Boden zu durchlüften. Dabei werden immer kleine Unkräuter entfernt und es wird so sorgfältig gearbeitet, daß Wurzelstöcke und Blumenzwiebeln nicht beschädigt werden. Abgetragene Stellen um die Pflanzen herum werden mit durchgesiebtem Humus aufgefüllt oder auch Torferde oder grobere Lauberde verwandt. Frisches Laub, das häufig Quelle vieler Krankheiten sein kann, wird in jedem Fall aus dem Steingarten entfernt. Nur in schattigen, mit Waldblumen und -pflanzen besetzten Partien, ist die frische Laubdecke den Pflanzen von Nutzen. An diesen Stellen kann das Laub auch nach Bedarf mit Fichtenreisig bedeckt und vor dem Verwehen geschützt werden. Diese laufenden Pflegearbeiten und vor allem das Auffüllen des Bodens mit einer Humusschicht verbessert die Bodenqualität und fördert Wachstum und Gesundheit der Pflanzenwelt. Das gilt für den Garten allgemein. Steingartenpflanzen vertragen diese Verbesserungen immer nur in der Art oder Sorte immanenten Umfang. Man sorgt immer dafür, daß die grünen Pflanzenteile nicht zugeschüttet werden. Der Komposterde kann auch Flußsand beigemischt werden.

Es ist nicht ratsam, sich mit dem Winterschutz in Steingärten zu sehr zu beeilen. Die Pflanzen müssen vor allem gut ausreifen; die ersten Fröste tragen eher zum Abhärten bei. Bei feuchter und warmer Witterung würden sich unter dem Winteschutz Pilzkrankheiten vermehren und verschiedene tierische Schädlinge, in erster Linie Wühlmäuse, Schutz suchen. Fichtenreisig und in manchen Fällen auch eine Laubschicht sollen die Pflanzen vor Kahlfrösten, austrocknenden Winden, häufigen Wetteränderungen und vor allem im Vorfrühling vor den brennenden Sonnenstrahlen schützen.

Vielen, heute in unseren Steingärten gepflanzten fremdländischen Stauden schaden darüber hinaus ständige Winterfeuchte und häufiger Witterungswechsel, vor allem der Wechsel von Frost, Tauwetter und Kahlfrösten. Der beste Schutz für sie ist beispielsweise eine über Steine oder

In der Zeit, in der wir von der Sommerflora Abschied nehmen, blühen die Herbstzeitlosen (Colchicum) auf. Sie können in Steingärten gepflanzt werden, allerdings muß man daran denken, daß sie im Frühling reich beblättert sind. Die Blätter erreichen eine Höhe von 25 cm, verschwinden aber im Juni wieder. Die Blüten erscheinen von August bis Oktober, sie kommen vor allem an sonnigen Plätzen zwischen Zwerggehölzen oder niedrigwachsenden Gräsern zur Wirkung (663)

Winter

Der winterliche Garten, aber auch der Steingarten machen einen etwas bedrückenden Eindruck, auch wenn ihnen ein bestimmter Reiz nicht abzusprechen ist. Einmal bedeckt sich der Garten mit einer Schneedecke, dann wieder wechseln leichte Fröste mit Regen und Schneeschmelze und versorgen alle immergrünen Stauden und Gehölze mit dem so dringend benötigten Naß. Das Schlimmste für unseren Garten aber sind wohl die strengeren Fröste, wenn der Schnee fehlt und dazu eisiger Wind weht. Ein solches Wetter ist wohl für alle im Herbst gesetzten und nicht ausreichend eingewurzelten Stauden und für die nicht voll ausgereiften Pflanzen die größte Gefahr, die nicht im richtigen Augenblick durch Gießen und Düngen zum Wachstum angeregt wurden.

Die Natur selbst bereitete schon während der ganzen Vegetationszeit und vor allem bei günstigem Herbstwetter

Manchen Steingartenpflanzen schadet übermäßige Feuchtigkeit im Winter. Daher muß vor dem Pflanzen für gute Dränage gesorgt werden. Empfindlichere Gewächse überwintern im trockenen Boden, wenn man sie mit Glas oder durchsichtiger Folie überdacht (661)

eine andere Konstruktion gelegte Glastafel oder Klarsichtfolie, denn sie verhindern das Vordringen der ungewünschten Feuchtigkeit zu den Wurzeln; Blumenzwiebeln sind für eine Schicht Humuserde oder trockenes Laub, mit Fichtenreisig beschwert, dankbar.

Rhododendren werden mit Erfolg auch zur natürlichen Verbindung der Gartenpartien mit dem Steingarten verwendet. Am wirkungsvollsten und ohne Konkurrenz sind sie während ihrer Blütezeit (662)

Edelweiß (Leontopodium alpinum) ist eine der beliebtesten Alpenpflanzen. Sie gedeiht im armen sandhaltigen Kalkboden an sonniger Stelle. Zuverlässige Ableitung des überschüssigen Wassers wird durch eine Dränage gesichert. Unter diesen Bedingungen bleibt die Pflanze kompakt und gesund (664)

Nadelgehölze dürfen bei der Gestaltung von Steingärten nicht fehlen. Kombiniert mit Heidekräutern bilden sie natürliche und anmutige Pflanzengemeinschaften (665)

Zur Bepflanzung des Ministeingartens benutzt man verschiedene Pflanzenarten, im Bild die anspruchslosesten von ihnen (666)

alle ausdauernden Steingartenpflanzen, Stauden, Sträucher und Bäume auf die Winterzeit vor. Die einen verpacken ihre Blattknospen in Schuppen, andere schützen sich durch eine dicke Borke. Die Knospen der Maiglöckchen und anderer Pflanzen, die im Winter ihre Blätter verlieren, sind von Schuppen umgeben und dazu in der schützenden Erde verborgen und durch das abgefallene Laub der sie umgebenden Gehölze geschützt. Die grasartigen Pflanzen verstecken sich vor Frösten und Winden unter den abgestorbenen Stengeln und Blättern. Damit sind sie auch vor den tiefsten Wintern sicher, nur starke Kahlfröste können sie erreichen.

Einer der wichtigsten und wirksamsten Helfer zum sicheren Überwintern ist der Schnee. Die Schneeschicht wirkt im Winter als wärmeisolierende Schicht und hat nicht die Funktion der Wasserquelle. Wenn man sich dessen bewußt wird, versteht man, wie ungemein wichtig es ist, die immergrünen Laub- und Nadelgehölze nicht nur vor Eintritt der starken Fröste, sondern auch, wenn nötig, während des gesamten Winters ausgiebig zu wässern. Und darüber hinaus verhindert eine rechtzeitig gegebene Bodenschicht über den Pflanzenwurzeln das übermäßige Verdampfen des Wassers aus dem Boden. Blätter und Nadeln entnehmen dem Boden auch bei klirrendem Frost eine bestimmte Feuchtigkeitsmenge. Je länger der Schnee jedoch gefroren, festgetreten, zusammengerutscht oder nach dem Tauen vereist ist, desto weniger schützt er die Pflanzenwurzeln. Nur eine höhere, feine Schicht Pulverschnee ist fähig, das Gefrieren des Bodens bis zu –15°C zu verhindern.

Winterarbeiten
Jedoch noch bevor der erste Schnee fällt, in der Regel noch vor Eintritt strenger Fröste (also in tieferen Lagen bis in den Dezember und in den Gebirgen etwas früher) wird der Steingarten mit Fichtenreisig abgedeckt. Der Vorteil dieses Abdeckmaterials ist ausgezeichneter Schutz bei gleichzeitigem möglichen Luftzutritt. Dazu liegt es nicht mit seiner Masse direkt auf den Pflanzen auf, wenn mehr Schnee fällt. Neben frisch geschnittenen Fichtenzweigen eignet sich auch Tannenreisig, weil bei beiden die Nadeln lange an den Zweigen bleiben; bei Kiefernzweigen fallen sie schon bald ab und lassen sich nur schwer aus dem Steingarten entfernen.

Laub ist nicht das beste Material, um den ganzen Steingarten zuzudecken. Es legt sich im Laufe des Winters und bildet eine luftdichte Schicht, die bei warmer Witterung die Pilzvermehrung fördert und dazu den ärgsten Feinden vieler Steingartenpflanzen, den Wühlmäusen, einen willkommenen Unterschlupf bietet. Laub wird nur in Waldpartien, zum Zudecken von Blumenzwiebeln, Alpenrosen und anderen Heidekrautgewächsen sowie als Winterschutz einiger Ziergräser verwendet.

Bei der Auswahl von Gewächsen für den Ministeingarten in einem Steingefäß haben niedrigere, anspruchslose Pflanzen Vorrang. Die Komposition wird durch Zwergkoniferen, niedrige Laubgehölze, Steingartenrosen sowie Zwiebel- und Knollenpflanzen abgerundet (667)

Die mit Hauswurz (Sempervivum) bepflanzte Schale kann auf der Terrasse oder auf dem Balkon stehen (668)

Ein auf einer Anhöhe errichteter Ministeingarten kann zu einem Anziehungspunkt im Garten werden (670)

Das Setzen von Steingartenpflanzen

Überall dort, wo Steingartenpflanzen gesetzt werden sollen, muß alles sich vegetativ vermehrende Unkraut sorgfältig entfernt werden. Je sorgfältiger das geschieht, desto mehr Arbeit und Ärger bleiben in Zukunft erspart. Außerdem ist zu erwägen, ob an den Pflanzstellen nicht eine Dränage notwendig ist, um die Stauden nicht durch einen erhöhten Grundwasserspiegel oder Staunässe bei wenig durchlässigem Boden zu gefährden.

Die meisten alpinen Stauden mögen normalen, eher ärmeren Lehmsandboden. Einigen muß man jedoch die richtige Bodenmischung herrichten, beispielsweise durch Zugabe von Sand, Torfmull, Rasenerde, Lauberde, manchmal auch kleinen Steinchen, Torfmoos (*Sphagnum*) oder Kalk usw. Der Steingarten wird im Frühjahr oder im Herbst bepflanzt. Aber immer muß man so lange warten, bis sich der Boden nach dem Aufbauen des Steingartens gesetzt hat. Trockenmauern werden gleich beim Bau mit Pflanzen besetzt. Stauden, die in Töpfen oder Containern angezogen

Travertin ist ein Kalkstein, der bei der Gartengestaltung vielfältige Verwendung finden kann (669)

Die Fetthenne Sedum spathulifolium 'Capa Blanca' *gedeiht in der Sonne in armen Sandböden, sie verträgt Kalk sowie langanhaltende Nässe nicht gut. Mit der Zeit bildet sie wunderschöne Polster aus. Häufig ist sie in Steingärten an Trockenmauern und in Ministeingärten zu finden (671)*

werden, lassen sich vom Frühjahr bis Herbst in den Boden bringen, ausgenommen die heißen Sommermonate. Nach dem Pflanzen werden sie ordentlich gegossen und beschattet, damit sie besser anwachsen.

Bei der Auswahl der Bepflanzung sollte nicht nur darauf geachtet werden, daß sich die Arten für den vorhandenen Standort eignen, sondern auch darauf, daß der Steingarten vom zeitigen Frühling bis in den späten Herbst hinein blühen soll. Unentbehrlich für jede Steingartenpartie sind Gehölze, gleichgültig, ob immergrüne oder ihr Laub verlierende Laubbäume oder Nadelgehölze. Auch Blumenzwiebel- und Knollengewächse dürfen nicht fehlen.

Allgemeine Pflegegrundsätze

Während des Jahres wird der Steingarten frei von Unkraut gehalten und dafür gesorgt, daß er ausreichend feucht ist. Regelmäßig werden die Pflanzen vor Krankheiten und Schädlingen geschützt.

Im Steingarten kann in den meisten Fällen auf Mineraldünger verzichtet werden. Höchstens kann man ältere, schon längere Zeit an ein und demselben Platz stehende Pflanzen mit gut verrottetem Kompost versorgen oder den Boden gegen eine neue, nährstoffreichere Erde auswechseln.

Steingartentröge und Miniaturgärten

Eine ganz spezifische Weise, Steingartenpflanzen zu halten, ist das Pflanzen ausgewählter Arten in Pflanzgefäßen. Diesem Thema wollen wir uns näher widmen.

Auf der recht kleinen Fläche, die ein oder mehrere Balkonkästen, größere Schalen aus gebranntem Ton, Steintröge oder Futterrinnen bieten, kann ein recht breites Sortiment an Steingartenstauden, Blumenzwiebeln und anderen Pflanzen einschließlich Zwerggehölzen konzentriert werden, so daß ein Miniatursteingarten entsteht, der es erlaubt, aus unmittelbarer Nähe, sehr bequem und das ganze Jahr über die Wunderwelt des Steingartens zu beobachten.

Wer sich für dies Form entscheidet und die Möglichkeit der Wahl hat, sollte diesen Minigarten nach Osten oder Westen hin aufstellen. Auf der Südseite wäre er zu stark der Sonne ausgesetzt, nach Norden hätte er wieder zu wenig davon. Er kann entweder im Kasten am Fenster stehen, wenn man ihn gut festmacht und dafür sorgt, daß das abfließende Wasser nicht an der Hauswand entlangläuft. Wenn Holzgefäße Verwendung finden, müssen sie gut isoliert werden, etwa mit Dachpappe. Aber auch Eternit-, Kunststoff- oder Tonbehältnisse sind hervorragend geeignet. Der Ministeingarten in den verschiedensten Gefäßen kann auf dem Balkon, auf flachen Hausdächern und

Saxifraga grisebachii *wirkt durch den Kontrast zwischen Blattrosette und den weißlich gezeichneten purpurroten Blüten. Dieser Steinbrech gedeiht auch in den Fugen von Travertin (672)*

Scilla hispanica erreicht eine Höhe von bis zu 30 cm. In Steingärten wird der Blaustern als Unterwuchs von Sträuchern oder als Vorpflanzung von Nadelgehölzen verwendet. Die Blütezeit dauert von Mai bis Juni. Der Blaustern gedeiht in der Sonne und im Halbschatten (673)

draußen im Garten, auf Höfen, Gartenterrassen, Ruheplätzen an Treppen, neben Bänken, Trennwänden und Tränken stehen, also überall dort, wo er den Blick auf sich zieht. Für Ministeingärten eignen sich nicht nur verschiedene Schalen, sondern auch Tröge und Futterrinnen aus großen Steinen und ausgehöhlte Baumstämme. Da sie meist aus einem Stück und sehr schwer sind, können sie weder auf Balkons noch Hausdächern oder Hausterrassen stehen. Viele interessante Gestaltungsmöglichkeiten bieten auch reich gegliedert und für Ministeingärten gedachte Travertine, die wunderschön wirken, wenn sie mit den richtigen Arten bepflanzt wurden. Kästen kann man auf verschiedene Unterbaue stellen und große Schalen, schwere Tröge und Rinnen werden mit Steinblöcken, Betonformsteinen oder abgesägten Baumstämmen unterlegt.

Eine der wichtigsten Voraussetzungen für den Erfolg eines Troggartens ist eine gute Dränage, damit das Wasser sich nicht staut und ungehindert abfließen kann. Dazu kommen ausreichend Licht und regelmäßige Pflege. Der Ministeingarten soll nicht nur gegossen, sondern auch von Zeit zu Zeit eingenebelt werden. Alle diese Anforderungen lassen sich bei Ministeingärten in geradezu idealem Maße erfüllen. Eine besonders wichtige Frage ist die Wahl der richtigen Pflanzenarten. Sie dürfen weder zu den wüchsigen noch zu den hoch wachsenden und tief wurzelnden Arten und Sorten gehören.

Zuerst wird in das Pflanzgefäß eine gute Dränageschicht eingebracht, dann kommt eine Erdschicht aus 1/3 Rasenerde (gut bewährt hat sich z. B. Erde von Maulwurfshügeln auf Wiesen), 1/3 Lauberde und 1/3 mit Flußsand vermischte, gut verrottete Komposterde. Wenn notwendig, lassen sich besondere Taschen mit Substrat für kalkliebende Arten herrichten. Den kalkfeindlichen Arten dagegen wird besonders Torferde oder Heideerde gegeben. Die Gabe von Düngemitteln besonders während des Pflanzens ist keinesfalls wünschenswert. Alpine Pflanzen müssen wesentlich vorsichtiger gedüngt werden als die übrigen, denn vielen Arten ist Dünger eher zum Schaden als zum Nutzen. Die meisten begnügen sich mit den in feingesiebter Komposterde enthaltenen Nährstoffen, die im entsprechenden Verhältnis der gewünschten Erdmischung beigemischt wurde. Und überall dort, wo Regen und Gießwasser in unserem Minigarten Erde fortgeschwemmt haben, kann mit Komposterde aufgefüllt werden.

Das Pflanzgefäß wird bis zum Rand mit Erde gefüllt, gut durchgegossen und mehrere Tage stehen gelassen, damit sich die Erde setzen kann. Erst dann wird der Steingarten modelliert und mit Steinen besetzt, die man mit Erde untereinander verbindet. Und die ganz kleinen Steine, mit denen der Steingarten seine endgültige Gestalt erhält, werden erst nach dem Bepflanzen eingelegt. Wenn zwischen den übrigen Arten auch einige ausgesprochen kalkholde Arten kommen sollen, setzt man sie gleich von Anfang an in gesonderte Gefäße oder Plastbeutel, die mit kalkreicher Erde gefüllt werden. Die Erde muß nach den Anforderungen der Art hergerichtet werden, darf aber den kalkempfindlichen Pflanzen nicht schaden.

Auch ein ganz kleines Gewächshaus bereichert den Steingarten um seltene Hochgebirgsflora (674)

Beim Besetzen des Ministeingartens beginnt man gewöhnlich mit den Zwergnadelgehölzen und anderen langsamwüchsigen Gehölzen, die meist zur Dominante der Pflanzung werden. Das geringe Platzangebot für ihre Wurzeln zwingt sie direkt zu zwergigem Wuchs, ohne daß der Mensch durch Schnitt eingreifen muß.

Die Wahl der Arten richtet sich nach den Bedingungen, die wir dem Minigarten bieten können. Auch wenn den niedrig wachsenden und insgesamt anspruchslosen Arten der Vorzug eingeräumt wird, können im Ministeingarten ausgesprochene Juwelen unter den alpinen Pflanzen gehalten werden. In den schmalen Gesteinsspalten oder an hellen, sonnenabgewandten Stellen kommen auch die selteneren, ja sogar die heikelsten Arten fort. Die besten Begleitpflanzen sind für sie mehrere Horste schwachwüchsiger Ziergräser, die jeder Partie einen sehr natürlichen Charakter verleihen.

Die Ränder der Schalen, Tröge und Kästen leiden besonders an der Sonnenseite unter ständiger Trockenheit, so daß sie sich vor allem für widerstandsfähige Arten, wie etwa Hauswurz (*Sempervivum*) oder Fetthenne (*Sedum*), aber auch für wärme- und trockenheitliebende Einjahrsblumen, beispielsweise Portulakröschen (*Portulaca*) oder Eisenkraut (*Verbena*) eignen. Leicht schattige Stellen werden mit im zeitigen Frühjahr und im Sommer blühenden Zwergalpenveilchen (*Cyclamen*), Alpenglöckchen (*Soldanella*), Primeln (*Primula*) mit geringem Wuchs, mit den lederblättrigen und moosigen Steinbrecharten (*Saxifraga*), Kuhtritt (*Wulfenia*), Tarant (*Swertia*) und einigen kleineren Farnen besetzt.

Für ein recht frühes Erwachen und herrliche Farben in unserem Ministeingarten sorgt das reiche Sortiment an kleinwüchsigen Zwiebel- und Knollengewächsen, wie Schneeglöckchen (*Galanthus*), Blaustern (*Scilla*), Schneestolz (*Chionodoxa*), Winterling (*Eranthis*), Windröschen (*Anemone*), Zwergnarzissen (*Narcissus*) und einige Wildtulpen (*Tulipa*).

Die Pflanzzeit in unserem Troggarten beschränkt sich nicht auf Frühling und Herbst; man kann eigentlich immer pflanzen, auch im Sommer, wenn in Containern oder Töpfen angezogen wurde. Ein richtig angerichteter und besetzter Troggarten erfordert keine besonders große Pflege. Er begnügt sich mit hin und wieder gelockertem Boden, Entfernen von Unkräutern, Abdichten der Pflanzen in senkrechten Spalten eventuell mit Torfmull, Auffüllen weggeschwemmter Erde, häufigerem Nebeln mit einem Sprüher und eventuell ausgiebigem Wässern. Mit der Zeit wurde eine interessante Beobachtung gemacht: Zur Ernährung des Troggartens tragen in bestimmtem Maße auch die Vögel bei, die sich gern auf den Steinen des Minigartens niederlassen. Den Winter über wird der Ministeingarten mit einer angemessenen Schicht Reisig zugedeckt.

Mannsschild (Androsace mucronifolia) *finden wir in Steingärten und an Trockenmauern. Die Pflanze gedeiht an sonnigen Stellen und im Halbschatten und bevorzugt humosen, lehmigen Sandboden (676)*

Die Tibetorchidee, Pleione speciosa, *blüht von Mai bis Juni. Unter unseren Klimabedingungen fühlt sie sich in einer Substratmischung aus Lehm, Lauberde, Sand, Ziegelsplitt und Torfmoos (*Sphagum*) am wohlsten. Sie gedeiht an vor Sonne geschützten, gut dränierten Hängen. Während der ganzen Vegetationszeit braucht sie angemessene Wassergaben. Ein Fünftel der Knolle muß über die Bodenoberfläche emporragen (677)*

◀ *Bitterwurz (*Lewisia*) gehört in die Gruppe der Hochgebirgspflanzen. Im Steingarten auf Steinschotterfeldern sollte das Gewächs in südost- oder ostgerichteten Fugen und an Trockenmauern gepflanzt werden. In jedem Fall braucht es ein gut dräniertes Substrat. Der Boden sollte humos und sandhaltig sein. Der Wurzelhals ist mit kleinen Kieseln gegen anhaltende Nässe zu schützen. Von Ende August an ist es durch geeignete Abdeckung zu schützen (675)*

Übersicht über die wichtigsten Steingartenpflanzen (Aussehen, Eigenschaften, Verwendung, Ansprüche)

Art	Höhe (cm)	Farbe der Blüte	Blütezeit	Standortansprüche Licht	Boden	Bodenfeuchte	Bemerkungen
Acaena buchananii Stachelnüßchen	3-5	braungrün	VII-IX	○◐	leicht	trocken	Rasenersatz, wintergrüne Pflanze
Acaena mictrophylla Stachelnüßchen	5-10	braungrün	VI-IX	○◐	leicht	trocken	Zierfrüchte
Achillea millefolium Schafgarbe	30-50	weiß, rot, rosa	VI-VIII	○	leicht, schwer	trocken	Bienenpflanze, kalkliebend
Achillea serbica, Garbe	10-20	weiß	IV-VIII	○	leicht	trocken	Bienenpflanze, kalkliebend
Adonis amurensis, Adonisröschen	25	gelb	II-IV	○	leicht	trocken	Dränage, kalkhold
Adonis vernalis, Adonisröschen	20-25	gelb	IV-V	○	leicht	trocken	Bienenpflanze
Aethionema grandiflorum, Steintäschel	10-25	rosa	V-VI	○	leicht	trocken	kalkhold
Ajuga reptans Günsel	10-15	blau	IV-V	◐●	leicht, schwer	trocken, feucht	Rasenersatz, wintergrüne Pflanze
Alyssum montanum, Steinkraut	10-15	gelb	IV-V	○	leicht	trocken	verwildert, Bienenpflanze, kalkliebend
Alyssum murale, Steinkraut	25-70	gelb	V-VII	○	leicht	trocken	Bienenpflanze, kalkliebend
Alyssum saxatile, Felsensteinkraut	20-30	gelb	IV-V	○	leicht	trocken	verwildert, Bienenpflanze, kalkliebend
Anemone sylvestris, Anemone	30-50	weiß	V-IV	○◐	leicht		
Anemone vitifolia Anemone	50-100	rosa	VIII-X	◐	leicht	mittelfeucht, trocken	Dränage
Anthyllis montana, Bergwundklee	5-8	rosa	VI-VII	○	leicht	trocken	kalkhold
Aquilegia discolor Akelei	10-15	blauweiß	V-VI	○◐	leicht, schwer	mittel, feucht	
Arabis causasica Gänsekresse	15-20	weiß	III-V	○	leicht, schwer	trocken, feucht	Duftpflanze, Bienenpflanze, kalkliebend
Armeria juniperifolia Grasnelke	5-8	rosa	V	○	leicht schwer	trocken	kalkfeindlich, Bodendecker
Artemisia nitida Beifuß	10-20	weiß	VII	○	leicht	trocken, feucht	kalkhold, Schmuckblätter
Asarum europaeum Haselwurz	8-10	braunrot	III-V	●	leicht, schwer	mittel, feucht	Rasenersatz
Asperula nitida, Meister	3-10	rosa	V-VI	○	leicht	trocken	kalkhold
Aster alpinus-Hybriden Alpenaster	20-30	violett, blau, weiß, rosa	V-VI	○	leicht, schwer	trocken	Bienenpflanze
Aster amellus Bergaster	30-60	blau, violett	VIII-IX	○	leicht, schwer	trocken, feucht	Bienenpflanze
Aster-Dumosus-Hybriden Kissenaster	20-60	blau, rosa, weiß	IX-X	○	leicht, schwer	trocken, feucht	
Aster tongolensis Frühlingsaster	30-50	blau, violett	V-VI	○	leicht, schwer	trocken, mittel, feucht	
Aubrieta-Hybriden Blaukissen	5-10	blauviolett, rosarot	IV-V	○	leicht, schwer	trocken	wintergrün, Bienenpflanze
Bergenia cordifolia	30-40	rosa, rot, lilarosa	IV-V	○●	leicht, schwer	trocken, feucht	Schmuckblätter, wintergrün, Bienenpflanze, besonders widerstandsfähig
Campanula aucheri, Glockenblume	10-15	violett	IV-V	○	leicht	mittel	Felspflanze auch in Fugen wachsend
Campanula bellidifolia, Glockenblume	10-15	blau	V-VI	○	leicht	mittel	
Campanula carpatica Karpatenglockenblume	20-40	blau	VII-VIII	○◐	leicht, schwer	trocken, feucht	verwildert, kalkliebend, Bienenpflanze
Campanula cochleariifolia Zwergglockenblume	5-15	blau, hellblau	VI-IX	○	leicht, schwer	trocken, feucht	kalkliebend, Bienenpflanze
Campanula glomerata Glockenblume	20-50	blauviolett	VI-VII	○◐	leicht, schwer	trocken, feucht	Bienenpflanze
Campanula portenschlagiana Glockenblume	10-15	violett	VI-IX	○◐	leicht, schwer	mittel, feucht	Bienenpflanze
Campanula poscharskyana Glockenblume	10-25	blau	VI-IX	○◐	leicht, schwer	mittel, feucht	Bienenpflanze
Campanula tridentata, Glockenblume	10-15	blauweiß	IV-V	○	leicht	mittel	sonnige Fugen
Centaurea montana Flockenblume	30-60	blauviolett, rosa, weiß	VI	○	leicht, schwer	mittel, feucht	Bienenpflanze
Cerastium biebersteinii Hornkraut	20-30	weiß	VI-VI	○	leicht	trocken	Bienenpflanze
Cerastium tomentosum Hornkraut	10-15	weiß	V-VI	○	leicht, schwer	trocken	Bienenpflanze
Ceratostigma plumbaginoides Bleiwurz	12-15	blau	IX-X	○◐	leicht, schwer	trocken, feucht	
Chrysanthemum arcticum Wucherblume	25-30	weißrosa	VII-IX	○◐	leicht, schwer	trocken, feucht	Bienenpflanze
Convallaria majalis Maiglöckchen	10-15	weiß	IV-V	○◐	leicht, schwer	mittel, feucht	verwildert, duftend
Cortusa matthioli Glöckel	15-30	rot	V-VI	○	leicht	mittel, feucht	
Corydalis lutea Lerchensporn	20-40	gelb	IV	◐●	leicht, schwer	trocken, feucht	verwildert
Cotula squalida Fliederpolster	4-6	grün	VII-VIII	○◐	leicht, schwer	trocken, feucht	Blattzierend, Bodendecker
Dianthus deltoides, Heidenelke	10-15	rot, weiß	V-VI	○	leicht	trocken	verwildert
Dianthus gratia-napolitanus Pfingstnelke	10-20	rosa, rot	V-VI	○	leicht, schwer	trocken, feucht	duftend, kalkhold
Dianthus plumarius-Hybriden Federnelke	15-25	rot, rosa, violett, weiß	V-VI	○	leicht	mittel, feucht	duftend, wintergrün kalkhold
Dodecartheon meadia Götter- oder Sternschnuppenblume	15-60	rosa	V-VI	○◐	leicht, schwer	mittel, feucht	
Doronicum orientale 'Goldzwerg' Gemswurz	20	gelb	IV-V	○◐	leicht, schwer	mittel, feucht	kalkliebend, Bienenpflanze
Draba aizoides, Hungerblümchen	5	gelb	III-IV	○	leicht	trocken	kalkliebend, wintergrün
Draba sibirica, Hungerblümchen Hungerblümchen	10-15	gelb	IV-VI	○	leicht	trocken	kalkliebend, wintergrün

Übersicht über die wichtigsten Steingartenpflanzen

Art	Höhe (cm)	Farbe der Blüte	Blütezeit	Standortansprüche Licht	Boden	Bodenfeuchte	Bemerkungen
Dracocephalum austriacum Drachenkopf	30-40	blauviolett	VII-VIII	○ ◐	leicht,	trocken, feucht	kalkliebend
Dryas octopetala Silberwurz	10	weiß	V-VI	○ ◐	leicht, schwer	trocken, feucht	kalkliebend, wintergrün, Bodendecker
Epimedium alpinum Elfenblume, Sockenblume	30-40	gelb-rot	IV-V	○ ◐	leicht, schwer	trocken, feucht	Bienenpflanze, unter lichten Gehölzen
Epimedium x youngianum Elfenblume, Sockenblume	20-30	weiß	IV-V	○ ◐	leicht, schwer	trocken, feucht	Bienenpflanze, Blattschmuck
Erigeron aurantiacus Feinstrahl, Berufkraut	20-25	orangerot	VI-VII	○	leicht, schwer	trocken, feucht	
Erinus alpinus Alpenbalsam	5-10	purpurrosa, weiß	V-VII	○ ◐	leicht	trocken	kalkliebend
Eryngium alpinum Alpendistel	50-70	stahlblau	VII-VIII	○	leicht, schwer	trocken	verwildert
Euphorbia polychroma Goldwolfsmilch	30-40	grünlich-gelb	V-VI	○	leicht, schwer	trocken, feucht	verwildert
Gentiana acaulis Enzian	5-10	blau	V	○ ◐	leicht	trocken, feucht	kalkfliehende Pflanze
Gentiana asclepiadea Schwalbenwurz-Enzian	50-60	blau, rosa, weiß	VII-XI	◐	leicht, schwer	trocken, feucht	
Gentiana cruciata Kreuzenzian	20-40	dunkelblau	VII-X	○ ◐	leicht, schwer	trocken, feucht	verwildert
Gentiana farreri Wellensittich-Enzian	10	blau	VIII-IX	○ ◐	leicht bis schwer	mittel	fordert humusreiche Böden
Gentiana septemfida var. lagodechiana Sommerenzian	15-30	blau	VII-IX	○	leicht	mittel	fordert humusreiche Böden
Geranium cinereum, Storchschnabel Storchschnabel	10-20	blaßrosa	VI-VII	○ ◐	leicht	trocken	kalkliebende Pflanze
Geum coccineum Nelkenwurz	30-60	ziegelrot	V-VII	○ ◐	schwer	mittel, feucht	
Geum montanum Gebirgsnelkenwurz	10-20	gelb	V-VI	○	leicht, schwer	trocken, feucht	kalkfeindlich
Globularia cordifolia Kugelblume	5-10	blauviolett	V-VI	○ ◐	leicht, schwer	trocken	wintergrün, kalkliebend
Globularia punctata Kugelblume	10-30	blau	V-VI	○ ◐	leicht, schwer	trocken	wintergrün, kalkliebend
Goniolimon tatarica Statice	30-40	weiß	VII-VIII	○	leicht, schwer	trocken	Trockenblume
Gypsophila repens Kriechendes Schleierkraut	20-30	weiß, rosa	V-VIII	○	leicht	trocken	kalkliebend, Bienenpflanze
Haberlea rhodopensis Haberlee	10-15	violett	V-VI	◐ ●	leicht	mittel, feucht	Mauer-, Fugenpflanzen
Haquetia epipactis Schaftdolde, Goldteller	10-25	gelb	III-V	◐ ●	leicht, schwer	mittel, feucht	
Helianthemum apenninum Sonnenröschen	40	weiß	V-VIII	○	leicht	trocken	kalkliebend
Helianthemum-Hybriden Sonnenröschen	10-20	weiß, grün, rot, braun	V-VII	○	leicht, schwer	trocken	Bienenpflanze
Helleborus niger Schneerose, Christrose	15-25	weiß	II-III	◐ ●	schwer	trocken, feucht	verwildert, Bienenpflanze
Helleborus purpurascens Nieswurz	20-40	rotviolett	III-IV	◐ ●	leicht	trocken, feucht	
Hepatica nobilis Leberblümchen	10-15	blau, weiß, rosa	III-IV	◐ ●	leicht, schwer	trocken, feucht	Bodendecker
Hepatica transsylvanica Leberblümchen	10-15	blau	III-IV	◐ ●	leicht	mittel	Bodendecker, Haine
Herniaria glabra Bruchkraut	3	gelbgrün	VI-X	○	leicht	trocken, feucht	wintergrüne Pflanze, Bodendecker
Heuchera-Hybriden Purpurglöckchen	30-70	rot, rosa, braun	V-VI	○ ◐	leicht, schwer	trocken, feucht	kalkliebende Pflanze
Hieracium x rubrum, Habichtskraut	20-30	orangerot	VI-VIII	○	leicht	trocken	verwildert, kalkliebend
Hieracium villosum, Habichtskraut	20-30	gelb	VI	○	leicht	trocken	
Horminum pyrenaicum Drachenmaul	15-30	blauviolett	V-VII	○ ◐	leicht, schwer	mittel, feucht	Bienenpflanze
Hosta lancifolia Lanzenfunkie	20-40	weiß, violett	VII-VIII	◐ ●	schwer	mittel, feucht	an Wasserstellen, Blätter Zierwert
Hosta plantaginea Lilienfunkie	30-60	weiß	VII-VIII	◐ ●	schwer	mittel, feucht	an Wasserstellen, Blätter Zierwert
Hosta sieboldiana Weißrandfunkie	40-60	violett	VI-VII	◐ ●	schwer	mittel, feucht	an Wasserstellen, Blätter Zierwert
Hutchinsia alpina Gemskresse	5-10	weiß	V-VI	○	leicht, schwer	trocken, feucht	kalkliebende Pflanze
Hypericum polyphyllum Hartheu, Johanniskraut	10-15	gelb	V-VI	○	leicht, schwer	trocken, feucht	kalkliebend
Iberis saxatilis Schleifenblume	5-10	weiß	III-IV	○	leicht, schwer	trocken, feucht	kalkliebend, Bienenpflanze
Iberis sempervirens-Hybriden Schleifenblume	20-30	weiß	V-VI	○	leicht, schwer	trocken, feucht	kalkliebend, Bienenpflanze
Incarvillea delavayi Freilandgloxinie	50-100	rosa-rot	VI-VII	○	leicht, schwer	trocken	
Incarvillea mairei var. grandiflora	10-15	rosa	V-VI	○	leicht, schwer	trocken	
Inula ensifolia Schwertalant	20-30	gelb	VII-VIII	○	leicht, schwer	trocken	
Iris pumila-Hybriden Zwergschwertlilie	7-15	blau, violett, braun, gelb, weiß	IV	○	leicht, schwer	trocken, feucht	an Wasserstellen, Bienenpflanze

Übersicht über die wichtigsten Steingartenpflanzen

Art	Höhe (cm)	Farbe der Blüte	Blütezeit	Standortansprüche Licht	Boden	Bodenfeuchte	Bemerkungen
Lamiastrum galeobdolon Goldnessel, Taubnessel	20	gelb	V–VI	◐◑	leicht, schwer	trocken, feucht	verwildert, Bodendecker
Lavandula angustifolia Lavendel	20–80	lilablau	VII–VIII	○	leicht, schwer	trocken	kalkliebend, Bienenpflanze
Leontopodium alpinum, Edelweiß	5–20	weiß	VII–VIII	○	leicht	trocken	kalkliebende Pflanze
Liatris spicata Prachtscharte	50–100	lilarosa	VIII	○◐	leicht, schwer	mittel, feucht	an Wasserstellen, Bienenpflanze
Limonium latifolium Widerstoß, Meerlavendel	50–80	blau	V–VII	○	leicht, schwer	trocken	Trockenblume
Linum flavum Lein, Flachs	30–60	gelb	VI–VII	○	leicht, schwer	trocken, feucht	Bienenpflanze
Linum narbonense Lein, Flachs	50	blauviolett	VI–VIII	○	leicht, schwer	trocken, feucht	verwildert, Bienenpflanze
Lotus corniculatus Hornklee	5–10	gelb-rot	V–IX	○	leicht, schwer	trocken, feucht	
Lysimachia nummularia Pfennigkraut	2–4	gelb	V–VII	◐●	leicht, schwer	mittel, feucht	Bodendecker, an Wasserstellen, Bienenpflanze
Marrubium velutinum Mäuseohr, Andorn	20–30	gelb	VI–VII	○	leicht, schwer	trocken	
Mertensia primuloides Blauglöckchen	10–15	blau	V–VI	◐	leicht, humos	mittel	Bodendecker
Minuartia graminifolia Miere	3–8	weiß	VII–VIII	○	leicht	trocken, feucht	kalkliebend
Minuartia larcifolia Miere	10–15	weiß	VI–VIII	○	leicht, schwer	trocken, feucht	kalkliebend, Bodendecker
Moehringia muscosaa Moosmiere	10–15	weiß	V–IX	◐	leicht, schwer	feucht	Mauer, Felsspalten
Nepeta x faassenii Katzenminze	25–30	blau	V–IX	○	leicht, schwer	trocken, feucht	Bienenpflanze
Oenothera missouriensis Nachtkerze	10–20	gelb	V–IX	○	leicht, schwer	trocken, feucht	Bienenpflanze
Oenothera tetragona Nachtkerze	30–50	hellgelb	VI–VIII	○	leicht bis schwer	trocken bis mittel	
Opuntia phaeacantha Feigenkaktus	10–15	gelb	VI–VII	○	leicht, schwer	trocken	wintergrüne Pflanze
Opuntia rhodantha Feigenkaktus	20	rot	VI–VII	○	leicht, schwer	trocken	wintergrüne Pflanze
Origanum vulgare 'Compactum' Dost	15–20	purpurn-fleischfarben	VII–X	○	leicht	trocken	trockene Hänge und Böschungen
Papaver nudicaule Inlandmohn	20–40	gelb, rosa, rot	IV–VIII	○	leicht, schwer	mittel, feucht	verwildert
Paronychia kapela ssp. *serpyllifolia* Mauermiere	2–5	weiß	VI–VII	○	leicht, schwer	trocken, feucht	Bodendecker
Penstemon menziesii Schmidel, Bartfaden	15–20	violett	V–IX	○	leicht, schwer	trocken	kalkfeindlich
Petrorhagia saxifraga Felsnelke	15–30	rosa	VI–IX	○	leicht, schwer	trocken, feucht	verwildert
Phlox divaricata Flammenblume	20–35	blauviolett	V	○	leicht, schwer	mittel, feucht	wintergrüne Pflanze
Phlox subulata-Hybriden Moosphlox, Polsterphlox	10–15	weiß, rosa, rot, blauviolett	IV–V	○	leicht, schwer	mittel, feucht	wintergrüne Pflanze
Phygelius capensis Kap-Fuchsie	60–70	rot	VII–IX	○	leicht, schwer	trocken	fordert humushaltigen Boden, kalkhold, sonnige, warme Lagen
Phyteuma scheuchzeri Teufelskralle	10–45	blau	VI–VII	◐	leicht	trocken, feucht	kalkliebende Pflanze
Platycodon grandiflorus Ballonblume	30–70	blau	VII–VIII	○◐	leicht, schwer	trocken, feucht	
Potentilla aurea Fingerkraut	10		VI–VII	○	leicht, schwer	trocken, feucht	
Primula denticulata Kugelprimel	10–20	weiß, lila, rosa, rot	III–IV	○	leicht, schwer	mittel, feucht	
Primula-Elatior-Hybriden Primel, Schlüsselblume	20–40	gelb, weiß, rosa, rot	IV–V	○◐	leicht, schwer	mittel, feucht	verwildert
Primula florindae Primel	70–100	gelb	VI–VIII	○◐	leicht, schwer	mittel, feucht	
Primula japonica Primel	20–75	weiß, rosa	V–VI	○	leicht, schwer	mittel, feucht	
Primula-Juliae-Hybriden Teppichprimel	8–15	rot, rosa, violett	III–IV	○	leicht, schwer	mittel, feucht	
Primula rosea Rosenprimel	8–12	karmesinrot	III–IV	◐	leicht, schwer	mittel, feucht	Bienenpflanze, kalkfeind
Primula vulgaris Kissenprimel	10	bleich, schwefelgelb	III–IV	◐●	leicht, schwer	mittel, feucht	verwildert
Prunella grandiflora Braunelle	10–20	violett	VI–VIII	○◐	leicht, schwer	trocken, feucht	Bodendecker
Pulmonaria angustifolia Lungenkraut	20–30	blau	III–IV	◐	leicht, schwer	trocken, feucht	verwildert
Pulmonaria saccharata Lungenkraut	20–30	violett	III–IV	◐	leicht, schwer	trocken, feucht	verwildert
Pulsatilla halleri, Kuhschelle	10–30	violett	IV–V	○	leicht	trocken	kalkhold, Zierfrüchte
Pulsatilla pratensis Kuhschelle	20–30	rötlich, hellviolett, grünlichgelb	IV–V	○	leicht	trocken	kalkhold, Zierfrüchte, Bienenpflanze
Pulsatilla vulgaris, Küchenschelle	10–25	violett, weiß, rosa	IV–V	○	leicht	trocken	kalkhold, Zierfrüchte, Bienenpflanze
Ramonda myconi Ramondie, Felsenteller	5–10	violett-blau	V–VI	◐●	leicht, schwer	mittel, feucht	

Übersicht über die wichtigsten Steingartenpflanzen

Art	Höhe (cm)	Farbe der Blüte	Blütezeit	Standortansprüche Licht	Boden	Boden-feuchte	Bemerkungen
Ranunculus gramineus Grasblättriger Hahnenfuß	20-40	gelb	V-VI	○◐	leicht, schwer	trocken, feucht	
Sagina subulata Sternmoos, Mastkraut	2-5	weiß	VI-VIII	○◐	leicht, schwer	trocken, feucht	Bodendecker, Plattenfugen, Trittsteine, Polster, Blattschmuck
Salvia argentea Silberblattsalbei	50-80	weiß	VI-VII	○	leicht, schwer	trocken, feucht	
Santolina chamaecyparissus ssp. tomentosa, Heiligenkraut	30-40	weiß, blaßgelb	VII-VIII	○	leicht, schwer	trocken	Blattschmuck
Saponaria ocymoides Seifenkraut	10-20	rot, rosa, weiß	VI	○	leicht, schwer	trocken	kalkhold
Satureja montana Winter-Bohnenkraut	40	weiß, rosa	VIII-X	○	leicht, schwer	trocken	kalkholde, Bienenpflanze
Saxifraga cotyledon Steinbrech	40-60	weißrosa	V-VI	○	leicht, schwer	mittel, feucht	kalkfeind, wintergrün
Saxifraga cespitosa Steinbrech	15-20	rosa, rot, gelb	V-VI	○	leicht, schwer	mittel, feucht	wintergrüne Pflanze
Saxifraga paniculata Trauben- und Rispensteinbrech	10-25	rot	V-VI	○	leicht, schwer	mittel, feucht	wintergrüne Pflanze
Saxifraga trifurcata Steinbrech	15-20	weiß	V-VI	○	leicht, schwer	trocken, feucht	Bodendecker
Saxifraga umbrosa Porzellanblümchen, Schattensteinbrech	20-40	weiß, rosa	V-VI	○◐	leicht, schwer	mittel, feucht	Blattschmuck
Scutellaria orientalis Helmkraut	10-30	gelblich, grün, purpurn	VII-IX	○	leicht, schwer	trocken	
Sedum kamtschaticum var. kamtschaticum, Fetthenne	15-20		VIII-IX	○	leicht, schwer	trocken	Blattschmuck
Sedum kamtschaticum var. middendorfianum, Fetthenne	10-20	gelb	VII-VIII	○	leicht, schwer	trocken	Blattschmuck, Bienenpflanze
Sedum reflexum Tripmadam	15-30	gelb	VII	○	leicht, schwer	trocken	Bodendecker, Blattschmuck
Sedum sieboldii Fetthenne	15-20	rosa	X	○	leicht, schwer	trocken	Blattschmuck, Winterschutz
Sedum spectabile Fetthenne	30-50	hellrosa	VIII-IX	○	leicht, schwer	trocken	Blattschmuck
Sedum spurium Fetthenne	10-15	rosa	VII-VIII	○	leicht, schwer	trocken	Bodendecker, Blattschmuck
Sempervivum arachnoideum Spinnwebhauswurz	5-10	rosenrot	VII-VIII	○	leicht, schwer	trocken	Blattschmuck, wintergrün
Sempervivum reginae-amaliae Hauswurz	15-25	karminrot	VI-VII	○	leicht, schwer	trocken	Blattschmuck, wintergrün
Sesleria varia Blau- und Kopfgras	10-20	blaugrün	IV-V	○	leicht, schwer	trocken	Graspflanze
Silene acaulis Stengelloses Leimkraut	3-5	rosarot	VI-IX	○	leicht, schwer	mittel, feucht	kalkliebende Pflanze
Silene alpestris Strahlensame	10-15	weißrosa	VI-VIII	○◐	leicht, schwer	trocken, feucht	kalkliebende Pflanze
Silene schafta Leimkraut	10	rosa	VIII-IX	○	leicht, schwer	mittel, feucht	kalkliebende Pflanze
Soldanella carpatica Alpenglöckchen	5-10	blaulila	IV-V	○	leicht, schwer	mittel	fordert humusreiche Böden
Soldanella montana Alpenglöckchen	12-30	violett	V-VI	○	leicht	mittel	fordert humusreiche Böden
Stachys byzantina Woll-Ziest, Eselsohren	20-30	rosa	VII-IX	○	leicht, schwer	trocken	kalkliebend, Bienenpflanze
Teucrium chamaedrys Edelgamander	25	rosa-violett	VII-VIII	○	leicht, schwer	trocken	kalkliebend
Thalictrum aquilegifolium Amstelraute	60-100	lila, lilarosa	V-VII	○◐	leicht, schwer	mittel, feucht	verwildert
Thymus serpyllum Quendel, Feldthymian	2-10	purpur, weiß	V-X	○	leicht, schwer	trocken, feucht	Bodendecker, Bienenpflanze
Thymus praecox ssp. articus Thymian	5-10	rosa	VI	○	leicht, schwer	trocken, feucht	Bienenpflanze
Veronica filiformis Ehrenpreis	5-10	blau	III-V	○◐	leicht, schwer	trocken	verwildert, Bienenpflanze, Bodendecker
Veronica prostrata Ehrenpreis	10-20	blau	V-VI	○◐	leicht, schwer	trocken	Bienenpflanze
Veronica spicata ssp. incana Ehrenpreis	20-50	violett-blau	VI-VII	○	leicht, schwer	trocken	
Veronica spicata ssp. spicata Ehrenpreis	20-50	blau	VII	○	leicht	trocken	Bienenpflanze
Vinca minor Immergrün	10-15	blau	IV-V	◐●	leicht, schwer	trocken, feucht	Bienenpflanze, Bodendecker
Viola cornuta Hornveilchen	10-25	violett	V-IX	○◐	leicht, schwer	trocken, feucht	
Viola odorata Duftveilchen	10-20	violett	III-IV	○◐	leicht, schwer	trocken, feucht	verwildert, duftend, Bienenpflanze
Waldsteinia geoides Golderdbeere	15-25	gelb	IV-VI	◐●	leicht, schwer	mittel, feucht	verwildert, wintergrüne Bodendeckung

Heidegärten

Heideflächen beleben den Garten vom Frühling bis in den Herbst und auch im Winter. Der Heidegarten ist oft Bestandteil eines Steingartens, und bildet sozusagen den Übergang in andere Gartenbereiche. Heidegärten sind unter höheren Gehölzen anzulegen, die genügend Licht durchlassen. Die typischen Pflanzen für den Heidegarten erfordern humusreiche, saure Sandböden. Die meisten sind kalkfeindlich.

Bepflanzung des Heidegartens

Die Grundpflanzung eines jeden Heidegartens besteht aus Besenheide (Calluna) und Glockenheide (Erica).

Die Besenheide liebt Sonne, im mäßigen Halbschatten blüht sie schlecht, treibt in die Höhe und bildet spärliche Sträucher. Am besten gedeiht sie auf nährstoffarmen, trockenen, stark sandigen mit Torf angereicherten Böden. Die Glockenheide-Arten vertragen Halbschatten und Schatten, blühen aber in schattigen Lagen schwächer. Einige maritime Heiden, vor allem die Grauheide (Erica cinerea), sind in Mitteleuropa kaum winterhart und bedürfen einer Winterabdeckung, besonders bei Frost und Schnee.

Die verschiedenfarbigen Sorten der Grundbepflanzung der Heidegärten ermöglichen verschiedene Farbkompositionen. Dabei sollte man jeweils größere Flächen mit Pflanzen derselben Farbe bepflanzen. Ein kunterbuntes Farbgemisch verfehlt seine Wirkung und fließt, von weitem betrachtet, in ein unbestimmtes Grau zusammen. Für kleinere Flächen wähle man niedrigere bis Zwergpflanzen.

Heidegärten sind mit Pflanzen zu besetzen, die auch in der Natur in der Heide vorkommen. Gut nehmen sich unregelmäßig auf der Fläche verteilte Wacholder (Juniperus) aus, mit säulenförmigem oder ausladendem Wuchs, einige Zwergmispelarten (Cotoneaster) mit schönen farbigen Früchten sowie die Ginster (Genista, Cytisus). Zwergginster beleben den Heidegarten mit einer Blütenfülle im Frühling und Frühsommer.

In Heidepartien kommen auch die Hängebirke (Betula pendula) 'Youngii' mit bis zum Boden herabhängenden Ästen, die eine Höhe von nur 5—7 m erreicht und die strauchartige Stechpalme (Ilex aquifolium) zur Geltung, die im Schatten hoher Bäume gut gedeiht.

Von weiteren für den Heidegarten geeigneten Pflanzen sei auch an die Ziergräser gedacht, die smaragdgrüne oder blaugraue Teppiche bilden, oder ihre Umgebung überragen und im Garten ein natürliches Milieu schaffen. Auch zahlreiche Rhododendronarten (einschließlich japanischer Azaleen und Gartenazaleen), die Rosmarin- oder Lavendelheide (Andromeda), die Irische Heide (Daboecia), die Ährenheide (Bruckenthalia), die Lorbeerrose (Kalmia), die Scheinbeere (Gaultheria), der Porst (Ledum), die Krähenbeere (Empetrum) und ähnliche Pflanzen verdienen gebührende Aufmerksamkeit. Für Heidegärten eignen sich auch einige Stauden und Steingartenpflanzen (siehe Tabellen).

Stauden sorgen neben Gehölzen für einen allmählichen Übergang in die angrenzenden Gartenbereiche. Sie brauchen nur nährstoffärmere saure Böden und haben keine besonderen Pflegeansprüche, gegebenenfalls muß der Boden den Ansprüchen der Pflanze angepaßt werden.

Pflege

Die einmal erwachsenen Heidekrautgewächse bilden zusammenhängende Bestände, die das Wachstum von Unkraut verhindern. Das Unkrautjäten erübrigt sich also. Man muß nur darauf achten, daß Glockenheide und Besenheide vor allem die Steingartenpflanzen mit niedrigerem Wuchs nicht erdrücken. Die beste Zeit für den Schnitt der sommerblühenden Heide ist zwischen Mitte März und Mitte April. Sorten mit zierendem Laub, wie Calluna 'Sally-Anne Proudley', 'Spring Cream' und 'Spring Torch', aber auch Erica watsonii 'Dawn' soll man in der zweiten Augusthälfte schneiden, die farbigen jungen Triebspitzen kommen dann im Frühjahr viel besser zur Geltung. Heide, die im Winter oder im Frühjahr blüht, Erica herbacea E. darleyensis und E. erigena, schneidet man am besten gleich nach Ende der Blütezeit zurück. Das ist sehr günstig für ein gutes Wachstum und gute Knospenbildung während des Sommers. Bestimmte Sorten der winterblühenden Heide wachsen jedoch schon so gedrungen, daß man sie kaum schneiden muß. Heide, die im Herbst gepflanzt wird, darf jedoch erst im

Heidegärten mit Koniferen und verschiedenen Heidekrautgewächsen sind zu allen Jahreszeiten schön (679)

◀ *Ein Heidegarten kann sehr natürlich an eine Felspartie anschließen (678)*

Heidekräuter sollten stets in größeren Gruppen gepflanzt werden (680)

In Heidepartien sollten die verschiedenen Rhododendron-Sorten nicht fehlen (682)

Frühjahr geschnitten werden. Der Schnitt der Heide bewirkt im allgemeinen eine spätere Blüte. Auf größeren Flächen derselben Sorte kann man sogar durch unregelmäßigen Schnitt (Zeitpunkt und Schnittmethode) eine unterschiedliche Blüte erzielen, das heißt, die Blütezeit der Fläche verlängern.

Außer zeitweiliger Torfgaben sowie organischer oder mineralischer Düngung bedarf ein Heidegarten keiner besonderen Pflege mehr.

Säulenförmige Wacholder sind für Heidegärten geeignete Koniferen, weil sie auch in der Natur inmitten der niedrigwachsenden Heidekräuter stehen (681)

Der Heidegarten in den Jahreszeiten

Bei einer sorgfältigen Auswahl der Pflanzen erfreut uns der Heidegarten rund ums Jahr mit einer ganzen Skala von Farben. Bereits im Dezember erscheinen die weißen, rosa und roten Blüten der ersten Schneeheiden (*Erica herbacea*). Die vorfrühlinghafte Anmut der Schneeheiden wird im Frühling von den Farben der Rhododendren und weiteren Gehölzen abgelöst. Daran schließen sich die sommerblühenden Glockenheiden, *Erica cinerea* und *Erica vagans*, an. Den ganzen Herbst hindurch blühen Sorten der Besenheide (*Calluna vulgaris*). Das Jahr wird schließlich mit der

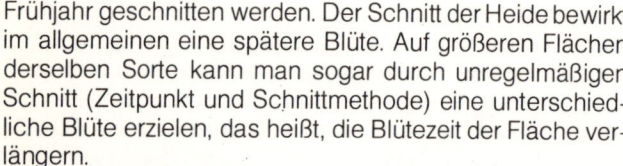

Herbstfärbung laubabwerfender Gehölze und mit den Zierfrüchten abgerundet.

Heidearten

Um zumindest annähernd eine Vorstellung zu vermitteln über die Vielseitigkeit der *Calluna*- und *Erica*-Arten, seien wenigstens die wichtigsten Vertreter dieser bekannten Ziergehölzgruppen aufgeführt.

Calluna vulgaris — Heidekraut oder Besenheide (Sortenliste)
'Alba Plena' — eine 25—40 cm hohe Züchtung mit einer Fülle weißer, gefüllter Blüten und aufrechtem Wuchs. Blütezeit August — Oktober.
'Alportii' — aufrecht wachsende, bis 70 cm hohe Sorte mit hell karminroten Blüten. Blütezeit August bis September.
'County Wicklow' — Züchtung mit niedrigem Wuchs bis 5 cm, mit gefüllten, hell rosa Blüten. Blüte August — September.
'Cuprea' — interessante Sorte mit aufrechtem Wuchs und interessanten, grüngelben Blättern, die sich im Winter rotbraun färben. Die einfachen Blüten sind hellviolett. Blütezeit August — September.
'C.W.Nix' — Pflanze mit schönem, bis 80 cm hohem Wuchs, dunkelgrünem Laub und dunkelviolettroten, in kegeligen Trauben stehenden Blüten. Blütezeit August — September.
'Foxii Nana' — eine nur 15 cm hohe Heide, die niedrige, sattgrüne Polster und im Juli bis September nicht zu zahlreiche, purpur-rosarote Blüten bildet.
'H.E.Beale' — eine sehr schöne Züchtung mit aufrechtem Wuchs und einer Vielzahl gefüllter, rosa Blüten mit weißer Mitte in langen Trauben. Sie sind sehr dauerhaft und eignen sich ausgezeichnet für den Schnitt. Die Sorte ist von starkem Wuchs und wird bis 60 cm hoch. Blütezeit September — Oktober.
'J.H. Hamilton' — bis 25 cm hoch und zeichnet sich durch breiten, kompakten Wuchs aus. Die gefüllten Blüten sind von eigenartig lachsrosa Färbung. Blütezeit August — September.
'Mullion' — schöne Züchtung mit kompaktem, polsterartigem Wuchs und nur 25 cm Höhe, dicht verzweigend. Die dunkelrosa Blüten erscheinen in großer Anzahl. Diese Sorte eignet sich besonders für größere Flächen. Blütezeit August — September.
'Tib' — eine 25—40 cm hohe, aufrecht wachsende und reich gefüllt, sattrosa blühende Sorte. Sehr früher Flor von Juni bis September.

Erica herbacea — Schneeheide (Sortenliste)
'Alba' — diese 20—30 cm hohe Heide ist von schönem, kompaktem Wuchs mit schneeweißen Blüten. Blütezeit März — April.
'Atrorubra' — eine 15—20 cm hohe Sorte mit dunkelgrünen, leicht blau angehauchten Nadeln und karminroten Blüten. Blütezeit ab Mitte März bis Anfang Mai.
'Aurea' — eine 15—20 cm hohe Sorte mit hell goldgelben Nadeln während des Frühlings und im zeitigen Sommer, Blüten lila bis rosa. Blütezeit Februar, März — April.
'James Backhouse' — bis 25 cm hoch, mit großen, rosa Blüten. Blütezeit März — April.
'King George' — eine 15 cm hohe, frühblühende Sorte mit roten Blüten. Blüht als eine der ersten Sorten, Dezember — März.

Eine Heidepartie bringt Abwechslung in die Gartengestaltung. Ihre harmonische Komposition mit Koniferen und Laubgehölzen erfreut das ganze Jahr hindurch (683)

'Ruby Glow' — eine 15—20 cm hohe Züchtung mit rotbraunen Blättern und ziemlich großen, satt dunkelroten Blüten. Blütezeit Februar — April.
'Snow Queen' — sehr frühblühende Sorte mit großen, rein weißen über den Nadeln sitzenden Blüten, die fast die ganze Pflanze bedecken. Blütezeit nicht selten schon ab Dezember bis März.
'Vivellii' — eine nur 20 cm hohe, sehr wertvolle, herrlich blühende Sorte mit starkem, kompaktem Wuchs und satt grünen Nadeln, die im Winterzeitraum eine bronzebraune

Rhododendren sind sehr beliebte Gehölze. Sie werden einzelnstehend oder in Gruppen angepflanzt, eignen sich aber auch als mittelhohe Bepflanzung unter lichten Koniferenbeständen (684)

Färbung annehmen. Die karminroten Blüten öffnen sich meist schon im Februar und blühen bis März — April.
'Winter Beauty' — niedrige, dicht und kompakt wachsende, 15—20 cm hohe Züchtung. Sie blüht sehr früh, bei gutem Wetter schon im November, mit sattrosa Blüten. Blütezeit Januar — März.

Erica vagans (Sortenliste)
'Alba' — sommerblühende Heide mit kompaktem Wuchs, 15—20 cm hoch und einer Fülle rein weißer Blüten. Blütezeit Juli — September.
'Mrs.D.F.Maxwell' — ausgezeichnete, bis 35 cm hohe Sorte mit tiefrosa, in dichten Trauben stehenden Blüten. Blütezeit August — Oktober.
'St. Keverne' — schöne, bis 35 cm hohe Züchtung mit dichtem, buschigem Wuchs und rein lachsrosa Blüten. Blütezeit August — September.

Die Sorten der zur Erica-Vagans-Gruppe gehörenden Glockenheiden sind dankbar für einen guten Winterschutz, vor allem bei Kahlfrösten. Am besten ist bis zur halben Pflanzenhöhe aufgeschütteter trockener Torf und eine leichte Fichtenreisigdecke.

Neben diesen wichtigsten Vertretern der Heidekrautgewächse gibt es noch viele weitere interessante und sehr schön blühende Arten. Wegen der Pracht ihrer Blüten und einer Reihe vorzüglicher Eigenschaften erfreuen sich die nachfolgend aufgeführten Arten schon seit alters her der Gunst der Gartenfreunde. Sie sind auch heute in spezialisierten Gartenbaubetrieben zu haben.

Weitere Pflanzen für den Heidegarten
Genannt seien *Andromeda polifolia* (Lavendelheide), *Bruckenthalia spiculifolia* (Ährenheide), *Daboecia cantabrica* (Irische Heide), *Gaultheria procumbens* (Scheinbeere), *Kalmia angustifolia* 'Rubra' (Lorbeerrose), *Pernettya mucronata* (Torfmyrte), die Rhododendren-Arten *Rhododendron impeditum* und *Rhododendron praecox* (eine frühblühende Art). Nicht zu vergessen seien die sog. japanischen Azaleen, diese blühen schon ab April. Die Hauptblütezeit ist jedoch der Mai. Am häufigsten sind folgende Sorten zu sehen:
'Hatsugiri' — mit gedrungenem, dicht buschigem Wuchs, kleinen Blättern und kleineren, trichterförmigen, karminroten Blüten. Sie wird bis 50 cm hoch und 1,5 m breit.
'Hinomayo' — mit niedrig ausladendem Wuchs und vielen hellrosa Blüten, frühblühend. Höhe der ausgewachsenen Pflanze 50-60 cm.
'Illodegiri' — mit schütterem, aber breit ausladendem Wuchs und ziemlich großen, rubinroten Blüten. Höhe 50—60 cm.
'Kermesina' — sehr dauerhafte Sorte mit dichtem, buschigem Wuchs und mittelgroßen, strahlend rosaroten Blüten, mittelspät.
'Orange Beauty' — mit bis zu 3 cm großen, lachsrosa, während des Aufblühens orange angehauchten Blüten. 100—200 cm hoch.
'Sakata Red' — mit kleinblumig herrlich roten Blüten.
'Vuyk's Scarlet' — Blüten später strahlend rot, ganz die Blätter überdeckend. Gute Winterhärte, Höhe 80—100 cm.

Heidekraut-Sorten (Calluna vulgaris) unterscheiden sich in der Blütenfarbe, der Art des Blütenstandes und der Beblätterung, vor allem aber auch durch ihre Wuchsform und Höhe. Die lilablühende Sorte im Bild gehört zu den mittelwüchsigen, die sich auch für Steingärten, Kästen und Gefäße eignen (685)

▼ *Heidekräuter eignen sich auch als Unterwuchs für Rhododendren, allerdings nur, solange diese sie nicht beschatten (686)*

▼ *Glockenheiden pflanzt man immer in größeren Gruppen. Erica herbacea 'Snow Queen' ist eine weißblühende Sorte der Schneeheide. Den Blüten schadet nicht einmal Schnee (687)*

Erica herbacea *(Schneeheide)* gehört zu den Frühblühern, die in ihrer Blütezeit in einer größeren Fläche gut zur Geltung kommen. Im Bild sieht man eine schöne farbliche Kombination mit einem gelbblühenden Zwergginster im Hintergrund (688)

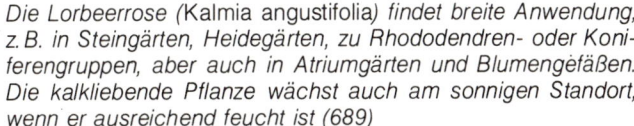

Eine schön blühende Pflanze für den Heidegarten ist die Ährenheide (Bruckenthalia spiculifolia), die im Juli und August blüht. Sie hat ähnliche Ansprüche wie Heiden, nur wird sie nicht zurückgeschnitten und braucht Winterbedeckung (690)

Die Lorbeerrose *(Kalmia angustifolia) findet breite Anwendung, z. B. in Steingärten, Heidegärten, zu Rhododendren- oder Koniferengruppen, aber auch in Atriumgärten und Blumengefäßen. Die kalkliebende Pflanze wächst auch am sonnigen Standort, wenn er ausreichend feucht ist (689)

Rotblühende Rhododendronsorten werden mit Vorliebe mit hellblühenden kombiniert (691)

Gräser und Farne im Garten

Steppenpartien machen jedem Freude, der ihren Zauber und ihre Besonderheiten erkennt und liebt. Und er wird immer ein freies Fleckchen in seinem Garten dafür finden.

Die für Steppenlandschaften typischen Staudenpflanzen werden in einer selbständigen Gruppe gepflanzt. Da alle Steppenpflanzen aus heißen und trockenen Klimazonen stammen und neutrale Böden erfordern, gedeihen sie auch in unseren Gärten nur an voll sonnigen Standorten. Eine wichtige Komponente der Steppe sind Gräser; gerade sie geben ihr den besonderen Charakter.

Unsere heutigen Gartenanlagen mit gut gepflegtem Rasen, Steingärten, Trockenmauern, Bassins oder kleinen Teichen sind ohne Dauerziergräser undenkbar. Sie nehmen sich nicht nur in der Nachbarschaft von Ruheplätzen, Wasserpartien, Vogeltränken, Plastiken oder frei und scheinbar wahllos umherliegenden großen Steinen hervorragend aus, sondern sind auch prächtige Solitärs. Vor allem die hoch wachsenden Arten. Am besten unterstreicht der dunklere Hintergrund der Nadelgehölze ihre prächtige Form und die Färbung der Halme. Mittelhohe Arten sollte man in Gruppen setzen und die niedrig bleibenden eignen sich hervorragend für Steingärten und Trockenmauern. Auch größere und kleinere Flächen lassen sich bedecken.

Auf dem Markt wird ein breites Gräsersortiment angeboten. Es ist wohl kaum eine Übertreibung, daß Gräser das ganze Jahr über eine Zierde für jeden Garten sind. Ihr frisches und sattes Grün erfreut jedes Auge. Aber auch gelbe, weißbunte, rotbraune und besonders die ausgesprochen prächtigen bläulichen und silbrigen Blattfärbungen ziehen den Blick auf sich. Und dazu kommt, daß sich bei einigen höherwüchsigen Grasarten die Blütenstände nicht nur als Gartenschmuck, sondern auch als Trockenblumen für die Vase vorzüglich eignen.

Auch wenn viele Ziergräser nicht zu unserer ursprünglichen einheimischen Flora gehören, sind sie unter unseren klimatischen Bedingungen ausnahmslos ausdauernde und gut winterharte Pflanzen. Manche bevorzugen trockene und sonnige Plätze, anderen sagen eher feuchte Standorte zu. Und so sind auch bei den Gräsern Licht- und Feuchtigkeitsverhältnisse neben den Wachstumseigenschaften der einzelnen Arten und Sorten die entscheidenden Faktoren, die wir bei der Wahl der richtigen Gewächse für unsere Rasen- wie Steppenpartien, Miniaturgärten wie Topf- und Kastenbepflanzungen berücksichtigen müssen.

Damit sich die Ziergräser ihr natürliches Wachstum, schönes Aussehen und vor allem die typische Blattfärbung bewahren, müssen sie nach den arteigenen Forderungen entweder vollsonnig oder im Halbschatten stehen. In jedem Fall soll es sich jedoch um magerere Böden handeln, am besten um Rasenerde mit einer Beimischung von Flußsand. Alle Grasarten sind gute Bodendecker, verhindern das Austrocknen des Bodens, sind fest und ausdauernd und breiten sich willig aus.

Dauerziergrasarten

Alopecurus lanatus — Der Zottige Fuchsschwanz ist eine sehr interessante Art mit schmalen, silbriggrauen, behaarten Blättern und 10—15 cm hohem Blütenstand. Er eignet sich nur für vollsonnige Plätze und will durchlässigen, sandigen Boden mit einem Anteil von Torferde.
Arrhenatherum elatius ssp. *bulbosum* 'Variegatum' — Dieser Glatthafer hat schmale, silbrigweißbunte Halme und

Gräser- und Steppenpartien werden in Gärten nach wie vor zu wenig angelegt (692)

Gräser sollten in keinem Garten fehlen. Dabei müssen es nicht unbedingt nur niedrige Arten sein (693)

Helictotrichon sempervirens, *der Blaustrahlhafer, hat grausilbrige Blätter, genauso* Festuca cinerea, *der Blauschwingel. Im Kontrast dazu* Pennisetum alopecuroides, *das Lampenputzergras (links), und das satte Grün der Feuerdornblätter (*Pyracantha coccinea*) im Hintergrund (694)*

Sehr eindrucksvoll wirkt während der Blütezeit Cortaderia selloana, *das Pampasgras. Es kommt am besten einzelnstehend zur Geltung. Es liebt trockene Winter, verträgt aber keine allzu niedrigen Temperaturen (695)*

wird 20—30 cm hoch. Er blüht vom Juli bis August und verträgt sowohl Sonne als auch wandernden Schatten.
Briza media — Das Zittergras ist eine schöne, niedrige, sich in büscheligen Polstern ausbreitende Art von 30—60 cm Höhe. Es liebt sonnige Standorte, verträgt aber auch leichten Halbschatten. Die Blütezeit dauert von Mai bis Juni. Die getrockneten Blütenstände geben einen sehr schönen Vasenschmuck.
Carex montana — Die Bergsegge bildet dichte Horste mit schmalen, sich im Herbst braun färbenden, 20—30 cm langen Halmen. Sie blüht schon im März — April und kann sonnig oder im Halbschatten stehen.
Carex morrowii 'Variegata' — Diese schöne Gartenform der aus Japan stammenden Segge bildet 30—50 cm hohe, glänzend grüne, weißbesäumte, schmale Blätter und verträgt sowohl Sonne als auch Halbschatten. Die Blütezeit liegt im Juni und Juli.
Cortaderia selloana — Das Pampasgras ist eine der prächtigsten Grasarten. Es kann 2—3 m hoch werden und muß für sich stehen, um mit seinen dekorativen, graugrünen, graziös überhängenden Blättern zur vollen Wirkung zu kommen. Es ist ein Herbstblüher, die Blütezeit ist August bis Oktober. Seine riesigen Blütenstände sind ein vorzüglicher Vasenschmuck. Die Pflanze ist anspruchsvoll, sollte nur im Frühjahr umgesetzt werden und muß Winterschutz erhalten.
Deschampsia cespitosa — Die Rasenschmiele ist ein prächtiges, 50—150 cm hohes, feste Horste bildendes Gras mit dunkelgrünen Halmen und grünen Blütenrispen. Es gedeiht in der Sonne wie im Halbschatten und blüht von Juni bis Juli.
Elymus arenarius — Die Haargerste, auch Strandhafer genannt, wird 60—120 cm hoch und hat stahlblaue, leicht gestreifte Blätter und gelbbraune Ähren auf hohen Stielen. Sie ist sehr dekorativ und breitet sich auch in den trockensten Sandböden schnell und kräftig aus. Die Blütezeit ist Juni bis Juli.
Festuca cinerea — Der Blauschwingel ist ein sehr wertvolles, niedriges, blaugrünes Gras, ohne das man in Steingärten und niedrigeren Staudenbeeten kaum auskommt. in festen Polstern stehen die Ähren auf 15—20 cm hohen Stielen. Er bevorzugt volle Sonne, verträgt jedoch auch wandernden Schatten. Blütezeit Juni/Juli.

Festuca scoparia — Dieser nur 10—15 cm hohe, aus den Pyrenäen stammende Bärenfellschwingel bildet grünlaubige, sehr dichte Polster mit feinen Blättern. Er blüht von Juni bis Juli.
Glyceria maxima 'Variegata' — Diese Gartenform des Wasserschwaden ist ein hübsches Gras mit gelblich oder weiß gefleckten Blättern, die sich im Herbst rötlich färben. Er wird 50—100 cm hoch, ist sehr bescheiden und ausdauernd und gedeiht besonders gut in sumpfigen Böden. Die Blütezeit ist Juli bis August.
Helictotrichon sempervirens — Der Blaustrahlhafer bildet 50—80 cm hohe Büschel mit aufrechten, blaugrauen Halmen und in Ähren stehenden, blaßgelben Blüten an meterhohen, aufrechten Stielen. Diese vorzüglich als Solitär geeignete Staude will sonnig stehen und blüht von Juni bis Juli.
Miscanthus sinensis — Das Chinaschilf ist ein mächtiges, bis 150 cm hohes Gras mit breiten, hellgrünen, in der Mitte breit weiß gestreiften Blättern. Es bildet große Horste mit im September bis Oktober blühenden, sehr ansehnlichen, meist rosafarbenen Blütenrispen. Es ist eine schöne, perennierende Art für exponierte Plätze und macht sich besonders gut am Wasser. Unter weniger günstigen Klimabedingungen ist Winterschutz erforderlich.
Molinia arundinacea — Das Riesenpfeifengras wird 60—80 cm, manchmal sogar über 1 m hoch und gedeiht in der Sonne wie im Halbschatten. Besonders schön ist es in seinem goldgelben Herbstkleid. Es blüht im August bis Oktober und ist mit seinen prächtigen Blütenständen über viele Wochen ein wertvoller Gartenschmuck.
Panicum clandestinum — Die Bambushirse ist eine nicht alltägliche, an Bambus erinnernde Staude. Sie wird gewöhnlich 60—80 cm hoch, hat kurze, breite Blätter und schöne, bräunliche Ähren, die sich auch zum Schnitt eignen. Die Blütezeit dauert von Juli bis August. Sonnige Standorte sind genauso geeignet wie leicht schattige Plätze.
Pennisetum alopecuroides — Das Federborstengras ist eine sehr dekorative, winterharte Staude mit langen, rotbraunen, dichten, an einen Zylinderputzer erinnernde Ähren (Lampenputzergras) und schmalen, graugrünen Blättern. Besonders als Solitär und auf locker stehenden Staudenbeeten kommt es gut zur Geltung. Es wird

Hordeum jubatum, die Mähnengerste, ist ein Sommergras, das einzelnstehend oder gruppenweise angepflanzt wird (696)

50-100 cm hoch und blüht zuverlässig schon als Jungpflanze ab September. Die trockenen Blütenstände sind ein schöner Vasenschmuck.
Phalaris arundinacea — Dieses dem Schilfrohr ähnliche Rohrglanzgras ist recht wuchsfreudig und hat blaßgrüne oder rötliche Ähren. Es ist robust, wird bis 150 cm hoch und

Das Chinaschilf Miscanthus sinensis 'Gracillimus' *wirkt sehr dekorativ, steht einzeln oder in Gruppen und nimmt sich in Nachbarschaft von Gehölzen sehr gut aus (697)*

eignet sich besonders als Randbepflanzung von Wasserbecken und kleinen Teichen. Obwohl es einen sonnigen Standort möchte, macht ihm auch wandernder Schatten nichts aus. Der Boden soll leicht feucht sein. Die Blüte dauert von Juli bis August. Auch als Vasenschmuck verwendbar.
Spartina pectinata 'Aureomarginata' — Das Goldleistengras ist eine elegante Kulturform des Süßwasserseilgrases mit gelb gesäumten, schmalen und weitfallend gebogenen Blättern. Die Büsche werden 100 bis 150 cm hoch und haben schöne, auch für den Schnitt geeignete, hellbraune Blütenstände. Die Art liebt einen sonnigen Standort und blüht im August bis September.

Farne für Schattenplätze im Garten

Zu den Gewächsen, die in den letzten Jahren mehr und mehr von den Gartenliebhabern beachtet werden, gehören die Farne. Und weil sie die schattigen Stellen unseres Gartens meist das ganze Jahr über schmücken, gehört ihnen unsere Aufmerksamkeit zu Recht. Im Frühling sind es die sich unablässig verändernden, austreibenden Blätter, im Sommer die filigrane Schönheit der voll entfalteten Wedel udn im Herbst die meist goldgelbe Färbung der absterbenden Blätter, die unser Interesse wecken. Auch im Winter sind sie nicht ohne Reiz; die wintergrünen Arten erfreuen durch das frische Grün ihres Laubes oder durch die in den Strahlen der Wintersonne glitzernde Schönheit der bereiften vorjährigen Wedel.

Auch wenn einige Farnarten ganz gut Sonne vertragen, ziehen doch die meisten halbschattige, ja sogar vollschattige Standorte vor. Viele Farne bestechen durch die Schönheit ihrer Wuchsformen oder durch außergewöhnlich prächtige Belaubung, so daß sie ausgezeichnete Solitärs abgeben. Andere dagegen sind ausgezeichnet in gemischten Beständen oder als Gruppe für Steingärten, Gartenecken, Höfe und andere Gartenpartien geeignet. Es ist allgemein bekannt, daß Farne unter bestimmten Umständen zu den ausdauerndsten Stauden gehören, die auch die unmittelbare Nachbarschaft und den Dauerschatten höherer Gehölze, Sträucher und Bäume ausgezeichnet vertragen. Die meisten Kulturarten der höheren Farne sind nicht nur wuchsfreudig, sondern nehmen sich auch in Beständen anderer schattenliebender Stauden gut aus, wie beispielsweise zwischen Haselwurz, Zwergastilben, Maiglöckchen, Leberblümchen, Elfenblumen, Lungenkraut, Gedenkemein, Immergrün und anderen Au- und Waldblumen. In lichteren Baumbeständen können die Farnpartien auch auf mit kleineren Zwiebelblumen (Blaustern, Schneestolz, Traubenhyazinthe, Schneeglöckchen, Märzbecher, Krokus und Winterling) bestandenen größeren Flächen folgen, die durch ihren reichen Flor im Vorfrühling und im zeitigen Frühjahr diese Plätze beleben.

Die meisten Farnarten gedeihen am besten in lockerem, angemessen feuchtem, humusreichem Waldboden. Wenn solche Erde für den Garten nicht zur Verfügung steht, müssen Kompost-, Laub- oder Heideerde und Flußsand eingearbeitet werden. Der Boden kann auch steinig sein, muß aber in jedem Fall gut wasser- und luftdurchlässig sein. Farne sind meist nicht sehr empfindlich, nur den Wurzelverlust beim Umpflanzen vertragen sie nicht gut. Es gibt Arten, die während der Wachstumszeit nicht einmal den Verlust von Laub auszugleichen vermögen.

Sehr häufige Zusammenstellungen für Graspartien sind die aus Lampenputzergras (Pennisetum alopecuroides) und Blaustrahlhafer (Helictotrichon sempervirens). Das Lampenputzergras wirkt vom Spätsommer bis in den späten Herbst hinein sehr dekorativ (698)

Farne kommen einzelnstehend oder in Gruppen für halbschattige und schattige Lagen in Frage (700)

Farnarten für den Garten

Zu den beliebtesten, in unseren Gärten gepflanzten, schattenliebenden Farnen gehört der Frauenhaarfarn (*Adiantum pedatum*), eine zarte Art mit flachen, fächerartigen Fiedern an dünnen Stielen. Die schwarzen, drahtigen, 50—60 cm langen Stiele tragen zarte, hellgrüne, waagerecht ausgearbeitete, sehr schön wirkende Fiederblätter. In Japan heißt er Pfauenradfarn. Er liebt halbschattige bis schattige Plätze und wirkt besonders gut in Gesellschaft mit Zwergastilbe, Etagenprimeln, Frauenschuh und Herbstzeitlosen. Er bevorzugt leicht sauren, feuchten, nicht nassen, lockeren, humusreichen Boden und kann unter günstigen Bedingungen Dutzende Jahre an einem Ort stehen udn mit der Zeit bis zu einem Quadratmeter Fläche einnehmen. Die Wedel des Frauenhaarfarns sind ein beliebtes Schnittgrün in Blumenbindereien. An leicht schattigen Plätzen und in feuchten, kalkfreien Moorsandböden ist eine weitere hübsche Farnart anzutreffen — der wintergrüne Rippenfarn (*Blechnum spicant*). Er will mehr Feuchtigkeit als alle übrigen Arten. Bei älteren Pflanzen bilden die Wedel dichte Büschel. Der Wurmfarn (*Dryopteris filix-mas*) ist ein bekannter Farn, der 60—100 cm und höher werden kann. Er hat langgezogene Wedel mit geschlitzten bis gekräuselten, wechselständigen Fiedern. Die dunkelgrünen, wie Trichter angeordneten Wedel werden mehr als einen Meter lang. Der Wurmfarn gibt sich auch mit magereren Böden zufrieden, wenn sie nicht dauernd naß sind. Er liebt schattige Standorte.

Unser heimischer Straußfarn (*Matteuccia struthiopteris*) wirkt besonders schön im Frühjahr, wenn sich seine Wedel zu einem bis 80 cm hohen Trichter aufrollen. Er liebt angemessen feuchten Boden und kann sonnig wie halbschattig stehen. Auch verbreitet er sich schnell durch unterirdische Ausläufer und bildet unter günstigen Bedingungen sehr bald große Bestände.

Die Hirschzunge (*Phyllitis scolopendrium*) ist ein interessanter Farn mit zungenartigen, bis zu 40 cm lang werdenden Wedeln. Auch tieferer Schatten und feuchte Standorte vermindern seine Wuchsfreudigkeit nicht. Am schönsten wirkt er zwischen Steinen, denen er sich durch seinen Wuchs anpaßt.

Der Tüpfelfarn (*Polypodium vulgare*) ist ein niedriger, wintergrüner Farn mit ledrigen, gefiederten Wedeln. Er ist nur etwa 20—30 cm hoch und wird an schattigen Plätzen überall dort gepflanzt, wo der Boden kalkfrei ist.

Vogeltränken wirken sehr ästhetisch. Zu ihnen passen wohl kaum andere Pflanzen besser als Farne (699)

Wasser im Garten

Die Verwendung von Wasser und die Eingliederung verschiedener Wasserreservoirs in den Gartenraum hat schon eine lange Tradition. Aber erst in den letzten Jahren nehmen erfreulicherweise kleinere und größere Wasserflächen, Teiche und regelmäßige Bassins auch in den kleinen Gärten zu. Gleichzeitig mit ihnen wächst auch das Interesse an Wasser- und Sumpfpflanzen, die die ästhetische Wirkung ihrer Umgebung steigern.

So wie die Wildbäche und Flüsse mit ihrem klaren Wasser ein unerläßliches Lebensmilieu der Wasserpflanzen an ihren Ufern ausmachen, so kann auch ein kleiner Leitungswasserzufluß in ein Alpinum einen »Wasserfall« bilden und so können auch die Pflanzen, welche Wasser oder ständige Feuchtigkeit für ihr Leben brauchen, gut gedeihen. Außerdem bringt Wasser in jeden Garten und in jedes Alpinum ständige Bewegung, Vogelgesang und vor allem den Zauber der freien Natur.

Pflanzen am Wasser

Im Hinblick darauf, daß sich die Vegetationsbedingungen von Gewässern, bzw. ständig oder vorübergehend nassen Standorten wesentlich von den Lebensbedingungen der Pflanzen in normalen Gartenböden unterscheiden, liegt es auf der Hand, daß für die wassernahen Flächen nur besondere Pflanzenarten geeignet sind. Wir teilen sie in drei Hauptgruppen ein: in Sumpfpflanzen (Pflanzen für flaches Wasser), feuchtigkeitsliebende Pflanzen, die in der Nähe von Wasser wachsen und Wasserpflanzen (Pflanzen für tieferes Wasser).

Sumpfpflanzen (Pflanzen für flaches Wasser)

Flache Sümpfe, nasse Bachufer oder Teiche sind besonders gut zur Anpflanzung einer Sumpfflora geeignet. Diese wird z. B. ausgezeichnet durch die im April und Mai blühende Sumpfdotterblume (Caltha palustris) repräsentiert. Sie bildet 20—50 cm hohe Stengel mit breiten, herzförmigen Blättern und gelben fünfzähligen Blüten. Die Sumpfdotterblume pflanzt man an sumpfige und feuchte Gewässerufer, wobei die Wurzeln vorübergehend im Wasser stehen können. In den Gärten finden wir meistens die wunderschönen Sorten der Dotterblume mit goldgelben Blüten (z. B. Caltha palustris 'Multiplex'), wir kennen auch weißblühende Sorten.

◀ Wasserfläche voller Grün, die trotzdem keine besonderen Anforderungen an die Pflege stellt. Im Sommer kann sie um subtropische und tropische Pflanzen bereichert werden. Im Bild die blühende Wasserhyazinthe, Eichhornia crassipes (701)

Einen Bach im Garten kann nicht jeder haben. Die Glücklicheren können sich an kleinen Wasserfällen erfreuen, durch geeignete Bepflanzung kann man den Eindruck jungfräulicher Natur erzeugen (702)

Zur Gruppe der niedrigen Sumpfpflanzen gehört auch die Sumpfcalla (Calla palustris). Sie ist 15—30 cm hoch mit herzförmigen langstieligen Blättern und wächst meistens im Sumpf oder niedrigen Wasserflächen. Die langen Schäfte enden in einem Blütenstand mit weißen Hochblättern, deren Unterseite grünlich ist und die Blüten stehen in kurzen gelbgrünen Kolben zusammen. Die reifen Früchte — korallenrote giftige Beeren — sind geradezu eine Zierde.

Der Fieberklee (Menyanthes trifoliata) ist eine interessante Staude, die eine Höhe von 20—30 cm erreicht. Sie hat langgestielte dreizählige ovale Blätter, und zeigt im Mai und Juni viele weiße und rosa Blüten in Trauben. Die Wurzelknolle sollte nicht tiefer als 30 cm unter der Wasseroberfläche sitzen.

Besonders schöne Blätter kennzeichnet das dekorative Pfeilkraut (Sagittaria sagittifolia). Es wird 30—40 cm hoch und besitzt charakteristische Blätter auf langem Stiel. Die weißen Blüten bilden einen lockeren Quirl und erscheinen im Juni bis August. Zierlich sind auch die grünen kugelartigen Früchte. Das Pfeilkraut eignet sich für Wassertiefen von etwa 5—40 cm.

Eine Reihe von Sumpfpflanzen wird noch höher. Die Blumenbinse (Butomus umbellatus) wird 50—100 cm hoch. Sie ist gekennzeichnet durch schwertlilienartige Blätter. Ihr Stengel wird bis 1,0 m hoch, endet in einer Scheindolde, die aus rotweißen, dunkel gestreiften kleinen Blüten besteht. Die Blumenbinse ist für Standorte mit einer Tiefe von 10—50 cm geeignet.

Eine weitere bekannte Sumpfpflanze ist die gelbe Sumpf-Schwertlilie (Iris pseudacorus), die 80—100 cm hoch wird. Sie ist eine mächtige Pflanze mit dunkelgrünen schwertförmigen Blättern und trägt von Mai bis Juni leuchtend gelbe Blüten. Sie wächst an Bach- und Teichufern, begnügt sich aber auch mit normaler genügend feuchter Gartenerde

*Die Sumpfdotterblume (*Caltha palustris*) wächst an genügend feuchten Standorten, sollte also in Wassernähe nicht fehlen (703)*

grüne Blätter und blüht von Juli – August. Die Pflanzen schmücken vor allem die 10—30 cm langen dunkelbraunen Fruchtkolben, die auch als Vasenschmuck im Winter Verwendung finden. Da diese Pflanzen ziemlich mächtig sind, sind sie nur für größere Bassins mit einer Tiefe von 50 cm geeignet. Als Gartenpflanze ist der sehr schöne Kleine Rohrkolben (*Typha minima*) bekannt. Das ist eine kleinere zarte Pflanze, die 30—80 cm hoch wird und im Herbst schöne »Zigarren« bildet. Sie eignet sich auch gut für kleinere Teiche mit einer Tiefe von 10 cm sowie in deren unmittelbarer Nähe.

Erwähnenswert ist auch das Ziergras, mit dem Namen Riesensüßgras oder Wasserschwaden (*Glyceria maxima*), geeignet für ständig nasse Standorte, wie Teiche und flache Gewässer. In Gärten wächst oft ihre elegantere gelb und weiß gestreifte Gartensorte *Glyceria maxima* 'Variegata'. Sie erreicht eine Höhe von 100 cm und bevorzugt sonnige, warme und feuchte Standorte.

und verträgt es andererseits auch, wenn ihre Wurzeln 5-30 cm unter der Wasseroberfläche liegen.

Eine weitere bekannte Sumpfpflanze ist der Kalmus (*Acorus calamus*), eine 60—120 cm hohe Pflanze mit schwertförmigen Blättern mit starker Mittelrippe. Die Pflanze hat kräftige, fleischige, aromatische, heilende Wurzelstöcke. Sie blüht von Mai bis Juni und hat unauffällige gelbgrüne Blüten. In Sümpfen und seichten Gewässern, 5 cm tief im Wasser gedeihen sie besonders gut.

Der Gemeine Froschlöffel (*Alisma plantago-aquatica*) hat lange, stielartige, breit spießförmige Blätter, die rosettenartig angeordnet sind und aus denen ein kräftiger Stengel mit weißen oder rosa Blüten hervorgeht. Die Blütezeit beginnt im Juni und dauert bis September. Er wird bis 80 cm hoch und ist für etwa 20 cm Wassertiefe geeignet.

Der Breitblättrige Rohrkolben (*Typha latifolia*) wird 150—250 cm hoch. Er hat hoch emporwachsende grau-

*Der Froschlöffel (*Alisma plantago-aquatica*) gedeiht in 10-20 cm tiefem Wasser an sonnigen bis halbbeschatteten Standorten. Er blüht von Juli bis September (705)*

Caltha palustris 'Alba' ist eine weißblühende Dotterblumensorte. Sie ist von kleinerem Wuchs als Caltha palustris, *auch ihre Blätter sind kleiner, und sie blüht früher (704)*

Feuchtigkeitsliebende Pflanzen, die in der Nähe von Wasser wachsen

In der Nähe von Teichen und Bassins können wir in normaler Gartenerde viele schön blühende Pflanzen anziehen, die sich wegen ihrer Eigenschaften gut in diese Umgebung einordnen lassen. Voraussetzung für ihr erfolgreiches Gedeihen ist häufiges Gießen. Zu den schönsten von ihnen gehören die lieblichen Schwertlilien mit dem botanischen Namen *Iris kaempferi*. Bekannt ist eine ganze Reihe von hervorragenden Sorten mit reinweißen, rosa, blauen und dunkelvioletten Blüten, deren ungewöhnliche, fast exotische Schönheit Aufmerksamkeit verdient.

In die Nähe von Wasser gehören auch die Sibirischen und Grasblätterigen Schwertlilien (*Iris*), verschiedene

Rohrkolben sind typische Pflanzen der Teiche und Gartenzierteiche. Typha latifolia *(Bild) eignet sich wegen seines hohen Wuchses für größere Wasserflächen.* Typha minima *paßt dagegen auch in die kleinsten Gärten mit kleinen Wasserbecken (706)*

Schlüsselblumen (*Primula*), Astilben (*Astilbe*), die Dreimasterblume (*Tradescantia*), verschiedene Knabenkräuter (*Orchis*), überwinternde Vergißmeinnicht-Arten (*Myosotis*), die Seggen (*Carex*), Wiesenrauten (*Thalictrum*), Taglilien (*Hemerocallis*), das Gedenkemein (*Omphalodes*), das Mädesüß (*Filipendula*) und viele andere widerstandsfähige und ausdauernde Pflanzen.

Wasserpflanzen (Pflanzen für tieferes Wasser)

Zu den beliebtesten typischen Wasserpflanzen gehören ohne Zweifel die Seerosen. Die Seerose (*Nymphaea*) ist eine Gattung mit verschiedenen Arten und Sorten. Es existieren Sorten mit einfachen, halbgefüllten und gefüllten

An künstlichen Wasserflächen baut man Pflanzen an, die in der Natur am Wasser wachsen oder an die Pflanzengesellschaften am Wasser erinnern. Zu solchen Pflanzen gehören Schwertlilien (Iris) (707)

Blüten in den verschiedensten Farben von Weiß bis Gelb, Rosa, Kupferrot bis Purpur. Dekorativ sind auch die oval- bis ellipsenförmigen glänzend grünen Blätter der Seerosen verschiedener Größe, die sich auf der Wasseroberfläche ausbreiten. Die Seerosen bevorzugen allgemein warmes stehendes Wasser und Sonne. Manche Sorten vertragen auch kühles Wasser, sogar auch eine leichte Strömung. Die einzelnen Sorten haben verschiedene Ansprüche an die Wassertiefe von etwa 20—150 cm, was das wesentliche Kriterium für die Auswahl von Seerosensorten für bestimmte Bassins und Teiche darstellt.

Die Seerosen verbreiten sich mit der Zeit und blühen von Juni bis September. Um eine reiche Blüte zu gewährleisten, empfehlen wir, die Seerosenpflanzen nach 4 Jahren herauszunehmen und die Erde zu wechseln.

Außer Seerosen kann man in den Wasserbassins auch Pflanzen kultivieren, die die Wurzeln tief im Boden haben und einen höheren Wasserstand über ihren Wurzeln zum Gedeihen benötigen. Ihre Blätter und Blüten wachsen entweder über die Wasseroberfläche empor oder verbrei-

Vergißmeinnicht ist eine häufige und typische Pflanze feuchter Standorte. Myosotis palustris *(Sumpf-Vergißmeinnicht) pflanzt man an Teichen, einige Arten eignen sich aber auch für die Umgebung von Betonbecken, aus denen kein Wasser durchsickert. Im Bild* Myosotis alpestris, *begleitet von rosaroten Tulpen (708)*

ten sich an den Gewässerrändern. Die Seerosen und auch andere ähnliche Pflanzen halten das Wasser sauber, weil sie das Wachstum von Algen eindämmen.

Die großen Blätter der Teichrose (*Nuphar lutea*) schwimmen an der Wasseroberfläche, die gelben einzeln stehenden Blüten strecken sich über die Wasseroberfläche empor. Teichrosen blühen von Juni bis September frühestens im dritten Jahr nach der Aussaat. Wir pflanzen sie 40—150 cm tief unter der Wasseroberfläche an.

Die Afrikanische Wasserähre (*Aponogeton distachyos*) hat Schwimmblätter und duftende, weiße Blüten mit schwarzen Staubbeuteln. Sie blüht im Frühjahr und im Herbst und ist für 10—45 cm tiefes Wasser geeignet.

Nymphaea colorata *ist eine Seerose für das Gewächshaus (709)*

Manche Pflanzen verwurzeln sich nicht im Boden, sondern schwimmen an der Wasseroberfläche und erst im Herbst sinken sie zu Boden, wo sie überwintern. Meistens wachsen sie schnell und üppig, so daß wir sie von Zeit zu Zeit auszupfen müssen um ihre Zahl zu reduzieren. Zu diesen gehören der Gemeine Froschbiß (*Hydrocharis morsus – ranae*), Wasserlinsen (*Lemna*) und die Krebsschere (*Stratiotes aloides*).

Bepflanzung des Gartenteiches

Um ein möglichst plastisches Bild der Vegetation im Garten zu erreichen, bepflanzen wir den Teich oder Teichrand mit verschiedenen Gewächsen. Die Pflanzen dürfen nur ein Drittel der Gesamtfläche des Gartenteiches decken, sonst würden wir nicht nur die Wasserfläche verlieren, sondern diese in einen grünen »Teppich« verwandeln.

Niemals benutzen wir allzu viele unterschiedliche Pflanzenarten auf einer Wasserfläche. Wir sollen lieber bemüht sein, bestimmte wirkungsvolle Motive in unterschiedlichen Kombinationen zu wiederholen, so wie sie in der Natur vorkommen.

Die weiße Seerose (Nymphaea alba) *braucht mindestens 80 cm tiefes Wasser, sie eignet sich daher nur für größere Behälter. Blütezeit von Juni bis August (710)*

Pflanzung und Pflege

Wasser- und Sumpfpflanzen setzen wir zum Frühjahrsende oder Sommeranfang an ihren Standort. Die Seerosen ab Juni, falls sie in einem Container vorgezogen sind, schon ab Mai. Im Behälter vorgezogene Sumpfpflanzen können wir vom Frühling an bis September aussetzen.

Bei allen Wasserpflanzen halten wir die vorgeschriebene optimale Wassertiefe ein. Wasserpflanzen setzen wir am besten ins Wasserbassin ein, aus dem wir vorher das Wasser ausfließen lassen.

Seerosen und die üblichen Wasserpflanzen können wir entweder direkt auf dem Bassinboden zwischen einigen Steinen pflanzen, oder, und das ist bestimmt das beste, in ein festes, 10—50-Liter-Faß, je nach Größe der Setzlinge. Die Fässer können aus Holz, Blech oder Plastik sein. Bei Blech- und Plastikfässern sollen Boden und Wände durchlöchert sein. Vor der Aussaat legen wir die Wände des Fasses mit Moos oder dichtem Perlonnetz aus. Für Seerosen können wir in das Faß entlang der Wände Kuhmist geben und um die Pflanze herum Lehmerde vermischt mit Hornmehl. Die Seerosen setzen wir so tief ins Faß, daß der Hals der Pflanze über der Erde bleibt. Die Erde um die Pflanze herum bedecken wir mit Moos und mit Zinkdraht-

Zierteiche sind ein willkommener Bestandteil des Gartens. Jede Wasserfläche beeinflußt die mikroklimatischen Verhältnisse günstig. In der Umgebung von Zierteichen pflanzt man hübsche Sumpfgewächse, ins Wasser passen Seerosen. Sie werden entweder in den nährstoffreichen Bodenschlamm gepflanzt oder in Töpfe gesetzt. Voraussetzungen für ein gutes Gedeihen sind stehendes Wasser und ein ungehinderter Lichtzutritt (711)

geflecht. So verhindern wir das Ausschwemmen der Pflanzen durch Wasser. Sand oder Kleinschotter um die Pflanze angeordnet, hat dieselbe Schutzwirkung. Nur beim Aussetzen von Seerosen in große Bassins mit sumpfigem Boden können wir einen Weidenruten- oder anderen Korb benutzen, indem wir ihn mit Erde anfüllen, so daß er dann durch das Eigengewicht an einer bestimmten Stelle verbleibt. Die Pflanzen verwurzeln bald. Der Korb zerfällt mit der Zeit und behindert die Pflanzen nicht im Wachstum.

Überwintern der Wasserpflanzen

Zur wichtigsten Seerosen-Pflege gehört ihr richtiges Überwintern. Am geeignetsten erachten wir das Verlagern der Pflanzen in frostfreie Wassertiefen. Alle anderen Arten der Überwinterung sind nicht nur aufwendiger, sondern auch riskanter. Das erfolgreiche Überwintern hängt von vielen

Der Blick auf eine Wasserfläche wirkt beruhigend. Sie kann zugleich eine Augenweide für den Betrachter sein (712)

Faktoren ab. Vor allem von der Temperatur, von der Bassin-Konstruktion, bezüglich der Frostsicherheit, von der Tiefe und Qualität des Wassers, von der Widerstandsfähigkeit der Seerosenart gegen tiefe Temperaturen, von der Einwurzelung der Pflanzen, ihrem Alter, Gesundheitszustand oder auch vom Nährstoffvorrat im Substrat (ausreichende Kaliumgaben erhöhen die Kälteresistenz). Entscheidend ist jedoch die Wassertiefe über dem Seerosenrhizom. Wir müssen weiter mit der Mächtigkeit der Eisschicht rechnen und mit dem Absinken des Wasserspiegels. Nehmen wir an, daß mindestens 30 cm Wasser über der Pflanze nicht einfrieren soll, so verschieben wir, wenn erforderlich, die in Eimern (oder Faß) befindlichen Seerosen Anfang November in einen tieferen Teil des Bassins. Wir sorgen auch dafür, daß die Zusammensetzung des Wassers nicht gestört wird, das heißt, daß wir rechtzeitig die abgefallenen Blätter beseitigen, damit unter dem Eis keine Pflanzenreste vermodern.

Es ist nicht ratsam empfindliche Sorten, junge oder geschwächte Pflanzen in 30—40 cm tiefen Bassins einzuwintern. Diese geben wir samt den Fässern in ein tiefes Bassin. Bei auf dem Boden stehenden, oder nur seicht in den Boden eingelassenen Bassins, schieben wir die Seerosen vom Rand weg um die Frosteinwirkung entlang der Gefäßwände zu verhindern.

Das Überwintern der Seerosen ohne Wasser, in Gefäßen aus denen wir vorher das Wasser abgelassen haben, ist nicht so sicher. Hier können die Pflanzen vom durchsickernden Wasser gefährdet werden, welches die Isolation beschädigt, weiter können hier Nagetiere eindringen, aber auch Trockenheit und Wärme können ihr Schaden zufügen. Das Rhizom kann austrocknen oder vorzeitig austreiben; diese Faktoren können auch den Befall mit Schimmelpilz fördern. Seerosen, die auf solche Art überwintern, müssen wir ausreichend zudecken. Die Ummantelung aus Blättern, Stroh, Gras, Brettern usw. decken wir schließlich gegen das Eindringen von Wasser mit einer Folie zu.

Falls wir gezwungen sind, die Seerosen in einem frostfreien Raum aufzubewahren, sind sie vom Austrocknen bedroht, so daß wir sie ständig feucht halten müssen. Weiter müssen wir darauf achten, daß der Raum gut durchlüftet ist und keine Nagetiere eindringen können.

Arten, die auf den Bassinboden wurzeln, belassen wir an ihren Standorten, da diese, im Unterschied zu den Seerosen praktisch keine Pflege brauchen.

Schutz des Bassins im Winter

Auf der Wasserfläche lassen wir Gegenstände schwimmen, die der Eisbildung entgegenwirken (Holzbalken, ein geschlossenes Faß, Kunststoff etc.). Je dunkler diese Gegenstände sind, umso besser ist es. Im Herbst beseitigen wir aus dem Bassin die abgestorbenen Pflanzenteile; Simse (*Scirpus*), Rohrkolben, Gräser usw. schneiden wir nicht ab, denn eine reichliche Anzahl von ihnen im Bassin zu haben, ist nur von Vorteil. Falls sie nicht vorhanden sind, tauchen wir Strohbündel ins Wasser. Das Eis taut dann schneller auf, besonders um die herausstehenden Stücke herum; weiterhin kann auch durch die Strohbündel Luft eindringen. Das ist auch für die Fische notwendig.

fläche ein Luftpolster bildet. Dieses wirkt dann zwischen Eisschicht und Wasseroberfläche als Wärmedämmung.

Um ein übermäßiges Durchfrieren der Erde in unmittelbarer Nähe des Betonbassins und eine eventuelle negative Rückwirkung auf die Bassinwände zu verhindern, pflanzen wir um das Bassin herum einen etwa 1 m breiten Streifen aus Grasarten, die einen dichten Teppich bilden oder wir legen um das Bassin herum eine Schicht aus Pflanzenresten oder schaufeln Schnee auf.

Ist das Bassin nach allen Vorschriften ausgebaut, müssen wir den Seerosen im Winter keine besondere Aufmerksamkeit widmen.

Pflege des Bassins im Sommer

Ein Gartenteich mit Seerosen und weiteren Pflanzen braucht im Sommer keine besondere Pflege. In der Vegetationszeit braucht man Gartenteiche weder jäten noch muß man den Boden auflockern, man beschattet und gießt ihn nicht, man düngt nicht und behandelt ihn auch nicht chemisch. Seerosen können außerdem unter Wasser auch nicht von einem Schädling vernichtet werden. Die Sommerpflege des Gartenteiches mit Seerosen ist also minimal: hie und da gießen wir Wasser nach und entfernen abgestorbene und hineingefallene Pflanzenteile.

Im Zusammenhang mit den steigenden Temperaturen im Sommer, erscheinen im Gartenteich Wasseralgen, die gewöhnlich in einigen Tagen das Wasser trüben und die den Wasserspiegel mit einem grünen Belag überziehen. Wegen der Bepflanzung mit Wasserpflanzen können wir diese nicht mit chemischen Mitteln bekämpfen, aber mit biologischen Mitteln. Eine große Hilfe stellen die Wasserschnecken dar, die die Algen zum Leben brauchen. Auch einige Wasserpflanzen brauchen sie als Nahrungsquelle oder sie scheiden Stoffe in das Wasser aus, die auf die Wasseralgen als Gift wirken. Bei einer richtigen Bepflanzung bleibt das Wasser das ganze Jahr über sauber.

An Seerosen gibt es eine reiche Auswahl, die jedem farblichen Geschmack und jeder Anforderung an die jeweilige Wassertiefe Rechnung trägt. Allein rotblühende Hybriden gibt es mehrere (713)

Aus kleineren oder seichten Gefäßen müssen wir über Winter das Wasser ablassen. Wir schonen sie, indem wir sie mit Brettern, Matten, Folien, Kunststoff und trockenen Pflanzenresten usw. zudecken.

Ist der Winter besonders streng und die Eisschicht sehr stark, empfehlen wir, den Wasserspiegel etwas zu senken, so daß sich zwischen der Eiskruste und der Wasserober-

Die Möglichkeit, eine Wasserfläche in Steingartenpartien anzulegen, sollte man nutzen. Ein noch so kleiner Teich belebt den Steingarten und bereichert ihn um Wasser- und Sumpfpflanzen (714)

Winterharte Sumpf- und Wasserpflanzen

Art, Sorte	Höhe der Pflanze (cm)	Wasser-niveau (cm)	Blütezeit	Blütenfarbe	Standortansprüche Licht	Boden
Acorus calamus Kalmus	60-120	5-10	V-VI	gelb, später hellbraun	○ ◐	normale Gartenbedingungen
Acorus calamus 'Variegatus' Kalmus	60	10	VI-VII	gelb, später hellbraun	○ ◐	normale Gartenbedingungen
Alisma plantago-aquatica Froschlöffel	70-80	20	VI-IX	weißrosa	○ ◐	Sumpf
Butomus umbellatus Blumenbinse	80-100	30	VI-VIII	rötlichweiß	○	Sumpf
Calla palustris Sumpfcalla	15-30	15	VI-VII	weiß	○ ◐	Moor-Torfgrund
Caltha palustris 'Multiplex' Sumpfdotterblume	20-50	0-5	V-VI und IX-X	goldgelb	○ ◐	normale bis Sumpfbedingungen
Carex grayi Morgensternsegge	80	bis 5	VII-VIII	—	○ ◐	normale bis Sumpfbedingungen
Glyceria maxima 'Variegata' Wasser-Schwaden	40-100	—	VII-VIII	—	○	normale bis Sumpfbedingungen
Hippuris vulgaris Tannenwedel	40	bis 30	VII-VIII	—	○ ◐	Sumpf
Iris kaempferi Schwertlilie	60-80	—	V-VII	verschieden	○	in der Wachstumszeit feucht
Iris pseudacorus Schwerlilie	80-100	5-30	VI	gelb	○	Sumpf- oder normaler Boden
Juncus maritimus Meeresstrandbinse	30-120	bis 20	VII-VIII	—	○ ◐	Sumpf
Menyanthes trifoliata Fieberklee	30	bis 30 cm	V-VI	weißrot	○ ◐	Sumpf
Nuphar lutea Gelbe Teichrose, Mummel	—	40-300	VI-IX	gelb	○ ◐	Sumpf
Nymphaea-Hybr. 'Froebeli' Seerose	—	20-40	VI-IX	karminrot	○	Sumpf
Nymphaea-Hybr. 'James Brydon' Seerose	—	30-70	VI-IX	rot	○	Sumpf
Nymphaea-Hybr. 'Marliacea Albida' Seerose	—	40-80	VI-IX	weiß	○	Sumpf
Nymphaea-Hybr. 'Marliacea Chromatella' Seerose	—	60-90	VI-IX	hellgelb	○	Sumpf
Nymphaea odorata 'Sulphurea' Wohlriechende Seerose	—	20-40	VI-IX	feingelb	○	Sumpf
Nymphaea pygmaea 'Alba' Seerose	—	5-15	VI-IX	weiß	○	Sumpf
Pontederia cordata Hechtkraut	60	bis 30 cm	VII-VIII	blaue Blütenkolben	○	Sumpf
Sagittaria sagittifolia Pfeilkraut	30-40	5-40	VI-VIII	weiß	○ ◐	Sumpf
Scirpus lacustris Seesimse, Teichsimse	100-150	20-100	VI-X	braun	○ ◐	Sumpf
Scirpus tabernaemontani 'Zebrinus' Zebrasimse	80-120	10-20	VI-VIII	—	○ ◐	Sumpf
Typha latifolia Breitblättriger Rohrkolben	150-200	50	VII-VIII	dunkelbraune Fruchtkolben	○	Sumpf
Typha minima Kleiner Rohrkolben	30-80	5-10	VI-IX	schwarzbraune Fruchtkolben	○	Sumpf

Blumen für Balkon, Terrasse und Dachgarten

Für die meisten naturverbundenen Großstädter ist ein Garten nahe der Wohnung meist ein wohl nur schwer erfüllbarer Traum. Sie nutzen deshalb jede Möglichkeit, die ihnen Natur und die Schönheit ihrer Farben näherbringt. Miniaturgärten in Balkon- und Fensterkästen, Trögen, Schalen, Kübeln und anderen Gefäßen auf Balkons, Terrassen, Flachdächern, Ruheplätzen und an Hauseingängen sind zu einem getreuen Begleiter so mancher Wohnstätte geworden. Diese Form der Pflanzenpflege schafft ganz neue Bedingungen und ermöglicht, zahlreiche — auch nicht traditionelle — Pflanzen weitaus besser und vollkommener zu nutzen als im Garten. Und es ist selbstverständlich, daß dieses »Gärtnern« in so manchem grundlegend von der üblichen Gartenpraxis abweicht.

Die ästhetische Wirkung dieses Blumenschmucks wird durch verschiedene architektonische Elemente unterstrichen und vervielfacht. Auch die Farbe der Hauswand beeinflußt in nicht geringem Maße die Entscheidung, welche Blumenarten sich am besten eignen. Ein Bau aus der Zeit um die Jahrhundertwende läßt sich wohl kaum auf die gleiche Weise verschönen wie ein Hochhaus oder eine moderne Villa mit eigenem Garten.

Blühende Fenster

Blumenkästen auf dem äußeren Fensterbrett werden mehr und mehr zum integrierenden Bestandteil der Gesamtarchitektur. Und unsere Sorge muß es sein, sie in Form, Farbe und Bepflanzung sinnvoll in das Gesamtbild einzuordnen. Wir sollten vor allem das Material sehr sorgfältig wählen, aus dem unser Fensterkasten gemacht ist. Wie jedes Blumenbeet und jeder Garten kann ein ganz gewöhnlicher Fenster- oder Balkonkasten eine unendliche Formenvielfalt bieten.

Und welchen Kasten wählt man? — Die Länge der Kästen und ihre Anzahl im Fenster hängt von der Fensterbreite ab. Sie soll jedoch einen Meter nicht überschreiten, weil größere Kästen nach dem Befüllen mit Erde zu schwer würden. Innen sollen sie mindestens 15 cm, besser aber 20—25 cm breit und etwa 14—20 cm hoch sein.

Fenster- und Balkonkästen werden aus den verschiedensten Materialien gefertigt, sei es aus Holz, Plasten, gebranntem Ton oder Beton. Aber es muß sich immer um einen schlechten Wärmeleiter handeln. Sonst besteht die Gefahr, daß die Pflanzenwurzeln im Sommer vor allem an der sonnenzugewandten Seite zu sehr leiden würden.

◂ *Beispiele für Kästen und Gefäße auf dem Balkon. Die Farbe der überhängenden Efeupelargonien harmoniert mit der der Sonnendächer (715)*

Hauseingang, belebt durch Knollenbegonien, Fuchsien, Petunien und weitere asymmetrisch angeordnete Blumen in Schalen (716)

Holzkästen kann man sich selber zusammenzimmern. Sie bieten den Vorteil, daß sie sich leicht am Fensterrahmen befestigen lassen und den Pflanzen ein warmes Milieu bereiten. Holz ist nicht widerstandsfähig gegen ständige Feuchtigkeit, so daß Holzkästen jedes Jahr mit einem pflanzenfreundlichen Imprägniermittel behandelt werden müssen. Auch der Außenanstrich muß hin und wieder erneuert werden.

In den letzten Jahren werden Holzkästen mehr und mehr durch Kunststoffkästen verdrängt, denn sie sind leicht und dauerhaft. Auch das Angebot der Farben und Größen ist vielfältig. Wenn sie im Boden keine Abflußlöcher haben, müssen sie gebohrt werden.

Jeder Fensterkasten muß sehr sorgfältig am Fenstersims befestigt werden. Auf einem abschüssigen Sims wird der Kasten entweder durch eine an die Vorderseite des Kastenbodens angebrachte Latte oder durch mehrere Keile in die waagerechte Ebene gebracht. Damit der Kasten nicht von der schrägen Fläche wegrutschen kann, wird er mit Haken zum Fensterrahmen befestigt.

Kastenbepflanzung

Bevor man den Fensterkasten mit Erde füllt, werden über die Löcher am Boden größere Blumentopfscherben gelegt und über den ganzen Boden eine dünne Schicht Flußsand als Dränage gebracht. Die Erde soll dann höchstens 2 cm unter den oberen Kastenrand reichen, damit Regen und Gießwasser das Substrat nicht wegschwemmen können.

415

Petunien werden häufig zum Schmuck von Fenstern und Balkons verwendet, farblich bunt oder einfarbig, wie im Bild. Die Blütenfarbe sollte auf die Putzfarbe abgestimmt sein (717)

Efeupelargonien zeigen im Sommer eine üppige Blütenpracht. Sie wirken durch die Fülle ihrer leuchtenden Blüten. Sie vertragen Sonne, gedeihen aber auch im Halbschatten (718)

Nach dem Setzen werden die Pflanzen gut angegossen. Die Erde muß immer leicht feucht gehalten werden, denn es ist allgemein bekannt, daß den Pflanzen stauende Nässe genau so schadet wie Austrocknen des Bodens. Da den Pflanzen in Kästen nur eine beschränkte Menge Boden für ihr Wachstum zur Verfügung steht, sind die Nährstoffe recht bald verbraucht und müssen zugeführt werden. Man düngt gut bewurzelte Exemplare während des Wachstums mit einem Mischdünger. In Blumen- und Samenhandlungen sind verschiedene Dünger zu bekommen, die der Gebrauchsanleitung entsprechend zu verwenden sind. Gedüngt wird mit dem Gießwasser in Abständen von 8—10 Tagen so sorgfältig, wie es die einzelnen Pflanzenarten erfordern.

Während des Wachstums bekommt den Kastenpflanzen eine mehr oder weniger regelmäßige Pflege recht gut. Man lockert den Boden mit einem Holz, entfernt vertrocknete Blätter und schneidet Stengel mit verblühten Blumen sofort weg, damit die Pflanze durch Samenbildung nicht geschwächt wird und die Blühwilligkeit nicht zurückgeht. Kastenpflanzen leiden weitaus weniger unter Schädlingen und Krankheiten als Zimmerpflanzen. Die Ursachen sind in der Regel falsches Gießen und übermäßiges Düngen. Bei den tierischen Schädlingen überwiegen Blattläuse, deren Vermehrung in erheblichem Maße durch zu trockene Luft unterstützt wird.

Balkonpflanzen

Ein Balkon gehört zu den angenehmsten Plätzen einer Wohnung, vorausgesetzt, daß er tatsächlich zur Wohnung gehörend behandelt und ausgenutzt wird.

Die strengen Linien der modernen Hausfassaden fordern geradezu eine Unterbrechung. Diesen Zweck erfüllen am besten mit entsprechenden Blumen bepflanzte Fenster- und Balkonkästen.

Eine vernünftige Balkonausstattung ist eigentlich nicht sehr kostenaufwendig. Wo wenig Platz ist, reicht ein Klapptisch mit Korbstühlen. Ein kleiner, farbenfreudiger Sonnenschirm bietet an sonnigen Tagen ausreichend Schatten und schafft zumindest scheinbar eine angenehme private Atmosphäre.

Der schönste Balkonschmuck jedoch sind zweifelsohne Blumen, vor allem, wenn sie einfühlsam ausgesucht wurden, so daß sie auch bei farbigen Hausfassaden angenehm kontrastieren oder auf die Farbe abgestimmt sind. Die Balkonpflanzgefäße können aus den verschiedensten Materialien sein und die vielfältigsten Formen und Größen haben. Balkonkästen hängt man in der Regel am oberen Geländerrand an. Meist verwendet man dazu Eisenträger entweder zur Innen- oder Außenseite des Balkons hin. Die Kästen müssen fest und zuverlässig angebracht werden und schon beim Hausbau sollten die Träger mit vorgesehen werden, denn sie lassen sich später nur unter Schwierigkeiten in die Mauer bringen.

Aber auch auf dem Balkonfußboden entlang der Wand kommen Blumenkästen gut zur Wirkung, vor allem wenn man sie mit verschiedenen einjährigen und ausdauernden Kletterpflanzen besetzt und zum Abstützen sorgfältig hergerichtete Klettergerüste oder im Rahmen gespannte Drähte oder Fäden benutzt. Viele dieser Arten zeichnen sich durch eine Fülle herrlicher Blüten oder Früchte und meist verhältnismäßig schnelles Wachstum aus. Dazu lassen sich einige Einjahrsblumen pflanzen, die sich als Kastenpflanzen bewährt haben.

Wo Balkons durch Eisengitter gesichert sind und ein Außensims nicht vorhanden ist, werden die Blumenkästen an der Innenseite des Gitters angebracht. Bei Wahl der richtigen Pflanzenarten ist das Gitter schon bald begrünt und ein angenehmer, halbschattiger Balkon entstanden.

Wandverkleidungen aus verschiedensten Materialien helfen, die einförmige Linie eines Balkons interessant aufzulockern. An der Bambus-, Holzleisten- oder Leichtmetallkonstruktion werden in unregelmäßigen Abständen Haken und Halter angebracht, und Blumentöpfe oder Blumenkästen mit den verschiedensten Zierpflanzen aufgehängt. Am besten eignen sich Plastgefäße.

Blütengewächse auf dem Balkon

Um den Balkon wohnlich zu machen, braucht man eine Mindestmenge an Grün. Am besten eignen sich dazu »Kübelpflanzen«, zunächst angezogen als Topfpflanzen in nicht zu warmen Räumen. Nachdem sie kräftiger geworden sind, eignen sie sich zum Schmücken von größeren Balkons, Gartenterrassen oder mittelgroßen Gärten.

Zu den zweifelsohne bekanntesten Pflanzen für diese Zwecke gehört der Oleander, doch können ihn mindestens drei Dutzend weitere Pflanzen ersetzen.

Die Sammetmalve (*Abutilon*) ist ein aus Südamerika stammender Strauch, der in seiner Heimat eine Höhe von 4 m erreicht. Die immergrünen Blätter sind handförmig gelappt. Aus den Blattachsen wachsen langstielige glockige Blüten. Am häufigsten sind Abutilon-Hybriden zu sehen, Kreuzungen aus einigen *Abutilon*-Arten, die fast ganzjährig orange, rosa, rote, gelbe oder weiße Blüten tragen. Bewundert werden auch die strauchartigen Wuchsformen der Sammetmalven, die auf starkwachsende Unterlagen gepfropft werden.

Bougainvillea ist ein Klettergehölz mit eilanzettlichen Blättern. Die ziemlich kleinen, gelben röhrenförmigen Blüten sind von auffallend gefärbten Hochblättern umgeben. Die ursprünglichen Arten blühen vorwiegend lila. In der letzten Zeit erschien eine als *Boungainvillea* x *buttiana* bezeichnete Art-Kreuzung mit orange, hellrosa oder blutroten Hochblättern, je nach Sorte.

Der Zylinderputzer (*Callistemon*) ist ein immergrüner Strauch, beheimatet in Australien. Die verlängert-lanzettlichen, ledrigen Blätter sind stark aromatisch. Aus den zylinderförmigen, dichtstehenden, 5 bis 10 cm langen Blütenständen ragen auffallende dünne Staubfäden mit gelben Staubbeuteln. Er blüht im Frühling und Frühsommer. *Callistemon citrinus* erreicht in seiner Heimat eine Höhe von 3 m. Die Blätter geben beim Zerreiben einen intensiven Zitronenduft ab. Die Sorte 'Splendens' hat karminrote Staubfäden.

Der Stechapfel (*Datura*) ist ein bis 3 m hoher Strauch mit abfallenden Blättern, der aus dem tropischen Afrika stammt. *Datura suaveolens* zeigt von August bis Oktober seine bis 30 cm langen, süß duftenden röhrig-glockenförmigen weißen Blüten.

Der Korallenstrauch (*Erythrina*) ist eine dankbare Kübelpflanze für den Balkon. *Erythrina crista-galli* ist ein bis 2 m hoher Strauch, der im Sommer dichte Trauben scharlachroter Blüten trägt. Im Herbst schneidet man nach dem Abfallen der Blätter die Jahrestriebe am Stamm zurück. Sie wachsen im nächsten Jahr wieder.

Der Eibisch (*Hibiscus*) ist ein unauffälliges Gewächs mit exotisch anmutenden Blüten. Der Chinesische Roseneibisch (*Hibiscus rosa-sinensis*) stammt aus Südostasien, wo er als ein wenig verzweigter, bis 3 m hoher Strauch mit eiförmig-lanzettlichen Blättern vorkommt. Die breit trichterförmigen Blüten sind bis 15 cm breit. In deren Mitte ragt eine Säule von mit dem Griffel verwachsenen Staubfäden heraus. Die ursprüngliche Art hat rosarote Blüten. Die zahlreichen gezüchteten Sorten haben einfache, halbgefüllte oder gefüllte rosa, rote, orange, gelbe, weiße oder auch zweifarbige Blüten. Der Eibisch blüht von März bis Oktober, im Treibhaus fast das ganze Jahr über.

Das Wandelröschen (*Lantana*) ist eine dankbare Kübelpflanze, die sich auch für Fensterkästen eignet. *Lantana camara* stammt aus Brasilien. Der Strauch ist etwa 1 m hoch, wenig verzweigt, die Blätter sind gerunzelt, nach unten geneigt. Der Blütenstand besteht aus zahlreichen kleinen, orangenroten Blüten, die die Farbe wechseln. Die zahlreichen Sorten haben weiße, gelbe, orange, rosarote, braunrote, blaue oder lila Blüten und blühen ununterbrochen von Juni bis Oktober.

Der Oleander (*Nerium*) ist ein immergrüner Strauch mit ledrigen, lanzettlichen Blättern. An Schnittstellen tritt weißer schleimiger Saft aus. *Nerium oleander* wächst wild an Flußtälern in Südportugal. Von Juni bis September blühen die vielblütigen Blütenstände auf, die aus fünfzähli-

Blumenkästen an Fenstern und auf dem Balkon sind der Schmuck eines jeden Hauses. Die Farbe der Efeupelargonien ist auf die Dachfarbe abgestimmt (719)

Kunterbuntes Gemisch aus Zonal- und Efeupelargonien ziert Balkon und Terrasse und belebt das sehr neutrale Aussehen des Hauses (720)

gen, 3 bis 5 cm breiten Blüten bestehen. Die ursprüngliche Art blüht rosa. Die Sorten blühen weiß, rosa, orange, gelb, scharlachrot, purpurn bzw. zweifarbig. Die Blüten sind einfach oder gefüllt und duften angenehm.

Der Granatapfelbaum (*Punica*) gehört in den Subtropen zu den Nutzpflanzen. Die Früchte werden zu Most verarbeitet. *Punica granatum* stammt aus Nordafrika, ist aber heute vom Mittelmeer bis zum Himalaja beheimatet. Der Dornenstrauch mit abfallendem Laub erreicht in der Natur eine Höhe von 5 m. Als Kübelpflanze wird er kaum höher als 1,5 m. Die roten Blüten mit verdicktem Kelch blühen im Juli und August. Die Früchte haben eine harte Schale und rosarotes süßlich-sauer schmeckendes Fleisch.

Gewisse Schwierigkeiten gibt es mit der Überwinterung dieser Kübelpflanzen. Die meisten brauchen in der Winterzeit eine konstante Temperatur von einigen Grad über dem Gefrierpunkt. Sie verlangen allerdings auch im Winter genügend Licht, besonders die Arten mit immergrünem Laub. Steht kein Glashaus zur Verfügung, können die Pflanzen auf der Veranda, in einer lichten Vorhalle, im Treppenhaus oder in einem nicht zu warmen, hellen Keller überwintern. Im Winter darf das Gießen nicht ganz unterbleiben, da die Pflanzen auch im Winter Wasser benötigen. Nur sind die Wassermengen entsprechend kleiner. Andererseits ist ein übermäßiges Gießen gefährlich, die Blätter fallen dann ab, die Pflanze geht ein.

Stellt man eine der subtropischen Pflanzen auf den Balkon, hat man das angenehme Gefühl, etwas in der Nähe zu haben, was man im Urlaub an der Meeresküste bewundert hat.

Dachgärten

Die Gartenarchitekten sind sich darin einig, daß die moderne Bauweise in den Städten die Möglichkeiten zum Gärtnern erheblich einschränkt, auf der anderen Seite jedoch dazu anregt, neue Formen der Blumenpflege zu entwickeln, etwa als transportables Grün auf Balkons und Terrassen oder direkt in Gärten auf flachen Hausdächern. Hierbei ist ein ganz wichtiger Aspekt zu beachten: Dachgärten kann man nicht erst planen, wenn das Haus schon steht — wegen der Sicherheit und der besonderen Isolierung müssen sie gleich im Projekt und im Bauplan eingearbeitet werden. Aber über die Planung eines Dachgartens kann in diesem Zusammenhang nicht ausführlich genug berichtet werden. Darum sollte man Spezialliteratur hierfür zu Rate ziehen.

Welche Pflanzen wachsen auf dem Dach?

Wer sich einen Dachgarten anlegt, muß unbedingt beruhigende Grundelemente in die Planung einbeziehen — etwa ein Stück Rasen und sei es noch so klein. Zum Herrichten dieses Rasens genügt eine 15 cm dicke Bodenschicht.

Sehr schnell und bequem läßt sich ein Rasen aus fertigen Rasenstücken zusammensetzen. Die Rasenwaben werden aus einem im Garten herangezogenen, unkrautfreien Rasen herausgeschnitten und dicht nebeneinander auf eine etwa 10 cm hohe Erdschicht ausgelegt. Entstandene Spalten füllt man gut mit lockerer Gartenerde auf und stampft die ganze Fläche zuletzt fest.

Natursteinplatten oder Beton- oder Keramiksteine geben in den verschiedensten Anordnungen und Figuren eine sehr schöne Raseneinfassung ab. Sehr natürlich wirken auch verschieden große Rundhölzer. Diese etwa 15 cm

Wieviel schöne Farben lassen sich auf dem kleinen Raum einer Terrasse unterbringen! Die Feuerbohne klettert die Pergola empor, die Petunien verleihen dem Raum Behaglichkeit und Optimismus (721)

Efeupelargonien kommen überall dort gut zur Geltung, wo sie herabhängen können. Das macht sie für Fenster- und Balkonkästen geeignet. Die roten Blüten heben sich von dem weißen Hintergrund gut ab (722)

dicken, teils bearbeiteten, imprägnierten Holzklötze werden dicht nebeneinander gelegt und bilden nicht nur Wege, sondern auch größere, zum ruhigen und erholsamen Sitzen einladende Flächen.

Kleinere Grasflächen lassen sich mit zahlreichen frühlingsblühenden, kleinwüchsigen Zwiebelgewächsen beleben, die im Herbst mit unregelmäßigen Abständen ausgesetzt werden. Am schönsten sind die Wild- und Gartenkrokusse, Schneeglöckchen, Märzbecher, Schneestolz, Blaustern, Traubenhyazinthe und von den übrigen Zwiebelgewächsen besonders Narzissen, Hyazinthen und Tulpen einschließlich der frühblühenden Wildarten.

In den letzten Jahren werden Rasen immer häufiger durch sich polsterartig ausbreitende Stauden mit ähnlichem ästhetischem und funktionellem Wert ersetzt.

Auf Dachgärten lassen sich auch sehr schöne Heidegärten anlegen. Für diese ungewöhnlich interessante Partie muß vor allem die geeignete Erdmischung aus Komposterde, Lauberde, Torf und Flußsand mit einem Zusatz von Knochenmehl und Perlit vorbereitet werden. Voraussetzung ist jedoch die ausreichende Abführung überschüssigen Wassers. Als Grund wird deshalb eine angemessene Schicht groben Sandes gewählt.

In Heidegärten werden aber nicht nur Heidekrautgewächse gepflanzt, sondern auch einige Nadelholzarten und andere Gehölze. Aber auch Ziergräser verdienen Aufmerksamkeit. Bei richtiger Artenwahl werden sie nie störend wirken, im Gegenteil, sie unterstreichen und betonen den besonderen Reiz dieser Dachgartenpartie.

Man sollte nie vergessen, Heidegärten mit geeigneten Steingartenstauden zu vervollständigen.

Für niedrige, kriechende und Polsterstauden, die auf dem Dachgarten durch ihre Wuchsfreudigkeit die gewünschten grünenden und blühenden Teppiche bilden, ist eine Schicht guter, 25 cm hoher Gartenerde notwendig, denn sie genügt den meisten dieser Arten vollständig. Unter den Bedingungen eines geringen Raumangebotes muß selbstverständlich der Farbkombination sowohl der Blüten als auch der Belaubung mehr Sorgfalt als sonst gewidmet werden. Wichtig ist die Erfahrung, daß eine geringere Anzahl von Arten in größerer Menge gepflanzt wesentlich eindrucksvoller wirkt.

Wanderndes Grün – mobiler Garten

Wandernder Garten für jeden

Pflanzen in Töpfen und Gefäßen finden jedoch auch in kleinen und größeren Gärten, auf Höfen, Balkons, Terrassen und Flachdächern über Garagen und auf Häusern ihren Platz.

Ein geschmackvoll gestalteter, »beweglicher Garten« läßt sich durch die Wahl der geeigneten Pflanzen und durch entsprechendes Bepflanzen der verschiedenen Gefäße herrichten. Er ist eine gewünschte Auflockerung aller Plätze, so bisher die kahle Einförmigkeit der Wände, das alltägliche, städtische Grau vorherrschten. Oder sie schmücken Plätze, die nicht selten ganz leer stehen oder als Lagerstätten für Abfälle und Schutt dienen. Die Pflanzgefäße können aus den verschiedensten Materialien sein. Es eignen sich sowohl Gefäße aus Keramik, Stein, Beton oder Eternit als auch Schalen, Tröge und Vasen aus Holz und Kunststoff. Besonders schön wirken keramische Zierschalen mit Ziergehölzen, gleichgültig ob Laub- oder Nadelhölzer, interessanten Stauden und lange im Flor stehenden Einjahrsblumen. Die Komponente der immer-

Ein Minigarten auf dem Balkon erfreut die Bewohner wie die Passanten. In Fensterkästen ohne direkte Sonnenbestrahlung passen Knollenbegonien, für Kästen am Geländer eignen sich Petunien, Fuchsien, Studentenblumen und rankende Kapuzinerkresse. Der Balkonschmuck wird durch einen Vorhang mit Blumenmotiven ergänzt (723)

Läßt der enge Raum des Balkons keine Kästen und Gefäße auf dem Balkonboden zu, kann man die Blumen in Ampeln oder an der Wand aufhängen (724)

grünen Gehölze und einiger Stauden sind die Garantie dafür, daß solche Pflanzungen auch während der Vegetationsruhe ihre Funktion behalten.

In Gärten finden diese Gestaltungselemente in ruhiger Umgebung, in der Nähe von Ruheplätzen, Wasserbecken und Vogeltränken, am Rande von Rasenflächen oder an Plattenwegen, auf Gartenterrassen, neben Haus- und Hofeingängen, am Rand von Stütz- und Trockenmauern und in Atriumgärten ihren Platz.

Alle Gefäße, gleichgültig ob Schalen, Vasen, Tröge oder Kästen, müssen in ihrer Größe so gewählt werden, daß sie in einem gegebenen Umfeld nicht zu winzig, aber auch nicht zu erdrückend groß wirken. Auch für die Bepflanzung sollte gelten, daß Weniger manchmal Mehr ist. Man darf sie also nicht überfüllen und muß besonders die Wüchsigkeit der gewählten Pflanzen in Betracht ziehen. Auch die Kombination sich zu sehr unterscheidender Arten scheint nicht angeraten, denn ihr individuelles Fluidum würde dabei völlig untergehen.

Geeignete Pflanzen und ihre Kombination

Zum Bepflanzen »mobiler Gärten« verwendet man neben den klassischen Balkon- und Fensterpflanzen, wie Geranien, Petunien, Knollenbegonien, Fuchsien, Kapuzinerkresse und andere Arten, besonders Einjahrsblumen, die vielfältigsten Staudenpflanzen einschließlich Steingartenblumen und Laub- und Nadelgehölze. Wenn diese Gewächse richtig mit Gräsern, Zwiebel- und Knollenblumen und flachwüchsigen, den Grund des Pflanzgefäßes bedeckenden Stauden kombiniert werden, läßt sich das ganze Jahr über eine Schmuckwirkung erzielen.

Noch vor dem Auspflanzen muß man sich vergegenwärtigen, daß aus dem verfügbaren Sortiment von Blumen und Ziergehölzen von vornherein alle wuchsfreudigen Arten, sogar die mittelmäßig hoch werdenden, auszuschalten sind. Das betrifft vor allem die Gehölze, die angemessen große Gefäße brauchen, damit ihnen später ein ausreichend großer Lebensraum geboten werden kann.

Laubgehölze und Heidekräuter

Aus dem Laubgehölzangebot eignen sich für diesen Zweck besonders gut eine Reihe von Züchtungen des Japanischen Ahorn (*Acer japonicum*) mit verschieden gefärbten und sehr schön geformten Blättern, ferner die Alpenjohannisbeere (*Ribes alpinum*), der Sommerflieder (*Buddleja*), verschiedene Heidearten der Gattungen *Calluna* und *Erica*, Scheinquitte (*Chaenomeles*) mit hübschen Blüten und dekorativen Früchten, der Perückenstrauch (*Cotinus*) mit herrlich gefärbtem Laub und prächtigen Blüten und Früchten, die Haselnuß (*Corylus avellana* 'Contorta') mit ungewöhnlichen bis bizarren Zweigen, der Goldregen (*Laburnum*), die zart blühende Tamariske (*Tamarix*), die Besenginsterarten (*Cytisus*) mit ihrer unermeßlich reichen Blütenfülle, die Deutzie (*Deutzia*), die Zaubernuß (*Hamamelis*), die durch ihre interessanten Blüten im Winter und Vorfrühling die Aufmerksamkeit auf sich zieht, der niedrige, im Juli und August rot blühende Spierstrauch (*Spiraea*), einige immergrüne Berberitzen (*Berberis*) und der Feuerdorn (*Pyracantha*) mit seiner Fülle auffälliger Fruchtstände und viele andere Sträucher.

Ausgesprochen vorbestimmt für »bewegliche Gärten« sind die Zwergmispeln (*Cotoneaster*), vor allem einige wintergrüne Arten mit überhängendem oder vollständig liegendem Wuchs. Sie blühen ungewöhnlich reich mit schönen, weißen Blüten und schmücken sich bis weit in den Winter hinein mit ausdauernden, roten oder orangeroten Beeren. Es sind ungewöhnlich bescheidene Pflanzen, die an sonnigen wie an halbschattigen Standorten gedeihen. Und dazu kommt noch ein ungemein wichtiger Vorzug der Zwergmispeln — sie vertragen auch die schlechte Luft großer Industriestädte.

Mit der Pracht ihrer Blüten tragen auch die bekannte, zeitig im Frühjahr blühende Forsythie (*Forsythia*), der Eibisch (*Hibiscus*), die Gehölze unter den Johanniskraut-Arten (*Hypericum*), Kolkwitzie (*Kolkwitzia*) und vor allem einige Alpenrosenarten (*Rhododendron*) sowie die zauberhaft blühenden japanischen Azaleen (*Rhododendron obtusum*) zum Schmücken dieser Kleinbeete bei. Und natürlich darf man auch die »erste Dame« unter den Blumen nicht vergessen — die Rose, gleichgültig, ob als Strauch-, Wild- oder Kletterrose. Von den Klettergewächsen ist vor allem der immergrüne Efeu (*Hedera*) hervorragend geeignet, denn er begrünt willig alle Wände an vollsonnigen Standorten, wo er im siebenten Jahr die ersten Blüten bringt, wie im tiefsten Schatten. Auch das gegen Abend zu angenehm duftende, als Jelängerjelieber bekannte Echte Geißblatt (*Lonicera caprifolium*) und andere nicht minder prächtige Arten wie die herrliche Glyzine (*Wisteria*) oder die Waldrebe (*Clematis*), tragen durch ihre Belaubung und die Farbenpracht ihre Blüten zur Verschönerung so mancher Partien im Garten, auf dem Balkon, der Gartenterrasse und dem flachen Hausdach bei.

Selbstverständlich setzt man diese Kletterpflanzen nicht mit anderen Gewächsen zusammen, sondern immer allein, je nach Größe auch mehrere Exemplare, aber immer einer einzigen Art. Nur Bodendecker können zusätzlich gepflanzt werden — niedrige, flachwachsende Polsterstauden oder Gehölze. Diese Bepflanzung liebt vor allem die Waldrebe, denn sie gehört zu den Gattungen, die einen »heißen Kopf« und »kühle Füße« mögen. Bodendeckende Pflanzen schützen die Wurzeln vor direkter, den Boden zu sehr erwärmender und austrocknender Sonneneinstrahlung.

Nadelgehölze

Die ausdauernde, lebendige Komponente kommt in den »beweglichen Garten« erst durch die ungemein variablen Grüntöne der Nadelholzgewächse. Für die Bepflanzung von Gefäßen eignen sich Wacholderarten (*Juniperus*) mit

Gelungene Sommerpflanzenkomposition in einem großen Blumengefäß (725)

über die Öffnung gelegt, um das Verstopfen durch weggeschwemmte Erde zu verhindern. Erst danach kommt die wasser- und luftdurchlässige, aus Schotter oder grobem Sand hergestellte Dränschicht in das Gefäß. Mindestens die Hälfte des Füllmaterials soll eine aus gesiebter Rasenerde, gut verrottetem Kompost und Sand zusammengesetzte Mischung sein, die bis 2—3 cm unter den oberen Gefäßrand reicht. Die gesetzten Pflanzen werden mehrmals gut angegossen, damit sich die Erde fest um die Wurzelballen schließen kann.

Die Gewächse in Gefäßen brauchen während des Jahres keine besondere Pflege. Es reicht, hin und wieder mit einem Pflanzholz den Boden zu lockern und zu jäten. Will man eine ununterbrochene Blüte erreichen, werden Einjahrsblumen und Blumenzwiebeln zu artgerechten Pflanzterminen gesetzt. Wenn notwendig, gießt man gründlich und mischt dem Gießwasser in der Hauptwachstumszeit ein geeignetes Düngemittel bei. Ein so exponierter Miniaturgarten wirkt nur ansehnlich, wenn rechtzeitig alle verblühten Blumen, vertrockente Stengel und Blätter entfernt werden. An den Gehölzen werden die Samenstände abgeschnitten, damit die Pflanzen nicht unnütz durch Samenbildung geschwächt werden. Ein Zurechtschneiden in die gewünschte Form wirkt sich besonders bei den Gehölzen günstig aus. Verblühte Einjahrsblumen werden durch zweijährige Jungpflanzen oder wintergrüne Polsterstauden ersetzt.

Pflanzen für Fenster-, Balkon-, Terrassen- und Dachgartenpflanzungen

Schon bei der Auswahl der einzelnen Arten und Sorten muß man die Anforderungen an das Pflanzgefäß kennen und berücksichtigen. Kleine Arten passen nicht in große Kästen, Schalen oder Steintröge, denn ihre Schönheit würde in dieser Umgebung meistens ganz untergehen. Zu kräftige, große Pflanzen in kleinen Gefäßen dagegen machen einen recht unausgewogenen Eindruck.

Zur Belebung von Vorgärten mit Rasen und Gehölzen können Pelargonien in Fensterkästen oder bunte Sommerpflanzen in Pflanzschalen in entscheidendem Maße beitragen (727)

Gelungene Gestaltung des Hauseingangs: Im Steintrog Pelargonien und großblumige Waldreben, die ein einfaches Wandgerüst umranken (726)

liegendem, buschigem und säulenartigem Wuchs, einige Scheinzypressen-Arten (*Chamaecyparis*), Zwergkiefern (*Pinus*), langsam wachsende Eiben (*Taxus*), niedrige Tannen-Arten (*Abies*) und sogar Fichten (*Picea*) mit nestartigem oder sehr gedrungenem, kegeligem Wuchs. Zu den ausgesprochen anmutigen Nadelhölzen für diesen Zweck gehört die Zeder (*Cedrus*), auch wenn sie empfindlicher ist als andere Gattungen und einen guten Winterschutz verlangt.

Pflegearbeiten

Sollen alle Pflanzen gut gedeihen, muß das Pflanzgefäß je nach der Größe ein oder mehrere Abzuglöcher haben, damit das überschüssige Wasser zuverlässig abfließen kann. Wie bei Balkonkästen wird eine größere Topfscherbe

Klassische Fenster- und Balkonblumen für vollsonnige Standorte

Calceolaria integrifolia — Die Pantoffelblume ist eine reich blühende Pflanze mit interessanten, gelben, Pantöffelchen ähnlichen Blüten, die etwa 30 cm hoch wird und gut zu roten Geranien und blau blühenden Petunien oder Leberbalsam (*Ageratum*) paßt. Sie liebt sonnige Standorte, die Blüten verlieren durch Wind und Regen ihr schönes Aussehen. Sie kann mehrere Jahre alt werden.

Campanula isophylla — Diese Glockenblume war früher eine beliebte Zimmerpflanze. Sie hat weiße oder blaue Blüten und wird 10—20 cm hoch. Sie soll sonnig stehen, verträgt aber auch vorübergehend Halbschatten. Wenn sie nach dem Verblühen sofort zurückgeschnitten wird, treibt sie umso besser aus.

Dianthus suffruticosus — Diese halbbuschige Nelke mit kompaktem, aufrechtem Wuchs und einer Fülle herrlicher, roter Blüten ist recht bekannt und steht unermüdlich vom Frühjahr bis in den späten Herbst hinein im Flor. Sie wünscht ausreichend feuchte Luft, muß aber vor Regen und Sonne geschützt stehen. Sie gedeiht am besten an Ost- und Nordseiten.

Pelargonium-Zonale-Hybriden — Die Geranie gehört zu den beliebtesten Fenster- und Balkonblumen. Sie wird in zahlreichen Sorten niedriger und höherwüchsiger Züchtungen mit einfachen, halb gefüllten und gefüllten weißen, rosa, roten, orangefarbenen und violetten Blüten angeboten. Pelargonien gedeihen an sonnigen Standorten, aber auch im Halbschatten. Sie stehen sehr lange im Flor, meist vom Mai bis zu den ersten Frösten.

Pelargonium-Peltatum-Hybriden — Die Hänge- oder Efeupelargonie wird ebenfalls in einem breiten Sortiment mit einfachen oder gefüllten Blüten angeboten. Sie wächst mehr oder weniger überhängend und kommt in rosa, roten und violetten Sorten auf den Markt. In ihren Eigenschaften und Anforderungen entspricht sie den *Pelargonium-Zonale*-Hybriden.

Petunia-Hybriden — Die Petunien sind unsere am häufigsten gepflanzten Fenster- und Balkonblumen. Es gibt neben den aufrecht wachsenden Sorten auch leicht überhängende und herunterhängende Züchtungen. In der Regel werden sie 20—40 cm hoch. Petunien werden in einer ungemein reichen Sortenvielfalt angeboten. Ihre Blüten können einfach, halbgefüllt oder gefüllt, klein und mehrere Zentimeter groß, weiß, rosa, rot, blau, violett oder bunt sein. Züchtungen mit einfachen Blüten zeichnen sich durch besondere Blühwilligkeit aus. Sie wünschen einen sonnigen Platz, sind jedoch empfindlich sowohl gegenüber längerer Trockenheit als auch ausgiebigem, langandauerndem Regen. Sie können auch im sogenannten Regenschutz stehen, also auf Simsen, Balkons usw.

Beliebte Pflanzen für halbschattige Plätze

Begonia-Knollenbegonien-Hybriden — Die Knollenbegonien werden mit kleinen wie großen, einfachen, halbgefüllten und gefüllten Blüten in einer breiten Farbskala angeboten. Sie werden 20—35 cm hoch und blühen ab Ende Mai bis zu den ersten Frösten. Sie lieben windgeschützte halbschattige, aber auch vollschattige Standorte.

Fuchsia-Hybriden — Die prächtigen Gartenfuchsien werden in einem reichen Sortiment mit aufrechtem oder überhängendem Wuchs in großer Formen- und Farbenvielfalt angeboten. Auch die Knospen wirken sehr dekorativ. Fuchsien vertragen ausgezeichnet Halbschatten und eine zeitlang auch Dauerschatten. Es wird empfohlen, sie mit dem Topf in den Blumenkasten oder das Blumengefäß

Ausgehöhlter Birkenstamm als Blumengefäß, mit einem bunten Sommerpflanzenbestand (728)

zu stellen, denn sie müssen in frostfreien Räumen überwintern.

Fuchsia fulgens — Diese Fuchsie zeichnet sich durch eine Fülle langer, scharlachrot oder rosa angehaucht blühender, röhrenartiger Blüten aus. Sie möchte einen halbschattigen Platz, verträgt aber auch Sonne.

Einjährige für Fensterkästen und andere Pflanzgefäße

Ageratum houstonianum — Der Leberbalsam bildet einen kleinen, kompakten 15—20 cm hohen Strauch und blüht von Mai bis zum Frosteintritt in allen möglichen Blautönen — von Hellblau bis Dunkelblau. Es gibt jedoch auch rosa- und weißblühende Züchtungen. Er kommt vor allem in der Nachbarschaft von Petunien, Fuchsien und Pelargo-

Herbstliches Motiv. Dominierend ist hier eine Blumenschale aus Waschbeton. Außer Blumen wurde hier der Hirschkolbensumach angepflanzt — ein Gehölz mit ausgeprägter Herbstfärbung (729)

Auch ein kleines Gefäß mit Efeupelargonie unterbricht die Nüchternheit einer Treppe oder Wand (730)

nien zur Geltung und gedeiht am besten an sonnigen Standorten. Aber auch halbschattig kann er stehen.

Amaranthus caudatus — Der Gartenfuchsschwanz ist eine Einjahrspflanze mit kräftigem, buschigem Wuchs. Er wird bis zu 70 cm hoch und eignet sich besonders als Einzelpflanze für Kästen und Schalen, zur Auflockerung von Sommerblumenbeeten, Rasen und zur Belebung von Ziergehölzpartien. Bei uns ist die rotblühende Züchtung am häufigsten. Die vielen kleinen Blüten stehen in langen, herabhängenden Blütenständen. Ab Mai sät man direkt an Ort und Stelle aus. Der Fuchsschwanz liebt einen warmen, sonnigen Platz und kalkhaltigen, humosen Boden.

Antirrhinum majus — Das Gartenlöwenmaul wird nur 15—25 cm hoch, wächst buschig breit und blüht in allen Farbtönen von rein Weiß über Gelb- und Orangetöne bis zu tief Scharlachrot. Es steht unermüdlich von Anfang Juni

Auch ausgefallene Ideen für Blumengefäße lassen sich mit etwas Geschick verwirklichen (731)

den ganzen Sommer über bis in den Herbst hinein in Blüte, will aber sonnig und warm stehen. Bei einigen Züchtungen empfiehlt es sich, den Mittelstengel zu entfernen, damit sich die Pflanzen besser verzweigen.

Begonia-Semperflorens-Hybriden — Die Begonie ist wohl die bekannteste der dauerblühenden Begonienarten. Für Balkonkästen eignen sich am besten die reich und unermüdlich von Mai bis zu den ersten Frösten blühenden niedrigen Sorten. Die Blütenfarben sind Weiß, Rosa oder Rot in vielen Farbtönen, die Blätter sortengebunden grün oder rotbraun. Diese Begonien stehen gern an sonnigen Standorten, vertragen jedoch auch Halbschatten.

Callistephus chinensis — Von den Sommerastern eignen sich vor allem die Zwergsorten für die Bepflanzung von Kästen und anderen Gefäßen. Sie werden nur 20—25 cm hoch und bringen ab Ende Juli bis in den Herbst eine reiche Blüte in einer sehr breiten Farbpalette. Astern wünschen nährstoffreichen Boden und Sonne.

Celosia argentea var. *cristata* 'Nana'. Dieser zierliche Hahnenkamm wird nur etwa 30 cm hoch und hat seinen Namen nach dem auffälligen, hahnenkammartigen, roten, gelben oder weißen Blütenstand erhalten. Dieser schöne Balkonschmuck erfreut uns von Juli bis September. Die Pflanzen stehen am besten an einem sonnigen Platz in nährstoffreicher Erde.

Chrysanthemum segetum — Diese Wucherblume wird 30-50 cm hoch und bringt eine große Menge einzeln stehender, großer, goldgelber Blüten mit nicht selten brauner Scheibe. Ausgesät wird Ende April gleich an Ort und Stelle. Die Blüte beginnt Anfang Juli und hält bis weit in den Herbst hinein an. Die Wucherblumen lieben vollsonnige Standorte, kommen aber auch im Halbschatten voran.

Cleome spinosa — Spinnenpflanze. Diese auffällige Einjahrsblume wirkt am besten als Solitär in größeren Gefäßen. Sie wird mehr als 1 m hoch, verzweigt sich vom Boden aus sehr breit und bringt am Ende des langen Triebes einzeln oder in Trauben stehende Blüten. Die weißen, rosa- oder karminroten Blüten öffnen sich nach und nach, so daß die Blüte ab Mitte Juni ununterbrochen bis in den Herbst anhält. Die Pflanzen möchten einen warmen und sonnigen Standort.

Cosmos bipinnatus — Diese wichtigste Art der Kosmee (Schmuckkörbchen) wird 80—100 cm hoch und eignet sich deshalb nur für größere Pflanzgefäße. Die Blätter sind hellgrün, fein und gefiedert. Die einfachen weißen, rosaroten bis dunkelroten, bis 10 cm breiten Blüten sind vom Juli bis zu den ersten Frösten eine zuverlässige Zierde. Die Kosmee wird ab Ende April direkt an einen möglichst warmen, sonnigen, windgeschützten Platz gesät.

Dorotheanthus bellidiformis — Die Mittagsblume ist eine hübsche, nur etwa 10 cm hohe Einjahrsblume. Sie breitet sich zu Rasen aus, die sich überreich mit in allen möglichen Farben bis 3 cm breiten Blütensternen bedecken. Die Blüten in Weiß, Rosarot, Violett und vielen anderen Farbtönen, öffnen sich nur bei Sonnenschein, so daß die Mittagsblume besonders an vollsonnigen Orten in niedrigen Gefäßen stehen soll. Am besten gedeihen sie, wenn sie sonnig, warm und ziemlich trocken stehen. Ausgesät werden sie im April direkt an Ort und Stelle, ihre Blütezeit ist von Juni bis September.

Dahlia pinnata (als Einjährige verwendet) — Von den Dahlien eignen sich am besten niedrig wachsende Züchtungen, beispielsweise Dahlien, die höchstens 50 cm hoch werden. Die vorkultivierten Sämlinge werden Ende Mai an ihre Standorte gesetzt, wo sie uns von Juli bis in den Oktober mit reicher Blüte ihrer gelben, rosaroten, lachs- bis dunkelroten Blüten erfreuen. Dahlien wollen gut durchlässigen, nährstoffreichen Boden in voller Sonne, aus-

Pelargonium zonale gibt es in vielen Sorten verschiedenster Farben. Die Pflanze verträgt Wind und Staunässe nicht. Der Schnitt veranlaßt sie zur Verzweigung. Zum Überwintern bringt man sie in einem hellen Raum mit einer Temperatur von 6—10°C unter. Der Wurzelballen darf im Winter nie ganz austrocknen (732)

reichend Feuchtigkeit und hin und wieder Flüssigdünger während der Wachstumszeit.

Eschscholzia californica — Diese wichtigste und verbreitetste Art des Goldmohns ist eine zierliche Pflanze mit schönen, silbrig-graugrünen, fein gefiederten Blättern. Sie erreicht eine Höhe von 20—30 cm und blüht reich mit gelben, orangegelben, roten, rosaroten und weißen schalenförmigen Blüten ab zweite Junihälfte bis in den Herbst hinein. Am besten gedeiht diese auch Schlafmützchen genannte Art in trockenerem, sandigem Boden in voller Sonne.

Gazania rigens — Die Gazanie ist in ihrer Heimat ein mehrjähriges Kraut, bei uns jedoch eine Einjährige. Die bis 20 cm hohen Stengel tragen schöne, strahlenförmige Blüten. Sie stehen von Juni bis Oktober in Blüte und ihre Farbskala umfaßt Gelborange, Orangerot, Weiß und Bronzegelb. Sie sind recht anspruchslos, wollen jedoch warm und sonnig stehen, denn sie öffnen ihre Blüten nur in der Sonne.

Heliotropium arborescens — Auch die Sonnenwende, eine stark nach Vanille duftende Blume, läßt sich als Einjährige ziehen. Je nach Sorte wird sie 20—60 cm hoch. Ihre blauvioletten Blüten sind zu großen Doldentrauben vereinigt und ihre Blüte hält von Mai bis September an. Besonders geeignet sind sie für größere Gruppenpflanzungen. Wegen ihrer Frostempfindlichkeit setzt man sie erst nach den Eisheiligen ins Freie an einen sonnigen, warmen Platz.

Iberis amara und *Iberis umbellata* — Diese beiden Schleifenblumenarten sind sich recht ähnlich. Sie erreichen eine Höhe von 30 cm und bilden an den Stengelenden viele kleine, weiße oder purpurrosa, in Dolden stehende Blüten. Ihre Blüte beginnt Anfang Juni und endet meist mit dem Juli. Wer jedoch die verblühten Blüten rechtzeitig abschneidet und nachdüngt, kann schon bald mit neuen Trieben und Blüten rechnen. Ausgesät wird direkt in das Pflanzgefäß. Die Schleifenblume gedeiht an sonnigen wie halbschattigen Standorten.

Lobelia erinus — Die Lobelie ist eine hübsche, reich blühende, 8—15 cm hohe, dicht buschig wachsende Einjahrsblume, die in mehreren Sorten mit schönen blauen oder weißen Blüten angeboten wird. Ihre Blüte beginnt Ende Mai und dauert bis September. Wenn sie nach der ersten Blüte gleich zurückgeschnitten wird, kommen sofort neue. Die Setzlinge kommen ab Mitte Mai an einen sonnigen Platz; die Lobelie verträgt jedoch auch Halbschatten gut. Diese für Fensterkästen und kleinere Schalen hervorragend geeignete Einjährige wird auch gern mit rot blühenden Pelargonien oder gelben Pantoffelblumen gesetzt.

Lobularia maritima var. *benthamii* — Der Duftsteinrich bildet reich blühende, nur 12—15 cm hohe, halbkugelige, dichte Büsche mit weißen, rosaroten oder violetten Blumen. Sie kommt in jedem Boden in warmer und sonniger Lage fort. Die Blüte dauert von Mitte Mai bis in den späten Herbst. Der Duftsteinrich liebt Verjüngen durch starken Schnitt.

Mimulus luteus — Diese gelbe Gauklerblume ist uns vom Steingarten her bekannt und wird als Einjahrsblume in Kästen oder anderen Gefäßen am Fenster oder auf dem Balkon gepflanzt. Sie erreicht eine Höhe von 20—30 cm mit gelben Blüten, die sich Anfang Juni zu öffnen beginnen und den ganzen Sommer über in Blüte stehen, ihnen machen weder Wind noch Regen etwas aus. Sie bevorzugt einen feuchteren, leicht schattigen Standort, denn sie ist sehr empfindlich gegen Wassermangel.

Penstemon hartwegii — Der Bartfaden mit festen, aufrechten, 40—60 cm hohen Stengeln bildet viele große, glockige, in lockeren, langen Trauben stehende Blüten in den verschiedensten Farben. Er eignet sich nur für größere Gefäße und verträgt auch volle Sonne, obwohl ihm ein vor der Mittagssonne geschützter Platz besser bekommt. Die Blüte hält von Ende Juli bis weit in den Spätherbst an.

Phlox drummondii — Diese einjährige Flammenblume ist auch unter dem Namen Sommerphlox bekannt. Sie wird hoch und blüht in einer bunten Farbskala von Rot und Violett bis Rosa und Weiß. Als Balkonpflanze eignen sich nur die niedrigen, 15—20 cm hohen Sorten der Gruppe 'Nana Compacta'. Ihre in dichten Dolden stehenden Blüten erscheinen im Juli und stehen bis Oktober in Blüte. Die Flammenblume liebt gut gedüngten Boden und einen vollsonnigen Standort.

Portulaca grandiflora — Das niedrige, nur 5—15 cm hohe Portulakröschen mit fleischigen, linealischen Blättern und verhältnismäßig großen Blüten blüht in herrlichen Pastellfarben. Die Blüten öffnen sich nur bei Sonnenschein und stehen von Juni bis September in Blüte. Das Portulakröschen gedeiht am besten an trockenen, sonnigen und warmen Standorten.

Salvia splendens — Der Feuersalbei zeichnet sich durch ungewöhnlich lange Blüte aus. Er wird 30—40 cm hoch und bildet meist scharlachrote, quirlig in Trauben stehende Blüten. Er will gute, nährstoffreiche Erde und einen sonnigen Platz. Er blüht von Juni bis Oktober und eignet sich für Kästen und alle anderen Pflanzgefäße.

Tagetes-Patula-Hybriden, *Tagetes tenuifolia* 'Pumila' und *Tagetes-Erecta*-Hybriden — Von allen diesen Tagetes-Hybriden eignen sich als Kastenpflanzen nur die niedrigen Züchtungen, die höheren sind den Schalen vorbehalten. Die niedrigen Sorten werden 15—30 cm, die höheren 40—80 cm hoch. Die Studentenblume kommt im Juli in Blüte und blüht bis in den Oktober mit einfachen oder gefüllten Blüten am häufigsten gelb, orangegelb oder braunrot. Diese anspruchslose Einjährige, der auch Regen nichts anzuhaben vermag, gedeiht genausogut in voller Sonne wie im Halbschatten und kann sogar während der Blütezeit umgepflanzt werden.

Verbena-Hybriden — Die Gartenverbenen sind hübsche, 15—30 cm hohe Pflanzen mit einer Fülle kleiner, in einer bunten Farbpalette blühender Blumen. Ihr Flor dauert von Juni bis Oktober. Ihnen genügt jede normale Gartenerde, sie wollen jedoch sonnig und warm stehen, da sie gegen zu viel Nässe empfindlich sind. Sie können in Blumenkästen ebenso gut stehen wie in anderen Balkongefäßen.

Zinnia elegans, Zinnia haageana — Die Sorten dieser beiden Gartenzinnienarten sind in der Wuchshöhe sehr verschieden — es gibt welche mit 15—30 cm, 35—50 cm oder sogar bis 1 m Höhe. Als Balkonpflanzen kommen besonders die frühen, niedrigen Züchtungen mit einer Blühdauer von Juli bis September in Frage. Die in vielen Farben und Farbtönen blühenden Zinnien wirken sehr attraktiv. Ab Mitte Mai werden sie an einen sonnigen Platz gestellt und bei Trockenheit regelmäßig gegossen. Rechtzeitiges Abschneiden der abgeblühten Blüten regt ihre Blühwilligkeit an.

Winterannuelle und Zweijährige für Fensterkästen und andere Pflanzgefäße

Bellis perennis — Das in der Regel als Winterannuelle behandelte Tausendschönchen erreicht nur 10—15 cm Höhe und bildet einfache oder gefüllte weiße, rosaweiße oder rote Blüten. Ihre Blütezeit liegt im Vorfrühling und Frühling. Sie will Sonne oder leichten, wandernden Schatten. Auch während der Blüte kann sie umgesetzt werden.

Cheiranthus cheiri — Der Goldlack ist eine beliebte Frühlingsblume. Er wird an die 40 cm hoch und eignet sich deshalb nur für größere Gefäße. Im April beginnt die Blüte und endet im Juni. Die Farbskala der Blüten umfaßt Gelb, Orange, Braun und Rot. Diese zweijährige wirkt besonders gut in Nachbarschaft von Vergißmeinnicht und Zwiebelblumen, wie Traubenhyazinthen oder Tulpen. Der Goldlack bevorzugt schattige Standorte.

Dianthus barbatus — Von den Bartnelken sind nur die bis etwa 25 cm hohen Sorten für Kästen und andere Pflanz-

Efeupelargonien blühen von April bis zum Herbst in verschiedenen Farben. Sie brechen leicht ab, deshalb sollte man sie im Windschatten pflanzen. Verblühte Blüten entfernt man wegen des Aussehens, aber auch, um üppigeres Blühen zu fördern (733)

gefäße passend. Ihre weißen, rosaroten, roten und purpurvioletten Blüten öffnen sich zwar erst im Mai, aber der reiche Flor hält bis in den August an. Diese Zweijahrsblume kommt am besten an sonnigen Standorten fort, begnügt sich aber auch mit Halbschatten.

Myosotis sylvatica — Das Garten-Vergißmeinnicht wird je nach der Sorte 15—30 cm hoch. Wer kennt nicht die bescheiden schönen Blüten in meist blauen Farbspielen, die im zeitigen Frühjahr auch in Kästen und Schalen als Vorhut der klassischen Fenster- und Balkonblumen und Einjährigen erblühen. Besonders zwischen blühenden Zwiebelgewächsen, Stiefmütterchen und Tausendschönchen kommen sie so richtig zur Geltung. Diese Winterannuelle liebt Sonnenplätze, gedeiht jedoch auch im Halbschatten.

Viola-Wittrockiana-Hybriden — Das Garten-Stiefmütterchen wird 10—15 cm hoch und blüht hauptsächlich von März bis April. Die zur Wahl stehende Farbenvielfalt ist erheblich. Das Stiefmütterchen ist eine ausgezeichnete Vorkultur für alle Pflanzgefäße, gleichgültig, ob sie sonnig oder halbschattig stehen.

Alle Winterannuellen- und Zweijährigen kauft man gewöhnlich in Gartenbaubetrieben und setzt sie im Frühherbst an ihren Platz, damit sie noch bis Winterbeginn anwurzeln können. Es kann aber auch im zeitigen Frühling in Kästen und Schalen gepflanzt werden, sobald es das Wetter erlaubt.

In großen Blumentrögen kann man aufrecht wachsende Blumen mit überhängenden kombinieren (734)

Einfachblühende Fuchsiensorten sind meistens weniger empfindlich gegen warme, trockene Luft als großblumige, so daß sie auch an der Sonne gedeihen. Sie blühen üppig von Mai bis Oktober (735)

Beliebte frühblühende Stauden

Helleborus niger — Die 25—30 cm hohe Christrose mit ihren immergrünen, zierenden Blättern und schönen weißen Blüten erfreut uns mit ihrem Flor von Dezember bis

Iberis amara wird im frühen Frühling gepflanzt, da sich die Blütezeit dieser Schleifenblume auf Juni und Juli beschränkt. Häufig sind Kombinationen mit niedrigwachsenden Sommerpflanzen zu sehen (736)

März. Sie hat gern halbschattige Plätze und angemessen feuchte Gartenerde mit reichlich Humus.

Primula denticulata — Diese schöne, 15—30 cm hohe Primel mit kugeligem Blütenstand blüht im März und April weiß, rosa, karminrot bis dunkelviolett. Der Boden soll locker und leicht feucht sein, als Standort bevorzugt die Kugelprimel leichten Schatten.

*Primula-Elatior-*Hybriden — Diese bekannteste Doldenprimel blüht auf 25—30 cm hohen Stengeln in den verschiedensten Farben mit großen, prächtigen Blumen. Die Hauptblüte ist von März bis April.

Primula vulgaris — Für Kästen und Schalen eignen sich am besten die bis 10 cm hoch werdenden Sorten der Stengellosen Primel (Kissenprimel) mit einer reichen Blütenfülle und in einer breiten Farbpalette, die bis zu Blau reicht. Sie bringen ihren Flor im März/April und werden im Frühjahr oder Herbst gepflanzt. Wenn in Töpfen vorkultiviert wird, kann das ganze Jahr über ausgepflanzt werden.

Blumenkästen im Herbst

Manchmal blühen die Sommerpflanzen ununterbrochen bis in den Herbst hinein, wenn auch die Blütenzahl mit kürzer werdendem Tag abnimmt. Ein andermal wiederum vernichtet der erste starke Nachtfrost schon im September jäh die sommerliche Blütenpracht. Dann bleibt nichts anderes übrig, als die Pflanzen gegen neue zu ersetzen.

Die Auswahl von Pflanzen für den herbstlichen Blumenkasten ist freilich viel kleiner als für die Hauptsaison. In günstigen Lagen mit Nachtfrösten erst um die Jahreswende kann man ausdauernde Pflanzen setzen.

Als sehr dankbar erweisen sich spätblühende kleinblütige Zwergchrysanthemen, die von September bis November vorwiegend gelb, rosa, braunrot und weiß blühen. Umpflanzen kann man sie auch in blühendem Zustand. Nach dem Abblühen werden sie in Töpfe umgesetzt und zum Überwintern in einem hellen, kälteren Raum aufgestellt.

Verblühte Sommerpflanzen können von niedrigen, bunten Gartenastern abgelöst werden, besonders von der 20-25 cm hohen, kleinblütigen, rosa bis rotbraun blühenden *Aster dumosus*.

Von den Heiden ist *Erica gracilis,* vor allem ihre frühen, rosa, lachsrot, rotviolett oder rahmweiß blühenden Sorten geeignet. Sie stammt aus Südafrika, ist also nicht genügend winterhart und braucht zum Überwintern eine Temperatur von 6—8° C. Sie lieben hohe Luftfeuchtigkeit, vertragen die Austrocknung des Wurzelballens und kalkreiche Böden nicht.

Von den Dickblattgewächsen eignen sich für Fenster-Blumenkästen vor allem die Fetthennen. *Sedum spectabile* ist ausdauernd, von aufrechtem Wuchs, 30—40 cm hoch. Ihre fleischigen Stengel mit ovalen Blättern tragen kleine, zunächst grünliche, später rosarote Blüten. Sie liebt Sonne und mäßige Wässerung. *Sedum sieboldii* ist nur etwa 15 cm hoch und hat im Oktober rote Blüten.

Für schattige Lagen ist für Blumenkästen die Hortensie *Hydrangea macrophylla* geeignet, deren Blüten die Fenster bis in den Oktober hinein zieren. Das Gehölz verlangt eine Überwinterung im kühlen, am besten im nichtgeheizten Glashaus.

An der Nordseite eines Hauses kann ganzjährig im Kasten der Efeu (*Hedera helix*) gedeihen, der sonst als Zimmerpflanze vorkommt. Das Immergrün, *Vinca major,* gepflanzt in Töpfen im Kasten, kann mit seinen hübschen herabhängenden Trieben die Kästen selbst überdecken.

Da die Pflanzen vorgezogen werden, und sich im Blumenkasten eingewöhnen sollten, sind zwei Kastensätze von Vorteil. Während in dem einen die Pflanzen gerade blühen, kann man in dem anderen weitere parat halten.

Blumenkästen im Winter

Blumenkästen für den Winter mit Pflanzen zu besetzen ist unter unseren klimatischen Bedingungen nicht geeignet. Auch in einem normalen Winter durchfriert der Kasten dermaßen, daß die Wurzeln kein Wasser mehr aufnehmen können und die Pflanzen eingehen. Zwergkoniferen in die Kästen pflanzen hieße Verschwendung. Andererseits sollten abgeblühte Sommerpflanzen nicht bis zum nächsten Frühling im Kasten bleiben.

Damit die Kästen im Winter nicht leer bleiben, steckt man in den Boden Fichten-, Tannen- oder Kiefernzweige oder sonstiges Schnittgrün. Sehr gut nehmen sich Laubbaumzweige mit farbigen Früchten aus, wie zum Beispiel die von Mehlbeere, Sanddorn, Schneeball, Stechpalme, Zwergmispel, Wildrosen u.a. Außerdem dienen die Früchte in Notzeiten den Vögeln als Nahrung.

Ein schöner Fensterkastenschmuck im Winter können verschiedene Gräser oder polsterförmig wachsende Dauerpflanzen sein, die in dieser Zeit durchaus ansehnlich sind, Sie gedeihen jedoch nur in genügend geräumigen Kästen, in die sie rechtzeitig gepflanzt werden müssen, damit sie noch einwurzeln können.

Von den Herbst-Kastenpflanzen können die Fetthennen *Sedum sieboldii* und *S. spectabile* den ganzen Winter über im Kasten bleiben. Sie vertragen auch sehr harte Winter.

Niedrigwachsende Steingartenpflanzen für Dachgärten

Acaena microphylla — Das Stachelnüßchen ist eine wintergrüne, anspruchslose, kriechende Polsterstaude mit braungrünem Laub. Sie erreicht nur eine Höhe von 5—10 cm und bekommt auffällige, rubinrot angehauchte, stachelige Früchte.

Ajuga reptans 'Multicolor' — Der Günsel ist eine 10—15 cm hohe, kriechende Staude, die besonders an feuchten Stellen reiche Bestände bildet. Er hat braunrote Blätter und blaue, im Mai bis Juni blühende Blüten und gedeiht in der Sonne wie im Halbschatten. Der Günsel ist ein ausgezeichneter Rasenbegrenzer an schattigen Plätzen.

Antennaris dioica 'Rubra' — Dieses niedrige Katzenpfötchen hat silbrig-graue Blätter und verträgt auch trockene, von der Sonne überflutete Standorte ausgezeichnet. Seine kleinen, rosa Blüten stehen auf 10 cm hohen Stielen und kommen im Mai in Blüte. Es ist ein wertvoller Bodendecker.

Armeria maritima — Diese dankbare, immergrüne Grasnelke bildet 10—15 cm hohe Rasenpolster mit einer Fülle rosaroter oder weißer, auf hohen Stielen stehender Blütenstände. Sie hat am liebsten Sonne und blüht im Mai bis Juli.

◄ *Phlox drummondii* verträgt sehr trockene Standorte. Es gibt auch niedrigere Sorten vom Einjahrsphlox mit leuchtenden Blütenfarben (737)

Goldlack (Cheiranthus cheiri) *ist eine der ältesten Gartenblumen. Die leuchtenden Blüten haben einen süßen Duft. Meistens wird er als Zweijahrspflanze behandelt, obwohl er an geschütztem Standort jahrelang wächst (738)*

Aubrieta-Hybriden — Das Blaukissen bildet nur 5—10 cm hohe, wuchsfreudige Polster. Es gibt eine große Anzahl Kulturformen mit ungewöhnlicher Blütenfülle in allen möglichen Farben. Der Flor dieser sonnenliebenden Staude hält von April bis Mai an.

Campanula garganica 'Erinus major' — Diese Sorte ist eine wertvolle Züchtung mit herrlichen, blauvioletten, sternartigen Blüten und kräftigerem polsterartigem Wachstum als die Stammart. Sie blüht im Juni bis August und verträgt sowohl Sonne als auch Halbschatten.

Dianthus deltoides 'Brillant' — Die Heidenelke ist eine beliebte Steingartenblume. Die Sorte hat glänzend grüne Belaubung und strahlend dunkelrote bis 15 cm hoch werdende Blüten. Sie liebt vollsonnige Standorte mit lockerem, durchlässigem Boden. Ihr Flor dauert von Juni bis August.

Helianthemum apenninum 'Rubin' — Dieses Zwerg-Sonnenröschen bildet nur 20 cm hohe Halbsträucher mit einer Fülle voller, dunkelroter, ausdauernder Blüten. Der Flor beginnt im Juni und hält bis August an. Es liebt volle Sonne und ist für einen Winterschutz mit Fichtenreisig dankbar.

Hypericum olympicum — Dieses Johanniskraut ist ein schön belaubter und reich blühender Halbstrauch, der nur etwa 20 cm hoch wird und sich deshalb hervorragend für Steingärten und Tröge eignet. Von Juni bis September blüht es mit großen, strahlend gelben Blüten. Es liebt sonnige bis leicht schattige Plätze.

Iberis sempervirens 'Little Gem' — Diese Schleifenblume ist besonders für vollsonnige Standorte ein wertvoller, wintergrüner, reich blühender Halbstrauch. Sie wächst niedrig, buschig, wird nur bis 10 cm hoch und blüht weiß von April bis Mai.

Nepata x faassenii 'Blauknirps' — Diese Katzenminzen-Hybride ist völlig anspruchslos, wächst kompakt aufstrebend bis 15 cm hoch und hat graugrüne Blätter und reinblaue Blüten. Der Flor dauert von Juni bis September. Am liebsten steht sie in voller Sonne.

Phlox-Subulata-Hybriden 'Atropurpurea' — Der Moosphlox bildet große, etwa 10 cm hohe Polster. Er ist winter-

Dianthus barbatus *gibt es in verschiedenen Blütenfarben und zum Schnitt als Zweijahrspflanze. Die Bartnelke liebt kalkhaltigen Boden. Eine Winterbedeckung empfiehlt sich bei Kahlfrösten* (739)

Die Christrose (Helleborus niger) *ist eine Staude mit breiter Anwendung: im Freien, unter Koniferen oder in Kästen und Gefäßen* (740)

Iberis sempervirens *ist eine sehr dankbare immergrüne, teppichartig wachsende Schleifenblumen-Art, die in Steingärten, Minigärten und Gefäßen angepflanzt wird* (741) ▶

grün und ersetzt deshaslb ausgezeichnet den Grasrasen auf kleineren Flächen. Er bevorzugt sonnige Standorte. Die 'Atropurpurea' hat von allen Züchtungen die dunkelsten Blüten und steht von Mai bis Juni in Blüte.

Saponaria ocymoides — Dieses sonneliebende und sich weit ausbreitende Seifenkraut wird nur 10—20 cm hoch. Es bildet lichte Polster und ist im Mai bis Juli mit kleinen, karminrosaroten Blüten übersät.

Sedum spurum 'Album Superbum' — Diese Fetthennen-Züchtung breitet sich zu sehr dichten Teppipchen aus, hat weiße Blüten und sattgrüne Blätter und wird nur 10—15 cm hoch. Sie blüht nicht sehr reich von Juli bis August.

Silene schafta — Dieses Leimkraut bildet 10—15 cm hohe Polster und ist wegen seiner ungewöhnlich großen Blütenfülle eine sehr beliebte Steingartenpflanze. Die Blüte dauert von August bis September. Es blüht mit schönen, rosaroten Blüten, hat am liebsten Sonne, kommt aber auch an leicht schattigen Stellen fort.

Thymus serpyllum 'Splendens' — Diese hübsche Garten-Thymian-Züchtung hat strahlend rote Blüten. Die Pflanzen bilden ansehnliche, von Juli bis August mit unzähligen Blüten übersäte Polster, die nur 5 cm hoch werden. Sie lieben viel Sonne und sind auch bei stärkster Hitze ein vollwertiger Rasenersatz. Sie sind zuverlässige Bodendecker für Zwiebelblumenbeete.

Veronica austriaca ssp. *teucrium* 'Shirley Blue' — Diese Ehrenpreis-Züchtung wird bis 25 cm hoch und hat auffallende, azurblaue, in pyramidenartig aufgebauten Trauben sitzende Blüten. Sie blüht von Mai bis Juli und gedeiht sowohl an sonnigen als auch halbschattigen Plätzen.

Mittelhohe Stauden für Dachgärten

Aster amellus 'Dwarf King' — Diese Bergaster ist vor allem für den Spätsommerflor eine wertvolle Pflanze. Sie wird 30—40 cm hoch und blüht strahlend violett von August bis September. Am besten kommt sie in nährstoffreichen, gut durchlässigen Böden fort, will allerdings im Winter einen Reisigschutz.

Aster-Dumosus-Hybriden — Die Kissenasternsorte 'Böhm' erreicht eine Höhe von 30—40 cm, hat frischgrüne Blätter, strahlend blauviolette Blüten mit gelber Scheibe und kommt wie *Rudbeckia fulgida* 'Goldsturm' von September bis Oktober in Blüte. Mit diesem Sonnenhut bildet sie eine schöne Farbkomposition. Sie liebt Sonne und stellt keinerlei Ansprüche an den Boden.

Coreopsis lanceolata 'Sonnenlind' — Dieses ausdauernde, 30—40 cm hoch wachsende Mädchenauge steht unermüdlich von Juli bis September in Flor. Es zeichnet sich durch eine große Fülle auffallend goldgelber Blüten aus und bildet schöne, kompakte Büsche.

Doronicum orientale 'Goldzwerg' — Diese niedrigbleibende Gemswurz ist eine der schon im zeitigen Frühjahr mit zahlreichen hellgelben Blüten blühenden Korbblütler, die man nur ungern missen möchte. Sie gedeiht in der Sonne wie im Halbschatten, wird 25 cm hoch und blüht im April und Mai.

Lychnis viscaria, *die Pechnelke, kommt in Rabatten, in Steingärten und auf Blumenbeeten zur Geltung. Sehr effektvoll sind Kombinationen mit Stauden wie dem Ehrenpreis* Veronica austriaca *ssp.* teucrium *'Shirley Blue',* Aster tongolensis *'Wartburgstern' und dem Hornkraut* Cerastium tomentosum *var.* columnae (742) ▶

Liatris spicata 'Kobold' — Die Prachtscharte ist eine interessante Staude. 'Kobold' blüht den ganzen Sommer über unermüdlich mit strahlend rosavioletten, in dicken Ähren stehenden Blüten. Diese gedrungen wachsende, bis 40 cm hohe Sorte liebt einen vollsonnigen Standort und blüht von Juli bis September.

Oenothera tetragona 'Fyrverkeri' — Diese schöne Züchtung der ausdauernden Nachtkerze mit aufrechtem, bis 40 cm hohem Wuchs blüht reich mit strahlend gelben Blüten, und auch die roten Knospen sind recht dekorativ. Sie liebt einen sonnigen Platz und normalen Gartenboden. Der Flor ist recht ausdauernd von Juni bis August.

Rudbeckia fulgida 'Goldsturm' — Dieser Sonnenhut ist die bekannteste Züchtung dieser ausgezeichneten, lange blühenden Staude. Die großen, gelben Blüten mit schwarzer, kegeliger Blütenscheibe öffnen sich nach und nach von August bis Oktober. Die Pflanzen erreichen eine Höhe von 50—70 cm, sind sehr ausdauernd und gedeihen sowohl an sonnigen als auch leicht schattigen Standorten.

Sedum spectabile 'Carmen' — Diese Fetthenne ist ein typischer Vertreter der Gattung. Sie hat graugrüne, fleischige Blätter, wird bis zu 40 cm hoch und liebt sehr arme, aber sonnenbeschienene Böden. Die Pflanze blüht dunkel karminrot von August bis September.

Solidago virgaurea 'Perkeo' — Die Goldrute ist eine bekannte, bescheidene und dauerhafte Staude. Diese Sorte wird 40 cm hoch und hat goldgelbe, pyramidenartig in Trauben stehende Blüten. Sie bevorzugt sonnige Standorte und blüht von Juni bis August.

Stachys grandiflora 'Superba' — Diese interessante Ziest-Sorte erreicht eine Höhe von 40 cm und blüht reich mit leuchtend rosa bis purpurrosa, in Scheinähren sitzenden Blüten. Ihr reichen normale Gartenerde und Halbschatten, wenn kein vollsonniger Platz vorhanden ist. Die Blütezeit ist Juli bis August.

Tradescantia-Andersoniana-Hybriden — Diese Hybriden sind bescheiden und widerstandsfähig. Sie dürfen in keinem Garten als Sommerblüher fehlen. Die 'Leonora' blüht den ganzen Sommer hindurch. Ihre Blüten öffnen sich morgens und bleiben nur vormittags offen. Die Dreimasterblume begnügt sich mit jeder, auch mit trockener Gartenerde, will jedoch genügend Licht. Sie erreicht eine Höhe von 40—50 cm und hat sattblauviolette Blüten. Außerdem werden Sorten und Formen mit weißen, rosa, strahlend roten und satt blauen Blüten gezüchtet. Alle sind wegen ihres Aussehens auch ausgezeichnet für wassernahe Partien geeignet.

Veronica spicata 'Romiley Purple' — Dieser anspruchslose, bis 40 cm hohe Ehrenpreis hat graugrüne Blätter und purpurviolette, in schlanken Ähren stehende Blüten. Blütezeit ist Juli bis August. Er möchte einen sonnigen Platz und begnügt sich mit normaler Gartenpflege.

Lychnis viscaria 'Plena' — Diese Pechnelke ist eine sehr beliebte, gefüllte Gartensorte mit zahlreichen großen, hell karminroten Blüten. Sie bevorzugt guten Gartenboden und einen vollsonnigen oder höchstens leicht schattigen Standort. Sie wird 40 cm hoch und blüht von Mai bis Juni.

Tradescantia virginiana *ist anspruchslos, sie verträgt trockenere Standorte, aber auch höhere Bodenfeuchtigkeit. Die Dreimasterblume wird mit Vorliebe an Wasserflächen angepflanzt, da sie hervorragend zum Schilf paßt. Geeignet ist sie auch für Rabatten und Pflanzengruppen an sonnigen Standorten (744)*

Doronicum orientale, *eine Gemswurz-Art, kommt in Steingärten oder gemischten Frühlingsstaudengruppen zur Geltung (743)*

Verzeichnisse

Sachverzeichnis

Abfallen der Blätter 90
– – Blüten 90
Abhärten 78
Ableger 324
Absenken 81
Absenker 324
Absonderungsgefüge 61
Absterben der Blattspreiten-
  ränder 90
Adernschwärze des Kohls 105
Aecidiosporen 96
Aggregatgefüge 61
Algen 64
Alpinum 372
Alternariakrankheit 110
Anbinden 79
Anfälligkeit für Frostschäden 90
– – Pilzkrankheiten 90
Anhäufeln 81
Ankeimen 76
Annuelle 331
Anzuchtgefäße 78
Apfel 107, 134
Apfelfruchtstecher 102
Apfelgraslaus 107
Apfellaus, Grüne 107
Apfelmehltau 107
Apfelsägewespe 103, 107
Apfelschalenwickler 101
Apfelschorf 107
Apfelwickler 101, 107
Aprikosenwickler 102
Asche 69
Asternwelke 109, 110
Aufbaugefüge 61
Aufkalken des Bodens 90
Aufplatzen der Blütenstiele 90
– – Kelche und Früchte 90
– – Stengel 90
Augen 80
Augenveredlung 80
Ausbrechen 79
Ausläufer 81
Auspflanzen 77, 344
Aussaat 76, 342
Aussaattermin 77
Aussaattiefe 77
Austernschildlaus 102, 103

Bakterien 64
Bakterien-Blattfleckenkrank-
  heit 106
Bakterienkrankheiten 92, 93
Bakterien-Schwarzfleckenkrank-
  heit 109
Bakterienwelke 110
Bakteriose der Walnuß 108
Bakteriosen 92
Balkonkästen 415
Bassins 43
Bedecktsamer 233
Beerenobst 118
Beetpflanzung 334
Beizen 75
Beregnungsanlagen 88
Bewässerungsmethoden 73, 74
Bienne 331
Birnen 107, 135
Birnenblattsauger 107
Birnengallmücke 103, 107

Birnengitterrost 96, 107
Birnenknospenstecher 102
Birnensägewespen 103
Birnenschorf 107
Blasenfüße 90, 100
Blattälchen 99, 109
Blattbräune 108
Blattdüngung 90
Blattfallkrankheit 108
Blattfleckenkrankheit 92, 105, 106,
  109, 110, 111
Blattgallen 93
Blattgemüse 201
Blattläuse 100, 106, 109, 111
Blattlaus, Mehlige 107
Blattrandfüßler 109
Blumenkästen 338
Blumenkohlwässrigkeit 90
Blumenschalen 338
Blumenzwiebeln, Treiben von 359
– und Gräser 357
Blütenknospengallmücke 109
Blütenstecher 102
Blutlaus 107
Bodenanalysen 68
Bodenarten 62
Bodendecker 230
Bodenentseuchung 90
Bodenfräsen 88
Bodenfruchtbarkeit 64
Bodengefüge 61
Bodenmikroorganismen 64
Bodenmüdigkeit 62
Bodenreaktion 62, 90
Bodenschädlinge 98
Bodenstruktur 61
Bodenverbesserung 63, 313
Bogensenken 81
Bohnenblattlaus, Schwarze 106
Bor 66, 67
Borkenkäfer 102
Borkenschädlinge 102
Bormangel 67, 90
Botrytis 110
Braunfäule 106
Braunfleckigkeit 106
Braunwerden der Blätter 90
– – Blattränder beim Salat 90
Breitsaat 76, 170
Brennfleckenkrankheit 92, 106
Bröckelgefüge 61
Brombeeren 107
Buntblütigkeit der Tulpe 91

Chlor 66
Chloride 67
Chlorose 67, 90
Chlorwasserstoff 60
Chrysanthemenrost 109

Dahlien-Virus 92
Dibbelaussaat 170
Dibbelsaat 76
Doppelkasten 53
Dorfgarten 29
Dörrfleckenkrankheit 109, 111
Drahtwürmer 98
Dreieckpflanzung 77
Drillmaschine 84
Düngemittel 68

–, Organische 68
Düngung 66, 263

Edelreiser 80
Eggen 75
Einjährig 338
Einjahrsblumen 110, 331
Einnährstoffdünger 71
Einrollen 90
Einzelkorngefüge 61
Einzelpflanzung 77
Eisen 66, 67
Eisenchelat 90
Eisenmangel 67, 90
Eisenvitriol 90
Elementargefüge 61
Emissionen 60
Einlagerung 83
Entspitzen 79
Entwässerung 75
Erbsenblasenfuß 106
Erbsengallmücke 103, 106
Erbsenmosaik 106
Erdbeerälchen 107
Erdbeerblütenstecher 102, 106
Erdbeeren 106
–, Tiefkühlfähigkeit 163
Erdbeermilbe 106
Erdbeerpflanzung 156, 157
Erde 82
Erdflöhe 98, 105, 111
Erdpreßtöpfe 78
Erhaltungsschnitt 259, 261
Ernte 83
Erziehungsschnitt 259
Eulenraupen 98, 109

Farne 405
Faulen der Wurzeln 90
Fensterkästen 415
Fettfleckenkrankheit der
  Bohnen 92
Feuchtigkeit 60
Feuchtigkeitsschutz 82
Feuchtpflanzen 60
Feuerbrand 93, 107
Fliege, Weiße 106
Flugasche 69
Fluorwasserstoff 60
Flüssigdünger 72
Folientunnel 176
Fransenflügler 100
Freilandgemüsebau 169
Frostschaden 90
Frostspanner 101
Fruchtgemüse 105, 183
Frühbeet 53
Frühbeeterde 65
Frühbeetkasten 54
Furchenpflanzung 77
Fusariosen 94
Fußkrankheit 92, 94, 111

Gallmücken 103
Garten am Einfamilienhaus 28
– – Reihenhaus 28
– – Wochenendhaus 30
Garten in Hanglage 31
– – Stadtsiedlungen 28
Gartenlaubkäfer 98

Gartenteich 410
Gärtnerische Erden 64
Gefäßerkrankungen 92
Gefüge-Formen 61
Gehölze, Immergrüne 233, 234
–, laubabwerfende 234, 245
Gelbstreifigkeit der Zwiebel 105
Gemüse 105, 165
–, Anhäufeln 173
–, Auspflanzen 170
–, Aussaat im Gewächshaus 175
–, Aussaat ins Frühbeet 174
–, Gießen 172
–, Krankheiten 173
–, Miete 178
–, Mulchen 173
–, Nachdüngen 172
–, Pikieren 175
–, Schädlinge 173
–, Unkrautbekämpfung 172
–, Vereinzeln 172
Gemüsearten, Aussaat 221
–, Ernte 221
–, Pflanzung 221
Gemüseeinlagerung 177
Gemüseernte 177
Gemüsefliegen 98
Gemüsesorten, Auswahl 223
Gewächshaus 54
Gewürzpflanzen 208
Gießwasser 72, 73
Glasigkeit des Blumenkohls 90
– – Kohlrabis 90
Goldafter 101
Grabegabel 64
Grasaussaat 228
Gräser 402
Graurüßler 109
Grauschimmel 97, 106, 108, 109,
  110, 111
Grubber 84
Grünblütigkeit 91
Gründüngungspflanzen 70
Gründüngung 69
Grünmasse 69
Grünsteckling 81
Gülle 69
Gurkenkrätze 106
Gurkenmehltau 106, 109
Gurkenmosaik 106
Gurkenmosaikvirus 91
Gurken-Ringmosaik 91
Gurkenwelke 106

Haarmückenlarven 99
Haarröhren 61
Häcksler 88
Halbschattenpflanzen 59
Hasel 108
Haselnußblattlaus 108
Haselnußbohrer 108
Häufeln 75
Hauptfrucht 167
Hauptnährstoffe 66
Hecken 254
–, hohe 256
–, mittelhohe 256
–, niedrige 256
Heckenscheren 86
Heckenwickler 101

Heideerde 65
Heidegärten 397, 419
Heidekräuter 420
Heliophile Pflanzen 59
Heliophobe Pflanzen 59
Herbstäpfel 132
Hernie 109
Herzfäule der Roten Beete 90
Himbeerblütenstecher 102, 106
Himbeeren 107
Himbeergallmücke 103
Himbeerrost 107
Himbeerrutenmücke 103, 107
Hochdruckspritze 88
Holzbohrer 102
Holzbrüter 102
Hornmehl 69
Hühnerkot 69
Hüllengefüge 61
Hülsenfrüchte 106, 206
Humus 64
Hyazinthen-Gelbfäule 93
Hydrophyten 60
Hygrophyten 60
Hypertrophien 93

Immissionen 60
Industrieabgase 90
Industrieluftresistente Pflanzen 90
Johannisbeergallmücke 103, 107
Johannisbeerblasenlaus 107
Johannisbeermotte 107

Kalimangel 66, 90
Kaliüberschuß 90
Kalium 66
Kalzium 66, 67
Kalziummangel 67
Kalziumüberschuß 67, 90
Kapillaren 61
Kartoffelkäfer 105
Kastenbepflanzung 415
Keimprobe 75
Kernobst 118
Kirschenlaus, Schwarze 108
Kleingewächshaus 54
Klemmherzigkeit des Blumen-
  kohls 90
Kletterpflanzen 235, 251
- für Pflanzgefäße 254
Klima 58
Knochenmehl 69
Knolle 351
Knollenfäule 105
Knollengemüse 105
Knospen 57
Knospenwickler 101
Kohärentgefüge 61
Kohlblattlaus 105
Kohlendioxid 60
Kohlenmonoxid 60
Kohleule 105
Kohlfliege, Kleine 105
Kohlgemüse 105, 178
Kohlernie 93, 105, 110
Kohlweißling 105
-, Großer 110
Kompost 69, 71, 82
Komposterde 65
Koniferen 233, 235, 266
- für Steingärten und Pflanz-
  gefäße 240
-, hohe 236
- mit bunten Nadeln 239
-, mittelhohe 237
-, Pflanzhinweise 258
Korkbildung im Apfelfleisch 90
Krankheiten 89
-, nichtparasitäre 89
-, parasitäre 89
Kräuselkrankheit 91, 108
Kräuseln der Blattspreiten 90
Krautfäule 105, 106
Kropfkrankheit 110
Krümelgefüge 61
Krümelstruktur 61
Kübelpflanzen 417
Kultivator 84
Kupfer 66, 67
Kupfermangel 67, 90
Kupfersulfat 90
Kurztagpflanzen 59

Lagerfäule 92
Lagern 104
Lagerräume 104
Langtagpflanzen 59
Laub 419
Lauberde 65
Laubfall 90
Laubgehölze 233
-, Ansprüche 244
- für den Steingarten 247
- für Hecken 255
- für Ministeingärten und Pflanz-
  gefäße 249
-, Immergrüne 244
-, Pflanzhinweise 259
Lauchgemüsearten 191
Lehm 62
Lehmböden 62
Leitern 84
Licht 90
Lichtmangel 90
Lichtverhältnisse 59
Liebig'sches Gesetz vom Mini-
  mum 66
Löwenmaulrost 111
Luftfeuchtigkeit 90
Lufthölzer 54
Luftverhältnisse 60

Magnesium 66, 67
Magnesiummangel 67, 90
Mangan 66, 67
Manganmangel 67, 90
Mangansulfat 90
Marssonina-Krankheit 108
Meeresalgen 69
Mehlkrankheit der Zwiebel 105
Mehltau 109
-, Echter 95, 109, 110, 111
-, Falscher 97, 105, 109, 110, 111
Mehrnährstoffdünger 71
Mehrzweckgeräte 88
Melioration 75
Mesophyten 60
Messer 84, 86
Mikronährstoffdüngemittel 72
Mineraldünger 71
Mineralisierung 66
Mineralstoffgehalte 166
Miniaturgärten 388
Ministeingarten 386, 387
Mischkultur 168
Misterde 65
Molybdän 66, 67
Molybdänmangel 90
Moliafäule 94
Monilia-Fruchtfäule 107
Moniliakrankheit 108
Moorerde 65
Mosaikkrankheiten 91
Motten-Schildlaus 106
Mulchen 79
Mykosen 93, 94

Nacktsamer 233
Nadelerde 65
Nadelgehölze 233, 420
Nagetiere 103
Nährstoffe 66
Nährstoffmangel 90
Nährstoffüberschuß 90
Napfschildlaus 102
Narrenkrankheit 107
Naßbeizen 76
Naßfäule der Möhren 92
Natrium 66
Nekrosen 67, 90
Nelkenfliege 111
Nelkenrost 111
Nematoden 99
Nestaussaat 170
Nichtparasitär 90, 91

Obst 106
-, Beeren 118
-, Ernte 132
-, Kern- 118
-, Lagerfähigkeit 134
-, Lagerung 132
-, Mineralstoffe 117
-, Sammelfrüchte 118
-, Schalen- 118
-, Stein- 118

-, Stippigkeit 134
-, Vitamine 117
Obstbaumkrebs 107
Obstbaumminiermotten 101
Obstbaumschildlaus 103
Obstbaumsplintkäfer 102
Obstgehölze 162
-, Ansprüche an Boden und
  Klima 119
-, Aufbau 118
-, Auslichtungsschnitt 125
-, Auspflanzen 121, 122
-, Baumformen 120
-, Bekämpfung von Krankheiten
  und Schädlingen 124
-, Blüten 119
-, Düngung 124
-, Okulieren 130, 131
-, Pflegearbeiten 123
-, Pfropfen 130
-, Schnitt 124
-, Tiefwurzler 118
-, Umpflanzen 123
-, Unterlagen 120
-, Unterteilung 118
-, Veredlungsmethoden 131
-, Wurzelsystem 118
Obstmade 101
Okulation 80
Okuliermade 110
Ölflecken 93
Organische Düngemittel 68
Ortstein 61
Oswaldscher Farbenkreis 23, 26

Parthenokarpie 136
Perenne 295
Pergola 48
-, Bambus- 50
-, Holz- 49
-, Metall- 50
-, Monolith- 49
Pferdedung 68
Pfirsich 108
Pfirsichlaus, Grüne 108
Pfirsichschorf 108
Pflanzabstand 77
Pflanzen 77
Pflanzhinweise für Ziergehölze 258
Pflanzplan 167
Pflanzschaufel 83
Pflanzung 397
Pflaumenlaus, Kleine 107
-, Mehlige 107
Pflaumensägewespen 103, 108
Pflaumenwickler 108
Pflegearbeiten 421
Pfropfen 80
Phosphor 66
Phosphormangel 66
Phosphorüberschuß 90
pH-Wert 62, 90
Physiologisch saurer Dünger 90
Pikieren 78
Pikierholz 78
Pillieren 76
Pilze 64, 222
Pilzkrankheiten 93, 97
Planschbecken 42
Plattengefüge 61
Plattenpfade im Rasen 37
Pollenspender 134, 136
Polsterstauden 419
Polyedergefüge 61
Polyphag 93
Prismengefäße 61
Protozoen 64

Rasen 418, 419
Raseneisenstein 61
Rasenerde 65
Rasenmäher 84
Rasenschere 84
Rasensoden 230
Rauch 90
Raupen 100
Rebenmehltau 108
Rechteckpflanzung 77
Regenwürmer 64
Reihensaat 76, 170
Rigolen 63, 75
Rindenbrüter 102

Rindenfleckenkrankheit 110
Rindermist 69
Ringfleckigkeit 110
- der Kirsche 91
Rohhumuserden 65
Rosen, Absenker 289
-, Beet- 275
-, Bewässerung 285
-, Blüte 293
-, Bodenverhältnisse 276
-, Climbing-Sports 275
-, Düngen 282
-, Düngungstermine 284
-, Entspitzen 281
-, Floribunda 275
-, Grandiflora 275
-, Hochstamm- 284
-, Kletter- 275, 285
-, Klima 275
-, Krankheiten 289
-, Licht 276
-, Mulchen 281
-, Okulieren 290, 292
-, Park- 275, 284, 288
-, Pflanzdichte 278
-, Pflanzen 278
-, Pflanzzeit 278
-, Polyantha- 275
-, Polyanthahybriden 275
-, Remontantrosen 275
-, Samen 289
-, Schädlinge 289
-, Schnitt 280, 284, 285
-, Sommerschnitt 282
-, Sortiment 293
-, Stecklinge 289
-, Strauch- 284
-, Teehybriden 275
- T-Schnitt 290
-, Überwintern 286
-, Veredlungsunterlage 273, 290
-, Vermehrung 289
-, Wärme 276
-, Wildarten 273, 288
-, Wildtriebe 273
-, Winterschutz 287
-, Wuchsform 273
Rostkrankheiten 96
Rostpilze 95, 111
Rotfärbung der Blätter 90
Ruß 69

Saatgutvorbereitung 75
-, Ankeimen 170
-, Durchwärmen 170
-, Einweichen 170
-, Jarowisation 170
-, Pillieren 170
Sägen 84
Sägewespen 103
Salatfäule 105
Sämaschine 84
Sand 62, 65
Sandböden 62
San-José-Schildlaus 103
Sauerkirschen 108
Säulengefüge 61
Schadgase 60
Schädigungen durch chemische
  Mittel 90
Schädlinge 89
Schädlingsbekämpfung 103
Schalenobst 108
Scharkakrankheit 92
Schattenpflanzen 59
Scheren 86
Schildchen 80
Schildlaus 102
Schlingpflanzen 251
Schluff 62
Schluffböden 62
Schmetterlinge 100
Schmuckblätter 341
Schmuckfrüchte 341
Schnakenlarven 99
Schnecken 100
Schnellkäferlarven 98
Schnitt 332, 397
Schnittblumen 357
Schosse 81
Schrittlänge 46
Schrotschußkrankheit 108
Schubkarren 83

Schwarzbeinigkeit 94, 105
Schwarzfäule 105
Schwarzfleckenkrankheit des Rittersporns 92
Schwefel 66, 67
Schwefeldioxid 60
Schweinedung 69
Sclerotinia 110
Segregatgefüge 61
Selbstfruchtbar 119, 345
Selbstunfruchtbar 119, 345
Sieb 83
Silbergeldeule 109
Silizium 66, 67
Sklerotien 95
Sklerotienkrankheit 95
Sommeräpfel 132
Sommerannuelle 331
Sommersporen 95
Sonnenblumenrost 109
Sorptionskapazität 61
Spermatien 96
Spinnmilben 90, 100, 106, 111
Spritzgeräte 88
Spurenelemente 66, 90
Stalldung 68
Stauden 109, 295, 426, 430
-, Auswahl 297
-, Düngung 314
-, Generative Vermehrung 320
-, Gruppen 309
-, Hohe 306
-, Klima 296
-, Niedrige 304
-, Partien 308, 309
-, Pflanzen 307
-, Pflanztermin 315
-, Rabatten 303
-, Standortbedingungen 295
-, Vegetative Vermehrung 321
Staudende Nässe 90
Steckhölzer 81
Stecklinge 323
Stecklingsvermehrung 82
Steingarten 336, 371
-, Anlegen 372
-, Frühjahrsarbeiten 380
-, Herbstarbeiten 383
-, Pflege 388
-, Sommerarbeiten 383
-, Sommerblumen 381
-, Substrat 373

-, Vorfrühling 377
-, Vorfrühlingsarbeiten 378
-, Winter 385
-, Winterarbeiten 386
Steingartenpflanzen 371, 429
Steingarten, Pflanzen 387
Steingartenpflanzen, Übersicht 392
Steingartentröge 388
-, Dränage 389
-, Düngung 389
Steinobst 118
Steinzellenbildung in Birnen 90
Stengelälchen 99, 107
Stengelfäule 109, 110, 111
Stengelkrankheit 111
Sternrußtau 110
Stickoxid 60
Stickstoff 66
Stickstoffmangel 66, 90
Stickstoffüberschuß 90
Stratifikation 76
Stroh 69
Stützen 79
Substrate 64, 66
Sumpfpflanzen 407
Süßkirschen 108

Tabakmosaik 105
Tageslänge 59
Taschenkrankheit 107
Taubenkot 69
Tausendfüßler 100
Teilen 322
Temperatur 90
Temperaturverhältnisse 59
Terrassieren 75
Therophyten 331
Thrips 100
Ton 62
Tonböden 62
Topfen 78
Torfmull 65
Torf, Neutralisierter 69
Torf-Zellstoff-Töpfe 78
Travertin 387
Treibhaus 55
Trockenfäule 92, 105
- der Roten Beete 90
Trockenmauern 336, 371, 375
Trockenpflanzen 60

Überdüngung 90
Umfallkrankheit 94, 110
Umzäunung 41
Unausgereiftes Holz 90
Universalgeräte 88
Unkraut 313
Unterlage 81

Veilchenrost 111
Verätzungen 90
Verbrennungen 90
Verdichteter Boden 61
Veredeln 325
Veredlung 79
Verformung 90
Vergeilen 90
Vergilben 90
Verjüngungsschnitt 259
Vermehrung aus Samen 345
-, generative 262
-, vegetative 262, 344
- von Ziergehölzen 262
Verticilliosen 94
Vertrocknen 90
- der Blüten 90
Vielfüßler 99
Viruskrankheiten 91, 92
Vitamine 166
Vorfrucht 167
Vorgärten 27
Vorkultivieren 343
Vorquellen 76
Vorratsdünger 71

Wachstumsstörungen 90
Walnuß 108
Walzen 75
Wanderfrühbeet 54
Wärmebehandlung 76
Wartezeiten 90
Wärzchenkrankheit 109
Wasserbecken 43
Wassermangel 90
Wasserpflanzen 60, 407
Wege 33
-, Asphalt- 37
-, befestigte 34
-, Beton- 34
-, Betonplatten- 36
-, Holz- 37
-, Naturstein- 37
-, Sand- 34

-, Ziegel- 37
Weichfäule der Tomaten 92
Weinrebe 108
Weinrebenschorf 108
Welkekrankheit 106, 109, 111
Welken 90
Wickler 101
Wildverbiß 104
Winterannuelle 425
Winteräpfel 132
Wintersporen 96
Wurzelbräune 110
Wurzelgallen 93
Wurzelgallenälchen 106
Wurzelgemüse 105
Wurzelkröpfe 93
Wurzelkropfkrankheit 93
Wurzelmilbe 99
Wurzeln 57
Wurzelschnittlänge 81

Xerophyten 60

Ziergehölze 233, 419
-, Pflanzhinweise 258
-, Pflege 259
-, Vermehrung 262
Ziergräser 402
-, Einjährige 340
Ziersträucher 43, 410
Zierwasserbecken 43
Zink 66, 67
Zinkmangel 67
Zweijährig 425
Zweijahrsblumen 110
Zweitfrucht 168
Zwetschenschildlaus 102
Zwiebel 351
Zwiebelgewächse 419
-, in Steingärten 357
Zwiebel- und Knollengewächse 351
- - -, Düngung 361, 364, 365
- - -, Ernten und Lagern 365
- - -, Generative Vermehrung 366
- - -, in Staudenpflanzungen 355
- - -, Pflanzen 353, 361, 364
- - -, Pflanztiefe 362, 363
- - -, Pflegearbeiten 363, 365
- - -, Speicherorgan 351
- - -, Standortansprüche 360
- - -, Vegetative Vermehrung 367

Verzeichnis der deutschen Pflanzennamen

Abronie 346
Ackerbohne 207
Ackerdistel 113
Ackergauchheil 114
Ackerhellerkraut 114
Ackerrittersporn 347
Ackerschachtelhalm 113, 115
Ackersenf 114
Ackerwinde 113, 114
Adlumie 346
Adonisröschen 326, 376, 378, 380, 381, 392
Affodill 326
Ahorn 244, 256, 267
Ahorn, Japanischer 247, 248
Ährenheide 245, 397, 400
Akanthus 326
Akelei 109, 326, 392
Alant 328, 383, 384
Alonsoe 346
Alpenaster 392
Alpenbalsam 393
Alpendistel 327, 393
Alpenglöckchen 382, 395
Alpenjohannisbeere 270
Alpenveilchen 368, 377
Alpenveilchen-Narzisse 369
Alpenwaldrebe 268
Ampfer-Knöterich 114
Ampfer, Krauser 114
Amstelraute 329, 395
Andorn 394
Anemone 326, 368, 392
Angelica-Baum, Japanischer 267
Anis 209
Apfel 134, 162
Apfelbeere 156
Aprikose 140, 163
Artischocken 215
Aster 109
Atlasblume 111, 347
Atlaszeder 266
Austernseitling 219
Azalee 247
-, Garten- 250
-, Japanische 250, 270, 400
-, Pontische 270

Ballonblume 328, 394
Bambushirse 403
Bärenfellschwingel 403
Bärenklau 327
Bärenohr 346
Bärentraube 257
Bärentraube, Gemeine 245
Bartblume 247, 249
Bartfaden 328, 349, 394, 424
Bartnelken 425
Basilikum 212
Bastardindigo 267
Bauernrose 244
Baumwürger 267
Begonie 110, 346, 423
Beifuß 346, 392
Berberitze 158, 244, 245, 247, 248, 249, 256
- Rotblättrige 250
Bergahorn 267
Bergaster 326, 392, 430
Bergenie 326, 392
Bergflockenblume 326
Bergkiefer 239, 243, 266
Berglorbeer 269
Bergsegge 403
Bergulme 271
Bergwundklee 392
Berufkraut 393
-, Kanadisches 114
Besenginster 257, 268
Besenheide 267, 397, 398, 399
Besenkraut 348
Bibernellrose 270
Bienenfreund 70
Bingelkraut, Einjähriges 114
Birke 244
Birne 132, 135, 162
Bitterwurz 390

Blackcherry 257
Blasenspiere 244, 269
Blasenstrauch 268
Blattpetersilie 214
Blaudolde 347
Blauglöckchen 394
Blaugras 395
Blaukissen 392, 429
Blauschleier 328
Blauschwingel 403
Blaustern 369, 389
Blaustrahlhafer 403
Bleichsellerie 215
Bleiwurz 392
Blumenbinse 407, 413
Blumenesche 268
Blumenhartriegel 268
Blumenkohl 181
Blumennessel 346
Blumenrohr 368
Blutjohannisbeere 270
Bocksdorn 257, 269
Bohnenkraut 212, 349
Borretsch 214
Borstenhirse, Grüne 114
Braunelle 394
Braut in Haaren 348
Brennende Liebe 328
Brennessel, Große 115
-, Kleine 113, 114
Brokkoli 182
Brombeere 149, 163, 244
Browallie 346
Bruchkraut 393
Buche 256
Buchsbaum 244, 256, 267
Buchweizen 70
Buntnessel 346
Büschelveronika 329

Chicoree 203
Chinakohl 182
Chinaschilf 403
Christophskraut 326
Christrose 109, 327, 378, 393, 426

Dahlie 347, 368, 423
Deutzie 244, 268
Dichternarzisse 369
Dill 209
Diptam 327
Distel, Acker- 115
Doldenprimel 427
Dolden-Spurre 113
Dost 383, 384, 394
Douglasie 266
Drachenkopf 347, 393
Drachenmaul 393
Drehkiefer 266
Dreimasterblume 329, 432
Duftsteinrich 348, 424
Duftveilchen 329, 395

Eberesche 271
-, Süße 156
Edeldistel 327
Edelberesche 156
Edelgamander 395
Edelraute 213
Edelweiß 385, 394
-, Alpen- 328
Efeu 249, 257, 268, 429
Efeupelargonie 422
Ehrenpreis 110, 114, 395, 430, 432
-, Efeublättriger 113
-, Frühlings- 113
Eibe 237, 243, 257, 266
Eibisch 417
Eiche 244, 256
Eisenkraut 349
Eiskraut 348
Elfenbeinginster 268
Elfenblume 393
Engelstränennarzisse 369
Enzian 382, 393
Erbsen 206
Erdbeere 114, 150, 163

Erdrauch, Gemeiner 114
Esche 268
Eschenahorn 267
Eselsohren 395
Esparsette 70
Essigbaum 244, 270
Eßkastanie 267
Estragon 210

Fächer-Zwergmispel 248, 250
Fackellilie 328
Färberginster 268
Faulbaum 257, 270
Federborstengras 349, 403
Federbuschcelosie 346
Federnelke 392
Feigenkaktus 394
Feinstrahl 327, 393
Feldahorn 267
Feldsalat 203
Feldthymian 395
Felsenkirsche 270
Felsennelke 383, 394
Felsensteinkraut 392
Felsenteller 394
Fenchel 211
Fetthenne 329, 349, 388, 395, 427, 430, 432
Feuerahorn 267
Feuerdorn 245, 249, 256, 257, 270
Feuersalbei 424
Fichte, Gemeine 236, 266
-, Serbische 266
Fieberklee 407, 413
Fingerhut 347
-, Roter 347
Fingerkraut 270, 328, 394
-, Gänse- 114
-, Kriechendes 114
Flachs 394
Flammenblume 109, 349, 394, 424
Fleißiges Lieschen 347
Flieder 271
Fliederpolster 392
Flockenblume 346, 392
Flohknötchen 114
Flügelnuß 270
Föhre 266
Forsythie 244, 268
Fransenschwertel 369
Franzosenkraut 114
Freesien 368
Freilandgloxinie 328, 393
Froschlöffel 413
-, Gemeiner 408
Frühjahrsrhododendron 270
Frühkartoffel 216
Frühlingsaster 392
Frühlingslichtblume 368, 378
Frühlingsmargerite 327
-, Bunte 326
Fuchsschwanz 346
-, Acker- 114
-, Garten- 346
-, Zottiger 402
Funkie 328
Futtererbse 70

Gamolepis 347
Gänseblümchen 346
Gänsedistel, Acker- 114
-, Gemeine 114
Gänsefuß, Samiger 114
-, Weißer 114
Gänsekresse 109, 392
Garbe 392
Gartenaster 427
Gartenbalsamine 347
Gartenbohne 207
Gartenchampignon 218
Gartenfedernelke 327
Gartenfuchsie 422
Gartenfuchsschwanz 423
Gartenkresse 204
Gartenkürbis 185, 347
Gartenleimkraut 349
Gartenlöwenmaul 423

Gartenmargerite 327
Gartenmelde 114, 206
Gartenmelone 185
Gartenmontbretie 368
Gartennelke 347
Gartenreseda 349
Gartenthymian 430
Gartenverbenen 425
Gartenzinnien 425
Gauchheil 346
Gauklerblume 348, 424
Gazanie 347, 424
Gebirgsnelkenwurz 393
Gedenkemein 328
Geißbart 326
Geißblatt 244, 251, 254, 256, 269
Gemskresse 393
Gemswurz 110, 327, 392, 430
Geranie 422
Germer 329
Gewürzstrauch 267
Giersch 113, 115
Gilie 347
Ginster 244, 247, 250, 257, 397
Gladiole 368
Glattblattaster 326
Glatthafer 402
Glöckel 392
Glockenblume 110, 326, 374, 380, 383, 392, 422
-, Acker- 115
-, Pfirsichblättrige 326
-, Riesen-Dolden- 326
Glockenheide 268, 397, 398
Glockenrebe 346
Glyzine 253, 257, 271
Godetie 111, 347
Golderdbeere 395
Goldfelberich 328
Goldkamille 346
Goldkrokus 369
Goldlack 111, 346, 425
Goldleistengras 404
Goldmohn 347, 424
Goldnessel 394
Goldregen 257, 269
Goldrute 110, 329, 432
Goldteller 393
Goldwolfsmilch 393
Götterbaum 267
Götterblume 392
Granatapfelbaum 417
Graslilie 326
Grasnelke 392, 429
Graupappel 270
Grautanne 237, 266
Grünkohl 179
Gundermann 114
Günsel 392, 429
Gurken 183

Haargerste 403
Haberlee 393
Habichtskraut 393
Hahnenfuß, Grasblättriger 395
-, Kriechender 114
-, Scharfer 329
Hahnenkamm 346, 423
Hainbuche 256, 267
Hängebirke 397
Hängepelargonie 422
Hartheu 393
Hartriegel 268
-, Roter 256
Hasel 244
Haselnuß 144, 163, 256, 268
Haselwurz 392
Hasenschwanzgras 348
Hauswurz 392, 395
Hechtkraut 413
Heckenkirsche 269
Heide 427
-, Irische 245, 397, 400
Heidekraut 244, 245, 399
Heidenelke 392, 429
Heiligenkraut 395
Helmkraut 395

Hemlocktanne 266
Herbstäpfel 132
Herbstfeuerröschen 346
Herbstzeitlose 368, 385
Herkulesstaude 327
Herz, Tränendes 327
Himbeere 132, 148, 163, 244
Himmelsröschen 349
Hirschzunge 405
Hirse 349
Hirtentäschel 114
Hohlzahn 114
Holunder 244
-, Schwarzer 271
Honiggras 115
Hopfen, Japanischer 347
Hornklee 394
Hornkraut 392
Hornveilchen 329, 395
Hortensie 246, 253, 269, 429
Huflattich 115
Hühnerhirse 114
Hundspetersilie 114
Hundsrose 270
Hundszahn 368
Hungerblümchen 392
-, Frühlings- 113
Hyazinthe 368
Hybride, Katzenminzen- 429

Immergrün 271, 395, 429
Imperialia-Gruppe 346
Indianernessel 328
Iris 328
Islandmohn 328, 394
Japanorchidee 368
Jelängerjelieber 252, 269
Johannisbeere 132, 145, 163, 244
-, Schwarze 158
Johanniskraut 244, 247, 249, 250, 269, 393, 429
Judassilberling 348
Jungfer im Grünen 348
Jungfernrebe 252, 269

Kaiserkrone 368
Kalmus 413
Kapfuchsie 383, 394
Karpatenglockenblme 392
Kartoffelrose 271
Katsurabaum 267
Katzenminze 394
Katzenpfötchen 326, 429
Kaukasusfichte 266
Kaukasusvergißmeinnicht 326
Kellerhals 246, 249, 268
Kerbel 211
Kerzenknöterich 328
Kerzenveronika 329
Kiefer, Gemeine 266
Kirsche 163
Kirschlorbeer 257, 270
Kirschpflaume 270
Kissenaster 326, 392, 430
Kissenprimel 378, 394, 427
Klatschmohn 349
Klebschwertel 369
Klee, Gelb- 70
-, Inkarnat- 70
-, Persischer 70
-, Weißer Stein- 70
Knackweide 271
Knoblauch 192
Knollenbegonie 368, 422
Knollenpetersilie 197
Knollensellerie 199
Knöterich 252
Kohlrabi 181
Kohlrübe 201
Kokardenblume 327, 347
Kolibritrompete 383
Kolkwitzie 250
Kölle 349
Königskerze 329
Königslilie 369
Kopfgras 395
Kopfsalat 202
Korallenbeere 271
Korallenstrauch 417
Korbweide 271
Korea-Tanne 238
Koriander 211
Kornblume 346

Kornelkirsche 158, 244, 246, 256, 268
Kosmee 347, 423
Krähenbeere 397
Kreuzdorn 244, 257, 270
Kreuzenzian 393
Kreuzkraut, Gemeines 114
Kriechwacholder 240, 266
Kriechweide 271
Krokus 368, 378, 380
Kronenanemone 368
Kronrhabarber 329
Küchenschelle 382
Küchenzwiebel 191
Kugelblume 393
Kugelprimel 381, 394
Kuhschelle 394
Kulturheidelbeere 157
Kulturträuschling 219
Kümmel 209
Kürbis 185
Kurzschopf 346

Lamarckie 348
Lambertsnuß 268
Lampenputzergras 403
Lampionblume 328
Lanzenfunkie 393
Lärche 237, 266
Lauch 115, 368
Lavendelheide 244, 245, 257, 397, 400
Lebensbaum 237, 243, 255, 257, 266
Leberbalsam 346, 422
Leberblümchen 378, 393
Lederhülsenbaum 268
Leimkraut 349, 383, 384, 395, 430
-, Stengelloses 395
Lein 394
Leinkraut 115, 348
Lerchensporn 392
Levkoje 348
Lichtnelke, Weiße 114
Liebstöckel 212
Liguster 244, 269
Lilie 369
Lilienfunkie 393
Linse 207
Lobelie 348, 424
Lonas 348
Lorbeerkirsche 245, 256
Lorbeerrose 244, 257, 269, 397, 400
Löwenmaul 111, 346
Löwenzahn 113, 114
Lungenkraut 328, 394
Lupine 109, 328, 348
-, Blaue 70
-, Gelbe 70, 348

Mädchenauge 327, 347, 430
Mädesüß 327
Madonnenlilie 369
Magnolie 244, 249, 269
Mähnengerste 347
Mahonie 244, 256, 257, 269
Maiglöckchen 327, 392
Majoran 208
Malope 348
Malve 110
-, Krause 348
-, Moschus- 328
Mandelbäumchen 270
Mandelröschen 346
Mangold 205
Mannsschild 391
Margerite 109, 327
Marienglockenblume 346
Märzbecher 369
Mastkraut 395
Mauermiere 394
Mäuseohr 394
Meeresstrandbinse 413
Meerlavendel 348, 394
Meerrettich 200
Mehlbeere 271
Meister 392
Melisse 213
Miere 394
Milchstern 369
Minze, Acker- 115
Mispel 157

Mittagsblume 347, 423
Mohn 111, 216
-, Türkischer 328
Möhre, Wilde 114
Moorbirke 267
Moosmiere 394
Moosphlox 394, 429
Morgensternsegge 413
Mummel 413
Muschelblume 369

Nachtkerze 328, 348, 382, 394, 432
Nachtschatten 114
Narzisse 369
Natternkopf 347
Nelke 111, 422
Nelkenwurz 327, 393
Nemesie 348
Netzblattstern 327
Nierembergie 348
Nieswurz 327, 378, 393
-, Schwarzer 377
Nordmannstanne 266

Ochsenzunge 326, 346
Oleander 417
Ölrettich 70
Omorikafichte 236
Orientknötchen 349
Oxelbeere 271

Pachysandra 269
Palmlilie 329
Pampasgras 403
Pantoffelblume 422
Papierblume 349
Papierknöpfchen 346
Pappel 244, 256, 269
Paprika 188
Parrotie 269
Pastinake 197
Pechnelke 432
Perlzwiebel 195
Perückenstrauch 244, 251, 268
Petunie 349, 422
Pfaffenhütchen 249, 257, 268
Pfauenblume 369
Pfefferminze 209
Pfeifenblume 267
Pfeifenstrauch 244, 249
Pfeifenwinde 252
Pfeilkraut 407, 413
Pfeilkresse 115
Pfennigkraut 394
Pfingstnelke 392
Pfingstrose 109, 328
Pfirsich 132, 140, 141, 142, 163
Pflaume 132, 136
Pflücksalat 202
Phazelie 349
Pippau, Roter 347
-, Wiesen- 114
Platane 269
Platterbse 111
-, Knollen- 115
Polsterphlox 394
Porree 193
Porst 397
Portulak 212, 349
Portulakröschen 424
Porzellanblümchen 395
Prachtlilie 369
Prachtscharte 328, 369, 394, 432
Prachtspiere 326
Prärielilie 368
Primel 109, 328, 394, 427
-, Stengellose 427
Prunkwinde 348
Purpur-Ahorn 250
Purpurglöckchen 393
Purpurweide 271
Puschkinie 369

Quecke 113
-, Gemeine 115
Quendel 395
Quitte 156, 163

Radies 199
Radspiere 268
Rainkohl 114
Ramondie 394

Ranunkel 369
Ranunkelstrauch 269
Rapunzel 203
Rasenschmiele 403
Rauhblattaster 326
Reiherschnabel, Gemeiner 114
Rettich 200
Rhabarber 214
Rhododendron 244, 247, 250, 270, 400
Riesenflockenblume, Gelbe 326
Riesenkürbis 185
Riesenlebensbaum 255
Riesenpfeifengras 403
Riesenschleierkraut 327
Riesensüßgras 408
Ringelblume 111, 346
-, Kap- 347
Rippenfarn 405
Rispengras, Einjähriges 114
Rispensteinbrech 395
Rittersporn 110, 327
Robinie 270
Rohrglanzgras 404
Rohrkolben, Breitblättriger 408, 413
-, Kleiner 408, 413
Rose 244, 256, 270
Roseneibisch 247, 268
Rosenkohl 180
Rosenprimel 394
Rosenschleier 382
Rosmarinheide 397
Rosmarinseidelbast 248, 268, 378
Roßkastanie, Gemeine 267
-, Rotblütige 267
Rotbuche 268
Rote Rübe 200
Rotfichte 255, 266
Rotkiefer 266
Rotkohl 178
Rudbeckie 349
Rüsterstaude, Knollen- 327
Rutenmelde 114

Säckelblume 267
Sadebaum 237, 266
-, Blauer Virginischer 240
Salatzichorie 203
Salbei 110, 210, 329, 349
Salweide 271
Sammelgras 348
Sammetblume 349
Sammetmalve 417
Sandbirke 267
Sanddorn 247, 269
Sanvitalie 349
Sauerampfer, Wiesen- 114
Sauerdorn 267
Sauerkirsche 132, 139
Sauerklee 348, 369
-, Gehörnter 114
Schachbrettblume 368
Schafgarbe 326, 392
Schaftdolde 393
Schalotte 194
Schattensteinbrech 395
Scheinakazie 257, 270
Scheinbeere 397, 400
Scheinhasel 250
Scheinkerrie 270
Scheinmohn 348
Scheinquitte 158, 244
-, Japanische 249
Scheinzypresse 237, 238, 240, 266
Schiefblatt 346
Schimmelfichte 266
Schlafmohn 349
Schlafmützchen 347
Schlehdorn 270
Schleierkraut 347
-, Kriechendes 393
Schleifenblume 347, 393, 424, 429
Schlüsselblume 109, 328, 394
Schmetterlingsstrauch 267
Schmidel 328, 394
Schmuckkörbchen 347, 423
Schnee-auf-dem-Berge 347
Schneeball 246, 249, 257, 271
-, Gemeiner 271
-, Immergrüner 244
-, Wolliger 271

Schneebeere 244, 257, 271
Schneeflockenstrauch 267
Schneeglanz 368
Schneeglöckchen 368, 377, 378
Schneeheide 268, 378, 398, 399
Schneerose 393
Schnittlauch 196
Schnittsalat 202
Schönranke 347
Schwalbenwurz-Enzian 393
Schwarzerle 267
Schwarzkiefer 236, 266
Schwarznußbaum 269
Schwarzpappel 270
Schwarzwurzel 198
Schwertalant 393
Schwertlilie 328, 369, 407, 413
Seerose 409, 413
-, Wohlriechende 413
Seesimse 413
Segge 403
Seidelbast 246, 268, 378
-, Gemeiner 249
Seidenpflanze 326
Seifenkraut 349, 395, 430
Senf 70
Serradella 70
Sicheltanne 241, 266
Silberahorn 267
Silberblattsalbei 395
Silberkerze, Lanzen- 327
Silberlinde 271
Silberpappel 269
Silberweide 271
Silberwurz 393
Skabiose 329
-, Purpur- 349
Sockenblume 393
Sommeräpfel 132
Sommeraster 110, 346, 423
Sommerenzian 393
Sommerflieder 244, 246
Sommerhyazinthe 368
Sommerjasmin 269
Sommerlinde 271
Sommermargerite 327
Sommernelken 347
Sommerwicke 70
Sonnenauge 327
Sonnenblume 70, 109, 347
-, Weidenblättrige 327
Sonnenbraut 110, 327
Sonnenflügel 347
Sonnenhut 110, 327, 329, 432
Sonnenröschen 393, 429
Sonnenwende 424
Spaltblume 349
Spargel 215
Speisemöhre 196
Spierstrauch 249, 271
-, Spitzblättriger 251
Spinat 204
-, Neuseeländischer 205
Spindelstrauch 256, 268

Spinnenpflanze 346, 423
Spinnwebhauswurz 395
Spitzahorn 267
Spitzwegerich 114
Stachelbeere 132, 146, 158, 163
Stachelnüßchen 392, 429
Statice 393
Staudenphlox, Großer 328
Staudenwicke 328
Stechapfel 417
Stechfichte 239, 266
Stechpalme 244, 249, 269, 397
Steinbrech 349, 378, 388, 395
Steinkraut 109, 392
Steinquendel 326
Steintäschel 392
Steinweichsel 138
Steppenkerze 327, 368
Sternblume 369
Sterngladiole 368
Sternmoos 395
Sternschnuppenblume 392
Stern von Bethlehem 369
Sternwinde 349
Stiefmütterchen 111, 349, 426
-, Acker- 114
Stieleiche 270
Stockmalve 346
Stockrose 110
Stoppelrübe 201
Storchschnabel 114, 327, 393
Strahlensame 395
Strandhafer 403
Strandkamille 348
Strauchpäonie 269
Strauch-Roßkastanie 267
Strauchveronika 249
Straußfarn 404
Straußgras, 115, 346
Strohblume 110, 347
Studentenblume 349, 424
Stundeneibisch 250, 347
Sumach 257
Sumpfblume 348
Sumpfcalla 407, 413
Sumpfdotterblume 407, 413
Sumpffeibe 266
Sumpfeiche 270
Sumpfgarbe 326
Sumpfiris, Japanische 328
Sumpfporst 257
Sumpfzypresse 266
Süßkirsche 132, 137

Tabak 348
Taglilie 327
Tamariske 271
Tannenwedel 413
Taubnessel 394
-, Rote 114
-, Stengelumfassende 114
Tausendschönchen 346, 425

Teichrose 409
-, Gelbe 413
Teichsimse 413
Telekie 329
Teppichprimel 394
Teufelsauge, Sommer- 346
Teufelskralle 394
Thymian 210, 395
Tibetorchidee 391
Tigerblume 369
Tomate 186
Topinambur 218
Torfmyrte 400
Traubeneiche 270
Traubenholunder 257, 271
Traubenhyazinthe 369
Traubenkirsche 270
Traubensteinbrech 395
Trespe 346
Tripmadam 395
Trollblume 329
Trompetenbaum 267
Trompetenzunge 349
Tulpe 369
Tulpenbaum 269
Tulpenmohn 349
Tüpfelfarn 405
Türkenbundlilie 369

Uferrebe 271
Ulme 244
Ursinie 349
Urweltmammutbaum 266

Veilchen 111
Veitchs-Tanne 236
Venidie 349
Verbene 349
Vergißmeinnicht 110, 348, 426
Vogelkirsche 138, 270
Vogelknöterich 114
Vogelmiere 114, 115

Wacholder 238, 254, 257, 266, 397
Waldmeister 346
Waldrebe 247, 253, 268, 327
Waldschaumkraut 326
Walnuß 132, 143, 244
Wandelröschen 417
Wasserähre, Afrikanische 409
Wassermelone 186
Wasserrübe 201
Wasserschwaden 403, 408, 413
Weide 244
Weigelie 271
Weinraute 213
Weinrebe 153, 163
Weinrose 270
Wein, Wilder 244, 269
Weißbirke 267
Weißbuche 267
Weißdorn 158, 244, 268
Weißkohl 178
Weißrandfunkie 393

Weißtanne 266
Wellensittich-Enzian 393
Weymouthskiefer 243, 266
Wicke 111
-, Wohlriechende 348
Widerstoß 348, 394
Wieseniris, Sibirische 328
Wiesenraute 329
Wildrose 158, 249
Winde 347
Windenknöterich, Gemeiner 114
Winteräpfel 132
Winteraster 327
Winter-Bohnenkraut 395
Winterendivie 203
Winterjasmin 245, 254, 269, 378
Winterlinde 271
Winterling 368
Winterraps 70
Winterzwiebel 195
Wirsing 179
Wolfsmilch 347
-, Gold- 327
-, Sonnenwendige 114
Wollziest 329, 395
Wucherblume 346, 392, 423
Wunderbaum 349
Wunderblume 348
Wurzelpetersilie 197

Ysop 212

Zaubernuß 244, 246, 247, 268
Zebrasimse 413
Zeitlose 368
Zerreiche 270
Zierapfelbaum 269
Zierkirsche 270
Zierkürbis 347
Zierquitte 267
Ziest 329, 432
-, Sumpf- 115
Zinnie 349
Zirbelkiefer 266
Zittergras 346, 403
Zitterpappel 270
Zucchini 185
Zuckerhut-Fichte 239
Zuckermais 215
Zuckermelone 185
Zwergbirke 247, 249, 267
Zwergchrysanthemen 427
Zwergeibe 243
Zwergeiche 247
Zwergfichte 242
Zwergginster 244, 247, 248, 250
Zwergglockenblume 392
Zwergholunder 257
Zwergmispel 244, 247, 248, 250, 257, 268, 397
Zwergröschen 429
Zwergschwertlilie 393
Zylinderputzer 417
Zypressenheide 245

Folgende Tabellen sind nach Vorlagen aus anderen Werken zusammengestellt worden:
S. 61 aus: Schroeder, D., 1984: Bodenkunde in Stichworten. 4. Aufl. Kiel: Ferdinand Hirt.
S. 66, 166 aus: Fink, A., 1982: Pflanzenernährung in Stichworten. 4. Aufl. Kiel: Ferdinand Hirt.
S. 70 aus: Heynitz, K. von & G. Merckens, 1980: Das biologische Gartenbuch. 4. Aufl. Stuttgart: Eugen Ulmer.
S. 120, 134, 136, 138 aus: Winter, F., H. Janssen, W. Kennel, H. Link & R. Silbereisen, 1981: Lucas' Anleitung zum Obstbau. 30. Aufl. Stuttgart: Eugen Ulmer.

S. 160 aus: Krug, H., 1986: Gemüseproduktion; und aus: Herrmann, K., 1969: Gemüse- und Gemüsedauerwaren. Berlin, Hamburg: Paul Parey.

S. 167 aus: Krug, H., 1986: Gemüseproduktion. Berlin, Hamburg: Paul Parey.

S. 224/225 aus: Becker-Dillingen, J., 1956: Handbuch des gesamten Gemüsebaues, 6. Aufl. Berlin, Hamburg: Paul Parey.

S. 257, 264, 265 aus: Krüssmann, G., 1970: Taschenbuch der Gehölzverwendung. 2. Aufl. Berlin, Hamburg: Paul Parey.

Übersetzung: Felix Seebauer, Ingeborg Šestáková und Olga Kolěková
Fotos: V. Dolejší, I. Houser, P. Hron, Z. Humpál, A. Kočí, J. Krýsl, V. Plicka, V. Pokorný, J. Tykač, V. Vaněk, R. Vítek und M. Vokřál
Zeichnungen: M. Váňa

CIP-Kurztitelaufnahme der Deutschen Bibliothek
Böhm, Čestmír:
Pareys Gartenhandbuch / Čestmír Böhm. [Übers.: Felix Seebauer ...]. — Berlin ; Hamburg : Parey, 1987.
Einheitssacht.: Encyclopédie du jardinier <dt.>
ISBN 3-489-62724-5

Einband und Schutzumschlag: Jan Buchholz und Reni Hinsch, D-2000 Hamburg 73

© 1985 ARTIA, Prag
© der deutschsprachigen Ausgabe 1987 Verlag Paul Parey, Berlin und Hamburg. Anschriften: Lindenstr. 44—47, D-1000 Berlin 61; Spitalerstr. 12, D-2000 Hamburg 1

ISBN 3-489-62724-5 · Printed in Czechoslovakia

Das Werk ist urheberrechtlich geschützt. Die dadurch begründeten Rechte, insbesondere die der Übersetzung, des Nachdrucks, des Vortrages, der Entnahme von Abbildungen, der Funksendung, der Mikroverfilmung oder der Vervielfältigung auf anderen Wegen und der Speicherung in Datenverarbeitungsanlagen, bleiben, auch bei nur auszugsweiser Verwertung, vorbehalten. Eine Vervielfältigung dieses Werkes oder von Teilen dieses Werkes ist auch im Einzelfall nur in den Grenzen der gesetzlichen Bestimmungen des Urheberrechtsgesetzes der Bundesrepublik Deutschland vom 9. September 1965 in der Fassung vom 24. Juni 1985 zulässig. Sie ist grundsätzlich vergütungspflichtig. Zuwiderhandlungen unterliegen den Strafbestimmungen des Urheberrechtsgesetzes.

Satz: Satz-Studio Irma Grininger, D-1000 Berlin 62
Schrift: Borgis Helvetica leicht und Bodoni extra bold
Lithographie, Druck und Bindung: Svoboda, Prag